中国 梅瓶 研究

◎ 陆军 —— 著

Chinese
Meiping Vase
Research

上卷

广西美术出版社

Chinese
Meiping Vase
Research

中国梅瓶研究

国家出版基金项目
NATIONAL PUBLICATION FOUNDATION

陸軍花

◎ 作者简介

陆军，字子仁。

籍贯江苏启东，1967年生于广西南宁市。

1990年，毕业于中央工艺美术学院装饰艺术系，获文学学士学位；2001年，毕业于中国艺术研究院研究生部美术学系，获文学硕士学位；2006年，毕业于中国艺术研究生院美术学系，获文学博士学位。

先后师从李德利、李纪贤、陈绶祥、林冠夫诸先生，分别涉足中外雕塑、中国书画、陶瓷、工艺、饰纹等领域的历史和理论的研究，并研习经史、文字、文献、目录、考据、诗词等国故，以及美术考古学、中外交通史学等，对中国古代器物和饰纹进行了较深入的研究，提出『纹学』的构想。同时也积极关注当代中国美术创作和文化问题，抱有批评、研究和实践的兴趣。

曾发表《20世纪中国雕塑回顾》、《20世纪外国大师论艺书系·摩尔论艺》、《中国艺术通史·元代卷·工艺美术》、《宋代梅瓶研究》、《纹化衰变与纹学渐兴》、《什么是我们的文化核心理念？》等专著和论文。

现为中国艺术研究院副研究员，《美术观察》编辑部主任、中国美术家协会会员。

本书系全国艺术科学『十五』规划2003年度青年基金项目。

序言

陆军君的《中国梅瓶研究》终于出版了，我衷心地为他感到高兴，值得祝贺！

这个祝贺的话，早在大半年前他告诉我将要脱稿的时候就跟他说过，毕竟，我还比较了解他写这部书的前后经过，还有其中的艰辛。早在1998年，陆军考入中国艺术研究院攻读美术史论硕士学位的时候，他就和我讨论并设想过以同一个题目来展开研究并撰写学位论文，我支持他。因此，他从1999年秋季开始便进入了这一工作的资料收集和研究状态。尽管他后来表示有力不从心之感而将题目缩改为"宋代梅瓶研究"，并由此拿到了硕士学位，但是他的"中国梅瓶研究"课题不但从未停止，而且越做越大、越做越来神，以至于有今天这样的丰硕成果。如此算来，他为这部"小题大做"的书稿耗费了整整15年光阴！

15年，这样一段时光在谁那里都不会是一个可以随便打发的时间，而作者也从一个青年人变成了中年人。现在当我们拿着陆军的这部书，也就看到了他在这段生命流程中做了些什么。

直观地看，他撰写了这么多文字、收集了这么多图片，文中还有大量注释，基本上可以断定他在资料采集上所耗费的心力。再稍作留意就不难看出，他的资料采集主要有三大类：一、近代以前的文献史料，包括正史、笔记、档案和文学史料等，直接取自丰富的古籍，还积极利用了这个时代数字技术所保留和传播的史料文件；二、以近代以来发现的考古出土物和相关的传世文物资料为主的实物史料，包括器物、绘画等，来源于各种各样的考古发掘报告以及丰富的海内外图录和研究资料集；三、现代学术研究成果资料，主要来自多种学术刊物以及集体的和个人的学术专著。作者的资料采集工作可以从此书附录三的参考文献中窥见一斑。记得当年我曾经要求陆军把《考古》、《考古学报》和《文物》这三份杂志从创刊至当时所刊载的不论长短、深浅，只要是与陶瓷有关的文章都必须看一遍，现在看来他的阅读量已经远远超出这个范围，我相信这一点会为他在考古学、文物学和陶瓷史等各方面打下一个比较坚实的学术基础。不过，陆军在史料研究上所花的功夫、所采取的方法及其开拓的眼界显然不止于此，如他对中国古代社会文化史、文学史、文字学以及考据学、诗学等方法的使用，应该得自于他转益多师的好处，这一点是应该看到和肯定的。

正因为如此，陆军在书里以内容详尽、形式丰富的多种史料为基础，对梅瓶这种器物做出了事无巨细尽皆网罗的翔实考证，深入讨论了相关的史论问题，仔细地绘制出中国梅瓶的历史发展脉络。由此，我们看到他对梅瓶的名称、功用等问题范畴的重新思考、辩证并提出了诸多很有见地的看法，也看到了他对梅瓶起源问题提出的分阶段、分层次的观点及其合逻辑的结论，还有他用其独特的样式研究方法努力描绘的中国梅瓶器形史。在此，我认为作者在研究上对问题的重视和深究是值得特别指出和强调的。他根本没有满足于占有资料和一般性的考据与

实证，他如果仅仅是这样做，那是没有出息的，而如果仅仅是这样来看待他和他的这部书，便是对作者的曲解。我认为，作者在极为丰富多彩的资料中着迷似的钻研和发现别样的问题，又将所有相关的问题一点一点地织造出一张错综复杂的问题网，再试图用他所构建的一整套有针对性的、系统的和整体的研究理念和研究方法，去解剖和重组这张史影斑斓的问题网络，并且对网上的每一个节点几乎都做了雕琢。要完成这样的工作，仅仅依靠史料的占有是无法胜任的，而是必须拥有和发挥理论的能力和智慧，应该说，陆军基本上是做到了。明确了这一点，读者可以试着到这部书里去寻找自己想要了解的以及自己还不了解的东西。

　　不仅如此，这部专著还有更为内在的特色，即作者在审美上的敏感性和追求。据我后来了解到，这一点与陆军从小就喜爱涂涂写写并从未间断美术学习和创作实践有着直接而密切的关系。陆军的大学本科在中央工艺美术学院完成了雕塑专业的学习，这一学业训练培养了他对造型的整体性和细节性的敏锐感悟，而且他在大学期间有机会接触到包括陶瓷、金工、石刻等多种工艺和材料方面较为系统的训练，这些丰富的实践经验为他日后从事纯粹学术性的工艺史论研究奠定了不可或缺的感性基础。自其大学毕业以后的二十多年来，本书的作者虽然没有从事过雕塑专业的工作，却遵循自己的兴趣一直在研习中国的书法、绘画和诗文，对祖国文化传统的挚爱使他的审美能力和研究能力同时获得了陶冶与升华。现在看来，种种因素和缘由无不细微地体现在这部洋洋洒洒过百万言的书里。如作者关于梅瓶样式研究方法的分析以及研究结论的阐述和归纳，无不显示出作者在充分的资料研究基础上带出的审美态度和价值取向；又如他取径文学史和社会风俗史对梅瓶的名称和功用的研究，在扎实的史料功底的基础上提出了诸多新见，也无不与作者深入细致的审美品位有着必然的连带关系。可以说，这种研究方式和态度在中国艺术研究院的治学传统中是一脉相承的，也与中国的学术传统相吻合，值得倡导和深入学习。

　　当然，目前出版的这部书不是没有遗憾的。《中国梅瓶研究》不单是陆军早年学位论文的延续，也是后来他申请的艺术学国家青年基金课题的成果。据他此前介绍，他的写作计划和原定框架至少还包括古代的中外梅瓶对比研究，不但有提纲，而且大部分写作已经形成了初稿，但是由于种种原因在此次出版时没有得到呈现。学术研究并非总能尽如己愿，这是常见的现象，但类似的事情仍然不免让人感叹学术研究之不易。希望作者以后有机会补齐他的成果，我想这么理想的结果于作者、于读者恐怕都能算是一件快事吧。

　　最后我还要对作者表达一个好奇的想法：你以后还会做什么？

2014年秋草拟于北京寓所

◎

自序

梅瓶是什么

　　据笔者所知，在比较熟悉梅瓶的人眼里，它以优美的体态而受人喜爱。不过从以往的研究来看，人们对梅瓶的看法和持有的观点却不那么单纯。本书的写作就是从了解人们的观点开始，到深入探究"梅瓶是什么"，及其引发的一系列问题，包括：梅瓶为什么被称为"梅瓶"？"梅瓶"所指的器物有过哪些曾用名？它们之间是什么关系？有关的曾用名是如何转变成"梅瓶"的？"梅瓶"一名起用于何时？导致梅瓶名称发生转变的原因是什么？这个转变又意味着什么？在此过程中梅瓶的用途发生了什么转变？梅瓶有过哪些功用？不同功用之间的关系如何？梅瓶名称、功用的变化与它"作为一种器物类型"的历史过程有何关系？这种器物类型的起源是怎样的？对其后续器形的衍化发生了怎样的影响？其中的恒变关系是什么？从名称、功用、器形到装饰、材质、工艺等方面，梅瓶的历史都有些什么规律可循？它对于认识中国的文化和历史有何启发？

　　这些追问构成了一个巨大的网络，而我还是愿意回到"梅瓶是什么"这个最不起眼的问题上，来谈谈下面的看法和本书的写法。其实，这个问题也是很多关心我工作的朋友们经常问起的，做了15年的梅瓶研究之后，我也时不时会对自己发出相同的质问，有时我都觉得它有点像个哲学问题。不管怎么说，能引起如此普遍和持久的发问恰恰说明它的基本性质——它是梅瓶研究首先要面对的，也是最终要解答的问题。"梅瓶是什么"要求回答的是"梅瓶"这个能指的所指。在笔者看来，梅瓶就是它的名实关系从缘起到衍生和不断变化而迄今不止的过程。在这个意义上，本书可以视作关于中国梅瓶名实关系的多层次、多角度的论述。

　　从"称名系统"的角度入手，本书对梅瓶现用名和曾用名的内涵以及诸多关系做了细致的辨析和讨论，作为论据的史料尽可能扩大到以往的研究曾经踩踏整齐的范围之外，论述的理路贴近了传统的考据。如通过宋元以来相关文学史料的梳理，笔者发现"梅瓶"原本并非器物名称，而是中国文人以瓶插梅的审美活动浓缩而成的审美意象。清宫档案则证明，最晚在清代康熙朝后期，"梅瓶"已经作为一个正式的器物名称而流行于当时的宫廷之内，以后也延续不绝。很显然，并不像以往人们所说的那样，"梅瓶"及其命名依据只是晚清到民国初期的市井臆造，但是这种观点在一百年来的中国古玩行以至于在陶瓷史学界中却是普遍流行的，要命的是，只要对后者追本溯源就不难发现，如此流行的观点从来就没有认真的史料梳理作为其流行的基础，更没有经过合理、有据的明确论证。所谓臆造，真不知所谓者何也。再如，现在人们都说梅瓶的曾用名是"经瓶"，还有人曾竭力呼吁应以之取"梅瓶"而代之，但是通过实物史料和文献资料的对比和寻索，本书证明了始见于北宋晚期文献中的"经瓶"，仅指当时各式各样的酒瓶当中具有梅瓶形式标志的某些样式类型而已，并不包括当时流行的所有梅瓶样式。因此，尽管这个曾用名对于梅瓶历史的研究很重要，但它充其量只是梅瓶这类器物的命名史上的特例之一，而当时梅瓶的名称常例是"壶"、"瓶"这类含义更宽泛的名称，今人如要考虑恢复其"本名"，也不应该以偏概全吧。而笔者以为，今天我们仍应该以"梅瓶"来称呼其所指的器物，这自有中国文化史的道理作为基础。

名只一端，实则千万。作为一种器物类型的名称，"梅瓶"所指的重点在于特定的形式和特别的用途，因此对于梅瓶之实可以从两个主要的方面做重点研究，即功用和形式。除必须仔细寻找梅瓶名称的前身后世之外，还要深入探究这种器物类型的用途和形式上的来龙去脉。

用不明则义不清。明了器物的功用，是准确把握其名称与形制之间关系的纽带。任何一种器物的功用，无论是实用性的还是非实用性的，本质上都是人类所赋予的，这正是器物作为人造物的魅力所在，也是中国文化的传统特别强调"器以载道"和"人文化成"的精义所在。在"人类赋予"这个意义上，古人赋予梅瓶以各种不同功用的过程，便也是赋予这些功用以"结构"的过程，由此我们看到了两大层面的梅瓶"功用"：第一层即"实用性能"，也就是梅瓶作为容器所被赋予的实际用途；第二层即"文化功用"，是梅瓶在不同的历史阶段和文化环境中，在一定的社会因素作用下，由人类的社会行为赋予的，是在实际用途之外体现出来的文化意义。进而观之，梅瓶的文化功用又可以在两个层次中分为两种：一种是礼仪功能，主要体现在人间的祭祀环境和地下的随葬环境中；另一种是审美功能，主要体现在插花和陈设等活动中。从"功用结构"的角度出发，本书把上述内容分别称为本体性功用、礼仪性功用、审美性功用，并视之为一个历史流变的过程来分别研究和阐释。通常，人们都认为梅瓶原本属于酒瓶，对其本体性功用的研究也就止步于此了。但是历史要比今人的常识丰富得多，也微妙得多。本书在形式研究的基础上，结合考古材料、文献史料和前人的有关成果，推断滥觞之初的隋代梅瓶首先是作为香水瓶出现的，它只在盛贮挥发性液体的意义上与后来主要用作酒瓶的梅瓶构成功用类同的关系。在梅瓶越过形式滥觞期而迈入成熟期的过程中，五代到北宋的梅瓶也开始承担其原本没有的礼仪性功用，由此打通了另一个关于幽明世界的文化领域。至于梅瓶的审美性功用，现在还不好完全肯定其肇端于何时，但笔者注意到，至少从金代开始，北方某些梅瓶的口颈部在装饰上表明了当时可能已经出现了作为陈设器的梅瓶，也就意味着梅瓶审美性功用的出现。有丰富的材料可以证明后两种功用的多种形式的存在，包括考古材料、古代图像和文学史料，等等。可以说从宋金到元明这样一个长时段之内，三个层次的三种功用在梅瓶之上一直是并存不悖的，其中有一些很平常也很有趣的文化机制导致了梅瓶审美性功用的加速演变，如用于插花的酒瓶所蕴含的象征机制，以及古玩化机制。通过历时性的逐层梳理，本书大致揭示了梅瓶功用结构日渐丰满的过程，其中蕴含的内容与自古以来中国文化传统所强调的道器之辨存在隐蔽的关系。

形可变而制有则。梅瓶的形式问题是本研究需要解答的重头。器物的形式涉及造型和装饰，就特定类型的器物研究而言，造型是首要的和主要的，相关内容包括形制、器形以及器形的样式三个层次。形制是某种类型的器物所具有的共性特征，它以概念的形式存在，而样式和器形是器物形制在不同层面的具体化表征。在笔者看来，梅瓶器形研究主要就是把握其形制因素在历史展现过程中所具有的特征和规律，由此涉及梅瓶装饰的特殊性。梅瓶的形制，构成了所有梅瓶个体器形的基本规定性，它的存在意味着我们可以把某一件或某一类器物称之为"梅瓶"，有些类似的器物至少在梅瓶研究的意义上可以被视为"类梅瓶器物"而具有重要的研究价值，是研究者必须正视的材料。至于器形，它是器物个体的表现形式，属于单体性的概念；样式则是器物群体表现出来的程式化类同特征的集合，是抽象性仅次于形制的概念。在讨论梅瓶现用名和曾用名的内容当中，本书分两次对"抽象的"梅瓶"形制"做过不同角度的深入剖析，以此为基础，本书的下卷（第五至第十章）借鉴了考古学型式划分的理论和方法，分别以足底部和口颈部作为分类的二级标志，将中国梅瓶作为一个系统化的整体而总共划分为"十类样式群"，并以六章的篇幅对中国历代梅瓶的器形衍化进行了深入细致的研究。因此，本书的附录一"中国梅瓶样式群分类与排序总表"，既是本研究最重要的成果之一，也是本书文图对读的重要部分。

本书对梅瓶器形的研究，尽可能广泛地占有了资料，但是资料的广泛性只是研究的必要条件，以下几点则是本书下卷当中值得介绍的内容：一、对梅瓶器形"起源"的研究，本书没有含混笼统地使用这个词，而是将其分为两个概念和两个阶段进行梳理和阐述，即"形式的端倪"和"形制的滥觞"。二、经过以考古材料为基础所做的形制对比研究，将梅瓶的形式端倪期划定在新石器时代到隋代以前，又将梅瓶的滥觞期划定在隋唐时期，并从中分别拎出多条形式线索，讨论了梅瓶的滥觞期和成熟期之间的形式相关性，而且以隋唐梅瓶为坐标确立了中国梅瓶器形样式的第一类样式群。三、在着重对历代各朝梅瓶做样式分类研究的基础上，从样式群的兴衰规模和地域分布的差异性特点入手，考察和讨论了历代梅瓶都有所不同的主次源流，描述了梅瓶格局的形成和历史演变，对于这一过程中具有文化特色的官民趣味和雅俗风尚等内容也有详略不一的讨论。

除了形式和功用，应该说梅瓶之实还要包括材质方始较为全面。材质是一种器物的形式得以落实的物质基础，使之成为可见、可触的对象。作为人造物，在器物制作过程中与材质必然构成一体的还有技术因素，也就是充满了文化的整一性、融合性以及地域差异性和历史传承性的工艺。工艺不单是保证材质得以成形的技术条件，还是梅瓶的器形和装饰得以呈现其文化性、历史性、区域性等各方面特征的技术指标。材质和工艺共同使得梅瓶的形制按照一定的样式来显现出具体的器形，反之也只有在一个个可感可知而又充满差异的个体上，我们才能通过历史积淀和审美心理等机制的作用来探讨和研究梅瓶的艺术风格。由于中国的梅瓶最常用的材质是陶瓷，因此以往关于梅瓶的探讨主要是在中国古陶瓷史领域之内来展开的。从遗存实物来看，陶瓷当然是梅瓶的主要材质，问题是我们不能忽视和忘记其他材质对于中国梅瓶的历史造就作用。研究表明，中国梅瓶滥觞之初就是以非陶瓷材质的选择作为起点的，到了后期，贵重材质的选用往往意味着梅瓶功用从实用性跨入了审美性领域。

正如前文所言，本书是从梅瓶研究的学术史开始谈起，经过对多层次的梅瓶名实问题逐层加以考辨，探究二者间的文化性互创，笔者希望能对中国器物史的研究有所启示，也希望能有益于对中国文化传统的认识和新创造。最后，笔者想用几句研究心得来结束本序，也可以视作本案的导读脉络。辞曰：

学关人心，究古观今；不废群言，不任一音；循名责实，古贤之箴；实分形用，材与工斟；依形辨名，酒经梅瓶；用变名转，化用造型。

甲午仲春于京华玄和堂

一、编排

1. 本书的内容主体，分为正文和附录两大部分。

2. 正文分10章，第一章属于本书绪论，第二至第四章可视为相对独立的名用篇，是为上编，第五至第十章可视为相对独立的器形篇，是为下编。

3. 附录含3份，性质和形式各有区别。

附录一"中国梅瓶样式群分类与排序总表"所含组图构成的"总表"共有10个，是本书非常重要的研究成果之一。

附录二和附录三属于资料性质。附录二含4份表格，分别是宋元各期墓葬出土梅瓶图像资料汇编。附录三是本书的参考文献，各条的结构和形式，按出版社编辑惯例进行处理。

二、正文标题层级

4. 正文的形式包含了论述、注释、图、表。

5. 正文按章、节、目、点的四级标题来划分结构，各级序数形式如"第一章"、"第一节"、"一"、"（一）"等。

6. 在点级以下，如需再做内容细分时，根据不同要求采取不同的序号形式，并无常格。主要有两种：

其一，"点"以下以"1、2"等以及更低的"（1）、（2）"等分级序号来表示问题的讨论、观点的总结，如第一章第二节第一目第二点内梳理的六种说法，以及第五章第五节第一目的第一、第二点内的有关内容。

其二，从第五章开始（如第五章第四节），尤其大量地出现于第六至第十章，所有梅瓶实例在"点"之下出现时，都采用"① ②"等序号形式来标明，序号在同一样式内按统一顺序排列。这一做法与本书在梅瓶形式研究上采取以"样式"为单元的方法有关（见下文第23条）。

三、图、表

7. 正文各章和附录分别有数量不等的图片、表格，其性质、形式和处理方式及其在正文行文中的表述方式，各有区别。

8. 正文的图片分插图、彩图、组图等形式，表格分为纯文字表格和图片表格，图片表格一律被视为组图，并作为图片统一排序。

9. 凡是在正文中出现的梅瓶或类梅瓶器物的研究性组图，一般都附有统一的比例尺，附录一也附比例尺，但后者仅是前者的0.5倍。正文还收录一些出自考古发掘报告的墓葬平面图，一般都保留原报告的比例尺。

10. 在正文里，无论所含单帧图片量有多少，插图或组图都以"组"为单元，采用阿拉伯数字表示"章—节—组"的形式来排序和标号。例如，"图1-1-1"表示"第一章第一节第一组图"。在多图一组的组图里，每一例图片的序号都以画圈的阿拉伯数字即"① ②"等，置于图片右下角或下方以表示序号，这样的实例图片就形成了"章—节—组—例"的表现结构；如果同一组图内出现一例多图（或不同角度，或不同局部等），则同例各图的右下角或下方以同一画圈阿拉伯数字接不同的英文小写字母来分别表示，如"①a、①b"等。

11. 附录一的梅瓶样式总表，属组图的性质，每一组图构成的一个总表均以中文数字排序，即"总表一"至"总表十"。其编排方式详见附录一起首"说明"，此不赘述。

12. 正文内的表格，在排序和标号方面也以阿拉伯数字表示"章—节—表格数"，如"表4-3-1"表示"第四章第三节第一个表格"。附录二的表格则非是，仅以中文数字排序，即"表一"至"表四"。

四、图例在行文中的表述

13. 一般来说，当某个梅瓶实例在行文中第一次出现时（常见于第六至第十章），除简明提示其出处和基本特征之外，将以双引号标示和保留资料源所使用的原名。这个做法与本书对梅瓶名称的研究相关联。如果资料源是考古发掘报告并有考古编号，则引用时还将在图号之前标明此考古编号。

14. 梅瓶实例在标引原名之后，将以圆括号标注其图片在本书内的位置，即图号。一例多图的现象决定了一例有多个图号的存在，而同一个例子在正文插图或组图以及附录一中同时出现时（这种情况极为普遍），一般只标注正文插图或组图的图号，必要时将同时标注两处图号。

15. 来自正文插图或组图的图例，与来自附录一各总表的图例，二者的图号在行文中的表述分别具有两种形式。

前一种形式，参见上文第10条，即在"图"之后以阿拉伯数字和小写英文字母表示"章—节—组—例"或"章—节—组—例—图"。例如"图2-3-1①"和"图6-2-8⑥a、b"，分别表示第二章第三节第一组图例①，以及第六章第二节第八组图例⑥的a、b两图。

后一种形式，参见上文第11条以及本书附录一的起首说明。例如，"附录一总表二：10a"，以及"附录一总表四：8a②"，前者表示这是一件属于样式二：10的梅瓶，在该样式中属于亚型a，其图片就是附录一总表四的10a，后者表示这是一件属于样式四：8的梅瓶，又属其中的亚型a，其图片是附录一总表四当中8a里面的第②幅图。

16. 至于其他非梅瓶图例在行文中的图号表述方式，一如第15条前一种情况。

五、注释

17. 本书的注释，在对象上分为文、图、表三类，形式也有一定区别。

18. 对文的注释是指对于以往研究成果、观点的介绍以及对文献、资料的引用等的说明，对图的注释是指对于采用已经出版或尚未出版的图片资料的出处或夹源等的说明，对表的注释是指对于某些表格有关内容的特殊性的说明。前二者绝大多数见于正文，标以阿拉伯数字为序号，后者见于少数表格的题后，标以星形标示号，以小字置于该表末端格外。

19. 正文注释采用页下注的形式，并以章为单元进行排序。

20. 图片资料的注释号均置于内置图号的圆括号后面的外边。

六、外文资料的引用及某些特例

21. 外文资料的引用，在注释上一般都遵循海外英文写作的传统通行惯例，某些转引或需要说明的资料源可能有所不同。

22. 另有一些外文资料触及某些敏感问题时，将以译文的形式加以专门的说明。

七、样式的排序及其与样式群的表述方式

23. 本书采用"以样式为单元进行样式群分类的器形研究"方法（见第一章第四节），表明了"样式"和"样式群"的关系是"个"与"类"的关系，而且"样式"是梅瓶器形研究中的基本单元，因此梅瓶实例也以"样式"为单元进行排序（其排序在行文中的表述方式见上文第6条之二），即虽然梅瓶各样式之内有可能还出现不同的亚型，但实例的排序是在每一个样式内部统一展开，而不是以样式亚型为单元来展开。在论述行文中，样式群的类以中文序数字表示，如"第一类样式群"、"第一〇类样式群"；而各个样式则做简称式的表述，如"样式二45"表示第二类样式群内的样式45；至于某个样式内部各亚型，将以英文小写字母a、b、c等分别表示并排序，如"样式一〇18e、f"分别表示样式一〇18之内的两个亚型e和f（还可以参见第五章第五节）。

中国梅瓶研究

上卷

Chinese
Meiping Vase
Research

第一章

中国梅瓶研究　上卷

Chinese Meiping Vase Research

第一章　绪论

回顾与设想

——梅瓶研究成果梳理和本书研究的说明

　　针对梅瓶的研究开始之前，本章先对以往的梅瓶研究成果做一番概括的学术史梳理，在此基础上，再对本研究涉及的理论、方法和一些基本观点加以论述。作为"研究前的研究"，这两个方面都与梅瓶研究本身关系密切，前者的清晰梳理和后者的明确阐释都有益于比较准确地确定中国梅瓶研究的思维起点。

1　邵蛰民辑著、余启昌增补、赵汝珍校勘《增补古今瓷器源流考》，十卷，初版于民国十年（1921年），增补再版于民国二十七年（1938年），影印收录于（中国）国家图书馆藏古籍文献丛刊之《中国古代陶瓷文献辑录》（全十册）第八册4036～4038页，全国图书馆文献缩微复制中心出版、新华书店北京发行所，2003年。也收录于桑行之等编《说陶》432～533页，上海：上海科技教育出版社，1993年。

第
一
节

近代以来梅瓶研究史的三个阶段和基本特点

　　梅瓶开始引人关注，始于晚清，作为中国古代器物史的研究专题之一则晚到20世纪晚期，其间经过一个循序渐进的过程，体现了中国近现代学术史的转型和本案研究的深入。因此，本书把梅瓶研究成果的考察范围设定在20世纪初期到21世纪初期前后大致一百年之内，梳理内容主要包括近现代学术背景下海内外相关论著中有关的观点、理论和方法等。

　　根据相关成果的宗旨趣味、研究方式、知识水平等特点，一百年来的梅瓶研究史大致可以划分为三个阶段。

一、第一阶段：从经验性描述到图文实证的近现代学术转型

　　这个阶段即20世纪前半期，从清末到1949年以前。这是中国近现代新旧学术混合与激烈交锋的时期，在基本观念、方法、思路和学术成果等方面均体现出与传统学术所不一样的时代特征。

　　在这个阶段还没有关于梅瓶的专文、专著，只有一些民间流行的谈瓷专书和极少量带官方性质的图录做了相关记述，大部分记录都没有具体内容。例如，初版于民国十年（1921年）的《增补古今瓷器源流考》[1]一书，提到了一些名为"梅瓶"的器物，没有细节描述，其"源流考"也不涉及梅瓶。只有以下三部述

2 〔清〕陈浏（号寂园叟）撰《匋雅》，上海
古瓷研究会1923年影印书贵山房重刊本，影
印收录于《中国古代陶瓷文献辑录》第一
册157～372页。也收录于《中国陶瓷名著汇
编》87～138页，北京：中国书店，1991年。

3 〔民国〕许之衡撰《饮流斋说瓷》（十
卷），上海朝记书庄本，影印收录于《中国
古代陶瓷文献辑录》第八册3719页。也收录
于《中国陶瓷名著汇编》139～174页。

4 伦敦中国艺术国际展览会筹备委员会编辑
《参加伦敦中国艺术国际展览会出品图
说·第二册·瓷器》，上海：商务印书馆，
1936年。节选本收录于桑行之等编《说陶》
799～927页，上海：上海科技教育出版社，
1993年。

5 如1916年罗振玉辑录印行的《古明器图录》
就是在西学东渐的背景下，延续中国金石学
的传统路径而注意到以往学术界极少注意的
明器，并做了初步的搜集、整理等研究尝
试。但是明器自古就属于礼器范畴，故此书
之作亦存在古已有之的渊源。

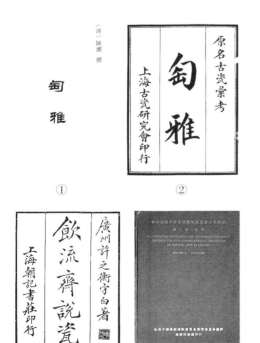

图1-1-1 　《匋雅》等书

及"梅瓶"的公私撰著分别对梅瓶有关内容做了尚属粗略的记述，值得注意：

陈浏撰《匋雅》[2]（图1-1-1①、②），成书于清末（1906～1911年），单立"梅瓶"条；

许之衡撰《饮流斋说瓷》[3]（图1-1-1③），十卷，民国初年印行，其中"说瓶罐第七"立"梅瓶"条；

伦敦中国艺术国际展览会筹备委员会编辑《参加伦敦中国艺术国际展览会出品图说·第二册·瓷器》[4]（图1-1-1④），1936年由上海商务印书馆发行。

今天学界所共知的是，《匋雅》是目前所知晚清以来最早用文字的方式将梅瓶的名称、形制和某些历史情况进行记录和描述的文献；《饮流斋说瓷》除了有类似的内容，还叙述了"梅瓶"命名的理由；而《参加伦敦中国艺术国际展览会出品图说·第二册·瓷器》成为近代以来最早以实物照片的形式载录"梅瓶"的第一部图录，不但收录了多件明清传世梅瓶，而且以"梅瓶"等不同的名称，对其基本状貌做了记录。无论是民间的"谈瓷专书"，还是官方性质的图录，这个阶段述及梅瓶的著作均属海内作者所作，主要以经验性的描述对梅瓶的名称、形制、品种、流传和传世作品做了记录和鉴别，所及范围局限于陶瓷领域，预示了在这一阶段的梅瓶研究主要集中在陶瓷研究领域的学术渊源和视野特征。其中，《饮流斋说瓷》在结构和叙述上虽然仍属传统式著作，但相比之下有了一定的系统性，反映了近现代学术转型的某些特点。《参加伦敦中国艺术国际展览会出品图说·第二册·瓷器》以图文对照的方式呈现了梅瓶的直观形象，使我们得以确定"梅瓶"所指，这一点具有非常重要的意义。根据这部图录的总序得知，此次展品的选择是由中英双方的专家"交换意见而甄选乃定"，编成图录的目的是"备参稽、资考证"，可以说是一部具备现代意义的资料图集。以上著作成为这个阶段梅瓶研究史中最重要的成果。

如果以当代学术眼光来回望这个阶段，也许有人会觉得那不能算是一个对梅瓶做出过研究的时代，或者以为上述成果只具有"准研究"的特点。果如此也并不奇怪，有关特点当决定于彼时学术和文化的状况。一方面，由于传统学术尚存余绪，中古以后始作为实用器而发展的梅瓶一向被归入匠技范畴，即使精美如明清所造亦如此，这就决定了此类文化遗产在20世纪前期是难以获得学术性关注和系统性的整理和研究的；另一方面，西方近现代科学观念与方法在中国虽然已有所传播，西方和日本的学者在乱局中也到中国来做过不少以探宝为目的的"考古"工作，并对中国学术界产生了相当影响[5]，但此时的中国考古学尚处于系统建构的起步阶段，考古对象的重点是彩陶、甲骨文和殷墟等意义显著的学术工程，中古以来的器物也就不可能规模化地进入现代学术研究的视野。因此，这个阶段涉及梅瓶的著作大多仍局限在古玩谈瓷的圈子里，传统式的经验性描述仍然兴盛，科学式的现代学术体例和理论性阐释均普遍缺乏。

不过我们应该看到，上述著作体现出来的近现代学术转型特征也是不能忽视的，若全面加以否定更是矫枉过正。一个很重要的理由是，如果没有《匋雅》、

《饮流斋说瓷》对"梅瓶"名称与其形制的对应性描述，如果没有《参加伦敦中国艺术国际展览会出品图说·第二册·瓷器》以文图形式直观地展现梅瓶的名称与器形，如果仅凭目前所知晚清以前的零星史料，那么，后来的研究者便无法或至少有很大的难度就器物名称的"梅瓶"与器物类型的梅瓶建立起直接的对应关系。须知，这种关系是器物研究当中名实关系得以建立的基础，它对于器物研究的学术逻辑具有极其重要的意义。不夸张地说，如果没有20世纪前期上述三种图书的不同记录，此后的研究者将难以单方面依靠早期史料的挖掘而准确地解答梅瓶的名实问题，对梅瓶的研究会陷入更为复杂和难解的局面。仅此而言，就足以表明上述著作对于"中国梅瓶研究"的意义之重要，其所采用的文字描述、文图参照的形式以及有关的内容，都具有不可忽视的研究性质和学术价值。[6]

二、第二阶段：系统研究的初步建构

　　这个阶段从1949年到2000年，也就是20世纪后半期。1949年以后，现代的中国考古学进入日趋成熟的发展时期，考古发掘和研究的范围不断拓宽，促使学术界对中国古代社会生活史和相关学科（如古代陶瓷史）的研究在不断深入，也深刻影响了中国器物研究的理念、方法和基本方向，对于中国古代器用艺术的研究和认识不断深化，梅瓶作为一种自中古时代以来具有浓郁的中国文化特色和审美特征的器物类型，逐渐进入了学术研究视野，梅瓶研究进入了第二个阶段。在此阶段的后期，复杂的综合性因素导致有关的研究机构和院校对中国工艺美术史的各个方面都逐渐形成从未有过的认识需要和研究热情，考古界、文博界、工艺美术界乃至美术界，都陆续有学者和有关专家或多或少地在学术研究和复制实践当中，触及梅瓶这个原本不太起眼的主题。

　　与此前有很大不同，这个阶段出版了大量的考古发掘报告，越来越多地介绍各地遗存或发现的古代梅瓶，多有符合考古学规范的科学记录。这是以往的中国古玩传统所没有也不可能有的视野和知识积累，可以说，现代考古学完善了梅瓶研究的资料准备工作，为下一阶段的深入研究奠定了基础，也根本性地改变了器物研究的框架，包括理论、方法和写作方式。在这样的大背景下，这个阶段的梅瓶研究专文呈逐渐增多的趋势。依据研究成果在形式和内容上的差异，这一阶段可以大致分为前、后两期。

　　在20世纪90年代以前，涉及梅瓶的海内著作以考古发掘报告和综合性的图录为主，包括出土物和传世品，只有少量的论著以或附带或专题的方式讨论过有关梅瓶的话题，深入系统的专门论述仍然不多。其中不乏真知灼见者，常以零星的点拨藏于非专题性论著的字里行间，典型者如宿白著《白沙宋墓》[7]，对宋

6　至少在20世纪90年代初期，研究中国古代陶瓷史的西方学者对中国梅瓶的基本认识可以说仍然基于《匋雅》、《饮流斋说瓷》的观点，如1991年由S. J. Vainker撰写的*Chinese Pottery and Porcelain*一书，在其Glossary（术语表）部分的"Meiping"（梅瓶）条中是这样解释的："Meiping Literally, 'plum blossom vase', a tall vase with a wide shoulder and small mouth. The shape was first made in the Song dynasty and became a standard form in the Ming."大意为"梅瓶，字面意为'梅花花瓶'，是一种宽肩小口的高体瓶。其器形首创于宋代，而明代形成典型"。除梅瓶器形"在明代形成典型"之外，其他的看法均源于晚清、民国初期的中国谈瓷著作，由此可见《匋雅》、《饮流斋说瓷》等作品的影响。引文见：S. J. Vainker, *Chinese Pottery and Porcelain*, From Prehistory to the Present, London, British Museum Press, 1991. pl225。

7　宿白《白沙宋墓》，北京：文物出版社，1957年。

8 孔繁峙《试谈明墓随葬梅瓶的使用制度》，载于《文物》1985年12期。

9 关于海外学者对中国梅瓶的研究，笔者掌握的资料还很不够，有待深入。现举日本学者长谷川道隆为例。他曾著文对辽、金、元三个朝代的"鸡腿瓶"（日本学界称为"长壶"）做过专题研究，其利用的资料主要是1949年至20世纪80年代中期现代中国考古学的有关成果，在此基础上他提出了一些有见地的观点，得出了一些有价值的结论。从行文来看，虽然长谷川道隆视鸡腿瓶与梅瓶为二物，但对于二者属于相关器物的这层关系却应该是同意的。见〔日〕长谷川道隆著、杨晶译《辽、金、元代的长壶》，《北方文物》1997年2期。杨晶的译文在文章注释最末已注明："本文译自东洋陶瓷学会《东洋陶瓷》1987～1989年，第17卷。"（112页）可见原作的成文时间是20世纪80年代末。关于鸡腿瓶与梅瓶，中国国内学者大多数倾向于认可二者的联系，有些人甚至认为它们就是同类器物，只是形态有别而已。笔者以为，由于二者之间存在不可割断的关系，因此应该把鸡腿瓶视作中国梅瓶的一个分支，将其纳入中国梅瓶研究的范畴，故也认定长谷川道隆该文是对中国梅瓶研究的推进。

10 "现代中国考古学的繁荣"常常被表述为"中国考古学的黄金时代"。见：中国社会科学院考古研究所《中国考古学的黄金时代》，载于《考古》1984年10期。

11 20世纪90年代的梅瓶研究专文包括：郭学雷《上海博物馆所藏红绿彩梅瓶探讨》，载于《南方文物》1992年3期；刘涛《梅瓶探识》，载于《东南文化》1998年1期；刘静《古瓶盛酒后簪花，花酒由来本一家——宋代梅瓶、玉壶春名称由来》，载于《东南文化》1998年1期；钟凤文《梅瓶话源》，载于《中国文物报》1998年6月21日。

12 中国古陶瓷研究会编《中国古陶瓷研究·第六辑》，北京：紫禁城出版社，2000年。

13 桂林博物馆编《靖江藩王遗粹——桂林博物馆珍藏明代梅瓶》，上海：上海人民美术出版社，2000年。

14 中国古陶瓷研究会编《中国古陶瓷研究·第六辑·后记》，375页。

代梅瓶的名称、器形、功用等问题做了准确而有影响力的阐释。一些专题讨论则多为局部性考证，代表作有孔繁峙《试谈明墓随葬梅瓶的使用制度》[8]。同期，海外如日本学者长谷川道隆也积极利用中国考古的相关成果，做了有意义的探索。[9]

随着中国考古学繁荣期[10]的全面到来，20世纪90年代成为该梅瓶研究第二阶段的最后酝酿时期。这十年里，各地墓葬和窑址陆续获大面积发掘，伴出大量各类材质、各个历史时期的梅瓶遗物，学术界在不断接触和学习西方的研究方法、引进各种理论的同时，更多地注意借鉴中国文化的传统资源，因此针对单类器物的考古学、博物学、工艺学、文献学等方面的研究得以不断深化，梅瓶研究专文渐次增多，特别是在1998年前后，梅瓶专论开始形成发表规模，其中一些专题论文[11]具有较高的研究水准。

三、第三阶段：多方位和多层面的关注

进入21世纪的十多年来，时间虽然不长，却是梅瓶研究的兴盛期，成为百年来梅瓶研究的第三个阶段。

2000年11月，由广西壮族自治区文化厅和桂林博物馆主办、中国古陶瓷研究会协办的"广西靖江王陵墓群出土青花梅瓶国际学术研讨会"（下文简称"桂林会议"）在桂林博物馆举行，同时将与会学者提交的论文结集出版[12]，还对桂林靖江王陵墓区出土的明代梅瓶也进行了专门整理，出版了彩版图录[13]。这是国内迄今唯一一次以一种中古以后的器物为专题而举办的大型国际性学术研讨会，成为最集中和最重要的一次梅瓶研讨活动。在"桂林会议"上，围绕明代靖江王陵墓区出土的大量瓷质和陶质梅瓶这一现象，与会学者发表了各自的看法，提交的论文"内容涉及有关梅瓶的称谓、源流、用途、造型、纹饰、烧造方法、文化背景等诸多方面"[14]，有不少论文对中国梅瓶的分期、分型做了研究。"桂林会议"和有关论文均力求在故史中求新知，使梅瓶研究获得极大拓展。继本次会议之后，桂林博物馆又于2001年春精选明代靖江王陵墓区出土的青花瓷梅瓶送至北京的中国历史博物馆（今名中国国家博物馆）展出，并再次举办小型学术讨论会。在"桂林会议"的影响下，全国多家考古类和文博类媒体于2000年至2001年间积极组稿，先后发表了一系列专题论文，不同侧面的研讨都有进展。此后十年来，仍有不少关于梅瓶的专题文章陆续发表。

这个阶段对梅瓶关注的广度和深度是前所未有的，在规模上也是同期其他器物类型个案的研究无法比拟的，以至于在20世纪初期的中国出现过一次小有规模的"梅瓶热"。这以后，中国陶瓷史学界作为考古学、文物学、工艺学、科技史学、美术学等众多学科交叉的领域，开始出现对器物个案研究的热潮，对中国器

物的关注由此进入一个新阶段。

　　综上所述，百年来的梅瓶研究成果集中在最近的这一阶段，与此前相比，这一阶段的梅瓶研究已发生了明显的学术转向，是中国现代考古学的知识积累和学术研究达到一定高度之后，对相关学术领域发生重要的影响而取得的特定成就。没有这个前提，"梅瓶研究"作为一个专题便很难持久，甚至难以成立，也不会出现由于知识的丰富而需要重新认识它的必要性。经过鸟瞰式的顺时梳理，尚需对以往的梅瓶研究成果做进一步的分析和归纳。

15　蔡毅《关于梅瓶历史沿革的探讨》、吕成龙
　　《梅瓶源流之我见》，均载于《中国古陶瓷
　　研究·第六辑》；石红《我国古代梅瓶初
　　探》，载于《文物世界》2006年5期。

16　张东《从上海博物馆藏梅瓶浅谈中国梅瓶的发
　　展》，载于《中国古陶瓷研究·第六辑》。

第二节

梅瓶研究在四个方面的成果

　　以往的梅瓶研究主要着重在器形、装饰、功用、名称这四个方面来展开，虽然也涉及制作工艺和社会史方面的不少内容，但后二者往往分别被纳入前四者的结构当中。由于有关成果集中在20世纪中期以后，下面的梳理和辨析即主要针对这一部分的内容来展开。

一、梅瓶器形研究

（一）对梅瓶器形演变过程的研究

　　器物研究首先顾及器形，因此关于器形演变过程的讨论是以往的梅瓶研究论著中涉及最多的内容，其中又分出梅瓶形制的起源问题。

　　由于宋代到清代是公认的梅瓶发展的主要时段，因此对梅瓶器形演变过程的考察都将视野落在这一时段当中，如蔡毅《关于梅瓶历史沿革的探讨》、石红《我国古代梅瓶初探》等[15]。这种考察往往与作者对梅瓶起源的看法有关，所以其中又有具体的区别。例如，蔡毅的论述实际上是从探讨辽代"鸡腿瓶"开始的，虽然他并不把"鸡腿瓶"视同梅瓶。而张东《从上海博物馆藏梅瓶浅谈中国梅瓶的发展》[16]一文则从唐代谈起。蔡、张两文的讨论相对集中和深入，各有千秋。对于不同历史时期陶瓷梅瓶的主要特点，两位作者都做了描述，涉及的问题包括阶段划分、时代风格、地域差异、窑口特征、典型样式、演变趋势、艺术特点等。不过他们各自采用的角度、侧重的方法和写作的体例风格等显然不尽相同。蔡文侧重于理论的探讨，提出了梅瓶的"北方起源"和"逐渐南传"两个观点，以此为框架，着重比较不同时期、不同窑口的器物在风格上存在的差异和联系，较多地使用美学修辞的方式做特征归纳，具有相对开阔的眼界与比较灵活的论述。张文则以比较沉稳的实践精神方式，采取直接触及实物的方式，对各时期梅瓶典型个案做细致观察，在强调陶瓷材料具有制约作用的基础上，着重从制作工艺的角度来考察器物个体的成形特点，以寻找梅瓶造型的演变规律，写作上

更偏向于说明性的清晰、细腻、准确，求真务实的态度和论述方式避免了空泛之弊。二者的区别还包括一些基本观点的不同，下文还会谈及。此外，还有不少文章对陶瓷梅瓶的器形演变做过描述，如刘涛《梅瓶探识》、徐林娇《梅瓶的起源与发展》[17]等。

这些工作彼此间尽管存在分歧，但其中的有益成果为我们了解中国梅瓶的演变过程提供了有价值的线索。另外，针对梅瓶器形做断代式、地域性、类型化以及其他方式的考察，其结果使我们对梅瓶器形的认识得以拓展。断代式研究主要是将时代特征相对一致的某一类梅瓶做形式上的比较，总结出不同时段流行的样式，从中探寻梅瓶器形的变化规律。这种工作是对梅瓶器形演变研究的深化，主要成果有：〔日〕长谷川道隆著、杨晶译《辽、金、元代的长壶》，拙笔《宋代梅瓶研究》，施远《青花梅瓶制作工艺研究》，张增午《元明青花梅瓶器型及相关问题》，〔日〕萱草园主人《明清御厂梅瓶的制作及发展》，周丽丽《略论明代景德镇梅瓶的装饰风格》，郑宏《明代青花梅瓶发展特点管窥》，王健华《明代万历朝青花瓷器及梅瓶》等[18]。以上工作有助于我们具体地了解宋元时期梅瓶的器形来源、样式的多样性和典型化、对明代梅瓶的影响、明代梅瓶的分期及各朝梅瓶的造型特点和演变方向，还对现象背后发生作用的机制做了一些探讨。

地域性研究着重考察不同地域之间，由于地区传统、风俗习惯、地缘条件等因素的差异而影响到梅瓶器形的差异，力求寻找属于同一地域器物（如同一地域生产、出土、传世或收藏的）在形式上的共性，而不同地域的器形差异和共性是阐释梅瓶演变与文化特征的重要内容。这方面特别值得关注秦大树《宋元时期磁州窑瓶类器物的发展及其使用功能探讨》[19]一文。在他这篇论文中，梅瓶的内容虽然只占一部分，却是最重要的一部分。作者指出了以往人们对早期梅瓶的认识误区，揭示了早期梅瓶的基本特点，提出了应该集中针对某个窑口（如磁州窑）的内部关系来探究梅瓶在该窑内发生衍化过程的观点，强调运用考古学特别是器物类型学的方法来确定梅瓶衍生的线索，由此展开梳理工作和尽可能深入翔实的研究。这些观点都具有重要的启发性。其他关于梅瓶器形地域性研究的专文，比较集中地针对了南京地区和桂林地区的明代贵族与官僚墓葬出土的同期梅瓶，如张浦生、施加农《南京地区出土明初梅瓶浅说》，程晓中《南京明代贵族墓葬出土梅瓶研究》，朱兰霞《南京地区出土宋、明梅瓶之研究》，葛华、唐奇岭、唐春松《桂林博物馆藏梅瓶综述》，李铧《桂林出土的梅瓶及其相关文化》，张阳江《对桂林出土的明代瓷梅瓶研究》，张凯《浅谈馆藏广西出土的青花梅瓶》[20]。此外还有任志录、孟耀虎《山西近年出土的梅瓶》[21]等文。这些论文有重点地提示了对于梅瓶器形研究具有特殊意义的区域遗物，而且特定区域往往都是与特定时段相联系的，因此有关成果对于中国梅瓶器形演变整体状况的研究具有深化作用。

类型化研究是指，或从特殊用途出发，或做工艺类别的归纳，或就窑场归

17　刘涛《梅瓶探识》，载于《东南文化》1998年1期；徐林娇《梅瓶的起源与发展》，载于《陶瓷研究》2001年4期。

18　〔日〕长谷川道隆著、杨晶译《辽、金、元代的长壶》，载于《北方文物》1997年2期；施远《青花梅瓶制作工艺研究》、张增午《元明青花梅瓶器型及相关问题》、郑宏《明代青花梅瓶发展特点管窥》、王健华《明代万历朝青花瓷器及梅瓶》、周丽丽《略论明代景德镇梅瓶的装饰风格》，载于《中国古陶瓷研究·第六辑》，北京：紫禁城出版社，2000年；陆军《宋代梅瓶研究》，载于《美术观察》2001年9期；〔日〕萱草园主人《明清御厂梅瓶的制作及发展》，载于《收藏界》2007年9期。周丽丽《略论明代景德镇梅瓶的装饰风格》一文的标题虽着重于"装饰"，实则文章的第一部分是"从器物造型看明代各朝梅瓶的变化特征"，并有较详细的描述。

19　秦大树《宋元时期磁州窑瓶类器物的发展及其使用功能探讨》，载于《南方文物》2000年4期。

20　张浦生、施加农《南京地区出土明初梅瓶浅说》，程晓中《南京明代贵族墓葬出土梅瓶研究》，葛华、唐奇岭、唐春松《桂林博物馆藏梅瓶综述》，李铧《桂林出土的梅瓶及其相关文化》，张凯《浅谈馆藏广西出土的青花梅瓶》，均载于《中国古陶瓷研究·第六辑》；朱兰霞《南京地区出土宋、明梅瓶之研究》，载于《南方文物》2000年4期；张阳江《对桂林出土的明代瓷梅瓶研究》，载于《陶瓷研究》2000年4期。

21　任志录、孟耀虎《山西近年出土的梅瓶》，载于《中国古陶瓷研究·第六辑》。

22　许建林、袁海清《介绍几件汝窑址出土的梅
　　瓶标本——兼谈对汝窑梅瓶的初步认识》，
　　载于《中国古陶瓷研究·第六辑》；陆鹏
　　亮《"内府"款梅瓶探考》，载于《东南
　　文化》2003年3期；秦大树《巧剜明月染春
　　水——记一件绿釉定窑梅瓶兼谈北方绿彩
　　瓷（上、下篇）》，载于《收藏界》2006年
　　2、3期。

23　薛翘《明蓝釉剔花人物纹梅瓶》，载于《南
　　方文物》1984年2期；张浦生、霍华《一片
　　彩云西边来——从铁红"赏赐"铭梅瓶谈
　　起》，载于《东南文化》2000年2期；张浦
　　生、霍华《梅瓶三绝》，载于《东南文化》
　　2000年4期；HL.D（香港）、叶文程、李
　　广宁、张勇《香港华强中国古文化研究会
　　活龙居收藏的梅瓶》，载于《南方文物》
　　2000年4期；杨爱玲《河南收藏历代梅瓶之
　　所见》、贺战武《介绍桂林新近发现的一件
　　万历青花梅瓶》，均载于《中国古陶瓷研
　　究·第六辑》；韩鸿业、王燕玲《北京军科
　　院宿舍楼出土青花梅瓶的年代初探》，载于
　　《北京文物与考古》第6辑，2004年；赖金
　　明《江西省博物馆藏梅瓶欣赏（上）》，载
　　于《收藏家》2007年12期。

24　张东《从上海博物馆藏梅瓶浅谈中国梅瓶
　　的发展》，《中国古陶瓷研究·第六辑》
　　149页。

25　〔日〕萱草园主人《明清御厂梅瓶的制作及
　　发展》，《收藏界》2007年9期55页。

属进行探讨等众多的观察角度，针对不同类型的问题来研究器物。它要求作者保持敏锐的问题意识，还要具备良好的学术素养，能灵活有效地将一些独特的或看似无关的现象进行关联性思考，调动丰富的知识并运用必要的理论工具来开展工作。这类成果的关注点更为具体，有时提出的问题看似小而意义大，由此将梅瓶研究引向纵深。较具水准的相关著作有：许建林、袁海清《介绍几件汝窑址出土的梅瓶标本——兼谈对汝窑梅瓶的初步认识》，陆鹏亮《"内府"款梅瓶探考》，秦大树《巧剜明月染春水——记一件绿釉定窑梅瓶兼谈北方绿彩瓷（上、下篇）》等[22]。这类研究的难度较大，以往的成果也相对较少，是以后需要加强的方向。

　　不少作者曾对各地出土或收藏的梅瓶个体或具有独立性的梅瓶集群做过介绍和分析，涉及梅瓶器形内容的文章有：杨爱玲《河南收藏历代梅瓶之所见》，赖金明《江西省博物馆藏梅瓶欣赏（上）》，HL.D（香港）、叶文程、李广宁、张勇《香港华强中国古文化研究会活龙居收藏的梅瓶》，张浦生、霍华《梅瓶三绝》，张浦生、霍华《一片彩云西边来——从铁红"赏赐"铭梅瓶谈起》，韩鸿业、王燕玲《北京军科院宿舍楼出土青花梅瓶的年代初探》，薛翘《明蓝釉剔花人物纹梅瓶》，贺战武《介绍桂林新近发现的一件万历青花梅瓶》等。[23]

（二）对梅瓶形制起源的研究

　　关于梅瓶形制起源问题的研究，或曰梅瓶形制探源，实际涉及的问题众多。在这方面，以往的研究者常常以"起源"、"渊源"、"创制"、"创烧"、"定型"等字眼去指代梅瓶形制探源工作的不同内容，先后形成了六种说法，即"溯源远古说"、"唐代说"、"五代说"、"辽代说"、"宋代说"和"无定论说"。

1. 溯源远古说

　　持所谓"溯源远古说"的作者比较少，它是近年来才出现的一种说法，而且都不甚明确，一般只是把梅瓶与新石器时代的某些器形加以联系。如张东就曾将"梅瓶的出现"与新石器时代的器物联系起来，他说"梅瓶的出现，现在已经无法考证它出现的最早形态，但早在新石器时代，似乎就有了类似的小口丰肩弧腹敛胫的器物"，同时表示"我们却难以直接找到它们和梅瓶之间的必然联系"[24]。数年之后，一位署名萱草园主人的日本籍学者比较明确地把梅瓶形制的源头上溯至中国的新石器时代，他在《明清御厂梅瓶的制作及发展》一文中开门见山地说："'梅瓶'是中国古代一种比较典型的实用装饰性器物，最早可以上溯至新石器的储水陶器，后来经过不断改良，到唐宋时期发展为以装酒闻名的容器。"[25]不过，萱草园主人对自己的这一说法并没有进一步说明，也没有挑明所谓"新石器的储水陶器"是指哪一种器物，更没有就此提出相关的证据和论证。

总之，溯源远古说是目前把梅瓶形制渊源上推得最早的一种说法，但是这种说法需要明确和肯定的证据，更需要从理论上展开符合文化规律和认识逻辑的深入研究，这两方面的缺失都导致此类观点只停留在"一种说法"而已，难以自圆其说，在一个日渐崇尚实证学风的时代里不可能赢得学界的普遍理解和接受。[26]

2. 唐代说

从20世纪80年代中期以后，"唐代说"日渐获得中国古陶瓷学界的普遍接受。就笔者所知，较早明确提出唐代说的作者是孔繁峙，他在《试谈明墓随葬梅瓶的使用制度》一文中说："梅瓶最早出现于唐代，到宋代已大量流行。"[27]此说一出，响应者渐众，甚至有不少作者常常引用此意作为文章的开场白。然而细审孔文，其说法既无论证，亦无文献史料或出土材料的根据，附和者当然也是人云亦云。[28]

支持唐代说又较为切实的作者，分别以实物或图像资料为依据来努力用功。用实物来支持唐代说而较有代表性的作者分别是李辉柄和张东。李辉柄在由其主编的大型画册《故宫博物院藏文物珍品全集·31·晋唐瓷器》中，为该书收录的一件断代为"唐"的"白釉大梅瓶"撰写了图版说明（图5-4-2②），文中除了器物描述还有如是说："梅瓶一般认为起始于宋代，此件实物证实，梅瓶在唐代就已经出现。"[29]它针对宋代说而言，采用陶瓷学界和文博界常用的"以事实说话"的方式做如上判断。遗憾的是，北京故宫博物院所藏此瓶的来历并不清楚，论述者既没有提供该器物的考古学证据，对其鉴藏始末也未做交代。

张东在他向"桂林会议"提交的论文里，针对故宫博物院藏上述"白釉大梅瓶"以及上海博物馆藏"唐代白釉梅瓶"（图5-4-2③）而得出结论："梅瓶器型的定型，现在比较肯定的结论是在唐代"，"唐代的梅瓶已经具备了梅瓶造型的基本特征"，而且唐代的梅瓶是"梅瓶器型的成熟形态"。[30]作者使用了"定型"和"成熟"等字眼来表明一种肯定的语气。经过对该瓶的器形特点和制作痕迹的观察，张东发现它不但具备唐代器物造型的典型特征，还运用了在器腹中部接缝的分段粘接的成型方法，指出这是一种"成熟的制作工艺"，所以他又进一步指出："唐代以前，梅瓶还应该有它更早的形态，在唐代以前它还是有一个发展过程。"[31]这说明，在张东看来梅瓶形制的早期形态和创制时间还在唐代以前，至于早期形态如何、早到什么时候，作者在文章开篇即明确表示"梅瓶的出现，现在已经无法考证它出现的最早形态"[32]。不管怎样，至少作者认为唐代已有梅瓶，其主要的（其实也是唯一的）立论依据是上海博物馆收藏并断为唐代的白釉梅瓶以及上述故宫博物院的藏品——作者声称二者的"制作工艺相同"，属于"同一窑口的产品"。[33]同样令人感到遗憾的是，张东在其文章里也没有为这件"唐代白釉梅瓶"提供除经验式鉴定以外的有效断代依据。[34]附带一提，上海博物馆对该藏品的命名持谨慎态度，在陶瓷馆常规陈列中，该瓶展览标签注明断代为"唐"的同时，并未称之为"梅瓶"，而是名曰"白釉瓶"（图

26　笔者在这方面有所尝试，可参阅本书第五章第一、二节。

27　孔繁峙《试谈明墓随葬梅瓶的使用制度》，《文物》1985年12期90页。

28　张浦生、施加农《南京地区出土明初梅瓶浅说》一文也声称："据考古资料，梅瓶最早出现于唐代，到宋元时期大量流行。"（《中国古陶瓷研究·第六辑》128页）可是也同样没有举出有关的"考古资料"。引用孔文并支持唐代说的作者概述如下：葛华、唐奇岭、唐春松《桂林博物馆藏梅瓶综述》，唐奇岭《浅析两座靖江王墓出土的青花梅瓶——兼谈广西酿酒、制药、旅游业与文博事业共同发展的新机遇》，唐春松《试析靖江王墓出土青花岁寒三友梅瓶》，均载于《中国古陶瓷研究·第六辑》；刘春《梅瓶与青花的艺术》、陈力《从桂林靖江王墓出土梅瓶谈明代随葬制度》，均载于《南方文物》2000年4期。

29　李辉柄主编《故宫博物院藏文物珍品全集·31·晋唐瓷器》图版157及对页图说，香港：商务印书馆（香港）有限公司，1996年。

30　张东《从上海博物馆藏梅瓶浅谈中国梅瓶的发展》，《中国古陶瓷研究·第六辑》149、153页。

31　同上，153页。

32　同上，149页。

33　关于上海博物馆藏"唐代白釉梅瓶"，张东一文做了介绍并附有图片。见张东《从上海博物馆藏梅瓶浅谈中国梅瓶的发展》图一，《中国古陶瓷研究·第六辑》149页。作者在文中还说："就现在看到的几件唐代白釉梅瓶，不管是上博藏的二件，还是故宫收藏的，它们的制作工艺却是相同的，应该是同一窑口的产品。"（《中国古陶瓷研究·第六辑》153页）

34　张东《从上海博物馆藏梅瓶浅谈中国梅瓶的发展》："从上海博物馆和故宫博物院藏的唐代白釉梅瓶来看……现在还不能完全肯定此类梅瓶的具体窑口，但从其胎和釉所具有的特征来看，应该是唐代北方窑口生产的无疑。"（《中国古陶瓷研究·第六辑》153页）

35　上海博物馆编《中国古代白瓷国际学术研讨
会论文集》表现了同样谨慎的态度，见上海
博物馆编《中国古代白瓷国际学术研讨会论
文集》图版24及图注，上海：上海书画出版
社，2005年，688页。按：该图录所标尺寸
与张东提供的尺寸不同。

36　李寿石椁，见陕西省博物馆、陕西省文管会
《唐李寿墓发掘简报》，载于《文物》1974
年9期。该"简报"只刊布了《乐舞图》，
未及《侍女图》。对后者的描述，见孙机
《唐李寿石椁线刻〈侍女图〉、〈乐舞图〉
散记（上）》图三，《文物》1996年5期41
页。孙机一文对图中侍女做了统一编号，
"手捧长瓶"的侍女形象属第二幅21号。

37　孙机《唐李寿石椁线刻〈侍女图〉、〈乐舞
图〉散记（上）》，《文物》1996年5期41页。

38　〔日〕长谷川道隆著、杨晶译《辽、金、元
代的长壶》，载于《北方文物》1997年2期。

39　刘涛《梅瓶探识》，《东南文化》1998年1
期128页。

40　刘丽文《镇江出土明代弘治正德时期的青花
瓷器》，《中国古陶瓷研究·第六辑》303
页。按：这个表述显然把"器物图像"与
"器皿实物"给弄混了。

41　杜文《浅谈梅瓶的源流与演变（下篇）》，
《收藏界》2003年2期18页。按：引用和步
趋孙机观点的作者还见石红《我国古代梅瓶
初探》，《文物世界》2006年5期42页。

42　张增午《元明青花梅瓶器型及相关问题》，
《中国古陶瓷研究·第六辑》198页。

43　如蔡毅认为，唐代邢窑白釉瓶（故宫博物院
藏）以及唐代岳州窑盘口瓶，在形制上均
"近似梅瓶"，但是将它们与梅瓶相提并论
还"有待于进一步的考古发掘结果"。见蔡
毅《关于梅瓶历史沿革的探讨》，《中国古
陶瓷研究·第六辑》91页。

5-4-2③）。[35]

以考古发现的图像资料为依据来支持梅瓶出现于唐代的做法，导源于孙机先生。孙机在20世纪90年代中期撰写的《唐李寿石椁线刻〈侍女图〉、〈乐舞图〉散记（上）》一文中认为，1973年在陕西三原县焦村发掘的唐贞观五年（631年）淮安靖王李寿墓出土的一幅石椁线刻《侍女图》上出现的"长瓶"图像（图4-2-4），[36]"可以推测为陶瓷制品"，他说这种"长瓶更是宋元时习用的盛酒之具，即清人与近人讹称为梅瓶者，在唐代陶瓷遗物中似乎没有见过。石椁上的图像表明长瓶的出现比以前出现的认识要早得多"[37]。孙机使用的"长瓶"一名，似来自日本学术界对辽、金、元时期"鸡腿瓶"的称谓"长壶"[38]。尽管孙机并没有拿出令人信服的初唐梅瓶实物，但他有节制的推测表明，他的看法（不妨名之曰"初唐说"）与上述"唐代说"相比更进了一步，将梅瓶形制探源问题向前推进到一个更为明确和更为具体的、具备考古学一定基础的时间段之内，对梅瓶形制探源是一个重要贡献。应该看到，梅瓶起源"初唐说"得以立论的考古学基础和工作方式正是不断积累的中国考古学奠定的结构，既立足于现代考古学，又充分借鉴了传统的学术资源。

因为孙机的立论有较大说服力，所以此后他的观点便成为一种现成的资源而不断为人所用。例如，刘涛不点名地援引道："关于梅瓶的创制时代，近来又有新说。……画面上，在一列侍女捧持的各种器物中，竟有一种梅瓶，其基本式样与宋元习用的梅瓶没有什么不同，而且从画面还可以推测出是陶瓷制品。"[39]刘丽文则说："从考古资料来看，梅瓶最早出现于唐代……其中一侍女手捧梅瓶，口部覆有荷叶形盖，这是目前发现最早的梅瓶。"[40]杜文等人则明确地援引了孙机先生的观点。[41]他们立论的证据都是唐贞观五年（631年）李寿墓石椁线刻《侍女图》，观点也都得自于孙机的"初唐说"，在资料和逻辑上没有新的进展。

以上关于梅瓶起源于唐代的观点赖以支持的基础材料，要么是出处不够明确的实物，要么是尚显有限的考古学图像资料，不无遗憾的是前者缺乏可靠的考古学基础，后者尚需相关实物加以印证，两者之间又难以形成有效的互证，因此均显得不够充分。

在此之外，有一些作者希望从唐代的"盘口瓶"入手寻找梅瓶在唐代的源头，如张增午在《元明青花梅瓶器型及相关问题》一文里探讨"梅瓶的渊源"时曾提出，宋代的梅瓶"是由隋唐时的盘口壶，或称为长瓶的发展演变而产生的"[42]。即便这个观点不乏创见，却因其立论依据不足和研究的非系统性而在当时就遭到了质疑。[43]

3. 五代说

与"唐代说"相关的观点另有一个更早的版本，但在思路上和叙述上与张增午有明显不同，即刘涛在《梅瓶探识》中讨论孙机观点之后，因后者的考证所依

据的"李寿墓线刻梅瓶因口部覆有荷叶盖，难以识其全貌，这里姑且不谈"[44]，在没有相应年代的实物作为实证基础的前提下，刘涛似乎觉得孙增午的观点有些超前，所以他另外提到一种"唐以前已基本定型"，"今北方地区隋、唐墓葬和瓷窑遗址中多有出土"的"盘口瓶"。[45]只不过刘涛与张增午不同，他没有将这类盘口瓶与梅瓶做直线式联系，而是在中间插入一个与唐代盘口瓶形制相似的"橄榄瓶"作为唐代盘口瓶与后世梅瓶之间的一个过渡性中介——他引用的材料是1992年河南洛阳五代后周墓出土的酱褐釉瓷"尊"[46]（图6-2-8①），并表示这条考古学材料"为证实梅瓶的出现早于北宋又提供了实物资料"，指出这件瓷"尊"造型与今天习称的橄榄瓶"极为相似"，而"橄榄瓶作为梅瓶的一种形式，创制时间因此被稍稍提前，由此也可探知梅瓶的发展演变"。借此刘涛将形制上相似的唐代盘口瓶、五代橄榄瓶、宋代梅瓶这三者联系起来做如下推测：这三种器物"似有一种亲缘关系，即橄榄瓶是盘口瓶发展演变的结果，也可以说，橄榄瓶是盘口瓶向梅瓶过渡阶段的产物"。在他判断橄榄瓶于五代以后流行的区域和时间都有限的前提下，刘涛认为橄榄瓶"是梅瓶的早期形态"。[47]刘涛的观点可以视为梅瓶形制探源问题上的"五代说"。

4. 辽代说

认为梅瓶形制创始于辽代的说法，集中出现在2000年"桂林会议"时期，但是笼统的"辽代说"不能代表作者们的具体意见，需要做一些必要的辨析方始明了。蔡毅在论文中首先强调梅瓶"北方起源"说，其所谓"北方"是指契丹领地，也就是长城南北辽境地区。他以辽代墓葬壁画中背负鸡腿瓶的形象为例，从实用功能的角度出发，认为契丹人早在"宋代梅瓶"出现以前就制造出用于运输和储藏水的鸡腿瓶，又以赤峰缸瓦窑调查所见鸡腿瓶残器为例来说明"辽代鸡腿瓶的出现要早于宋代的梅瓶"。与"北方起源"说相关，蔡氏进一步提出梅瓶"逐渐南传"的观点，他认为"当'梅瓶'在北宋出现时，还保留辽代鸡腿瓶烙印"[48]。对比蔡文关于梅瓶的"起源"与"演变"这两部分的内容及其逻辑可知，蔡毅认为契丹人创制的鸡腿瓶还不是梅瓶，而是梅瓶形制的源头。[49]

需要稍作说明的是某些作者对蔡毅辽代说所持的意见。如石红在《我国古代梅瓶初探》一文中认为，鸡腿瓶与梅瓶属于同一类器物，又将孙机举证的初唐梅瓶图像"长瓶"与梅瓶和鸡腿瓶联系起来，认为"鸡腿瓶只是梅瓶演化进程中的一个重要环节"[50]。不仅如此，石红还认为鸡腿瓶的"出现并不是偶然的，肯定是受到中原地区此类造型器物的影响"[51]，换言之，石红的观点与蔡毅的南传说正好相反。但是石红承认鸡腿瓶是工匠按照契丹民族游牧生活的实际需要加以改造而产生的新器形。看来，在梅瓶形制起源问题上，"辽代说"的关键是如何看待鸡腿瓶与梅瓶的关系。

在任志录与孟耀虎合作的文章中便声称："大量考古资料显示，梅瓶器型最早出现于辽。"[52]虽然他们并未展示必要的考古材料并做论证。两位作者显然

44　刘涛《梅瓶探识》，《东南文化》1998年1期128页。

45　同上。

46　洛阳市文物工作队《洛阳发现一座后周墓》图四，《文物》1995年8期。

47　本段刘涛的观点和论述均见刘涛《梅瓶探识》，《东南文化》1998年1期128页。

48　蔡毅《关于梅瓶历史沿革的探讨》，《中国古陶瓷研究·第六辑》90、91页。

49　日本学者长谷川道隆在其《辽、金、元代的长壶》一文，也透露出相同倾向的观点。

50　石红《我国古代梅瓶初探》，《文物世界》2006年5期42页。

51　同上，43页。

52　任志录、孟耀虎《山西近年出土的梅瓶》，《中国古陶瓷研究·第六辑》172页。

第一章

53 任志录、孟耀虎《山西近年出土的梅瓶》图一：1，《中国古陶瓷研究·第六辑》170页。

54 中国硅酸盐学会《中国陶瓷史》，北京：文物出版社，1982年，294页。

55 冯先铭《中国古陶瓷图典》，北京：文物出版社，1998年，137页。

56 如以下作者均持梅瓶起源于宋代的说法：刘静《古瓶盛酒后簪花，花酒由来本一家——宋代梅瓶、玉壶春名称由来》，载于《东南文化》1998年1期；刘毅《梅瓶小考》，吕成龙《梅瓶源流之我见》，程晓中《南京明代贵族墓葬出土梅瓶研究》，杨后礼、范凤妹《浅谈元代青花梅瓶》，郑宏《明代青花梅瓶发展特点管窥》，均载于《中国古陶瓷研究·第六辑》。

57 杨道以《冰肌玉骨靓丽迷人——高安元青花梅瓶鉴赏》，《东南文化》2001年8期67页。

58 张东《从上海博物馆藏梅瓶浅谈中国梅瓶的发展》，《中国古陶瓷研究·第六辑》149页。

59 秦大树《巧剜明月染春水——记一件绿釉定窑梅瓶兼谈北方绿彩瓷（上篇）》，《收藏界》2006年2期75页。

也把鸡腿瓶与梅瓶视为同一类，如他们介绍的山西省博物馆藏"凸凹弦纹黑釉梅瓶"就是一件通常会被视为鸡腿瓶的器物，在他们的介绍文字里也称之为"鸡腿瓶"，并断言："以辽代壁画及辽墓出土物看，它（指鸡腿瓶）应是早于中原地区的梅瓶，中原地区北宋时出现的梅瓶，或有可能是此类瓶式的中原化器物。"[53]这个观点与蔡毅的南传说基本相同。

从以上成果的梳理和辨析来看，学术界对鸡腿瓶和梅瓶相互关系的认识仍存在明显的分歧，是梅瓶研究当中需要认真研究和讨论的问题之一。

5. 宋代说

此外，在很长一段时间里，梅瓶起源的"宋代说"曾经是为人们普遍接受与认可的定论。曾经有广泛影响的许之衡《饮流斋说瓷》一书对梅瓶的看法可能加强了这个认识。而在中国古陶瓷史研究领域中作为经典性的现代著作之一的中国硅酸盐学会主编的《中国陶瓷史》，在经过大半个世纪的考古学积累基础上，对梅瓶形制探源问题也持类似观点。该书在第七章第六节谈宋瓷造型之前均没有提到过"梅瓶"，至此则指出"梅瓶是宋代南北瓷窑普遍烧制的又一瓶式"[54]。这个力求稳妥的表述是建立在陶瓷考古基础上而被证实确切无疑的历史现象。此后，像冯先铭主编的工具书《中国古陶瓷图典》也明确赞成此说，但表述方式有所不同，认为梅瓶是"北宋创烧的一种瓶式"[55]。"创烧"二字较前者显得绝对化，意指梅瓶形制从北宋才开始出现。类似的较为绝对的说法很可能是梅瓶研究者们纷纷探源的促动因素之一。不过"宋代说"至今仍有较大的影响力，不少作者也并不避讳"创烧"或类似的说法。[56]

6. 无定论说

还有一种声音，微弱而立场不明，即"无定论说"。如杨道以在一篇文章中肯定梅瓶于"宋代开始常见"，之后又设问："梅瓶始于何代？"他自己给出的答案是"目前尚无定论"。[57]我们可以把这种说法看成是对学术界有关研究尚存多种意见而不便定论的一种态度。另外，如果细审其文，张东在梅瓶形制探源的问题上也倾向于"无定论"态度，只不过其观点相对要实在一些，他说"现在已经无法考证它（梅瓶）出现的最早形态"[58]，有关内容已见前述。

除此之外，还有一些学者提出过某些观念性的看法，如秦大树先生曾指出："梅瓶这类器物的发展是与瓷器生产的逐渐成熟相伴随的。"[59]从具体语境来看，他这个看法主要针对宋金时期，但是他的主旨显然并不在于为梅瓶的出现给出具体的时间，而是提示梅瓶已经出现之后的发展过程所必须的条件。如此看来，这个看法似乎无补于梅瓶形制起源的讨论，但是如果我们能够理解"梅瓶形制探源"在本质上是一个需要系统的理论来解释大量实物材料的问题的话，就不应该拒绝各种有益的理论观点的启发。

综上所述，以往关于梅瓶形制探源的工作有成绩，有推进。首先，对梅瓶形制起源的问题已打开思路，不再局限于长期流行的宋代说。其次，有些观点如初唐说（孙机）、五代说（刘涛）等均以不同形式的考古材料作为立论基础，具备一定的说服力，而有些说法如辽代说（蔡毅）则涉及梅瓶器形样式划分的问题。再次，类如唐代以前应该存在梅瓶的早期形态和发展过程的某些推断（张东），不乏启发意义。

二、梅瓶装饰研究

相对而言，梅瓶装饰研究的成果在整体数量和内容比重上都偏少，专文不多，而且主要关注和讨论元、明两代青花梅瓶的装饰。有些论文不以梅瓶装饰为专题，但包括了装饰研究的内容。由于"桂林会议"的原因，关于靖江王墓区出土的明代青花梅瓶装饰的文章数量相对多一些。

吕成龙《梅瓶源流之我见》[60]一文在概述历代梅瓶器形演变情况的同时，列举了各朝代梅瓶的主要饰纹与装饰工艺。杨道以《江西高安元代青花梅瓶考》[61]一文介绍了江西高安元代窖藏出土的一批青花梅瓶，对其釉彩工艺和主题饰纹的绘画艺术均有分析，就其体现的装饰特征谈了自己的看法，认为元代青花装饰在构图上存在"一繁一简"两种审美情趣，体现了"两种不同的审美观"，他在另一篇文章[62]中再次申明了这一观点。在讨论元代青花梅瓶装饰的论文里，日本的龟井明德所撰《元青花牡丹纹凤凰形梅瓶介绍》一文，介绍了现藏于意大利南部那不勒斯市马尔蒂纳公爵博物馆（Mesec Duca di Martina, Napali）的一件元代青花牡丹纹凤凰形梅瓶，此瓶虽有残缺，且配的是后世复制的凤头形塞式瓶盖，但其形状仍被认为具有元代典型特征。该文重点是饰纹，主要讨论凤凰纹的形式与画法，兼及牡丹纹特征及牡丹纹和凤凰纹的搭配关系。龟井明德按生物学的方式对凤凰的羽毛做了分类，同时也不排除对某些特定部位用文化式样的名称来命名（如尾部的"火焰纹"）。他还得出了这是一只"雌凤凰"的看法，推测原有另一只凤凰梅瓶与其配成一对。龟井明德还取道图式学和笔迹学，对凤凰纹和牡丹纹的画法做了较详细的分析，以英国的珀西瓦尔·大维德中国艺术基金会（Percival David Foundation of Chinese Art, London）所藏著名的"至正十一年"象耳大瓶上的凤凰纹作为比较对象，归纳出元青花凤凰羽毛的两类画法。以此为基础，作者对元青花凤凰纹的关注推及其他器类。[63]另外，关于元青花梅瓶的个案研究成果还有赵兰涛、刘乐君《元代青花〈追韩信〉的艺术性和工艺特征》[64]一文，讨论了著名的萧何月下追韩信青花梅瓶（图9-2-16②）的饰纹画法和工艺，借鉴中国书画语言的研究方法，分析了该瓶人物、动植物等题材表现的笔墨特征，对其采用的"一笔点划"技巧和借自国画的山石皴法等笔法程式做了分析，注意到陶瓷饰纹在运笔用墨上的精微变化，与明代青花画法做了对

60　吕成龙《梅瓶源流之我见》，载于《中国古陶瓷研究·第六辑》。

61　杨道以《江西高安元代青花梅瓶考》，载于《中国古陶瓷研究·第六辑》。

62　杨道以《冰肌玉骨靓丽迷人——高安元青花梅瓶鉴赏》，载于《东南文化》2001年8期。

63　龟井明德《元青花牡丹纹凤凰形梅瓶介绍》，载于《中国古陶瓷研究·第六辑》。

64　赵兰涛、刘乐君《元代青花〈追韩信〉的艺术性和工艺特征》，载于《陶瓷研究》2004年4期。

65 周丽丽《略论明代景德镇梅瓶的装饰风
格》，载于《中国古陶瓷研究·第六辑》。

66 徐菁《略论明代青花梅瓶的绘画艺术》，
《中国古陶瓷研究·第六辑》191页。

67 周华《从桂林博物馆藏两件青花梅瓶看宣德
青花瓷画的诗情画意》，载于《中国古陶瓷
研究·第六辑》。

68 盘福东《桂林博物馆藏青花八仙图梅瓶赏
析》，载于《南方文物》2000年4期。

69 葛华、唐奇岭、唐春松《桂林博物馆藏梅
瓶综述》，载于《中国古陶瓷研究·第六
辑》。

70 张阳江《对桂林出土的明代瓷梅瓶研究》，
载于《陶瓷研究》2000年4期。

71 钟嘉颖《桂林靖江王陵嘉靖青花梅瓶初
探》，载于《中国古陶瓷研究·第六辑》。

比辨析，还对该瓶饰纹所用青料的产地和特征也做了相应说明。

　　周丽丽《略论明代景德镇梅瓶的装饰风格》[65]一文的第二部分，从纹样的角度考察明代各朝梅瓶的变化，总结了明代梅瓶饰纹的两种主要构图形式，指出明代梅瓶饰纹演变的重点在于绘画，分析了明代初期与元代之间，以及明代各朝之间梅瓶饰纹在题材、造型、做工等方面的承传与变化。徐菁《略论明代青花梅瓶的绘画艺术》[66]也是一篇专门讨论明代青花梅瓶绘画的专文，指出"饰必适材"、"饰必应型"是明代青花梅瓶的装饰工艺遵循的两条普遍性原则。这一观点已涉及梅瓶器形对装饰的特殊要求，遗憾的是没有提炼出这种特殊性。

　　关于桂林博物馆藏明代梅瓶的装饰，周华就馆藏"宣德晚期至正统前期"的两件青花梅瓶出现的"蕉叶题诗"、"扑流萤"装饰做了研究，辅以宣德官窑例证，探讨其含义，点明这类饰纹具有"诗意构图"的基本特征，认为是宣德皇帝御用瓷上的专有题材，旨在说明明代宣德官窑瓷器装饰开启了诗意构图的青花绘画饰纹，并影响到民窑瓷器装饰。[67]盘福东借桂林博物馆藏青花梅瓶上出现的"八仙图"及"福禄寿"字纹，探讨了八仙图梅瓶的文化背景、艺术特点、历史色彩等三个话题，挖掘了八仙图等神仙题材的历史、宗教和社会学意义，联系到历史上以元明时期为主的文学作品，借鉴了以往八仙研究的成果，使这篇赏析文章远较其他类似文章为优。[68]不过，八仙图和福禄寿等字纹并非梅瓶装饰所独有，作者又没有注意寻找在梅瓶上用这些饰纹进行装饰的独特性，因此有关论述仍然显得不够密实。

　　葛华、唐奇岭、唐春松合作的论文中，有一部分内容介绍了桂林博物馆藏明代青花梅瓶（以当地出土者为主）的饰纹，按类型划分题材，并做粗略统计，如龙纹8种，凤纹3种，还有龙凤呈祥纹，在花鸟鱼禽纹里有花鸟、水禽、鱼藻、牡丹菊花、折枝花、缠枝莲、缠枝花卉、仙鹤等题材，人物纹题材则有高士、仕女、婴戏、仙人等，此外还有一些组合式寓意纹样，如江山太平、万事如意等，还介绍了青花、白釉、哥釉、哥釉青花、哥釉堆粉赭彩、哥釉堆粉赭彩青花、哥釉五彩、蓝釉堆粉、酱釉堆粉、珐花彩、孔雀绿釉、茶叶末釉等12种装饰品种，展现了桂林明代靖江王墓区出土的梅瓶具有丰富的装饰题材、工艺和内涵。[69]张阳江撰文对桂林出土的明代瓷梅瓶的器形与饰纹做了考古类型学的分类和分析，将饰纹分为主体纹样和装饰纹样两大类，前者分龙凤图、山水人物纹、花鸟纹等三类，每一类又有若干小类，除最常见的弦纹和各种带状纹之外，主要有山石海马纹、如意云纹、锦地开光纹、蕉叶纹、莲瓣纹、折枝花纹、缠枝花纹、卷草纹等，对一些较为特殊的纹样如龙凤纹、山水人物纹等做了含义说明。[70]钟嘉颖对桂林博物馆藏靖江王墓区出土的明嘉靖时期青花梅瓶的装饰有比较详细的梳理和描述，涉及青花装饰工艺，罗列了多种饰纹题材，初步分析体现时代性的饰纹内涵，如道教特点的饰纹反映了当时自上而下的道教流行状况，还肯定了这些烧制于景德镇民窑的瓷器装饰体现的民间趣味和吉祥寓意。[71]唐春松对1982年桂林尧山明靖江宪定王朱任晟（原文错标为康僖王朱任昌）莫夫人墓出土的嘉靖青花岁

寒三友梅瓶做了个案研究，用一定篇幅分析了这件器形特异而纹饰特别的作品蕴含的道教思想。[72]何英德对"靖江王梅瓶龙纹的民族学意义"做了探讨，试图从民族学角度阐释龙纹形成的背景，但有些解释则过于牵强。[73]此外还有唐健钧、苏洪济等，从单类题材和装饰共性等角度探讨了元明时期青花梅瓶的装饰问题，应该说选题本身都有一定意义，但论述不够清晰。[74]

关于明代青花梅瓶的装饰研究，还有郑宏、王健华的文章值得注意，他们的考察对象主要是北京的故宫博物院收藏的明代作品。郑宏将明代青花梅瓶的发展分为早、中、晚三期，对各期梅瓶装饰的变化和特点做了介绍和描述，如以永乐、宣德为代表的早期，"图案秀丽、典雅，一改元代繁复的格调，纹饰疏朗秀丽，笔意自然"，中期"纹饰图案已异于前朝而有所演变和创新"，但"构图粗略草率，技法不高"，"鸟兽（如孔雀）、人物等题材渐趋丰富"；以嘉靖、万历朝为代表的晚期，"所绘纹饰多具道教色彩……道教色彩纹饰的大量出现是此时的一大特征"。最后，作者对某些规律性特征做了总结，"纹饰由典雅的植物纹为主的题材拓展了表现动物与人物的内容，反映出明人审美趣味的变化，画面由疏朗简明而入繁密直至明末的粗略，则是画工艺术修养与时风的体现"。[75]王健华对明代万历朝青花梅瓶在艺术上的成就和地位做了介绍，列叙当时流行的饰纹题材，将万历朝的青料品种和特点细分为早、中、晚三期，按类型将饰纹分为人物、动物、花果、文字以及杂宝、山水等几大类，各大类中包括的具体题材极多，详细罗列了具体名目，对一些带有时代烙印的做法进行了分析，如万历青花梅瓶的饰纹布局"特别喜欢在表现人物主题的同时饰置适当的背景，许多内容借鉴了明末江南地区异常发达的版画图形"，成为"这一时期彩绘特征之一"，还有对织染等艺术门类的借鉴。[76]

以往还有一类文章从材质和工艺的角度触及梅瓶装饰问题。如肖锦秀在介绍1980年江西高安元代窖藏出土的一件孔雀蓝釉梅瓶时（图8-2-6⑥），着重介绍了孔雀蓝釉的材质和工艺特色，将此瓶窑口定为元代扒村窑。[77]郭学雷从器形、装饰、制作工艺等方面，对上海博物馆藏明代红绿彩梅瓶（图9-2-18⑨）的有关特征做了分析和归纳，由此提出了他的断代观点。[78]由于以往对梅瓶的介绍和研究主要都是针对陶瓷梅瓶，介绍和研究其他材质梅瓶的文章较少，使张荣《仿明风格的掐丝珐琅梅瓶》[79]一文显得更有意义。此文对清代仿明风格的掐丝珐琅梅瓶做了介绍，专门谈到掐丝珐琅梅瓶的工艺和装饰内容，有利于深入认识清代掐丝珐琅梅瓶，丰富了梅瓶研究的内涵。

72 唐春松《试析靖江王墓出土青花岁寒三友梅瓶》，载于《中国古陶瓷研究·第六辑》。

73 何英德《靖江王陵墓梅瓶相关问题的初步探索》，载于《中国古陶瓷研究·第六辑》。按：有关内容见于此文第三部分。

74 唐健钧《明代青花婴戏梅瓶》，载于《收藏家》2002年12月；苏洪济《略论青花梅瓶的共性》，载于《南方文物》2000年4期。

75 郑宏的引文分别见：郑宏《明代青花梅瓶发展特点管窥》，《中国古陶瓷研究·第六辑》158、159、160页。

76 王健华《明代万历朝青花瓷器及梅瓶》，《中国古陶瓷研究·第六辑》141页。

77 肖锦秀《元代孔雀蓝铅釉梅瓶》，载于《南方文物》2001年3期。

78 郭学雷《上海博物馆藏红绿彩梅瓶年代商讨》，载于《文物季刊》1993年2期。

79 张荣《仿明风格的掐丝珐琅梅瓶》，载于《紫禁城》1994年3期。

80 陶红、陈云洲《梅瓶用途浅释》，载于《广西文物》
　 1992年4期；王光尧《明代梅瓶的使用》，载于《南
　 方文物》2000年4期；陈远琲《梅瓶随葬初探——兼
　 谈梅瓶用途》，载于《中国古陶瓷研究·第六辑》。

81 钟凤文《梅瓶话源》，载于《中国文物报》1998年6
　 月21日；刘毅《梅瓶小考》，载于《中国古陶瓷研
　 究·第六辑》；刘静《古瓶盛酒后簪花，花酒由来本
　 一家——宋代梅瓶、玉壶春名称由来》，载于《东南
　 文化》1998年1期。

82 于凤芝《广西馆藏明代青花梅瓶与明靖江王陵》、唐
　 奇岭《浅析两座靖江王墓出土的青花梅瓶——兼谈广
　 西酿酒、制药、旅游业与文博事业共同发展的新机
　 遇》、陶红《桂林两座纪年墓出土的梅瓶探析》，均
　 载于《中国古陶瓷研究·第六辑》；陈力《从桂林
　 靖江王墓出土梅瓶谈明代随葬制度》，载于《南方文
　 物》2000年4期；漆招进《从丧葬礼制看靖江王墓的
　 陪葬青花瓷器》，载于《南方文物》2001年1期。

83 刘毅："从梅瓶盖的规整密合来看，带盖梅瓶无疑
　 应该是用作浆水酒醴的盛贮器。"见刘毅《梅瓶小
　 考》，《中国古陶瓷研究·第六辑》106页。

84 宿白《白沙宋墓》，北京：文物出版社，1957年，20
　 页，并见31～32页注释40。

85 中国硅酸盐学会《中国陶瓷史》，北京：文物出版
　 社，1982年，294页。

86 例如：刘静认为"早期的梅瓶"从形制与题识来看，
　 "均为明显的酒具"，见刘静《古瓶盛酒后簪花，花
　 酒由来本一家——宋代梅瓶、玉壶春名称由来》，
　 《东南文化》1998年1期125页。钟凤文认为江西高安
　 元代窖藏出土的6件元青花梅瓶具有酒器的特征，见钟
　 凤文《梅瓶话源》，《中国文物报》1998年6月21日。
　 程晓中也说："宋人创制的梅瓶是酒具"，"江西省
　 高安县窖藏瓷器的出土说明元代梅瓶仍然是酒具"，
　 见程晓中《南京明代贵族墓葬出土梅瓶研究》，《中
　 国古陶瓷研究·第六辑》130、131页。

87 如唐奇岭《浅析两座靖江王墓出土的青花梅瓶——兼
　 谈广西酿酒、制药、旅游业与文博事业共同发展的新
　 机遇》；陶红《桂林两座纪年墓出土的梅瓶探析》，
　 《中国古陶瓷研究·第六辑》34、40页。

88 如秦大树《宋元时期磁州窑瓶类器物的发展及其使用
　 功能探讨》，《南方文物》2000年4期27页。

三、梅瓶功用研究

梅瓶功用的研究与针对梅瓶历史的考察紧密关联。从以往成果来看，功用研究是梅瓶研究中的一个热点。这方面比较重要的研究专文有：孔繁峙《试谈明墓随葬梅瓶的使用制度》，陶红、陈云洲《梅瓶用途浅释》，王光尧《明代梅瓶的使用》，陈远琲《梅瓶随葬初探——兼谈梅瓶用途》等[80]。单从标题上也能看出，明代梅瓶的功用成为吸引作者的重点。另如钟凤文《梅瓶话源》、刘毅《梅瓶小考》、刘涛《梅瓶探识》、蔡毅《关于梅瓶历史沿革的探讨》、朱兰霞《南京地区出土宋、明梅瓶之研究》、程晓中《南京明代贵族墓葬出土梅瓶研究》、刘静《古瓶盛酒后簪花，花酒由来本一家——宋代梅瓶、玉壶春名称由来》、陆鹏亮《"内府"款梅瓶探考》等论文[81]，都辟有一定篇幅来讨论梅瓶的功用问题，而且比较注重对早期梅瓶功用的研究。

由于"桂林会议"的推动，使得讨论桂林地区明代梅瓶功用的文章较多，如于凤芝《广西馆藏明代青花梅瓶与明靖江王陵》、唐奇岭《浅析两座靖江王墓出土的青花梅瓶——兼谈广西酿酒、制药、旅游业与文博事业共同发展的新机遇》、陶红《桂林两座纪年墓出土的梅瓶探析》、唐春松《试析靖江王墓出土青花岁寒三友梅瓶》、张凯《浅谈馆藏广西出土的青花梅瓶》、李铧《桂林出土的梅瓶及其相关文化》、陈力《从桂林靖江王墓出土梅瓶谈明代随葬制度》、张阳江《对桂林出土的明代瓷梅瓶研究》、漆招进《从丧葬礼制看靖江王墓的陪葬青花瓷器》等[82]。其中有些作者依据出土资料对一些流行观点提出质疑或努力修正，有助于对明代地域性藩王墓区集中出土大量梅瓶的现象做更深入的研究。

根据内容，以往在梅瓶功用研究方面大致形成了四类观点，即"实用器说"、"随葬品说"、"陈设物说"、"综合性功用说"。

实用器一说主要是针对宋元时期梅瓶功用而发，认为那时的梅瓶是用来盛装液体的实用性器皿[83]，其中以酒器说最为普遍，最有代表性。这一观点首见于1957年出版的《白沙宋墓》[84]，宿白先生在书中对白沙一号宋墓甬道西壁壁画中出现的黑色高瓶的图像做了考证，不但认为图指梅瓶，而且"当为盛酒之器"，是一种"酒瓶"。此说面世二十多年未见异议，如中国硅酸盐学会主编的《中国陶瓷史》[85]第七章，在谈到宋瓷造型时仍提及梅瓶"是盛酒的用具"。其后，视盛酒为宋元时期梅瓶的基本功能，仍为许多作者所接受。[86]不少作者也注意到明代梅瓶的实用性功用，如根据对桂林明代靖江王墓区出土梅瓶内盛物的观察，有作者强调了明代梅瓶作为实用性酒器的看法。[87]除了酒器说，还有人认为早期的梅瓶也具有盛水、盛醋等功用，[88]但这类观点在梅瓶专文中出现不多，表明

了人们普遍认同酒器说。近些年来，关于梅瓶的酒器说又有新见。如石琳娜在一篇赏析性的文章《耀州窑宋代梅瓶赏析》[89]里，针对耀州窑青瓷刻花梅瓶的独特器形，提出了如下观点，即北宋时期大口、大底梅瓶的出现，是为了便于以酒提子从瓶中舀酒，以及满足器物重心稳定的要求，而某些小型梅瓶则属于餐桌上用来斟酒的器皿。

当人们意识到在特定的时期、地区或人群里，梅瓶被用作随葬品而在墓葬中有可能具备某种意义，便引发了关于梅瓶功用的第二类观点。这也是以往讨论较多的。这方面的代表是孔繁峙，他较早地对明代高级别墓葬出土梅瓶的功用做了以部分考古资料为基础的考察，于1985年发表《试谈明墓随葬梅瓶的使用制度》[90]一文，提出了一个以后非常流行的观点，即明代的随葬梅瓶已形成使用制度，成为统治阶层的高级墓葬里的"风水瓶"，将其放置的位置、采用的青料、器物的名称等多方因素综合起来，以谐音的方式表达了吉祥寓意。孔文一出，从者渐广。如陶红、陈云洲《梅瓶用途浅释》，何英德《靖江王陵墓梅瓶相关问题的初步探索》，钟嘉颖《桂林靖江王陵嘉靖青花梅瓶初探》，张浦生、施加农《南京地区出土明初梅瓶浅说》，程晓中《南京明代贵族墓葬出土梅瓶研究》等，均接受孔说或持类同观点。不过，孔繁峙的观点及其附和者因缺乏过硬的论证，甚至有不够严密和失误之处，所以也颇有不少学者提出异议。这方面用功较深的要数刘毅，他指出，孔文存在"两处明显的错误"，并可以因此认为"尚难确定"明代贵族墓中随葬梅瓶的现象是否具有严格的"使用制度"，而且所谓"明代皇族墓中随葬的梅瓶是否具有'四方清平'或'清平长久'的风水寓意，是颇值得商榷的"[91]。近年来，刘毅对唐代以来的宋、明、清的帝王陵和亲王墓以及其中世俗化葬仪用品的研究，揭示了梅瓶是在流传有序的墓仪中混合迷信风俗的一种随葬器物。[92]唐奇岭也提出，孔繁峙对明代以梅瓶随葬的现象做出的判断有误，其原因乃由于所援引的资料存在误导，从而对孔文结论也采取了保留意见的态度。[93]

有学者注意到，从明代中期以前的南、北两京皇陵和贵族墓葬，以及其他一些地区的王族墓葬出土梅瓶的情况来看，明代以梅瓶随葬的现象似乎体现了一定程度的尊卑秩序，这种秩序关系到明代中后期逐渐被打破，这种现象吸引了一部分研究者探究其中的原因，如何英德提出这是因为僭越[94]，陶红认为这与明代后期的社会习俗和丧葬习俗有关[95]。

89 石琳娜《耀州窑宋代梅瓶赏析》，载于《收藏界》2008年10期。

90 孔繁峙《试谈明墓随葬梅瓶的使用制度》，载于《文物》1985年12期。

91 刘毅指出孔文的两处错误：一是指孔文关于明代定陵神宗及两位皇后棺木放置梅瓶的位置及内容物，孔文称是放在"四角"，而实为椁尾的南北两侧（神宗者南北各两件，两皇后者南北各一件），孔文称瓶内盛酒，而（从考古发掘报告的描述惯例来看）这些梅瓶中实为空无一物；二是指孔文列举随葬一件梅瓶的四座"郡王墓"中，并非所有墓主的身份都是"郡王"，而考古资料表明有些地区的明代亲王墓中并无梅瓶。刘毅的论述及结论，均见刘毅《梅瓶小考》，《中国古陶瓷研究·第六辑》107页。

92 见刘毅《唐季以来帝王世俗化葬仪用品探微》，载于《南方文物》2012年1期。刘毅的研究可以参见刘毅《宋代皇陵制度研究》，载于《故宫博物院院刊》1999年1期；刘毅《明代皇陵陵园结构研究》，载于《北方文物》2002年4期；刘毅《明代亲王陵墓玄宫制度研究》，载于《华夏考古》2010年3期；刘毅《甘肃榆中明肃庄王陵墓调查》，载于《中原文物》2012年3期；刘毅《昭西陵与清代帝后丧葬礼俗更易》，载于《故宫博物院院刊》1992年4期。作为一个补充，还可以参见孙凯《明代周藩王陵调查与相关研究》，载于《中原文物》2011年3期。

93 唐奇岭根据桂林市文物清理发掘所掌握的情况，纠正了孔繁峙一文依据《广西出土文物》一书只刊布桂林的靖江安肃王朱经扶夫妇合葬墓出土的四件梅瓶（一对陶质、一件瓷质）中的一件瓷质梅瓶而得出明代郡王一类墓中只有一件梅瓶的说法，唐奇岭指出："靖江王墓及其宗室成员墓大部分都有两个以上的梅瓶，而有些夫妇合葬墓则多达四个以上。且这些墓葬都曾经历过多次盗掘，实际陪葬的准确数还难以确定。"见唐奇岭《浅析两座靖江王墓出土的青花梅瓶——兼谈广西酿酒、制药、旅游业与文博事业共同发展的新机遇》，《中国古陶瓷研究·第六辑》30、33页。

94 何英德《靖江王陵墓梅瓶相关问题的初步探索》，载于《中国古陶瓷研究·第六辑》。

95 陶红在《桂林两座纪年墓出土的梅瓶探析》一文中，描写了不同的梅瓶的内盛物、放置位置等因素，并认为"这些梅瓶葬入墓中除盛酒用之外，也兼盛药材（或药酒），还兼作钱粮仓库。这种以一对梅瓶作钱粮仓，置于棺外两侧的葬俗除明代后期多见外，清代至民国也一直盛行于桂林民间，只不过将梅瓶换成了将军罐或盖罐"。关于桂林梅瓶随葬的功能，陶红认为"并非王室成员才能使用青花梅瓶陪葬，而与明代后期的社会习俗和丧葬习俗有一定关系"。最后还总结道：梅瓶是"生活中的实用器，作装酒用"，而明代梅瓶"也兼有陈设作用，是有地位和有钱人家中喜爱的实用兼观赏器"。见陶红《桂林两座纪年墓出土的梅瓶探析》，载于《中国古陶瓷研究·第六辑》。

96 程晓中《南京明代贵族墓葬出土梅瓶研究》，载于《中国古陶瓷研究·第六辑》。

97 张凯《浅谈馆藏广西出土的青花梅瓶》一文在谈到广西出土明代青花梅瓶的用途时提出的第二种用途："瓷梅瓶是明帝王宗室、达官陵墓中的礼器，作为显贵的标志"。并总结道："陵墓随葬梅瓶的数量体现了明代统治阶级等级制度，反映了明代上层贵族的丧葬礼俗，将应用盛酒器或陈设器瓷梅瓶作为丧葬礼器。所谓礼器，即古代贵族在进行祭祀、丧葬、朝聘、征伐和宴享、婚冠等活动时举行礼仪使用的器皿，如，明代万历帝陵沿用汉代南越王墓在棺椁外放置玉璧礼器的礼仪，也在棺椁外放九块玉料和四个梅瓶，将梅瓶归礼器玉类放置。明帝王宗室、达官陵墓中均使用瓷梅瓶，虽然可能与他们的宗教信仰有关，但也成为他们显贵的特殊标志。"（《中国古陶瓷研究·第六辑》55～56页）从该文表二及该文思路来看，礼器说也受到了孔繁峙一文的影响。

98 张凯《浅谈馆藏广西出土的青花梅瓶》一文在谈到广西出土明代青花梅瓶的用途时提出的第三种用途："瓷梅瓶是明万历中后期桂林地区及周边丧葬风俗使用的冥器。"而且作者以桂林北站的吕调阳夫妇合葬墓（男墓出土一对青花瓷梅瓶）和江西临川明代太子太保徐琼夫妇合葬墓（徐妻墓出土一对堆塑人物盖瓷瓶）做实例比较，以说明桂林及周边地区在丧葬风俗方面与江西不同。（《中国古陶瓷研究·第六辑》56～57页）从该文思路来看，明器说也受到了孔繁峙一文的影响。

99 朱兰霞《南京地区出土宋、明梅瓶之研究》，载于《南方文物》2000年4期。

100 漆招进《从丧葬礼制看靖江王墓的陪葬青花瓷器》，载于《南方文物》2001年1期。

101 如张凯《浅谈馆藏广西出土的青花梅瓶》、陆明华《明代藩王及其家族所用瓷器研究——桂林出土青花梅瓶的启示》，均载于《中国古陶瓷研究·第六辑》。另见曾祥忠、易仕敏《靖江王国与梅瓶》，载于《南方文物》2000年4期。

102 徐苹芳《唐宋墓葬中的"明器神煞"与"墓仪"制度——读〈大汉原陵秘葬经〉札记》，载于《考古》1963年2期94页。

103 刘毅《梅瓶小考》，载于《中国古陶瓷研究·第六辑》。

104 刘静《古瓶盛酒后簪花，花酒由来本一家——宋代梅瓶、玉壶春名称由来》，《东南文化》1998年1期125页。

105 赵光林《"内府"款小考》，《中国古代陶瓷的外销——中国古陶瓷研究会、中国古外销陶瓷研究会1987年晋江年会论文集》，北京：紫禁城出版社，1988年，165页。

106 刘毅《梅瓶小考》，《中国古陶瓷研究·第六辑》108页。

107 刘涛《梅瓶探识》，《东南文化》1998年1期128页。

此外，将随葬梅瓶视为一种"礼器"的作者有两位：程晓中[96]、张凯[97]。张凯还认为，随葬梅瓶由地方丧葬风俗所影响而成为一种明器。[98]对于和梅瓶有关的明代丧葬制度与风俗，朱兰霞做过一些讨论。[99]漆招进对桂林明代靖江王墓区出土青花梅瓶在墓葬中的功用，也从多个方面做了考证，有一定深度。[100]许多作者对桂林地区密集出现明代梅瓶的原因做了探讨。[101]

综上可见，对作为随葬品的梅瓶功用问题的研究比较多。若验以考古材料又会发现，无论哪一种说法都与考古发现的实际情况有所出入。其实，不少作者在考古资料的基础上也都注意到两宋时期（包括辽、金两代）已出现了不少以梅瓶随葬的实例。由于当时随葬的梅瓶多与各种实用性日用器皿同处放置，故大多数人都是从实用器这个角度来看待两宋时期的随葬梅瓶。然而，徐苹芳先生曾有一个考证，认为宋金墓葬中用来盛放"三浆水"的器皿就是当时名为"经瓶"的梅瓶。[102]刘毅引用了这一观点并进一步认为，徐先生提到的"仪瓶"，"可能也是梅瓶"，他还暗示明代定陵中置于神宗及其两位皇后的棺材南端的梅瓶很可能就是"仪瓶"，包括明代初期鲁荒王朱檀墓中随葬的梅瓶也很可能是"仪瓶"。刘毅指出，到了明代万历时期，这些特殊葬器所代表的葬俗已经发展到最后的阶段。[103]

关于梅瓶功用的第三类观点，即梅瓶作为一种陈设物，主要是指清代梅瓶而言。这类观点的来源直接接续许之衡"梅瓶口径之小仅与梅之瘦骨相称"的提法，认为梅瓶作为一种陈设器，与插梅花或者就与插花有关。如有人认为梅瓶"系我国十分有特色的陈设瓷"[104]，"梅瓶在古代，起初是一种酒器，到了后来，人们才作为一种观赏品，陈设起来供欣赏"[105]。也有作者以绘画中出现插花梅瓶的图像为例，指出"清代的梅瓶已经主要是用于陈设，当然也可以用来插花"[106]，"只有到了清以后，梅瓶才基本变为花瓶和陈设品"[107]。

有不少作者提到，梅瓶从明代中晚期开始逐渐具备陈设观赏的性质。陶红认为，明代梅瓶"兼有陈设作用，是有地位和有钱人家中喜爱的实用兼观赏器"。[108]刘毅指出："从大量存在的各式传世梅瓶推断，明代官窑、民窑所生产的梅瓶，特别是其中的精品，除贮酒、随葬之外，还应该有陈设的功用。从梅瓶图案来分析，民窑产品尤其如此。"[109]唐奇岭认为："明中晚期以后，梅瓶的观赏陈设作用则越来越明显。"[110]但是这些观点在有关作者的论文里都没有充分的证据作为支持。

若往前追溯，可以注意秦大树的一个推论。他认为，北宋时期磁州窑烧制的带饰纹白釉梅瓶，特别是一些带有特定饰纹的实例，量少质精，"这种瓶在早期也有可能是被称作花瓶的供器"。[111]

至于梅瓶具有综合性功用的观点，并没有提出超越上述的具体观点，而是主张将梅瓶的实用性、随葬性、陈设性等功用做综合考察，其本质在于看到了梅瓶在历史的衍化过程中，其功用也不断变化的特点。如宋代梅瓶既是日用器又是贮酒器，元代梅瓶仍作为装酒器，而明代靖江王墓区出土的梅瓶既有装五谷的，也有少量装铜钱的，还有带盖的一般用来盛酒，此外有些梅瓶则具有"双重身份"，既是墓主生前的陈设物，又是死后的随葬品。[112]有些作者在倾向于梅瓶为储酒器的同时，也认可梅瓶插花的功用，还名其为"借用功能"。[113]

108　陶红《桂林两座纪年墓出土的梅瓶探析》，《中国古陶瓷研究·第六辑》40页。

109　刘毅《梅瓶小考》，《中国古陶瓷研究·第六辑》108页。

110　唐奇岭《浅析两座靖江王墓出土的青花梅瓶——兼谈广西酿酒、制药、旅游业与文博事业共同发展的新机遇》，《中国古陶瓷研究·第六辑》34页。

111　秦大树《宋元时期磁州窑瓶类器物的发展及其使用功能探讨》，载于《南方文物》2000年4期。

112　于凤芝《广西馆藏明代青花梅瓶与明靖江王陵》，《中国古陶瓷研究·第六辑》26~27页。

113　朱兰霞《南京地区出土宋、明梅瓶之研究》，《南方文物》2000年4期92页。

114　汪庆正《简明陶瓷词典》"梅瓶"条，上海：上海辞书出版社，1997年，198页。

115　冯先铭《中国古陶瓷图典》"梅瓶"条，北京：文物出版社，1998年，137页。

四、梅瓶名称研究

20世纪初期，"梅瓶"这一器物名称由陈浏和许之衡先后记录于《匋雅》和《饮流斋说瓷》，许之衡还提出"梅瓶"命名的理由。民国时期无人对此发表异议。进入20世纪后期，与中国现代考古学发展同步，"梅瓶"一名逐渐引起人们的关注，特别是20世纪90年代以后，梅瓶名称的讨论成为梅瓶研究的重要方面。经梳理可知，以往的研究者对"梅瓶"这一名称的基本态度大体有三，每种态度又包含若干观点：

第一种态度，是肯定并主张沿用"梅瓶"这一名称。这方面的主要代表是20世纪90年代后期国内出版的两种陶瓷工具书，即汪庆正主编的《简明陶瓷词典》和冯先铭主编的《中国古陶瓷图典》，但二者措辞有所不同。前者称梅瓶"因口径之小仅与梅之瘦骨相称而名"[114]；后者说梅瓶"因口之小仅容梅枝而得名"[115]，二者都源自《饮流斋说瓷》，都提到梅瓶的小口与梅枝骨瘦间的关系。但是二者细微的文字差异却使得含义有明显区别，即前者的"相称"述而不作，保险却也保守，后者延伸出的"仅容"把许之衡的原意发挥得过于绝对了。两字之差使表意指向根本不同：前者着重描述梅瓶的小口特征，但不意味着梅瓶仅能用来插梅花，后者让人觉得梅瓶只有插梅花这么一种单一功能。尽管如此，两种

116　刘涛《梅瓶探识》，载于《东南文化》1998年1期。

117　刘涛指的是蔡和璧。见蔡和璧《曹寅家·瓷器·红楼梦》，载于《陶瓷探隐》，台北：艺术家出版社，200页。

118　陈定荣《影青瓷说》引《东坡集·续集七》，北京：紫禁城出版社，1991年。

119　刘毅在《梅瓶小考》一文中即认为把"梅醖"与"梅瓶"直接联系起来的做法"属于过分的大胆假设"。刘毅《梅瓶小考》，《中国古陶瓷研究·第六辑》105页。

120　〔南宋〕耐得翁著《都城纪胜》"茶坊"条，文渊阁四库全书版。

121　冯先铭《记1964年在故宫博物院举办的"古代艺术展览"中的瓷器》，《文物》1965年2期36页。

122　从现有材料来看，许氏所本为陈浏《匋雅》，下文详说。

123　程晓中《南京明代贵族墓葬出土梅瓶研究》，《中国古陶瓷研究·第六辑》130页。

124　任志录、孟耀虎《山西近年出土的梅瓶》，《中国古陶瓷研究·第六辑》172页。

125　刘东瑞《梅瓶应称经瓶考》，载于《收藏家》2002年2期。刘东瑞提出的理由是：1. 许之衡杜撰，将酒具误定为瓶子；2. 经瓶原有盖，"本是帝王及贵族专用的酒瓶，盖失后，虽可插花，但不能作为定名依据"；3. 恢复所谓本名，就"明确了其酒文化的归属范畴，有利于研究工作的深入开展"。

126　尔彤《林逋与梅瓶》，载于《陶瓷研究》2004年2期。该文发表于该刊这一期的"秘瓷译码"栏目，叙述了北宋真宗咸平年间的著名隐士林逋及其与潘阆、寇准等人的故事，提到了经宴、经酒、经瓶等概念，最后结以林逋诗"瓶映花清馨，花衬瓶逸雅，不恋经宴味，乐在梅妻家"。

观点出自当时海内陶瓷界南北两权威主编的工具书同名词条，表明了"梅瓶"仍是人们普遍能接受的名称。

此外，肯定并沿用"梅瓶"名称者如刘涛的《梅瓶探识》[116]可为代表，他还提到"有人推测梅瓶这一称呼是从《红楼梦》中敷衍出来的"[117]。作为力图别开蹊径的观点，后者试图到更早的历史时期中寻找渊源，只不过它并无过硬的材料来证明自身。与之类似，有人曾推测"梅瓶"一名"或与'梅醖'酒有关"[118]，但这只是一种在一字之同的基础上将一种酒名与一类器物直接做单线联系的臆测，既没有考虑到酒名与器名之间是否存在必然联系，也没有考虑到器名的形成过程牵涉的诸多因素，便难免"大胆假设"之诮。[119]其实，宋代以"梅"字名酒者不只此例，随举南宋耐得翁《都城纪胜》文云："大茶坊……暑天兼卖梅花酒。绍兴间用鼓乐吹《梅花酒》曲，用旋杓如酒肆间。"[120]这部专记南宋都城临安琐事的笔记提到的"梅花酒"，成为南宋绍兴年间鼓吹乐的曲牌（在元曲中也有同名曲牌），却不足以让我们从中推断出它与"梅瓶"的关系。

第二种态度，是质疑甚至否定"梅瓶"。较早表态质疑者是冯先铭先生，他在20世纪60年代曾著文认为"'梅瓶'一名晚清时始出现，说它因为适于插梅花，这是没有什么根据的"[121]。他一方面肯定了"梅瓶"的名称出现于晚清，即陈、许二氏所载均有所本，[122]另一方面又明确否定许氏关于"梅瓶"命名的缘由，但是没有深入的论述。

20世纪末，冯先铭观点的继踵者大增。如程晓中认为，许之衡"对梅瓶一词的定义却犯了一个主观臆断、牵强附会的错误"。[123]任志录、孟耀虎表示"梅瓶之名始于何时因资料欠缺尚难定论"，认为梅瓶小口与梅骨相称一说仅属后人"顾名思义"。[124]但是诸如此类的观点似乎与其批驳的对象那样，也从来没有见过深入翔实的论证，深入历史的研究和辨析更是闻所未闻。

在质疑的基础上，有不少作者提出应该放弃"梅瓶"，恢复所指器物的"本名"，提出应以历史上——主要指宋代的"经瓶"来命名这类器物。如刘东瑞试图从宋代到明代的宫廷里与理学讲经可能有关的某些制度来探讨梅瓶这类器物的名称，提出应该"恢复其本名'经瓶'"，还提出了一些理由。[125]不过作者的一系列"考证"均未列出史料依据，令读者难明其理。更为有趣的还有某些作者发挥上乘的文学想象力，以叙事文体将"梅瓶"与宋代"经瓶"和插花直接联系起来，运用传统章回小说"以诗为证"的方式来加以"证明"，真不愧奇思妙想的本领，可惜超出了学术研究的边界。[126]

其实，中国古陶瓷学界为"梅瓶"正名的努力和呼声早在2000年"桂林会议"期间已成潮涌，甚至走向了极端——许多人完全否定"梅瓶"命名的理由及该名存在的合理性，寄希望于在古文献和考古材料中找到一一对应的名实关系，逐渐形成了一种比较普遍的观点：认为至少在宋代已经流行的一类器物不应使用近代才出现的"梅瓶"这一名称，应以宋人所谓的"酒经"或"经瓶"来命名这类器物。当时呼吁将"梅瓶"改称"经瓶"或"酒经"者居然成一时之盛。有些作者走得更远，如陈力不但认为"梅瓶"一名是"清代人的一个误会"，而且提出今天应该"恢复其历史的本来称呼而曰'小口瓶'"。[127]不免让人生疑的是，"小口瓶"怎么会是梅瓶的"历史的本来称呼"呢？

与质疑态度相关，有不少学者对梅瓶的名称采取了第三种态度：审慎，并力求深入探究梅瓶名称的来龙去脉。如刘毅认为，冯先铭的上述看法和许之衡的传统说法"可能都缺乏证据"，在此基础上认为梅瓶这类器物的"早期名称"是"酒经"或"经瓶"。[128]又如蔡毅在《关于梅瓶历史沿革的探讨》第四部分"称谓"中，提及"梅瓶"一名的文献记载可溯源《饮流斋说瓷》的同时，又认为宋人所言"'经瓶'应该不属于梅瓶"，并举河北宣化辽天庆六年（1116年）张世卿墓后室南壁侍者进食壁画（图4-2-10⑮），以画面中在箱桌上与注壶摆放一处的酒瓶和不能上桌注酒的酒坛子为例，说明画中的"酒坛子"即"梅瓶"，他认为"梅瓶的称谓也就很难被史书记录下来"，只是"由于明代文人雅士对梅花的大加赞赏，才出现后来将梅花的清风瘦骨与'梅瓶'的造型相联系，引出了我们现在对梅瓶的称谓"。[129]

与此相对应，王光尧《明代梅瓶的使用》一文，以明代梅瓶功用研究为主体内容，也对"梅瓶"一名的来历做了相应探讨，基本观点是"我们今天所说的梅瓶自宋而明一直是盛酒之器，其本名在宋、元叫'酒经'、'经瓶'，也讹称'京瓶'，元末明初仍称'酒经'，明代称'瓶'或'酒瓶'"。[130]到了明代"原本为酒器的梅瓶又成了插花的器具……于是，梅瓶在其传统的贮酒功用外，又多了供插花的新用途。'梅瓶'一名的得来，原因也正在此"。[131]该结论则回应了"梅瓶"与插花功用之间的关系。另如刘静也有类似观点。[132]

值得注意的是萱草园主人的看法，他说："从文史资料看，'梅瓶'一词在宋代就曾出现。"并引用宋代方逢振和王镃的两首诗为证，同时指出诗中的"'梅瓶'应该泛指插梅的瓶类容器，并不是我们现在所指的梅瓶"，而"现在所指的梅瓶"是清代内务府造办处乾隆时期档案和许之衡文所记载的"梅瓶"。[133]虽然作者对"梅瓶"一名并未提出比以往更深刻的见解，但是他将视野投向宋代诗文和清宫档案则具有开拓意义，对于"梅瓶"文献的梳理有突破性进展。

其实，较早钩沉"经瓶"的中国学者实为宿白先生，他在1957年版《白沙宋墓》[134]中已经概要地论述过"酒经"、"经瓶"的名实关系。然而就笔者过目的材料来看，近代以来很可能是海外学者更早地注意到中国梅瓶早期曾用名的问题，例如在1943年出版的《中国明初陶瓷图鉴》[135]一书里，日本的中国陶瓷史学者久志卓真在解说一件明代的青花开光麒麟波涛纹梅瓶（图3-3-1）时，就已经将"梅瓶"与中国早期文献提到的"经程"联系起来。

127 陈力《从桂林靖江王墓出土梅瓶谈明代随葬制度》，《南方文物》2000年4期77页。

128 刘毅《梅瓶小考》，《中国古陶瓷研究·第六辑》103页。

129 蔡毅《关于梅瓶历史沿革的探讨》，《中国古陶瓷研究·第六辑》94～95页。

130 王光尧《明代梅瓶的使用》，《南方文物》2000年4期51页。

131 王光尧《明代梅瓶的使用》，《南方文物》2000年4期53页。

132 刘静《古瓶盛酒后簪花，花酒由来本一家——宋代梅瓶、玉壶春名称由来》，《东南文化》1998年1期125～127页。

133 〔日〕萱草园主人《明清御厂梅瓶的制作及发展》，《收藏界》2007年9期55页。

134 宿白《白沙宋墓》，北京：文物出版社，1957年。

135 〔日〕久志卓真《中国明初陶瓷图鉴》七一页右上图，东京：宝云舍，1943年，久志卓真的有关论述见该书的60页。

第
三
节

存在的问题与梅瓶历史的复杂性

　　以往关注梅瓶研究的人员多属陶瓷史家、文博家和考古学家，主要从工艺史、文物和博物馆学、考古学这三个角度切入，研究方法也是这三个领域通常采用的几种方法。工艺史角度以陶瓷史为大端，这与梅瓶的主要材质为陶瓷有关，这个角度关心工艺技术及其历史演变，带出相关的人文历史内容，有关成果多侧重于考察梅瓶的成型、装饰等方面的工艺技术和人文内涵。与目前工艺史研究水平有关，梅瓶的工艺研究方法并不突出，往往兼取后两者的方法，或利用其他领域的成果。文物和博物馆学的研究主要关心辨伪和断代，鉴定学方法是主要的，传统的目测鉴定法在学术研究方面有所削弱，图像类比的方法逐渐兴起，各种可以利用的手段也在其中渗透。考古学方法因考古学本身逐渐完善而显得最为突出，地层学和器物类型学的方法都对梅瓶研究的断代和样式划分具有重要意义。考古学的工具性决定了，一方面考古材料可以为其他学科所利用，特别是实证研究的需要使其重要性凸显，另一方面考古学作为现代意义上历史研究的重要分支，特别关心通过考古学方法的运用来探究物象背后的社会历史诸因素，这两个方面都有助于梅瓶研究的深化。在取得不少成绩的同时，也存在涉及观点和方法的较多问题。

一、以往研究存在的问题和反思

（一）名称研究反思

　　前文提到，追寻梅瓶的"本名"成为近十多年来梅瓶研究的热点之一，可谓"新说"纷呈，但是并非每一位标举新说的作者都能持论有据而严谨。例如，作为器物名称的"梅瓶"普遍被认为是晚清民国时期市井中人的臆造；梅瓶与梅花的关系只是当时人们的附会；梅瓶在宋代的名称是"经瓶"，现在也应该否定"梅瓶"而采用"经瓶"，等等，这些观点在一定的历史环境中产生，反映了当时的学术水平，不乏某些合理性，但是硬要将"酒经"或"经瓶"指为梅瓶的绝对"本名"，以重新取代"梅瓶"，这样的做法不免有些胶柱鼓瑟。而且在20世纪末期以来的有关论著中，普遍沿袭此类观点而不加以必要的追问和深入研究的现象司空见惯，却不符合起码的学术精神。

笔者认为，有针对性的质疑倒是如下几点："梅瓶"一名果真如学术界不少作者所认定或否定的那样，它真的就是20世纪初期的无中生有吗？"梅瓶"这个名称与人们所了解的"经瓶"等名称之间究竟是什么关系？彼此间存在怎样的历史生成脉络？连续地看待"梅瓶"这一名称形成的历史将意味着什么？

对此，以往的作者既没有明确提问，更无相应求解。比较恰当的做法是，承认梅瓶的"曾用名"并努力寻找其与"梅瓶"的关系。其实，上述这些追问包含了一个内在的逻辑：梅瓶既然有过不再使用的"曾用名"，那么它与"梅瓶"这一"现用名"之间，就必然存在历史的转换关系和转换过程，这一过程本身已经部分地说明了"梅瓶"来历的正当性。这个逻辑要求人们在得出一时一地的看法时，应该谨慎地对待"颠倒历史"的误人之术。应该肯定，深入检查和研究梅瓶的曾用名与现用名之间的历史关系，仔细考察和尽可能准确地描述梅瓶这类器物在不同时期的名实关系，努力透过层层的历史迷雾而看到更多的"文化关系"，对于中国梅瓶研究来说是非常必要的。

（二）功用研究反思

以往对梅瓶起源的研究多有人提到宋以前，但是涉及功用的研究却从未触及宋以前，使得梅瓶起源研究无形中欠缺了一部分重要的内容。

其实，如此追问是合理的：如果宋代以前已经出现梅瓶，那么其有何功用？此功用与宋代梅瓶功用的同异关系怎样？另外，从宋代开始，梅瓶的功用日益以多种方式表现出不同的内涵，这些不同功用的关系如何？其间如果存在转换关系，如梅瓶从实用器变成陈设器的过程中的促进机制是什么？不同的功用以及功用的转变对于梅瓶的器形和装饰等本体性因素产生了怎样的影响？等等。这些问题一直以来都没有人做过系统的研究。

不容否认，器物功用的问题存在多层次的丰富性，如实用性能与文化功用的关系，这就涉及器物功用的结构问题。以往的研究者虽然或综合或分别地讨论了梅瓶的不同功用，但是明确的理论自觉仍显不足。这种状况会对梅瓶功用结构和历史演变等方面的研究形成严重的制约。

（三）装饰研究反思

以往对于梅瓶的器形、装饰所做的研究，虽然有一些分类、综合的工作，但是概述和罗列的倾向普遍存在，系统性的深入研究不够，关注面仍未拓宽，而且在写作中缺乏必要的可供有效交流的准确术语，特别是有一些基本问题无人深究。

例如，在梅瓶装饰研究上，没有研究者去注意梅瓶的"形制"（包括配套附件）对自身装饰所起的决定性影响。具体问题有：唐宋时期绝大部分梅瓶的口颈部和肩部内层都是没有装饰的，为什么？两宋时期梅瓶的胫部装饰相对于肩腹部装饰而言常常是较为简略的，为什么？梅瓶装饰多采取上下分层布局，为什么？梅瓶的胫部装饰多使用绕瓶一周的仰莲瓣纹，除了受宗教观念影响的社会意识发生的作用，还有没有器物本体的作用？从金代、南宋到元代，梅瓶装饰逐渐出现和流行开光或纵向布局方式的原因有哪些？

忽视这些问题，梅瓶装饰研究便难得其法，有关工作必将流于一般化，也就不可能在具体器物装饰的研究方面获得真正有价值的成果，并提炼出规律性的认识。

（四）器形研究反思

器形，毫无疑问是梅瓶研究当中最重要的方面，以往的研究在这方面规模很大，但是存在的问题也很多，大致梳理如下：

第一，"形制"是梅瓶器形研究当中首先需要研究和明确的基本问题，但是在大量论著当中，少有对之深论者，许多作者在这个问题上只是依据一般性的印象，或不假思索地沿袭前人或他人的观点，这表明学界从来就不认为"梅瓶形制"值得深入研究，导致了有关研究和术语往往缺失共识性的基础。

第二，基本问题不明，使得不少作者在梅瓶器形研究方面被动地迷失在并满足于描述梅瓶个体的具体特征上。诚然，对个体的准确描述无疑具有重要的资料价值，但是基础问题不明以及共识性术语的缺乏，都会使得具体描述丧失可以对比的可能性，因此有关作者在丰富的历史遗存面前，往往只能各说各话，彼此的结论常有较大出入。应该看到，这些倾向并不是梅瓶研究所特有的，至少在中古以来的器物个案研究当中都普遍存在。

第三，许多作者乐于对"梅瓶形制探源"发表看法，但存在的问题却很突出，最主要有二：其一，普遍以有失厚度和不够立体的视野来使用诸如"起源"、"渊源"、"创制"、"创烧"、"定型"等字眼，去代替梅瓶形制探源工作应有的丰富内容。在学术意义上，上述概念的内涵有明确的区别，有各自相关的内容，分别指向不同的问题，或分属于同类问题的不同层面，时间所指也是有差异的。如所谓定型，不但指某种器物的形制已经形成，而且还意味着这种器物"样式的成熟"，因此它不属于器物形制起源的范畴。遗憾的是，这些概念在许多论著中却彼此互代，反映出有关作者对器形探源的问题缺乏深刻思考。其二，与前者相关联，普遍采取"以物定时"的局部性研究思路来对待梅瓶形制的探源研究，总是希望通过寻找具备梅瓶形制的早期实物或图像，在确定其时间点（或时间段）的基础上来认定梅瓶"诞生"的历史节点，给人形成一个梅瓶起源划时代界标的印象，梅瓶的历史似乎只是其后的事，与此前毫无关系。到目前为止，这种思路在中国的器物研究当中一直是占据统治地位的主流，其做法是局部性研究思路的表现，包含着不恰当的历史想象，具有很大的误导性。这种做法没有充分发掘和运用考古材料的关联性，使得原本应该充满创造性的学术研究变成了没有想象力的图解，有时还被带入不能言说的窘境。现代中国考古学的巨大发展和繁荣，为学术研究提供了极其丰富的新材料（包括实物、图像、文字等），也带来了不同于传统学术的观念和研究方法，成为推动器物研究走向深入的契机，但是局部性研究思路将新材料、新方法、新观念变成了"新法障"。

第四，从大多数相关文章的结构安排及内容的分量对比上可以看到，对于梅瓶形制定型之后的衍化历史，以往的研究也用功不足。穷追起源问题而不仔细考察器物形制基本定型后衍化史的主要时段，会忽略某些看似熟悉、平常而实际上反映前后连贯的问题，以至于在梅瓶历史研究当中造成认识"盲点"密布，反过来必然会影响对梅瓶形制探源的深度。例如，两宋时期样式众多的梅瓶器形在此前是否存在有关的线索？其间的联系是怎样构建而成的？所谓"鸡腿瓶"与梅瓶的关系如何？二者是分立关系，还是相属关系？抑或是连贯演变的关系？对于这些问题，孤立的考察是不可能全面把握梅瓶从滥觞期到成熟期的历史状况的。

第五，与前者相关，以往对梅瓶器形衍化的全程考察也很不够，这个工作的意义不止于梅瓶器形研究本身，还有助于综合性地全面认识梅瓶的功用、名称及更广泛的文化史内容；断代式的梅瓶器形研究也存在缺环，如清代梅瓶即少有人做专门研究；带有地域性特征的梅瓶器形研究也未能很好地拓展，如元代景德镇窑青花梅瓶之外其他窑场梅瓶的研究即显薄弱；梅瓶样式类型化的研究不够明确，也少有这方面的力作，而这个工作的缺失便难以真切了解整个中国梅瓶史的关联性；由点及面的器物个体研究有待深入开掘，不应止步于介绍性描述和一般化赏析；对于陶瓷以外其他材质和工艺制作的梅瓶研究也很不足，而不限材质的梅瓶器形的关联性研究则几乎没有；对于在历史上与梅瓶配套的附件，乃至其他相关器物的研究，在以往也是没有过的，使得已有的梅瓶研究残缺不全。

第六，上文已经触及，在以往的综合性研究成果中，力图贯穿历史的描述常常失于概略性的论述，合逻辑的论证不足，缺乏从多方位寻找立论的依据，得出结论的前提往往就存在难以弥补的漏洞，对不同时期、不同地域、不同窑口的梅瓶样式群，或对同一时期、同一地域、同一窑口中存在的梅瓶器形差异，缺乏详细、全面的梳理和辨析，使得概述流于空泛，某些结论不知从何而来，常见的现象是不断沿袭他人陈说的时候又自相矛盾。诸多缺陷阻碍了梅瓶器形研究的深入，更不用说学术上的陈陈相袭对社会性文化环境所造成的弊端之严重性。

以上反思建立在对百年来梅瓶研究学术史的梳理基础上，但是所针对的却主要是半个多世纪以来，特别是近三十年以来逐渐表现出来的问题，应该说均涉及梅瓶研究当中最基本的几个方面，此外仍有许多具体问题就不便在此过多展开叙述了。

136　图①采自朝阳地区博物馆《辽宁朝阳姑营子辽耿氏墓发掘报告》图版叁叁：5，《考古学集刊》第3辑184页，北京：中国社会科学出版社，1983年。图②由笔者摄于杭州南宋官窑博物馆，该馆展标名称"北宋·青白瓷梅瓶"。

137　采自：叶佩兰《元代瓷器》图366A，北京：九州图书出版社，1998年，228页。瓶高32厘米，北京故宫博物院藏。

138　采自：《文物天地》2000年2期彩色插页一：左下。参见宋良璧《广东的宋元彩绘瓷器》图版伍：6，《江西文物》1991年3期53页。

139　采自：内蒙古文物考古研究所、锡林郭勒盟文物管理站、多伦县文物管理所《元上都城南砧子山南区墓葬发掘报告》图八：3，《内蒙古文物考古》1999年2期。

140　采自：《元上都城南砧子山南区墓葬发掘报告》图九：13。

141　采自：〔日〕三杉隆敏主编《世界の染付·1·元》图8，京都：同朋舍，1981年。

142　采自：桂林博物馆编《靖江藩王遗粹——桂林博物馆珍藏明代梅瓶》图版67，上海：上海人民美术出版社，2000年。

143　采自：《中国出土瓷器全集·2·天津、辽宁、吉林、黑龙江》图版176，北京：科学出版社，2008年。此瓶出土于吉林省梨树县刘家馆子乡小匆兰屯墓，高19厘米、口径6厘米、底径8厘米，平底。现藏四平市博物馆。

144　采自：三门峡市文物工作队《三门峡市北宋墓发掘简报》图六：3，《华夏考古》1993年2期64页。

145　采自：周世荣、张中一、盛定国《湖南古窑址调查之一——青瓷》图五：5，《考古》1984年10期922页。

146　采自：福建省博物馆《德化窑》图五五：8，北京：文物出版社，1990年，70页。

147　采自：朱伯谦《龙泉大窑古瓷窑遗址发掘报告》图一五：2，《龙泉青瓷研究》，北京：文物出版社，1989年，62页。

148　采自：王刚《林西县小哈达辽墓》图三：1，《内蒙古文物考古》1998年1期45页。

149　采自：辽宁省博物馆文物队《辽宁北票水泉一号辽墓发掘简报》图八，《文物》1977年12期45页。

二、复杂性：梅瓶历史的特点

近现代梅瓶研究的基本状况是本书的"研究起点"，按说在此基础上可以转入本课题的"思维起点"了，但是对以往研究成果的研究却表明，从思维起点开始迈步并非可左可右，必须建立在对中国梅瓶历史的特点有深入了解的基础之上。尽管本书的绝大部分内容都在讨论中国梅瓶的历史特点，而本节的主旨除了要清醒地反思以往研究存在的问题，还要从反思的结果当中拈出一个关联当下研究的"历史复杂性"问题，为下一节阐释梅瓶研究的理论和方法做一个基本铺垫。总体看来，这个复杂性关涉梅瓶的名称、功用和器形等方面，也贯通了中国梅瓶的整个历史，包括今人对它的认识。

以图1-3-1为例，所列15件器物的器形无一相同。其中，①～⑧和⑮在资料源或在某些学者的论著中，分别被冠名为：北宋青白瓷"梅瓶"（图①、图②）[136]，元青白釉带盖"梅瓶"（图③）[137]，元海康窑褐彩"梅瓶"（图④）[138]，元茶釉陶"梅瓶"（图⑤）[139]，元黑釉陶"大梅瓶"（图⑥）[140]，元青花龙纹"梅瓶"（图⑦）[141]，明青花带盖"大梅瓶"（图⑧）[142]，黑褐釉"梅瓶"（图⑮）[143]，同是命名为"梅瓶"或所谓"大梅瓶"，器形却有很大差异。图①、图②口大而瓶体粗矮，接近唐宋时期的罐类；图③、图④的足部与瓶腹有明显的曲折，由唐宋时期饼形足延续、演变而成，后者肩部还有对称的两个桥形横耳，并非梅瓶常格；图⑤的整体轮廓具备梅瓶特征，但口部偏大，口径几近于足径；图⑥、图⑧高度分别为41厘米、65厘米，都被称为"大梅瓶"，后者的高度可以说大，但前者的高度在梅瓶史上仅属一般，关键是二者器形与梅瓶常格也存在明显差异，尤其是后者细长的颈部，完全不合梅瓶形制；图⑦作为元青花器，与常见的元青花梅瓶样式也完全不同，直壁盘状大口和粗长的束颈都不是梅瓶形制的特点；图⑮则是略带卷沿的小撇口，束颈细直，瓶身几近球状，这种器形也有人称之为"矮梅瓶"。

图中的⑨～⑫器形特征基本符合梅瓶形制，但在资料源里并未称为"梅瓶"，分别为：北宋"小口瓷瓶"（图⑨）[144]，宋岳阳鹿角窑青瓷素面"瓶"（图⑩）[145]，南宋德化窑瓷"瓶"（图⑪）[146]，宋龙泉窑缠枝西番莲青瓷"大坛"（图⑫）[147]，特别是图⑫，虽然瓶体偏矮，但基本特征仍属较典型的梅瓶，却被归入"坛"类。另外，下文会讨论梅瓶研究必须将所谓"鸡腿瓶"纳入研究范围，但是图⑬、图⑭的器形与辽、宋时期常见的所谓"鸡腿瓶"差别很大，而发掘者都称之为"鸡腿瓶"（图⑬）[148]或"鸡腿坛"（图⑭）[149]，若以器形的相似程度来看，图⑪与前者器形相近，是不是也可以将其命名为"鸡腿瓶"呢？显然又不合适，图⑭的筒状

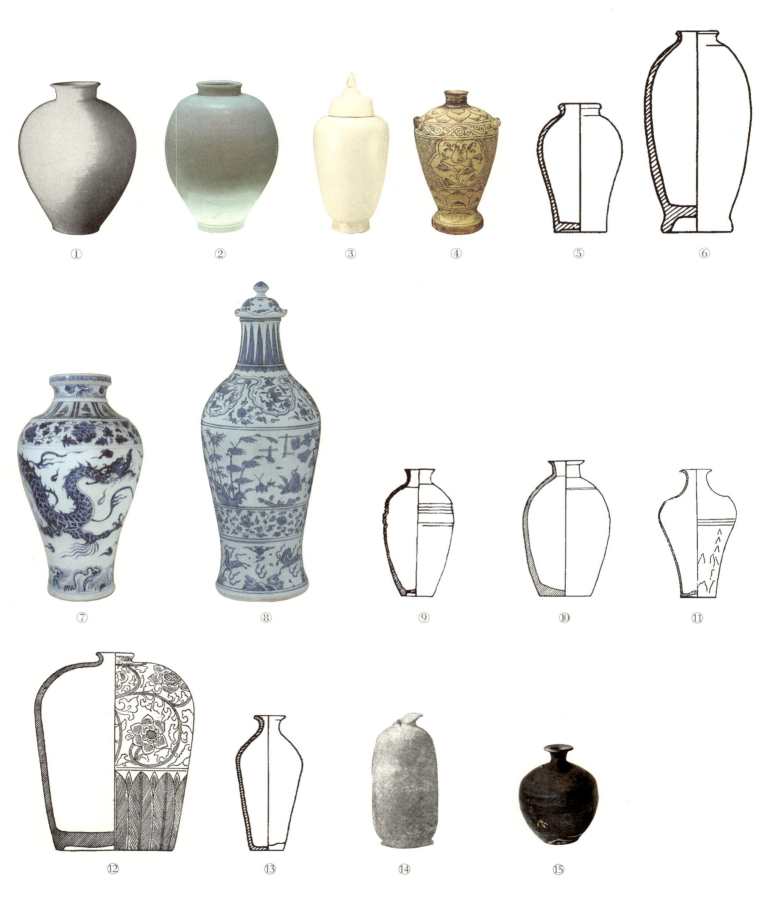

图1-3-1　宋元明时期部分器物举例　（0 　　　　　10 cm）

腹下部大于上部，带饼形足，既与鸡腿瓶常格不符，也与梅瓶常格不符。

以上现象，一方面表明了在中国历史上有大量器物的器形位于梅瓶形制范畴的边缘，有时难以直观地界定其类型归属，这也说明在清代以前梅瓶作为一个器物类型，其器形存在众多变体，不宜用单一的器形格式对其做普遍的套用和生硬的划分；另一方面则表明，学术界在面对这种复杂的历史现象时并没有形成相对统一的命名和描述的规范，根本原因是没有做足充分的研究，导致在器物名称的使用上过于随意或过于宽泛，尤其是对于处在梅瓶形制范畴边缘的器形，一直都缺乏一个有效的共识性命名标准。换言之，对于上述器物是否同属于一种器物类型，及它们是否都能与人们通常印象中的梅瓶一道作为同一个类属来进行研究，恐怕不同的研究者未必都能取得统一的意见。

寻找这种复杂性的前一方面，即梅瓶器形多样性的原因，其实并不困难，无外乎是历史、地域、风俗、制度、功能、审美、材质、工艺等各种社会文化性因素共同作用的结果。对此，当代的学术研究本应从整体性的视野和系统性的眼光来加以观照，归纳出可供交流的有效术语，构建共识性的逻辑基础，方能有助于学术表述的准确性和顺畅性。而在以往论著中上述有关器物的命名随意性和叙述个体化的现象，都说明这种整体性和系统性工作的缺失。总之，历史遗存的器形多样性和当代研究的判断差异性，共同造成了中国梅瓶历史的复杂性特点，现当代学术研究存在的缺陷则加剧了这种历史复杂性。

第
四
节

整体性与系统性思路的研究设想

　　中国梅瓶历史的复杂性，将在本书研究和论述梅瓶的名称、功用、器形等各方面内容时以不同的方式不断呈现，它不单存在于梅瓶自身的历史流程中，还作为认识对象的特质而强烈地作用于今天人们对梅瓶的认识，对今天的研究和阐释不断构成挑战。面对这种挑战，必须构建有效的理论和研究方法。对此，首先要明确的是梅瓶研究的范围和基本目标。

一、研究范围

　　中国梅瓶研究的范围，是划定作为器物类型的梅瓶所涉及的器物，基本的衡量标准是梅瓶形制的基本特征，因此这个范围不仅包括符合"梅瓶标准形态"的器物，还包括具备梅瓶形制主要特点的"类梅瓶器物"。后者意味着在时间维度上为我们提供梅瓶探源的实物条件，在空间维度上为我们确定梅瓶器形范畴的边缘。除此之外，梅瓶研究的范围也必然扩及与之相关的各类器物。这个范围的划定，实际上是将研究视野扩大到整个中国器物史，把梅瓶作为中国文化史的产物来对待。

　　关于中国梅瓶探源研究，下文专做说明和讨论，这里就梅瓶器形范畴的边缘略作阐释。结合考古材料反映的功用属性，器形的排比和样式的类比都显示出，作为中国梅瓶的成熟期和转折期的宋元时期，其符合梅瓶标准形态的器物与具备梅瓶器形主要特点的类梅瓶器物存在着紧密的关联，前者绝非孤立的存在，二者共同构成了宋元时期以小口、短颈、长身为基本特点，同时又在功用上类同的器物群，是一个历史的有机整体，这个整体可以也应该被视为"广义的梅瓶"，其中包括上述图1-3-1所含大部分器物的样式。这是由中国梅瓶的历史决定的——受其影响的古代高句丽和日本的梅瓶基本上不存在这样的问题，因为在中国梅瓶走向成熟和转折的宋元时期，梅瓶仍然表现出巨大的器形衍生活力。这就要求今天对宋元梅瓶的研究不应该只局限在那些符合后人固化的梅瓶标准的器物，而必须把具备梅瓶器形主要特点而处于梅瓶器形范畴边缘的器物也作为研究对象。

一旦如此，纳入梅瓶器形范畴的诸多器形样式之间存在的差异之甚，几乎可以用天地悬隔来形容。这种差别，按其性质可以分为断代性差异、区域性差异和所谓窑系性差异，同样的，在同时、同地、同一个窑口当中也常常存在鲜明的样式差异。与此相反相成的另一个现象则耐人寻味，异时、异地和不同窑口或不同材质之间，却又存在器形样式的类同或趋同。这些差异性和类同性、趋同性在历史上常常是往复交错的。因此，对宋元梅瓶器形演变脉络的归纳和整理，绝难简单地划出单向的线性联系，必须从多角度寻找其间的立体关系。根据笔者的研究，在中国梅瓶器形"样式群"的网络中，这种立体关系使后代的某些梅瓶样式与滥觞期的梅瓶或类梅瓶器物的六条线索之间（见第五章），具有不可割断的渊源关系。换言之，中国梅瓶在早期历史中形成的许多样式，于后代在不同的机制下经过了不断的淘汰、选择和改造的过程，其中有些样式或以原状或经优化地保留下来，有些样式或发生形态上的根本分化，或因各种原因而中断了历史，或在特定的环境里变成了"文化的化石"。

以所谓"鸡腿瓶"为例。考古材料表明，鸡腿瓶流行于辽代、北宋、金代、元代，它在器形上以偏于细瘦的瓶体为显著特点，从辽代早期在辽地开始出现，流行地域逐渐普及长城内外的北方广大地区，体型从瘦长的柱状或筒状到较肥的鸡腿状，再演变成细长的棒状，其高度总的来说从较高变得较矮。在最初阶段，瘦长的辽代鸡腿瓶与偏于丰满的北宋梅瓶的确有明显的差异，在器形渊源上二者也不相同（见第五章）；但是在辽代和北宋的晚期，辽、宋两地的鸡腿瓶与同时期某些高大的梅瓶都具有形体上的趋同性，还出现了不少难辨彼此的器形样式；到了金代发生分化，一方面是上述趋势得到加强，另一方面是重新变得细长的鸡腿瓶远离了梅瓶器形的主流趋势，后者在元代发展到极致并彻底衰落。鸡腿瓶的历史似乎表现出一种与梅瓶若即若离、或分或合的状态，加之20世纪前中期的考古发现和人们认识的局限性，它曾被认为是北方草原上契丹族特有的一种器物，以至于到现在学界的有关讨论还常常将其相对地独立于梅瓶之外。但是迄今为止，并没有过硬的证据与合理的论证来表明鸡腿瓶的这种独立性。经过对纪年材料的器形排比和样式类比的研究，笔者认为，把鸡腿瓶独立于中国梅瓶研究的范围之外是不合适的。且不说鸡腿瓶的历史已经表明它与梅瓶有密切关联，就是从其器形的基本形态和性能功用两个方面来看，鸡腿瓶也与梅瓶保持了大体一致性和类同性。既然如此，梅瓶研究的对象不应该排除所谓的"鸡腿瓶"，而是应该将其作为重要的研究对象纳入梅瓶研究范围之内，考察它在中国梅瓶历史上所具有的地位和影响。

同理，对于宋元明时期各地遗存的许多具备小口、短颈、长身的瓶类器物，虽然它们不像鸡腿瓶那样集中和普遍，其器形与人们印象中的梅瓶也有程度不同的差距，但是有证据表明，这些类梅瓶器物的功用也有相同或类似之处，也应该将其划入中国梅瓶研究的范围，而不是将其省略和排斥，如此才能体现出中国梅瓶在历史进程中所具有的完整性。

　　另外，限定研究对象的"中国"，作为一个时空概念只是其最低限度的意义，实质上它所强调的是研究对象的文化属性。这一点决定了"中国梅瓶研究"还包括超越上述的更大范围，尤其是与域外梅瓶的对比研究不可缺少。所谓域外梅瓶的含义，主要有二：一是通过赐赉或贸易等方式输出海外的中国梅瓶，是否由海外定制，对于这类梅瓶的器形很可能产生了一定影响，如远播西亚的元青花梅瓶；二是受到中国文化的影响，域外按照中国梅瓶在一定阶段内的某种器形样式自行制作的梅瓶，其后的演变方向与中国梅瓶有别，如古代的高句丽和日本烧造的陶瓷梅瓶。研究范围的扩展对于真切认识中国梅瓶各层面的意义都是必要的，但是因为某些特殊原因，本书目前未收录域外梅瓶研究的内容，希望将来有机会加以补充。

　　还有一个与研究范围相关的问题，即研究材料。本书采用的研究材料，首先是作为一个器物类型的梅瓶实物，以及各种类梅瓶器物的实例，其中最重要的部分当然是考古材料。此外，关于梅瓶的文献史料也是必不可少的。由于中国梅瓶作为研究对象所具有的独特结构，以及该研究所要达到的目标，研究材料还将拓展到其他非梅瓶的器物实例，在文献史料上也必然要扩及更广的领域，如本书所运用的文学史资料就是突出的事例。不能忽视的还有图像资料，包括考古发现的和传世的绘画、造像等材料，它对于我们认识梅瓶的历史以及功用等问题有重要的助益。

二、研究目标

　　中国梅瓶研究的范围看似过于宽泛，却是由中国梅瓶历史的复杂性决定的，如此才能最大限度地保证研究对象的完整性，才能合理、有据地了解和把握中国梅瓶在历史中体现的规律性，这是"中国梅瓶研究"的题中之义，也是其根本目标。进一步剖析，这种规律性分别表现在如下几个方面：

（一）梅瓶本体的规律性

　　这一点主要是指梅瓶的器形、装饰、材质、工艺等实体性因素在历史中所遵循的规律。

　　器形和装饰都与材质和工艺直接相关，但是就梅瓶个案来说，器形是梅瓶形制的具体展现，当它形成各种样式，其中的某些样式往往能超越材质和工艺而在不同地域、不同时期流行，可以承载不同时空的文化因素形成的各种变数，从而成为梅瓶面貌的风向标，因此器形是最具表现力的因素。本书下卷主要就是围绕梅瓶的器形问题展开尽可能全面深入的梳理和论证，力图从中挖掘出各个历史时段不同地域不同工艺以及整个中国梅瓶历史的演变和呈现的规律。

　　装饰在梅瓶上一直是比较稳定的，这主要是指在作为实用器的阶段，梅瓶配件及其功能要求使各种器形样式、各种规格档次的梅瓶在装饰上很快完成了与自身形制的适应性，并基本固定下来。随着梅瓶承担文化性功用的种类和分量日益增多，其装饰格式逐渐发生变化。当它成为纯粹的陈设器，梅瓶装饰便彻底解放了。本书的下卷在主要讨论器形问题时将同时研究梅瓶的装饰问题，并对其历史规律做必要的阐释。

　　造器的材质和工艺是紧密相连的，梅瓶亦然。从梅瓶滥觞之时起，古人一直在尝试运用不同的材质和相应的工艺来完成各种梅瓶器形和装饰的设计制作。可以说，中国古代工艺美术中最主要的几大类材质差不多在梅瓶上都使用过。诸多选择是在不同的历史背景下和一定的社会环境中完成的，因此有些材质昙花一现，有些材质则历久弥新，后者当属陶瓷为最，选用陶瓷这种材质和工艺来制作梅瓶，其本身就是对"中国梅瓶"的最佳阐释。

（二）梅瓶名用的规律性

　　梅瓶的名称和功用问题在学界谈得不少，似乎没什么问题了，但实际情况并非如此。例如，梅瓶的曾用名是否只有一个？多个曾用名会具有怎样的属性？彼此间的关系如何？特定的曾用名产生于何处、何时？其历史演变具有什么内容？其所指有无特殊性？梅瓶曾用名与现用名之间是怎样转化的？促使转化的机制是什么？梅瓶的名称与功用之间构成怎样的一体关系？梅瓶的功用有怎样的结构？各层次各种类的功用有什么内容？它们又是如何在历史中发生和展现的？等等。以往对这些问题要么几无触及，要么缺乏系统论证。名用关系是器物研究的重要方面，对之不做深入研究是难以把握梅瓶的文化意义的。本书上卷主要关注的就是这对范畴的各种问题，在总结前人成果的基础上将力求提出系统性的认识。

（三）文化造就的规律性

　　对器物本体的研究当然很重要，但是任何器物都是一定文化创造的产物，特别是其中具有典型意义的器物，必然集中或持续地反映了相关文化的造就作用，因此，探讨文化造就器物的历史和意义成为器物研究的更高要求。中国文化的造就在梅瓶上体现出来的规律，包括了上述两个方面，却又不能为上述单个方面所完全容纳，由此显示了梅瓶作为中国中古史以来最具文化代表性的器物所具有的意义和影响。本书对这方面的论述，主要是随行于有关章节当中。

三、研究方法

本书在研究方法上会或多或少地借鉴和运用以往梅瓶研究所采取的方法，此外还有一些笔者自己的思考。在系统阐明本书的研究方法之前，某些一般性的原则需要先期做一些说明和讨论。

（一）一般性原则

主要有两个：1. 整体性和系统性的研究思路；2. 研究方法取决于研究方向和研究定位。

整体性的研究思路，是针对以往的梅瓶研究未能避免局部性和片面性思路的缺陷，以及中国梅瓶的历史复杂性等因素的要求而制定的，它涉及梅瓶的各个方面。无论从哪个层次来定位中国梅瓶，都会发现它在整个历史中完成了名称、功用以及器形、装饰上的完整结构，各方面的复杂性在各自的结构中被包容、转化、消解或新创，任何一种局部性的研究都难以全面把握中国梅瓶所蕴含的文化创造。

关于第二个原则，先谈谈研究定位，它首先是指研究对象的定位。梅瓶通常都被定位为一个器物类型，这是普遍和明确的，在某些研究者那里它有时也会被视为承载历史信息的载体，但是这一点常常较为模糊。前者具有基本的性质，比较直观；后者之所以模糊的原因，当是器物承载历史的方式多变而不固定，及其所含信息的广泛而复杂。

鉴于以往研究的得失经验，在广泛、深入的研究基础上，笔者将梅瓶的定位明确分为三个层次：1. 器物类型；2. 符号载体；3. 寓道之器。

如上所言，第一个层次的"器物类型"具有直观的特点，是普遍的共识。然而以往很少有人真正从"器物类型"的意义上来研究中国梅瓶的来龙去脉。研究结果表明，梅瓶作为一个器物类型自滥觞之时起至今迁延不绝，而它的滥觞期远远早于以往所认定的时代，至于在更早的时间里，有证据表明这种器物类型已存在着形式的端倪，其文化属性的胚芽甚至可以上溯到远古时代（参见第五章）。

第二个层次"符号载体"，看似与以往的模糊定位相同，实则不然。将梅瓶视为历史信息的载体看似不错，但是这种模糊定位本身并不准确。在任何一个文明当中，历史信息的表述主要是通过特定逻辑结构的符号体系来实现的，文字、图像、饰纹是最基本的三类符号。在中国文化史上，三者都有连贯的历史，特别是前二者还具备完整的理论。如果从实体性的器（从建筑到器物）上抽离上述三者，其历史信息虽不至于绝灭，也将大量消泯，而器形作为一个可视因素的存在，其承载历史信息的功能却是隐性的，对之进行解读必须经过专门和系统的深入研究。反之，建筑或器物常常是上述三类符号的另类载体，成为书籍、图画、造像等载体之外最重要的补充。正是在这个意义上，梅瓶成为中国文化的一种"符号载体"。

不独如此，中古时期以来中国"文化"的恒定性（常）与衍化性（变）的辩证关系（易）之发展理路，以特定而具体的方式在梅瓶这个器物类型上均有寓含和体现，而且是通过梅瓶的名称、功用、器形、装饰等四个方面的不断衍生、变化而全面实现的。只有揭示这一点，我们才能深切体认到，日益丰富的社会文化信息是如何在历史过程中渗入中国梅瓶的历史当中。在这个意义上，笔者把梅瓶定位为第三层次的"寓道之器"。

上述三个层次的定位具有结构性，依次递进，又相互影响。换言之，具备寓道之器的性质要求梅瓶必须是一种符号载体，从而使得这种器物类型随着中国文化史的进程而展开自身的历史，并在中国器物史上确立自身的地位。这个结构性定位，决定了中国梅瓶研究也必须是结构性的系统研究，不但要求它包容以往研究成果较为单一的多个研究方向，甚至要突破以往的研究方向，扩大到梅瓶涉及的其他文化领域中。换言之，中国梅瓶研究不单是工艺史的，不单是文物性的，也不单是考古学的，它还是文化史的研究。文化史的研究方向本身就要求研究方法的多元性，加之本研究涉及不同方面的专门性内容，所有这一切都决定了中国梅瓶研究是多种方法的结构性综合，笔者将其概称为"专一性多元和多元性综合的研究方法"。这方面，同样与整体性和系统性研究思路相一致。

（二）专一性多元和多元性综合的研究方法

这是指有针对性地运用各种比较具体而专门的研究方法，在一个具有结构性的研究对象上融汇成多元性的综合研究。这种研究方法上的选择和确定也是与中国梅瓶各方面在历史中表现出来的丰富性和复杂性相一致的。概而言之，主要有如下三个部分：

史料考据学的方法。它主要是为了解决关于中国梅瓶的各种文献史料的梳理和考辨，涉及中国梅瓶的名称、功用、形制等内容和问题。上文关于梅瓶研究史的梳理，虽然是现代学术研究通行的方式，但就其实质而言也属于史料梳理和文献考据的范畴。史料考据学的方法通过当代学术的转化和运用，已经不再局限于中国传统学术方法当中，而是与现代学术研究相协调，与各种现代的研究方法相融合，成为一种广义的史料考据学的方法。"辨章学术，考镜源流"这一宗旨仍然能够统括这种经过改造的研究方法所要达到的研究目的，也显示了来自中国文化传统的研究方法在当代所具有的活力和必要性。在史料考据学的方法下面，还会在局部因需要而适当采用其他更为具体的方法或手段，如文字学、音韵学、历史地理学，等等。

现代考古学的方法。现代考古学在中国已获得长足发展，使之在史学研究当中没有哪一个领域的方法可以将其取代，相反，考古学的方法具有越来越大的影响。这种重要性使得现代考古学的研究方法在本书下卷各章节当中成为主要的研究方法，其中又以器物类型学的方法为主，对包括大量的考古材料和传世的梅瓶实例进行器形样式的排比、分类和断代研究，以期最终梳理出中国梅瓶器形样式的历史脉络。器形样式的划分和比较，则通过区、系、类型的时空划分作为基本的结构，后者是从苏秉琦先生关于中国古代文化和文明研究的"区系类型理论"[150]中获得启发的。这个结构的运用主要从中国梅瓶滥觞期的隋唐开始，在五代、宋、辽时期及其以后的部分则成为主要的叙述框架，每个历史时空内的梅瓶都按区域、年代的粗线索来梳理各个样式，最终归纳为中国梅瓶的十类样式群。"样式群"和"样式"这两个概念类似现代考古学通行的"型"、"式"分级概念，但并不相同，而是在后者基础上具体运用以上方法并经过归纳综合的结果（详见下文及第五章第五节）。这个调整主要是考虑到已有的相关考古成果中对型、式概念的实际应用存在诸多差异，这些差异往往会造成有关内容的彼此矛盾，不利于本课题进行系统、整体的研究和论述。在考古学方法的框架下，还会根据需要适当采用其他如统计、图像分析等方法作为补充。

文化史学的方法。这方面的主体实质上就是史学方法，但是由研究对象所决定，这里所谓史学的方法便落实到器物史、工艺史和相关的文学史、美术史以及社会史等多学科的研究方法，可见其综合性之明显，而且在相关章节的整合性研究当中，还会包容上述两大方面的研究结论。综合的目的是为了从中国梅瓶的研究当中钩沉出这种器物的历史背后所蕴含的文化线索，由此揭示中国文化史在梅瓶上所投射的独特规律。

（三）称名系统与功用结构

下面就梅瓶具体方面的研究所采取的一些主要概念和方法做一论述。

梅瓶的名称，包括现用名和曾用名，现用名就是"梅瓶"，而历史上其曾用名在不同的语境中又分为"常例"和"特例"。中国梅瓶名称的研究，是针对历史上梅瓶的曾用名、现用名的内容、关系以及曾用名向现用名转变的脉络和文化机制等多侧面、多层次的梳理和总结。整体性的研究思路要求对诸多内容的有机联系进行挖掘，这就涉及器物"称名系统"的问题。简单地讲，称名系统是器物名称发生、演变、定名的过程所构成的历史关系，是关于器物名实关系中名的部分相对独立的内容。从中国梅瓶名称演变历史来看，它与梅瓶的形制渊源、功用结构以及中国文化的造就作用均有密切的关系。

《老子》所谓"埏埴以为器，当其无有器之用"。此言重在论道，而器理昭彰，点明了"以器寓道"的形而上之用，也表明了器、用之间的本然关系。如此久远之前阐释了如此高度的道器关系理论，使得中国器物的研究不得不重视"器用"的特征与规律，从而把握中国造器所具有的文化真谛。器用，除指物质性的器物功用之外，更重要的一层含义是器物使用方式的文化规定性。对这两层含义的考察，使器物研究深入到用器之"人"的层面。以此作为中国梅瓶功用研究的理论引导，甚至要求对中国器物历史开端时期一些最基本的使用方式加以探索。

梅瓶的功用，包括它作为一种器物所必然具备的实用性能，以及社会行为在特定的使用方式中为其赋予的文化性功用，如礼仪性功用和审美性功用。对中国梅瓶功用的研究，需要讨论它在历史上曾经具备的功用种类、性质和内容，以及不同功用之间的转化关系，其间需要特别注意的是各功用所包含的文化因素，以及诸多文化因素发挥的作用和最终引导的方向。整体性研究思路同样要求对这些内容的有机联系进行梳理，这就涉及"功用结构"的问题。

功用结构是器物在历史过程中逐渐承载的各种功用在经济、风尚、民俗、审美等社会性文化追求的共同影响下所形成的有机联系，涉及功用生发的条件、功用转化和选择的机制等，是器物名实关系中实的方面关于用途的内容。从中国梅瓶功用的历史来看，它与梅瓶的形制、材质、装饰等具体因素常常有直接的关联，又与社会意识和文化理念存在深刻的内在联系，若从梅瓶的名称和功用之间的关系来看，二者之间则存在大体相合的一致性。

（四）以样式为单元进行样式群分类的器形研究

不论材质与工艺，器物的造型研究只关注器形本身的问题。本书在器物造型方面使用的基本概念有四：形制、器形、样式以及样式群，它们之间具有层级关系。

"形制"是一种器物类型普遍具备的形式特征及其基本的组合关系，是从器物个体抽象出来的形式结构。梅瓶的形制可以归纳为三点：小口、短颈、长身。三者也是梅瓶形制的基本特征，它们在彼此的对比关系中成立，具有一定的相对性，同时也是梅瓶作为一种器物类型得以呈现的形式规定性。

"器形"是指器物个体的具体形式，包括各种独特的细节，结果必然千变万化。细节并不意味着次要性，比如在陶瓷梅瓶上它们常常是胎质、工艺、窑口、时代的断定依据。

在器形与形制之间，可供把握以进行分类、归纳、比较、分析的形式单元，就是"样式"。样式是在形制的基础上，容纳了经过分类、综合并归纳的器形特征，也可以说样式是在形制支配下器形程式化的结果。

具体而微的差异造成了样式的细化，这是由器形多变性的特点决定的，样式由此也形成了"类"与"个"的层级结构。类样式包含较多的个样式，前者相当于"型"，后者相当于"式"。但是考古学上的型与式并不适用于超长时段的梅瓶器形史研究，而且各种考古报告的型式划分常有矛盾，因此在本书当中将以"样式群"的概念来指称具有类型化的普遍共性的多个样式的集合，以进一步将众多样式进行分类与综合，从而力图在样式群的范围内探索梅瓶样式的演变规律（参见第五章第五节。在梅瓶的"样式"和"样式群"的表述方式上，参见本书

"凡例"第23条）。

另外，在讨论梅瓶的"形式端倪"和"形制滥觞"问题当中，必然要论及历史上具备类似于梅瓶形制基本特征的各类器物，但是在功用上，这些器物与后世的梅瓶并不完全对应，在研究和表述上需要借助某些工具性概念，如"类梅瓶器物"、"类梅瓶器形"等，其含义主要都是从器形上来指代各类近似于梅瓶形制而功能有差异的器物。

梅瓶的器形与其工艺、风俗、观念固然有关，但不应忘记某种器形不仅仅只有一种材质或只在某个地区、某个时段内出现，它一定有更具普遍性和规律性的因素以及发生机制存在。在这个意义上，器形研究属于针对造型和视觉为主体对象的美术学研究范畴，寻找其形式历史的规律是有关研究的根本任务。

（五）装饰模式和饰纹格式：装饰研究的基本概念和梅瓶装饰研究

作为相对独立的研究对象，装饰艺术的研究意在挖掘其中蕴含的工艺、审美的因素和意义，借此透视时代风尚、流行观念等社会性和文化性的广泛内容。但是如果把装饰问题落实到某一种器物来研究的时候，装饰研究便不能脱离器物本体的形式而存在，否则这种器物的装饰便成为无所附着的符号而失去了存在的基础，有关研究也就不可能真正把握"这种器物装饰"的独特历史和独特规律。

梅瓶装饰就是这样一个研究对象，在本书当中，它将不被作为一个独立的对象来进行单独的考察，而是附属于梅瓶器形研究，以此为基础，结合其功用研究，以及不同时期梅瓶的附件甚至使用环境的研究等内容，来寻找"装饰"在"梅瓶"这个器物类型上所具有的特殊性。

本书将着重注意某些在特定历史阶段才会出现的梅瓶装饰现象和问题。例如：梅瓶从何时开始出现"装饰纹样"（简称"饰纹"）？最初的饰纹构成怎样的布局格式？最早形成稳定格式的饰纹布局有些什么基本特征？为什么会具备这样的特征？这种格式随后是怎样被打破的？什么原因导致了这种失衡？随后又形成了怎样的新格式？在梅瓶的口颈部出现饰纹意味着什么？胫足部出现饰纹和未出现饰纹又意味着什么？其间呈现出怎样的演变轨迹？不同时期的梅瓶配件如盖、座等，又具有怎样的装饰特征？它们与梅瓶的瓶体装饰构成怎样的关系？饰纹题材与梅瓶的器形具有怎样的特殊关系？这些问题，将是本书关于梅瓶装饰研究的内容所关注的重点问题，对它们的解答也是梅瓶装饰特殊性的关键所在。

由于中国梅瓶从始至终都以陶瓷作为主要材质，因此关于梅瓶装饰的研究也主要针对陶瓷材质的器物。在考察中国古代陶瓷装饰历史的基础上，笔者曾对中国陶瓷"装饰模式"的问题做过初步探讨，归纳出三种最基本的陶瓷装饰模式，根据其特点分别命名为"范金琢玉"式、"纹彩相彰"式、"胎文釉理"式。[151]关于这三种装饰模式的意涵，可以简单地概述如下："范金琢玉"式主要是针对陶瓷器物的胎体，以硬质工具进行印花、刻花、划花以及堆花、贴塑、镂空等工

151 参见：拙文《中国陶瓷装饰模式刍议》，
    载于《艺术》2005年11期。

152 参见：苏秉琦《中国文明起源新探》，生活·读书·新知三联书店，1996年。

艺手段的纹样装饰，在达到相当纯熟的技术高度时，也会从化妆土乃至釉面上实施上述这类装饰工艺，其装饰效果有如中国古代的青铜器铸造或追求雕琢玉器的面貌和质感。"纹彩相彰"式是指以软质的各种毛笔在釉下或釉上描绘、书写出包括纹样、绘画、文字等形态在内的各种饰纹，其装饰效果或流畅率真如彩陶，或古拙如漆，或绚烂如染，或精描如绣，或挥洒如画，等等。"胎文釉理"式是指顺应陶瓷工艺本身的规律，利用胎、釉自身的内在纹理，或将错就错、因势利导，或主动追求、自然天成，以陶瓷材质的"素质"呈现作为最基本的装饰原理，导致中国陶瓷以高超优雅的质感获得了类玉如冰诸如此类的装饰效果和文化赞誉。在历史上的实际运用中，这三种装饰模式也常常有交叠融合的迹象，特别是在宋代以来的梅瓶装饰上，时代愈晚则愈明显。本书在研究梅瓶装饰问题时将会适当运用"装饰模式"及有关概念作为研究的工具。

（六）立足于样式研究的中国梅瓶历史分期

器物分期有多种方式，或从器形变化入手，或从功用演变来划分，但器形变化是主要的。本书关于中国梅瓶的分期主要采用了器形分期的方法，同时兼顾功用的演变，考虑历史时空的变化因素，本书在梅瓶分期问题上还借鉴了苏秉琦先生关于中国文明研究的区、系、类型理论[152]。

在梅瓶起源问题上，划分出端倪期和滥觞期，前者可以说是梅瓶历史的前奏，后者属于实质性的梅瓶历史的早期。在滥觞期里，梅瓶的形制及其基本特征已经出现，而器形的变化则起伏较大，在功用上也处于发生和转变的过程。这个时期梅瓶分布于关中、河南这一中原核心地区，在使用人群上以上层贵族为主，逐渐普及普通官吏；与此同时，又存在影响以后梅瓶器形衍生的六条类梅瓶器物的形式线索，表现出初期多变的特点。因此，滥觞期成为梅瓶分期的第一个阶段，在历史上即隋唐时期。

从五代到北宋和同时并存的辽代，是梅瓶在滥觞期之后经过短暂的过渡期（五代到北宋前期及辽代前期），进入了日渐繁荣的成熟期，所有的梅瓶样式群都在这个时期出现，民族性、地域性、官民差异性以及材质上的区别等因素对梅瓶器形的影响，在这个时期得以体现，也使之在北宋和辽代的晚期达到了梅瓶史上的第一个高峰期。此时梅瓶的功用结构也初步形成，其本体性功用得以确立，并一直延续到元明时期，礼仪性和审美性功用也程度不同地呈现出来。因此，从公元10世纪到12世纪初叶，作为一个历史时空的整体，可以作为中国梅瓶历史分期中的第二个阶段。

南宋和金代作为并存的两个朝代，在中国的南北方分别接续北宋和辽代已经奠定的格局在继续发展，使南北方的梅瓶各自进入了又一个兴盛期，形成了南北有别的风格形态，可以作为中国梅瓶历史的第三个阶段。与此同时，并存的西夏王朝也流行梅瓶这类器物，也属于同一个时期。

元代的大一统局面以及中国全面地介入世界文化交流的大格局，中国社会的变化和世界背景的存在都在梅瓶的器形上表现出鲜明的时代特征，此前南北方梅瓶的差异在统一的融合中减弱，元代梅瓶的统一性特点得到凸显，而景德镇孕育"瓷都"雏形的过程则加强了这个特点。与此同时，分化也是存在的，这方面除了表现在器形上，还表现在品质的差距上，这是一个重要的现象。因此，元代可以作为梅瓶分期的第四个阶段。

官方主导的审美风格在梅瓶上与中国陶瓷主流史是一致的，它始于北宋后期，到了明代，特别是在明代前期，这种性质在梅瓶的器形上有鲜明的反映，而且其取向与元代乃至南宋的官窑梅瓶风格都不相同，特别是体现出渊源于唐代梅瓶的特征，成为一个重要的现象。在明代的中晚期，梅瓶也与陶瓷史上官民竞市的局面相一致，呈现出特定的样式演变。总的来说，瓷都景德镇的梅瓶成为明代梅瓶的代表，其他各地方窑场都或多或少地受其影响，或者已游离于中国梅瓶历史主流之外，体现出这个时代特有的演变脉络。加之梅瓶的功用结构在明代已进入质变的后期过程，梅瓶的陈设性对其器形的演变产生了深刻影响。因此明代在中国梅瓶发展史中成为第五个阶段。

进入清代以后，梅瓶作为一种纯粹的陈设器，全面结束了梅瓶功用结构的多层次性，单一的审美性功用使其器形走向完全艺术化的形态，并在样式上逐渐固定在有限的几类样式群中，从复古到追求优美和精致，与清代瓷器的发展具有整体上相同的走向，使得中国梅瓶的历史进入了第六个阶段。

清代以后的近现代时期，梅瓶的器形演变不再作为本书的论述内容。总之，中国梅瓶的历史大致可以分为六个大的阶段，加上端倪期和清代以后的时期，则可用八段分期来涵盖。在整个历史进程中，影响梅瓶各个阶段划分的原因，都可以在中国文化不同方面的造就作用当中去寻找，体现了文化多元性和文明统一性互动的双重性格。

四、本书的结构

本书是针对一种器物的个案研究，即从整体性和系统性的角度，将中国梅瓶作为一个关乎中国文化史的研究对象。本书的写作及其结构安排正是在这样的定位中来组织和实施。

作为绪论部分，第一章也就是本章已尽可能详细地梳理百年梅瓶研究成果，包括对其中存在问题的反思，同时也在认识梅瓶历史复杂性的前提下讨论了中国梅瓶研究的理论和方法。应该说，本章是关于中国梅瓶研究的准备工作，却与主体部分有密不可分的关系。

作为主体部分的各章节，针对不同范畴的基本问题，分为上下两编。上编为

"名用篇"，主要讨论中国梅瓶的名称和功用问题。本编包含三章，分别为三个部分。第一部分即第二章，主要研究"梅瓶"作为一个器物名称和审美概念的问题。首先在全面研究的基础上提出了器物的称名系统这一概念，及其在梅瓶名称问题上所具有的特殊性，进而就"梅瓶"这个名称或概念进行史料梳理和论述，明确了"梅瓶"作为一个审美意向的概念出现的时间，及其作为一种器物类型的定名出现的时间，同时就这一同名概念的不同所指做了分辨和研究，还初步就二者的转化关系做了描述。由于这一系列问题与梅瓶的功用和相关的文化活动在历史中构成复杂的关系，对二者转化关系的研究需要向前追溯，因此，第三章对梅瓶在早期历史上的曾用名做了梳理研究，分辨出梅瓶作为一种实用性器物在曾用名上具有"常例"和"特例"的区别，特别对人们已有所了解的"酒经"等一系列曾用名特例的有关问题做了较深入的讨论，包括这一名称的起源时间和地点，传播的过程以及其中发生的讹转，还对其所指器物进行了形态上的确定，辨明了这一系列名称只是梅瓶曾用名特例的性质，其结论澄清了学术界对有关问题的误会和误导。第四章专门研究梅瓶的功用问题，从器物功用结构的角度入手，对梅瓶的本体性、礼仪性和审美性三个层次的功用进行了划分，对各层功用做了梳理和论述，包括三种功用的发生、发展或转换的关系等。在以上三章的研究基础上，最后对"梅瓶"在清代以来被选择作为所指器物的专用名称的成立理由做出结论，从而完成了关于梅瓶名实问题的讨论。

下编为"器形篇"，主要研究和讨论梅瓶的器形问题，以中国梅瓶历史分期作为各章顺序。由于器物案例多，涉及的问题错综复杂，为使论述脉络尽可能清晰，下编各章并没有完全按照上述分期安排相同的写作结构。如第五章主要研究梅瓶形制的起源问题，将其分为器形端倪和形制滥觞两个方面，对相关历史做了详略有别的论述，由此见出梅瓶起源问题的连贯性和完整性。第六章将五代与北宋的梅瓶作为一个连续的整体进行安排，也比较研究了北方的辽代梅瓶，但是在样式梳理上各自分为两节来进行，两者相合便可以看出同一历史时空内梅瓶的诸多问题。同样，对于先后或同时并存的金、南宋和西夏的梅瓶，也都在第七章里分立为三节各做梳理。元、明、清三代的梅瓶则各自成章，即第八至第十章。需要着重说明的是，在第五章的最后，将以一节的篇幅从整体的角度对中国梅瓶器形样式的划分依据和划分类型进行讨论和说明。

作为一部学术性论著，必然离不开对相关的学术资源和研究成果的借鉴和采用。本书将在正文之后以附录的形式列出在研究过程中参考的主要书目，同时也附上了一些原本应该置入正文而又不甚方便的内容，如附录一的"中国梅瓶样式群分类与排序总表"，这份表格是本书非常重要的研究成果之一，对于本书特别是下编的阅读极为有用，是本书必不可少的内容。

第二章

瓶梅与梅瓶

——从审美意象到器物名称

第
一
节

从“称名系统”看梅瓶的名称

　　名物制度是中国文化的一种独特制度，因此器物名称的辨明自古以来就是中国学术中的重要内容，辨名和正名也成为一条重要的文化原则。按照“名正言顺”的原则要求，从整体性和系统性的角度来考察，笔者发现，在历史过程中，任何一类中国器物都或多或少地出现和使用过多个名称，由此形成了器物的“称名系统”这一文化现象。所谓器物称名系统，指同一类器物的不同名称发生、演变、确定的过程所构成的整体的历史关系，其间具有历史和文化的必然性、关联性和结构性。

　　在这方面，作为一种器物类型的梅瓶殊为突出。通过研究我们发现，梅瓶曾在不同的历史时期被冠以不同的名称，其性质和类属在不同时期内有所不同，至于“梅瓶”这个名称，只是这类器物从清代初期以来确定并沿用至今的名称之一，成为其现用名，而此前它有多个曾用名。那么，梅瓶的曾用名是什么？有多少？它们如何出现、如何使用？彼此间具有什么关系？在怎样的机制下发生转变？为什么最终选择了“梅瓶”？其间有怎样的历史脉络？是什么原因导致这一切发生？可以说，这些问题共同构成了梅瓶称名系统研究的结构。梅瓶的多个曾用名不但与梅瓶的形制渊源、器形演变、功用结构和中国文化的造就作用都有密切关系，而且彼此之间都存在必然的关联性结构，其在历史中出现都不是偶然现象，现用名与曾用名之间也存在着有意义的内在联系，内含一定的文化规律。正因为如此，“梅瓶”一名不应该随便否定，更不应该以臆测的方式对古人早已用之的名称妄批为臆测。对梅瓶称名系统所含问题做系统梳理，是必要的和有意义的。

　　正名是所有器物研究首先要面临的问题，梅瓶的正名正是中国梅瓶研究进入正题的思维起点。这个工作看似简单，但解答的难度并不比任何一个哲学性问题的解释来得更容易，因为它们在本质上都是概念，古贤谓之“名”。好在从器物研究的角度来看，梅瓶的名称有比较具体实在的对象可供对比，有文献的记载和更为宽泛的社会背景作为参照。本章以尽可能深入的讨论来阐明一个并不复杂的道理：“梅瓶”从出现到定名是一个符合中国文化之道的历史过程，中古以来中国文化的发展为“梅瓶”一名确立了存在的正当性。强调这一点，要求对梅瓶的研究不能仅仅停留在单纯的实体层面上，而要更多地兼顾到文化性研究，要注意梅瓶的名实关系是在中国文化史的过程中发生的。

第二节

审美意象：宋元以来诗文描述的"梅瓶"与"瓶梅"

一、最早提及"梅瓶"的五篇宋元诗文

从以往的研究来看，"梅瓶"作为一种器物的名称，它在清代末期以前存在的真实性与合法性，是被许多研究者所否定的。可叹的是，历史常常不像人们想象的那样决然。本章的内容表明：从清末到民国时期，中国市井社会通行的"梅瓶"这个器物名称，其实在几乎整个清代自有其稳定而合理的历史渊源和传播脉络；而清代前期，在上层社会中通用的器物概念"梅瓶"，同样不是没有历史渊源和毫无根据的臆造之词。浩如烟海的中华史料为这个判断提供了线索，值得今人切实探究和不断发现，而中华尚文的传统也足以为我们提供深刻的启示。让我们先跨过清代，到更早的年代里去对"梅瓶"做一番史料搜寻。

由满族人继踵的明代，是一个赏玩、品鉴、仿制、买卖古玩的风气弥漫朝野的时代，上自宫廷百官、下至乡绅富商均热衷于此。应当说，清代承其余绪而更甚。也正因为这一风气的流行，明代出现了许许多多品鉴古器的官私著作，著名者如《宣德鼎彝谱》、《格古要论》、《七修类稿》、《遵生八笺·燕闲清赏笺》，等等，在许多杂家笔记中也有不少相关的内容。应该承认，这一风气也从文化总结方面推动过整个时代对相关工艺领域的生产技术做出了归纳和梳理，如《髹饰录》、《天工开物》等著作的出现就不能说与此完全无关。尽管如此，明代这类记载古器物的文献多以相袭为能事，其中却无"梅瓶"一词的踪影。如果结合下文引用的宋元文献来反思明代的这种现象，是很有意思的。

再跃朱明，宋元是溯，令人感到欣喜而又惊奇的现象会在诗词文章当中呈现出来——宋元文献中的"梅瓶"一直在静候来者的叩问；若进一步查阅宋代以前的文献，"梅瓶"的绳文鸟迹又失去了踪影。这不免使人自然而然地将宋元时期文献中的"梅瓶"与同时达到形制成熟而样式繁多的"梅瓶"联系起来。有趣的是，宋元时期白纸黑字记录下"梅瓶"的文献，不是以往考古界、文博界所熟悉和惯用的那类如史志、政书、笔记、杂说等正统的史料，而是当时文人骚客的吟咏篇章，后者常常很容易被非文学史专业的研究者们忽略，然而正是这类文学史料成为我们在文化史的框架内来探究中国梅瓶名实问题最富启发意义的历史宝

藏。其中，至少有五篇宋元诗文提到了"梅瓶"，分别出自南宋和元代的文人手笔，一并罗列于下：

1.〔南宋〕许纶《张时可席上喜雪分韵得水字时予后至周希稷期而不集》五言古诗一首：

> 寒威逼重帷，皓彩堕庭庑。
>
> 不谓晦日愁，乃有丰年喜。
>
> 更长要深杯，客缓愧停已。
>
> 后来固自佳，不至犹可纪。
>
> 传香共分题，索笑惊落纸。
>
> 摩挲玉梅瓶，冻合西湖水。[1]

2.〔南宋〕韩淲《雪后如春》五言律诗一首：

> 雪消春意动，楼外已东风。
>
> 兰佩新输绿，梅瓶久荐红。
>
> 人生虽向老，岁事岂终穷。
>
> 青琐黄扉地，西湖一望中。[2]

3.〔南宋〕韩淲《上饶新刊巩宋斋六言寄赵晏叟者次韵上饶》七言律诗一首：

> 凋零我亦鬓星星，旧墨新刊百念轻。
>
> 诗案自应留笔砚，书窗谁不对梅瓶。
>
> 赵岐交契身俱老，李汉亲传眼独明。
>
> 赢得泉溪春草绿，离离烟水照坟清。[3]

4.〔宋末元初〕方逢辰《风潭精舍月夜偶成》七言律诗一首：

> 茅屋三间一坞云，此窝真足养吾神。
>
> 不知逐鹿断蛇手，但见落花啼鸟春。
>
> 石几梅瓶添水活，地炉茶鼎煮泉新。
>
> 古今天地何穷尽，愧我其间作散人。[4]

5.〔元〕陆文圭《题索句图》跋文一篇：

> 咸平以后，景祐之前，结庐孤山，有隐君子焉。诗案无尘，维寂及玄。冥搜物外，隐几嗒然。影香得句，佳处参禅。起视湖光，霜月在天。梅瓶无香，茶鼎无烟。怅鹤梦之俄空，泣茂陵之遗编。画史虽工，意妙不传。[5]

以上四首诗和一篇跋文，均明确提到了"梅瓶"，这是以往的梅瓶研究者基本上没有碰过的史料。[6]仅从诗文表面做一个初步的综合，这五处"梅瓶"可归纳出以下三个特点：第一，宋元时期记录"梅瓶"的文献形式是诗文；第二，"梅瓶"与相关事物共同构成了宋元文人生活的环境，烘托出中古以后中国文人特有的生活景象和文化气氛；第三，诗文中"梅瓶"的存在方式均按照中国诗歌的独特结构来加以安排和表述。了解这三个特点，有助于我们对宋元文献记录的

1 〔南宋〕许纶《涉斋集》卷一，文渊阁四库全书本集部别集类三·宋。

2 〔南宋〕韩淲《涧泉集》卷七，文渊阁四库全书本。

3 〔南宋〕韩淲《涧泉集》卷十三，文渊阁四库全书本。

4 〔南宋〕方逢辰《蛟峰文集》卷八，文渊阁四库全书本。书中原题下有一行小字按语："先生山房之号本此"，应为文集的辑录者，方逢辰五世从孙方渊在整理时所题。

5 〔元〕陆文圭《墙东类稿》卷十·跋，文渊阁四库全书本。

6 萱草园主人曾引方逢辰《风潭精舍月夜偶成》，见萱草园主人《明清御厂梅瓶的制作及发展》，《收藏界》2007年9期55页。

7　〔清〕永瑢等撰《四库全书总目》，北京：中华书局，1965年。

8　《宋史》卷三百九十四·列传第一百五十三"许及之传"，北京：中华书局，1985年，12041～12042页。

9　《四库全书总目》提要许纶《涉斋集》。

10　〔南宋〕许纶《涉斋集》十八卷，文渊阁四库全书本集部别集类三·宋。

11　《宋史》，12042页。

12　《四库全书总目》提要韩淲《涧泉日记》。

13　《宋史》卷四百四十五·列传第二百四·文苑七"张即之传"所附"赵蕃传"，13146页。

14　〔南宋〕刘宰《漫塘集》卷三十二，文渊阁四库全书本。

15　《四库全书总目》提要韩淲《涧泉日记》。

16　《四库全书总目》提要韩淲《涧泉集》。

17　〔宋末元初〕佚名《东南纪闻》卷一"韩淲"条，文渊阁四库全书本子部十二小说家类一·杂事之属。

18　均由清人集自《永乐大典》，参见《四库全书总目》提要韩淲《涧泉日记》、《涧泉集》。

19　〔元〕黄溍《蛟峰先生阡表》，收录于方逢辰《蛟峰文集》外集卷三，文渊阁四库全书本集部别集类。

20　《四库全书总目》提要《蛟峰文集》。

21　〔元〕黄溍《蛟峰先生阡表》。

22　〔南宋〕方逢辰《蛟峰文集》八卷（方渊辑）、外集四卷（方中续辑），文渊阁四库全书本集部别集类三·宋。

23　《元史》一百九十·列传第七十七"儒林二"，北京：中华书局，1972年。

24　《四库全书总目》提要陆文圭撰《墙东类稿》。

25　同上。

"梅瓶"加以讨论，探究其名其实。另外，为下一步的考证和深入讨论做准备，有必要先对以上五篇诗文的四位作者做一番简要的介绍和说明。

许纶，即许及之，清人已有成考。[7]《宋史》有许及之传，可知其字深甫，温州永嘉人，南宋隆兴元年（1163年）进士，累官至知枢密院事，卒于嘉定二年（1209年），主要活动于南宋孝宗、光宗和宁宗朝前期，[8]时当南宋中期。许纶诗学王安石，后人评曰"气体高亮"[9]，有诗集《涉斋集》十八卷[10]传世。然而许及之"谄事侂胄，无所不至"，故当时"有'由窦尚书、屈膝执政'之语，传以为笑"[11]。

韩淲，"字仲止，涧泉其号，世居开封，南渡后其父流寓信州，因隶籍于上饶"，"《宋史》无传，仕履始末无考"，后世传其名有"宋虎"、"韩琥"、"韩溮"，实为传刻讹脱所致，或形近音似所混，均误。[12]与韩淲同时同籍而齐名者有赵蕃，号章泉，彼此交游相善，人称"章涧二泉先生"。参照《宋史》载赵蕃传，[13]以及同时代人刘宰所作《章泉赵先生墓表》，[14]得知赵蕃生于南宋高宗绍兴十三年（1143年），卒于理宗绍定二年（1229年），享年87岁，主要活动于南宋孝宗、光宗、宁宗和理宗初期，时为南宋中期至后期。韩淲未必有赵蕃老寿，也应大致生活于孝宗、光宗、宁宗三朝。韩淲"乃遭逢乱世，坎坷退居，赍志以殁之士"[15]，终生"一意以吟咏为事"[16]，"清高绝俗……其人品学问既具有根柢"[17]，生平所著，尚存文集《涧泉日记》三卷、诗集《涧泉集》二十卷。[18]

方逢辰，《宋史》无传，后人据元代黄溍撰《蛟峰先生阡表》略知其仕履。逢辰初名梦魁，字君锡，淳安人，生于南宋嘉定十三年（1220年），卒于元至元二十八年（1291年），享年72岁。登淳祐十年（1250年）进士第一，理宗改赐今名。历仕南宋理宗、度宗、恭帝三朝，官至礼部尚书，"历仕三朝，为时名臣。宋亡晦迹，弗仕，学者因其自号称之曰蛟峰先生，如隐者焉"[19]。南宋末，方逢辰"当丁大全、贾似道柄国之时，皆能力抗其锋，持正不屈，其……政绩亦俱有可观"[20]；元世祖时，"诏御史中丞崔彧起公于家，辞疾不赴，以高寿终"[21]。可见方逢辰51岁前生活于南宋后期，在元朝作遗民20年，为人忠诚骨鲠。今有《蛟峰文集》八卷、外集四卷传世。[22]

陆文圭，字子方，江阴人，于南宋咸淳（1265～1274年）初年18岁时中乡选。宋亡，隐居城东，从学者称之为"墙东先生"。元延祐（1314～1320年）设科，为有司所强就试，再中乡举。元廷屡驰币聘之，以老疾不应征召，卒于家，终年85岁。传见《元史·儒林传》[23]。陆文圭博通经史、百家及天文、地理、律历、医药、算术之学，为人刚明超迈，为文融汇经传，纵横变化，"元初褎然一作者也"[24]，有《墙东类稿》二十卷传世。据清人考证，其卒年迟及至正（1341～1368年）初年，主要活动于元代前中期。[25]

以上概述表明，宋元时期记录下"梅瓶"的诗文作者均属文人士大夫阶层，无论是出于主动还是出于被动，他们中大部分人都有隐逸的倾向和行为，有些人则以隐士身份为人所知。基于以上对作者生平的考察，笔者将前引五篇诗文按作者生活时代的先后做了大体顺序的排列，借此说明，从所知文献用语来看，"梅瓶"一词最早在诗文中出现的时间至迟是在南宋中期，至元代中期尚在延用。

二、"梅瓶"诗意：文人隐士的寄托

由于没有直接的实物证据来对应证明上述五篇宋元诗文中"梅瓶"的形制，以及它们是否均为形制相同的器物，也就不能简单地判定它们与今天所谓梅瓶这类器物会是一种怎样的关系。通过仔细品读，对这五篇诗文做一番具体的分析和阐释，我们还是能意会这五处"梅瓶"在意指和功用上是有所差异的。考虑到上文对这五篇诗文中的"梅瓶"所归纳的三个特点，笔者在解读中会特别注意这一词语在诗文里的存在方式，并将它与诗史上的有关概念做必要的类比。

首先，这五处"梅瓶"在具体语境中都存在一个形式上的共性，即它们作为一联的出句或对句中的概念单元，在对句或出句中也相应存在与之对偶的概念，在本句中也时有可与之联类相比的概念并列。这一共性是中国诗歌讲究对仗格律的基本要求所形成的，在目前尚无其他直接有效的材料来印证这五篇诗文记录的"梅瓶"之前，这一共性和每篇诗文中的具体内容，为我们提供了阐释其名实的一条重要途径。

其次，在中国古代诗文当中，任何两个字联结为一个词语单元之时，并不表示它们必然具有固定不变的结构，相反，中国的诗人往往可以根据诗词格律在声、韵上的需要，对任何两个可能搭配的单字概念（如瓶、梅）加以不同顺序的组合或拆解，这种做法可以是形式上的，也可以是含义上的。这一特征是由中国的文字与文法所具有的结构开放性、含义多元性、流变耗散性等文化规律所决定的。这意味着，宋元诗文中的"梅瓶"以词章的结构融汇于中国的诗律文法当中，不能见之即遽尔做出轻率的判断。具体而微，需要具体辨析。

许纶《张时可席上喜雪分韵得水字时予后至周希稷期而不集》（以下简称《喜雪》）五言古诗一首，与其他几篇作品相比，在文风上追求华彩与浮饰，这与作者的身份和品格相符。如诗题所示，前四句描写寒冬大雪，中四句叙述深夜聚饮，末四句中的"传香共分题"说的虽然是古代文人雅集常玩的一种吟诗游戏，但一个"香"字已暗示"梅枝"的出现。末句"冻合西湖水"既应和了出句中的"瓶"，顺带也落实了"摩挲"的动作，表示对"玉梅瓶"的喜爱。

从许纶诗第五联的"香"、尾联的"梅"和"西湖水"等概念的运用来看，作者此处用了北宋林逋（967～1028年）的典故。随着下文的展开，我们将看到，宋元时期诗文中的"梅瓶"（以及后文将大量提到诗文中的"瓶梅"）一

26　《宋史》卷四百五十七·列传第二百一十六·隐逸上"林逋"传，13432页。

27　〔宋〕晁说之《枕上和圆机绝句梅花十有四首》诗之十一："汉骑蜀兵下辩开，今朝惟有凤凰台。瑶凰琼凤方为瑞，此地宜多白玉梅。"见晁说之《景迂生集》卷八，文渊阁四库全书本。

28　〔南宋〕朱松《梅花三首》七绝之三："孤山居士玉梅句，醉客强呼桃杏诗。刻画无盐浼西子，法当试我古藤枝。"见朱松《韦斋集》卷六，文渊阁四库全书本。

29　〔汉〕王逸撰、黄灵庚疏证《楚辞章句疏证》，北京：中华书局，2007年。

30　〔唐〕李延寿《北史·韦夐传》，北京：中华书局，1974年。

31　〔唐〕王勃《王子安集》卷十一，文渊阁四库全书本。

32　〔北宋〕范仲淹《知府孙学士见示和终南监宫太保道怀五首因以缀篇》诗之三，范仲淹《范文正集》卷四，文渊阁四库全书本。

33　〔北宋〕文彦博《玩月吟寄友人》诗，文彦博《潞公文集》卷三，文渊阁四库全书本。

34　〔宋〕宋庠《寓宿南宫言怀》诗，宋庠《元宪集》卷七，文渊阁四库全书本。

35　〔北宋〕苏东坡《沉香石》诗，苏东坡《东坡全集》卷二十一，文渊阁四库全书本。

词，多以林逋为原典。"林逋字君复，杭州钱塘人。少孤，力学……恬淡好古，弗趋荣利……结庐（杭州）西湖之孤山，二十年足不及城市。（宋）真宗闻其名……既卒，州为上闻，仁宗嗟悼，赐谥'和靖先生'"[26]，故后人也称之为"林和靖"。林逋"梅妻鹤子"的故事众人皆知，其闻名天下的《山园小梅》以颔联"疏影横斜水清浅，暗香浮动月黄昏"最得梅花神韵而传唱千古。自林逋以后，历代文人骚客常将"暗香"、"疏影"作为梅花的象征，并围绕林逋典故，在中国诗歌里派生出一个相关的词语组群，包含了"梅"、"香"、"影"、"月"、"水"、"西湖"等众多概念，成为历史上咏梅诗里常用的隐喻符号群，相关手法构成了一个相对独立的形意传统。

许纶正是在这种意义上来使用"西湖水"的，由此反证"摩挲玉梅瓶"一句应该是指插有梅花的瓶子。在林逋那首名诗里，颈联"霜禽欲下先偷眼，粉蝶如知合断魂"，表明林逋描写的是白梅。从宋代留下大量咏白梅的诗词中也不难看出宋人对白梅的喜爱，他们常将洁白如玉的白梅称为玉梅。例如，晁说之有"瑶凰琼凤方为瑞，此地宜多白玉梅"[27]，而朱松干脆把林逋的名诗称为"孤山居士玉梅句"[28]。以意推之，许纶《喜雪》诗里的"玉梅瓶"对应"西湖水"，应是一个相对完整的概念，是指"插有白梅枝的瓶子"。至于这件"瓶子"的具体形制如何，诗中没有提供更多的信息。

韩淲那首五律《雪后如春》诗描写了春意初萌的景象，表达诗人对人生易老而天地时序运转无穷这两者间存在巨大反差的喟叹。诗末也出现了"西湖"一词，读者应能体会诗人在吟出"西湖一望中"的时候，诗人的情感上是多么向往林逋式的隐居生活了，这与作者"清苦自守"的人生状况一致。特别要关注的是该诗颔联"兰佩新输绿，梅瓶久荐红"，如果孤立地理解句中的"梅瓶"，生硬地将它与今人意识中的同名器物画上等号，其意实不可晓。通过解开出句中与之对应的"兰佩"二字，"梅瓶"之意则不难分辨。

诗中"兰佩"典出屈原名著《离骚》，辞曰："纷吾既有此内美兮，又重之以修能。扈江离与辟芷兮，纫秋兰以为佩。"〔汉〕王逸撰《楚辞章句》卷一注："纫，索也。兰，香草也。秋兰，芳佩饰也，所以象德。故行清洁者佩芳，德光明者佩玉，能解结者佩觿，能决疑者佩玦，故孔子无所不佩也。言己修身清洁，乃取江离辟芷以为衣被，纫索秋兰以为佩饰，博采众善以自约束也。"[29]可知"纫秋兰以为佩"原指以芬芳的兰草搓结为索以做佩饰，喻人物品德芳洁。自两汉历魏晋，直至隋唐，以"兰佩"此意入诗文者极多。例如，〔北周〕明帝贻韦夐诗有名句曰"香动秋兰佩，风飘莲叶衣"[30]；〔唐〕王勃《乾元殿颂》一文则有"芝庭揖训，远清和凤之仪；兰佩承风，竞峻当熊之节"[31]。宋诗用"兰佩"者尤繁，如"勤歌兰佩招逋隐，懒事尘缨逐采僚"[32]；"便拟纫兰佩，相招隐竹溪"[33]；"岁晚凋兰佩，风干裂芰裳"[34]；"欲随楚客纫兰佩，谁信吴儿是木肠"[35]，等等。捎带一句，宋人咏兰已融入此前不多见的隐逸思想，甚至也与林逋的隐逸形成了直接关联，如范仲淹那句"勤歌兰佩招逋隐"即为明证。这种状况在元代以后同样延续着，如元代诗僧释善住有句："对食惭周粟，纫衣尚楚兰"[36]，作者在诗中同时运用了伯夷、叔齐隐居和屈骚的典故。总之，"兰佩"一词到了宋元时期已成为诗文中流行的经典词语，具有雅洁、招隐的含义，是一个比梅、香、月、影和西湖水等词还要源远流长而又与之逐渐合流的隐喻符号和形意传统。

附带一提，《离骚》所谓可佩之"兰"，与今人所谓"兰"花是不同的两种植物。对此，饶宗颐先生曾撰文辩明，他说："诗经的兰，楚辞的兰，都指泽兰，乃属于菊科之兰草……其香在茎叶，故可纫而佩之，今之春兰，香在花而不能佩……春兰，原属兰科，二者厘然大有分别。"还说，"兰的地位，被人抬高，和屈原似有深切关系，宋人开始写兰，亦与宋时楚辞学的发展不无因缘"[37]。而饶先生辩明此意还在于提示今天的画家，即宋代以后中国画流行"四君子"题材中的兰，已非可纫佩的兰了。不过，从艺术史来看，这不妨碍中国人在文化创造上以意用典的实践。

再回看韩淲《雪后如春》诗。诗人运用"兰佩"一词，既有具体而古雅的出典，也适应了诗文形成的习惯，在诗的颔联里符合对仄声字的要求。需要注意的是，韩淲在此处使用"兰佩"的含义却不是以其历史引申的象征意义为主的，而是侧重于实指"兰草"。我们看到，作者描写"雪消"之后兰草"新输绿"的变化，表现"楼外东风"已触动了"春意"——"兰佩"在此还原成古代可用作佩饰的"芳兰"。明白这一点，与"兰佩"对应的"梅瓶"才好理解。后者同样也是一种倒装用法，重点在"梅"，与消融的"雪"构成呼应，"梅瓶久荐红"的意思也就顺畅了，指"插在瓶里的红梅早已盛放"。概言之，韩淲《雪后如春》诗里的"梅瓶"表达的意思其实是指"瓶梅"。作者将"瓶梅"用作"梅瓶"，既不违逆此处格律上对平声字的要求，又能与"兰佩"形成工整的对仗。至于这件插有梅花的"瓶子"在形制、材质上如何，诗作者并不认为有交代的必要。笔者在这里把"兰佩"、"梅瓶"倒解为"佩兰"和"瓶梅"的做法固然显得生拗，殊非中国诗文鉴赏之高格，却可以借此剔开一道缝隙以深入理解早期记载"梅瓶"的文献。

韩淲《上饶新刊巩宋斋六言寄赵晏叟者次韵上饶》七律一首（以下简称《次韵上饶》），是写给他的老朋友赵晏叟，以抒发怀念故友之思的作品。韩淲还有《和履道出会宗伯回访赵晏叟》诗两首，其二下阕尾联是"归兴寻幽隐，柴门月色侵"[38]，可知韩淲与赵晏叟同是常有往来的隐士。《次韵上饶》诗没有出现上述典型的隐喻符号，使我们更加注意颔联"诗案自应留笔砚，书窗谁不对梅瓶"。在此，"诗案"、"笔砚"、"书窗"在诗中构成了作者作为一位隐逸文人的起居环境，在其中，"梅瓶"与文人不可一日或离的文具"笔砚"对应，与"书窗"并连，与"诗案"自然地联系起来，四者在对称连贯的诗歌语言中准确、鲜明地构建出简洁、典雅的环境形象。仔细玩味"书窗谁不对梅瓶"及其上联的语气可知，作者是睹物思人，但是读者也不难意识到，"梅瓶"是文人隐士

36　这是元代释善住《赠隐者》诗中的两句，见释善住撰《谷响集》，文渊阁四库全书本集部五·别集类四·元。

37　饶宗颐《由Orchid说到兰》，收入饶宗颐《文化之旅》，沈阳：辽宁教育出版社，1998年。按：屈原《离骚》咏兰导源于《诗经》，如《诗经·郑风·溱洧》："士与女，方秉蕑兮。"据《辞海》"蕑"条，蕑即兰。此后"兰"逐渐成为中国人最喜爱的植物之一，也成为中国文人在诗词和绘画中最喜欢表现的题材之一，形成了与松、竹、梅、菊等植物共同构成的中国文化的符号。但是，《诗经》和《离骚》里的兰与宋代开始诗人常吟、画家常画的兰，在自然界中所指是根本不同的两种植物。饶先生此文对这一系列文化史上的问题都有简明考证，可参阅。

38　〔南宋〕韩淲《涧泉集》卷八，文渊阁四库全书本。

39　〔南宋〕赵蕃撰《淳熙稿》卷七·五言律，
《乾道稿、淳熙稿、章泉稿》，文渊阁四库
全书本集部四·别集类三·宋。按：此"再
题"者即紧接上首"瓶梅"。

40　〔清〕《乾隆御制诗集》四集·卷七十六，
文渊阁四库全书本。按：该卷收乾隆皇帝所
作古今体诗七十五首，卷首标明所作时间
为"庚子"，即乾隆四十五年（1780年），
"刘贯道积雪图"诗序属第七十三。

41　事见《世说新语·任诞》，徐震堮著《世说
新语校笺》下，北京：中华书局，1984年，
408页。

的书斋生活中不可或缺的陈设。那么，诗中的"梅瓶"是指一种叫"梅瓶"的瓶
子呢，还是指梅花和瓶子两样事物？对此，可以借韩淲的朋友、同时同地另一位
著名隐士赵蕃（自号章泉先生）的一首五律来做一个互证，名曰《再题》：

> 旧岁只五日，晚梅能几枝。
> 婆娑一尊酒，陶冶数篇诗。
> 窗静游蜂寂，檐深立雀窥。
> 书斋寂寞里，藉尔对支颐。[39]

这首《再题》收录于流传至今的赵蕃诗集《淳熙稿》，位列其上的诗作名
为《瓶梅》，故这首《再题》意为"再题瓶梅"，可知其所咏对象是"瓶梅"。
《再题》尾联两句描写了诗人在安静得出奇的书斋里，托着腮帮子面对插在瓶里
的梅花显得出神之貌，立意虽然与韩淲《次韵上饶》诗不同，但是"书斋寂寞
里，藉尔对支颐"与韩淲诗"书窗谁不对梅瓶"的景象如出一辙。由此可证，韩
淲《次韵上饶》诗里的"梅瓶"在意思上完全可以调换为"瓶梅"，指梅花和插
梅的瓶子两样物事。

极其耐人寻味的是，改朝换代五百年之后，乾隆皇帝在他登极四十五年（庚
子，1780年）的时候，也以"梅瓶"入诗写了一首七律，名为《刘贯道〈积雪
图〉》，诗曰：

> 天公玉戏变山青，有妙精神无遁形。
> 舣舫高人步莎径，卷帷幽士守梅瓶。
> 别于访戴开生面，似以映孙怜苦暝。
> 作者岂徒夸结构，悟因一贯笔增灵。[40]

从诗题来看，这是一首题画诗，所题的是元代画家刘贯道的作品《积雪
图》；从诗的内容（颔联和颈联）来看，《积雪图》的取材不是林逋典故，而
是东晋王徽之雪夜访戴安道的故事。[41]颔联提示：画中表现一位"高人"离舟登
岸，循山径而来，正走向一处草庐；又因窗帷卷起，见庐内一位隐逸"幽士"正
在窗前凝坐，面对一座"梅瓶"。诗中"卷帷幽士守梅瓶"一句，与韩淲的"书
窗谁不对梅瓶"、赵蕃的"书斋寂寞里，藉尔对支颐"，三者何其相似乃尔！

不过，要很好地理解乾隆诗里的"梅瓶"，务必要清醒地认识两点，一是
该诗所题对象《积雪图》的取材及其加工，二是该诗与上述宋元作品在写作背景
上的根本差异。特别是后者，因为今天我们所说的梅瓶在宋元时期尚未被人称为
"梅瓶"，但是早在乾隆以前的康熙后期，"梅瓶"已经作为今人熟知的一个器
物名称在当时的上层社会非常流行了（详见下文）。

现在，我们先来读一读方逢辰的七律《风潭精舍月夜偶成》，以及陆文圭的
跋文《题索句图》。二者的内容也都是描写隐士生活的。前者是诗人自道，也运
用林逋典故，只不过方逢辰作为南宋遗民在元代天翻地覆的环境中以之聊作反讽
而已；后者是为一幅以林逋为题材的绘画作品所作的题跋，以接近小赋的体格形
式描写了画中的景物和形象。

《蛟峰文集》卷八在著录方逢辰此诗的诗题下有辑录人所作的按语："先生山房之号本此"，指的就是"风潭精舍"。"精舍"一名源于禅宗，原指禅僧参禅静修之地。当完全中国化的佛教——禅宗，经过唐代的形成期之后，到了两宋时期而禅风盛行，特别是南宋至元代，禅宗已经充分渗透和影响了文人士大夫的生活，许多文士从最终的精神归宿到日常的生活旨趣，乃至对器物的品位讲究，无不表现出禅宗所追求的在家出家的理念，他们的入世与隐逸往往是融为一体的，他们的起居环境也常常以禅宗色彩的各类名称命名，"精舍"便是其一，常指文人隐士的静养之所。《风潭精舍月夜偶成》这首诗是方逢辰在夜深人静时的扪心自问。诗人先对风潭精舍做了简要描述，然后表达了诗人对天下鼎革的无奈，最后归结为自己寄身苟活于无穷无尽的宇宙中而不得不做一个不问世事、类似林和靖的"散人"所发出的感慨。联系到方逢辰适逢天下易主的人生遭际及其言行动静的品格风范，我们可以肯定这首诗的创作时间应在元代。那时的方逢辰作为一位南宋遗民，是坚决不与新朝合作的，因此"逃禅"也就成为这位"南人"中的高级文士最佳的选择了。他的这首诗对风潭精舍的细节描写主要集中在颈联："石几梅瓶添水活，地炉茶鼎煮泉新"，不但是对诗人在精舍中的日常生活景致所做的正面描写，也是联系"落花啼鸟春"与"天地何穷尽"两句的关键。须知，"落花啼鸟春"与"天地何穷尽"其实是一个意思，都是指大自然从来不以人事的变化而停止其生生不息的运转流传。而颈联两句说的意思在本质上也是相同的，即哪怕是诗人整日在精舍中搬弄的两件事情，也都是日日更新，生机不已。揭示这层含义的关键就在于一个"活"字和一个"新"字。方逢辰的日常两件事是宋人曾经说过"不许戾家（按，即外行人）染指的"四般闲事"中的两件："插花"和"点茶"。[42]这样，在一个将天地之大和诗人之闲连接起来的精舍里，可谓"真足养吾神"了，却偏偏只有这个"吾"在当时的社会历史环境中成了一个"永远的散人"，人生的孤寂感迎面袭来。明白了整首诗的含义，大有利于我们解读颈联并理解其中的"梅瓶"。在此，"石几"与"梅瓶"并言，二者又与"地炉"、"茶鼎"相对应，成为"茅屋三间"里最主要的陈设和日用器具，点明了诗人每天主要就是赏花、品茶，而精舍的雅洁环境也在对称连贯的诗的语境中被清晰地描画出来。方逢辰的诗与韩淲的诗虽然都与隐逸有关，而且也都出现了"梅瓶"，但是二者描写的环境形象不同，蕴含的意义结构也不同，这是两人的差异，也是"精舍"与"书斋"之间的差异。关于诗中"地炉"、"茶鼎"所指，结合〔南宋〕陆游《山家》诗的"篝火风炉自试茶"[43]以及〔元〕叶颙的七律《野客清欢三首》之三的"石鼎煮春茶"[44]等许多诗作，可知"地炉"与"风炉"一样，"茶鼎"与"石鼎"同属，都是宋元时期崇尚"野逸"的文人隐士们特别中意的烹泉煮茶的工具。[45]这样，"地炉茶鼎煮泉新"意为每日以炉、鼎烹煮新汲的泉水（以备点茶、品茗）。在"石几梅瓶添水活"一句中，"石几"是指用石板做成的台式几，或作为几来使用的方整石块，而"梅瓶"当指"插梅花的瓶子"。可见，这一句的诗意为：立于石几上的瓶子里添

42 〔南宋〕耐得翁著《都城纪胜》"四司六局"条："常谚曰：烧香、点茶、挂画、插花，四般闲事，不许戾家。"文渊阁四库全书本。该书作于南宋端平二年（1235年），所纪乃南宋都城临安事。

43 〔南宋〕陆游《剑南诗稿》卷二十四，文渊阁四库全书本。

44 〔元〕叶颙《樵云独唱》卷五，文渊阁四库全书本。

45 "茶鼎"与"石鼎"的功用比较明确，"地炉"或"风炉"的功用还需稍作辨别，因为无论是"地炉"还是"风炉"，除了可以烹茶，也可以煮酒。例如，〔宋〕曾慥（北宋末南宋初人）编《类说》卷四十六"高言诗"条："高言好学，有志义，作诗曰：昨夜阴风透胆寒，地炉无火酒瓶干。男儿慷慨平生事，时复挑灯把剑看。"此句又见〔元〕胡祇遹（元世祖时人）撰《紫山大全集》卷七"寄韩云卿都事"诗："柏台六月午风寒，雪压西山腊未残。闻道杜门公退后，地炉无火酒瓶干。"《类说》，见文渊阁四库全书本子部十·杂家类五·杂纂之属；《紫山大全集》，见文渊阁四库全书本集部五·别集类四·元。

46 〔明〕曹学佺编《石仓历代诗选》卷
三百五十四·明诗初集七十四·周忱，文渊
阁四库全书本集部八·总集类。按：周忱，
字恂时，庐陵人。曹学佺，似为晚明人。此
为周忱所作题画诗，"水瓶"插梅。

水后插上梅枝就活了——这个活，既是指养花，也是指瓶中插梅给精舍带来了生机。至于此处用来插梅的"瓶子"形制如何，我们仍未得知。

陆文圭《题索句图》一跋，文曰"咸平以后，景祐之前"，指的正是林逋隐于杭州西湖孤山时的北宋咸平至景祐年间（998～1037年），像"孤山"、"隐君子"、"影香"、"湖光"、"霜月"、"鹤梦"等诸多具有明确所指特征的隐喻符号和形意结构，点明了《索句图》是一幅描绘林逋的"高士图"，表现了主人公"观梅索句"的图景。该跋出现了上文提及的"诗案"、"几"，而"梅瓶无香，茶鼎无烟"的对句再次将"梅瓶"与"茶鼎"对应起来。图中描写的环境似乎是韩淲诗与方逢辰诗的结合，可见在元代画家和诗人眼里，林逋既不是单纯的文人，也不是单纯的散人，而是同时具备"诗案无尘"与"佳处参禅"的隐逸文人的代表。只不过，跋文呈现的隐居生活比前述诗作描写的隐居景象似乎显得更为枯寂和清冷，"无香"的"梅瓶"与"无烟"的"茶鼎"都促成了读者形成这一印象。可以想象，画中的"梅瓶"亭亭玉立于画面之中，尽管我们仍然无法得知它的形制。"茶鼎"的实际用途——烹茶，是明确的；"梅瓶"的文化功能——插梅，也是明确的。一个"香"说明了"梅瓶"与梅花关联的必然性，而"无香"二字，除含有"参禅"所追求的"冥搜物外"之意以及与"维寂及玄"相呼应的需要之外，在可能的现实当中它或者表明了，此处本应插着梅花的"梅瓶"只是"空瓶"一只，或者说明了"插在瓶里的梅花"已瓣落香陨。前一种可能性表明文中的"梅瓶"意为"插有梅花的瓶子"，在诗里与"茶鼎"构成了功能上的呼应；后一种可能性指出这里的"梅瓶"意指"瓶中之梅"。笔者认为，对于前一种可能性需要特别注意。试想，当那些插在瓶里的梅花已凋谢无香甚至仅存空瓶一件的时候，原本"插有梅花的瓶子"（无论其形制如何）仍然被文人命以"梅瓶"之名而写成跋文，这意味着什么？意味着"梅"、"瓶"两字构成的"梅瓶"一词，隐约透露出"称谓独立"的味道。遗憾的是，陆文圭题跋的《索句图》恐怕早已失传，否则我们可以用它来与跋文做一番对比，直观地了解图中所画"梅瓶"的形制。

无独有偶，明代周忱有一首七绝，题为《和靖坐吟图》，无论它是题画诗还是品画诗，该诗题说明"和靖坐吟图"与"索句图"在题材上应属同类。周忱诗曰："茶鼎烟消鹤梦惊，水瓶香雪一枝明。人间诗思寻常有，不比西湖分外清。"[46]诗中的隐喻符号和形意结构与陆文圭跋文几乎完全相同，但此时与"茶鼎"对应的是"水瓶"而非"梅瓶"，"水瓶香雪一枝明"说得很明白，是指"水瓶"之中插有一枝带香如雪而分外清明的梅花。结合下文大量罗列的以"瓶梅"为主题的宋元明清各代诗文来看，可以推知周忱诗中的"水瓶"是指"盛水的瓶子"，并非某种形制稳定的器物。这个例子使我们可以间接地了解陆文圭跋文所谓"梅瓶"的情况：即使它的名称有"独立的味道"，也不意味着宋元时期诗文里"梅瓶"具有稳定的形制。

虽然，陆文圭所跋《索句图》与周忱所题《和靖坐吟图》均不知所终，但

图2-2-1　山西大同齿轮厂元大德二年（1298年）壁画墓墓室西壁南端壁画 "侍酒图"

是考古发现的某些图像却是很好的辅证。如1986年山西大同齿轮厂发现一座元大德二年（1298年）壁画墓[47]，墓主是当地录事司正八品的毛姓小官。该墓方向正南，墓室呈方形，东、西、北壁上各有壁画两幅，共六幅，其中，北壁及东、西两壁北端的那幅均以黑色围成长方形边框，状似屏风，东、西两壁南端各一幅的壁画无边框，画面较大，除东壁靠北一幅的树枝上略点赭石色彩之外，均以墨线勾涂而成，有水墨画的效果，但风格较古朴。黑色边框屏风状的四幅均为山水画，从发掘报告提供的图片并参照发掘者的描述来看，所绘似属四景山水，北壁西、东两幅为春、夏景，西壁北端和东壁北端各为秋、冬景，画中均有隐士形象，各作饮酒、赏花、荡舟、骑驴等状，因此发掘者将此四图都命名为 "隐逸图"。元代青花梅瓶上有以古代四位高士为题材的四景山水人物图饰纹（图8-2-20⑥⑦），名 "四爱图"，这四幅壁画或许也是四爱图一类的题材。在西壁和东壁的南端，各有一幅不画边框的壁画，发掘者根据内容分别命名为 "侍酒图" 和 "侍茶图" ——在宋、辽、金时期的墓葬壁画中常见 "备酒图" 和 "备茶图"，故此两图明显延续了前朝传统，与前四幅屏风状壁画有本质区别。在西壁南端的 "侍酒图" 中，描绘了繁茂的杨树树荫下摆着一张四腿长方形桌案，周围有三位着装相同的丽服侍女在准备酒水，前景有湖石、花丛、仙鹤、三足鼎等，桌案上自右向左罗列盘（其中盛物）、大匙、盘盏、玉壶春瓶、樽勺、盖罐、盘（其中盛桃）、插花折沿长颈瓶，桌子背后侍女捧物（图像不清），右侧侍女捧玉壶春瓶，均向右行，在桌案左侧近旁处，"一鼎状高脚炉下火势正旺，炉上置一敛口多鎏镀，侍女双手捧一梅瓶，正弯腰向镀中倾物"（图2-2-1）。[48]此处 "梅瓶" 一词是发掘者给我们的提示，指图中的盛酒瓶。至于东壁南端的 "侍茶图"，人物和布景与前者相当，桌案上自右向左放置了盏托（盏内一匙）、执

47　大同市博物馆《大同元代壁画墓》，载于《文物季刊》1993年2期。

48　采自：《大同元代壁画墓》图版叁：1，《文物季刊》1993年2期20页。

49　采自：《大同元代壁画墓》图版叁：1，《文物季刊》1993年2期21页。

壶、大盘水果（石榴、桃及瓜状物）、长方形盒子、小盘（内盛物）、一叠四个倒扣着的碗，桌前有一件"鼎形风炉"，炉下无火，炉上一盆，盆内置一件执壶。[49]从该墓四景图壁画来看，墓主似崇尚隐逸高士，而侍酒与侍茶这两幅图，内容与陆文圭跋《索句图》和周忱题《和靖坐吟图》所描述的景致何其相似，为我们直观地呈现了元代隐逸文人的生活场景，对比来看，当时诗文中的"梅瓶"与同时期现实生活中的实用性盛酒梅瓶并非一物。

综上所述，从五篇诗文的语境、背景和其中"梅瓶"的含义所做的分析，至少可以归纳出三点认识：1. 早在南宋中期到元代前期，"梅瓶"一词已进入文人特别是隐逸文人的视野，并形诸诗文咏叹，甚至同一位诗人还不止一次地使用过这样的字眼，以此寄托文人隐士的情怀和志向。2. 宋元诗文中的"梅瓶"主要还不是一个定型化的词语，其含义一般是指"插在瓶里的梅花"，如果意指"插有梅花的瓶子"的话，便是用来泛称插梅的器物，至于所指器物形制如何，从上引诗文中尚不得而知，但是可以肯定它还不是清代以来作为器物定名的"梅瓶"。3. 与此同时，宋元诗文里的"梅瓶"作为一种词组搭配方式，已经出现了从非稳定结构向着带有稍许稳定性意味的方向进行变化的趋势。总之，"梅瓶"作为一个概念性的组合早已出现在宋元时期，与后世成为器物定名的"梅瓶"虽非同指，却已遥相呼应。

三、"梅瓶"即"瓶梅"：千年不衰的审美意象

进一步考察中国历史上留下的历代文学作品——特别是诗歌，我们不难发现，从北宋延续到清代，"瓶梅"一词的运用远比"梅瓶"来得普遍与长久。虽然诗文中的"瓶梅"看似与"中国梅瓶研究"无关，但是笔者在逐渐深入的研究过程中，日益感到二者之间存在千丝万缕的联系，尤其是对于准确、清晰地揭示作为一种器物名称的"梅瓶"得以形成的来龙去脉，特别有必要摸清"瓶梅"这一在中国诗史上盛行千年而不衰的诗文用语。为此笔者特辟一节，对咏及"瓶梅"的历代诗词做一番脉络梳理。

（一）咏"瓶梅"诗知多少

在笔者的阅读范围内，搜得从北宋晚期到清代乾隆年间为止的咏"瓶梅"诗，或在作品内容上与瓶中插梅的景物有关的诗词，大约将近百首。其中约八十首，或在题中标出"瓶梅"一词，或在正文里出现"瓶梅"一词，由此我们可以将其分为两种；另有许多作品未将"瓶"、"梅"二字连用，但是作品内容描写了瓶中插梅的景象，如是可作为第三种。下面按"种"分类，略述其目于下：

第一种，即题中标明"瓶梅"的诗作，可以分为三类：第一类是以"瓶梅"为独立诗题者，第二类是以"瓶梅"为诗题核心者，第三类是题中提示"瓶梅"为所咏对象或借物抒怀者。第一类诗作共有16首，其目如下：

〔南宋〕赵蕃《瓶梅》共三首；[50]

〔南宋〕宋伯仁《瓶梅》七绝一首；[51]

〔明〕高启《瓶梅》七绝一首；[52]

〔明〕沈周《瓶梅》五律一首；[53]

〔清〕陈廷敬《瓶梅》七律一首、《瓶梅八首》（均为七绝）；[54]

〔清〕宋荦《瓶梅》七绝一首。[55]

以"瓶梅"为诗题核心词的作品（第一种第二类），性质与第一类基本相同，共有13首，其目如下：

〔南宋〕杨万里《小瓶梅花》七绝一首；[56]

〔金〕段成己《古瓶梅花为总管李侯赋》七绝一首；[57]

〔元〕吴澄《瓶梅图》七绝一首；[58]

〔元〕朱晞颜《次陆扔谦瓶梅韵》七律一首；[59]

〔明〕郑真《题瓶梅》七绝一首；[60]

〔明〕于谦《胆瓶梅》五绝一首；[61]

〔明〕文徵明《赋瓶梅》五律一首；[62]

〔明〕程敏政《胆瓶梅，为邵用珍赋》七绝一首；[63]

〔明〕薛蕙《次韵苏允吉侍御台中四咏·瓶梅》五律一首；[64]

50 赵蕃所作名为《瓶梅》的诗共三首，五律二首，七绝一首，其中第二首原为《再题》，但在作者书稿中紧接第一首，故其意为"再题瓶梅"，且内容也相合。三首诗均收录于〔南宋〕赵蕃《淳熙稿》卷七·五言律、卷十八·七言绝句，见文渊阁四库全书本集部四·别集类三·宋，收录时将《淳熙稿》与作者其他二书合一为《乾道稿、淳熙稿、章泉稿》。

51 〔南宋〕宋伯仁撰《西塍集》，文渊阁四库全书本集部四·别集类三·宋。宋伯仁主要活动于南宋理宗前后，入元似仍在世。其诗集成书于嘉熙（1237～1240年）初年，时当南宋后期。

52 〔明〕高启撰《大全集》卷十八，文渊阁四库全书本集部六·别集类五·明。高启，明初人。

53 〔明〕沈周撰《石田诗选》卷九·花竹（草木附），文渊阁四库全书本集部六·别集类五·明。沈周，明中期人。

54 〔清〕陈廷敬撰《午亭文编》卷九、卷十一，文渊阁四库全书本集部七·别集类六·国朝（即清朝）。陈廷敬，清顺治、康熙时人。

55 〔清〕宋荦撰《西陂类稿》卷二·"将母楼稿"，文渊阁四库全书本集部七·别集类六·国朝（即清朝）。宋荦，似为清乾隆时人。

56 〔南宋〕杨万里撰《诚斋集》卷十二·诗，文渊阁四库全书本集部四·别集类三·宋。

57 〔金〕段克己、段成己撰《二妙集》卷五·绝句，文渊阁四库全书本集部八·总集类。段克己、段成己，均金末元初人。段成己此诗有句："锦帐银瓶漫玉肌，风流应自有人知。"

58 〔元〕吴澄撰《吴文正集》卷九十二，文渊阁四库全书本集部。吴澄，元前中期人。此诗有句："壶中表里莹无疵"。

59 〔元〕朱晞颜撰《瓢泉吟稿》卷二，文渊阁四库全书本集部五·别集类四·元。〔元〕吴澄撰《吴文正集》录有朱晞颜父之"墓表"，吴澄为元中期人，则朱晞颜可能主要活动于元中晚期。从此诗题来看，陆扔谦也有"瓶梅"诗。

60 〔明〕郑真撰《荥阳外史集》卷九十，文渊阁四库全书本集部六·别集类五·明。郑真，明初洪武时人。此诗有句："碧水铜瓶甘作伴"。

61 〔明〕于谦撰《忠肃集》卷十一，文渊阁四库全书本集部六·别集类五·明。于谦，明前期永乐至景泰间人。此诗有句："移入玉壶中"。

62 〔明〕文徵明撰《甫田集》卷八·诗，文渊阁四库全书本集部六·别集类五·明。文徵明，明中期人。

63 〔明〕程敏政撰《篁墩文集》卷八十八，文渊阁四库全书本集部六·别集类五·明。程敏政，明中期成化、弘治时人。

64 〔明〕薛蕙撰《考功集》卷五·五言律诗，文渊阁四库全书本集部六·别集类五·明。薛蕙，明中期正德、嘉靖时人。从薛蕙诗题来看，苏允吉似也作有"瓶梅"诗。此诗有句："玉蕊怜倾国，金瓶为洗妆。"

65 〔明〕杨慎撰《升庵集》卷二十二·五言排律，文渊阁四库全书本集部六·别集类五·明。杨慎，似为明中期弘治至嘉靖时人。此诗有句："影浸金瓶水，香留玉镜台。"

66 〔明〕黄淳耀撰《陶庵全集》卷十三，文渊阁四库全书本集部六·别集类五·明。黄淳耀，明末人。

67 〔清〕乾隆撰《御制诗集》四集卷三十五，文渊阁四库全书本。

68 〔南宋〕赵蕃撰《淳熙稿》卷十八·七言绝句，《乾道稿、淳熙稿、章泉稿》，文渊阁四库全书本集部四·别集类三·宋。

69 〔元〕方回撰《桐江续集》卷二十一，文渊阁四库全书本集部五·别集类四·元。

70 〔元〕宋褧撰《燕石集》卷九，文渊阁四库全书本集部五·别集类四·元。宋褧，元中期人。从诗题按语来看，此诗应作于元（后）至元戊寅（1338年）之后，时已至元后期。

71 〔明〕曹学佺编《石仓历代诗选》卷四百六十四·明诗次集九十八·周伦，文渊阁四库全书本集部八·总集类。此诗有句："南岩携赠一枝梅，插向瓷瓶土不培。"

72 〔明〕潘希曾撰《竹涧集》卷三，文渊阁四库全书本集部六·别集类五·明。潘希曾，明中期弘治以后人。从该诗诗题来看，曹霜厓可能作有"瓶梅"诗。此诗有句："绮筵何处得江梅，倒浸冰壶自可猜。"

73 〔明〕长洲文氏四世五人合撰《文氏五家集》卷十四·明文肇祉撰《录事诗集》五言绝句，文渊阁四库全书本集部八·总集类。文肇祉，明嘉靖、隆庆、万历时人。此诗有句："折得梅枝蚀藓斑，古瓶琼蕊勒春寒。"

74 〔明〕嘉靖间山东八人唱和之《海岱会集》卷五·七言古诗，文渊阁四库全书本集部八·总集类。该集为明石存礼、蓝田、冯裕、刘澄甫、陈经、黄卿、刘渊甫、杨应奎八人唱和之诗。八位作者均应为明后期人。

75 〔南宋〕蒲积中编《岁时杂咏》卷四"立春"部宋诗部分（原标"今诗"），文渊阁四库全书本集部八·总集类。按：黄庭坚《次韵》共三首，都是作者步夏竦《立春日》诗韵而作，黄、夏之诗均收录于此。另，在其他版本里，诗中"瓶梅"又见为"欧梅"，当属传刻之误。

76 〔南宋〕李纲撰《梁溪集》卷十四，文渊阁四库全书本集部四·别集类三·宋。李纲，主要活动于北宋徽宗至南宋高宗时期。

77 〔南宋〕曾几撰《茶山集》卷八，文渊阁四库全书本集部四·别集类三·宋。曾几，北宋哲宗至南宋孝宗时人，其学传于陆游。

78 〔南宋〕陆游撰《剑南诗稿》卷二十一，文渊阁四库全书本集部四·别集类三·宋。

79 〔南宋〕杨万里撰《诚斋集》卷十一·诗，文渊阁四库全书本集部四·别集类三·宋。

80 〔南宋〕杨万里撰《诚斋集》卷二十二·诗，文渊阁四库全书本集部四·别集类三·宋。

〔明〕杨慎《立春咏瓶梅》五古一首；[65]

〔明〕黄淳耀《元日席上咏瓶梅二首》（均为五律）；[66]

〔清〕乾隆《咏瓶梅》五古一首。[67]

诗题中提示"瓶梅"为所咏对象或借物抒怀的诗作（第一种第三类）有11首，其目如下：

〔南宋〕赵蕃《夜坐读书闻瓶梅之香口占五绝》七绝五首；[68]

〔元〕方回《开镜见瓶梅》五律一首；[69]

〔元〕宋褧《白子芳瓶梅结实》七绝一首；[70]

〔明〕周伦《瓶梅结子》七律一首；[71]

〔明〕潘希曾《二月于曹霜厓第观瓶梅次韵》七律一首；[72]

〔明〕文肇祉《杜玄庆斋供盆兰、瓶梅可爱，各图一幅贻之》（该题有七绝二首，此其二）；[73]

〔明〕刘澄甫《寒夜与友人共酌赏瓶梅》七言排句一首。[74]

以上三类属第一种——在诗题中出现"瓶梅"一词的诗作，共40首。第二种即正文中出现"瓶梅"一词的诗作，也有40首，其目如下：

〔北宋〕黄庭坚《次韵》（之一）七绝一首，有句"渺然今日望瓶梅，已发黄州首重回"；[75]

〔南宋〕李纲《江行十首，自池阳至铜陵》（之六）五律一首，有句"瓶梅空的的，岸柳已依依"；[76]

〔南宋〕曾几《郑侍郎送蜡梅次韵三首》（之二）七绝一首，有句"小瓶梅映短檠灯，幽兴何人似我能"；[77]

〔南宋〕陆游《村居日饮酒对梅花醉则拥纸衾熟睡甚自适也》七律一首，有句"莫笑衰翁杀风景，小瓶梅蕊解卿卿"；[78]

〔南宋〕杨万里《卧治斋夜坐》七绝一首，有句"孤坐郡斋人寂寂，一枝红烛两瓶梅"，[79]又，《瑞香花新开》（之二）五律一首，有句"殷勤伴幽独，渠与一瓶梅"；[80]

〔南宋〕韩淲《同醉僧夜坐郑一书房》五律一首,有句"地炉火深红,瓶梅影髟髾",[81]又,《入城晁尹二家少留》七律一首,有句"霜云忽暗疑雪天,坐稳瓶梅蜡香扑",[82]又,《昌甫寄酒蛤辣螺新蟹皆山味所久无》七古一首,有句"走送三物寸简传,青灯山牖瓶梅边",[83]又,《雪天》五律一首,有句"寒色摇窗纸,瓶梅静吐香";[84]

〔南宋〕苏泂《夜坐读韦苏州集序》五古一首,有句"瓶梅书帙乱,茶树窗纱碍";[85]

〔南宋〕胡仲弓《雪中杂兴四首》(之二)五律一首,有句"独坐看诗话,瓶梅相对清",[86]又,《杨仲仁为梅返魂有诗因次其韵》七律一首,有句"窗草不除生意足,朋溪瓶梅今似之";[87]

〔南宋〕薛师石《夜坐陈缊灵见访》五律一首,有句"雪树明窗纸,瓶梅落砚池";[88]

〔南宋〕陈杰《三朝书窗》七律一首,有句"明暖一窗聊引笔,东风折尽胆瓶梅",又,《守岁》七律一首,有句"微醉偶便深阁坐,好春先入小瓶梅";[89]

〔元〕方回《闻舟人既畏寒复畏盗》七律一首,有句"瓶梅斗汲山斋夜,曷不归欹枕石眠",[90]又,《丙申元日七绝》之三、之五二首,分别有句"昨夜隔年书未点,瓶梅灯畔一枝低","案上瓶梅阅两年,添花未有买花钱",[91]又,《闭户》七绝一首,有句"闭户瓶梅满屋香,小楼微醉月昏黄",[92]又,《当烂醉更忘归》七绝一首,有句"赏过日长添一线,一瓶菊伴一瓶梅",[93]又,《十二月大暖雨二十四昼夜二十五日始雪》五古一首,有句"花瓶梅尽落,蘼瓮菜尤平";[94]

〔元〕黄庚《月山书馆》五律一首,有句"瓶梅香笔砚,窗雪冷琴书";[95]

〔元〕刘诜《元日》五绝一首,有句"庭烛悬春粟,瓶梅有腊花";[96]

〔元〕释善住《春日即事》五律一首,有句"一灯悬丈室,半照落瓶梅",[97]又,《除夕二首》(之一)七律一首,有句"风烛冷光涵素壁,瓶梅疏影透湘帘",[98]又,《春夜杂兴十八首》(之十二)七绝一首,有句"寒生细户雨丝丝,开过瓶梅未有诗";[99]

〔元〕张养浩《遂闲堂独坐》五律一首,有句"瓶

81　〔南宋〕韩淲撰《涧泉集》卷四·五言古诗,文渊阁四库全书本集部四·别集类三·宋。

82　〔南宋〕韩淲撰《涧泉集》卷六·七言古诗,文渊阁四库全书本集部四·别集类三·宋。

83　〔南宋〕韩淲撰《涧泉集》卷六·七言古诗,文渊阁四库全书本集部四·别集类三·宋。

84　〔南宋〕韩淲撰《涧泉集》卷七·五言律诗,文渊阁四库全书本集部四·别集类三·宋。

85　〔南宋〕苏泂撰《泠然斋诗集》卷一·五言古诗,文渊阁四库全书本集部四·别集类三·宋。

86　〔南宋〕胡仲弓撰《苇航漫游稿》卷二·五言律诗,文渊阁四库全书本集部四·别集类三·宋。

87　〔南宋〕胡仲弓撰《苇航漫游稿》卷四·五言绝句,文渊阁四库全书本集部四·别集类三·宋。从诗题来看,杨仲仁亦有诗咏"瓶梅"。

88　〔南宋〕薛师石撰《瓜庐集》,文渊阁四库全书本集部四·别集类三·宋。

89　〔南宋〕陈杰撰《自堂存藁》卷三·七言律诗,文渊阁四库全书本集部四·别集类三·宋。陈杰于南宋亡时已近六旬,入元成为宋遗民,几四十年。

90　〔元〕方回撰《桐江续集》卷十四,文渊阁四库全书本集部五·别集类四·元。

91　〔元〕方回撰《桐江续集》卷二十一,文渊阁四库全书本集部五·别集类四·元。

92　〔元〕方回撰《桐江续集》卷二十三,文渊阁四库全书本集部五·别集类四·元。

93　〔元〕方回撰《桐江续集》卷二十七,文渊阁四库全书本集部五·别集类四·元。

94　〔元〕方回撰《桐江续集》卷二十五,文渊阁四库全书本集部五·别集类四·元。

95　〔元〕黄庚撰《月屋漫稿》,文渊阁四库全书本集部五·别集类四·元。

96　〔元〕刘诜撰《桂隐文集》卷一·五言绝句,文渊阁四库全书本集部五·别集类四·元。

97　〔元〕释善住撰《谷响集》卷一·五言律诗,文渊阁四库全书本集部五·别集类四·元。

98　〔元〕释善住撰《谷响集》卷二·七言律诗,文渊阁四库全书本集部五·别集类四·元。

99　〔元〕释善住撰《谷响集》卷三·七言绝句,文渊阁四库全书本集部五·别集类四·元。

100　〔元〕张养浩撰《归田类稿》卷十八·五言律诗，文渊阁四库全书本集部五·别集类四·元。

101　〔元〕许有壬撰《至正集》卷十九，文渊阁四库全书本集部五·别集类四·元。

102　〔元〕贡师泰撰《玩斋集》拾遗一卷，文渊阁四库全书本集部五·别集类四·元。

103　〔元〕张之翰撰《西岩集》卷五·五言律，文渊阁四库全书本集部五·别集类四·元。

104　〔元〕顾瑛编《玉山名胜集》卷三，文渊阁四库全书本集部八·总集类。按：顾瑛该诗的标题是笔者所拟，原诗未题，但诗前原有引语曰："至正十年，冬温如春，民为来岁疠疹忧，嘉平之望，凝云昼合，风格格作老枭声，雨霰交下，顷刻积雪遍林野。适郑云台自吴门、张云槎自茂苑、吴国良自义兴，不期而集，相与痛饮湖光山色楼上，以冻、合、玉、楼、寒、起、粟分韵赋诗。国良以吹箫，陈惟允以弹琴，赵善长以画序首，各免诗。张云台兴尽而返。时诗不成者，命佐酒女奴小瑶池、小蟠桃、全缕衣各罚酒二觚。予乃于立得楼字赋诗于后。是日以冻、合、玉、楼、寒、起、粟分韵，诗成者四人：顾瑛得冻字……"可知顾瑛此诗缘起，乃文人雅集，分韵赋诗之游戏，故笔者为其拟题曰《冻字韵》。顾瑛，元末人。

105　〔明〕谢晋撰《兰庭集》卷上，文渊阁四库全书本集部六·别集类五·明。谢晋恐为明初洪武、永乐时人。

106　〔明〕凌云翰撰《柘轩集》卷二，文渊阁四库全书本集部六·别集类五·明。凌云翰，明洪武年间人。

107　〔明〕张岳撰《小山类稿》卷二十，文渊阁四库全书本集部六·别集类五·明。张岳，明中期正德、嘉靖时人。张岳此诗有多首，均为数人联句，即他与诗题中提到舒国裳、刘实夫、廖师贤、郭澄卿等五人共同联成。

108　〔明〕凌义渠撰《凌忠介公集》卷一，文渊阁四库全书本集部六·别集类五·明。凌义渠，明末人。

109　〔清〕彭孙遹撰《松桂堂全集》卷六、卷四十二，文渊阁四库全书本集部七·别集类六·国朝（即清朝）。彭孙遹，清顺治、康熙时人。

110　〔清〕汪琬撰《尧峰文钞》卷四十七，文渊阁四库全书本集部七·别集类六·国朝（即清朝）。汪琬，清初顺治、康熙时人。

111　〔清〕乾隆撰《御制乐善堂全集定本》卷二十七，文渊阁四库全书本。

112　〔南宋〕杨万里《诚斋集》卷七，文渊阁四库全书本集部四·别集类三·宋。

梅疏浸玉，庭桧密联幢"；[100]

〔元〕许有壬《茅步和刘光远韵二首》（之二）七律一首，有句"瓶梅为我香浮坐，尊酒着人春满腔"；[101]

〔元〕贡师泰《燕潜春楼次廉院使韵》七律一首，有句"树深庭桂同棋晚，花落瓶梅为酒熏"；[102]

〔元〕张之翰《夜坐》五律一首，有句"三嗅瓶梅了，幽怀只自知"；[103]

〔元〕顾瑛《冻字韵》七律一首，有句"佳人象琯怯初寒，银瓶梅萼犹含冻"；[104]

〔明〕谢晋《早春雨中写怀三首》（之三）七绝一首，有句"人事不知花厌雨，漫盛檐溜养瓶梅"；[105]

〔明〕凌云翰《南屏对雪宿简公房次王子中韵时洪武丙辰十二月二十七日也》七律一首，有句"天寒故把瓶梅浴，雪冻难将野菜供"；[106]

〔明〕张岳《庚辰赴谪金陵过三山，同年舒国裳、刘实夫、廖师贤、郭澄卿邀饮即席联句，时正月念五日》（之一）七律一首，有句"红满胆瓶梅正舒"；[107]

〔明〕凌义渠《后杂忆诗》七律一首，有句"侧侧瓶梅伴月闻，小楼密坐到微醺"；[108]

〔清〕彭孙遹《庚子除夕》七律一首，有句"炉火细燃将尽篆，瓶梅犹孕最先枝"，《冬夜过退庵兄春雨堂中饮》七律一首，有句"砌竹玲泓将雨至，瓶梅清冷着花难"；[109]

〔清〕汪琬《东轩二首》（之二）五律一首，有句"阶草方争茁，瓶梅乍就蔫"；[110]

〔清〕乾隆《万年松》五律一首，有句"瓶梅与盆竹，聊结岁寒心"。[111]

除此80首之外，还有第三种，即题目和正文均未出现"瓶"、"梅"二字连用的诗词作品，但其内容却明显是在描写瓶中插梅，或提示了与瓶梅有关的内容。这种作品不在少数，以南宋诗人杨万里所咏最为突出。兹略举数例如下：

〔南宋〕杨万里《瓶中梅花长句》七言长句一首，有句"冥搜一室一物无，瓶里一枝梅的皪"，"一尊孤斟懒论文，犹有梅花是故人"，[112]《钓雪舟倦睡》七绝一首，题曰"撩瓶底梅花极香"，[113]《梅花》五绝一首，有句"月摇横水影，雪带入瓶枝"，[114]《瓶中梅杏二花》七律一首，有句"折来双插一铜瓶，旋汲井花浇使醒"，[115]《梅花数枝，篸两小瓷瓶，雪寒一夜，二瓶冻裂，剥出二水精瓶，梅花在焉，盖冰结而为此也》长句一首；[116]

〔金〕赵内翰可《好事近》词一首，有句"密雪听窗知午醉，晚来初觉，人与胆瓶梅蕊，共此时萧索"；[117]

〔元〕郭豫亨集《梅花字字香》（之一、之二）七律二首，有句"雪后相看意更深，谩将一朵插铜瓶……自笑自吟还自得，案头摇落小瓶花"。[118]

以上所列仅为个人阅读所见，绝非涵盖文学史上所有相关作品。从目录来看，这些诗作的时间历北宋、南宋、金、元、明、清，以南宋、元代、明代最多。其中，时间最早的是北宋黄庭坚步夏竦《立春日》诗韵而作的《次韵》（之一），最晚的是清代乾隆皇帝《咏瓶梅》、《万年松》等。我们在作者名单里又见到了南宋的韩淲。值得注意的是，在北宋以前，没有（或极少）出现描写"瓶梅"的诗作。这不禁令人追问：作为一种历史性的文学现象，"瓶梅"仅仅具有文学题材或吟咏对象的意义吗？它在中国中古诗史上盛行不衰意味着什么？

（二）作为审美意象的"瓶梅"

虽然上述追问表面看来与"中国梅瓶研究"的关系好像也不大，但是只要稍作对比就不难发现，咏"瓶梅"诗的流行，与后人所谓"梅瓶"这种器物的繁盛并出现大量的装饰——审美特征的加强，在时间上是大体吻合的，这就没有理由对之不加理睬。况且，结合诗词中的"梅瓶"可以倒装为"瓶梅"的情况，而下文又显示"以梅插瓶"的活动与"酒瓶"存在日益密切的关联，就更有理由进一步追问："瓶梅"与后来作为器物名称的"梅瓶"有何联系？其间是否存在必然的转化脉络？为此，需对上述咏"瓶梅"诗做进一步研究，其目的不在文学意义上，而是希望通过对诗文内容的分析，探究其社会性内容，包括审美因素及其与有关器物的关系。

从上述咏"瓶梅"诗里，我们可以归纳出一些带有普遍性的基本特点，分述如下。

第一，作为咏梅诗的一类，描写"瓶梅"的诗词与前文所引描写"梅瓶"的诗词一样，同样典出林逋。不少作品直接点明了林逋的名号，如："西湖林处士，侑食水仙王。"（韩淲《雪天》）"逋仙只说香和影，不是诗家莫浪评。"（郭豫亨集《梅花字字香》之一）"却笑孤山林处士，弃家还作有情痴。"（陈廷敬《瓶梅八首》之五）许多作品则借用了林逋名诗的符号元素，都带上了"疏影横斜水清浅，暗香浮动月黄昏"的影子，如："月摇横水影，雪带入瓶枝。"（杨万里《梅花》）"夜深窗下横疏影，绝胜西湖月上时。"（段成己《古瓶梅花为总管李侯赋》）"应断西湖梦，东风在席端。"（文徵明《赋瓶梅》）"坐

113 杨万里该诗的完整标题是《钓雪舟倦睡·予作一小斋，状似舟，名以钓雪舟，予读书其间，倦睡，忽一风入户，撩瓶底梅花极香，惊觉，得绝句》，其诗云："小阁明窗半掩门，看书作睡政昏昏。无端却被梅花恼，特地吹香破梦魂。"〔南宋〕杨万里撰《诚斋集》卷七，文渊阁四库全书本集部四·别集类三·宋。

114 〔南宋〕杨万里撰《诚斋集》卷八，文渊阁四库全书本集部四·别集类三·宋。

115 〔南宋〕杨万里撰《诚斋集》卷八，文渊阁四库全书本集部四·别集类三·宋。

116 〔南宋〕杨万里撰《诚斋集》卷十二·诗，文渊阁四库全书本集部四·别集类三·宋。

117 〔金〕元好问编《中州乐府》，文渊阁四库全书本集部八·总集类。

118 〔元〕郭豫亨集撰《梅花字字香》，文渊阁四库全书本集部五·别集类四·元。郭豫亨所作"自序"署至大辛亥（1311年），则豫亨应为元代前中期人。

119　〔明〕计成著《园冶》三·屋宇·
"斋"、"房"、"馆"、"楼"、
"阁"，引自陈植、杨伯超校订，陈从周
校阅《园冶注释》，北京：中国建筑工业
出版社，1988年，83~87页。

看疏影横斜势，行索寒香浅澹枝。"（陈廷敬《瓶梅》）"解爱寒镫上疏影，
不愁明月照黄昏。"（陈廷敬《瓶梅八首》之一）其中同样展现了由"梅"、
"香"、"影"、"月"、"水"、"西湖"等概念所构成的形意传统。

第二，因梅花开于冬春，故描写"瓶梅"的季节也多在此时，但岁末新春
是"瓶梅"诗描写较集中的时节，其中又以除夕、元日为最。如陈杰《守岁》，
方回《丙申元日五绝》之三、之五，刘诜《元日》，释善住《除夕二首》之一，
黄淳耀《元日席上咏瓶梅二首》，彭孙遹《庚子除夕》等，诗题中的"守岁"、
"元日"、"除夕"，说明从南宋到清代，文人士大夫家中从大年三十到正月初
一流行以瓶插梅作为迎接新春的陈设。还有些诗作在题中虽未直接点明时节，但
内容描写的却是元日前后，如："何许心情说饯岁……目断苍茫听爆竹。"（韩
淲《入城晁尹二家少留》）"爆声唤醒鼻中雷，宿溜初停晓色开。……老人自写
题门帖，稚子先尝得岁杯。"（陈杰《三朝书窗》）"天寒故把瓶梅浴……东阁
又吟年后句，南屏同听晚来钟。"（凌云翰《南屏对雪宿简公房次王子中韵时洪
武丙辰十二月二十七日也》）可见，岁末新春的前后在过去是折梅插瓶以作为陈
设的最集中的时节，究其原因也许只是出于自然（如"天寒故把瓶梅浴"），却
不能排除在历史过程中逐渐形成某些相应风俗的根源。

第三，咏"瓶梅"诗所描述的陈设环境，主要是士大夫的郡斋或文人、隐
士的书房、村居，以及僧舍，文人雅集的宴饮场面中也时或见之。如："孤坐
郡斋人寂寂，一枝红烛两瓶梅。"（杨万里《卧治斋夜坐》）"月随幽人登舫
斋。……冥搜一室一物无，瓶里一枝梅的皪。"（杨万里《瓶中梅花长句》）
"书斋寂寞里，藉尔对支颐。"（赵蕃《再题》）"一枝借得书窗暖，未许游
蜂戏蝶知。"（赵蕃《夜坐读书闻瓶梅之香口占五绝》之三）"小楼深坐稳，矮
屋欠伸长。"（韩淲《雪天》）"微醉偶便深阁坐，好春先入小瓶梅。"（陈
杰《守岁》）"明暖一窗聊引笔，东风折尽胆瓶梅。"（陈杰《三朝书窗》）
"密雪听窗知午醉，晚来初觉，人与胆瓶梅蕊，共此时萧索。"（赵内翰可《好
事近》）"瓶梅斗汲山斋夜，曷不归欤枕石眠。"（方回《闻舟人既畏寒复畏
盗》）"山色青边屋，幽深称隐居。瓶梅香笔砚，窗雪冷琴书。"（黄庚《月山
书馆》）"一灯悬丈室，半照落瓶梅。"（释善住《春日即事》）"瓶梅疏浸
玉，庭桧密联幢。……村居吾所喜，非拟鹿门庞。"（张养浩《遂闲堂独坐》）
"海上三山青不断，小楼分得半闲云。"（贡师泰《燕潜春楼次廉院使韵》）
"雪后山窗读易时，胆瓶清晓见冰澌。"（程敏政《胆瓶梅，为邵用珍赋》）从
诗的描写来看，这类建筑主要有"舫斋"、"小楼"、"矮屋"、"深阁"，或
"山斋"、"山边屋"、"书馆"、"丈室"等，具有小型化的形式特点，诚如
〔明〕计成著《园冶》所云"惟气藏而致敛"、"藏修密处"、"防密内外以为
寝闼也"、"可以通别居者"、"陕（通狭）而修曲"、"四阿开四牖"等。[119]

第四，在这样的室内空间里，与"瓶梅"一起构成环境整体的器物主要有
文具、茶具、酒具，其中又以酒具居多。文具以文人日用物品为主，如"瓶梅

书帙乱"（苏泂《夜坐读韦苏州集序》），"瘦影参差落砚池"（宋伯仁《瓶梅》），"雪树明窗纸，瓶梅落砚池"（薛师石《夜坐陈缊灵见访》），"瓶梅香笔砚，窗雪冷琴书"（黄庚《月山书馆》），"棐几无尘影倒移"（朱晞颜《次陆执谦瓶梅韵》），"案头摇落小瓶花"（郭豫亨集《梅花字字香》之二），"冉冉幽香浮几案"（周伦《瓶梅结子》），"铜瓶倚玉枝，棐几独看时"（沈周《瓶梅》），"未乏溪山韵，尤宜几格看"（文徵明《赋瓶梅》），"爱尔菲菲艳雪姿，高斋清案最相宜"（宋荦《瓶梅》），涉及的器物有书、笔、砚、琴、几、案、格等。

咏"瓶梅"诗也略及茶事和茶具。如："独坐看诗话，瓶梅相对清。……煨栗填饥腹，煎茶长道情。"（胡仲弓《雪中杂兴四首》之二）另外，上文在解读〔元〕方逢辰七律《风潭精舍月夜偶成》以及〔元〕陆文圭跋文《题索句图》时，引用过〔明〕周忱《和靖坐吟图》，以说明方、陆两人诗中与"茶鼎"相对的"梅瓶"的含义，由此也反证周忱诗中的两句"茶鼎烟消鹤梦惊，水瓶香雪一枝明"，所言"水瓶"是指"内贮清水以插梅枝的瓶子"。

涉及茶事的瓶梅诗有限，涉及饮酒活动的作品却非常多，这是值得玩味的现象。如："孤寂惟寻曲道士，一寒仍赖楮先生。"（陆游《村居日饮酒对梅花醉则拥纸衾熟睡甚自适也》）"知我托落醉欲眠。……青灯山牖瓶梅边。"（韩淲《昌甫寄酒蛤辣螺新蟹皆山味所久无》）"访友得幽伴，无人醉闲僧。地炉火深红，瓶梅影鬅鬙。"（韩淲《同醉僧夜坐郑一书房》）"阶前破竹作惊雷，从俗何妨进酒杯。微醉偶便深阁坐，好春先入小瓶梅。"（陈杰《守岁》）"闭户瓶梅满屋香，小楼微醉月昏黄。"（方回《闭户》）"花落瓶梅为酒熏。"（贡师泰《燕潜春楼次廉院使韵》）"故人谁为悯貂裘，邻友兴来同野酌。忘机暖语不知寒，折取江梅共酬酢。"（刘澄甫《寒夜与友人共酌赏瓶梅》）"已弃双鬟似，催取百花杯。"（黄淳耀《元日席上咏瓶梅二首》之一）"侧侧瓶梅伴月闻，小楼密坐到微醺。"（凌义渠《后杂忆诗》）"炉火细燃将尽篆，瓶梅犹孕最先枝。辟寒赖有屠苏酒，醉话邗沟夜泊时。"（彭孙遹《庚子除夕》）

涉及饮酒活动的瓶梅诗，除了上述"酒杯"、"百花杯"等饮器，也出现了常以"尊"字命名的盛酒器，如：

一尊孤斟懒论文，犹有梅花是故人。（杨万里《瓶中梅花长句》）

旧岁只五日，晚梅能几枝。婆娑一尊酒，陶冶数篇诗。（赵蕃《再题》）

瓶梅为我香浮坐，尊酒着人春满腔。（许有壬《茅步和刘光远韵二首》之二）

就数量来看，伴随酒事描写的"瓶梅"诗甚多。其实，历来咏梅诗里反映出古人赏梅常常伴以饮酒，至于其中妙处，前引〔明〕刘澄甫《寒夜与友人共酌赏瓶梅》七言长句中，有以下三联说得很明确：

　　　　梅花与友本无期，我谓梅花足三乐。
　　　　雪里怜渠花似冰，灯前顾我发如鹤。
　　　　五更五点罢击柝，一蕊一杯仍大嚼。

　　正如梅被归入"岁寒三友"一样，刘澄甫这三联也说明，古人把梅花视为胜友，而赏梅有"三乐"："雪里怜渠花似冰"一也，关乎审美观照；"灯前顾我发如鹤"二也，关乎借鉴反省，借梅为鉴反观自我身心；"一蕊一杯仍大嚼"三也，关乎物我合一，"我"与"梅"融为一体。换句话说，这也是赏梅的三重境界，而饮酒赏梅往往能达到中国人所看重的物我合一乃至天人合一的最高境界。可见，"酒"成为达到这一境界的重要媒介。揭示这一点，将有助于后文讨论以梅插瓶作为陈设的活动与饮酒、酒器的关系。
　　第五，瓶中所插梅花的品种主要有江梅和腊梅，而插梅所用瓶子的特征，在诗词里也有所反映。例如：

　　　　折来双插一铜瓶（杨万里《瓶中梅杏二花》）
　　　　南枝斜插右军持（宋伯仁《瓶梅》）
　　　　东风折尽胆瓶梅（陈杰《三朝书窗》）
　　　　锦帐银瓶漫玉肌（段成己《古瓶梅花为总管李侯赋》）
　　　　密雪听窗知午醉，晚来初觉，人与胆瓶梅蕊，共此时萧索。（赵内翰可《好事近》）
　　　　姑射仙人冰雪姿，壶中表里莹无疵。（吴澄《瓶梅图》）
　　　　银瓶梅萼犹含冻（顾瑛《冻字韵》）
　　　　谩将一朵插铜瓶（郭豫亨集《梅花字字香》之一）
　　　　碧水铜瓶甘作伴（郑真《题瓶梅》）
　　　　恐教尘土涴，移入玉壶中。（于谦《胆瓶梅》）
　　　　南岩携赠一枝梅，插向瓷瓶土不培。（周伦《瓶梅结子》）
　　　　铜瓶倚玉枝，棃几独看时。（沈周《瓶梅》）
　　　　胆瓶清晓见冰渐。（程敏政《胆瓶梅，为邵用珍赋》）
　　　　玉蕊怜倾国，金瓶为洗妆。（薛蕙《次韵苏允吉侍御台中四咏·瓶梅》）
　　　　影浸金瓶水，香留玉镜台。（杨慎《立春咏瓶梅》）
　　　　数枝琼蕊玉壶中（刘澄甫《寒夜与友人共酌赏瓶梅》）
　　　　红满胆瓶梅正舒（张岳《庚辰赴谪金陵过三山，同年舒国裳、刘实夫、廖师贤、郭澄卿邀饮即席联句，时正月念五日》之一）

折得梅枝蚀藓斑，古瓶琼蕊勒春寒。（文肇祉《杜玄庆斋供盆兰、瓶梅可爱，各图一幅贻之》之二）

按类归纳可知，上面所列的一些诗作点明了插梅瓶子的材质主要有铜、银、瓷三种。如杨万里那首长句以叙述的方式作为题目：《梅花数枝，篸两小瓷瓶，雪寒一夜，二瓶冻裂，剥出二水精瓶，梅花在焉，盖冰结而为此也》，明确表示插梅所用的是瓷瓶。不能否认上引所谓"玉壶"可能就属于玉器，但是宋代以来极力追求"类玉"的瓷器并不妨碍我们将其中的玉字理解成精美的瓷质这种可能性；至于"金瓶"，指真的使用黄金的可能性很小，而很可能还是指铜瓶。

在形制上，插梅花的瓶子除主要表述为"瓶"之外，还有"（右）军持"、"胆瓶"、"壶"等几种说法。"右军持"之"右军"，可能是宋代文人借用中国书圣、东晋王羲之的"右军将军"职衔，但是这种猜测并不非常可靠，而实际上它很可能是指"军持"，一种来源于佛教僧侣用来盛水净手的水瓶。历史上"军持"的形制有比较明确而稳定的形态。这使我们重新想起〔明〕周忱的那首七绝《和靖坐吟图》中说到的"水瓶"。至于"胆瓶"的形制，见《饮流斋说瓷》，这种器物在宋元时期也是常见的。如果说"军持"与"胆瓶"在形制上较为明确、稳定，因此而表明它们与梅瓶这种器物形制的明显差异的话，那么像〔元〕吴澄《瓶梅图》七绝所谓"姑射仙人冰雪姿，壶中表里莹无疵"当中的"壶"，其形制却是大不相同的。从先秦时期作为礼器之一的"壶"，其形制大体稳定，宋元时期仍然见于祭祀用礼器中，或见于文房陈设的仿古器；但是从宋代开始，时人所谓的"壶"与此前的"壶"相比已发生了很大变化，有许多与先秦的壶风马牛不相及的器物也开始借用这个名称，如从唐代"注子"演变而来的"执壶"（斟酒器，常配温碗）和"汤瓶"（煮水点茶器），后者也简称"瓶"。[120]然而，同样是从宋代开始，作为实用性酒器的梅瓶最常用的一种通俗称谓也是"壶"（如图3-1-1②，见第三章第一节），它在宋元时期的材质也包含了铜、银、陶、瓷等，以瓷为大宗。在没有掌握更充分材料的前提下，尚难推测吴澄《瓶梅图》诗中所言的"壶"的形制。

在时代上，插梅使用的瓶子除了诗人当时的产品，"古瓶"则无疑是指此前或前朝旧物。〔金〕段成己《古瓶梅花为总管李侯赋》一诗称插梅用的是"银瓶"，诗题又称"古瓶"，说明该诗所赋对象是早于金代的一件银质瓶。〔明〕文肇祉在杜玄庆斋中看到杜氏以瓶梅为清供，为之作画赋诗，也称为"古瓶"，以理推之，该瓶可能是明代以前的瓷瓶。但是这些诗文的本身都没有提供相关形制的信息。

插梅用瓶的尺寸，虽然不能确知，但从诗中多言"小瓶"而论，似可略知一二。如"小瓶梅映短檠灯"（曾几《郑侍郎送蜡梅次韵三首》之二）、"小瓶梅蕊解卿卿"（陆游《村居日饮酒对梅花醉则拥纸衾熟睡甚自适也》）、"好春先入小瓶梅"（陈杰《守岁》）、"案头摇落小瓶花"（郭豫亨集《梅花字字

120　〔元〕黄庚《瓶笙》七律："热中竟日自煎烹，音调都从一气生。缓缓煮汤方蟹眼，微微聒耳忽蝇声。频惊清梦愁无寐，似诉羁情叹不平。却笑书生那解此，联诗石鼎美弥明。"见〔元〕黄庚撰《月屋漫稿》古风，文渊阁四库全书本集部五·别集类四·元。文渊阁版。从黄庚此诗的"音调都从一气生"可知，鼎上置"瓶"，瓶中煮水，所谓的"瓶"就类似宋元时期长嘴、长耳的执壶，又称"汤瓶"。

121 〔宋〕佚名《寒窗读易图》（局部），上海朵云轩藏。采自：扬之水《宋代花瓶》图一，《故宫博物院院刊》2007年1期。

图2-2-2 〔宋〕佚名《寒窗读易图》
（局部），上海朵云轩藏

香》之二）。从明确以"小瓶"来表述插梅用瓶的诗作年代来看，喜用小瓶插梅代表了南宋到元代的文人趣味（图2-2-2）[121]；到了明代，插梅所用瓶的尺寸发生了趋大与趋小的两极分化，这在〔明〕高濂《遵生八笺》卷十六·燕闲清赏笺下·瓶花三说"瓶花之宜"条，有明确的叙述。

　　综上所述，作为咏梅诗的一部分，关于瓶梅的诗词与前文引用的五首描写"梅瓶"的诗文一样，在用典、时令、环境以及相关的赏花饮酒等活动、插梅瓶子的特点等各方面都表明，插梅之瓶已成为文人书斋案头上借以寄托理想的一种典型陈设，也成为中古以来中国诗史上重要的审美意象之一。与此同时，从南宋到清代，"瓶梅"意象也逐渐容纳了超出文人个体意义的更为丰富的社会性文化内容，特别是在大年三十到正月初一这一核心时段的岁末新春，以瓶插梅作为迎接新春的陈设，在文人士大夫家中成为数百年盛行不衰的活动，说明整个中国社会在逐渐接受文人通过"瓶梅"的审美意象抒发孤傲的背后，已使社会化的节令活动转化为别具内涵的风俗（参见图2-3-5①）。这样的转变是缓慢而不露痕迹的，以瓶插梅自始至终主要还是被设置在小型化、个人化的文人居室环境中，成为"瓶梅"或"梅瓶"这一审美意象存在的典型环境，相应地，历代插梅陈设的器皿也以小型的瓶壶类器物为主，形制、材质、年代则多种多样。此外，饮酒与赏梅虽然不是固定搭配的活动，却是各种搭配中被反映得最多的活动，既从一个侧面反映了中国文人的诗酒生涯，也暗含了以梅插瓶和盛酒的瓶、壶之间常常共存的关系。总之，宋元诗文里的"梅瓶"也就是"瓶梅"，它是中国中古以来的千年诗史所创造的并流传不衰的审美意象，它所包含的不断得以充实的社会化意义是意味深长的。

器物名称：清宫图籍里的"梅瓶"

立足于以上结论，一个自然而然的追问是："梅瓶"，作为一个审美意象的概念，是如何转变成一种器物名称的？解答首先需要对"梅瓶"作为器名的名实关系有一个了解。然而，这个关系本身就是一个涉及文化因素和历史疑问都较为复杂的问题群。笔者以为从以下问题切入会比较恰当，即作为一种器物名称的"梅瓶"始见于何时？这只能以文献为准。

一、始见于清代早期宫廷档案中的器物名称"梅瓶"

经笔者查阅，作为器物名称的"梅瓶"最先出现在清代早期，它堂而皇之地记载于从康熙朝到乾隆朝的清宫档案中。历史否定了后人的怠慢。

（一）康熙六十大寿的礼单

清康熙五十二年（1713年），清宫内直诸臣为康熙皇帝六十寿辰准备并纂辑了一部规模庞大的图书，名曰《万寿盛典》。[122]据《四库全书总目》提要称，该书一百二十卷，分六门，其中第五门"曰庆祝，则有图有记，以及名山祝厘，诸臣朝贡之仪备列焉"[123]。所图未必尽详，所言"诸臣朝贡之仪"实为一份巨额礼单，详尽记录了当时由皇亲贵戚和各级官僚向康熙皇帝进贡的各色祝寿贺礼。就在烦冗的条目之内，有数条明文记载了多件不同时期、不同材质、不同花色的"梅瓶"，经笔者统计，这些记载前后共有六条，有几条仪文的末尾用小字标明了时代或窑口。现引录于下：

> 恒亲王进……万年梅瓶永乐窑；[124]
>
> 十二贝子进……法琅松竹梅瓶景泰；[125]
>
> 和硕简亲王之子应封宗室臣雍乾恭进……宣窑梅瓶一座；[126]
>
> 礼部尚书臣赫硕色、臣陈诜，侍郎臣二格、臣王思轼、冯忠、臣胡作

122　《万寿盛典》，一百二十卷。康熙五十二年（1713年）三月，由内直诸臣纂录。该书所分六门是：《宸藻》、《圣德》、《典礼》、《恩赉》、《庆祝》、《歌颂》，各门设目，其数不等。其中载图二卷，为宋骏业、王原祁等先后草成，随书流传者依据原本勾摹，画幅稍宽于书。具见〔清〕永瑢等撰《四库全书总目》，北京：中华书局，1965年，705～706页。

123　《四库全书总目》，706页。

124　文渊阁版《万寿盛典初集》卷五十四·庆祝五·贡献一。

125　同上。

126　文渊阁版《万寿盛典初集》卷五十五·庆祝五·贡献二。

127　文渊阁版《万寿盛典初集》卷五十七·庆祝五·贡献四。

128　同上。

129　文渊阁版《万寿盛典初集》卷五十八·庆祝五·贡献五。

130　乾隆二十年（1755年）《各作承办活计注销底档》，转引自：王光尧《从故宫藏清代制瓷官样看中国古代官样制度——清代御窑厂研究之二》，《故宫博物院院刊》2006年6期12页。

梅恭进……宣窑填白梅瓶；[127]

工部尚书（臣）满都、（臣）张廷枢，侍郎（臣）张格、（臣）阮尔询、（臣）马晋泰、（臣）刘谦恭进……宣窑梅瓶；[128]

太仆寺卿（臣）阿锡鼐、（臣）周道新恭进……宋磁梅瓶。[129]

这些标名为"梅瓶"的器物以瓷质为主，还有"法琅"（按，即珐琅）质的。从原文所标"景泰"来看，十二贝子进贡的梅瓶应指以珐琅（又名"景泰蓝"）工艺制作的明代景泰款铜胎掐丝珐琅器。单从这一条的记述文字来看，十二贝子进贡的"法琅松竹梅瓶"也可以解释为"以法琅工艺装饰有松、竹、梅纹样的景泰蓝瓶"，果如此，则该瓶器形就不一定属于梅瓶形制了。但是从其他五条记载的"万年梅瓶永乐窑"、"宣窑梅瓶"、"宣窑填白梅瓶"、"宣窑梅瓶"、"宋磁梅瓶"的名目来看，无疑都是形制同属一类的器物——"梅瓶"是这类器物的共同名称。

康熙皇帝收到的这份礼单包括大量奇珍异宝，仅从其中所含梅瓶的年代来看，以明代居多，集中于明前期的永乐、宣德，尤以宣德器最多，似能反映当时社会上层在古玩方面对于梅瓶风格的喜爱倾向。这一点可以从康雍乾时期景德镇御窑厂烧制的官窑梅瓶多仿自明代永宣时期御窑梅瓶的情况来获得印证。而"宋磁梅瓶"让人想起许之衡《饮流斋说瓷》"梅瓶"条所谓"宋瓶雅好作此式"，确凿地表明了在清人眼里，高标千古的"宋瓷"当中就有"梅瓶"的一席之地。

（二）乾隆皇帝关注的玩好

记录"梅瓶"一名的清宫文献不止这一处，乾隆时期的档案甚至对某些梅瓶的烧造有更为详细的记录。

北京故宫藏清代《各作承办活计注销底档》记载了乾隆二十年（1755年）御窑厂遵旨为一件明代宣德青花白地梅瓶加配瓶盖一事，且交代甚详，其文如下：

九月十六日，员外郎金辉、副崔总舒文来说，太监胡世杰交宣窑青花白地梅瓶一件，随紫檀木座。传旨：着发往江西配盖，先做木样呈览。钦此。于本月十九日，首领吕进朝将青花白地梅瓶一件配得木盖画样持进，交太监胡世杰呈览。奉旨：照样准烧造。钦此。于乾隆二十一年八月七日，郎中白世秀、员外郎金辉将江西送到宣窑青花白地梅瓶一件配得盖持进，交张永泰呈进，讫。[130]

从这则档案里我们可以读出三个方面的消息：1. 清代宫廷藏有明代宣德官窑梅瓶，以青花白地为饰，而且配有紫檀木座。清朝内府所藏前代官窑瓷器配以紫檀木座，表明其功用不可能仍然停留在实用器层面，而是承担了更高一层的文化

① ② ③ ④

图2-3-1　明清景泰蓝梅瓶举例　（0 _____ 10 cm）

功能，即清宫殿堂的陈设器，体现了审美性功用。2. 对于这样一件已经承担审美功能的梅瓶，乾隆皇帝仍然要求为之加配瓶盖，说明清人了解前代梅瓶本身原配瓶盖，已成为陈设器的梅瓶也可以配盖，似乎只有瓶盖合一才是一件（套）完整的器物。3. 从中我们还可以大致了解清代在器物造作方面的"官样制度"，以及清宫处理陶瓷官样的基本做法，即先由皇帝降旨决定样制，命有关官员制作"木样"或"画样"呈览，符合圣意之后再命官员送至江西景德镇"御窑厂"，"照样烧造"，完工之后持进皇宫再呈皇帝圣览，审核通过。[131]清代御窑厂烧制的官窑梅瓶必须严格遵守相应的"官样"，无论在形制上还是在装饰上都以皇帝的审美旨趣作为最高的标准。

　　关于清宫存在严密的"官样制度"，必然存在大量的档案材料，例如清宫造办处档案还记录了乾隆二十五年（1760年）十一月初九日交"磁梅瓶"一件，传旨：

　　　　再照梅瓶样做景泰珐琅梅瓶一件。[132]

　　这条材料说得更为明确，表明清宫实行的器物"官样制度"涉及各个工艺门类，包含了如金属工艺中的珐琅（景泰蓝），所谓"照梅瓶样"所本的"磁梅瓶"说明当时陶瓷梅瓶的形制的确存在"官方标准"。今天，我们仍然能看到明代的景泰蓝梅瓶（图2-3-1① ②）[133]，以及北京故宫博物院所藏清宫流传下来的多件清代景泰蓝梅瓶（图2-3-1③ ④）[134]，当年都是作为陈设器来使用的。

　　结合上述两条史料与康熙晚期《万寿盛典》的记载来看，以皇帝为核心的清宫内外——从皇帝、宫廷到上层贵族和官僚，再到较低层的办事官员以及负责官窑瓷器烧造的御窑厂官员和工匠，对"梅瓶"名称和形制的认识是一致的，其造作活动有严密的官样制度做保证；在清代上层社会人的眼中，对于从宋代到本朝遗留下来的梅瓶，无论其材质、纹饰如何，也无论它是古物还是新造，都存在稳定的形制，那些符合皇帝欣赏口味的器形被提取出来而形成一脉连贯的官定样

131　见王光尧《从故宫藏清代制瓷官样看中国古代官样制度——清代御窑厂研究之二》，载于《故宫博物院院刊》2006年6期。

132　转引自张荣《仿明风格的掐丝珐琅梅瓶》，《紫禁城》1994年3期28页。

133　分别采自：《中国美术全集·工艺美术编·10·金银玻璃珐琅器》图版297，北京：文物出版社，1987年；苏强《国博收藏的明代掐丝珐琅器》图九，《文物天地》2006年8期73页。按：两瓶分别是北京故宫博物院藏"明洪武—永乐掐丝珐琅梅瓶"，中国国家博物馆藏"明晚期掐丝珐琅缠枝番莲纹梅瓶"。

134　分别采自：《中国美术全集·工艺美术编·10·金银玻璃珐琅器》图版335，北京：文物出版社，1987年；张荣《仿明风格的掐丝珐琅梅瓶》插图，《紫禁城》1994年3期28页。两件器物分别是"清乾隆掐丝珐琅带盖梅瓶"、"清乾隆仿明掐丝珐琅缠枝莲梅瓶"，均为北京故宫博物院藏。

135　采自：中国陶瓷编辑委员会编"中国陶瓷"丛书《定窑》图版78，上海：上海人民美术出版社，1983年。

136　参见张寄庵《南京市附近发现明墓》图三，《考古通讯》1956年3期65页；上揭《定窑》图版78解说。

式即"官样"；当然这也意味着除"官样"之外的梅瓶样式的存在，也许在当时以皇帝为核心的社会上层人物的心目中，那些非官样式要么不符合他们的审美要求，要么其本身就是民间手艺的产物而成为体现民间审美趣味的梅瓶样式。但是无论其样式有多少变化，只要在器形上属于梅瓶的形制，所有这类器物都可以冠名为"梅瓶"。

再结合本书下卷第九、第十章对明清两代梅瓶样式的梳理，我们看到，清代前期"御窑"所造梅瓶有相当一部分与明代前期"御窑"梅瓶在样式上是相同或相近的，以皇帝为核心的上层社会的审美需求成为这种仿造活动得以展开的主要动因，而上述史料则证明，作为器物名称的"梅瓶"根本不是晚清人的杜撰，清末和民国初年的陈浏、许之衡等人记录的"梅瓶"不是毫无根据的，它早在清代前期，至少从康熙后期一直到乾隆年间，就已经明确地作为一种器物类型的名称，稳定地通用于社会上层。因此，中国陶瓷史学界长期以来关于"梅瓶"这一名称是由晚清市井中人臆造的观点是错误的。

二、日常陈设与插花清供：梅瓶在清代的审美功用

（一）文献中的信息

康熙五十二年（1713年）《万寿盛典》记载的"宋磁梅瓶"以及"永乐窑"、"宣窑"梅瓶，从名称就可以看出它们无一例外都是清代以前的作品。永乐窑与宣窑是指明代永乐、宣德时期景德镇的御器厂烧制的官窑器。"宋磁梅瓶"，仅凭这寥寥数字是无法断定其窑口和性质的，但是它指宋代瓷器中的梅瓶却不言而喻。暂且不管清代以前的梅瓶在相应的历史时期中功用如何，就其在康熙皇帝六十大寿之际作为"进贡礼品"的属性而被载入皇家图籍这一点来看，这些梅瓶毫无疑问都是质量精美的传世品，而且早在成为康熙皇帝的藏品之前，它们肯定是作为陈设器而非实用器存在的。

关于宋代梅瓶在后世发生功用转化的问题，有一个明代的例子可供参考，即北京的故宫博物院收藏的定窑白釉刻划花牡丹纹梅瓶（图2-3-2）[135]。此瓶高37.5厘米、口径4.7厘米、足径7.8厘米，1955年出土于江苏南京市中山门外明陵西村一号明墓。[136]明墓随葬梅瓶成风，除了使用当朝制品，使用较早期的制品也很常见（以明代早中期高级别墓葬为主），但是像南京西村明墓这样随葬北宋梅瓶者极为少见。而且，〔明〕曹昭《格古要论》表明，定窑从明代早期开始已被视为宋代"五大名窑"之一，可以设想，这件出自明墓的北宋定窑梅瓶，除了体现当时葬俗的意义，还表明了一种可能，即它是墓主生前喜爱之物，是一件受到

图2-3-2　北宋定窑白釉刻划花牡丹纹梅瓶
（0　　　　　10 cm）

珍视的古董，在墓主生前必然是作为陈设器而具有审美性功用。反观上述康熙时期太仆寺卿阿锡鼐或周道新进贡给大清皇帝的寿礼"宋磁梅瓶"，与南京明墓出土的这只北宋定窑梅瓶形成了呼应。

上引乾隆二十年（1755年）和二十五年（1760年）清宫档案记载的梅瓶所言："宣窑青花白地梅瓶"，以及"照（磁）梅瓶样做景泰珐琅梅瓶"，前者是前朝遗物，瓷质，后者是本朝新仿，铜胎。两则档案都披露了乾隆皇帝对待前朝遗物的认真、谨慎而不惮烦的态度，表明清宫上层熟悉前朝遗留梅瓶的原有形制，力求仿制肖似，复原其旧。可以设想一下，如果这件梅瓶仅仅是一件无关紧要的实用器，身为皇帝的乾隆何至于要为之耗费如此之多的口舌和那么大的精力？很明显，那件配有紫檀木座的宣德青花梅瓶，由于瓶盖的遗失而在皇帝眼中显得并不完美，这种缺憾势必影响它在皇帝心目中的陈设效果，以之陈设于宫中任何一个地方，都会使得追求极度完美的整体陈设所营造的宫廷环境，在艺术性乃至仪式性上大打折扣。虽然这件梅瓶由于配上瓶盖而不会用于插花，但它与康熙皇帝六十大寿那天收到的礼物一样，在功用上肯定都已不属于实用性的盛酒器，一定是作为宫廷里的陈设器来使用的。这一点，同样适用于乾隆二十五年（1760年）"照（磁）梅瓶样做景泰珐琅梅瓶"的两件器物。

在这方面，清代中期以后清宫陈设档案中有更为明确的记载，即皇宫内多处宫殿里都有"梅瓶"作为日常陈设的记录。例如，嘉庆七年（1802年）十一月立《养心殿明间及后殿陈设档》载，养心殿后殿明间宝座床上所设，包括"五彩瓷梅瓶一件"；道光十五年（1835年）七月十一日立《坤宁宫东暖阁陈设档案》载，坤宁宫东暖阁平日固定陈设中包括了楠木案上所设"玉顶填白瓷拱花梅瓶一件"[137]等，都是极佳的说明。

（二）图像里的意味

梅瓶在清代作为陈设器，还有图像为证。北京的故宫博物院藏《乾隆观孔雀开屏图》（图2-3-3①）[138]，是一件乾隆中后期的作品，运用西洋画法绘制，表现了乾隆皇帝着汉装行乐的景象，属于清代院体画中盛行的帝王行乐图，乾隆成为画面全局的中心。从画内花草判断，描绘的季节应属秋季，但并无具体节日的特征。在乾隆身后三位太监的背后，透过圆柱间隙可以看到，在室内一张条案的一端伫立着一件带座梅瓶，这件梅瓶显然是按照清宫陈设要求来放置的。从图像色彩来判断，该梅瓶属青釉瓷器（图2-3-3②）。图中梅瓶底座颜色深沉，应属木质，与梅瓶相较，座的比例显得过高、过大，有点不太相称。梅瓶口敞开，既无瓶盖，也未插花。在这样一个皇宫内廷休闲的地方，又不是特殊的节日，表现了这件梅瓶只是一件日常陈设观赏器，似有"日日平安"的讲究和吉祥寓意。

梅瓶在清代所具有的审美性功用，除了作为日常陈设器，还表现在特定时节专门作为插花器来使用，而且也以清宫传世的绘画最具代表性。

137 王子林编著《明清皇宫陈设》，北京：故宫出版社，2011年，79、88页。

138 《乾隆观孔雀开屏图》（局部），绢本，537 cm×349 cm，故宫博物院藏。

①

②

图2-3-3 〔清〕《乾隆观孔雀开屏图》（局部）

139　〔清〕郎世宁绘《午瑞图》，绢本，设色，纵140厘米、横84厘米。采自：聂崇正主编《故宫博物院藏文物珍品全集·清代宫廷绘画·14》图版22，香港：商务印书馆（香港）有限公司，1996年，141页。

140　聂崇正主编《故宫博物院藏文物珍品全集·清代宫廷绘画·14》141页，图22解说。

141　许之衡《饮流斋说瓷》说瓶罐第七"梅瓶"条，"（中国）国家图书馆藏古籍文献丛刊"之《中国古代陶瓷文献辑录》第八册，北京：全国图书馆文献缩微复制中心出版，新华书店北京发行所发行，2003年，3814页。

142　清康熙款"天蓝釉暗月牙耳梅瓶"，故宫博物院藏。采自：冯先铭等主编《清盛世瓷选粹》图版91，北京：紫禁城出版社，1994年，128页。

143　采自：台北"故宫博物院"编纂《故宫名画选萃》图版48，台北"故宫博物院"，1980年。〔清〕金廷标《曹大家授书图》（轴），纸本，设色，纵95.2厘米、横89.6厘米。金廷标，乌程（今浙江吴兴）人，清高宗南巡时，他向乾隆皇帝进呈白描罗汉册，称旨，命入内廷供奉。

144　《后汉书》载："班昭，彪女，一名姬，字惠姬。适曹世叔，世叔亡，和帝召入宫，令皇后贵人师事之，号曹大家，作女诫七章，兄固著汉书未竟死，诏昭就东观藏书踵成之。"

图2-3-4　〔清〕郎世宁绘《午瑞图》及康熙款天蓝釉梅瓶　（瓶：⊢—————⊣ 10 cm）

　　如〔清〕郎世宁绘《午瑞图》（图2-3-4①）[139]，据聂崇正先生介绍："画上未署作画年月，从画风看，约为雍正时所画，属郎世宁在中国创作的早期作品。"[140]画面上，来自意大利教廷的这位传教士画家运用西洋画法描绘中国的题材，表现了中国传统节日端午节的习俗，由画面上出现的粽子、蒲草等物做了提示，画面当中一件造型端庄、工艺精美的青釉梅瓶占据显著位置。此瓶体态修长适中，饶有风致，早已没有早期实用性盛酒梅瓶那样的短束颈了，颈中段还隐约可见一圈凸棱，颈肩转折明确，肩平向上腹圆转，以柔和的波状轮廓下收，形成束胫和撇足，符合许之衡所谓"至胫稍狭，折于足则微丰"[141]。梅瓶口内插有菖蒲、蜀葵、石榴等常见的仲夏开花的植物，与瓶前果篮内的李子、樱桃适成相配，与散置的五只三角粽也构成时令上的呼应。这件西洋式的具象绘画对梅瓶的细致描绘，让人一望而知画上的梅瓶属于不配瓶盖的清代官窑青釉器，今天在北京的故宫博物院内仍收藏着与之样式相同的清代康熙款天蓝釉暗月牙耳梅瓶（图2-3-4②）[142]，二者如此相似，可知郎世宁在雍正时期绘制的《午瑞图》摹写的梅瓶就是这类康熙御窑制品。

　　此外，台北"故宫博物院"藏〔清〕金廷标绘《曹大家授书图》（图2-3-5①）[143]，也出现了梅瓶的形象。此画为元旦换符的吉祥题材，作于乾隆时期，虽然取材于东汉曹大家（班昭）援笔授书故事[144]，表现的却是清代前期的新春风俗。从画面上表现室内的暖帘、火盆以及人物服饰和室内外的梅花、水仙同时盛

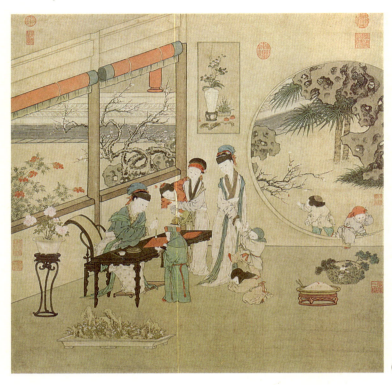

①　　②

图2-3-5　〔清〕金廷标绘《曹大家授书图》，台北"故宫博物院"藏

开等特征来看，描绘了岁末新春的景致，还表现了春季盛开的牡丹，这种不合时令的画面在中国艺术中却是合理和普遍存在的，以富贵吉祥的寓意手法暗喻画面描绘的环境是皇家内廷。作为一幅画中画，室内后墙的月门边上悬挂的一幅条屏，同样以寓意吉祥的手法加强了作品的主题（图2-3-5②）。此条屏绘博古清供数样，以带座白色梅瓶为主体，瓶口插月季数枝，瓶后置乳钉纹盆一件，内栽水仙一丛，前有红柿两枚，横卧灵芝形如意一柄，诸般物事谐音"事事如意、岁岁平安"的吉祥之意。条屏上的梅瓶是一件冰裂纹白瓷器，平唇小直口，短颈，肩部高耸而不甚宽，腹部修长斜收至底，恰如陈浏所谓"长身短项足微敛"[145]，格调古朴，在元代吉州窑米黄釉梅瓶中可以见到相同样式的器物（图8-2-22③）。图中梅瓶为了陈设稳当而加配墩式木座，是清宫陈设的常见做法。图中梅瓶插的虽然不是梅花，却与上文"瓶梅"诗里以梅插瓶的节令内容相一致。

现在重新回顾一下上节引述的乾隆题画诗《刘贯道〈积雪图〉》。上文将这首七律颔联对句"卷帷幽士守梅瓶"，与韩淲的"书窗谁不对梅瓶"等南宋诗句加以比较，以说明其间景象的相似性，也指出了乾隆此诗与宋元诗文在取材和时代背景上的差别。从乾隆题诗内容得知，刘贯道的《积雪图》取材于东晋王徽之雪夜访戴安道的故事[146]，这个故事是魏晋风度的典型表现，是它的本来含义；但是经过刘贯道的理解和加工，《积雪图》表现了两位名士之间心照不宣的默契——这一位是"舣舫高人步莎径"，另一位是"卷帷幽士守梅瓶"，从而把宋

145　〔清〕陈浏撰《匋雅》卷上"芦菔尊、梅瓶"条，（中国）"国家图书馆藏古籍文献丛刊"之《中国古代陶瓷文献辑录》第一册，影印上海古瓷研究会影印书贵山房重刊本，北京：全国图书馆文献缩微复制中心出版，新华书店北京发行所发行，2003年，190页。

146　事见《世说新语·任诞》，徐震堮著《世说新语校笺》下，北京：中华书局，1984年，408页。

147　〔元〕刘贯道《积雪图》曾收录于国立北
平故宫博物院古物馆出版的珂罗版宣纸线
装画册《故宫书画集》，由易培基署尚，
民国十九年（1930年）创刊。

元时期文人隐士追求的生活和社会赞誉的高士之谊包容其中。这是一种文化累积造成的时代差异，表明作为承载中国文化化育功能的主要载体之一，绘画与诗文一起，画家与诗人一道，进一步把中国的历史意识和人生的价值追求贯通起来。在此指出这一规律，对于后文真切地认识梅瓶从实用器转化为陈设器、梅瓶的名称从其宋元时期的曾用名"酒经"或"经瓶"转变为固定的"梅瓶"，具有相同的启示意义。

　　据画史记载，刘贯道是元代初期著名的宫廷画家。由于他在年仅21岁时〔一说是元（后）至元五年（1339年），一说为元（后）至元十六年（1350年）〕为年轻的太子真金画过肖像，而且妙得神似，深获元世祖忽必烈赏识，被留在大元内廷任"御衣局使"，专管工艺品供奉。今天他的作品中较为人们所熟悉的是收藏于美国堪萨斯城纳尔逊—艾金斯美术馆的《消夏图》，从这件作品的风格特征来看，并结合刘贯道妙写真金肖像的历史，我们不难确认这位元初宫廷画家并重神形的画艺应当源自宋代院体。由此可以推断，被乾隆誉为"有妙精神无遁形"的《积雪图》必然是形准神生、体格精微的作品。那么，以艺文标能而又极度钟爱古玩的乾隆皇帝在面对这样一件作品时，用"梅瓶"一词为之题诗，应当有着不同于他《咏瓶梅》五古一首的诗题以及《万年松》五律提及的"瓶梅"所指。我们已经知道，"梅瓶"作为一个器物名称在清代康雍乾时期已经成为上层社会流行的器物名称，"梅瓶"所指可以说是当时社会上层非常熟悉的器物，因此当乾隆写下"卷帷幽士守梅瓶"而没有使用"瓶梅"的时候，很可能在概念的含义和所指上已经与宋元文人诗笔下的"梅瓶"不同了。乾隆赞咏的《积雪图》在民国时期曾印制出版，[147]但目前笔者尚无条件获得清晰的图像资料，《积雪图》中所画是否确属梅瓶，有待将来获得更有利的材料。

"梅瓶"在近代向市井社会的传播

从康熙、乾隆经嘉庆、道光，直到晚清，"梅瓶"作为器物名称才开始出现在民间谈瓷专书当中，表明直到此时市井中人才认识这个器物名称。虽然这个现象有点奇怪，但梅瓶及其名称在流行范围、玩赏主体、传播方式等方面，从清代前中期到后期在官私著作中分别体现出大为不同的状况，却是显而易见的。可以说，作为器物名称的"梅瓶"从清代前中期以"官方的"形式出现而显示出"高贵的"身份，到晚清、民国初期，"梅瓶"与其他众多器名被认为"凡诸名称皆沿用市俗之语，无足深论"[148]，其前后处境不啻霄壤之别，而后者的评价也是导致20世纪中国陶瓷史学者不重视探究"梅瓶"一名来龙去脉的重要原因之一。

一、明确梅瓶名称和形制对应关系的近代文献

虽然清代康乾年间的官方史料记载了"梅瓶"，并肯定无误它是一种器物的名称，但是这些文献本身并没有涉及梅瓶形制问题——梅瓶的形制对于清代前期上层人物来说似乎是不言而喻的。然而后人如果仅凭这些文献，严格地说是不能将"梅瓶"一名所指器物给划分出来的。到了近代，晚清到民国官私著述中对"梅瓶"及其形制才做了明确的描述（见第一章第一节）。

首先需要提及的是《参加伦敦中国艺术国际展览会出品图说·第二册·瓷器》（以下简称《伦敦中国瓷展目录》），这是当时中国的北洋政府在海外举办最高级别的艺术展览中陶瓷部分的一份详细目录，收录器物主要是清宫旧藏历代瓷器精品，以时代先后为序，在各时代中又分别以窑口和工艺特征为序，著录形式为文图相配，图片均为实物照片，避免了传统手绘图的不准确性，形象直观，文字内容包括图版序号、名称、件数、特征描述、尺寸等，在制版、印刷上代表了当时最高水平，图像清晰。这份目录共收录梅瓶7件，窑口、时代、尺寸和工艺均不相同，但是图像显示出一致的形制。为便于下文展开讨论，现按原目录顺序将这7件梅瓶的著录原文和图片分列于下（小字为原著所有）[149]：

148　〔清〕陈浏《匋雅》上卷，前揭《中国古代陶瓷文献辑录》（一），223页。

149　这7件梅瓶的图片和解说原文均见《参加伦敦中国艺术国际展览会出品图说·第二册·瓷器》（商务印书馆，1936年），本书资料均采引自桑行之等编《说陶》之《参加伦敦中国艺术国际展览会瓷器目录》，上海：上海科技教育出版社，1993年，图一二六，八四九页；图一三六，八五三至八五四页；图一五六，八六二页；图二一〇，八八四页；图二六七，九〇七页；图二九二，九一八页。

图2-4-1　清宫旧藏明清陶瓷梅瓶举例

一二六　明广窑月白雕镶缠枝牡丹梅瓶　一件　原名白开片暗花瓶。足有微伤。口径捌.陆公分，高叁拾肆.贰公分，最大腹围柒拾伍.陆公分，底径拾肆公分。（图2-4-1①）

一三六　明永乐窑甜白划花缠枝莲梅瓶　一件　原名填白暗花瓶。口径肆.叁公分，高贰拾伍.贰公分，底径拾公分，最大腹围肆拾捌.陆公分。（图2-4-1②）

一五六　明宣德窑青花缠枝牡丹甀　一件 注意酒器　原名白地蓝花瓷樽。通盖高叁拾陆.柒公分，口径伍公分，底径拾贰公分，最大腹围陆拾肆.叁公分。（图2-4-1③）

二一〇　清雍正窑炉钧渤梅瓶　一件　底有"雍正年制"四字篆款。口径肆.叁公分，高贰拾壹.玖公分，底径捌公分，最大腹围肆拾贰.伍公分。（图2-4-1④）

二六七　清乾隆窑青花斗彩番莲梅瓶　一件　底有"大清乾隆年制"六字篆款。口径陆.捌公分，高叁拾叁.贰公分，底径拾叁.肆公分，最大腹围柒拾壹.柒公分。（图2-4-1⑤）

二九二　清乾隆窑珐琅彩螳螂秋色小梅瓶　二件　底款蓝料凸起"乾隆年制"四字楷款。口径贰.贰公分，高玖.贰公分，底径贰公分，最大腹围拾陆.伍公分。（图2-4-1⑥）

上述7件梅瓶的形制类同，器形有别，只有第3件的原名没有使用"梅瓶"。原目录之二九二（图2-4-1⑥），是2件高不足10厘米的小型器皿，特别命名为"小梅瓶"，这个"小"字只是强调尺寸之小，在器物种类和名称上它都属于"梅瓶"范畴。在年代上，前3件是明代制品，有2件分别是永乐和宣德时期的器物，另外4件是清代制品，1件雍正的，3件乾隆的。7件梅瓶都是明清两朝故宫收藏的瓷器，表明了流传有序。比较统一的命名和时代分布特点，与清代前期康、乾两朝档案对梅瓶的记录基本相似，说明《伦敦中国瓷展目录》的编撰者记录的内容应该原本于清宫档案，是有文献依据和史料来源的。

名称上的唯一例外是原目录编号"一五六"的"明宣德窑青花缠枝牡丹甀"（图2-4-1③），形制属梅瓶，与其他梅瓶不同之处是多了一只宝珠钮钟式瓶盖。从原目录描述的内容可知，该器原被命名为"樽"，这是清代以前对盛酒器的通俗称谓；原目录在标明该器件数之后又用小字注明"注意酒器"；而所谓"甀"是先秦时期一种盛酒器的名称，但是与梅瓶风马牛不相及。其实，这件带盖的宣德器正是乾隆档案所言"配盖"的梅瓶。

《伦敦中国瓷展目录》使我们能够直观了解作为一种器物名称的"梅瓶"所指的形制和器形变化，也使我们了解到，梅瓶的名称、形制、功用的对应关系等知识在近代已从深宫流向社会，而且在官方和民间都成为社会共识，并传播到海外。

二、对近代民间谈瓷家关于梅瓶名实概述的分析

　　虽然《伦敦中国瓷展目录》的形式和性质对于梅瓶研究有重要的意义，但是对梅瓶的命名理由、形制特征及其演变历史等问题所做的梳理和初步论述，却是由民间人士完成的。

　　陈浏的《匋雅》和许之衡的《饮流斋说瓷》体例不同，整体内容却有许多相似性乃至趋同性。作为近代谈瓷专书的一种类型，二者与清代前中期多种陶瓷学著作相比，在体例、视角和叙述侧重点等方面均有差异，具有明显的时代性。从清代到民国时期，中国陶瓷专书的成书原因与数百年来中国社会盛行古玩鉴藏和作伪成风的背景密切相关。在叙述重点方面，晚清以前的著作较多关注各朝各窑口的辨别，对各窑器物的记叙主要表现为一般性特征的综述；而《匋雅》和《饮流斋说瓷》这类近代著作着重于记录和梳理明清瓷器的具体特征，并且主要从古董行的视角和价值取向上关注明清以来官窑为主、民窑为辅的两系瓷器，特别是就其众多的器物形制和工艺品种做尽可能详尽的细节描述和特征辨识，还记述了海外东西洋各国倾倒于中国陶瓷所表现出的审美好尚之别。这说明晚清谈瓷专书在记录方式和文化视野上发生了转变。这一转变，除与古玩作伪的世风有直接联系之外，更反映了清末皇权衰落而导致官窑器逐渐流落民间乃至大量输出海外这样一个时代背景——最为精美的中国陶瓷在更广阔的世界范围内受人瞩目的趋势日益凸显。在这样的环境中，陈、许等人的著作在梳理方式和认识结果方面都体现了近代"中国瓷学"的明显的时代烙印。这些社会性和学术性的时代特点，是今天梳理中国陶瓷学术史，以及通过近代文献来深入探究中国陶瓷器物个案（如梅瓶）的有关问题时，需要加以留意的，否则就有可能遗漏掉某些重要的历史信息，所谓科学地建设当代中国陶瓷史学的希望也会打折扣。

　　《匋雅》的作者在自序中称该书初名《瓷学》，付梓后再版时也曾题为《陶雅》，上海古瓷研究会于民国十二年（1923年）出版该书时又曾换名《古瓷汇考》，但是《匋雅》仍是最广为人知的书名。自序又云，该书"起丙午二月，迄辛亥正月，都凡得书三卷"，实际出版只有上下两卷，也由此得知《匋雅》成书于清光绪三十二年（丙午，1906年）至宣统三年（辛亥，1911年）之间。对于《匋雅》作者为谁，曾有异议，今常署陈浏。[150]陈浏，字亮白，号寂园叟，江苏江浦人，生卒年不详，"居京师二十余年……终其身执胥吏之役"，他虽然职事微贱，却表达了有志于"吾华瓷学"的愿望。[151]《匋雅》是陈浏于清末留居北京时在社会下层生活当中，随手札记日常所见瓷器及个人鉴瓷心得而完成的。虽然后人的评价不高，但作者对众多瓷器品种以及形制、彩绘、色泽、质地等方面的记录或鉴别尚不失功劳。然而，其书之病在于缺乏归纳与整理，"漫无系统，且多自相矛盾处"[152]。

　　《饮流斋说瓷》，十卷，初版于民国初年。[153]作者许之衡（？～1925

150　傅振伦《中国古陶瓷文献学》（未刊稿）曾言："吴虞《师今室庚申日记》云胡湘林字蘷父著。今署名寂园叟，或云陈浏著，不知何故？"转引自：杨静荣《建国前中国陶瓷史要籍述略增订》，《故宫博物院院刊》1987年3期95页。

151　〔清〕陈浏撰《匋雅》，上海古瓷研究会1923年影印书贵山房重刊本。前揭《中国古代陶瓷文献辑录》（一），157～372页。引文分别见该辑录第一册158、164、166页。

152　童书业《饮流斋说瓷评》（1949年稿），载于《童书业说瓷》，上海：上海古籍出版社，1998年，218页。

153　《饮流斋说瓷》版本较多，《中国古代陶瓷文献辑录》影印上海朝记书庄本，见该辑录第八册，3719页。

154　杨歗谷《古月轩瓷考》一书曾简单道及许
　　　之衡的籍贯、经历，同时称"江浦陈公浏
　　　字亮伯者，则谓其（按，指许之衡）剽袭
　　　伊稿，居然风行一时"，并有"许君因康
　　　南海故亦尝识之，究不能辨瓷之真伪。今
　　　任北大教授，讲词学而非瓷学，是陈公谓
　　　其《（饮流斋）说瓷》剽袭伊稿，或不诬
　　　欤？"等语。杨歗谷《古月轩瓷考》，雅
　　　韵斋版，童书业《饮流斋说瓷评》，前揭
　　　《童书业说瓷》，217页。

155　童书业按语："《（饮流斋）说瓷》内容往往袭
　　　自《陶雅》，其据《陶雅》而成书当不误。"前
　　　揭《童书业说瓷》，217页。

156　前揭《童书业说瓷》，213、218页。

157　前揭《中国古代陶瓷文献辑录》（一），
　　　190页。

158　《中国古代陶瓷文献辑录》（八），3814页。

年），字守白，广东广州人，一说番禺人，曾任北京大学教授，主讲中国文学。
时人对许之衡的为人、能力及其《饮流斋说瓷》一书颇有微词，以为他"不能辨
瓷之真伪"，其书甚至有"剽袭"之行，称其所袭对象即《陶雅》。[154]对此，童
书业先生在《饮流斋说瓷评》一文中也以按语形式指明其事，[155]但童先生也指出
许之衡自有所长，他说："《饮流斋说瓷》一书……虽然详赡不及寂园叟的《陶
雅》，但比较谨严而有系统"，而且"条理井然，颇具整理之功"，因此他认为
许氏剽袭之论并不完全正确。[156]

《陶雅》与《饮流斋说瓷》的上述关系决定了二者在记述内容上必有许多
近似之处，在成书体例、叙述方式和记录重点上也必然各自不同，对"梅瓶"
的记录和表述同中有异、繁简不一、措辞有别、侧重有差。从学术意义上来考
察，对二者间的异同都不应该忽视。现将陈、许二人记述梅瓶的文字列出，以
备比较：

> 梅瓶，小口、宽肩、长身、短项、足微敛而平底。（《陶雅》卷
> 上"芦菔尊、梅瓶"条）[157]
>
> 梅瓶，口细而项短，肩极宽博，至胫稍狭，折于足则微丰。口径
> 之小，仅与梅之瘦骨相称，故名梅瓶也。宋瓶雅好作此式，元明暨清
> 初，历代皆有斯制。红色者仿均为最多，豆青、天青、茄紫、豇豆红
> 等诸色均有之。（《饮流斋说瓷》说瓶罐第七"梅瓶"条）[158]

二者之同，也是与早期和同期文献的最大不同在于，陈、许二人对梅瓶的名
称和形制做了清晰、具体的描述，梅瓶的形制在二人的特征化描述中基本相同。
他们对梅瓶形制的描述都采取了传统式的"拟人化"叙述——不同于西方近现代
以来的"数理化"叙述，表现在对器物各部位的命名上，如"口"、"项"、
"肩"、"身"、"胫"、"足"等术语多借自人体名称，表现出中国式概念系
统的特点。通过两者的描述，梅瓶形制给人最为突出的整体印象是：第一，梅瓶
上下浑然一体，别无流、耳、鋬等部件；第二，小口短颈与宽肩长身分别构成
了差距鲜明的两个形体部分，可以分别为"口颈部"和"瓶身部"，凸显了梅
瓶上下两部位的比例关系和变化节奏；第三，都没有提到梅瓶"可以带盖"这
样的附件。

这三个特征，尤其前二者，是梅瓶最基本的形制因素——如果出现其他部
件，即可视为不同于梅瓶的器物范畴，或梅瓶的某种变体；如果在形制基础上
来归纳梅瓶的众多变化，我们将发现梅瓶的样式主要是在"口颈部"和"瓶身
部"两部分中分别呈现。口颈部的变化往往起"点睛之笔"的作用，瓶身部的变
化则决定了梅瓶样式的风格大体；如果梅瓶配上了瓶盖，那么在晚清和民国时期
人们的眼中，它就很可能不被认为是梅瓶，上述《伦敦中国瓷展目录》中编号
"一五六"的"明宣德窑青花缠枝牡丹甒"可为一证。

陈、许二人的描述区别也是明显的。首先，二人关注梅瓶的具体部位和叙述顺序有所不同。陈浏提到的部位依次有口、肩、身、项、足、底，许之衡述及的部位有口、项、肩、胫、足，陈氏提到了瓶身、瓶底而许氏不及，许氏提及了胫部而陈氏未叙；陈氏的叙述顺序强调了具有明显比例差异的各部位的对比，如小口与宽肩的对比，长身与短项的对比，而许氏的叙述则是按照从上至下的顺序来条陈，由口及项、由肩至胫而终于足部。其次，二人在描述各部位特点时使用的字眼既有相同的，也有相异的。在二者共同提到的部位，对口部分别使用了"小"与"细"，对肩部则是"宽"和"宽博"，对足部却是"微敛"或"折……则微丰"，这是其异；而对于项部的描述都用了"短"字，这是其同。至于两人各自着重提及的部位，也都很注意字眼的使用，如陈氏言梅瓶的瓶身之"长"，以及底部之"平"，而许氏称梅瓶胫部之"稍狭"。许之衡就梅瓶历史和品种的概述，这是陈氏所无的。

在笔者看来，上述差异不只是文本差异。经对比甄别，由两者之同可以归纳出梅瓶"形制"的统一特征，由两者之异却可以划分出梅瓶"样式"的根本差别。试对后者略述如下。首先，陈浏肯定了许之衡未曾言及的梅瓶"长身"和"平底"。由于底部形态不影响梅瓶作为陈设器的外观，因此从日常视觉意义上我们可以暂时将平底这一点搁置，"长身"则是梅瓶最直观的瓶身形态的特征描述，对此强调与否是陈、许二人描述的重要差别。其次，陈氏强调"长身"的同时只说梅瓶"足微敛"，对所谓的胫部只字未提，而许氏在没有强调瓶身体态的同时对"胫"、"足"两个部位做了重点描述，即"胫稍狭，折于足则微丰"。这又是两者描述的重要差别。将陈浏所云"足微敛"与"长身"相合，义指修长的梅瓶瓶身向下逐渐斜收直下，至足径最小，或稍显直立。在肩部以下，从腹部到足部的过渡是修长、流畅、含蓄的，很难确切划分每一个部位，特别是所谓胫部，与足部融为一体——陈浏没有提到"胫"部的原因或在于此。相反，许之衡所云"胫稍狭，折于足则微丰"，并无"长身"与之相配，此其一；他还有一个与陈浏看似相同实则有别的措辞，即关于梅瓶的"肩"部，陈言"宽肩"而已，许云"肩极宽博"，有明显的语气差异，此其二。把"肩极宽博"与"胫稍狭"、"折于足则微丰"合而为一，又与长身无关，许之衡描绘的整体风貌便形成了。现在把陈、许二人的描述各自综合，两相比较，会看到两个特点突出而差异鲜明的梅瓶样式：陈浏描述的梅瓶，宽肩与长身相配，形成圆鼓而缓和的肩部和上腹部，整体的纵向趋势明显，体态高挑，轻盈挺立。前引南京中山门外明陵西村一号明墓出土的北宋定窑白瓷划花牡丹纹梅瓶与之贴切（图2-4-2①）[159]。许之衡描述的梅瓶，极宽博的肩部呈平伸之势，然后大幅度向下转折而形成外凸的腹部，再以较夸张的斜势向里内收，形成了收束的胫部，而后再朝外撇出而成为足部——如果足部再稍微夸张一点会让人觉得它呈喇叭状。整体形态呈现为起伏剧烈的轮廓，而且横向趋势明显，体态张扬。可以故宫博物院藏清雍正款斗彩缠枝花纹梅瓶为例（图2-4-2②）[160]。不难看出，二者代表了两种不同的审美格

159 此线描图由笔者根据故宫博物院编《故宫博物院藏瓷选集》（北京：文物出版社，1962年）图版15绘制。

160 此线描图由笔者根据冯先铭等编《故宫博物院藏·清盛世瓷选粹》（北京：紫禁城出版社，1994年）171页图版15绘制。

图2-4-2

陈浏、许之衡描述梅瓶器形样式示意

161　《匋雅》除此之外还有几处出现了"梅瓶"一名，如在"芦菔尊"、"康窑大梅瓶"、"器皿之佳者"等三处，分别见前揭《中国古代陶瓷文献辑录》（一），190、194、223页，但都没有涉及梅瓶的命名问题。

162　许之衡《饮流斋说瓷·说瓶罐第七》，前揭《中国陶瓷名著汇编》一六二页。

调，是风格差异鲜明的两种样式。

除此之外，陈、许二人对梅瓶的特征描述使用的不同字眼，如口部的"小"与"细"、肩部的"宽"与"博"、足部的"敛"与"丰"，即使是未做比较的部分，如颈项的"短"、瓶身的"长"、胫部的"狭"，都会由于词意的相对性而使其所指具有相对性，是不可以量化的，没有规定性的程度可言。耐人寻味的是，这种表意的差异性和内涵的丰富性无形中把梅瓶在"形制"大体一致的基础上又表现出具体而微的必然性全都包罗进来了——这其实也是中国器物以及这种描述和品评方式的普遍规律。综上所述，梅瓶是一名、同制、多式的器物，证之以实物即了然。

看来，有许多类似这种文字描述特征的器物在形制上大同小异而有可能被后人笼而统之地指认并称其为"梅瓶"，同时也有人或出于谨慎的态度而不愿将器形上表现出细微差别的器物笼统地称为"梅瓶"，其原因恐怕都在这里。海外学者对中国梅瓶的英文表述以"Mei ping type"比较普遍，意为"梅瓶的类型"，虽然它在英文写作里偏于狭义，却有益于启发我们思考梅瓶研究的范围问题。只要把梅瓶置于中国历史长河之中，就会感受到梅瓶的生命不仅仅是从某个时间点才开始的，而是与整个中国器物史联系在一起。以这样一种立体、连贯的眼光来考察中国器物史，就能够把历史上陆续出现的一大批在形制、功用方面与梅瓶有关的器物"聚拢"起来，使之成为不可回避的研究对象，其中就包括"类梅瓶器物"，由此可以展开对梅瓶形制起源以及梅瓶的旁支、分支等问题的探讨。

下面再来看看近代谈瓷家有意无意点出的"梅瓶"命名的理由。

在这方面，陈浏没有提供更多的看法，[161]对他来说也许正如其言："凡诸名称皆沿用市俗之语，无足深论。"许之衡也声称："吾华制器，初乏名学之思，概由市人象形臆造，久之遂成习惯，莫之能易。下列瓶尊诸名悉从市肆沿称，固不必尽以雅训绳之也。"[162]可见，即使是在晚期民国初年，"梅瓶"一名已普遍被认为仅仅是在社会底层约定俗成的流行概念，既无历史渊源，也无对之深究的必要。可见，在今天的中国古陶瓷史学界中无视"梅瓶"的成名历史并否定其文化合理性的观点，实际上渊源于晚清民国时期的古董行。

话又说回来，在他人眼中对瓷器"不辨真伪"的许之衡，在描述梅瓶形制之后却没有忘记为"梅瓶"的命名缘由"雅训"一番，用一笔追记明确地下了一个断语："口径之小，仅与梅之瘦骨相称，故名梅瓶也。"正是这句话引起了后来者不大不小的一些争论。就笔者所知，在记录"梅瓶"的各个时期的文献中，许之衡的"梅瓶命名说"可谓前无古人。但是，结合上文对作为审美意象的"梅瓶"以及对清代前期确立"梅瓶"这种器物名称的论述可知，许之衡的"梅瓶命名说"并非毫无来历，他为我们超越近代"市俗之语"而深入探究梅瓶命名理由的来龙去脉提供了一条基本线索。

163 首都博物馆文物商店售品，编号：0030110。图片由笔者拍摄。

民国初期，许之衡曾在北京大学任教，他教授的正是中国文学，又以教授"词学"而为人所知，因此他对宋元明清各朝咏梅诗一定不会陌生，对于各朝咏及"梅瓶"和"瓶梅"的诗词文赋呈现出的审美意象也应该是熟悉的，因此他对于文献反映的以梅插瓶的历史，以及这一过程中陶瓷质地的瓶类器物扮演的角色，不会是毫无所知的。作为一位近代文人的许之衡所具有的学识，毕竟与一般古董行里的人不同，在文化底蕴上更高一筹，决定了他具备市井中人所没有的文史眼界，决定了他会重视文史知识的作用，也决定了他在认识上会侧重于由文史而得结论的思路。因此，许之衡"梅瓶命名说"的断语和他的身份是相符的。

以此为线索，我们还可以对近代以来人们关于梅瓶的一些普遍性看法略作讨论。首先，许之衡"梅瓶命名说"的断语也表明了另一种可能，即晚清和民国初年，梅瓶在人们眼里与插花行为确有关系，反映了梅瓶在时人心目中的陈设功能和审美性质（见下文）。其次，许氏含蓄地以"相称"二字与"口径之小"、"梅之瘦骨"相配合来点明梅瓶命名的理由，可以理解为形式上的合适，也可以理解为气韵上的神会。这样的措辞并不反对"梅瓶适合插梅"，也不表示"梅瓶只能插梅"。不管做何理解，后人都不应该片面地误会许氏本意，更不应该绝对化地理解他的意思而把误解强加其上，否则狭隘的简单化就是后人自己的事了。

①

三、民国时期的梅瓶图像及其对梅瓶插花陈设观念的强化

以梅瓶插花陈设，在近代同样有图像为例。

笔者在北京首都博物馆文物商店曾偶遇一件粉彩盘（图2-4-3①）[163]，盘底以釉上红料书"乾隆年制"方折篆款，首都博物馆文物商店断代为民国，属民国仿款。从整体气象到细节特征，该盘都比较典型地体现了晚清至民国初期的粉彩瓷，在追仿清代兼取富贵和清雅的同时又透露出边饰洋化的时代审美特征。此盘径八寸，盘内饰纹包括两部分，一部分是口沿一周饰满层次繁复的边饰花纹，有如春季百花制成的花带，气象热烈，另一部分是盘心的主题饰纹，所绘包括了带栗色树桩盆架的菊花方盆一座、带云头尖足架的棋局一盘、朱柄粉青色云头如意一柄、朱紫色锦包袱一个、珊瑚色鹦鹉架一提、红青两色爆竹各一枚、银白色项圈两只、芍药石榴茶等杂花数种、荸荠两丸、卷云纹"金玉满堂"行书卷子一张，还有就是画面显要位置有口插折枝牡丹而底托红色瓶架的梅瓶一件。很明显，此盘的饰纹主题是以陈设性事物表现中国吉祥纹样传统中的"岁朝图"，整体上与盘口边饰相得益彰，显得"春意满盘"。图中所画的梅瓶（图2-4-3②），以粉青为面，装饰有画成圈状的冰裂纹，表示为青釉器，亭然立于红色托架之上，非常醒目。器形与《匋雅》所言吻合，也类似清代仿宋的某些梅瓶特点。将它与金廷标《曹大家授书图》那幅"画中画"（图2-3-5①）对比，二者

②

图2-4-3
民国仿乾隆款粉彩博古（岁朝）图八寸瓷盘

164　采自：《中国艺术研究院藏书画集》118页图，北京：文化艺术出版社，2001年。

165　均见前揭《万寿盛典初集》卷五十四·庆祝五·贡献一。

图2-4-4
〔民国〕《杂花墨猫图》，中国艺术研究院藏

之间有明显的连贯性，都表现了新春时节以插花清供祈祝吉祥的同一种风俗，说明了从清代前期到民国时期，梅瓶的插花功用和审美属性是连贯的，在一定程度上也反映了当时匠作层面和普通百姓对梅瓶的命名意识——尽管图中梅瓶所插的是牡丹，而不是梅枝。

在另一个例子中，梅瓶里便插着梅花。那是由中国艺术研究院收藏的一件《杂花墨猫图》（图2-4-4）[164]，画面上部左侧长题说明了此画缘起，题曰："（民国）二十五年三月十七日，与右任先生同饮于春霜草堂，介堪瓶、悲鸿猫、曼青山茶、大千水仙、颐渊梅并署。"画面右侧，一座插着劲挺梅枝的古陶瓶赫然入目。古瓶形制为小口、短颈、长身，与宋辽金元时期中国北方盛产的缸胎小口长身梅瓶俨然一类——这类梅瓶俗称"鸡腿瓶"，日本学者称为"长瓶"。题跋显示，此图是1936年暮春时节由当时的五位名家——方介堪、徐悲鸿、郑曼青、张大千、经颐渊合作，于右任时亦在座。六位名家的合作说明，当时的知识分子对梅瓶与梅花"相称"的关系是普遍认同的，换言之，梅瓶插梅在当时国人的意识中是非常明白而理所当然的事。经查，题款中的"春霜草堂"是经亨颐（字子渊，晚号颐渊，1877～1938年）的一个斋号，是经亨颐晚年招友雅集的地方。民国二十五年（1936年）适逢经亨颐六十寿辰，但是玩味题款，"与右任先生同饮于春霜草堂"，然后由经亨颐依次署上名款，显然不是为主人祝寿的语气，而更像是为于右任祝寿。于右任生于清光绪五年（1879年）农历三月二十日（阳历4月11日），而此画的合作时间是1936年的农历三月十七日，距于右任生日仅三天，是年于右任58岁。笔者推测，这幅作品可能是在于右任生日前夕由经亨颐招饮，在雅集活动中乘兴合作。如果此测不误，那么以梅瓶插梅再配以猫、山茶、水仙等题材，便具有祝寿和颂扬的双重含义。这一点，与元明以来受文人词曲的影响，在瓷质盛酒梅瓶上书写典出《诗经》的"春寿"一类吉语表示祝寿专用的做法（图9-2-17③），是非常普遍的，其间或有隐秘的联系。

结合以上两图可以断定，许之衡"梅瓶命名说"的断语仍然能反映民国时期人们把梅瓶与插花或梅花相联系作为清供的风俗，与清代的同类状况有历史连续性。

须知，这种连续性普遍存在于包括梅瓶在内的各类器物中。如名列民间谈瓷专书中的"玉壶春瓶"、"天球尊"、"葫芦瓶"、"石榴瓶"、"胆瓶"等名目，也都不像陈、许等人所云乃市俗之语、市人臆造，而是早已出现并通用于中国社会上层。例如，除南宋以来的诗词已见"胆瓶"一名之外，在清康熙五十二年（1713年）《万寿盛典》开列的大量贡品中，还有"仙果玉壶瓶宣窑"（诚亲王长子弘晟进），"万年玉壶春"（八贝勒、敦郡王各进一件），"万寿玉壶春宣窑"、"万寿天球尊宣窑"、"万年葫芦瓶宣窑"、"万年石榴瓶宣窑"（均为十二贝子所进），"霁蓝胆瓶宣窑"（皇十七子进）等。[165]这再次说明，近代流行的"梅瓶"及其他多种器名，既非毫无根据，更非市井之语，而是早在二百年前的清初（甚至更早）便有了定论和定评的"雅名"。这就引发一个疑问："梅瓶"等器名在清末以前的民间古董专书中未见记载，为什么会在清朝灭亡前后数年间突然出现并流行于民间谈瓷专书里呢？笔者推测，这个问题可能与时局有关：随着清末乱世到来，原先深藏于帝王官僚深宫大院里的累世遗珍逐渐流向社会，甚至漂洋过海，使得早期只流行于社会最上层并见录于宫廷文献的"梅瓶"这类器名，也随着宫廷宝藏的散佚，逐渐从官家的上层社会传至民间市井的底层社会，开始被民间玩家知晓而记录于由近代向现代转折时期的民间谈瓷著作里，只不过由于晚清以来"市井人物"中的大多数无从了解和考证"梅瓶"一名的渊源，便臆测其为市井之语。如果这样的推测成立，那么下面这个结论便是合理的："梅瓶"等器物名称的形成、传播和普及是自上而下的，是伴随着国势由盛转衰的中国社会从中古向近代迈进的过程中，器物"名学"在中国古玩的鉴藏之风盛行于海内外的时代环境里，以特定的方式完成了"上行下效"的过程。至此，梅瓶的名实关系——包括名称、形制和功用的内容，作为一个整体在国人意识中获得了广泛和一致的共识，形成了稳定的知识结构，并体现出相应的风俗。

四、结论和疑惑

本章围绕"梅瓶"一词，通过对有关文字和图像的史料进行梳理、考证、分析，对其名实关系及历史演变展开了研究和论述，现将结论归纳为如下五点：

1. "梅瓶"这一概念在不同的历史时期内，先后以审美意象和器物名称的性质而存在。

2. 从北宋晚期到清代初期，"梅瓶"这一概念主要是作为一个审美意象而出现在诗文当中，承载了中国文人的寄托，包括原典信息、集体情怀、文化追求、形态演变等，同时也反映了中古时期以来中国社会为之不断赋予的风俗内涵。

3. 从清代前期到民国时期（乃至中华人民共和国的今日），同名概念作为一个器物名称被记录于清宫档案和近代官私谈瓷专著中，"梅瓶"所指器物已经成为一名、同制、多式的一个大类，其名称明确无误地多次记载于皇家档案，可谓"康乾贵人语"，表明它至迟在康熙晚期已正式确立，并且一直流行于清代的皇亲贵胄和官僚阶层当中。从使用群体来看，作为器物专指名称的"梅瓶"，文雅而不失富贵气。

4. 经过两百年之后，从清代晚期到民国初期，"梅瓶"这一器物名称从"康乾贵人语"变成了"晚清市井语"，形成了一条从社会上层向社会下层流传、普及的脉络。这是当时国势所造成的。

5. 梅瓶在清代作为纯粹的陈设器，主要承载了审美性功用，其中又分两种情况，一种是日常性陈设，另一种是在特定时节里带有主题性的插花清供陈设。二者都有吉祥寓意的文化内涵，尤其以后者所含风俗的指向性而较为特别，很可能还形成了一些特定的呈现方式。

作为审美意象的"梅瓶"，以及作为器物名称的"梅瓶"，在先后两个长时段之内，具有内涵不同的名实关系。本章的梳理和讨论，初步解答了开篇提到的某些常规而重要的问题，如什么是梅瓶、为什么叫它梅瓶、它有何作用等，但是并未解答所有追问，已有的研究材料也都没有提供现成的答案。因此仍然存在某些疑惑，其中有一个彼此不便衔接的历史现象是，在"梅瓶"成为一种器物名称之前，它作为一个审美意象形诸文人咏叹已历时数百年，二者既然是所指不同的两个同名不同义的概念，又是在怎样的条件下和在怎样的机制中，完成了概念的转变？目前笔者仍然没有充分的有力证据来解答这个问题，但是对这个问题不做解答，我们在梅瓶名实关系问题上将永远停留在历史性的错位当中。作为一个必要的准备，下面两章将对早期梅瓶的曾用名及其功用问题做系统研究。

中国梅瓶研究　上卷

Chinese Meiping Vase Research

上　名用篇

第三章

常例与特例
——梅瓶的曾用名及有关问题

在"梅瓶"这一名称确立以前，梅瓶这种器类的曾用名是什么？现在谈起这一点，人们都知道有"酒经"和"经瓶"等名称，这主要得益于宿白先生早年的考证。但是梅瓶的曾用名远不止此，而且有常例与特例之别，并具有历史生成的结构性，各种名称的来源和形成也与这种器类的起源一样，经历了一个复杂的历史过程。[1]

第一节

梅瓶曾用名的常例和特例

一、滥觞期梅瓶的名称问题

建立在器形和功用研究的基础上，我们可以确定隋唐时期是中国梅瓶起源的滥觞期（见第四、第五章），因此对于梅瓶曾用名的研究至少应该从隋唐时期入手。

目前可以确定为隋代梅瓶的实物只有一例，即陕西西安隋大业四年（608年）李静训墓出土的119号玻璃瓶（图5-4-1①）。[2]笔者推断，该瓶是一件盛贮西亚香水的器皿，至于这类器皿在隋代的名称，因目前没有充分、可靠的材料，所以尚难断定。在后世的追记里，宋元人对唐宋以来盛贮西亚香水或国产仿制香水的玻璃瓶，一般称为"琉璃缶"或"琉璃瓶"，[3]未见其他名称。

唐代梅瓶的名称又是什么？目前也没有直接的材料加以说明。根据唐代梅瓶的本体性功用，结合有关文献，我们可以做一些推论。从初唐开始，梅瓶已成为盛酒瓶（见第四章第二节），晚唐诗歌明确表明盛酒用"瓶"，如皮日休《鲁望》诗："明朝有物充君信，携酒三鉼寄夜航。"[4]虽然不能肯定诗中的"瓶"具有梅瓶形制，但唐代梅瓶作为盛酒器被称为"瓶"，大体应该不错。〔唐〕段成式撰《寺塔记》上卷，记载了一则唐开元年间长安城"平康坊菩提寺"僧请吴道子作壁画的故事："初，会觉上人以施利起宅十余亩。工毕，酿酒百石，列鉼甕于两庑下，引吴道玄观之。因谓曰：檀越为我画，以是赏之。吴生嗜酒，且利其多，欣然而许。"[5]文中"鉼"（瓶）所指并不就是梅瓶，但是"鉼"

1　关于梅瓶曾用名的问题，拙文《宋代梅瓶研究》做过初步论述，随着接触材料日广，认识加深，现在看来过去的认识远远不够。拙文《宋代梅瓶研究》，载于《重建美术学——2002年中国艺术研究院美术研究所论文精粹》289～315页，长春：吉林美术出版社，2002年。

2　中国社会科学院考古研究所编著《唐长安城郊隋唐墓》"贰、隋代李静训墓"，北京：文物出版社，1980年，22页，图版十四：7。

3　"琉璃缶"见〔宋〕蔡绦《铁围山丛谈》卷第五"蔷薇水"条，北京：中华书局，1983年，97页。"琉璃瓶"在《宋史》有多处记载，如《宋史》卷四百八十九·列传第二百四十八·外国五·占城，北京：中华书局，1985年，14077～14079页。参见第四章第二节。

4　转引自〔元〕陶宗仪《南村辍耕录》卷十一"夜航船"条，北京：中华书局，1959年，137页。

5　"中国美术论著丛刊"《寺塔记 益州名画录 元代画塑记》，北京：人民美术出版社，1964年，15页。按：《寺塔记》上、下卷，原为〔唐〕段成式《酉阳杂俎》续集的第五、第六卷，是段成式在唐会昌三年（843年）访问长安观览寺庙的笔录。

6　〔汉〕许慎撰、〔清〕段玉裁注《说文解字注》"缾"、"甖"，经韵楼版影印版，上海：上海古籍出版社，1981年，225页。

7　同上，"井"，216页。

8　〔唐〕欧阳询撰、汪绍楹校《艺文类聚》，北京：中华书局，1965年。

9　〔清〕段玉裁《说文解字注》，225页。

10　北宋赵令畤以及南宋袁文、赵彦卫的三则笔记，其出处、内容均详见后文。

11　河北省文物研究所石太考古队《石太高速公路北新城南海山墓区发掘报告》图版二九：5，图一六：1，载河北省文物研究所编《河北省考古文集》，北京：东方出版社，1998年，285～309页。

（瓶）、"甕"（瓮）作为盛酒器并称，表明至少在开元年间的关中地区，瓶应该也与瓮一样是无耳、无流、无把手等附件的器物，体量不会太小。从唐代遗存的白瓷梅瓶来看都符合这些基本特点，其在当时被称为"瓶"的可能性很大。

《寺塔记》将瓶、瓮并列作为同类概念（盛酒器），可以溯源至汉代。如东汉许慎撰《说文解字》就把瓶、瓮两字相连互解："缾（缾），甖（瓮）也，从缶，并声。瓶（瓶），缾或从瓦。"又："甖（瓮），汲缾也，从缶，雝声。"[6]所不同的是，汉代的瓮是"汲瓶"，属水器，以至于《说文解字》解"井"字为"甖象也"。[7]从先秦到汉代的典籍来看，瓶原本也是水器。如《周易》"井"卦："汔至亦未繘井，羸其瓶，凶。"《吕氏春秋》"慎大览第三·察今"："见缾水之冰，而知天下寒。"《淮南子》卷十三"氾论训"："古者抱缾（又作"甀"）而汲，民劳而利薄。"在西汉扬雄讽汉成帝的《酒赋》里，通过比喻和类比，把瓶是陶制水器而非酒器的意思阐释得很明白："子犹缾矣。观缾之居，居井之湄。处高临深，动常近危。酒醪不入，藏水满怀。不得左右，牵于纆徽。一旦更碍，为甕所轠。身提黄泉，骨肉为泥。自用如此，不如鸱夷。鸱夷滑稽，腹大如壶。尽日盛酒，人复借酤。"[8]对于瓶与瓮的同异关系，清代段玉裁在《说文解字注》里注解得很明确："缾、甕之本义为汲器。经传所载不独汲水者称缾甕也。许云汲缾，分别言之。许固谓缾不专用汲矣"，而且"瓶亦呼缶……此缶之小者"。[9]

综合以上内容来看，从汉代到唐代，瓶与瓮的名称没有变，但功用已从盛水器转变成了盛酒器，瓶也可以称为"缶"，是较小的缶，这就解释了为何宋元人将唐宋以来盛贮西亚香水的玻璃瓶称为"缶"的原因。反观隋唐时期的梅瓶，除可以推定当时其名称为"瓶"（也许也可以称"缶"）之外，目前还难以确定它是否有专指名称，后者有待日后发现更为充分可靠的材料加以确认。就"瓶"而言，它实为瓶类器物的统称，这就引出一个"常例"和"特例"的问题，并集中反映在北宋时期的梅瓶之上。

二、瓶、壶、坛

在北宋，梅瓶名称的常例不独为"瓶"，还有"壶"、"坛"等。从今人常引的北宋赵令畤，南宋袁文、赵彦卫等人关于"酒经"的笔记中也可以看得出来，[10]如赵令畤所言"晋安人盛酒以瓦壶"、"乃知是酒五瓶为五经焉"云云，本身就说明梅瓶在宋代通常被称为"瓶"或"壶"，是当时梅瓶最常见类名。有实物为证：

1994年河北鹿泉南海山北墓区北宋末期墓M9出土井陉窑酱釉梅瓶1件（M9：1，图6-2-5）[11]，高46.5厘米，在肩部以下的上腹部刻划铭文"天威军

图3-1-1　宋代带铭盛酒梅瓶举例（0⌴⌴⌴⌴⌴⌴10 cm）

12　采自：冯先铭《宋"天威军官瓶"考》插
　　图，《故宫博物院院刊》1995年S1期。河北
　　省正定县文物保管也收藏有一件与此相同的
　　井陉窑梅瓶，见陈银凤、赵永平《正定县收
　　藏的几件井陉窑瓷器》照4，《文物春秋》
　　2000年2期53页。

13　采自：山丹县艾黎捐赠文物陈列馆、甘肃省
　　文物考古研究所编《艾黎捐赠文物精粹》彩
　　版7，北京：文物出版社，1997年。按：此
　　瓶为路易·艾黎先生捐赠。资料源命名此瓶
　　为"青白釉盘口鸡腿瓶"，断代为明，笔
　　者以为不妥。据资料源介绍，该瓶"白釉泛
　　青，釉汁浓厚，釉下局部开片或沉斑。盘
　　口，短颈，鼓肩，腹骤收至底，小平底内
　　凹，上腹半圆，下腹瘦长。瓶腹有一周凸
　　棱"。无论是胎釉、器形，还是瓶身的黑彩
　　铭文书体、布局，都具有宋金时期以磁州窑
　　为代表的北方民窑白釉黑彩画花器的基本特
　　点。根据其口部形式，可归入本书统一划分
　　的梅瓶第四类样式群，明代梅瓶已基本无此
　　样式。

14　语出《礼记·祭统》，原文是："夫鼎有
　　铭。铭者，自名也。自名以称扬其先祖之
　　美，而明著之后世者也。"现也以此古语转
　　用为了解器物名称的一种途径和方法。

15　冯先铭《宋"天威军官瓶"考》，《故宫博
　　物院院刊》1995年S1期53、54页。按：现在
　　可以肯定，带"天威军官瓶"铭文的梅瓶是
　　河北井陉窑在北宋晚期（或延续至金代初
　　期）烧制的，见第六章第二节。

16　同上，54页。

官瓶"五字。

　　北京故宫博物院藏井陉窑梅瓶1件（图3-1-1①）[12]，器形与前者大体相同，而且在瓶身相同部位也刻划了"天威军官瓶"五字。

　　甘肃山丹县艾黎捐赠文物陈列馆藏宋金时期北方白瓷梅瓶1件（图3-1-1②）[13]，高23.5厘米，瓶身以黑彩在釉下竖书"壶九十九号"五个大字。

　　所谓铭者自名也。[14]"壶九十九号"本身就肯定了"壶"是早期梅瓶通行的曾用名之一。至于其编号数目之大，与历史上官窑、钧窑等器物上出现的编号主要作为尺寸的情况可能是不同的，或是为了特定目的而定烧的专用器物，有待研究。

　　根据冯先铭先生的研究，带"天威军官瓶"铭文的器物是北宋真定府下辖九县之一的井陉县的窑场，为北宋河北西路六军之一的天威军专门烧制的。[15]由于冯先生认为"宋代经瓶容量以一升者居多"，远远小于"天威军官瓶"的容量，因此他提出"天威军官瓶的用途恐以存储用水为主，而不是为了储酒"的看法，尽管他也认为宋代梅瓶一般是作为酒器。[16]笔者并不否定冯先生所说的这种可能性，但是他将宋代"酒经"的容量视为"以一升者居多"的说法，不但与赵令畤《侯鲭录》所载"酒经"的容积"受一斗"相差十倍，而且也与宋金时期北方窑场普遍烧造的实用性梅瓶的尺度和容量明显不符，显然有误。笔者根据实验结果（见后文），推定高度都在40厘米以上的"天威军官瓶"，在尺寸和容量上与北宋文献记载的"酒经"大体相符，无疑属于"大瓶"，这些瓶在当时即使是作为储水器，也反映了同类器物的主要实用性能仍是盛酒器。"天威军官瓶"的铭文，不但为我们研究梅瓶的实用性能提供了新论据，也说明"瓶"是北宋梅瓶的另一个通用名称。

　　用上述实物并结合上引赵令畤的两句话，很好地解释了"壶"和"瓶"作为

17　〔北宋〕苏轼《东坡全集》卷十三《上巳日
　　与二三子携酒出游随所见辄作数句明日复之
　　为诗故词无伦次》诗，文渊阁四库全书本集
　　部三·别集类二·宋。

18　〔宋〕孟元老《东京梦华录》卷五，北京：
　　中华书局，1982年，143页。邓之诚注。

19　〔南宋〕耐得翁《都城纪胜》，文渊阁四
　　库全书本。此书成于南宋端平二年（1235
　　年），所纪多属南宋都城临安的市井状貌。

20　〔南宋〕曾几《茶山集》卷八，文渊阁四
　　库全书本集部四·别集类三·宋。曾几
　　（1084～1166年），其学传于陆游。

21　〔南宋〕林亦之《网山集》卷一"古律
　　诗"，文渊阁四库全书本集部四·别集类
　　三·宋。

22　〔南宋〕孙应时《烛湖集》卷十七"五言律
　　诗"，文渊阁四库全书本集部四·别集类
　　三·宋。

23　〔南宋〕杨万里《诚斋集》卷三十一，文渊
　　阁四库全书本集部四·别集类三·宋。

24　〔南宋〕周密《武林旧事》卷九"高宗幸
　　张府节次略"条，文渊阁四库全书本史部
　　十一·地理类八·杂记之属。

25　河北省文物考古研究所《宝丰清凉寺汝
　　窑》，郑州：大象出版社，2008年。

26　上揭《宝丰清凉寺汝窑》彩版一〇九：1，
　　彩版一一〇：1。

27　〔元〕耶律楚材著、谢方点校《湛然居士文
　　集》卷二《再过晋阳独五台开化二老不远
　　迎》，卷六《过太原路南阳镇题紫薇观壁三
　　首》，北京：中华书局，1986年。

宋金时期梅瓶的名称，在当时是可以互换使用的类名常例。

　　梅瓶通称"瓶"、"壶"或称"酒瓶"的情况大量见于宋元文献。如北宋苏东坡有诗云："开瓶藉草劝行路，不惜春衫污泥土……更随落景尽馀樽，却傍孤城得僧宇"[17]，用古雅的"樽"来换指"瓶"正说明此处的"瓶"正是盛酒器。又如《东京梦华录》"娶妇"条："次檐（担）许口酒，以络盛酒瓶，装以大花八朵，罗绢生色或银胜八枚，又以花红缴檐上，谓之缴檐红与女家。"[18]《都城纪胜》"酒肆"条："如煮酒，或有先索到十瓶，逐旋开，饮少顷，只饮五六瓶佳者，其余退回。亦是搜弊之一诀。"[19]文中亦只言"瓶"，还反映了盛酒梅瓶带盖的情况。南宋曾几《谢郑侍郎饷酒二首》（其一）云："尊中政尔空空然，忽有一壶来眼边。"[20]南宋林亦之《翁丈柔中同侄昭文相访留两日既别赠以诗》云："欢欣展齿折，羞涩酒瓶空。"[21]南宋孙应时《武担西台和师文作》云："相看终惜醉，更挈酒瓶还。"[22]南宋杨万里《三月三日上忠襄坟因之行散得十绝句》（之一）："只亏郎罢优轻杀，榍子双担挈酒瓶。"[23]类似的宋人记载还很多。

　　南宋周密《武林旧事》载：南宋绍兴二十一年（1151年）十月，高宗幸清河郡王张俊府邸，张俊为此准备了一次高规格的"供进御筵"，单是在"备办外官食炙"这部分的大量酒食中，就颇能体现当时使用"酒瓶"的情况。其中，为时任太师尚书左仆射同中书门下平章事的秦桧备办的酒食含"酒三十瓶"，给少保观文殿大学士秦熺的含"酒十瓶"，这是第一等，第二等如给几位郡王的含"酒六瓶"，第三等的有关大臣含"酒五瓶"，第四等的有关官员含"酒二瓶"，第五等的下级官吏含"酒一瓶"；另外单独为高宗的"禁卫一行祗应人等"准备的"进奉犒设"中仅酒就有"二千瓶"；虽然在这份"供进御筵节次"中没有记录为皇帝备办的酒数，但是从所备办的"下酒十五盏"、"劝酒果子库十番"等名目来看，当不会不给皇帝准备酒水，应属失载之故；而与此同时，在张俊为高宗专门准备的一份"进奉盘合"单子中，含宝器、古器、汝窑、合伏、书画、匹帛等多项，其中"汝窑"一项却有"酒瓶一对"。[24]汝窑是北宋晚期专门烧造官用、御用青瓷器物的窑场，经考古发掘和有关研究已经确定，窑址在今河南宝丰清凉寺村，[25]并发现了汝窑烧造的青瓷梅瓶（图6-2-8⑥、图6-2-9⑥）[26]。

　　根据南宋袁文《瓮牖闲评》"经瓶"条所记"今人盛酒，大瓶谓之京瓶，乃用京师京字，意谓此瓶出自京师"。可知南宋中期以前都城（临安）里的人们对盛酒梅瓶名称的使用习惯（详见后文），而上述文献表明，从北宋到南宋无论是皇家、贵族还是文人士大夫或普通人家、市井酒店，盛酒梅瓶所流行的主要名称还是"瓶"、"壶"一类的通称。

　　这种情况在同时的金代或更晚的元代北方也基本如此。如公元1231年（金代末期、大蒙古国时期），耶律楚材奉元世祖忽必烈命南下太原路南阳镇时，就其见闻曾作诗云："士民安堵耕盈野，老幼迎郊浆满壶"，"累累山果盈磁钵，薄薄浊醪丰瓦壶"[27]。末一句的"瓦壶"可以和"晋安人盛酒以瓦壶"互证——根据

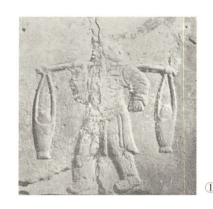

①

②a

②b

③

图3-1-2　宋明时期梅瓶图像举例

28　〔明〕彭大翼《山堂肆考》饮食门·酒目
　　"送酒欠壶"条，上海：上海古籍出版社，
　　1992年。

29　江建新先生引用《山堂肆考》的这段文字时
　　就持这个观点，见江建新《景德镇宋、元、
　　明初瓷器酒具考》，《中国历史文物》2004
　　年6期31页。按：江建新引用此文时误将撰
　　著者彭大翼作彭大雅，后者是南宋人。

30　采自：宁夏博物馆考古组《宁夏泾源宋墓出
　　土一批精美雕砖》图版贰4，《文物》1981
　　年3期64页。

31　《花坞醉归图》，南宋，绢本设色，
　　23.3 cm×25.2 cm，团扇改做册页，（北
　　京）故宫博物院藏。采自《中国人物画经
　　典·南宋卷·2》65页图，北京：文物出版
　　社，2006年。

32　〔明〕丁氏绘《五同会图》，绢本设色，
　　41 cm×181 cm，（北京）故宫博物院藏。
　　采自杨丽丽《试析明人〈五同会图〉卷》，
　　《文物》2004年7期，封三。据杨丽丽考证，
　　此图作于明弘治十六年（1503年）以后。

33　采自：周心慧、马文大、蔡文平编著《中
　　国古版画》图版八九，杭州：浙江文艺出
　　版社，1996年。按：《包龙图断曹国舅公案
　　传》，不分卷，撰者佚名，明成化北京永顺
　　堂刊本，1967年上海嘉定出土。

34　〔南宋〕赵彦卫撰、张国星校《云麓漫钞》
　　卷三，沈阳：辽宁教育出版社，1998年。

后文的考证，五代到北宋时期的"晋安"恰恰是位于山西太原附近的一个地名。

　　另如明代彭大翼编撰《山堂肆考》的追记："东坡云，张质夫送酒六壶，书至而酒不达，吏跌而忘之，戏作小诗问之。"[28]宋代的"壶"所指虽然并不固定，也有指"执壶"的，[29]但是就彭大翼此处的转记来看，寄书信以执壶送酒似不合适，以梅瓶盛酒相送则合情合理。在宋代以来的各类遗存图像作品中，表现以执壶盛酒由仆人捧送的作品，所描绘的场景都是在室内或户外庭院中的宴饮场面，而途中载酒的场景没有一例是描绘执壶的，都是用梅瓶形制的器物作为盛酒器，如宁夏泾源县泾河源公社宋代夫妇合葬墓出土男仆担物图浮雕（图3-1-2①）[30]，南宋《花坞醉归图》扇面（图3-1-2②a、b）[31]，明代《五同会图》（左段，图4-2-14①）[32]，明代成化年间（1465～1487年）北京永顺堂刊本说唱词话《包龙图断曹国舅公案传》的木刻插图"包相羊酒与夫人暖房"（图3-1-2③）[33]，前景表现了一位仆人牵羊一只，肩挑担子，两头各挂一封口酒瓶，此图可以作为以后证前的例证，同时也可以窥见明代民间社会日用盛酒瓶的概貌。

　　从南宋开始，梅瓶的名称还常作"瓶"、"坛"连称。如南宋赵彦卫《云麓漫钞》载："今临安岁供祠祭酒一千六百馀瓶坛，又供天章阁、景灵宫及取赐酒一万四千二百馀瓶坛。"[34]这种用法的出现，可能有三种原因，一是当时南方的用名习惯，二是梅瓶的器形变化，三是盛酒器的尺度分化。

35　据《四库全书总目》，《明会典》于明弘治
　　十年（1497年）奉敕撰，弘治十五年（1502
　　年）书成，正德四年（1509年）重校刊行。

36　《明会典》卷一百七十一，《四库全书》史
　　部十三·政书类一·通制之属，文渊阁版。

37　同上。

38　同上。

39　《明会典》卷一百六十三·工部十七，《四
　　库全书》史部十三·政书类一·通制之属，
　　文渊阁版。

40　〔明〕申时行等撰《（万历）大明会典》卷
　　一九四"工部·窑冶"，扬州：江苏广陵古
　　籍刻印社影印明万历刊本，1989年。

41　均采自周芜编《中国美术史图录丛书》之
　　《中国版画史图录》图三七八之二，四四九
　　之二，上海：上海人民美术出版社，1988
　　年，下册564～565页，654～655页。两图分
　　别是〔元〕施耐庵撰、〔明〕杨定见重编
　　《忠义水浒传》（一百二十回，不分卷）插
　　图《怒杀西门庆》，刘君裕刻，明崇祯间
　　（1628～1644年）三多斋刻本，以及〔明〕
　　张凤翼撰《重校红拂记》（二卷）插图《同
　　调相怜》，明万历二十九年（1601年）金陵
　　继志斋刊本。

图3-1-3　明代木刻表现的盛酒粗瓷坛子举例

　　在明代史料中，对盛酒的"瓶（缾）"或"酒瓶"的记载很多，以"坛（罈）"命名者已很常见。如明代前期刊行的《明会典》[35]，有如下记载：光禄寺良酝署事例，河南等处彰德等府每年解纳的瓷"酒瓶"1850个，另有"缸"500只、"坛"32700个，每年由南京差官厨运送"官细煮酒"共10万"瓶"；[36]光禄寺掌醢署事例，河南等处彰德等府解纳的瓷"酒瓶"1250个，另有"缸"50只、"坛"15700个；[37]南京光禄寺良酝署事例中，盛酒的"酒瓶"包括了"御细煮酒"3600"瓶"，"官细煮酒"10万"瓶"，[38]后者由直隶宁国府岁造、解到。[39]相同的情况在整个明代都在延续。在明代后期成书的《大明会典》中，"瓶"、"坛"连用的情况极为普遍，如明宣德元年（1426年）题准，光禄寺每年所需要的酒器"缸、坛、瓶"共51850只／个，分派河南布政司钧、磁二州烧造，又有所谓"十瓶坛"8525个，"七瓶坛"11600个，"五瓶坛"11660个，"酒瓶"2066个，而分派给真定府曲阳县烧造的酒器，除了"酒缸"若干，还有"十瓶坛"4274个，"七瓶坛"6100个，"五瓶坛"6240个，另有"酒瓶"1034个；到了明嘉靖七年（1528年），奏准宁国府原造送南京光禄寺的"酒瓶"，由仪真厂带运的就多达11.5万个。[40]

　　以上明代数据仅仅是当时某些时段中为皇家日用和祭祀活动准备的梅瓶，已见数量之多，整个明代所需梅瓶的数量之巨可想而知。就名称来看，明代前期记载的"酒瓶"或"瓶"，所指与"坛"尚有较明确的区别，到了明代后期，"瓶"、"坛"所指发生了一定变化，不但有"瓶"、"酒瓶"的单独用法，还与"十瓶坛"、"七瓶坛"、"五瓶坛"等名称并用。所谓"坛"应该指器体高大的酒器，所指不再包括现在常见的明代中小型梅瓶，主要应该指贮藏酒水的粗瓷坛子，这一点可以从明代后期话本小说的木刻插图中得到直观的印象（图3-1-3① ②）[41]。这两幅插图的酒馆里都有封口的酒坛，在图②馆内屏风右侧门里的各式瓶坛中，前排左二封口者尚近似梅瓶。而上述十瓶坛、七瓶坛、五瓶坛

的用法，表明了不同的容量规格，[42]也意味着"瓶"在当时是一个可做计量的实用性单位，说明官方对"瓶"的容量有明确的标准。[43]这一点至少在明代后期是可以肯定的。

在清代前期定名的"梅瓶"，所指是不分材质与工艺的，如清宫档案记载的"梅瓶"就包括了铜胎景泰蓝和画珐琅梅瓶。考古材料和传世遗物都证明了，从滥觞期之初以至以后，历代中国梅瓶的选材还使用了陶瓷以外的多种材质，如玻璃、银、锡、铜、漆等。宋代文献里记录的酒器"银瓶"，应该是两宋时期银质梅瓶的通称，如《东京梦华录》载：北宋汴梁城曲院街"街南遇仙正店，前有楼子，后有台，都人谓之台上，此一店最是酒店上户，银瓶酒七十二文一角，羊羔酒八十一文一角"。[44]至于北宋徐积所作古诗《管春风》有句："城南夜半无酒家，和冰和雪吞月华。有客笑中携剑去，偷得银瓶与肥羓。"[45]此处的"银瓶"作为文学性语言，未必真指银质梅瓶。

三、早期梅瓶的名称特例

关于早期梅瓶的"酒经"等专名特例，将在下一节专门讨论，此处先梳理和辨析其他线索的内容。

望野先生曾著文称："近来多有学者以（南宋）袁文《瓮牖闲评》卷六载……为据，将长身丰肩小口的梅瓶考订为'京瓶'（经瓶），而就笔者所见河南省郑州地区出土珍珠地刻花长身丰肩小口瓶上所刻划'赵家花瓶'款识，'梅瓶'改'京（经）瓶'之说值得细究。"[46]从其原文语境来看，其所谓"长身丰肩小口瓶"即宋金时期的梅瓶。如其所见不诬，则"花瓶"也是宋金时期梅瓶的一个曾用名，可惜至今未见图像材料，难做定论。据叶喆民先生的介绍，河南鲁山段店窑址曾出土过一片珍珠地划花梅瓶的腹部残片，上面的海棠式开光内划有"元本赵家"四字（图3-1-4①）[47]，似与望野所言"赵家花瓶"相关。

宋人所谓的"花瓶"，形制甚多（参见图4-4-1），仅凭"赵家花瓶"的传闻，难以支持梅瓶在宋金时期作为插花器的功用推论。另外曾有人认为，1979年湖南益阳县泞湖乡宋墓出土的一件刻划铭文青瓷瓶是北宋岳州窑烧造的"梅瓶"（图3-1-4②）[48]，陈峻先生介绍道，该"梅瓶为卷沿，束颈，溜肩，腹部微鼓，矮圈足。肩部有四周阴刻弦纹。胎呈青灰色，胎体较薄。通体施青釉，釉色黄中泛青，釉薄且光亮，有细密的网状开片和气泡，胎釉结合不甚紧密，有流釉现象。颈肩结合处有'熙宁五年□□'等六字，字为行楷字体，阴刻。口径12厘米、底径10厘米、高42厘米"[49]。划字铭文的"熙宁五年"为宋神宗年号，时当公元1072年，属于北宋后期，是一件难得的纪年器，但是陈峻未能释读铭文的最后两字（图3-1-4③）[50]，也没有表明其指称该器为"梅瓶"的理由。

42 刘毅先生认为"十瓶坛"、"七瓶坛"、"五瓶坛"就是宋代以来的"经瓶"，也就是盛酒的梅瓶。见刘毅《梅瓶小考》，载于中国古陶瓷学会编《中国古陶瓷研究·第六辑》，北京：紫禁城出版社，2000年，105页。

43 王光尧《明代梅瓶的使用》，《南方文物》2000年4期50、51页。

44 〔宋〕孟元老撰《东京梦华录》（邓之诚注）卷二"宣德楼前省府宫宇"条，北京：中华书局，1982年，143页。

45 〔北宋〕徐积《节孝集》卷二"古诗十四首"，载文渊阁四库全书本集部三·别集类二·宋。

46 望野《酒封小考》注释2，《文物》2008年6期91页。

47 采自：叶喆民《古物探研二则》图二，《故宫博物院院刊》1996年4期86页。

48 采自：陈峻《湖南益阳县泞湖出土北宋"熙宁五年"青瓷梅瓶》图一，《考古》2005年12期96页。

49 同上。

50 同上，图二。

① ② ③ ④

图3-1-4 宋代鲁山窑"元本赵家"瓷瓶残片和"花钵"

就器形而言，此瓶与梅瓶形制略有相似之处，但是与宋代南北瓷窑流行的各种梅瓶样式的差异还是比较明显，主要体现在口部较大，颈部粗长，已经越过梅瓶"小口"、"短颈"的形制要求。刻划于此瓶颈肩结合处的六字铭文，经孙机先生辨识，最后两字应为"花钵"（图3-1-4④）[51]，说明该器的确是一件插花器，却不是"梅瓶"。[52]

至于在"梅瓶"成为定名以后出现的一些名称，如"雨滴瓶"[53]、"嘟噜"[54]、"鸡腿瓶"[55]、"长壶"[56]、"长瓶"[57]，等等，基本上都是近代以来或民间俗称，或学术界的借用，或仅限于较局部甚至个人化的使用范围，与本文讨论的早期梅瓶曾用名有一定距离，故不在此深究。

综上所述，从北宋到明代，实用性梅瓶的曾用名，无论材质和制作工艺如何，均以"瓶"、"壶"为类名常例，宋元时期常见的"瓦壶"和"酒瓶"分别表明了材质和功用的特点，文学化的称谓则有"樽"等古雅的名称，其中又以"瓶"的沿用时间最长，到了明代，盛酒梅瓶的不同规格又分别称为"瓶"、"坛"，而这种用法至少可以上溯至南宋。在宋代也有可能出现过"花瓶"等专名特例，但是绝不多见。两宋时期作为实用性盛酒器的梅瓶曾经使用过的专名特例，最重要的还是"酒经"、"经瓶"等名称。

51 采自：扬之水《宋代花瓶》图十八，《故宫博物院院刊》2007年1期62页。按：孙机先生的这个看法，是由扬之水女士在引用该器材料而提到其铭文时以注释的方式提供的。见扬文60页下注4："按'熙宁五年'下面两个字笔画略有漫漶，原文（指陈峻文）未曾识读（作'□□'），'花钵'之确认，系承孙机先生赐教。"

52 参见扬之水《宋代梅瓶》，《故宫博物院院刊》2007年1期60页。

53 J.G.胡戈斯（J.G.フィゲス）在介绍英国伯西瓦尔·大卫德中国艺术基金会（Percival David Foundation of Chinese Art）收藏的一件北宋定窑白瓷划花牡丹纹梅瓶时，曾指出其原属中国的"沈家旧藏品"，并提到梅瓶又称"雨滴瓶"这一名称，而且认为是"中国人"所用，但是未言明其依据，见〔日〕小山富士夫编《中国名陶百选》图版47说明，东京：日本经济新闻社，1960年，撰写者：J.G.フィゲス。按：所谓"雨滴瓶"一名在中国闻所未闻，结合图片来看，大卫德基金会该藏品器形近似雨滴，或所谓"雨滴"一词是象形的描写。

54 耿宝昌先生就提到过华北地区民间称梅瓶为"嘟噜瓶"，或只用象声性的"嘟噜"，见：耿宝昌《明清瓷器鉴定》，香港：中华书局香港分局，1984年。另据秦大树先生介绍，类似的称谓也有日本学者引用过，称之为"吐鲁瓶"，但后者似乎是指西方学界的英语用名"Truncated Mei ping"（意为"半截梅瓶"）所指的器物，秦先生则称之为"矮梅瓶"，是一种犹如梅瓶拦腰截断后剩下的上部器形，秦先生对所谓"吐鲁"一名表示"殊不明其所原本"，见秦大树《宋元时期磁州窑瓶类器物的发展及其使用功能探讨》，《南方文物》2000年4期30页。根据耿先生的介绍，"嘟噜"似为梅瓶类的大腹酒器在倒出液体时发出"嘟噜嘟噜"声音的象声词。

55 从20世纪上半叶以来，"鸡腿瓶"一名在考古学论著中开始出现，也有人称为"鸡腿坛"、"牛腿瓶"、"牛腿坛"等，如洲杰《赤峰缸瓦窑村辽代瓷窑调查记》（《考古》1973年4期241～243页）一文就把赤峰缸瓦窑出土辽代"鸡腿瓶"标本称为"牛腿瓶"。

56 日本学者常把辽金元时期的"鸡腿瓶"称为"长壶"，见〔日〕长谷川道隆著、杨晶译《辽、金、元代的长壶》，《北方文物》1997年2期101～112页。按：该文最早发表于日本东洋陶瓷学会的刊物《东洋陶瓷》1987～1989年，第17卷。

57 孙机《唐李寿石椁线刻〈侍女图〉、〈乐舞图〉散记（上）》，《文物》1996年5期41页。按：类似的称名还有"高瓶"，多属有关作者个人化的表述。

第二节

盛酒瓦壶："酒经"的记载及文本研究

在以往的有关论著中，不少作者都声称"酒经"、"经瓶"等一系列名称是梅瓶的"本名"，[58]然而这些名称与"梅瓶"是什么关系，它们产生于何时、何地，其间有过怎样的变化，其所指与"梅瓶"所指是否完全相同，等等，对这些问题的研究却不够。

一、考古材料和宋元以来的文献记载

宿白先生是迄今为止最早考定"酒经"所指的学者。在《白沙宋墓》一书里，他从考古学的角度详细介绍和研究了1951年发掘的河南白沙一号宋墓（赵大翁夫妇合葬墓），该墓纪年为北宋元符二年（1099年），时属北宋晚期。[59]在该墓壁画中，有三处描绘了带盖"黑色高瓶"（图3-2-1①②③）[60]，宿先生经研究确定其为宋金时期鸡腿瓶式样的梅瓶，结合三则宋代笔记及宋元时期有关图像资料和梅瓶实物（图3-2-1④）[61]，他钩沉、推定这类器物即宋代文献记载的"酒经"或"经瓶"。[62]后来的考古学者主要就是根据宿白先生的这一结论，将河北磁县观台镇磁州窑址三期地层（金代中后期）出土的"Ⅶ型黑釉瓶"称为"经瓶"，同时也提示其为俗称的"鸡腿瓶"（见图7-2-12①、图7-2-13①、图7-2-10⑨）[63]。

问题似乎都解决了。但是只要细读文献，并将两宋时期的梅瓶做全面考察和研究，笔者认为仍有不少具体而关键的细节需要澄清，而且从"酒经"、"经瓶"等名称出发，还可以对中国梅瓶的起源、传播以及器形样式研究等方面存在的许多问题，做出深入的挖掘。由于宿白先生引用的三则宋代笔记是探讨梅瓶曾用名的重要材料，因此为了便于下文展开，现将三则笔记转录于下：[64]

> 陶人之为器，有酒经焉。晋安人盛酒以瓦壶，其制小颈、环口、修腹，受一斗，可以盛酒。凡馈人牲，兼以酒，置书云：酒一经，或二经，至五经焉。他境人有游于是邦，不达其义，闻五经至，束带迎

58　见本书第一章第二节。

59　宿白《白沙宋墓》，北京：文物出版社，1957年，79页。此书2002年再版，有所修订、增补，可参阅。

60　采自：宿白《白沙宋墓》插图一五：1，二六：左，图版贰肆：Ⅱ，北京：文物出版社，1957年。按：白沙一号宋墓编号"颍东第119号墓"，三处梅瓶图像分别位于该墓的甬道西壁、前室西壁、过道西壁下部。前二者还见同书图版拾捌：Ⅰ，图版贰贰。

61　采自：陈万里编《宋代北方民间瓷器》图版20，北京：朝花美术出版社，1955年。按：陈万里先生标明此瓶为"禹县扒村窑白釉黑花梅瓶"，宿白先生在《白沙宋墓》中曾提及该瓶出土于宋墓。

62　宿白《白沙宋墓》注释40、注释243，北京：文物出版社，1957年，31~32、100页。

63　见北京大学考古学系、河北省文物研究所、邯郸地区文物保管所合著《观台磁州窑址》图版四九：2、3、4，北京：文物出版社，1997年，214~216页。按：观台窑址发掘者将Ⅶ型黑釉瓶分为3式，器形从卵状到鸡腿状，包括了丰体、高体和瘦高体等不同的形态，并不仅局限于瘦高体的鸡腿状。而实际上，就器形样式而言，观台窑址的"ⅩⅢ型2式白釉瓶"（见图7-2-12②）的器形，与"Ⅶ型1式黑釉瓶"的器形是完全相同的，但发掘者却将其描述为"从卷沿变成矮梯形口的梅瓶"，见《观台磁州窑址》126页。

64　根据文意逻辑，笔者在引用三条笔记原文时，对某些断句略作调整。

①　②　③　④

图3-2-1　河南禹县白沙一号宋墓壁画梅瓶图像举例及有关实物资料

65　〔北宋〕赵令畤《侯鲭录》，原本《知不足斋丛书》，转引自宿白《白沙宋墓》注释243，北京：文物出版社，1957年，100页。

66　〔南宋〕袁文《瓮牖闲评》卷六"经瓶"条，《宋元笔记丛书》李伟国校点本，上海：上海古籍出版社，1985年，58页。

67　〔南宋〕赵彦卫《云麓漫钞》卷第三，《新世纪万有文库》张国星校点本，沈阳：辽宁教育出版社，1998年，33页。

68　佚名《碎金》"家生篇三十二"，民国二十四年（1935年）五月国立北平故宫博物院文献馆影印本，转引自王光尧《明代梅瓶的使用》，《南方文物》2000年4期50页。还可以参见〔明〕徐会瀛辑《明本大字应用碎金》影印本对"经瓶"的类似记载，载于《北京图书馆古籍珍本丛刊》第76册，1998年。

69　采自：宿白《白沙宋墓》图版拾捌：Ⅰ，北京：文物出版社，1957年，20页。

70　尽管到目前为止，"昼上崔大郎酒"当中的"昼"字含义不明，但"上"字意为"奉上"则无疑，含"馈赠"之意。

于门，乃知是酒五瓶为五经焉。（〔北宋〕赵令畤《侯鲭录》卷三）[65]

今人盛酒，大瓶谓之京瓶，乃用京师京字，意谓此瓶出自京师。误也。京字当用经籍之经字。普安人以瓦壶小颈、环口、修腹、受一斗、可以盛酒者，名曰经，则知经瓶者，当用此经字也。（〔南宋〕袁文《瓮牖闲评》卷六）[66]

今人呼劝酒瓶为酒京。《侯鲭录》云：陶人为器，有酒经，晋安人盛酒以瓦壶，小颈、环口、修腹、容一斗，凡馈人牲，兼置酒，书云一经，或二经、五经，它境人游是邦，不达是义，闻送五经，则束带迎于门。盖自晋安人语，相传及今。（〔南宋〕赵彦卫《云麓漫钞》卷三）[67]

南宋以后，元明两代也多有人提及"酒经"的诗文杂著均原本于以上三则笔记，特别是《侯鲭录》，或另有含义（陆续见下文有关辨析）。其中，目前所知年代较晚而又明确地将"酒经"一名与各种酒具同时罗列记录的文献是元明之际成书的《碎金》，见于该书"家生篇"，现一并列出以便讨论：

樽、榼、檋子、果合、泛供、劝杯、劝盏、劝盘、台盏、散盏、注子、偏提、盂、榴、酒经、急需、酒罂、马盂、屈卮、觥、觞、大白。[68]

在上面的三则笔记中，包括了"酒经"的名称、形制、来源及有关事件等主要内容。根据宿白先生的描述和考证，白沙一号宋墓甬道西壁所画三人一马的壁画中，"黑色酒瓶"的有关内容基本能与之对应。此壁画门后立一司阍人，门旁拴一鞍马，马后立二人视司阍人，前者肩扛一杆（似扁担），后者双手捧白盖黑色酒瓶，并头巾上系一卷，卷面墨书"昼上崔大郎酒"，因此确定"后二人当为向墓主人致送酒物者"，这幅壁画也被命名为"送酒图"（图3-2-2）[69]。此图表明了"酒"、"上酒"（送酒）等概念并画出了"酒瓶"的形象，[70]都与赵令畤等三条笔记提到的"酒经"在功用、事件和形制上相合。宿白先生推定结论如下："此种高瓶，根据持瓶人头巾所系之卷上墨书'昼上崔大郎酒'一语推之，当为盛酒之器。""按此种类型的高瓶，是当时我国北方自河南以北，包括今河南、陕西、山西、河北乃至东北、内蒙古一带民间流行的一种器物，瓷胎者俗称梅瓶或花瓶。如陈万里《宋代北方民间瓷器》图版20所著录的河南禹县扒村窑白釉黑花瓶，缸胎者多出河北、内蒙古，俗称鸡腿坛，如辽宁义县清河门第四辽墓（李文信《义县清河门辽墓发掘报告》，《考古学报》8册）和1953年7月北京大学文史楼西南发现辽金时代石棺（发掘报告尚未付印）中所出。……小颈、环口、修腹与上面所引诸图像、实物形制符合……因疑经（京）瓶者，盖即此物。"[71]由此也就推及同墓的前室西壁、过道西壁下部所绘"黑色酒瓶"属于同类器物。

　　宿白先生的研究成果构建了"酒经"等名称与梅瓶的对应关系，对于中国梅瓶的研究具有重要意义。从史料角度来看，这种关系的建立不但得自于考古材料的发现，同时也包括了宋人笔记、清代宫廷档案和近代谈瓷著作等文献对"酒经"与"梅瓶"相关内容的记载，当然还有中国梅瓶内在的历史脉络，这几个方面都有着必然的相合关系，才使得今人有可能将"酒经"等名称与梅瓶联系起来。至于"酒经"等专名所指，宿白先生只做了概要的论述，后来者也少有系统的研究、梳理和阐明，致使这些梅瓶曾用名的具体情况一直都不甚明朗。解决这些问题，还要从仔细研究上述三则宋人笔记来入手。

二、笔记成书的时间和环境

　　对赵令畤、袁文、赵彦卫这三位作者的生活年代和环境做一些研究，有助于了解其三则笔记的写作时间和环境差异，也有助于深入了解"酒经"等名称的有关内容。

　　据《宋史·宋室列传》"（赵）令畤"条可知，[72]赵令畤，字德麟，北宋初燕懿王德昭玄孙，生于北宋皇祐三年（1051年），卒于南宋绍兴四年（1134年），高寿84岁。赵令畤早年以才敏而闻名；北宋元祐间（1086~1093年），他所交往的人皆当时胜流，尤与苏东坡相善，[73]"耳濡目染，见闻自异，诸所记录多尚有典型"[74]；后因与苏轼的关系而受党争之祸牵连，遭罚金和列入党籍的处罚；以后遂依附内侍谭稹以求进身，"颇违清议"；[75]北宋亡，随高宗南渡，绍兴初袭封安定郡王，卒赠开府仪同三司。赵令畤一生主要是在北宋后期度过，生活区域在皇都汴梁一带的中原地区，在南宋生活只有短短八年，行迹应在临安附近。清代四库馆臣评其《侯鲭录》云："采录故事诗话，颇为精赡"，[76]基本是肯定的，但是对赵令畤考证某些唐传奇之时好缀艳曲，及其对年轻时某些艳冶荒唐之事颇为得意地赋诗为证等行径，也提出了"失之冶荡"和"未免近诬"的讥

71　宿白《白沙宋墓》注释40，北京：文物出版社，1957年，31~32页。

72　《宋史》卷二四四宋室列传一"令畤"条，北京：中华书局，1985年，8681页。以下《宋史》版本同。

73　《宋史》赵令畤传："元祐六年，（令畤）签书颍州公事。时苏轼为守，爱其才，因荐于朝。宣仁太后曰：'宗室聪明者岂少哉？顾德行何如耳。'竟不许。"北京：中华书局，8681页。

74　《四库全书总目》卷一四一·子部·小说家类二"侯鲭录八卷"条，北京：中华书局，1965年，1194页。

75　同上。

76　同上。

图3-2-2　白沙一号宋墓甬道西壁壁画

77　《四库全书总目》卷一四一·子部·小说家
　　类二"侯鲭录八卷"条，北京：中华书局，
　　1965年，1194页。

78　同上。

79　〔南宋〕袁燮撰《（袁文）行状》（代叔父
　　袁章作）、《（袁文）墓表》，分别收录
　　于袁燮《絜斋集》卷十六、十七，今转引
　　自《宋元笔记丛书》李伟国校点《瓮牖闲
　　评·附录》，上海：上海古籍出版社，1985
　　年，108~111页，112~114页。

80　《（袁文）墓表》："（袁文）绍熙元年八
　　月八日以疾卒，享年七十有二。"见李伟国
　　校点《瓮牖闲评·附录》，113页。由袁文
　　卒年（南宋绍熙元年，1190年）可推算出他
　　的生年是北宋宣和元年（1119年）。

81　《（袁文）行状》：袁文"既冠，覃思经
　　学，尤深于《书》，考质非一师，久久通
　　贯，得古圣贤意。"李伟国校点《瓮牖闲
　　评·附录》，108页。

82　见《（袁文）墓表》，李伟国校点《瓮牖闲
　　评·附录》，114页。

83　《四库全书总目》卷一一八·子部·杂家类
　　二"瓮牖闲评八卷"条，北京：中华书局，
　　1965年，1020页。

84　《（袁文）行状》：袁文"晚岁泊然……观
　　书作字，一如少时……杂着一编，目曰《瓮
　　牖闲评》，凡制度之沿革，事物之原本，传
　　记之讹舛，风俗之变迁，先世之模范，与古
　　今之善可法、恶可戒者咸在"。李伟国校点
　　《瓮牖闲评·附录》，109页。

85　《（袁文）行状》："绍熙之元，先兄（按
　　指袁文）春秋七十有二矣……及秋果属疾，
　　自谓必不起，若前知者……属其子燮曰：
　　'吾《瓮牖》一书，盍宝藏之。'……脩然
　　而往，无怛化意，八月八日也。"李伟国校
　　点《瓮牖闲评·附录》，110页。

86　见《四库全书总目》卷一二一·子部·杂家
　　类五"云麓漫钞十五卷"条，北京：中华书
　　局，1965年，1044页。

87　见"新世纪万有文库"张国星校点本《云麓
　　漫钞》赵彦卫自"序"，沈阳：辽宁教育出
　　版社，1998年。

88　上揭《四库全书总目》"云麓漫钞"条，
　　1044页。

评。[77]《侯鲭录》的成书年代有失考之论。从作者生卒年来看，南宋初赵令畤已届耄耋之年，又逢社稷南迁之动荡，结合书中某些内容"乃著其居汝阴时挟妓事"，[78]故笔者认为该书的主体内容应撰成于作者中年以后、衰年以前，即承平日久的北宋后期哲宗朝到徽宗朝（1086~1125年），是在北宋首都汴梁（今开封）所在的中原地区完成的。

据袁文之子袁燮撰《（袁文）行状》和《（袁文）墓表》可知，[79]袁文，字质甫，四明鄞（浙江鄞县，今为宁波市鄞州区）人，生于北宋徽宗宣和元年（1119年），卒于南宋光宗绍熙元年（1190年），[80]幼喜读书，但不汲汲于科名，唯务勤学，"覃思经学，尤深于《书》"[81]。因此，尽管袁文的曾祖（毂）、祖（灼）、父（炯）、弟（章）及其子（燮）等先后出身于科举并任各种官职、享爵，而袁文的平生行事几不可考，只因其子袁燮故，获赠承事郎、通议大夫等。[82]所著《瓮牖闲评》"专以考订为主，于经史皆有辩论，条析同异，多所发明……所载典故事实，亦首尾完具，往往出他书所未备。虽征引既繁，不无小误……而大致赅洽，实考据家之善本"。[83]袁文生活的年代时值仓皇甫定的南宋前期到中期之间，因此其《瓮牖闲评》当成书于晚年。[84]可以推测，袁文虽然是一位潜心学问的儒生，生前却无仕履，属于当地大族乡贤，他所自珍的《瓮牖闲评》亦撰成于家中。[85]

赵彦卫，字景安，南宋绍熙间（1190~1194年）宰乌程，又通判徽州（治所在今安徽歙县徽城镇），亦自署新安郡守，所终不可考。[86]从有限的资料来看，他的主要仕历在南宋孝宗至宁宗朝（1163~1224年），是为南宋中期。所著《云麓漫钞》自序称，该书成于郡斋，梓行于南宋开禧二年（1206年），都是明确的。[87]后人评该书"考证颇为赅博"。[88]

综上，《侯鲭录》、《瓮牖闲评》、《云麓漫钞》先后成书的时间分别为北宋晚期、南宋中期、南宋中期偏晚阶段，前后跨越时间不超过120年，推测前二者相隔多则百年，少则50年，后两者相隔多则30年，少则20年。三者的成书地点分别在中原、浙越、徽州。三者成书的时代背景和环境差异也很明显，从《侯鲭录》到《瓮牖闲评》之间，北宋亡于金国，中原和华北人口大量南迁；从《瓮牖闲评》到《云麓漫钞》之间，南宋时期的中国南方相对安定和平稳。

以这三则笔记为载体，"酒经"等一系列名称从出现到流行，与宋元时期描写"梅瓶"等审美意向的诗文，在时空环境上大体相合，但两个系列的概念所指却是完全不同的，值得注意。

三、笔记文本分析

从总体写法和整体内容来看，三则笔记采取的叙述方式和作者的侧重点是各有不同的。《侯鲭录》与《云麓漫钞》的两则以描述为主，但无论是总说还是具体到"晋安人"的风俗，《侯鲭录》叙述所指的时间都是不确定的，而《云麓漫钞》由起首"今人"二字可知其描述时间为作者赵彦卫刊印此书的南宋开禧二年（1206年）之前，即南宋中期偏晚的时期；至于《瓮牖闲评》一则，重在考证，针对的现象时间也由"今人"云云可知，乃袁文生活的南宋中期。虽然《云麓漫钞》一则也带有考证的色彩，但它与《瓮牖闲评》的质疑态度不同，是一种未加否定的语气。这些总体差异使三者透露的消息也不一样。

（一）《侯鲭录》"酒经"条

作为最先记录"酒经"的史料，《侯鲭录》的文字可以分为两部分，断为四句。第一部分即第一句"陶人之为器，有酒经焉"，以平实的笔调做"总说"式的叙述，蕴含了三个信息：1.点明器物名称"酒经"，但整条笔记从未明确提出过"经瓶"的说法；2."酒"字与随后第二部分相配合，说明"酒经"所指器物的本体功用是"盛酒"；3.无论宋代有没有其他材质的同形器物，所谓"酒经"只是以陶瓷为材质的器物名称，而且此言语气表明"酒经"在当时的窑场中普遍烧造。

从第二句到第四句为第二部分。合起来看，此三言似乎在历述一件趣事本末，其实不是，因为并没有具体的人物或时间，实质是为了说明"酒经"一名的来源而已，因此蕴含了丰富的信息内容。

先看第二句："晋安人盛酒以瓦壶，其制小颈、环口、修腹，受一斗，可以盛酒。"主要内容是描述晋安人所用这种盛酒"瓦壶"的形制和容量，正是其描述给人的印象才使得20世纪的研究者将"酒经"视为"梅瓶"的前身，而且几乎是唯一的前身。此外，这句话还透露了两个重要的消息：1."酒经"一名最初发生的地点是在"晋安"。但是，结合这条笔记第一句的文意，仔细玩味这两句话就不难感受到，两次提到"盛酒"除说明"晋安人"以这种器皿作为盛酒器之外，并不包含这种形制的陶瓷器就是由晋安人"创烧"的含义。理由很明显，所谓"陶人"是对所有陶瓷工匠这一总的社会性职业人群的泛指。2."酒经"这种器皿按类属于"瓦壶"，其形制由"小颈、环口、修腹"这六个字限定，而"酒经"的尺寸则由"受一斗"加以限定。正如上文所述，"壶"是两宋时期梅瓶的类名常例，而"小颈、环口、修腹，受一斗"的"酒经"是有所指的器物专名特例。

第三句，"凡馈人牲，兼以酒，置书云：酒一经，或二经，至五经焉"。其主语当然是"晋安人"，所言概述了"晋安"一带有馈赠酒肉的习俗。两宋时期墓葬壁画中表现送酒的场景不只白沙一号宋墓这一例，另外如山西平定县城关镇

89　采自：山西省考古研究所、阳泉市文物管理委员会、平定县文物管理所《山西平定宋、金壁画墓简报》，《文物》1996年5期，封三2。

图3-2-3　山西平定县城关镇西关村金代壁画墓（M1）的墓室西壁"进奉图"

西关村金代壁画墓（M1）的墓室西壁"进奉图"（图3-2-3）[89]更为形象。此图右侧一戴幞头的小吏指点左侧三位男仆搬运酒食器物，其中两仆手抬一件四脚大方盆，盆内放置四五件带盖的白色梅瓶，正是"酒经"无疑。赵令畤在这里记录了晋安人赠酒的计量单位"经"，也说明晋安人在日常生活中很可能只是把这种"瓦壶"称为"经"，未必"酒"、"经"二字连用。换言之，在"晋安人"的意识里，这类盛酒器在当时当地的名称只是"经"，而将这类盛酒器称为"酒经"或"（经）瓶"，反倒像是赵令畤这样的"他境人"才会使用的称谓。

《侯鲭录》"酒经"条的第四句："他境人有游于是邦，不达其义，闻五经至，束带迎于门，乃知是酒五瓶为五经焉。"之所以有趣，是因为在"五经"这个同名符号上，"他境人"的常识与"晋安人"的地方性知识之间发生了意指性差异所形成的识别矛盾。"五经"是指儒家的五部经典《诗》、《书》、《礼》、《易》、《春秋》，这在理学日益昌盛的宋代是普遍性的文化常识；所谓晋安人的"地方性知识"，是指晋安人将这种盛酒瓦壶称为"经"，以及以"经"为送酒的计量单位，所以五瓶酒简称"五经"等风俗习惯只局限于当地。在赵令畤的字里行间可以体会到，至少在赵令畤生活的北宋晚期，上述这种称名用法在"晋安"以外的地区还是闻所未闻的，其由此构成了与普遍常识之间的差异，便有可能闹出笑话。文中的"他境人"与"邦"是两个值得注意的概念。所谓"他境人有游于是邦"，语气透出的含义不像是指在"中国"之内从一地到另一地的关系，而近乎指从一国到另一国之间的关系，这至少表明"晋安"地处偏远。结语"乃知是酒五瓶为五经焉"，既是情景描述，也可以视为作者的感叹。而"酒五瓶"中的"瓶"，既说明北宋晚期这类"瓦壶"的另一个通称常例是"瓶"，而且还暗含了另一层含义，即北宋晚期在"晋安"以外的广大地区内所流行的盛酒器单位却是"瓶"。

（二）《瓮牖闲评》"经瓶"条

与赵令畤不同，南宋的袁文、赵彦卫的笔记都以"今人"起首，有明确的时间感。

《瓮牖闲评》"经瓶"条分为三部分。第一部分即第一句："今人盛酒，大瓶谓之京瓶，乃用京师京字，意谓此瓶出自京师。"文中"京师"指南宋都城临安（今杭州）。此语包含三个重要信息：1.点明"京瓶"的名称，表明了在南宋中期，这个名称至少已传播并流行于以临安为中心的周边地区，是当时当地实际使用的器物名称；2."京"字是当时的"京师"临安周边人们的猜测，而且应该是指市井中的情况，也暗示了这个名称与宋廷南下和大量的中原事物南传有直接关系；3.这类器物属于"大瓶"，也属于"盛酒"器，与《侯鲭录》所言"受一斗"对读，可知其大概，表示南宋中期以前盛酒的"京瓶"在尺度上与中原地区同类器物仍相一致。

第二部分包括第二句"误也"和第三句"京字当用经籍之经字"，是袁文的考证判断和观点，其着意纠正"京"字的误用虽然是考据家本色，但强调"当用经籍之经字"却是需要注意的。

最后一句为第三部分，作者有选择地引用了《侯鲭录》的记载作为判断的依据并得出结论，不过袁文将"晋安"误写成了"普安"，这是需要辨明的。这句话表明，"酒经"一名从中原传播到江南地区，到了南宋中期已转变成"京瓶"，形成了新的使用习惯。其中或明或暗地包含了三层意思：1.因"酒经"所指属于"瓶"类，故二者合一称为"经瓶"的情况应该是存在的，否则也不会出现"京瓶"的讹变，其时间应该在北宋结束之后到南宋中期之间，很可能是在南宋初期。有同时期的诗作为证，如南宋前中期的薛季宣作《寒食遣兴》诗："取士语乾三礼冗，延宾为屈五经瓶"[90]，诗中的"五经瓶"就是指"酒经"、"经瓶"这类酒器，这说明南宋前中期的文人更注重使用"经瓶"一名；2.同音不同韵的"经"、"京"二字在口语中发生了互换，"经瓶"讹转为"京瓶"；3."京瓶"一名被文人所注意，除了其中的学术意义，还恰巧表明它比"经瓶"一名更为流行，这一点参见赵彦卫《云麓漫钞》所言"酒京"的"京"，亦可想见。

（三）《云麓漫钞》"酒京"条

稍晚成书的《云麓漫钞》"酒京"条，内容也可分为三部分。第一部分即第一句"今人呼劝酒瓶为酒京"，透露了三个信息：1.点明"酒京"是另一个实际使用过的梅瓶曾用名，结合上文分析，它无疑是"酒经"的讹转；2.此名流行于南宋中期偏晚的江南地区，结合《云麓漫钞》的成书情况来看，其流行范围可能比袁文的年代有所扩大，至少包括整个长江下游地区；3."劝酒瓶"的概念显然不是器物名称，而是说明"酒京"的具体用法，使我们对其使用方式的了解不再局限于泛泛的"盛酒"。与《侯鲭录》和《瓮牖闲评》两笔记相比，赵彦卫的笔记指出"劝酒瓶"的概念，是其最可注意之处。

在第二部分，赵彦卫也以不很严密的方式转引了《侯鲭录》的记载，旨在引出"酒京"一名的由来，目的是为了说明第三部分的结论："盖自晋安人语，相传及今。"肯定了晋安人命名"酒经"的原始性，说明"酒京"是与"酒经"一脉相承的器物名称。

对照《云麓漫钞》与《瓮牖闲评》这两则笔记可知，在南宋中期的江南地区，"酒京"与"京瓶"并存流行，但是赵彦卫与袁文不同，他无意纠正当时流行的"酒京"与原用名之间的讹转问题，这也表明了时人对这两个名称当中的"京"字并不以为怪。

90　〔南宋〕薛季宣《寒食遣兴》："介子龙蛇亦大灵，禁烟犹复雨霖零。时风未办作寒食，春事无过醉酿邨。取士语乾三礼冗，延宾为屈五经瓶。明年此日家山路，沧漠从君看水萍。"见〔南宋〕薛季宣撰《浪语集》卷七，文渊阁四库全书本集部四·别集类三·宋。

四、几点认识

通过对现代考古学研究成果的介绍，对《侯鲭录》、《瓮牖闲评》、《云麓漫钞》的作者生平和成书情况的梳理，以及对三则笔记的文本分析，可以就两宋时期盛酒梅瓶的专名特例问题略作小结如下：

1. 两宋时期的盛酒梅瓶，实际使用过的曾用名有异文同指的"酒经"、"经瓶"、"酒京"和"京瓶"，而不仅止于前面两个。

2. 这一系列名称的形成，经过了由点及面、从北向南的发生、传播、演变、讹转这一过程。"酒经"起源于"晋安"，因特殊的用法和含义而在北宋晚期为中原人士所知；随着宋室南迁，该名在南宋初期传播到南方，最初很可能只流行于临安城内；类名"瓶"的普及和口语化机制使得此名变成"经瓶"；最晚在南宋中期，经过讹转的"京瓶"一名已传播到临安周边地区，同样是讹转形成的"酒京"与之并存，至少在南宋中期较晚的阶段已传播到整个长江下游地区。

3. 这个过程前后大约120年。如果说"酒经"在北宋晚期的中原地区尚不为人所熟悉，那么到了南宋中期，长江下游特别是江南地区的人们对"酒京"、"京瓶"等称谓及其所指器物已经成为常识。这一历史转变无疑是发生在两宋之间中国文化中心南移的时代背景下。

4. 与"壶"、"瓶"等类名常例不同，"酒经"等一系列名称所指的器物，在规格上属于"受一斗"的"大瓶"，形制上以"小颈、环口、修腹"为基本特征，在材质和制作工艺上仅仅是指陶瓷类梅瓶，结合后文的研究，所谓"环口"在两宋时期也是有所特指的形态，这些明确的指向说明"酒经"等一系列名称是梅瓶曾经使用过的专名特例。实际上，在宋元时期的实用性盛酒梅瓶中，既有尺寸规格上属于小型的器物，也包括了陶瓷以外如银、锡、铜等材质的梅瓶，因此"酒经"等名称所指器物的针对性是很清楚的。

5. "酒经"这类器物在实用性能上主要是"盛酒"，而"劝酒瓶"的概念提示了这类器物的具体使用方式。

此外还有一些问题有待解答，如"酒经"一名的起源地"晋安"在哪里？为什么会以"经"字来命名一种酒器？"酒经"在宋代是指所有的梅瓶吗？其所指器物的"小颈、环口、修腹，受一斗"等基本特点有什么具体内容？

91 宿白《白沙宋墓》注释243，北京：文物出版社，1957年，100页。

92 见拙文《宋代梅瓶研究》，载于《重建美术学——2002年中国艺术研究院美术研究所论文精粹》，长春：吉林美术出版社，2002年，289~315页。

第三节

"酒经"的起源、传播与讹转

关于"酒经"最初出现的地点，赵令畤、袁文、赵彦卫三人的表述有所不同，《侯鲭录》曰"晋安"，《云麓漫钞》转引时也作"晋安"，而《瓮牖闲评》的概述引文却标为"普安"。对于这个差异，宿白先生曾说"二者必有一误"，[91]便一笔带过，既未深究，也没有提出进一步的观点。此后对其问津者亦寥寥。然而，辨别并核定这个地名及其方位，有助于解答"酒经"起源的大致时间及其传播、流行等情况，也有益于认识以"经"字命名酒器的来龙去脉。笔者此前曾就"晋安"和"普安"的地名做过一些考查，[92]现在看来，有些观点需要更正，并有待深入。

一、"晋安"考证

谈到"酒京"或"京瓶"，赵彦卫直接引用《侯鲭录》，所以他称其地名为"晋安"是理所当然的，袁文虽然没有标明引自《侯鲭录》，也不是全引，但是内容显然以《侯鲭录》为依据。按说，南宋的两位作者均以前者为本，故应以北宋的《侯鲭录》所提"晋安"为是。

《侯鲭录》提到"晋安"时并没有说明这个地点在何处，没有透露它的建置级别，也未点明时代。上文述及，相对于赵令畤活动的主要区域（中原地区）而言，"晋安"应该是一个比较封闭和偏僻的地区，甚至存在自然的地理阻隔。同时，赵令畤不带任何说明地直接表述"晋安人"，又似乎表明"晋安"对于作者那个时代来说不像一个让人感到陌生的地名，至少像赵令畤这样的人恐怕是熟悉的。在时间上，"他境人"在"晋安"闹出笑话正是"酒经"开始被外界所了解的开始，这个时间到赵令畤写下笔记的北宋晚期之间应该存在一定的间隔，而"酒经"得以命名的时间当更早。从"五经"的关节来看，趣闻发生时意味着"理学"趋盛已形成了时代性的社会文化常识的普及，而这个时间是在北宋中期前后。鉴于有这样一些判断和把握，对"晋安"这一地名的考证应该从北宋中后期往前追溯。

93　《晋书》卷十五·志第五·地理下：“扬州……及晋平吴……分建安立晋安郡……晋安郡，太康三年置，统县八，户四千三百。原丰、新罗、宛平、同安、侯官、罗江、晋安、温麻。……”（北京：中华书局，1974年）参见谭其骧主编《中国历史地图集》第三册“三国·西晋时期”之“西晋（太康二年，281年）·扬州”图，北京：中国地图出版社，1982年，55-56④4。

94　〔后晋〕刘昫撰《旧唐书》卷四十·志第二十·地理三：“闽，汉治县，属会稽郡。秦时为闽中郡。汉高立闽越王都于此。武帝诛东越，徙其人于江淮，空其地，其逃亡者自立为治县，后更名东治县。后汉改为侯官都尉，属会稽郡。晋置晋安郡。宋、齐分之。陈置闽州，又改为丰州。隋平陈，改为泉州。炀帝改为闽州，又为建安郡。唐开元十三年（725年）改为福州，皆治闽县。”（北京：中华书局，1975年）唐代福州，参见谭其骧主编《中国历史地图集》第五册“隋·唐·五代十国时期”之“唐（开元二十九年，741年）·江南东道”图，北京：中国地图出版社，1982年，55-56⑧5。

95　宋代福州，见谭其骧主编《中国历史地图集》第六册“宋·辽·金时期”之“北宋（政和元年，1111年）·福建路”图，北京：中国地图出版社，1982年，32-33②5。

96　《晋书》卷十五·志第五·地理下，同上。西晋晋安县，见谭其骧主编《中国历史地图集》第三册“三国·西晋时期”之“西晋（太康二年，281年）·扬州”图，北京：中国地图出版社，1982年，55-56⑤4。

97　南朝梁梁安郡治所、南朝陈南安郡治所的晋安县，见谭其骧主编《中国历史地图集》第四册“东晋十六国·南北朝时期”之“南朝·梁（中大同元年，546年）”图和“南朝·陈（太建四年，572年）”图，北京：中国地图出版社，1982年，42-43③7、44-45⑤10。

98　隋南安县，见谭其骧主编《中国历史地图集》第五册“隋·唐·五代十国时期”之“隋（大业八年，612年）·淮南江表诸郡”图，北京：中国地图出版社，1982年，21-22⑥4。

99　宋代泉州南安县，见谭其骧主编《中国历史地图集》第六册“宋·辽·金时期”之“北宋（政和元年，1111年）·福建路”图，北京：中国地图出版社，1982年，32-33④4。

100　〔齐〕魏收撰《魏书》卷一百六下·志第七：“东晋寿郡，领县四：黄、石亭、晋安、晋寿。”原书在“东晋寿郡”下小字注：“司马德宗置，魏因之。”司马德宗乃东晋安帝；原“晋安”下也有小字注：“司马德宗置，魏因之。”北京：中华书局，1974年。东晋十六国时期，成国晋寿，参见谭其骧主编《中国历史地图集》第四册“东晋十六国·南北朝时期”之“十六国·成、前赵、前凉、后赵”（成玉衡十七年，327年）图，北京：中国地图出版社，1982年，7-8③4。

101　〔梁〕萧子显撰《南齐书》卷十五·志第七·州郡下：列“新巴郡”领三县：“新巴、晋城、晋安”。北京：中华书局，1972年。南朝齐晋安县，见谭其骧主编《中国历史地图集》第四册“东晋十六国·南北朝时期”之“南朝齐（建武四年，497年）·梁州、秦州”图，北京：中国地图出版社，1982年，37②2。该图显示，晋安似应属晋寿郡。待考。

102　〔后晋〕刘昫撰《旧唐书》卷四十一·志第二十一·地理四，载“阆州”所领九县有“阆中、晋安、南部、苍溪、西水、奉国、新井、新政、岐坪”，其中，在“晋安”县条下有“汉阆中县地，梁置金匮二，又为金迁郡，隋省郡，改为晋城，武德改为晋安也。”在“新井”县条下有“汉充国县地，武德元年分南部、晋安二县置，界内有盐井”。北京：中华书局，1975年。

103　唐代晋安县，见谭其骧主编《中国历史地图集》第五册“隋·唐·五代十国时期”之“唐（开元二十九年，741年）·山南东道、山南西道”图，北京：中国地图出版社，1982年，52-53④2。

在历史上，名为“晋安”的历史地名很多，到北宋为止其主要分为郡、县两级。

“晋安郡”始设立于西晋太康三年（282年），当时从建安郡分置晋安郡，治所侯官，即今福建省福州市，辖境相当于今天的福建东部和南部。[93]延至隋开皇九年（589年），废晋安郡而改设泉州，旋改闽州，复又改为建安郡。此后，该地在唐代名为福州，[94]沿用至北宋，属福建路。[95]

宋以前，“晋安县”则先后分别存在于两个地区。其一也在今福建省，即西晋太康初年改东安县置晋安县，治所在今福建省南安东晋江北岸（今泉州西北），属晋安郡管辖。[96]到了南朝梁，改为梁安郡暨为南安郡治所。[97]隋改名南安，[98]沿用至宋，归泉州所辖，亦属福建路。[99]其时间比晋安郡还短。

宋以前的另一处“晋安县”在今四川省，其历史沿革殊属错杂。东晋安帝时始在东晋寿郡下设晋安县；[100]南齐时，晋安县隶于新巴郡；[101]唐初武德年间，晋安又成为阆州九县之一，[102]治所位于阆中（今四川阆中市）以南西水中游东岸。[103]史料又有记载，阆州北边的利州所领葭萌县，[104]原为汉代县名，东晋时曾改名晋安，隋复汉县名，[105]唐、宋沿用，在宋代属利州。[106]

综上概况可见，"晋安郡"设置于两晋、南朝至隋初，共307年（282～589年），辖地为今福州一带的福建东、南部。"晋安县"有两处，一处下辖于晋安郡，属西晋到南朝梁建制；另一处"晋安县"属东晋到初唐间建制，位于今四川省东北部。

另有某些史料还记录过一个五代时期的所谓"晋安州"。《山西通志》关于"太原府"五代人物，为"尚气节"的张丕立有一传，提到其孙张颖曾任"晋安州防御使"。[107]又如，《新五代史·南唐世家·李昇传》载，南唐昇元四年（后晋天福五年，940年）六月，"晋安州节度使李金全叛，送款於昇。昇遣鄂州屯营使李承裕迎之。"[108]但是这个"晋安州"是值得怀疑的。若不留心上述文献的前后语境，读者很容易将"晋安州"视为一个完整的地名，以为当时真有一个"名为晋安的州"。经笔者遍查官修的五代正史，在五代后唐、后晋的全境之内，包括今山西地区，均未见"晋安州"的设置。《旧五代史》是这样叙述李金全反叛一事的：后晋天福五年（940年）五月"丙戌，安州节度使李金全叛。诏新授安州节度使马全节，以洛、汴、汝、郑、单、宋、陈、蔡、曹、濮十州之兵讨之"[109]。由此可知李金全的官职是"安州节度使"。又，同书附"考证"也只提及"安州"而非"晋安州"，其文曰："案，《五代春秋》：五月，李金全叛，附于吴，马全节帅师讨安州，吴人救安州，全节败，吴师克安州，金全奔吴，六月，放吴俘还。'欧阳史'作：五月，李金全叛，六月，克安州马令。'南唐书'作：六月，安州节度使李金全来降，遣鄂州屯营使李承裕帅师迎之。纪月互异。"[110]所谓"欧阳史"是指北宋欧阳修撰《新五代史》。另外，清代《御批资治通鉴纲目》对李金全的"晋安州节度使"这个官职的来历也考述得很清楚，如该书在"起丁酉尽丙午"的"考异凡十年"一节中，对"丁酉，晋天福二年（937年）……秋七月……晋安州乱，讨平之"一事，以小字注："安州指挥使王晖杀节度使周瑑，自领军府，欲俟延光胜则附之，败则渡江奔吴。晋遣上将军李金全将千骑如安州巡检，许赦王晖。晖大掠安州，将奔吴，部将胡进杀之。"[111]很明显，李金全曾任五代"（后）晋"（当时南唐等国与之并存）的"安州节度使"。可知五代时期并无州级的"晋安州"，上引《山西通志》和《新五代史》的记载中所谓"晋安州"，实指"五代后晋时期的安州"，地点在今湖北省安陆市。[112]这样一个"晋安州"不在本文考证"晋安"的范围之内。

不过，在五代时期，有一次重大事件的确与名为"晋安"的地名有密切关联——这个"晋安"既不在今福建，也不在今四川，正是在今山西省中部，只不过它的建制级别非郡、非州、非县，亦非镇，而是极低的"乡"和"寨"。也许就因为这个原因，它在各种正史的地理志中从来就没有被列入值得一提的位置。但由于那一带发生的一次重大历史事件，关系到五代时期后唐、后晋和契丹之间军国大势的基本走向，使得该"晋安"成为著名的"历史地标"，并从北宋开始在历

104 唐代葭萌县，参见谭其骧主编《中国历史地图集》第五册"隋·唐·五代十国时期"之"唐（开元二十九年，741年）·山南东道、山南西道"图，北京：中国地图出版社，1982年，52-53③②。

105 〔后晋〕刘昫撰《旧唐书》卷三十九·志第十九·地理二："葭萌，汉县，蜀为汉寿，晋改晋寿，江左改晋安，隋改为葭萌，取汉旧名。"北京：中华书局，1975年。

106 宋代利州的葭萌县，见谭其骧主编《中国历史地图集》第六册"宋·辽·金时期"之"北宋（政和元年，1111年）·成都府路、梓州路、利州路、夔州路"图，北京：中国地图出版社，1982年，29-30③④。

107 《山西通志》卷一百五·人物五·太原府·五代"张丕传"："张丕，阳曲人，尚气节。后唐武皇镇太原，用度多选富家子，主币库，或调度不给，即坐诛，没入赀产。丕为之，满岁，府财有余。宗人政当补其任，率族属泣拜请丕济其急。丕又为代掌一年，乡里服其义。孙颖，晋安州防御使。"山西省博物馆（太原）藏明崇祯二年（1629年）刻本。

108 〔北宋〕欧阳修撰《（新）五代史》卷六十二·南唐世家第二·李昇传，北京：中华书局，1974年。

109 〔宋〕薛居正等撰《旧五代史》卷七十九·晋书第五·高祖纪五，北京：中华书局，1976年。

110 同上，《旧五代史》卷七十九·考证。

111 〔清〕宋荦校勘《御批资治通鉴纲目》卷五十七，长春：吉林出版集团有限责任公司，2005年。

112 中国历史地图集编辑组编《中国历史地图集》第五册"五代十国·晋"，北京：中华地图学社，1975年，86④④。

代官修史书反复叙写这段历史时被多次提及。这是必须加以高度重视的。要确定这个"晋安"，还需要将这次重大历史事件的前后原委叙述清楚。

史载，五代后唐清泰三年（936年），原河东节度使石敬瑭（即后晋高祖）不服后唐末帝李从珂调遣而叛唐，唐末帝遂命张敬达、杨光远等各路节度使发兵伐石，以太原行营招讨使张敬达为主力的唐军兵围太原府（今山西太原市），张敬达"寻统兵三万，营于晋安乡"。[113]随后，降于契丹的石敬瑭搬来契丹王耶律德光（史称辽太宗）统帅的契丹军，后者跨过无人把守的雁北要塞雁门关，长驱河东腹地。是年九月十五日甲辰，张敬达部与契丹军和石敬瑭的降蕃汉兵在太原城下展开大战，终以张敬达败北，张部"投兵仗相籍而死者山积。是夕收合余众，保于晋祠南晋安寨。蕃军堑而围之。自是音闻阻绝"。此时距后唐灭亡唯余三月。闰十一月，唐末帝在行宫接受群臣朝贺时曾哀泣而叹："晋安寨内将士应思家国矣。"是月"甲子，太原行营副招讨使杨光远杀招讨使张敬达于晋安寨，以兵降契丹"。第四天"丁卯，戎王（按，即耶律德光）立石敬瑭为大晋皇帝，约为父子之国，改元为天福（936年）"。己巳，唐末帝李从珂"闻晋安寨为敌所陷，诏移幸河阳"。至"辛巳，辰时，帝举族与皇太后曹氏自焚于元武楼。晋高祖入洛，得帝烬骨于火中"，唐亡晋代。这段历史，在北宋成书的《旧五代史·唐书·末帝纪下》述之甚详。[114]在同书"张敬达传"和元代成书的《辽史·太宗本纪》中也有角度不同的叙述，[115]另如《旧五代史·晋书》"高祖纪二"、"吕琦传"、"赵德钧传"，《旧五代史·汉书》"龙敏传"，《旧五代史·周书》"高行周传"、"安审琦传"、"安审信传"，以及《辽史》"耶律实讷齐传附佛德传"、"赵延寿传"、"高模翰传"等，也都从不同侧面提到了这一著名的历史事件，[116]而"晋安寨"和"晋安乡"成为其中出现频率最高的地名。[117]从太原一役之后，历后晋、后汉、后周，直到北宋结束，甚至在金代，以太原府（今太原市）为中心的河东地区一直是兵家争保的重要地区。

从引文来看，"晋安乡"与"晋安寨"是两个地点，但二者的方位都在太原附近，如明确提到晋安寨在"晋祠南"。另外，北宋司马光在《资治通鉴》中叙写那段历史时，也专门就"晋安"的方位做了简明辨析："晋安乡在晋阳城南，'薛史'晋安寨在晋祠南。"[118]晋阳城即太原城，晋祠又在太原城西南。可见，"晋安乡"和"晋安寨"分别是太原以南和西南一带的小地名，[119]换言之，今太原的南边和西南一带在五代到北宋时期均可统称为"晋安"。

到了北宋，在正史地理志中保留记载的"晋安"，只在今四川省还有一个，即北宋时属于利州路、南宋时属于利州东路的阆州（今四川阆中）所辖的西水县下的"晋安镇"，于北宋神宗"熙宁四年（1071年），省晋安县为镇入焉"。[120]从《宋史·地理志》的这条记载来看，在熙宁四年以

113　〔北宋〕薛居正等撰《旧五代史》卷七十《唐书》第四十六列传二十二·张敬达传，北京：中华书局，1976年。

114　引文俱见〔北宋〕薛居正等撰《旧五代史》卷四十八《唐书》第二十四·末帝纪下，北京：中华书局，1976年。

115　分别见〔北宋〕薛居正等撰《旧五代史》卷七十《唐书》第四十六列传二十二·张敬达传，同上；〔元〕托克托等修《辽史》卷三本纪第三·太宗上，北京：中华书局，1974年。

116　《旧五代史》卷七十六《晋书》第二·高祖纪二；卷九十二《晋书》第十八列传七·吕琦传；卷九十八《晋书》第二十四列传十三·赵德钧传；卷一百八《汉书》第十列传五·龙敏传；卷一百八《周书》第十四列传三，高行周传、安审琦传、安审信传，北京：中华书局，1976年。《辽史》卷七十三《列传》第三·耶律实讷齐传·附佛德传；卷七十六《列传》第六赵延寿传、高模翰传，北京：中华书局，1974年。

117　《旧五代史·汉书·龙敏传》和《旧五代史·周书·安审信传》提到该历史故事时还出现过"晋安砦"一语，按"砦"同"寨"。

118　〔宋〕司马光撰《资治通鉴》卷二百八十·后晋纪一，"张敬达将兵三万营于晋安乡"注，长沙：岳麓书社，1990年。

119　五代后唐、后晋时期的太原府，见谭其骧主编《中国历史地图集》第五册"隋·唐·五代十国时期"之"五代十国·唐（清泰元年，934年）"图和"五代十国·晋（天福八年，943年）"图，北京：中国地图出版社，1982年，85②4、86②4。

120　〔元〕脱脱主编《宋史》，北京：中华书局，1985年，2222页。按：谭其骧主编《中国历史地图集》第六册（北京：中国地图出版社，1982年）103页地名索引"晋安镇"条的编写为"（晋安镇）新政（辽北宋）31②3"，核查此图，"新政"名下用括号标注"晋安镇"三字，似以晋安镇为新政别名。但笔者以为如此标法恐有讹误。据《宋史》卷八十九地理志五利州路阆州条载："阆州……新政，西水。……"在"新政"下云"中"。西水下略云："中下。熙宁四年，省晋安县为镇入焉。"可见新政与西水同属县级，而西水县别有晋安镇，后者并非新政。

前的北宋前期，阆州似乎尚存"晋安县"，但《宋史》记录北宋
阆州的建制时却没有"晋安县"。经过仔细查核、比对，笔者认
为这个被省为镇的"晋安县"可能只是唐代的阆州九县之一，结
合前述对"晋安县"的梳理，这个在熙宁四年被省为镇的"晋安
县"恐怕只是当地的旧地名而已。那么，它会不会是已明确复称
为"葭萌县"的古晋安县呢？宋代这个"晋安镇"属阆州，而葭
萌县属阆州北面的利州，虽然两州在北宋同属一路（利州路，至
南宋又同属利州东路），但二者是同时并存的两个州。显然也不
是葭萌县。该"晋安镇"因其隶属于西水，后者仅为州中一县，故
该镇必然是一个级别低、面积小、地位也不突出的小镇，[121]在《宋
史》记录过这个"晋安镇"之后，也再无重要的文献关注过它。

关于袁文笔记中表述为"普安"的地名，也有必要略作考
察。南北朝时期的北周，将设置于今四川地区的南安郡改置"普
安郡"（今四川省剑阁县），[122]此后该地的"普安"一名沿用到
两宋。这表明历史上的"普安"建制比"晋安"更长久也更稳
定。宋代"普安"所在的剑州与"晋安镇"所在的利州毗邻，与阆
州相望，均同属一路（北宋属利州路，南宋属利州东路）。[123]到了
南宋前期，由于"普安郡"曾是南宋孝宗登基前的"潜邸"（封
地），因此它还升级为"普安军节度"，并下设"普安县"。[124]
无论是"普安郡"还是"普安军节度"或其下属的"普安县"，
其所在的剑州地区在地位上和知名度方面都比临近的阆州和利州
要高得多，而神宗年间在阆州辖境之内存在过的"晋安镇"更是
无法与其相比。

此前在笔者还没有掌握太原"晋安"（寨、乡）的史料时，
曾经将《侯鲭录》提到的"晋安"确定为阆州"晋安"（镇），
并对袁文表述为"普安"的原因做过一些推测："袁文很可能把
属于同一地带却难以名见经传的'晋安'镇误以为地近名似、声
名更显的'普安'——当然也有可能在更晚的版本流行过程中出现
所谓手民误植的现象，导致以'普'夺'晋'。"[125]现在看来，前
一种说法看似可能，但并无实据，也不合理，实属臆测，后一种可
能性更大，宿白先生所言"二者必有一误"当指这一情况。

两宋及两宋以前地名为"晋安"的大致状况和有关细节已
基本清楚。[126]那么，上述哪一处"晋安"才是《侯鲭录》所言的
"晋安"呢？在笔者提出自己的观点之前，还需要就一些总体性
的地理和历史特点做必要的讨论。

首先从大区域、长时段的角度来看各地"晋安"的命名和沿
用特征。历史上出现过"晋安"地名的区域集中在三处，即今天

121 对于这个"晋安镇"，笔者曾以为它是"宋代惟一在名称
上还留有'晋安'痕迹的地点"。（见拙文《宋代梅瓶研
究》，《重建美术学——2002年中国艺术研究院美术研究所
论文精粹》，长春：吉林美术出版社，2002年，291页）如
果说这句话还不算太绝对的话，那么笔者当时的另一个判断
便过于武断，甚至与之构成了矛盾："至两宋时期……在所
有正式的大小地名中再无'晋安'。"（同上）本文后叙表
明，这个说法显然不妥，历史的情况要复杂得多。

122 北周普安郡，见谭其骧主编《中国历史地图集》第四册"东
晋十六国·南北朝时期"之"北朝·周（建德元年，572
年）"图，北京：中国地图出版社，1982年，67-68④⑤。

123 北宋普安，见谭其骧主编《中国历史地图集》第六册
"宋·辽·金时期"之"北宋（政和元年，1111年）·成都
府路、梓州路、利州路、夔州路"图，北京：中国地图出版
社，1982年，29-30③④。

124 《宋史》称："隆庆府，本剑州，普安郡，军事。……隆兴
二年（1164年），以孝宗潜邸，升普安军节度。……"下设
"县六：普安，梓潼……"另，"普安县"下注云："熙宁
五年（1072年），省临津县入焉。"见《宋史》卷八十九地理
志五利州路隆庆府条，北京：中华书局，1985年，2222页。

125 拙文《宋代梅瓶研究》，收录于《重建美术学——2002年中
国艺术研究院美术研究所论文精粹》，长春：吉林美术出版
社，2002年，292页。

126 金代晚期，在今山西南部还短暂地存在过一个"晋安府"。
《金史》地理志载，金兴定二年（1218年）十二月，升绛州
（今山西新绛县）为"晋安府"，见〔元〕脱脱主编《金
史》，北京：中华书局，1975年。从《金史》的相关纪、传
得知，升绛州为晋安府的目的，是金代后期朝廷为了对蒙古
用兵而考虑实施的，但是第二年晋安府即被蒙古兵所平；兴
定五年（1221年），金兵获晋安、平阳之捷；转年即元光元
年（1222年），晋安府与冀州又为蒙古兵所占；到了金正大
三年（1226年），金兵收复曲沃和晋安府。以上可参见《金
史》"宣宗本纪"、"哀宗本纪"，以及《金史》多个传记
中的相关记载。金天兴三年（1234年），金为蒙古灭，晋安
府自然全归大蒙古国。元初，晋安府已改回本名，称绛州行
元帅府，后罢元帅府，仍为绛州，参见〔明〕宋濂等修《元
史》卷五十八《志》第十地理一，北京：中华书局，1976
年。可见，金代的"晋安府"实质上只在金代末期存在了约
一年时间，继而成为金元拉锯战的主要战场之一，而它的设
置时间（1218年）已在赵彦卫卒年（1194年）之后的24年，
与《云麓漫钞》转引的"晋安"绝非一事。存此一考，聊备
一证。

的福建、四川、山西。四川和福建出现"晋安"地名的主要时段是在魏晋南北朝到初唐之间，尤以西晋、东晋和南朝为集中。这种状况显然与"晋"朝希望永保江山、长治久安的愿望直接相关。福建地处中国东南，是中原皇朝对之开发不久还较为陌生、偏远之地，特别是东晋偏安江左以后，更希望以此为依托，保"晋"朝之"安"。而四川地处中原西南方，自汉代就以盐、铁等业而走向繁荣，号称"天府"，自然也是短暂保有中原的西晋和偏安南方的东晋希望依托的宝地，因此从地名上也同样寄托了保"晋"之"安"的愿望。进入南朝以后，特别是隋朝一统天下之后，两地的"晋安"地名很快被取消或降级，福建的郡、县两级"晋安"全部撤除，四川只保留了县级"晋安"。到了北宋，唯一的四川"晋安县"又进一步"省略"为级别很低的"晋安镇"，以至于少有人知。

再看山西。在历史上，当上述两个地区频频出现"晋安"建制的同时，山西却成为北方胡人入主中原的政治地理跳板。在"五胡乱华"的两晋时期以及形成南北对峙格局的北朝时期，山西的地面上自然不会出现"晋安"的地名。但是另一方面，山西自古又是"晋国"所在，至少从春秋时期山西就以"晋"而闻名，直到现在山西境内仍有众多以晋字打头的地名。当"晋文化"在山西地区深入人心以后，那里不会需要专门为哪个皇朝设置级别高而多并寄予"晋安"愿望的地名，以表现对外宣威、对内安抚的姿态；相反，在某些很小的地方，如上文谈到太原南边和西南的"晋安乡"、"晋安寨"，却可能成为别有寓意而相对恒久的地名。太原地处黄河以东的所谓"河东"及太行以西的所谓"山西"之中，古称"晋阳"，位于簸箕状的"太原盆地"北端，西、北、东三面环山，左太行、右吕梁，汾河自北向南贯穿其中，中、南部为河谷平原，因此将其南部或西南部地区命名为"晋安"再妥帖不过，而这样的小地名在当地恰恰会更为长久。

虽然《宋史》记录了北宋熙宁四年（1071年）今四川地区有一个"晋安镇"，但是这里没有发生过什么惊天动地的历史事件，因此它的知名度无论如何也没有曾经发生过导致五代时期唐、晋改朝关键一战的"晋安乡"和"晋安寨"来得高，而后者从北宋开始就不断被官修正史和史学家的著作频频提及。可以想象，河东重镇晋阳城（唐至北宋均为太原府治所）南边一带的"晋安乡"、"晋安寨"，因其时隔不久的历史知名度一定会使这一带广为人知，这对于生活在北宋后期的皇族后裔赵令畤而言是肯定的。因此，当赵令畤在专门记录各种趣闻的闲杂笔记《侯鲭录》里记下一条本来无关宏旨的器物名称及其趣事时，并不需要对耳熟能详的"晋安"再做说明和解释。

既然赵令畤提到"陶人之为器有酒经焉"，并道及"晋安人盛酒以瓦壶"，也不妨结合魏晋到唐宋时期的福建、四川、山西这三个地区的陶瓷业状况做进一步推断。根据已有的研究成果，福建地区已发现魏晋南北朝时期的零星瓷窑遗址，相比之下，四川地区发现这时期的遗址较多，而山西地区还很少；这三个地区的隋唐到五代时期的遗址，福建有所增加，四川持平，而山西明显增多；到了北宋，四川的陶瓷水平止步不前甚至在减弱，福建和山西的窑场均大增。福建窑业受浙江龙泉窑和江西景德镇窑青白瓷系等南方主要陶瓷类型的影响，而山西窑业则主要受遍及华北和中原地区的磁州窑类型和定窑陶瓷的影响。[127]从魏晋到北宋，福建和山西两个地区虽然不是中国陶瓷最具代表性的产区，却是陶瓷生产的后起之秀，特别在宋代，两地瓷窑密集，在数量上分别与相邻的浙江、江西以及河南、河北有接近之势。不过，从本书下卷的资料梳理来看，从唐代到北宋，具有"酒经"形制基本特征的陶瓷梅瓶逐渐增多并主要分布在中原和华北，包括今天的河南、河北、山西，这种优势至少保持到金代；符合"酒经"形制基本特征的陶瓷梅瓶在南方虽然于北宋时期已出现，四川也有少量流行，但集中流行主要还是进入南宋以后的事，而福建地区出现"酒经"式的梅瓶只见于南宋。

综合来看，在两晋时期设置"晋安郡"和"晋安县"的福建地区还没有足够发达的陶瓷业，经过隋唐五代乃至北宋，该地区也没有流行陶瓷"酒经"这种器物，因此当地的"老晋安人"没有足够的条件以"酒经"一类的"瓦壶"来盛酒并将其命名为"酒经"；正史的明确记载虽然只表明北宋时期唯四川有"晋安（县）"，但此处的陶瓷业一直不甚发达，陶瓷梅瓶也不多见，数量有限的"晋安镇人"同样缺乏普遍使用"酒经"一类瓦壶盛酒的经验，由他们来命名"酒经"，也难合情理。只有在山西，这里不但有非常著名的"晋安"，而且北宋时期还有日益发达的陶瓷业，而且不断地接受其以东、以南的河北、河南等地区陶瓷业的影响，而后者在北宋时期恰恰又是盛酒梅瓶非常流行的地区，虽然从目前的研究来看，山西窑场烧制的"酒经"一类陶瓷梅瓶的兴盛期是在金代，北宋的仍较为少见，但是这与山西地区的陶瓷考古研究不够是分不开的，因此有理由推论，山西中部的"晋安人"最有可能在北宋甚至更早的时候使用"小颈、环口、修腹"的盛酒瓦壶"酒经"的经验。只不过他们的经验远不及河南、河北通称"壶"、"瓶"的陶瓷梅瓶盛酒方面所积累的经验丰富。

总之，命名"酒经"的"晋安人"，不会是福建的"老晋安人"，也不可能是四川的"晋安镇人"，最有可能的是山西太原以南的"晋安寨"、"晋安乡"一带的"晋安人"，山西太原以南的"晋安"应该就是"酒经"一名的诞生地。至于"酒经"命名的时间，难以确证，从《侯鲭录》的成书时间来看，至少应在北宋晚期以前。从中国梅瓶由滥觞期的隋唐只见于关中与河南地区，到成熟期的五代、辽、北宋，由中原而遍及南北这样一个大体情况来判断，推测其初始时间应该介于五代末到北宋前期，这时很可能就是山西的"晋安人"命名"酒经"的大致时间。

127　参见中国硅酸盐学会主编《中国陶瓷史》第四章、第五章、第六章有关内容和相关时代的窑址分布图，北京：文物出版社，1997年。

128 〔明〕周祈《名义考》卷十二"书瓶酒经条"条，文渊阁四库全书本子部十·杂家类二（杂考之属）。

129 采自：〔日〕久志卓真《中国明初陶瓷图鉴》七一页右上图，东京：宝云舍，1943年，久志卓真的有关论述见该书的60页。

130 宿白《白沙宋墓》注释40，北京：文物出版社，1957年，31～32页。

131 《韩诗外传》是最早记载"经程"的文献，但此处行文是沈元先生依据南宋王应麟对〔汉〕史游撰《急就篇》"酤酒酿醪稽槃程"一语的〔唐〕颜师古注文的补注。《韩诗外传》原文是："齐桓公置酒，令诸侯大夫曰：'后者饮一经程'。管仲后，当饮一经程。饮其一半，而弃其半，桓公曰：'仲父当饮一经程，而弃之，何也？'管仲曰：'臣闻之，酒入口者舌出，舌出者弃身。与其弃身，不宁弃酒乎？'桓公曰：'善。'诗曰：'荒湛于酒。'"〔汉〕韩婴撰《韩诗外传》卷十，文渊阁四库全书本经部三·诗类附录。

132 转引自沈元《〈急就篇〉研究》，《历史研究》1962年3期77页。

133 沈元《〈急就篇〉研究》，《历史研究》1962年3期77页。

134 周祖谟《唐本说文与说文旧音》，载于《问学集》，北京：中华书局，1966年，729页。参见裘锡圭《铛与桱程》，《文物》1987年9期30页。

图3-3-1　海外藏明青花开光麒麟波涛纹梅瓶

二、以"经"名器的源流

明代周祈曾将"书瓶"、"酒经"合考如下："瓶，酒器，亦以盛书。大者一石，小五斗。古语'借书一瓶，还书一瓶'。后人讹以瓶为'痴'，谓借书与人为一痴，还书为一痴。经，亦酒器，小颈、环口、修腹，受一斗，晋安人饷人酒一经、二经，至五经，他境人不达其义，闻五经至，束带迎于门，乃是酒五瓶。二事出《闻见》、《侯鲭》二录。"[128]瓶与酒经显然不是一物。从其对"酒经"的考证和行文语气来看，明代人已经不了解"酒经"的具体所指。不过"经，亦酒器"一语，表明"酒经"一名的核心是"经"字，却是中的。其实《侯鲭录》等三则笔记已表明了这一点，特别是袁文断语"名曰经"的意思很清楚。

这就提出了一系列问题：为什么会用"经"字来命名盛酒的梅瓶？作为酒器的"经"字有何含义？其历史渊源和背景如何？对"经"字的选择意味着什么？

（一）"酒经"与"经程"所指非一

在近代，海外学者较早地注意到中国梅瓶曾用名里的"经"字，如日本的久志卓真在1943年出版的《中国明初陶瓷图鉴》当中，就是通过称引中国早期文献中的"经程"来说明一件明代的"青花开光麒麟波涛纹梅瓶"（图3-3-1）[129]。下文的梳理表明，"酒经"与"经程"的关系是一段历史悠久的学术公案。

宿白先生针对"酒经"的"修腹"特征发表过一个意见："南北为经，可训为修长，亦正与修腹相应。"[130]这一观点现在已为中国陶瓷史界关注梅瓶的学者所熟悉，乃至深信不疑。"南北为经"不错，但是如何"可训为修长"却不可思议。随着中国现代考古学的推进，与"经"字有关的器物材料陆续被发现，也引起了包括考古学以及古文字学、语言学、历史学等领域一些学者的关注，尤以沈元、周祖谟、裘锡圭三位先生为代表，他们着重讨论了与"经"关联的"桱"、"桱程"、"铛"等概念。为便于下文讨论，先对三位先生的研究成果略作概述如下。

沈元先生论定了"桱程"属于酒器，且引文献考定其另有两个通假异名，一是"槃程"，语见《急就篇》："酤酒酿醪稽槃程"。二是"经程"，语见《韩诗外传》："齐桓公置酒，令诸大夫曰：后者饮一经程。管仲后，当饮一经程。"[131]沈先生还引用了《说文·金部》"铛，温器也，圜直上"，[132]点明这类酒器的功用及其"圜直上"的形制，结论是："桱程、槃程、经程为一词异体，无疑应训为酒器。"[133]周祖谟先生对"桱程"之"桱"字也做过考论，结论是："酒器之所以名为桱者，以其径直而长，与匾榼之榼不同，故名。"[134]裘锡圭先生在前二者的成果基础上，根据考古材料、铭文资料、历史文献，指出"桱"、"桱程"、"铛"等名，除有"荡"、"篡"、"簜"

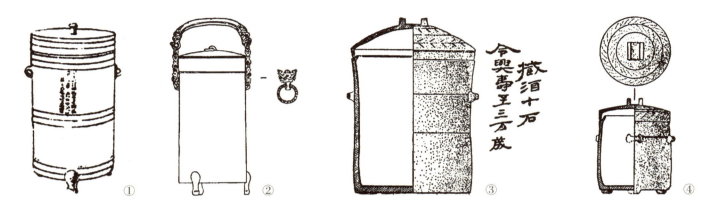

图3-3-2 汉代的"鋞"与"桱桯"

等别名之外，还有"筩"、"銅"等，[135]且确定了
这类器物的功用以盛酒、温酒为主，以盛羹与膏泽
及其在墓中也盛骨殖等为辅，他认为："鋞与桱桯
之间，在形制上其实也并无截然不可逾越的界限。
'鋞'与'桱桯'这两个名称在语言上无疑是有内
在的联系的。由竹桱桯演化而成的铜器称为鋞，由
竹桱桯演化而成的陶器称为经，二者显然是平行的
现象。"[136]即"桱"、"鋞"、"经"通假，"桱
桯"即"经程"，[137]并考订了这些名称在汉代分别
表示形制相同而材质不同的同类器物（图3-3-2①
②③④）[138]，也就是汉墓中常见的"三足提梁筩形
器"。以上这些结论，都是极有见地的。

三位先生的结论可归结为一点，即至晚在汉代，
作为酒器的"经"又名"经程"，属于陶器，基本形
制为偏长的直壁圆筒状器身，圈足或三足，带盖、
提梁。[139]显然，"圜直上"（《说文》）、"径直而
长"（周祖谟语）的"经程"，与"小颈、环口、修
腹"的"酒经"，并非一物。

然而裘先生却做了一个有问题的推论："酒经大
概也是这种陶提筩的一个名称。"[140]所谓"陶提筩"
就是裘文论定的盛酒陶瓦器"经程"或"经"，这
个推论说明裘先生推测"酒经"与"经程"所指器
物相同。

仔细比较裘先生的论文可知，他的推论是沿袭
沈元先生的意思而来，而沈先生的意思则原本于南宋
晚期王应麟。王应麟曾对《急就篇》"酤酒酿醪稽

135 沈元引用《说文解字注》六篇上"木部"："桱，桱桯也，东方谓之荡。"
并指出了段玉裁注的失误，可知"桱桯"又名"荡"（同上）。周祖谟则指
出"荡"亦名"篡"、"簜"（同上）。裘锡圭根据《急就篇》"芬薰脂粉
膏泽筩"句的颜师古注："膏泽者，杂聚取众芳以膏煎之，乃用涂发使润泽
也。筩者，本用竹筩，其后转用金玉杂物写竹状而为之，皆所以盛膏泽者
也。"认为望都2号汉墓出土的一件篡形而内盛化妆品的"鎏金圆筩盒"，
也可以称为"筩"；裘先生又以陈梦家、王国维等人的研究成果为线索，推
论《礼》、《史记》、《汉书》等记载的圆筒形的铜器、陶器"銅"，也就
是"鋞"，而这种青铜礼器最早见于商代，其功用可以盛羹、盛酒。见裘锡
圭《鋞与桱桯》，《文物》1987年9期31页。

136 裘锡圭《鋞与桱桯》，《文物》1987年9期31页。据裘锡圭先生介绍，日本
宁乐美术馆藏三足筩形器（失提梁）的器身刻有铭文"河平元年供工昌造铜
鋞，容二斗，重十四斤四两，护武、啬夫昌主，右丞谭、令谭省"。见裘先
生文，29页，图二。

137 对于《居延汉简甲编》1572号简（出土号293·1+293·2）记载的某将军器
物"桱桯二"，裘先生以按语的方式确证："桯，简文原作程，二字皆从呈
声，可通用。"见裘锡圭《鋞与桱桯》，《文物》1987年9期29页。

138 采自：裘锡圭《鋞与桱桯》图一至四，《文物》1987年9期。图①，咸阳马
泉西汉墓筩形器；图②，日本宁乐美术馆藏（失提梁），见：〔日〕林巳奈
夫主编《汉代的文物》插图95页，5-127；图③，广州龙生冈东汉墓陶提筩
及盖内墨书，见：《广州汉墓》上册324页图一九二；图④，广州3024号汉
墓提筩，见：《广州汉墓》上册271页图一六○：1。

139 周祖谟论定"桱"字义"径直而长"，如是则宿白训"经"为"修长"也不
失为有据。对于周先生的观点，裘锡圭是基本肯定的，他说："'桱桯'
这种酒器的得名仍可能如周先生所说，与器体'径直'有关。"但他同时
也指出，汉代的同类陶器不是一律长体，也有粗矮之物。见裘锡圭《鋞与桱
桯》，《文物》1987年9期30页。

140 裘锡圭《鋞与桱桯》，《文物》1987年9期31页。

   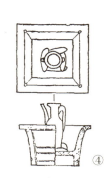

①　　　　　　　　　②　　　　　　　　　③　　　　　　　　　④

图3-3-3　北宋墓葬出土的执壶（含温碗）和陶温酒器举例

141　〔汉〕史游撰、〔唐〕颜师古注《急就篇》卷三第十七章，文渊阁四库全书本经部十·小学类二·字书之属。

142　参见沈元《〈急就篇〉研究》，《历史研究》1962年3期77页。

143　采自：《中国美术全集·工艺美术编·2·陶瓷（中）》图版一七二，上海：上海人民美术出版社，1988年。浙江海宁市硖石镇东山北宋早期墓出土青白瓷注子（执壶）、注碗（温碗），通高25.3厘米，注子高21.5厘米，注碗高14厘米，现藏浙江海宁县博物馆。

144　采自：四川省文物考古研究所、广汉县文物管理所《四川广汉县雒城镇宋墓清理简报》图版柒：9，图四：5，《考古》1990年2期128～129页。四川广汉雒城镇北宋元祐年间的一号宋墓（87glgM1）出土陶"温酒器"，属明器，敞口方盒，口长、宽皆8.4厘米，底长、宽皆4.8厘米，高5厘米，内置一执壶，高5.8厘米。

145　杜金鹏、焦天龙、杨哲峰编著《中国古代酒具》，上海：上海文化出版社，1995年，320页。

极（檠）程"句的〔唐〕颜师古注做过一个补注。颜师古的注文是："酤音沽。醪音劳。极，一作檠。今按，稽、极，当作稬、榘，音止、矩。"[141]王应麟的补注先节引《韩诗外传》（见沈元上引），继而又断章引用《侯鲭录》的意思作为补充："又陶器有酒经，晋安郡人饷酒云一经、二经至五经。"[142]遗憾的是，王应麟既未考明"经程"的形制，也没有完全引用赵令畤的原文，恰恰省去了"小颈、环口、修腹"等语，还臆造出一个"晋安郡人"。王应麟将"经程"与"酒经"并列，无形中视二者为一物。对此，沈先生没有沿着王应麟的轨迹多走一步，裘先生却以其推论表明他沿着王应麟的轨迹多走了半步。这不由得让人感叹，王应麟这位令人钦敬的大学者因一时疏忽而埋下误人陷阱，考古不易，可见一斑。

明确、肯定的结论是：《侯鲭录》记载晋安人盛酒的瓦壶"酒经"，与汉代甚至更早时期的盛酒陶器"经程"，即使二者都叫作"经"，所指绝非一物，它们具有不同的形制，是不同的时代分别创造的两种器物，其间相隔千年。

补充说明一点，经程与酒经的功用都可以盛酒，但是经程可以温酒，而酒经却不具备。两宋时期温酒的方法主要有二。一个是以温碗注热水，再把用于斟酒的注子（也称执壶）置于其中，这方面有大量的考古材料和图像资料为证（图3-3-3①②）[143]。二是以圆形的火炉或方形的火盆置炭火，将注酒的执壶置于其上，这方面也有丰富的考古材料（图3-3-3③④）[144]和传世图像作品为证。可见，两宋时期的盛酒和温酒是分别进行的两个行为，使用的是两种不同的酒器，也表明"酒经"与"经程"所指实非一物。

（二）"酒经"与"经程"之间的文化渊源和文化认同

尽管裘先生的推论是错的，但上述梳理的内容仍然表明"酒经"与"经程"在名称上存在关联，也就可以理解裘先生的推论得到某些研究中国古代酒具的学者附和，并提出如下设想："宋代酒经之名是否至少可上溯汉代乃至东周？"[145]

笔者以为"酒经"与"经程"这两个名称之间，如果说存在某种关系，那也只是一种在概念上的文化渊源关系，主要表现在以下三个方面。

首先，酒经与经程都是以盛酒为主要功用的陶器，两个名称的核心都是"经"字，其共同含义均为"长"，与二者所指器物给人以"长"的印象相一致。这些共同性表明了较早的"经程"和晚出的"酒经"之间存在可资认同的文化关系，"晋安人"对"酒经"的命名有一定的历史依据。

其次，"经程"的"程"字是另一个关键。在古汉语中，"程"字除被借用为表邑名、虫名等特定名词之外，其主要含义如法式、规章、效法、呈现、进度乃至道路等，都是从其作为古度量名、度量总名、计量等最原始的含义生发出来的。[146]在"程"的各种基本含义中，与容器相关的是"容量"，如《礼记·月令》"按度程"，郑玄注"程谓器所容也"；作为度量总名其实也表示"标准"，如《荀子·致仕》"程者，物之准也"，杨倞注"程者，度量之总名也"；表"法式"、"规章"等义的用法有"程式"等，也被使用得更为宽泛，如《韩非子·难一》"赏罚使天下必行之，令曰：'中程者赏，弗中程者诛。'"。这些含义表明，以"经"、"程"二字相合来命名一种酒器，其意义不止于上述沈、周、裘三位先生从语言、文字的角度研究得出的与"桱程"通假这样一种结果，而是蕴含了更深刻的内在理路。根据裘锡圭先生的意见，"桱程"、"鏗"、"经程"所指酒器的材质分别为竹木（以竹为主）、陶、铜，以理推之，竹之长短粗细有自然之数，以其造器含天成之义，但不易标准化；青铜在古代是最适于制作标准量器的材质，但是在当时作为一种贵重金属它又难以满足人们对盛酒器的普遍需要；只有陶这种材质，既廉价易得、随处可造，又便于造型以符合标准化的要求，因此盛酒陶器"经"不但易于流行，而且也易于满足"程"的要求。以酒经对比经程，前文梳理可知，两宋时期酒经（盛酒梅瓶）的特征之一正是容量一定（受一斗），到了明代，盛酒梅瓶以"瓶"的概念作为一个可供计量的实用性单位，还具有容量上的官方标准的意义。可见，"酒经"在容量上同样具备"程"的意义，体现了与"经程"之间的另一种历史关联，尽管二者的容量并不相同。

再次，"经程"与"酒经"的渊源关系还通过南宋以后文人的一再追记而作为一种文化认同才固定下来。这个有些"诡异"的问题需要稍作申说。

前文讨论过"酒经"一名在南宋中期已经讹变成"酒京"或"京瓶"，作为南宋晚期著名学者的王应麟，在酒经问题上的失误表明至少从南宋晚期开始，人们对"酒经"的认识已经越发模糊，重新回顾王应麟一案，进而对其后历代关于"经程"和"酒经"采取对举考辨的文献做一番梳理则不难发现，注意二者关系的大有人在，特别是明、清两代多有记述，大部分都沿袭了王应麟的陈说，但各家观点却不完全一致。

如在明代，朱谋㙔认为"经程……饮器也"，[147]不同于经程属盛酒器的通行观点；彭大翼则认为"五经，酒爵名"，[148]完全无视"酒经"的形制；晚明

146　《辞海·上》（第六版）"程"条，上海：上海辞书出版社，2010年，0483页。

147　〔明〕朱谋㙔《骈雅》卷四·释器："经程、凿落，饮器也"，文渊阁四库全书本经部十·小学类一·训诂之属。

148　彭大翼按序概述《侯鲭录》、《韩诗外传》等文献于其观点之后为证，见〔明〕彭大翼《山堂肆考》卷一百八十三"五经"条，文渊阁四库全书本子部十一·类书类。

149　〔明〕方以智撰《通雅》卷三十九"饮食"，
　　　文渊阁四库全书本子部十·杂家类二·杂考之
　　　属。按：方以智先后引《说文》、《通释》、《字
　　　书》、《急就篇》、《韩诗外传》、《侯鲭录》、
　　　《修酌注》等古文献为证，虽然观点较新颖，但基
　　　本观点也认为"经程"、"酒经"为一物。

150　陈元龙是在转引《韩诗外传》之后做此注语，复引
　　　《侯鲭录》"酒经"条作证，见〔清〕陈元龙撰
　　　《格致镜原》卷五十一·日用器物类三·诸饮器，
　　　文渊阁四库全书本。

151　〔清〕乾隆《钦定续通志》卷一百二十二"历代陶
　　　器"之"食器"："周官陶人作甀、盆、瓽、壶、
　　　簋、豆、瓺、甑、𦉥壶、灌瓮、经程"，在"经
　　　程"后附有四库馆臣小字按语："《韩诗外传》：
　　　'齐桓公饮诸臣，酒令曰:后者罚一经程。'盖酒
　　　器之大者。"见文渊阁四库全书本史部。

152　〔清〕吴绮《林蕙堂全集》卷二十《亭皋诗集》
　　　七言律，文渊阁四库全书本集部七·别集类六
　　　（清）。

153　采自：桂林博物馆编《靖江藩王遗粹——桂林博
　　　物馆珍藏明代梅瓶》图版69，上海：上海人民美
　　　术出版社，2000年。该瓶现藏桂林博物馆。

图3-3-4　明代靖江安肃王朱经扶夫妇合葬墓
（嘉靖四年，1525年，桂林）出土青花携酒寻芳
图梅瓶（0　　　　10 cm）

方以智则提出"止酒之程也。……盖象枳棋之诎曲，为酒经程，寓止酒之义"。[149]虽然方氏也认为"经程"、"酒经"为一物，但他描述的器物有"诎曲"之象，与具有"径直而长"的"经程"形象不同；清初大学士陈元龙认为"酒器之大者曰经程"，实则也将"经程"与"酒经"并列而视同一物；[150]乾隆《钦定续通志》继续附和这一观点，还依据齐桓公身处春秋时代而将"经程"列为"周官陶人"所作，时间远在汉代以前。[151]

　　尽管存在种种差异，以考据学的眼光来判断，这些观点也无多大价值，但是有证据表明，这些不辨正误的"传抄"、"发明"，作为一种营造文化氛围的手段，在中古时代却造成了相当影响。如清初才士吴绮有一首七律《偶题》，意在抒发作者对挂冠归田或离官归隐的向往，其首联是："绝似神仙陆地行，诗瓢画帙酒经程"，[152]活脱脱地勾画出一幅文人游历山水之间的图景。诗中描写的几般物件是宋代以来中国文人游山玩水绝不可少的标志：诗文书画和满瓶好酒。巧的是，这种诗意在历史上至少从南宋开始便已转化成绘画形态，在明代还成为一种固定的图式。如前引北京故宫博物院藏南宋《花坞醉归图》（图3-1-2②），以及1972年广西桂林市东郊明代靖江安肃王朱经扶夫妇合葬墓（嘉靖四年，1525年）出土的"青花携酒寻芳图梅瓶"上的人物纹（图3-3-4），[153]都表现了跟随文人马后的仆人挑着担子，前挂盛酒的梅瓶。以图证文，可知吴绮诗中所谓"酒经程"，既是指梅瓶形制的"酒经"，又表明作者认可"经程"作为它的另一个名称。

　　可见，把酒经与经程视为同一物，从南宋晚期开始逐渐成为一个认识传统，也开辟了一段将错就错以认定"酒经"名实文化渊源的认同史，其始作俑者便是王应麟。理清这段历史，与辨明"酒经"与"经程"所指器物的差异，对于认识这两个名称及其所指器物之间的渊源关系，具有同等重要的意义。

（三）作为中介的《酒经》

　　中国人自古好酒。魏晋时期，陶渊明式的饮酒和刘伶式的醉酒与魏晋风度一道，被寄予了深刻的生命意义和文化色彩，也作为一种风尚由唐人继承，以至于杜甫在盛唐写下的《饮中八仙歌》传唱天下，还成为中国画的一个题材而留下不少传世之作。

　　唐宋之际，与盛酒瓦壶"酒经"相关的两项技术都进入了突破性发展的转折阶段。一项是陶瓷技术。以工艺体系的形成和审美风格的成型为标志，中国陶瓷业在唐代形成了南青北白的格局，到了宋代，各色名窑已遍布南北，达到了成熟和繁荣，盛酒的"酒经"也在宋辽时期从中原遍及南北各方。另一项是酿酒技术。唐宋时期传统的黄酒仍是最主要的品种，但

产量大幅度提高，而中国特有的白酒——"烧酒"的酿造技术在宋金时期逐渐从炼丹术中脱离，最终出现了中国自产的蒸馏器和蒸馏酒。[154]这两个方面是盛酒瓦壶及其"酒经"一名得以流行的前提。

见证酿酒技术的突破和转折，是唐宋时期集中出现了一大批总结造酒经验、记录酿造配方、规范造酒程式、讲究各色酒器、搜罗天下名酒等为主要内容的《酒经》，以及各种与酒有关的谱、志类书，如苏东坡撰《东坡酒经》、林洪撰《新丰酒经》、朱肱撰《北山酒经》、李保撰《续北山酒经》，以及范成大撰《桂海酒志》、窦革撰《酒谱》，等等，其中最著名的是朱肱《北山酒经》，成书时间至迟在北宋政和七年（1117年）以前。[155]宋代的《酒经》如此之多，让中国文人从宋代开始又多了一件风雅事，读写《酒经》。如：

> 高挂酒经缘抱病，闲看药录为参方。（〔南宋〕李龏《秋初漫吟》）[156]
> 白酒浑忘送，皇天似不公……从唤酒经癖，聊纾花史忠。（〔南宋〕许月卿《暮春》）[157]
> 酒经丹诀非吾事，万卷书藏一老身。（〔元〕段克己《集虚书院》）[158]
> 清标自是欠花谱，远韵差堪著酒经。（〔元〕徐瑞《次韵仲退木犀一首》）[159]
> 凝仁山水秀，开堂修酒经。（〔元〕饶介之《醉赠秦文仲还三洲》）[160]
> 筑灶试丹诀，濡毫誉酒经。（〔明〕宋濂《杂诗》第二首）[161]
> 偶逢道士赠丹诀，闲课山童抄酒经。（〔明〕桑悦《赠萧时清》）[162]

以上诗句中的"酒经"非指酒瓶，而是与"药录"、"花史"、"丹诀"、"花谱"等同属文人喜读的闲书。这种现象曲折地反映了酿酒技术的传播与文人好酒之一斑，又衬托出北宋时期集中出现各种《酒经》所发生的影响。虽然现在还没有过硬的材料来证实这种影响与盛酒瓦壶"酒经"一名之间具有直接关系，但是二者在名称上完全相同，时间上也大致相合，当不会只是一个巧合，《酒经》的出现和流行对盛酒瓦壶"酒经"的传播很可能有促进的作用，《酒经》很可能也是将所指不同的早期"经程"与宋代"酒经"联系起来的中介。

与此相关的是，袁文在《瓮牖闲评》中考证"经瓶"时两次强调了"经"字（"当用经籍之经字"、"则知经瓶者，当用此经字也"），这是耐人寻味的。考虑到袁文是一位"覃思经学，尤深于《书》"的儒生乡贤，他的强调反映了理学在南宋趋盛之势。当时占主流的学风是立足经典、重视格物，旁及一切，归于道理，也有大量宋人注经，是记载和论述名物器用的多种宋人著作得以产生的背景。如此看来，《瓮牖闲评》对"经"字的强调，看似不屑于"今人"俗称，其深层原因正是宋代学风重"经"精神的反映，是对时代文化的回应，体现了时代的思想倾向和学术态度。

154　以往一般都认为中国的白酒是在元代从西亚传入的，原名"阿拉吉"，经李华瑞先生考证，宋金时期中国已能酿造出名为"烧酒"的白酒。见李华瑞《宋代酒的生产和征榷》"上篇"，保定：河北大学出版社，1995年，1～104页。关于中国自产的青铜蒸馏器和最晚在金代已酿造出蒸馏酒，见承德市避暑山庄博物馆《金代蒸馏器考略》，载于《考古》1980年5期。至于有一种中国在东汉已出现蒸馏酒的观点，尚不具备充分的证据，见王有鹏《试论我国蒸馏酒之起源》，载于《四川文物》1989年4期。

155　李华瑞对朱肱生平及其《北山酒经》有详细和深入的介绍，见上揭《宋代酒的生产和征榷》第一章，6～10页。

156　〔南宋〕李龏《秋初漫吟》七律一首，载于〔南宋〕陈起编《江湖后集》卷二十，文渊阁四库全书本集部八·总集类。

157　〔南宋〕许月卿《暮春》五古一首，出自许月卿《先天集钞》，收录于〔清〕吴之振编《宋诗钞》卷一百二，文渊阁四库全书本集部八·总集类。按：许月卿《暮春》诗前段直接描写了不少饮酒的内容，因此诗中的"酒经"在语意上理解为盛酒器"酒经"也是有可能的。

158　〔元〕段克己《集虚书院》七律一首，收录于〔清〕顾嗣立编《元诗选》二集卷一，文渊阁四库全书本集部八·总集类。

159　〔元〕徐瑞《次韵仲退木犀一首》七律，载于〔元〕徐瑞《松巢漫稿》二，收录于〔清〕史简编《鄱阳五家集》卷七，文渊阁四库全书本集部八·总集类。

160　〔元〕饶介之《醉赠秦文仲还三洲》五古一首，收录于〔明〕偶桓编《乾坤清气》卷二，文渊阁四库全书本集部八·总集类。

161　〔明〕宋濂《杂诗》五古第二首，收录于〔明〕曹学佺编《石仓历代诗选》卷二百八十五·明诗初集五，文渊阁四库全书本集部八·总集类。

162　〔明〕桑悦《赠萧时清》七律一首，收录于〔明〕曹学佺编《石仓历代诗选》卷四百三十六·明诗次集卷七十，文渊阁四库全书本集部八·总集类。

163　关于两宋时期政治、经济与文化重心南移的历史描述和讨论，参见张家驹《两宋经济重心的南移》，武汉：湖北人民出版社，1957年。

164　采自：杭州市文物考古所、杜正贤主编《杭州老虎洞窑址瓷器精选》图版16，北京：文物出版社，2002年。南宋官窑青瓷梅瓶（H3：47），高33.5厘米，浙江杭州老虎洞南宋官窑遗址出土，（杭州）南宋官窑博物馆藏。

165　〔南宋〕周密《齐东野语》卷四"避讳"条，北京：中华书局，1983年。《唐宋史料笔记丛刊》，张茂鹏点校。

图3-3-5　杭州老虎洞南宋官窑遗址出土青瓷盘
　　　　　口梅瓶（0 ——————— 10 cm）

三、"酒经"的传播与名称讹变

上文提到，"酒经"一名在北宋到南宋之间得到迅速传播，特别是随着偏安南方的南宋朝廷一起作为北方风俗南播至新都临安，以后传遍东南各地，这显然与宋代政治中心的南移带来经济和文化重心的南移直接相关。[163]考古发现南宋官窑烧造大量青瓷梅瓶可以证明这一点（图3-3-5）[164]，而南宋时期江南地区同类梅瓶大量增加也是一个佐证。同样，盛酒瓦壶的名称在南方日常用语中发生用字上的转变，也体现了时代文化变迁的某些特点。

袁文对"京瓶"来源的考证说明，"经"、"京"混用与这两个字的发音有关。〔南宋〕刘渊编著《壬子新刊礼部韵略》分107韵，嗣后〔金〕王文郁编著《平水新刊韵略》分106韵，二者均称"平水韵"，基本反映了唐宋时期作诗用韵的实际发音状况。现在通行的清康熙年间编定的《佩文韵府》分106个韵部，即源自这两部韵书。在平水韵中，"京"、"经"仍分属两个不同的韵部，即"下平八庚"和"下平九青"，却是两个同音临韵。不同韵部的字在绝句和律诗的韵脚中不能混用，但是临韵字在口语中却是极易混淆的，"京"、"经"两字便是如此。

〔南宋〕周密《齐东野语》载："蔡京在相位日，权势甚盛，内外官司公移皆避其名，如……蔡经国闻京闽音，称京为经，乃奏乞改名纯臣。此尤可笑。"[165]虽然古礼有"礼不讳嫌名"（《礼记》曲礼上）的原则，但唐宋时期因某人位重爵显而群起避其名讳的现象在宋代笔记中不止这一例，足见时风所向。这个例子为我们寻找两宋之交"酒经"或"经瓶"讹变成"酒京"或"京瓶"的关键，提供了有力的证据。

细品周密这条笔记，文中明确表示称"京"为"经"，是"闽音"里的情况，并不意味着北宋都城所在的中原地区也是如此，但是在蔡京权倾朝野的徽宗时期，南方音在一定程度上可能也渗透和影响到了北方的中原地区。这种现象在当时也许并不是偶然和孤立的，而是与北宋后期各级政府的关键职位多为南方文人所占据恐怕有着直接联系，促使各方面的南方因素在中原逐渐增多，影响所及，也使得市井平民甚至士大夫阶层在某些方面如发音上也表现出南方化的特征。这是称京为经、经京混用现象的社会土壤。

由于中国名物制度自汉代以后就不再像上古时期那样严格，同音相假往往多有，如上文论及的"鋞"、"桱"、"经"、"檠程"、"桯程"、"经程"等，民间的随意运用更不待言。"酒经"一名在流传过程中因口语同音机制的作用而导致以讹传讹，衍生出以"京"代"经"的"酒京"或"京瓶"，久而久之也相沿成习，见怪不怪，甚至在临安周围地区还出现了关于"京"字的臆测。但是这对于当时以证经辨史为务的儒生看来，却是寻源辨正的分内事。

166　吴承洛《中国度量衡史》第一七表"中国
　　历代升之容量标准变迁表"，上海：上海
　　书店，1984年，71页。按：此著为上海书
　　店1984年版"中国文化史丛书"第一辑，
　　据商务印书馆1937年版复印。

167　此瓶肩腹布满均匀含蓄的瓦棱纹，仅足沿
　　一周露胎，胎色灰白，里外施酱釉，光泽
　　含蓄，局部呈深茶叶末色，肩部一侧有较
　　粗糙的落渣。比对河北磁县观台磁州窑遗
　　址的考古发掘材料可知，该瓶年代介于北
　　宋晚期到金代，属磁州窑烧造的无饰纹深
　　色釉粗胎器。

168　冯先铭先生认为："宋代经瓶容量以一升
　　者居多"，见冯先铭《宋"天威军官瓶"
　　考》，《故宫博物院院刊》1995年S1期54
　　页。冯先生的这个说法与《侯鲭录》所载
　　容积相差十倍，推算其相应的高度只有10
　　厘米左右，绝非"大瓶"，如此小的"经
　　瓶"在宋金时期也并非常见，显然有误。

169　〔南宋〕赵彦卫《云麓漫钞》卷第六"金
　　国每年贺正旦生辰遣使"条，沈阳：辽宁
　　教育出版社，1998年，60页。

作为器物的"酒经"所指

作为梅瓶曾用名中的专名特例，"酒经"等一系列名称之"专"，主要表现在其所指器物具有独特的器形样式和尺度。这可以分为酒经形制大体和具有标志性意义的局部特征来进行考察和确定。

一、酒经形制大体

（一）酒经有明确的容量和相对稳定的尺度

酒经的大体形制即《侯鲭录》所载"其制小颈、环口、修腹，受一斗"，这原本不必多说。但是今天的作者在引用这段笔记时，往往只注意"小颈、环口、修腹"，大多忽略了"受一斗"，前三个特点当然很重要，但是忽略"受一斗"，便忽视了"酒经"所指器物最重要的"体量"特征。

"受一斗"是一个明确的容量。根据吴承洛先生早年的研究，宋制1斗为10升，若以民国量制为例，宋制1升合今制0.6641升，则宋代1斗合今制6.641升。[166]笔者曾以自藏一件高35厘米的磁州窑卵形酱釉梅瓶做过注水测算实验（图3-4-1），[167]结果表明，该瓶容量正好是今制5升，比宋制"一斗"还差1.641升。据此估算，若将北宋的橄榄形或卵形梅瓶确定为"酒经"，则这类"受一斗"的梅瓶高度应在40厘米左右；若将瘦高体的鸡腿状梅瓶（即俗称"鸡腿瓶"）确定为"酒经"，则这类"受一斗"的梅瓶高度至少要达到50厘米或更高。

正如袁文所言，"经瓶"属于盛酒"大瓶"，当主要指上述两种尺度，[168]即宋人所谓酒经或经瓶的高度应介于40～50厘米之间，根据腹径处的宽窄其高度可能略有伸缩。

这就是两宋时期酒经的"标准"容量和相应尺度。《云麓漫钞》"金国每年贺正旦生辰遣使"条载，南宋朝廷给金国"顿食使副每分"的物品中有"酒一斗"，[169]其酒瓶应该就是通行容量单位的"酒经"。可以说，文献记载酒经的

图3-4-1　宋金时期磁州窑酱釉梅瓶（高35厘米，容量合今制5升）　（0 ⊢—⊢—⊢—⊢ 10 cm）

170　河南省文物研究所、密县文物保管所《密
　　　县五虎庙北宋冯京夫妇合葬墓》图版八：
　　　6，《中原文物》1987年4期。

171　郑州市文物考古研究院《郑州高新区贾庄
　　　宋金墓葬发掘简报》图十三，《中原文
　　　物》2009年4期。

172　〔日〕小山富士夫编《宋磁》图版32，东
　　　京：聚乐社，1943年。

173　赵青云《洛阳涧西宋墓（九·七·二号）
　　　清理记》图五：中，《文物》1955年9期。

174　河南省文化局文物工作队《河南省鹤壁集
　　　瓷窑遗址发掘简报》图版贰：9，《文物》
　　　1964年8期。

175　林士民《浙江宁波天封塔地宫发掘报告》
　　　图六七，图六八，《文物》1991年6期。

"受一斗"及相应尺度，是"酒经"等一系列名称所指器物的基本规定性。

　　反观考古材料和传世实物，符合上述两种形态、两个尺寸的梅瓶在五代、北宋和辽代的中原和北方窑场中很普遍，南方相对较少，同时在总体上又存在着大量尺寸不同而器形相类的遗物，即使是中原和北方地区的梅瓶，在高度上也有很大差异。高大器物如，河南密县曲梁公社五虎庙村北宋嘉祐八年（1063年）冯京夫妇合葬墓出土的3件红胎茶青色釉梅瓶，器形、胎釉、尺寸都相同，其一（标本：26）高52.7厘米（图6-2-11③），[170]河南郑州市高新区贾庄北宋晚期墓M71出土的一件酱釉梅瓶（M71：1）也高达52.8厘米（图6-2-12①），[171]有些精美的传世品，像日本的芦屋山口谦四郎藏白地黑剔花开光缠枝纹梅瓶，高度还达到了58厘米（图6-2-19③）；[172]矮小的器物如，河南洛阳涧西北宋墓（九·七·二号）出土的一件白釉梅瓶，高26厘米（图6-2-15①），[173]河南鹤壁集瓷窑址出土一件金代白釉黑彩画花撇点纹梅瓶，高23厘米（图7-2-3③），[174]而浙江宁波南宋绍兴十四年（1144年）天封塔地宫遗址出土一对白釉褐彩画花朵云朵花纹梅瓶，高度仅9.8厘米和10厘米（图7-2-11① ②），[175]而这两件梅瓶可以肯定烧造于中原地区。至于一些器形会引起争议是否属于梅瓶的矮小器物，以及非陶瓷质地的梅瓶，尺寸一般都很矮小。

　　从10厘米左右到60厘米左右，容量当然也大小不定，两宋时期梅瓶的尺度、容量相差悬殊，与文献明确记载酒经容量为"受一斗"和相对稳定的尺度（与酒经器形相关）存在明显的出入。综合以上内容可知，两宋时期梅瓶的尺度和器形多种多样，而"酒经"所指只是其中容量"受一斗"、尺度在40～50厘米高的器物，是当时梅瓶中的常规形态。仅就这一点而言，也表明"酒经"、"经瓶"等名称是两宋时期梅瓶曾经使用过的"专名特例"。至于在容量和尺度方面与此不合的器物，当与使用场合和使用方式有关，虽然不能说它们就不是"酒经"，至少不是酒经的常规形态，而这部分器物的遗存数量和形态变化却是更为丰富的。

（二）酒经的器形

　　"小颈、环口、修腹"这六个字，以中国文化特有的拟人化手法对酒经形制做了描述。尽管"口、颈、腹"所指不难理解，关乎形状的修辞"小"、"环"、"修"，因语意的宽泛性或实指的相对性而不易断明，所谓"长短相形……恒也"（《老子》第二章）。

　　此六字一方面指出酒经形制可以归纳为口、颈、腹三个最基本的部位，没有其他"附件"，但并不否认盖、座等"配件"的存在，另一方面也简约而集中地强调了这三个部位的形式特点，概述了酒经器形修长、整体浑然的特征。若仅以此来比较近代谈瓷著作所描述的梅瓶形制，似乎除了"宽肩"、"肩极宽博"等特点，二者基本吻合。

图3-4-2　北宋耀州窑和西夏灵武窑大口梅瓶举例　（⊢⊥⊥⊥⊥⊥⊥⊥⊥⊥⊣ 10 cm）

　　具体而言，"小"字所指不会是高大、宽敞、开放，应以短、小为义。由于口、颈部相连，故"小颈"制约着读者对酒经"口部"的尺度想象，与两宋时期梅瓶口部多呈短小的普遍特点相符。反之可以推定，两宋时期一些口、颈部偏大的梅瓶样式，便不属于"酒经"所指。如发掘者把西夏灵武窑（宁夏灵武磁窑堡窑址）出土的黑釉剔划花、白釉剔划花和白釉的大口梅瓶称为"经瓶"，就不妥当了（图3-4-2①②）[176]。这类口颈部偏大的梅瓶还有陕西铜川市黄堡镇耀州窑址出土的青釉刻花器（图3-4-2③）[177]。

　　"修腹"之"修"，宿白先生释为"长"，指酒经瓶身修长。[178]这个观点在中外学者中以往均无疑议，如孙机先生描述初唐墓葬线刻"梅瓶"的形象时，称之为"长瓶"（图3-4-3）[179]，日本学者则将辽、金、元时期的"鸡腿瓶"称为"长壶"。[180]这个观点的流行给人造成了一个印象，即"酒经"所指均为瓶体"瘦长"或"瘦高"的一类梅瓶（俗称鸡腿瓶）。但是通过文献还原宋人的意识，当时的情况可能并非如此。

　　北宋徐兢在成书于宣和六年（1124年）的《宣和奉使高丽图经》里，也以"修腹"来描述他在高丽见到的"翡色"青瓷"净瓶"的形制，文曰："净瓶之状，长颈修腹，旁有一流，中为两节，仍有辘轳，盖颈中间有隔，隔之上复有小颈，像簪笔形，贵人、国官、观寺、民舍皆用之，惟可贮水，高一尺二寸，腹径四寸，量容三升。"[181]今天我们仍然能看到相当于北宋末期至南宋初期（12世纪前半叶，约从高丽肃宗后期经睿宗到仁宗时期）的高丽翡色青瓷"净瓶"实物，如韩国国立中央博物馆藏高丽"青瓷阳刻芦苇水禽纹净瓶"（图3-4-4①）[182]，其器形与北宋前期定窑白瓷净瓶基本相同，后者如河北省定县北宋太平兴国二年（977年）静志寺塔基和端拱元年（988年）净众院塔基的出土物

176　采自：中国社会科学院考古研究所《宁夏灵武窑发掘报告》图版三七：1，北京：中国大百科全书出版社，1995年；中国社会科学院考古研究所内蒙古工作队编、马文宽主编《宁夏灵武窑》彩斑图4，北京：紫禁城出版社，1988年。

177　采自：陕西省考古研究所、耀州窑博物馆《宋代耀州窑址》图一四四，北京：文物出版社，1998年。经处理。

178　宿白《白沙宋墓》注释40，北京：文物出版社，1957年，31~32页。

179　采自：孙机《唐李寿石椁线刻〈侍女图〉、〈乐舞图〉散记（上）》图三（局部），《文物》1996年5期。按：此图为陕西三原县焦村唐贞观五年（631年）淮安靖王李寿墓石椁线刻《侍女图》摹本。

180　〔日〕长谷川道隆著、杨晶译《辽、金、元代的长壶》，《北方文物》1997年2期。

181　〔北宋〕徐兢撰《宣和奉使高丽图经》（四）卷三十一·器皿二"净瓶"条，载王云五主编《丛书集成·初编》，上海：商务印书馆，民国二十六年（1937年），一〇七页。

182　采自：〔韩〕郑良谟著、〔韩〕金英美译、金光烈校《高丽青瓷》图版50，北京：文物出版社，2000年。按：此瓶为该馆宝物第344号，高34.2厘米、口径1.3厘米、足径9.3厘米。有关其年代，除该著图版说明之外，还可参见该著"10~14世纪高丽王朝与中国五代至明朝年代对照表"，41~55页。

图3-4-3　陕西三原唐李寿墓石椁线刻
《侍女图》（摹本）局部

①　　　　　②　　　　　③　　　　　④　　　　　⑤

图3-4-4　高丽青瓷净瓶、北宋定窑白瓷净瓶、辽代凤首瓶等器物举例

183　采自：《中国陶瓷·定窑》图版43、48，
　　　上海：上海人民美术出版社，1983年。
　　　前者高30.6厘米、口颈1.1厘米，无刻花
　　　饰纹；后者高31厘米、口颈1.1厘米，带
　　　"官"字款并刻莲瓣纹。两瓶均藏于定县
　　　博物馆。

184　辽宁省博物馆藏辽代绿釉凤首杯口瓶，高
　　　41.3厘米。采自《中国美术全集·工艺美术
　　　编·2·陶瓷（中）》图版217，上海：上
　　　海人民美术出版社，1988年。

185　采自：《中国美术全集·工艺美术编·2·
　　　陶瓷（中）》图版216，上海：上海人民美
　　　术出版社，1988年。辽宁省博物馆藏辽代
　　　黄釉划花牡丹纹长颈瓶，高36.3厘米。

（图3-4-4②③）[183]。结合实物可知，徐兢描述的净瓶"修腹"实由宽肩、鼓腹、敛胫以及隐圈足或饼形足构成，并不像鸡腿瓶那样瘦高，形似瓜状。按图索骥则不难发现，宋辽时期还有很多种瓶类器物都具有"修腹"特征，如辽代的"凤首瓶"（图3-4-4④）[184]、"长颈瓶"（图3-4-4⑤）[185]等，在北宋梅瓶里，也同样存在类似净瓶"修腹"的器形样式（图6-2-15②、图6-2-12⑤）。如此看来，尽管"修腹"是酒经的显著特点，却不是酒经的专属特点。若以净瓶的"修腹"做参照，赵令畤描述酒经的"修腹"就不能排除其可能具有"宽肩"、"饼形足"等特征，因此对酒经形制的理解也就不应该仅仅局限于以往大家所认定的"瘦高体"、"隐圈足"的形态，这种形态只能说是"修腹"之一种。酒经之"修腹"具有远为丰富的内容。

　　赵令畤的记录概括了酒经形制的大体特征，以"受一斗"、腹部的"修"和口、颈部的"小"等特征做了基本的规定。同时他的记录还有一个特点，即按照顺序来强调了酒经的形式特点，其中以"环口"直接描述了酒经口部的具体形象，使之成为酒经器形的标志性部位。

二、"环口"所指与酒经的样式

　　确定"环口"具体所指，有助于深入认识酒经的形制和具体样式。所谓"环口"，意指酒经口部形状如"环"，会意的要点在于了解"环"字所指形象及特点。

　　古人把环形器的内孔称为"好"，把实体部分称为"肉"。针对这两部分比例大小不等的现象，汉儒做了系统化区分，分别命名为"璧"、"瑗"、"环"，如《尔雅·释器》称："肉倍好谓之璧，好倍肉谓之瑗，肉好若一谓之环。"考古发现的古代环形器则并非如此整齐划一。对此，可以参照夏鼐先生考察玉质环形器的一个观点："可以将孔部和体部大致若一或孔较小的都称为玉璧。至于有些体部窄细而孔大的，我以为可以称之为玉环。这种玉环，汉代少见。其中大的作镯子之用的，可称为玉镯。"[186]另据《说文》云："瑗，大也，璧也。"故一般而言，璧、瑗在尺度上多大型器，环则较小，外径以10厘米以内较为常见。

除此之外，要确定"环口"的具体所指，还要确定记录"环口"的赵令畤对"环"的判断，这是一个可操作的具体途径。所谓知人论世，赵令畤是北宋晚期人，一定熟悉北宋时期环的各种样式，此其一；他是当朝宗室，且与苏东坡等当代大名士交往密切，因此他也一定熟悉北宋皇朝自始至终致力于古礼复兴，以及当朝兴起的金石学等所普及的古代器物知识，包括对古环的认知，当然他也会了解"环"字的含义，此其二。这两个方面关联着记录者的现实感受及其古典文化知识，前者关乎北宋时期的环，后者主要是指古环的形状。因此，通过梳理这两部分环的有关内容，确定其与唐宋以来梅瓶口部有关形态相对应的关系，也就可以确定酒经"环口"的具体所指。

下面根据考古成果先分别介绍北宋以前和北宋时期环的器形样式分类。需要说明的是，这个分类未能建立在全面梳理的基础上，仅以笔者所见的部分考古材料为例，因此其未必全面。

（一）"古环"的器形样式

"环"字在广义上可以指历史上所有的环形器，除了独立的个体，还包括作为佩饰、建筑、器物等的部件。据研究，中国的环形器起源很早，在旧、新石器时代交替之际就已经出现，[187]新石器时代的先民已经用陶、玉石、骨蚌等多种材质制作了多样化的环形制品。[188]进入文明时代以后，环的器形逐渐规范化，在商周时期属于常见器物。考古材料显示，环的流行高峰期是从春秋战国到秦汉时期，而且确立了中国环的器形样式类型。诸样式是根据环肉断面的不同形状而确定的，大致如下：

第一类，环肉断面呈"正圆形"，其肉宽在各类样式中是最细小的。如春秋晚期秦国玉环（图3-4-5①）[189]、西汉鎏金铜环（图3-4-5②）[190]、东汉铜环（图3-4-5③）[191]。这也是古今环中最常见的样式，有各种材质的大量遗物，还常常作为古代建筑或器物的铺首衔环等部件。

第二类，环肉断面呈"扁平矩形"。这种样式的环，与璧、瑗的器形很接近，因此有些遗物在今天常有不同的命名。参照上述夏鼐先生的意见，可以看到这种环在西周中期已经出现（图3-4-5④）[192]，而西汉早中期的青玉环（图3-4-5⑤）[193]，以及西汉中晚期的滑石环（图3-4-5⑥）和青玉环（图3-4-5⑦），[194]与璧的器形就非常相似。

186 夏鼐《汉代的玉器——汉代玉器中传统的延续和变化》，《考古学报》1983年2期131页。

187 参见高春明《古代服饰名物考》，载于《中国服饰》，上海：上海文化出版社，2001年。

188 参见秦小丽《新石器时代环形饰品研究》，载于《考古学报》2011年2期。

189 采自：宝鸡市考古工作队《宝鸡市益门村二号春秋墓发掘简报》图版贰：3，《文物》1993年10期6页。

190 采自：徐州博物馆《江苏徐州市奎山四座西汉墓葬》图版伍：2，《考古》2012年2期28页。

191 采自：辽宁省文物考古研究所《河北正定野头墓地发掘简报》图一四：3，《文物》2012年1期48页。

192 采自：陕西省文物管理委员会《长安普渡村西周墓的发掘》图版陆：5，《考古学报》1957年1期84页。

193 采自：《江苏徐州市奎山四座西汉墓葬》图一六：2，《考古》2012年2期30页。

194 采自：徐州博物馆《徐州拖龙山五座西汉墓的发掘》图三四：12、13，《考古学报》2010年1期127页。

195　采自：湖北省文物考古研究所、黄冈市博物馆、黄州博物馆《湖北黄州楚墓》图版贰拾叁：8，图三九：3，《考古学报》2001年2期256页。

196　采自：《宝鸡市益门村二号春秋墓发掘简报》图版贰：2，图一二：3，《文物》1993年10期6页。

197　采自：辽宁省文物考古研究所《河北正定野头墓地发掘简报》图一四：2，《文物》2012年1期48页。

198　采自：湖北省文物考古研究所、黄冈市博物馆、黄州博物馆《湖北黄州楚墓》图三九：2，《考古学报》2001年2期256页。

199　采自：辽宁省文物考古研究所《河北正定野头墓地发掘简报》图一四：4，《文物》2012年1期49页。按：发掘报告描述此环截面呈"椭圆形"，误。

200　采自：广东省文物考古研究所、普宁市博物馆《广东普宁龟山先秦遗址2009年的发掘》图二三：1，《文物》2012年2期14页。发掘者对该墓断代为距今约3000年前，相当于商末西周初。

201　采自：湖北省文物考古研究所、黄冈市博物馆、黄州博物馆《湖北黄州楚墓》图四二：8，图版贰拾叁：2，图四二：7，《考古学报》2001年2期258页。按：发掘报告称后者截面为"桃形"，从其提供的线描图来看，实为较圆缓的八棱形。

202　采自：《宝鸡市益门村二号春秋墓发掘简报》图一二：1，《文物》1993年10期6页。发掘者称此环为"璧"，原因似为其好径较小而"肉大于好"，但其小尺寸和肉径形状均不是璧之常态，实与同墓"金环"同属于多棱形环。

203　采自：《宝鸡市益门村二号春秋墓发掘简报》图五（上中），图九：3，《文物》1993年10期4页。

204　采自：《江苏徐州市奎山四座西汉墓葬》图版柒：3，图一六：5，《考古》2012年2期30页。

第三类，环肉断面呈"椭圆形"或"扁圆形"。这也是极为常见的一类样式，从东周时期的楚国（图3-4-5⑧a、b）[195]到秦国（图3-4-5⑨a、b）[196]，以及东汉晚期（图3-4-5⑩）[197]都存在，似乎是第一和第二类样式综合后的变体。

第四类，环肉断面呈"横剖半圆形"，即环的正面为弧面，背面为平面，东周时期的楚国即已出现（图3-4-5⑪）[198]。

第五类，环肉断面呈近似矩形的"面平唇圆形"，即肉部正背两面（上下面）为平面，外缘呈弧形。这类样式略近璧形，但肉部一般较厚，尺寸也小（图3-4-5⑫）[199]。

第六类，环肉断面呈"多棱形"或"多角形"，环肉的上下两面一般都采取对称的形式，不分正背面，因断面形状差异而在肉面和两缘留下了大小不同、数量不等的同心圆棱边，使角度不同的折面在任何情况下都能折射一定的光，这样的表面不宜施加饰纹，故实物均为素面，只有材质不同的纹理，呈现出严整、含蓄而不失富贵气息的装饰风貌。这是很有特色的一类样式，在商周时期已经出现，主要流行于春秋战国时期，至西汉仍较为流行。

根据环肉断面形状的不同，这类环依棱数多少而分为4个亚型样式：

样式六1，环肉呈三棱形，目前所见实物有早到商末周初的遗存，而且尺寸较大（见图3-4-5⑬）[200]；

样式六2，环肉呈八棱形，有东周时期的楚国遗物（图3-4-5⑭、⑮a、b）[201]和春秋晚期的秦国遗物（图3-4-5⑯）[202]；

样式六3，环肉呈六棱形，见春秋晚期秦国遗物（图3-4-5⑰a、b）[203]；

样式六4，环肉呈四棱形，有西汉早中期遗物（见图3-4-5⑱a、b）[204]。

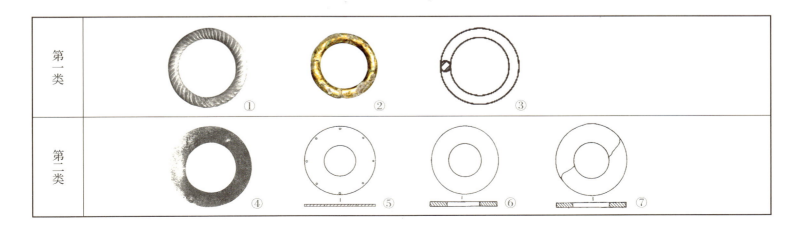

| 第一类 | ① | ② | ③ |
| 第二类 | ④ | ⑤ | ⑥ | ⑦ |

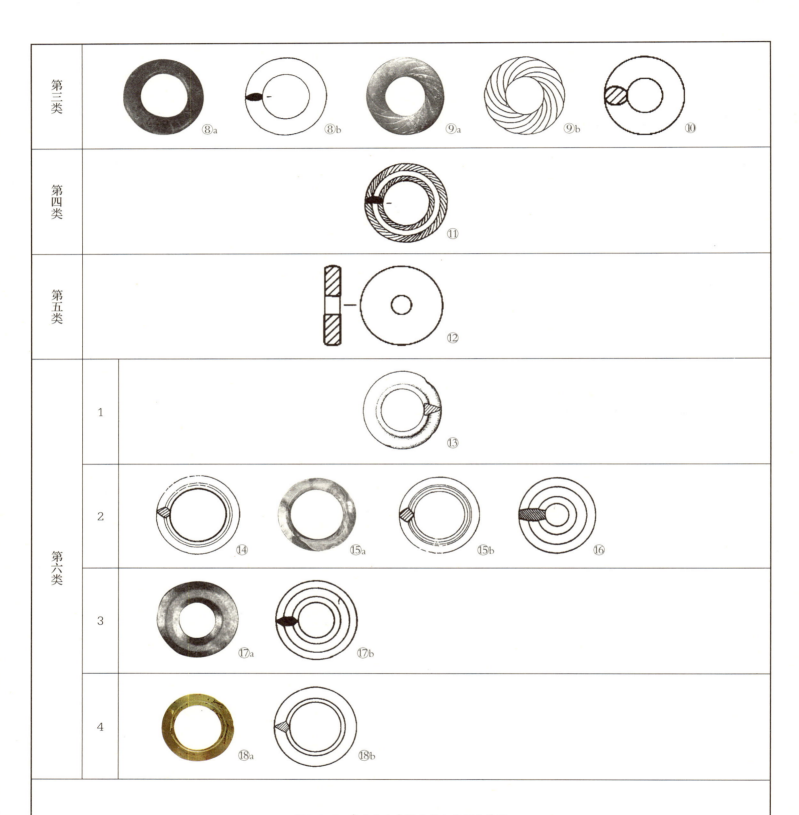

图3-4-5　考古出土中国古代六类环式举例

④西周中期玉环，陕西长安；①⑨⑯⑰春秋晚期秦国绚索纹玉环、金环，陕西宝鸡；⑧⑪⑭⑮东周楚国铜环、水晶环，湖北黄州；⑬先秦黑色板岩石环，广东普宁；②⑤⑥⑦⑱西汉鎏金铜环、玉环、滑石环、玛瑙环，江苏徐州；③⑩⑫东汉铜环、滑石环，河北正定。

205 采自：朱晓东《物华天宝——吴越国出土
文物精粹》图版200，北京：文物出版社，
2010年；杭州市文物考古所、临安市文物
馆《浙江临安五代吴越国康陵发掘简报》
图五〇：5，《文物》2000年2期32页。

206 扬之水《读物小札：金环》，《南方文
物》2012年1期132、133页。

207 采自：中国社会科学院考古研究所长江工
作队《鄂西北地区三座古墓》图七：4，
《考古》1990年8期715页。

208 采自：成都市文物考古研究所、彭州市
博物馆《四川彭州宋代青铜器窖藏》图
二一：4，《文物》2009年1期69页。

209 采自：黄冈地区博物馆、英山县博物馆
《湖北英山三座宋墓的发掘》图九：9、
10，《考古》1993年1期35页。

210 采自：衡阳市文物工作队《湖南耒阳城关
六朝唐宋墓》图三四：14，《考古学报》
1996年2期270页。按：发掘报告称此环断
面呈"扁圆形"，不确。

211 采自：辽宁省文物考古研究所、阜新市考
古队《辽宁阜新县辽代平原公主墓与梯
子庙4号墓》图版拾贰：8，图一五：13，
《考古》2011年8期58、64页。

212 采自：方明达、王志国《绥滨县奥里米辽
金墓葬抢救性发掘》图版四：1，《北方文
物》1999年2期39页。

213 同上，37页。

214 采自：辽宁省朝阳县文物管理所《辽宁朝
阳县联合乡金墓》图八：3、4，《华夏考
古》1996年3期64页。

215 采自：成都市文物考古研究所、彭州市
博物馆《四川彭州宋代青铜器窖藏》图
二一：2，《文物》2009年1期68页。按：
据发掘者研究，这批窖藏青铜器大部分是
南宋仿汉代制品，此环为整器铸造成型，
再锤鍱加工细部，雷纹采用失蜡法做成。

（二）五代、两宋时期的环

就笔者所见考古材料，北宋的环发现不多，目前只见有两个样式的北宋环。我们还可以将考察视野适当扩及五代，以及与北宋并存的辽代，甚至还可以适当关注晚于赵令時时代的南宋和金代。因为这几个历史阶段与北宋有较密切的纵向连贯和横向交流的关系，基本上可以视为一个历史时空的整体，环这种器物在其间也表现出较明显的共通性。例如：

浙江临安五代后晋天福四年（939年）吴越国王钱元瓘元妃马氏墓（康陵）出土"金环"1枚（采：89），断面呈扁平矩形，参照上文属样式二，其外径5.5厘米、内径3.7厘米、厚0.2厘米（图3-4-6①a、b）[205]。此环素面，有断痕，据研究其很可能是裂裟环，而且扬之水女士还依据文献指出，这种环最早可能见于唐代，至北宋则大盛。[206]可以确定北宋时期大量存在样式二的环。

北宋最常见的器形是环肉断面为正圆形的样式，也就是上述分类的样式一，如宋墓中常见的"棺环"（图3-4-6②）[207]。在南宋大量仿制古代的青铜器部件"铺首衔环"中也常见这种环（图3-4-6⑨）[208]。在北宋晚期，环形的"金佩饰"（图3-4-6③）和"银手镯"（图3-4-6④）也属于样式一的形式。[209]

北宋环还有样式五，如湖南耒阳北宋晚期墓（M204）出土淡白色"玉环"1枚（M204：4），外径1.6厘米、内径0.5厘米、肉厚0.6厘米（图3-4-6⑤）[210]，肉部较窄，断面接近正方形。

样式五的实例还见于辽、金两朝，表明这种环形在两宋时期的普及程度和沿用性都比较高。如辽宁阜新县乌兰木图山辽重熙二十年（1051年）平原公主墓（XM3）出土白玉"环"1枚（XM3：37），外径2.2厘米、内径0.9厘米、肉厚0.33厘米（图3-4-6⑥a、b）[211]。晚至金代，如黑龙江绥滨县奥里米金中后期五国部女真族墓（M3）出土"玉环"1枚（98SOM3：4），外径4.4厘米、内径2.7厘米、肉厚0.6厘米，青白玉，精磨，发掘者认为是"腰间佩带的饰物"（图3-4-6⑦）[212]。发掘者指出，与后者同时出土的"定瓷片"说明远在松花江下游的金代女真族与内地汉族地区有密切的关系，[213]可以推断，带有强烈中原文化色彩的这件玉环可能也是由内地传到松花江流域的。

环肉断面呈多棱形的样式六，在两宋时期也有所见，但目前得知的实例年代较晚。如辽宁朝阳县联合乡大三家子村金代中晚期墓出土"玉环"2枚，外径3.3厘米、厚0.5厘米，其"通体磨光，白色玉质，做工精细"，应该也与中原有关（图3-4-6⑧）[214]。

在南宋仿古青铜器上也使用了多棱形的环作为部件，如四川彭州南宋青铜器窖藏出土"圆环形耳"2枚，其一（CPJ：5），外径13.5厘米、内径9.3厘米、高1.2厘米，上槽深0.3厘米、下槽深0.6厘米，圆环截面呈"工"字形，内外缘均外凸成棱，上下面呈凹槽，上槽内底满饰变形雷纹（图3-4-6⑩）[215]。这是样式六的变体。

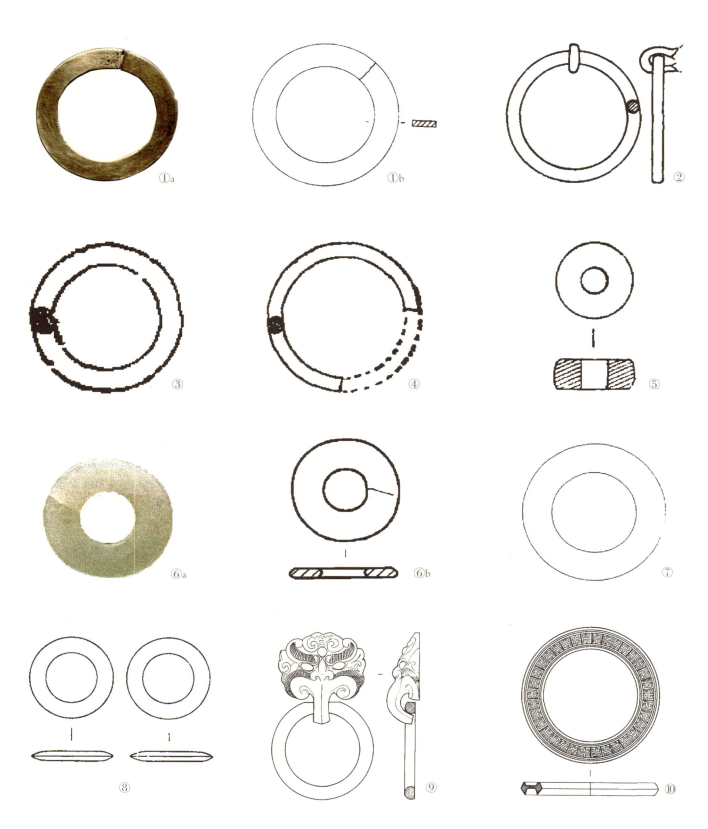

图3-4-6　五代两宋时期的环及环形器举例

　　将考察范围扩至五代和整个两宋时期之后，发现当时的环仍然有比较丰富的器形，所见有4个样式，都是春秋战国到秦汉时期曾经出现过的。

（三）酒经的5种"环口"样式

　　如果以上述各类样式的环形为参照，对比梅瓶滥觞期的隋唐、过渡期的五代和繁荣期的宋元（两宋、辽、金、西夏、元）等各时期的梅瓶口形，显示出大致有5种口形与5类环形相对应（见图3-4-7）：

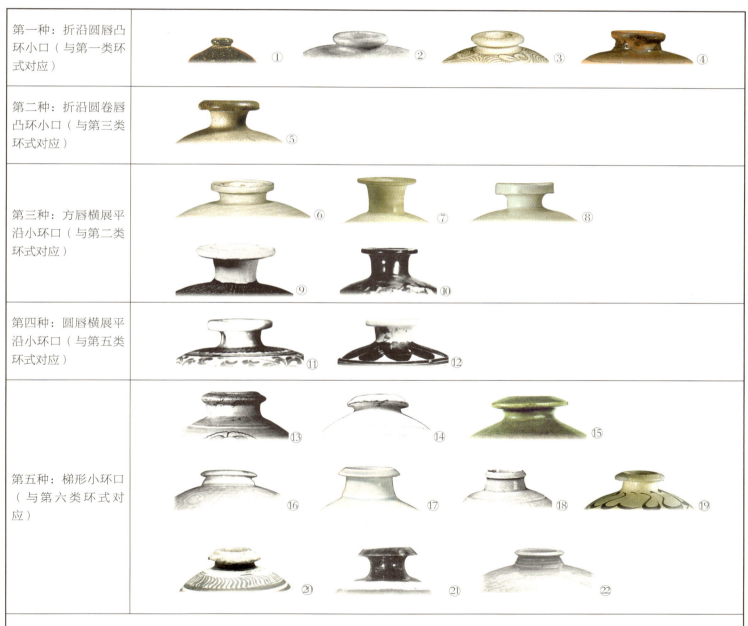

第一种：折沿圆唇凸环小口（与第一类环式对应）	
第二种：折沿圆卷唇凸环小口（与第三类环式对应）	
第三种：方唇横展平沿小环口（与第二类环式对应）	
第四种：圆唇横展平沿小环口（与第五类环式对应）	
第五种：梯形小环口（与第六类环式对应）	

图3-4-7　梅瓶5种"环口"举例

①隋，②唐，⑧辽，③⑥⑦及⑬～⑱北宋，⑨⑩北宋末金初，⑪⑫北宋末，⑤辽晚期到金代，④㉑西夏，⑲金，㉒南宋，⑳元。

第一种口形，与第一类环式对应，可以名为"折沿圆唇凸环小口"（图①～④）；

第二种口形，与第三类环式对应，可以名为"折沿圆卷唇凸环小口"（图⑤）；

第三种口形，与第二类环式对应，可以名为"方唇横展平沿小环口"（图⑥～⑩）；

第四种口形，与第五类环式对应，可以名为"圆唇横展平沿小环口"（图⑪～⑫）；

第五种口形，与第六类环式对应，可以名为"梯形小环口"（图⑬～㉒）。

既然环有各类不同的样式，多种早期盛酒梅瓶的口形又能与之相对应，那就应该承认这5种口形都可以算作"环口"，而不止局限在一两种口形上，但后者恰恰是以往有关研究当中常见的做法，多只承认"梯形小口"属于"环口"，显然是未经深入研究的结果。

在上述这些"环口"梅瓶中，如果抽掉非陶瓷质的或尺度偏小的器物，如图3-4-7中的图①（隋，玻璃质，高16.3厘米）[216]、图⑬（北宋，高27.3厘米）[217]、图⑱（北宋，高24.4厘米）[218]，剩下的实例基本上都符合"小颈、环口、修腹，受一斗"的各项条件。例如，根据下卷第五章的研究，唐代白瓷梅瓶的口部都是折沿圆唇口，上图选录的只是其中偏小的一件（高33.2厘米，图3-4-7②）[219]，其他实例的尺度都较大，多在高40厘米甚至50厘米以上，加之瓶身肩部较宽，盛酒"一斗"没有问题。

如果我们不拘泥于陈见，所谓"修腹"也不仅仅是指宋金时期瓶体细瘦的形态，而是如上文讨论过的，类似净瓶的较宽肩部也可以包括在内的话，那么这类唐代白瓷梅瓶以及所有符合"酒经"要求的材质、器形和容量特点的器物，都可以称之为"酒经"。

这里就顺带引出一个上面曾经触及的问题："晋安人"命名"酒经"的时间可能要提前。会提前到唐代吗？目前还难以定论。当然，符合"酒经"所有条件的遗物还是到两宋时期才普及，而且根据本书的研究，具有各种"环口"形态的梅瓶只是两宋梅瓶所有样式的一部分，其他口部形态还有"盘口"、"直口"等口形，有些口形甚至不易用简短的术语来概括。这再次说明，"酒经"只是两宋时期某些具有特定器形的梅瓶专名特例，它所指的梅瓶样式群，既不像以往人们想象的那样少，也并不包括当时所有的梅瓶样式。

216 见中国社会科学院考古研究所编著《唐长安城郊隋唐墓》"贰、隋代李静训墓"图版十四：7，北京：文物出版社，1980年，22页。本图采自：关善明《中国古代玻璃》图六十七：7，香港：香港中文大学文物馆，2001年。经处理。

217 采自：William Bowyer Honey, *The Ceramic Art of China and Other Countries of the Far East*, Faber and Faber Limited, London, Pl.62。经处理。

218 采自：《世界陶磁全集·12·宋》图版164，东京：株式会社小学馆，1977年。经处理。

219 采自：赵会军、郭宏涛《河南偃师三座唐墓发掘简报》图十（局部），《中原文物》2009年5期7页。经处理。

三、小结

　　从器物称名系统的角度出发，本章梳理和讨论了早期梅瓶的曾用名问题，确定了梅瓶曾用名的常例和特例，着重对其中的专名特例"酒经"等称谓的有关内容做了较深入的研究，包括对相关考古成果和前人研究的介绍，也包括对有关文献史料的梳理和讨论，基本清楚了"酒经"等名称的形成背景、起源区域、传播路线以及在传播过程中发生的讹转，这个过程可以大致描述如下：

　　在北宋（或更早）时期，"酒经"已成为今山西太原一带"晋安人"使用的酒瓶名称；大概在北宋中晚期，该名称被其他地区的人们所知晓，从文献记载情况来看至少已在中原地区逐渐流行开来；随着宋室南迁，这种器物名称在南宋的早中期也传播至江南地区，从有关文献作者的活动来看，此时主要流传于今天的江浙、皖南、赣北等南方最重要的政治、经济和文化的重心区域；与此同时，江南民间已不甚了解这类名称的原委，"酒经"、"经瓶"在传播过程中也逐渐讹转成"酒京"和"京瓶"，衍生出新的解释。

　　此外，通过对以"经"名器的源流进行的研究，我们还就"酒经"命名的情况也做了粗略的讨论，考证出"酒经"与"经程"所指非一，古人曾误将二者混淆，但是"酒经"与"经程"之间又存在着不可否认的文化渊源和文化认同问题，而作为器物名称的"酒经"得以出现和流行，当与唐宋时期普遍流行的《酒经》这类书的普及有关，后者是一个重要的中介。

　　最后，本章从文献记载出发，针对"酒经"所指做了较深入的研究。首先从容量、尺度以及器形整体特征这三个角度，描述了酒经这类器物的形制大体，确认了"酒经"在两宋时期是指当时多种多样的盛酒瓶中的常规器物，即容量"受一斗"、高度在40～50厘米，器形特征分别决定于口颈部和瓶身，对此应确切地理解宋人所为"小颈、环口、修腹"的内涵；其次专门对原本不甚明了的"环口"进行论述，借助对五代两宋时期及其以前各个时期的中国古环的形式梳理，归纳出大致六类环形，而经过器形对比，隋唐至五代宋元时期能与之对应的梅瓶口形只见5种，由此确定了"酒经"所指器物口形的具体形态，为下一步对中国梅瓶器形样式的全面梳理和划分奠定了初步的基础，同时也厘清了以往人们对"酒经"所指器形的一些有失偏颇和不够准确的看法。

　　总之，"酒经"等一系列梅瓶曾用名是在一定的历史环境中形成和传播的，在这一过程中有关文献的记载不但留下了梅瓶曾用名的变化轨迹，结合实物还有助于研究从北宋到南宋实用性盛酒梅瓶的器形演变，甚至还牵涉更为隐蔽的文化机制问题。

中国梅瓶研究

上卷

Chinese
Meiping Vase
Research

第四章

中国梅瓶研究

上卷

Chinese
Meiping Vase
Research

上 名用篇

第四章

器用与载道
——梅瓶的功用及其结构性演变

梅瓶有何用途？不同用途之间有何关系？这些功用为什么会发生？这些问题看似简单，却与梅瓶的名称及其器形等方面的问题一样，都蕴含着许多历史和文化的有关内容，其中有些内容已形成共识和定论，尚未解答或未曾触及的问题同样存在。本章在这方面就有关内容做一些梳理和探讨。

从"功用结构"看梅瓶的功用

　　功用范畴，在器物的名实关系中是关于用途、性能及其承载的文化含义等多个方面综合的内容，既包括实用意义上的本体性功用，也包括人类的社会行为在特定的使用方式中为其赋予的文化性功用。这就涉及器物功用具有一定的结构性。

　　器物的功用结构，主要是指器物在历史过程中逐渐承载的各种性质不同的功用所形成的有机联系，其中蕴含着多种社会生活的含义。如特定时空下的民俗、风尚、审美甚至是礼仪制度等众多因素发挥的共同作用和影响，这些影响在本质上都属于社会性文化追求的结果，由此涉及器物不同功用的发生条件、选择机制和转化形式等。一般来说，器物功用结构并非实体性的器物天然具备的属性，其形成和完善都是在一定的文化条件下才得以实现，而且必然是在特定历史条件下来展开的。从功用结构的角度来研究器物的功用问题，往往要牵涉文化研究，也体现出历史研究的特点。在这方面，梅瓶功用的研究也概莫能外。

　　梅瓶的功用看起来似乎可以分为实用性和非实用性两个方面，但是这样的划分意义不大，有时还会抹杀不同功用之间相交重叠的部分。应该看到，梅瓶功用研究必然涉及梅瓶在中国文化史上曾经具备的功用种类、性质和有关内容，以及它所具备的不同功用之间的转化关系，其间需要特别注意的是各类功用所包含的文化和历史的因素，以及诸多历史文化因素发挥的作用和最终引导的方向。还要看到，梅瓶功用的发生和衍化的历史，不但与社会意识和文化理念存在深刻的内在联系，同样离不开梅瓶的形制特征和器形演变，以及材质、装饰等具体内容，这些形式因素常常是梅瓶功用结构得以直接体现的渠道。有趣的是，梅瓶的称名系统与功用结构之间也存在大体相合的一致性。这一切，是由中国梅瓶的历史特性决定的。

通过梳理和归纳可知，梅瓶的功用依次形成了三个基本层次：

1. 本体性功用，即以盛贮酒水等液体为主的实用性能。本体性功用几乎是任何一个器物类型得以创制的直接目的，它在器物功用结构中往往处于初级的地位，因此也是最基本的功用。或许就因为这一点，人们一般都不会从文化意义上来看待梅瓶的本体性功用。但是这种态度可能并不恰当。梅瓶的本体性功用与其形制特征密切相关，而世界各地都有盛贮酒水的器皿，却并非世界各地都会出现梅瓶这种器类，宏观地呈现这一现象，同样触及梅瓶本体性功用的文化意义，也比较容易认清常态观念下的非逻辑性。

2. 礼仪性功用，即在丧葬、祭祀、礼拜等社会性和制度性的仪式活动中，在地面或地下的特殊时空里，梅瓶以特定的存在形式与其他器物组成某种特定的器物群，从而表达了特殊的礼仪性意义。从其渊源来看，这是筑基于梅瓶实用性能之上的延伸性功用；从表现形式来看，其内涵又具有鲜明的中国文化史色彩，蕴含了丰富的文化意义。

3. 审美性功用，即融合、疏离或超越前两类功用并通过一定的形式，呈现出不同的使用方式和视觉形态，如插花、清供、陈设等，是一种超越前二者的演化性功用。这种功用成熟得较晚，但未必发生得很晚，其发生、成熟乃至自觉独立，是梅瓶的艺术属性得以不断升华的重要体现。

对以上三个层次、三类功用进行研究，均涉及各功用的范畴及其性状转换的关系。在具体研究过程中我们会发现，梅瓶的功用问题表现出三个基本特点：第一，每个层次的功用在不同的历史阶段中都有所变化；第二，在同一个历史时期里不同类型的功用常常有所重叠；第三，任何一件梅瓶并非总是固定地承载某一种功用。这三个特点既是关乎梅瓶功用结构的重要内容，也是在相关研究的过程中必须时时留意的。

1　关于李静训墓的发掘情况，见中国社会科学院考古研究所编著《唐长安城郊隋唐墓》"贰、隋代李静训墓"，北京：文物出版社，1980年。

2　采自：上揭《唐长安城郊隋唐墓》"贰、隋代李静训墓"图版一四：7，22页。按：在这份发掘报告的文字叙述部分，发掘者把李静训墓出土的两件玻璃瓶分别标号为119和121，报告图版部分的编号（原图版一四：6、7）也与正文对应无误，但是在报告提供的李静训墓"石棺椁内外器物分布平面图"（原报告图四，原第5页）中，却把两瓶标号颠倒了。本文以原报告的文字叙述部分为准。

3　前揭《唐长安城郊隋唐墓》，25～26页。

第二节

本体性功用：作为实用器的梅瓶

通过对中国梅瓶器形端倪的考察和寻找，笔者认为梅瓶的本体性功用和功用结构的雏形，早在新石器时代就与初具端倪的器形因素一道，具备了萌芽的条件（参见本书第五章第二节）。不过，系统讨论梅瓶功用的问题，还是要从梅瓶形制的滥觞期开始，由此将会看到，梅瓶的功用与梅瓶的器形一样，也经历了一个发生、选择、演变的历史过程。

一、香水瓶：隋代的玻璃梅瓶

本书在梅瓶形制探源问题上的研究结论之一是，隋唐时期是中国梅瓶历史上的滥觞期，从考古材料来看，陕西西安隋大业四年（608年）李静训墓出土的119号玻璃瓶已经具备了梅瓶形制的基本特征[1]，标志着梅瓶滥觞期的开始（见第五章第四节）。因此，本节对梅瓶本体性功用的研究将选择从李静训墓的119号玻璃瓶入手。结果发现，李静训墓119号玻璃瓶的本体性功用与后世梅瓶相比，既有一致之处，又有不同的内容。

图4-2-1　隋李静训墓119号玻璃瓶出土时原貌

（一）李静训墓119号玻璃瓶出土时的情况

发掘者明确指出，李静训墓119号玻璃瓶"出土时内盛有液体"，而且从发掘报告提供的原始图片来看，此瓶出土时以某种软性物质紧塞瓶口，可以明确无误地确定其为盛贮液体的实用性容器（图4-2-1）[2]。

瓶内液体是什么？发掘者未做说明，笔者也没有看到其他有针对性的检验报告、研究结论或观点。

据发掘报告的考证，[3]李静训是一名年仅9岁的女童，身份却非同一般，其曾祖李贤、祖父李崇和父亲李敏，先后在北周和隋朝任职且位高爵显，李家世代与两朝皇室均有密切关系，属皇室近亲，如其父李敏幼居隋宫，长袭父爵，后官至左光禄大夫，其母是北周宣帝宇文赟之女宇文娥英，外祖母是隋文帝长女、周宣

4　前揭《唐长安城郊隋唐墓》，25页。

5　〔唐〕韦述《两京新记》载休祥坊"东南隅
　　万善尼寺"注，徐松《唐两京城坊考》卷
　　四，考见《唐长安城郊隋唐墓》，3、27页。

6　采自：上揭《唐长安城郊隋唐墓》图二，3页。

7　采自：上揭《唐长安城郊隋唐墓》图四，5
　　页。按：原图中121号即发掘报告正文描述的
　　119号玻璃瓶。

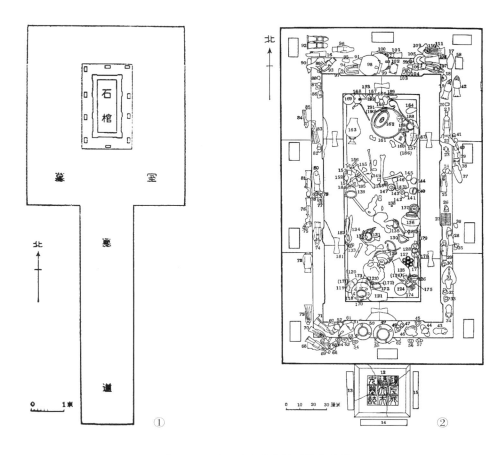

图4-2-2　陕西西安隋李静训墓平面图
①墓室平面图　②石棺椁内外器物分布平面图

帝皇后杨丽华。墓志记载，李静训"幼为外祖母周皇太后所养，训承长乐，独见慈抚之恩；教习深宫，弥遵柔顺之德"，死后"瘞于京兆长安县休祥里万善道场之内"[4]，所在原是隋都大兴城西一处佛教尼寺，曾于隋开皇二年（582年）"度周氏皇后（按，即杨丽华）嫔御已下千余人为尼"[5]，属皇家寺院。可见，李静训在隋朝属于最上层的皇亲贵族。这就决定了她的葬具精美，随葬品种类丰富而且质量上乘。

　　李静训墓平面呈甲字形（图4-2-2①）[6]，墓道朝向正南，墓室正中稍北安石椁，椁内置石棺，墓主在棺内头南足北（图4-2-2②）[7]。棺椁石板宽厚齐整。石棺作九脊殿堂式，雕刻精美，外壁线刻男女侍者及莲花、宝瓶、卷草等饰纹，内壁彩绘侍女、殿宇、禽鸟、树木、花卉，形质俱佳。石棺内外壁彩绘与线刻形象表现了隋代上层贵族在宫殿内外的生活场景。墓中随葬品的考古编号多达235件，绝大部分置于棺椁之内。椁外墓室里只有墓志一盒，安放于石椁南壁前侧地面，余无他物。这样的安排可能与墓主是一名夭折的儿童而尚未成年有关，否则在墓内地面上不会连一点仪仗性器物都没有。

　　在李静训墓的外椁与内棺之间，以及在石棺之内，分别瘗埋大量器物，两处物品的意义和功能显然各不相同。发掘报告称，在椁棺之间的周壁空隙处和石棺

图4-2-3　李静训墓棺内头部周围出土的玻璃器

①121号瓶　②170号蛋形器　③122号蛋器　④175号杯　⑤176号杯　⑥120号管形器

盖顶上分布有百十余件随葬品，其中只有两件瓷器（即石棺南北两端中部的两件瓷罐）属于实用器，余者均属于明器，包括陶质和木质俑类（有武士俑、男女侍者俑、动物俑、镇墓兽等）以及陶质明器（如房屋模型）。这些明器的题材和质地为隋唐墓葬所常见，具有一定的礼仪属性，也与当时葬俗的常规做法有关。

石棺之内的随葬品数量也在百件以上，但其性质与棺外椁内者截然有别。[8]这主要表现在两个方面：1.棺内随葬品的材质种类多，做工精美，尤以贵重材料占多数。其材质除了陶、瓷、石、铜、铁、骨、木、漆、丝、纸、贝、蚌，还有金、银、珠、玉、琥珀、玻璃等品类，其中的金银器、玉石器、瓷器俱属精美物品，而玻璃器尤属上乘制品，其中就包括119号瓶；2.棺内随葬品的绝大多数均为生活用品，只有极少数物品功用不明，但也绝非明器。物以类聚，凭此两点，可以排除119号玻璃梅瓶属于礼仪性随葬器物的可能性。

棺内随葬品分置五处，即墓主周身、头部东南两端、身体东侧、身体西侧以及足部周围。119号玻璃瓶的位置在墓主头部顶端（即石棺南端）。这个部位的随葬品，按其材质和功用分为三类。第一类，是饮食用金银器，含金杯、银杯、银碗、银筷、银勺、铜刀各1件；第二类，是专为盛放饮食而制作的精美的青瓷和白瓷容器，包括装有核桃的八耳瓷罐、四耳罐、鸡首壶、七联水盒等各1件；第三类，就是玻璃器，除了119号瓶，还包括121号瓶，以及蛋形器2件、小杯2件、管形器1件（图4-2-3）[9]。位于李静训头部顶端的随葬品，无论是金银器、瓷器还是玻璃器，大部分可以直观地确定属于生活用品，而且应该是墓主生前的常用器物。另外，李静训于隋大业四年（608年）"遘疾终于汾源之宫"，因"皇情轸悼，撤县（悬）缀膳，频蒙诏旨，礼送还京，赠赗有加"。[10]所谓"汾源之宫"，又名"汾阳宫"，有人根据《隋书·地理志》、《隋书·张衡传》等考证其在今山西西北部的静乐县，隋大业四年（608年）隋炀帝"幸汾阳

8　棺内各部位分布的随葬品如下：墓主周身从头到手有金花发饰2、发钗若干、小木梳1、金项链1、白玉卧兽1、金镯子2、金玉戒指3；尸骨东侧有双把双身壶1、四耳瓷罐1、瓷盒3、铁器1、玻璃小盒1、镶金边玉杯1、小银盒1、骨梳1、蚌壳3、铁器1；尸骨西侧有五铢钱2、铁剪1、铁刀1、铜镰斗1、铁器1、双耳瓷瓶1、小瓷瓶2、小陶瓶2、漆瓶1、银盘1、银杯1、小石条1；足部附近有瓷盒1、铜钵1（内盛玛瑙珠1串、银指甲套10枚、波斯银币坠饰1枚、小铃2、铜针1、琥珀饰物1、小自然石1）、玻璃长形珠2、铁片数块、两耳瓷壶1、铜镰斗1、漆盒1、铜洗1（内盛铜镜1、镜下垫黄色细纹纸5层）、丝织品残片若干、贝1、银斧形饰1、玉扣1。尸骨部位的物品均为金银珠玉类饰品，其他部位的随葬品主要是生活用器具，外加一些饰品和类似小孩子喜欢的小玩意。见上揭《唐长安城郊隋唐墓》"贰、隋代李静训墓"，4～6页，图四、五。

9　李静训墓的121号瓶，形如扁壶，玻璃绿色，高12.5厘米；蛋形器2件，玻璃绿色，中空，较大一端有一孔，大者（122号）绕孔周有涂金痕迹，小者（170号）无，两件的长径分别为6.3厘米和5.1厘米；杯2件，形制相同，圆口矮圈足，分别高2.5厘米、2.4厘米，稍大者（176号）玻璃蓝色半透明，稍小者（175号）玻璃呈带绿之淡蓝色，亦半透明，两杯质地不如两瓶；管形器1件（120号），中穿通孔，两端有磨平条痕，玻璃草绿色，有小气泡，长10.9厘米。墓中其他部位放置的玻璃器还有，盒1件（绿色，高4.5厘米）、杵形器1件（黄色，残长2.3厘米）、长形珠10枚（黄色，体有四棱，通体近似枣核形，全透明，中有竖穿孔，长1.3～1.5厘米）、小珠5颗（绿色，作宝珠形，似为其他器物之组饰，较大者长1.1厘米）。全部玻璃器"共24件"。见《唐长安城郊隋唐墓》"贰、隋代李静训墓"，22～23页，图片采自该报告图版十四。

10　见"李静训墓志"，上揭《唐长安城郊隋唐墓》"贰、隋代李静训墓"，25页。

11 周繁文《隋代李静训墓研究——兼论唐以前房形石葬具的使用背景》，《华夏考古》2012年1期101页。

12 玻璃在中国古代也称琉璃，晚期也称料器。关于中国玻璃的早期历史，学术界的认识在近百年来有一个发展过程。1949年以前以"玻璃外来说"为主导，见章鸿钊著《石雅》再刊本，上编第一卷；布歇尔著、戴获译《中国美术》卷下第八章。1949年以后，中国的学者根据战国墓葬出土的玻璃器而提出"玻璃自创说"，见文道义《长沙楚墓》，载于《考古学报》1959年1期。此后，由于多处西周墓葬出土了大量玻璃器，使玻璃自创说进一步获得成立的可靠基础，有关论文也不断发表，主要有：洛阳博物馆《洛阳庞家沟五座西周墓的清理》，载于《文物》1972年10期；宝鸡茹家庄西周墓发掘队《陕西省宝鸡市茹家庄西周墓发掘简报》，载于《文物》1976年4期；干福熹、黄振发、肖炳荣撰《我国古代玻璃的起源问题》，载于《硅酸盐学报》第六卷第一、二期，1978年2月；杨伯达撰《关于陕西宝鸡强伯墓出土玻璃管珠的鉴定》，1975年12月25日，故宫博物院档案室。以上内容均见杨伯达《关于我国古玻璃史研究的几个问题》，载于《文物》1979年5期。

13 安家瑶《中国的早期玻璃器皿》，《考古学报》1984年4期436、441页。

14 杨伯达从中国玻璃历史整体演变状况的角度，将其分为六个阶段：西周春秋、战国秦汉、三国两晋南北朝、隋唐五代、宋元、明清，见杨伯达《关于我国古玻璃史研究的几个问题》，载于《文物》1979年5期。安家瑶女士单就中国早期玻璃器皿的历史，将其略分为五期：两汉、北朝、隋代、唐代、北宋。见安家瑶《中国的早期玻璃器皿》，载于《考古学报》1984年4期。隋代在前一种分期中处于第四阶段之始，在后一种分期里是独立的第三期，说明无论哪一种分期，隋代在中国古代玻璃史上都具有重要地位，而有关结论的物证主要就是以隋代李静训墓出土的这批玻璃器为基础。

15 关于李静训墓这批玻璃器的材料检验结果，见清华大学建筑材料研究院、中国社会科学院考古研究所《中国早期玻璃器检验报告》，《考古学报》1984年4期450页。其中的119号玻璃瓶即该报告第12号样品。

16 安家瑶《中国的早期玻璃器皿》，《考古学报》1984年4期424~426页。

17 安家瑶《中国的早期玻璃器皿》，《考古学报》1984年4期426页。

18 关于中国自产钠钙玻璃之少及其原因，见安家瑶《中国的早期玻璃器皿》，《考古学报》1984年4期436~437页。

19 安家瑶："文献记载与玻璃器皿的出土地点都说明北魏到初唐这个时期，玻璃工艺主要掌握在皇室御用手工业中。"见安家瑶《中国的早期玻璃器皿》，《考古学报》1984年4期439页。

20 语见《世说新语·汰侈第三十》第三条，徐震堮著《世说新语校笺》，北京：中华书局，1984年，469页。

宫"时，李静训由外祖母杨丽华带在身边一同前往，不幸夭折。[11]"礼送还京"说明李静训是蒙皇恩由外地归葬隋都大兴城（今西安），"赗赙有加"表明李静训的随葬品中有隋炀帝（李静训舅公）的赐品。

看来，无论是墓主生前喜爱的惯用物品，还是墓主死后由皇帝所赐，都表明119号玻璃梅瓶的高贵性质。

（二）玻璃器与蔷薇水

李静训墓119号玻璃梅瓶的高贵性，可以从中国玻璃史的发展中略见一斑。研究表明，至少从汉代开始，中国一直存在两个玻璃工艺传统，一个是以铅钡玻璃为主的国产玻璃，另一个是以钠钙玻璃为主的进口玻璃；[12]到了隋代，中国已经能够生产钠钙玻璃。[13]李静训墓119号玻璃梅瓶与同墓出土的八件玻璃器，历来被视为隋代玻璃的代表，隋代也成为中国古代玻璃史上的重要时期。[14]

李静训墓出土的玻璃器在材料和制作工艺上分为两类，一类是高铅玻璃（含盒、蛋形器、管形器），一类是钠钙玻璃（含119号和121号瓶以及两件小杯）。[15]据安家瑶女士研究，这两类器皿都不是进口货，而是中国国产，[16]119号瓶的材质、工艺、器形等方面的特点表明，其作为钠钙玻璃"比一般进口的钠钙玻璃质量要差"，"技术还不熟练"，而器形与隋以前的陶罐和宋元瓷梅瓶都存在渊源，因此她得出结论，119号玻璃瓶"应归入国产品"。[17]

认为119号玻璃瓶的品质不佳，其实是以现代人的眼光将其与品质较优的进口玻璃（如萨珊玻璃）器进行对比的结果。从隋代开始，中国虽然能自产钠钙玻璃器，但是由于原料非国产，很可能都来自遥远的西亚，这决定了中国自产钠钙玻璃器的产量极少，[18]加之源自西亚的玻璃器吹制成型技术在当时传播缓慢，使得北朝、隋代和初唐时期只有"皇室御用手工业"才有可能掌握钠钙玻璃的制作工艺。[19]也正因为如此，魏晋南北朝以来在上层贵族的侈富夸耀中，玻璃器成为可以炫耀的标志之一，而无论其产地如何，如"（晋）武帝尝降王武子家，武子供馔，并用琉璃器"[20]。这里的"琉璃器"即玻璃器。在历史上，以珍材精工制作日常用品，从来都只有皇室亲贵才有相当的能力和资格，时人视如至宝的玻璃器皿当更是如此。

由此不难理解李静训墓随葬玻璃器且数量甚多的意义，说到底是因为墓主身份非同一般，而119号玻璃瓶的品质虽然不及进口玻璃，但它与其他小巧的玻璃器、金银器以及当时也并不多见的精美青瓷和白瓷器共同随葬，而且都置于女童的头顶部位，表示其不单是当时皇亲贵族方能使用的奢侈品，还应该是李静训这位高等级的贵族少女在生前喜爱摆弄的物品。[21]

同理，瓶中盛贮的液体也应与之相配，必非等闲之物。在隋代，什么样的液体必须要以珍贵的玻璃瓶来盛贮，而且也是高级女性贵族才用得起也才配使用的珍稀难得之物？

没有检验报告，难以定论，只有推论。推论的前提是承认一个判断：这种珍稀难得而又彰显高贵身份的液体与119号玻璃瓶的材质和器形应该具有互适性。该瓶材质是玻璃，器形即梅瓶的器形，此前在中国从未出现过极度收束的口颈部成为最突出的特征，这两方面的特点意味着该瓶最适于盛贮易挥发的液体。

早期梅瓶作酒器之用，其器形当与酒液的挥发性也有必然联系，而且研究表明北宋时期中国已能造高度的蒸馏酒，其容器以当时的梅瓶最为合适。那么早在隋代，在李静训墓棺里这件玻璃瓶中的液体会是酒吗？而且为什么要在一名9岁夭折的贵族女童棺内于其头顶部位放置一瓶酒？这瓶酒与周围的器物协调吗？笔者的质疑是否定性的。安家瑶女士虽然提示了李静训墓119号玻璃瓶与宋元瓷梅瓶有器形上的"渊源关系"，但她也并未认定该瓶就是酒瓶。

根据文献记载，除酒之外在历史上主要有两种液体需要用玻璃器盛贮，一名"蔷薇水"，二是"猛火油"。《宋史·占城传》对这两种物质同时做了记录：

> 占城国在中国之西南，东至海，西至云南，南至真腊国，北至驩州界……其风俗衣服与大食国相类……其国前代罕与中国通。周显德中，其王释利因德漫遣其臣莆诃散贡方物，有云龙形通犀带，菩萨石。又有蔷薇水，洒衣经岁，香不歇，猛火油得水愈炽，皆贮以琉璃瓶。[22]

文中"洒衣经岁，香不歇"和"得水愈炽"的说法似乎有些夸张，却说明"蔷薇水"与"猛火油"都是具有强效挥发性的液体，前者属于香水，后者则是一种可燃的烈性液体，因此才需要"皆贮以琉璃瓶"，也就是玻璃瓶。

就物质性状而言，可以判断李静训墓119号玻璃瓶所盛液体绝不可能是"猛火油"。《契丹国志》载："吴王遣使遗太祖以猛火油，曰：'攻城以油然火，焚楼橹，敌以水沃之，火愈炽。'太祖大喜，即选骑三万，欲攻幽州。"[23]可见"猛火油"至少在辽代初期已经成为一种战具原料，如果隋代已有此物，时人也绝不会将其纳入一位皇亲贵族少女的棺内，否则就太不可思议了。

剩下的就是"蔷薇水"了。两宋间成书的《铁围山丛谈》也专门谈到了蔷薇水：

21　安家瑶在系统梳理和研究两汉到宋代的玻璃器在尺寸和风格方面的特点判断："纵观我国宋代以前的国产玻璃器皿，大多是小巧的艺术观赏品，很少有实用器。"而且"进口玻璃器皿多为食具和香料瓶。国产玻璃器皿多为艺术观赏品和佛塔塔基中的舍利瓶"。见安家瑶《中国的早期玻璃器皿》，《考古学报》1984年4期425、435页。

22　中华书局标点本《宋史》卷四百八十九·列传第二百四十八·外国五·占城，1985年新1版，14077～14079页。从现代地理来看，古代占城国在今越南中南部。中国古籍原称其"林邑"，唐朝曾称之为"占波"，如〔唐〕义净《大唐西域求法高僧传》卷下"荆州慧命禅师"条："泛舶行至占波，遭风而屡遭艰苦。适马援之铜柱，息乎景而归唐。"见王邦维《大唐西域求法高僧传校注》，北京：中华书局，1988年，143页。又称"瞻波"，如〔唐〕义净《大唐西域求法高僧传》卷下"荆州法振禅师"条："遂附舶东归，有望交阯。覆至瞻波。"原书"瞻波"后有小字原注"即林邑国也"，王邦维指出"瞻波"即"占波"，也即占城，古称"林邑"。见王邦维《大唐西域求法高僧传校注》，北京：中华书局，1988年，206页。以上均转见于中华书局版《宋史》"占城传"的校刊记。"占城"一名于9世纪以后经常出现在中国史料中。占城人在早期大量接受印度文化，婆罗门教成为主要宗教，13世纪前后始改信伊斯兰教。《宋史》提到占城"风俗衣服与大食国相类"，即暗示了包括占城在内的今天东南亚一带接受了西亚的伊斯兰文明的影响，当然也包括由占城向宋皇朝进贡的蔷薇水实为产自大食的可能性。

23　〔宋〕叶隆礼撰《契丹国志》卷之十三"后妃传·太祖述律皇后"，贾敬颜、林荣贵点校，上海：上海古籍出版社，1985年，138～139页。

24　〔宋〕蔡绦《铁围山丛谈》卷第五"蔷薇水"条，北京：中华书局，1983年，97页。按：此中华书局本据民国十年（1921年）上海古书流通处石印清代乾隆年间鲍廷博的知不足斋本点校、排印，文中原有三处小字校文，是乾隆年间的知不足斋本所附，即"白金为甑"下有"别本'为甑'上并有'为瓶'二字"，"蜡密封其外"下有"别本并无'密'字"，"至五羊"下有"吴本作'近年'，似校者误改"。故"至五羊"应为"至近年"，文意才晓畅明白。

25　对蔷薇水的社会性欲求难以满足的状况似乎延续至明代，见〔明〕彭大翼撰《山堂肆考》卷一百八十三"蔷薇水"条，文渊阁四库全书本子部十一·类书类。

26　《宋史》卷四百九十·列传第二百四十九·外国六·"大食"，北京：中华书局，1985年新1版，14118页。

27　《宋史》卷四百九十·列传第二百四十九·外国六·"大食"，北京：中华书局，1985年新1版，14119页。

28　同上。

29　同上，14121页。

旧说蔷薇水，乃外国采蔷薇花上露水，殆不然。实用白金为甑，采蔷薇花蒸气成水，则屡采屡蒸，积而为香，此所以不败。但异域蔷薇花气，馨烈非常。故大食国蔷薇水虽贮琉璃缶中，蜡密封其外，然香犹透彻，闻数十步，洒著人衣袂，经十数日不歇也。至五羊效外国造香，则不能得蔷薇，第取素馨茉莉花为之，亦足袭人鼻观，但视大食国真蔷薇水，犹奴尔。[24]

蔡绦指明蔷薇水是"大食"所产的一种高级香水，所谓"香犹透彻……洒著人衣袂，经十数日不歇"，其制法采用了阿拉伯炼丹术衍生的特色成就之一"蒸馏法"，使蔷薇水具有"馨烈非常"的挥发性特点，只有玻璃质的"琉璃缶"盛贮才相适宜，并以"蜡密封其外"，当然是指以蜡封口。此处的"琉璃缶"应该指"玻璃瓶"，不会是缸、罐类大口器，否则很难想象其能有效保证密封，只有大腹且小口束颈的瓶形器方属合适。这条笔记的最后一段说明，北宋末年对蔷薇水的追逐已形成社会性欲求的风气，[25]作为北宋末期一人之下、万人之上的蔡京之子，蔡绦如此这般地记述和辩证也表明，真正的大食蔷薇水不是当时的一般人包括普通官僚所能轻易见到的香水珍品。

官方史料对蔷薇水的记载，除了上述"占城传"，还在《宋史·大食传》中凡四见，均为"大食"国使节或舶商在北宋前期进贡之物，如雍熙元年（984年），"（大食）国人花茶来献花锦、越诺、拣香、白龙脑、白砂糖、蔷薇水、琉璃器"[26]。淳化四年（993年），"又遣其副酋长李亚勿来贡。其国舶主蒲希密至南海，以老病不能诣阙，乃以方物附亚勿来献。其表曰：……臣希密凡进象牙五十株，乳香千八百斤，宾铁七百斤，红丝吉贝一段，五色杂花蕃锦四段，白越诺二段，都爹一琉璃瓶，无名异一块，蔷薇水百瓶"[27]。至道元年（995年），"其国舶主蒲押陁黎赍蒲希密表来献白龙脑一百两……眼药二十小琉璃瓶，白砂糖三琉璃瓮，千年枣、舶上五味子各六琉璃瓶，舶上褊桃一琉璃瓶，蔷薇水二十琉璃瓶……"[28]大中祥符四年（1011年），"祀汾阴，（大食国舶主李亚勿）又遣归德将军陁罗离进瓻香、象牙、琥珀、无名异、绣丝、红丝、碧黄绵、细越诺、红驼毛、间金线璧衣、碧白琉璃酒器、蔷薇水、千年枣等"[29]。在这些记载中，以玻璃（琉璃）器盛贮的物品有都爹、眼药、白砂糖、千年枣、五味子、褊桃、酒、蔷薇水，除了酒和蔷薇水具有挥发性，都爹无考，其他物品均不属于易挥发物质，而只有蔷薇水总是与玻璃器——主要是"玻璃（琉璃）瓶"联系在一起。

《宋史》的五处记载说明，从五代末到北宋前期，蔷薇水主要是通过"输贡贸易"的方式从海路进入中国皇宫，而宋代的官私史料都表明这种需要以珍贵的玻璃瓶来保存的香水正是珍稀难得之物，还可以确定蔷薇水的产地在大食，即实行伊斯兰教统治的阿拉伯帝国（630～1258年，西欧史学界习惯称其为萨拉森帝国），其统治范围几乎包括了整个西亚地区，此处很早就能炼制多种香水，其渊源可追溯至古代埃及。

尽管目前未见文献记载隋代已有蔷薇水进入中国，但是从西亚与中国的文化交流史来判断，蔷薇水在隋代传入中国的可能性是存在的。体现政治意义的"输贡贸易"在中国自古就有，被赋予象征性的遐方珍奇被古代帝王视作表达天下一家的政治和文化含义。从两汉到隋唐时期，这种行为和意义通过丝绸之路而被放大了，隋代正处于丝绸之路带来中西文化交流史上第二个盛期之初，而且史料记载隋炀帝很重视对西域的经营，[30]其中除了政治上的考虑，还有通过丝绸之路来获取中亚、西亚乃至更遥远地区珍奇物品的愿望，当时从西域输入的众多西亚物品中，以玻璃器盛贮蔷薇水一类的珍品香水，应该是极其可能的。

可以设想，在年仅9岁的皇亲贵族少女李静训的棺内紧靠其头部的地方，与各类小巧、精致的器皿和玩物一道，安置以珍贵的小型玻璃瓶所盛贮的一瓶液体，最大的可能性就是当时珍稀难得的香水，而且很可能是"馨烈非常，洒著人衣袂，经十数日不歇"的蔷薇水。目前看来只有从西亚传入的蔷薇水，才能与小口、束颈、瓶身长大的李静训墓119号玻璃瓶构成默契的关联。以其作为贴身物品随葬，既显示了墓主生前的喜好和权力，也通过特定个人与特殊器物之间蕴含的永恒关系，表达了在世亲人对辞世女童的哀思。其间并无太多的礼仪意义，而是以梅瓶形制的玻璃瓶所具备的本体功用，完成了人间情愫的表达。

虽然李静训墓119号玻璃瓶所盛液体是蔷薇水的观点仍然只是一个推论，但这件玻璃瓶与后世作为盛酒器的梅瓶，存在器形上的渊源关系，也存在功用上的类同性，这是可以肯定的，只不过所盛贮液体不同，蕴含的社会属性不同。

二、酒瓶：从唐代到明代的梅瓶

（一）对唐代梅瓶实用性能的推测

根据本书下卷的梳理和研究，目前可以确定为梅瓶的唐代器物至少有6件，包括3件考古出土物（图5-4-1②③④）和3件传世品（图5-4-2①②③）。在第三章关于"酒经"所指器物的器形、容量等问题的讨论中，已经确认了较大型的唐代梅瓶基本上符合"小颈、环口、修腹，受一斗"的酒经特点，但是并未实质性地触及唐代梅瓶的功用。从相关的介绍文章和发掘报告来看，关于唐代梅瓶的介绍，或失于简略，或因墓葬保存不佳等情况，难以孤立地了解这些梅瓶的功用信息，但是线索还是存在的，即孙机先生首先提出的唐李寿墓石椁线刻《仕女图》。

1973年陕西三原县焦村唐贞观五年（631年）淮安靖王李寿墓出土了一件石椁，"石椁外部为浅浮雕并绘彩贴金的四神、武卫、文武侍从、骑龙驾凤的仙人等画面。里面为阴线刻的乐舞、侍女、内侍、男女侍从、星相等画面，椁底四周

30 〔唐〕杜佑撰《通典》载："隋炀帝时，遣侍御史韦节、司隶从事杜行满，使于西蕃诸国。至罽宾，得玛瑙杯；王舍城，得佛经；史国，得十舞女、师（狮）子皮、火鼠毛而还。帝复令裴矩于武威、张掖间往来以引致之，皆啖以厚利，令转相讽谕。大业中，相率而来朝者四十余国，帝因置西戎校尉以应接之。"王文锦、王永兴、刘俊文、徐庭云、谢方点校本，北京：中华书局，1982年。

31　陕西省博物馆、陕西省文管会《唐李寿墓发掘简报》图七，《文物》1974年9期75页。

32　孙机《唐李寿石椁线刻〈侍女图〉、〈乐舞图〉散记（上）》，《文物》1996年5期33页。

33　采自：孙机《唐李寿石椁线刻〈侍女图〉、〈乐舞图〉散记（上）》图三，《文物》1996年5期41页。原图拓本见：汎亚细亚文化交流センター编《中国历代女性像展》，东京，1987年。

34　孙机《唐李寿石椁线刻〈侍女图〉、〈乐舞图〉散记（上）》，《文物》1996年5期41页。

35　同上，35～36页。

36　同上，41页。

37　赵会军、郭宏涛《河南偃师三座唐墓发掘简报》图十，《中原文物》2009年5期7页。

38　陕西省文物管理委员会《介绍几件陕西出土的唐代青瓷器》，《文物》1960年4期，封三：5，48页。

图4-2-4　陕西三原唐李寿墓石椁线刻《侍女图》（摹本）

为阴线刻十二生肖像"[31]。这些形象一方面沿袭了汉魏以来表现墓主人在方外神灵的引导和男女仆从的侍奉下成仙升天的传统模式，另一方面也以新的形象表现了时代内容，如石椁内部的阴线刻乐舞、女侍男仆，包括石椁外观为面阔三间歇山顶殿堂式样，也被认为是"象征墓主人生前的寝殿"。[32]在线刻人物画中有两组侍女图值得注意，但是发掘简报未做描述，亦无图示，后经孙机先生研究始得知其大略。孙先生介绍，两组线刻侍女图均刻制于李寿石椁内壁，每组分上、中、下三层排列，表现了侍女们手捧各式器物侍奉墓主饮食起居的景象，他同时还提供了这两组线刻侍女图的线描图，还为图中形象做了编号，逐个考证有关问题。在第二幅21号侍女的双手中，捧着一件小口、短颈、宽肩、长身、平底的大瓶，上腹部有两道弦纹，分隔出肩、腹、胫三个部分，口部明显以软性织物覆盖（图4-2-4）[33]，孙先生称之为"长瓶"，并指出"长瓶更是宋元时习用的盛酒之具，即清人与近人讹称为梅瓶者，在唐代陶瓷遗物中似乎没有见过"[34]。连同其他一些侍女所持器物，"《侍女图》中有些现象相当超前，甚至与宋代的情况接近"[35]，所谓"超前"的现象就包括了其中的"长瓶"。孙机先生没有直接表明梅瓶产生于唐代的观点，也没有直接说唐代的梅瓶用于盛酒，但是在他的论述中，这两层含义还是比较明显的。

对于李寿墓石椁第二组线刻侍女图21号人物所捧长瓶的形象，孙机先生说："可以推测为陶瓷制品的有第20人所捧覆荷叶盖的大钵，第21人所捧长瓶及第35人在盘中端的杯子。前两种出现于初唐石刻，真使人有突如其来之感。"[36]现在有考古发现的初唐梅瓶实物为证据，这个线刻梅瓶形象的出现便是合理的。考古发现的初唐梅瓶实例有二，一件出土于河南偃师城关镇唐贞观二十一年（647年）崔大义妻李氏墓（图5-4-1②）[37]，另一件出土于陕西西安韩森寨唐乾封二年（667年）段伯阳墓（图5-4-1③）[38]，两瓶胎釉质量较高，前者釉色发青，后者已呈明显的白釉，正反映了北方白瓷趋于成熟的阶段性状态。与这两件瓷梅瓶器形相比，李寿石椁线刻《侍女图》的长瓶器形相同，应该就是指初唐梅瓶。从饰纹来看，图中的梅瓶上腹部有上下两道弦纹式刻线，很容易让人想起宋元梅瓶普遍流行的刻、画弦纹，若参照上述两件考古发现的初唐白瓷梅瓶，这两道刻线所示，除了有人工刻、画线条的可能，也有可能像偃师崔大义妻李氏墓瓷梅瓶施半釉留下的釉线。《侍女图》的画面中该瓶以软性织料覆盖口部，织物被表现为透明状，可以看到瓶口还有类似后来的覆杯式瓶盖，这与隋代李静训墓119号玻璃瓶口部密封的情况显然不同。从笔者收集的史料来看，隋唐以来盛贮西亚的高级香水或国产仿制香水的器皿均为玻璃器，而且容器尺寸都属于小型器物，可见李寿墓侍女线刻图中的梅瓶所示不可能是香水容器，它与各类包括饮食器在内的生活用器一同出现，暗示了它应该是盛酒器。

李寿墓（631年）距唐朝建国13年，距唐朝统一仅7年，与崔大义妻李氏墓（647年）、段伯阳墓（667年）相距分别为16年和36年，说明梅瓶在初唐不但存在，而且形制、样式都极为稳定和成熟，以上介绍和分析又从功用上推定其属于酒器。笔者认为，以器形成熟的梅瓶来盛酒，至少在唐贞观五年（631年）的高层贵族生活中已经出现，在整个初唐时期则是中上层官僚阶层流行使用的盛酒器。[39]

（二）盛酒是梅瓶本体性功用的主要内容

唐以后，宋代酒的品种丰富，名酒极多，产量极大，传统黄酒的产量达到了顶峰期，另有各类果酒、配制酒，而蒸馏酒的出现具有划时代意义。[40]作为一类新型的盛酒器，梅瓶也因此在宋代得到极大发展。众所周知，从辽、宋、金到元、明时期，梅瓶的本体性功用主要是盛贮酒水，但在某些地区，某些样式的梅瓶还有一些其他用途，有些问题还存在争议。关于这部分内容的资料很多，包括文献、实物、图像等，涉及的问题与梅瓶其他层次的功用问题多少都有关系，下面先就此略作说明和分析。

早期梅瓶用于盛酒，最有力的文献依据当然是《侯鲭录》、《瓮牖闲评》、《云麓漫钞》三条关于"酒经"（经瓶）的笔记。此外有许多实物资料也可以证明这一点，特别是在梅瓶上出现的款文，其中有相当一部分材料表明了它们与官府甚至宫廷的关系。例如：

河南宜阳西关窑址出土的一件北宋带铭文黑瓷残梅瓶，残高47厘米，腹部釉上竖刻二行铭文"京西转运判官贡奉酒□□□"，该瓶因此被认为"应是京西转运判官为北宋朝廷进贡的酒器"（图4-2-5①）[41]。

安徽六安九墩塘二号宋墓出土的一件白瓷黑彩竖书"内酒"铭方折肩梅瓶，高25.9厘米（图4-2-5②）[42]。《宋史·职官志》载，宋代有"法酒库内酒坊"，属"良酝署"；《文献通考》载宋代有"内酒坊使"，职"掌造法糯酒常料之三等酒，以供邦国之用"[43]。此瓶器形独特，胎釉质量较高，铭文"内酒"二字的书写极为工整内秀，与元代磁州窑常见的"内府"款梅瓶的格式很相似，很可能是北宋官营的"内酒坊"专用酒瓶，其性质、特殊的器形和窑口，都值得重视和深入研究。

39　除了李寿，可以了解到墓主身份的还有崔大义妻李氏。根据李氏墓志得知，虽然其夫崔大义官职不高，仅任莱州昌阳县令，但是李夫人的曾祖李躲任汉阳太守，祖李德卿任魏本州大中正东武太守，至其父李师政的官职始较低，仅任州主簿，但其家世却也属于陇西成纪李氏。见赵会军、郭宏涛《河南偃师三座唐墓发掘简报》，《中原文物》2009年5期8页。

40　参见李华瑞《宋代酒的生产和征榷》，保定：河北大学出版社，1995年。

41　河南省文物考古研究所、禹州市文物管理所《介绍几件陶瓷精品》图一：2，《华夏考古》1996年3期109页。采自：《中国出土瓷器全集·12·河南》图版148，北京：科学出版社，2008年。

42　采自：安徽省博物馆编《安徽省博物馆藏瓷》图版76，北京：文物出版社，2002年。

43　转引自〔清〕梁章钜撰《称谓录》卷十八良酝署"法酒库"、"内酒坊使"条，长沙：岳麓书社，1991年，221页。

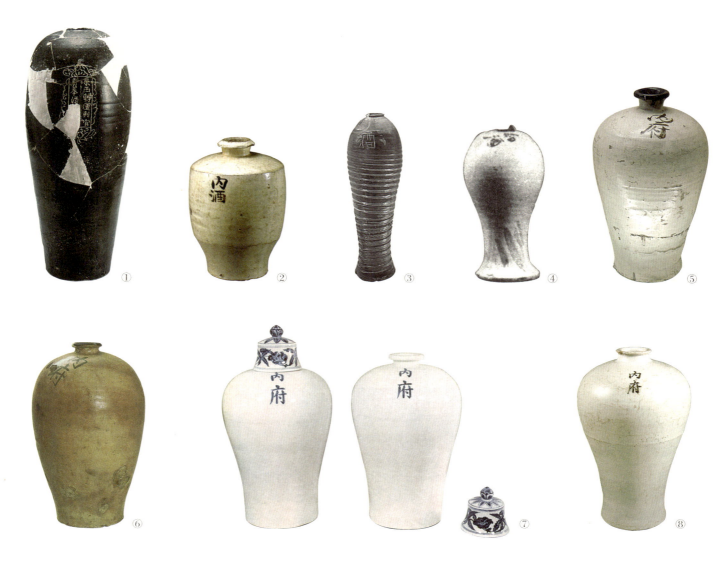

图4-2-5　宋金元明时期带款梅瓶举例　（0⌇⌇⌇⌇⌇⌇⌇⌇10 cm）

44　采自：王轶鸿《山西黑釉瓷概述》图四，《文物世界》2010年6期58页。按：
　　任志录、孟耀虎将此瓶断为金代，见任志录、孟耀虎《山西近年出土的梅瓶》
　　图一：1，载于《中国古陶瓷研究·第六辑》，北京：紫禁城出版社，2000
　　年，170页。

45　图⑤由笔者摄自北京故宫博物院陶瓷馆，器名亦见该馆展标，参见叶佩兰《元
　　代瓷器》图270，北京：九州图书出版社，1998年。图⑥采自：《中国陶瓷全
　　集·10·元（上）》图版一三四，上海：上海人民美术出版社，2000年，255
　　页。后者出土于内蒙古敖汉旗宝国吐乡，现藏内蒙古自治区敖汉旗博物馆。

46　中国科学院考古研究所北京市文物管理处元大都考古队《北京后英房元代居住遗
　　址》图七（左），《考古》1972年6期。

47　采自：桑坚信《杭州市发现的元代瓷器窖藏》图一六，《文物》1989年11期。

48　采自：〔日〕小山富士夫监修、藤冈了一编《陶器全集·11卷·元明初の染付》
　　彩版7，东京：平凡社，1965年。明早期景德镇御窑烧造的青花"内府"款梅瓶
　　还有北京海淀区香山路出土的一件，见图9-2-2③。

与官府有关的金代盛酒梅瓶，有一件采集于
山西怀仁鹅毛口窑址的瓦棱纹黑釉刻铭梅瓶，肩
部一周均匀地刻划"酒都司使"四字，可能为某
个管理酒业的官府机构专用品（高约31厘米，图
4-2-5③）[44]。

元明时期流行过一种"内府"款梅瓶，如元
代最有名的是磁州窑或受其影响的北方窑场烧造
的"内府"款白釉器（图4-2-5⑤⑥）[45]，此外
还有黑釉（图8-2-11）[46]和极少量的翠蓝釉器
（图8-2-6⑦）[47]，明代最著名的"内府"款梅瓶
当属永乐年间景德镇御窑烧造的白釉青花器（图
4-2-5⑦）[48]，还有部分白釉褐彩器（图4-2-

5⑧）[49]。这类"内府"款梅瓶都是用于进贡的酒瓶。

此外，元代还有一种白釉黑彩书款梅瓶，款署"细酒"二字，与"内府"款梅瓶一样斜书于肩部，如陕西西安北郊红庙坡元墓出土的白釉黑彩书"细酒"铭梅瓶（残高28厘米，图4-2-5④）[50]，相同的一件完整器见于甘肃漳县元代汪世显家族墓M21，后者底部有墨书"翟燕"二字（图8-2-15）[51]。据《元史》载，元中统四年（1263年）置大都尚饮局，隶属于光禄寺，秩从六品，"掌酝造上用细酒"。[52]可见，上述这类"细酒"款梅瓶很可能是元大都尚饮局的专用酒瓶。从汪世显家族墓M21出土物底部墨书"翟燕"款来看，此瓶很可能是墓主家族接受赏赐之物。发掘者研究指出，汪氏为历世大族，始祖为出自皖南的唐代越国公汪华；历宋至金，该家族相传都是汪古族（又称为旺古族）都总管，成为"元代蒙古族的一个支派，是中国古代的少数民族"；至元代汪世显为八代祖，卒后追封为陇右王，以后历代显达；汪氏家族的此处坟区约始建于蒙古海迷失癸卯年（1243年），止于明万历丙辰年（1616年），历十四代三百七十多年。[53]可见，汪氏家族在元代享有很高的社会地位。

还有不少梅瓶上出现一些带有广告性质的文字，也表明了盛酒的功用。例如：

上海博物馆藏两件磁州窑类型的白釉黑彩画花梅瓶是被人们引用较多的材料，两瓶腹部都有环绕一周的四个圆形开光，分别书写四个大字："清沽美酒"（图4-2-6④）和"醉乡酒海"（图4-2-6③）。[54]从其尺度（分别高43.8厘米、45.9厘米）和口形（梯形小环口）来看，这两件梅瓶完全符合"酒经"或曰"经瓶"的特点。

类似的广告词到了明代还出现于某些地方小窑烧造的梅瓶上，如广西桂林北郊大河乡星华村的上窑和下窑就出土了肩部书写"清香好酒"字样的月白色乳浊釉梅瓶残件（图4-2-6⑧）[55]，表明了比宋金时期更为发达的明代商品经济的状况。

河北迁安市开发区金代中晚期家庭合葬墓M3出土两件酱釉瓦棱纹"鸡腿瓶"，上腹部都竖刻"千酒"二字款（图4-2-6⑤ ⑥）[56]。发掘者引〔西晋〕张华《博物志》关于刘玄石于中山酒家酤酒事及俗语"玄石饮酒，一醉千日"的典故，认为"瓶上所刻'千酒'二字也就是一醉千日的美酒之意"，[57]也具有广告性质。两瓶分别高42.2厘米、43厘米，容量约1.5公斤，体现了金代"鸡腿瓶"日益矮小并偏离梅瓶器形演变主流的情况。

另有一些铭文直接说明了所盛的具体酒品。例如：

内蒙古乌兰察布盟察哈尔右翼前旗元代集宁路故城遗址古墓（KM13）出土两件成对的黑釉"鸡腿瓶"，发掘者断代为金末元初，[58]其一高43.5厘米，肩部一周露胎处刻"葡萄酒瓶"四字（图4-2-6⑦）[59]。盛葡萄酒的"鸡腿瓶"，较早的实例是河北宣化辽大安九年（1093年）张文藻墓（M7）出土的一件绿釉"鸡腿瓶"（M7：71，图4-2-6②）[60]，高27厘米，出土时共重900克，以石灰

49 采自：《中国出土瓷器全集·7·江苏、上海》图版192，北京：科学出版社，2008年。此瓶出土于江苏南京市雨花台区天堡桥明天顺七年（1463年）南京守备司礼监太监怀忠墓，现藏南京市博物馆，见南京市博物馆《江苏南京发现明代太监怀忠墓》图三，《考古》1993年7期669页。

50 采自：卢桂兰、师晓群《西安北郊红庙坡元墓出土一批文物》，《文博》1986年3期，封三：6，93页。

51 漳县文化馆《甘肃漳县元代汪世显家族墓葬·简报之二》图四：1，《文物》1982年2期。

52 〔明〕宋濂等撰《元史》百官志三，北京：中华书局，1976年，2201页。

53 《甘肃漳县元代汪世显家族墓葬·简报之二》，《文物》1982年2期13页。

54 分别采自：上海博物馆编《中国博物馆丛书·第8卷·上海博物馆》图版124，北京：文物出版社，东京：讲谈社，1985年；张东《从上海博物馆藏梅瓶浅谈中国梅瓶的发展》，《中国古陶瓷研究·第六辑》150页插图，北京：紫禁城出版社，2000年。

55 采自：李铧《桂林出土的梅瓶及其相关文化》，《中国古陶瓷研究·第六辑》59页插图（左），北京：紫禁城出版社，2000年。

56 采自：唐山市文物管理处、迁安市文物管理所《河北省迁安市开发区金代墓葬发掘清理报告》图四：11、13，《北方文物》2002年4期23页。

57 同上，27页。

58 内蒙古自治区文物工作队《乌兰察布盟察右前旗古墓清理记》，载于《文物》1961年9期。

59 采自：《中国陶瓷全集·10·元（上）》图版一九一，上海：上海人民美术出版社，2000年。

60 采自：河北省文物研究所《宣化辽墓——1974～1993年考古发掘报告》图版六二：1，北京：文物出版社，2001年，107页。

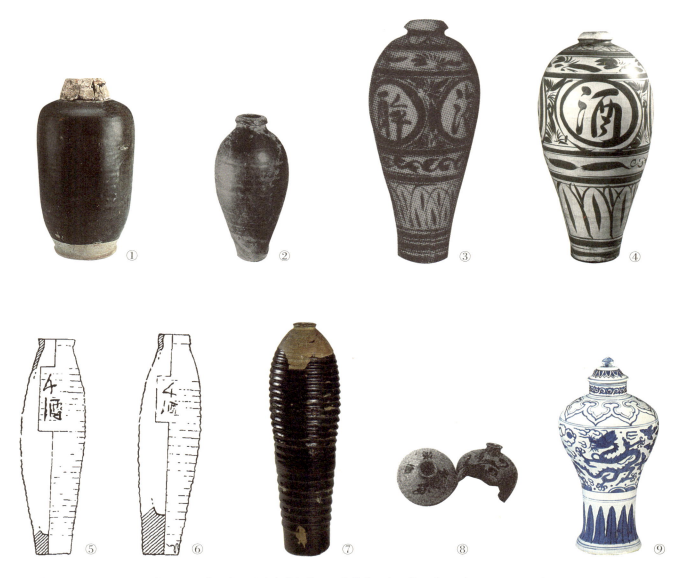

图4-2-6　宋辽金元明时期带款梅瓶和墓葬出土盛酒梅瓶举例　（0 ⊢⊣⊢⊣⊢⊣⊢⊣ 10 cm ）

61　李月丛、宋朝杰《宣化辽墓出土红色液体的初步分析》，上揭《宣化辽
　　墓——1974～1993年考古发掘报告》附录一，346页，结论是"初步认定该
　　红色液体为葡萄制品，并极可能为葡萄酒"。

62　《山西通志》载，太原府自古出产上好的葡萄（蒲桃）酒："蒲桃，产清
　　源、文水、太谷者佳，有马乳、水晶、鸡心、紫蒲桃诸种。魏文帝曰：中
　　国珍果甚多，蒲桃，当其夏末涉秋，尚有余暑，醉酒宿醒，掩露而食，甘
　　而不饴，脆而不酸，冷而不寒，味厚汁多，除烦解倦，酿以为酒，甘于曲
　　蘖，善醉而易醒。……唐白居易《献北都留守裴令公燕姬酌的蒲桃诗》注：
　　蒲桃酒出太原。北汉再遣使进蒲桃酒于辽。明高启《太谷蒲桃酒诗》：
　　'赤霞流髓浓无声，初疑豹血淋银罍。'"同书还记载了大同府的"葡萄
　　酒，富珠哩翀《姚天福神道碑》：仕怀仁为县史，元世祖以太弟驻白登，
　　公从县以进葡萄酒，见而奇之，留侍宿卫"。见〔清〕觉罗石麟等撰《山
　　西通志》卷四十七·物产·太原府"蒲桃"条、大同府"葡萄酒"条，雍
　　正十二年（1734年），文渊阁四库全书本。

封口，瓶内储满枣红色液体，经化验可能是葡萄酒。[61]
这件"鸡腿瓶"是目前可以确定为中国最早使用的葡萄
酒瓶。

　　中国从汉代开始从西域引入葡萄和葡萄酒。北魏
到元明，以今山西地区中部的太原和北部的大同两地
所酿葡萄（蒲桃）酒最为著名，而且五代时期的北汉
曾一再遣使向辽国进贡葡萄酒，[62]这是辽代流行葡萄酒
的背景。除了今山西地区，两宋时期的其他地区也产
葡萄酒，如淮南路黄州产"葡萄醋"，今四川地区的渠

州也有酿造。[63]宋元诗人对葡萄酒也一再吟咏，如元代诗人元好问曾作《蒲桃酒赋》。凡此说明，葡萄酒在宋元时期广受时人喜爱。中国葡萄酒的酿造工艺与今日风靡世界的欧洲系统的葡萄酒工艺不同，盛酒器也判然有别，上述遗物说明宋元时期人们采用瓶体瘦高的所谓"鸡腿瓶"盛贮葡萄酒。

除了辽代晚期的张文藻墓，墓葬出土梅瓶中内盛酒液的现象从两宋到元明时期并不罕见，都是梅瓶实用性能的直接明证。最早的例子有：陕西西安茅坡村北宋天禧三年（1019年）李保枢夫妇合葬墓（M1）墓室南壁东侧小龛出土的一件筒状饼形足黑釉梅瓶（M1：10，图4-2-6①）[64]，"有粉红色物封口"，实为泥封覆杯式梅瓶盖，瓶"内装液体状物"，发掘者指出"似为酒"。[65]这类筒状折肩饼形足样式的无饰纹深色釉梅瓶是北宋早期关中地区流行的酒瓶，代表了西北地区的区域特点，作为梅瓶的一种特殊样式，也属于梅瓶的范畴。到了明代，此类遗物仍有所见。如山东邹县九龙山明洪武二十二年（1389年）鲁荒王朱檀墓出土一件带盖青白釉浅划花龙纹梅瓶（图9-2-5①）[66]，高34厘米，出土时"内盛酒"。[67]广西桂林尧山明万历十八年（1590年）靖江温裕王朱履焘夫妇合葬墓（朱履焘墓室）出土一件青花双龙戏珠纹高腰带盖梅瓶（通高约37.5厘米，图4-2-6⑨）[68]，瓶内有淡红色液体，其中有三只乳鼠及中药材（红枣、龙眼、荔枝等）若干，属滋补药酒，有人还推测它可能是古代的桂林三花酒。[69]很明显，梅瓶的器形经过几个朝代数百年之后已经发生了很大变化，但本体性功用至明代仍在延续，还形成了地域性特色。

根据秦大树先生的研究，北宋时期的高档酒和普通酒所使用的盛酒瓶已经出现明确的分化，[70]当时各种带饰纹的梅瓶，如磁州窑白釉珍珠地划花器，应该是盛贮高档酒的容器，而无饰纹深色釉梅瓶大多属于一般性的酒容器。如元代耶律楚材诗《过太原路南阳镇题紫薇观壁三首》有："累累山果盈磁钵，薄薄浊醪丰瓦壶"，[71]前文已论定"壶"是宋元时期梅瓶的名称常例之一，因此这句诗表明了金元时期北方民间使用粗器类"瓦壶"盛贮的酒液品级很低。至于北宋晚期以后用贵重金属制造的如银质梅瓶，尺寸均较小，无疑是用来盛高档酒的器物。这方面的例子见河南洛阳邙山IM235号北宋末期女性墓出土的一件带盖银质錾花梅瓶（瓶高20.9厘米，图6-2-20③）[72]，出土时此瓶与其他金银器、饰品和一些女性日用杂物共同置于墓主棺内，"出于右膝骨北侧"，[73]应是墓主生前常用的实用性器物。

（三）其他实用性用途

梅瓶作为一种液体容器，除了盛酒，用来盛贮其他液体也是自然的。在这方面，有些学者根据某些线索提出了相关看法。如冯先铭先生依据史料记载的地理和气候状况，认为北宋晚期井陉窑烧造的黑釉小盘口式样的"天威军官瓶"（图3-1-1①）[74]，在河北西部多山少水的井陉当地，主要是作为水容器以存贮和运

63 宋代产葡萄酒的有关地名，载于〔宋〕张能臣《酒名记》、〔北宋〕吴垌《五总志》，"葡萄酤"载于〔北宋〕张耒《明道杂志》及〔南宋〕费衮《梁溪漫志·卷七·二州酒名》，分别见李华瑞《宋代酒的生产和征榷》，保定：河北大学出版社，1995年，83、84、88页。

64 西安市文物保护考古所《西安长安区郭杜镇清理的三座宋代李唐王朝后裔家族墓》图七，图一〇：3，《文物》2008年6期。采自：张柏总组编《中国出土瓷器全集·15·陕西》图版116，北京：科学出版社，2008年。

65 上揭《西安长安区郭杜镇清理的三座宋代李唐王朝后裔家族墓》，《文物》2008年6期42页。

66 山东省博物馆《发掘明朱檀墓纪实》，《文物》1972年5期31页。

67 同上。

68 采自：桂林博物馆编《靖江藩王遗粹——桂林博物馆珍藏明代梅瓶》图版27，上海：上海人民美术出版社，2000年。

69 唐奇岭《浅析两座靖江王墓出土的青花梅瓶——兼谈广西酿酒、制药、旅游业与文博事业共同发展的新机遇》，《中国古陶瓷研究·第六辑》32、34页，北京：紫禁城出版社，2000年。

70 秦大树《宋元时期磁州窑瓶类器物的发展及其使用功能探讨》，《南方文物》2000年4期27页。

71 〔元〕耶律楚材著、谢方点校《湛然居士文集》卷六，北京：中华书局，1986年。

72 洛阳市第二文物工作队《洛阳邙山宋代壁画墓》图三三，《文物》1992年12期。

73 同上，48页。

74 冯先铭《宋"天威军官瓶"考》插图之一，《故宫博物院院刊》1995年S1期52页。

75　冯先铭《宋"天威军官瓶"考》插图之一，
　　《故宫博物院院刊》1995年S1期54页。

76　佟柱臣《中国辽瓷研究》"序"，北京：社
　　会科学文献出版社，2010年，2页。

77　参见〔日〕小山富士夫监修，黑田原次、杉
　　村勇造编《陶器全集·14卷·辽の陶磁》图
　　版54说明，东京：平凡社，1966年，13页。

78　〔日〕长谷川道隆著、杨晶译《辽、金、
　　元代的长壶》，《北方文物》1997年2期110
　　页。按：原文载于日本东洋陶瓷学会《东洋
　　陶瓷第17卷》（1987～1989年）。

79　〔日〕长谷川道隆著、杨晶译《辽、金、元
　　代的长壶》，《北方文物》1997年2期111页。

80　冯永谦《叶茂台辽墓出土的陶瓷器》，《文
　　物》1975年12期45页。

81　李文信《林东辽上京临潢府故城内瓷窑
　　址》，《考古学报》1958年2期106页。

82　孙机《唐宋时代的茶具与酒具》注释28，
　　《中国历史博物馆馆刊》1982年4期，122页。

83　秦大树《宋元时期磁州窑瓶类器物的发展及
　　其使用功能探讨》，《南方文物》2000年4
　　期27页，及注释22。

84　〔南宋〕赵彦卫《云麓漫钞》卷第三，《新
　　世纪万有文库》张国星校点本，沈阳：辽宁
　　教育出版社，1998年，33页。

输饮用水的，铭文中的"官"字表示其为当地官府的公用器物。[75]

《辽史·食货志》卷五十九载，契丹人"马逐水草，人仰湩酪"，奶制品是其重要的食物。针对辽代盛行的所谓"鸡腿瓶"，佟柱臣先生推测它"可能是装马奶用的"。[76]日本学者一直以来普遍持类似观点，认为它是用来酿造乳酒兼贮藏的容器，以木棍插入瓶口内通过搅拌来促进发酵——日本学者因此也将"鸡腿瓶"与梅瓶视为在器形和功用两个方面都有所区别的器物。[77]长谷川道隆在基本赞同这种观点的前提下又做了进一步推论，他认为以"鸡腿瓶"酿造乳酒时，其小口不适于木棍搅拌，而是人以双手捧着"鸡腿瓶"通过摇晃、振荡来促进乳酒的发酵。[78]除此，长谷川道隆也赞成"鸡腿瓶"可以"用于背负运送饮水"，[79]对此，冯永谦先生也持类似看法，他认为"这种瓷器正是适应他们的游牧生活需要而制作的，以便用来盛放液体食物或饮料"[80]。

但是也有学者持保留意见。如李文信先生早在20世纪50年代刊布内蒙古林东白音戈勒窑址的考古调查资料时，就针对学术界关于"鸡腿瓶"用途看法的多样性做过概述并提出了自己的意见，他说："这种口小身细而高、放置不易安稳的瓷坛，装什么用？如何用法？人们有过不少推测：有人以为是做酸牛奶用的，因器身细高易被日光晒透而便于发酵；有人以为口小身长是便于驼马车辆取运水泉；有人以为器身细高不占空间，便于契丹人庐帐生活；也有人以为半埋土中在沙土地带使用方便。这些估计虽都有些道理，但迄今尚未发现任何科学上的有力证明。"[81]孙机先生则明确表示不同意将辽、金时期的"鸡腿瓶"视为制造奶酒的用具，他认为："因为内地不流行饮奶酒，但也习用长瓶；而且长瓶的口很小，不便清洗，不适合作为发酵奶酒之器。"[82]

此外据秦大树先生介绍，孙新民先生在河南宝丰清凉寺窑址第二、三次发掘中曾发现一件"鸡腿瓶"式的黑釉梅瓶残件，其上腹部划有"醋一瓶"三字，因此他认为这类瓶"也用来盛醋"[83]。

看来，中原汉地的高体梅瓶用作盛酒、贮水或盛醋等液体的器具，学术界似没有什么异议，不同的看法主要集中在辽境的"鸡腿瓶"上。从以上涉及的考古材料来看，辽境的"鸡腿瓶"作为酒瓶也应该没有问题，至于盛装其他液体，还可以进一步研究。

三、梅瓶本体性功用的分化

作为盛酒器，梅瓶的本体性功用既可以用于贮藏，也可以用于劝酒，后者即前文曾引南宋赵彦卫《云麓漫钞》所言"今人呼劝酒瓶为酒京"[84]所反映的史实。这两种侧重不同的功用分化，表现为梅瓶的使用方式、器物组合以及在材质、尺寸、器形、装饰等方面都表现出一定的差异。反之，通过对后者的研究，

也可以一探梅瓶本体性功用分化的问题。

（一）北宋和辽代奠定了梅瓶的使用方式

唐代梅瓶作为酒瓶来使用基本上是可以肯定的。据孙机先生研究，陕西三原焦村唐贞观五年（631年）淮安靖王李寿墓石椁线刻《侍女图》（图4-2-4）中的器物，可以分为陶瓷器和金银器，陶瓷器中除21号侍女所捧的"长瓶"（梅瓶）之外，还有"覆荷叶盖大钵"、"盘"（内置三只小杯）等，金银器有"兽首杯"、"提梁罐"、"高足杯"、"细颈瓶"、"八曲长杯"，这些器物在器形上"既有我国传统的式样，有的又带有浓厚的外来色彩"[85]，不过目前从中还看不出初唐时期新兴的梅瓶与这些器物的具体组合关系。在这方面，唐代墓葬出土的梅瓶似也无法表明与实用性器物的组合关系。[86]

孙机先生还曾对唐宋时期宴饮场合使用的酒具做过很好的研究，为我们描述了一条比较清晰的演变脉络，其中就涉及梅瓶。[87]他的结论是：唐代前期还沿用"樽"来盛酒，在宴会上配"勺"（枓）以散酒，这时还延续着汉代的传统；随后出现了一个演变中介，即带把柄而无流的"胡瓶"作为盛酒器，这种器物源于萨珊；中唐时期，出现了带流、带柄的"注子"，稍晚，又出现了去柄安系的"偏提"；[88]到了宋代，原型均孕育于唐代的"酒注"和"台盏"才真正成为固定的酒器搭配，此时，所谓酒注包括了一把执壶和一把温酒的注碗，二者配成一套，而所谓台盏则是一只小盏与一件酒台合为一套。当时，与酒注和台盏配套的盛酒瓶就是孙机先生所谓的"长瓶"，也就是梅瓶。另外，宋辽时期还出现了根据不同需要而配置的"盘盏"。金元时期，"玉壶春瓶"也出现了，有时又回潮式地偶尔出现"樽枓"；入元，因蒸馏技术制造的高度白酒逐渐流行，小型的"酒杯"才普遍流行，酒注和台盏渐渐消失，但是贮酒的梅瓶却没有中断。至于明代及其以后的情况，孙先生未做详述。

85   孙机《唐李寿石椁线刻〈侍女图〉、〈乐舞图〉散记（上）》，《文物》1996年5期41、42页。

86   河南偃师唐贞观二十一年（647年）崔大义妻李氏墓，陕西西安韩森寨唐乾封二年（667年）段伯阳墓，除分别出土两件白瓷梅瓶（图5-4-1②③）之外，前者还出土小口"瓷罐"2件、青瓷大口"四耳罐"2件、绿釉瓷"水盂"1件，后者还出土淡青色釉"堆花高足钵"1件、"跪人尊"1件，无一属于酒具。分别见赵会军、郭宏涛《河南偃师三座唐墓发掘简报》，载于《中原文物》2009年5期；陕西省文物管理委员会《介绍几件陕西出土的唐代青瓷器》，《文物》1960年4期48页。

87   本段叙述均参见孙机《唐宋时代的茶具与酒具》，《中国历史文物》1982年。关于唐、五代、宋、辽酒器组合与演变示意，见孙先生此文图六。

88   这段脉络集中体现在晚唐李匡义《资暇集》的如下记载："元和初，酌酒犹用樽枓，所以丞相高公有斟酌之誉，虽数十人，一樽一枓，挹酒而散，了无滴遗。居无何，稍用注子，其形若罃，而盖、嘴、柄皆具。太和九年后，中贵人恶其名同郑注，乃去柄安系，若茗瓶而小异，目之曰偏提。论者亦利其便，且言柄有碍而屡倾仄。今见行用。"（北京：中华书局，1985年）对于"樽枓"、"注子"、"偏提"，孙机先生均有考订，见孙机《唐宋时代的茶具与酒具》，载《中国历史文物》1982年，113、114页。

①   ②

图4-2-7   北宋《文会图》，台北"故宫博物院"藏（附局部）

89　采自：台北"故宫博物院"编纂《故宫名画选萃》图版8，台北"故宫博物院"，1978年。关于《文会图》的年代等问题，见陈韵如《文会图》，载于林柏亭主编《大观·北宋书画特展》161～163页，台北"故宫博物院"，2006年。

90　图片由笔者摄自大足石窟。关于该窟的教义内容，可参见重庆大足石刻艺术博物馆、重庆市社会科学院大足石刻艺术研究所编《大足石刻铭文录》图2-75、图2-76，重庆：重庆出版社，1999年，147页。按：该书两图是大足"截膝地狱"变所刻《华鲜经》和《大藏经》拓本。

91　采自：赵宏、高明《济源市东石露头村宋代壁画墓》彩版四：1，《中原文物》2008年2期20页。

92　其中，双人的"墓主夫妇对饮图"是两宋时期墓葬壁画很流行的题材，这是现代考古发掘报告中通用的名称，宿白先生最早考证命名其为"开芳宴"，见宿白《白沙宋墓》注释53，北京：文物出版社，1957年，33页。目前，支持宿先生这一看法的观点还较为流行，但是在学术界并未完全成为共识。参见陆锡兴《宋代壁画墓与〈白沙宋墓〉——纪念〈白沙宋墓〉出版五十年》，载于《南方文物》2008年1期。

通过对宋辽金元墓葬出土的梅瓶图像资料的梳理（见本书附录二），笔者认为孙机先生的研究基本是正确的。如原属清宫旧物、现藏台北"故宫博物院"的北宋晚期画院作品《文会图》所示（图4-2-7①）[89]，表现了11位文士在充满宫廷园林趣味的环境中举行文会雅集、宴饮，同时还有七八位仆人为之忙碌，在5位仆人忙着备茶、备酒的前景，白面黑边黑腿矮方桌下方右侧赫然出现了一件以织物包口、绳扎束颈的浅色梅瓶（图4-2-7②），器形具有北宋晚期特点，从颜色对比来看似属白瓷。在其旁边的矮桌等家具上，可以确定的酒器有酒注、台盏、大盘、钵、勺（樽杓）等。在文士围坐的大案上和众仆手捧的器皿中，所见酒具也类同，与孙机先生的考证没有太大出入。这种情况到了南宋仍在延续，如四川大足宝顶山石窟大佛湾17.21号窟的《大藏经》"截膝地狱"故事变造像"沽酒图"（图4-2-8），[90]也出现了梅瓶和台盏的组合。该窟凿成于南宋，反映了当时以大瓶劝酒的情况。由侍女双手抱盛酒梅瓶的图像还见于河南济源东石露头村宋代壁画墓（图4-2-9⑥）[91]。

北宋墓葬出土的梅瓶图像资料（附录二之表一）绝大部分发现于今河南地区，其他地区的资料只见于河北、宁夏各一例，这种状况与北宋梅瓶主要流行于河南为中心的中原地区相一致。从纪年材料来看，梅瓶图像集中出现于北宋晚期，非纪年资料也大体相同，也与北宋晚期梅瓶普遍流行和成熟相一致（见第六章）。从墓葬壁画的题材和形式来看，梅瓶形象主要出现在"备酒图"（图4-2-9⑤a、b，⑥a、b，⑦⑧）、"送礼图"（图3-1-2①、图3-2-2、图4-2-9⑨）、"贮藏图"（图4-2-9⑩⑪）以及"墓主夫妇对饮图"四大类中，其中墓主人图又可以分为双人（图4-2-9①②）[92]、单人（图4-2-9③）和无人（图4-2-9④）三种（不含仆人）。墓主人图往往采取正面布局，是一座墓葬之内最主要的图像作品，备酒图和送礼图均为仆人劳作和侍奉的场景。对北宋墓葬出土梅瓶图像资料中梅瓶形象与其他器物组合的梳理，我们看到：梅瓶在各类画面中有三种存在形式，即置于地上、置于桌上、仆人执持。在墓主人图中，梅瓶多置于地上，分不带座（图4-2-9②④）和带座两种情况；瓶座分为单孔方座（图4-2-9①）、多孔矮桌（几）式座（见双孔，图4-2-9⑪）。此外，墓主人图中也在桌面上出现梅瓶的（图4-2-9③）。在备酒图里，梅瓶的存在形式也分别见于地上（图4-2-9⑤b）和桌上（图4-2-9⑧），还见于仆人手中（图4-2-9⑥b、⑦），静止陈设时均带瓶座，均为单孔座，但是有方、圆之别。送礼图中的梅瓶多由仆人双手捧持（图3-2-2、图4-2-9⑨）或肩挑（图3-1-2①）。贮藏图里的梅瓶均插在多孔矮桌式瓶座的圆孔内（图4-2-9⑩⑪）。

图4-2-8　四川大足宝顶山石窟大佛湾17.21号窟
"沽酒图"造像

①

②

③

④

⑤a ⑤b

⑥a

⑥b

图4-2-9　北宋墓葬出土的梅瓶图像资料举例

①河南禹县白沙一号宋墓前室西壁壁画（宿白《白沙宋墓》图版贰贰）　②河南巩县孝义镇稍柴村北宋墓墓室东壁砖砌彩绘图（《考古》1965年8期）　③河南安阳县天僖镇北宋王用昨墓"墓主夫妇对饮图"（《文物》1954年8期）　④河南郑州南关外北宋砖室墓西壁砖雕（《文物》1958年5期）　⑤河南洛宁县北宋乐重进夫妇墓石棺前挡右侧线刻"备酒图"（《文物》1993年5期）　⑥河南济源市东石露头村北宋墓墓室西壁壁画（《中原文物》2008年2期）　⑦河南洛阳市洛龙区关林庙宋代砖雕墓"钻M3"东北壁砖雕第3幅（《文物》2011年8期）　⑧河南安阳小南海水库宋墓墓室西壁北侧壁画（《中原文物》1993年2期）　⑨河南安阳县天僖镇北宋王用昨墓壁画"送礼图"（《文物》1954年8期）　⑩河北武邑县崔家庄宋墓M1东壁砖雕（《文物春秋》2006年3期）　⑪河南禹县白沙一号宋墓过道西壁下部壁画（宿白《白沙宋墓》图版贰肆：Ⅱ）

⑦

⑧

⑨

⑩

⑪

93 在宋辽时期墓葬出土的梅瓶图像上，瓶盖多
　　见白色，也有红色、橙色等，这类现象在各
　　有关发掘报告中常被视为带有泥封，可加留
　　意。关于早期梅瓶的泥封，望野先生曾有研
　　究，并引北宋的苏轼《岐山》诗"为我取黄
　　封，亲折官赤泥"，梅尧臣《李审言遗酒》
　　诗"赤泥圻封倾瓦盏，母妻共尝婢流涎"
　　以为说明，可参阅望野《酒封小考》，《文
　　物》2008年6期91页。

94 河北省文物研究所、张家口市文物管理处、
　　宣化区文物管理所《宣化辽代壁画墓群》，
　　《文物春秋》1995年2期12页。图见河北省
　　文物研究所编《河北古代墓葬壁画》图86，
　　北京：文物出版社，2000年。

95 宣化辽墓M6前室东壁备茶图上出现的水瓶
　　就不是"鸡腿瓶"，而是曲口粗长颈长瓶，
　　见张家口市宣化区文物保管所《河北宣化辽
　　代壁画墓》图四八，《文物》1995年2期。

　　综观以上这些材料，可以就北宋图像中的梅瓶归纳出以下五个特点：1. 以无饰纹深色梅瓶最常见，应该是指北宋晚期普遍流行的无饰纹深色釉粗器梅瓶，这是当时最流行的用于贮藏的酒瓶；2. 绝大部分梅瓶都带覆杯式盖（图4-2-9②，似无盖），盖多为白色，也有朱色，或表示泥封；[93] 3. 北宋梅瓶流行单孔和双孔瓶座，应该是当时实用性梅瓶在日常存放中的固定配件；4. 凡是带饰纹的梅瓶（弦纹或瓦棱纹者除外），或置于墓主人桌上的显要位置（图4-2-9③），或由侍女在备酒中执用（图4-2-9⑦），后者尺寸较小，而男仆所执者均为黑色大瓶；5. 相比之下，处于贮藏状态中的梅瓶均为高体大瓶，配双孔瓶座。综合这五点可加注意的是，北宋晚期高体样式的梅瓶在尺寸上出现了分化，尺寸大者可能偏于贮藏，但尺寸小者具体用途的分化还不十分明显；在器物组合上，北宋梅瓶主要还是与酒注、台盏组合成一套较固定的酒具，多配套果盘（见附录二之表一）；梅瓶也大多不上台面，上台面者应该与祭祀功用有关（见下文）。

　　辽代墓葬图像资料与北宋有一定区别。辽代墓葬出土的梅瓶图像资料也很丰富（见附录二之表二），集中分布于今内蒙古敖汉旗、河北北部，在辽宁西部和山西北部也有少量发现，这一带是以辽代的中京、南京以及东京和西京为核心的连接地带，也是当时经济比较发达和汉人最为集中的地区。有关辽墓的墓主人有汉人，也有契丹人；纪年墓集中在辽代晚期（与北宋情况一致），不过据发掘者研究，内蒙古敖汉旗多座辽墓的年代从辽代中期后段延续至辽晚期；在图像形式上，与北宋墓葬有关图像分为壁画、砖雕、石棺线刻等形式不同，辽墓梅瓶图像的形式均为壁画；出现梅瓶图像的作品题材大部分是"备酒"图，还有"宴乐"图（图4-2-10⑩）、"醉饮"图（图4-2-10⑫）等，几乎不见正面的墓主人形象，墓主人若出现也主要是赏乐等活动，而且多采取侧坐姿势（图4-2-10⑨），另外梅瓶还出现在"备茶"图中，至少见有两例（图4-2-10⑬⑭），前一例"带提梁和藤套的鸡腿瓶"应该用于盛水，[94] 后一例中在桌上和桌下地上的白身红盖矮体梅瓶则应该都是酒瓶——在备茶图中出现盛水"鸡腿瓶"的情况总的来说还是少见的，参见宣化其他辽墓的备茶图可知，以"鸡腿瓶"盛水用于茶事在当时也并不是固定的要求。[95]

　　辽墓图像显示辽代梅瓶有以下特点：1. 梅瓶也带覆杯式盖、带瓶座，但体形多偏大，主要分鸡腿形和橄榄形两类，在辽代梅瓶中都可以找到对应的实物；2. 多无饰纹，仅见瓦棱纹（图4-2-10②⑪），以黑褐色为常见（图4-2-10⑦⑧），还有白色、绿色（图4-2-10⑮）或淡绿色（图4-2-10③）、蓝色（图4-2-10⑥、图4-2-10⑤），大部分可以对应于辽代的茶叶末釉、黑釉、白釉、绿釉等高体或瘦高体梅瓶实物，覆杯式盖则有白色、红色、橘红色，有时在盖壁上见押印（图4-2-10⑮），在瓶身上见标签（图4-2-10①）；3. 瓶座没有单孔座，均为多孔座，体量都较大（故报告中多称之为瓶架），又以三孔最常见，也有双孔、四孔甚至更多的。座式除了矮桌式，还有覆斗式、方箱式、矮几式等，覆斗和方箱式侧壁带镂孔，多为木质。以上这些特点大多和北宋墓图像反映的梅

图4-2-10　辽代墓葬出土梅瓶图像资料举例

①内蒙古敖汉旗羊山辽刘匡善墓墓室东南壁壁画（摹本，《内蒙古文物考古》1999年1期）　②内蒙古敖汉旗下湾子辽墓M5墓室东南壁壁画（同上）　③内蒙古敖汉旗七家村辽墓M2墓室西南壁壁画（摹本，同上）　④内蒙古敖汉旗七家村辽墓M5墓室西壁左半部（摹本，同上）　⑤内蒙古敖汉旗喇嘛沟辽墓墓室西南壁壁画（摹本，同上）　⑥内蒙古敖汉旗下湾子M1墓室西壁壁画（摹本，同上）　⑦辽宁省博物馆藏辽代彩绘木椁之一（《文物》2000年11月）　⑧辽宁省博物馆藏辽代木椁彩画之二（同上）　⑨河北宣化辽韩师训墓后室西南壁壁画（《河北古代墓葬壁画》图版101）　⑩河北涿鹿县辽代墓墓室东壁壁画（《考古》1987年3期）　⑪山西朔州辽代壁画墓（《文物季刊》1995年2期）　⑫辽宁朝阳市木头城子乡十家村辽代家庭合葬墓墓室左前方壁画（《北方文物》1995年2期）　⑬河北宣化辽张匡正夫妇合葬墓M10前室东壁壁画（《文物春秋》1995年2期）　⑭河北宣化辽张文藻夫妇合葬墓M7前室东壁壁画（《文物》1996年9期）　⑮河北宣化辽天庆六年（1116年）张世卿墓M1后室南壁西侧壁画（《文物》1975年8期）

96 〔宋〕朱彧撰，李伟国点校《萍洲可谈》，郑州：大象出版社，2006年。参见《敖汉旗七家辽墓》，《内蒙古文物考古》1999年1期66页。

97 采自：河北省文物研究所编《河北古代墓葬壁画》图版90，北京：文物出版社，2000年。

98 范凤妹《记江西出土的北方名窑瓷器》照1，《江西历史文物》1986年2期120页；赖金明《江西省博物馆藏梅瓶欣赏（上）》图1，《收藏家》2007年12期13页；《中国陶瓷全集·7·宋（上）》图版四九，上海：上海人民美术出版社，2000年，229页。见第六章第二节。

99 刘子龙、王烨《平泉县博物馆藏辽瓷》，《文物春秋》1998年1期78页，封三：5。见第六章第三节。

100 金代"鸡腿瓶"（日本学者称之为"长壶"）的小型化趋势，已由日本学者长谷川道隆在其专题研究成果中加以指出，见〔日〕长谷川道隆著、杨晶译《辽、金、元代的长壶》，《北方文物》1997年2期111页。

瓶存在区别。

作为酒瓶的辽代梅瓶，特别是其中的大型器，绝不上高桌（小型器和盛水器除外），大多插在瓶座内，或直接置于地上（图4-2-10⑩），或半埋于土中（图4-2-10②）。与之常常同时出现的酒具，主要有各种形式和材质的酒注，以及盘盏，北宋中原地区流行的台盏极为少见。另外，凡是出现梅瓶的辽墓壁画，多有各种盘、碗，以及多层大小盒子，盘内多盛瓜果，并引〔北宋〕朱彧《萍洲可谈》卷一载辽人宴饮以说明之："辽人相见，其俗先点汤，后点茶，至饮会亦先水饮，然后品味以进。但欲与中国相反，本无义理。"[96]这方面，也是与北宋很不相同的。

在河北宣化辽天庆六年（1116年）张世卿墓（M1）后室南壁西侧壁画"备宴图"中（图4-2-10⑮）[97]，同时出现了两种样式的梅瓶，一种是在前景黄褐色矮桌式瓶座上插着三件绿身白盖的高体梅瓶（图4-2-10⑮c），另一种是立在朱色高方桌右角上的那件白色丰体梅瓶(图4-2-10⑮b)。从形色特征来看，画面中的黑色托盘应为漆器，其他器皿都应该是瓷器，丰体白色梅瓶很可能属细白瓷，北宋中晚期定窑有相同样式的白瓷梅瓶（附录一总表五：3a①，图6-2-18④⑤）[98]，三件绿色高体梅瓶则应该是辽代的绿釉粗器（参见图6-3-3①）[99]。从一高一矮、一精一粗的这两类梅瓶在画面中所处位置来看，辽代（晚期）不同材质、不同样式的梅瓶在具体用途上各司其职，同属于盛酒器而本体性功用产生了具体的分工，精品小型器可能也与中原地区一样，既是装高档酒的，也是作为"劝酒瓶"来使用。

（二）金代和南宋梅瓶功用的分化和越界

经过对金代和南宋墓葬出土梅瓶图像资料（见附录二之表三）的梳理可知，从画面的题材类型、表现图式和梅瓶存在的场合与位置，及其与其他器物的组合搭配关系等方面来看，辽代和北宋梅瓶功用特征在金代地区基本上得以延续（如图4-2-11），但是，梅瓶本体性功用分化的趋势在金代和南宋同样也变得更为明显了。

在第七章关于金代和南宋梅瓶器形样式的分类研究表明，同时期两个朝代的梅瓶既有传统意义上的地域性差异（即南北方差异），在器形尺寸上也同时形成了大小两极分化的共同特点。比如，金代仍然流行与辽和北宋类同的大中型梅瓶（图4-2-11④ ⑬），无论在器形上还是在实际使用过程中，似乎都没有明显变化（可与辽和北宋对比，如图4-2-10⑧、图4-2-9⑥b）；在另一方面，无论是高体、丰体还是矮体的样式，金代和南宋时期梅瓶尺寸的小型化又是极为明显的，[100]而且与前朝相比显得材质丰富、品质精美（参见第七章第四节），在实际使用过程中则多由侍女来把握（图4-2-11③，⑮a、b）——尽管这种现象在北宋晚期已经出现（如图4-2-9⑦）。可见，金代和南宋梅瓶尺寸大小两极分化、

图4-2-11 金代和南宋墓葬出土梅瓶图像资料举例

①山西稷山金墓M2门楼后壁砖雕（《文物》1983年1期） ②山西平定金代壁画墓M2墓室西北壁壁画（摹本，《文物》1996年5期） ③陕西洋县南宋彭杲夫妇墓砖雕之一（《文物》2007年8期） ④山西绛县裴家堡金代壁画墓东壁壁画"男仆图"（《考古通讯》1955年4期） ⑤山西屯留宋村金代壁画墓壁画（《文物》2008年8期） ⑥陕西甘泉县金代壁画墓M3墓室东壁壁画（《文物》2009年7期） ⑦河北井陉县柿庄宋金墓群一号墓东南壁壁画（《考古学报》1962年2期） ⑧山西侯马牛村金董万墓64H4M101墓室南壁砖雕（《文物季刊》1997年3期） ⑨河南辉县百泉村金墓砖雕（《考古》1987年10期） ⑩山西长治李村沟金代壁画墓墓室南壁东、西侧龛壁画（《考古》1965年7期） ⑪山西汾阳金墓M6壁画（《文物》1991年12期） ⑫山东济南金墓M1墓室西壁壁画（《文物》2008年8期） ⑬河南洛阳道北金墓砖雕之一（《文物》2002年9期） ⑭辽宁朝阳金代马令墓西壁壁画（摹本，《考古》1962年4期） ⑮山西大同金代徐龟墓墓室西壁壁画（《考古》2004年9期）

小型梅瓶材质多样、品质上乘等变化趋势，除与工艺和时代审美趋势有关之外，还与当时梅瓶本体性功用的明确分化有直接的关系。

综观金代和南宋墓葬出土梅瓶图像资料的时空分布状况（参见附录二之表三），上述这个转变是在这一时期中国梅瓶走向繁荣和极大普及的背景下实现的。如出现梅瓶图像的金代和南宋墓葬，已经不再局限于原辽代中京、南京为主的地区（以今河北北部和内蒙古东南部的敖汉旗等地最密集）和北宋的中原地区（以今河南最密集），而是扩展到当时梅瓶全面流行的整个北方地区，如河北中南部、山西中南部、陕西、山东都出现了这类墓例。

南宋的长江流域和江南地区没有出现带梅瓶图像的墓例，原因在于南方的丧葬习俗和墓制传统与北方不同。实际上，南宋袁文《瓮牖闲评》所谓“今人盛酒，大瓶谓之京瓶，乃用京师京字，意谓此瓶出自京师”，以及赵彦卫《云麓漫钞》说“今人呼劝酒瓶为酒京”等，正好反映了北方梅瓶在南宋时期向南方的传播和发生影响的过程，也反映了梅瓶在这一过程中逐渐小型化的历史状况；从实物来看，南宋又是最能体现当时梅瓶走向小型化的时代趋势和有关特点的。将金代的北方与南宋的南方联类比较，也就不难领会南北方梅瓶在功用上的同异关系了。

需要特别指出的是，从金代开始，梅瓶的使用方式和器物组合关系虽然也大部分沿用北宋和辽代的模式，即盛酒梅瓶带盖、带座，盖与座无本质变化，成组的酒器和食器仍以酒注、台盏和盘、碗为主，还有一些圆口或花口（曲口）的大钵和勺，等等——在这样一个带有普遍性的环境背景下，某些金代墓葬壁画还表现了某些不同于前朝的变化，出现了一些新的因素。典型者莫如山西长治李村沟金代壁画墓的墓室南壁东、西两侧龛的壁画，[101]二者分别表现了两张砖雕高桌上陈设的器物，构成对应惯性。如其东龛（图4-2-11⑩a）画蓝色罐1件（内斜插麈尾）、黄色台盏1件、卷草纹注子（执壶）1件、黄色八卦纹炉1件、淡赭色盒1件、蓝色敛口碗2件、书卷1件；而西龛（图4-2-11⑩b）除了画出两件梅瓶（复莲卷草纹梅瓶、无饰纹黄色梅瓶各1件），还有黄色卷草仰莲纹双耳杯1件、蓝色曲口盘1件（内置仰莲纹黄色小盏1件）、蓝色大碗1件（内置黄色羹匙1件，合为传统意义的樽杓）、黄色仰莲纹长颈瓶2件。从形象所指来看，两幅壁画仍然表现出前朝常见的“备茶”、“备酒”图的对称特点，东龛内的台盏、注子（执壶），西龛内的盘盏、樽杓和梅瓶，分别是沿袭前朝传统的茶具和酒具。但是，传统的酒注（执壶加温碗）不见了，新添器物却很多，其中像西龛的双耳杯、长颈瓶应该属于新出现的小型酒杯和酒壶（俗称玉壶春瓶），东龛的敛口碗可能也属于茶具，可是香炉、插麈尾的圆罐和书卷则体现了书房里品茗焚香的文雅陈设，不同于以往或同时期墓葬图像表现的较为世俗的器物组合。反观西龛的两幅梅瓶，也不是常见的无饰纹深色（釉）粗器，而是带饰纹的和颜色鲜艳的器物，瓶身轮廓表现出优美含蓄的曲线变化，尺寸比例显示两瓶属中小型器，应该都是指金代的高档精品梅瓶。这个例子不但说了金代梅瓶存在小型化的趋势，还

101　王秀生《山西长治李村沟壁画墓清理》图版柒：3、4，《考古》1965年7期。按：本文关于此墓这两幅壁画出现的器物名称没有完全按照原报告的用法，而是在本文的叙述脉络中做了统一处理。

①a　　①b　　②a　　②b

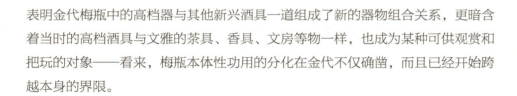

③

图4-2-12　元代墓葬出土梅瓶图像资料举例

①陕西西安韩森寨元代壁画墓M1墓室西壁北侧侍宴图（《文物》2004年1期）　②河北涿州元代李仪夫妇合葬壁画墓M1墓室东壁备食图（《文物》2004年3期）　③山西大同齿轮厂元墓CM2墓室西壁壁画（《文物季刊》1995年2期）

表明金代梅瓶中的高档器与其他新兴酒具一道组成了新的器物组合关系，更暗含着当时的高档酒具与文雅的茶具、香具、文房等物一样，也成为某种可供观赏和把玩的对象——看来，梅瓶本体性功用的分化在金代不仅确凿，而且已经开始跨越本身的界限。

（三）元明时期梅瓶功用的新表现

进入元代以后，墓葬出土的梅瓶资料大幅度减少，所见墓例分布于今山西、陕西、河北、山东等地区，此前最集中出现的地区如河南等地已不见，时间上以元代前中期墓例较为突出，说明此时在墓葬中以图像的方式表现包括梅瓶在内的器物和环境场景的做法正在衰退，显示出葬俗的变迁。这一点从明代墓葬壁面上再也不见梅瓶图像的事实可以得到印证，梅瓶在明代只以实物的形式随葬。

根据附录二之表四对元代墓葬出土梅瓶图像资料的梳理，结合实物资料可知，元代北方梅瓶不再配瓶座，考古发现元代南方窑场烧造的梅瓶仍有带座的，如景德镇窑青花器（图8-2-22④⑤），新的宝珠钮钟式和帽式等瓶盖样式在元代中晚期以后很普及。与这些变化相一致，梅瓶的器物组合关系也表现出不同以往的新特点。首先，梅瓶作为酒具的传统式组合形象见于山西地区的元墓，如山西大同齿轮厂元墓CM2墓室西壁见梅瓶与酒注的组合（图4-2-12③）[102]，在山西文水县北峪口元代画像石墓的墓室东北壁备餐图（图4-3-18③）、西北壁备茶图（图4-3-18①）当中，[103]也能见到梅瓶与花口大碗（内置勺，即樽杓）并对应于执壶、台盏的组合。二者的特点是，前者一碗两瓶并列，是以往所不见的；后者的执壶和台盏应该是同一组茶具，梅瓶除了与花口大碗和勺成组，应该还与男性子孙手捧的小杯、玉壶春瓶共同组成一套酒具。这种情况也见于大同齿轮厂元大德二年（1298年）墓西壁南端壁画"侍酒图"（图2-2-1），而最早

102　采自：王银田、李树云《大同市西郊元墓发掘简报》图八（下），《文物季刊》1995年2期35页。

103　采自：山西省文物管理委员会、山西省考古研究所《山西文水北峪口的一座古墓》图三：2、1，《考古》1961年3期138页。

104　采自：柴泽俊、朱希元《广胜寺水神庙壁画初探》图版陆：2，《文物》1981年5期86页。

105　采自：《历代寺观壁画艺术·新绛稷益庙壁画、繁峙公主寺壁画》图三一，重庆：重庆出版社，2001。此图是画成于明正德二年（1507年）的山西新绛县阳王镇稷益庙正殿的主题性壁画之一"朝三圣"的局部，画面上部表现了一名备酒侍女捧黄色直口梅瓶往方盘中倒酒。

106　〔明〕万邦治绘《醉饮图卷》，绢本设色，24.5厘米×143厘米，现藏于广东省博物馆。采自：《中国美术全集·绘画编·6·明代绘画（上）》图版169，上海：上海人民美术出版社，1988。按：此图虽然取材于杜甫《饮中八仙歌》所咏叹的唐代故事和人物，但画上无论是衣着还是器物都是明代气象。

①

②

图4-2-13　元明寺院壁画举例
①山西洪洞县广胜寺水神庙明应王殿东壁壁画　②山西新绛县阳王镇稷益庙正殿壁画

在金代山西地区出现（见上文）。其实，大同齿轮厂元墓CM2壁画上的梅瓶与画面上方大桌上的蕉叶纹敞口大盆（内置长勺）、蕉叶纹盖罐、托碗之间的关系才是元代新出现的因素。类似的元代墓壁画还见于陕西西安（图4-2-12①a、b）、河北涿州（图4-2-12②a、b），在这两个画面中，与梅瓶一道共同置于桌面上或由侍女手捧的器物，绝大部分都是大件的各式瓶、罐、盘，属于酒具的器物只有玉壶春瓶和较小的盏。

类似的情景也见于山西洪洞县广胜寺水神庙明应王殿东壁"渔民售鱼图"（图4-2-13①）[104]，此图画成于元泰定元年（1324年），在画面中的桌上或众仆人手中，除白身红盖的两件梅瓶之外，还有传统的樽杓、执壶和新兴的玉壶春瓶、小杯和大罐。看来，元代梅瓶的器物组合形成了一套不同以往的关系，既包括传统酒具，也包括新兴酒具，还常常与大罐一类的器物并列出现，这与元代梅瓶高大宽博的器形风格也是协调的。

到了明代，梅瓶图像退出了墓葬，却见于其他多种载体，借此同样可以归纳此时梅瓶的使用方式和器物组合关系，了解明代梅瓶本体性功用的时代特点和变化。

在明代寺庙壁画中，还有一些带有传统特点的备酒图，其中仍能见到梅瓶的身影（图4-2-13②）[105]，但是现存实例很少，难以做深入比较。上一章曾论及明代话本的木刻插图中出现的盛酒梅瓶，有些器形基本等同于粗酒坛（图3-1-2③、图3-1-3①②）。

最常见的明代梅瓶图像见于和文人士大夫的雅集、郊游、宴饮等活动有关的场景中，可以统一归类为文人题材，表现载体有绘画、木刻插图和瓷器上的装饰绘画。从图4-2-14搜集的一些图例来看，明代的盛酒梅瓶仍不能免盖，织物扎口以加强密封性的做法也常见。最新的变化在于，在元代尚有孑遗的梅瓶座，至明代已几乎不见，不再与实用性梅瓶组成固定搭配。核以考古材料，也可以证实这一点。对于梅瓶瓶体器形而言，去座既是一种解放，也是另一种制约。明代梅瓶的尺寸变得相对矮小，胫足部形态进一步朝着兼顾实用和美化的方向发展，其原因均在于此。另外，明代梅瓶器形的变化与高度蒸馏酒在明代的技术提高而普遍流行存在着深层关系，后者必然要求日常使用的盛酒梅瓶进一步小型化——这当然不包括为皇家仪式性活动专门烧造的大型梅瓶。

明代绘画直观地呈现了当时与梅瓶组成的酒器，主要有执壶和小酒杯（图4-2-14③）[106]。元明时期的执壶是从宋代的酒注演变而来的，整体器形更为细长流畅，尤其表现在嘴、颈、柄上面，其中既有其他器类形式的影响，也体现了某种异域情调，同样也与酒质的提高和酒器的使用方式有关。宋代的台盏此时已彻底消失，代之以小巧的酒杯，后者在历史上出现得并不晚，其最终取代台盏，主要也是因为酒品质量提高，特别是蒸馏酒的酒精度大幅度提高所决定的。

有关资料还显示，与前代梅瓶相比，明代梅瓶在有关图像中的地位发生了重要变化：梅瓶大量出现在明代文人士大夫的雅集游宴活动当中，而且梅瓶不再

图4-2-14　明代梅瓶图像资料举例

①明《五同会图》卷（局部），北京故宫博物院藏　②明万历二十一年（1593年）安徽书肆郑少斋刊本《古文正宗》插图"渊明赏菊"　③〔明〕万邦治绘《醉饮图卷》（局部），广东省博物馆藏　④明青花"踏雪寻梅"图大口罐，首都博物馆藏　⑤海外藏明青花楼阁人物图大罐

像前代那样总是作为其他酒器的陪衬而处于比较次要的位置，而是成为突出的器物形象（图4-2-14②）[107]，其他器物反而常常处于隐蔽的状态。最典型的是文人雅集游宴场景中，常见挑担的仆人形象，梅瓶与食盒很显眼地对应出现（图4-2-14① ④ ⑤，图3-3-4，图9-2-12①）[108]。其实，这种形象早在两宋时期已经出现（图3-1-2① ②），宋元明清的文人诗词中对有关活动也有不少相关描写，说明这类活动并非始自明代。但是，从宋代到明代，文人士大夫阶层在中国社会中发挥着越来越大的影响和作用，并在各方面引领着中国的社会事务，因此文人士大夫的趣味乃至文人士大夫本身都直接影响或成为社会化图像的表现对象。而自古以来，酒作为文人士大夫标榜风度的重要媒介之一，此时更以其技术进步的魅力赢得了这一阶层的青睐，从而使得文士们的雅集游宴总也少不了酒的参与，自然也少不了作为标志的酒器的出现。梅瓶在明代因此而被文人士大夫的普遍、深刻的社会性影响所塑造着，后者影响了明代梅瓶的器形、使用方式及其与其他器物的组合关系。

107　采自：周心慧、马文大、蔡文平编著《中国古版画》图版三六九，杭州：浙江文艺出版社，1996年。

108　图4-2-14①，采自：杨丽丽《试析明人〈五同会图〉卷》封三：3，《文物》2004年7期；图④，由笔者摄于北京的首都博物馆陶瓷陈列馆；图⑤，采自：〔日〕久志卓真《中国明初陶瓷图鉴》四〇页图，东京：宝云舍，1943年，其图解见该书47页。

第三节

礼仪性功用：作为明器和供器的梅瓶

人们为梅瓶赋予的功用首先是"盛贮"，而梅瓶在满足人间的相关实用性要求之后，其功用却并未止步于此。在特定的仪式场合中，当人们通过采用专门制作的梅瓶，或对梅瓶进行特殊的修饰，或变化其内容物，或将梅瓶做特定的位置安排，或与其他有关器物做固定的组合，或规定梅瓶的尺寸和数量等各方面的特别处理，使之超越日常性实用器的意义而被用来"表示"些什么，承担起某种仪式性的角色并体现出礼仪性文化意义之时，梅瓶就跟历史上所有有过类似情况的其他器物一样，便具备了礼仪性功用。

从考古材料和历史文献的记载来看，梅瓶的礼仪性功用在不同的环境场合中有不同内涵的表现，这些环境主要分三大类，即地下的墓穴空间、地上的祭祀场所、某些特殊的宗教性场合。根据三类环境中的礼仪属性，又可以大体归纳为明器和供器两大类。作为供器的梅瓶既见用于地上，也见用于地下的墓穴当中，换言之，墓葬出土的梅瓶既有明器，也有供器。加之各地采用梅瓶随葬的葬俗存在历史的和区域性的种种差异，因此梅瓶在墓葬中的礼仪性功用比较复杂。

一、随葬梅瓶的时空分布和演变趋势

对中国历史上各代梅瓶随葬的考古材料做出梳理（见第五章第四节及第六至第九章的各章第一节），将其按朝代顺序加以排列之后，对比梅瓶在各代、各地、各类型墓葬中所处的位置、器物组合及其本身的数量、特征，以及墓主身份等概况，可以看出梅瓶随葬的历史现象呈现出由少渐多又趋于消失的总体演变过程，各朝代的空间分布也不同。

在梅瓶滥觞期的隋唐，以梅瓶随葬的现象已经出现，但只见于东西两京的关中和河南等中原地区，这是当时的文化中心区域，意味着以梅瓶随葬的葬俗发源于此，其中反映出使用者从高层往中低层的社会变化。

从宋辽到元明，有关墓葬的分布趋势是：早期主要流行于从中原到北方地区，长江中下游流域也陆续出现，而时间越晚，向南方传播的现象则越明显、越强烈。具体到各朝代，大体如下：

北宋：主要分布于中原、关中、华北、长江中下游到上游流域（从今江苏、江西、安徽、湖北到四川），岭南有局部的案例。

辽代：辽五京核心地区（今北京、河北北部、内蒙古东南部、辽宁西部、山西北部）。

北宋和辽代相合，可见从公元10世纪到12世纪初期的整体状况。

金代：从"金源之地"的东北、原辽代五京核心地区，到中原、华北和关中及其以西地区。另外，在同期的西夏属地（西北地区）也有少量实例。

南宋：仍主要集中在长江流域，进一步至今浙江，最远到达岭南地区。

金代与南宋相合，可见从公元12世纪到13世纪中期的整体状况，及其与前一时期之间表现出来的拓展性变化。

元代：除在上述原有地区仍然流行之外，内蒙古中部元上都一带有较集中的流行，墓主多为汉人。

明代：主要流行于南京、北京两个首都地区，以及历朝分封于各地的亲王、郡王等皇室宗亲或有关人员，还有当时的各级官员等社会上层人士为主的墓葬，因此除上述两地之外，集中发现有关墓例的地区还有广西（以桂林为主）、江西、四川、湖北，以及山东、陕西、广东等地。社会下层的墓葬中随葬梅瓶的情况很少见。

到了清代，以梅瓶随葬的情况已不见报道，这个现象除了有考古学科时间范围所限的原因，更主要的原因是与此种葬俗进入消亡阶段有关。[109]

这份资料反映了从唐代到北宋，梅瓶被纳入墓穴以承载礼仪性意义的行为，存在一个逐渐传播和普及的过程，在不同区域的同类现象则经过了各地特定葬俗的筛选。

二、不同葬俗的表现：从非实用器到特殊容器的代用品

墓葬考古材料显示，并对照如《大汉原陵秘葬经》（以下简称《秘藏经》）等文献史料的记载，[110]梅瓶作为明器又可以分为实用器和非实用器两类。实用器是指利用梅瓶的内存空间盛贮有关物质，其中包括与地上人间常规实用性相同的酒水等液体，还包括只有在墓穴中才会出现的不同的内容物。

（一）非实用器

非实用器主要是指古代儒家经典记载的标准意义上的明器，如《礼记·檀弓》篇所言："夫明器，鬼器也"，"其曰明器，神明之也"，"备物而不可用

109 如刘毅先生在对唐代以来帝王世俗化葬仪用品的专门研究当中就注意到，以梅瓶随葬葬俗在清代帝王陵墓中已彻底消失，仅在"民间墓葬仍有其遗绪"，见刘毅《唐季以来帝王世俗化葬仪用品探微》，《南方文物》2012年1期71页。

110 徐苹芳《唐宋墓葬中的"明器神煞"与"墓仪"制度——读〈大汉原陵秘葬经〉札记》，《考古》1963年2期。

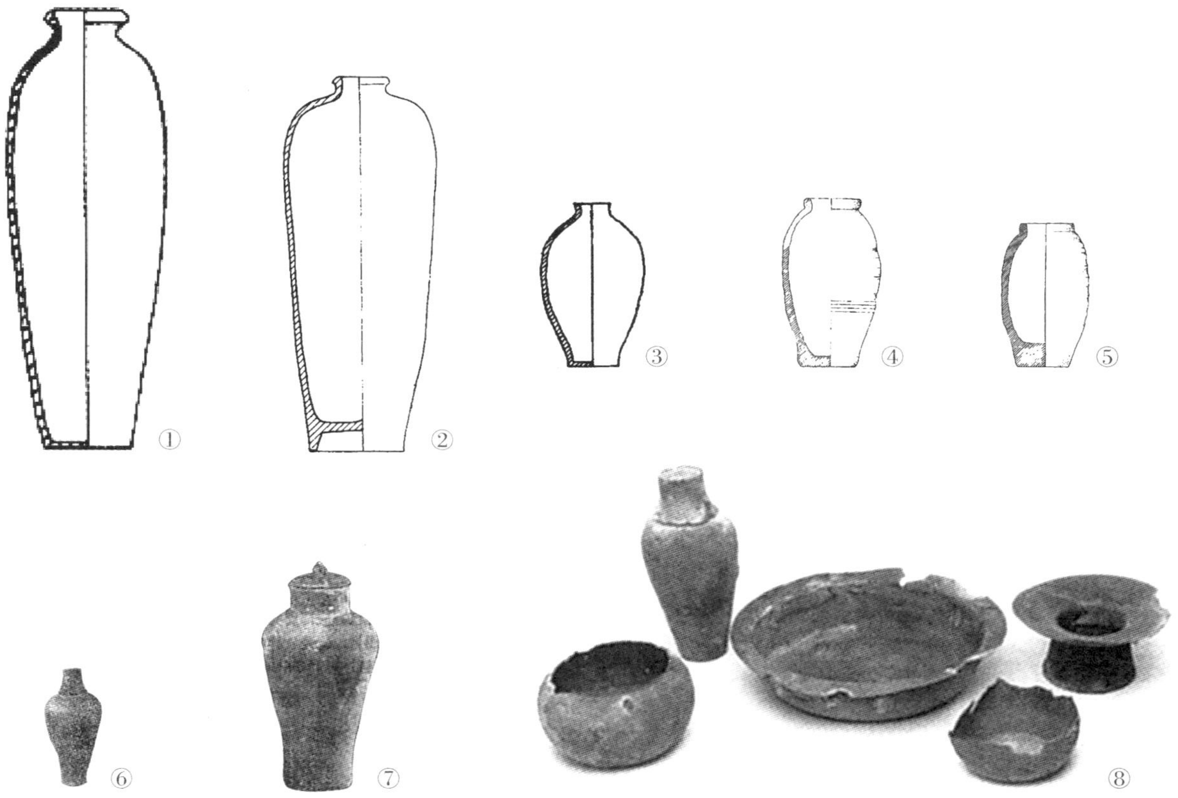

图4-3-1　梅瓶明器举例　（0 ———————— 10 cm）

111　采自：廊坊市文物管理处《廊坊市馨钻界小区辽代墓群发掘报告》图一四：1，《文物春秋》2009年2期37页。按：发掘者称此瓶为"梅瓶"。

112　采自：山西省考古研究所、汾阳县博物馆《山西汾阳金墓发掘简报》图二八：7，《文物》1991年12期30页。

113　采自：洛阳地区文化局文物科《三门峡市上村岭发现元代墓葬》图三：1，《考古》1985年11期1054页。

114　采自：王银田、李树云《大同市西郊元墓发掘简报》图二：7、8，《文物季刊》1995年2期28、35页。按：两瓶在发掘报告中就被称为"鸡腿瓶"。

115　采自：高振卫、邬红梅《江苏江阴夏港宋墓清理简报》图一五，《文物》2001年6期。

也"。此所谓"不可用"实际上是指不同于人间的实用性用途的其他用途。考古发现的非实用性梅瓶，与大部分典型的明器一样，多为陶制品，从北方到南方都能见到，另外还包括了采用其他材质制作的器物，如锡质梅瓶，后者主要见于长江下游地区。以非实用性的明器梅瓶随葬，通过其处理方式的不同可以看出其间葬俗和礼仪性功用的差异。

如北方墓葬可以举以下4例：

①河北廊坊市馨钻界小区辽中晚期墓M2出土1件泥质灰陶"鸡腿瓶"，高43厘米（图4-3-1①）[111]。

②山西汾阳金早期墓M5出土1件陶质刷漆"梅瓶"，高36.2厘米（M5：11，图4-3-1②）[112]。

③河南三门峡市元墓"83峡房M1"出土泥质灰陶"小口壶"2件，其一（M1：15）高15.5厘米（图4-3-1③）[113]。

④山西大同西郊宋庄元墓SM1出土灰陶"鸡腿瓶"2件（SM1：7、SM1：8），高分别为16.2厘米、13.8厘米（图4-3-1④⑤）[114]。

南方可以举以下3例：

①江苏江阴夏港北宋末期墓出土1件锡质梅瓶，通高19.6厘米，带盖，"出土时器盖用泥和石灰封住"（图4-3-1⑧）[115]。

②江苏武进村前南宋墓出土1件带盖锡质梅瓶，通高11.2厘米（图4-3-1⑥）[116]。

③江西南昌明弘治十七年（1504年）戴贤夫妇合葬墓出土的6件素面"刷金陶罐"，通高21~23厘米，带宝珠钮斗笠式盖（图4-3-1⑦）[117]。

上述江苏地区的北宋和南宋两墓出土的锡质梅瓶，以及河南元墓出土的陶质梅瓶应该都属于传统意义上的非实用性明器，而山西大同元墓的灰陶"鸡腿瓶"显然是金元时期北方地区普遍流行的实用性棒状"鸡腿瓶"的仿制品，不具有任何实用功能，其明器的性质也与上同。不过，从墓葬内部情况来看，这些非实用性明器的梅瓶在各地区各时代墓葬内承载的具体含义，很可能是有区别的。如江苏夏港北宋墓出土的锡质梅瓶原本用泥和石灰封住器盖，表明其中应盛贮液体，与包括1件唾盂、2件平底钵、1件盘等在内的锡器共同组成一套生活实用器的代用品，具有长江流域的葬俗特点（图4-3-1⑧）[118]。

廊坊在辽代属南京道地区，这一地区一直是汉文化传统占主要地位，因此在辽代也一直是辽境中汉文化特色最鲜明的地区，以梅瓶随葬的做法同样体现这种色彩，特别是到了辽代中晚期，以陶质非实用性明器随葬之风盛行，与北宋的华北地区表现出类似的葬俗现象。廊坊馨钻界小区辽墓M2的"鸡腿瓶"是一件泥质灰陶器（图4-3-1①），而且在墓中与同墓灰陶类小型明器如罐、盆、鏊、甑、釜、盘、匜、臼、熨斗、剪、执壶等，同置于圆形墓室内的棺床西侧，共同构成一组具有汉文化传统意义上的明器组合（图4-3-2）[119]。实际上，以模仿日用器的成组小型陶制明器随葬，在辽境南区的辽墓中很常见，其中有不少墓例使用的"鸡腿瓶"都采用了缸胎黑釉、酱釉或茶叶末釉等品种的实用器，以非实用性明器"鸡腿瓶"随葬的情况反倒不多。这说明，辽墓出土的实用性"鸡腿瓶"在礼仪性功用问题上可能需要具体情况具体分析。

山西汾阳金墓（M5）的陶质梅瓶和江西南昌明戴贤墓的6件素面"刷金陶罐"，虽然朝代不同、相隔遥远，但最可注意的是这两件作为明器的陶质梅瓶上都做了特殊的涂刷处理，前者刷漆，后者刷金。目前还不能说这种类似的特殊涂刷处理是由同一个具体原因所致，但是它们与一定葬俗的某种讲究肯定有必然关联，其中蕴含的葬俗意义有待深究。

（二）罕见的谷仓罐和骨灰坛的代用品

在宋辽时期到元代，南北方都有一些墓例表明，梅瓶还曾经被用作某些特殊容器的代用品，这方面主要是指以梅瓶盛贮谷物乃至盛骨灰安置于墓中。

例如，广东佛山澜石镇东鼓颡岗1号北宋末期墓出土的7件带盖黑釉陶梅瓶，其中有6件内装稻谷（图4-3-3①）[120]，另有一件内装骨灰和16枚北宋各朝铜钱（通高27厘米，图4-3-3②）[121]，这些骨灰坛均与北宋时期主要流行于定窑的矮体梅瓶（样式二1）具有相同的器形特点（见第二章第二节样式二1，及附录一之总表二），器盖也是宋金时期最为通行的覆杯式梅瓶盖。这7件梅瓶在墓中的布

116　采自：陈晶、陈丽华《江苏武进村前南宋墓清理纪要》图九：19，《考古》1986年3期。

117　采自：李科友、彭适凡《明昭勇将军戴贤夫妇合葬墓》图六，《江西历史文物》1982年1期32页。并见江西省文物工作队《明昭勇将军戴贤夫妇合葬墓》，载于《考古》1984年10期。按：这6件"刷金陶罐"一般不被视为梅瓶，实际上这种器形是明代中期景德镇窑青花梅瓶非常流行的一种直口梅瓶样式。可以参见第九章第二节的有关内容。

118　上揭《江苏江阴夏港宋墓清理简报》，《文物》2001年6期61页。

119　采自：前揭《廊坊市馨钻界小区辽代墓群发掘报告》图六，《文物春秋》2009年2期。按：发掘者也指出了这个现象。

120　采自：曾广亿《广东佛山鼓颡岗宋元明墓记略》图二，《考古》1964年10期。

121　采自：同上，图版捌：3。

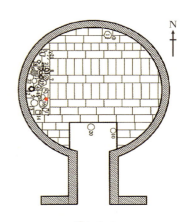

图4-3-2

河北廊坊市馨钻界小区辽中晚期墓M2平面图

图4-3-3　广东地区宋元时期作为谷仓罐或骨灰坛代用品的梅瓶实例及有关资料

（器物：0 ⊢⊣⊢⊣⊢⊣⊢⊣⊢⊣ 10 cm ）

122　采自：曾广亿《广东佛山鼓颡岗宋元明墓
　　　记略》图一，《考古》1964年10期537页。

123　采自：广东省文物管理委员会《广东佛山
　　　市郊澜石唐至明墓发掘记》图一：8，《考
　　　古》1965年6期。按：发掘报告称此器为
　　　"Ⅳ式陶坛"。

124　广东省文物管理委员会《广东佛山市郊澜
　　　石唐至明墓发掘记》，《考古》1965年6期
　　　284、286页。

置也很特别：梅瓶形的骨灰坛置入一件大口、大盖的大陶罐之内（通高32厘米，图4-3-3④），并放置在墓穴中央，另外6件梅瓶形的谷仓罐环绕周围排布成六角星形（图4-3-3③）。[122]这种布局在其他地区很少见，具有突出的岭南地区特色。类似的例子还见于佛山澜石圩北宋霍氏墓（M15），其中也出土了1件同样作为骨灰坛使用的带盖褐绿色釉梅瓶，高31厘米（M15：1，附录一总表二：1e）[123]，但在墓穴中的布置没有上例复杂，可能是一种减省的处理。可见，在北宋时期广东佛山地区这类做法并非孤例，当然这种做法在当地也不是唯一的，更常见的骨灰坛和谷仓罐是各种各样的陶罐，说明梅瓶在当地葬俗中主要还是作为其他陶罐的代用品，因此发掘者将梅瓶形制谷仓罐和骨灰坛与其他罐类都称为"陶坛"，并指出："这种用陶坛作葬具的墓在广东地区相当流行，葬法可能有两种，一是火葬，一是二次葬……至迟在唐代后期已经出现了这种葬法，到宋代则十分流行。这种葬俗的流行，一方面与广东地区雨水多，尸体不易保存的自然特点有关；另一方面与佛教和火葬的影响有着密切关系。"[124]可见，起源于中原、北方地区的梅瓶在北宋晚期传播到边远的南方以后，由于某种尚不明确的原因已被改造和挪用作为墓穴中谷仓罐乃至骨灰坛，与同时期岭北广大地区宋墓中梅瓶的丧葬功用大异其趣。

　　这种地方性的做法在广东延续至元代。如广东雷州市白沙乡东茂坡元墓出土了2件成对的带盖褐彩人物纹梅瓶，分别高27厘米、26厘米，据研究属当地雷州窑的

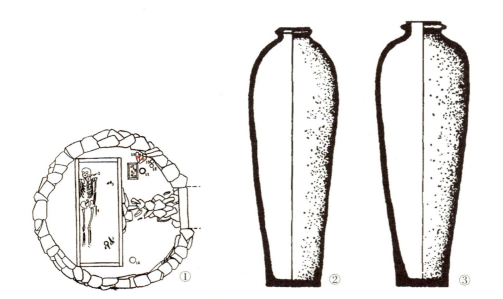

125 采自：冯素阁《磁州窑与雷州窑瓷器比较
　　　 与赏析》图一五、一六，《中国古陶瓷研
　　　 究·第十六辑》，北京：紫禁城出版社，
　　　 2010年，500页。

126 黄静《雷州窑彩绘瓷器研究》，《中国古
　　　 陶瓷研究·第十六辑》，北京：紫禁城出
　　　 版社，2010年，444页。按：该文的图一七
　　　 是两瓶的另外一面。

127 采自：富占军《内蒙古商都县前海子村辽
　　　 墓》图二：3、4，《北方文物》1990年2期
　　　 51页。

128 采自：同上，图一。

图4-3-4　内蒙古商都县前海子村辽墓及其出土的缸胎茶色釉"鸡腿瓶"

（瓶：0 ———————— 10 cm）

制品（图4-3-3⑤⑥）[125]。与最能代表元代梅瓶器形时代特征的景德镇青花梅瓶相
比，这两件梅瓶确实具有元代梅瓶器形的统一特征。两瓶作为有关葬俗的载体，其
腹部主题饰纹很特别。有研究者指出，这两件梅瓶"分男女性别，为装骨灰之用。
其纹饰非常特别，各为四个开光，分别绘了两对男性和女性与两个飞凤纹相间。男
瓶人物为一对光头、一对头顶盘髻，身穿交领长袍，皆赤足，双手皆放在背后。女
瓶人物皆穿交领短衫长裙，一对赤足，左边之人皆伸出右手放于右边同伴胸前。"[126]
如此特殊而罕见的饰纹表明，广东南端的雷州半岛在元代不但延续着佛山地区在北
宋时期的葬俗，还体现了岭南火化葬俗当中某些极具地方色彩的内容。看来，在岭
南地区以梅瓶作为骨灰容器的相关葬俗，与中原和北方的火化葬俗之间的差异值得
深入研究。

　　在北方，以梅瓶盛装谷物作为墓葬明器的实例比较罕见，目前只见于一例
辽墓当中，即内蒙古商都县前海子村辽墓出土的2件缸胎茶色釉"鸡腿瓶"，分
别高50.5厘米、51.5厘米，出土时瓶内"还有少量种子"，经鉴定有高粱和谷
种（图4-3-4②③）[127]。墓主女性，两瓶位于圆形墓室内石棺外东南侧墓壁下
的地面上，同在一处的有长颈陶壶2件，旁边一张木桌上有青瓷小碗2件、玉盅2
件，桌前有黄釉陶盘1件（图4-3-4①）[128]。由于至今仅见这一个例子，不能据
此下什么结论。毕竟，从辽代"鸡腿瓶"的考古发现实物和图像来看，这类器物
在当时主要还是应该作为酒类等液体容器来使用的，在墓葬中以之盛谷物可能比
较偶然。对此还有待更为充分的材料做进一步考察。

　　除此之外，在墓葬当中以梅瓶盛贮谷物或骨灰随葬的现象，在历史上是极为
少见的，以上材料表明这种现象还是以从北宋晚期到元代出现在广东地区的墓例
为主，具有特殊的区域性。

三、风水观念下的"明器神煞"

考古材料显示，历代墓葬中发现的梅瓶绝大多数是与地上的实用性梅瓶相同的实用器，而它们在墓穴里往往都是空瓶。但是，下面将要梳理的材料作为一种证据表明，这只是瓶内盛贮的液体流失之后的状态，当初大部分梅瓶应该都是盛贮某种液体并加以密封之后才入葬的，只不过由于时间久远或其他某些原因而导致瓶内液体完全流失。通过对考古材料和文献史料的对证，可以明确断定这类梅瓶在墓葬中都具有程度不同、性质有别的礼仪性功用，既包括与上述非实用器的明器同类的含义，更为重要的还有两种情况，一是风水观念下的专用明器，二是祭祀意义上的供器，二者并不相同。

（一）盛贮液体随葬的梅瓶材料梳理和分类

在上文当中，陆续提到过一些在北宋、辽代和明代墓葬中发现盛贮液体的梅瓶案例。为了便于以下论述，下面先将宋辽金元明时期已发现的此类墓例，以表格的形式做一番梳理。需要说明的是，表4-3-1当中还包括了一些出土时无内容物的梅瓶，但是从其口部加盖，特别是其中一些例子还有明显的密封痕迹来看，可以肯定墓中梅瓶原本是盛有液体的。

表4-3-1　宋辽金元明墓葬出土盛酒梅瓶梳理

序号	年代	墓葬	墓主身份	梅瓶				出处
				数量	特征	位置	组合器物	
1	辽统和十五年（997年）	北京八宝山辽韩佚夫妇合葬墓M3	韩佚，汉族，"应历中，以名家子特授权辽兴军节度副使，银青崇禄大夫，检校国子祭酒兼监察御史、武骑尉"。曾任工部尚书，为辽代"南面官"高级官员	2	褐釉瓷，鸡腿瓶式。两瓶出土时都内盛清水	其一（3：37）单置于圆形墓室棺床近后壁（北壁）小砖台上，其二（3：22）单置于棺床前沿（南侧）小砖台上	另外，在棺床前（南侧）一张木供桌上原有：青瓷酒注1（注、碗各1相合）、青瓷盏托1、青瓷碟4、青瓷碗2、白瓷罐5、白瓷渣斗1、白瓷碗5、白瓷钵2。棺床下墓室西侧（或迭压在夫人王氏墓志上）：罐、盆、勺、执壶、釜、三足炉、火圈等陶制明器	《考古学报》1984年3期

续表

序号	年代	墓葬	墓主身份	梅瓶				出处
				数量	特征	位置	组合器物	
2	北宋天禧三年（1019年）	陕西西安李保枢夫妇合葬墓M1	李保枢，赠尚书虞部员外郎，赠光禄卿；妻窦氏封扶风县太君	3	黑釉瓷。筒形、饼形足，有两件仍保留覆杯式盖，其一（M1：10，出自南壁小龛）内盛酒	墓室南北两壁东侧两小龛内，分别有2件和1件，其中南壁小龛内并立1件三系瓷瓶	无（墓室后壁即西壁尚存灰陶罐、青釉刻花罐等）	《文物》2008年6期
3	北宋嘉祐五年（1060年）	江西永新刘沆夫妇合葬墓（女室）	段氏，封秦国夫人	5	黑釉、黄褐釉、青黄釉。出土时，每瓶均覆盖一窝圆足白瓷小碗	椁北壁一字排列	双腹陶瓶1	《考古》1964年11期
4	辽大安九年（1093年）	河北宣化辽张文藻墓M7	汉族，无仕履，家境殷实，笃信佛教	2	绿釉。鸡腿瓶式。其一（M7：71）储满红色酒液	都位于圆形后室西壁前，其一（M7：71）在西壁前木椅南侧地上，只此一件；其二（M7：64）在木椅北侧地上	后室西壁前木椅北侧的绿釉"鸡腿瓶"，与同处一组的陶质明器相组合，包括带盖彩绘陶仓4（其中二件储存谷子或粟，一件存枣）以及执壶、甑、盂、灯碗、剪、匜、盆等	《宣化辽墓——1974~1993年考古发掘报告》（上、下），北京：文物出版社，2001年
5	北宋末年	江苏江阴夏港宋墓	江阴望族葛氏家族中人，具有较高的身份和地位	1	锡质，带盖。出土时器盖用泥和石灰密封，说明原本内盛液体	墓室内木架上	瓷器、漆器、金银器、锡质明器（含唾盂1、平底钵2、盘1）等	《文物》2001年6月
6	金皇统三年（1143年）	河南林县金代夫妇合葬墓LM2	无官地主	1	褐釉瓷。带特殊的塞式小盖，说明是一套比较完整的酒瓶	不详	其他器物：陶盆1、宋三彩香盒1、白瓷褐彩罐1、白瓷荷口瓶1、白瓷瓜棱执壶1、白瓷碗2、青瓷碗2、青瓷盏托2（青瓷碗与青瓷盏托互配成2套台盏）、白瓷盘6、青瓷褐彩盘5、玛瑙环1	《华夏考古》1998年2期
7	金正隆四年（1159年）前后	山西大同南郊金陈庆之妻李氏墓（云大M1：4）	李氏，下级军吏陈庆妻	3	黑釉2、酱黄釉1，鸡腿瓶式。后者装浆状黑色油脂	不明	含瓷器、釉陶1件，白瓷碟2、白瓷盅1、耀州窑青瓷盅1、白瓷酒注1（含注子和注碗各1）、白瓷钵1、瓷折腹盘1、黄绿釉陶烛台1套	《考古学报》1992年

续表

序号	年代	墓葬	墓主身份	梅瓶				出处
				数量	特征	位置	组合器物	
8	元（前）至元十四年（1277年）	河北宣化元葛法成墓	女性，当地居民	2	绿釉，鸡腿瓶式。以白灰封口，内盛液体已漏失	并列独立于墓室西南角地上	尸床西侧：黑瓷盆1、内置铜镜1。墓室中央（尸骨南侧）土台上：钧瓷碗5、钧瓷盘1、绿釉花口瓶1、白瓷碗1（分两行排开）。东侧有陶釜1。墓主头部周围环绕：黑釉罐1、铁灯1、买地券1	《文物》2008年7期
9	明洪武二十二年（1389年）	山东邹县明鲁荒王朱檀墓	亲王	1	青白瓷，刻暗花龙纹。内盛酒	后室	荷叶形盖瓷坛1（内盛梨、枣、肉、米饭、鸡蛋、菜叶等）、瓷盘4。均系影青、暗花、云龙纹	《文物》1972年5期
10	明万历十八年（1590年）	广西桂林明靖江温裕王朱履焘夫妇合葬墓	郡王	3	青花，龙纹。朱履焘墓室出土的一件盛有泡着乳鼠、药材的药酒	朱履焘墓室出土1件，其夫人墓室出土2件	不明	《靖江藩王遗粹——桂林博物馆珍藏明代梅瓶》，上海：上海人民美术出版社，2000年

129 采自：北京市文物工作队《辽韩佚墓发掘报告》图版贰肆：4，《考古学报》1984年3期367页。

130 采自：同上，图七：11。

以上10例虽然未必能体现出各时代以梅瓶盛贮液体随葬现象及有关问题的代表性，但是借助其他相关墓例可以补其不足。表4-3-1收录的墓例包括北宋3例，辽代、金代、明代各2例，元1例，时代分布较匀整，盛贮的液体又有酒、水、油的分别，但总体上与宋辽金元明时期梅瓶本体性功用主要作为盛酒器的情况相一致。尽管考古材料提示梅瓶在历代墓葬中所处位置千差万别，但是根据梅瓶在墓中的方位特点，以及梅瓶与其他器物的组合关系，我们仍然可以将盛贮液体的梅瓶在墓葬中的"存在状态"分为以下三种：第一种状态，梅瓶在墓中独立放置，有例1、2、3、8；第二种状态，梅瓶在墓中与其他器皿相互组成一组，有例4、5；第三种状态，因外力扰乱导致原位置不明（也有发掘报告简略而不详的情况），不便直接判断梅瓶原本位置及其与其他器物组合关系，有例6、7、9、10。在每一种状态下，梅瓶与周围环境的关系还有一些具体的差别。以下略作分析。

第一种状态的例1（北京辽韩佚墓）出土的两件褐釉"鸡腿瓶"在墓中分别单独放置于圆形墓室中棺床近后壁（北壁）的小砖台上（图4-3-5①）[129]，以及棺床前沿（南侧）的小砖台上（图6-3-9①）[130]，两瓶出土时都是"内装清

图4-3-5 辽宋金元无饰纹深色釉缸胎梅瓶举例 （0⌊⌊⌊⌊⌊⌊10cm）

水"，旁边各置"砖台旁原来放置骨灰木盒"（图4-3-6①）[131]，对于墓主而言，或者说就辽代早期有关葬俗而言，这两件独立存放的盛水"鸡腿瓶"显然具有重要含义，它们与棺床前木供桌上的供器，如酒注、台盏等宋代酒器的"标准"搭配，并非同一组器物，也就是说，这两件"鸡腿瓶"既不是实用性的酒瓶，也不是供器，而是别有意义的明器。

例2（陕西西安李保枢夫妇合葬墓）共有3件梅瓶，2件保留覆杯式盖。3件梅瓶分两组，分别安置于墓室南北（左右）两壁东侧的两个小龛内，其中出土时仍然盛酒的一件梅瓶（图4-2-6①）和一件三系瓷瓶[132]并立于南壁小龛，此外无他物。尽管墓室后壁（西壁）和棺床之间尚存灰陶罐、青釉刻花罐等器皿，却与这几件梅瓶无关（图4-3-6③）[133]。不过，稍晚的李保枢子李璹墓（M2，1019年）出土的6件不同样式的梅瓶，其安放位置分别在棺床与墓室后壁（西壁）之间（3件）、后壁北小龛内（2件）和后壁南小龛内（1件），在其棺床与墓室后壁之间另有小陶罐2、瓷盒盖2、瓷盒1、瓷碗1，其中与李保枢墓相同的是陶罐，其余的都是生活实用器。[134]看来，以李氏家族墓为代表的关中地区北宋早中期墓使用梅瓶随葬，与北宋酒器的"标准"搭配（酒注和台盏）也无关，而是被作为独立的对象来安置的，与某些看似极为普通的陶器倒是可能有关。另外，从发掘报告提供的一些线索来看，李璹墓出土的6件梅瓶中，有一件出自后壁南小龛（具体哪一件不明），龛内还有铜簪1只，而墓室西南角南壁处（与后壁南小龛最接近）有金镶水晶饰品1件，这些女性饰品表明，李璹墓后壁南侧小龛内的那一件梅瓶很可能专属于墓中的女主人。安置于矩形墓室内的木椁北壁并呈一字排列。

例3（江西永新北宋刘沆夫妇合葬墓）出土的5件梅瓶（图6-2-11②，附录一总表四：7b）[135]，都出自女主人段氏的墓室，在木椁的北壁与墓壁之间呈一字

131 采自：《辽韩佚墓发掘报告》图三，《考古学报》1984年3期367页。

132 李保枢墓出土的三系瓶见《西安长安区郭杜镇清理的三座宋代李唐王朝后裔家族墓》图九，《文物》2008年6期。

133 采自：同上，图二。

134 关于李璹墓M2的情况，见《西安长安区郭杜镇清理的三座宋代李唐王朝后裔家族墓》，《文物》2008年6期。墓中出土的6件梅瓶在器形上分别属于样式二3、三1、四7、一○4，见第六章第二节有关内容。

135 采自：江西省文物管理委员会《江西永新北宋刘沆墓发掘报告》图版伍：12、15，《考古》1964年11期563页。

136 采自：《江西永新北宋刘沆墓发掘报告》
     图一，《考古》1964年11期。

137 刘沆妻段氏墓室出土的"大型多角陶罐"
     和"双腹陶瓶"及其瓶盖，见同上，图版
     伍：13、14、10。

138 采自：张家口市宣化区文物保管所《河北
     宣化元代葛法成墓发掘简报》图一一，
     《文物》2008年7期49页。

139 采自：同上，图二。

140 采自：前揭《宣化辽墓——1974～1993年
     考古发掘报告》（上、下）图版七七。

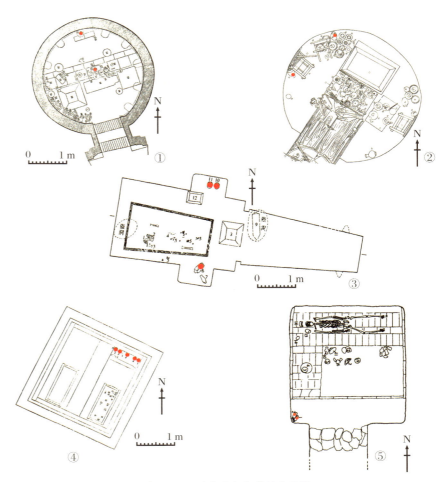

图4-3-6 辽宋元部分墓例平面图

①北京辽韩佚夫妇合葬墓M3（《考古学报》1984年3期） ②河北宣化辽张文藻墓〔《宣化辽墓——1974～1993年考古发掘报告》（上、下）图版七七〕 ③陕西西安李保枢夫妇合葬墓M1（《文物》2008年6期） ④江西永新刘沆夫妇合葬墓女室（《考古》1964年11期） ⑤河北宣化元葛法成墓（《文物》2008年7期）

排列（图4-3-6④）[136]，与之并列的只有"大型多角陶罐"和"双腹陶瓶"各一件，[137]余无他物。多角陶罐的四排九层角，以及带宝珠钮浅碟式盖的双腹陶瓶之瓶身分上下两节，都具有江西地区两宋时期特有的与风水有关的明器造型特点。由此可见，刘沆妻段氏墓室棺椁北边的这5件梅瓶，亦当与江西当地和风水观念相关的葬俗有密切关系，而不是一般意义上的盛酒梅瓶。

　　例8（河北宣化元葛法成墓）的两件绿釉"鸡腿瓶"单独并列于墓室西南角地上（图4-3-5④）[138]，墓中其他器物，或置于尸床西侧，或置于墓室中央土台上，或置于墓主头部周围（图4-3-6⑤）[139]。从其在墓室里所处方位来看，与例4（河北宣化辽张文藻墓）中的那一件装满深红色酒液的"鸡腿瓶"所在位置基本相同，后者位于墓室西壁前木椅南侧地上。

　　作为第二种状态的例4（河北宣化辽张文藻墓，图4-3-6②）[140]，实际上包括两件不同意义的绿釉"鸡腿瓶"，尽管两瓶都出自该墓后室西壁前地面上。

装满深红色酒液的一件（M7：71），单独立于后室西壁前木椅南侧（图4-2-6②），而西壁前墓椅北侧地上的一件（M7：64），虽然器形与之相同，却没有内容物（图6-3-15⑧）[141]，它与包括盛谷陶仓和多种仿制生活日用器的一组陶质明器合成一组，表明这件"鸡腿瓶"与汉文化传统意义上的明器具有相同的明器性质。反观M7：71，看似与其他器物无关，实则与棺床前面（南侧）墓室正中大木桌上陈设的供器直接相关。关于这一点，张文藻墓后室壁画可以提供答案。其北壁画"假门"，两侧有"花缸"、"仙鹤水草"，东、西两壁各画有侍女，但场景和人物动态有别。东壁画一案、一侍女捧台盏、一鹤，案上有笔架、砚台和书册；西壁画侧门，门边画一名侍女"点灯"，门中画一名女童"启门"。整个后室表现了以女眷为主的后宅生活，与前室的"备茶"图、"备酒"图和"散乐"图构成的前庭形成对比和连贯的关系：后室东壁端台盏的侍女是从前室东壁的备茶、备酒空间而来，恰与东壁前配椅的小木桌上黄釉唾盂、白瓷碗（内有朱漆匙）、白瓷碟、漆盘、筷子等所构成的餐桌相配合（碗碟内都有实物），表明这是用餐时间；而后室西壁的点灯侍女表明了掌灯休息时间，门中女童启门则表示离去，整个画面看起来像是一个完整的"宴会"过程，在这一过程中需要有上菜、上酒等环节，西壁前独独一把木椅前盛满酒的"鸡腿瓶"应该就是上酒环节所需要的。但是，这里的空间毕竟不是地上的家居，而是地下的墓穴，因此这样一个"宴会过程"实际上只是为墓主所做的排演，本质上的意义是以前庭的备酒、备茶和散乐表现一场祭祀行将开始的仪式，而后室壁画只是这个"仪式过程"的进一步表现。因此，在后室中央、棺床前面的大木桌上所陈设的如下器皿：花口白瓷盘9件、白瓷小碟8件、铁灯1件、黄釉碗1件、黄釉盏托1件、黄釉龙首柄碗1件、白瓷汤瓶1件、漆盒1件、漆匙1件、漆筷1双、黄釉瓜形壶1件、白瓷汤瓶1件等器物，实为生者为墓主专门摆上以供其享用的供品盛器，这一点由桌上碗、盘中原有栗子、葡萄、梨及一些豆、面类制品的熟食可以得到说明。[142]由此可见，同在该墓后室中的两件基本相同的"鸡腿瓶"，却表现出有所不同的礼仪性功用，一件是以空无内容的形态和陶质明器一起表示"备物而不可用"的"鬼器"，另一件则以满盛酒液与中央大木桌上丰富的供品盛器一道，表示生者对墓主的供奉，在这个意义上，单独置于中央大木桌西侧地面上的盛酒"鸡腿瓶"，与桌上繁杂的器物一样，都属于陈设于墓中表示祭祀所用的供器。

包括张文藻墓在内，河北张家口市宣化区已发现辽代晚期张氏家族墓多座，从墓室形制、随葬器物、墓室壁画到葬制等各方面，都具有与张文藻墓基本相同的时代和地域特征，可以相互参见。[143]另外，通过对比可见，前述同属河北宣化地区的元代葛法成墓（例8）里2件并列于墓门内西南角地上的"鸡腿瓶"，虽然和其他器物没有同在一处，却很可能也同样是与墓室中央土台上陈设的5件钧瓷碗、1件钧瓷盘、1件绿釉花口瓶、1件白瓷碗等器皿（分两行排开）一道，都是墓室内设置的供器。类似的墓例也见于山西太原小井峪村北宋末期墓M68（图4-3-9⑦）[144]，墓中一件粗胎青釉橄榄形梅瓶置于墓门内西南角（图4-3-

141 采自：《宣化辽墓——1974～1993年考古发掘报告》（上、下）图版六二：2。按：此瓶出土时呈倾倒状，发掘者推测此瓶中"可能原储酒类液体已经溢出"，见该报告107页。

142 本段关于张文藻墓前、后室的壁画、陈设及其位置等方面的内容，均见河北省文物研究所《宣化辽墓——1974～1993年考古发掘报告》（上）第二章"张文藻墓（M7）"，北京：文物出版社，2001年，69～125页。

143 河北省文物研究所《宣化辽墓——1974～1993年考古发掘报告》（上、下），北京：文物出版社，2001年。

144 采自：代尊德《太原小井峪宋墓第二次发掘记》图三，《考古》1963年5期。

145　采自：代尊德《太原小井峪宋墓第二次发掘记》图版捌：4，《考古》1963年5期。

146　采自：张增午《河南林县金墓清理简报》图四：8，《华夏考古》1998年2期38页。

147　采自：大同市博物馆《大同市南郊金代壁画墓》图版拾肆：6，《考古学报》1992年4期514页。

148　山东省博物馆《发掘明朱檀墓纪实》，《文物》1972年5期31页。

149　湖北省文物考古研究所、武汉市文物考古研究所、武汉市江夏区博物馆《武昌龙泉山明代楚昭王墓发掘简报》图十八，《文物》2003年2期17页。

5②）[145]，对应的墓室东南角设一张木桌，布局与张文藻墓类同，但墓中出土的其他器物则很不相同，且发掘报告对其位置没有说明。

第二种状态的例5（江苏夏港北宋墓）及其出土的1件锡质梅瓶"出土时器盖用泥和石灰封住"（图4-3-1⑧），有关讨论已见上文，此不赘述。

最后再来看看盛贮液体的梅瓶在墓中的第三种状态。所见4个墓例（例6、7、9、10），分别属于金代和明代。前二者作为金代前期纪年墓，属河南和山西地区。两墓中的随葬器物，都出现了可以视为两宋时期的酒具"标准"的组合——酒注和台盏（例6有白瓷瓜棱执壶1件，青瓷盏托2件；例7有白瓷注子和注碗组成的1套酒注等），但似乎只有例6的梅瓶（图7-2-3⑥）[146]，可以满足与墓中酒具组成一套的条件，此瓶带有比较特殊的塞式小盖，是一套比较完整的酒瓶。例7的一件"鸡腿瓶"（云大M1：4，金正隆四年1159年）在出土时"内装浆状黑色油脂"（图4-3-5③）[147]，与一般的梅瓶或所谓的"鸡腿瓶"多盛贮酒水给人们的印象形成了很大差别。看来，其中另有原委。

前文曾提过明代两个墓例（例9、10）出土的梅瓶（图9-2-5①、图4-2-6⑨），在发掘报告或有关资料中都比较明确地指出两瓶出土时瓶内"盛酒"。桂林明靖江温裕王朱履焘墓室的有关情况一直没有清晰介绍，山东邹县明鲁荒王朱檀墓则相对比较清楚，墓中梅瓶安置在后室，同时还有荷叶形盖瓷坛1件、瓷盘4件，均系影青、暗花、云龙纹，虽然数量不多，品质却比较高。有趣的是，荷叶形盖瓷坛内盛有梨、枣、肉、米饭、鸡蛋、菜叶等。[148]与这种情况非常相似的例子见于湖北武汉明永乐二十二年（1424年）楚昭王朱桢墓出土的白瓷坛及其所盛食物，[149]从一个侧面说明了明代前期亲王墓葬制有比较统一的特点，相应地，墓中采用梅瓶随葬也大体相同或近似。在这方面，以往多有研究者加以注意，肯定其体现了某种风水观念的看法比较流行。

综上所述，对从辽宋金元明各代选取随葬盛贮液体梅瓶的情况重新归纳出以下三个器用特点：

1. 例4之一（辽张文藻墓M7：64）、例5（锡器）等，或与纯粹传统意义上的明器作为同类器物使用，或本身就是明器，因此可以分别出来与前文述及的非实用明器归为一类。

2. 实用性的梅瓶在墓中作为供器出现，它往往与酒注和台盏等标准酒器组成一整套酒具，如例4之二（M7：71），以及例6、例8的相关"鸡腿瓶"。

3. 有些梅瓶则不易直观其内含的葬俗意义和礼仪性功用——这类梅瓶有两个重要特点：其一，它们在墓中往往被单独安置；其二，它们的内容物不止于酒类。如例1、例2、例3、例7之一（大同云大M1：4），根据明墓随葬梅瓶的普遍状况来看，例9、例10也属于此类。

分别具备这三个特点的梅瓶，在墓葬中承担的礼仪性功用是不同的。第一种，作为经典意义上的明器，表现了儒家提倡的古老的礼仪制度。第二种，作为在墓穴中展现的祭祀活动中的供器之一，则体现了从地上延续至地下的礼仪性功

用（详见下文的讨论）。至于第三种，看起来与地上的实用性梅瓶没有什么功用
上的区别，实则这类特点的梅瓶盛贮的不仅仅是酒，还有水和油状物，它们在墓
中具有阴阳地理的风水意义（抑或有其他含义）。后者作为风水观念的产物，属
于所谓"明器神煞"的一部分。

（二）"三浆水"、"仪瓶"、"五谷仓"和随葬梅瓶的关系

随葬梅瓶的功用超越了梅瓶本体的实用性，这是由徐苹芳先生在20世纪60
年代初期首先加以注意的。

徐先生对反映了唐宋金元时期堪舆家关于阴宅卜地及有关仪节的风水著作
《秘葬经》进行研究时，特别提到了书中记载的"明器神煞"（原作"盟器神
杀"）当中的一项，名曰"三浆水"，虽然徐先生没有对这一名称做深入的考
证，但是他认为："盛三浆水的器物，疑即宋、辽、金墓中时常发现的小口修
腹瓶。此种类型的高瓶，是当时我国北方自河南以北，包括今河南、陕西、山
西、河北乃至东北、内蒙古一带民间流行的一种器物，最近在江苏宋墓中亦有发
现。瓷胎者有白釉黑花的，江苏并出有影青的，俗称梅瓶或花瓶。缸胎者多出于
河北、内蒙古，俗称鸡腿坛。皆为盛酒之物。根据文献得知，当时这种瓶是叫作
'经瓶'的。活人用来盛酒，墓中发现的亦必为盛浆水之器。"[150]这个论述虽然
简略，涵盖面却很大，也开启了针对唐宋到元明时期随葬梅瓶的礼仪性功用进行
研究的先河。

在《秘葬经》这部风水书当中，对中国古代不同身份的墓主所用墓室的不
同称谓，以及墓室内陈设的器物位置和名称都有比较详细的记录，如天子墓室称
"皇堂"，亲王的称"坟堂"，公侯卿相的称"坟墓堂"，大夫以下至庶人的称
"坟墓"。在《秘葬经》这部书里，还以图文参照的方式记载了从天子至庶人的
墓室布局图，其中包括的内容，主要就是各种"明器神煞"的方位。《秘葬经》
对墓室的定位一律以墓室坐北朝南为正位，也以墓主头北足南的朝向作为常位，
因此将棺材的北边称"棺头"或"棺后"。据《秘葬经》各图的记录，"三浆
水"只见于"公侯卿相坟墓堂明器神煞方位图"和"大夫以下至庶人坟墓明器神
煞方位图"（图4-3-7① ②）[151]当中，分别被描述为：公侯卿相"棺后安'三
浆水'"，大夫以下至庶人的"三浆水高九寸，安棺头"。[152]

结合徐苹芳先生对《秘葬经》的图文介绍和研究，以及他对"三浆水"的推
断，笔者以为可以注意与"三浆水"有关的以下四个方面的内容：

第一，文献记载的"三浆水"只见于公侯卿相至庶人的墓葬里，天子和亲王
陵墓中并无明确记载。

按：如果"三浆水"的容器就是梅瓶，那么考古材料显示至少从北宋开
始，帝王陵墓中便时有梅瓶出土，至明代而大量出现。如河南巩县北宋咸平三年
（1000年）宋太宗元德李后陵，在遭到历代多次盗掘之后，经考古发掘仍然出

150 徐苹芳《唐宋墓葬中的"明器神煞"与
"墓仪"制度——读〈大汉原陵秘葬经〉
札记》，《考古》1963年2期94页。按：
据徐先生介绍，《大汉原陵秘葬经》收录
于《永乐大典》卷八一九九、十九庚、
陵字，1959年中华书局根据《永乐大典》
91册有影印本。徐先生认为其成书时代可
能是在金元时期，就目前所见"这是一部
完整无缺的非官修的地理葬书。"见《考
古》1963年2期87、88页。

151 采自：徐苹芳《唐宋墓葬中的"明器神煞"
与"墓仪"制度——读〈大汉原陵秘葬经〉
札记》图三，图四，《考古》1963年2期。

152 同上，89页。

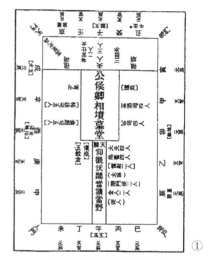

①

公侯卿相坟墓堂明器神煞方位图

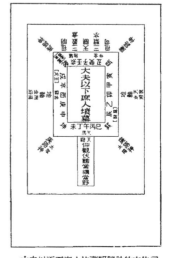

②

大夫以下至庶人坟墓明器神煞方位图

图4-3-7

《大汉原陵秘葬经》载"明器神煞"方位图两幅

①　　　　　　　　　　②a　　　　　②b　　　　　　③

图4-3-8　宋、明两代皇陵出土梅瓶举例　（0 ⌇⌇⌇⌇⌇ 10 cm ）

153　采自：河南省文物研究所、巩县文物保
　　　管所《宋太宗元德李后陵发掘报告》图
　　　一九：2，《华夏考古》1988年3期42页。
　　　参见第六章第二节，样式三1。

154　转引自刘毅《唐季以来帝王世俗化葬仪用
　　　品探微》，《南方文物》2012年1期66页。

155　采自：《中国出土瓷器全集·1·北京》图
　　　版165：右（附肩部款文），北京：科学出
　　　版社，2008年。参见第九章第二节，样式
　　　二39。

156　采自：中国社会科学院考古研究所、定陵
　　　博物馆、北京市文物工作队《定陵》彩版
　　　八八，北京：文物出版社，1990年，184
　　　页。参见第九章第二节，样式三25。

土了多达14件的黑釉梅瓶（图4-3-8①）[153]。参照《宋会要辑稿》的记载，北宋乾兴元年（1022年）二月宋真宗崩后不久，宋仁宗命少府监等机构为真宗永定陵造办明器"法物"，其中与盛酒器有关的器物包括"瓷瓨"、"瓦瓨"和"酒瓮"，其中瓷瓨和瓦瓨是在宋太祖永昌陵、太宗永熙陵的同类器物上各"添七"、"添十四"，而永定陵的"酒瓮"达到了"二十副"，[154]笔者推测，太宗元德李后陵出土的14件黑釉梅瓶应该属于这类酒器。虽然目前还难以确定这些梅瓶属于上述史料的何种名目，但是它们作为墓中明器体现出相关的葬仪则是肯定的，而且与《秘葬经》的记载也应该有关。出土梅瓶的帝王陵墓在历史上以明代最为引人注目，如1958年在北京明定陵玄宫后殿出土了6件尺寸极大的带盖青花云龙纹梅瓶（图4-3-8②a、b）[155]，原分别置于明神宗朱翊钧椁外四角（考古编号：WW1、2、10、11）以及孝靖皇后椁外东端南北两侧（JW5、19），孝端皇后椁外东端南北两侧置2件中高尺寸的青花缠枝纹梅瓶（图4-3-8③，DW3、4）[156]。另外在北京、南京、山东、湖北、广西等地的明代亲王级、郡王级的墓中也出土了大量各式各样的梅瓶（见第九章）。从其在墓中位置来看，这些梅瓶有些可以和《秘葬经》记载的三浆水瓶位置对应，有些则未能对应，充其量只能说其中有一部分是三浆水瓶。《秘葬经》的记载与考古发掘成果之间的这种差异，或与《秘葬经》是民间著作而作者并不真切了解帝王陵墓葬仪的情况有关。

第二，盛贮"三浆水"的容器都固定安放在墓室内棺头所指的后壁方向，也就是后壁与棺头之间略偏东接近艮位（鬼门）的位置上。

按：这一点鲜明地表示出三浆水用于祭祀亡灵的意义。但它是否像汉墓中的盛酒壶那样具有招引、安顿亡魂的作用（参见第五章第二节），因时代文化环境有别而又缺乏文献证明，目前还难知其详。

第三，"三浆水"显然需要一定的器皿来盛贮，但《秘葬经》并未指明盛贮"三浆水"的器物形制。

按：换言之，盛贮三浆水的器物并不一定就是梅瓶，更不一定是哪一种样式的梅瓶。这一点，可以从唐宋金元明历代墓葬中并不一律出土梅瓶，而是常见以各种器形的瓶、壶、罐等器物随葬的现象得以旁证。

第四，盛贮"三浆水"的器物尺寸只在大夫以下至庶人墓这个级别中指明为"高九寸"，以现代度制来看不足30厘米，属于偏小的尺寸。

按：根据《秘葬经》及中国古代礼制规定的使用者等级越高（或越低）而器物尺度也越高大（或越矮小），至少在公侯卿相墓室中，"三浆水"器物的尺度应该比九寸要更高。从历代墓葬考古发现的梅瓶尺度来看，随葬梅瓶的高度从八九厘米到六七十厘米都存在，而且墓主身份级别较低的墓葬多出土尺度偏小的器物，乃至使用陶、锡等材质制作的真正意义上的明器，而墓主身份较高的墓葬多出土尺度较大的实用性梅瓶，甚至是精美的大型瓷质梅瓶，这都大体上符合墓主身份的等级要求。当然，其中也不排除制度上的不严格和各种僭越的情况。

除了"三浆水"，《秘葬经》里还记载了一些与墓葬考古发现的梅瓶相关的内容，可加以注意。如《秘葬经》记载的"明器神煞"当中还有一种"仪瓶"，即在公侯卿相墓"棺南安仪瓶，高一尺九寸"。[157]指明墓中所谓"仪瓶"安放的位置，与"三浆水"瓶的位置正好相反，公侯卿相墓中使用的"仪瓶"比大夫以下至庶人墓的"三浆水"容器高一倍以上。

检以唐宋以来各代、各地墓葬，梅瓶在墓中的位置并不都位于墓室后部的"棺头"处，有不少墓例中的梅瓶正是安置于墓室前部，即"棺南"。刘毅先生针对这种情况便提出：《秘葬经》数处记载的"仪瓶"，"可能也是梅瓶"，[158]他还暗示明代定陵神宗及其两位皇后的棺材南端的青花梅瓶（各2件），以及明鲁荒王朱檀墓后室出土的青白瓷龙纹梅瓶，很可能都是作为"仪瓶"来使用的，而且这种葬俗到万历时期发展到最后阶段。[159]刘先生同时还认为，"仪瓶"的意义和基本功能是"招引、安顿墓主灵魂"。[160]反映了一种从汉代历魏晋至唐宋的古老葬俗。

不过，《秘葬经》记载的"仪瓶"只见于公侯卿相墓仪中，在更高级的天子、亲王陵墓和较低级的大夫以下至庶人墓的明器神煞的文图当中都没有提及。从考古材料来看，梅瓶随葬在唐代已经出现于中原地区（见第五章第四节），此后梅瓶在墓主身份并不很高的普通墓葬中作为一种随葬品是很常见之事，而且在墓里的位置也并不固定。其原因，除了与各时期、各地区的葬俗有所不同有关，

157 徐苹芳《唐宋墓葬中的"明器神煞"与"墓仪"制度——读〈大汉原陵秘葬经〉札记》，《考古》1963年2期89页。

158 刘毅《梅瓶小考》，《中国古陶瓷研究·第六辑》107～108页，北京：紫禁城出版社，2000年。

159 同上，并见刘毅《唐季以来帝王世俗化葬仪用品探微》，《南方文物》2012年1期71页。按：刘先生在《唐季以来帝王世俗化葬仪用品探微》一文中还注意到如下现象，即江西的明宁献王墓后室左壁龛中放有5个白瓷罐，"内有黄棕色液体，似为油类"，而江西的益庄王墓后室东壁龛内有铜钱数串和"瓷坛"3个，他认为这两处的"瓷罐"才是《秘葬经》所载"浆水瓶"或《大明会典》中的"凉浆瓶"之类。可参考。

160 刘毅《梅瓶小考》，上揭《中国古陶瓷研究·第六辑》109页。

161　郝红星、张倩、李扬《中原唐墓中的明器神煞制度》，《华夏考古》2000年4期100页。按：作者在文中没有对"明器"和"神器"的差异做明确区分，据其文意，其所谓"神器"指《大汉原陵秘葬经》所记录的具有"神煞"功能的器物，但作者也没有指明，而且在文中还出现了"神煞类明器"的用法。应该说所谓"神器"是魏晋开始由于中外文化撞击导致新的明器形态出现的结果。

162　徐苹芳《唐宋墓葬中的"明器神煞"与"墓仪"制度——读〈大汉原陵秘葬经〉札记》，《考古》1963年2期89页。

163　徐苹芳《唐宋墓葬中的"明器神煞"与"墓仪"制度——读〈大汉原陵秘葬经〉札记》，《考古》1963年2期94~95页。

164　据徐苹芳先生介绍，《杂抄》还有《珠玉抄》、《益智文》、《随身宝》、《珠玉新抄》等名称，刘复、张政烺、周一良、王重民等人均有研究，现藏法国巴黎图书馆藏，编号"伯2721"。转引自徐苹芳《唐宋墓葬中的"明器神煞"与"墓仪"制度——读〈大汉原陵秘葬经〉札记》，《考古》1963年2期95页，并见其注释45。

也与"明器神煞"这种风俗和制度从形成到逐渐完善的过程有关。有学者研究指出，秦汉时期只有"明器"，并无"神器"，到了魏晋南北朝，随着佛道势力的扩张，当时墓葬中出现了镇墓兽，明器神煞制度才开始出现，并在隋唐时期略备其形，以至于风水、堪舆各成流派、各有师承，如《秘葬经》一类的各种理论书籍也陆续出现。[161]这个观点比较符合有关历史发展的脉络，而梅瓶在唐宋以来的墓葬中作为明器神煞的组成部分——而且并非必然的选择，以此具备礼仪性的葬仪功用，其发展过程大致也可以做如是观，同样存在一条逐渐明确、逐渐固定的演变线索。因此，特别是在较早的时期，梅瓶作为"三浆水"瓶或"仪瓶"既非定例，又是有可能的选择。

除了"仪瓶"，《秘葬经》还提到了"五谷仓"，并且把"五谷仓"与"三浆水"等相提并论，对"五谷仓"也有详细的描述。如在公侯卿相墓中，除了安置五精镇石五方折五星以及仪鱼（棺东）、青松（棺西北）、三浆水（棺后）、仪瓶（棺南）之外，在棺"正南偏西安五谷仓，高二尺二寸"，与"仪瓶"并列；而在大夫以下至庶人墓中，"五谷仓一尺二寸，三浆水高九寸，安棺头"。[162]参阅大夫以下至庶人坟墓图，图中标明的是"三谷仓"，位置则在棺北偏西——也许这是较低级别墓中依例而行的处理，故《秘葬经》的正文就不再对其单叙了。其中所反映的墓主身份、等级等方面的信息，与"三浆水"等其实是相同的，而位置在不同级别的墓葬里也不一样，如在公侯卿相墓明器神煞图中，"五谷仓"与"仪瓶"并列于棺南偏西，同时在棺北略偏东还有"三浆水"，而在大夫以下至庶人墓明器神煞图中，"三谷仓"则与"三浆水"器并列于棺北，一略偏东，一略偏西。

从考古材料来看，所谓"五谷仓"在唐宋元墓中均有发现，所盛有糜、谷、荞麦、黍子、板豆等粮食，器物形制有小陶瓶、陶罐、彩绘带莲花座的陶罐和陶仓等，徐苹芳先生认为这些都属于"五谷仓"，并且在不同时代和不同地区也是有区别和不固定的。[163]上文曾提及广东地区北宋墓曾出现以梅瓶盛谷物，以及内蒙古地区的辽墓也出现了以"鸡腿瓶"盛贮谷物的案例，也许都属于广义上的"五谷仓"，也说明在特定条件下，古人也会选择梅瓶作为"三浆水"、"仪瓶"之外的其他明器。

关于"五谷仓"的葬仪含义，徐苹芳先生曾引用敦煌晚唐写本《杂抄》一段文字做过说明，文曰："食瓶五谷甖谁作？昔伯夷叔齐兄弟，相让位与周公，见武王伐纣为不义，隐首阳山，耻食周粟，岂不我草乎？夷齐并草不食，遂我（按即饿）死于首阳山。载尸还乡时，恐魂灵饥，即设熟食瓶、五谷袋引魂。今葬用之礼。"[164]这是关于梅瓶用作"五谷仓"的礼仪性功用的明确解读。

以上对《秘葬经》记载的"三浆水"、"仪瓶"、"五谷仓"等"明器神煞"所做的介绍，可以部分地反映出它们与墓葬梅瓶的某些关系，大致可以断定，梅瓶曾经是古人选择的"三浆水"、"仪瓶"或"五谷仓"的器皿，特别是"三浆水"和"仪瓶"，大部分墓葬出土的梅瓶可能就是这两种"明器神煞"

的载体，但是反过来说，"三浆水"和"仪瓶"当然也包括"五谷仓"、"三谷仓"一类的明器，也可以用其他器类来代替。至于作为"三浆水"和"仪瓶"的梅瓶，到目前为止对其礼仪性功用的解读尚停留在"风水明器"的层次上，具体内涵并不十分清楚。

考古材料表明，不同时代和不同地区墓葬出土的梅瓶，在墓穴中的存在形态往往有很大的差异，这其中除上述制度并不严格或僭越等原因之外，与各时期、各地区的葬俗差异有直接的关联。正如徐苹芳先生指出的那样，《秘葬经》是一部金元时期流行于山西地区的地理葬书，主要反映了唐宋到金元时期的相关葬俗，其渊源则来自唐代西京（即长安，今西安），书中所记葬俗是以西京为中心，北至山西、河北，南至四川，东至河南，西至甘肃，最远到达江苏（如南唐二陵，因其陵寝之制多遵唐制）。故该书只代表唐宋时期许多不同派别的地理葬书中的一派，其流行地区也有限，因此不能以之代替所有的地理葬书，也不能用其中所记的葬俗来比附全国各地区的情况。[165]不过，徐先生述及的上述地区，主要集中在黄河中上游及其辐射的南北方，其核心地区黄河中游正是唐宋以来梅瓶从滥觞到成熟最后普遍和持续流行的区域。因此以《秘葬经》的有关记载作为一个参照视角，对于梅瓶随葬作为"风水明器"的礼仪性功用的研究，仍然非常有意义。

（三）梅瓶在风水观念中"明器神煞"的表现特点

根据以上内容，如果对上文梳理过的10例在墓中盛贮液体的梅瓶进行对证，其中只有例1（辽韩佚墓）的两件褐釉瓷"鸡腿瓶"大致符合《秘葬经》描述的"三浆水"和"仪瓶"的特点。如果全面拓展来对比历代出现的随葬梅瓶，则会发现各地有关现象仍有较大出入。现以徐先生对《秘葬经》主要流行时间的研究为基础，仅以相关信息较为准确的北宋有关墓葬为例，结合上面梳理的相关例子，对出土了实用性梅瓶的墓葬朝向，墓中梅瓶位置、尺寸等方面的内容略作梳理（表4-3-2），并在其后附上有关的墓室平面图（图4-3-9），讨论如下。

165 徐苹芳《唐宋墓葬中的"明器神煞"与"墓仪"制度——读〈大汉原陵秘葬经〉札记》，《考古》1963年2期102～103页。

表4-3-2　北宋墓随葬梅瓶部分资料梳理

序号	年代	墓葬		梅瓶			出处
		地点	特征	数量	尺寸（高）	在墓中的位置	
1	北宋天圣七年（1029年）	陕西西安北宋李璹墓（M2）	墓向东，墓室呈长方形，北西南三壁均有小龛	6	32.8～42.5厘米	瓶在西壁与棺床间地面和西壁两小龛内	《文物》2008年6期
2	北宋末期	陕西西安孟村宋墓ⅢJ1M3	墓向东，墓室呈梯形	1	21厘米	瓶在墓室中部，因被盗，恐非原位	《考古与文物》2010年5期
3	北宋末期	陕西西安孟村宋墓ⅢM18	墓向正南，墓室呈梯形，两棺并列	2	16厘米、14.2厘米	一瓶位于东棺东北角，一瓶位于西棺西外侧中部	《考古与文物》2010年5期
4	北宋宣和五年（1123年）	甘肃镇原北宋白氏（男性）墓	墓向30°，墓室呈长方形	1	不详	瓶在墓门内	《考古与文物》1983年6期
5	北宋大观三年（1109年）	河南安阳新安庄西地北宋王现墓（M44）	墓向南，墓室呈八角形	2	28厘米、24厘米	棺床南甬道内口地上1件，棺床北部1件	《考古》1994年10期
6	北宋中晚期	河南汤阴北宋夫妇合葬墓	墓向南偏西，八角形仿木结构砖砌单室墓	2	30厘米、28厘米	瓶在门堂内	《中原文物》1985年1期
7	北宋晚期	河南洛阳涧西北宋墓（九·七·二号）	墓向西南，八角形仿木单室墓	1	26厘米	位于墓室中部，但有明显的积水冲击，可能不是原位	《文物》1955年9期
8	北宋末金初	河北邯郸北宋墓北M10	墓向南，八角形单室墓	1	38.6厘米	瓶在甬道口地上。墓曾受盗扰	《文物春秋》1994年3期
9	北宋末期	山西太原小井峪村北宋女性亲子合葬墓M68	墓向南偏西，圆形单室墓	1	38厘米	瓶位于棺前地上（墓门内西侧），墓门内东侧立一木桌模型。墓曾受盗扰	《考古》1963年5期
10	北宋宣和六年（1124年）	四川成都北宋宋京墓M2下室	墓分双层，墓向南略偏西，长方形墓室	1	36.2厘米	夫妻成双穴，瓶在下层墓室棺后（北部）	《文物》2006年12期
11	北宋景祐五年（1038年）	江苏南京北宋杜镐夫人钟氏墓	长方形墓室	4	39厘米（青白瓷），含同形陶瓶3件	四角各置一件	《考古》1963年6期
12	北宋熙宁四年（1071年）	江苏镇江北宋章岷墓	墓向东南，长方形墓室	2	23.3厘米	两瓶分立于墓室南端的墓志北边东、西两侧	《文物》1977年3期

续表

序号	年代	墓葬		梅瓶			出处
		地点	特征	数量	尺寸（高）	在墓中的位置	
13	北宋中期（一说早期）	江苏金坛石马坟北宋王氏家族墓05JMSM3	墓向南偏东，长方形竖穴单人砖室墓	1	22.7厘米	瓶在墓室南端	《东南文化》2006年6期
14	北宋早中期	湖北麻城北宋墓	墓向西南，长方形单室墓	1	29.5厘米	瓶在南端正中	《考古》1995年5期
15	北宋政和三年（1113年）末至政和四年（1114年）初	湖北麻城北宋阎良佐夫妇合葬墓	墓向东南，长方形墓室分左右两室，又都分为前后室，后室置棺	1	35厘米	瓶在东室（阎良佐妻墓室）的棺室东壁南端（以正位计，属东南角）	《考古》1965年1期
16	北宋	安徽六安九墩塘二号宋墓	墓向西南，船形（椭圆形）墓室	1	25.9厘米	瓶在西壁外缘紧靠墓壁处	《文物》1954年6期

表4-3-2收录的北宋墓葬都有梅瓶随葬，应该是基本上都属于反映阴阳风水观念的墓例，但是不同地区的墓葬其中的梅瓶处理却很不相同，包括墓室形制、随葬数量、安放位置、器物组合关系等（参见图4-3-9）。

陕西的墓葬多朝东，平面为梯形，常附有小龛（图4-3-9① ②），甘肃的墓葬形式虽然呈长方形，但在墓向上与南方不同，而与陕西墓向东相同，这是两个相邻地区的趋同性；河南、河北的墓向都是向南，或略偏西，而且墓室平面均为八角形，可以作为一个相关联的整体（图4-3-9④~⑥）；四川、湖北、安徽、江苏、山西这五个地区则可以作为一个相关联的整体（图4-3-9⑦~⑫），墓向以南为主要朝向，或偏东或偏西，墓室有单穴或双穴，但单个墓室的平面大多是长方形，有少数是南方特有的船形。具体到梅瓶在墓中的特点，可以归纳如下。

第一，不论墓室的方向、形状、结构等有何变化，北宋梅瓶随葬均位于墓室里——这一点与辽代早中期墓中梅瓶（或"鸡腿瓶"）多藏于墓室前左右耳室中的情况很不一样，后者多是作为与实用马具等一类物品随葬的器物，并无风水等观念。不过，陕西西安李唐王朝蔡王后裔的北宋李氏家族墓却有些不同，如李保枢墓曾置于前（图4-3-6③），李璹墓的6件梅瓶则在墓室后壁两小龛内各藏1件和2件，另有3件按一字排列置于后壁与棺头之间的地面上（图4-3-9①）。前者不同于《秘葬经》的布置，却与辽代早中期墓的情况相似，可能与二者都更多地从唐代葬仪中继承而来有千丝万缕的关系；后者基本符合《秘葬经》关于"三浆水"的安放位置。

第二，社会地位较高的墓主，随葬梅瓶的数量一般会比较多。例如：

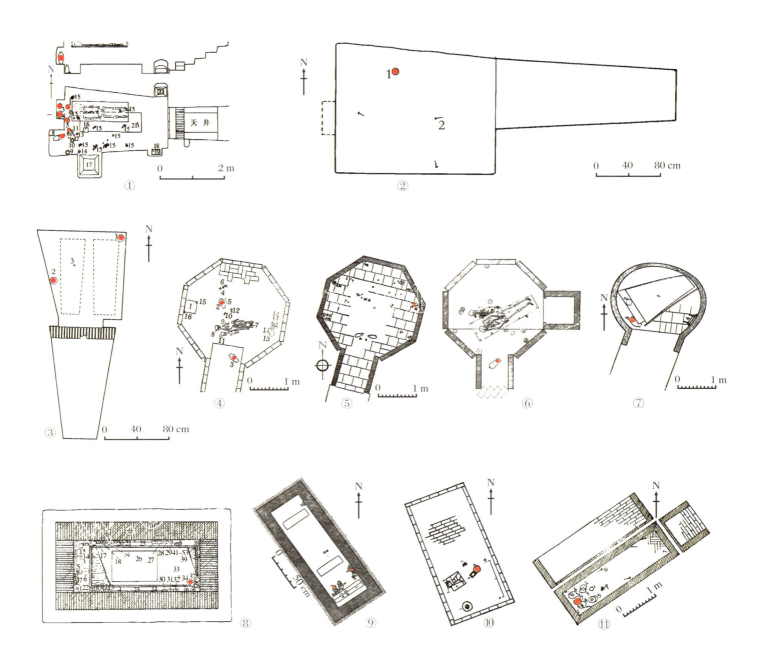

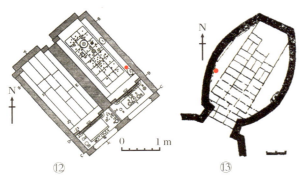

图4-3-9　北宋时期体现阴阳风水观念的梅瓶随葬墓例平面图举例

①陕西西安北宋李璙墓（《文物》2008年6期）　②陕西西安孟村宋墓ⅢJ1M3（《考古与文物》2010年5期）达式　③陕西西安孟村宋墓ⅢM18（《考古与文物》2010年5期）　④河南安阳北宋王现墓（M44，《考古》1994年10期）　⑤河南洛阳涧西北宋墓（九·七·二号，《文物》1955年9期）　⑥河北邯郸北宋墓北M10（《文物春秋》1994年3期）　⑦山西太原小井峪村北宋M68（《考古》1963年5期）　⑧四川成都北宋宋京墓M2下室（《文物》2006年12期）　⑨江苏镇江北宋章岷墓（《文物》1977年3期）　⑩江苏金坛石马坟北宋王氏家族墓05JMSM3（《东南文化》2006年6期）　⑪湖北麻城北宋墓（《考古》1995年5期）　⑫湖北麻城北宋阎良佐夫妇合葬墓（《考古》1965年1期）　⑬安徽六安九墩塘二号宋墓（《文物》1954年6期）

河南巩县北宋咸平三年（1000年）宋太宗元德李后陵出土无饰纹粗胎黑釉梅瓶14件——曾遭多次盗掘之后剩下的数量；

陕西西安北宋天禧三年（1019年）李保枢夫妇合葬墓出土小盘口筒状黑釉梅瓶3件，及长颈三系瓶1件——李保枢是唐王室后裔，官至尚书虞部员外郎，累赠光禄卿，窦氏累封扶风县太君；

陕西西安北宋天圣七年（1029年）李璹墓出土器形不同的无饰纹黑釉梅瓶6件——李璹为李保枢子，累官至屯田郎中，阶至朝散大夫，勋至上柱国；

陕西西安北宋景祐元年（1034年）淳于广夫妇合葬墓出土小盘口筒状梅瓶3件——淳于广以太中大夫光禄少卿致仕，封上柱国会稽县开国伯，食邑九百户，赐金鱼袋；[166]

江苏南京北宋景祐五年（1038年）钟氏墓出土青白瓷小盘口橄榄状梅瓶1件和橄榄形陶瓶3件（后者可能也属梅瓶）——钟氏乃唐南平郡王钟傅之女、宋龙图阁学士礼部侍郎杜镐的夫人；[167]

河南密县北宋嘉祐八年（1063年）冯京夫妇合葬墓出土茶青色釉高体梅瓶3件——冯京为宰相富弼的女婿，位列参知政事，其几位夫人分别封县君、夫人等；[168]

江苏镇江北宋熙宁四年（1071年）章岷墓出土定窑酱釉矮体梅瓶2件——章岷曾任六州郡守，以光禄卿致仕。

以上这些墓主或贵为皇后，或为前朝贵族，或是当朝品官。北宋一些低品级官僚或其亲属的墓葬中随葬梅瓶的数量一般为2件或1件。虽然不能说墓主社会地位越高，其随葬梅瓶的数量就一定会越多，但大体一致的现象还是存在的。这与《秘葬经》对四个级别使用明器的种类和数量由高到低递减的要求也大体一致。

第三，使用梅瓶随葬的墓葬中，梅瓶大多数出现在女性墓室里，如果是夫妇合葬墓，也常常表现出与女性墓主有更多的关系。尽管这个现象并不绝对化，却比较普遍，也具有延续性特点，在金、元、明代的墓葬里都有表现。

第四，男性和女性墓葬中在使用梅瓶随葬时，往往男性的使用数量是单数，女性的使用数量是双数，尽管这个现象也不绝对。

第五，可以用作"三浆水"或"仪瓶"的器皿，并非必须是梅瓶，如在陕西西安北宋李璹墓、河南洛阳涧西北宋墓中，还有带耳的瓶式与梅瓶并用，这种情况在两宋时期的墓葬中并不罕见。看来，梅瓶作为最为普遍的酒瓶，也许才是它常常成为随葬瓶式首选的原因。

如果以《秘葬经》当中关于"三浆水"瓶或"仪瓶"所处的方位来核对上述墓例中的梅瓶位置，就会发现其中有些可以对应得上，如凡是在墓室后部的，大约都可以视之为"三浆水"瓶，而凡是在墓室前端的，大约都可以视之为"仪瓶"。有些现象则对应不上，如西安的李保枢和李璹墓的小龛内置梅瓶，特别是

166 西安市文物管理处《西安西郊热电厂基建工地清理三座宋墓》图四：6、13，《考古与文物》1992年5期。

167 李蔚然《南京中华门外宋墓》图二，《考古》1963年6期343页。

168 河南省文物研究所、密县文物保管所《密县五虎庙北宋冯京夫妇合葬墓》，《中原文物》1987年4期。按：因冯京墓随葬品位置不详，故此处暂不收录，但该墓反映的现象很重要。

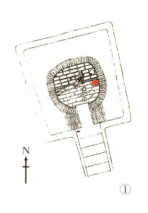

①

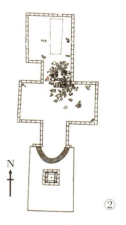

②

图4-3-10　辽代和元代墓葬两例

①辽宁彰武羊大马辽墓　②河南洛阳元至正二十五年（1365年）赛因赤答忽墓M198

169　采自：王来柱《彰武差大马辽墓发掘简
　　　报》图三：3，《辽海文物学刊》1996年1
　　　期68页。

170　采自：同上，图二。图经剪裁、调整。

171　同上，68页。

172　采自：洛阳市铁路北站编组站联合考古发掘
　　　队《元赛因赤答忽墓的发掘》图一，《文
　　　物》1996年2期23页。图经剪裁、调整。

173　采自：同上，图二四：4，31页。

174　《宋史》志第七七·礼二七（凶礼三）引
　　　《宋会要》言。

175　转引自姚瀛艇主编《宋代文化史》，开
　　　封：河南大学出版社，1992年。

176　刘礼纯《江西瑞昌宋墓出土磁州窑系瓷瓶》
　　　图一，《文物》1987年8期89页。采自：
　　　《中国出土瓷器全集·14·江西》图版64：
　　　右、左，北京：科学出版社，2008年。

图4-3-11　江西瑞昌县南宋宝祐五年（1257年）
冯士履墓出土白釉黑彩画花梅瓶
（ ⊢———————⊣ 10 cm ）

在两面侧壁小龛内所置；还有南京的杜镐夫人钟氏墓的墓室四角各置一瓶，镇江章岷墓在墓室南端墓志靠后两侧各置一瓶，等等，与《秘葬经》记载都有明显差别。正如上文所言，这种差别可能是各地葬仪风俗差异的反映。

　　沿着以上思路和方法对北宋以外的考古资料略作考察可知，随葬梅瓶在辽代和后续的元代也都存在。如辽宁彰武差大马辽墓出土的1件白瓷梅瓶（图6-3-6②）[169]，出自墓室东北角靠近尸床处（图4-3-10①）[170]，由于和墓主口部异常接近，发掘者推测此瓶"当为盛酒器"[171]。辽代梅瓶的本体性功能与宋代梅瓶应该相同，这是没有问题的，但是从此瓶在墓中的位置来看，也符合《秘葬经》关于"三浆水"容器"安棺头"的特点。这种情况是否与辽代葬俗受到北宋葬俗中风水观念的影响有关，还有待深究。

　　在元代墓葬中，作为"明器神煞"的梅瓶可以河南洛阳元至正二十五年（1365年）赛因赤答忽墓M198为例（图4-3-10②）[172]，该墓出土的一件黑釉梅瓶（图8-2-8⑤）[173]，与宋、辽以来墓葬常见的陶质壶、盆以及铁质的猪、牛等明器，共同置于后室棺前甬道地面上，黑釉梅瓶位于棺南偏西，符合"仪瓶"的位置特点。

　　应该说，以梅瓶作为明器随葬于墓穴，既是唐宋时期流行的某种风水观念的体现，也是由此形成的相关葬俗的反映，其兴盛实与整个社会的重视和宣扬有直接的必然的联系。如宋代凡"勋戚大臣毙卒，多命诏葬，遣中使监护，官给其费，以表一时之恩。凡凶仪皆有买道、方相、引魂车、香、盖、纸钱、鹅毛、锦绣虚车、大舆、铭旌；仪棺、行幕，各一；挽歌十六。其明器、床帐、衣舆、结彩床皆不定数……"[174]结合前述关于宋仁宗备办真宗丧事的情况来看，关于勋戚大臣甚而下至庶人，当时此社会风气是一致的，甚至导致了司马光撰《葬论》批评其中的极端现象，其中他说道：宋人丧葬"拘于阴阳禁忌"、"举世惑而信之"，[175]也从侧面反映了当时阴阳风水等观念对丧葬的影响之深，而以梅瓶作为明器随葬始盛于北宋，也就不足为奇了。

　　到了南宋晚期，特别是在南方某些地区，随葬梅瓶的葬仪功用已经出现简化的趋势。如江西瑞昌县码头村南宋宝祐五年（1257年）冯士履墓除出土一块石刻"圹记"之外，只有2件（成对）磁州窑类型的白釉黑彩画花梅瓶（图4-3-11① ②）[176]，余无他物。此墓为长方形墓室，具有长江流域的地区特征，这两件精美的梅瓶在其中并立于死者头部所向的墓室后部，完全符合《秘葬经》记载的"三浆水"位置。据墓中冯士履"圹记"载，墓主人是因蒙古人南侵而从北往南迁至江西的，可见墓中使用梅瓶的方式与中原传统有关，与江西本地葬俗并不相同。冯士履墓如此整齐而简约的布置，凸显了梅瓶在"明器神煞"中的地位，也表明出原本繁缛的葬俗开始简化。

　　同样表现出简化的墓例还有：湖北鄂州市汀祖镇丁家坳村马家塆南宋咸淳十年（1274年）吕文显墓EDLM，墓中唯一一件器皿是一件吉州窑白釉褐彩梅花

纹梅瓶（EDLM：1，图7-4-7⑥）[177]，与地契一方相邻安置在矩形墓室的西南角。

至于表现阴阳风水观念的随葬梅瓶所代表的葬俗走向衰落，要到明代后期才完成。对此，刘毅先生对唐宋到明代帝王陵墓世俗化葬仪用品的研究专门谈到了这个问题，有比较明确的论述，可参阅。[178]

四、从地下到地上：作为供器的梅瓶

用作明器，只是梅瓶礼仪性功用的一类表现方式，另一类则是作为供器而表现出来。这里所谓供器，主要是指在礼仪性活动中出于一定的目的而选择用来陈设以表现信仰意义上的尊敬、怀念、供养、奉祀之意的器皿。从有关材料并结合中国历史来看，与梅瓶作为供器有关的礼仪性活动，主要包括针对祖先、亡灵的祭祀活动，以及在某些宗教性环境如佛堂、佛塔等场合中的供养活动。其中针对祖先的祭祀和供佛等活动一般都在地上来完成，只有某些性质极为特殊的活动才会将包括梅瓶在内的器物专用于地下（如佛塔地宫），而针对亡灵的祭祀活动主要还是表现在地下的墓穴当中。有鉴于此，下面将按墓中的供器、祭祖和祭神的供器这两大类，对梅瓶作为供器的礼仪性功用做一介绍和研究。

（一）墓中的供器

关于梅瓶在墓葬中用作供器的现象和问题，上文已经陆续论及，比较典型的例子如河北宣化辽晚期张文藻墓后室西壁南侧的深绿色釉"鸡腿瓶"。梅瓶作为供器最明显的表现是，梅瓶与"标准的酒器组合"——酒注和台盏一道，共同组成较为稳定的器物关系，作为供奉墓主的最基本的陈设。这种形态，大量见于实物案例中和墓葬图像。以下从历代墓葬的考古材料中选择部分例子对有关内容做进一步讨论。

目前可以肯定较早以酒注、台盏、梅瓶的组合用于墓葬当中作为供器的，可以用河南洛阳后周墓C8M972为例（图4-3-12①）[179]。此墓为单室土洞墓，方向180°，整体结构尚留唐墓特点，墓室平面呈梯形，东西横列。随葬器物除有石盒、铜镜、陶罐、瓷碗之外，还有一副青灰色釉瓷台盏（含瓷托盘、瓷盏各1），一件青灰色釉瓷注子（即酒注），由此组成一套酒具（图4-3-12②）[180]，另有一件酱釉瓷梅瓶（图6-2-8①）[181]，合成一套更完整的酒器。但是这套酒器在墓室中是分开安放的，而且并不居于显要位置——酒注和台盏位于西南角，梅瓶位于东南角。这样的位置完全不同于《秘葬经》从风水观念出发对器物布置做出的安排，也不是一般性的明器组合常见于墓室侧面成堆放置。很显然，这是一

177 采自：鄂州市博物馆《湖北鄂州汀祖南宋吕文显墓发掘简报》图二，《江汉考古》2008年1期。

178 刘毅《唐季以来帝王世俗化葬仪用品探微》，《南方文物》2012年1期。

179 采自：洛阳市文物工作队《洛阳发现一座后周墓》图一，《文物》1995年第8期64页。

180 采自：同上，彩色插页贰：3。瓷托盘、瓷盏、瓷注子，分别见：图二：3、1、2，64、65页。

181 采自：同上，图四。发掘者称折肩橄榄形盘口酱釉梅瓶为"瓷尊"。

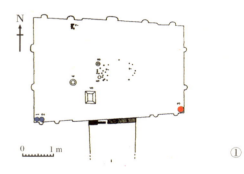

图4-3-12　河南洛阳后周墓C8M972平面图及墓中出土的酒注和台盏

套埋入墓葬中的实用性酒器，应该是作为生者对亡灵表示供奉的供器，只不过没有在墓中专设供桌来陈设，属于简朴的做法。

从北宋开始，有大量经过考古发掘的墓例显示，墓中梅瓶多与酒注和台盏组合，并与其他如碗、盘、碟等日常用器皿一起成为墓中供桌或祭台上陈设的供器。这一点，除从其陈设位置上可以看出之外，也可以从其不同于如《秘葬经》规定的有关明器的位置来加以推断。下面，从宋、辽、金时期的考古材料中选择10例信息较明确和较准确的墓例，结合上文曾经引用过的一些同类墓例进行比较（见表4-3-3和图4-3-13）。

表4-3-3　随葬梅瓶供器的北宋、辽、金墓例梳理

序号	年代	墓葬	墓主身份	梅瓶				出处
				数量	特征	位置	组合器物	
1	北宋熙宁四年（1071年）	江苏镇江章岷墓	知越州、福州，曾出使契丹	2	定窑酱釉瓷	分立于墓室南端墓志北边东、西侧	墓志北边东侧：影青瓷执壶（即酒注）1、镶金口茶盏和托1（即台盏1副）；墓志北边西侧：镶银口影青瓷碗1、青瓷瓶1、六瓣影青瓷碟1	《文物》1977年3期
2	北宋元祐二年（1087年）	安徽宿松吴正臣夫妇合葬墓	吴正臣，地方管库官吏	2	景德镇窑青白瓷	不明	青白瓷器：碗2（分二式）、碟22（分三式）、钵2、罐3、盂2、瓶3、茶托4、带茶托碗1、注子3（分三式）、带温碗注子2套	《文物》1965年3期
3	辽乾统七年（1107年）	山西大同十里铺村辽郭氏墓M15	女性，汉族，佛教徒	2	黄绿釉，鸡腿瓶式	圆形墓室北部棺床内侧（石棺西边）1件，棺床正东侧壁下1件	棺床上：石棺前（南侧）白瓷小碗3件东西一字排列，棺床西侧置杵臼1副，石棺东边北墙下立墓志石1块	《考古通讯》1958年6期
4	北宋政和三年（1113年）末	湖北麻城县阎良佐夫妇分室合葬墓（女室）	阎良佐，无仕履地主	1	青白瓷	东室棺室的东壁南端	陶坛1（东室棺室东壁中部偏北）另，东室享堂石祭台上对称陈设：瓷缸1、影青瓷碗1、影青小瓷碟1（三者一字排列）、影青小茶具2（可能是台盏2套）；石祭台东边有影青瓷托盏1，西边有绿釉小碗1	《考古》1965年1期
5	辽天庆九年（1119年）	山西大同市新添堡村辽代刘承遂墓M29	男性，汉族，佛教徒	2	灰黑色釉，鸡腿瓶式	圆形墓室西侧棺床前地上1件，墓室东侧棺床前1件	棺床中部石棺上一字排开白瓷器钵、碗、小碗各1件；墓室西侧棺床前地上器皿有白瓷碗1件；墓室东侧棺床前地上多为陶制明器，也有白瓷碗1件	《考古》1960年10期
6	金早期	河北迁安市小王庄金墓98QXM1	夫妻，属稍富裕的平民	1	缸胎黑褐色釉泛绿	墓室东南	均位于人骨南侧，有：双耳陶罐1、六曲葵口粗白瓷碗3、六曲葵口白瓷盘1	《文物春秋》2006年3期

续表

序号	年代	墓葬	墓主身份	梅瓶				出处
				数量	特征	位置	组合器物	
7	金早期	内蒙古林西庙子村金墓91LTM1	男性	1	缸胎黑釉，鸡腿瓶式	墓室东南角	墓室东南角地上靠门处有黄白釉瓷盘1。（尸床前墓室中部地上，有铁锈花白釉瓷碗2和黄白釉瓷盘1）	《内蒙古文物考古》1996年z1期
8	金皇统九年（1149年）	辽宁朝阳金代翟氏墓	不详	2	缸胎茶绿色釉，鸡腿瓶式	并立于棺床前（南侧）地上	并置一处的器皿：陶双系罐1、瓷碗1，正对墓门入口立铭文砖一块。（另有铜货泉、铜面具等）	《考古》2012年3期
9	金正隆三年（1158年）至大定十八年（1178年）	河南鹤壁东头村金墓95HHM3	夫妇合葬	2	黑釉，鸡腿瓶式	八角形墓室棺床上东部墓壁前1件，棺床前西边墓室地面上1件	棺床上东部墓壁前有黑釉罐1（与"鸡腿瓶"并列）；棺床前西边墓室地面上还有白釉瓜棱执壶1、白釉印花盘1、白釉葵口碗1	《中原文物》1996年3期
10	金大定二十四年（1184年）	辽宁朝阳金代马令墓	夫妇合葬	1	缸胎灰绿釉，鸡腿瓶式	方形墓室东南角	骨灰罐、盖	《考古》1962年4期

　　在上述10个墓例中，北宋的3个墓例（例1、2、4）均来自南方。三例当中的一或两件梅瓶，都有至少一套甚至多套酒注和台盏组成供奉酒具。但是例4中的青白瓷梅瓶所处位置，不合酒具供器的位置，情况可能有所不同。

　　例3和例5是辽代的墓例，两墓中各有两件梅瓶的所在位置及其器物组合关系都相同，即梅瓶与三件白瓷小碗（或钵等）组成一套供奉酒具，但是梅瓶在墓中的安放位置分处石棺两侧靠墙处，相对次要一些。

　　在金代的5个墓例中（例6～例10），例7与例10的墓室形制（方形）、墓主位置（墓室北部）、梅瓶数量（1件）、梅瓶位置（位于墓室东南角）都相同，可见此处的梅瓶也处于较次要的位置，其作用可能与上述辽代两个墓例类似，有一定连续性，但趋于简化。例6没有对应组，不便申说。例9的白釉瓜棱执壶应为酒注，白釉印花盘与白釉葵口碗组成一套盘盏，这是从辽代继承而来的组合，从梅瓶位置来看，也带有辽代的特点，该墓例位于今河南鹤壁，说明辽代的做法在金代影响到了中原地区。从梅瓶所在位置来看，例8的两件梅瓶是这些例子中最为典型的一对供器，但是其器物组合（含一只瓷碗和一件陶双系罐）也出现了简化的特征。

　　在金代某些墓例中，随葬梅瓶的陈设表现出比较特殊的状态，如山西大同城西金大定三十年（1190年）道士阎德源墓，两件梅瓶（"鸡腿瓶"）置于方形墓室西壁前木屏风下，沿西壁墙脚一字排列，由南向北依次为梅瓶1件、白釉瓷罐5件、梅瓶1件，与众不同，似别有含义。[182]

182　大同市博物馆《大同金代阎德源墓发掘简报》图二，《文物》1978年4期。

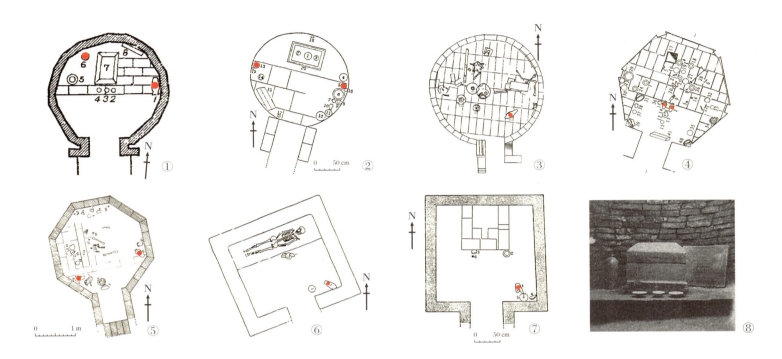

图4-3-13   辽金墓葬平面图举例及有关资料

183   采自：内蒙古文物考古研究所、吉林大学考
古学系《元上都城址东南砧子山西区墓葬发
掘简报》图五，《文物》2001年9期41页。

184   内蒙古文物考古研究所、吉林大学考古学
系《元上都城址东南砧子山西区墓葬发掘
简报》，《文物》2001年9期41页。

185   采自：同上，图二二。

①山西大同十里铺村辽乾统七年（1107年）郭氏墓M15（《考古通讯》1958年6期） ②山西大同新添堡村辽天庆九年（1119年）刘承遂墓M29（《考古》1960年10期） ③河北迁安市小王庄金墓98QXM1（《文物春秋》2006年3期） ④辽宁朝阳金皇统九年（1149年）翟氏墓（《考古》2012年3期） ⑤河南鹤壁东头村金墓95HHM3（《中原文物》1996年3期） ⑥内蒙古林西庙子村金墓91LTM1（《内蒙古文物考古》1996年z1期） ⑦辽宁朝阳金大定二十四年（1184年）马令墓（《考古》1962年4期） ⑧大同十里铺村辽乾统七年（1107年）郭氏墓M15洞室内部（《考古通讯》1958年6期）

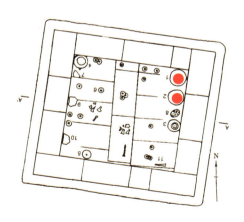

图4-3-14   元上都城址南砧子山（内蒙古
多伦县）西区元代墓地西区M29平面图

元代墓葬中以实用性梅瓶随葬作为供器，并表现出比较明显的祭祀色彩的例子，见于元上都以南砧子山的南区和西区两处大型的元代墓葬区（内蒙古多伦县）。这里发现的多座元代墓葬，无论是土葬，还是火葬（佛教徒墓），多出土各式黑釉、酱色釉或茶色釉的釉陶或瓷梅瓶，而且总体数量极多，由当地土窑烧造，是当地元代汉族墓葬常见的随葬品，一般埋葬于方形或长方形墓穴内，或在棺内，或在棺外，数量从1件到3件不等，以出土成对梅瓶的情况最为常见。以砧子山西区的M29（图4-3-14）[183]为例，在长方形墓穴中，"随葬品主要有大定通宝钱、带盖瓷罐、梅瓶、带盖釉陶香炉等。墓底东、西侧还出土拳头大小的涂色卵石4件，分别为红、绿、蓝、黑色。"[184]从该墓的墓室平面图来看，所有器皿均沿东西两壁安放，围绕墓室中部的骨灰，两件梅瓶（图8-2-1②）[185]在东壁与一件瓷盖罐一道，和西壁的一件釉陶香炉形成对应，应该都是作为供器使用的。从其中的涂色卵石来看，这种做法与《秘葬经》的"五精镇石"似有某种关联，但是其他一些现象表明当地葬俗所具有的区域性色彩。如砧子山南区元代墓葬的发掘者提示两个细节：1.元上都砧子山一带汉族墓葬出土的这类釉陶梅瓶，有些器物有经过长期使用

的摩擦痕迹；[186] 2.许多梅瓶的腹部有一道裂缝。[187]前者说明这些器物均为日常实用器入葬，后者让人联想到北朝到唐代北方鲜卑族等墓葬中随葬的具有类梅瓶器形的"陶瓶"存在瓶口多被敲破的现象（见第五章第二节），有人认为这是一种特殊的"毁器"葬俗之表现，"是有一定的祭祀含义的"，[188]也许这种祭祀仪式在元代仍有遗留，并影响到元上都一带信奉佛教的汉族教徒的葬俗。

（二）祭祖和祭神的供器

墓葬是人间的延续。在历史上，作为供器的梅瓶除了用于墓葬，更主要的应该还是用于人世间的礼仪性活动，这方面主要分为祭祖和祭神两种场合。

据日本学者介绍：1930年夏季，原热河省都统汤玉麟之子汤佐荣大规模挖掘了辽庆陵（在今内蒙古巴林右旗），从其中的东陵（辽圣宗永庆陵）或西陵（辽道宗永福陵）盗掘得3件尺寸高大的辽代茶叶末釉梅瓶（图4-3-15，日本学者称之为"长壶"）[189]，高度分别为64.9厘米、71.8厘米、71.1厘米。[190]对于这三件辽代梅瓶，长谷川道隆提出其属于"祭器"的看法。[191]三件梅瓶的肩部都有划字款，由契丹小字和汉字组成，据长谷川道隆介绍，其写法分别是"乣二年囝"、"七艾"、"北口乣三艾"，他还根据学术界对契丹文的研究成果，分别对其释读为"乾二年国"、"七月"、"司口乾三月"，并认为其中的"乣二年"、"乣三"表示辽代的纪年：乾统二年（1102年）、乾统三年（1103年），进而考证认为，这种形体高大且带有契丹小字和汉字划款的梅瓶，是辽天祚帝登基之初在永福陵祭奠先帝辽道宗时所用的"祭祀用具"，属于"奉官命特别烧造的仪礼之器"。[192]长谷川道隆接着说道："长壶与官的关系，由遗物的'北'=司的铭文可以得知。换句话说，带有铭文的长壶具有祭祀仪礼之器的性质，而且其高度在64~71厘米之间……修长的高身这一点也暗示了它是仪礼之器。"[193]此外，他还从政治的角度，对这三件梅瓶口部以下出现的铭文字体做了别有意味的引申："不可思议的是铭文中汉字和契丹文字并用。这或许是出于政治上的考虑。就是说辽朝作为征服王朝，实行北面官（契丹人）和南面官（汉人）两种政治体制，而用于国家性祭奠的长壶正是从铭文方面反映了这一事实。这种解释我认为是适宜的。"[194]

由此可见，海外学者对中国梅瓶在特定场合中具有特定的礼仪性功用也早有研究并不乏深刻的认识。笔者以为，长谷川道隆的判断不是毫无根据的。大致在相同的时间，即从11世纪晚期开始，北宋朝廷也通过汝窑等窑场灌输"官家"的意志，烧造出具有浓重官方色彩的青瓷梅瓶（图6-2-9⑥）；到了南宋，偏安朝廷干脆在临安（今杭州）自设"官窑"来烧造大量所需器物，其中就包括日用的和用于国家祭祀的梅瓶（图3-3-5）。

检以文献史料，从两宋时期直到清代，关于各类祭祀活动的各种记载极多，其中不乏谈及以盛酒梅瓶作为祭祀用具的情况。

如《大金集礼》记载金皇统五年（1145年）十二月行奉告礼时，曾提到

186　见于对砧子山南区元墓M1的一件黑釉梅瓶（M1：8）的描述，见内蒙古文物考古研究所、锡林郭勒盟文物管理站、多伦县文物管理所《元上都城南砧子山南区墓葬发掘报告》图九：2，《内蒙古文物考古》1999年2期103页。

187　见于对砧子山南区元墓M47、M12出土的多件黑釉梅瓶（M47：3，M12：2）的描述，见上揭《元上都城南砧子山南区墓葬发掘报告》图九：13、9，《内蒙古文物考古》1999年2期101、103页。

188　《朝阳市发现的几座北魏墓》，《辽海文物学刊》1995年1期145、146页。

189　采自：〔日〕小山富士夫监修、黑田原次、杉村勇造编《陶器全集·14卷·辽の陶磁》图版54，东京：平凡社，1966年。

190　关于这三件梅瓶的情况，见〔日〕长谷川道隆著、杨晶译《辽、金、元代的长壶》图二：1、2、3，《北方文物》1997年2期109页。

191　同上。

192　〔日〕长谷川道隆著、杨晶译《辽、金、元代的长壶》，《北方文物》1997年2期109、110页。按：长谷川道隆是依据郑绍宗先生的研究成果，而将契丹小字"囝"释读为"国"字，然而郑先生所举契丹小字的国字为"囯"，与"囝"小异，见郑绍宗《兴隆县梓林子发现的契丹墓志铭》，《考古》1973年5期，故长谷川道隆对其国字释读采取了推测的口吻。

193　〔日〕长谷川道隆著、杨晶译《辽、金、元代的长壶》，《北方文物》1997年2期110页。

194　同上。

195 〔全〕《大金集礼》卷三，《四库全书》史
部十三·政书类二·仪制之属，文渊阁版。

196 〔南宋〕赵彦卫撰、张国星校《云麓漫钞》
卷三，沈阳：辽宁教育出版社，1998年。

图4-3-15　（传）内蒙古巴林右旗辽庆陵出土茶
叶末釉梅瓶　（0⊢⊣⊢⊣⊢⊣⊢⊣⊢⊣⊢⊣⊢⊣⊢⊣⊢⊣⊢⊣ 10cm）

"其日未明，於殿上排办"，所用器物甚多，包括了：

　　　每位食楪十四，实以茶食菹菜；果楪十四……又椀二……盘二，
匙箸各一副；茶盏各一，承以托子；酒盏各三，共承以一盘；酳酒器
各一；酳茶器各一；花瓶设於食案之前，并果垒量案，长短间设；共
设香案一，上置香炉、香合，在殿之中楹间；酒二十银瓶。第二日酒
五瓶。第三日五瓶。在神位之东，酒注四，在酒瓶之侧；祝板案在神
位之西；献官拜褥，其一设於香案之南……持茶酒者以次进至献官之
右，持酳茶酒器者进至献官之左，献官酳茶酒……第一日酳酒十盏，
第二日、第三日各一盏……[195]

　　文中所言"酒二十银瓶"、"酒五瓶"、"酒瓶"等，应该都是指梅瓶这类
器物，但材质有银质、有陶质而已。这是梅瓶作为祭祀用祭器的有力证据之一。
这条史料还提示了，从北宋晚期开始流行的银质梅瓶（图6-2-20③），不但是
日用器物，而且在金代的北方地区还被用于高级别的祭祀活动中。
　　南宋的文人笔记对礼仪性活动中使用盛酒梅瓶的问题也有记载。赵彦卫《云
麓漫钞》载："《周礼》有五齐三酒。五齐，以供祭祀，三酒，以酌有事者。今
临安岁供祠祭酒一千六百馀瓶坛，又供天章阁、景灵宫及取赐酒一万四千二百馀
瓶坛，其酒名则曰玉练槌、真珠、中和堂、有美堂等，玉槌、真珠，名既不与，
而中和、有美乃守臣便坐，因以名酒，遂以供御，及祭祀，失礼甚矣。予尝言
之：今曰祠祭酒，宜酌五齐之名，以供祠祭；三酒之名，以酌有事者；取赐酒，
则别为一名，庶几名正理顺。"[196]关于这段文字中的"瓶坛"所指容器即盛酒的
梅瓶，已见第三章第一节。赵彦卫在此发表了他对当时祭祀用酒、供御用酒、平
常赐酒在名称上出现的问题以及如何做出区别与协调的看法，其中隐含着宋代祭
祀活动使用盛酒梅瓶的情况。
　　赵彦卫要求名正理顺的指向，是恢复儒家经典《周礼》所记载的古礼，这
与宋代理学兴盛和复兴古礼并积极付诸实践的时代风气相一致。这种努力早在北
宋初聂崇义撰《三礼图》之时已开始了，当这部著作被皇家确定为制礼依据的时
候，体现了赵宋皇朝恢复古礼的强烈愿望，以至于影响了整个时代对证经补史的
热情，文人士大夫纷纷以私家身份对古礼进行考证、注释并具体地制定相关仪式
条文，直接运用于现实礼仪活动的需要当中。但是在当时的官私著作中，都已融
入新的时代内容，在礼仪性活动中使用新创制的器皿便是一个明显例证，其中同
样包括了盛酒的梅瓶。
　　如〔北宋〕司马光撰《书仪》共十卷，从卷五到卷十用大量的篇幅详细条叙
"丧仪"的各个环节，其中，卷八"陈器"条曰：

　　　舆夫陈器於门外，方相在前，次志石，次椁，次明器，次下帐，

次上服，次苞，次筲，次醯醢，次酒一斗，盛以瓶，以上并以小床舁举之，次铭旌，次灵异，次大舆，大舆旁有翣，贵贱有数。[197]

文中"次酒"后的小字"一斗，盛以瓶，以上并以小床舁举之"为司马光原注，其所为酒"一斗，盛以瓶"，正与〔北宋〕赵令畤《侯鲭录》记载的"酒经"容量"受一斗"相合，至于"以小床舁举之"的景象，在金代的墓室壁画中也能看到（图3-2-3）。这样，我们就可以把传世文献与有关的考古图像都串联起来，对盛酒梅瓶在北宋晚期承担礼仪性功用的问题做通盘审视。

再看《书仪》同卷"卒哭"条："三虞后，遇刚日设卒哭祭。其日夙兴，执事者具馔如时祭，陈之于盥帨之东，用桌子，蔬果各五品，胾、炙、羹、殽、轩、脯、醢、庶羞、面食、米食，共不过十五品。器用平生饮食器。设玄酒一瓶于酒瓶之西。主人既焚香，帅众丈夫降自西阶。众丈夫盥手、帨手以次，奉肉食，升。设灵座前、蔬果之北。主妇帅众妇女降自西阶，盥手、帨手以次，奉面食、米食，设于肉食之北。主人既初献，祝出主人之左，东向跪，读祝辞，改虞祭。祝辞云：奄及卒哭，又云哀荐，成事来日，跻祔于祖考，某官。既启门，祝立于西阶上，东向告利，成。余皆如三虞之仪。"在"器用平生饮食器"下，有小字注："虽有金银不用"，言下之意所用者为陶瓦竹木之器，故紧接着所谓"设玄酒一瓶于酒瓶之西"，这"玄酒一瓶"与"酒瓶"的材质应指陶瓷器，也应该是指宋代流行的盛酒梅瓶。在"玄酒一瓶"下，司马光原注小字曰"以井花水充之"，即古礼用玄酒即清水之意。[198]在"卒哭"之后又有"祔"礼，其文略云："卒哭之来日，祔于曾祖考……设玄酒酒瓶、盏、注、桌子于东方，设香桌于中央，置香炉，炷香于其上……"[199]在此，我们看到了对玄酒使用的酒瓶、盏、注、桌子、香桌、香炉等器物的配套描述，与盏、注等配套的酒瓶自然是盛酒梅瓶无疑。

两宋时期士大夫对古礼和有关仪式的注释与条陈，最值得注意的有两家，一位是北宋的司马光，另一位就是南宋的朱熹。朱熹对司马光的《书仪》曾大加赞扬，后者对朱熹修订《祭仪》起了很大作用，可惜朱熹的这部著作"为人窃去，其稿不传"，故司马光《书仪》遂有"礼家典型"之誉。但是因为朱熹在后世的地位极高，以至于托名朱熹的《家礼》（又名《朱子家礼》）一书，从朱熹逝后二十年即"盛行"于时并流传于世。虽然这部书是伪托之作，但从成书时间来看它的内容也必然反映了宋代的祭祀场景和丧葬礼仪的特点，此书对各种祭祀活动的规定及其为时人留下的理解空间，也必然对当时和此后的相关祭祀活动产生重大影响。[200]而在北宋的《书仪》、南宋的《家礼》以及金代的《大金集礼》一直到明清两代的官、私礼书中，都非常近似或较为一致地在延续古礼中融入了时代的新内容，正如上述，其中都包含了对盛酒梅瓶的使用。

在祭祀活动中使用梅瓶作为祭祀用具，还有存世图像为证。如元至大元年（1308年）刻本《新刊全相成斋孝经直解》一书内就有一幅版刻"祭祀图"，

197 〔北宋〕司马光撰《书仪》卷八"陈器"，《四库全书》经部·四礼类六·杂礼书之属，文渊阁版。

198 〔北宋〕司马光撰《书仪》卷八"卒哭"，文渊阁四库全书本经部·四礼类六·杂礼书之属。

199 〔北宋〕司马光撰《书仪》卷八"祔"，文渊阁四库全书本经部·四礼类六·杂礼书之属。

200 关于司马光的《书仪》及评价引文，见〔清〕永瑢等撰《四库全书总目》，北京：中华书局，1965年。关于朱熹《家礼》及评价引文，见《四库全书总目》180～181页。《家礼》（后世亦称《朱子家礼》）为托名朱熹之作，这是由清代康、雍朝经学家王懋竑在《白田杂著》等一系列著作中做出的考据结论，经过乾隆朝四库馆臣为收录五卷本《家礼》所作提要的引用而广为人知并成为定论。但是王懋竑在考证中已经指出："朱子没后二十馀年，其时《家礼》已盛行"（王氏指出朱熹高足黄勉斋撰"朱熹行状"记载《家礼》著作时间时语），说明朱子《家礼》在南宋中期已成书并在社会上产生了广泛影响，这种影响长久地延续至明清两代。见《四库全书总目》，同上。关于王懋竑，见臧励龢等编《中国人名大辞典》，北京：商务印书馆，民国十年（1921年），152～153页。

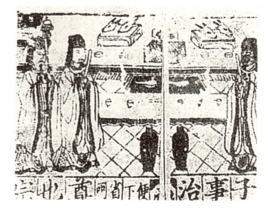

图4-3-16　元至大元年（1308年）刻本《新刊全相成斋孝经直解》版刻插图"祭祀图"

①　　　　　　　　　　　②　　　　　　　　　　　③

图4-3-17　河北内丘县胡里村金墓西北壁、北壁、东北壁壁画

201　〔日〕林秀一藏《新刊全相成斋孝经直
　　　解》，转采自：宿白《白沙宋墓》插图
　　　一五：5，北京：文物出版社，1957年，20
　　　页。按：关于《新刊全相成斋孝经直解》一
　　　书的基本概况，也见于宿白先生的考述。

202　三图采自：贾成惠《河北内丘胡里村金代
　　　壁画墓》图五，图三，图四，《文物春
　　　秋》2002年4期。

203　贾成惠《河北内丘胡里村金代壁画墓》图
　　　五，《文物春秋》2002年4期39页。

204　三图采自：山西省文物管理委员会、山西
　　　省考古研究所《山西文水北峪口的一座古
　　　墓》图四，图三：2、1，《考古》1961年3
　　　期138页。

其中在供案前地面上放置了两件黑色长身器皿，宿白先生认为即宋元时期流行的梅瓶（图4-3-16）[201]。可见，《新刊全相成斋孝经直解》这幅"祭祀图"被视为一幅祭祖图，其中植入了元人对古代典籍（如《孝经》）的时代性理解，画面上出现的梅瓶形象直观地表明：这种器物在元代确实成为祭祀活动中的礼仪性器物，而且图像还显示了梅瓶在有关祭祀场景中很可能也处于比较明显而重要的位置。从该书作于元至大年间的时间来看，值元武宗孝儿只斤海山在位，此时天下大定，元代的文化政策也基本成型，梅瓶在体现汉文化传统的祭祖活动中的出现，表明了新的器物因素已获得礼仪制度的充分利用。

梅瓶在金元时期明确运用于祭祖活动当中，还作为一种"实况"在墓葬图像中被记录下来。如河北内丘胡里村金正隆二年（1157年）墓，是一座朝向正南的八角形穹顶砖室墓，除南壁为墓门无壁画外，其余七面都有壁画，其中西北壁"送酒图"（图4-3-17①），正北面"夫妇对坐图"（图4-3-17②），东北壁"端食图"（图4-3-17③），[202]正好构成一组由正堂（正北壁）和两边配房组成的三合院空间，正堂与两侧配房之间各植一棵松树，其中的西北壁画着"在瓦房内桌上摆满大小酒器。松树下，二侍仆肩抬食匣自房内走出"，[203]所画酒器包括一件画花梅瓶，一把执壶和三只酒杯，盛酒的梅瓶伫立中央，与此对应的是东北壁所画房内盛面食、肉类的三足食器，而正北壁两位墓主之间的一张小桌上，画有三碟食物和两只小酒杯，再结合东壁的莲花、西壁的牡丹以及东南壁和西南壁的祥云，共同组成了一个完整的寓意清雅富贵的祭祀空间，受祭的正是北壁的墓主人夫妇，东北壁和西北壁的食品、酒水作为供品，其中西北壁的梅瓶与执壶、酒杯正是金代的典型酒器组合，在此作为祭祀活动中的一套供器来使用和展现。

上文还曾借山西文水县北峪口元代画像石墓墓室的一组"线雕画"，讨论过元代梅瓶作为盛酒器本体功用的新变化，实际上，该墓从八角形的墓室西壁开始，到西北壁、北壁、东北壁再绕到东壁，描绘了一个家族的"祭祖过程图"。其中，北壁"墓主人"一男二女对坐，正中间有一方桌，上设"祖父之位"灵牌（图4-3-18②），位于两边的西北壁（图4-3-18①）和东北壁（图4-3-18③），[204]则描绘了后世子孙恭恭敬敬分立两边以奉茶、酒、食物，向祖先作贡

图4-3-18　山西文水县北峪口元代画像石墓西北壁、北壁、东北壁图像（摹本）

献状。因此，东北壁正中方桌上的梅瓶在此已不仅仅是与其旁边的花口大碗（内置勺，即樽杓）相组合的单纯的实用器，还与对面的西北壁正中方台上的执壶、台盏，以及男性子孙手中所捧的小杯、玉壶春瓶和盘等食器，共同成为这场祭祀仪式中的供器，而完成了从实用的本体性功用转入礼仪性功用。

　　到了明代，当时有多处文献记载了"光禄寺"接收"酒瓶"作为祭祀用供器的情况。如前引明代前期刊行的《明会典》所载多个部门的"事例"中明确记载了各处烧造盛酒梅瓶（"酒瓶"）以及交付情况，其中有一条"南京光禄寺良酝署事例"就明确记载道："凡造酒，计御细煮酒三千六百瓶，充奉先殿供养及各处祭祀。又，官细煮酒一十万瓶，解光禄寺交收其酒瓶，直隶宁国府解纳。"[205]如此巨量的盛酒梅瓶当然不会是通通作为祭祀中的供器，但其所为"充奉先殿供养及各处祭祀"已表明了梅瓶在当时的祭祀活动中的基本用途，也表明了明代皇家祭祀之繁。

　　至于明代礼仪性活动中所用梅瓶的形象，也有图像为我们提供了直观对比实物的途径。如〔南宋〕杨甲撰、毛邦翰补《六经图》一书，经清代四库馆臣考订：《六经图》先撰成于绍兴中（1131～1162年），再补成于乾道间（1165～1173年），其性质稍许类似北宋初聂崇义所撰《三礼图》，但内容更为驳杂，是为儒家"六经"（易、书、诗、周礼、礼记、春秋）所涉器物作图备考，其成书、刊行与两宋时期的金石学、理学和南宋的政治形势等背景均有一定关系，但是清人所见刊本已经过了明人的"臆为窜乱"，而且"损益之源委无从究诘"。[206]这种状况使得此书传本的原始真实性大受质疑，作为历史资料的重要性也大打折扣。但是，我们却可以借此看到，明人对古代礼器的形制有怎样的理解——这种理解对于"六经"时代的历史而言显然是错误的，其中就包含了将现实的梅瓶比附到古代礼器之上的做法，却又曲折地反映出明人在当时以梅瓶作为重要的祭祀用礼器的历史状况。如经过明人刊刻的《六经图》当中，收录的"壶"（原书图解又称"酒壶"）[207]、"瓮"[208]、"壶尊"[209]、"大尊"[210]等形制（图4-3-19①～④），不但与古代的同名器物大多不合，而且还彼此相近，都基本上符合口颈短小而直、腹部修长内收、胫部或斜直或呈束腰状再外撇成喇叭形足部等特征，这哪里是古代的礼器，分明是明代中期在景德镇窑极为流行的

205　《明会典》卷一百七十一，《四库全书》史部十三·政书类一·通制之属，文渊阁版。

206　《四库全书总目》提要。

207　〔宋〕杨甲撰、毛邦翰补《六经图》卷六"掌客器图"之第一图"壶"，辞曰："酒壶，受一斛，口径尺，足高二寸，径尺，反爵著壶，漆赤，中有画饰。"见文渊阁四库全书经部七·五经总义类。

208　〔宋〕杨甲撰、毛邦翰补《六经图》卷六"掌客器图"之第二图"瓮"，辞曰："瓮，盛醴齍，高一尺，受三斗。醴人云，王举供醴五十瓮，醴五十瓮。"见文渊阁四库全书经部七·五经总义类。

209　〔宋〕杨甲撰、毛邦翰补《六经图》卷六"六尊制图"之第四图"壶尊"，辞曰："秋尝、冬烝，馈献用两壶尊，一盛玄酒，一盛盎齐，王以玉爵酌，献尸，受五斗，漆赤中。"见文渊阁四库全书经部七·五经总义类。

210　〔宋〕杨甲撰、毛邦翰补《六经图》卷六"六尊制图"之第五图"大尊"："追享、朝享、朝践，用两大尊，一盛玄酒，一盛醴齐。太古之瓦尊也，与瓦甒形制、容受同。"见文渊阁四库全书经部七·五经总义类。

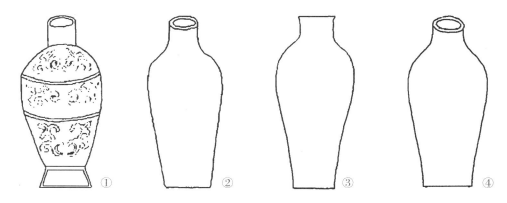

211　采自：北京大学考古系等《观台磁州窑址》图版一二七：9，北京：文物出版社，1997年。内容见该报告附录三"磁州窑系纪年器物辑录"（秦大树辑）第76条，568页。并见秦大树《宋元时期磁州窑瓶类器物的发展及其使用功能探讨》图一：28，《南方文物》2000年4期29～30页。

212　秦大树《宋元时期磁州窑瓶类器物的发展及其使用功能探讨》，《南方文物》2000年4期30页。按：秦先生还附带提出，"这类器物也许亦可称为'服匿'，《酒谱》记：'服匿如罂，小口大腹方底，受酒胳二斗，此匈奴之器。'此描述与矮梅瓶颇相似，其只在北方生产，可能是被称为匈奴之器的原因。"见同页，可参考。

213　采自：林士民《浙江宁波天封塔地宫发掘报告》图二八，《文物》1991年第6期。

214　采自：林士民《浙江宁波天封塔地宫发掘报告》图六七、六八，《文物》1991年第6期22页。

215　天封塔的发掘者林士民先生也指出："梅瓶的功用早在南宋时就已非同一般。"见林士民、李军《浙江宁波出土明代青花瓷器》，《中国古陶瓷研究·第六辑》276～281页，北京：紫禁城出版社，2000年。

图4-3-19　〔南宋〕杨甲撰、毛邦翰补《六经图》卷六载有关器物图像　①（酒）壶　②瓮　③壶尊　④大尊

直口样式的梅瓶（参见第九章第二节）。

以上史料表明，上自国家祭礼，下至家族丧仪，至少从北宋晚期和辽代晚期开始，经过金、元时期而一直到明代，陶瓷和银质的实用性盛酒梅瓶在世俗的祭祀场合中一直是作为供器来使用的。

除见于世俗性场合之外，梅瓶的礼仪性功用还见于某些祭神仪式中。如据介绍，美国布法罗科学博物馆（Buffalo Museum of Science）收藏有一件元代晚期磁州窑"矮梅瓶"，以黑彩环绕肩部书："至正十三年十二月……王家龙王堂神瓶一对，王世宝作"（图4-3-20）[211]。所谓"神瓶"，这个概念最早见于东汉中原地区普遍流行的类梅瓶器形的所谓"朱书陶瓶"上书写的"解除文"，这类陶瓶是当时墓中随葬的一种明器。但是这件元代磁州窑的"矮梅瓶"的铭文已明确表示是由元代的王世宝专门定烧的器物，并成对地用于"王家龙王堂"，显然是祭神的供器，与汉代墓葬明器有本质的区别。对此，秦大树先生进一步认为："这也是梅瓶用作供器的辅证"。[212]

不独所谓"矮梅瓶"被用作祭神供器，有证据表明，高体梅瓶也会被用于佛教寺院而成为佛前供器。如1982年发掘浙江宁波市的南宋天封塔地宫遗址时，发现一件带南宋绍兴十四年（1144年）铭文的石函，其中出土了140余件遗物（图4-3-21）[213]，包括多尊佛教造像，以及与佛事有关的多种法器，如串珠、香炉、佛龛、银塔、吊幡、车渠等，另外还有一件银殿模型，在银殿内还令人惊讶地存放着两件成对的白釉褐彩小梅瓶（分别高9.8厘米、10厘米，附录一总表四：20a，图7-2-11①②）[214]。值得注意的是，这两件小梅瓶也是该地宫内仅有的瓷器，应该是河南修武当阳峪窑的产品（见第七章第二节）。古代佛塔地宫内的物品一般都具有所谓镇塔的性质，但是在地宫的石函内、银殿里陈设两件陶瓷梅瓶，却是绝无仅有的现象——这两件梅瓶一定是被有意安放在银殿堂内再存入地宫的，其中也一定负载了某种特别的含义。[215]从其出土时瓶内空无一物来看，笔者推想，其间可能借鉴了汉文化传统礼仪，盛清水作为供器，与诸多法器一道体现了供佛的意义。

图4-3-20　美国布法罗科学博物馆藏元至正十三年（1353年）磁州窑白釉黑彩画花"神瓶"

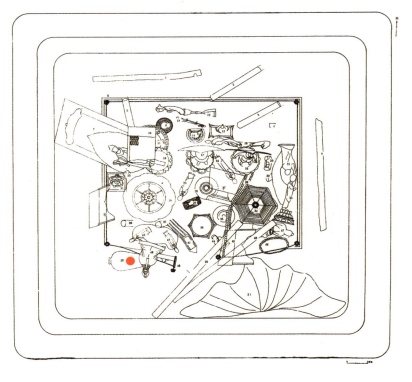

图4-3-21　浙江宁波市南宋绍兴十四年（1144年）天封塔地宫遗物分布状况

216　采自：上海博物馆编《上海博物馆藏瓷选集》图版55，北京：文物出版社，1979年。

217　同上，图版55说明，并参见该图录"前言"，5页。

218　台北"故宫博物院"藏元代佚名作者作《第四嘎礼嘎尊者》（轴），在画中取坐姿的嘎礼嘎尊者左边描绘了一位着汉服的站姿居士，双手捧着一件插花梅瓶，表示对这位罗汉的供养。在此，图中的梅瓶既是供器，又具有插花器的功用属性。

　　以梅瓶作为佛教的供器，还有一个实例，即上海博物馆收藏的一件河南扒村窑黑地白龙纹梅瓶（图4-3-22）[216]。此瓶高41.3厘米，口径4.1厘米，足径11.1厘米，通体挂满发紫的黑釉，在瓶身的中下部（中腹和胫部），以留白填黑的方法绘一躯头上尾下作爬升状的四爪龙纹，龙纹正下方有留白竖排楷书"正八"两字。上海博物馆早在20世纪70年代末出土的藏品图录中就指出，龙纹的题材和"正八"二字相配合，与佛教"八正道"、"八部众"、"天龙"等观念有关，具有宣扬佛教教义的作用，"显然是佛教庙宇中的用品"。[217]此瓶胎釉和器形与宋金时期实用性梅瓶相类，但它如果是佛寺用品，应该不会是普通的盛酒器，否则也违背佛教禁酒的教义。从其釉色和饰纹布局来看，凝重、严整的气息透着一股庄严气象，这恐怕正是宗教性礼仪环境中所需要的，因此它作为佛寺中的供器应该是更为确切的推论。其尺寸与宁波天封塔地宫内那对小梅瓶有明显差异，二者的具体用途可能也有所不同，至于它具体用途如何，目前还没有具体的证据。[218]

　　以上实例表明，梅瓶的礼仪性功用除了在世俗的丧葬、祭祖等仪式场合承担供器之用，还进入了祭神的仪式空间，既有可能被用于民间信仰的环境中，也被用于佛塔地宫或佛寺里作为佛前供器，时间上也始于宋金时期。此外，像黑釉正八白龙纹梅瓶这类实例，在作为佛教供器的同时还暗含了另一层意义，即在日常供奉中体现了一定程度的陈设性。

图4-3-22　上海博物馆藏扒村窑黑釉"正八"龙
纹梅瓶　（ 0 ————— 10 cm ）

219 〔宋〕张邦基《墨庄漫录》，丛书集成本，北京：商务印书馆，1939年。

第
四
节

审美性功用：作为陈设器的梅瓶

作为陈设器的梅瓶，是指在实用意义的本体性功用和仪式目的的礼仪性功用之外，梅瓶所具有的审美性功用。作为梅瓶功用结构中的第三类功用，它也是成熟得最晚的一个功用层次，容纳了更为丰富的文化意涵。结合文献和图像史料来看，梅瓶在清代已完全具备纯粹意义上的审美性功用，成为真正的"插花器"和"观赏器"，而且我们还得知，梅瓶这类功用的确立至少在康熙年间已经完成（见第二章第三节）。问题是：梅瓶的审美性功用发生于何时？它又是怎样发生的？最初的展现形态是什么？其中包含了哪些具体内容？在历史当中又是如何衍化的？关于这一系列问题，下面将从梅瓶由酒器向插花器转变、从实用器向观赏器转变这两个方面，来对此进行研究和讨论。

一、从酒器向插花器转变

梅瓶由酒器向插花器转变，与宋金时期赏花饮酒的风尚有关，后者是在插花活动盛行的背景下展开的，同时还与插花梅瓶用作特定供器也有关系。

（一）宋金时期的插花活动和专用花器

古人以折枝花表达美好意愿有着悠久的传统，在《诗经》、《离骚》等先秦典籍中均有记载；至魏晋南北朝时期，更有北魏陆凯的"折梅逢驿使，寄与陇头人。江南无所有，聊赠一枝春"的名诗《赠范晔》传世；此时，随着佛教在中国的普及，以器皿插花供佛的仪式也逐渐流行开来；以后，在唐宋时期演为大观，成为一种官民同享的风俗。如南宋初期成书的《墨庄漫录》中对唐宋以来长安和洛阳的"万花会"有如下追记："两京牡丹闻名天下，花盛时，太守作万花会。宴集之所，以花为屏障；致梁、栋、柱、拱，以筒储水，簪花钉挂，目皆花也。"[219]到了宋金时期，插花之普及和兴盛更胜以往，以至于在南宋都城临安还形成了专门的职业化讲究。如成书于南宋末期的耐得翁《都城纪胜》有"四司六

图4-4-1 （美国堪萨斯城）纳尔逊-艾金斯美术馆藏磁州窑白地黑剔花龙纹大花瓶

220 〔南宋〕耐得翁著《都城纪胜》"四司六局"条，见《东京梦华录（外四种）》（附梦粱录/都城纪胜/西湖老人繁胜录/武林旧事），北京：中华书局，1962年。按：《都城纪胜》成于南宋端平二年（1235年），所纪乃南宋都城临安事。

221 启功《戾家考——谈绘画史上的一个问题》，《文物》1963年4期。

222 采自：〔日〕小山富士夫编《中国名陶百选》图版54，东京：日本经济新闻社，1960年。按：冯先铭先生曾质疑该瓶真伪，认为它是民国仿宋器，见冯先铭《仿古瓷出现的历史条件与种类》，《故宫博物院院刊》1994年1期15页。随着近期以来观台窑址和当阳峪窑址的考古发掘和研究的深入，甚至在窑址中发现了类同和相同的瓷片标本，已经有学者明确地肯定此瓶并非后仿，并将其产地大致划定为河北观台磁州窑或河南修武当阳峪窑，这两种观点分别见秦大树《宋元时期磁州窑瓶类器物的发展及其使用功能探讨》，《南方文物》2000年4期30、31页；刘涛《宋辽金纪年瓷器》，北京：文物出版社，2004年，33页。

223 秦大树《宋元时期磁州窑瓶类器物的发展及其使用功能探讨》，《南方文物》2000年4期31页。

局"条称："官府贵家置四司六局，各有所掌，故筵席排当，凡事整齐。都下街市亦有之。常时人户，每遇礼席，以钱倩之，皆可办也"，其中"专掌挂画、插花、扫洒、打渲、拭抹、供过之事"的是"排办局"，插花成为排办局内"祗应等人"的专职工作，以故当时还流行四句谚语："烧香点茶，挂画插花，四般闲事，不许戾家"。[220]据启功先生考证，"戾家"是宋元时期的流行用语，与"行家"相对，指外行人。[221]包括插花在内的这类"闲事"有着许多门道，当然主要是指"都下"（南宋都临安）有关"礼席"方面的内容，但也反映了从官到民对插花一事的重视。

既然如此，宋金时期也就出现了"花瓶"、"花钵"等专用花器。如美国堪萨斯城的纳尔逊-艾金斯美术馆（The Nelson-Atkins Museum of Art, Kansas City）藏磁州窑白地黑剔花龙纹大花瓶（图4-4-1）[222]，高56.8厘米，大口，粗长颈，鼓腹较长，撇圈足，在撇足之上、瓶腹下部装饰双层仰莲瓣纹一周，其中一瓣左侧线刻"花瓶刘家造"五字铭文。这种形制的花瓶分圆口和花口，在河北磁县观台窑址曾有大量考古材料出土，经研究它在磁州窑开始出现于北宋晚期，主要流行于金代中晚期。[223]此外，湖南益阳出土的一件南方窑口的瓶形青瓷"花钵"，在颈肩结合部划"熙宁五年花钵"六字铭文（图3-1-4②③④），表明在北宋中晚期南方地区同样流行大口花器。在表现迎接圣驾题材的南宋绢本画《望贤迎驾图》（上海博物馆藏）上，近景的柴门口一张供桌上对称摆设两瓶鲜花，所用花瓶也正是大口花器。

这类专用的大口花器至少在辽代晚期也是很流行的。如在河北宣化辽天庆六

224　采自：河北省文物研究所编《河北古代墓葬
　　　壁画》图93，北京：文物出版社，2000年。

225　采自：王来柱《彰武差大马辽墓发掘简
　　　报》图三：3，《辽海文物学刊》1996年1
　　　期68页。

226　采自：《中国陶瓷全集·9·辽、西夏、
　　　金》图版五〇，上海：上海美术出版社，
　　　2000年，257页。

227　〔金〕《大金集礼》卷三，文渊阁四库全
　　　书本史部十三·政书类二·仪制之属。

228　望野《酒封小考》注释2，《文物》2008年
　　　6期91页。

229　〔元〕龚璛《存悔斋稿》附"朱性夫补抄
　　　龚子敬遗诗"，文渊阁四库全书本集部
　　　五·别集类四·元。

①　　　　　　　　　　　②　　　　　③

图4-4-2　河北宣化辽张世卿墓后室东壁壁画

年（1116年）张世卿墓（M1）后室东壁壁画"备经图"中（图4-4-2①）[224]，朱红色方桌旁一位男仆正在安放一件白色盘口瓶，内插一朵牡丹（图4-4-2②），同壁中层的多个龛间隔处则描绘了一系列蓝色盘口瓶，瓶内插有各种杂花（图4-4-2③）。这两处盘口瓶的器形基本相同，口径较宽，有明显的柱状细颈，瓶身呈卵状，主要区别在于下腹向足部的过渡关系，桌上白瓶是圈足，龛间蓝瓶是隐圈足。与这幅壁画上的盘口瓶比较相似的矮体盘口梅瓶见于辽宁彰武差大马辽墓（图6-3-6②）[225]，以及建平五十家子辽墓（图6-3-6①）[226]，但是张世卿墓壁画上的这种盘口瓶还是与梅瓶性质存在相当的距离，应属于专门烧制的大口花器。这种器皿可能就是前引《大金集礼》中记载的"花瓶"，书中记载的金皇统五年（1145年）十二月举行的一次奉告礼中，除言及以盛酒梅瓶作为供器之外，与各种酒具、茶具、香具等一起排办的还有："每位……花瓶设於食案之前"。[227]这是金朝国家级礼仪活动中出现插花的明证，作为祭祀用供器的"花瓶"，应该也是大口花器。

（二）偶然和必然：从酒瓶插花到赏花饮酒

在上一章还提到，有作者称郑州一带出土过一件刻划"赵家花瓶"铭文的梅瓶，[228]到底如何，未见实物或图片公布，不便推测。但是，在宋金时期主要用作实用性盛酒器的梅瓶最终向插花器转变而成为一个文化现象，却是不争的史实，它是在一种看似偶然的机制中自然发生的。

先读〔元〕龚璛《吴中寒食》诗：

寒食清明卖酒家，酒瓶乱插红白花。
江南蚕子非一种，日暖蜂房报午衙。
八十渔翁罾半破，往来醉客路三叉。
村中女伴无忙事，疏雨小塘收漾纱。[229]

此诗描写了寒食、清明时节的江南景象，其中除了时令，还有酒家、醉客、

疏雨等字眼，都使人想起唐代杜牧的那首名诗《清明》，只不过龚璛描写的苏南寒食与清明节更有暖意，甚至还有些许热闹。特别能引起我们注意的当然是首联对句——"酒瓶乱插红白花"，表明诗人也注意到了路旁卖酒店家的"雅兴"，用空酒瓶插上各种颜色的家花、野花作为陈设，就像村中的老渔翁、小女伴们一样的闲适，在这样的春季里，似乎只有蚕子、蜜蜂在忙碌。"酒瓶"在酒家里毫无疑问是最普通的常见器物，应该就是当时用于盛酒的实用器梅瓶，对于我们想讨论的问题而言，这是龚璛此诗最重要的内容。揣摩诗意，元代民间用空酒瓶插花应属于平常事。再向前溯，这样的景象也许在更早以前的南宋就已经很普遍了，如杨万里《道旁店》诗："路旁野店两三家，清晓无汤况有茶。道是渠侬不好事，青瓷瓶插紫薇花。"[230]虽然凭此不能断言杨万里所言"青瓷瓶"就是原本盛酒的梅瓶，但是可能性并非没有，且上文所言宋代民间插花之盛，于此可见一注脚。

　　宋元诗表明，以原本盛酒的梅瓶来插花，与一定的时节、酒家等时间、空间因素相关联，进而，原本只有实用性的"酒瓶"还在特定的季节里也常常成为联系饮酒和赏花这两件人间快事的关键媒介。对此，中国文人似乎尤其熟悉，饮酒、赏花，在他们看来往往是不分彼此的同一件事。此风气在唐代已盛，如李白名篇《春夜宴桃李园序》即为代表，从宋元以来直至明清时期，相关的诗词更是不断。随手举几例：

　　　　清秋官舍酒瓶空，满袖黄花情所钟。（〔北宋〕张耒《重九考罢试卷书呈同院诸公》）[231]
　　　　管领风光有微憾，桂花香里酒瓶干。（〔南宋〕戴复古《庐山》之一）[232]
　　　　茶碗不烦供地主，酒杯尤足酹花神。（〔明〕潘希曾《龙泉寺寻梅次曹霜厓韵》）
　　　　笑折一枝同浸酒，赏心分付暗香厄。（〔明〕潘希曾《何寺丞第赏梅叠前催梅韵》）[233]

　　潘希曾在"何寺丞第赏梅"的两句，重新提起了梅花与梅瓶的话头。第二章第二节曾经梳理和介绍过关于以瓶插梅的大量历代诗作，其中咏及插梅枝的瓶类器物与实用性盛酒梅瓶几乎都没有明显的关系，但是饮酒、赏梅却是其中很突出的场景。处于这样的场景当中，饮酒赏花的文人们用盛酒的梅瓶——"酒瓶"作为插梅花的器皿，在一定条件下便会自然而然地出现。这方面典型者如南宋中期的一首《梅亭》诗便有如此描写：

　　　　公余终日坐闲亭，看得梅开梅叶青。
　　　　可是近来疏酒盏，酒瓶今已作花瓶。[234]

230　〔南宋〕杨万里撰《诚斋集》卷五，文渊阁四库全书本集部四·别集类三·宋。

231　〔北宋〕张耒《柯山集》卷三十·同文唱和诗，文渊阁四库全书本集部三·别集类二·宋。

232　〔南宋〕戴复古《石屏诗集》卷五·七律，文渊阁四库全书本集部四·别集类三·宋。

233　〔明〕潘希曾《竹涧集》卷三，文渊阁四库全书本集部六·别集类五·明。

234　这首《梅亭》七绝收录于〔南宋〕《锦绣万花谷》后集卷二十四·亭，载于《四库全书》子部十一·类书类，文渊阁版。按：《锦绣万花谷》编者佚名，其录此诗后仅以小字注明"小山"，核以《韵府群玉》（元·阴劲弦、阴復春编）卷七"酒瓶花瓶"条可知，该诗题"梅亭"，作者杜小山。南宋有诗人杜耒，字小山，其《寒夜》诗有名句"寒夜客来茶当酒，竹炉汤沸火初红"，后于南宋宝庆三年（1227年）卒于军乱，事迹见《续资治通鉴》。《锦绣万花谷》编成于淳熙十五年（1188年），由此看来，《梅亭》诗最晚也作成于南宋中期，如果作者确是杜耒，则《梅亭》诗或是其早年作品。

235　采自：杨丽丽《试析明人〈五同会图〉卷》、封三，2，《文物》2004年7期89～96页。

236　同上。

237　采自：周芜编《中国版画史图录》（下册）图五〇六：右，上海：上海人民美术出版社，1988年，727页。

①　②

图4-4-3　明代插花梅瓶图像举例

诗中的"酒瓶"应该也是实用性的梅瓶，因此这是目前所知并可以确定以梅瓶作为插梅器皿的较早记录。看来，梅瓶的功用转变成插梅花的器皿，与宋代文人折梅插瓶的行为还是有一定的渊源关系，或者说，插梅仍然是梅瓶审美性功用中最重要的一个源头。

从"酒瓶今已作花瓶"到"酒瓶乱插红白花"，盛酒的梅瓶不但可以插梅花，自然也可以插满杂花，实用性的盛酒梅瓶在宋元时期的文人和普通百姓都热衷的饮酒、赏花活动中自然地成了插花器，成了饮酒与赏花之间最重要的中介之一。

在这方面，有不少图像可以证明梅瓶插花到了元明时期更为兴盛，从插花供佛到居家陈设，无不应有尽有。前文提到，台北"故宫博物院"藏元代佚名作者的《第四嘎礼嘎尊者》，就描绘了一位汉服居士以一件体态高挑、修长的白色小口梅瓶插梅花做供养状，画中的梅瓶既是供器，也是插花器，其做法既是直接来源于佛教的观念和相关的仪轨要求，也反映了唐宋以来插花清供作为美好寓意的表达成为一种社会风气的大背景。

到了明代，梅瓶插花的图像不但见于佛前供器，也见于文人雅玩。如明人作绢本设色《五同会图》卷右段起首部分（图4-4-3①）[235]，两位身着一朱一青官服的官员正坐在一张罗汉榻上对谈，榻后靠一堵巨石，巨石左侧遮掩着半张石案，案上可见陈设有琴棋书画、文房、古董、兰草、湖石，其中最显眼的是一件大红朱漆圆孔式瓶座插着一件小口、修腹的青色梅瓶（图4-4-6①），表现的应该是青瓷器，瓶口内插着一支带叶的木本折枝紫色花。经有关作者考证，《五同会图》是一幅明代中期弘治（1488～1505年）末年反映苏州文化背景和文人雅集风尚的作品，所绘主要人物有吴宽、王鏊、陈璚、李杰、吴洪，都是曾在北京任职的高级官员，[236]由此也可以看出，以梅瓶插花清供在明代的文人雅集中是南北一致的风尚。

除了文人的绘画作品，发达的明代民间版刻图像还反映了梅瓶插花处于居室之内的景象，体现了更为日常化的陈设功用。如明代万历年间（1573～1620年），容与堂刊本梅鼎祚撰《李卓吾先生批评玉合记》一书里有一幅版刻插图，名曰"祝发"（图4-4-3②）[237]，左上角题"城头鼓角惊秋气"，其内容虽然来自唐人传奇《柳氏传》，但表现的景象却完全是明人的现实眼光。画中屋宇下一名女仆与屋内大案前的梳妆女子做言事状，而案面上除左侧的女性用品之外，右侧便是一件小口、溜肩、长身的梅瓶，器形类似所谓"鸡腿瓶"，瓶口内插有一花一叶的荷花，鲜明地表现出晚明时期市井社会用梅瓶插花陈设的普遍习俗。至于清代以后梅瓶插花的情况，前文已有论述（见第二章第二、第三节）。

（三）梅瓶作为插花器的象征意义

关于以实用性"酒瓶"作为插花陈设器，有一个问题可以提出略作说明，即梅瓶在古人的饮酒与赏花活动中何以能成为关键的媒介而常常出现在诗文和图像当中。笔者以为，其中的原因之一，是饮酒、赏花这两种行为之间具有共通性；原因之二，作为实用性盛酒器的梅瓶在这两种关联性的活动中具有象征意义。而这两个原因也是相互联系的。饮酒和赏花的共通性在于，二者都与"春"的观念相通，而"酒瓶"在其中成为物质的、视觉的、功用的三重媒介，"酒瓶"的开阖成为"春意萌动"与否的一个文化象征。以诗为证。如北宋晚期郑侠的一首五律诗《瑞像阁同杨骥雪夜饮酒》：

> 浓雪暴寒斋，寒斋岂怕哉。书随更漏尽，春遂酒瓶开。一酌留孔孟，再酌招赐回。酌酌入诗句，同上玉楼台。[238]

诗中"春遂酒瓶开"一句把"酒瓶开"比为"春意萌动"的象征说得很明白。到了明代，吴门派绘画的领军人物沈周，也在诗中表达过类似的共通意蕴和象征意义，如他的《次天全翁雪湖赏梅十二咏》有如下两首：

> 绿尊沽酒出春城，春日寻梅湖上行。闻道冲风又冲雪，旁人不识醉翁情。[239]
> 梅扑玉缸春酒开，雪湖山水重徘徊。风流旧属林君复，人道先生是载来。[240]

虽然沈周诗中没有直接出现"酒瓶"两字，但"绿尊沽酒出春城，春日寻梅湖上行"和"梅扑玉缸春酒开，雪湖山水重徘徊"，既表示了饮酒与赏花（此处又特指赏梅）的关联及其与"春"的关系，也暗示了其中的可以"沽酒"的"绿尊"和展现"春酒开"的"玉缸"应该都是指实用性的梅瓶，也即"酒瓶"，而"春酒开"也好，"沽酒出春城"也罢，都表示了盛酒的"尊"、"缸"这类实用性的"酒瓶"之开阖也正是"春意"到来与否的象征。

在中国古代，诸如上述这类诗词作品很多，其中对有关民俗活动中饮酒、赏花合一的描写也不在少数，兹不一一列举。通过对这类诗词作品的梳理和解读，明确

238　〔北宋〕郑侠《西塘集》卷九·古诗歌行，文渊阁四库全书集部三·别集类二·宋。

239　〔明〕沈周《次天全翁雪湖赏梅十二咏》第五首，载沈周《石田诗选》卷九，文渊阁四库全书集部六·别集类五·明。

240　〔明〕沈周《次天全翁雪湖赏梅十二咏》第八首，同上。

地了解了饮酒、赏花的共通性所在，以及实用性梅瓶在其中所具有的象征性意义，我们才不难理解：为何文人将饮酒、赏花形诸吟咏时，常能见到"酒瓶"的身影；为何从宋代到明代，文人骑马、仆人挑酒的所谓"携酒寻芳"题材会成为表现文人游春的绘画作品中最常见的形象之一。[241]

总之，从南宋时期的"酒瓶今已作花瓶"到元代的"酒瓶乱插红白花"，以及明清以来大量的诗文和图像史料记载的相关活动，成为一个完整的历史过程；在现象上，这一过程反映了饮酒、赏花以及用梅瓶插花的行为，既是文人余事，也是有关风俗的表现，但是从文化的视角来考察，这类从最初看似个人的偶然性行为最终转变成社会化的文化行为，对其加以研究就不能仅仅停留在把它看作个人的和偶然的以及一般意义上的风俗现象层面上；在本质上，这种社会化的文化行为最终得以形成，必然具有内在的文化动力和规律，对其背后深刻原因的阐释不能停留在以现象解释现象的层面上；至于其中作为"酒瓶"的梅瓶在共通性的饮酒、赏花合二为一的行为中成为关键性的媒介，这一点对于梅瓶功用从纯粹实用性向纯粹陈设性的转变具有重要的意义；而作为"酒瓶"的梅瓶所具有的象征性，对于作为"花瓶"的梅瓶所具有的象征性而言，还具有基础的作用，前者决定了后者的梅瓶作为"春意"的储存器而蕴含着生生不息的力量，瓶中的折枝花则象征着这种力量生发出来的世界，以至于后来以梅瓶插花的活动可以不再受限于"春季"，在四季之中都可以借梅瓶插入各种花草表达因此"生发"的各种各样的文化含义。

二、从实用器向观赏器转变

梅瓶成为"插花器"，只是其作为陈设器的一种表现形态，另一种表现形态是，梅瓶自身作为人们欣赏的直接对象而成为独立的陈设器。严格说来，这是梅瓶的审美性功用当中更加纯粹的一面，与梅瓶作为"花瓶"的功用所具有的意义并不相同；后者着重于衬托瓶里所插的折枝花，人们关注的对象主要也在于梅瓶中的花，梅瓶本身相对次要一些；作为直接观赏的对象，梅瓶的审美性功用能否实现，完全依赖于器物的形式因素以及器物与欣赏者之间交互作用的因素，包括了器形、装饰、色彩、质感、神韵等，而梅瓶形式因素本身的展现是其中的基础。这时，梅瓶作为陈设器的功用便是所谓的"观赏器"。

正因为如此，梅瓶从实用器向观赏器的转变，毫无疑问首先是由梅瓶本体的品质所决定的，同时也关系到相应的社会观念，如"信而好古"、"尚雅尊贵"、"寓意吉祥"等。在这两方面的共同作用下，实用性梅瓶向审美性的观赏器转变，在历史上主要从两大类途径来实现：一个是原本作为实用器的梅瓶成为"古器"而得以实现，这是中国古代非常普遍的"古器化"或曰"古玩化"的途径；另一个途径是针对纯粹陈设目的而进行专门的制作，这是完全的自觉追求的一条途径。

（一）实用器的"古玩化"

在北京故宫博物院收藏有一件元代"钧窑月白釉彩斑带盖梅瓶"，高39.3厘米，并配有圆孔架式木座（图4-4-4）[242]。带盖，表明此瓶原本是实用器；木座，则应该是后世出于陈设稳妥的需要而专配的，上引明《五同会图》里石案上的插花青瓷梅瓶的朱红色座应该也是如此（图4-4-6①），这方面在清代有丰富的文献和图像资料为证（见第二章第三节）。后天专配木座，还说明这类梅瓶在后人眼中已经变成了纯粹的陈设器，而且很可能是单纯的观赏器。如乾隆二十年（1755年）九月十六日"太监胡世杰交宣窑青花白地梅瓶一件，随紫檀木座"[243]。这也是我们可以断定经过清宫收藏的许多配有木座的前朝梅瓶已经完全转变成观赏器的基本理由，而这类现象就是实用器的"古玩化"。

其实，前朝的实用性器物经"古玩化"而成为观赏器，这种做法模式在中国历史上源远流长。就梅瓶而言，文献记载的有关实例最早的见于南宋初期。南宋绍兴二十一年（1151年），宋高宗临幸清河郡王张俊府第，张俊摆了一席颇受后世诟病的盛宴，还向高宗贡献了一大批宝器，其中包括"汝窑"瓷器16件，除了"洗一、香炉一、香盒一、香球一、盏四只、盂子二、出香一对、大奁一、小奁一"，还有"酒瓶一对"。[244]从这份礼单的内容来看，这批汝瓷基本上原都属于实用性器物，特别是其中的这对"汝窑酒瓶"，既然称"酒瓶"，原本一定是实用器。现在我们得知，汝窑遗址在河南宝丰清凉寺村，[245]考古发掘出土的汝窑青瓷梅瓶标本包括了三种样式（图6-2-8⑥、图6-2-9⑥、图6-2-15⑤）[246]，前二者被认为是北宋晚期后段汝窑在其成熟期专门烧造和进贡朝廷的"御用"器，后一种样式的青瓷刻花梅瓶则被认为是北宋晚期前段作为民窑的汝窑烧造的民用器，但无论哪一种样式，汝窑梅瓶都是实用器，而非陈设器。[247]结合南宋文献可知，宋室偏安江南的"中兴四将"之一的张俊向宋高宗进贡这批汝瓷的行为已经表明，距离汝窑成熟期不久的南宋初期，本来不入世人雅赏的"酒瓶"，却因为是汝窑器而同样属于"近尤难得"的珍玩，[248]因此，臣子进贡给皇帝的"酒瓶"当然不会是给皇帝真的用来盛酒，而是以珍玩的身份成为纯粹的观赏器。

确定这一点，基本上可以推断张俊进贡的那一对"汝窑酒瓶"应该是汝窑遗址发现的盘口式青瓷梅瓶两种样式中的一种。[249]沿此思路还可以推测，浙江杭州南宋恭圣仁烈杨皇后宅遗址水池底层出土的一件汝窑青釉"梅瓶"残片（SC：77，图4-4-5）[250]，应该也是在南宋宫廷中作为观赏器而存在的。

作为"酒瓶"的梅瓶转变成纯粹观赏器的事例被最早记录在汝窑器的名下，其原因与汝窑的高超品质密不可分。史料记载，汝窑受命造"青窑器"是北宋宫

242　图片由笔者摄于故宫博物院陶瓷陈列馆。尺寸引自叶佩兰《元代瓷器》图331图注，北京：九州图书出版社，1998年。叶女士在书中称此瓶为"天蓝釉红斑"。

243　乾隆二十年（1755年）《各作承办活计注销底档》，转引自王光尧《从故宫藏清代制瓷官样看中国古代官样制度——清代御窑厂研究之二》，《故宫博物院院刊》2006年6期12页。

244　〔南宋〕周密《武林旧事》卷九"高宗幸张府节次略"条，影印文渊阁四库全书，第590册，台湾：商务印书馆，1986年。

245　河北省文物考古研究所《宝丰清凉寺汝窑》，郑州：大象出版社，2008年。

246　在本书的梅瓶器形样式分类中，这三件梅瓶分别属于样式三6a、三7b以及样式四12，均见第六章第二节。

247　宝丰清凉寺汝窑遗址发掘者经研究肯定，汝窑成熟期的"御用"青瓷器，均"以生活用具为主，而非专烧陈设瓷"，但它"既注重釉色典雅，也讲究器表装饰"，具有极高的品质，汝窑青瓷梅瓶样式三6a、三7b的标本即属此类。见上揭《宝丰清凉寺汝窑》，145页。

248　〔南宋〕周辉《清波杂志》卷五"定器"条："汝窑，宫中禁烧，内有玛瑙末为釉，唯供御拣退方许出卖。近尤难得。"丛书集成初编第1774册，北京：商务印书馆，1936年。

249　从南宋初期在临安（今杭州）设立"官窑"所烧造的青瓷梅瓶（样式三6b、c，见图3-3-5）与北宋汝窑梅瓶样式三6a同属于一种样式的情况来看，张俊进贡的"汝窑酒瓶"很可能就是样式三6a的汝窑梅瓶（可对比参见第六章第二节和第七章第四节的有关内容）。

250　采自：杭州市文物考古所编著《南宋恭圣仁烈皇后宅遗址》彩版四三，北京：文物出版社，2008年，34页。按：据发掘者研究，南宋恭圣仁烈杨皇后宅遗址的年代属南宋中后期（发掘报告91页）。从这件标本仅存部分来看，符合汝窑青瓷梅瓶样式三6a的口形特点。

251 北宋汝窑"受命"烧造"青窑器"，事见〔南宋〕叶寘《坦斋笔衡》，载录于〔元〕陶宗仪《南村辍耕录》卷二十九"窑器"条，北京：中华书局，1959年，362～363页。

252 笔者推测，以史料记载汝窑的受"命"、"供御"及其高品质特征和窑址考古揭示其烧造规模有限等情况来判断，在"供御拣退方许出卖"之后的汝窑"出卖"品，恐怕不会流入社会中下层，否则也不会到了南宋便"近尤难得"了。

253 采自：杨丽丽《试析明人〈五同会图〉卷》，《文物》2004年7期封三：3。图片经裁剪。

254 采自：炎黄艺术馆编《景德镇出土元明官窑瓷器》图版247，北京：文物出版社，1999年。

255 采自：杨丽丽《试析明人〈五同会图〉卷》，《文物》2004年7期封三：2。图片经裁剪。

图4-4-6　明《五同会图》中的梅瓶与明宣德青釉带盖带座梅瓶比较

（瓶：　0　　　　　　10 cm）

图4-4-4　北京故宫博物院藏元代钧窑红斑带盖梅瓶（　0　　　　　10 cm）

图4-4-5　杭州南宋恭圣仁烈杨皇后宅遗址出土汝窑梅瓶瓷片

廷的选择，[251]作为"供御"性质的汝窑天青釉瓷器所具有的高超品质必然体现了北宋宫廷的趣味，也成为宋代文化在瓷器上的典型代表，所谓"汝窑为魁"是也。因此到了南宋初期，来自汝窑的一对"酒瓶"会成为清河郡王进贡皇帝的贡品也就毫不奇怪了——尽管这对"酒瓶"可能是"供御拣退"之后的"出卖"品，[252]但它们与贡品中的其他汝窑器一样，以高超的品质蕴含着皇朝的余脉，故而获得了从皇室到社会上层贵族的青睐，成为不折不扣的宝器。就这一层含义而言，"汝窑酒瓶"在南宋初期便成为皇帝的观赏器，可谓意义深远，它作为前朝古器与一般性的古玩还不完全相同。

实用性的梅瓶转变成审美性的观赏器，从后来整体性的社会层面来看，主要还是通过"古玩化"的渠道来实现的。上述明人《五同会图》卷是说明这一问题的极好例子。在该图左段画面行将结束的部分（图4-2-14①），出现在跨溪石板上的仆人肩挑食盒与酒瓶（图4-4-6②）[253]，后者青绿色，应该表示青瓷器，带宝珠钮帽式盖，束颈较长，肩部和上腹圆鼓，下腹斜收明显，其无论釉色、器形还是盖式，都与景德镇明"御窑"遗址宣德地层出土的带盖连座无饰纹青釉梅瓶相同（通高43.1厘米，图4-4-6③）[254]，表明这种样式的梅瓶在宣德"御窑"中确实是按实用器烧造，直到《五同会图》完成的明代中期，同一样式的器物功用也仍未改变这一性质。相比之下，右段石案上的插花青瓷梅瓶（图4-4-6①）[255]，小口配以极短的颈部，肩部圆溜，修长的瓶身较直，完全是两宋时期的器形特点，它在图中作为一件清供出现，也具有"古器"的性质，是古代实用器经"古玩化"而成为观赏器的表现。

在讨论宋元诗文中的"梅瓶"概念时，所引多首诗作显示，当时的文人都喜爱以"小瓶"插梅，其中不少是"铜瓶"，如南宋杨万里《瓶中梅杏二花》诗

"折来双插一铜瓶"，[256] 元代郭豫亨集《梅花字字香》七律之一有"雪后相看意更深，谩将一朵插铜瓶"，其二有"自笑自吟还自得，案头摇落小瓶花"。[257] 在这类小瓶、铜瓶当中，不可否认会有一部分原本实用的小型化铜质梅瓶。[258] 在1974年四川简阳东溪园艺场发现的一座元墓中，简单、粗糙的墓葬与数量惊人、品质较高的各类随葬品形成了极大反差，发掘者因此推测"墓主当是一个好古的收藏者"。[259] 在此墓出土的铜器之中，有一件铜质小梅瓶，高12厘米（图4-4-7）[260]，器形具有宋金时期的特点。此瓶原本应属小型化的"劝酒瓶"，但是在"好古"的墓主手里，它显然也经过了"古玩化"的过程，转变成墓主钟爱的陈设器。类似的情况在宋金元时期并不少见。[261]

　　一般而言，原本作为实用器的梅瓶得以"古玩化"，大多是一些品质较高的古代遗物，只有当人们在"好古"方面的观念和品位发生时代性变化的情况下，某些原本不入品鉴、品质不佳的实用性梅瓶才会在一个新的环境中有转变成观赏器的可能，如辽宋金元时期的鸡腿瓶式粗器梅瓶在晚清以来成为陈设器的例子，便是最好的说明（见图2-4-4）。

（二）专门制作的观赏器

　　当原本只具有实用性的梅瓶作为"插花器"或"古玩"流行于社会，日久必积淀成为一种社会意识，并促动专门制作纯粹观赏梅瓶的自觉追求。这方面的集大成者，毫无疑问是清代景德镇"御窑厂"按照宫廷颁布的御制"官样"专门烧造的梅瓶，其艺术面貌之丰富多彩、技术质量之无与伦比、文化寓意之明确多端都是前无古人的。

　　梅瓶作为观赏器呈现出这样一种明确自觉的境界和天下大观的局面，同样经历了一个历史的过程。它意味着梅瓶在各个制作环节中就不再局限于实用性目的，而是按照当时为特定的观赏目的和审美要求来处理物质材料和艺术语言，包括形、色、质等各个方面。从这个角度来看，完全意义上的观赏器梅瓶并不始于清代，从现已掌握的材料中可以肯定，这种性质的梅瓶至少在整个明代就已经有意识地制作出来，典型者如以下几件：甘肃华亭县出土的明代龙泉窑青瓷镂空缠枝花卉纹梅瓶（高19厘米，图4-4-8①）[262]，北京故宫博物院藏明早期铜胎掐丝珐琅缠枝宝相花梅瓶（高21厘米，图2-3-1①）[263]，

256　〔南宋〕杨万里《诚斋集》卷八，文渊阁四库全书本集部四·别集类三·宋。

257　〔元〕郭豫亨集撰《梅花字字香》，文渊阁四库全书本集部五·别集类四·元。

258　实用性的铜质梅瓶，目前所知年代最早的考古材料是1991年四川遂宁金鱼村南宋一号窖藏出土的一件小型铜质梅瓶，高20.7厘米（图7-4-13⑧），据发掘者描述，此瓶制作略显粗糙，"有明显的使用痕迹"，属于"较为平常的日用器皿"，"应当属私家用器"。见成都文物考古研究所、遂宁市博物馆编著《遂宁金鱼村南宋窖藏》图二二〇：4，北京：文物出版社，2012年，274、328页。

259　四川省文物管理委员会《四川简阳东溪园艺场元墓》，《文物》1987年2期87页。按：此墓出土随葬品共612件，按材质分为瓷器、铜器和各类杂器，其中瓷器525件，包括龙泉窑青瓷、景德镇窑青白瓷、定窑白瓷等名品，年代从宋到元，铜器共61件，部分是汉代器物，多为宋、元器物。

260　采自：四川省文物管理委员会《四川简阳东溪园艺场元墓》图四二，《文物》1987年2期82页。按：此瓶在原报告中属Ⅳ式铜瓶。

261　如金代段成己《古瓶梅花为总管李侯赋》七绝："锦帐银瓶漫玉肌，风流应自有人知。夜深窗下横疏影，绝胜西湖月上时。"（〔金〕段克己、段成己撰《二妙集》卷五·绝句，《四库全书》集部八·总集类，文渊阁本。段克己、段成己的活动时间跨金末元初。）诗题"古瓶"与诗中"银瓶"所指相同，这里的"银瓶"无论是实指材质还是对白瓷的比喻用法，都表明实用器"古玩化"的现象。另从考古材料显示，银质梅瓶最早见于北宋晚期，在南宋很流行，在金代的北方地区则是贵重难得的器物，如史料记载，作为盛酒器的"银瓶"曾作为供器出现在国家级祭祀活动中〔见前引《大金集礼》卷三载金皇统五年（1145年）十二月所行奉告礼〕，这也说明银质梅瓶在金代受到高度的重视。

262　采自：《中国出土瓷器全集·16·甘肃、青海、宁夏、新疆、云南、贵州、西藏》图版109，北京：科学出版社，2008年。参见第九章第二节样式二35。

263　采自：《中国美术全集·工艺美术编·10·金银、玻璃、珐琅器》图版二九七，北京：文物出版社，1987年。参见第九章第二节样式六15b。

图4-4-7

四川简阳东溪园艺场元墓出土铜质小梅瓶

（0　　　　10 cm）

明中期金口剔黑红漆开光花鸟纹梅瓶（高28.7厘米，图4-4-8②）[264]，中国国家博物馆藏明晚期铜胎掐丝珐琅缠枝番莲纹梅瓶（高31厘米，图2-3-1②）[265]。上述瓶身镂空的瓷质梅瓶和雕漆梅瓶是绝对不会用作实用性盛酒器的，铜胎掐丝珐琅器即所谓景泰蓝在明代就是陈设器，这是有定论的，梅瓶当然也不例外。

264　采自：故宫博物院编《故宫博物院藏雕漆》图版103，北京：文物出版社，1985年。参见第九章第二节样式六16。

265　采自：苏强《国博收藏的明代掐丝珐琅器》图九，《文物天地》2006年8期74页。参见第九章第二节样式六10i。

266　可参见本书第六章第三节、第七章第二节、第八章第二节有关器物的内容。

267　本段引文见〔日〕长谷川道隆著、杨晶译《辽、金、元代的长壶》，《北方文物》1997年2期111页。

268　采自：河南省文物研究所、汝州市汝瓷博物馆、宝丰县文化局编《汝窑的新发现》图149，北京：紫禁城出版社，1991年，24页。参见赵青云、张久益撰《河南汝瓷博物馆藏品选介》图二〇，《文物》1989年11期。按：此瓶以往被认为是北宋器物，但笔者经器形、饰纹的比较，认为它应该是金代器物。

一般来说，为了观赏目的而专门制作的梅瓶都会具有较高的品质，这是理所当然的，但是这并不意味着反过来说也能成立。然而，认为历史上具备高品质的梅瓶在制成之初便属于陈设性的观赏器，这类观点在以往一些涉及某具体梅瓶实例的介绍性资料或赏析性文章里会时常出现，不免有些一厢情愿。

另一方面，日本学者长谷川道隆的一个看法却是值得注意的。他针对所谓"长壶"（即鸡腿瓶式的梅瓶）曾提出过一个有趣的观点，在他注意到"长壶"从辽代向金代、元代逐渐演变的过程中"呈现出小型化的倾向和一圈又一圈过多的凸弦纹状态"[266]时，他认为，这"都是长壶作为居室赏玩对象而使用的实例，在某种意义上，这大概可归结为游牧的契丹人和狩猎的女真人原本不同的生活方式的差异"，而"相应的历史条件的存在是其向居室发展的背景"，他指的是原本尚未脱离"部族国家"余续的女真人在统一淮水以北的华北之后，金海陵王于天德三年（1151年）将国都从地处"按出虎"（按，女真语，"金"的意思）的上京会宁府（今黑龙江省阿城区白城）迁至燕京（今北京）并实行汉化政策，如女真贵族猛安、谋克移居华北，而"女真人的汉俗化，一定程度上为长壶的居室化推波助澜。"[267]也就是说，作为梅瓶一种形态的"鸡腿瓶"，在从契丹的游牧生活到女真逐渐定居化的生活方式的转变过程中，为了适应定居和居室化陈设的要求而表现出瓶体小型化的趋势，器表那些原本具有一定实用功能的瓦棱纹也逐渐表现出某种装饰性特点。

所谓"鸡腿瓶"是否像其所说的那样在金、元时期成为"居室赏玩对象"，这个看法还需要更充分的证据来支持，但是长谷川道隆提及的形式因素的演变确实存在。在这方面，从主要作为"酒瓶"的实用性梅瓶转变成观赏器的过程，其实也存在类似的现象。即从金代开始，在中原地区出现了一些不同于常见实用性梅瓶器形的样式，而且在口颈部还出现了此前从未有过的装饰因素。例如河南汝州市汝瓷博物馆收藏的一件白釉黑彩画花缠枝牡丹纹梅瓶（高31.2厘米，图4-4-9）[268]，其

图4-4-8　明代梅瓶两例　（0———10 cm）
①甘肃华亭出土明代龙泉窑梅瓶　②北京故宫博物院藏明雕漆梅瓶

图4-4-9　河南汝瓷博物馆藏金代白釉黑彩画花
缠枝牡丹纹梅瓶　（0———10 cm）

斜直下收的瓶身形式在金代河南窑场普遍流行的白釉黑彩画花梅瓶上仍然常见，但是颈部却表现为颀长的束颈，与肩部连接的圆转曲线也可谓优美，还出现了黑彩画花的丛草纹装饰，并且在扁梯形环口的外围也用一粗一细的弦纹和带纹做了装饰性的强调，与瓶身的分层弦带纹相呼应，这些因素都是以往所没有的，在金代也并非常见，却是一个很重要的信号。原本作为实用性"酒瓶"的梅瓶，无论采用的是什么材质或怎样的装饰手段，由于瓶盖的配置，口部和颈部都是没有装饰的，这是由实用性功用所局限和决定了的。而此瓶出现的颈肩部器形和口颈部画花装饰，都表明了这些部位得到了"解放"，很可能意味着这件梅瓶在当时并不是一件实用器，而是一件有特定用途的陈设器，作为一件纯粹的观赏器也是有可能的。

到了元代，在颈部出现装饰的梅瓶增多了，普遍见于南方最重要的三个窑口中，即吉州窑、景德镇窑、龙泉窑，[269]在明代则主要在景德镇窑梅瓶上延续，还见于景泰蓝和雕漆制品上。[270]尽管在元明时期梅瓶颈部出现装饰的现象，并不完全是因为这类梅瓶作为纯粹的观赏器——带帽式盖的梅瓶因颈部裸露也会出现装饰，可是不能否认其中会有一部分器物从烧成之时便是作为观赏器来使用的可能性。

三、小结

本章在明确器物功用结构的前提下，分别对梅瓶的本体性功用、礼仪性功用、审美性功用这三个层次的有关内容做了梳理，对这三种功用在历史中发生的结构性演变做了讨论。

在本体性功用的层次中，梅瓶是以香水容器的角色开始它的实用性演变之旅的，就目前所知的材料来看，这个过程始于隋代。由于蔷薇水这类来自西亚的香水在当时只有社会最高层的贵族才能获得和享用，滥觞期的梅瓶最初在材质上便也相应地选择了珍稀的玻璃。至唐代，梅瓶适于盛贮挥发性液体的器形特征使其实用性能得到了拓展，盛酒从此成为中国梅瓶最主要的本体性功用，并一直延续下来。直至今日，中国的酒瓶仍然保留着古代梅瓶器形的基本特征。至于用梅瓶来盛贮其他液体，都是在这一主要性能不变的前提下所做的尝试。相对而言，辽代鸡腿瓶式的梅瓶与中原梅瓶有所不同，存在值得注意的民族性内涵。酒液的盛贮所要考虑的密闭性能，决定了作为酒瓶的梅瓶均配瓶盖，覆杯式盖成为早期梅瓶最佳的盖式选择。在使用过程中，还会加上泥封，以及各种表示官封印记、酒的归属和酒品名称等内容的封印或签条。

随着梅瓶的本体性实用功能之变化，在北宋中晚期梅瓶得到普及以前，其使用者也经历了一个自上而下的阶层性变化，这一点从已有的考古材料所反映的信

269 参见第八章第二节，元代吉州窑梅瓶样式六4（d、e）、七8a，景德镇窑青花梅瓶样式七8（b、c）、七9b，龙泉窑青瓷梅瓶样式六12b、七10a、11b。

270 参见第九章第二节，明代景德镇窑梅瓶样式六6e、六14（b、c、d、e、f、g）、七8（b、d、e、f）、七15（a、b、c）、七17（a、b）、七18、七19、八7，龙泉窑青瓷梅瓶样式七10d，铜胎掐丝珐琅梅瓶样式六10i、六15b，雕漆梅瓶样式六16。

息当中可以看出。隋代玻璃梅瓶的使用者是当时的皇族，唐代白瓷梅瓶的使用者以上层贵族为主，下及普通官吏，至五代、北宋和辽代，梅瓶才逐渐成为日益社会化的日常盛酒器，最终天下通用。

从五代、北宋和辽代到金元明时期，作为实用性酒瓶的梅瓶与有关酒器的组合也经历了一个关系变化的过程。从五代到北宋，梅瓶与酒注、台盏构成稳定的器物组合关系，辽代的这一组合中，台盏多为盘盏；从北宋晚期，特别是从金代开始，一直到元明时期，逐渐兴起的玉壶春瓶、酒杯等酒具参与到这一组合之内。重要的是，这一演变过程从侧面反映了梅瓶盛贮的酒液品质发生了历史性的质的飞跃，即从酒精含量较低的酿造酒，到酒精含量大幅提高的蒸馏白酒。

不同材质、不同样式、不同尺度，特别是同属于陶瓷器而品质不同的梅瓶，虽然在本质上其本体性功用大体相同，但是在日常宴饮活动中却分别承担或发挥着不同的作用，体现了不同的使用方式。这种情况在北宋和辽代就存在，而且一直存在着，其根本的原因就在于本体性功用存在不同的要求。从历史上遗存至今的大量梅瓶实物存在明显的质量差异来看，这种差别显然不只是器体的不同，还与梅瓶本体性功用的分化存在必然联系。

梅瓶的礼仪性功用是比本体性功用更加凸显文化特色的一个功用层次，它主要表现为明器和供器两种性质。从梅瓶随葬的考古材料来看，表现出由少渐多又渐趋衰落乃至消失的总体趋势；在空间分布上，早期的唐五代到辽和北宋的早期，主要是从中原向北、向南两个方向扩散，宋辽的晚期到金元时期以整个北方较为密集，到了明代则南方也比较普遍。其中也存在着墓主身份从社会上层到下层的散布过程。这种时空分布的特征与作为葬俗的梅瓶随葬，互为表里。

经研究发现，作为随葬品的梅瓶所具有的礼仪性功用，不只具有一种状态（如所谓"风水瓶"的流行说法），而是基本上分为两种形式和性质：一方面，梅瓶在墓里作为明器来运用，另一方面，它还作为一种供器来使用。作为明器随葬的梅瓶，首先与儒家重礼的正统要求有关，同时它又被唐宋时期的堪舆家利用，体现出一定的风水含义。在偏远的南方墓葬中，梅瓶还被用作特殊容器的代用品。作为供器的梅瓶，更是继承了儒家的思想和观念，这一点与梅瓶在地上被用来作为供器相互关联。在地上人间，梅瓶的礼仪性功用出现在祭祖、祭神等活动中，从官方到民间的各种场合都有使用。有线索表明，梅瓶在佛教仪式中也被用来作为一种供器，同时还在一定程度上表现出陈设性的意义。梅瓶礼仪性功用的开端，不仅与宋代以来相应的礼仪观念有关，也和蕴含社会意识的风俗习惯及时代特征息息相关。

梅瓶的审美性功用，简单地说就是它作为审美对象所具有的意义和内容。这里又分两种情况。一种是梅瓶作为酒瓶向花瓶的转变，对此我们探讨了宋元时期的插花活动和专用花器，描述了酒瓶插花从偶然到必然的性质，特别揭示了赏花饮酒的共通性和酒瓶在此间作为媒介的象征意义，对梅瓶从酒器向插花器转变的文化机制做了探究。另一种情况是，梅瓶从实用器向更纯粹的观赏器转变。在这方面，当梅瓶主要作为实用性盛酒器而大量使用的时候，一些品质超群而又珍贵的梅瓶（如汝窑器）首先是被作为有特殊意义的古器而为人们所珍视，继而由此成为陈设对象和直接的观赏对象，特别是在皇室和社会上层贵族的参与、带动和提倡下，必然会推动实用性梅瓶的古玩化过程，从而加速社会文化环境的酝酿成熟，在一定条件下就会出现专门制作观赏器梅瓶的意识和要求。从实物材料来看，这种自觉的行为最晚在明代早期就已经出现了。这两种途径相辅相成地推动了中国梅瓶在中古以来朝着艺术的方向阔步迈进，对包括器形、饰纹、材质、神韵等方面的梅瓶本体要素的全面完善和提高都起到了极大的促进作用。

总之，梅瓶的功用具有丰富的内涵，其间涉及的问题也比较复杂，有许多内容与中国的整个文化系统相连、相通，因此对其历史性特征的归纳和文化性规律的总结，都会进一步贯穿梅瓶名实关系的各个方面。

中国 梅瓶 研究

◎陆军——著

Chinese
Meiping Vase
Research

下卷

广西美术出版社

中国梅瓶研究

下卷

Chinese
Meiping Vase
Research

第五章

第五章

端倪与滥觞

——中国梅瓶的起源与器形样式的划分

上文在讨论梅瓶名称的时候，已经详细讨论过梅瓶的"形制"问题，明确了无论历代梅瓶的器形如何变化，其形制总离不开小口、短颈、长身、肩腹部宽度大于胫足部宽度等基本特征。[1]在这一基础上，下文主要从历史的角度集中研究中国梅瓶的形式问题，特别是器物造型的问题。首先需要回答的是梅瓶作为一种器物类型的起源。

1　见第二章第四节、第三章第四节。

2　所谓"以物定时"，是笔者对以往学术界在梅瓶起源研究上基本做法的概括，参见第一章第三节。

第一节

梅瓶起源的两个概念和两大阶段

如果对梅瓶形制成熟之后（如宋金时期）的历史进程做一番概要性的考察，不难发现在名用关系及其与器形的对应关系上，梅瓶从来就没有孤立于社会历史和文化环境之外，而是受到多方面因素的影响；同理，梅瓶的起源也不是一个孤立的独化现象，对其研究的目标也绝非"以物定时"[2]那么简单，它同样涉及丰富和复杂的文化史内容。对此，以整体性、系统性和多层次性的思路来研究中国梅瓶的起源具有充分的必要性，应该将其安置于中国器物史乃至文化史当中进行完整的考察。

从这种思路出发，应该在"器物类型"的意义上，将梅瓶的起源作为一个有关一类器物的形态（合器形与功用）从发生、衍化、变异或融合到最终其基本形制得以确立的过程，其间包括"类梅瓶器物"的形式渊源、历史脉络和器形样式的梳理以及梅瓶形制最初出现的相关内容。如此一来，梅瓶的起源作为一个历史过程，便呈现出性质不同的前后两大阶段，即"形式端倪的阶段"和"形制滥觞的阶段"，这两个阶段共同构成了梅瓶起源问题所应有的不同内容，"形式端倪"与"形制滥觞"也成为梅瓶起源的两个概念。

梅瓶形式端倪的阶段，主要关注和探讨"类似梅瓶基本形式特征的器物"最初是如何发生以及后续又经过了怎样的历史演变等一系列问题。在本书当中，以"类梅瓶器物"或"类梅瓶器形"等概念来指代这类器物或其器形。由于功用是器物形态的重要组成部分，因此梅瓶形式端倪的研究需要相关工作的支持，需要对类梅瓶器物的本体性和文化性的功用做必要的说明，也需要对相关文化背景和历史来源进行阐释。

梅瓶形制滥觞的阶段，主要关注和探讨"具备梅瓶基本形制特征的器物"从最初出现到梅瓶形制完全成熟的五代宋辽时期以前这个阶段当中，这类器物的器形样式和演变情况。由于这个阶段仍然同时并存着各式各样的类梅瓶器物，而且对成熟期的梅瓶也会形成或明显或隐晦的影响，因此也需要对这部分器物加以必要的研究，梳理出几条形式线索。

3　这是指第一章第二节在梳理梅瓶探源研究的
　　"溯源远古说"时所讨论过的张东和萱草
　　园主人的说法。见张东《从上海博物馆藏
　　梅瓶浅谈中国梅瓶的发展》，《中国古陶瓷
　　研究·第六辑》，149页；〔日〕萱草园主
　　人《明清御厂梅瓶的制作及发展》，《收藏
　　界》2007年9期55页。

4　所谓"后仰韶时代"是史前的新石器时代即
　　将结束而进入文明时期以前的最后一个历史
　　阶段。图片分别采自：阎渭清《甘青地区新
　　石器时代的水器》图一（经处理），《考古
　　与文物》2004年3期；陕西省考古研究所、
　　延安地区文管会、甘泉县文管会《陕北甘泉
　　县史家湾遗址》图版贰：3，《文物》1992
　　年11期。

5　阎渭清《甘青地区新石器时代的水器》，
　　《考古与文物》2004年3期。按："瓶式壶"
　　的称谓，与这类器物的器形特征，也与中
　　国器物史上瓶与壶的器形边界相对模糊等原
　　因都有关系，既像瓶又像壶是中国古代早期
　　瓶、壶类器物的普遍特点，这种特点在后世
　　的梅瓶上也有类似情形。见第三章第一节。

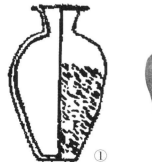

图5-2-1　后仰韶时代陶器"瓶式壶"举例
①"案板H7：20"，陕西扶风县案板遗址出
土　②"史家湾H4：6"，高53.1厘米，陕北甘
泉县史家湾遗址出土

第二节

形式的端倪：对史前到北朝类梅瓶器物的考察

我们已经知道，梅瓶在清代成为单纯观赏的陈设器之前，其主要功用是盛酒，还具有礼仪性的功用，既然如此，从盛酒器和礼仪性器物的角度来探寻梅瓶起源的形式端倪问题，是合乎逻辑的。而中国酒瓶的雏形早在史前时期已经出现。

一、类梅瓶器形：中国酒瓶的雏形

早在步入文明时代以前的史前时期，中华先民就创制了盛贮酒水等液体的容器，其中就存在与后世梅瓶器形相似的器物。曾有研究者在讨论梅瓶形制起源问题时提到过这个现象，但没有指明前者是何种器物，也没有务实地深入论述。[3]这是一种值得肯定的谨慎态度。毕竟，从新石器时代到梅瓶的滥觞期之间相距数千年，中华大地上的人类社会形态和文化环境发生过多次根本性变革，二者在器形上无法构成直接的渊源脉络。但是笔者以为，这种提示所蕴含的"形式联想"并非不可理解，至少启发我们从整个中国器物史的角度去关注器形上类同或近似的器物是否存在着虽然隐蔽却不无必然性的关联，从这个意义上来看，器物研究当中的形式联想不是没有必要的。

（一）仰韶时代的类梅瓶器物

在器形上，史前器物的类梅瓶器形是存在的，如距今4000年以前的后仰韶时代（约前2600～前2000），有一种瓶壶类夹砂陶器（图5-2-1）[4]，高度以50厘米上下为常见，多出土于陕西地区，有学者称之为"瓶式壶"[5]。单从器形的相似程度来看，这些瓶式壶与后世梅瓶的某些样式可以说是非常一致的。

经阎渭清先生研究，这些"瓶式壶"的年代属于后仰韶时代早中期，它们是从仰韶时代（约前5300～前2600）典型器类之一的"小口尖底瓶"演变而来，后者的源头可以继续追溯到前仰韶时代（约前5800～前5300）早期大地湾文化

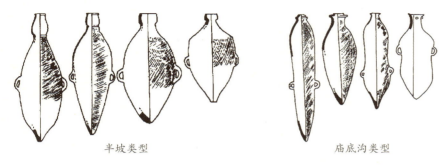

半坡类型　　　　　　　　　庙底沟类型

图5-2-2　仰韶文化小口尖底瓶的两种类型

的小口短颈凹底球腹壶。[6] 很显然，大地湾文化的球腹壶在器形上已不具备类梅瓶器形，形式联想该告停了。

前仰韶时代的球腹壶、仰韶时代的小口尖底瓶、后仰韶时代的瓶式壶，这条脉络显示了史前小口瓶的器形演进遵循着由矮胖向瘦长发展的趋势，在器物局部上则伴随如下变化规律：口颈部形式由简到繁再到简，最大腹径从下往上移，腹部两侧从无耳到有双耳再到无耳。这一过程中的器形变体很丰富，但小口、短颈、长身却是后面两个阶段的类梅瓶器物——小口尖底瓶和瓶式壶的特征通例。仰韶时代的小口尖底瓶是目前所知最早出现类梅瓶器形的器物，因此，考察中国器物史上的类梅瓶器形，至少可以从7300年以前仰韶文化的小口尖底瓶开始。

（二）"酉瓶"：小口尖底瓶的类梅瓶器形及其功用

从器形基本特征的某些方面到类型的差异，小口尖底瓶与后世梅瓶之间存在形式上的相似性，在形式演变规律性上也相近似。

根据苏秉琦先生的论述可知：小口尖底瓶是仰韶文化的典型器类，在仰韶文化核心区域里发展得最充分，显现出从无到有的全过程，延续时间包括整个仰韶时代，大致距今7000～5000年，前后约2000年的时间；这个核心区的范围，西起宝鸡，东到伊、洛，即史称八百里秦川的关中地区；在仰韶文化的"东支"和"西支"也有一定分布，并随着仰韶文化向外辐射而有所传播，范围西至甘青，东至河南腹地，南及鄂西北汉水中游，北达内蒙古中南部、晋北、冀西北等地区，分布之广可见一斑；作为仰韶文化特征因素之一，小口尖底瓶在该文化中并存的半坡类型和庙底沟类型的文化遗址里普遍存在，各自的器形样式差异鲜明，因此也被视为界定这两种文化类型的重要物证（图5-2-2）[7]。

从器形来看，小口尖底瓶的形制共性是口小、颈细而短、肩斜腹鼓、瓶体瘦长、底尖、腹部一般都有对称双耳（也有不带双耳的）。除了尖底和双耳——二者基本上恒定，其余特征与后世鸡腿瓶式的瘦高体梅瓶非常相似。

另一方面，半坡和庙底沟两种文化类型的小口尖底瓶的差异也很明显，在口部和瓶身都有反映，而口部的差异具有标志性。对此苏秉琦先生归纳为：半坡类型的器口像壶罐碗盘，所谓"器上加器"，属于"壶罐口尖底瓶"；庙底沟类型

6　参见阎渭清《甘青地区新石器时代的水器》图一，《考古与文物》2004年3期28～31页。

7　采自：苏秉琦《中国文明起源新探》图3、4，北京：生活·读书·新知三联书店，1996年，22、23、27、29页。按：苏秉琦先生将仰韶文化分布区系按东、中、西分为三支，其核心地区为"中支"。根据"文化特征因素"的根本性演变，苏先生"以距今六千年为界"，将仰韶文化分为前后两期，又将距今8000多年至7000年称为"前仰韶时期"（有人称为"老官台文化"），将距今4500年前后的1000年称为"后仰韶时期"（有人称为"庙底沟二期"或"陕西龙山文化"）。另外，关于仰韶文化的半坡类型和庙底沟类型的关系，考古学界有过较多争论，其中存在两种主要观点。第一种观点以苏秉琦先生为代表，他认为二者各有渊源、并行发展（可参苏秉琦《关于仰韶文化的若干问题》，《考古学报》1965年1期；苏秉琦《姜寨遗址发掘的意义》，《考古与文物》1981年2期）。第二种观点以张忠培、严文明等先生为代表，主张二者存在先后渊源的关系，半坡类型直接发展为庙底沟类型（见张忠培《试论东庄村和西王村遗存的文化性质》，《考古》1979年1期；严文明《略论半坡类型和庙底沟类型》，《考古与文物》1980年1期）。后来如田建文先生通过对小口尖底瓶及相关问题的考古学研究，提出了另一种观点，他认为半坡早于庙底沟，但二者没有直接的渊源关系，庙底沟类型是枣园H1遗存受半坡类型影响后产生的，其产生后文化水平发展极高，势力迅速扩张到整个半坡类型的区域及周邻地区（见田建文《尖底瓶的起源——兼谈半坡文化与庙底沟文化的关系问题》，《文物季刊》1994年1期）。

8　苏秉琦《中国文明起源新探》，23～25页，
　　并参见该书图5。

9　如安志敏《仰韶文化》，北京：中华书局，
　　1954年，142页；巩启明《仰韶文化》，北
　　京：文物出版社，2002年，93、201页；阎渭
　　清《甘青地区新石器时代的水器》，《考古
　　与文物》2004年3期。

10　方扬《我国酿酒当始于龙山文化》，《考
　　古》1964年2期95页。

11　见：陆锡兴《说斝器》，《古代礼制风俗漫
　　谈》，北京：中华书局，1983年，64页；张
　　颌《尖底中耳瓶和"斝器"的关系》，《山
　　西师范学院学报》1985年1期；吴椿《谈斝
　　器》，《近代物理学史研究》，上海：复旦
　　大学出版社，169页；孙霄《斝器与尖底瓶
　　考略》，《文博》1990年4期。

12　孙霄《斝器与尖底瓶考略》，《文博》1990
　　年4期。

13　孙霄、赵建刚《半坡类型尖底瓶测试》，
　　《文博》1988年第1期；王大钧、唐琏、张
　　菁、孙霄、赵建刚《半坡尖底瓶的用途及其
　　力学性能的讨论》，《文博》1989年第6期。

14　王先胜《关于尖底瓶，流行半个世纪的错误
　　认识》，《社会科学评论》2004年4期。

15　朱兴国《也说尖底瓶》，《社会科学评论》
　　2007年4期。

16　这三组六种"文化特征"包括两种小口尖
　　底瓶、两种花卉彩陶图案和两种动物彩陶
　　图案。见苏秉琦《中国文明起源新探》，
　　23页。

17　苏秉琦《关于重建中国史前史的思考》，
　　《考古》1991年12期1114页。

的器口呈双唇，所谓"口上加口"，属于"双唇口尖底瓶"。[8]瓶身轮廓的变化则决定了两种文化类型的尖底瓶在整体气象上的区别。很巧，这两个方面在梅瓶的器形上也有类似的表现，特别是在宋代，梅瓶的盘口、梯形小环口和出棱口式样之间，也大体存在类似"器上加器"、"口上加口"这两种基本形态；瓶身轮廓的变化同样决定了梅瓶整体气象的不同。正因为如此，本书对中国历代梅瓶器形样式的确定和划分，也主要以口部器形差异为依据，兼顾瓶身轮廓的变化（见本章第五节）。

接下来需要关注的问题是：小口尖底瓶在当时是做什么用的？其特殊的器形与其功用之间具有怎样的关系？学术界对这些问题的认识主要有水器、酒器或实用器、礼器等看法。笔者以为，以苏秉琦为代表，将小口尖底瓶认作酒器和礼器的观点，成为将梅瓶的形式端倪追溯至史前时期得以成立的一个关键。

至少从20世纪50年代开始，学术界陆续形成了有关小口尖底瓶功用的多种观点。最早出现并流传至今的观点认为，小口尖底瓶是先民以提绳系双耳来自动汲水的"水器"，[9]有些学者还表示曾用实验做过证明。[10]在此基础上，衍生出小口尖底瓶是"斝器"的看法；[11]有人经过进一步的综合，提出一种器物多种用途的意见，认为小口尖底瓶作为汲水器是中国"最早的灌溉用具"、"最初的酒器"以及"明器与葬具"等，进入文明时代以后演变成了斝器。[12]

从20世纪80年代开始，有研究者按照提绳系双耳自动汲水的说法专门做了实验，加以数值模拟方法进行仿真试验以检测其力学性能，结果发现这种说法并不成立。[13]上述观点从此频遭质疑。质疑者除了依据上述实验结果，还根据各地仰韶文化遗址的考古发掘报告指明的一系列现象，即大多数遗址中都存在不具实用性的尺寸极大或极小的小口尖底瓶，或常常独立存在于没有厨灶的地面建筑中，或在一个遗址群落里往往都有一件尺寸极大的小口尖底瓶，或多见于墓葬环境里，等等，由此提出不同以往的观点。一种观点认为，小口尖底瓶可以用于盛水，但并不能自动汲水，也不符合生活和生产的实用性需要，而是在祭天、祈雨等巫术活动或部落、氏族的重大庆典、祭仪等活动中使用的器物，属于"礼器"的范畴。[14]以肯定这一观点为基础，另有一种观点强调了小口尖底瓶是专门用于丧葬的"魂瓶"。[15]

在理论上，质疑者主要依据苏秉琦先生的研究结论，因此有必要对苏先生的认识做一些介绍。苏先生在判明半坡和庙底沟两种文化类型的小口尖底瓶具有标志性的口部差异的同时，还指出了这种差异是仰韶文化因素中三组六种"文化特征"里的一组两种。[16]对此他认为，小口尖底瓶是仰韶文化正处于"社会转变期"的重要文化现象，他说："小口尖底瓶未必都是汲水器。甲骨文中的酉字有的就是尖底瓶的象形。由它组成的会意字如'尊'、'奠'，其中所装的不应是日常饮用的水，甚至不是日常饮用的酒，而应是礼仪、祭祀用酒。尖底瓶应是一种祭器或礼器，正所谓'无酒不成礼'。"[17]因此苏先生将小口尖底瓶命名为"酉瓶"，他论述道："酉瓶和绘有固定的动植物纹样的彩陶，并不都是日常使用的

汲水罐、盛饭盆之类，有的是适应专职神职人员出现而出现的宗教上的特需、特供。这两类陶器在遗址出土看来很多，但能选出的典型完整的标本就很少，这说明了它们并不是大量使用的日常生活用具。"[18]苏先生综合现代考古学、文字学、历史学、社会学和古代历法等方面的研究成果，并将视野延伸到文明时代的文字、器物和一系列观念，对小口尖底的"酉瓶"做了更深入的如下论述：

> 甲骨文中有两个容器形象，一是"酉"，一是"丙"，酉字如前所说，就是尖底瓶演变到最后形式的象形字（𝟋），单唇，宽肩，亚腰。"丙"字是三个瓶结合在一起，形象正是袋足器刚刚出现的形象（𝟋）。"酉"和"丙"都不是一般用字，而是"干支"组成成分，"干支"是除社会生产劳动的社会分化以外更高一级的专业化的产物，所以，这不仅说明，甲骨文这两个字的起源可追溯到五千年前，而且尖底瓶（或称"酉瓶"）和鬲（鬶）也都不只是生活用品，而可能同祭祀的神器有关。[19]

　　苏先生的观点很明确："酉瓶"原本也可能是一种生活实用器，但是在仰韶时代的社会转变期，它成为时代赋予特殊意义并由新兴的神职人员专用的祭器，在特定的原始宗教性质的祭祀等礼仪活动中，盛贮酒液的"酉瓶"承担了与天干地支相关联的礼仪性功用，通过文字等符号的转化而延续至文明时代。在此，小口尖底的"酉瓶"作为盛酒器所具有的礼仪性功用，主要表现为它与天干地支的关系。盛酒是"酉瓶"本体性功用的表现，又包含了向礼仪性功用的转变。

　　以现代考古学、化学为基础的中国酿酒史研究表明，中国的酿酒工艺起源于原始农业，最初属于谷物酿酒，其历史至少可以上溯到距今6000年以前，甚至有学者追溯到距今8000年前的裴李岗文化时期。[20]要确定如此久远以前的先民用于"贮藏"酒液的器物，仍然值得深入研究，但是"尖底瓶演变到最后形式的象形字"——"酉"，及其作为"酒"字的原型，基本上成为学术界的共识，因此小口尖底瓶的本体性功用中至少包括了盛酒，这一点也基本可以确定。即使像承认水器说的王仁湘先生，也特别注意到尖底瓶的"小口"，在器形设计上满足了"可以保存盛水不致蒸发或荡溢"的内在要求，[21]这有助于说明"酉瓶"盛酒所需满足的实用性。再则，根据文明时代的文献追记来看，小口尖底瓶在祭祀场合中所盛的即便是水，也不妨碍瓶中的水被视为"玄酒"一类的"酒"。[22]

　　"天干地支"是中国古代计时、纪历乃至表方位的一套符号，蕴含了"天地"、主"干"、分"支"，以及干支之间经相互搭配、组合所具有的主次相合、循环往复、不断推演的数理特征，是古人把握天地时空的记志方

18　苏秉琦《中国文明起源新探》，29～30页。

19　苏秉琦《中国文明起源新探》，124页。这段论述是作者对中华文明起源的第三种形式——"融合"，加以阐述的重要内容，小口尖底瓶也被视为"文化融合产生的文明火花"。

20　根据有关学者的梳理，中国古籍中关于谷物酿酒的起源有四种说法：一是以杜康为始祖，二是大禹令仪狄造酒，三是黄帝内经、神农本草已有醴酪的记载，四是《淮南子》所载"清醴之美，始于耒耜"（《淮南子·说林训》），见李华瑞《宋代酒的生产和征榷》上篇"引言"，保定：河北大学出版社，1995年，3页。然而早在宋代的窦苹《酒谱》中就已经表明宋人对前三种说法的不信任态度："皆不足以考据，而多其赘说。"第四种说法的本质是中国谷物酿酒起源于农业时代，并获得现代考古和化学研究的支持。例如，1977年在河南新郑县裴李岗出土了石镰、石磨等农具及粮食加工器；在陕西眉县曾出土过6000多年前的陶质酒具；在河姆渡文化、大汶口文化和龙山文化等遗址中分别出土了可以肯定为特别制作的酒器。有学者如方心芳就提出，中国谷物酿酒的创始时间应上推至裴李岗文化时期，即距今8000年前。关于中国酿酒起源的讨论，可以参见：李仰松《对我国酿酒起源的探讨》，《考古》1962年1期；方扬《我国酿酒当始于龙山文化》，《考古》1964年2期；罗志腾《我国古代的酿酒发酵》，《化学通报》1978年5期；方心芳《对"我国古代的酿酒发酵"一文的商榷》，《化学通报》1979年3期。

21　王仁湘："尖底瓶的意义……主要在于它的小口，可以保存盛水不致蒸发或荡溢，这是干旱少水地区的特有水器，它分布的范围最能说明问题。"见王仁湘《仰韶文化渊源研究检视》，《考古》2003年6期79页。

22　王仁湘先生对此有过这样的论述："何谓'玄酒'，清水而已，以酒为名，古以水色黑，谓之'玄'。太古无酒，以水为饮，酒酿成功后，水就有了玄酒之名。周礼用清水作为祭品，表现了当时对无酒时代以水作饮料的一种追忆，并且以此作为不忘饮食本源的一种经常性措施。这祭法的施行，可能在周以前就有了很久远的历史，应当是产生于更早的史前时代。"见王仁湘《古代酒事五题》，《宜宾学院学报》2011年3期2页。

式，因此也是中国文化最基本的特征要素之一。"酉瓶"与"干支"的联系，表明在"距今六千年"的仰韶时代，中华先民正在形成空间与时间——"宇宙"的观念。如果从字形、字义的角度继续深究由"尖底瓶演变到最后形式的象形字"——甲骨文"𝕭"（酉）字以及一系列变体，还可以对小口尖底瓶与中国的历法、农业、酿酒以及文明时代错综复杂的一系列延伸意义之间的关系，一探究竟，对于我们认识这种器物所承载的礼仪性功用之内涵具有重要意义。

众所周知，今日所谓"农历"即"夏历"，是中华文明史上传说最早的朝代——夏代推行的历法延续而来。夏历行寅正，故农历正月也称寅月；到了商代行丑正，即以夏历十二月为正月；周代行子正，即以夏历十一月为正月；至春秋战国时期，各地诸侯各自为政而礼崩乐坏。提出"信而好古"、"克己复礼"的孔子在当时便提倡以夏历为准（见《论语》），这一立场的影响深远，以至于从汉代以后历代王朝皆行夏历，以至于今。这一点从〔东汉〕许慎撰《说文解字》以地支十二字的先后作为说文顺序的基本结构便可以看出来。在夏历当中，以地支的十二个字来分别代表一年当中从正月到十二月的顺序，先后为寅、卯、辰、巳、午、未、申、酉、戌、亥、子、丑，其中"酉"代表八月。《说文解字》"酉"部称："酉，就也。八月黍成，可为酎酒。象古文酉之形也。凡酉之属皆从酉。丣，古文酉，从卯。卯为春门，万物已出；丣为秋门，万物已入，一闭门象也。"所谓"八月黍成，可为酎酒"，点明"酉"的时序正是在一年当中的"中秋"，是农耕收获与适合酿酒的时节。[23]许慎对"古文酉"的"丣"字说得很明白，是从表示"春门"的"卯"字变化而来，意为"秋门"，其形乃闭口之象，蕴含"秋收冬藏"的观念，而"丣"字正是仰韶时代"酉瓶"口、颈、耳部的象形字，其"闭门象"正是尖底瓶标志性部位"小口"和"短束颈"的特征。综上，行夏历、用干支以及许慎的解说，不但"以后证前"式地表明了小口尖底瓶与"酒"的密切关系，[24]也揭示了这种关系所蕴含的器物本体性功用为盛酒的渊源，更为深刻的是这种器形特征的器物与历法、时序、宇宙万物生死往复的现象和观念之间存在的丰富联系，特别是它与八月中秋的农事和酿酒这样两种社会性生产活动直接相连，又以闭口的"闭门象"成为最集中的象征。以上内容无不表明，仰韶时代的小口尖底瓶是中国农业文明早期形象的浓缩，将其追记为"酉瓶"，不但恰如其分，而且颇具深意。

据此，我们不妨做如下推测：早在六七千年以前的仰韶时代，身处西北和中原西部地区的中华先民已在进行原始的农业生产，由于必须依靠天时地利和遵循四季循环的节律，他们在一年当中的不同时节常常举行各种祭祀天地、四时、农神和其他相关神祇的仪式活动；在这类仪式场合中，需要安置与陈设辨位计时以体现象征意义的器皿等有关物品，小口尖底的"酉瓶"即其中之一；这类器物在此类仪式活动中位于西边，既表示方位，也象征秋季；在中秋八月

23　按，《说文》解"酎"，训"三重醇酒也。从酉，肘省声。《明堂·月令》曰，孟秋天子饮酎"。段玉裁注酎声"除柳切"，即古音如"求"，今音"稠"。今天西安一带仍盛行酿造"稠酒"，据说其工艺始自周代。不知所谓"酎酒"与这种"稠酒"原先可是一物？有待深考。

24　所谓"以后证前"，在历史上常常被自觉不自觉地作为一种研究历史的态度和方法，对此，饶宗颐先生在《符号·初文与字母——汉字树》一书的上篇"前论"当中，专门讨论过"如何以后证前"的方法及可行性。见饶宗颐《符号·初文与字母——汉字树》，香港：商务印书馆（香港）有限公司，1998年，1～11页。

完成一年劳作之际，先民们要在某一天举行特定的祭典，小口尖底瓶成为祭器中的主角；在祭祀过程中，小口尖底瓶盛贮淡薄的酒水，既用来表示丰收之后的酬神之意，也意味着农闲之后酿酒工作的开始，而小口、短束颈和长而深的瓶体，象征着宇宙万物的生命状态从生长向收藏的转变；同理，先民们也视人的一生为生、长、收、藏的完整过程，于是在丧葬——特别是一些重要的人物（如祭司等神职人员）的墓葬中，小口尖底瓶作为特殊的随葬品而用于墓葬当中，以另一种方式体现了大体类同的象征意义。正因为如此，小口尖底瓶的礼仪性功用在地上的祭祀活动和地下丧葬环境中都有所体现，也在考古发现的两类遗址当中存在着。

（三）"酉瓶"与后世的梅瓶

我们已经了解了中国史前类梅瓶器物大致的器形演变脉络和时空分布，了解了以小口尖底瓶这类器物所具有的本体性和礼仪性的功用，由此可以推断：距今7000年以前开始出现的小口尖底瓶——"酉瓶"，正是中国酒瓶的雏形。

小口尖底瓶的形制包括了后世梅瓶的小口、短颈、长身这三个最基本的器形特征。经过2000多年的演变，在距今大约4600年形成了小口、短颈、宽肩、长身、收腹、平底的瓶式壶，后者与梅瓶更为形似，而且又延续了至少数百年。以上整个过程前后达3000年左右。中国酒瓶的雏形脱胎于更早的盛水器，是中国原始农业文明的产物，它以小口尖底瓶的形式开始出现之时，就在本体性功用之外承担了与原始农业和原始酿酒业密切相关的礼仪性功用，在祭祀和丧葬中成为特殊的礼器。随着礼仪性功用的增强，这类器物的器形及其蕴含的原始观念在文明时代最终转化成中国的文字"酉"，在夏商周三代以至于秦汉时期的文化中都具有深远的意义。无论是本体性功用还是礼仪性功用，史前时期中国酒瓶的雏形都与后世梅瓶存在惊人的相似性。

需要补充说明的一点是，从小口尖底瓶到瓶式壶，原有的尖底和瓶身的两耳消失了，这是一个重要的变化，笔者以为这个变化与这类瓶形器主要作为祭祀中陈设物的性质是直接相关的，很可能是尖底和两耳在祭祀性陈设中丧失了原有的意义而最终消失。

尽管小口尖底瓶和瓶式壶与后世梅瓶之间从器形到功用都存在如此之多的相似性，但并不等于说中国酒瓶的雏形与后世的梅瓶就是同一水平、同一目的的产物。笔者想强调的是，器形和功用两方面的相似性，使中国梅瓶的起源问题从形式端倪的意义上得以追溯到史前时期中国酒瓶雏形的阶段。其中包含了器物形式的取象模式、造器经验和形式审美等方面的内容。

从小口尖底瓶的仰韶时代到瓶式壶的后仰韶时代，前后长达3000年，这表明小口、短颈、长身的器形是中华先民在瓶壶类器物制作上的主动性选择，如此悠久的历史必然造就中华先民在这个主动选择的方向上内在地运用着连贯的取象模

25 采自：山西省文物管理委员会《山西长治市分水岭古墓的清理》图二，《考古学报》1957年第1期109页。参见侯毅《长治潞城出土铜器图案考释》，《中原文物》1989年1期。

26 张吟午《先秦家具的陈设与使用——汉字及刻纹中所见》，《江汉考古》2001年2期60页。

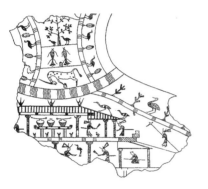

图5-2-3　山西长治分水岭战国墓M12鎏金残铜
匜流线刻饰纹

式，积淀成恒稳的造器经验，包括对这种器形与相关功用的关系进行辨别、认识和处理的所有经验。因此可以认为，后世的梅瓶与史前时期的酒瓶在器形和功用上的相似性，乃至在器形演变上所表现出的大体一致的规律性，都是中国文化造就和积淀的取象模式和造器经验的某种复现，也包含了在满足同类功用的器物上前后一致的形式审美的观念，同时也不能否认这些关联性与中国文化自古以来就重视祭祀和追求礼治的一贯传统之间，存在着内在的和必然的联系。具体到二者主要作为盛酒器所承担的相同的本体性功用，又与酒在中国礼制中一贯扮演的媒介角色和重要性有关并且一致。所有这些都是值得注意和需要深入研究的。

总之，探讨中国梅瓶的起源，从形式端倪的意义上，可以追溯至新石器时代仰韶文化以小口尖底瓶也即"酉瓶"为代表的中国酒瓶的雏形阶段。

二、汉代的新型酒壶

（一）类梅瓶器物的中断

令人不解的是，进入文明时代之后，小口、短颈、长身的酒瓶或其他类型的器物，在夏商周时期（前21世纪～前256年）似乎再也没有出现过，史前时期酒瓶的雏形与后世梅瓶之间出现了巨大的时间缺环。

只有晚至战国时期（前475～前221年），在一些表现祭祀场面的饰纹上出现的某些盛酒器图像，表现出看似上述"瓶式壶"的器形特点。

山西长治分水岭M12战国墓出土的一件"鎏金残铜匜流"的残存饰纹，下部刻划四阿式台榭建筑，其上层正堂里条形供案上一字排列三件瓶壶形器皿，左右两件器口上各横置一勺，三件器皿的器形略具类梅瓶器形的特点，仅瓶身宽博较短（图5-2-3）[25]。张吟午先生认为，该饰纹里的条案名曰"禁"，金文作象形的"丌"，见《说文》丌部："奠，置祭也。从酋。酋，酒也，下其丌也。礼有奠祭者。"丌上设丣之象即金文奠（奠），丣即"酉"，是以内贮酒液之"酉瓶"表示祭奠用的酒，而奠字"从形、义两方面再现了上古禁承酒壶供奉祖先的祭奠仪"。[26]这个看法与上引苏秉琦先生的观点基本一致。禁上设壶并伴有人物挹酒的动作，是战国青铜器表表现燕乐攻战题材的图像中常见的，均可作为"奠"字的形象说明，也是以瓶壶形器皿盛酒用于祭祀的史前传统延续至先秦的说明。

在缺乏实物证据的情况下，仅凭上述简略的饰纹图像尚不足以作为三代酒器存在类梅瓶器形的证据。考古材料显示，类梅瓶器形的重新出现是在汉代，不过从形制到使用方式都已发生了较大的变化。

图5-2-4　战国至汉代的两类中原传统盛酒器

（二）从中原文化传统内部衍生的汉代新型酒壶

接续春秋战国以来的中原文化传统，汉代酒器极为发达，至魏晋乱世之后中原传统酒器开始衰落。类梅瓶器形的新型酒壶是在中原传统酒器兴盛时期开始出现的。为了更好说明其类梅瓶之"新"，有必要先对中原传统盛酒器的类别和器形特征略作概述。

中原传统盛酒器可分为两类。第一类以"壶"、"锺"为代表，[27]形制为外撇大口、较长的粗束颈、大腹、高圈足，又有圆、方（"钫"）、扁和带提梁之分，另有细长颈壶（瓶）以及蒜头壶等。[28]在战国到汉代的考古材料中，这类壶、锺遗物极多，著名的实例见于：河北平山县战国时期中山王𦮼墓（M1，约前310年）[29]、河北满城西汉中山靖王刘胜墓（M1）[30]、陕西西安北郊枣园西汉早期墓M1[31]等。战国中山王𦮼墓的一圆一扁2件铜壶（图5-2-4①②）[32]，以及西安枣园西汉早期墓M1的1件完好铜锺（M1：11，通高78厘米，图5-2-4③）[33]，在出土时均内贮液体，前者经鉴定可能是奶酒或粮食酿黄酒，[34]后者经检测也"确定为酒"。[35]西汉中山靖王刘胜墓的5件铜锺以工艺精美著称，最大一件（通高59.5厘米）铭文有"楚大官糟锺"，另有一件（高45.3厘米）铭文注明"中山内府锺一，容十斗"，都是刘胜自用的大型盛酒器。[36]

中原传统盛酒器的第二类，以"樽"为主，另有"罍"、"盆"等，在表现世俗宴饮场景的汉代画像砖石中有丰富的图像资料遗存。山西右玉县出土过2件带西汉河平三年（前26年）铭文的铜樽，一件自铭"铜酒樽"（高34.5厘米，图5-2-4④）[37]，另一件自铭"铜温酒樽"（通高25厘米，图5-2-4⑤）[38]，使我

27　"汉人名壶为锺"，见陈直《洛阳汉墓群陶器文字通释》，《考古》1961年11期629页。

28　参见吴小平《汉代铜壶的类型学研究》，《考古学报》2007年1期。

29　河北省文物管理处《河北省平山县战国时期中山国墓葬发掘简报》，《文物》1979年1期。

30　中国科学院考古研究所满城发掘队《满城汉墓发掘纪要》，《考古》1972年1期。

31　采自：西安市文物保护考古所《西安北郊枣园大型西汉墓发掘简报》，《文物》2003年12期。

32　采自：北京市发酵工业研究所《中山王墓出土铜壶中的液体的初步鉴定》图一、图二，《故宫博物院院刊》1979年4期。

33　采自：西安市文物保护考古所《西安北郊枣园大型西汉墓发掘简报》图九，《文物》2003年12期30页。

34　《中山王墓出土铜壶中的液体的初步鉴定》，《故宫博物院院刊》1979年4期92～96页。

35　《西安北郊枣园大型西汉墓发掘简报》，《文物》2003年12期32页。鉴定结果由中国食品发酵工业研究院全国酒类检测中心测定、提供。

36　见《满城汉墓发掘纪要》，《考古》1972年1期11页。按：原报告刊布了其中四件铜锺，即该报告的图版伍：2、1，图版陆：2，图六。

37　采自：郭勇《山西省右玉县出土的西汉铜器》图版叁：1，《文物》1963年11期5、6页。

38　采自：同上，图版壹：1。按：关于酒樽还可以参见陈定荣《酒樽考略》，《江西文物》1989年1期。

39　直到唐代，"樽"都是作为宴会中使用的盛
　　酒器，这在唐诗当中多有反映。但是北宋以
　　后一直把直筒状带三足的"酒樽"误称为
　　"奁"，却把梅瓶一类的盛酒器除称为瓶、
　　壶之外，也雅称为樽，而在现代考古研究尚
　　不充分的阶段，人们还曾经将古代的酒樽误
　　称为鼎或洗。山西右玉县出土的这两件纪年
　　"铜酒樽"与"铜温酒樽"，使得学术界能
　　够纠正这类历史错误。

40　王振铎《论汉代饮食器中的卮和魁》，《文
　　物》1964年4期。

41　王振铎《再论汉代酒樽》，《文物》1963年
　　11期15页。

42　王振铎先生对汉代这类盛酒器及相关器物做
　　过比较充分的研究。见王振铎《再论汉代酒
　　樽》，《文物》1963年11期。

43　采自：中国科学院考古研究所满城发掘队
　　《满城汉墓发掘纪要》图版陆：3，《考
　　古》1972年1期。

44　同上，11页。

45　同上，17页。

图5-2-5　西汉中山靖王刘胜墓（河北满城）
　　　　　出土"带链铜壶"

们得以分辨出"樽"的两种样式和具体用途。前者为折沿大口、盆状巨腹、三矮足，腹部有对称的两只铺首衔环耳；后者为圆筒状直腹，也有环和三足，带盖，用于温酒。后者也常见于陶器，宋以后误称为奁。[39]"罍"或"盆"为大侈口、巨腹、高圈足。与这类大口巨腹盛酒器配套的用具是勺、匕等，相配的饮酒器是类似杯子的卮。[40]王振铎先生认为：樽最终消失的原因主要是"由于饮酒风习，酒的质量和唐末以来酒注子的应用，逐渐使这种酒樽失去了它的应有地位"。[41]罍的情况与此大体相同。

　　鍾、壶类盛酒器以圆壶最常见，历史悠久，从商周至汉代延续不绝；樽、罍等盛酒器的沿用时间主要是在汉代到魏晋南北朝，隋唐时期还在使用，至宋元仅见零星材料，表明其完全衰落。[42]这些中原传统的盛酒器曾有广泛分布，地跨江河南北，北到辽宁，南达福建，西起甘肃，东至山东，主要都属于汉文化区域，使用者基本上是社会上层，是讲究正统而典雅的汉族礼制文化的表现。

　　有趣的是，以高级而精美的铜鍾作为随葬品的河北满城西汉中山靖王刘胜墓（M1），同时还随葬了一件"带链铜壶"（图5-2-5）[43]，其器形与壶、鍾相比发生了根本而重要的变化。这件"带链铜壶"通高30.6厘米、口径9.4厘米、圈足径8.5厘米，器形整体呈橄榄形，大口安盖，盖形为圆顶、直壁，顶面和壁面方折，类似圆盒式样，瓶身修长，矮直口，中腹微鼓，托底圈足矮而外撇，盖面与陡斜的肩部各有对应的四个小环，"系四条链子，每两条联系在一起，可以背于背上"。[44]很明显，此壶形制与同墓5件铜鍾的差异是不言而喻的，却与五代至北宋普遍流行的橄榄状梅瓶极为相似。

　　刘胜为汉景帝子、武帝庶兄，于景帝前元三年（前154年）封中山王，在位42年，死于武帝元鼎四年（前113年）。《史记》载"（刘）胜为人乐酒好内"，他认为自己作为一个"王"，"当日听音乐，御声色"。刘胜墓的发掘者指出："他的墓里出土的许多大酒缸，还有各式各样的铜制酒器，便是他嗜酒的物证。"[45]刘胜墓带链铜壶不但与铜鍾存在明显的器形差别，在具体用途上也不同。传统的壶、鍾以及樽、罍，作为汉文化传统礼制的产物，适用于庄严的祭祀场合，以及在朝会、家族式的多人宴会中便于盛取酒液，故使用时均以静止陈设为主，器体求稳，尺度偏大。而这件带链铜壶尺度适中，瓶身修长，口、底收敛，圈足高度大大降低，瓶盖与瓶肩各安四个圆环以链子相串，这样的器形和配件设计以全新的器形体现了不同的功能要求，既考虑到尽可能多盛酒液，酒液也不易洒出，还满足了便于移动、携带方便、适于背负或拎提的需要，无疑适用于少数人的出游宴饮，应该是墓主为了达到经常出游饮酒的目的而专门设计的，是个体性娱乐需要的表现。可见，刘胜墓带链铜壶是在汉武帝时期，即中原传统酒器兴盛的西汉中期，华北地区的贵族生活中率先出现的一种孕育于中原传统内部又在器形和具体用途上不同于传统的新型酒壶。

　　刘胜墓"带链铜壶"自成一种器物类型，其形制在唐宋时期不断延续和演变，在梅瓶的滥觞期就已经从形制上与梅瓶分道扬镳。例如，河南偃师市城关

①　　　　　　　②

图5-2-6　唐代墓葬出土"四耳罐"举例

镇唐贞观二十一年（647年）崔大义妻李氏墓（2001YCQLM1）出土的2件青瓷"四耳罐"（M1：66，图5-2-6①）[46]，通高34厘米、口径12.4厘米，直口带四耳，鼓腹下收，平底。又如，河南洛阳龙门唐景龙三年（709年）安菩夫妇合葬墓出土的1件白釉四耳"瓷罐"（M27：29，图5-2-6②）[47]，高33厘米，器形与前者完全相同。这两件"四耳罐"的器形总体上表现出刘胜墓带链铜壶形制的延续。正是在偃师唐贞观二十一年（647年）崔大义妻李氏墓中，与青瓷"四耳罐"同时随葬的还有一件符合梅瓶形制标准的"Ⅰ式瓷罐"，也就是后文讨论梅瓶滥觞期时列举的隋唐梅瓶例②（图5-4-1②）。可见从西汉刘胜墓开始出现并延续下来的"四耳罐"，在唐代初期便朝着口、腹日益扩大的方向演变而与刚刚出现不久的梅瓶迥异其趣。直到金元时期，北方又流行一种也在口颈部外侧带四耳的瓶类器，现在统称"小口四系瓶"，它与唐代的"四耳罐"有无渊源关系？值得深入研究。[48]

　　由此看来，从西汉刘胜墓的四耳"带链铜壶"到唐代的青瓷或白瓷"四耳罐"，再到宋金元时期的四耳长身大口罐或小口瓶，这当中似乎没有和梅瓶构成生成关系。不过，刘胜墓带链铜壶以来的四耳罐、四系瓶等，与五代、北宋和辽代的某些橄榄形瓶身的梅瓶样式（如样式三1、三5等）之间，在器形主体上存在基本的相似性，在本体功用上存在关联性，暗示了从五代开始出现的某些梅瓶样式与汉唐以来的四耳罐、四系瓶一类器物之间，存在某种接续或借用的关系。再者，辽宋以来的图像资料也表明，用于盛酒的梅瓶通过配置绳络而适于提携或担挑的设计意匠（参见图3-1-2①②），与刘胜墓带链铜壶也具有原理上的类同性。

　　总之，西汉刘胜墓带链铜壶是从中原传统盛酒器中衍生出来的新型酒壶，它不但具有类梅瓶的器形，而且从器形、功用和具体用途等方面来看，也与后世梅瓶存在一定的关系。至少，把刘胜墓带链铜壶视作后世梅瓶某些样式的形式端倪，是值得认真对待的。

46　采自：赵会军、郭宏涛《河南偃师三座唐墓发掘简报》图九，《中原文物》2009年5期7页。

47　采自：洛阳市文物工作队《洛阳龙门唐安菩夫妇墓》图版六：5，《中原文物》1982年3期24页。

48　对于金元时期的"小口四系瓶"，秦大树先生认为其流行于元代，是由北宋晚期磁州窑的"小口长腹瓶"（即梅瓶样式一○10）在口颈部加四耳（系）而形成的；他还认为，小口长腹瓶就是"经瓶"，与"梅瓶"是不同的另一种瓶类。见秦大树《宋元时期磁州窑瓶类器物的发展及其使用功能探讨》，《南方文物》2000年4期26页。但是正如秦大树先生所言，他是在磁州窑"内部"来探讨有关瓶类器形的演变和功能的（见其文22页），如果在更开阔的历史场景中考察有关器形的演变，当有不同的发现。

49　采自：中国社会科学院考古研究所编著《唐长安城郊隋唐墓》"贰、隋代李静训墓"，图版十四：7，北京：文物出版社，1980年，22页。

50　安家瑶《中国的早期玻璃器皿》，《考古学报》1984年4期425、426页。

51　采自：《河南巩义市康店叶岭砖厂汉墓发掘简报》图一一：1、11，《华夏考古》2005年3期27页（按：前者高度和底径在报告中误换）；《西安南郊三爻村汉唐墓葬清理发掘简报》图一一：1，《考古与文物》2001年3期9页；《河南陕县刘家渠汉墓》图一三：8，图版壹肆：2，《考古学报》1965年1期124页。

52　采自：高大伦、贾麦明《汉初平元年朱书镇墓陶瓶》图一，《文物》1987年6月71页；刘卫鹏、李朝阳《咸阳窑店出土的东汉朱书陶瓶》，《文物》2004年2期封面，86、87页；《西安尤家庄六十七号汉墓发掘简报》图三：9，《文物》2007年11期47页。

53　采自：《甘肃安西旱湖垴墓地、窑址发掘简报》图一二：12，图一一：1，图一一：4，图一一：8，《考古与文物》2004年4期6页。按：发掘报告把图一二：12误标为图一一：12。

54　采自：《太原北齐贺拔昌墓》图三二：3，《文物》2003年3期22页；《太原开化村北齐洞室墓发掘简报》图九：2，《考古与文物》2006年2期10页。

55　采自：《太原西南郊北齐洞室墓》图二八：5，《文物》2004年6期45页。

三、从汉代到北朝的类梅瓶陶器及北方的新型酒瓶

考古材料显示，除刘胜墓带链铜壶具有类梅瓶器形之外，从汉代到北朝（前206～581年）约800年间，在中原和北方地区的墓葬中流行的瓶、罐、壶类陶质明器，也存在多种样式的类梅瓶器形，而且与刘胜墓带链铜壶有着根本的区别。其共同的类梅瓶器形特征在于：口部外侈，束颈，宽肩鼓腹，下腹向下斜收或内曲收束至底，平底或平底微凹。

这种类梅瓶的相似性，首先是由安家瑶女士加以注意，她的提示缘起于北魏和隋代多处遗址中出土的玻璃瓶，如陕西西安隋代李静训墓119号玻璃瓶（图5-4-1①）[49]，她认为：李静训墓119号玻璃瓶的"器形在国内外的玻璃器皿中都没有发现过。但这种器形与隋代和隋代之前所流行的陶罐却有许多相似之处，只是口更小了；而且我们还可以在宋元流行的瓷梅瓶的器形上找到不少与之相似的地方。这三种不同材料的器物的器形之间虽然有某些差异，但仍可以看出一定的渊源关系。"[50]这层"渊源关系"意味着滥觞于隋代的梅瓶在此前陶器中存在的形式端倪。

下面就汉代到北朝时期的类梅瓶陶质瓶、罐、壶类器物的器形做一番简要的梳理和讨论。

（一）汉代至北朝明器所见类梅瓶器形

从考古材料来看，汉代到北朝类梅瓶陶器的流行时间从西汉到北朝，分布地域包括中原、北方和西北地区，不同时段、不同地区的器物具有不同的器形样式，大致可以分为五类。

第一类，折沿大口，多为方唇，束颈，丰肩，上鼓腹，下腹向内曲收或斜收至底，平底或平底微凹，底径和口径大致相当。尺寸相差悬殊，高10～42厘米（图5-2-7①～⑤）[51]。

第二类，喇叭状大口外侈，束颈，斜宽肩方折，腹部呈上大下小的瘦高筒状，斜收至底，平底或微微内凹。这类器物的尺寸普遍比前一类偏小，整体形态偏于瘦高，方折肩和斜直下收的修长筒状腹则表现出方硬的特征。高19～27厘米（图5-2-7⑥～⑧）[52]。

第三类，梯形大环口，下沿尖窄，短而粗的束颈，瓶身高长，肩部不甚宽，上腹鼓，下腹斜收或略微内曲，胫部的特征较明显，底径与口径基本相同，平底。高24.8～34.4厘米（图5-2-7⑨～⑫）[53]。

第四类，小口，颈部极短，丰肩，长身，平底。尺寸较小，高14～17厘米。根据下腹形式的差异，分为两种样式：第一种，瓶口外折，瓶身中段稍显内曲，下腹略微外撇（图5-2-7⑭⑮）[54]；第二种，直领口，下腹向内斜收至底（图5-2-7⑬）[55]。

类型	图样
第一类	① ② ③ ④ ⑤
第二类	⑥ ⑦ ⑧
第三类	⑨ ⑩ ⑪ ⑫
第四类	⑬ ⑭ ⑮

类型	图样
第五类	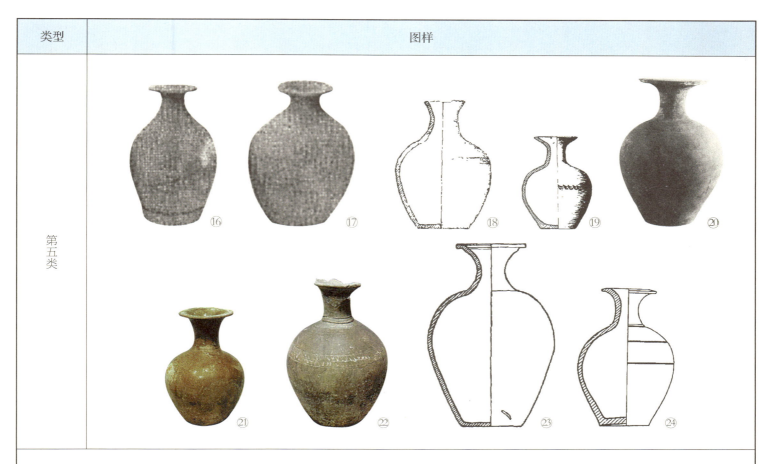

图5-2-7　汉代之北朝北方地区流行的类梅瓶陶器举例（0 □□□□□ 10cm ）

①②河南巩义康店叶岭砖厂西汉晚期墓葬出土　③陕西西安三爻村新莽（8～23年）墓出土　④⑤河南陕县刘家渠东汉后期墓出土　⑥陕西西安西汉长安城旧址出土（朱书东汉"初平元年"，190年款）　⑦陕西咸阳窑店出土（东汉，朱书）　⑧陕西西安尤家庄东汉墓M67出土　⑨～⑫甘肃安西县旱湖垴三国曹魏早期墓葬出土　⑬太原北齐天保六年（555年）侯莫陈墓（TM62）出土　⑭太原北齐天保四年（553年）贺拔昌墓（TM99）出土　⑮太原北齐天保十年（559年）窦氏墓（TM85）出土　⑯⑰辽宁辽阳唐户屯西汉末至东汉初62号石椁墓出土　⑱辽宁朝阳市凌河机械厂北魏前期墓88CLM2出土　⑲⑳辽宁朝阳市南大沟北魏墓出土　㉑㉒山西大同沙岭北魏太延元年（435年）壁画墓M7出土　㉓山东淄博市北朝崔氏墓地M6出土　㉔山西太原北齐天保四年（553年）贺拔昌墓TM99出土

56　采自：沈欣《辽阳唐户屯一带的汉墓》图版肆：6（左一、左二），《考古通讯》1955年4期37页；《朝阳市发现的几座北魏墓》图四：3，图七：右，图版陆：3，《辽海文物学刊》1995年1期142、144、145页；《山西大同沙岭北魏壁画墓发掘简报》图九，图一二，《文物》2006年10期5、6页；《临淄北朝崔氏墓》图一一：6，《考古学报》1984年2期240页；《太原北齐贺拔昌墓》图三二：1，《文物》2003年3期22页。

57　陕西宝鸡市谭家村西汉晚期的四号汉墓出土一件明器釉陶灶，在火门左侧有大小瓶各一件，形如此类陶瓶，说明这类瓶在西汉晚期也已流行于陕西关中地区。见宝鸡市考古队《宝鸡市谭家村四号汉墓》图版陆：6，《考古》1987年12期1088、1089页。

第五类，喇叭状小撇口，唇部或方或略卷，或在内侧处理成极浅的盘状，细束颈较长，颈肩过渡和缓，圆肩，腹部稍长的接近椭圆形，多数不甚长而接近球状，平底或平底微凹。高23～36厘米（图5-2-7⑯～㉔）[56]。

（二）五类器物的器形、功用、文化渊源及其与梅瓶的关系

第一类主要是轮制灰陶器，尺度差异较大，高度以21～42厘米为常见，东汉时期有橙黄色胎或挂绿釉的，但数量少且尺度极小。这类器形的陶罐在西汉晚期（公元纪年前后）墓开始较多地出现，[57]在整个东汉时期（25～220年）一直非常流行，主要分布于河南和陕西

关中地区，在魏晋南北朝到隋唐时期不断扩展。就在两汉时期，其器形有所变化，唇部变厚，折沿下斜坡度更明显，表现出梯形环口的特点，由于底径缩小，口径和底径的关系从西汉的底径稍大变成东汉的口径较大，束颈更细，浑圆的丰肩变斜，肩腹过渡变得明显，下腹斜收趋势加强。结合陕县刘家渠东汉后期墓发掘者对墓葬形制分析的结论，这类陶罐的器形演变与两汉时期陕西关中地区对河南地区的文化影响有关。[58]这类陶罐整体上虽然偏于宽肥，但各部形式和比例已经出现近似梅瓶的形态，特别是到了唐代，它与第五类陶瓶的器形相融合，形成了对后世梅瓶器形有影响的第一条线索（见本章第三节）。

第二类均为泥质灰陶器，高度多在20～27厘米，形制特征非常稳定。这类陶瓶中常见在瓶身以朱砂等颜料书写的"解除文"和道教符箓，故中国学术界常称之为"朱书陶瓶"，其遗存实物甚多。[59]从铭文纪年来看，这类陶瓶约始于东汉中期，集中流行于东汉后期，到西晋时期仍有所见。[60]考古材料这类陶器主要分布于陕西关中地区。与这类朱书陶瓶器形最为相似的梅瓶，见于西北地区的西夏灵武窑梅瓶样式五7，宋金时期耀州窑梅瓶也常见方折肩和筒状瓶身的形态（如样式六2），这种形态因素在其他地区只零星出现，说明方折肩、修长的筒状瓶身是关中一带的地区特色，由此辐射周围，其渊源可以追溯至汉代。

第三类均为灰陶器，高度在30厘米上下，三国曹魏时期（220～265年）流行于西北河西走廊西端。发掘者指出，旱湖垴曹魏墓属中原传统文化范畴，但是墓室形制、葬法有地区特点，随葬品中不见或少见中原流行的明器和俑类，[61]从汉魏时期中原地区常见与之相似的梯形环口扁体陶罐的情况来看，这类陶罐也应该是与中原有关而具有地区性特征的器物。它的器形与宋金时期的梯形小环口鸡腿瓶式的梅瓶相似（即梅瓶第四类样式群），仅口径较大、颈部较粗，瓶身外表还有瓦棱纹，故发掘者称之为"鸡腿弦纹罐"。

第四类均为灰陶，尺度很小，高度都在15厘米上下，分布于山西，集中于太原一带，流行于北齐（550～577年）。有关墓葬的发掘者认为，太原一带的这类陶瓶均为仿自实用器的明器，[62]果真如此，当时应该存在与这类陶瓶器形相同的实用性器物。目前所见与其器形相近的汉魏器物是汉墓常见的平底谷仓，其间也许有一定的关系；但是在贺拔昌墓中，第四和第五类并存，似又暗示了第四类陶器与北方草原文化的关系。这类器物与唐代白瓷梅瓶比较相似（即梅瓶样式一2）。

第五类以泥质灰陶为主，北朝时期还出现釉陶、白陶，肩部常见双弦纹围合一周锯齿纹或水波纹，高度基本上介于15～40厘米之间。据报道，在辽阳唐户屯当地与62号墓同类形制的汉墓，从西汉末期延续至东汉末期，[63]则类似该墓的陶瓶在当地和周边地区很可能也从西汉末沿用至东汉末期，西汉晚期是这类陶瓶开始出现的时间，一直延续到北齐。其分布区域首先见于长城以外偏东北地区，北朝时期从长城以北传播到长城以南，集中在北朝的东部地区，并演为盛况。这类陶瓶的器形在北朝时期开始分化，形成两类完全不同的瓶式（见下文），其中一个演变方向

58 《河南陕县刘家渠汉墓》，《考古学报》1965年1期163、164页。

59 见唐金裕《汉初平四年王氏朱书瓶》，《文物》1980年1期；高大伦、贾麦明《汉初平元年朱书镇墓陶瓶》，《文物》1987年6期；王育成《南李王陶瓶朱书与相关宗教文化问题研究》，《考古与文物》1996年2期；刘卫鹏《汉永平三年朱书陶瓶考释》，《文物考古论集——咸阳考古所成立十周年纪念》，西安：三秦出版社，2000年；刘卫鹏、李朝阳《咸阳窑店出土的东汉朱书陶瓶》，《文物》2004年2期。

60 如日本东京中村不折收藏多件这类流外的镇墓陶瓶——日本学者称为"瓦壶"，而且都有长篇铭文，纪年分别为东汉永和六年（141年）、"永寿二年（156年）三月"、建宁四年（171年）、熹平元年（172年）、熹平四年（175年）、光和二年（179年）、中平四年（187年）、初平四年（193年）、（西晋）泰始三年（267年）、太康四年（283年）等，其中"永寿"铭文瓶高7寸8分5厘（约合26.2厘米），器腹部以黑漆书长篇铭记，见《陶器图录·第七卷·中国篇（上）》图一一，东京：雄山阁株式会社，1938年。中村不折上述藏品的介绍也都见于该图录。

61 《甘肃安西旱湖垴墓地、窑址发掘简报》，《考古与文物》2004年4期12页。

62 见《太原北齐贺拔昌墓》，《文物》2003年3期21页；《太原开化村北齐洞室墓发掘简报》，《考古与文物》2006年2期9页。

63 沈欣《辽阳唐户屯一带的汉墓》，《考古通讯》1955年4期38页。

64 见王育成《洛阳延光元年朱书陶罐考释》，
《中原文物》1993年1期。洛阳邙山西花坛
汉墓M24出土的东汉延光元年（122年）"朱
书陶罐"，见中国社会科学院考古研究所洛
阳唐城队《1984至1986年洛阳市区汉晋墓发
掘简报》，《考古学集刊》第7辑，北京：
科学出版社，1991年。

是口径窄化、颈部变短、瓶身趋长，并在唐代的中原地区与第一类陶罐相融合，形成了与北宋时期北方的某些梅瓶样式极为相似的器形，从而成为一条影响后世梅瓶的重要线索（即第一条线索，见本章第三节）。

从考古学的角度不难发现这五类器物的文化来源差异。上述第一、第二类陶器，体现了中原文化的传统；第三类远至河西走廊西端，时当三国时期，虽然属于中原传统范畴，但其地区性特征尚需研究；第四类很可能是中原传统和北方草原传统共同影响的产物；第五类体现了北方的草原文化传统（见下文）。这五类陶器的器形在先秦时期少见，它们在两汉到北朝时期的流行在流行时段和分布区域上的消长关系，与政治地理的时代变化有直接关系，是社会文化发生巨变的表现。

从先秦到秦汉，从秦汉到魏晋南北朝，中国社会和中华文明分两步经历了深刻和巨大的变化：第一步，经过礼崩乐坏的春秋战国时期之后，从内部引发了三代文明的裂变，中国社会经由封建邦国、王权旁落、诸侯割据的状态，朝天下一统、建立帝国、文明统一的方向迈进，成为不可逆转之势；秦汉帝国大统一进程的完成，推动了中国文化的大一统，在时代精神、社会制度、思想学术、民情风俗等方面的转变成为定局，也是未来两千年中国文化史的新开端；在整合过程中，中国文化自身在内容和形态上均有新的成就和面貌，独尊儒术和道教的逐渐形成，成为结构性变化的重点，其中，在西汉由黄老道思想结合早期巫、祝、宗的观念和仪式酝酿着道教形意系统的产生。第二步，从东汉后期开始，直至整个魏晋南北朝，帝国政治经过"一治"之后面临着"一乱"的崩解；社会观念开始发生变异，儒家思想面临被精英唾弃的考验，促使道教从形成到完善过程的加速，也使得世俗性的精神生活出现了新的转变，构建出对器物层面的新需要和新追求；恰逢此时，以佛教为代表的西域文化在不断东播，北方草原上的各种政治力量也乘中原内乱而持续内侵；这种文化的和政治的势态都在广度和深度上对中华文明造成又一次巨大的冲击，里应外合的局面最终使中国社会从思想、制度到风俗等各层面发生文明形态的巨变，不断增加的新内容使原有的传统在变与恒的平衡中发生更替。正是在中国社会的一治一乱、一合一离的两段进程中，文化的形而上与形而下的因素都发生了明显的形态变化。落实到器物层面上，两汉到魏晋南北朝除了传统器物仍有流传，许多新的器物种类和形制出现了，其中包括上述这五类从器形、功用和文化内涵都不同以往的类梅瓶器物，尤其与当时的葬仪、葬俗有密切的关系。

试举第二、第五两类瓶为例略述于下。据有关学者研究，第二类所谓"朱书陶瓶"的瓶身以朱砂书写的铭文是东汉时期流行的"解除文"，而且一般都有道教的符咒，这些内容反映了两汉时期逐渐形成的道教对葬仪的影响，如河南洛阳邙山西花坛汉墓M24出土东汉延光元年（122年）"朱书陶罐"（M24：145）的"解除文"和符篆，与当时道教经典《太平经》的"复文"就有密切关系，其渊源可以追溯至先秦的巫、祝、宗流行的时代和观念，具有驱邪避凶之功能。[64]可见，形制稳定又有镇墓含义铭文的第二类陶瓶，是汉代到魏晋时期关中地区专

门供相关葬仪使用的明器。

第五类瓶所反映的葬仪和葬俗则有所不同。辽阳唐户屯62号汉墓分左右两室，6件小撇口短束颈大腹陶瓶出自左室（夫妇合葬墓室）后部明器台上，台上还陈列着灶、井、盒、奁、盆、瓮、长颈瓶等陶器，共18件，另有货泉和蓝琉璃耳珰等，同墓右室也出土了基本相同的随葬器物，表明这类陶瓶在西汉末期关外地区的墓葬中有祭奠之义。到了北朝时期，长城南北地区墓葬出土的这类陶瓶普遍存在一个现象，即口沿常见有意敲破后留下的茬口残迹，这种现象直到唐代都有延续，有人认为这是一种特殊的"毁器"葬俗之表现，"是有一定的祭祀含义的"。[65] 从考古发现的实例来看，这种特殊葬俗至少在北魏前期已流行于长城南北，应该是草原民族从关外带入关内而不同于汉地传统的新葬俗的反映。

以上分析显示，这五类陶器在器形、功用上都与后世的梅瓶存在程度不同或性质不同的"渊源关系"，但是这种渊源关系并不表明这五类瓶、罐类器物与后世梅瓶之间存在直接的演进关系，我们仍然只能在"形式端倪"的意义上来看待这种关系。作为中国梅瓶"形式端倪"的载体，这些器物以明器的性质将不同的器形样式作为一种潜流延续下去，在梅瓶滥觞的隋唐时期逐渐表现出它们在不同层面上的影响。

（三）北方草原文化传统和新型酒瓶的出现

在上述五类器物中，第五类器物从本体性功用的角度来看是值得特别重视的。由于刘胜墓带链铜壶作为新型酒壶目前仅见此一例，而且具有很鲜明的个人化特征，表明其所代表的器物在当时很不普遍。而第五类撇口细颈大腹陶瓶，至少从两汉之交的时代出现以后，陆续遍及中国北方的东部区域，就此而言其普及程度远远大于前者。这个普及过程及其传播方向，又与汉魏时期北方草原民族陆续内迁乃至入主中原的过程基本重叠，说明第五类撇口细颈大腹瓶形器具有北方草原文化的传统。相比之下，上述第一至第四类器物是比较单纯的明器，而第五类细颈陶瓶在本体性功用上与前四类器物有所不同，有证据表明，其仿效的实用性瓶类器物——也许其中有一部分实例本身就是实用器，是具有北方草原文化性质的酒瓶。

以山西大同沙岭北魏太延元年（435年）壁画墓M7为例。该墓出土的第五类陶瓶共11件（图5-2-7㉑ ㉒），而在同墓墓室南壁所绘的壁画上（图5-2-8①）[66]，出现了与这11件"陶壶"形象完全一致的器物图像，至少有七八件之多。这幅壁画以曲折蜿蜒的步障分割为左、右两部分（分别靠东和靠西），画面左半部（东边）靠近墓室正壁（北壁）墓主人壁画的一边，表现了宴饮场面，以主人居住的汉式庑殿顶房屋为中心，参与人数众多，活动规模很大；画面右半部（西边）即靠近甬道的一边，绘制了粮仓、车辆、毡帐和宰羊等场景。右半部画面里，在"大的毡帐中有位端坐的女子，她的周围放有许多食物和温酒樽、壶、罐等

65 《朝阳市发现的几座北魏墓》，《辽海文物学刊》1995年1期145、146页。

66 采自：大同市考古研究所《山西大同沙岭北魏壁画墓发掘简报》图四一，《文物》2006年10期19页。

① ②

图5-2-8　山西大同沙岭北魏太延元年（435年）壁画墓M7墓室南壁壁画

67　《山西大同沙岭北魏壁画墓发掘简报》，
　　《文物》2006年10期20页。

68　采自：同上，图四三，20页。

69　大同市考古研究所《山西大同沙岭北魏壁画
　　墓发掘简报》，10～12页。

70　同上，12页。

71　参见：同上，"结语"，24页。

生活用具"；[67]左半部的宴饮图中，"房屋的周围有许多放食物的架子和盛酒的陶壶"（图5-2-8②）[68]。核对文图，可知其形制与中原传统的各式大口壶根本不同，也不同于小唇口或小蒜头口的直颈扁腹长颈壶（瓶），而是小撇口、细束颈、球状腹，正与同墓11件陶瓶相一致。这说明，第五类撇口细颈大腹陶瓶（图5-2-7⑯～㉔）是模仿同时期实用性盛酒瓶的明器。

从墓内出土的一块残留隶书题记的漆皮上得知，沙岭北魏墓M7为夫妇合葬墓，女性墓主属于鲜卑族别种破多罗部，她卒于北魏太武帝太延元年（435年）四月，并于该年秋八月随先夫合葬，[69]时值北魏建国初期。题记说明了这位破多罗部的"太夫人"之子曾官至侍中、主客尚书、太子少保、平西大将军，其品级至少在二品中阶以上，[70]因此墓中随葬品体现了北朝初期鲜卑族上层丧葬制度的情况和性质，墓中的壁画则形象地反映了当时统治阶级的社会生活。在壁画中，撇口细颈鼓腹的盛酒瓶与中原传统的大口巨腹温酒樽并存，是北方少数民族在入主中原的过程中，在保持本民族器用传统的同时逐渐接受中原传统礼仪并使用相关器物的明证。发掘者指出，该墓墓室南壁壁画与墓中其他特征都反映了汉族和北方少数民族的两种居住方式，显示出北魏太武帝拓跋焘统治时期（424～452年）游牧民族的居住习尚并未彻底改变，但在当时首都平城（今山西大同）一带，鲜卑族已出现了一定程度的汉化。[71]

综上所述，从汉代至北朝的五种类梅瓶陶器中，唯一可以确定是酒瓶或模仿同形酒瓶的器物，只有第五类陶瓶，尽管这类酒瓶的器形与后世梅瓶之间仍然存在明显的差异。还可以肯定的是，从长城以北向中原地区逐渐传播的这种酒瓶，具有北方草原文化传统的性质，它在由北向南的传播过程中与中原传统盛酒器并存流行，体现了北方草原地区游牧式的生活方式与中原农业地区定居式的生活方式发生的交流与融合。

72　采自：西安市文物保护考古所《西安北周康
业墓发掘简报》图二九（左一、中上、中
下，局部），《文物》2008年6期27、32页。

73　分别采自张季《河北景县封氏墓群调查记》
图版捌：1（右、左），《考古通讯》1957
年3期30页；磁县文化馆《河北磁县东陈村
东魏墓》图版拾：3，图九：1，《考古》
1977年6期397、399页；王克林《北齐库狄
回洛墓》图七：1，《考古学报》1979年3期
385页；唐云明、王玉文《河北平山北齐崔
昂墓调查报告》图二一，图二二，《文物》
1973年11期29页；《太原开化村北齐洞室墓
发掘简报》图九：4，《考古与文物》2006
年2期10页；王会民、张志中《邢窑调查试
掘主要收获》图三：2，图五：2，《文物春
秋》1997年增刊9页；《洛阳龙门唐安菩夫
妇墓》图版六：2，《中原文物》1982年3期
24页；王承礼《敦化六顶山渤海墓清理发掘
记》图11：1，《社会科学战线》1979年3期
206、208页。

梅瓶形制滥觞期的六条线索

在中国梅瓶器形史上，隋唐时期（581～907年）是一个至为关键的阶段。
一方面，此前的一些类梅瓶器物继续演变，其在隋唐的器形与一些未必类似梅瓶
器形的器物，都对后世梅瓶的某些器形样式产生了程度不同的影响；另一方面，
梅瓶的基本形制在这个时期开始出现，并缓慢地衍化。这两个方面表明，隋唐既
是梅瓶的滥觞期，也是各种类梅瓶器形因素持续生发的时期。本节沿上节余续，
先考察北方新型酒瓶的变化，在此基础上对隋唐时期类梅瓶器物进行梳理，结合
下一节关于梅瓶"形制滥觞"的讨论，观察梅瓶的"形式端倪"与之处于同一个
历史过程所发生的重叠交合关系。

一、新型酒瓶器形分化的两个方向

北方草原传统的新型酒瓶，从北朝开始发生了明显的器形分化。以陕西西安
北郊北周天和六年（571年）康业墓出土的石围屏线刻图所示酒瓶器形为例：石
围屏正面第4幅和第5幅线刻图分别刻出了胡人仆从握着（图5-3-1①）、捧着
（图5-3-1②）或置于地上（图5-3-1③）的细长颈瓶，圆腹或长圆腹，仆人分
别作献酒和侍奉状，表明这类细长颈瓶确是酒瓶。[72]通过图像比较不难看出，图
中的细长颈瓶与136年前山西大同沙岭壁画墓M7墓室南壁壁画上的酒瓶属于同
类酒瓶，但是颈部已明显拉长了。这就涉及北方草原传统的新型酒瓶在西域文化
因素作用下发生分化的问题。

早在康业墓所处年代以前——至迟在北魏晚期，新型酒瓶的器形已经朝着两
个方向发生分化，分化过程一直持续到唐代。

第一个方向主要表现为：尺寸上趋于小型化，大部分高度介于8～23厘米之
间，最高也不超过30厘米；器形上，口部都是外撇的喇叭口，但瓶颈拉长了，腹
部呈椭圆、扁圆或近似倒滴水状，足部在平底之外大量使用了饼形足、圈足，材
质也多样化，除了陶质，还有青瓷、酱釉瓷、白瓷、黑瓷等瓷质，甚至使用了青
铜。一般而言都将这个方向的器物称为"长颈瓶"（图5-3-2）[73]。

图5-3-1 西安北周康业墓石围屏线刻摹本（局部）

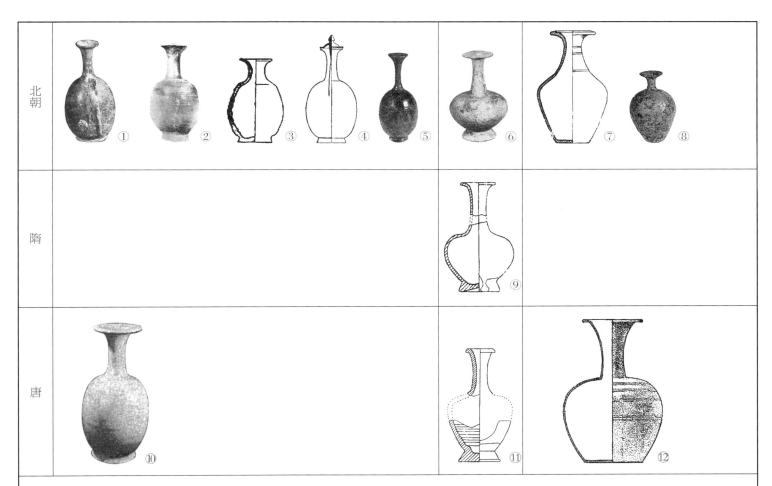

图5-3-2 北朝至唐代北方地区"长颈瓶"举例（0 ⊢⊢⊢⊢⊢⊢⊢ 10 cm）

① ⑥河北景县北魏正光二年（521年）封魔奴墓出土（铜） ② ③河北磁县东魏武定五年（547年）尧赵氏墓出土（M1：114，酱褐釉瓷；M1：129，青瓷） ④山西寿阳北齐河清元年（562年）库狄迴洛墓出土（鎏金青铜） ⑤ ⑧河北平山北齐天统二年（566年）崔昂墓出土（铜） ⑦山西太原北齐天保十年（559年）窦氏墓出土（陶） ⑨河北内丘邢窑遗址第二期地层（隋）出土（白瓷） ⑩河南洛阳唐景龙三年（709年）安菩夫妇合葬墓出土（白瓷） ⑪河北内丘邢窑遗址第三期地层（唐早期）出土（黑釉） ⑫吉林敦化唐渤海国前期（8世纪）王室贵族墓IM9出土（灰陶）

这种长颈瓶的器形与汉代常见的铜质和陶质长颈壶差异明显，传统不同，后者为长直颈，配以很窄的小唇口或蒜头形口（俗称"蒜头瓶"）。还是以西安北周天和六年（571年）康业墓为例，根据墓志得知康业是粟特人，先祖是位于今天的泽拉夫珊河南岸撒马尔罕的古代康居国王族，康业继父位任康国大天主，死后由北周皇帝诏赠甘州刺史，说明他是从西域移民中土的中亚人，[74]其墓石围屏线刻图上表现的器皿如巨罗、尖角酒杯等都是西亚的流行器物，撇口长颈瓶也是如此，或即接受来自西域的细长颈酒瓶影响的结果。

这类撇口长颈瓶在尺度上都属于小型器。从器形来看，它与北宋的"鹅颈瓶"很相似，而所谓"玉壶春瓶"也可能与之有关。从汉代到北朝逐渐流行的新型酒瓶的第一个分化方向，很明显地离梅瓶越来越远。

其第二个分化方向，却表现出日益强烈的类梅瓶器形特征，特别是在唐代表现明显，成为梅瓶滥觞期影响后世梅瓶某些器形样式的第一条重要线索。下面将朝着这个方向演变的器物，以及滥觞期的其他类梅瓶器物一并讨论。

二、隋唐时期类梅瓶器物的六条线索

经器形样式的归纳，隋唐时期的类梅瓶器物可以分为六类，成为与五代、宋、辽时期梅瓶的不同器形样式相关的六条线索。

（一）第一条线索：小口短束颈大腹陶瓶

第一类，也就是北方新型酒瓶朝第二个方向分化出来的器物，共同的器形特点是：小口，短束颈，瓶身轮廓多呈椭圆形，平底（图5-3-3）[75]。

这类小口短束颈大腹瓶，高度在20～36.6厘米之间，均为陶器，多为泥质灰陶或夹砂灰陶，也有泥质红陶（如例④韩忠节墓陶瓶，图5-3-4①[76]；例⑦张弘庆墓陶瓶，图5-3-4②[77]），偶见白色高岭土胎（如洛阳盛唐墓M1289陶瓶），有些器表罩白色化妆土（如三门峡唐早期墓M11），多素面无饰纹，个别器物出现红白彩绘（如例⑧荥阳宋华墓陶瓶，图5-3-4③）[78]。显然，这些陶瓶都是纯粹的明器。在流行时间和分布地区方面，这类明器陶瓶流行于整个唐代，分布于中原地区，尤以河南最为常见。

经器形对比可知，这类陶瓶器形的形成，存在一主一副两条脉络，主线是以北方草原传统的新型酒瓶为基础（图5-2-7⑯～㉔），副线是中原地区汉墓流行的折沿陶罐（图5-2-7①～⑤）。先看主线。尽管这类陶瓶有卷唇撇口、薄唇撇口、浅盘口、平沿方唇口或圆唇口、宽沿卷唇口等多种形式，但是短束颈决定其口部的侧视轮廓大体具有撇口的形态；瓶身大体则是椭圆形，从唐早期的适中或

74 上揭《西安北周康业墓发掘简报》，《文物》2008年6期34页。

75 采自：《三门峡三里桥村11号唐墓》图十二：3，《中原文物》2003年3期14页；《河南省储备局四三一处国库唐墓发掘简报》图四：5，《文物春秋》2009年3期29页；《洛阳关林镇唐墓发掘报告》图三〇：3，《考古学报》2008年4期544页；《三门峡市两座唐墓发掘简报》图二七：2，《华夏考古》1989年3期109页；《郑韩故城新郑市二中唐墓》图三：2，图七：3，《江汉考古》2005年3期33、37页；《三门峡市两座唐墓发掘简报》图六：8，《华夏考古》1989年3期103页；《河南荥阳市薛村遗址唐代纪年墓》图三：3，《考古》2010年11期54页；胡焕英、祝晓东《河南三门峡市清理一座纪年唐墓》图三：2、4，《考古》2007年5期93页；《陕西陇县店子村汉唐墓葬》图二〇：15，《考古与文物》1999年4期24页。

76 采自：《三门峡市两座唐墓发掘简报》图二八：4，《华夏考古》1989年3期。

77 采自：同上，图一七：3。

78 采自：《河南荥阳市薛村遗址唐代纪年墓》图版拾陆：6，《考古》2010年11期54页。

①　　②

③

图5-3-4　唐墓出土小口短束颈大腹陶瓶

（0　　　　10 cm）

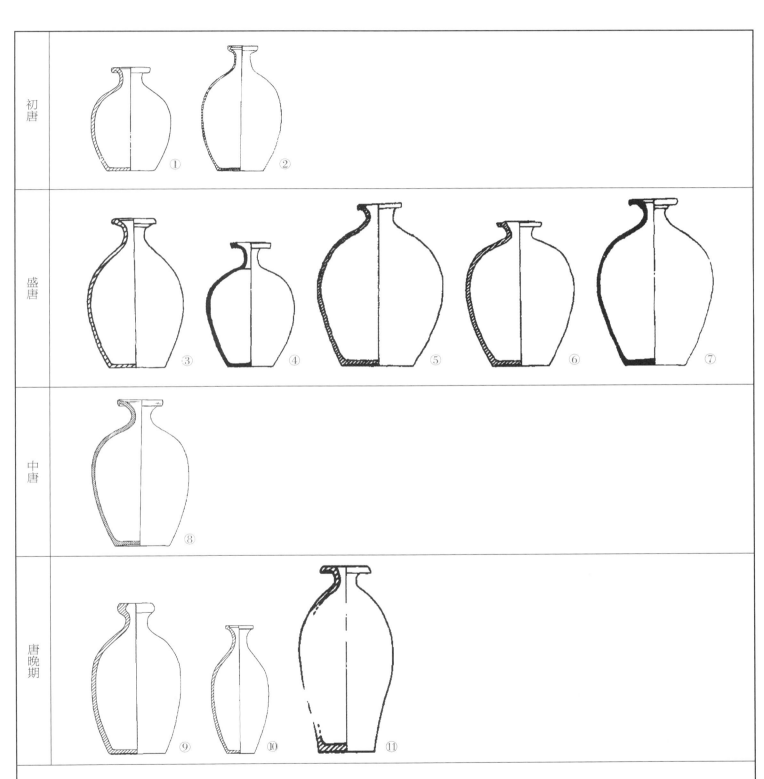

图5-3-3   中原地区唐墓出土小口束颈陶瓶举例（0 _____ 10cm）

①河南三门峡唐墓M11（初唐后段）出土   ②河南巩义唐墓M2（675～680年）出土   ③河南洛阳唐墓M1289（盛唐）出土   ④河南三门峡唐天宝元年（742年）韩忠节夫妇合葬墓出土（5件之一）   ⑤河南新郑唐至德二年（757年）徐罗王墓出土   ⑥河南新郑唐墓M2（至德二年前后，757年）出土   ⑦河南三门峡唐张弘庆墓（至德三年以后，758年）出土（2件之一）   ⑧河南荥阳唐元和十五年（820年）宋华夫妇合葬墓出土   ⑨⑩河南三门峡唐墓M1（唐晚期）出土   ⑪陕西陇县唐墓M63（中晚唐）出土

偏于短矮，到盛唐时期变得高大肥硕，中晚唐渐趋瘦长。可见，其整体形态特征与汉代以来北方逐渐流行的新型酒瓶（汉代到北朝类梅瓶器物第五类"陶瓶"）一脉相传，也就是北方草原传统的新型酒瓶沿着第二个方向分化的结果。再看副线。这类小口短束颈大腹陶瓶的诸多口部形式，除了其中的薄唇撇口，其他口形都不类于新型酒瓶及长颈瓶（第一分化方向）的撇口，说明这类陶瓶的器形融合了其他器形因素。其中，平沿方唇口或圆唇口与汉代类梅瓶器物第一类的"陶罐"口部明显相似，只是口径变小，说明后者是融入因素之一。可以辅助说明这条副线存在的重要理由是，唐代这类陶瓶与汉代第一类陶罐在单纯的明器性质和地域分布这两个方面是相同的。

以唐代这类小口短束颈大腹陶瓶与辽、宋梅瓶某些样式做对比，可以看到其中存在明显的形式关联，如辽代的矮体梅瓶样式三11（图6-3-6①②），北宋的矮体样式五2（图6-2-18①②），北宋晚期到金代初期的丰体样式三13（图7-2-7①），以及北宋高体样式二3（图6-2-3②）等，都在整体或某些局部关系上与唐代陶瓶一致或相似。不同之处在于，唐代陶瓶的口部细节变化很多，显得不够规范，体态的修长特征不够明显，而辽宋梅瓶的口部虽然也各有不同，但更为规范，颈部更短，矮体的肩部加宽，丰体和高体的腹部拉长，而且都陆续摆脱了较为原始的平底，普遍采用浅隐圈足。重要的是，这种有区别的相似性主要发生在广义的北方，很少见于南方，这也提示了其中有一条线索的存在。

小口短束颈大腹陶瓶作为唐代类梅瓶器物中的第一类，与北方草原文化传统和中原文化传统都有密切关系，既是汉代到北朝类梅瓶器物之第五类和第一类的融合与延续，也与辽宋时期梅瓶的某些样式存在形式上的重要关联，因此它是一条具备历史渊源而又对辽宋梅瓶器形发生影响的重要线索，也即第一条线索。

（二）第二条线索：小口罐

隋唐时期的中原和华北地区，如山西、陕西、河南等地普遍流行一种小口罐（也有报告称为壶、瓶），共同的器形特点是：高度介于17～36厘米之间，小口，短颈，宽肩，上腹圆鼓，下腹斜收，平底（图5-3-5）[79]。其口颈部比上述陶瓶要粗大，但比同时期的大口罐要细小。一般看来，这类小口罐的器形很难说类似梅瓶，但是经过器形对比，它与后世梅瓶的某些器形样式仍然存在程度较高的相似性，因此可以单列一类，是为第二类。

与唐代第一类陶瓶不同，这些小口罐的材质并非一律，而是分为陶、瓷两类。陶质者多为泥质灰陶，也有棕红色陶（如洛阳刘曌墓），少量器表罩白色化妆土（如长治辛谦墓），也有青黄色半釉陶（如洛阳唐墓C5M1045），多为素面无饰纹，也有的肩腹部有简略的弦纹（如襄垣隋代浩喆墓）。瓷质者胎色多为红色或红褐色，也有灰白色（如郑州上街铝厂唐墓M1），均施半釉，多见白釉，也有酱釉，时见脱落。白釉的质量一般较高，有些白釉"光亮如镜"（如孟

79 采自：《山西襄垣隋代浩喆墓》图一八，《文物》2004年10期10页；白红芳、崔利民《长治云步街唐墓》图三，《文物世界》2005年5期36页；《咸阳师专唐墓清理简报》图三，《文博》1998年5期9页；《岐山郑家村唐元师奖墓清理简报》图五：3，《考古与文物》1994年3期53页；《洛阳杨文村唐墓C5M1045发掘简报》图三：1，《考古与文物》2002年6期18页；尚振明《河南孟县店上村唐墓》图四：右，《考古》1988年9期860页；《洛阳龙门唐安菩夫妇墓》图版六：6，《中原文物》1982年3期24、26页；刘瑞《西北大学出土唐代文物》图一：8，《考古与文物》1999年6期93页；《郑州市上街铝厂唐墓发掘简报》图三：2，《中原文物》1997年3期71页；《郑州市郭庄唐代李旺墓清理简报》图一：4，《中原文物》1988年1期31页；《洛阳关林大道唐墓（C7M1724）发掘简报》图三：1，《文物》2007年4期28页；《洛阳王城大道唐墓（IM2084）发掘简报》图一〇：4，《文物》2005年8期53页；《陕西陇县店子村汉墓葬》图二〇：5、17，《考古与文物》1999年4期21、24页。

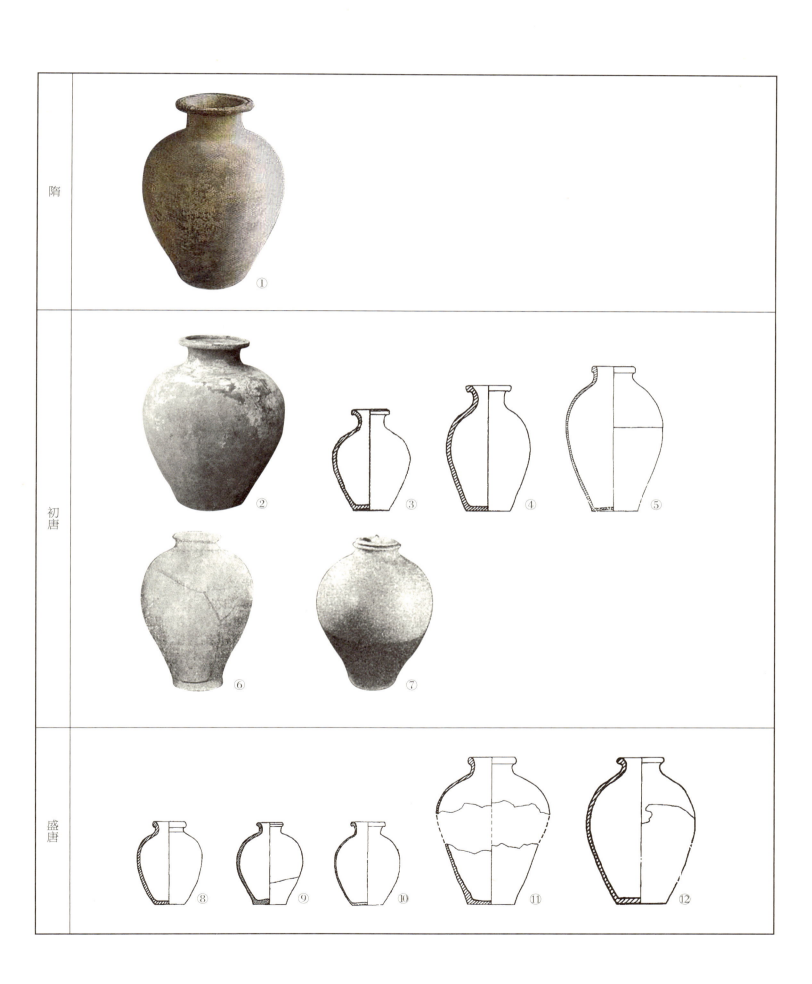

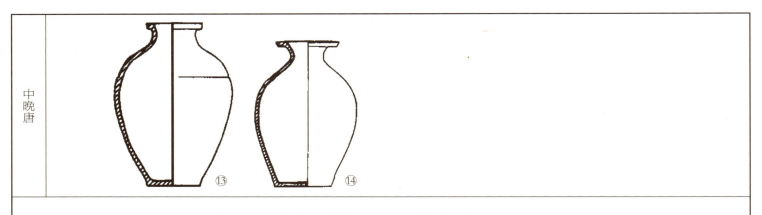

图5-3-5　中原地区隋唐墓葬出土"小口罐"举例（0　　　　　10 cm）

①山西襄垣隋大业三年（607年）浩喆墓后室出土（2件之一）　②山西长治唐上元三年（676年）辛谦夫妇合葬墓出土　③陕西咸阳师专墓M7出土　④陕西岐山唐武周垂拱二年（686年）元师奖墓出土　⑤河南洛阳唐墓C5M1045出土（3件之一）　⑥河南孟县店上村唐墓出土（2件之一）　⑦河南洛阳唐景龙三年（709年）安菩夫妇合葬墓出土（3件之一）　⑧陕西西安西北大学盛唐墓出土（多件之一）　⑨河南郑州上街铝厂盛唐前期墓M1出土　⑩河南郑州唐上元二年（761年，燕显圣元年）李旺夫妇合葬墓出土　⑪河南洛阳唐刘曜墓出土　⑫河南洛阳王城大道唐墓IM2084出土（4件之一）　⑬陕西陇县店子村中晚唐墓M145:1出土　⑭陕西陇县店子村晚唐墓M10出土

县店上村唐墓），因此也被认为是"制作精细的实用器"（如初唐晚期的安菩夫妇墓）。类梅瓶器形的瓷质小口罐，对于探寻后世瓷质梅瓶的来源是一个重要的参照。

上述小口罐的尺寸分大中小三种，按高度分别有31～36厘米、23～29厘米和18厘米上下的。在器形上，口部可细分为三种：极浅的浅盘口、卷沿圆唇口、平沿方唇口，唇部分厚薄；颈部有柱状、束腰状两种；瓶身分高矮，形状大致有近似圆形和倒滴水形两种。其中一些陶质器物与第一类陶瓶很接近。

从瓶体的器形来观察，这类小口罐应与汉代以来类梅瓶器物的第一类陶罐有延续性，但也同样出现了新的因素。如洛阳安菩墓白釉罐的盖的形式此前并不多见，又与宋代梅瓶常见的覆杯式盖根本不同，二者的这种器形差异是需要注意的，不能硬加比附。如果仅就瓶体器形来看，北宋早期梅瓶的某些样式尚明显地存在隋唐小口罐的形式特征。如辽宁朝阳辽开泰九年（1020年）耿延毅夫妇合葬墓出土了一对高30.4厘米的北宋景德镇窑青白瓷梅瓶（图6-2-3①，样式二2）[80]，器形与隋唐小口罐中宽肩、丰体、瓶身偏矮的样式极为相似，明显的差异在于后者足底为隐圈足、圆凸底。而河南孟县店上村唐墓白瓷罐（图5-3-5⑥）、洛阳唐景龙三年（709年）安菩墓白瓷罐（图5-3-5⑦）、洛阳王城大道唐墓IM2084酱釉瓷罐（图5-3-5⑫）等，与五代、北宋的第二类梅瓶样式群的矮体样式也都有许多相似之处。这再次说明，不同梅瓶样式器形的形成，是多种因素共同作用的结果。

80　采自：朝阳地区博物馆《辽宁朝阳姑营子辽耿氏墓发掘报告》图版叁叁：5、6，图二○：13，载于《考古学集刊》第3辑，北京：中国社会科学出版社，1983年，184页。按：这对梅瓶通常也不被视为梅瓶，如发掘者只是称之为"影青瓷瓶"，但也有学者将其作为北宋早期梅瓶来看待并讨论，见刘涛《宋辽金纪年瓷器》图7-49，北京：文物出版社，2004年，104～106页。

81 采自：李久海、朱薇君《论扬州出土的一批唐代邢定窑白瓷》图一：2，《文物春秋》1997年增刊40页；《中国美术全集·工艺美术编·2·陶瓷（中）》图版38，上海：上海人民美术出版社，1988年；《中国古瓷窑大系·中国定窑》图版45，北京：中国华侨出版社，2012年。

82 采自：《中国陶瓷·定窑》图版5，上海：上海人民美术出版社，1983年。

83 这是蔡毅先生曾经提到过的一个看法，出于谨慎，他未加深入。见蔡毅《关于梅瓶历史沿革的探讨》，《中国古陶瓷研究·第六辑》，北京：紫禁城出版社，2000年，90页。

84 采自：新乡市文物考古研究所《河南新乡市南华小区唐墓发掘简报》图八：4，《华夏考古》2008年4期45页。

85 采自：《河南省储备局四三一处国库唐墓发掘简报》图四：4，《中原文物》2008年3期17页；《荥阳后王庄唐墓发掘简报》图三：2，《中原文物》2007年6期21页；《洛阳关林镇唐墓发掘报告》图三二：13，《考古学报》2008年4期546页；《河南省禹州市神垕镇下白峪窑址发掘简报》图三六：9、2、4，《文物》2005年5期26、29页；《巩义市大小黄冶唐代三彩器窑址调查》图四：6、4，《中原文物》1992年4期58~59页；《山西浑源县界庄唐代瓷窑》图五：16、14，《考古》2002年4期64页。

图5-3-6　唐、五代邢窑、定窑白瓷侈口粗颈瓶举例（0 10cm）
①唐代扬州城遗址出土邢窑白瓷瓶　②北京故宫博物院藏唐代邢窑白釉瓶　③河北曲阳县文物保管所藏晚唐至五代定窑白釉瓶

（三）第三条线索：侈口粗颈瓶

作为第三类，唐、五代的邢窑和定窑流行一种白瓷侈口粗颈瓶，似由罐类演变而来，与后来的梅瓶也有一定关系，器形的共同特征是：圆唇侈口，口径较大，有一定高度的粗颈，肩不甚宽，上腹微鼓，下腹较直地斜收，平底，或浅隐圈足。所见实例的高度为26.2厘米、14.6厘米、18.4厘米（图5-3-6①~③）[81]。

这类瓶的尺寸都不大，均为邢窑、定窑的高品质白瓷，器形的统一特征明显，又有逐渐变长的趋势。例①还有罐类器的痕迹，但瓶身开始加长，口径缩小；例②进一步瘦长化；例③大体沿袭前者，但撇口特点加强，颈部略显矮小而衬托瓶身加长，其进一步变化就出现了河北曲阳五代李氏墓出土的定窑白瓷矮体梅瓶（样式二1，图6-2-2①）[82]。可见，在唐、五代从邢窑到定窑的精细白瓷瓶中，样式二1矮体梅瓶的形成脉络应该是很明显的，笔者将其确定为第三条线索。这也是为什么有些学者考虑过将上述例②（图5-3-6②）与梅瓶相联系的根本原因。[83]尽管样式二1在唐代中晚期的陶质梅瓶上已现雏形（图5-4-1④）[84]，但是就定窑白瓷来看，从邢窑的罐到定窑的瓶这条线索仍是主要的。

（四）第四条线索：饼形足盘口瓶

在唐代，中原和华北地区流行一种小型的饼形足盘口瓶，器形的共同特征是：盘口，短束颈，深腹，平底饼形足。具体差异在于盘口和瓶身（图5-3-7）[85]。

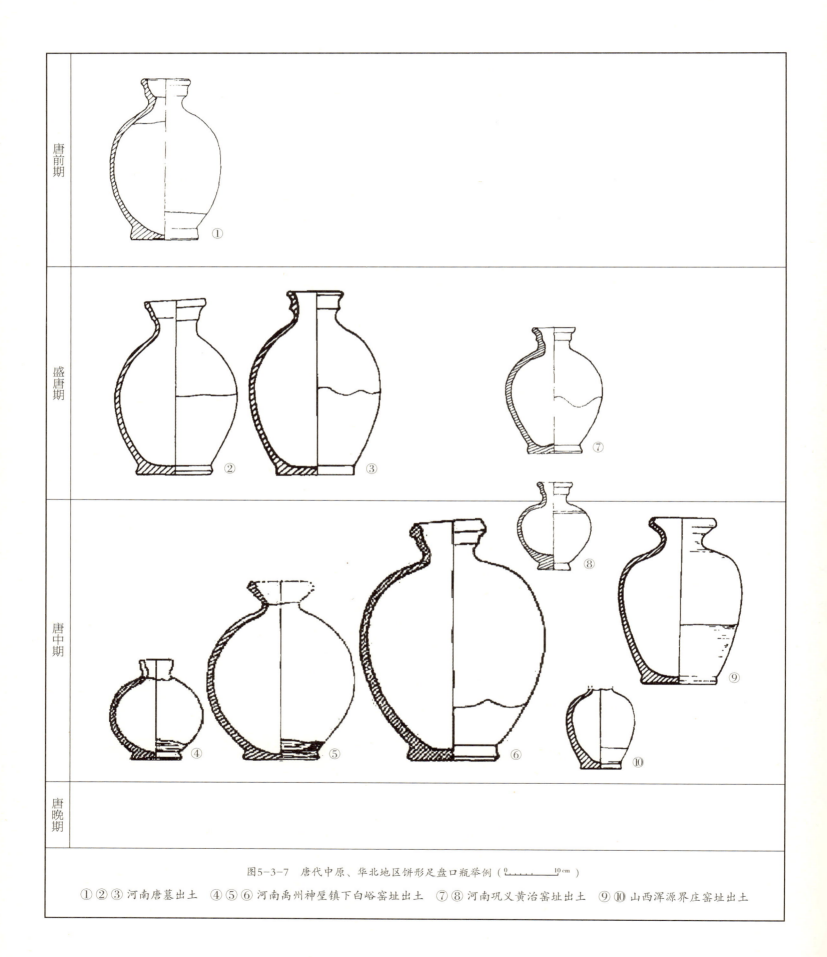

86 采自：《山西浑源县界庄唐代瓷窑》图版
捌：5，图五：16，《考古》2002年4期64页。

87 同上，67页。

88 采自：《河南省储备局四三一处国库唐墓
发掘简报》彩版二：3，《中原文物》2008
年3期。

89 采自：《荥阳后王庄唐墓发掘简报》图四：
4，《中原文物》2007年6期。

①　②　③

图5-3-8　唐代中原窑口饼形足盘口瓶举例（0 ⌁⌁⌁⌁⌁⌁⌁ 10 cm）

　　直观看来，这类瓶大部分都不具备类梅瓶器形，但是其中某些样式与梅瓶的关系仍然值得重视和研究。1997年山西浑源界庄窑址唐代地层出土的"A型黑瓷瓶"标本C：7（图5-3-8③、图5-3-7⑨）[86]，钵盂状盘口，口沿微内敛，束颈，肩部较平，肩腹圆折，但转折明显，深腹，下腹微内收，饼形足，平底。发掘者判断，唐代界庄窑的烧造期为中唐后期至晚唐前期，即大约在公元9世纪。[87]从器形特征来看，这种瓶式在北宋和辽代分别有不同的继承样式。如陕西地区北宋早期到中期墓葬中流行的小盘口短束颈筒状瓶身饼形足梅瓶（样式一○4，图6-2-25①~⑥），与界庄窑的盘口饼形足瓶有某种契合，加之地域相邻，品种相同（均为黑釉器），器形元素也都近似，经过口径缩小、颈部缩短、瓶身拉长的变化而成。另外，上文曾经提及辽代的矮体梅瓶样式三11（图6-3-6②），也可以视为界庄窑A型黑瓷瓶收缩口径、加宽肩部、束颈换成圆柱状的结果。而在辽代晚期，河北宣化辽墓壁画上描绘的某些白色（图4-4-2②）和黑色（图4-4-2③）的花瓶，也或多或少显露出与界庄窑A型黑瓷瓶的器形源流关系。

　　界庄窑址唐代地层出土的"A型黑瓷瓶"还有一件标本T1③：11（图5-3-7⑩），口部残缺，瓶身呈椭圆形，这说明同样的口颈部而瓶身不同的同类亚型瓶在界庄窑同时流行。其实，与这种亚型相类的小型饼形足盘口瓶在唐代非常流行，目前所见以河南地区发现最多，见于唐代前期和盛唐期的多座河南唐墓，在河南神垕镇下白峪窑址和巩义黄冶三彩窑址也都有出土。河南的饼形足盘口瓶也有钵盂状盘口（图5-3-7⑤），但常见的是台状盘口，即盘口直壁下沿与颈部之间有一道明显的折棱，唇部以卷唇最常见（图5-3-7①③⑦⑧），还有平唇（图5-3-7②）、微侈（图5-3-7④）、梯形斜唇（图5-3-7⑥）等，瓶身有球形、椭圆形、倒滴水形，也存在整体愈晚愈长的趋势。这类瓶的材质多属瓷器，部分属于陶器，以白胎居多，分别挂白釉（图5-3-8①）[88]、半酱釉（图5-3-8②）[89]、青绿釉、赭釉、绿釉、茶叶末釉等，还有红胎棕褐色釉、褐胎棕色釉、黄胎棕褐色釉、浅灰色胎黑釉等，大部分器物显然是实用器。虽然两宋时期的小盘口（包括浅盘口）梅瓶很多，也很有特色，却并非直接继承这类饼形足盘口瓶，这类瓶的盘口、饼形足等特点则作为形式元素在五代到宋代梅瓶的某些样式上得到延续。

倒是饼形足盘口瓶在南方窑口的出现值得留意。安徽淮南黑泥乡出土的唐代寿州窑"黄釉细颈瓶"（图5-3-9①）[90]，广西灌阳县和钟山县分别出土两件唐代的"覆莲瓣青瓷瓶"（图5-3-9②）和无饰纹"青瓷瓶"（图5-3-9③），[91]三者都是饼形足盘口瓶样式。与中原不同，唐代南方这类瓶的体量反而更为高大，瓶身分别呈橄榄形和倒滴水形，特别是口部加长、外撇，演变成了杯形口，与唐代金银器酒杯形状类似。如果说上述中原同类瓶大多与梅瓶距离较远，那么南方这类饼形足盘口瓶却初具梅瓶形制的基本特征——到了五代，岳州窑还出现了与之具有明显继承关系、又与梅瓶更为相近的青瓷划花器（图6-2-24④⑤），笔者将其作为五代的南方梅瓶样式一〇1，后者在器形、饰纹和胎釉方面都与广西出土的两件青瓷瓶非常相似，胎釉质量更为精细，划花饰纹更为工整，器形也更显秀气。遗憾的是，样式一〇1在五代以后没有延续，其他南方窑场（如景德镇窑、越窑）相继出现的同类梅瓶在器形渊源上与它并不相同。

唐代的饼形足盘口瓶作为一条影响后世第一〇类梅瓶某些样式得以形成的重要线索，在一北一南分别表现出来。根据后文的梳理，其在北宋的北方地区主要见于陕西关中，在南方则至五代而止。在这一过程中，尽管北宋的瓶式扬弃了唐代多种形式特征的盘口和瓶身形态，但饼形足作为一个重要的器形元素则成为第一〇类梅瓶样式群的分类标志，因此唐代的饼形足盘口瓶可以视为影响第一〇类梅瓶早期形态的一条线索，即第四条线索。

（五）第五条线索：小口无颈长腹罐

最晚在唐代晚期，中原地区出现了一种类梅瓶器形的小口短束颈长腹罐，器形的共同特征是：小口，折沿，束颈极短（可视为无颈），长身，斜肩，鼓腹，下腹斜收至底，足底分别有平底、浅凹底、平底矮圈足。

这种罐类器在不起眼的河南郑州荥阳县翟沟瓷窑址中有较多发现，调查者称之为"小口罐"，分为5式，有4式见完整器（图5-3-10）[92]。其中，Ⅰ式2件，高30.5厘米、口径6.2厘米、底径11.5厘米，平底（图①）；Ⅱ式9件，高29厘米、口径7厘米、底径10厘米，平底内凹，分别施黑釉、青釉、酱釉（图②）；Ⅲ式2件，高28厘米、口径6.5厘米、底径9.5厘米，矮圈足，青釉（图③）；Ⅳ式1件，高29厘米、口径7厘米、底径11厘米，平底内凹，黑釉（图④）。

这些小口罐施釉到下腹部，肩部都有一周宽1厘米左右的露胎痕，Ⅱ式少数为两周露胎，这些露胎痕是以碗扣烧所致。[93]在器形上，这种小口罐只有数量极少的Ⅳ式是下腹外鼓，大部分的瓶身以上腹外鼓居多。小口的"折沿"形状分为

90　采自：徐孝忠《淮南市出土的寿州窑瓷器选介》图三，《文物》1992年9期95页。徐孝忠先生判断此瓶属唐中晚期寿州窑制品。

91　采自：《中国陶瓷·广西陶瓷》图版41、42，上海：上海人民美术出版社，1985年。两瓶均藏于广西壮族自治区博物馆。按：有学者研究认为，广西出土的这两件唐代青瓷瓶可能也是岳州窑制品，见李梅田、刘红芳《洪州窑与岳州窑关系浅探》，《江汉考古》1999年1期。

92　采自：张松林《荥阳翟沟瓷窑遗址调查简报》图三：12、13、14、15，《中原文物》1984年4期21页。

93　张松林《荥阳翟沟瓷窑遗址调查简报》，《中原文物》1984年4期21页。

图5-3-9　唐代南方窑口饼形足盘口瓶举例

（0　　　　10cm）

94 张松林《荥阳翟沟瓷窑遗址调查简报》，
　《中原文物》1984年4期21页。

95 同上，"结语"，22页。

96 据张松林介绍，翟沟窑在唐代晚期之前和之
　后，其烧造的器物种类都不丰富，多为碗、
　盘类及其他种类有限的器皿，综合来看"小
　口罐"很可能是晚唐制品。

97 分别见杨晶《辽墓初探》，《北方文物》
　1985年4期；杨晶《辽代汉人墓葬概述》，
　《文物春秋》1995年2期；梁淑琴《辽瓷的
　类型与分期》，《北方文物》1994年3期；
　彭善国《辽代陶瓷的考古学研究》，长春：
　吉林大学出版社，2003；董新林《辽代
　墓葬形制与分期略论》，《考古》2004年8
　期；乔梁《契丹陶器的编年》，《北方文
　物》2007年1期；〔日〕长谷川道隆著、杨
　晶译《辽、金、元代的长壶》，《北方文物》
　1997年2期。该文是长谷川道隆提交日
　本东洋陶瓷学会的一篇论文，发表于《东洋
　陶瓷》1987～1989第17卷。

98 乔梁《契丹陶器的编年》，《北方文物》
　2007年1期36页。

99 原见冯永谦《北票柳条沟辽墓》，《辽宁文
　物》1981年1期。转采自：乔梁《契丹陶器
　的编年》图七：Ⅰ1，《北方文物》2007年1
　期36页。

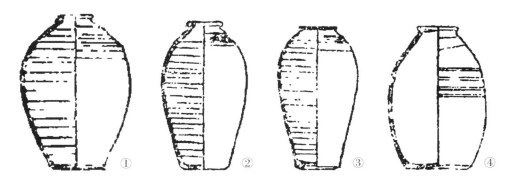

图5-3-10　河南郑州荥阳县翟沟瓷窑址出土"小口罐"（0　　　　　10 cm）

下斜和上侈两种，共有的特点是"唇中有一周凹槽"，[94]显示出浅盘口特征。据张松林调查研究，荥阳翟沟瓷窑址的烧造上限为隋代，唐代末期达到鼎盛期，衰落于五代，宋代为烧造下限，是盛烧于唐代的一处"属于北方黑白瓷系的、规模宏大的古瓷窑遗址"。[95]依据简报内容做综合对比，这些"小口罐"应属于翟沟窑的晚唐制品。[96]

经比较，无论是口颈部还是瓶身的形态，抑或是无饰纹、深色釉和肩部的一周露胎痕等特点，五代到北宋早中期河南地区流行的梅瓶样式三1，与翟沟窑小口罐都非常相似，只不过五代到北宋的器物朝着梅瓶基本形制特征的方向进一步发育，如浅盘口也更为明显，而翟沟窑"小口罐"的口部正可以视为浅盘口的雏形。

河南郑州荥阳翟沟瓷窑址的"小口罐"是晚唐时期中原地区出现的一种类梅瓶器物，它很可能是五代到北宋早中期以浅盘口、短束颈、橄榄状瓶身、平底或浅圈足为基本特征的梅瓶样式三1的直接来源，因此成为中国梅瓶滥觞期的类梅瓶器物中必须重视的第五条线索。

（六）第六条线索：蓖纹小口陶瓶

正如前文在讨论研究方法时已经指出的那样，从辽代到宋金元时期北方普遍流行的所谓"鸡腿瓶"也属于中国梅瓶研究的对象（见第一章第四节），因此寻找所谓"鸡腿瓶"的器形来源也是中国梅瓶起源研究的一个组成部分。

从考古学角度对"鸡腿瓶"特别是辽代"鸡腿瓶"做器物型式研究的海内外学者不少，[97]但是大多只关注"鸡腿瓶"成熟期的形态，而乔梁先生则从契丹陶器编年的角度入手，对辽代"鸡腿瓶"早期形态的渊源问题做过一些讨论。他将辽代"鸡腿瓶"粗略地分为A、B两型，认为辽代前期较流行的器身较粗、高度偏矮的A型"鸡腿瓶"，来源于一种与鲜卑族文化有关的"蓖纹小口陶瓶"，他推测："蓖纹小口陶瓶则有可能是在辽金时代比较盛行的鸡腿瓶的前身。"[98]为此他罗列了若干考古发现的实物为证，如年代最早的蓖纹小口陶瓶见于辽宁北票柳条沟辽墓M2（图5-3-11①）[99]，该墓年代实为相当于隋唐的早期契丹时

期；较晚的实例来自内蒙古巴林右旗敖包恩格尔辽墓（图5-3-11②）[100]，以及辽宁彰武朝阳沟辽墓M3（图6-3-4）[101]，后两者的墓葬年代都被认为是辽代前期，至于更晚的实物仍然时有所见。[102]这三件蓖纹小口陶瓶的器形具有如下共同特点：口部程度不同地外侈，唇部从卷唇、圆唇到敛唇，粗短的柱颈，颈肩转折较明确，溜肩，上腹略鼓，下腹缓慢斜收，凹底。其间的差异，一方面体现在口部的样式性变化，另一方面还体现在腹部逐渐拉长，足底的内凹程度也不同。

若将北票柳条沟辽墓M2的蓖纹小口陶瓶与隋唐器物进行对比，不难发现与之器形接近的器物即上文提到的唐代邢窑白瓷侈口粗颈瓶（图5-3-6① ②），虽然这种相似性不足以支持二者之间是否存在直接关联的判断，却提示了它们都具有类梅瓶器形，可以作为适当矫正柳条沟辽墓M2蓖纹小口陶瓶年代的旁证。换言之，乔梁先生梳理的这条演变脉络说明，辽代"鸡腿瓶"的器形渊源至少可以向前推至相当于唐代的契丹早期。

从辽代早期开始，以北京八宝山辽统和十五年（997年）韩佚夫妇合葬墓（M3）出土的两件瘦长形"鸡腿瓶"作为最早的纪年器例证（图4-3-5①、图6-3-9①）[103]，就已经出现了梯形小环口，这种口形与柳条沟辽墓M2蓖纹小口陶瓶一线以来的口形根本不同，而且比北宋梅瓶上出现梯形小环口的时间要早得多，也成熟得多，说明辽代"鸡腿瓶"的梯形小环口有自身的形式来源。目前，在早期契丹时期和辽代初期的陶瓷器内部，尚难以确定这种形式的渊源。从中国器物史的大背景来看，梯形环口在东汉晚期到北朝时期的中原和华北地区墓葬中流行的一种矮体陶瓶上比较常见，有些陶瓶也有表示道教含义的"解除文"，应该与上文梳理汉代到北朝的类梅瓶器物第二类有关联，而且这种很像梅瓶拦腰截取上半部分器形的器物，在两宋时期也重新流行过。如果继续追溯梯形环口，可以在汉代类梅瓶器物的第一类陶罐的某些器物上看到一些雏形，而第三类即甘肃安西县旱湖垴三国曹魏早期墓葬出土的所谓"鸡腿弦纹罐"的梯形环口已经很明显（见图5-2-7⑨～⑫）。尽管如此，目前也没有证据可以证明，所有这些更早期的器物口部形式与辽早期瘦高体"鸡腿瓶"的梯形小环口是否存在直接的演变关系。故存疑以备后考。

通过以上考察，大致梳理出隋唐时期具有类梅瓶器形的六类器物，初步讨论了各自对后世梅瓶相关器形样式的影响，梳理出梅瓶滥觞期对后世发生重要影响的六条线索。这六条线索发生影响的方向有所不同，彼此很可能也存在交叉甚至重叠关系。如果把中国文化史作为梅瓶从"形式端倪"到"形制滥觞"这个长时段的大背景，那么隋唐时期的上述六条线索便可以作为从中国器物史内部来认识梅瓶滥觞期向过渡期以至于繁荣期发展的小背景。对这个背景的恰当认识，有助于我们把握梅瓶滥觞期的丰富内容，也有助于理解作为滥觞期标志的隋唐梅瓶得以成立的整体"生态"。

100 原见内蒙古文物考古研究所《巴林右旗敖包恩格尔辽墓》，载于《内蒙古文物考古文集》第一辑，北京：大百科全书出版社，1994。转采自：乔梁《契丹陶器的编年》图七：Ⅰ2，《北方文物》2007年1期40～41页。

101 采自：乔梁《契丹陶器的编年》图七：Ⅰ3，《北方文物》2007年1期40～41页。

102 参见乔梁《契丹陶器的编年》，《北方文物》2007年1期36、37、40、41页。

103 采自：北京市文物工作队《辽韩佚墓发掘报告》图版贰肆：4，图七：11，《考古学报》1984年3期。按：日本学者长谷川道隆认为，韩佚妻王氏下葬时间是辽统和二十九年（1011年），韩佚夫妇墓两件鸡腿瓶中较瘦削的一件"或许可能是王氏追葬时的随葬品"，因此他将两瓶分别视为辽代前期和中期两种鸡腿瓶"类型"的代表。见〔日〕长谷川道隆著、杨晶译《辽、金、元代的长壶》，《北方文物》1997年2期107页。但无论年代如何，两瓶口部都是梯形小环口。

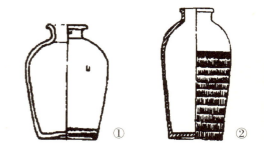

图5-3-11 从早期契丹到辽代前期的蓖纹小口陶瓶（0———10cm）

104　采自：中国社会科学院考古研究所编著
　　《唐长安城郊隋唐墓》"贰、隋代李静训
　　墓"，北京：文物出版社，1980年，图版
　　十四：7，22页。图片关善明《中国古代玻
　　璃》图六十七：7，香港：香港中文大学文
　　物馆，2001年。

105　采自：赵会军、郭宏涛《河南偃师三座唐
　　墓发掘简报》图十，《中原文物》2009年5
　　期7页。

106　陕西省文物管理委员会（段绍嘉执笔）《介
　　绍几件陕西出土的唐代青瓷器》，《文物》
　　1960年4期48页，封三：5。图片采自：杨培
　　钧主编《陕西历史博物馆珍藏·陶瓷器》
　　图版33，西安：陕西人民美术出版社，2003
　　年。按：此瓶现藏于陕西历史博物馆，有关
　　信息综合了这两种资料的内容。

第四节

形制的滥觞：隋唐时期出现的早期梅瓶

　　随着类梅瓶器物多源性生发局面的逐渐形成，在条件充分、机缘成熟的情况下，隋唐时期同时也迎来了中国梅瓶的滥觞期。笔者以为，要确定梅瓶的出现，必须满足两个基本条件：1. 确认具备梅瓶基本形制特征的器物存在。2. 确证这些器物具有与后世梅瓶相同或至少类同的功用和性能。有了这两个条件，我们就可以正面回答梅瓶滥觞于何时，也有助于解答梅瓶的滥觞期延续至何时，其间它有何特点，牵涉哪些问题和内容。先从考古材料入手。

一、隋唐梅瓶实例和有关讨论

（一）考古发现的隋唐梅瓶

　　经对考古材料的梳理和器形排比，以下4件出土于隋唐墓葬的瓶类器物，能够满足梅瓶的指认条件，出处可靠，有准确的断代依据，是以往的梅瓶研究成果中基本上未被触及的考古学实物。下面先按历史时间的顺序对之略作介绍：

　　①1957年陕西西安西郊梁家庄隋大业四年（608年）李静训墓出土"119号玻璃瓶"，高16.3厘米、口径2.8厘米、腹径9.8厘米、底径5.6厘米，"小口，厚唇外卷成圆形，无颈，唇下即为向外斜侈之肩，由肩以下微向内收至底。平底，底之中部有一径1.2厘米之凹窝，深入0.2厘米。玻璃绿色，出土时内盛有液体"。（图5-4-1①）[104]

　　②2001年河南偃师市城关镇前杜楼村砖厂唐贞观二十一年（647年）崔大义妻李氏墓（2001YCQLM1）出土"Ⅰ式瓷罐"1件（M1：63），高33.2厘米、口径7.5厘米、底径15.3厘米，"器形瘦长，小口，圆唇外卷，溜肩，上腹部圆鼓而稍长，小平底"。（图5-4-1②）[105]

　　③1956年陕西西安东郊韩森寨唐乾封二年（667年）段伯阳墓出土"青瓷素罐"1件，高36厘米、口径7.2厘米、底径15.5厘米，平底，釉层极薄，釉色白泛淡青色，通体开纹片（图5-4-1③）。[106]

①　　　　　　②　　　　　③　　　　　　　④

图5-4-1　隋唐墓葬出土的梅瓶（0 ⌐⌐⌐⌐⌐⌐ 10 cm）

　　④2004年河南新乡市南华小区唐代杨氏家族墓XQM5出土圆涡纹"陶瓶"1件（M5:1），高19.5厘米、口径5厘米、腹径15厘米、底径9厘米，"小盘口，圆唇，细颈，圆溜肩，最大腹径在肩部。肩部饰三周圆涡纹。"（图5-4-1④）[107]根据发掘报告的考证推测，该墓年代约在唐宪宗元和九年（814年）前后，时属唐代中期偏晚阶段。[108]

　　以上4件器物虽然器形相近，但器类名称有明显出入，即使同一器物在不同资料源中被冠以不同的名称——这一点在后文收录历代梅瓶的资料中也将是一个极为普遍的现象，本书第一章曾做过专门提示和讨论。为了便于论述，还是有必要做一些交代和分析。在1959年发表的发掘简报中，李静训墓"119号玻璃瓶"曾被称为"折肩平底瓶"，[109]安家瑶女士则根据1980年的发掘报告称其为"无颈瓶"，[110]二者都针对器形特点，却又不能综合反映该瓶形制的全部特征。崔大义妻李氏墓和段伯阳墓的出土物原本都被称为"罐"，后者在1960年的简报中被界定为"青瓷"，[111]而近年的图录却界定为白瓷，称之为"白瓷坛"，[112]关于品种界定的变化反映了中国古陶瓷学界对古代白瓷问题的认识转变，[113]但同器异名的罐、坛之别则表明，学术界不但在器物名称方面缺乏规范性处理，而且也并不认为该瓶属于梅瓶。

　　上述4件器物的口径相对于瓶身而言无一不是"小口"，都属于"瓶"类无疑。李静训墓119号玻璃瓶的"无颈"，实为极短而紧束的颈部，口部则是圆唇环状小口——"第一种环口"（见第三章第四节）。瓶身部分"向外斜侈之肩"即宽斜肩，"由肩以下微向内收至底"提示了上腹外鼓、下腹斜收的特点，其势较长而形成长腹特征。这两方面构成了梅瓶形制的典型：小口和短颈，丰肩和修腹。肩、腹部形体轮廓呈一横、一纵的方向对比，肩、腹圆转但转折明显，体现出刚健的时代风貌。

　　李静训墓119号玻璃梅瓶有两个问题值得注意。第一，上文提到，安家瑶女士最早提示了该瓶器形与"隋代和隋代之前所流行的陶罐"以及"宋元流行的瓷

107　采自：新乡市文物考古研究所《河南新乡市南华小区唐墓发掘简报》图八:4，《华夏考古》2008年4期45页。

108　同上，46页。

109　唐金裕《西安西郊隋李静训墓发掘简报》，《考古》1959年9期，472页。

110　安家瑶《中国的早期玻璃器皿》，《考古学报》1984年4期，425页。

111　见《介绍几件陕西出土的唐代青瓷器》"（青瓷）素罐"，《文物》1960年4期48页。

112　见杨培钧主编《陕西历史博物馆珍藏·陶瓷器》图33图版说明。按：这份说明的出土地点、尺寸等内容与原简报有明显出入，经陕西省博物馆蔡昌林先生帮助核对，证实二者所指确为一物。专此致谢。

113　参见上海博物馆编《中国古代白瓷国际学术研讨会论文集》，上海：上海书画出版社，2005年。

114　安家瑶《中国的早期玻璃器皿》，《考古
　　　学报》1984年4期425、426页。

115　同上，425页。

梅瓶"之间的相似性及其间的"渊源关系"，[114]虽然安女士没有就此深入，但是
从中国器物史整体出发而注意到梅瓶器形的起源存在着孕育和不断衍化的过程，
她是第一人。笔者经梳理、排比得出从两汉到隋唐的所有类梅瓶器物，已见上
文，从安家瑶女士的成果中获得启发甚多，这是要说明的。第二，该瓶的器形特
征是与其材质和制作工艺直接相关的。正如发掘报告描述该瓶特征那样，安家瑶
女士经过观察认为：此瓶的"口沿为玻璃条缠绕成圆唇，平底，底部有一明显凹
痕，应是采用铁棒技术留下的疤痕"，属于"无模吹制"而成，[115]很显然，圆唇
小环口、无颈，以及与后世梅瓶隐圈足暗合的平底凹窝等形式的出现，是由玻璃
的材质和工艺技术所决定的，无模吹制工艺则有力地表明，宽肩、长身是玻璃
匠师有意识塑造的结果。结合安女士还提到的一点，即此瓶器形"在国内外的
玻璃器皿中都没有发现过"，可以说，它正是当时的玻璃工艺对同时代及其以
前的某些类梅瓶器物进行仿制的结果。至于其所仿对象是哪一类器物，则难以
确凿考证了。

　　就目前掌握的资料来看，在国产和海外产的玻璃器中，像李静训墓119号玻
璃瓶那样具有小口、无颈、宽肩、长身等梅瓶特征的玻璃器皿，几乎可以说绝无
仅有，但在隋代及其前后的中国陶瓷器中却能找到与其相似或相近的器形，这对
于探究中国梅瓶形制起源问题的重要意义不言而喻。

　　如果说李静训墓119号玻璃梅瓶具有风格刚健的特征，那么初唐两件梅瓶已
显示出雍容和静穆。与恰能盈握的隋代梅瓶不同，初唐时期的崔大义妻李氏墓和
段伯阳墓两件梅瓶都属于中型梅瓶里的丰体，器形也同中有异。两瓶共同的圆唇
小环口和长身斜收的腹壁，都与李静训墓玻璃梅瓶相同，不同的是初唐两瓶都有
明显的短颈，二者的平底也是共同特征。初唐两瓶的颈部和肩部的形式则不相
同。崔大义妻李氏墓梅瓶是短束颈，段伯阳墓梅瓶的短束颈更像短柱状颈；前者
肩部宽阔平耸，后者肩部较圆而窄。局部形式的不同导致二者的整体气质存在微
妙差异。

　　此外，两瓶的胎釉质地和工艺也有精粗之别。发掘者对崔大义妻李氏墓梅瓶
的胎釉和工艺没有做任何描述，直观看来，此瓶胎质较粗，釉稀薄，施半釉，釉
边整齐，胎体表面有较多杂质和起伏，以至于瓶身腹壁略显凹凸变形和臃肿，表
明其胎釉、成型和烧造工艺都较为粗糙，从颈部外围的肩部一周凹陷来看，其宽
耸肩的特点也许与烧造时胎体下沉有关。至于此瓶釉色，可能与同墓的青瓷四耳
罐相同，或许也是"青瓷"，但釉色很浅。

　　段伯阳墓梅瓶虽然也是薄釉，且积釉处泛淡青色，可总体色调已呈较匀净的
透明白色，施釉至足跟，足外壁仅有很窄的一周露胎，釉边整齐，胎微发暖色，
但更为细腻洁白，足缘有一道旋削讲究斜沿。这些工艺特点与节奏分明的器形相
配合，形成了此瓶清晰、肯定、沉静、肃穆而又刚柔相济的风格面貌，比较早的
崔大义妻李氏墓梅瓶在各方面都显得更为成熟和完善，因此可以将其确定为初唐
时期的高品质白瓷梅瓶。

新乡南华小区唐墓XQM5出土的圆涡纹陶瓶，其圆唇和束颈有初唐梅瓶的遗意，但是略具盘口形的圆唇口及其以较大幅度向下内收至底的腹部形态却不同于前者，加上圆溜肩和内收的下腹部凸显丰满硕大的鼓腹，所有这些特点都使人联想到上述唐代类梅瓶器物的第一条线索。由明器结合了实用器的器形，这种可能性对于中晚唐时期的这件陶质梅瓶来说是非常可能的。

关于以上4件器物的器形可以分三个层次来加以认识：第一，小口、短颈、长身等器形共性，都符合梅瓶形制基本特征的要求，这是确定它们属于梅瓶的基本条件。第二，具体的共性特点如圆唇、平底，标志了梅瓶滥觞期的时代特征，在隋唐类梅瓶器物的多条线索中都能看到与此一致的现象即为一证。第三，局部形式的差异，如口部圆唇从较肥厚到较平薄，颈部从无颈、短束颈、短柱颈到短束颈逐渐伸长，肩腹部从宽折有力到缓和丰满，显示了同一个时代之内从较朴素到较秀巧的阶段性转变。第四，在尺度上的差异也很明显，但这主要与材质、工艺特别是功用有关。

以上内容满足了梅瓶出现于隋唐的第一个基本条件，即这些器物完全符合梅瓶的形制。结合梅瓶功用的研究，我们也可以确证第二个基本条件。本书第四章第二节的结论是：李静训墓119号玻璃瓶属于实用性小型梅瓶，盛贮的液体很可能是名贵香水，虽然所盛的不是酒，但容器的形制都符合盛贮挥发性液体的类同性；初唐时期体型较大的瓷质梅瓶则属于完全意义上的盛酒器，延续到盛唐以白瓷为主，与后世梅瓶最基本的盛酒功用完全相同；而中唐晚期的陶质梅瓶属于明器，后世梅瓶的礼仪性功用也由此开端。有了这两个基本条件，我们可以下一断言：中国梅瓶滥觞于隋代，在唐代则持续而缓慢地衍化，其阶段性变化包容在整体统一性之内，它既是一个新的开始，又与五代、北宋时期的梅瓶存在明显的差异，隋唐时期成为中国梅瓶的滥觞期。

（二）隋唐梅瓶的传世品

以上述考古材料为依据，可以对一些存世遗物做一番考察，就有关资料做必要的辨析。

美国波士顿美术馆（MFA，Boston）藏有一件素面白瓷瓶（图5-4-2①），器形、胎釉与段伯阳墓白瓷梅瓶基本相同，但尺寸稍大，高44厘米。[116]据称，旧金山亚洲艺术博物馆也藏有一件与此几乎完全一样的瓷瓶。[117]在海外学者对这两件器物的认识和判断方面，有两点值得注意：第一，以英语称之为"Tall Wine Jar"。[118]jar是指广口且通常无柄的"罐"、"广口瓶"、"大口瓶"、"坛子"等含义，故海外学者的称名可直译为"高体酒罐"或"高体酒坛"。但是从器形来看，该器小口、短颈，将其译为大口的罐显然不合适，译为"高体酒瓶"似更为恰当。第二，对该瓶的断代结论有过修正，从"宋代或更晚"改为"隋代晚期"，而且将它视为公元7世纪早期中国北方的白瓷。[119]虽然

116　Wu Tung, *Earth Transformed, Chinese Ceramics in the Museum of Fine Arts, Boston*. Boston, MFA Publications, 2001. p.34, Charles B. Hoyt Fund and Helen S. Coolidge Fund 1989.185.

117　He Li, *Chinese Ceramics: A New Comprehensive Survey*, New York: Rizzoli, 1996, pl.228. 转引自 Wu Tung, *Earth Transformed, Chinese Ceramics in the Museum of Fine Arts, Boston*, p.35.

118　同注释116。

119　Wu Tung一书在收录该器时标其年代为"Sui dynasty, early 7th century"（隋代，7世纪早期），并注明"Northern stoneware with white glaze"，即中国"北方白釉炻器"。作者在正文中做了时代辩证，断定此瓶为"隋代晚期"："Though some scholars have dated the Boston and San Francisco jars to the Song period or later, the simplicity and elegance of the objects suggest that they are late Sui." 见Wu Tung, *Earth Transformed, Chinese Ceramics in the Museum of Fine Arts, Boston*. Boston, MFA Publications, 2001. p.35。

①　　　　　　　　　　②　　　　　　　　　③

图5-4-2　海内外收藏的隋唐梅瓶举例（0　　　　　　　10 cm）

120　北京故宫博物院藏品的图片采自：李
　　　辉柄主编《故宫博物院藏文物珍品全
　　　集·31·晋唐瓷器》图版157，香港：商务
　　　印书馆（香港）有限公司，1996年。上海
　　　博物馆藏品的图片，由笔者摄于上海博物
　　　馆陶瓷馆。

121　见上海博物馆编《中国古代白瓷国际学术
　　　研讨会论文集》，上海：上海书画出版
　　　社，2005年，688页，图版24。

122　李辉柄主编《故宫博物院藏文物珍品全集·
　　　31·晋唐瓷器》，香港：商务印书馆（香
　　　港）有限公司，1996年，图157图版说明。

笔者没有看到有关作者的修正根据，但是这件"Tall Wine Jar"与段伯阳墓白瓷梅瓶之间的高度一致性是很明显的。考虑到隋代（581～618年）只有37年，而唐乾封二年（667年）距唐朝（618～907年）建国已有49年，笔者倾向于认为波士顿美术馆的这件白瓷"高体酒瓶"与段伯阳墓白瓷梅瓶应该属于同一时代、同一地域甚至是同一窑口的制品，断代为"初唐"应该更为合适，归属于初唐时期的梅瓶当然也没有问题。

　　另外两处实物材料也值得重视，它们分别收藏在北京的故宫博物院（图5-4-2②）和上海博物馆（图5-4-2③），[120]二者的器形、材质和尺寸可以说完全相同，均为白胎、白釉，尺寸分别为：高42.5厘米、口径9厘米、底径17.5厘米，以及高43.1厘米、口径9.5厘米、底径18.2厘米。从展标或图录的内容来看，上海博物馆对其藏品是否属于"梅瓶"表现出持论谨慎的态度，仅称之为"唐白釉瓶"。[121]北京故宫的这件藏品，比上海博物馆所藏者略小，有关图录的编撰者为其命名为"唐代白釉大梅瓶"，并介绍如下："此梅瓶小口，短颈，溜肩，硕腹，平底实足。胎色极白，有化妆土。釉面光洁润泽，无任何杂质，玻璃质感极强，透明度高，釉面上布满均匀细碎的开片纹。梅瓶一般认为起始于宋代，此件实物证实，梅瓶在唐代就已经出现。"[122]结论大体不错。

　　从器形上归类，崔大义妻李氏墓和段伯阳墓两件梅瓶与波士顿美术馆藏白瓷梅瓶可以作为一组，故宫和上海博物馆的两件藏品作为第二组，分别为两种器形样式。两种样式之间的相同处在于，都是折沿凸环圆唇小口，多为柱状短束颈，口、颈、肩部转折明确、肯定，平底。差别主要在于瓶身，第一种样式的肩部不甚宽，略显耸肩，腹壁向内斜收幅度较小，纵向特征更明显，第二种样式的宽肩特点更明显，肩腹转折的圆弧面跨度更大，上腹外鼓夸张，下腹向内斜收幅度更

大。如果以上述隋唐时期类梅瓶器物做一番综合性参照，第二组比第一组显得更
加丰肥壮硕，这种器形特征从初唐后段开始出现，盛唐最为典型，延续到中唐时
期。若以第二组与新乡唐墓XQM5的陶质梅瓶相比，瓶身比较接近，但后者较长
的束颈减弱了丰硕的特征。综上表明，第二组比第一组更晚，比唐代中期后段的
新乡唐墓XQM5的陶质梅瓶更早，因此，故宫和上海博物馆两件白瓷梅瓶的年代
可以定为盛唐，也就是公元8世纪的前半叶。

二、其他材料的辨析

此外，还能在一些材料中看到某些被判定为唐代的梅瓶，却是值得商
榷的。

例如，四川成都邛崃市邛窑古陶瓷博物馆收藏的一件小型的"彩绘梅瓶"，
高8厘米、口径2厘米，被确定为邛窑制品，断代为唐（图5-4-3①）[123]，这个
结论需谨慎对待。目前笔者并未看到支持这一判断的充分证据和必要的考证。此
瓶为微侈的小撇口，短束颈，长身，窄肩平出，上腹略鼓，下腹内收，至胫部略
内曲，胫足微外撇。这是梅瓶的器形无疑，但是与上述所有唐代梅瓶存在根本差
异，这类窄肩、上腹鼓特别是胫部内曲而足壁外撇的小型梅瓶直到北宋晚期到金
代才流行，外撇的足部尤其是金代梅瓶的普遍特征。再看其釉下彩的装饰。肩腹
部之间和下腹与胫部之间都划以两道弦纹，将瓶身分隔为肩、腹、胫三层，在肩
部和腹部以褐彩画撇点状横向布置的花草纹，这种三段式的饰纹布局结构和撇点
状草叶纹的造型，以及简率、洒脱的用笔透露的时代气息，与唐代陶瓷装饰的总
体倾向也根本不同，同样是北宋晚期到金代在中原和北方地区的磁州窑类型梅瓶
上常见的（参见第六和第七章）。四川的邛窑遗址经发掘、研究已确认："邛窑
的烧造年代，就邛窑总体而言，始烧于南北朝，盛于唐、五代，废于宋。"[124]在
该窑最具代表性的什方堂窑址五号窑包一号探方第二层中上部（总属第五层，即
最上层），出土了一件刻有"宣和三季"（实为"宣和三年"）铭文的笔架，[125]
发掘者认为即北宋徽宗宣和三年（1121年），确定了该窑址最上层的年代为五
代至宋，[126]所谓"废于宋"既可以指停烧于北宋末期，也有可能延烧至南宋。但
不论怎么说，综合以上内容可知，这件小型的釉下彩绘梅瓶，如果可以确定为邛
窑制品的话，它也是受到了北宋时期中原磁州窑类型窑场影响的结果，而绝不会
是唐代制品。

另有一些作者在讨论唐代陶瓷的论文里采用了一些说明唐代问题的资料，
如图5-4-3②是某文在讨论唐代邢窑工艺和风格特征时使用的插图，[127]从器形来
看的确是一件梅瓶，似乎暗示了唐代邢窑已烧造这种样式的梅瓶。虽然该瓶也表
现出丰满的器形特点，但是与上述唐代梅瓶样式有明显的差异，而是更接近北

123 采自：耿宝昌主编《邛窑古陶瓷研究》
294页图，合肥：中国科技大学出版社，
2002年。

124 陈显双、尚崇伟《邛窑古陶瓷简论——考
古发掘简报》，耿宝昌主编《邛窑古陶瓷
研究》，合肥：中国科学技术大学出版
社，2002年，258页。

125 同上，190页，图见该文所附照片355、图
325、拓片06。

126 同上，229页。

127 采自：毕南海《邢定二窑的关系及制品考》
图三右下，《文物春秋》1997年增刊。

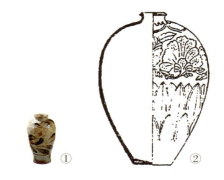

图5-4-3　梅瓶资料两例（ |————| 10 cm）

128 参见冯先铭《定窑》"定窑瓷器分期及特
征"，《中国陶瓷·定窑》，上海：上海
人民美术出版社，1983年。

宋中晚期中原地区某些梅瓶样式（参见图6-2-19①），这类丰满的卵状丰体样式在金代的河北和山西窑场中仍然见于无饰纹粗器为主的梅瓶上（参见图7-2-21②）。从其装饰来看，该瓶饰纹体现了北宋前中期定窑白瓷浮雕刻花装饰的基本特点。[128]可见，此图所示器物应属北宋，而非唐代。遗憾的是，有关文章的作者在使用该瓶插图时，既没有做必要的引证，也没有加以任何说明，因此以上结论权作推断，以备后考。

三、梅瓶滥觞期的若干问题

（一）地域分布特点和使用者的变化

隋唐时期梅瓶的分布主要集中在中原地区。

已知的4例考古材料，在时间上分别属于隋代、初唐、中唐，例① ③出土于陕西西安一带，时为隋都大兴和唐西京长安所在，例② ④出土于河南偃师和新乡，靠近唐东都洛阳。二者分属关中与河洛这一中原地区的核心地带，由渭河与黄河连成一片，在隋唐及其以前一直是中国文化的中心区域，也是政治、经济的中心。结合上文从汉代以来类梅瓶器物的区域分布状况，关中与河洛也是两汉、北朝到隋唐时期类梅瓶器物最集中的区域，就此看来，隋唐时期梅瓶滥觞于中原地区便具有历史的合理性。

经观察，隋唐梅瓶的使用者经历了一个从高层向整个社会逐渐普及的过程。

从4例梅瓶所出墓葬的墓主身份来看，最早的例①，拥有者李静训是北周宣帝"五皇后"之首的杨皇后杨丽华的外孙女，在她于9岁夭折的时候，作为隋文帝之女的杨丽华既封乐平公主，又是当朝皇帝隋炀帝的姐姐，受杨丽华极度宠爱的李静训才会以极高的规格下葬，墓中的玻璃梅瓶（119号）作为香水瓶成为其高贵身份的器物象征之一（见第四章第二节）。前文也讨论过，陕西三原唐贞观五年（631年）李寿墓石椁线刻侍女图有手抱梅瓶的图像，所示即初唐梅瓶（图4-2-4），李寿贵为淮安靖王。稍晚，例②的使用者是唐贞观二十一年（647年）下葬的崔大义妻，她也出自陇西李氏，其曾祖和祖父均任州太守，父职始贱为州主簿，其夫也仅官任县令而已。唐乾封二年（667年）下葬的段伯阳，因资料简略，身份不明。属于中唐时期的新乡唐代杨氏家族墓XQM5也没有可以明确说明墓主身份的材料，从整个家族墓群的总体状况来看，或属于中层普通平民的可能性较大。

综上，我们就看到了一条滥觞期的梅瓶在中原地区缓慢变化的脉络：隋代，小型的玻璃梅瓶作为香水容器高贵稀有，只用于社会高层特别是皇室贵族成员当中；初唐，梅瓶开始作为盛酒器在社会上层通用，从皇室贵族到普通官宦人家都能见到，表现出使用者社会阶层逐层降低的趋势；唐代中晚期，梅瓶作为明器中的一种器类，其陶质品已经在普通平民墓葬中出现，表明梅瓶在原有的社会环境和文化格局中有所普及。

（二）产地和文化渊源

隋唐梅瓶的产地因材质不同而不同。根据现有的上述资料，隋唐梅瓶按材质划分为玻璃和陶瓷两大类。唯一的一件玻璃梅瓶即李静训墓119号玻璃瓶。

据安家瑶女士研究，此瓶呈"深绿色，质料很粗，多气泡和杂质，透明度不好，厚壁"，材质虽然属渊源于西亚的钠钙玻璃，但"比一般进口的钠钙玻璃质量要差"，成型技术采用无模的铁棒吹制，但"技术还不熟练"，器形并不见于域外玻璃器，却与"隋代和隋代以前所流行的陶罐"很相似，"只是口更小"，因此她的结论是："无论是从器形还是从工艺水平来看，这件无颈瓶（即李静训墓119号玻璃梅瓶）都和国外同类产品有较大的差别，应归入国产品。"[129]即它是中国本土所造。至于具体的产地，根据史料记载，北魏（5世纪中叶）时期来自西域的大月氏人在魏都平城（今山西大同）附近曾设坊制造过"五色琉璃"器，[130]李静训墓119号玻璃梅瓶很可能与此事有直接的关联。当然，目前不能排除所谓五色琉璃器是施琉璃釉的陶瓦器。

隋唐的陶瓷梅瓶分瓷质和陶质两类。河南偃师的崔大义妻李氏墓瓷梅瓶，以及西安的段伯阳墓瓷梅瓶，作为初唐制品在器形上差异很小，但是胎质、釉色和施釉方法都有较明显的差别，应该与最晚起源于北朝晚期的早期白瓷在隋和初唐仍处在日益成熟的过程相关。[131]崔大义妻李氏墓梅瓶的胎釉质地较粗，施半釉，具有唐代瓷器的常规特点，虽然仍表现出青瓷的特点，但釉色很浅，体现了向白瓷转变的阶段性特征。段伯阳墓梅瓶与前者仅隔20年，胎釉已相当细腻，工艺精湛，不挂化妆土，施全釉，显示出很高的技术水平。目前可以确定的唐代白瓷窑址主要有：河北内丘和临城的邢窑[132]、河南巩义白河窑（巩县窑）[133]，另有河南的密县窑、登封窑等，较早期的还有主要烧造于隋代的河南安阳相州窑。从胎釉特征来看，崔大义妻李氏墓梅瓶似应属河南窑场制品，而且与河南巩义白河窑的早期白瓷比较接近，段伯阳墓梅瓶则与邢窑白瓷相似。[134]至于中唐时期的新乡杨氏家族墓XQM5陶质梅瓶，应该就是当地或附近窑场制品。

确定了隋唐梅瓶，特别是李静训墓119号玻璃梅瓶为中国所产，那么，综合已有的资料和以上论述，梅瓶在隋唐时期得以出现的文化渊源，可以大致梳理出几个方面：1.汉代到北朝的类梅瓶器形的陶器，是隋代玻璃梅瓶直接的形式来源之一；2.隋代玻璃梅瓶技术上受到了西亚玻璃的影响，这是它接受外来影响的重要来源；3.作为盛酒器的唐代梅瓶，应该与汉代到北朝逐渐流行于中原地区的北方新兴酒瓶也有较密切的关系。这样就大体确定了中国梅瓶在滥觞期得以确立所

129　安家瑶《中国的早期玻璃器皿》，《考古学报》1984年4期425、426页。

130　《北史·大月氏传》，北京：中华书局，1974年，3226页。

131　早期介绍段伯阳墓梅瓶的作者就曾经指出，该瓶特点"和西安东郊郭家滩大业六年姬威墓出土的瓷器釉色相近，可以说还保存着隋瓷的传统作风"，见段绍嘉执笔《介绍几件陕西出土的唐代青瓷器》，《文物》1960年4期48页。关于白瓷的起源，海内外学术界尚有较多争议，但是对于安阳的北齐武平六年（575年）范粹墓和安阳的隋开皇十五年（595年）张盛墓出土的白瓷，已基本形成共识。见栾兆鹏《中国古代白瓷起源问题研究综述》，《博物馆研究》2006年2期；项坤鹏《中国早期白瓷与白釉彩瓷专题研讨会综述》，《故宫博物院院刊》2009年6期。

132　河北临城邢瓷研制小组《唐代邢窑遗址调查报告》，《文物》1981年9期；内丘县文物保管所《河北省内丘县邢窑调查简报》，《文物》1987年9期；《邢窑遗址调查、试掘报告》，载于考古杂志社编《考古学集刊·14》，北京：文物出版社，2004年。

133　郑州市文物考古研究所、巩义市文物保护管理所《河南巩义市白河瓷窑遗址调查》，《华夏考古》2001年4期；王保仁《巩县窑白瓷》，上海博物馆编《中国古代白瓷国际学术研讨会论文集》252～255页，上海：上海书画出版社，2005年。

134　此前也有人推断段伯阳墓白瓷梅瓶为唐代邢窑制品，见《中国出土瓷器全集·15·陕西卷》图版66说明（闫存良撰），北京：科学出版社，2008年。这个观点可作为参考。

135　关于这一观点，是Wu Tung在其书中对比
　　　唐代陶瓷与隋代陶瓷的差异时提出的，其
　　　原文是："Although Tang potters achieved a
　　　greater purity of clay and glaze and improved
　　　firing techniques, their aesthetics lacked the
　　　striking simplicity of Sui works, which may
　　　have derived from the Gupta style in Indian
　　　Buddhist art, embraced by Sui artists." 见
　　　Wu Tung, Earth Transformed, Chinese
　　　Ceramics in the Museum of Fine Arts. Boston.
　　　Boston, MFA Publications, 2001.p.35。

136　张东《从上海博物馆藏梅瓶浅谈中国梅
　　　瓶的发展》，《中国古陶瓷研究·第六
　　　辑》，149页。

137　施远《青花梅瓶制作工艺研究》，《中国
　　　古陶瓷研究·第六辑》，173页。

蕴含的形式来源和技术要素。

　　曾经有海外学者对波士顿美术馆的那件素面白瓷梅瓶（图5-4-2①）提出过这样一个观点："这类隋代器物（按，原作者认为该瓶属隋代）所具有的令人瞩目的简洁可能来自印度佛教艺术的笈多风格。"[135]但是并未提出支持其观点的依据。众所周知，随着大乘佛教的兴盛，古代印度的笈多王朝（Gupta，320~600年）创造了佛教艺术的又一典范，并且直接影响了中国的北朝到唐代的佛教艺术。但是，在来自笈多佛教艺术的所有影响当中，简洁只是其中一种特征，而不是全部，若将这个观点理解为隋唐时期的中国陶艺家从笈多王朝的佛教艺术中吸收了某些因素，是可以理解的，将简洁的形式完全归入笈多艺术的影响却有失片面。

　　由产地问题连带出隋唐梅瓶的文化渊源的问题。在以往的梅瓶研究当中有一种现象，即有些作者认为梅瓶形制是中国创造的，属于"中国传统器型"，[136]也有人赞誉梅瓶为"最具东方神韵的陶艺造型"。[137]此类观点固然有其理由，但是如果不是建立在深入细致的研究基础上，不是把梅瓶的形制起源置于中国器物史乃至文化史当中加以具体研究，只能算是一种片面的赞美，无益于学术的推进。其实只要将梅瓶这种器物类型置于中国器物史的整体框架中，以开阔的文化视野来审视它的来龙去脉，便会发现梅瓶形制的形成不但经历了漫长的端倪期和中外文化激烈碰撞的滥觞期，也经历了一个中国文化在"胡化"与"化胡"同时展开的过程，可以说，从汉代、魏晋到隋唐时期，梅瓶是中国文化的转变在器物层面上留下的"蛛丝马迹"之一。也许，这才是梅瓶滥觞期在中国梅瓶起源问题上的深层意义。

第五节

中国梅瓶的器形样式和样式群的划分

肯定了隋唐是中国梅瓶的滥觞期，并确定了相关实物，成为中国梅瓶器形研究的新起点。器形的样式是器形研究的基本单元。下面将从整体上对中国梅瓶进行统一的样式划分和归类，以此为基础对隋唐梅瓶的器形样式做一番系统的梳理和讨论，也为下一章开始全面梳理中国梅瓶的器形样式确定基本的框架。

一、梅瓶的器形分析和样式分类依据

梅瓶的形制基本固定，但器形千差万别，不同形式的各局部经交叉组合便构成了具体而微的多种样式，某些样式所具有的类型化普遍共性又能组成相对统一的"样式群"。梅瓶样式的划分和样式群的分类，依据何在？先从梅瓶形式的样式化分析入手。

（一）梅瓶器形的样式化分析

1. 口部形式

在第三章第四节曾就宋人笔记所载"经瓶"的"环口"做过专门的研究和讨论，归纳出5种"环口"形式（图3-4-7），这本身就是对梅瓶形式的样式化分析和归纳。实际上，在整个梅瓶器形演变史中出现的口形远远不止这些。在广泛搜集、详加梳理和仔细对比的基础上，我们可以将梅瓶口形归纳整理出最主要的八类：

（1）折沿凸环小口——形式元素与偏于细小清秀的"折沿窄唇口"相类，但唇部一般较宽、较厚，以凸圆唇为主，也包括圆卷唇、圆中寓方唇以及少量的方唇等形式，所谓"经瓶"的第一种和第二种"环口"都包括在内。主要流行年代：隋至明。

（2）小撇口——外撇幅度有大小之别，幅度小的名为侈口，幅度大的呈外撇卷唇口，唇部分厚薄，有圆唇、尖唇、卷唇等。主要流行年代：唐至清。

（3）盘口——分大小、深浅，以小而浅的盘口为常见，大而深的盘口较少，盘壁分直立、外侈、内敛、方圆，变体有小杯口、小碟口等。主要流行年代：五代至明。

（4）梯形小环口——即"经瓶"的第五种"环口"，它作为梅瓶口形的一个大类所包含的样式则很多，如梯形口唇的厚度分高、矮、扁三种，宽度有宽窄，坡度分陡平，都会形成不同的样式。主要流行年代：辽、北宋至元。

（5）横展平沿环口——形似古璧，径有大小，唇分方圆、厚薄，沿有宽窄，"经瓶"的第三和第四种"环口"只是其中小口径的两种。主要流行年代：北宋中期至金、西夏。

（6）折沿窄唇口——形式元素与偏于宽厚的"折沿凸环小口"相类，但唇部较窄而细小，唇沿分圆、尖，绝大多数为小口，也有极少的大口，小口常与柱颈相配，偏于清秀。主要流行年代：北宋中期至明。

（7）直口——与柱颈上下一贯，唇部不外折，唇沿有方圆之别，随颈部分高矮、粗细。主要流行年代：北宋中晚期至明。

（8）出节小口——也可以称凸棱小口，口下部或颈中部有不同形式的竹节状凸棱。主要流行年代：南宋。需要说明的是，这种口形在历史上各朝各代有较大差异，器形排比显示不同形式的来源是不同的，在五代和辽代早期最早出现，北宋末期已成不同的形式，明清时期的零星遗存又有不同。

2. 颈部形式

梅瓶的颈部形式相对比较少而简单，在统属于短颈的前提下有长短、粗细之别，与口部的不同形式进行组合之后会出现较多的变化，主要有三类：

（1）无颈——实为束颈极短所致，可以视为短束颈的一种特例，但是特征明显。在隋代玻璃梅瓶使用之后，主要见于宋、辽、金时期北方流行的无饰纹深色釉梅瓶之上。

（2）束颈——分高矮，有些与撇口相连呈喇叭状。是中国梅瓶最流行的颈部形式，从唐代到清代都有。

（3）柱颈——以圆柱状最为常见，分粗细、长短，或上侈，或上收。唐代到明代都有流行，清代较少见。元代还流行过多面式变体的柱颈，均与多面形瓶身相连。

3. 瓶身（器腹）形式

（1）所谓"瓶身"，是指除了口部、颈部和足底部的梅瓶立面部分。

（2）瓶身的体型和轮廓决定了梅瓶的整体形象。在瓶体的整体方面，有两个因素需要特别注意，一是整体的高度，二是整体的高宽比例。经比较，以整体高度在40厘米以上、40～21厘米、21厘米以下为界，可以将梅瓶大体分为大型器、中型器、小型器；其中，又可以将大型器里高度在55厘米以上的器物视为超大型器，将小型器里高度在15厘米以下的器物视为微型器。再从整体的高宽比值这个因素来看，以1.0～1.5、1.5～2.0、2.0以上这样三个比例关系作为大体界限，将梅瓶体态分为三大类，即矮体、丰体、高体；其中，高宽比在3.0以上的高体器物一般都给人形成细瘦的印象，我们可以特别地视之为瘦高体；而高宽比在1.0以下的器物，已不符合梅瓶形制基本特征之一的"修腹"或曰"长身"的要求，超出了梅瓶的范畴。作为两个整体性因素，高度和高宽比对于梅瓶器形的整体呈现很重要，作为不同的方面它们具有不同的属性，相互之间不具有统属关系，比如小型梅瓶当中包含了不同的高宽比，从矮体、丰体到高体都有，在中型器、大型器里也如此，反之如高体梅瓶当中则包括了大型器、中型器和小型器，这在丰体和矮体梅瓶当中也如此。另外，有些梅瓶的体态因这两方面的整体性因素的相互作用而难以做简单归类——从本章开始梳理的中国历代梅瓶资料来看，这种情况从金代和南宋时期开始出现，元代以后日益普遍。对此，本书在不同的章节中针对不同问题会适当地调整分类数据的范围。需要指出，这个现象从出现到流行是富有意味的，它不但是器形因素的变化，更深刻地表现了中国梅瓶的功能转变，因此是值得特别注意的一个现象。

（3）通常将梅瓶瓶身的上中下三个部分描述为肩、腹（主要指上腹、中腹）、胫（连带下腹）。三部分的形式，肩腹之间的转折，以及胫足部的轮廓，共同构成了瓶身轮廓的基本形状，如筒形、墩形、倒滴水形、鸡腿形、柱形、棒形、橄榄形、卵形、茧形、楔形、鸡心形、瓜形等，甚至近似球形。

（4）肩部分宽肩、窄肩、斜肩、溜肩、圆肩、方折肩、圆折肩、平肩、耸肩等形式。

（5）腹部形式根据腹壁的弧度分为直腹、鼓腹、球状腹。腹部最大腹径所在部位即瓶体重心位置，其上下移动决定了整个体态的变化。

（6）下腹内收的曲线和幅度差异，分为弧状斜收、直状斜收、向内曲收。内收部分的长短和形状决定了胫部的明显与否。胫部形状一般分为斜锥状、直立状、束腰状三种，当下腹呈圆弧状内收时，胫部的形式消失。

4. 足底形式

由于足部是下腹（胫部）的结束，足部又与底部合一，因此梅瓶的足部形式和变化极为关键。

（1）足部与下腹的连接关系分为两大类，差异明显。

第一类，也是最主要的一类，下腹（常以胫部的形式）流畅地顺延至足跟，足壁相应地分为下斜、直立和外撇三种，后者最夸张的形式呈喇叭状，胫部呈束腰状。

第二类，下腹无论以何种形式内收，当下腹与足部之间形成明显的向内方形曲折，所接足部成为"饼形足"或"圈足"时，足外壁主要为直壁、外撇两种，在某些时段内有某些变体。

（2）足底部因各局部特点而存在多种变化形式，大体归纳为四类：

平底——包括凹底，主要指下腹顺延至足跟的平底足。

隐圈足——指足壁与下腹顺连的挖足形式，足外壁如上述分下斜、直立和外撇三种，下腹弧收幅度较大时接近卧足。根据挖足的深浅，隐圈足分高矮，足内壁分直壁、外斜、内斜三种，底部主要有平底、凸底两种，凹底较少。

饼形足——足外壁与下腹的连接关系呈向内方折的平底足（包括凹底），外形如圆饼，足外壁以直壁为典型，也包括斜壁。

圈足——是饼形足经挖足后的形式，足外壁与足底的变化分别与饼形足和隐圈足相同。

平底足和隐圈足都属于足部与下腹顺延关系一类，饼形足和圈足则属于足部与下腹方折关系一类。

平底是梅瓶最早出现时，隋唐梅瓶的足部形式，到北宋中期以后，中原和南方的梅瓶都逐渐流行隐圈足，但是平底在辽境的北方地区一直延续到辽代晚期（含凹底），以后平底基本上只见于北方和中原地区无饰纹深色釉粗器梅瓶之上。

隐圈足最早见于北宋早期后段，当时主要用于中原地区的无饰纹深色釉粗器梅瓶，以后逐渐成为梅瓶最普遍的一类足底形式，历代精品瓷梅瓶以及其他材质品种的梅瓶绝大部分使用隐圈足。

饼形足和圈足均始见于五代和辽代早期，北宋时期最为流行。二者的外观类似。两相比较，北宋中期以前饼形足较多，此时的圈足挖足极浅，甚至只有一道沟状凹槽，显然是从饼形足演变而来。到了北宋晚期，圈足更多，饼形足与平底足一样日益少见。到明代中期以前，北方陶瓷梅瓶使用圈足仍比较常见，以后基本消失。

（二）中国梅瓶的十类样式群及其分类的基本依据

自从梅瓶形制在隋唐确立以后，瓶身的形体和轮廓经历了丰富而微妙的衍化过程。大体而言，从隋唐经五代到北宋和辽代，瓶身多浑然一体，从肩部到足部的轮廓线基本上以圆弧转直下斜收为主，虽然有些个体的胫足部微显内曲，但也以直壁足为主，而且数量不多。在北宋和辽代的晚期，随着高体梅瓶的流行，宽肩和撇足的形式逐渐增多，轮廓线的S形扭曲日渐显现，尤其到了金代，胫足部外撇成为突出的时代特点，与下腹斜收或直收的斜壁足和直壁足同时并存，在元明清一直流行。但是在整个梅瓶史上，除少数方折肩以及饼形足或圈足的方折足等形态之外，绝大多数梅瓶的肩、腹、胫三个部位的形体转折都是连贯、流畅的圆转形式，即使转折关系足够明确，也因含蓄、微妙的轮廓变化而显现出极大的相对性。如同样是"修腹"即长身，随着瓶体最大腹径的宽窄变化而导致瓶身比例的差异，呈现出不同的体态。又如宽肩是梅瓶的一个流行特点，在它与下腹和胫足部的粗细变化对比中也是相对的。因此，梅瓶体态即使存在时代、地域、窑口等方面的变化迹象可循，对于器形样式的确定也有很大的影响而显示出极端重要性，但是仍然难以将瓶身的形式变化作为划分梅瓶器形样式的首要依据，只能将其作为辅助性依据，否则常常会造成样式划分标准的不确定。

面对梅瓶器形变化的丰富性，确定样式划分标准仍然是难以一律。本书的处理方法如下：

1. 根据足部与下腹连接的两类关系，首先将梅瓶划分为两大类：

（1）第一大类是梅瓶的足部与下腹的连接方式呈顺延关系，无论足壁是斜收、直立还是外撇，也无论足底是平底还是隐圈足，都暂时划作这一大类。

（2）第二大类是足部与下腹的衔接呈向内方折的形式，把饼形足和圈足都划归这一大类。

从现存遗物的绝对数量和具体样式的绝对数量来看，前一类占绝对压倒性的多数。因此可以把后一类梅瓶，无论其口颈部、瓶身以及足部等形式如何，作为一个统一的群体来对待，即其中各样式都以口颈部、瓶身以及足部的形式差异做具体划分，但都属于同一个"样式群"。

2. 在第一大类当中，将首先以口部和颈部的形式共同作为样式的划分依据。确定这一点的重要理由在于：梅瓶的口颈部作为一个整体尽管有极为丰富的形态，但它们仍然是易于把握和描述的，这主要是由于口颈部一般都有非常明确的转折关系，同时经过归纳和整理，其类型的层次也相当分明，每一种口颈部类型都有比较连贯的发展过程，彼此之间存在性质不同或程度不同的历史关系，如有些是并存关系，有些是先后关系，有些是衍生关系，有些则是两种或多种口颈部的融生关系，而有些甚至是在其他器物类型的口颈部影响下出现的。依此，我们得到如下八类样式群：

（1）第一类样式群——以"折沿凸环小口"为标志，颈部形式有无颈、束颈、柱颈。这类样式群包括的梅瓶样式从隋代开始出现，一直持续到明代（附录一之总表一）。

（2）第二类样式群——以"小撇口"或类同的"小侈口"为标志，口唇以圆唇、卷唇为主，也有较薄的尖唇，颈部以束颈为主，还有一些形似束颈的柱颈。所含样式从唐代到清代（附录一之总表二）。

（3）第三类样式群——以"盘口"为标志，颈部包括无颈、束颈和柱颈。包含的样式从五代到明代，清代极少（附录一之总表三）。

（4）第四类样式群——以"梯形小环口"为标志，颈部分为无颈、束颈、短柱颈。最早的样式见于辽代早期后段的北方辽境，中原地区在北宋中期开始出现，不久传到南方，并且很快形成了南北方的器形样式差异，金代和南宋本类梅瓶的区别尤其明显，而金代则是最为兴盛的时期，元代也主要流行于北方，至明代而衰落（附录一之总表四）。

（5）第五类样式群——以"横展平沿环口"为标志，也可以称之为"宽折沿环口"，颈部形式以较长的柱颈为主，显得很秀气。包含样式主要见于北宋中期到金代，西夏有大口的变体形式（附录一之总表五）。

（6）第六类样式群——以"折沿窄唇口"为标志，绝大多数为小口，两宋多为圆唇，元代还出现了方唇和较薄的尖唇，颈部一律为柱颈。包含样式从北宋中期到明代，从南宋到明代极为流行（附录一之总表六）。

（7）第七类样式群——以"直口"为标志，唇部分圆、方，柱颈由短变长。所含样式主要流行于北宋中晚期到明代（附录一之总表七）。

（8）第八类样式群——以"出节小口"（凸棱小口）为标志，颈部包括束颈和柱颈，在最流行的南宋，颈部多呈上细下粗的短柱颈。包含样式从北宋末期到清代（附录一之总表八），然而各朝代样式之间看不出连贯脉络。

在这八类样式群中，并未全部囊括腹足部顺连关系的梅瓶样式，还有一些梅瓶样式因口颈部和瓶身的形式以及搭配关系均属独特，难以在上述范围内归类，特别是有关样式在连续几个朝代中都流行于同一个大的区域，并且具有相对独立和相对统一的形式特征，因此笔者权宜将某些相关和相近的样式单独作为一类样式群：

（9）第九类样式群——始见于辽晚期并经历金、元共三个朝代的"鸡腿瓶"，包括金、元器物在内，这类"鸡腿瓶"主要都流行于辽国辖境的核心区域或周边一带，可见其源流有序。均为小口，口内沿转折方硬，瓶身形体在辽晚期极为高大、瘦长，金、元时期逐渐变矮、变瘦。形式上大致可以划分为两部分。一部分是较方的尖唇平沿小扁口，无颈，瓶身呈上鼓下收的鸡腿状，主要是辽晚期的大型器物，到了金代尚有少数孑遗，已趋于小型化；另一部分的口部呈较宽厚的凸环状，唇部介于方圆之间，也不妨视为一种环口，束颈，从辽晚期延续到金、元，口唇日益变小、变薄，甚至返祖式地出现了扁而小的窄梯形小口。这两种口形各成一种样式，显然各有渊源，需加以分辨。此外还有一些零星实例与这两种口形不完全相同，如圆唇口、凸棱口、梯形口等，但瓶身也都属于细长的瘦高体，颈部绝大部分都属于无颈或极短的束颈。作为辽代兴起的"鸡腿瓶"沿着自身轨道演变的结果，第九类样式群的"鸡腿瓶"衍化方向与同时代的梅瓶已完全不同——在金代晚期到元代变成了棒状，脱离了梅瓶形制范畴，同时也走向彻底衰落，明代再也没有出现过（附录一之总表九）。

最后来回顾足部与下腹连接方式呈向内方折的第二大类梅瓶及其各有关样式，并按序排列为：

（10）第一〇类样式群——以腹部和足部间呈明确向内转折的"饼形足"和"圈足"为标志，瓶身因此极少有S形轮廓线的变化，而是以丰体的卵形、茧形、筒形、楔形等形状为主。口颈部均为小口、短颈，囊括了上述多种口形。包含的样式始见于五代和辽早期，以北宋时期最多，南宋到元、明时期均有流行（附录一之总表十）。本样式群的梅瓶与人们一般印象中的梅瓶是"最不像"的，但实际上它与后者都具有相同的本体性功用，也基本满足梅瓶的小口、短颈、长身的基本特征，因此也应该成为中国梅瓶研究范畴内的一类样式群。

时间跨度从隋代到清代（581～1911年），前后共1330年的中国梅瓶器形样式群统一分类，至此已经完成并归纳出十类样式群。每一个样式的确定，都可以参照前述梅瓶形式的样式化分析结果及其原则来进行。

下面，将主要在梅瓶样式群统一分类的前提下，依据样式划分的形式分析方法，对中国历代梅瓶的器形进行详细的梳理和研究。需要说明的技术问题是，在论述行文中，样式群的标名以汉字序数词的方式表述，一如上面的"第一类样式群"等；而样式的标名则在样式群的基础上加以阿拉伯数字的组合方式表述，如"第一类样式群的样式1"，简述时将表述为"样式一1"；如果某些样式存在相邻的相似变体，将以英文小写字母细分，并简述如"样式一1a"。

二、形式的风格：以隋唐梅瓶为例所做器形样式的分析

根据上文的研究，现在可以肯定的隋唐梅瓶共有7件，材质有玻璃和陶瓷两类。上文曾将唐代白瓷梅瓶按器形差异分为两组，也初步判定出两种样式。现在运用以上结构原则和结论，可以统一地将滥觞期的隋唐梅瓶分为4组，并讨论如下：

第一组，目前只有1件，即隋代李静训墓119号玻璃梅瓶，是为隋代梅瓶。

第二组，有3件，包括河南偃师唐贞观二十一年（647年）崔大义妻李氏墓瓷梅瓶、陕西西安唐乾封二年（667年）段伯阳墓白瓷梅瓶、波士顿美术馆白瓷梅瓶，是为初唐梅瓶。

第三组，有2件，包括北京故宫博物院、上海博物馆分别收藏的两件白瓷梅瓶，是为盛唐梅瓶。

第四组，目前也只见1件，即河南新乡唐代杨氏家族墓XQM5陶质梅瓶，是为中唐晚期梅瓶。

这4组7件梅瓶的下腹部均为斜直下收至足跟，说明它们都不属于第一〇类样式群。

第一、二、三组各瓶的口部均为折沿凸环圆唇小口，因此都属于第一类样式群（参见附录一总表一）。

第四组的陶质梅瓶，其口部虽然在发掘报告中被描述为"小盘口"，可能保留了唐代类梅瓶器物第一条线索的小口短颈大腹陶瓶中某些极浅的小盘口遗意，按说可以归入第三类样式群，但是从发表的立剖图来看，其小盘口的特征已极不明显，主要呈现出圆唇小撇口的形态，结合整体器形与唐、五代、北宋时期的梅瓶进行比较，它更适合归入第二类样式群（参见附录一总表二）。

具体地看，第一组1件，属于矮体，颈部形式为无颈，瓶身呈楔形——宽斜肩，肩腹圆折明确成为最大腹径处，上腹鼓，下腹斜收至底。底部（径5.6厘米）原本应属于平底，因采用铁棒无模吹制而在平底中央留下直径1.2厘米的凹窝，无形中成为俗称的玉璧底，是唐代瓷器很流行的一种足底形式。该瓶的颈部和瓶身形式与第二、第三组的白瓷梅瓶均为短柱颈以及圆肩或圆宽肩鼓腹的瓶身都不相同，在后来也极为少见，加之又是所见滥觞期最早的一件遗物，故将其确定为"样式一1"。

第二组与第三组器形近似，均属丰体，除了口部相同，均为短柱颈（崔大义妻李氏墓瓷梅瓶更像短束颈），平底，但瓶身区别明显。第二组呈圆肩，腹壁斜收幅度不大，故体态较直；第三组呈圆宽肩，上腹夸张外鼓，下腹斜收幅度大。因此，将这两组梅瓶分别确定为"样式一2"、"样式一3"。

新乡唐代杨氏家族墓XQM5陶质梅瓶是迄今所见第二类样式群的最早实例，属于矮体，具有小盘口遗意的小撇口、束颈、圆宽肩、上腹鼓、下腹斜收至足、平底的器形，在五代定窑梅瓶中有完全相同的体现，故统一划归为"样式二1"。

综上所述，现在可以确定的7件隋唐梅瓶，分为4种样式，分别属于第一类、第二

类样式群，年代从隋代、初唐、盛唐到中唐后期，显示了隋唐梅瓶的演变脉络和各期的基本特点，从小巧而刚健，到大气而肃穆，以至于雍容丰满，后期正在逐渐向清秀的形式风格转变。

三、结语

本章从形式端倪和形制滥觞两个方面对中国梅瓶起源问题做了较深入的研究，既对始见于新石器时代的类梅瓶器物做了形式和功用的分析，也梳理了汉代到隋唐期间类梅瓶器物的多种样式，还通过器形的对比并结合功用研究的有关内容，分辨出隋唐时期完全具备梅瓶形制的器物，得出了"隋唐时期是中国梅瓶的滥觞期"这一认识结论。

作为一种盛酒器的隋唐梅瓶，导源于汉代以来不同于先秦传统的新型盛酒器的出现，后者主要有两个来源。一个是从西汉前期开始出现于华北地区的新型酒壶，它脱化于中原传统盛酒器之壶、鍾，为社会上层所使用，这个来源对后世梅瓶可能发挥了影响，但不会是隋唐梅瓶的直接来源；另一个是从两汉之际开始出现于长城以北地区，以后直到北朝逐渐传遍华北和中原地区，是不同于中原的北方草原文化传统的新型酒瓶。从形式渊源的角度来看，隋唐梅瓶与汉代到北朝各种类梅瓶器物可能都有一定的关系，但它最主要的还是在中原类梅瓶器形的陶罐和北方传统的新型酒瓶相互融合的基础上确立了形制，此外至少在技术上还接受了文化性的多元影响。

在梅瓶滥觞于隋唐的同时，仍然有多种样式的类梅瓶器物继续存在和衍化，它们或来源于隋代以前，或在唐代不同阶段成型，或具有特定的地域传统，将分别作为不同的器形线索从不同的层面对后世梅瓶器形的不同样式发生程度不同的影响。

隋唐时期，中国又进入了一个大一统的时代，政治上的统一、国家机器的运转需要以及大运河的开凿带来的交通改善，为南北方经济交往的日益频繁创造了有利条件，为各地文化交流的渐次深入提供了强大动力，也使得社会上层在追求奢华的金银器的同时，全社会越来越普遍地使用陶瓷器，中国器物营造在社会性使用中重新进入全方位融合与交流的新阶段，这样的背景和环境为已现端倪的类梅瓶器物向梅瓶方向的演变提供了外部条件。中国陶瓷业从隋唐开始在整体上进入全面发展时期，南北方名窑和"南青北白"的格局逐渐形成，各地瓷窑不断涌现，窑场之间工艺技术的交流不断加深，为类梅瓶器物从北向南的传播以及在传播过程中发生新的变化确立了内在基础。

中国梅瓶研究

下卷

Chinese
Meiping Vase
Research

第六章

第六章

转变与发展

——五代、北宋和辽代梅瓶的格局形成

从唐朝灭亡到蒙古人入主中原并完成政治统一，凡372年（907～1279年），中国社会再次陷入政治分裂的局面，经历了所谓五代、北宋、辽、南宋、金，还有西夏等。在如此漫长的政治分裂期里，梅瓶这种器类却达到了全面的成熟和繁荣，成为这个大时段里中国器物的代表。

这个历史时期的政治特点是分裂，以及有节奏的动荡与相对和平相交替，文化特点是转向，以及有步骤的交融和重新统一相并存。这两个方面，从大环境、大背景的意义上造就了这个时期梅瓶历史的特征。从"分"的角度来看，与隋唐三百多年滥觞期里的梅瓶和类梅瓶器物在面貌上较为单一、演变较为平稳所不同，这个大时段的梅瓶在器形样式、装饰模式、材质品种上都表现出多样、繁盛的面貌。从"合"的角度来看，这个大时段里梅瓶的总体艺术风貌和技术特征又具有超乎想象的相对一致性，与此前和此后的梅瓶都迥异其趣。

在这372年的历史过程中，梅瓶形态的重大变化大体可以用女真人入主中原的时间作为前后两段的划分界标，前段包括五代、北宋和辽代，后段包括金代、西夏和南宋。本章和下一章分别对这前后两段的梅瓶进行研究。[1]

1 需要说明的是，在这两个大阶段当中及其以后，都会有一些政治地理的间错现象。如西夏（1038～1227年）虽然在相当于北宋中期的时候建立，但是梅瓶作为一个器类在其境内流行的时间主要是西夏中晚期，大致相当于北宋末和金代，本书将其作为后一阶段的一个部分来加以讨论。金代灭亡后，南宋与占据中国北方的大蒙古国并存了45年，对于这段时间内出现的梅瓶，本书将把南方器物纳入南宋论述，把北方器物则纳入元代来进行论述。

第一节

五代、北宋和辽代梅瓶考古发现概述

五代、北宋和辽代的梅瓶考古材料较多，通过对不同形态和性质的遗址按纪年时间或大致年代为序所做的划分，有助于我们对这一时期梅瓶的流行状况形成一个总体性认识。

从五代到北宋的梅瓶，无论是从流行区域、文化传统还是从器形特征、源流脉络的关系来看，都表现出比较明显的连贯性，而且在整体上又与隋唐梅瓶存在基本的区别；在这一连续的过程中，五代、北宋的梅瓶在器形上存在着与并存的辽代梅瓶所不同的样式特征和衍化轨迹，同时也保持着特殊的交互影响的关系。考虑到这一纵一横两方面的关系，本章将把五代与北宋的梅瓶作为一个连贯的整体来对待，把辽代梅瓶作为相对独立的另一部分来对待，在分别对这两部分的梅瓶进行梳理的基础上，对比研究二者的关系及其统一性内容。

2　辽代初期与五代并存，考虑到辽代自身的连贯性，以及北宋对五代的继承性，本书将辽代早期梅瓶作为整个辽代的一部分一并概述于后，而这一部分专门针对五代到北宋的中原和南方地区考古发现的梅瓶进行概述。

3　中国陶瓷编辑委员会编（主编：冯先铭）《中国陶瓷·定窑》图版5，上海：上海人民美术出版社，1983年。

4　洛阳市文物工作队《洛阳发现一座后周墓》图一，图四，图二：5，《文物》1995年8期。

5　某些窑址出土物的相对年代跨越北宋和金代，该表格根据本书研究结论酌定收录。

一、五代、北宋梅瓶的考古发现

（一）五代梅瓶的考古资料

从五代（907～960年）考古材料中搜寻具有梅瓶形制特征的器物，目前仅得3例（表6-1-1），[2]分别出土于华北和中原地区的五代窑址和墓葬当中。

该表中的第一例，是五代时期正在走向衰落的邢窑烧造的黑釉器；第二例是河北五代墓葬出土的定窑白瓷器（图6-2-2①）[3]，无论器形还是品质，都比邢窑有了较大的进步；第三例是洛阳五代后期墓葬出土的黑釉粗器（图6-2-8①）[4]，通过器物类型比较可以推定它是河南地区烧造的器物。除此之外，可以确定的五代梅瓶还有一些材料，详见下一节的有关内容。

（二）北宋梅瓶的考古资料

考古发现的北宋（960～1127年）梅瓶数量陡增，材料丰富。下面将按墓葬（分纪年墓、非纪年墓）、窑址和其他等三类遗址出土的材料做表格梳理。首先是北宋纪年墓出土的梅瓶（表6-1-2）。

从纪年墓的时间来看，北宋梅瓶始见于咸平三年（1000年），讫于宣和七年（1125年），时间从北宋早期末段到北宋末期。有关墓葬最集中地分布于河南、陕西（关中地区）两地，其次是江苏、江西，北宋晚期还见于安徽、湖北、甘肃、四川（成都）等地区。

北宋非纪年墓出土的梅瓶资料梳理如下（表6-1-3）。

北宋非纪年墓出土的梅瓶与纪年墓情况大体相同，始见于北宋中期，北宋晚期集中出现，分布状况也近似，并有所增加，如中期增加了湖北地区，晚期增加了河北、山西和广东（佛山）地区。在材质方面，还出现银质梅瓶。

各地的北宋窑址也出土了不少梅瓶标本，现将有关资料梳理如下，其中还包括一些可能属于梅瓶的标本（表6-1-4）。[5]

表6-1-1　五代遗址出土梅瓶

年代	遗址	梅瓶		资料源	样式及本书内图号
		数量	基本特征		
五代	河北临城县祁村邢窑遗址第五期地层	1	祁T5H21：2（H型黑釉瓶）高30厘米。黑釉，无饰纹	《邢窑遗址调查、试掘报告》图32-2，《考古学集刊·14》230页，北京：文物出版社，2004年	样式一〇2a，图6-2-24①
五代	河北曲阳县五代李氏墓	1	高27.1厘米。定窑白瓷	《中国陶瓷·定窑》图版5，上海：上海人民美术出版社，1983年	样式二1b，图6-2-2①
五代后周晚期	河南洛阳后周墓C8M972	1	高36厘米。酱褐釉粗胎	《洛阳发现一座后周墓》图四，《文物》1995年第8期66页	样式三1a，图6-2-8①

表6-1-2　北宋纪年墓出土梅瓶

纪年	墓葬	梅瓶		资料源	样式及本书内图号
		数量	基本特征		
北宋咸平三年（1000年）	河南巩县宋太宗元德李后陵	14	其一（M1：68），高36厘米。酱褐釉。其二（M1：70），高27.3厘米。黑釉。均为直壁小盘口，短束颈，橄榄状瓶身	《宋太宗元德李后陵发掘报告》图一九：2，图一七：12，《华夏考古》1988年3期	样式三1a，图4-3-8①
北宋天禧三年（1019年）	陕西西安北宋李保枢夫妇合葬墓（M1）	4	两件带盖（M1：10、11），通高33.7厘米、32.5厘米。其三（M1：6），高31.2厘米。均为直壁小盘口，饼形足。带覆杯式盖。黑釉，腹部有瓦棱纹	《西安长安区郭杜镇清理的三座宋代李唐王朝后裔家族墓》图七，图一〇：3，图八，图一〇：4，图六，图一〇：2，《文物》2008年6期	均属样式一〇4；图4-2-6①，图6-2-25①，图6-2-25③，附录一总表十：4b，图6-2-25④，附录一总表十：4c①
北宋天圣七年（1029年）	陕西西安北宋李璹墓（M2）	6	高32.8～42.5厘米。口形分小撇口、直壁小盘口、梯形小环口、圆唇小口四种；足形分隐圈足、饼形足、饼形圈足、凹底足。属黑釉酱釉、绿釉，瓶身有瓦棱纹	《西安长安区郭杜镇清理的三座宋代李唐王朝后裔家族墓》图一九，图二六：7，图一八，图二六：6，图二〇，图二六：8，图一七，图二六：5，图一六，图二六：4，图一五，图二六：3，《文物》2008年6期	样式二3，图6-2-3②；样式三1b，图6-2-8②；样式四7a，图6-2-11①；样式一〇4，图6-2-25②、⑤；样式一〇5a，图6-2-25⑦
北宋景祐元年（1034年）	陕西西安北宋淳于广夫妇合葬墓（M2）	3	黑釉2件，青釉1件。均为直壁小盘口，筒形腹，饼形足。其一（M2：1），高35.4厘米，黑釉。其二（M2：3），高34.4厘米。青釉	《西安西郊热电厂基建工地清理三座宋墓》图四：6、13，《考古与文物》1992年5期	样式一〇4，附录一总表十：4a②，图6-2-25⑥
北宋景祐五年（1038年）	江苏南京丁家山北宋钟氏墓	4	青白瓷1件，高39厘米。直壁小盘口，短束颈，橄榄状瓶身。（另有同形陶质者3件，高41～42厘米）	李蔚然《南京中华门外宋墓》图二，《考古》1963年6期	样式三1b，图6-2-8③
北宋嘉祐五年（1060年）	江西永新县三门前村北宋刘沆夫妇合葬墓（女室）	5	釉色分黑、黄褐、青黄，上腹有瓦棱纹。其一高44厘米，其二高45厘米	《江西永新北宋刘沆墓发掘报告》图版伍：12、15，《考古》1964年11期	样式四7b，图6-2-11②，附录一总表四：7b
北宋嘉祐八年（1063年）	河南密县五虎庙村北宋冯京夫妇合葬墓	3	高52.7厘米。小口，无颈，瓶身呈细长橄榄状。黄灰色红胎，器表茶青色釉，器内酱色釉，肩部露胎，上腹有瓦棱纹	《密县五虎庙北宋冯京夫妇合葬墓》图版八：6，《中原文物》1987年4期	样式四7c，图6-2-11③
北宋熙宁四年（1071年）	江苏镇江市南郊北宋章岷墓	2	成对。高23.3厘米。平折沿壁形浅盘口，短柱颈，矮体，上腹圆鼓，收胫。酱釉。定窑	《镇江市南郊北宋章岷墓》图版肆：3，《文物》1977年3期	样式五2a，图6-2-18①，附录一总表五：2a

续表

纪年	墓葬	梅瓶		资料源	样式及本书内图号
		数量	基本特征		
北宋熙宁十年（1077年）	江苏市江丹阳市大泊公社北宋墓	2	高39.8厘米。白釉珍珠地划花。登封窑	杨正宏、肖梦龙、刘丽文主编《镇江出土陶瓷器》图版175，北京：文物出版社，2010年，155页	样式三5，图6-2-10①，附录一总表三：5①
北宋元祐元年（1086年）	江西永新县北宋刘瑾墓	2	成对。平折沿壁形方唇口，柱颈，上腹圆鼓，收胫。白瓷，划花。定窑。其一，36.7厘米。其二，高37.1厘米	范凤妹《记江西出土的北方名窑瓷器》照1，《江西历史文物》1986年2期。赖金明《江西省博物馆藏梅瓶欣赏（上）》图1，《收藏家》2007年12期	样式五3a，附录一总表五：3a①，图6-2-18④
北宋元祐元年（1086年）	河南邓州市北宋赵荣墓	2	均残。绿釉、酱釉各一件，绿釉者高34厘米	《河南省邓州市北宋赵荣壁画墓》，《中原文物》1997年4期	—
北宋元祐二年（1087年）	安徽宿松县北宋吴正臣夫妇合葬墓	3	直壁盘口，短柱颈，倒滴水状瓶身。青白瓷。其一高37.1厘米。其二高36.8厘米	《安徽省博物馆藏瓷》图版49：左，北京：文物出版社，2002年。王业友《浅谈宿松纪年墓出土的北宋影青瓷器》图二：1，《景德镇陶瓷》1984年增刊	样式三7a，图6-2-9①，附录一总表三：7a①
北宋元祐七年（1092年）	陕西蓝田五里头村北宋吕大临墓（M2）	2	成对，1件破碎，1件（M2：33）完整。折沿扁唇口，短束颈，筒状瓶身。青釉，刻花。耀州窑	《陕西蓝田县五里头北宋吕氏家族墓地》图六：左，《考古》2010年8期	样式一〇11，附录一总表十：11
北宋绍圣三年（1096年）	河南林州北宋刘氏家族墓地刘朝宗母李氏墓（M2）	1	高32.9厘米。浅小盘口，短束颈，茧状瓶身。酱褐釉，上腹有瓦棱纹	张增午、李银录《河南林州市北宋墓葬出土陶瓷器考略》图三：1，《中国古陶瓷研究·第八辑》，北京：紫禁城出版社，2002年	样式二7a，附录一总表二：7a
北宋大观三年（1109年）	河南安阳市北宋王现墓（M44）	2	成对。其一（M44：3），高28厘米。其二（M44：2），高24厘米。小撇口，束颈，长茧状瓶身，折撇足。白釉	《河南安阳新安庄西地宋墓发掘简报》图八：1、2，《考古》1994年10期	样式一〇10a，图6-2-29①，附录一总表十：10a
北宋政和二年（1112年）	河南林州市北宋刘朝宗墓（M3）	1	高39厘米。浅小盘口，短束颈，茧状瓶身。褐绿釉，肩腹部有瓦棱纹	张增午、李银录《河南林州市北宋墓葬出土陶瓷器考略》图一五，图三：3	样式二7b，图6-2-4②
北宋政和三年末（1114年初）	湖北麻城县北宋阎良佐夫妇合葬墓	1	高35厘米。直壁盘口，短柱颈，倒滴水状瓶身。青白釉	《湖北麻城北宋石室墓清理简报》图版肆：4，《考古》1965年1期	样式三7a，附录一总表三：7a②
北宋宣和五年（1123年）	甘肃镇原县北宋白氏墓	1	尺寸不明。圆唇小口，短束颈，筒状瓶身。黑釉	许俊臣《甘肃镇原县出土北宋浮雕画砖》图三，《考古与文物》1983年6期	样式一〇5b，附录一总表十：5b

续表

纪年	墓葬	梅瓶		资料源	样式及本书内图号
		数量	基本特征		
北宋宣和六年（1124年）	四川成都北宋宋京墓（M2）下室	1	高36.2厘米。出节小口。釉陶，红胎酱黄色釉	《四川成都北宋宋京夫妇墓》图八：3，《文物》2006年12期	样式八1，图6-2-23①
北宋宣和七年（1125年）	河南林州市北宋刘逢辰墓（M1）	2	其一高30厘米、其二高34.5厘米。撇口，短束颈，卵状瓶身。褐釉，上腹有瓦棱纹	张增午、李银录《河南林州市北宋墓葬出土陶瓷器考略》图三：2；图三：4	样式二7a，图6-2-4①，附录一总表二：7c

表6-1-3 北宋非纪年墓出土梅瓶

年代	墓葬	梅瓶		资料源	样式及本书内图号
		数量	基本特征		
北宋中期	湖北麻城胡家畈村北宋墓	1	高29.5厘米。釉陶，黑褐釉	《湖北麻城胡家畈发现一座北宋砖室墓》图二：4，《考古》1995年5期	样式一〇3，图6-2-24③
北宋中期（11世纪）	江西景德镇近郊北宋墓	1	高32.7厘米。碟状撇口，短束颈，卵状瓶身，隐圈足。青白瓷，釉色微泛黄	《景德镇出土瓷器》图版23，香港大学冯平山博物馆，1992年	样式三2，图6-2-8⑤
北宋中期	陕西凤翔姚家沟红旗化工厂宋墓	2	黑釉。圆唇小口，短束颈，筒状瓶身。其一（1号），高31.6厘米。其二（2号），高31厘米	沐子《陕西凤翔出土的唐、宋、金、元瓷器》图二：3，《文博》1986年2期	样式一〇5b，图6-2-25⑧
北宋中期	江苏金坛北宋王氏家族墓05JMSM3	1	M3：6，高22.7厘米。平折沿壁形小口，柱颈，瓶身短矮，肩腹圆鼓，收胫。酱釉	《金坛市茅麓镇石马坟北宋墓的发掘》图十八，图十：2，《东南文化》2006年6期	样式五2b，图6-2-18②
北宋晚期	河南汤阴县委大院北宋夫妇合葬墓	2	其一，高30厘米。酱黑釉。浅盘式小口，短束颈，瓶身丰长如卵状。其二，高28厘米。白釉。折沿小环口，柱颈，鼓腹，收胫	《汤阴宋墓发掘简报》图八；图六，《中原文物》1985年1期	样式二7b，图6-2-4④；样式五3b，图6-2-18⑥
北宋晚期	江苏丹阳西庄村北宋墓	1	高35.5厘米。大盘口，隐圈足。米黄色釉	《常州文物精华》图版24，北京：文物出版社，1998年	样式三7a，图6-2-9③
北宋晚期	江苏镇江磷肥厂北宋墓	1	高36.5厘米。大盘口，隐圈足。牙白色釉	《中国陶瓷·定窑》图版56，上海：上海人民美术出版社，1983年	样式三7a，图6-2-9②
北宋晚期	河南南召云阳镇宋代雕砖墓	1	尺寸不明。窄折沿圆唇小环口，柱颈，茧状瓶身。黄绿色釉，腹部有瓦棱纹	黄运甫《南召云阳宋代雕砖墓》图版五：3，《中原文物》1982年2期	样式六1b，图6-2-20②
北宋绍圣（1094～1098年）以后	河南洛阳涧西北宋墓九·七·二号	1	高26厘米。梯形环口，无颈，窄溜肩，上腹稍鼓，收胫。乳白色釉，肩部一周露胎	《洛阳涧西宋墓（九·七·二号）清理记》图五（中），《文物》1955年9期	样式四10a，图6-2-15①

续表

年代	墓葬	梅瓶		资料源	样式及本书内图号
		数量	基本特征		
北宋晚期	河南郑州高新区贾庄宋墓M71	1	高52.8厘米。梯形小环口，短颈，高体瓶身呈鸡腿状。灰胎酱釉，瓶身布满瓦棱纹	《郑州高新区贾庄宋金墓葬发掘简报》图十三、图十一：2，《中原文物》2009年4期	样式四8a，图6-2-12①
北宋末期	陕西西安南郊孟村宋墓ⅢJ1M3	1	高21厘米。黑釉	《西安南郊孟村宋金墓发掘简报》图版二：2，图七：1，《考古与文物》2010年5期	样式八2，图6-2-23②
北宋晚期	陕西西安南郊孟村北宋墓ⅢM18	2	其一（ⅢM18：2），高16厘米，黑釉。（此瓶已界梅瓶形制边缘，另一瓶ⅢM18：1与之大体相近，但形体宽矮，已完全不属于梅瓶范畴）	《西安南郊孟村宋金墓发掘简报》图版二：1，图七：6，《考古与文物》2010年5期	样式二5，图6-2-2④
北宋末期	河北鹿泉南海山北墓区北宋墓M9	1	M9：1，高46.5厘米。酱釉，瓶身布满不明显的瓦棱纹，腹部竖刻铭文"天威军官瓶"。井陉窑	《石太高速公路北新城南海山墓区发掘报告》图版二九：5，图一六：1，载于《河北省考古文集》，北京：东方出版社，1998年	样式二12，图6-2-5
北宋末期	河北鹿泉南海山北墓区北宋尹氏家族墓M3	1	M3：3，高41.2厘米。酱釉，有不明显的瓦棱纹	《石太高速公路北新城南海山墓区发掘报告》图一六：2（出处同上）	样式二11，附录一总表二：11
北宋末期	山西太原西郊小井峪村北宋墓M68	1	高38厘米。缸胎青釉，有瓦棱纹	代尊德《太原小井峪宋墓第二次发掘记》图版捌：4，《考古》1963年5期	样式二7a，图4-3-5②
北宋徽宗时期	河南洛阳邙山ⅠM235号宋墓	1	高20.9厘米。银质，圆唇，斜直颈，瓶身呈倒滴水状。带覆杯式盖	《洛阳邙山宋代壁画墓》图三三，图二二：6，《文物》1992年12期	样式六3a，图6-2-20③a
北宋末期	江苏江阴夏港宋墓	1	通高19.6厘米。锡质，小口，细颈，倒滴水状瓶身，带覆杯式盖	高振卫、邬红梅《江苏江阴夏港宋墓清理简报》图一五，《文物》2001年6期	图4-3-1⑧
北宋	安徽六安县九墩塘二号宋墓	1	高25.9厘米。扁梯形小环口，短柱颈，斜折肩，筒状腹，折胫内收。白釉，上腹黑彩竖书"内酒"	王步艺、殷涤非《安徽六安城外宋残墓清理记略》附图，《文物》1954年6期	样式四13，图4-2-5②
北宋	广东佛山市郊澜石圩北宋霍氏墓（M15）	1	高31厘米。褐绿色釉陶	《广东佛山市郊澜石唐至明墓发掘记》图一：8，《考古》1965年6期	样式二1e，附录一总表二：1e
北宋	广东佛山澜石镇东鼓颡岗1号宋墓	7	黑釉，带不挂釉的盖。其一通高27厘米	曾广亿《广东佛山鼓颡岗宋元明墓记略》图版捌：3，《考古》1964年10期	样式二1e，图4-3-3②

表6-1-4　北宋窑址出土梅瓶

年代	窑址	梅瓶		资料源	样式及本书内图号
		数量	基本特征		
北宋中期[6]	河北磁县观台磁州窑址	1	Y4①：79，T11⑤：38，腹部残片，残高12.3、7.4厘米。白釉，珍珠地划花	《观台磁州窑址》图版二二：5右，图五六：5；图版二二：5左、图五五：5	—
北宋中晚期	河北磁县观台磁州窑址二期前段（1068～1100年）地层	多件	黄白胎，光亮的酱褐色釉，肩腹部布满瓦棱纹。其一（T5⑩：30），高33.6厘米	《观台磁州窑址》图版四九：1，图九二：1，北京：文物出版社，1997年（下同），212页	样式二7b，图6-2-4③
北宋晚期	河北磁县观台磁州窑址二期前段地层	多件	白釉发黄呈木光，黄棕色粗胎，肩部有两块绿彩。其一（T5⑧：88），残高16.9厘米	《观台磁州窑址》图五〇：1，120页	—
北宋末至金代初期	河北磁县观台磁州窑址二期后段地层	多件	灰褐色胎，白釉，泛青黄，偶在肩部有点状绿彩装饰。小浅盘口或平折沿小口，喇叭形折撇足。其一（T9④：95）残高8厘米，其二（T9③：165）残高24.3厘米	《观台磁州窑址》图五〇：7、11，118、119页	—
北宋	河北曲阳定窑遗址	1	缺口，复原高23.7厘米。白瓷	《中国古瓷窑大系·中国定窑》图版118，北京：中国华侨出版社，2012年	样式一5a，图6-2-1②
北宋中期	河南登封曲河窑址	多件	各局部残片，尺寸不明。白釉赭彩珍珠地划花	冯先铭《河南密县、登封唐宋古窑址调查》图一一：1，《文物》1964年3期程宜《宋元饮酒风尚对磁州窑的影响》图一一，载《中国古陶瓷研究》第十六辑，北京：紫禁城出版社，2010年，153页	—
北宋	河南鲁山段店窑址	多件	各局部残片，尺寸不明。白釉珍珠地划花	《河南鲁山段店窑的新发现》图版捌：4、2，图一七：5，图版捌：12、11，图一七：2，《华夏考古》1988年1期，叶喆民《古物探研二则》图二，图版四上左：右1～右4，《故宫博物院院刊》1996年4期	—
北宋晚期[7]	河南鲁山段店窑址	1	尺寸不明。黑釉，肩有一周露胎	《河南鲁山段店窑的新发现》图七：6，《华夏考古》1988年1期	样式四14a，图6-2-13①

6　据秦大树先生分析，这两件瓷片具有观台窑址一期后段的风格，年代在北宋真宗、仁宗时期（998～1063年），属北宋中期；同时他认为，英国布里斯托城美术馆收藏的一件白釉珍珠地划花植物纹梅瓶（样式六1a例①）与此相同，后者也属于磁州窑器。见秦大树《宋元时期磁州窑瓶类器物的发展及其使用功能探讨》，《南方文物》2000年4期28页，并注33。不过，秦先生此文所称这两件标本和布里斯托呈美术馆的藏品属"盘口长颈瓶"的观点，与发掘报告《观台磁州窑址》视这两件标本为"白釉瓶ⅩⅢ型—'从卷沿变成矮梯形口的梅瓶'—1式"的观点显然有很大的出入。

7　发掘者断代为北宋中晚期，当以晚期为宜。

续表

年代	窑址	梅瓶		资料源	样式及本书内图号
		数量	基本特征		
北宋	河南修武当阳峪窑址（北京故宫博物院藏）	1	残存口颈部，尺寸不明。白釉剔划花	冯先铭、李辉柄主编《故宫博物院藏·中国古代窑址标本·卷一·河南卷·上》图157，北京：紫禁城出版社，2005年	—
北宋晚期	河南修武当阳峪窑址〔英〕乔治·尤莫伐勃勒斯（George Eumorfopoulos）旧藏	1	腹部残片。黑地白剔花，花鸟纹	〔瑞典〕欧瓦·卡尔贝克《记焦作窑陶瓷器》（李鑫译注、秦大树校）图7，《中国古瓷窑大系·中国当阳峪窑》211页，北京：中国华侨出版社，2011年	—
北宋	河南宜阳县西关窑址	1	残缺口颈部。残高47厘米。浅灰胎，黑釉，腹部略显瓦棱纹，釉上分二行竖刻铭文"京西转运判官贡奉酒□□□"	《介绍几件陶瓷精品》图一：2，《华夏考古》1996年3期	图4-2-5①
北宋晚期[8]	河南宝丰县大营镇清凉寺村汝窑遗址	4	青瓷。其一（T28③：56），复原高度41厘米。其二（C2：759），复原高度39.6厘米。均无饰纹。其三（F2：65），高30.4厘米。刻划龙纹。其四（T9H7：28），高32厘米。青釉刻花	《宝丰清凉寺汝窑址2000年发掘简报》图八：5，《文物》2001年11期。《宝丰清凉寺汝窑》彩版一○九：1，彩版一一○：1，彩版一八二：2，图七九：2，郑州：大象出版社，2008年（下同）	样式三6a，图6-2-8⑦，图6-2-8⑥；样式三7b，图6-2-9⑥；样式四12，附录一总表四：12，图6-2-15⑤
北宋中、晚期[9]	陕西铜川市黄堡镇耀州窑址北宋地层	2	黑釉，无饰纹，尺度极小。其一（86ⅣT1②：36），高9.2厘米。其二（90ⅥT36④Z38：6），高8厘米	《宋代耀州窑址》图二○九：7、8，北京：文物出版社，1998年，424页	样式一○8，图6-2-26①，图6-2-26②
北宋晚期[10]	陕西铜川市黄堡镇耀州窑址北宋地层	3	青瓷，刻花，缠枝花果、婴戏纹。其一（85ⅠT13②H28：1），高42厘米。其二（85ⅠT13②H28：2），高42厘米。均为斜折肩。其三（86ⅣT10②：15），高39.2厘米。圆肩。其四（90ⅥT11③：1），残高34厘米。其五（86ⅠT14③：2），残高24厘米。均残存腹部、足、底部，外撇平底圈足	《宋代耀州窑址》图一四四，彩版八：1，图一四五，图一四三，图一四一，图一四二：2，281、285页	样式六2，图6-2-21③，图6-2-21②

8　标本一至三的年代属北宋末期，标本四的年代则较早。

9　两瓶属同一样式，分别出土于北宋中期和晚期地层。

10　这类青瓷刻花大口梅瓶出土于耀州窑址北宋晚期中段地层。

续表

年代	窑址	梅瓶		资料源	样式及本书内图号
		数量	基本特征		
北宋从早中期到晚期[11]	江西景德镇湖田窑址	4	均为青白瓷，胎色白或灰白，且仅存下腹和足底部。底足分圈足和隐圈足两种。其一（99H补·T3②：81），足径6.5厘米。其二（96B·T2②B：33），足径9.5厘米。其三（97D·H2：692），足径5厘米。其四（99H·T17①：1），足径9厘米	《景德镇湖田窑址——1988 - 1999年考古发掘报告》图一四五：3，彩版六三：2，图一四五：5，彩版六三：4，图一四五：1，图一四五：2，彩版六三：1，北京：文物出版社，2007年	—
北宋中晚期	江西景德镇湖田窑址	4	均为青白瓷，胎色白或灰白，仅存口颈肩部。直壁盘口，分大小。其一（99H补·T2②：107），口径7厘米。其二（97G·T4③：032），口径7.2厘米。其三（97D·H16：59），口径7.7厘米。其四（99H补·H7：121），口径5厘米	《景德镇湖田窑址——1988 - 1999年考古发掘报告》彩版五九：1左，图一四○：6，图一四○：7，彩版五九：1右，图一四○：8，彩版五九：2，北京：文物出版社，2007年	—
北宋晚期	湖北武汉江夏区新窑村窑址群陈家窑墩窑址北宋地层	1	Y1：1，高33厘米。撇口卷唇，短束颈，瓶身呈倒滴水形，耸肩，青瓷	《武汉市江夏区新窑村窑址群的调查与发掘》图二○：3，《江汉考古》2000年4期	样式二10b，图6-2-7②
北宋晚期	湖北武汉江夏区湖泗斧头湖杨家瀚窑址北宋地层	3	残片。口径6.2厘米、腹径16.5厘米、底径10厘米。青釉偏黄	《武汉市江夏区杨家瀚窑址发掘简报》图三：13，《江汉考古》2001年2期	样式二10b，图6-2-7③
北宋晚期	浙江慈溪市寺龙口越窑遗址	多件	青瓷，刻花。[12]其一（T3③a：86），仅存口、颈、肩，口径3.2厘米，残高4厘米。其二（T6③a：82），仅存下腹、足底，足径5.8厘米。其三（T7③c：29），仅存下腹、足底，足径5.5厘米。Ⅱ式	《寺龙口越窑址》图一○九：1、5，彩图246	—
北宋中期[13]	浙江温州市屿后瓯窑遗址	1	高27.6厘米。青釉，腹釉下竖书"作五泉"。瓯窑	《温州市宋代褐彩青瓷窑址调查》图版伍：4，《考古》1988年3期	样式二8，图6-2-3④
北宋晚期[14]	浙江温州市含金山瓯窑址	1	高23厘米。青瓷。瓯窑	《温州市宋代褐彩青瓷窑址调查》图版伍：6，《考古》1988年3期	样式二10c，图6-2-7④

11 标本一、二的年代可能属北宋早中期，标本三、四的年代可能属北宋中晚期。

12 根据发掘报告，寺龙口越窑遗址出土"青瓷梅瓶"标本共18件，分二式，Ⅰ式"平口外侈"，如标本之一，Ⅱ式"浅盘口"，如标本之二、三。但二、三底足明显不同。

13 原报告确认此窑址属于瓯窑，对此瓶的年代判断只是粗略地指为"北宋中晚期以至南宋的时代特征较为明显"，但此瓶的器形具有北宋中期的特点。

14 原报告确认此窑址也属于瓯窑，对于此瓶的年代同样都是粗略地指为北宋中晚期至南宋，从器形来看该瓶具有北宋晚期的特点。

续表

年代	窑址	梅瓶		资料源	样式及本书内图号
		数量	基本特征		
北宋中晚期[15]	四川广元市瓷（磁）窑铺窑址	2	均残，只存口颈肩部。灰褐色胎，酱褐色釉。其一（96GCT4③：213），残高5.2厘米。其二（96GCT4③：289），残高3厘米	《广元市瓷窑铺窑址发掘简报》图十：1、2，《四川文物》2003年3期	—
北宋	广东潮州笔架山宋代瓷窑遗址	1	残存口颈肩和上腹部。口径7.2厘米。青白瓷	黄玉质、杨少祥《广东潮州笔架山宋代瓷窑》图二：3，《考古》1983年6期	—

表6-1-5　北宋其他遗址出土的梅瓶

年代	出土地点	梅瓶		资料源	样式及本书内图号
		数量	基本特征		
北宋末期	河南宝丰县大营镇蛮子营村古寺院废址汝瓷窖藏	1	口颈残缺。残高22.2厘米。青釉。汝窑	赵青云、王黎明《河南宝丰发现窖藏汝瓷珍品》图二：3，《华夏考古》1990年1期	—
北宋末期	河南洛阳宋代衙署庭园遗址	14	黑色釉，肩一周露胎。其一（J7：9），高45.5厘米	《洛阳宋代衙署庭园遗址发掘简报》图版叁：3，《考古》1996年6期	样式四14b，图6-2-13②
北宋末期	河南新乡市城里十字工地（私人藏）	3	残片。白地黑剔花	阎焰《当阳峪窑研究综述》图8，载《中国古瓷窑大系·中国当阳峪窑》259页，北京：中国华侨出版社，2011年	—
北宋末期至金初[16]	河北邯郸市峰峰矿区宋代地道遗址	4	尺寸不详。黑釉	《河北邯郸市峰峰矿区宋代地道清理报告》图二二，《考古》1990年8期	样式四8b，图6-2-12⑥
北宋晚期	江苏江阴夏港东园村	1	高29厘米。白瓷	《中国陶瓷全集·7·宋（上）》图版四九，上海：上海人民美术出版社，2000年	样式五3a，图6-2-18⑤
北宋晚期	浙江宁波市中山路天宁寺东塔遗址	1	高24.5厘米。盘状小侈口，束颈，斜肩，瓶身瘦长，下部内收，平底。青瓷	《浙江宁波唐国宁寺东塔遗址发掘报告》图二一：7，《考古学报》1997年1期	样式三9，附录一总表三：9

15　两件标本出土于窑址的北宋中晚期地层。同一地层出土了梅瓶盖（96GCT6③：294），可作参考。

16　发掘者判断地道的开挖时间在北宋末至金代初期（1126～1134年）。

根据北宋梅瓶资料的综合梳理结果，当时烧造梅瓶的窑场远不止表6-1-4中所列，然而仅从表中我们也能看到，当时的各大窑场都在烧造梅瓶，一些地方性窑场也得风气之先开始烧造不同面貌的陶瓷。可见梅瓶普及程度之一斑。

此外，还有一些不同形态的其他遗址出土的梅瓶，如表6-1-5。

（三）从考古资料初步归纳五代和北宋梅瓶的总体特征

根据以上5份表格，可以对从五代到北宋时期梅瓶的地域和年代的分布、普及过程以及材质工艺等方面形成一个总体认识。

从遗址形态来看，五代、北宋时期出土梅瓶的遗址以窑址和墓葬最为常见，此外还有居址、窖藏、地道、寺院等。从场所性质来看，包括了民用、官用以及居住、丧葬、生产、宗教等各种遗址，可见梅瓶使用场合之普遍。从地域分布来看，梅瓶在北宋时期几乎流行于全境，包括了今天的河南、陕西、河北、山西、江苏、江西、甘肃、四川、安徽、湖北、浙江、广东等省——若考虑到同期并存的辽代，则北宋和辽代的晚期（11世纪末期到12世纪初期），梅瓶的分布已经包括了从长城以北直到岭南、从东南沿海直到陇东这一广阔的区域——这是滥觞期的隋唐梅瓶所没有具备的规模。可见，五代到北宋时期（以及同时的辽代），梅瓶的流行程度有了极大拓展，表明这种形式的盛酒器在五代北宋时期获得了全面普及和应用。

梅瓶普及这种程度有一个过程。就目前所见，五代梅瓶的考古材料仅有三例，见于今河南、河北地区，北宋早期的材料却很少。北宋早期梅瓶的划分，可以用河南巩县宋太宗元德李后陵（北宋咸平三年，1000年）出土的梅瓶作为分界标志——该墓既是最早的出土梅瓶的北宋纪年墓，墓中的梅瓶也可以作为北宋早期梅瓶结束的标志。此后，北宋中期的有关纪年墓逐渐增多，集中见于中原、关中以及长江下游地区，传播区域比五代到北宋早期有了较明显的扩展。到了北宋晚期，上述地区仍是梅瓶集中出土区域之外，向北、西、西南、南、东南等方向都能看到日益增多的实例。这一点，在北宋非纪年墓以及窑址和其他各种遗址中也都能看到大体一致的情况。

在材质上，历代梅瓶都以陶瓷为大宗，五代、北宋亦然。五代烧造梅瓶的窑址只见邢窑一例，但是可以肯定定窑已经开始烧造早期的梅瓶。从上述表6-1-4来看，烧造梅瓶的北宋窑场则很多，包括：河南的登封曲河窑、鲁山段店窑、修武当阳峪窑、宜阳西关窑、宝丰清凉寺汝窑，河北的定窑、磁州窑，陕西的耀州窑，江西的景德镇湖田窑，湖北的武汉江夏窑（梁子湖、斧头湖窑群），浙江的越窑（慈溪寺龙口）、瓯窑（温州屿后和含金山）等，四川的广元瓷窑铺窑和广东的潮州笔架山窑等在北宋时期可能也烧造了梅瓶。结合后面的资料梳理和研究，还可以确定河南的鹤壁集窑、河北的井陉窑，以及山西中南部的某些窑口，在北宋时期也都在烧造梅瓶。无论是在数量、质量还是陶瓷品种、器形样式方面，北宋梅瓶的烧造都与相关窑场的兴盛和相关地区的经济、文化的发达程度成正比，如梅瓶烧造最兴盛的窑场集中在河南、河北，其次是关中和江南的江西、浙江等地，这些地区在北宋都是陶瓷窑场最集中也最具代表性的地区。

北宋的陶瓷类梅瓶，几乎包括了当时最主要的陶瓷品种。瓷质者如"无饰纹深色釉瓷"[17]、青瓷（有精粗之别）、白瓷（有精粗之别）以及青白瓷（釉色偏

17　本文所谓"无饰纹深色釉"，并不是作为陶瓷史上常规而严格意义上的品种概念，而是泛指当时除白釉、青釉、青白釉以及带饰纹的黄釉、绿釉等明度较浅的色釉之外，如黑釉、酱釉、褐釉、茶叶末釉等一系列颜色偏深的釉种，实施这类深色釉的器物多属粗器，胎质粗糙坚硬（俗称缸胎），胎色黄褐或呈灰色，其中河南地区某些窑场烧造的精品器为白胎或灰白胎。这类深色釉梅瓶主要作为日用器，故除胎体有意保留利于握持的瓦棱纹，以及因烧制工艺需要而在某些部位（如肩腹部）留下刮釉或粘疤的露胎痕迹之外，一般都没有主动施加的人工装饰因素，包括运用各种工艺手段施行的饰纹、彩斑或釉斑等。无饰纹深色釉陶瓷梅瓶主要流行于北方地区（中原、华北、西北等），南方地区较少见。

青绿、黄白、白、淡青等色相），后面的几类主要品种也分带饰纹和不带饰纹两部分。陶质梅瓶分釉陶和素陶，在北宋各期的一些地区零星出现，主要作为明器使用。另外，梅瓶在北宋时期已经出现银、锡两种非陶瓷品种，但实例尚少，只在河南、江苏的北宋晚期墓中各见一例，银质梅瓶属实用器，锡质梅瓶应属明器。

二、辽代梅瓶的考古发现

辽代（916～1125年）与五代、北宋先后并存，其辖境包括了长城两侧及其以北的辽阔地区，流行着与中原梅瓶有所不同的器形样式，其中以俗称"鸡腿瓶"的各种梅瓶样式最具辽代特色。

（一）辽代梅瓶的考古资料

随着辽代考古的不断深入，以"鸡腿瓶"为代表的辽代梅瓶在20世纪中叶以后逐渐引起人们的注意，已经发现的辽代梅瓶考古资料也比较丰富。下面仍按遗址的性质和形态分为纪年墓、非纪年墓和非墓葬三类，每一部分以时序列表梳理。先看纪年墓出土的辽代梅瓶（表6-1-6）。

表6-1-6　辽代纪年墓出土梅瓶

纪年	墓葬	梅瓶		资料源	样式及本书内图号
		数量	基本特征		
辽统和十五年（997年）	北京八宝山辽韩佚夫妇合葬墓（M3）	2	其一（M3：37），高48厘米。其二（M3：22），高50厘米。粗缸胎，茶色釉	《辽韩佚墓发掘报告》图版贰肆：4，图七：11，《考古学报》1984年3期	样式四1a，图4-3-5①；样式四2a，图6-3-9①
辽开泰七年（1018年）	内蒙古哲里木盟奈曼旗辽陈国公主驸马合葬墓（M3）	3	高54.8厘米。缸胎，茶叶末釉	《辽陈国公主驸马合葬墓发掘简报》图版伍：1、图三二：2，《文物》1987年11期	样式四1c，图6-3-8②
辽开泰九年（1020年）	辽宁朝阳辽耿延毅夫妇合葬墓	2	成对，M2：18、10。高30.4厘米。北宋景德镇窑青白瓷	《辽宁朝阳姑营子辽耿氏墓发掘报告》图版叁叁：5、6；图二〇：13，载于《考古学集刊·第3辑》，北京：中国社会科学出版社，1983年	样式二2，图6-2-3①
辽大安七年（1091年）	辽宁凌源大河北乡辽墓	1	高64厘米。茶叶末釉	刘莉《凌源近年出土的陶瓷器及相关问题的探讨》，《辽海文物学刊》1994年2期	样式九1a，图6-3-14③

续表

纪年	墓葬	梅瓶		资料源	样式及本书内图号
		数量	基本特征		
辽大安九年（1093年）	河北张家口市宣化区下八里村辽张匡正墓（M10）	1	M10：23，高32厘米。墨绿釉	《宣化辽墓——1974～1993年考古发掘报告》（上、下）图版二八：5，图三四：7，北京：文物出版社，2001年（下同）	样式九2c，图6-3-15⑦
辽大安九年（1093年）	河北张家口宣化辽张文藻墓（M7）	2	成对。墨绿釉。其一（M7：64），高31厘米。其二（M7：71），高27厘米	《宣化辽墓——1974～1993年考古发掘报告》（上、下）图版六二：1、图八二：1，图版六二：2、图八二：2	样式九2c，图6-3-15⑧，图4-2-6②
辽大安九年（1093年）	河北张家口市宣化区下八里村辽张世本墓（M3）	2	成对。其一（M3：29），高39.6厘米。酱釉	《宣化辽墓——1974～1993年考古发掘报告》（上、下）图一一九：11	样式九2b，附录一总表九：2b①
辽天庆六年（1116年）	河北张家口宣化辽张世卿墓（M1）	3	黑釉。其一（M1：61），高32.5厘米。其二（M1：62），高30.2厘米。其三（M1：60），高45.5厘米	《宣化辽墓——1974～1993年考古发掘报告》（上、下）图版一二三：5、图一七一：1，图版一二三：5、图一七一：2，图版一二三：6、图一七一：3	样式九2c，图6-3-15⑩，图6-3-15⑪a；样式九2b，图6-3-15④
辽天庆七年（1117年）	河北张家口市宣化区下八里村辽张恭诱墓（M2）	2	其一（M2：18），高28.5厘米。酱釉。其二（M2：9），墨绿釉	《宣化辽墓——1974～1993年考古发掘报告》（上、下）图版一四九：5	样式九2b，图6-3-15⑤
辽天庆九年（1119年）	山西大同新添堡村辽刘承遂墓（M29）	2	成对。其一，高33厘米。灰黑色釉	《山西大同郊区五座辽壁画墓》图二：3，《考古》1960年10期	样式七2a，图6-3-13②

出土梅瓶的辽代纪年墓始见于统和十五年（997年），终于天庆九年（1119年），从辽早期末段到辽末期，大体与北宋纪年墓的时间相当；在分布上，最早见于长城以南今北京地区，直到辽中晚期，主要分布于今内蒙古东南部、辽宁西部、河北北部和山西北部。

再来看辽代非纪年墓出土梅瓶的情况（表6-1-7）。

出土梅瓶的辽代非纪年墓反映的情况与纪年墓大体一致，但实物资料更为丰富。在这方面，辽代的非墓葬遗址出土的梅瓶可以作为进一步的补充（表6-1-8）。

在这三份表格之外，还有不少线索和材料，如1970年北京丰台镇桥南辽代石棺墓出土1件"褐釉鸡腿瓶"[18]，1971年北京西城区福绥境大玉胡同辽墓出土2件"黑青釉鸡腿瓶"[19]等，因相关资料源缺乏必要的基本描述，故在此不做收录，有些材料则有待补充。

18　北京市文物管理处《近年来北京发现的几座辽墓》，《考古》1972年3期36页。

19　同上，38页。

表6-1-7　辽代非纪年墓出土梅瓶
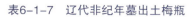

年代	墓葬	梅瓶		资料源	样式及本书内图号
		数量	基本特征		
辽初期 （937～958年）	北京南郊北平王赵德钧夫妇合葬墓	一	发掘者判断残片为"梅瓶"，出土于左中室（即中北耳室），仅存残片，详情不明	《北京南郊辽赵德钧墓》，《考古》1962年5期	—
辽早期 （959～986年）	辽宁法库叶茂台村辽墓M7	4	黄白色细缸胎酱釉器2件，其一，高27.5厘米。其二，高28.3厘米。缸胎茶末绿釉器2件，高51.5厘米	《法库叶茂台辽墓记略》，《文物》1975年12期；冯永谦《叶茂台辽墓出土的陶瓷器》图五：1，图四：3，《文物》1975年12期	样式一〇2c，图6-3-17①；样式四1b，图6-3-8①
辽早期	内蒙古凉城县永兴镇水泉村辽突厥族墓（M27）	2	粗胎，茶色釉。其一（M27：36），高33.5厘米。其二（M27：35），高34厘米	《内蒙古凉城县水泉辽代墓葬》图六：5、1，《考古》2011年8期	样式三1c，图6-3-5①；样式三1d，图6-3-5②
辽早期	内蒙古巴林右旗查干勿苏四组村辽墓	1	H601：3，高32.3厘米。泥质灰陶	苗润华《内蒙古巴林右旗查干勿苏辽墓》图四：3，《辽海文物学刊》1995年2期	样式四3a，图6-3-7①
辽中期 （偏早）	辽宁北票县水泉村一号辽墓	4	夹粗砂灰缸胎茶末绿釉器2件，其一，高51厘米。其二，高45厘米。夹砂灰陶器1件，高31.5厘米。泥质黑陶器1件，高27厘米	《辽宁北票水泉一号辽墓发掘简报》图一二：左、图二三：3，图一二：右、图二三：2，图一一、图一九：5，图八，《文物》1977年12期	样式四2b，图6-3-9②；样式二14a，图6-3-2①；样式四3b，图6-3-7②；样式一〇12，图6-3-17③
辽中晚期	河北廊坊市馨钻界小区辽墓M2	1	M2：16，高43厘米。泥质灰陶	《廊坊市馨钻界小区辽代墓群发掘报告》图一四：1，《文物春秋》2009年2期	样式四1e，图4-3-1①
辽中期	内蒙古商都县十八顷乡前海子村辽墓	2	其一，高50.5厘米。其二，高51.5厘米。缸胎，茶色釉	富占军《内蒙古商都县前海子村辽墓》图二：3、4，《北方文物》1990年2期	样式四1c，图4-3-4②；样式四1d，图4-3-4③
辽 （统和年间）	辽宁康平县后刘东屯辽墓M2	2	缸胎，茶绿釉。其一，高31.2厘米	《辽宁康平县后刘东屯二号辽墓》图七：1，《考古》1988年9期	样式四2c，图6-3-9③
辽中期	辽宁法库叶茂台辽墓M22	2	其一，高44.5厘米。其二，高48.2厘米。缸胎，茶末绿釉	许志国、魏春光《法库叶茂台第22号辽墓清理简报》图三：4，5，《北方文物》2000年1期	样式二14b，图6-3-2②；样式四1e，图6-3-8③
辽中期 （986～1031年）	河北平泉县小吉沟辽墓	不详	"鸡腿坛"。辽地所产，具体情况未详	张秀夫、田淑华、成长福《河北平泉县小吉沟辽墓》，《文物》1982年7期	—
辽中期	辽宁建平县马场五十家子辽墓	1	高30.3厘米。黄胎，白釉，黑彩画花	《中国陶瓷全集·9·辽 西夏 金》图版五〇，上海：上海人民美术出版社，2000年	样式三11a，图6-3-6①

续表

年代	墓葬	梅瓶		资料源	样式及本书内图号
		数量	基本特征		
辽晚期	辽宁彰武差大马村辽墓	1	高23.2厘米。白瓷，灰白胎，白釉泛青灰色，有细小开片	王来柱《彰武差大马辽墓发掘简报》图三：3，《辽海文物学刊》1996年1期	样式三11b，图6-3-6②
辽中晚期（1032～1057年）	辽宁义县清河门西山村辽代萧慎微祖墓群2号墓	1	高19.8厘米。定窑白瓷	李文信《义县清河门辽墓发掘报告》图版拾：4，插图10：2，《考古学报》1954年2期	样式二1c，图6-2-2②
辽晚期	辽宁朝阳市西北郊朝阳重型机器厂辽墓94M1	1	高45.2厘米。粗胎，白釉发黄	《辽宁朝阳重型机器厂辽金墓》图版二：4、图三：1，《北方文物》2003年4期	样式二10e，图6-3-3②
辽中期	内蒙古林西县小哈达村辽墓	1	LXM：5，高16.5厘米。深绿色釉陶	王刚《内蒙古林西县小哈达辽墓》图四：左，《考古》2005年7期	样式二15，图6-3-2④
辽晚期	河北隆化县厂沟门辽墓	2	其一，高35.6厘米。其二，33.6厘米。缸胎，黑釉	陶敏《隆化县厂沟门辽墓》图五，《文物春秋》2003年3期	样式四4a，图6-3-10①
辽（1051年）	辽宁阜新县辽代平原公主墓	1	高46.2厘米。夹砂胎，酱釉	《辽宁阜新县辽代平原公主墓与梯子庙4号墓》图版拾壹：4、图一二：6，《考古》2011年8期	样式三12，图6-3-5④
辽晚期	辽宁义县清河门西山村辽萧慎微祖墓群4号墓	3	赤黄色细胎黑釉器2件，高40.4厘米。缸胎茶末绿釉器1件，高53.8厘米	李文信《义县清河门辽墓发掘报告》图版贰拾贰：5、插图22：3，图版贰拾贰：6、插图23：5，《考古学报》1954年2期	样式三1a，图6-3-5③；样式四2d，图6-3-9④
辽（1067～1116年）	内蒙古赤峰市宁城县铁匠营子砖厂辽墓M2	1	高38厘米。灰褐色陶胎	《内蒙古赤峰市宁城县铁匠营子砖厂辽墓》图四：4，《内蒙古文物考古》1997年1期	样式九1c，图6-3-14⑧
辽晚期	河北丰宁县窄岭乡五道沟门村辽墓	1	高33厘米。蟹青釉	张汉英《河北丰宁五道沟门辽墓》图一：1，《文物春秋》1996年2期	样式二14c，图6-3-2③
辽晚期	辽宁朝阳木头城子乡十家村辽代家庭合葬墓	1	高51.6厘米。茶叶末釉	《辽宁朝阳木头城子辽代壁画墓》图三：7，《北方文物》1995年2期	样式九1b，图6-3-14⑦
辽	辽宁彰武朝阳沟辽代墓地M3	2	其一，陶质，带篦点纹	李宇峰等《彰武朝阳沟辽代墓地》，《辽宁考古文集》，沈阳：辽宁民族出版社，2003年	样式三10，图6-3-4；样式四1f，图6-3-8④
辽晚期（1102～1106年）	辽宁建昌龟山一号辽墓M1	2	高55厘米。缸胎，茶叶末釉	靳枫毅、徐基《辽宁建昌龟山一号辽墓》图一三、图七：5，《文物》1985年3期	样式九1a，图6-3-14④
辽	辽宁凌源市城关镇八里堡村拉木沟辽墓	1	高31.1厘米，白釉。被认为是赤峰缸瓦窑辽代烧造，属仿定器	《中国出土瓷器全集·2·天津、辽宁、吉林、黑龙江》图版81，北京：科学出版社，2008年	样式四6b，图6-3-11②

表6-1-8　辽代非墓葬遗址出土梅瓶

年代	遗址	梅瓶		资料源	样式及本书内图号
		数量	基本特征		
辽	辽宁北票市辽代黑城子城址	1	高30厘米。酱釉	《辽宁北票黑城子城址及出土的部分文物》图一：2，《北方文物》2005年2期	样式一〇2d，图6-3-17②
辽	河北平泉县会洲城址	1	高50.6厘米。白砂胎，翠绿色釉	刘子龙、王烨《平泉县博物馆藏辽瓷》封三：5，《文物春秋》1998年1期	样式二10d，图6-3-3①
辽	辽宁省朝阳大庙乡辽墓	1	高38.5厘米。白釉，刻划花，填黑釉	《介绍辽宁朝阳出土的几件文物》封三：5，《北方文物》1986年2期32页	样式一6a，图6-3-1①
辽末金初	北京龙泉务窑址三期地层	1	高52厘米。缸胎，黑釉	《北京龙泉务窑发掘报告》图版九〇：4，图九〇：7，北京：文物出版社，2002年	样式七2a，图6-3-13①
辽	内蒙古赤峰市城子乡辽金松山州城址	1	高44.5厘米。缸胎，茶叶末绿釉	张松柏、任学军《辽金松山州遗址调查》图三：5，《内蒙古文物考古》第4期，1986年	样式九2b，图6-3-15⑥
辽	内蒙古翁牛特旗白音他拉辽代永州城址	不详	"鸡腿坛"，具体情况不详	姜念思、冯永谦《辽代永州调查记》，《文物》1982年7期	—

20　这种分布特点与辽代窑业存在状况的关系，参见彭善国《辽代陶瓷的考古学研究》第二章，长春：吉林大学出版社，2003年，33页。

（二）从考古资料初步归纳辽代梅瓶的总体特征

从以上三份表格来看，出土梅瓶的辽代遗址都集中在以辽代的"五京"为核心的连接地区，以今天的概念言之，即从东往西集中在内蒙古东南部和中南部、辽宁中西部、河北北部、北京、山西北部，说明这些器物的使用和传播与辽帝国五个中心地区经济较发达、人口较稠密同时又具备窑业的基本条件和社会需求等密切相关。[20]

在时间上，从辽代初期（相当于五代）开始，辽地就出现了梅瓶，而且以瓶体细长、高瘦的"鸡腿瓶"样式为主。有趣的是，目前所见最早的辽代梅瓶纪年墓资料均来自刚刚并入辽朝版图不久的南京道辖区内（样式四1a例①，图4-3-5①），之后以有所变化的样式在辽代中、晚期一直流行。在数量上，辽代各期的"鸡腿瓶"式梅瓶都有相当规模，各期遗物的分布比较均匀。这一点，与北宋梅瓶不断传播和普及的发展态势有明显的区别。

墓葬资料显示，辽代梅瓶的使用者包括了契丹人和汉人。虽然"鸡腿瓶"式梅瓶的使用者在辽代早中期以契丹人占绝大多数，但是早在辽代早期已有汉人将"鸡腿瓶"用来随葬，而且主要是社会上层人物，时间越晚使用"鸡腿瓶"随葬的汉人则越多，特别是辽代晚期尤显突出。另外还有一些案例涉及其他民族，如突厥族也在使用梅瓶，但后者的数量很少。这种现象无疑是与辽代多民族文化和相关的生活方式在逐渐趋同有着直接的关系，其中，当时在辽境内占统治地位的契丹人在这方面应该是起到了直接的促进作用。

举一个上述附表未能收录的材料为例：1992年黑龙江省泰来县发现的一座

辽代六角形砖室墓中，出土了包括"鸡腿瓶"在内的多件辽代文物。[21]一般而言，平面为六角形的砖室墓始见于辽代中期，辽晚期更为流行，而且可以肯定这类墓葬的墓主多为契丹人。[22]位于嫩江流域的泰来县在辽代的东京道辖区的东边，曾是契丹二十部族放牧之地，辽曾在此建立泰州等一系列行政和军事机构。[23]这个例子说明，"鸡腿瓶"式的梅瓶在辽代中期以后传播到了辽帝国的最东部。由此我们可以期待更为丰富的考古材料，以揭示所谓"鸡腿瓶"在辽帝国的版图中随着契丹人的牧马向其他方向传播的状况。

在材质上，辽代的梅瓶仅见陶、瓷两类，还没有发现陶瓷以外其他材质的实例。陶质者包括无釉的灰陶、黑陶，还有一些火候较低的绿釉和黄釉陶。瓷质者居于主流，以无饰纹深色釉器占绝大多数——常被人提及的"鸡腿瓶"样式的辽代梅瓶绝大多数即属于无饰纹深色釉粗器，有黑釉、酱釉、深绿色釉、灰黑色釉、茶叶末釉等。茶叶末釉是其中最有特色的品种，釉色偏绿、青、黄、褐等，胎质大多为粗质的夹砂缸胎，有少量的黄白色细缸胎、橙色细胎，釉面光泽从极光亮到较灰暗，施釉多为一层，少数是双层。其他品种还有白釉、黄白釉，以及带饰纹的白釉黑彩画花、白釉剔划花填黑彩、翠绿釉刻划花等。由于胎质粗黄，白釉和其他彩釉器常挂化妆土。

从标识性的口颈部形态来看，辽代梅瓶的口颈部样式不太多，但有些样式只见于辽代。瓶体短矮、宽博或体形适中的梅瓶在辽代中期也开始出现，其器形样式与北宋北方地区的梅瓶有相当程度的相似性（如图6-3-6②、图6-2-2②，分属样式三11a、二1c）。虽然南方的景德镇湖田窑青白瓷大口丰体梅瓶（样式二2例①，图6-2-3①），在辽代中期前段就已经传播到辽地，但是对辽代梅瓶没有产生任何影响。

经调查确认的辽代窑址很多，主要的都位于辽"五京"周围，其中可以确定烧造鸡腿瓶或梅瓶的辽代窑址主要有：内蒙古的林东白音戈勒窑[24]（属辽上京道）、赤峰缸瓦窑[25]（属辽中京道），辽宁的辽阳江官屯窑[26]（属辽东京道），山西的大同青瓷窑[27]、怀仁鹅毛口窑[28]（均属辽西京道），以及北京的龙泉务窑[29]、小水峪窑[30]（均属辽南京道）等。

21 瑜《黑龙江泰来发现辽代砖室墓》，《北方文物》1992年4期27页。遗憾的是，这一考古发现所刊布的内容只有寥寥数语，既无细节描述，亦无相关图片。

22 参见乔梁、杨晶《黑龙江省西部的辽代墓葬》，《北方文物》2001年4期46～47页。

23 同上，44页。

24 李文信《林东辽上京临潢府故城内瓷窑址》附录"林东白音戈勒辽茶绿釉瓷窑址"，《考古学报》1958年2期106页；彭善国《内蒙古巴林左旗白音高洛南山窑址的调查》，《草原文物》2011年2期15、17页。

25 李文信《辽瓷简述》，《文物参考资料》1958年2期。洲杰《赤峰缸瓦窑村辽代瓷窑调查记》，《考古》1973年4期241页。按：两文关于鸡腿瓶的名称分别使用了"鸡腿坛"、"牛腿瓶"，这两种名称在以往其他文章当中也时有所见。

26 〔日〕长谷川道隆著、杨晶译《辽、金、元代的长壶》，《北方文物》1997年2期108页。原文载于东洋陶瓷学会编《东洋陶瓷·第17卷》（1987～1989年）。按：江官屯窑也被称为缸官屯窑。

27 冯先铭《山西浑源古窑址调查》，《中国古代窑址调查发掘报告集》，北京：文物出版社，1984年，421页。

28 王轶鸿《山西黑釉瓷概述》图四，《文物世界》2010年6期58页。

29 北京市文物研究所编《北京龙泉务窑发掘报告》，北京：文物出版社，2002年。

30 赵光林《近几年北京发现的几处古代瓷窑址》，文物编辑委员会编《中国古代窑址调查发掘报告集》，北京：文物出版社，1984年，408～415页。

31　采自：《中国出土瓷器全集·12·河南》图版139，北京：科学出版社，2008年。此瓶现藏于三门峡市博物馆。

32　采自：北京艺术博物馆编《中国古瓷窑大系·中国定窑》图版118，北京：中国华侨出版社，2012年。此瓶现藏于河北省文物研究所。

图6-2-1　北宋中晚期梅瓶样式一4、5

（0　　　10 cm）

①登封窑窑场　②定窑

五代和北宋梅瓶器形样式分类研究

根据第五章第五节关于梅瓶的器形样式和样式群划分的依据和方法，就所见材料将五代、北宋梅瓶的器形分别划归九类样式群，即第一至第八类以及第一〇类样式群。

一、第一类样式群

上一章探讨了隋唐梅瓶的主流奠定了以"折沿凸环小口"为标志的第一类梅瓶样式群及其时代风格等内容。从已知的材料来看，这类样式群的梅瓶在五代以后到北宋期间却并不发达。目前，能确定属于这类样式群的完整器仅有2例，样式分为2种，均处于北宋中晚期。

（一）样式一4

丰体。较宽的折沿凸环圆唇小口，口内直壁，短束颈，瓶身呈丰满的卵状，圆溜肩、上腹鼓、下腹弧收至底，平底。见于河南窑口的白釉珍珠地划花器。例如：

①河南三门峡市宋墓出土白釉珍珠地划花"瓶"1件（图6-2-1①）[31]，高29.4厘米。

（二）样式一5

就考古和传世材料来看，本样式从北宋晚期延续至金代，并有所变化，根据各部差异，统一分为a、b两个亚型。

样式一5a：丰体。外折圆唇小环口，短柱颈，瓶身呈较短的倒滴水状，胫部内曲斜收成锥形，足壁几近直立，平底隐圈足。例如：

①河北曲阳定窑遗址北宋地层出土白瓷"梅瓶"标本1件（图6-2-1②）[32]，口部残缺，复原后高23.7厘米、口径4.8厘米、足径7.3厘米。

（三）北宋第一类样式群梅瓶的产地和年代判断

表6-2-1　北宋第一类样式群梅瓶产地和年代分析表

梅瓶	原产地、年代判断	现产地、年代判断	主要理由
样式一4例①	河南鲁山段店窑[33] 北宋	登封窑 北宋中晚期	珍珠地划花纹呈偏红的赭色
样式一5a例①	定窑 北宋	定窑 北宋晚期	器形兼有北宋定窑梅瓶样式五2a、五3a、二1c和金代定窑梅瓶样式一5b的特点

二、第二类样式群

以"小撇口"或类同的"小侈口"为标志，第二类梅瓶样式群自唐代中晚期开始出现以后，在五代和北宋时期却非常发达，不但各期都有流行，而且时间越晚，遗存数量越多，样式也越丰富。其中，大部分样式都集中在中原和华北地区，南方样式较少。整理现有材料可知，第二类梅瓶在这个时代至少有13种样式，包含多个亚型，出现了矮体、丰体和高体。可以说，这是五代、北宋时期面貌最丰富多样的一类梅瓶样式群。

（一）样式二1

均属矮体。与唐代同一样式的差异在于：口部成为完全意义的小撇口或小侈口，有一定高度的束颈显得很秀气，肩部变宽，肩腹圆转凸鼓，下腹斜收幅度较大，足径比例较小，平底基本消失，形成了由斜壁凹底到矮直壁平底隐圈足的变化过程。

五代和北宋各期都流行，主要见于定窑，包括白瓷器和酱釉器；北宋晚期在岭南地区的地方窑场中也出现这个样式，直到南宋乃有缩减。根据各部形式差异，统一分为b～f共5个亚型，北宋器包括前4个亚型。

1. 样式二1b：凹底，瓶身近似短楔形。见于五代定窑，例如：

①河北曲阳县五代李氏墓出土定窑白瓷无饰纹"瓶"1件（图6-2-2①）[34]，高27.1厘米、口径8.3厘米、底径8.8厘米。

2. 样式二1c：矮直壁平底浅隐圈足，使楔形瓶身类似倒滴水形。见于北宋中期定窑白瓷器，例如：

②辽宁义县清河门辽代萧慎微祖墓群2号墓出土北宋定窑粉白瓷无饰纹"瓶"1件，口部全缺，根据同时同形器复原（图6-2-2②，附录一总表二：1c）[35]，复原后高19.8厘米、腹径16厘米、底径7.6厘米。

33　见前揭《中国出土瓷器全集·12·河南》图版139说明。

34　采自：《中国陶瓷·定窑》图版5，上海：上海人民美术出版社，1983年。该瓶现藏于河北省曲阳县文物保管所。

35　采自：李文信《义县清河门辽墓发掘报告》图版拾：4，插图10：2，《考古学报》1954年2期178页。

图6-2-2　五代至北宋晚期梅瓶样式二1、5

0　　　　10 cm

①～③定窑　④关中地区

36 采自：申献友《谈定窑红瓷》照3，《文物春秋》2000年4期64页。

37 采自：广东省文物管理委员会《广东佛山市郊澜石唐至明墓发掘记》图一：8，《考古》1965年6期284页。

38 曾广亿《广东佛山鼓颡岗宋元明墓记略》图版捌：3，《考古》1964年10期。

39 同上，图二。

40 采自：《西安南郊孟村宋金墓发掘简报》图版二：1、图七：6，《考古与文物》2010年5期19页。按：同墓另一件更小的黑釉瓷瓶（ⅢM18：1，高14.2厘米，见原报告图版二：6、图七：5）器形上部亦同，但瓶身扁矮，已完全不属于梅瓶。此墓出土的铜钱最晚的是"元祐通宝"，故其年代为北宋哲宗朝（1086～1100年）以后的北宋晚期。

41 采自：朝阳地区博物馆《辽宁朝阳姑营子辽耿氏墓发掘报告》图版叁叁：5、6，图二○：13，《考古学集刊·第3辑》，北京：中国社会科学出版社，1983年，184页。有关学者将其视为"梅瓶"加以讨论，见刘涛《宋辽金纪年瓷器》图7-49，北京：文物出版社，2004年，104～106页。

42 采自：《西安长安区郭杜镇清理的三座宋代李唐王朝后裔家族墓》图一九，图二六：7，《文物》2008年6期43页。该墓出土的6件梅瓶分属四类样式群，此其一。

3. 样式二1d：与前两例相比，颈更细长而近似柱状，瓶身较短，肩腹更宽鼓，下腹斜收幅度更大，略内曲过渡成直立的足壁，使瓶身呈短倒滴水形。见于北宋晚期定窑酱釉器，例如：

③河北省博物馆藏北宋定窑酱红釉无饰纹"小口瓶"1件（图6-2-2③）[36]，高17.5厘米、口径4.3厘米、底径6厘米。

4. 样式二1e：平唇侈口，颈极短，宽肩或耸或圆斜，楔形瓶身，平底。见于北宋晚期岭南地区的粗釉陶器。例如：

④广东佛山澜石圩北宋霍氏墓（M15）出土带盖褐绿色釉无饰纹"Ⅳ式陶坛"1件（M15：1，附录一总表二：1e）[37]，高31厘米、口径4.5厘米、底径6.2厘米。

⑤广东佛山澜石镇东鼓颡岗1号北宋墓出土同型带盖黑釉无饰纹"小陶罐"7件，其一内装骨灰（图4-3-3②）[38]，通高27厘米、口径7厘米、底径9.5厘米；另外6件内装稻谷（图4-3-3①）[39]。盖不挂釉。

（二）样式二5

矮体——已处于梅瓶形制所限的边缘，器形上部与样式二1d相同，下腹斜收幅度不大，故足径较大，矮直壁平底浅隐圈足。例如：

①陕西西安南郊孟村北宋晚期墓ⅢM18出土黑釉"瓷瓶"2件之一（ⅢM18：2，图6-2-2④，附录一总表二：5）[40]，高16厘米、口径2.5厘米、肩宽12.8厘米、底径8厘米。

（三）样式二2

矮体。圆唇撇口，口径较大，短粗的柱状形颈，瓶身丰肥，上部呈球状，下腹急剧斜收至底，隐圈足，圆凸底，底径与口径相当。

本样式仍保留隋唐类梅瓶器物第二条线索的"小口罐"器形的浓重特征，但仅见于北宋早期景德镇窑青白瓷器，例如：

①辽宁朝阳边杖子辽开泰九年（1020年）耿延毅夫妇合葬墓出土北宋景德镇窑青白釉"瓷瓶"2件（成对，M2：18、10，图6-2-3①，附录一总表二：2）[41]，高30.4厘米、口径9.8厘米、底径9.8厘米。

（四）样式二3

高体。薄卷唇小撇口，圆柱状颈，修长的卵状瓶身，斜溜肩，上腹微鼓，下腹斜收至足，凹底。见于关中地区的黑釉器，例如：

①陕西西安郭杜镇北宋天圣七年（1029年）李璹墓（M2）出土黑釉瓦棱纹"瓷瓶"1件（M2：4，图6-2-3②，附录一总表二：3）[42]，高42.5厘米、口径5.8厘米、腹径22厘米、底径12.5厘米。

图6-2-3　北宋中期到晚期南方和中原地区的梅瓶样式二2、3、4、6、8举例　（0 ⊢⊢⊢⊢⊢⊢⊢⊢⊢⊢ 10 cm）
①景德镇窑　②③河南地区　④瓯窑　⑤登封窑或当阳峪窑

（五）样式二4

高体。与样式二3近似，但颈肩方折，长椭圆形的瓶身相对较丰满，窄斜肩较抬起，向腹部圆转，浅隐圈足。见于中原地区的磁州窑类型白鸥珍珠地剔划花器，例如：

①英国私人藏北宋中期白釉珍珠地剔划花卷枝大叶牡丹纹"梅瓶"1件（图6-2-3③）[43]，高14.5英寸（合36.8厘米）、直径7.6英寸（合19.3厘米）。

（六）样式二6

丰体。口颈部、颈肩方折、窄斜肩圆转、斜收腹、隐圈足等形式因素，都与样式二4大体相同，但瓶身宽博粗壮，中上腹外鼓。见于中原地区的磁州窑类型剔划花器。例如：

①英国大卫得博物馆藏北宋晚期白釉深剔花圆形开光双凤戏牡丹纹"梅瓶"1件（图6-2-3⑤）[44]，尺寸不详。

（七）样式二8

丰体。平唇折沿小撇口，短柱状束颈，瓶身呈楔形，宽斜肩，最大腹径在肩腹转折处，圆折明显，腹部弧面直下再斜收至底，平底，足径很小，仅略大于口径。只见于北宋晚期的浙江瓯窑，例如：

①浙江温州屿后瓯窑遗址出土北宋中期青釉无饰纹"瓶"1件（图6-2-3④）[45]，高27.6厘米、口径6.5厘米、颈高2.5厘米、最大腹径17.5厘米、底径7.8厘米。腹部一侧釉下褐色书"作五泉"三字，字廓呈黄绿色。

（八）样式二7

丰体。方唇小撇口或小侈口，口沿或上侈，或平折，或遗留浅盘口痕迹，束

43　采自：Michael Sullivan, *Chinese Ceramics, Bronzes and Jades in the collection of Sir Alan and Lady Barlow*, Faber and Faber Limited, London, 1963. Pl.59。

44　转引自北京艺术博物馆编《中国古瓷窑大系·中国当阳峪窑》"海内外当阳峪窑瓷器收藏情况表"94号，北京：中国华侨出版社，2011年，390页。按：该瓶尺寸待核。此图录呈收藏单位是"大卫得博物馆"，应该是指Percival David Foundation of Chinese Art, London，即英国伦敦的珀西瓦尔·大维德中国艺术基金会。

45　采自：温州市文物管理处《温州市宋代褐彩青瓷窑址调查》图版伍：4，《考古》1988年3期233页。在原报告中此瓶属屿后窑址"青釉Ⅰ式瓶"。

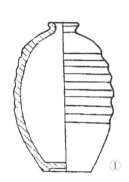

图6-2-4　北宋晚期梅瓶样式二7举例　（0 ⊢⊢⊢⊢⊢ 10cm ）

①③磁州窑或其周边窑场　②观台磁州窑　④中原窑场

46　采自：张增午、李银录《河南林州市北宋墓
　　葬出土陶瓷器考略》图三：1，《中国古陶
　　瓷研究·第八辑》，北京：紫禁城出版社，
　　2002年，90页。

47　采自：同上，图三：2。

48　代尊德《太原小井峪宋墓第二次发掘记》图
　　版捌：4，《考古》1963年5期262页。

49　采自：同上，图一五。

50　采自：北京大学考古学系、河北省文物研
　　究所、邯郸地区文物保管所合著《观台磁
　　州窑址》图版四九：1，图九二：1，北京：
　　文物出版社，1997年，212页。按：发掘报
　　告将此瓶归类为"黑釉瓶Ⅳ型1式"，但在
　　图注中错标为"Ⅵ型"。另外，发掘者将该
　　瓶口部描述为"小盘口"，从图示来看，方
　　唇的口沿内侧确有极浅的下凹处理，有盘口
　　遗意，但口形的基本形态偏向于束颈外撇的
　　平折沿小口，又不同于第五类样式群的平折
　　沿口，故仍将其归入第二类样式群。由此可
　　见，北宋梅瓶的口型变化较多，各种口型之
　　间的运用、组合较灵活，这符合梅瓶的早期
　　发展特点。

51　采自：安阳地区文管会、汤阴文物保管所
　　《汤阴宋墓发掘简报》图八，《中原文物》
　　1985年1期24页。按：同墓还出土一件白釉
　　无饰纹梅瓶，属样式五3b。

颈极短，瓶身饱满，多呈卵状，圆肩，腹深肥，腹中部或偏上部微鼓，下腹弧状斜收，或直斜收至底，平底浅隐圈足，足内壁外斜，但挖足形式各窑有所不同。

　　主要流行于今河南、河北、山西等地民间窑场烧造的无饰纹深色釉粗器，遗存极多，根据各部形式差异可分为a、b、c共3个亚型。

　　1. 样式二7a：小侈口，重心略偏下。例如：

　　①河南林州北宋绍圣三年（1096年）刘朝宗母李氏墓（M2）出土黄白色粗胎酱褐釉"鸡腿壶"1件（M2：9，附录一总表二：7a）[46]，高32.9厘米、口径6.2厘米、腹径20.8厘米，足径9.5厘米。

　　②河南林州北宋宣和七年（1125年）刘逢辰墓（M1）出土黄白色粗胎褐釉"鸡腿壶"2件（M1：6，图6-2-4①）[47]，高30厘米、口径5.3厘米、最大腹径20厘米、足径10厘米。

　　③山西太原西郊小井峪村北宋末期墓M68出土粗缸胎青釉"瓷瓶"1件（图4-3-5②）[48]，高38厘米。

　　2. 样式二7b：口沿较平，有浅盘口遗意隐圈足极浅，重心基本居中。例如：

　　④河南林州北宋政和二年（1112年）刘朝宗墓（M3）出土白色粗胎褐绿釉"鸡腿壶"1件（M3：2，图6-2-4②）[49]，高39厘米、口径6.2厘米、腹径21.8厘米、足径12.7厘米。

　　⑤河北磁县观台镇磁州窑址二期前段地层（1068～1100年）出土黄白色细胎酱褐色釉"变形梅瓶"标本之一（T5⑩：30，图6-2-4③，附录一总表二：7b）[50]，复原后高33.6厘米、口径7.4厘米、腹径22.6厘米、底径11.5厘米。挖足极浅，足内墙与平底转折处有一道挖足留下的深沟。

　　⑥河南汤阴县城北关县委大院北宋墓出土酱黑釉"瓶"1件（图6-2-4④）[51]，高30厘米、腹径17厘米、底径9厘米。

　　3. 样式二7c：重心偏上。例如：

　　⑦河南林州北宋宣和七年（1125年）刘逢辰墓（M1）出土灰白粗胎深茶褐

釉"鸡腿壶"1件（M1：5，附录一总表二：7c）[52]，高34.5厘米、口径6.2厘米、最大腹径19.7厘米、足径9.5厘米。

（九）样式二11

高体。小侈口，束颈，修长的橄榄状瓶身，斜肩，中腹鼓，下腹斜收至足，矮直壁平底浅隐圈足。只见于北宋晚期井陉窑。例如：

①河北鹿泉南海山北墓区北宋末期尹氏家族墓M3出土井陉窑白胎酱釉不明显瓦棱纹"瓷瓶"1件（M3：3，附录一总表二：11）[53]，高41.2厘米、口径6.7厘米、腹径21.2厘米、底径10.2厘米。

（十）样式二12

高体。口颈部和足底与样式二11相同，但腹壁较直，窄溜肩，上腹微鼓，下腹缓收至底。只见于北宋晚期的井陉窑。例如：

①河北鹿泉南海山北墓区北宋末期墓M9出土井陉窑酱釉"瓷瓶"1件（M9：1，附录一总表二：12，图6-2-5）[54]，高46.5厘米、口径6厘米、腹径20.1厘米、底径11.8厘米。腹部釉下竖刻"天威军官瓶"五字，字迹较草率。

（十一）样式二9

高体，小型器。方唇较厚的侈口，短束颈，倒滴水形瓶身，圆溜肩，上腹鼓，下腹斜收，平底内凹。例如：

①江苏连云港市海州向阳大队北宋晚期石椁墓出土黑釉"梅瓶"8件，器形、胎釉等完全相同，其一（图6-2-6①）[55]，高21.5厘米、口径5.2厘米、底径6厘米。

（十二）样式二13

高体。与样式二12相似，差异在于肩部和上腹部较圆鼓，下腹斜收较明显，平底浅隐圈足。例如：

①美国纽约大都会艺术博物馆（The Metropolitan Museum of Art, New York）藏北宋白地褐釉剔划花缠枝牡丹纹"花瓶"（Vase）1件（图6-2-6②）[56]，高13.875英寸（合35.2厘米）。

52 采自：张增午、李银录《河南林州市北宋墓葬出土陶瓷器考略》图三：4，《中国古陶瓷研究·第八辑》，北京：紫禁城出版社，2002年，90页。

53 采自：《石太高速公路北新城南海山墓区发掘报告》图一六：2，载于《河北省考古文集》，北京：东方出版社，1998年。

54 采自：上揭，《石太高速公路北新城南海山墓区发掘报告》图一六：1；《中国出土瓷器全集·3·河北》图版146，北京：科学出版社，2008年。

55 采自：《中国出土瓷器全集·7·江苏、上海》图版130，北京：科学出版社，2008年。此瓶现藏于连云港市博物馆。

56 采自：Suzanne G. Valenstein: *A Handbook of Chinese Ceramics*, The Metropolitan Museum of Art, 1989, Pl.14。按：该瓶为Mrs. Samuel T. Peters旧藏，于1926年捐赠纽约大都会博物馆，编号：26.292.61。

图6-2-5　北宋末期井陉窑梅瓶样式二12　（0 ⊢⊣⊢⊣ 10 cm）

① ②

图6-2-6　北宋晚期北方窑场梅瓶样式二9、13举例

（0 ⊢⊣⊢⊣ 10 cm）

①北方窑场　②定窑

57　张寄庵《南京市附近发现明墓》图三,《考古通讯》1956年3期65页。按：张先生对该墓年代判断为"明中叶以前"；他描述此瓶饰纹为"器身压印牡丹暗花",应是划花；据张先生介绍,墓中共有两件"小口瓷瓶",另一件在简报中未做介绍,不知是否相同,以后也未见任何相关报道。此瓶应是明人以宋代古器随葬。

58　采自：故宫博物院编《故宫博物院藏瓷选集》图版一五,北京：文物出版社,1962年。此瓶现藏于北京故宫博物院。按：另有多种重要的图录都收录了这件著名的器物,如《中国陶瓷·定窑》图版78,上海：上海人民美术出版社,1983年。陈万里先生为《故宫博物院藏瓷选集》撰写的图版"解说"中,误将此瓶腹部主题饰纹称为"莲花纹"。

59　采自：《世界陶磁全集·12·宋》图版13,东京：株式会社小学馆,1977年。这件梅瓶极为著名,还分别收录于小山富士夫编《中国名陶百选》图版47,东京：日本经济新闻社,1960年；〔日〕小山富士夫监修、小林太市郎编《陶器全集·12卷·唐宋の白磁》图版26,东京：平凡社,1966年。按：J.G.Figgess介绍此瓶原属"沈家旧藏",并称中国人把这种纺锤状器形的梅瓶称为"雨滴瓶",但来源不清楚,见《中国名陶百选》图版47解说。

60　采自：祁金刚《江夏湖泗古代瓷窑址概述》,《武汉文史资料》2004年3期56页插图；湖北省文物考古研究所《武汉市江夏区新窑村窑址群的调查与发掘》图二〇：3,《江汉考古》2000年4期。

61　武汉市文物考古研究所、武汉市江夏区博物馆《武汉市江夏区杨家瀤窑址发掘简报》图三：13,《江汉考古》2001年2期26页。

62　采自：温州市文物管理处《温州市宋代褐彩青瓷窑址调查》图版伍：6,《考古》1988年3期234页。在原报告中此瓶属含金山窑址"青釉Ⅰ式瓶"。

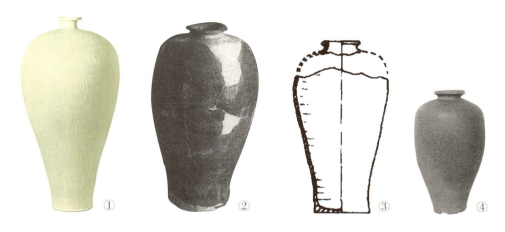

图6-2-7　北宋晚期北方和南方梅瓶样式二10举例　（0　　　　　10cm）

①定窑　②③武汉江夏窑　④瓯窑

（十三）样式二10

高体。小撇口,束颈,瓶体呈修长的倒滴水状,宽肩鼓腹,下腹以含蓄的内曲弧度渐收至底,逐渐过渡为直立的锥状胫部。根据各部差异分为a、b、c共3个亚型,分别见于北宋晚期的南北窑场。

1. 样式二10a：卷唇,优美的柱状束颈,肩部和上腹圆鼓如球状,胫部修长,足径细窄,直壁平底隐圈足。属定窑梅瓶样式。例如：

①江苏南京市中山门外明陵西村一号明墓出土北宋定窑白瓷刻划花缠枝牡丹纹"小口瓷瓶"2件之一,[57]高37.5厘米、口径4.7厘米、足径7.8厘米（图6-2-7①）[58]。

②英国伦敦的珀西瓦尔·大维德中国艺术基金会（Percival David Foundation of Chinese Art, London）藏北宋定窑白瓷刻划花缠枝牡丹纹"梅瓶"1件,高36.3厘米、腹径18.5厘米、底径8.3厘米（附录一总表二：10a）[59]。

2. 样式二10b：与前者不同处在于,束颈极短,平耸肩,胫、足部直径较大,平底微凹。见于湖北武汉江夏区的北宋青瓷窑场。例如：

③湖北武汉江夏区新窑村窑址群陈家窑墩窑址北宋地层出土灰色粗胎青瓷"梅瓶"标本1件（Y1:1,图6-2-7②,附录一总表二：10b）[60],高33厘米、口径6.8厘米、腹径19厘米、底径11.6厘米。

④湖北武汉江夏区斧头湖窑址群杨家瀤窑址北宋地层出土青釉偏黄"瓶"残器3件（图6-2-7③）[61],口径6.2厘米、腹径16.5厘米、底径10厘米。

3. 样式二10c：方唇,宽斜肩,肩腹圆折较明显,上腹壁较直。见于浙江瓯窑遗址。

⑤浙江温州含金山瓯窑遗址出土北宋晚期青瓷无饰纹"瓶"1件（图6-2-7④）[62],高23厘米、口径5厘米、最大腹径12厘米、底径6厘米。

（十四）五代至北宋第二类样式群梅瓶部分器物产地和年代判断

表6-2-2　五代至北宋第二类样式群梅瓶部分器物产地和年代分析表

梅瓶	产地、年代原判断	产地、年代现判断	主要理由
样式二1b例①	定窑 五代[63] 晚唐五代[64]	定窑 五代	器形与样式二1c例②接近
样式二1c例②	辽重熙元年至清宁三年（1032~1057年）	定窑 11世纪30至40年代，即北宋中期	根据发掘者李文信先生的报告内容推断[65]
样式二1d例③	定窑	定窑 北宋晚期	器形与样式五2a例①（镇江北宋熙宁四年（1071年）章岷墓出土）相比，具有较晚特征
样式二3例①	北宋天圣七年（1029年）	可能来自河南窑场	器形与关中北宋时期流行的其他黑釉梅瓶样式（如样式一〇4、5、6、8、11及样式三1b、六2等）都不同，相似者如样式二4例①，故推测可能来自河南地区
样式二4例①	宋	可以从磁州窑、河南窑口、山西窑口中寻找。 北宋中期	观台磁州窑址北宋中期地层曾出土过类似的梅瓶残片标本，[66]但此瓶饰纹布局又有较晚的山西窑场的特点
样式二8例①	北宋中晚期至南宋[67]	北宋中期	器形与北宋中期的景德镇样式二2和中原地区样式二3、4、6具有相同的时代特点，斜肩宽折可能是较晚的特征

63　前揭，《中国陶瓷·定窑》图版5说明。

64　前揭，《中国古瓷窑大系·中国定窑》图版44说明。

65　李文信先生在《义县清河门辽墓发掘报告》（《考古学报》1954年2期）中对萧慎微祖墓群2号墓出土的这件定窑白瓷梅瓶的胎釉特征有过详细的描述：其"胎质釉色和花式大碗（按：指同墓出土的"定窑粉白花式大碗"）略同，不过胎土稍粗，釉色浆白不很润泽。在作胎上右行辘轳痕极显明，挂釉法似乎是里外通挂一次淡淡的白釉，然后再挂一层较厚的亮釉。这些技术上的特点，都是以往不知道的"（178页）。同墓出土的"定窑粉白花式大盌"的"胎细腻莹白，极为坚致，釉色纯白滋润，里外底下满挂釉，釉面均匀密致光泽"（同前，177~178页）。此瓶胎釉与北宋中期定窑高档白瓷有一定距离，所谓"里外通挂一次淡淡的白釉，然后再挂一层较厚的亮釉"，似指先挂白色化妆土再罩透明釉，这种做法已见于五代定窑梅瓶，而且定窑遗址的考古发掘表明北宋定窑在烧制高质量白瓷的同时也烧造这类较粗的白瓷器。关于年代，李文信先生从该墓群的有关墓志铭及各墓排列位置的关系，确定了出土此瓶的2号墓年代在辽重熙元年至清宁三年间（1032~1057年，见《考古学报》1954年2期202页），同时也确定了2号墓墓主在该墓群中属祖辈，还推定了其他各墓的年代范围，据此综合来看，2号墓年代很可能在这个时间段的早期，即11世纪30至40年代，属辽兴宗前期。

66　《观台磁州窑址》图版二二：5左、图五五：5，图版二二：5右、图五六：5，127、129页。按：《观台磁州窑址》图版二二：5的图注将两瓷片标本的"左右"位置正相标错。

67　发掘者判断为"北宋中晚期以至南宋的时代特征较为明显"。见《温州市宋代褐彩青瓷窑址调查》，《考古》1988年3期235页。

续表

梅瓶	产地、年代原判断	产地、年代现判断	主要理由
样式二6例①	当阳峪窑[68] 北宋	登封窑或当阳峪窑 北宋晚期	此类深剔花装饰成熟于北宋晚期，是河南的登封窑、当阳峪窑等窑场的显著特点之一
样式二13例①	磁州窑北宋（11至12世纪）[69]	定窑（模仿磁州窑） 北宋末期	现判断观点来自秦大树先生[70]
样式二9例①（8件）	北宋末期[71]	北方窑场	器形接近辽代梅瓶第九类样式群
样式二10a例①、例②	定窑 宋哲宗元祐元年至钦宗靖康二年间（1086～1127年）；[72] 北宋（11～12世纪）[73]	定窑 北宋末期至金代初期	器形兼具金代定窑梅瓶样式二16b例③的特点，但并不完全相同，饰纹、工艺也兼具宋金定窑特点
样式二10b例③、例④	北宋	北宋晚期	器形与样式二10a北宋末期至金初期的两件定窑梅瓶相似
样式二10c例⑤	北宋中晚期至南宋[74]	北宋晚期	与同一样式的定窑白瓷器和武汉江夏窑青瓷器具有相同的北宋晚期器形特征
样式二7b例⑥	—	北宋晚期	结合同式各例的年代分布，此瓶也应属于北宋晚期

68　见前揭，《中国古瓷窑大系·中国当阳峪窑》"海内外当阳峪窑瓷器收藏情况表" 94号，390页。

69　见前揭，Suzanne G. Valenstein: *A Handbook of Chinese Ceramics*，图版14说明。

70　秦大树《论磁州窑与定窑的联系和相互影响》图十三，《故宫博物院院刊》1999年4期52页。参见秦大树《磁州窑研究》，北京大学考古文博学院博士学位论文，1997年，111～112页，图四十18。叶佩兰《珍品无处不生辉——在日本见到的中国瓷器》图2，《故宫博物院院刊》1986年4期40、41页。

71　因同墓出土米芾书《尚书礼部侍郎墓志》署"涟水军使米芾书"，故有人推断墓葬年代为北宋绍圣年（1094～1098年）以后不久。见《中国出土瓷器全集·7·江苏、上海》图版130说明，高海燕撰。

72　冯先铭《定窑·定窑瓷器分期及特征》，载于《中国陶瓷·定窑》，上海：上海人民美术出版社，1983年，并见该图版78图注。

73　见前揭，《世界陶磁全集·12·宋》图版13解说，J.G. Figgess撰写。

74　同上。

75　采自：洛阳市文物工作队《洛阳发现一座后周墓》图四、图二：5，《文物》1995年第8期66页。

三、第三类样式群

"盘口"式梅瓶也始见于五代，在北宋各期都存在，同样也是时间越晚，数量越多、样式越丰富，所见实物也只有陶瓷这一类材质，同样分为矮体、丰体和高体，所见材料可以归纳为9种样式，是当时梅瓶器形样式的变化脉络最为连贯、清晰的一大类。

（一）样式三1

丰体。直壁小盘口，无颈，或为短束颈，瓶身从橄榄状逐渐变成卵状，瓶身重心从中腹逐渐上移，足底从微凹的平底到斜壁平底浅隐圈足。本样式从五代开始出现，在北宋和辽代都有考古发现，现根据各部微小差异统一划分为a～d共4个亚型。

1. 样式三1a：小盘口很浅，束颈极短（几近无颈），橄榄形瓶身，足底正从平底过渡到极浅的隐圈足。见于五代到北宋早期中原地区无饰纹深色釉粗器。例如：

①河南洛阳五代后周墓C8M972出土酱褐釉无饰纹瓷"尊"1件（图6-2-8①，附录一总表三：1a①）[75]，高36厘米、口径7.2厘米、腹径24厘米、底径11.9厘米。口沿（唇）尖薄，平底微凹。

图6-2-8 五代至北宋末期梅瓶样式三1、2、4、6（含盖） （0 ⊢⊢⊢⊢⊢ 10 cm）

①②河南窑场 ③~⑤景德镇湖田窑 ⑥~⑨汝窑

②河南巩县北宋咸平三年（1000年）宋太宗元德李后陵出土黑釉无饰纹瓷"瓶"14件，可复原4件，器形相同，尺寸不一，有的略显变形。其一（M1：68，图4-3-8①）[76]，高36厘米、口径6.6厘米、底径12厘米，施酱褐釉；其二（M1：70，附录一总表三：1a②）[77]，高27.3厘米、口径7厘米、底径9厘米。足底都变成了极浅的隐圈足，底面微凸。

2. 样式三1b：小盘口壁加高，有极短而明显的束颈，橄榄状瓶身的重心微微上移，斜壁平底隐圈足很成熟。见于北宋中期关中地区墓葬出土的无饰纹深色釉粗器，以及江南的景德镇窑青白瓷器。例如：

③陕西西安郭杜镇北宋天圣七年（1029年）李璹墓（M2）出土黑釉瓦棱纹瓷"瓶"1件（M2：3，图6-2-8②，附录一总表三：1b②）[78]，高33.2厘米、口径7.9厘米、腹径22.5厘米、底径11厘米、足高0.5厘米。该墓出土四种样式的梅瓶共6件，此其二。

76 采自：河南省文物研究所、巩县文物保管所《宋太宗元德李后陵发掘报告》图一九：2，《华夏考古》1988年3期42页。

77 采自：同上，图一七：12。

78 采自：《西安长安区郭杜镇清理的三座宋代李唐王朝后裔家族墓》图一八，图二六：6，《文物》2008年6期43页。

79　李蔚然《南京中华门外宋墓》图二，《考古》1963年6期343页。图片采自：彭适凡主编，杨后礼、范凤妹编撰《宋元纪年青白瓷》图10，庄万里文化基金会（Ching Leng Foundation），1998年。此瓶现藏于南京市博物馆。据李蔚然先生介绍，钟氏墓还有3件"橄榄形陶瓶"，高41～42厘米，与这件青白瓷梅瓶分别置于墓坑四角石灰内。从其表示器形的"橄榄形"这一潜辞来看，似与本例青白瓷盘口梅瓶相同，可惜未对陶瓶详情做具体描述。

80　采自：刘新园编著《景德镇出土瓷器》图版23，香港：香港大学冯平山博物馆，1992年。

81　采自：《中国陶瓷全集·8·宋（下）》图版一三二，上海：上海人民美术出版社，1999年。此瓶现藏于泰州市博物馆。资料源图版解说者叶定一先生认为，此瓶是安徽繁昌窑烧造，断代为南宋，笔者以为有误。还可以参见《中国出土瓷器全集·7·江苏、上海》图版120，北京：科学出版社，2008年。

82　采自：河北省文物考古研究所《宝丰清凉寺汝窑》彩版一○九：1、2；图五七：1，郑州：大象出版社，2008年，87页。

83　采自：河南省文物考古研究所《宝丰清凉寺汝窑址2000年发掘简报》图八：5，《文物》2001年11期。

84　采自：上揭，《宝丰清凉寺汝窑》彩版一二二，91页。在图中，各标本分别为：T29③B：29（上左），F2：6（上右），T28③B：71（图下）。在报告中，这些瓶盖属"C型"器盖。

85　采自：《宝丰清凉寺汝窑址2000年发掘简报》图二二，《文物》2001年11期。参见：《宝丰清凉寺汝窑》图六一：4，91页。
　　按：简报和完整报告提供的尺寸微有不同，简报称釉色为天蓝釉，在分型上，完整报告命名为C型盖，简报命名为D型盖。

86　上揭《宝丰清凉寺汝窑》图六一：6，91页。

④江苏南京丁家山北宋景祐五年（1038年）龙图阁学士礼部侍郎杜镐夫人钟氏墓出土景德镇窑青白瓷缠枝牡丹纹"瓶"1件（图6-2-8③）[79]，高39厘米、口径6厘米、底径8.8厘米。此瓶盘口壁上部微敛、微内曲，下沿微微凸出。

（二）样式三2

丰体。薄唇小碟口，短束颈，卵状瓶身，溜肩鼓腹，斜壁平底足。这种样式目前只见于景德镇窑青白瓷梅瓶，口形很特别，与小盘口相似，尤其与登封窑白釉珍珠地划花碟状盘口梅瓶的口形较为接近。经比较权衡，笔者将其作为小盘口的一个变体样式纳入第三类样式群。例如：

①江西景德镇近郊北宋墓出土景德镇窑青白瓷无饰纹"梅瓶"1件，高32.7厘米（图6-2-8⑤）[80]。

（三）样式三4

矮体。口颈部、瓶身形态、平底隐圈足等与样式三1b例④相同，但整体矮化，瓶身从橄榄状变成较圆的卵状。仅见青白瓷器一例：

①江苏泰州市肉联厂工地出土北宋景德镇窑青白瓷缠枝牡丹纹"橄榄瓶"1件，高22.5厘米、口径6厘米、腹径15.8厘米（图6-2-8④）[81]。

（四）样式三6

丰体。平唇小盘口，短柱颈，口颈肩转折明确，肩宽博，上腹圆鼓，下腹呈弧面斜收，平底隐圈足，足内壁直立，足壁与瓶底之间修成圆弧状转折。本样式见于北宋晚期汝窑天青釉器和南宋官窑青釉器，大同小异，统一分为a、b、c共3个亚型，北宋汝窑器属样式三6a。

1. 样式三6a：直壁小盘口稍深，口颈肩方折，瓶身宽博高大，下腹斜壁至底，无任何内曲。例如：

①河南宝丰清凉寺汝窑遗址北宋晚期地层出土天青釉无饰纹"Aa型梅瓶"残器标本2件，其一（C2：759，图6-2-8⑥a、b，附录一总表三：6a）[82]，复原高39.6厘米、口径7厘米、足径9.8厘米；其二（T28③：56，图6-2-8⑦）[83]，残存口、颈、肩和足底部，复原后高41厘米、口径6.8厘米、底径11厘米。

按：清凉寺汝窑遗址的考古发掘还揭示，汝窑天青釉梅瓶的瓶盖是北宋普遍流行的覆杯式盖（图6-2-8⑧）[84]，顶窄口宽，顶面平或微圆，斜曲壁，盖内无舌，制法、烧造均与瓶同，亦无饰纹，满裹釉，仅口部露胎，釉色从天青到青绿，有细密开片纹，尺寸较大者（F2：6，图6-2-8⑨）[85]，高7.8厘米、盖顶径8厘米、口径12.4厘米；较小者（T28③：71）[86]，高4.8厘米、盖顶径5.6厘米、口径9厘米。从尺寸来判断，较大者与样式三6相配，完整地呈现了汝窑梅瓶当时作

① ② ③ ④

⑤ ⑥a ⑥b

图6-2-9 北宋晚期梅瓶样式三7 （0━━━━━━10 cm）

①～⑤景德镇湖田窑 ⑥汝窑

为实用性盛酒器的形态，较小者表明汝窑存在较小规格的青瓷梅瓶。[87]

（五）样式三7

丰体。外侈深斜壁大盘口，圆柱状短颈，瓶身呈卵状或倒滴水状，平底浅隐圈足。本样式从北宋晚期到南宋都流行，统一分为a～d共4个亚型，北宋器属a、b两个亚型，分别见于景德镇窑青白瓷器和汝窑天青釉器，青白瓷梅瓶尤为常见。

1. 样式三7a：盘口斜壁平直，口颈肩方折，卵状瓶身，窄溜肩，上腹鼓，下腹斜收，近足跟处微内曲。见于景德镇窑青白瓷器。例如：

①安徽宿松县隘口洛土村北宋元祐二年（1087年）吴正臣夫妇合葬墓出土"影青瓷瓶"3件，[88]其一（图6-2-9①）[89]，高37.1厘米、口径11.5厘米、底径9.8厘米；其二（附录一总表三：7a①）[90]，高36.8厘米、口径11.4厘米、足径10.8厘米。

87 较小规格的汝窑青瓷梅瓶实例，见于河南宝丰县大营镇蛮子营村古寺院废弃遗址汝瓷窖藏出土的一件汝窑青釉"小口瓶"残器（窖藏：47），口颈部残缺，残高22.2厘米、残口径4.5厘米、底径8厘米。无饰纹。因口颈部缺失，难以确定此瓶样式归属，但瓶身与样式三6瓶身形式一致，尺寸则小得多。见赵青云、王黎明《河南宝丰发现窖藏汝瓷珍品》图二：3，《华夏考古》1990年1期，54、55页。

88 宿松县文化馆《宿松县宋墓出土一批文物》，《文物》1965年3期；王业友《浅谈宿松纪年墓出土的北宋影青瓷器》，《景德镇陶瓷》1984年增刊。按：《文物》1965年3期的原始简报所谓"白瓷酒壶"似指这三件青白瓷盘口梅瓶，但原文既未做具体描述，也未附器物图片。

89 采自：安徽省博物馆编《安徽省博物馆藏瓷》图版49：左，北京：文物出版社，2002年。

90 采自：王业友《浅谈宿松纪年墓出土的北宋影青瓷器》图二：1，《景德镇陶瓷》1984年增刊60、61页。按：王文指示图序为"图版3"，误。

91　采自：王善才、陈恒树《湖北麻城北宋石室墓清理简报》图版肆：4，《考古》1965年1期22页。

92　镇江市博物馆《镇江市郊出土的几件宋瓷》附图，《文物》1974年1期78页。图片采自：中国陶瓷编辑委员会编《中国陶瓷·定窑》图版56，上海：上海人民美术出版社，1983年。

93　采自：常州市博物馆编《常州文物精华》图版24，北京：文物出版社，1998年。

94　采自：扬州博物馆、扬州文物商店编《扬州古陶瓷》图版85，北京：文物出版社，1996年。

95　采自：Suzanne G. Valenstein, A Handbook of Chinese Ceramics, New York, The Metropolitan Museum of Art, 1989, Pl.106.

96　采自：前揭《宝丰清凉寺汝窑》彩版一一〇：1，彩版一一〇：2，图五七：2，87页。

97　采自：秦大树《宋元时期磁州窑瓶类器物的发展及其使用功能探讨》图一：33，《南方文物》2000年4期28页。按：秦先生经研究认为，此瓶是磁州窑"最早期梅瓶的例证"，年代介于观台窑址一期后段到二期前段之间（即11世纪前中期）。需要说明：秦先生从磁州窑研究的分期框架出发，将该瓶年代划归"北宋早期"，与本书从梅瓶器形阶段性演变着眼所做的分期有所不同，该瓶在本书分期里属北宋中期前段。

98　采自：杨正宏、肖梦龙、刘丽文主编《镇江出土陶瓷器》图版175：右、左，北京：文物出版社，2010年，155页。参见刘丽文、刘敏《镇江出土磁州窑系瓷器研究》图五，《中国古陶瓷研究·第十六辑》337页，北京：紫禁城出版社，2010年。

99　采自：上海博物馆编《上海博物馆藏瓷选集》图版五〇，北京：文物出版社，1979年。

②湖北麻城县刘李塆北宋政和三年（1114年初）末至政和四年（1114年）初阎良佐夫妇合葬墓出土"白瓷坛"1件（附录一总表三：7a②）[91]，高35厘米、口径10厘米、底径11.4厘米、胎厚0.3～0.4厘米。

③江苏镇江磷肥厂工地北宋墓出土"牙白釉瓶"1件（图6-2-9②）[92]，高36.5厘米、盘口径10.2厘米、口内径6.5厘米、腹径21厘米、底径9.8厘米。

④江苏丹阳县西庄村北宋墓出土"米黄色釉盘口瓶"1件（图6-2-9③）[93]，高35.5厘米、口径9.5厘米、底径10.1厘米。

⑤江苏扬州文物商店藏北宋青白釉"洗口鸡腿瓶"1件（图6-2-9④）[94]，高37.2厘米、口径9.4厘米、底径17厘米。

⑥美国纽约大都会艺术博物馆藏北宋青白瓷"花瓶"（Vase）1件（图6-2-9⑤）[95]，高15英寸（合38.1厘米）。

2. 样式三7b：与前者大体相同，差异微小却很关键：盘口壁微内曲，盘口底沿呈斜收，颈更粗且较高，肩部和上腹部更圆鼓，下腹斜收轮廓呈长势内曲，隐圈足外壁直立明显，瓶身的倒滴水状明显。只见于汝窑天青釉器。例如：

⑦河南宝丰清凉寺汝窑遗址北宋晚期地层出土天青釉刻划云龙纹"Ab型梅瓶"1件（F2：65，图6-2-9⑥a、b，附录一总表三：7b）[96]，高30.4厘米、口径10厘米、足径9.3厘米。

（六）样式三3

丰体。极浅的小盘口，柱颈上端微侈，颈肩转折明确，卵状瓶身，圆肩鼓腹，下腹微收，矮足壁直立，隐圈足，瓶底微圆凸，足内墙外斜。颈细而足宽，显得稳重而秀气。例如：

①美国私人藏北宋中期磁州窑白釉珍珠地划花缠枝莲花牡丹纹"梅瓶"1件（附录一总表三：3）[97]，尺寸不详。

（七）样式三5

高体。浅碟状小盘口，弧形盘壁内敛，唇沿尖窄，有些盘口特征不太明显，短束颈，橄榄状瓶身分高、矮，陡溜肩，中腹或偏上或偏下部微鼓，斜壁平底浅隐圈足。只见于河南登封窑白釉珍珠地划花器。例如：

①江苏镇江丹阳县大泊公社北宋熙宁十年（1077年）墓出土登封窑白釉赭彩珍珠地划花花卉纹"梅瓶"2件（成对，图6-2-10①[98]，附录一总表三：5①），高39.8厘米、口径6.6厘米、底径9.3厘米。

②上海博物馆藏北宋登封窑白釉赭彩珍珠地划花高士醉酒图"瓶"1件（图6-2-10②）[99]，高39.7厘米、口径7厘米、腹径18厘米、足径10.1厘米。人物着幞头。

① ② ③ ④ ⑤

图6-2-10 北宋（中期后段至）晚期登封窑梅瓶样式三5 （ 0 ⌐⌐⌐⌐⌐⌐⌐⌐⌐ 10 cm ）

③北京故宫博物院藏北宋登封窑白釉赭彩珍珠地划花双虎图"瓶"1件（附录一总表三：5②）[100]，高32.1厘米、口径7.1厘米、足径9.9厘米。

④湖北省文物总店藏北宋登封窑白釉赭彩珍珠地划花牡丹纹"梅瓶"1件（图6-2-10④）[101]，高39.4厘米、口径6.6厘米、底径9.5厘米。

这种样式的白釉赭彩珍珠地划花梅瓶在海内外公私收藏中常能见到，如：广东省博物馆藏大花卉纹梅瓶1件；[102]河南登封县文管所藏人物纹梅瓶2件（残）；[103]美国的纳尔逊美术馆—阿特金斯博物馆（Nelson Gallery-Atkins Museum, Nelson Fund.）藏牡丹纹梅瓶1件（图6-2-10⑤）[104]，高38.7厘米；波士顿美术博物馆藏道士醉酒图梅瓶1件，人物戴冠（图6-2-10③）[105]；哈佛大学弗格美术馆藏道士醉酒图梅瓶1件。[106]在河南省民间藏家手中，此类梅瓶尤为多见，其中不少是直接出土于登封窑址的标本。[107]

（八）样式三8

高体。直壁小盘口，短束颈，口颈肩转折柔和，修长的鸡腿状瓶身，斜窄溜肩，中上腹较直、微鼓，下腹向内长势斜收至足，平底浅隐圈足。只见于河北井陉窑的粗器。例如：

①河北正定县文物保管所藏北宋晚期井陉窑刻铭"天威军官瓶"1件（附录一总表三：8）[108]，高43.5厘米、口径6.2厘米。无釉。

②北京故宫博物院藏北宋晚期井陉窑黑釉刻铭"天威军官瓶"1件（图3-1-1①）[109]，尺寸不详。黑褐色酱釉。

（九）样式三9

高体。薄唇斜壁外侈的盘式小口，短束颈，颈中段有内折弦纹一道，窄斜

100 采自：故宫博物院编《故宫博物院藏瓷选集》图版三六，北京：文物出版社，1962年。

101 采自：《中国陶瓷全集·7·宋（上）》图版一九七，上海：上海人民美术出版社，2000年。

102 见《广东省博物馆藏河南几个窑口的唐宋陶瓷》，载于《河南钧瓷与汝瓷》，北京：紫禁城出版社，1987年；周军、刘彦锋《珍珠地划花工艺浅析》，《考古》1995年6期567页。

103 见周军、刘彦锋《珍珠地划花工艺浅析》图版捌：1、2，《考古》1995年6期。

104 采自：《世界陶磁全集·12·宋》插图91，东京：小学馆，1977年，231页。

105 采自：陈文平编著《流失海外的国宝·图录卷》170页图2，上海：上海文化出版社，2001年。

106 参见前揭秦大树博士论文《磁州窑研究》，1997年，94页。

107 见李景洲、刘爱叶编著《中国登封窑》，北京：文物出版社，2011年，89～92、94～97页。

108 采自：陈银凤、赵永平《正定县收藏的几件井陉窑瓷器》照4，《文物春秋》2000年2期53页。

109 冯先铭《宋"天威军官瓶"考》插图之一，《故宫博物院院刊》1995年S1期52页。

110　采自：宁波市文物考古研究所《浙江宁波
　　　唐国宁寺东塔遗址发掘报告》图二一：7，
　　　《考古学报》1997年1期98页。按：报告提
　　　供的腹径数据为5.5厘米，有误。

肩，肩腹之间接近方折，上腹直壁，下腹向内斜收至足，平底，足径小于口径。只见于浙江地区的青瓷器，例如：

　　①浙江宁波市天宁寺（唐国宁寺）东塔遗址出土北宋晚期青瓷无饰纹"瓶"1件（T1⑥：34，附录一总表三：9）[110]，高24.5厘米、口径5.5厘米、底径4.3厘米。

（十）五代至北宋第三类样式群梅瓶部分器物产地和年代判断

表6-2-3　五代至北宋第三类样式群梅瓶部分器物产地和年代分析表

梅瓶	以往的判断	笔者的判断	主要理由
样式三1a例①	墓葬：五代后周显德二年九月至显德七年之间（955～960年）[111]	河南窑口	从唐代的类梅瓶器物第五条线索到五代和北宋梅瓶样式三1、5、6等，主要在河南地区构成了一条连贯的器形演变脉络。参见附录一总表三[112]
样式三1a例②	北宋咸平三年（1000年）	河南窑口	同上
样式三1b例③	北宋天圣七年（1029年）	河南窑口	同上
样式三1例④	北宋景祐五年（1038年）	景德镇湖田窑北宋中期	相同或近似的青白瓷盘口梅瓶残片标本，已发现于景德镇湖田窑遗址北宋中晚期地层，[113]此瓶饰纹也符合湖田窑特点
样式三4例①	繁昌窑南宋[114]	景德镇湖田窑北宋中期	同上。[115]繁昌窑遗址从未出土过此类器形的标本
样式三2例①	景德镇窑11世纪[116]	—	—

111　《洛阳发现一座后周墓》，《文物》1995年8期67页。

112　此外，辽宁义县清河门辽萧慎微祖墓群4号墓出土成对的样式三1a黑釉盘口式撇榄形梅瓶（图6-3-5③），也很可能是同期河南窑场的制品（见本章第三节）。

113　在景德镇湖田窑遗址已发现至少4件所谓"盘口瓶"青白瓷标本，即"99H补·T2②：107"、"97G·T4③：032"、"97D·H16：59"、"99H补·H7：121"，其口径介于5～7.7厘米之间，与此例近似。见江西省文物考古研究所、景德镇民窑博物馆编著《景德镇湖田窑址——1988—1999年考古发掘报告》彩版五九：1左；图一四〇：6；图一四〇：7，彩版五九：1右；图一四〇：8，彩版五九：2，北京：文物出版社，2007年，167～168页。样式三4例①，样式三7例①、③的情况也近似。

114　见前揭《中国陶瓷全集·8·宋（下）》图版一三二说明，叶定一撰，280页。

115　参见《中国出土瓷器全集·7·江苏、上海》图版120说明，解立新撰，北京：科学出版社，2008年。

116　有关研究者称，江西景德镇"湖田、柳家湾窑宋早期堆积中多有相同遗物"，并将此瓶断代为"北宋早期（11世纪）"，见刘新园编著《景德镇出土瓷器》图版23说明。按：景德镇柳家湾窑从五代延烧至元代，全盛于北宋，衰落于南宋早中期，从已经刊布的柳家湾窑址考古简报中未见同类器形的遗物，在湖田窑址中也同样如此。参见江西省文物工作队（陈定荣执笔）《江西景德镇柳家湾古瓷窑址调查》，《考古》1985年4期；陈定荣《景德镇柳家湾古瓷窑》，《江西历史文物》1983年4期。

续表

梅瓶	以往的判断	笔者的判断	主要理由
样式三5诸例	登封窑 北宋，[117] 或北宋早中期[118]	登封窑 北宋中期后段至晚期	结合有关学者对北宋白釉珍珠地划花瓷器烧造时间的研究结论，[119]及样式三5例①的墓葬纪年（北宋熙宁十年，1077年），可知此样式的流行时间
样式三8例①、例②	井陉窑 北宋神宗元丰年间（1078～1085年）；[120]或金代[121]	井陉窑 北宋晚期	可以参照河北鹿泉北宋末期墓葬出土的井陉窑"天威军官瓶"铭文酱釉梅瓶（样式二12例①）对此年代稍作调整
样式三7例①	繁昌窑[122] 北宋元祐二年（1087年）	景德镇湖田窑 北宋晚期	同上
样式三7例③	定窑[123]	景德镇湖田窑 北宋晚期	同上
样式三9例①	浙江或福建 宋[124]	浙江 北宋晚期	器形、做工、胎釉等方面与浙江东阳县象塘窑址出土青瓷"瓶"很近似，[125]并有浙江象山、兰溪两县的两座北宋晚期纪年墓出土的类同青瓷"瓶"为证[126]

117 冯先铭《河南密县、登封唐宋古窑址调查》，《文物》1964年3期52页。

118 刘涛《珍珠地划花瓷的类型与年代》，《中原文物》2002年3期66页。按：刘先生的这个观点是建立在把样式三1、三5、四7等均视为同一个式样的前提下得出的，北宋早期并不属于样式三5的流行期。

119 根据秦大树先生的研究，包括样式三5这种梅瓶在内的白釉珍珠地划花器，在河南中西部的窑场盛烧于北宋神宗熙宁元年（1068年）以前的北宋中期，即11世纪前半叶，此后延续至北宋末到金代初期。见前揭秦大树博士论文《磁州窑研究》，1997年，94、99、100页。

120 冯先铭《宋"天威军官瓶"考》，《故宫博物院院刊》1995年S1期54页。

121 陈银凤、赵永平《正定县收藏的几件井陉窑瓷器》，《文物春秋》2000年2期53页。

122 王业友《浅谈宿松纪年墓出土的北宋影青瓷器》，《景德镇陶瓷》1984年增刊62页。

123 前揭《镇江市郊出土的几件宋瓷》，《文物》1974年1期78页；《中国陶瓷·定窑》图版56说明。在后面这种图录中，还将此瓶年代定为北宋中期，现在看来是偏早了。

124 发掘者分析认为，包括此瓶在内的宁波天宁寺塔址出土的青瓷器，分别产自今浙江和福建，并认为来自福建某青瓷窑场的可能性较大。但是到目前为止，经过考古发掘的福建北宋窑场中似乎还没有出现过与此瓶同型同式的器形，发掘者也未提供明确的材料。见《浙江宁波唐国宁寺东塔遗址发掘报告》，《考古学报》1997年1期118页。

125 朱伯谦《浙江东阳象塘窑址调查记》图二：4，图版陆：12，《考古》1964年4期188～190页。

126 分别见钱永章《浙江象山县清理北宋黄浦墓》图三：1，《考古》1986年9期863页；金华地区文管会《浙江兰溪县北宋石室墓》图二：左下，《考古》1985年2期156页。

图6-2-11　北宋中期无饰纹深色釉高体梅瓶样式四7　　(0 _____ 10cm)

①陕西西安李璹墓（1029年）　②江西永新刘沆墓（1060年），吉州窑　③河南密县冯京墓（1063年）

四、第四类样式群

与第一、二、三类样式群的梅瓶很不一样，以"梯形小环口"为标志的第四类样式群的梅瓶不但器形很特别，而且最初出现和流行的时间和区域均与前三类不同。从考古材料来看，这类梅瓶最早出现并流行于辽境（见本章第三节），在辽境以外始见于北宋中期，先见于关中，再见于江南和中原，普遍流行的时候已经到了北宋晚期。与前三类梅瓶不同而与辽代同类梅瓶一样，北宋第四类样式群的梅瓶从一开始就以高体为主，北宋晚期兼有多种丰体样式，尺寸差异较大，这又与辽代有所不同。根据现有资料的梳理和排比，北宋第四类样式群的梅瓶至少包含13种样式。[127]

（一）样式四7

高体。梯形小环口不规整，有些口形仅具有外折斜沿扁唇，有些还是圆唇小环口，都表明尚不成熟。无颈（束颈极短）。瓶身体态从较长的橄榄形到逐渐增高的鸡腿状，较丰满，陡斜肩，中腹偏上部微鼓，重心随体势升高而稍有上移，下腹斜收至足。均为极浅的隐圈足，平底或微凹的平底。所见实物均属于北宋中期的无饰纹深色釉粗器，尺寸较高大，根据各部差异可以分为a、b、c共3个亚型。

1.样式四7a：不规整的梯形小环口，斜沿较陡而窄，瓶身呈较长的橄榄状，中腹微鼓。见于北宋中期前段关中地区。例如：

①陕西西安郭杜镇北宋天圣七年（1029年）李璹墓（M2）出土酱釉瓦棱纹"瓷瓶"1件（M2：7，图6-2-11①[128]，附录一总表四：7a），高41.5厘米、口

径6.6厘米、腹径22厘米、底径12厘米、足高0.5厘米。

2.样式四7b：略呈斜沿的圆唇小环口，不规整，梯形不明显，橄榄状瓶身的重心稍上移。所配瓶盖以碗代替。见于北宋中期江西地区。例如：

②江西永新县北宋嘉祐五年（1060年）刘沆夫妇合葬墓（女室）出土瓦棱纹"瓷瓶"5件，器形大同小异，其一（图6-2-11②）[129]，高44厘米、口径4厘米、底径9厘米，口唇略外斜；其二（附录一总表四：7b）[130]，高45厘米、口径5厘米、底径10厘米，薄圆唇。这5件梅瓶出土时，"每件瓶上，均覆盖一个窝圆足的白瓷小碗，胎质细腻。口径13～13.5厘米、高6～6.5厘米、底径5厘米"[131]，小碗的器形、尺寸与瓶的口肩部基本吻合，既可作饮酒器，也是瓶盖代用品。

3.样式四7c：口形呈扁梯形，也不太规整，瓶身呈上腹微鼓的鸡腿状。见于北宋中期河南地区。例如：

③河南密县五虎庙村北宋嘉祐八年（1063年）冯京夫妇合葬墓出土茶青色釉"瓷瓶"3件，器形相同，其一（标本：26，图6-2-11③，附录一总表四：7c）[132]，复原高52.7厘米、口径5厘米、底径10厘米。外壁下部竖向钤一长方形印（高3.8厘米、上宽2厘米、下宽1.4厘米），因瓷釉蒙盖而字迹不清。

（二）样式四8

高体。从北宋晚期延续至金代以后的蒙古时期，主要流行于中原地区（偶见于南宋），各期各阶段的器形虽然有变化，但样式特征延续性很强，尺度分大、中、小型，成熟的梯形小环口有多种微妙变化，如高度和沿面的扁、方、圆等，短颈分柱颈和束颈，从极短到稍长，瓶身修长而丰满，以萝卜形和倒滴水形为主，重心从中上腹到上腹，最大腹径处和肩腹轮廓随之有不同的变化，下腹至胫足部轮廓从斜弧收、斜直收到胫部形成日益明显的内曲，但限于胫足部斜直或直立，平底隐圈足，挖足由浅到较深。根据各部差异，本样式的宋金元梅瓶统一分为a～i共9个亚型。北宋器见a、b两个亚型。

1.样式四8a：矮梯形小环口，口沿斜面较平，极短的柱颈，窄斜肩，与长而略鼓的上腹之间有含蓄的圆转，下腹长斜收至底，胫足部微微内曲，整个瓶身呈修长的萝卜形，平底矮隐圈足，足直立，内壁斜。始见于北宋晚期中原地区大型的无饰纹深色釉粗器，以及鲁山段店窑白釉珍珠地划花器为代表的中型器，前者略显耸肩，后者无此态，且上腹更丰满（此亚型延续至金代和蒙古时期）。例如：

①河南郑州市高新区贾庄北宋晚期墓M71出土酱釉瓦棱纹"鸡腿瓶"1件（M71：1，图6-2-12①，附录一总表四：8a②）[133]，修复后高52.8厘米、口径7.2厘米、腹径21.2厘米、底径12厘米。

②河南方城县官庄村出土北宋白釉珍珠地划花缠枝牡丹纹"梅瓶"1件（图6-2-12③）[134]，高38.5厘米、口径7.5厘米、底径9厘米。

129　采自：江西省文物管理委员会《江西永新北宋刘沆墓发掘报告》图版伍：12，《考古》1964年11期563页。

130　采自：同上，图版伍：15。

131　同上，图版伍：9。

132　采自：河南省文物研究所、密县文物保管所《密县五虎庙北宋冯京夫妇合葬墓》图版八：6、图七：1，《中原文物》1987年4期，81页。按：报告还提到，该瓶"外壁下部，竖向钤一长方形印，高3.8、上宽2、下宽1.4，由于瓷釉蒙盖，字已模糊不清。"见同页。

133　采自：郑州市文物考古研究院《郑州高新区贾庄宋金墓葬发掘简报》图十三、图十一：2，《中原文物》2009年4期26页。

134　采自：《中国出土瓷器全集·12·河南》图版138，北京：科学出版社，2008年。参见杨爱玲《河南收藏历代梅瓶之所见》图三，《中国古陶瓷研究·第六辑》，北京：紫禁城出版社，2000年，146页。此瓶现藏于河南博物院。

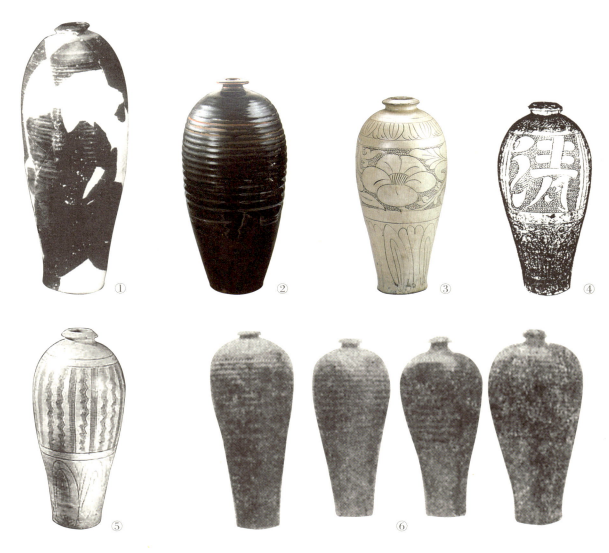

图6-2-12　北宋晚期高体梅瓶样式四8、9　（0〜10cm）

①河南窑场　②当阳峪窑　③～⑤鲁山段店窑　⑥磁州窑

135　采自：William Bowyer Honey, *The Ceramic Art of China and Other Countries of the Far East*, Faber and Faber Limited, London, Pl.63, p.87。

136　采自：秦大树《磁州窑研究》图三十六：16，北京大学考古学专业博士学位论文，1997年。资料源：Yutaka Mino, *Freedom of Clay and Brush through Seven Centuries in Northern China: Tz'u-chou Type Wares, 960-1600A.D.*, Indiana University Press, Bloomington, 1981.Pl.20。

137　采自：王聪敏《介绍几件瓷器》图一：2，《华夏考古》1997年4期108页。此瓶由河南省文物考古研究所于1984年在河南正阳县化肥厂征集。

138　采自：峰峰矿区文物保管所《河北邯郸市峰峰矿区宋代地道清理报告》图二二，《考古》1990年8期735页，并见736页"出土遗物登记表"。

③英国的维多利亚和阿尔伯特博物馆（Victoria and Albert Museum, London）藏北宋白釉珍珠地划花缠枝牡丹纹"梅瓶"1件（附录一总表四8a①）[135]，高15英寸（合38.1厘米）。

④英国的不列颠博物馆（The British Museum, London）藏北宋白釉珍珠地划花"清净忍"文梅瓶1件（图6-2-12④）[136]，高37.5厘米。

⑤河南省文物考古研究所藏北宋白釉划花竖波纹"瓶"1件（图6-2-12⑤）[137]，高38厘米、口径4.5厘米、底径7厘米。

2. 样式四8b：与亚型a相比，梯形口较小，口沿斜面约45°，短束颈，最大区别是重心上移，上腹圆鼓，宽肩丰满，下腹略弧收后急剧斜收至底，形成细长的微内曲的锥状胫足部，整体呈修长的倒滴水状，隐圈足足径较小。始见于北宋晚期至金代初期之间磁州窑的无饰纹深色釉粗器。例如：

⑥河北邯郸市峰峰矿区工业局电厂北宋末金初宋代地道遗址出土磁州窑黑釉无饰纹"鸡腿瓶"4件（图6-2-12⑥）[138]，尺寸不详。

（三）样式四9

高体。宽平的圆唇折沿小口，外沿微下垂，是梯形小环口的变体，短柱颈较细，且上细下粗，瓶身呈修长圆硕的茧状，圆溜肩，中上腹微鼓，下腹弧线斜收至底，平底隐圈足。见于北宋晚期河南修武当阳峪窑无饰纹深色釉器，质量较高。例如：

①河南焦作市博物馆藏北宋当阳峪窑黑釉瓦棱纹"梅瓶"3件，其一（附录一总表四：9）[139]，高44.5厘米、口径6厘米、底径10.4厘米、腹围61厘米；其二（图6-2-12②）[140]，高41.7厘米、口径3厘米、底径10厘米、腹围63.2厘米。

（四）样式四14

瘦高体。较矮的梯形小环口，短柱颈或短束颈，瓶身瘦长呈鸡腿状，但轮廓有所变化，平底隐圈足，挖足由浅渐深，足壁较厚。本样式从北宋末期延续至金代（元代子遗演变成样式九21），属无饰纹深色釉粗器样式，体态与辽代样式四2d较相似。根据各部差异，宋金统一分为a~d共4个亚型，北宋器含a、b两个亚型。

1. 样式四14a：梯形小口斜沿45°，短柱颈，窄圆溜肩，上腹较直微鼓，下腹斜收，胫部稍内曲，足部直立，挖足稍深。见于中原地区窑场。例如：

①河南鲁山段店窑址出土北宋黑釉瓦棱纹"鸡腿瓶"1件（图6-2-13①，附录一总表四：14a）[141]，尺寸不明。

2. 样式四14b：稍宽的扁梯形口，窄斜肩，瓶身轮廓曲线较明显，足短微撇，余同上。见于北宋晚期中原地区遗址出土材料。例如：

②河南洛阳北宋衙署庭园遗址出土黑釉瓦棱纹"Ⅱ式瓶"14件，可复原2件，其一（J7：9，图6-2-13②）[142]，高45.5厘米、口径6.4厘米、底径9.4厘米。

（五）样式四18

高体。扁梯形小环口，出沿较宽有厚薄，束颈，瓶身修长，斜势长收至底，圆鼓肩，平底隐圈足。本样式始见于北宋晚期到金代初期的关中地区耀州窑青瓷梅瓶，至金代也见于今山西、甘肃等地制品。根据各部差异，统一分为a、b两个亚型。北宋器属样式四18a。

样式四18a：扁梯形口出沿宽尖，断面呈三角形，细短束颈，斜鼓肩，瓶体修长挺拔，足壁有微妙的直立。例如：

①上海博物馆藏北宋耀州窑青瓷刻花缠枝牡丹纹"梅瓶"1件（图6-2-14）[143]，高48.4厘米、口径7.5厘米、腹径19.3、底径11厘米。

139 采自：北京艺术博物馆编著《中国古瓷窑大系·中国当阳峪窑》图版63，北京：中国华侨出版社，2011年，70页。

140 采自：同上，图版65。

141 采自：河南省文物研究所、鲁山县人民文化馆《河南鲁山段店窑的新发现》图七：6、图六：6，《华夏考古》1988年1期48页。

142 采自：中国社会科学院考古研究所洛阳唐城队《洛阳宋代衙署庭园遗址发掘简报》图版叁：3，《考古》1996年6期4页。

143 采自：《中国博物馆丛书·第8卷·上海博物馆》图版94，北京：文物出版社，东京：株式会社讲谈社，1985年。收录该瓶的图录很多，比较重要的还有：《上海博物馆藏瓷选集》图版40，北京：文物出版社，1979年；《中国美术全集·工艺美术编·2·陶瓷（中）》图版一二九，上海：上海人民美术出版社，1988年。

图6-2-13 北宋晚期无饰纹深色釉瘦高体梅瓶样式四14 （0——10 cm）

①鲁山段店窑 ②河南窑场

144 采自：赵青云《洛阳涧西宋墓（九·七·二号）清理记》图五：中，《文物》1955年9期103页。

145 采自：冯先铭、李辉柄主编《故宫博物院藏·中国古代窑址标本·卷一·河南卷·上》118页附图，北京：紫禁城出版社，2005年。

146 资料源：Yutaka Mino, *Freedom of Clay and Brush through Seven Centuries in Northern China: Tz'u-chou Type Wares, 960–1600A. D.*, Indiana University Press, Bloomington, 1981, Pl.18。转采自：前揭秦大树博士论文《磁州窑研究》图三十六：15，94页。

（六）样式四10

含高体和丰体，均为小型器。较扁的梯形小环口，从无颈到极短的束颈，斜肩，上腹从直壁微鼓到明显外鼓，下腹从略带弧度斜收到直线斜收，足端微撇，平底矮隐圈足。考古材料显示，本样式从北宋晚期延续至金代早期，根据各部差异统一分为a、b、c共3个亚型。北宋器属样式四10a。

样式四10a：高体。宽扁口，口内径较小，无颈，窄溜肩，上腹直壁，下腹斜收。器形因素实与样式四8a近似，但尺度仅及一半，见于北宋晚期中原地区粗白瓷梅瓶。例如：

①河南洛阳涧西北宋晚期墓（九·七·二号）出土乳白釉"瓷瓶"1件（图6-2-15①）[144]，高26厘米、口径3厘米、底径7厘米。

（七）样式四15

丰体。梯形口内壁向上内收敛，短束颈，瓶身呈丰满的倒滴水状，肩腹圆鼓，下腹内曲斜收，足壁直立，隐圈足。见于北宋（晚期）河南鲁山窑白釉划花器。例如：

①北京故宫博物院藏北宋鲁山窑白釉划花竖波纹"瓶"1件（图6-2-15②）[145]，高21厘米。

（八）样式四16

丰体。很窄的扁梯形小环口，尖沿，矮柱颈，瓶身呈丰满的倒滴水状，肩腹圆鼓，下腹弧线斜收，胫微内曲，足壁直立，隐圈足。见于北宋鲁山窑白釉珍珠地划花器。例如：

①日本多摩中央信用金库藏北宋鲁山窑白釉珍珠地划花缠枝牡丹纹"梅瓶"1件（图6-2-15③）[146]，高27.1厘米。

图6-2-14　北宋晚期（或延至金初）耀州窑青瓷刻花缠枝牡丹纹梅瓶样式四18　（0 10cm）

图6-2-15　北宋晚期河南地区窑场梅瓶样式四10、15、16、11、12　（0 10cm）

①河南窑场　②③鲁山段店窑　④当阳峪窑　⑤宝丰清凉寺窑

（九）样式四11

丰体。较高的梯形小环口，斜沿宽、内径小，有一定高度的束颈，瓶身呈粗短丰满的卵状，肩腹呈半球形，下腹呈弧线急收，短胫略内曲，斜壁平底隐圈足。见于北宋晚期河南修武当阳峪窑白釉剔划花器。例如：

①北京故宫博物院藏北宋当阳峪窑白釉剔划花植物方格纹"瓶"1件（图6-2-15④）[147]，高27厘米、口径2.5厘米、足径7.5厘米。

（十）样式四12

丰体。最大特点是方折肩、圆柱形瓶身，扁梯形小环口，斜方沿，短柱颈，柱状瓶身敦实，斜宽肩较平，肩腹以极小的弧度方折，腹壁直，近足处微内收，极浅的平底隐圈足，大足径。见于北宋晚期汝窑民用青瓷器。例如：

①河南宝丰县清凉寺汝窑遗址北宋晚期地层出土青瓷刻花缠枝纹"瓶"残器多件，其一（T9H7：28，附录一总表四：12，图6-2-15⑤）[148]，复原后高32厘米、口径2.5厘米、底径18厘米。

（十一）样式四13

丰体。梯形小环口，唇沿尖薄，颈部、肩部和上腹部与样式四12相同，但方折肩成硬角，筒状腹微外弧，下腹向胫部呈钝角内折，胫部的内曲走直至底，直壁平底浅隐圈足。见于北宋无饰纹白瓷器。例如：

①安徽六安县九墩塘二号宋墓出土白釉黑彩书"内酒"款"瓷坛"1件（图4-2-5②）[149]，高25.9厘米、口径4.7厘米、底径11.6厘米。方折肩下一侧以黑彩釉下竖书"内酒"二字楷书款。

（十二）样式四19

高体。以高梯形小口作为最显著的标志性特征，短束颈或短柱颈，较长的瓶身分墩式、楔形或倒滴水状，浅隐圈足。此样式从北宋晚期延续至金代，金代遗物甚多。根据各部差异，统一分为a～i共9个亚型，北宋晚期器属样式四19a。

样式四19a：高梯形口比金代器稍矮，梯形斜面坡度大致在45°，短束颈，萝卜形长身，窄溜肩，中腹偏上部略鼓，下腹斜收幅度不大。例如：

①美国圣路易斯美术馆藏白釉珍珠地划花钱纹"梅瓶"1件（图6-2-16①）[150]，高41厘米。

②日本东京国立博物馆（Tokyo National Museum）藏白釉珍珠地划花钱纹"梅瓶"1件（图6-2-16②）[151]，高39厘米。

③海外私人藏白釉珍珠地划花方块四叶纹"梅瓶"1件（附录一总表四：

147　采自：《中国陶瓷全集·7·宋（上）》图版二一一，上海：上海人民美术出版社，2000年。

148　采自：前揭，《宝丰清凉寺汝窑》图七九：2，彩版一八二：2，115～116页。按：原彩图经处理。

149　王步艺、殷涤非《安徽六安城外宋残墓清理记略》附图，《文物》1954年6期49页。图片采自：安徽省博物馆编《安徽省博物馆藏瓷》图版76，北京：文物出版社，2002年。

150　采自：〔日〕小山富士夫监修、长谷部乐尔编《陶器全集·13卷·宋の磁州窑》图版8，东京：平凡社，1966年。

151　资料源：《東京国立博物館圖版目録·中国陶磁篇Ⅰ》图版556，东京国立博物馆，1988年。转采自：前揭秦大树博士论文《磁州窑研究》图三十七：8，96页，及注释181。

①　　　　　　②

图6-2-16　北宋晚期（或延至金初）山西地区窑场梅瓶样式四19　（├───┤10 cm）

图6-2-17　北宋晚期景德镇湖田窑青白瓷刻划花
梅瓶样式四17

19a①）[152]，高39厘米。

（十三）样式四17

丰体。梯形小环口较扁且不典型，有些接近折沿口，上细下粗的柱颈有长短之别，口颈肩转折明确，瓶身呈卵状，平底浅隐圈足。本样式从北宋晚期延续至南宋，至元代尚有所见，主要流行于南方的景德镇窑青白瓷器、吉州窑白釉黑褐彩画花器等。根据各部差异，统一分为a～e共5个亚型。北宋器属样式四17a。

样式四17a：很扁的梯形小环口，折沿微斜而薄，柱颈极短，窄而圆的溜肩，上腹略鼓，下腹弧收，短足壁趋直，瓶身轮廓略显松弛。见于北宋晚期景德镇湖田窑青白瓷刻划花器。例如：

①英国布里斯托城美术馆（Bristol City Art Gallery）藏北宋景德镇青白瓷刻划花缠枝花草纹"梅瓶"1件（图6-2-17）[153]。

（十四）北宋第四类样式群梅瓶部分器物产地和年代判断

表6-2-4　北宋第四类样式群梅瓶部分器物产地和年代分析表

梅瓶	以往的判断	笔者的判断	主要理由
样式四7b例②	吉州窑[154]，北宋嘉祐五年（1060年）	—	—
样式四7c例③	北宋嘉祐八年（1063年）	河南	釉色、器形常见于河南民间收藏的当地出土的同类器物[155]
样式四8a例①	—	河南，北宋晚期	器形，特别是矮梯形口
样式四8b例⑥	北宋末金初	磁州窑	—
样式四14a例①	鲁山段店窑遗址，北宋中晚期[156]	北宋晚期	参照同式下例

152　资料源：Sotheby's "Fine Chinese and Korean Ceramics and Works of Art", London, June. 1992, pl.134. 转采自：前揭秦大树博士论文《磁州窑研究》图三十七：9，96页，及注释182。

153　采自：〔日〕小山富士夫监修、小林太市郎编《陶器全集·12卷·唐宋の白磁》图版44，东京：平凡社，1966年。

154　《江西永新北宋刘沆墓发掘报告》，《考古》1964年11期563页。又见邓宏文《吉州窑和建窑黑瓷的研究》，《湖南考古辑刊》321页，1999年。

155　如李景洲、刘爱叶编著《中国登封窑》40页上图，72页下图，北京：文物出版社，2011年。按：据李、刘两位作者研究，其收录的两瓶分别属于登封窑的前庄与曲河两处窑址，年代较晚。另外，在密县窑沟窑有同类胎釉的标本，见河南省文化局文物工作队《河南省密县、登封唐宋窑址调查简报》，《文物》1964年2期。

156　《河南鲁山段店窑的新发现》，《华夏考古》1988年1期48页。

续表

梅瓶	以往的判断	笔者的判断	主要理由
样式四14a例②	—	北宋晚期	出土此瓶的洛阳宋代衙署庭园遗址毁弃于金兵侵宋的北宋末期[157]
样式四8a例②～⑤	例②：宋代河南窑[158]、登封曲河窑[159]；例③：宋代磁州窑类型；[160]例⑤：北宋宝丰窑[161]	鲁山段店窑，北宋晚期	器形、装饰都是河南窑场特点，珍珠地划花纹填黑褐彩，是鲁山段店窑的特征。[162]关于年代，主要借鉴秦大树先生的观点[163]
样式四18a例①	耀州窑，北宋	耀州窑，北宋晚期至金代初期	胎釉和刻花符合北宋晚期耀州窑青瓷刻花器的典型特征，[164]瓶体与辽代样式四1c、d相似，同式梅瓶又见于金代山西黑釉器。参见附录一总表四
样式四11例①	当阳峪窑，北宋[165]	当阳峪窑，北宋晚期	关于年代，参见秦大树先生的观点[166]
样式四15例①	登封窑[167]、鲁山窑[168]、北宋	鲁山窑，北宋晚期	笔者赞成叶喆民先生考证确定的北宋鲁山窑。[169]此瓶丰体，胫部内曲具有北宋晚期特征

157　《洛阳宋代衙署庭园遗址发掘简报》，《考古》1996年6期6页。

158　杨爱玲《河南收藏历代梅瓶之所见》图三，《中国古陶瓷研究·第六辑》146页，北京：紫禁城出版社，2000年。

159　见前揭秦大树博士论文《磁州窑研究》图三十六7，94页文。

160　见William Bowyer Honey, The Ceramic Art of China and Other Countries of the Far East, Faber and Faber Limited, London, Pl.63之说明。

161　见王聪敏《介绍几件瓷器》图一：2，《华夏考古》1997年4期108页。

162　参见河南省文物研究所、鲁山县人民文化馆《河南鲁山段店窑的新发现》图版捌：4、2，图一七：5，图版捌：12、11，图一七：2，《华夏考古》1988年1期56、57页。冯先铭、李辉柄主编《故宫博物院藏·中国古代窑址标本·卷一·河南卷·上》图版088：下；图版089，北京：紫禁城出版社，2005年，118页。叶喆民《古物探研二则》图二，图版四上左：右1～右4，《故宫博物院院刊》1996年4期。

163　参见前揭秦大树博士论文《磁州窑研究》，99页。

164　参见《宋代耀州窑址》，北京：文物出版社，1998年。

165　冯先铭、李辉柄主编《故宫博物院藏·中国古代窑址标本·卷一·河南卷·上》185页附图（1）说明，北京：紫禁城出版社，2005年。

166　前揭秦大树博士论文《磁州窑研究》，106页。

167　见Yutaka Mino, Freedom of Clay and Brush through Seven Centuries in Northern China: Tz'u-chou Type Wares, 960-1600A.D., Indiana University Press, Bloomington, 1981, fig.75之说明。

168　叶喆民《古物探研二则》图三，《故宫博物院院刊》1996年4期85页。

169　这也得力于故宫博物院古陶瓷学者早年从鲁山段店窑址采集到与此瓶饰纹、工艺相同的标本，见上揭《故宫博物院藏·中国古代窑址标本·卷一·河南卷·上》图089，118页。

续表

梅瓶	以往的判断	笔者的判断	主要理由
样式四16例①	鲁山段店窑，北宋	鲁山段店窑，北宋晚期	笔者赞成秦大树先生考证确定的北宋鲁山窑。[170]此瓶丰体，胫部内曲具有北宋晚期特征
样式四13例①	磁州窑系，北宋；[171]禹州钧台窑，元明[172]	—	元明钧台窑一说，未见证据
样式四19a例①	磁州窑，宋；[173]鲁山窑，北宋早中期[174]	山西窑场，北宋晚期至金代初期	高梯形小口、瓶身接近筒状等器形特点，以及布局格式、钱纹、胫部的仰莲瓣纹等饰纹特点，是北宋晚期到金代的山西窑场很流行的特征。[175]年代参照秦大树先生的研究[176]
样式四19a例②、例③	山西窑场，北宋晚期至金代初期	—	参照秦大树先生的研究。[177]本样式例②肩部划花卷叶纹的圆弧状肥硕造型，与辽代晚期山西窑场白瓷梅瓶样式五5（图6-3-12）腹部剔花波状横枝纹的卷叶造型很相似
样式四17a例①	景德镇窑，北宋[178]	景德镇湖田窑，北宋晚期（最晚可能到南宋初期）	景德镇湖田窑址北宋地层出土了与此瓶胎釉、饰纹和胫足部器形完全相同的青白瓷梅瓶残器标本。[179]器形与南宋吉州窑样式四17d例④、例⑤近似

170　前揭秦大树博士论文《磁州窑研究》94页。按：秦先生的论断，参考了叶喆民先生的《古物探研二则》一文（《故宫博物院院刊》1996年4期），若仔细比较该瓶腹部牡丹花头与鲁山窑址出土梅瓶残片同类饰纹的花芯部分，造型和划法略有区别。

171　见前揭《安徽省博物馆藏瓷》图版76说明。

172　见《中国出土瓷器全集·8·安徽》图版151说明，北京：科学出版社，2008年，151页。

173　〔日〕小山富士夫监修、长谷部乐尔编《陶器全集·13卷·宋の磁州窑》图版8，东京：平凡社，1966年。

174　刘涛《珍珠地划花瓷器的类型与年代》，《中原文物》2002年3期66页。

175　陈万里编《宋代北方民间瓷器》24、25页图，北京：朝花美术出版社，1955年，4页。

176　参见前揭秦大树博士论文《磁州窑研究》，96、100页。

177　参见前揭秦大树博士论文《磁州窑研究》，96、100页。

178　资料源对此瓶断代即"北宋"，指为"景德镇窑"。见前揭〔日〕小山富士夫监修、小林太市郎编《陶器全集·12卷·唐宋の白磁》图版44说明。

179　前揭《景德镇湖田窑址——1988—1999年考古发掘报告》图一四五：2，彩版六三：1，北京：文物出版社，2007年，172页。

五、第五类样式群

以"横展平沿环口"和秀气的柱颈为标志的第五类样式群的梅瓶，始见于
北宋中期，直至北宋结束也只见有陶瓷器，分别来自定窑、磁州窑和当阳峪窑，
包含矮体、丰体和高体。丰体和矮体样式中某些器物的口部保留着细微的浅盘
口痕迹，表明横展平沿环口来源于浅盘口的渊源关系。以下材料可归纳为4种样
式。[180]

（一）样式五2

矮体。带有明显浅盘口特征的平折沿环口，较长的柱颈，瓶身较短，肩腹呈
球状，下腹斜收，足壁直立，平底隐圈足。本样式从北宋中期延续至金代，主要
见于定窑、当阳峪窑等，根据各部差异统一分为a～d共4个亚型，北宋器包括前
三个亚型。

1. 样式五2a：口部整体作较薄的横展平沿式，上沿保留极浅的盘口形态，盘
壁薄而斜立，柱状直颈，颈高与径大致相等，口颈肩转折明确，圆肩、鼓腹呈球
状，下腹内曲成短胫，足壁趋直，平底隐圈足。例如：

①江苏镇江市南郊北宋熙宁四年（1071年）章岷墓出土定窑无饰纹酱釉
"瓷瓶"2件（成对），高23.3厘米、唇口径6厘米、腹径16.2厘米、底径8厘米
（图6-2-18①a、b，附录一总表五：2a）[181]。

2. 样式五2b：横展的折沿环口，虽然沿面略斜，但浅盘口形态已不明显，重
心较高，显得肩、腹宽鼓，余同上例。例如：

②江苏金坛市茅麓镇石马坟水库北宋墓05JMSM3出土定窑无饰纹酱釉"瓷
瓶"1件（05JMSM3：6，附录一总表五：2b，图6-2-18②a、b）[182]，高22.7
厘米、口径6.6厘米、腹径17.1厘米、底径7.5厘米。

3. 样式五2c：除了瓶身更短，已不构成长身，其余与样式五2a相同。
例如：

③国内私人藏北宋当阳峪窑无饰纹酱釉"盘口瓶"1件（图6-2-18③）[183]，
高22厘米、口径4厘米、腹径11.5厘米。

（二）样式五3

丰体。在样式五2的基础上将瓶体稍作拉长，口颈部和瓶身有所变化。本样
式从北宋晚期延续至金代，北宋器主要见于定窑，也会包括一部分磁州窑白釉剔
花器，到了金代则主要见于磁州窑或磁州窑类型的窑场。根据各部差异，宋金器
统一分为a、b、c共3个亚型，下面主要介绍和梳理北宋定窑白瓷器，即a、b两
个亚型。

180　这部分所收录的第五类梅瓶，基本上都可
　　以肯定其年代为北宋。另外还有不少这类
　　属于传世品的磁州窑和磁州窑类型的梅瓶
　　实例，特别是著名的白釉黑剔花器，以往
　　多被断代为北宋，但是根据现在学术界最
　　新的研究成果和结论，对其年代判断是介
　　于北宋末期到金代之间，为慎重起见，笔
　　者将这部分实例放入金代第五类梅瓶中统
　　一进行梳理。特此说明。

181　镇江市博物馆《镇江市南郊北宋章岷墓》
　　图版肆：3，《文物》1977年3期55页。图
　　片分别采自：《中国陶瓷（丛书）·定
　　窑》图版58（附足底），上海：上海人民
　　美术出版社，1983年；杨正宏、肖梦龙、
　　刘丽文主编《镇江出土陶瓷器》图版174，
　　北京：文物出版社，2010年，154页。两瓶
　　原物藏于镇江市博物馆。

182　采自：金坛市博物馆《金坛市茅麓镇石马
　　坟北宋墓的发掘》图十：2（附足底），
　　《东南文化》2006年6期38页；《中国出土
　　瓷器全集·7·江苏、上海》图版129，北
　　京：科学出版社，2008年。此瓶现藏于金
　　坛市博物馆。

183　采自：北京艺术博物馆编著《中国古瓷窑
　　大系·中国当阳峪窑》图版51，北京：中
　　国华侨出版社，2011年，57页。

图6-2-18　北宋中晚期定窑等梅瓶样式五2、3　（0　　　　　10 cm）

①②④⑤定窑　③当阳峪窑　⑥河南窑场

184　采自：范凤妹《记江西出土的北方名窑瓷器》照1，《江西历史文物》1986年2期120页。两瓶现藏于江西省博物馆。

185　采自：赖金明《江西省博物馆藏梅瓶欣赏（上）》图1，《收藏家》2007年12期13页。

186　采自：《中国陶瓷全集·7·宋（上）》图版四九，上海：上海人民美术出版社，2000年，229页。

187　采自：安阳地区文管会、汤阴文物保管所《汤阴宋墓发掘简报》图六，《中原文物》1985年1期24页。同墓还出土了一件黑釉瓦棱纹梅瓶，属样式二7b（图6-2-4④）。

1. 样式五3a：口部类如样式五2a，柱状直颈的高度大于径度，且向上外侈，口颈肩转折明确，瓶身呈优美的倒滴水形、圆肩、鼓腹呈球状，下腹弧收后内曲转成较明显的胫部，足壁直立，平底隐圈足。例如：

①江西永新县北宋元祐元年（1086年）刘瑾墓出土定窑白瓷划花折枝牡丹纹"梅瓶"2件（成对），其一（附录一总表五：3a①）[184]，高36.7厘米、口径9.2厘米、底径11.2厘米，其二（图6-2-18④）[185]，高37.1厘米、口径9.4厘米、底径11.5厘米。

②江苏江阴夏港东园村出土北宋定窑白瓷"梅瓶"1件（图6-2-18⑤）[186]，高29厘米、口径7.4厘米、颈长5.5厘米、底径8.8厘米。

2. 样式五3b：横展平沿环口，圆唇略扁，柱状直颈，颈高与径大致相等，瓶身呈粗短的橄榄状，溜肩，中腹偏上部外鼓，下腹向内剧烈斜收至足，斜壁平底隐圈足，挖足浅，足径与口径接近。例如：

③河南汤阴县城北关县委大院北宋墓出土白瓷无饰纹"小口瓶"1件（图6-2-18⑥）[187]，高28厘米、最大腹径18.8厘米。出土时瓶口上扣一白瓷小碗作为瓶盖。

（三）样式五1

丰体。横展平沿环口，方唇较厚，近似璧形，短柱颈，口颈肩转折明确，

188 采自：《世界陶磁全集·12·宋》图版114，东京：小学馆，1977年。

189 He Li, *Chinese Ceramics—The New Standard Guide 1996*. The Asian Art Museum of San Francisco, Thames and Hudson, Pl.314. 本图转采自：阎焰《当阳峪窑研究综述》图5，《中国古瓷窑大系·中国当阳峪窑》259页，北京：中国华侨出版社，2011年。

190 采自：〔日〕小山富士夫《宋磁》图版32，东京：聚乐社，1943年。

图6-2-19　北宋中晚期磁州窑、当阳峪窑梅瓶样式五1、4　（0⊢⊣⊢⊣⊢⊣⊢⊣⊢⊣10 cm）
①磁州窑　②③当阳峪窑

瓶身呈标准而丰满的卵状，圆肩，中上腹圆鼓，下腹弧收至底，平底隐圈足。例如：

①日本东京国立博物馆藏北宋白釉无饰纹"瓶"1件（图6-2-19①）[188]，高31厘米、口径6厘米、底径9.3厘米。

（四）样式五4

高体。典型的横展平沿环口，圆唇，柱颈，颈高略小于颈径，口颈肩转折分明，瓶身呈高挑修长的倒滴水状，圆溜肩较宽，上腹略鼓，下腹徐收，胫部修长微内曲，足部直立，足跟微撇，整体轮廓呈秀美的流线变化，平底隐圈足，挖足较深。例如：

①美国旧金山亚洲艺术博物馆（The Asian Art Museum of San Francisco）藏北宋晚期白地黑剔花缠枝纹"梅瓶"1件（图6-2-19②）[189]。

②日本芦屋山口谦四郎藏北宋晚期白地黑剔花缠枝纹"梅瓶"1件（图6-2-19③）[190]，高1尺7寸4分（合58厘米）。

（五）北宋第五类样式群梅瓶部分器物产地和年代判断

表6-2-5　北宋第五类样式群梅瓶部分器物产地和年代分析表

梅瓶	以往的判断	笔者的判断	主要理由
样式五2例②	定窑，北宋早期[191]	定窑，北宋中期（后段）	器形、胎釉均与本样式例①相同，因此属北宋中期偏晚阶段的制品。墓葬关系也可以证明这一点[192]
样式五2例③	当阳峪窑，宋（960~1279年）[193]	当阳峪窑，北宋晚期	胎釉、器形均仿定而具有当阳峪窑北宋晚期特色[194]
样式五1例①	磁州窑[195]	北宋中期	赞同日本学者对此瓶的窑口判断，是北宋磁州窑的仿定白瓷
样式五4例①	当阳峪，窑宋[196]；或"12世纪初"[197]	北宋晚期	同下
样式五4例②	磁州窑，宋[198]	当阳峪窑，北宋晚期	繁密、精细的黑剔花饰纹和工艺符合北宋晚期当阳峪窑同类工艺特征[199]
样式五3a例②	定窑，北宋	北宋晚期	与江西永新刘瑾墓的同式定窑白瓷梅瓶年代相当
样式五3b例③	—	—	同墓出土的黑釉瓦棱纹梅瓶（样式二7b例⑥，图6-2-4④）的同式器物，均集中分布于北宋晚期，可知汤阴此墓年代为北宋晚期，这件白瓷梅瓶与江西永新刘瑾墓的同式定窑白瓷梅瓶的年代也相当，同样属于北宋晚期

191　《金坛市茅麓镇石马坟北宋墓的发掘》，《东南文化》2006年6期40页。

192　出土此瓶的金坛宋墓M3，与其东边两墓（M2、M1）均属同一家族的同时代墓，M2纪年是熙宁三年（1070年），可证M3年代不会离此太远。见《金坛市茅麓镇石马坟北宋墓的发掘》，《东南文化》2006年6期39页。

193　见前揭《中国古瓷窑大系·中国当阳峪窑》图版51说明，57页。

194　可对比当阳峪窑遗址出土的同类胎釉瓷片标本，见前揭《中国古瓷窑大系·中国当阳峪窑》图版27、31、34、40、50。目前学术界多认为当阳峪窑酱釉仿定，有所创新乃至超越，时间在北宋晚期后段。见叶喆民《论当阳峪窑与磁州窑系》，《中国陶瓷》1982年2期47页；以及《中国古瓷窑大系·中国当阳峪窑》当中包含的多篇有关论文。

195　据资料源介绍，该瓶早年出土于一座11世纪中叶的辽代墓葬，日本学者认为是磁州窑制品。见《世界陶瓷全集·12·宋》，东京：小学馆，1977年，图版114说明。

196　陈万里《谈当阳峪窑》，《文物参考资料》1954年4期44页。参见陈万里编《宋代北方民间瓷器》图12说明，北京：朝花美术出版社，1955年。

197　转见阎焰《当阳峪窑研究综述》，上揭《中国古瓷窑大系·中国当阳峪窑》259页。

198　〔日〕小山富士夫《宋磁》图版32说明，东京：聚乐社，1943年。

199　参见秦大树、李鑫《卡尔贝克的"焦作窑"——当阳峪窑研究史与窑业特征驳议》；阎焰《当阳峪窑研究综述》，北京艺术博物馆编著《中国古瓷窑大系·中国当阳峪窑》217~229页，258~267页，北京：中国华侨出版社，2011年。

图6-2-20 北宋中期到晚期梅瓶样式六1（陶瓷）、3（银质） （0 10 cm）

①观台磁州窑 ②河南窑场 ③河南墓出土

六、第六类样式群

200 采自：秦大树《宋元时期磁州窑瓶类器物的发展及其使用功能探讨》图一：7，《南方文物》2000年4期28页。

201 采自：黄运甫《南召云阳宋代雕砖墓》图版五：3，《中原文物》1982年2期17～18页。

以"折沿窄唇口"为标志的第六类梅瓶样式群，始见于北宋，至少在北宋中期已经出现了最早的样式；北宋晚期的样式种类稍有增多，并且在陶瓷质和银质梅瓶中都有流行。经归纳，北宋第六类梅瓶的现有材料有3种样式，分别来自于中原和关中地区。

（一）样式六1

含丰体和高体。细窄的外折圆唇小口，柱颈，颈高与颈宽相当或略长，口颈肩转折明确，瓶身呈卵状或茧状，圆肩，上腹略鼓，下腹弧状斜收至足，隐圈足。本样式主要见于北宋和南宋，在明清时期复现。根据各部差异，统一分为a～h共8个亚型。北宋器分属a、b两个亚型。

1.样式六1a：丰体，瓶身呈卵状，重心居上腹部，平底。见于磁州窑的柏油珍珠地划花器。例如：

①英国布里斯托城美术馆藏磁州窑白釉珍珠地划花植物纹梅瓶1件（图6-2-20①）[200]，尺寸不详。

2.样式六1b：高体，瓶身呈修长的茧状，凹底。例如：

②河南南召县云阳镇北宋晚期雕砖墓出土黄绿釉"瓷瓶"1件（图6-2-20②）[201]，尺寸不明。

（二）样式六3

细小外折的圆卷唇小口，较修长的柱颈，圆肩，上腹鼓，下腹斜收，平底矮隐圈足。配有覆杯式盖。

①

②

③a

③b

图6-2-21　北宋晚期耀州窑青瓷刻花大口折肩梅瓶样式六2　（　0　　　　　　10 cm　）

202　采自：洛阳市第二文物工作队《洛阳邙山宋代壁画墓》图三三，图二二：6，《文物》1992年12期48页。

203　同上，48页。

204　采自：同上，图三二，图二二：2。

205　同上，48页。

206　采自：《中国出土瓷器全集·15·陕西》图版162附图，北京：科学出版社，2008年。

这是北宋银质梅瓶开始采用的一种样式，始见于北宋晚期，并延续至南宋而盛行一时——至明代的铜胎珐琅（即景泰蓝）梅瓶复现一种变体（参见样式六15b）。两宋时期的银质梅瓶均属丰体，全是小型器，这与其在生活中的实用性有关。根据各部差异，本样式统一分为a～k共11个亚型，北宋器只见亚型a。

样式六3a：上细下粗的柱颈，瓶身呈倒滴水状，圆溜肩，上腹圆鼓，下腹基本呈直线斜收，胫部有极微小的内曲，斜壁平底矮圈足。例如：

①河南洛阳邙山IM235号北宋末期墓出土锤鍱云头菱形纹"银瓶"1件（IM235：5，图6-2-20③a，附录一总表六：3a）[202]，高20.9厘米、口径3.6厘米。

需要说明的是，此瓶出土于墓棺之内，"出于右膝骨北侧"，[203]同时在墓主右膝骨北侧、银质梅瓶之南、2银盘的下方还出土了一件发掘者所谓的"银杯"（IM235：18，图6-2-20③b、c）[204]，口径7.5厘米、高5厘米，重35.2克，器表及所谓的"底部"錾刻与银梅瓶完全相同的鸡心形云头纹，"口沿外侧模压四个略呈长方形的小坑"。[205]从"银杯"与银梅瓶的位置关系、二者的尺度比例以及纹样的一致性，特别是所谓"银杯"的底部也有相同的饰纹等因素来看，参照宋代陶瓷和银质梅瓶盖的常见样式，笔者认为此器应该是与银质梅瓶配套的覆杯式瓶盖，发掘者命名其为"杯"应属误判——杯底不可能如此制作饰纹，故应更名为"盖"。

（三）样式六2

高体，大型器。以大口和宽博雄伟的体态为显著特征，圆凸唇，上细下粗的柱状短粗颈，口经肩转折明确，斜肩，上腹外鼓，下腹直线斜收至足跟，斜壁平底隐圈足，足壁宽厚，内墙外斜。本样式只见于北宋晚期耀州窑青瓷刻花梅瓶，根据各部差异分为a、b两个亚型。

1. 样式六2a：圆肩，底微凸，挖足较浅，足壁较宽（图6-2-21①）[206]。

例如：

①陕西铜川市黄堡镇耀州窑址北宋晚期地层出土青瓷刻花缠枝莲纹"瓶"标本1件（86ⅣT10②：15，图6-2-21②）[207]，高39.2厘米、口径9.6厘米、肩宽22.8厘米、底径10.8厘米。

2. 样式六2b：方折肩，外鼓的上腹明显隆起，平底，挖足稍深。例如：

②陕西铜川市黄堡镇耀州窑址北宋晚期地层出土青瓷刻花缠枝葡萄婴戏纹"瓶"标本2件，其一（85ⅠT13②H28：1，附录一总表六：2b①②）[208]，其二（85ⅠT13②H28：2，图6-2-21③a、b）[209]，尺寸均为高42厘米、口径11厘米、最大腹径24.6厘米、底径13厘米。

（四）北宋第六类样式群梅瓶部分器物产地和年代判断

表6-2-6 北宋第六类样式群梅瓶部分器物产地和年代分析表

梅瓶	以往的判断	笔者的判断	主要理由
样式六1a例①	观台磁州窑，11世纪前中期[210]	—	—
样式六1b例①	北宋晚期	河南窑场	可以考虑与河南内乡大窑店窑（即北宋"邓窑"）的关系[211]

七、第七类样式群

以"直口"为标志的第七类梅瓶样式群出现得较晚，在北宋只见于南方的景德镇窑青白瓷器。目前所见遗物数量极少，考古材料缺乏，可以归纳的样式自然也很少，只有1种样式。

（一）样式七1

丰体。极短的圆唇小直口，呈立领状的颈壁略微内曲，颈肩转折明确，瓶身呈长卵状，圆窄肩微耸，中腹偏上部略外鼓，下腹弧状斜收至底，斜壁平底隐圈足。例如：

①英国的不列颠博物馆藏景德镇窑青白瓷划花缠枝花纹"酒坛（梅瓶）"1件（图6-2-22a、b）[212]，高32.6厘米、口径6厘米、腹径20.3厘米。

207 采自：陕西省考古研究所、耀州窑博物馆《宋代耀州窑址》图一四三，北京：文物出版社，1998年，281、285页。发掘报告分型为"青釉Aa型Ⅱ式瓶"。

208 采自：同上，《宋代耀州窑址》图一四四，图版七六：1，285页。

209 采自：同上，《宋代耀州窑址》图一四五，彩版八：1，285页。本样式两瓶在发掘报告中分型为"青釉Ab型瓶"。

210 秦大树《宋元时期磁州窑瓶类器物的发展及其使用功能探讨》，《南方文物》2000年4期28页。按：参照秦文的图一"观台窑瓶类器物分期表"，可知此瓶介于观台一期后段和二期前段之间，即11世纪前中期。秦先生从磁州窑研究的分期框架出发将该瓶年代划归"北宋早期"，与本书从梅瓶器形演变阶段所做分期有所不同。

211 李桂阁《河南内乡邓窑及邓窑瓷器》，《中原文物》2009年6期。

212 《宋磁》图版45说明，东京：朝日新闻社，1999年。

图6-2-22 北宋中晚期景德镇湖田窑青白瓷刻划花梅瓶样式七1 （0———————10cm）

213　《宋磁》图版45说明，东京：朝日新闻社，1999年。

214　这是英国伦敦的不列颠博物馆陶瓷陈列馆标明的断代结论，承齐琨女士于2002年惠告，特此致谢。

215　前揭《景德镇湖田窑址——1988—1999年考古发掘报告》图一五二：1，彩版七三：1，180页。

216　采自：成都市文物考古研究所《四川成都北宋宋京夫妇墓》图八：3，《文物》2006年12期60～61页。发掘者把该瓶较特殊的口形称为"杯形口"。

217　采自：陕西省考古研究院《西安南郊孟村宋金墓发掘简报》图版二：2，图七：1，《考古与文物》2010年5期19页。

（二）北宋第七类样式群梅瓶部分器物产地和年代判断

表6-2-7　北宋第七类样式群梅瓶产地和年代分析表

梅瓶	以往的判断	笔者的判断	主要理由
样式七1例①	景德镇窑，北宋（11世纪），[213]或"宋，12世纪"[214]	景德镇湖田窑，北宋中晚期之间（约11世纪中后期）	胎釉、饰纹布局和造型与湖田窑遗址出土的一件青白瓷喇叭口Ⅱ式执壶（标本97D·H16：1）相同，后者出自湖田窑址第二期后段地层，年代相当于北宋仁宗时期（1023～1063年）[215]

八、第八类样式群

　　严格说来，带有早期"出节小口"特征的梅瓶最早见于五代，即下文要介绍的样式一○1b和一○2a等样式，不过这两种样式的口形与北宋末期开始出现的出节小口梅瓶有较大区别，足部又有关键的差别，而且五代特点的"出节小口"作为一种标志性因素到了北宋早中期似乎全都消失了。就所见材料来看，当"出节小口"以一种不同的形态特征重新出现在隐圈足梅瓶上面时，已经是北宋晚期，但遗存数量也比较少，器形差异却较大，分别属于南、北方的2种样式，都来自偏西部地区。

（一）样式八1

　　丰体。圆唇微侈小口，束颈处有一周棱状出节凸起，断面呈三角形，瓶身介于卵状和楔形之间，斜肩稍宽，圆折向略鼓的上腹，下腹弧状缓收至足，足壁稍直立，微凹的平底。例如：

　　①四川成都市东北郊龙潭乡保平村砖厂北宋宣和六年（1124年）宋京墓（M2）下室出土酱黄色釉"陶罐"1件（M2下室：35，图6-2-23①）[216]，高36.2厘米、口径5.1厘米、底径8.8厘米。

（二）样式八2

　　矮体。很薄的短立唇，下有一圈环状出节，短柱颈微束，瓶身偏于短肥，圆肩较宽，上腹圆鼓，下腹弧状斜收至足，足壁直立，隐圈足，平底微凸。例如：

　　①陕西西安市南郊曲江乡孟村北宋晚期墓（ⅢJ1M3）出土无饰纹黑釉"瓷瓶"1件（ⅢJ1M3：1，图6-2-23②）[217]，附录一总表八：2），高21厘米、口径3厘米、肩径15.2厘米、底径8.1厘米。从简报刊布的照片来看，此瓶出土时似乎带有与口径相当的白色圆顶塞式盖。

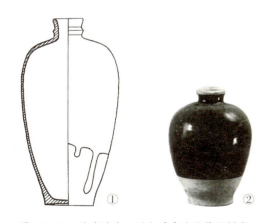

图6-2-23　北宋晚期四川和关中地区梅瓶样式八
1、2　（0　　　10cm）
①成都琉璃厂窑　②关中地区

（三）北宋第八类样式群梅瓶部分器物产地和年代判断

表6-2-8　北宋第八类样式群梅瓶部分器物产地和年代分析表

梅瓶	以往的判断	笔者的判断	主要理由
样式八1例①	北宋宣和六年（1124年）	四川成都琉璃厂窑	胎釉[218]
样式八2例①	北宋	北宋晚期	与同地同时代其他墓葬比较可知，其墓年代为宋哲宗（1086～1100年）以后的北宋晚期[219]

九、第一○类样式群

上一章曾有论述，以"饼形足和饼形圈足"作为标志性特征的第一○类梅瓶样式群，与唐代类梅瓶器物的第四条线索"饼形足盘口瓶"有一定关系，但是第一○类样式群的梅瓶口形远为多样，绝不仅限于盘口。这类梅瓶，从五代到北宋是其最为兴盛的时期，出现过11种以上的样式，大部分属于丰体，矮体和高体较少。

（一）样式一○2

丰体。近似梯形环口的出节小口，[220]口内壁直立，短颈，瓶身大体呈卵状，饼形足，或初步出现极浅的挖足。见于五代到北宋早期以及辽代早期的北方窑器，根据各部差异，统一分为a～d共4个亚型，五代至北宋早期的器物含a、b两个亚型。

1. 样式一○2a：向上收束的短束颈，较宽的斜溜肩，肩腹圆转明显，弧状斜收，外撇的饼形足略施极浅的挖足，内墙处一周稍深的沟，底心微凹，足外沿斜削。例如：

①河北临城县祁村邢窑遗址第五期地层（五代）出土无饰纹黑釉H型"瓶"1件（祁T5H21：2，图6-2-24①）[221]，高30厘米、口径4.4厘米。

2. 样式一○2b：较粗的短柱颈，口颈肩转折明确，瓶身呈标准的卵状，重心略居上，饼形足。例如：

②英国伦敦的维多利亚和阿尔伯特博物馆藏白釉划花团花纹"瓶"1件（图6-2-24②）[222]，高10.75英寸（合27.3厘米）。

（二）样式一○3

丰体。高领状的小撇口，束颈，卵状瓶身，很浅的撇圈足，平底。见于湖北北宋墓。例如：

218　杨歉谷先生早在20世纪50年代就曾经指出，成都附近宋墓出土的红胎、褐黄色釉一类的随葬器是成都近郊的琉璃厂窑所烧。以后，这一观点得到四川省文物管理委员会驻琉璃厂工作小组考古调查的证实。见杨歉谷《四川陶瓷概论》，《华西文物》1951年9月创刊号；林坤雪等《四川华阳县琉璃厂调查记》，《文物参考资料》1956年9期。并参见陈德富《成都太平横街南宋墓出土陶器浅析》，《景德镇陶瓷》1984年增刊。此瓶为泥质红陶胎，从口部至下腹施绛黄色釉，下腹至足根部露胎，有长条状流釉。其胎釉完全符合成都宋代琉璃厂窑的特征，故此瓶应属成都琉璃厂窑制品，而且应该是专门用于丧葬的明器。

219　据发掘报告可知，西安孟村宋墓ⅢJ1M3曾被严重盗扰，出土器仅此一瓶，断代依据很少。从墓葬形制来看，该墓为竖穴墓道土洞墓，与同一墓区的另外两座宋墓（ⅢM18、IVM15）属年代相同的同一墓型（三型）。ⅢM18、IVM15出土的铜钱年代最晚的是"元祐通宝"，因此两墓的年代上限为北宋哲宗朝（1086～1100年），以此推知ⅢJ1M3的年代也是宋哲宗以后的北宋晚期。参见《西安南郊孟村宋金墓发掘简报》，《考古与文物》2010年5期。

220　因口部上沿呈直唇，与侧面的竹节状环各成棱状，在有些报告中又称其为"重唇"。

221　采自：河北省文物研究所、内丘县文物保管所、临城县文物保管所《邢窑遗址调查、试掘报告》图32—2，考古杂志社编《考古学集刊·14》230页，北京：文物出版社，2004年。1987～1991年间，河北省文物考古研究所等单位对河北内丘县、临城县的邢窑遗址做了多次调查，在此基础上对内丘城关窑址和临城祁村窑址做了5次试掘，这件黑釉梅瓶就出土于祁村窑址。参见王会民、张志中《邢窑调查试掘主要收获》图十二：1，《文物春秋》1997年增刊。

222　采自：William Bowyer Honey, *The Ceramic Art of China and Other Countries of the Far East*, Faber and Faber Limited, London, Pl.62, p.88.

图6-2-24　五代至北宋北方和南方梅瓶样式一〇2、3、1　（⊢—————⊣ 10 cm）

①邢窑　②中原窑场　③湖北窑场　④⑤岳州窑

223　采自：麻城市博物馆《湖北麻城胡家畈发
　　　现一座北宋砖室墓》图二：4，《考古》
　　　1995年5期476页。

224　图片由笔者摄于广东省博物馆，并依据其
　　　展标说明。尺寸等信息见冯素阁《五代岳
　　　州窑青釉刻莲瓣纹瓶》，《收藏家》2005
　　　年4期73页。据冯文称，此瓶是广东省博物
　　　馆通过竞拍的购藏品。

225　图片由笔者摄于上海博物馆，并依据其展
　　　标说明。

①湖北麻城市阎河镇胡家畈村北宋中期墓出土黑褐釉陶"罐"1件（图6-2-24③）[223]，高29.5厘米、口径7.1厘米、腹径17.2厘米、底径10.1厘米。

（三）样式一〇1

丰体。薄唇筒形小口（杯形小口）分深浅，柱颈，重心较高的卵状瓶身，足壁略具弧度的饼形足。见于五代南方的岳州窑青瓷器，其较深的筒形小口与北方流行的小盘口并不相同，有地域和时代的特色。根据各部差异，分为a、b两个亚型。

1. 样式一〇1a：口壁微内曲，下沿方折斜收至颈，柱颈高度与口相等，口颈肩方折，圆溜肩。例如：

①广东省博物馆藏五代岳州窑青釉划花莲瓣纹"小口瓶"1件（图6-2-24④）[224]，高约43厘米、口径7.5厘米、底径10.5厘米。

2. 样式一〇1b：与亚型a相比，口部演化成口颈一体的长口，筒形口下沿变成颈部的一圈凸棱，唇微侈，肩部和上腹更为宽鼓。例如：

②上海博物馆藏五代岳州窑青釉划花莲瓣纹"瓶"1件（图6-2-24⑤）[225]，高约35厘米。

（四）样式一〇4

丰体。足底形式包括饼形足和圈足，主要特征是直壁小盘口、极短的束颈（或无颈），瓶身较长，斜肩圆折，从直壁长筒状到较瘦的卵状，下腹均弧状收束至足。配覆杯式盖。考古材料显示，本样式只见于北宋早期后段到中期前段今陕西西安周边的宋墓，分为a、b、c、d共4个亚型。样式一〇4a：平底饼形足为主，也见微凹形式，直筒形瓶身，下腹或稍瘦或稍鼓，足沿斜削，带平顶斜直壁的覆杯式盖。样式一〇4b：微呈弧面凹底的饼形足，足沿尖，下腹较瘦而近似于卵状。样式一〇4c：圈足，平底或微凹，也带顶斜直壁的覆杯式盖。这三个亚型的梅瓶常常同出一墓。样式一〇4d：与亚型a基本相同，差异在于下腹较肥略外鼓，平底饼形足沿未做斜削呈尖缘。例如：

①陕西西安市长安区郭杜镇茅坡村北宋天禧三年（1019年）李保枢夫妇合葬墓（M1）出土4件无饰纹黑釉"瓷瓶"，[226]除一件颈部细长、肩带三系而不属于梅瓶范畴之外，其他3件均为尺寸相近的饼形足梅瓶。其一带盖（M1：10，图4-2-6①，图6-2-25①）[227]，高33.7厘米、口径11.2厘米、腹径16.8厘米、底径11.3厘米，属样式一〇4a。其二（M1：6，图6-2-25③[228]，附录一总表十：4b），高31.2厘米、口径6.3厘米、腹径18厘米、底径9.6厘米，属样式一〇4b。其三带盖（M1：11，图6-2-25④[229]，附录一总表十：4c①），高32.5厘米、口径6.3厘米、腹径19厘米、底径12厘米，属样式一〇4c。

②陕西西安市长安区郭杜镇茅坡村北宋天圣七年（1029年）李璹墓（M2）出土6件无饰纹深色釉"瓷瓶"，[230]分属四类样式群，[231]有3件属于第一〇类样式群，其中两件黑釉器属样式一〇4。其一（M2：6，图6-2-25②[232]，附录一总表十：4a①），高33.8厘米、口径6厘米、腹径18.5厘米、底径11.4厘米，属样式一〇4a。其二（M2：1，图6-2-25⑤[233]，附录一总表十：4c②），高32.8厘米、口径6厘米、腹径19厘米、底径11.5厘米、圈足高0.5厘米，肩凸起折棱台一周，颇具装饰意味，属样式一〇4c。

③陕西西安市西郊热电厂基建工地北宋景祐元年（1034年）淳于广夫妇合葬墓（M2）出土"瓷筒腹罐"3件，分别属于同一样式两个亚型。其中黑釉二件，之一（M2：1，附录一总表十：4a②）[234]，高35.4厘米、口径6厘米、腹径18.8厘米、底径12厘米，属样式一〇4a。青釉一件（M2：3，图6-2-25⑥）[235]，高34.4厘米、口径5.5厘米、腹径19厘米、底径13.2厘米，属样式一〇4d。

（五）样式一〇5

与样式一〇4近似，也是直筒状长身，平底饼形足，但口部不是小盘口，而是圆唇小口，亦微有小异。分为a、b两个亚型。样式一〇5a：短而直的圆唇小口，短颈。样式一〇5b：微侈的圆唇小口，短束颈。同样见于西安一带的关中和陇东地区北宋墓，延时约百年，从北宋中期前段到北宋末。[236]例如：

①陕西西安北宋天圣七年（1029年）李璹墓（M2）出土6件"瓷瓶"之一（M2：5，图6-2-25⑦[237]，附录一总表十：5a），高34.7厘米、口径6.4厘米、腹径19厘米、底径12厘米，绿釉。属样式一〇5a。

②甘肃镇原县庙渠公社文夏大队王新生产队北宋宣和五年（1123年）白氏墓出土无饰纹黑瓷"梅瓶"1件（附录一总表十：5b）[238]，尺寸不详。属样式一〇5b。

226　西安市文物保护考古所《西安长安区郭杜镇清理的三座宋代李唐王朝后裔家族墓》，《文物》2008年6期。

227　分别采自：《中国出土瓷器全集·15·陕西》图版116，北京：科学出版社，2008年；《西安长安区郭杜镇清理的三座宋代李唐王朝后裔家族墓》图一〇：3，《文物》2008年6期42页。

228　采自：《西安长安区郭杜镇清理的三座宋代李唐王朝后裔家族墓》图六，图一〇：2，《文物》2008年6期42页。

229　采自：同上，图八，图一〇：4。

230　《西安长安区郭杜镇清理的三座宋代李唐王朝后裔家族墓》，《文物》2008年6期。

231　李璹墓发掘报告对该墓6件梅瓶（原报告称"瓷瓶"）只分为A、B两型，显然过于粗略。经对比，6瓶分属四类样式群，共有5种样式。其中，属于第一〇类样式群的有3件，分属两个样式；另外3瓶在前文已陆续介绍，分属样式二3、三1b、四7a。

232　采自：《西安长安区郭杜镇清理的三座宋代李唐王朝后裔家族墓》图一七，图二六：5，《文物》2008年6期43页。

233　采自：同上，图一五，图二六：3。

234　采自：西安市文物管理处《西安西郊热电厂基建工地清理三座宋墓》图四：6，《考古与文物》1992年5期66页。

235　采自：同上，图四：13。

236　样式一〇5在关中地区将延续到金代，形体拉长，形成c亚型，见第七章第二节。

237　采自：《西安长安区郭杜镇清理的三座宋代李唐王朝后裔家族墓》图一六，图二六：4，《文物》2008年6期43页。

238　采自：许俊臣《甘肃镇原县出土北宋浮雕画砖》图三，《考古与文物》1983年6期41、42页。

239　采自：沐子《陕西凤翔出土的唐、宋、金、元瓷器》图二：3，《文博》1986年2期3、4页。按：简报称两瓶形制基本相同，2号瓶的腹径、足径又与1号瓶相仿，可知2号瓶原标高度13厘米有误，应该是31厘米。

240　采自：陕西省考古研究所、耀州窑博物馆《宋代耀州窑址》图版一二九、4，图二○九：7，北京：文物出版社，1998年，424页。发掘报告将该瓶分编为"黑瓷瓶A型Ⅰ式"。据报告图二九二"宋代耀州窑址典型器物（瓶）型式演变图"（598页）可知，其年代属北宋中期。

241　采自：《宋代耀州窑址》图版一二五：5，图二○九：8，424页。发掘报告将该瓶分编为"黑瓷瓶A型Ⅱ式"，据报告图二九二"宋代耀州窑址典型器物（瓶）型式演变图"（598页）可知，其年代属北宋晚期。

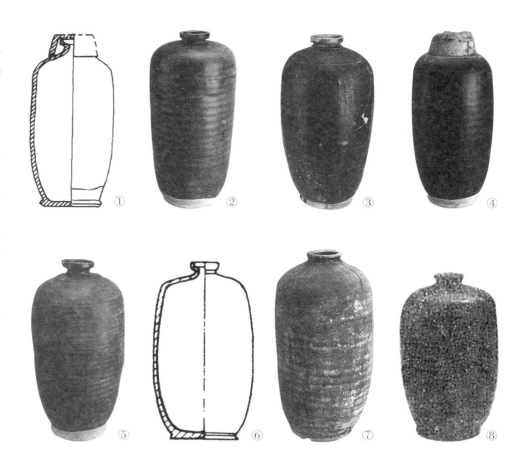

图6-2-25　北宋中期到晚期关中地区梅瓶样式一○4、5　（0━━━━10 cm）

③陕西凤翔姚家沟红旗化工厂北宋中期墓出土无饰纹黑釉"小口瓶"2件，其一（1号），高31.6厘米、腹径17.5厘米、圈足径13厘米；其二（2号，图6-2-25⑧）[239]，高31厘米、腹径17.3厘米、圈足径12.8厘米。两瓶器形相同，属样式一○5b，唯腹径稍粗。

（六）样式一○8

长身，小型器。圆唇小口，短颈，平肩方折，直筒形瓶身，下腹弧收至足，饼形足，足沿斜削。根据各部差异分为a、b两个亚型。样式一○8a：厚圆唇微侈，短束颈，平底饼形足。样式一○8b：薄唇短直口，饼形足底微凹。只见于耀州窑址出土的黑瓷器，年代有早晚。例如：

①陕西铜川市黄堡镇耀州窑址出土2件极小型的无饰纹黑釉"瓷瓶"：其一（86ⅣT1②：36，图6-2-26①[240]，附录一总表十：8a），高9.2厘米、口径2厘米、底径3.9厘米，属样式一○8a，出自黄堡耀州窑址北宋中期地层。其二（90ⅥT36④Z38：6，图6-2-26②[241]，附录一总表十：8b），高8厘米、口径1.5厘米、底径3厘米，属样式一○8b，出自黄堡耀州窑址北宋晚期地层。

图6-2-26　北宋中期到晚期耀州窑梅瓶样式一○8
（0━━━━10 cm）

图6-2-27　北宋中期到晚期耀州窑梅瓶样式一〇6、11　（0 —— 10 cm）

242　采自：张柏总主编《中国出土瓷器全集·15·陕西》图版125，北京：科学出版社，2008年。

243　采自：同上，图版126。两瓶均藏于陕西省考古研究所。

244　采自：陕西省考古研究院《陕西蓝田县五里头北宋吕氏家族墓地》图六：左，《考古》2010年8期。

245　采自：《中国陶瓷全集·7·宋（上）》图版九二，上海：上海人民美术出版社，2000年。

246　图片由笔者摄于首都博物馆。

247　见Yutaka Mino, *Freedom of Clay and Brush through Seven Centuries in Northern China: Tz'u-chou Type Wares, 960–1600A.D.*, Indiana University Press, Bloomington, 1981, Fig28。转采自：刘涛《宋辽金纪年瓷器》图3–25，北京：文物出版社，38页。关于此瓶的收藏地点，刘涛记为克利夫兰美术馆，秦大树则记为美国布法罗科学博物馆，见前揭秦大树博士论文《磁州窑研究》图三十七：15说明。待核。

（七）样式一〇6

丰体，小型器。外撇圈足，圆唇侈口，柱颈微束，瓶身呈橄榄状，窄斜折肩，鼓腹，下腹斜收。只见于耀州窑址出土的青瓷刻花器。例如：

①陕西铜川市黄堡镇耀州窑址出土青瓷刻花菊瓣纹"瓶"2件，其一（附录一总表十：6）[242]，高12.8厘米、口径3.4厘米、足径4.4厘米，其二（图6-2-27①）[243]，高12.2厘米、口径3.6厘米、足径4.1厘米。

（八）样式一〇11

高体。宽折沿小口的上下沿面呈反向倾斜，沿端尖而圆润，呈典型的扁梯形"环口"（类似样式四9、18a），短束颈，修长的筒状瓶身，上部稍粗，下部微收，腹壁较直，圆折肩，下腹下端弧收至足，略外撇的平底圈足。只见于耀州窑青瓷刻花器。例如：

①陕西蓝田县五里头村北宋吕氏家族墓地的吕大临墓（M2）出土耀州窑青瓷刻花缠枝大朵牡丹纹"瓶"2件（成对），一件已破碎，另一件完整（M2：33，附录一总表十：11）[244]。

②北京的中国国家博物馆（原中国历史博物馆）藏耀州窑青釉刻花缠枝大朵牡丹纹"瓶"1件（图6-2-27②）[245]，高25厘米、口径5厘米、足径6厘米。

③北京的首都博物馆藏耀州窑青釉刻花缠枝大朵牡丹纹"梅瓶"1件（图6-2-27③）[246]。

（九）样式一〇7

丰体。折沿卷唇口，口径较大，短粗的柱颈，口颈肩转折明确，斜折肩，呈筒形的腹部较粗，下腹弧状斜收，圈足。例如：

①美国某博物馆藏北宋中期黑釉划花填白彩卷草纹"梅瓶"1件（图6-2-28）[247]，尺寸不详。

图6-2-28　北宋早中期河南窑场梅瓶样式一〇7

248　采自：中国社会科学院考古研究所安阳工作队《河南安阳新安庄西地宋墓发掘简报》图八：1，《考古》1994年10期914页。

249　采自：同上，图八：2。

250　采自：《中国出土瓷器全集·3·河北》图版171，北京：科学出版社，2008年。此瓶现藏于邯郸市文物保护研究所。

251　采自：Michael Sullivan, *Chinese Ceramics, Bronzes and Jades in the Collection of Sir Alan and Lady Barlow*, Faber and Faber Limited, London, 1963, Pl.60b。按：该瓶属于Sir Alan或Lady Barlow的旧藏。

252　采自：〔日〕小山富士夫监修、长谷部乐尔编《陶器全集·13卷·宋の磁州窑》插图10，东京：平凡社，1966年。

253　采自：《世界陶磁全集·12·宋》图版164，东京：小学馆，1977年。

图6-2-29　北宋晚期磁州窑梅瓶样式一○10　（0 ——— 10 cm）

（十）样式一○10

高体，小型器。口沿外折，但口形差异具体而微，束颈，瓶身修长，分别呈楔形或茧形，较大幅度的外撇圈足，挖足较深。考古材料显示，本样式于北宋晚期流行于河北的磁州窑以及相邻的河南窑场，根据各部区别，分为a、b、c共3个亚型。

1. 样式一○10a：口沿斜折，沿面微凹呈极浅的小盘口，短柱颈或短束颈，窄肩较耸，瓶身似长楔形，高圈足外撇明显，或微凹或微凸的平底，足沿斜削。例如：

①河南安阳新安庄西地北宋大观三年（1109年）王现墓（M44）出土白釉"瓷瓶"2件，器形基本相同，大小有别，其一（M44：3，图6-2-29①）[248]，高28厘米、口径5厘米。其二（M44：2，附录一总表十：10a）[249]，高24厘米、口径4.5厘米。

②河北曲周县三塔村出土白釉"梅瓶"1件（图6-2-29②）[250]，高25.5厘米、口径5.1厘米、底径7.9厘米。

2. 样式一○10b：圆唇平沿小口，瓶身呈长卵状，不甚高的外撇圈足，足沿斜削。例如：

③英国私人藏白釉"小口长身罐"1件（图6-2-29③）[251]，高9.85英寸（合25厘米）。

3. 样式一○10c：小撇口，瓶身呈长茧状，较矮的外撇圈足。例如：

④美国的佛利尔美术馆（Freer Gallery of Art, Washington D.C.）藏白釉绿彩"梅瓶"1件（图6-2-29④）[252]。

（十一）样式一○9

矮体。窄尖唇梯形小环口，柱颈，口颈肩转折明确，瓶身呈短矮的卵状，圆肩，鼓腹，下腹弧收，直壁饼形足。见于南方的青白瓷器。例如：

①瑞典斯德哥尔摩远东古代文物馆（The Museum of Far Eastern Antiquities, Stockholm）藏青白瓷划线纹"瓶"1件（图6-2-30）[253]，高24.4厘米。

图6-2-30　北宋中晚期景德镇湖田窑梅瓶样式一○9　（0 ——— 10 cm）

（十二）五代至北宋第一〇类样式群梅瓶部分器物产地和年代判断

表6-2-9　五代至北宋第一〇类样式群梅瓶部分器物产地和年代分析表

梅瓶	以往的判断	笔者的判断	主要理由
样式一〇2例②	磁州窑类型，"宋或更早"[254]	中原窑场，北宋早期	同类的团花也见于北宋早期越窑青瓷器和定窑白瓷器上。[255]胎釉和做工具有中原特点
样式一〇3例①	湖北窑场；墓葬：北宋天禧年间（1017~1021年）或稍晚[256]	—	—
样式一〇6例①	北宋	北宋早期末段	根据耀州窑址发掘报告同类青瓷瓶标本地层年代[257]
样式一〇11例①	—	耀州窑，北宋晚期	墓主吕大临是北宋名臣，卒于公元1092年。此瓶胎釉、饰纹均属耀州窑特征。器形也具有关中地区常见的筒状黑釉瓶的特点
样式一〇7例①	河南中部窑场，11世纪[258]	—	—
样式一〇10例①	北宋大观三年（1109年）	观台磁州窑	在观台窑址中发现了与此器形、胎釉相同的绿彩器、纯白釉器标本[259]

254　见William Bowyer Honey, The Ceramic Art of China and Other Countries of the Far East, Faber and Faber Limited, London, Pl.62, p.88之说明。

255　参见《中国陶瓷·越窑》图版199（盖面），上海：上海人民美术出版社，1983年；《中国陶瓷·定窑》图版47，上海：上海人民美术出版社，1983年。

256　《湖北麻城胡家畈发现一座北宋砖室墓》，《考古》1995年5期477页。

257　本例两瓶据信出土于陕西铜川黄堡耀州窑址，但是在发掘报告中没有收录与之完全相同的完整器，只见同型青瓷瓶残器标本（86Ⅰ T14③：1），仅存口颈肩和上腹，残高3.2厘米、口径3.9厘米，属"青瓷瓶C型"，见前揭《宋代耀州窑址》图一四六：6，285、598页。后者的出土地层年代，见《宋代耀州窑址》图二九二"宋代耀州窑址典型器物（瓶）型式演变图"。参见石琳娜《耀州窑宋代梅瓶赏析》图4，《收藏界》2008年10期53页。

258　秦大树先生较早提出了河南中部窑口和断代观点，见前揭秦大树博士论文《磁州窑研究》（1997年）101~102页，参见秦大树《中国古代瓷器镶嵌工艺与高丽镶嵌青瓷》，《宿白先生八秩华诞纪念文集》上，325页，北京：文物出版社，2002年。另外，任志录先生则提供了从登封曲河窑址和密县白沙窑址采集到的几乎完全相同的标本，并将标本断代为北宋早期，最晚到北宋中期，可参见任志录《中国早期镶嵌瓷的考察》图二八，图三四，《文物》2007年11期81、82、88页。

259　前揭《观台磁州窑址》图五〇：1、7、11，118~120页。三件标本分别出土于观台二期前段和后段地层。

续表

梅瓶	以往的判断	笔者的判断	主要理由
样式一○10例②	河北磁州窑，北宋或金代[260]	磁州窑，北宋晚期	在观台窑址中发现了与此器形、胎釉相同的绿彩器、纯白釉器标本
样式一○10例③	宋[261]	观台磁州窑，北宋晚期	同上
样式一○10例④	磁州窑，宋[262]	同上	同上
样式一○9例①	北宋	景德镇湖田窑，北宋中期偏晚阶段以后（11世纪后期）	与景德镇湖田窑遗址相关地层青白瓷梅瓶标本近似[263]

260　上揭《中国出土瓷器全集·3·河北》图版171说明。

261　上揭Michael Sullivan, Chinese Ceramics, Bronzes and Jades in the Collection of Sir Alan and Lady Barlow, Pl.60b说明，并称此瓶可能是1918年河北钜鹿古城遗址出土。

262　前揭〔日〕小山富士夫监修、长谷部乐尔编《陶器全集·13卷·宋の磁州窑》插图10说明。

263　前揭《景德镇湖田窑址——1988—1999年考古发掘报告》图一四五：3、5，172页。两标本编号：99H补·T3②：81，96B·T2②B：33。

辽代梅瓶器形样式分类研究

经梳理、归纳，辽代梅瓶的器形样式可以分别归入八类样式群，即第一至第五类以及第七、第九和第一〇类。其中，北宋出现的第六、第八两类样式群在辽代没有出现，而辽代的第九类样式群则是辽境特有的。经对比，即使是与中原梅瓶共享的样式群，辽代的梅瓶样式也大多具有自身的特点。

一、第一类样式群

与中原地区到北宋中晚期才重新出现第一类样式群梅瓶的情况相似，辽代晚期也才出现"折沿凸环小口"的梅瓶，具体的时间很可能要晚到辽代末期到金代初期。所见样式也只有1种。

（一）样式一6

高体。较宽厚的折沿凸环小口，但唇部形状有别，细瘦的短颈分为柱状颈和束颈，瓶身均呈倒滴水状、圆肩、鼓腹、胫部瘦长，胫足间微内曲，足部分直壁和微外撇，平底隐圈足。所见均为辽代末期赤峰缸瓦窑的白釉刻划花填黑釉器。根据各部器形差异，可以分为a、b、c共3个亚型。

1. 样式一6a：圆唇，短柱颈，足壁微微外撇。这是三个亚型中的口颈部最接近唐代梅瓶样式同类形式的，而足壁微微外撇则是北宋晚期特别是金代梅瓶的常见特征。例如：

①辽宁朝阳大庙乡邓杖子村辽墓出土白釉刻划花填黑釉缠枝牡丹纹"梅瓶"1件（图6-3-1①）[264]，高38.5厘米、口径6.5厘米。

②香港徐氏艺术馆藏白釉刻划花填黑釉缠枝牡丹纹"梅瓶"1件（图6-3-1②）[265]，高44.7厘米。

③海外藏白釉刻划花填黑釉缠枝牡丹纹"梅瓶"1件（图6-3-1③）[266]，高41.3厘米、口径6.6厘米、腹径16.8厘米、底径9.4厘米。

264　朝阳市博物馆、喀左县博物馆《介绍辽宁朝阳出土的几件文物》，《北方文物》1986年2期32页，封三：5。采自：《中国出土瓷器全集·2·天津、辽宁、吉林、黑龙江》图版109，北京：科学出版社，2008年。此瓶现藏于朝阳市博物馆。

265　采自：《徐氏艺术馆揭幕展览志庆图录》图版26，香港：徐氏艺术馆，1991年。

266　采自：〔日〕小山富士夫监修，黑田原次、杉村勇造编《陶器全集·14卷·辽の陶磁》图版50，东京：平凡社，1966年。

① ② ③ ④ ⑤

图6-3-1　辽代晚期赤峰缸瓦窑梅瓶样式一6　（0 ━━━━━ 10 cm）

267　采自：《中国博物馆丛书·第3卷·辽宁省
　　博物馆》图版187，北京：文物出版社，东
　　京：讲谈社，1983年。

268　采自：首都博物馆编《首都博物馆藏瓷
　　选》图版41，北京：文物出版社，1991
　　年。并参见《中国陶瓷全集·9·辽 西
　　夏 全》图版五四，上海：上海人民美术出
　　版社，2000年。

269　代表性的观点是早年由李文信、朱子方两
　　位先生针对辽宁省博物馆的藏品（样式一
　　6例④）所做的论述，见李文信、朱子方
　　《辽瓷选集编后记》，辽宁省博物馆编
　　《辽瓷选集》，北京：文物出版社，1962
　　年，109页。还可以参见冯永谦《新发现的
　　几件辽代陶瓷》，《文物》1981年8期66、
　　67页。

270　如秦大树先生在讨论辽瓷"白地黑花"器
　　的分支品种"白釉划花或剔花填黑彩"的
　　时候，即借首都博物馆的藏品（样式一6例
　　⑤）为例，认为其烧造时间"可以上推至
　　辽代后期"。见前揭秦大树博士论文《磁
　　州窑研究》（1997年），124页。刘涛先
　　生近期提出："（赤峰）缸瓦窑始烧于辽
　　代晚期，金代中后期进入繁盛阶段"，见
　　刘涛《"磁州窑类型"几种瓷器的年代与
　　产地》，《故宫博物院院刊》2003年2期
　　67～68页，并注释11。可参考。

2. 样式一6b：圆卷唇，柱状颈略向上侈，足壁直立。例如：

④辽宁省博物馆藏白釉刻划花填黑釉缠枝牡丹纹"瓶"1件（图6-3-1④）[267]，高36.7厘米、腹径16.2厘米。

3. 样式一6c：斜方唇，使口部类似矮梯形小环口，束颈，足壁直立。例如：

⑤北京首都博物馆藏白釉刻划花填黑釉缠枝牡丹纹梅瓶1件（图6-3-1⑤）[268]，高42.5厘米、口径7.3厘米、腹径19厘米、底径10厘米。

（二）辽代第一类样式群梅瓶产地和年代判断

表6-3-1　辽代第一类样式群梅瓶产地和年代分析表

梅瓶	以往的判断	笔者的判断	主要理由
样式一6①～⑤	赤峰缸瓦窑[269]，辽或辽晚期[270]	赤峰缸瓦窑，辽晚期	—

二、第二类样式群

辽代的"小撇口"或"小侈口"梅瓶所含样式不多，仅见3种，包括小型器在内都属于高体，没有丰体和矮体。

（一）样式二14

瘦高体。小撇口，短束颈，瓶身腹壁较直，成为直筒状瓶身，平底。这种样

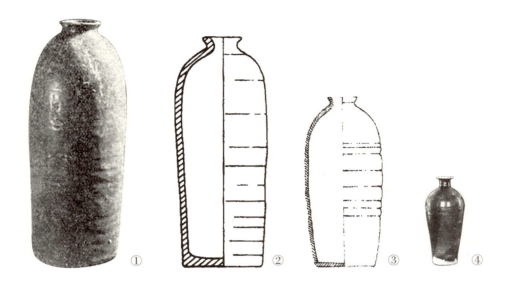

图6-3-2　辽（早中晚期）梅瓶样式二14、15 　　（ 0   10 cm ）

式以"直筒状瓶身"为标志，只见于辽境，是辽代特有的一种"鸡腿瓶"样式。根据各部形式差异，可以分为a、b、c共3个亚型。

1. 样式二14a：薄圆唇，垂肩，底径大于肩径。见于辽早中期。例如：

①辽宁北票水泉一号辽中期墓出土茶末绿釉"鸡腿坛"1件（图6-3-2①①[271]，附录一总表二：14a），高45厘米、口径4.5厘米、腹径17厘米、底径16厘米。

2. 样式二14b：尖唇，圆溜肩，瓶身上下直径基本相同。例如：

②辽宁法库县叶茂台镇辽中期墓M22出土茶末绿釉"鸡腿坛"2件之一（图6-3-2②）[272]，高44.5厘米、口径7.4厘米、腹径18厘米、底径15.5厘米、壁厚0.9～1.5厘米。

3. 样式二14c：瓶身上半部与上同，但足壁向内微斜收。例如：

③河北丰宁县窄岭乡五道沟门村辽晚期墓出土蟹青釉"鸡腿瓶"1件（图6-3-2③）[273]，高33厘米、底径14厘米、口径6.5厘米。

（二）样式二15

长身小型器。薄卷唇小撇口，圆柱状颈，溜肩，上腹略鼓，下腹斜直微内收，使修长的瓶身也具有较明显的筒状特征，斜壁平底隐圈足。只见一例小型绿釉陶器。例如：

①内蒙古林西县大营子乡和平村小哈达自然村辽中期墓出土深绿釉陶"鸡腿瓶"1件（LXM：5，图6-3-2④）[274]，高16.5厘米、口径4.2厘米、圈足径7.5厘米。

271　采自：辽宁省博物馆文物队《辽宁北票水泉一号辽墓发掘简报》图一二：右，图二三：2，《文物》1977年12期45页。该墓出土4件"鸡腿瓶"分属不同的样式，此其一。

272　采自：许志国、魏春光《法库叶茂台第22号辽墓清理简报》图三：4，《北方文物》2000年1期49页。该墓出土的另一件"鸡腿瓶"属样式四1e。

273　采自：张汉英《河北丰宁五道沟门辽墓》图一：1，《文物春秋》1996年2期18页。

274　采自：王刚《内蒙古林西县小哈达辽墓》图四：左，《考古》2005年7期93页。

图6-3-3　辽晚期梅瓶样式二10　（0———————10cm）

275　采自：刘子龙、王烨《平泉县博物馆藏辽
　　瓷》，《文物春秋》1998年1期74、78页，
　　封三：5。此瓶现藏于河北平泉县博物馆。

276　采自：朝阳市博物馆《辽宁朝阳重型机器
　　厂辽金墓》图版二：4，图三：1，《北方
　　文物》2003年4期44页。

277　《辽宁北票水泉一号辽墓发掘简报》，
　　《文物》1977年12期47页。

278　〔日〕长谷川道隆著、杨晶译《辽、金、
　　元代的长壶》，《北方文物》1997年2期
　　103页。

279　彭善国《辽代陶瓷的考古学研究》，长
　　春：吉林大学出版社，2003年，表3-9。

（三）样式二10

辽代本样式梅瓶与北宋晚期定窑白瓷梅瓶的样式二10a几乎完全相同，但瓶体各处都有微妙差异，故分别为d、e两个亚型。

1. 样式二10d：与北宋晚期定窑梅瓶样式二10a不同之处在于，外撇小口非圆卷唇，胫足部斜直。见于辽代晚期绿釉器。例如：

①河北平泉县南五十家子会洲城址出土辽代绿釉莲花纹"鸡腿瓶"1件（图6-3-3①）[275]，高50.6厘米、口径5.5厘米、底径10厘米。

2. 样式二10e：与北宋晚期定窑梅瓶样式二10a不同之处在于，束颈偏短，瓶体偏瘦，腹胫部长斜收，足端微撇，浅隐圈足内平底微凸。见于辽代晚期绿釉器。例如：

②辽宁朝阳市重型机器厂辽墓（94M1）出土粗胎白瓷"梅瓶"1件（94M1：4，图6-3-3②[276]，附录一总表二：10e），高45.2厘米、口径5.2厘米、底径9.6厘米，足端微撇。

（四）辽代第二类样式群梅瓶部分器物产地和年代判断

表6-3-2　辽代第二类样式群梅瓶部分器物产地和年代分析表

梅瓶	以往的判断	笔者的判断	主要理由
样式二14a例①	墓：辽早期，[277]或11世纪初，[278]或辽中期偏早[279]	—	综合各家观点来看，墓葬年代属辽中期（11世纪初）。此瓶的筒状器形则具有更早的特点，应属辽早期到中期之间

续表

梅瓶	以往的判断	笔者的判断	主要理由
样式二15例①	辽	（似内蒙古林东南山窑址）辽中期	绿釉陶[280]
样式二10d例①	辽	辽境窑场，辽晚期	器形、饰纹和绿釉都表明是仿定器。器形样式可参见河北宣化辽天庆六年（1116年）张世卿墓M1后室南壁西侧壁画（图4-2-10）[281]
样式二10e例②	辽中期以后[282]	辽境窑场，辽晚期	胎釉较粗，应属辽境窑场的仿定白瓷。年代参见墓葬及其他随葬品的特点[283]

三、第三类样式群

第三类样式群的辽代梅瓶至少包含4种样式，既有与北宋相同或近似的样式，也有辽境特有的样式。

（一）样式三10

弧壁小盘口，唇沿内敛，柱状短颈，窄溜肩，瓶身不甚长，中腹偏上微鼓，下腹微斜收至底，近似筒状，弧面圆凹底。只见于辽代早期，例如：

①辽宁彰武朝阳沟辽墓M3出土陶质篦点纹"鸡腿瓶"1件（图6-3-4）[284]。

（二）样式三1

与北宋同一样式大同小异，但橄榄状的瓶身更接近椭圆形，根据各部形式差异可以分为a、c、d共3个亚型。现依据辽代考古材料的年代顺序分述如下。

1. 样式三1c：外观呈直口，口内壁弧面下收，属直壁小盘口的变体，尖圆唇，无颈，较短肥的椭圆形瓶身，斜壁平底浅隐圈足，修足方整。例如：

①内蒙古乌兰察布市凉城县永兴镇水泉村辽早期突厥族男性墓（M27）出土粗胎茶色釉"瓷瓶"2件之一（M27：36，图6-3-5①）[285]，高33.5厘米、口径6.9厘米、最大腹径22.3厘米、足径12厘米。

2. 样式三1d：外侈斜弧壁小盘口，方平唇，柱状短颈，椭圆形瓶身比上例稍瘦，平底。例如：

280 此瓶胎釉特征似与临近的内蒙古林东南山窑址的单色釉陶器有关。据李文信先生早年的勘查，林东南山窑专烧淡红色胎的釉陶器，包括绿、黄、白三彩釉和单色釉，另有一种白色低温釉陶器，当时并没有发现梅瓶或鸡腿瓶。见李文信《林东辽上京临潢府故城内瓷窑址》附录"林东辽上京南山三彩釉陶窑址"，《考古学报》1958年2期107页。至于年代，出土此瓶的林西小哈达辽墓同时出土的鸡冠壶及其他陶瓷器都具有辽中期特点，由此判断该墓和这件绿釉梅瓶也属于辽中期。

281 《河北古代墓葬壁画》图版90，北京：文物出版社，2000年。

282 《辽宁朝阳重型机器厂辽金墓》，《北方文物》2003年4期46页。

283 从墓制来看，朝阳重型机器厂辽墓为方形石函火葬墓，兼具辽金特点；墓中出土的5件白瓷盘底心饰一花一叶折枝莲花纹，也具有金代定窑特点。说明这座辽墓应属辽晚期。参见李红军《辽代白瓷与北宋定窑白瓷的鉴别研究》，《文物春秋》1997年增刊。

284 李宇峰等《彰武朝阳沟辽代墓地》，载于《辽宁考古文集》，沈阳：辽宁民族出版社，2003年。转采自：乔梁《契丹陶器的编年》图七：Ⅱ之3，《北方文物》2007年1期。该墓出土的另一件"鸡腿瓶"属样式四1f。

285 采自：内蒙古文物考古研究所《内蒙古凉城县水泉辽代墓葬》图六：5，《考古》2011年8期17页。

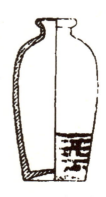

图6-3-4 辽代梅瓶样式三10

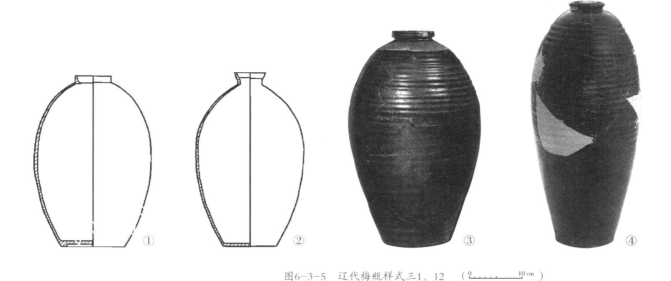

图6-3-5 辽代梅瓶样式三1、12 （0 10 cm）

286 采自：内蒙古文物考古研究所《内蒙古凉城县水泉辽代墓葬》图六：1，《考古》2011年8期17页。

287 李文信《义县清河门辽墓发掘报告》插图23：5，《考古学报》1954年2期191～192页；采自：辽宁省博物馆编《辽瓷选集》图版50，北京：文物出版社，1962年。该墓另有一件瘦高体"鸡腿瓶"属样式四2d。

288 采自：辽宁省文物考古研究所、阜新市考古队《辽宁阜新县辽代平原公主墓与梯子庙4号墓》图版拾壹：4，图一二：6，《考古》2011年8期52页。

②内蒙古乌兰察布市凉城县永兴镇水泉村辽早期突厥族男性墓（M27）出土粗胎茶色釉"瓷瓶"2件之二（M27：35，图6-3-5②）[286]，高34厘米、口径5.7厘米、最大腹径20.5厘米、底径12厘米。

3. 样式三1a：与北宋同一样式完全相同。例如：

③辽宁义县清河门辽萧慎微祖墓群4号墓出土赤黄色细胎黑釉瓦棱纹"瓶"2件（附录一总表三：1a①，图6-3-5③）[287]，器形相同，高40.4厘米、口径7.4厘米、腹径24.6厘米、底径12.8厘米。

（三）样式三12

高体。弧壁小盘口，外形近似梯形，薄唇沿内敛，束颈极短，从橄榄状变成鸡腿状的修长瓶身，窄溜肩，上腹斜鼓，最大腹径在中腹略偏上部，下腹向内斜收，胫部略内曲，斜壁平底隐圈足。例如：

①辽宁阜新县辽重熙二十年（1051年）平原公主墓（解家烧锅M3）出土酱釉瓷"瓶"1件（XM3：76，图6-3-5④，附录一总表三：12）[288]，高46.2厘米、口径6.9厘米、最大腹径24厘米、底径11.6厘米。

（四）样式三11

矮体。外侈弧壁的碟状浅盘口，圆柱状直颈，瓶身呈矮楔形，夸张的圆宽肩，肩腹转折处为最大腹径，下腹略呈弧状斜收，平底隐圈足。根据足壁形状可以分为a、b两个亚型。

1. 样式三11a：外侈弧壁浅盘口，圆柱状颈，瓶身短矮，圆宽肩，鼓腹，下腹急剧斜收至底。例如：

①辽宁建平县马场五十家子辽墓出土白釉黑彩折枝纹"盘口瓶"1件（图6-3-6①）[289]，高30.3厘米、口径8.6厘米、腹径22.5厘米、底径10.1厘米。

2.样式三11b：下腹斜收至足部时内曲后形成很矮的外撇足壁。例如：

②辽宁彰武满堂红乡差大马村辽墓出土白瓷"浅盘口瓶"1件（图6-3-6②）[290]，高23.2厘米、口径5.6厘米、颈高2厘米、腹径17.4厘米、底径8.6厘米。

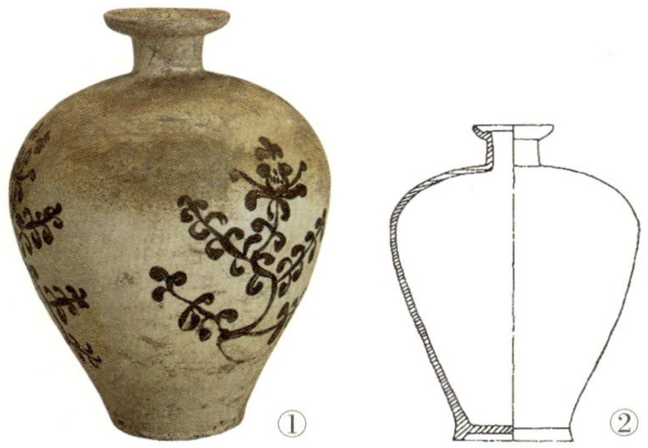

图6-3-6　辽代梅瓶样式三11　（0　　　10 cm）

（五）辽代第三类样式群梅瓶部分器物产地和年代判断

表6-3-3　辽代第三类样式群梅瓶部分器物产地和年代分析表

梅瓶	以往的判断	笔者的判断	主要理由
样式三10例①	早期契丹到辽代早期[291]	—	—
样式三1例③	墓：11世纪[292]	墓：辽晚期前段（11世纪中晚期）[293]	可能是河南地区北宋窑场的制品[294]
样式三1的例①、例②	辽早期	—	与例③相比，表现出不同的器形细节，胎釉特征也有差异，因此可能是辽境窑场的制品

289　采自：《中国陶瓷全集·9·辽 西夏 金》图版五○，上海：上海人民美术出版社，2000年，257页（刘莉撰图版说明）。此瓶现藏于辽宁省博物馆。

290　采自：王来柱《彰武差大马辽墓发掘简报》图三：3，《辽海文物学刊》1996年1期68页。

291　参见乔梁《契丹陶器的编年》，《北方文物》2007年1期。

292　李文信《义县清河门辽墓发掘报告》"结语"，《考古学报》1954年2期201～202页。

293　根据发掘者李文信先生的研究可知，墓主是辽代"世选宰相"的特殊贵族萧氏家族中的一位妇女，其身份地位和家族关系从该墓群4座墓的祖孙关系的梳理中可以了解：2号墓主是"萧相公"之父，3号墓主是"萧相公"之叔伯，1号墓主是"萧相公"，4号墓主可能是"萧相公"次子萧慎微之妻，在此基础上，李文信推定4号墓年代约为11世纪。见李文信《义县清河门辽墓发掘报告》"结语"，《考古学报》1954年2期201～202页。日本学者长谷川道隆因此认为该墓属于辽代中期，见〔日〕长谷川道隆著、杨晶译《辽、金、元代的长壶》，《北方文物》1997年2期103页。笔者以为，由于2号墓墓志铭纪年为辽代宁三年（1057年），4号墓主又是前者的孙辈媳妇，按常理后者的卒、葬年代最早也大致在11世纪中期前后，而且很有可能会晚至11世纪后期，故可将4号墓年代确定在11世纪中晚期之间，应属辽代晚期前段。

294　李文信先生指出这类器物在辽境遗址中发现较多，但未做窑口判断，见李文信《义县清河门辽墓发掘报告》，《考古学报》1954年2期192页。长谷川道隆将这两件瓷瓶归入"北宋名瓷"，指其产于宋地的"著名窑场"，也没有言明是哪个窑场，见〔日〕长谷川道隆著、杨晶译《辽、金、元代的长壶》，《北方文物》1997年2期103页。从器形来看，本例与洛阳五代后周墓、北宋咸平三年（1000年）宋太宗李后陵出土的同式遗物（样式三1a例②，图4-3-8①，附录一总表三：1a②）几乎完全相同，因此其窑口可能在河南地区。

续表

梅瓶	以往的判断	笔者的判断	主要理由
样式三11例②	赤峰缸瓦窑，辽晚期，[295]或辽中期偏早[296]	辽中期	参照北宋梅瓶样式五2
样式三11例①	辽早期[297]	辽中晚期	器形，及同墓花口碟的折腰特征均较晚[298]

295 李文信、朱子方《〈辽瓷选集〉编后记》，《辽瓷选集》，北京：文物出版社，1962年，109页，图版54。

296 秦大树博士论文《磁州窑研究》，79、124页。

297 王柔柱《彰武羑大马辽墓发掘简报》，《辽海文物学刊》1996年1期68页。

298 发掘者判断墓葬年代为辽早期，但是从随葬器物来看，同墓的花口白瓷碟（王柔柱《彰武羑大马辽墓发掘简报》图三：4，《辽海文物学刊》1996年1期68页）的折腰形式具有较晚的特点，与本例盘口梅瓶的胎釉都表现出辽代仿定白瓷的特征，而且本例梅瓶夸张外鼓的肩腹部、剧烈收束的斜直下腹、明显外撇的足部等，都是较晚（如北宋从中期开始）才出现的梅瓶器形特征，似都不足以早到辽早期。故笔者认为可以从辽中晚期来确定其年代。

299 采自：苗润华《内蒙古巴林右旗查干勿苏辽墓》图四：3，《辽海文物学刊》1995年2期21页。

300 采自：《辽宁北票水泉一号辽墓发掘简报》图一一，图一九：5，《文物》1977年12期45页。该墓出土4件"鸡腿瓶"分属不同的样式，此其三。

图6-3-7　辽早期梅瓶样式四3

（0———————10 cm）

四、第四类样式群

上文一再提到，由所见材料显示，以"梯形小环口"为标志的"鸡腿瓶"式的高体梅瓶，最早于辽代早期出现在北方的辽境，那么这个时间可以确定在何处，以后在辽代境内怎样演变，同时的和后续的影响如何，以及辽代"鸡腿瓶"是梅瓶主干的一部分还是边缘性的一个旁支，这些问题的解答都需要从器形样式的层面仔细地梳理有关器物。经梳理和考证之后可以确定，整个辽代的第四类梅瓶陆续形成了6种样式，除了瘦高体，在辽代晚期也有少量具有北宋特征的丰体。

（一）样式四3

高体，中型器。窄折沿式矮梯形小口，口沿内略呈浅盘状，配以柱状颈，与样式三10颇为近似，较丰满的圆溜肩，高度较适中的直筒状瓶身，略向内收。这是辽代早期流行的样式，遗物均属陶器。根据各部差异，分为a、b两个亚型。

1. 样式四3a：口颈略外侈，凹底。例如：

①内蒙古巴林右旗查干勿苏四组村辽早期墓出土灰陶篦点纹"鸡腿瓶"1件（H601：3，图6-3-7①）[299]，高32.3厘米、口径5.7厘米、底径11.35厘米。

2. 样式四3b：梯形唇沿更窄薄，平底。例如：

②辽宁北票水泉一号辽中期墓出土夹砂灰陶"鸡腿坛"1件（图6-3-7②，附录一总表四：3b）[300]，高31.5厘米、口径4厘米、腹径16.3厘米、底径10.5厘米。

（二）样式四1

高体或瘦高体。矮梯形小环口，束颈，从辽早期到晚期口颈部有较明显的缩小、增高的变化，瓶身修长，溜肩，上腹略鼓，下腹微向内斜收至足，平底为主。从辽早期后段一直持续到辽晚期。根据各部差异分为a～f共

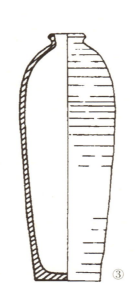

图6-3-8　辽（早中晚期）梅瓶样式四1　（0 ⊢⊢⊢⊢⊢⊢⊢⊢⊢ 10 cm）

6个亚型。

1. 样式四1a：唇沿尖薄，口内壁向上斜收，束颈极短（近似无颈），平底浅凹。流行于辽中期前段。例如：

①北京八宝山辽统和十五年（997年）韩佚夫妇合葬墓M3出土缸胎茶色釉"褐瓷浑瓶"2件之一（M3：37，图4-3-5①，附录一总表四：1a）[301]，高48厘米、口径8.5厘米。

2. 样式四1b：口形外观与前者相同，口内曲折近似弧壁小盘口，方折式极短束颈，斜肩，肩腹圆折明显，平底。流行于辽早期。例如：

②辽宁法库叶茂台公社辽早期契丹贵族妇女墓M7出土缸胎茶末绿釉"鸡腿坛"2件（成对，图6-3-8①）[302]，高51.5厘米、口径5.4厘米、腹径20.5厘米、底径12.4厘米。

3. 样式四1c：斜唇较圆，口内直壁，柔和的束颈，平底。见于辽中期。例如：

③内蒙古哲里木盟奈曼旗青龙山镇辽开泰七年（1018年）陈国公主驸马合葬墓（M3）出土茶叶末釉"牛腿瓶"3件（附录一总表四：1c①，图6-3-8②）[303]，均高54.8厘米、口径6.4厘米、底径13.3厘米。

④内蒙古商都县十八顷乡前海子村辽中期墓出土缸胎茶色釉"牛腿瓶"2件之一（图4-3-4②）[304]，高50.5厘米、口径6.5厘米、底径11厘米。

4. 样式四1d：上一样式的变体，方平唇短直口外壁加一圈圆形凸棱，肩较耸，肩腹圆折明显，使瓶身更显瘦长，平底。见于辽中期。例如：

⑤内蒙古商都县十八顷乡前海子村辽中期墓出土缸胎茶色釉"牛腿瓶"2件之二（图4-3-4③）[305]，高51.5厘米、口径8.5厘米、底径11厘米。

301　分别采自：采北京市文物工作队《辽韩佚墓发掘报告》图版贰肆：4，《考古学报》1984年3期367页；〔日〕长谷川道隆著、杨晶译《辽、金、元代的长壶》图一：1，《北方文物》1997年2期。该墓另一件"鸡腿瓶"属样式四2a。

302　采自：冯永谦《叶茂台辽墓出土的陶瓷器》图四：3，《文物》1975年12期44页。参见辽宁省博物馆辽宁铁岭地区文物组发掘小组《法库叶茂台辽墓记略》图一〇，《文物》1975年12期。该墓还出土了另外两件饼形足式酱釉梅瓶，属样式一〇2c。

303　分别采自：内蒙古文物考古研究所《辽陈国公主驸马合葬墓发掘简报》图三二：2，《文物》1987年11期16页；《中国出土瓷器全集·4·内蒙古》图版43，北京：科学出版社，2008年。此瓶现藏于内蒙古自治区文物考古研究所。

304　采自：富占军《内蒙古商都县前海子村辽墓》图二：3，《北方文物》1990年2期50页。

305　采自：同上，图二：4。

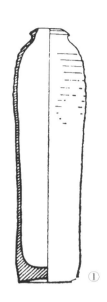  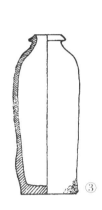 

①　　　　②　　　　③　　　　④

图6-3-9　辽（早中晚期）梅瓶样式四2　（0 —— 10 cm）

306　采自：许志国、魏春光《法库叶茂台第22
　　　号辽墓清理简报》图三：5，《北方文物》
　　　2000年1期49页。该墓出土的另一件"鸡腿
　　　瓶"属样式二14b。

307　采自：廊坊市文物管理处《廊坊市馨钻界
　　　小区辽代墓群发掘报告》图一四：1，《文
　　　物春秋》2009年2期37页。

308　李宇峰等《彰武朝阳沟辽代墓地》，载于
　　　《辽宁考古文集》，沈阳：辽宁民族出版
　　　社，2003年。转采自：乔梁《契丹陶器的
　　　编年》图七：Ⅱ之1，《北方文物》2007年
　　　1期。该墓出土的另一件"鸡腿瓶"属样式
　　　三10。

309　采自：《辽韩佚墓发掘报告》图七：11，
　　　《考古学报》1984年3期367页。

5. 样式四1e：与样式四1c基本相同，口内壁外侈，束颈较明显，平底。流行
于辽中晚期。例如：

⑥辽宁法库县叶茂台镇辽中期墓M22出土缸胎茶末绿釉"鸡腿坛"2件之一
（图6-3-8③）[306]，高48.2厘米、口径7.4厘米、腹径18.5厘米、底径12.3厘米。

⑦河北廊坊市馨钻界小区辽中晚期墓M2出土泥质灰陶"梅瓶"1件（M2：
16，图4-3-1①）[307]，高43厘米、口径5.5厘米、底径8.6厘米。

6. 样式四1f：梯形口较高厚，束颈明显增高，瓶体很瘦。流行于辽中晚期。
例如：

⑧辽宁彰武朝阳沟辽墓M3出土"鸡腿瓶"2件之二（图6-3-8④）[308]。

（三）样式四2

瘦高体。矮梯形小环口、平底（早期为浅凹底），与样式四1相同，本样式
的梯形小环口和颈部在辽早期和晚期也具有逐渐缩小、增高的特征，主要差异在
于：本样式的瓶身呈瘦长直筒状，陡斜肩（接近无肩），下腹仅略微斜收。根据
各部差异分为a～d共4个亚型。

1. 样式四2a：矮梯形小环口的唇沿尖薄，口内壁向上斜收，束颈极短（无
颈），极为瘦长的直筒状瓶身不甚平直（也可能是做工不精所致），平底浅凹。
见于辽中期前段。例如：

①北京八宝山辽统和十五年（997年）韩佚夫妇合葬墓M3出土缸胎茶色釉
"褐瓷浑瓶"2件之二（M3：22，图6-3-9①）[309]，高50厘米、口径7.6厘米。

2. 样式四2b：与前者的差别在于口内直壁，瘦长的直筒状瓶身很平整。见于

图6-3-10　辽晚期梅瓶样式四4、5　（0 ⊢⊢⊢⊢⊢ 10 cm）

辽早期至中期阶段。例如：

②辽宁北票水泉一号辽中期墓出土缸胎茶末绿釉"鸡腿坛"1件（图6-3-9②，附录一总表四：2b）[310]，高51厘米、口径5厘米、腹径15厘米、底径12厘米。瓶的烧造年代更早些。

3. 样式四2c：瓶身较矮，但仍属高体，平底。见于辽中期。例如：

③辽宁康平县后刘东屯辽代贵族夫妇合葬墓M2出土粗缸胎茶绿色釉陶"鸡腿坛"2件（图6-3-9③）[311]，高31.2厘米、口径8厘米、肩径13厘米、底径12厘米。

4. 样式四2d：梯形口斜面较宽平，口内壁直立，口内径均小于上述各式，束颈较高而近似柱颈，斜肩，腹部出现稍明显的内收，颈部微微内曲，足跟微撇，平底。流行于辽晚期。例如：

④辽宁义县清河门辽萧慎微祖墓群4号墓出土缸胎茶末绿釉"鸡腿坛"1件（图6-3-9④，附录一总表四：2d）[312]，高53.8厘米、口径6.6厘米、腹径16.4厘米、底径13.5厘米。

（四）样式四4

高体，中型器。梯形小环口从较矮到较高，短束颈，窄斜肩，折向上腹，中上腹略鼓，下腹斜收至底，凹底或平底浅隐圈足。本样式从辽代晚期流行到金代早中期，根据各部形式差异，统一分为a～d共4个亚型，辽代器含a、b两个亚型。

1. 样式四4a：很矮的梯形口，柱状短束颈，凹底。例如：

①河北隆化县厂沟门辽晚期墓出土缸胎黑釉"鸡腿瓶"2件（成对），其一高35.6厘米、口径6.8厘米、底径6.7厘米；其二（图6-3-10①）[313]，高33.6厘

310　采自：《辽宁北票水泉一号辽墓发掘简报》图一二：左，图二三：3，《文物》1977年12期45页。该墓出土4件"鸡腿瓶"分属不同的样式，此其二。

311　采自：铁岭市文物办公室、康平县文物管理所《辽宁康平县后刘东屯二号辽墓》图七：1，《考古》1988年9期824页。

312　采自：李文信《义县清河门辽墓发掘报告》图版贰拾贰：5，插图22：3，《考古学报》1954年2期192页。该墓另有两件丰体盘口式梅瓶属样式三1a。

313　采自：陶敏《隆化县厂沟门辽墓》图五，《文物春秋》2003年3期51页。

314 采自：〔日〕小山富士夫监修，黑田原
　　次、杉村勇造编《陶器全集·14卷·辽の
　　陶磁》图版57，东京：平凡社，1966年。

315 采自：同上，图版55。

316 此瓶为友人武怀一先生收藏，承蒙武先生
　　提供图片并惠示有关信息，特此致谢。

317 采自：《中国陶瓷全集·9·辽 西夏 金》
　　图版一七，上海：上海人民美术出版社，
　　2000年。

318 采自：《中国出土瓷器全集·2·天津、辽
　　宁、吉林、黑龙江》图版81，北京：科学出
　　版社，2008年，81页（郭明撰图版说明）。
　　此瓶现藏于辽宁省文物考古研究所。

319 发掘者判断墓葬年代属辽代早期偏晚到中期
　　偏早，同时指出该瓶具有"早期的特征"，
　　见苗润华《内蒙古巴林右旗查干勿苏辽
　　墓》，《辽海文物学刊》1995年2期22页。

米、口径4.6厘米、底径7.8厘米。

2. 样式四4b：尖唇矮梯形口，柱状短束颈，瓶身修长呈茧状。未见考古材料，海内外藏品则甚多。例如：

②海外藏茶叶末釉"长壶"之一（图6-3-10②）[314]，高43.3厘米、口径6.5厘米、腹径17.3厘米、底径10厘米。

③海外藏茶叶末釉"长壶"之二（图6-3-10③）[315]，高43.9厘米、口径6.0厘米、腹径16.2厘米、底径9.5厘米。

（五）样式四5

高体，中型器。口颈部和肩腹部与样式四4a相同，下腹和胫足部与辽末山西窑场的样式七2（图6-3-13②）相似，胫部的内曲更明显，直下而形成圆柱状的直壁瘦足。例如：

①北京私人藏山西大同浑源窑址出土辽缸胎白釉"鸡腿瓶"1件（图6-3-10④）[316]，高41厘米、口径7.7厘米、腹径17.8厘米、足径8.3厘米。

（六）样式四6

丰体。折沿式扁梯形小环口，柱颈，球状圆肩，上腹鼓，下腹斜收至足跟，平底隐圈足。见于辽晚期特征的白瓷梅瓶。根据各部细微差异，可分为a、b两个亚型。

1. 样式四6a：柱颈上侈略呈喇叭形。例如：

①山西大同市博物馆藏辽代白釉划花牡丹纹"瓶"1件（图6-3-11①）[317]，高38.5厘米、口径4厘米。

2. 样式四6b：口形更扁，几成平折沿口，断面呈三角形，圆唇，柱颈较粗短而略束，瓶体更丰满，足跟壁有一圈起棱。例如：

②辽宁凌源市城关镇八里堡村拉木沟辽墓出土白釉"梅瓶"1件（图6-3-11②）[318]，高31.1厘米、口径6厘米、足径11.2厘米。

图6-3-11　辽晚期梅瓶样式四6

（0 ────── 10 cm）

（七）辽代第四类样式群梅瓶部分器物产地和年代判断

表6-3-4　辽代第四类样式群梅瓶部分器物产地和年代分析表

梅瓶	以往的判断	笔者的判断	主要理由
样式四3例①	辽早期[319]	—	—
样式四3例②	—	墓：辽中期 瓶：辽早期	墓葬年代综合各家判断，已见样式二14a例①的分析。此瓶器形有辽早期特征

续表

梅瓶	以往的判断	笔者的判断	主要理由
样式四1例②	墓：介于959～986年间[320]	—	—
样式四2b例②	—	墓：辽中期 瓶：辽早期	同样式四3例②
样式四2c例③	辽早期偏晚，[321]或辽中期之初，[322]或辽统和年间[323]	11世纪初期	综合各家观点
样式四2d例④	—	辽晚期前段（11世纪中晚期）	已见上文同一墓例出土的样式三1a例③
样式四4例①	—	辽晚期	瓶体器形与辽第九类样式群（辽晚期）同，墓葬形制也属于辽晚期
样式四5例①	—	辽末期（最晚可能到金代）	器形与山西大同新添堡辽天庆九年（1119年）刘承遂墓出土的两件灰黑色釉梅瓶（样式七2例②）基本相同
样式四6例①	辽[324]	辽晚期（最晚可能到金代）	此瓶的体态与北宋晚期到金代的磁州窑梅瓶样式五3非常相似，饰纹和工艺与金代山西窑场的梅瓶上采用的手法和造型一致（如金代样式四31a例①）
样式四6例②	赤峰缸瓦窑，辽[325]	辽晚期	器形

五、第五类样式群

辽代的第五类样式群梅瓶遗物极少，目前只见一例，1种样式，即样式五5。

（一）样式五5

丰体，较厚的方唇横展平沿环口，较短的柱颈，瓶身呈倒滴水状，圆肩，上腹外鼓，下腹斜收至足跟。见于白釉剔划花器。例如：

①山西大同市博物馆藏辽代白釉剔划花卷草纹"梅瓶"1件（图6-3-12）[326]，高29厘米、口径5厘米。

320 《法库叶茂台辽墓记略》，《文物》1975年12期33页。

321 见《辽宁康平县后刘东屯二号辽墓》，《考古》1988年9期824页。

322 〔日〕长谷川道隆著、杨晶译《辽、金、元代的长壶》，《北方文物》1997年2期111页。

323 乔梁《契丹陶器的编年》，《北方文物》2007年1期41页。

324 上揭，《中国陶瓷全集·9·辽 西夏 金》图版一七说明，水既生撰。

325 此瓶被认为是辽代缸瓦窑（内蒙古赤峰）烧造的仿定窑器，见前揭《中国出土瓷器全集·2·天津、辽宁、吉林、黑龙江》图版81说明，郭明撰。

326 采自：《中国陶瓷全集·9·辽 西夏 金》图版二四，上海：上海人民美术出版社，2000年。

图6-3-12 辽晚期梅瓶样式五2 （0 ——— 10cm）

327　上揭《中國陶瓷全集·9·遼 西夏 金》圖
　　版二四說明，水既生撰。

328　采自：北京市文物研究所編《北京龍泉務
　　窯發掘報告》圖版九○：4，圖九○：7，
　　北京：文物出版社，2002年，266頁。

329　采自：山西省文物管理委員會《山西大同
　　郊區五座遼壁畫墓》圖二：3，《考古》
　　1960年10期40頁。

330　此瓶為友人武懷一先生收藏，承蒙其提供
　　圖片並惠示有關信息，特此致謝。

（二）遼代第五類樣式群梅瓶部分器物產地和年代判斷

表6-3-5　遼代第五類樣式群梅瓶產地和年代分析表

梅瓶	以往的判斷	筆者的判斷	主要理由
樣式五5例①	遼[327]	山西窯場，遼代晚期	器形介於北宋磁州窯樣式五1例①（仿定白瓷梅瓶）與金代磁州窯樣式三13c例⑦（綠釉剔花梅瓶）之間；剔地面積很小，與北宋晚期磁州窯剔花工藝初興時特點相同；折帶紋是11世紀晚期至12世紀北方磁州窯類型器物的常見飾紋，但飾紋集中在上腹部並分兩層的做法，以及花葉圓曲飽滿的卷草紋，具有山西窯場的特點

六、第七類樣式群

遼代的"直口"梅瓶也屬於"雞腿瓶"式的無飾紋深色釉粗器，只見遼代晚期的1種樣式。

（一）樣式七2

直口、短頸，可細分為兩種，瓶身呈上粗下細的雞腿狀。根據各部形式差異，可以分為a、b兩個亞型。

1. 樣式七2a：圓唇小直口，短頸直立並往外略圓弧，斜溜肩，上腹鼓，下腹斜收，脛部略內曲，足部漸趨直，平底。例如：

①北京門頭溝區龍泉務窯址第三期地層出土Ⅲ型1式缸胎黑釉"雞腿瓶"標本1件（G5④：7，圖6-3-13①，附錄一總表七：2a①）[328]，高52厘米、口徑6.5厘米、足徑11厘米。

②山西大同市新添堡村遼天慶九年（1119年）劉承遂墓（M29）出土灰黑釉"瓷瓶"2件（圖6-3-13②）[329]，高33厘米、口徑7厘米、底徑8厘米。

2. 樣式七2b，圓唇，唇頸之間有明顯的曲折，直口短頸略顯收束。例如：

③北京私人藏山西大同渾源窯址出土茶葉末釉"雞腿瓶"1件（圖6-3-13③）[330]，高46厘米、口徑8.8厘米、腹徑21.7厘米、足徑12.7厘米。

①　　　　　②

③

圖6-3-13　遼晚期梅瓶樣式七2　（0 ————— 10 cm）

（二）辽代第七类样式群梅瓶部分器物产地和年代判断

表6-3-6　辽代第七类样式群梅瓶产地和年代分析表

梅瓶	以往的判断	笔者的判断	主要理由
样式七2a例②	—	大同浑源窑	与样式七2b例③同
样式七2b例③	—	辽晚期	与样式七2a例②同

七、第九类样式群

作为中国梅瓶史上一个特殊的类别，第九类样式群属于"地道的鸡腿瓶"，均为瘦高体，主要的样式始见于辽代晚期，并普遍流行于辽境（北宋境内几乎不见）。这是辽代"鸡腿瓶"式的梅瓶沿着自身轨迹演变的结果，它将在金元时期日益表现出不同于梅瓶主流方向的演变趋势。辽代晚期，第九类梅瓶样式群包含了三种口形，并在瓶身表现出相应的器形变化，可以分为3种样式。

（一）样式九1

瘦高体，大型器。较方的尖唇平沿小扁口，口沿与内壁方折，无颈（束颈极短），斜肩，上腹鼓，中腹斜收，下腹略内曲形成细长直立的胫部，多为平底。因瓶身上鼓下收、上粗下细，呈典型的鸡腿状，足径之小与口径基本相当，因此整体显得重心不稳。主要流行于辽代晚期大型"鸡腿瓶"上，至金代仍有所见（但尺寸变小）。根据各部形式差异，将辽金统一分为a～e共5个亚型，辽代器包含前3个亚型。

1. 样式九1a：体态高大，陡斜肩，上部微鼓，下腹内收后直立，形成极为瘦长的胫部，多为平底，也有极浅的平底隐圈足。例如：

①20世纪30年代日据时期的沈阳博物馆入藏的3件辽代茶叶末釉"长壶"，[331]高度分别为64.9厘米、71.1厘米（图4-3-15）[332]、71.8厘米（图6-3-14①）[333]。

②辽宁省博物馆藏茶叶末釉划字款"鸡腿坛"1件（图6-3-14②）[334]，高64.9厘米、腹径24.3厘米、口径8.4厘米。

③辽宁凌源大河北乡辽墓出土茶叶末釉"大安七年"（1091年）划字款"鸡腿瓶"1件（图6-3-14③）[335]，高64厘米、口径8.2厘米、腹径23厘米、足径12厘米。

④辽宁建昌龟山一号辽晚期墓出土茶叶末釉"鸡腿坛"2件，器形、工艺基本相同，极浅的平底隐圈足，其一（图6-3-14④，附录一总表九：1a①）[336]，

331　〔日〕长谷川道隆著、杨晶译《辽、金、元代的长壶》图二：1，《北方文物》1997年2期109页。长谷川道隆此文对这三件"鸡腿瓶"的来历有比较详细的介绍。

332　采自：〔日〕小山富士夫监修，黑田原次、杉村勇造编《陶器全集·14卷·辽の陶磁》图版54，东京：平凡社，1966年。参见上揭，长谷川道隆著、杨晶译《辽、金、元代的长壶》图二：2。

333　采自：辽宁省博物馆编《辽瓷选集》图版64，北京：文物出版社，1962年，7页。尺寸采自〔日〕长谷川道隆著、杨晶译《辽、金、元代的长壶》图二：3，《北方文物》1997年2期109页。《辽瓷选集》提供此瓶的尺寸是高68.8厘米、口径10.2厘米、腹径21厘米、底径12.6厘米。将两图所示划字款相对照，可以确定辽宁省博物馆所藏该瓶正是长谷川道隆介绍的20世纪30年代入藏日据时期沈阳博物馆的三件鸡腿瓶之一。

334　采自：《中国陶瓷全集·9·辽 西夏 金》图版六〇，上海：上海人民美术出版社，2000年。

335　采自：北京辽金城垣博物馆编《碧彩云天·辽代陶瓷》第100页图版，北京：北京燕山出版社，2013年。参见刘莉《凌源近年出土的陶瓷器及相关问题的探讨》，《辽海文物学刊》1994年2期。

336　采自：靳枫毅、徐基《辽宁建昌龟山一号辽墓》图一三，图七：5，《文物》1985年3期52页。

图6-3-14　辽晚期梅瓶样式九1　（0 ⊢⊢⊢⊢⊢⊢⊢ 10 cm）

高55厘米、口径9厘米、腹径20.4厘米、底径9.3厘米；其二，高52厘米、口径8.5厘米、腹径20厘米、底径9厘米。

⑤吉林省大安县六合乡庆功村出土茶叶末绿釉划字款"鸡腿瓶"1件（图6-3-14⑤）[337]，高70厘米、口径9.5厘米、底径13.5厘米。

⑥内蒙古巴林左旗碧流台乡三湾村出土辽代茶叶末绿釉划字款"鸡腿瓶"1件（图6-3-14⑥）[338]，高69厘米、口径8.8厘米、足径12.5厘米。

2. 样式九1b：瓶身肩部以下以及平底特征均与前者相同，但口沿外展且更为尖薄，斜肩较宽，重心上移。例如：

⑦辽宁朝阳市木头城子乡十家村辽晚期家庭合葬墓出土茶叶末釉"鸡腿坛"1件（附录一总表九：1b，图6-3-14⑦）[339]，高51.6厘米、口径9厘米、最大腹径20厘米、底径9厘米。

3. 样式九1c：方平唇短直口外壁加一圈圆形凸棱，斜肩较陡，上腹凸，下腹向里斜收，整体更为细瘦，平底。例如：

⑧内蒙古赤峰市宁城县铁匠营子砖厂辽晚期墓M2出土灰褐色陶"鸡腿瓶"1件（图6-3-14⑧）[340]，高38厘米、口径6.2厘米、最大腹径14.5厘米、底径6.8厘米。底部有刻划符号。

（二）样式九2

与上一样式的主要区别在于尺度和口部形态。本样式的尺寸普遍要比样式九1小，口部呈凸环状折沿厚唇小口，唇部分方圆，束颈极短（或呈无颈状），瓶身也是鸡腿状，隐圈足或平底。从辽代晚期一直延续流行于金代和元代，瓶体日益瘦小，差别日渐明显。根据各部器形差异，辽、金、元器物统一分为a～m共13个亚型，辽代器分属前3个亚型。

1. 样式九2a，方唇，或唇壁下削，凸环状口侧视呈倒梯形，截然内折的束颈，瓶身的鸡腿状特征与样式九1a相同，但整体尺寸较小，隐圈足。本亚型遗物在海内外公私收藏中多有所见。例如：

①辽宁省博物馆藏辽茶末绿釉"鸡腿坛"1件（图6-3-15①）[341]，高36.5厘米、口径7.1厘米、腹径14.7厘米、底径7.1厘米。

②海外藏辽黑褐釉"长壶"1件（图6-3-15②）[342]，高49厘米、口径7.2厘米、底径9.5厘米。

③海外藏辽褐釉"长壶"1件（图6-3-15③）[343]，高38.6厘米、口径7.1厘米、腹径17.8厘米、底径9.1厘米。

2. 样式九2b，方唇，但唇沿斜面，凸环状口侧视呈梯形，口内壁向上收敛，束颈与陡斜肩相连，重心稍下移，使鸡腿状瓶身类似细瘦的榄核状，下腹微内曲，胫细长，平底。例如：

④河北张家口宣化区下八里村辽大安九年（1093年）张世本墓M3出土酱釉

337 采自：《中国出土瓷器全集·2·天津、辽宁、吉林、黑龙江》图版170，北京：科学出版社，2008年。此瓶现藏于白城市博物馆。

338 采自：《中国出土瓷器全集·4·内蒙古》图版97，科学出版社，2008年。此瓶现藏于巴林左旗博物馆。

339 采自：辽宁省文物考古研究所、朝阳县文物管理所《辽宁朝阳木头城子辽代壁画墓》图三：7，《北方文物》1995年2期32页；《碧彩云天·辽代陶瓷》第104页图版，北京：北京燕山出版社，2013年。两处资料的尺寸小异，本书采自前者。

340 采自：赤峰市博物馆、宁城县文物管理所《内蒙古赤峰市宁城县铁匠营子砖厂辽墓》图四：4，《内蒙古文物考古》1997年1期71页。

341 采自：辽宁省博物馆编《辽瓷选集》图版65，北京：文物出版社，1962年，7页。

342 采自：〔日〕三上次男主编《世界陶磁藝術——第13卷·遼、金、元》（英、日文版）图版138，东京：小学馆，1981年。

343 采自：〔日〕小山富士夫监修，黑田原次、杉村勇造编《陶器全集·14卷·遼の陶磁》图版58，东京：平凡社，1966年。

图6-3-15　辽晚期梅瓶样式九2　　（0 —————— 10 cm ）

344　采自：河北省文物研究所《宣化辽墓——
　　　1974～1993年考古发掘报告》（上、下）
　　　图一一九：11，北京：文物出版社，2001
　　　年，153页。

345　采自：上揭《宣化辽墓——1974～1993年
　　　考古发掘报告》（上、下）图版一二三：
　　　4，图一七一：1，221页。

346　采自：上揭《宣化辽墓——1974～1993年
　　　考古发掘报告》（上、下）图版一四九：
　　　5，284页。按：该报告正文指该瓶的立剖
　　　图为原图二二〇：1，经笔者对比，图二二
　　　〇：1与原图版一四九：5所示图像在器形
　　　上存在明显出入。疑原报告排印有误。

347　采自：张松柏、任学军《辽金松山州遗址
　　　调查》图三：5，《内蒙古文物考古》第4
　　　期，1986年，70页。

"鸡腿瓶" 2件（M3：29、M3：46），器形相同，其一（M3：29，附录一总
表九：2b①）[344]，高39.6厘米、口径6.2厘米。

　　⑤河北张家口宣化区下八里村辽天庆六年（1116年）张世卿墓M1出土黑釉
"鸡腿瓶" 3件之一（M1：60，图6-3-15④，附录一总表九：2b②）[345]，高
45.5厘米、口径6.5厘米、底径8.33厘米。

　　⑥河北张家口宣化区下八里村辽天庆七年（1117年）张恭诱墓M2出土 "鸡
腿瓶" 2件，器形相同，其一（M2：18，图6-3-15⑤）[346]，高28.5厘米、口径5
厘米，施酱釉者。其二（M2：9），施墨绿色釉。

　　⑦内蒙古赤峰市城子乡辽金松山州城址出土缸胎茶末绿釉 "鸡腿瓶" 1件
（图6-3-15⑥）[347]，高44.5厘米、口径6.8厘米、最大腹径15厘米、底径7
厘米。

　　3.样式九2c，唇部上缘分圆、方两种，口内壁有收敛和直壁两种，有明显的束
颈，瓶身较肥短，平底。例如：

　　⑧河北张家口市宣化区下八里村辽大安九年（1093年）张匡正墓M10出土墨

绿色釉"鸡腿瓶"1件（M10：23，图6-3-15⑦，附录一总表九：2c①）[348]，高32厘米、口径4.6厘米、底径6厘米。

⑨河北张家口宣化区下八里村辽大安九年（1093年）张文藻墓M7出土墨绿色釉"鸡腿瓶"2件，方唇者（M7：64，图6-3-15⑧，附录一总表九：2c②）[349]，高31厘米、口径5.6厘米、底径6.3厘米；圆唇者（M7：71，图4-2-6②，图6-3-15⑨）[350]，高27厘米、口径6.3厘米、底径6.6厘米。

⑩河北张家口宣化区下八里村辽天庆六年（1116年）张世卿墓M1出土黑釉"鸡腿瓶"3件之二（M1：61，图6-3-15⑩，附录一总表九：2c③）[351]，高32.5厘米、口径5.7厘米、底径6.3厘米；之三（M1：62，图6-3-15⑪a、b）[352]，高30.2厘米、口径5.5厘米、底径6.3厘米。两瓶均为圆唇。

（三）样式九3

环状圆唇大口，束颈极短（无颈），瓶身呈长筒状，极窄的溜肩，腹壁较直，含蓄斜收，仅足处微内曲，足壁直立，足径与口径相当。大体上，这种样式与样式四1的早期器物相似。例如：

①海外藏辽"白地长壶"1件（图6-3-16）[353]，高43.2厘米、口径8.4厘米、底径10.7厘米。

（四）辽代第九类样式群梅瓶部分器物产地和年代判断

表6-3-7　辽代第九类样式群梅瓶产地和年代分析表

梅瓶	以往的判断	笔者的判断	主要理由
样式九1a例②	辽阳缸官屯窑（即江官屯窑），10～11世纪前半叶[354]	赤峰缸瓦窑，辽晚期	辽江官屯窑的情况不甚清楚。[355]但是在赤峰缸瓦窑遗址发现过与此瓶相同的标本。[356]结合同式其他各例的纪年，可以确定为辽晚期
样式九2a例②、例③	辽阳江官屯窑，辽（10~11世纪前半）[357]	辽晚期	辽早期到中期，辽境绝无此类器形
样式九2b例⑦	赤峰缸瓦窑[358]	辽晚期	参见宣化辽晚期张氏墓群出土的同式器物可以断定其年代
样式九3例①	辽阳江官屯窑，辽（11世纪前半）[359]	—	—

348 采自：上揭《宣化辽墓——1974～1993年考古发掘报告》（上、下）图版二八：5，图三四：7，47页。

349 采自：上揭《宣化辽墓——1974～1993年考古发掘报告》（上、下）图版六二：2，图八二：2，107页。

350 采自：上揭《宣化辽墓——1974～1993年考古发掘报告》（上、下）图版六二：1，图八二：1，107页。

351 采自：上揭《宣化辽墓——1974～1993年考古发掘报告》（上、下）图版一二三：5，图一七一：2，221页。

352 采自：上揭《宣化辽墓——1974～1993年考古发掘报告》（上、下）图版一二三：6，图一七一：3，221页。

353 采自：〔日〕三上次男主编《世界陶磁藝術——第13卷·遼、金、元》（英、日文版）图版139，东京：小学馆，1981年。

354 见Ceramic Art of the World–Volume13–Liao, Chin and Yuan Dynasties, by Tsugio Mikami and the Zauho Press, Published in 1981 by Shogakukan, Tokyo, Pl.140图版说明（矢部良明撰）。

355 李文信《辽瓷简述》，《文物参考资料》1958年2期18页。按：李先生此文是目前国内学术界对江官屯窑论述最详细的一篇，但仍不够全面。

356 洲杰《赤峰缸瓦窑村辽代瓷窑调查记》图五：1、2，《考古》1973年4期242页。

357 分别见前揭〔日〕三上次男主编《世界陶磁藝術——第13卷·遼、金、元》（英、日文版）图版138说明；〔日〕小山富士夫监修，黑田原次、杉村勇造编《陶器全集·14卷·遼の陶磁》图版58说明。

358 张松柏、任学军《辽金松山州遗址调查》，《内蒙古文物考古》第4期，1986年，73、79页。按：作者并未明确指其此次调查所采集的这件"鸡腿瓶"就是赤峰缸瓦窑，但是其语境包含了相关含义。

359 前揭〔日〕三上次男主编《世界陶磁藝術——第13卷·遼、金、元》（英、日文版）图版139说明，三上次男撰。

360　采自：冯永谦《叶茂台辽墓出土的陶瓷
　　　器》图五：1，《文物》1975年12期44页。
　　　该墓还出土了两件梯形小环口高体茶叶末
　　　绿釉梅瓶，属样式四1b。

361　采自：陆博《辽宁北票黑城子城址及出土
　　　的部分文物》图一：2，《北方文物》2005
　　　年2期48页。此瓶现藏于朝阳市博物馆。

362　采自：《辽宁北票水泉一号辽墓发掘简
　　　报》图八，《文物》1977年12期45页。该
　　　墓出土4件"鸡腿瓶"分属不同的样式，此
　　　其四。

 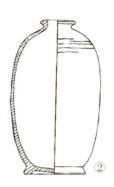 

图6-3-17　辽早中期梅瓶样式一○2、12　（0 —— 10 cm）

八、第一○类样式群

与五代同时，饼形足样式的梅瓶在辽早期也开始出现，目前所见刊布的考古资料中有如下2种样式。但是有线索表明，终辽之世当不止于此。

（一）样式一○2

与五代同一样式相似，也具有类梯形环口的出节小口，但口沿均呈圆斜状，口内壁微侈，而且颈部均为束颈，瓶身也大体呈卵状，外撇饼形足的遗留形式较明显，但都已出现做法和形式不同的极浅的挖足。根据各部差异，辽代器分为c、d两个亚型。

1. 样式一○2c：出节小口的凸棱、重唇、口内壁外侈等特征均明显，束颈，标准的卵状瓶身，重心偏上，挖足极浅的浅圈足。例如：

①辽宁法库叶茂台公社辽早期契丹贵族妇女墓M7出土酱釉"小口瓶"2件（成对，图6-3-17①）[360]，分别高27.5厘米、28.3厘米，口径4厘米，腹径15.6厘米、16.1厘米，足径9.1厘米、9.4厘米。

2. 样式一○2d：小口的凸棱、重唇和口内壁外侈等特征较弱，短束颈，卵状瓶身变成丰肥的茧状，外撇浅圈足，圆凸底。例如：

②辽宁北票市辽代黑城子城遗址出土酱釉"小口长腹瓶"1件（图6-3-17②）[361]，高30厘米、口径6.6厘米、腹径16.8厘米、底径11.7厘米。

（二）样式一○12

喇叭形撇口，卷唇，束颈，上细下粗的筒状瓶身，圆肩，斜直腹，下腹弧状内折，直壁平底圈足。例如：

①辽宁北票水泉一号辽中期墓出土泥质黑陶"鸡腿坛"1件（图6-3-17③）[362]，高27厘米、口径16厘米、腹径23.5厘米。口残，仍能看出全貌。

图6-3-16　辽梅瓶样式九3　（0 —— 10 cm）

（三）辽代第一〇类样式群梅瓶器物产地和年代判断

表6-3-8　辽代第一〇类样式群梅瓶产地和年代分析表

梅瓶	以往的判断	笔者的判断	主要理由
样式一〇2c例①	墓：介于959～986年间[363]	—	—
样式一〇2d例②	辽	辽中期	与11世纪北宋中原和华北地区多种梅瓶样式相比，此瓶的瓶身具有类似的时代特点
样式一〇12例①	—	墓：辽中期 瓶：辽早期	墓葬年代综合各家判断，已见样式二14a例①的分析。此瓶器形有辽早期特征

363　《法库叶茂台辽墓记略》，《文物》1975年12期33页。

第
四
节

中、南、北：多元化的三极格局

在以上三节所收集和梳理的材料以及器形样式分类研究的基础上，我们将就五代和北宋以及辽代的梅瓶分别做一番总体性的讨论，并着重探讨这个时期的梅瓶与作为滥觞期的隋唐梅瓶之间存在的格局差异，即从一个较单一的格局向多元化的三极格局的转变、发展和形成。

一、三个阶段和中南格局：五代和北宋梅瓶的发展特点

由本章第二节梳理的材料可见，从五代到北宋，梅瓶的器形至少出现了58种样式，分属九类样式群，这也是中国梅瓶历史上最主要的九大类样式群。诸样式之间的形式关系，见附录一总表一至八、十。

由于五代、北宋和辽代的梅瓶在这一时期处于滥觞期向成熟期转变的过程中，其分期就不仅仅是一个器形问题，还关系到历史时空两个维度的发展演变关系。概而言之，从10到12世纪初期，梅瓶的分期存在两个基本依据：一是梅瓶的传播、普及程度，二是器形为主、装饰为辅的梅瓶本体因素演变的阶段性特征。这两个方面在这个时期里是相互同步的。以此为基础，可以将五代到北宋和辽代的梅瓶大致分为以下三期：

第一期，10世纪（约907～1000年），是为过渡期。

第二期，11世纪（约1000～1080年），是为发展期。

第三期，11世纪晚期到12世纪初期（约1080～1127年），是为成熟期。

在这个大体分期框架下，我们可以清晰地看到五代到北宋梅瓶的时空分布、演变特征、渊源和影响的脉络等主要内容。

隋唐开始出现的第一类样式群，在五代和北宋早期未见流行，至北宋中晚期才重新出现于河南、河北地区，在器形上出现了新的变化，体现出尺度适中而偏于秀气的时代特征；第二类样式群始见于唐代中晚期，从五代一直延续至北宋末期，非常多样，延续性强；第三和第一○类样式群均始见于五代，二者与第二类样式群一道在整个北宋都比较繁荣，但是流行区域不同；主要流行于中原和华北

地区的第四类样式群出现较晚，始见于北宋中期，在北宋晚期达到成熟，且比较多样化；第五、第六类样式群也始见于北宋中期，但只见于中原和华北地区，具备很稳定的器形特征；第七和第八类样式群最晚出现，始见于北宋晚期，遗存数量也很少，在北宋时期不具有代表性。

在区域分布方面，包括中原和关中、华北的"大中原地区"（与长城以北的北方和长江流域的南方相对应），主要流行第一至第六类以及第一〇类样式群，局部偶见第八类样式群的器物；长江流域及其以南的南方地区，主要流行第二、第三和第一〇类样式群，局部偶见第四、第七和第八类样式群的器物。可见，南方流行的梅瓶样式群在中原基本上都有流行，而中原流行的样式群类型在南方则未必出现；以中原和南方都流行的样式群为例，双方共享特征最强的是第二类和第三类，但是在这两类中，无论是遗存数量还是样式数量，中原都超过了南方；从出现时间的早晚关系来看，这两类样式群也首先出现于中原，然后才见于南方。所有这些因素都表明，南方的梅瓶是在中原影响下才出现的，也就是说，从五代到北宋，中原地区的梅瓶具有绝对的优势和影响力。

以北宋晚期的兴盛程度来看，第二、第三类样式群是当时南北方都普遍出现的样式群，可以说这两类梅瓶是北宋时期发展得最充分的两类样式群，也是北宋梅瓶中最重要的两类主流样式群；第四类样式群虽然也见于南方，但是它主要还是流行于中原和华北地区，从普及程度来看不及前二者；从后续影响来看，以上三类样式群在金代和南宋都将达到极盛，因此这三类梅瓶样式群可以作为北宋晚期梅瓶达到成熟的基本类型。

在北宋时期可以明确为具有区域性特征的梅瓶样式群如下：第五类样式群集中流行于河北的定窑、磁州窑和河南的修武当阳峪窑等，同时在辽代也能见到，至金代只见于磁州窑器（见第七章第二节）。若仅从北宋遗物来比较，北宋中晚期流行于中原地区的第六类样式群与第一类样式群的梅瓶，标志性的口颈部和瓶身的形式都比较接近，说明二者在当时当地具有一定的亲缘性，但是从后续影响来看二者分道扬镳了；虽然第七类样式群的北宋器物只见一例，难以单独得出结论，但是这件来自景德镇湖田窑的青白瓷器与同期辽代同类器物差异明显，与后续的南宋梅瓶样式却有着高度的共性特征，且不断延续至元明时期（见第七至第九章，及附录一之总表七），而这类样式群在中原和北方的脉络弱而又短，至金代即结束，可见第七类梅瓶样式群主要体现了南方梅瓶的特点。第一〇类样式群并不是特征统一的一类，但是在北宋时期却在关中地区有非常突出的表现，筒状和折肩的样式特点以后成为西北地区梅瓶的地域性特征（参见第七章第三节西夏部分）。

将五代与北宋的梅瓶作为一个整体，从其内部我们可以看到，有些样式具有非常清晰、连贯的器形渊源和演变脉络，从中可以牵引出北宋梅瓶的演变规律以及中南方梅瓶的相互关系。这方面可以举以下三种样式作为典型例子，即样式二1、10，三1。首先，作为矮体样式的样式二1，从唐代中晚期开始出现于今河南地区，实物是出土于唐墓的陶质明器；从五代开始到北宋晚期，这一样式一直没有中断，而且直到南宋仍然能见到；在这一过程中，与之相似的样式还有样式二2、8、5；可以肯定烧造样式二1的北宋窑场主要是定窑，到了北宋晚期到南宋，广东窑场和浙江龙泉窑分别以这种样式烧造品质差异很大的器物；以上内容，反映出从唐代、五代、北宋以至于南宋，样式二1从中原地区向华北、南方不断传播的脉络。其次，作为高体样式的样式二10，结合后文的内容可知，它是流行于北宋晚期、辽代晚期、金代（早期）的一种梅瓶样式；在北宋晚期，这一样式分别见于定窑、武汉江夏窑、温州瓯窑，分布范围从中原到长江中下游流域，考虑到辽代和金代的同一样式，它的流行区域和时间更为广阔和长久；以上内容，反映了高体样式在北宋晚期跨地域影响的基本状况。再次，作为丰体样式的样式三1，始见于五代，它与唐代类梅瓶器物的第五条线索存在器形渊源关系；此样式在北宋早期到中期一直流行，同时还见于辽代；在北宋，该样式不但见于中原和关中地区，还见于南方的景德镇窑青白瓷梅瓶；从北宋中期开始，经过提升重心，或压缩高宽比例，或加粗口径等途径，样式三1分别演变出样式三4、6、7等，后者在北宋晚期成为以品质著称的汝窑和景德镇窑热衷于采用的梅瓶样式，延续至南宋还见于官窑、吉州窑等南方的著名窑场。由此可见，从样式三1到由其衍化出的有关样式，可以看出一条完整而内容丰富的演变脉络，即首先见于中原地区的无饰纹深色釉粗器，在当地不断沿用并向西、向北传播的过程中，还向南传播和影响了景德镇窑的梅瓶样式选择，到了北宋晚期还成为专烧"贡器"的汝窑和高品质的景德镇湖田窑选择的梅瓶样式，并继续影响到南宋南方的窑场。

若将五代与北宋的梅瓶分别与此前的隋唐和同期的辽代相比，能更好地看到这个时期梅瓶的演变方向和格局变化。与隋唐相比，五代、北宋时期梅瓶的最大变化在于：梅瓶的器形样式没有按照已经相当稳定的第一类样式群的方向继续发展，而是选择和形成了更多的样式群，由此导致了从隋唐的滥觞期到北宋晚期的成熟期梅瓶的样式格局发生了根本性的变化，从较单一的两类共4种样式，发展成为九类共58种样式。可以说，这是沿着新的方向做出的选择并不断走向成熟的过程。与辽代相比，五代、北宋时期的梅瓶器形则体现了与辽境梅瓶所不同的器形传统。其中，最能说明问题的是第四类样式群。参见本章第三节的材料和下文内容可知，第四类样式群的梅瓶首先是在辽代早期后段出现的，而且辽代的第四类样式群从一开始就呈现出瘦高体的样式特征，直到辽代中晚期都一直保持着比较平稳的演变节奏和比较稳定的总体器形特点；但是北宋的第四类样式群与之不同，在时间较晚的北宋中期才开始出现在关中、中原和江西地区，而且一开始就呈现出比较丰满的体态，体现了橄榄形丰体梅瓶的影响，虽然在北宋晚期也分化出瘦高体的样式，显示出辽代的影响，但是相对较丰满的瓶体一直是北宋第四类梅瓶样式群的基本特点。由此可见，北宋第四类样式群的出现可能与辽代同类梅瓶的影响有关，如果这种推测可以肯定的话，前者也是将辽器的口形（扁梯形小环口）和宋器的瓶体（修长的橄榄形）加以融合的结果，而不是辽代器物直接影响的结果。

在材质上，北宋时期零星地出现了银质梅瓶（见于样式六3），但是陶瓷制品是绝对的大宗。在装饰上，五代到北宋的梅瓶也体现出对装饰模式进行探索的过程。从五代到北宋早期，梅瓶主要以"胎纹釉理"模式展现其"素质"，这方面以北宋晚期的定窑白釉器、汝窑青釉器、景德镇湖田窑青白瓷器为代表；从北宋中期开始，南北方梅瓶逐渐以"范金琢玉"式和"纹彩相彰"式展开不同工艺的纹样装饰，[364]分别出现了"分层"、"分块"和"单体／折枝"三种饰纹布局格式，并表现出两个基本的共同特点：1. 所有饰纹都只施行于瓶身——从肩部、腹部到胫足部，口、颈部绝对不会出现装饰纹样，胫足部则时有时无，并不固定。2. 无论是局部装饰还是满饰，腹部或肩腹部作为主题饰纹所在而成为视觉的重心部位。关于这三种格式和两个特点的形成动因，应主要与两个方面的因素及其相互作用有直接的关系：一方面是与两宋时期的生活起居方式和室内家具等环境因素的变化有关，另一方面是与宋辽时期梅瓶的本体性功用要求配备的盖、座等配件与瓶体之间的相互关系有关。前者是指从唐人的席地而坐到宋人的依靠桌椅的行为变化和家具变化，[365]它涉及梅瓶在日常生活中陈设位置的变化以及人们对其形成的主要视角，意味着梅瓶的肩腹部是主要的视觉接触面，因此也是主题饰纹所在区域；后者决定梅瓶的口、颈部必然被遮挡而没有施加纹样装饰的必要性，下腹和胫足部则因为经常性遮挡而在装饰上常常放得较松，也正好与肩腹部的工艺精致形成有益的对比。

总之，五代到北宋的梅瓶经历了样式选择转变的过渡期、在普及中显现时代特征的发展期、器形多样与主脉凸显的成熟期，从而形成了精粗之分与脉络主次、中南之别与雅俗共存的发展态势；在以陶瓷为主的材质上，逐渐确立了相对比较稳定的具有宋代特点的饰纹布局格式和基本特点；最先起步并具有绝对影响力的中原地区，与略显滞后而主要接受中原影响的南方地区，成为当时梅瓶器形演变的一强一弱的两极地区。

二、作为北方的一极：辽代梅瓶的演变特征

本章第三节的材料梳理表明，辽代梅瓶的器形至少包括21种样式，分属八类样式群。与同期的五代、北宋梅瓶样式数量相比，辽代梅瓶的样式不到前者的一半，表明其相对集中的总体状态。其中，辽代与北宋完全相同的梅瓶样式只有3种，即样式二10、三1、一○2。这反过来又表明北方的辽代梅瓶与中原地区的北宋梅瓶相比，具有共性较少而差异性更大的特点。

在分期方面，辽代梅瓶也大体可以参照五代至北宋梅瓶的三期划分。在分布上，辽代各样式梅瓶主要见于辽"五京"核心地区的连接地带，从长城南北向东北方向延伸（今北京、河北北部、山西北部、内蒙古中南部和东南部、辽宁西部）。

从辽代早期开始，辽国境内便以"鸡腿瓶"的形式出现梅瓶这类器物，并且贯穿于整个辽代，成为北方特征突出的瘦高体梅瓶样式的代表，丰体和矮体的梅瓶样式在辽代也存在，但数量不是很多。

364 关于中国陶瓷的三种装饰模式"胎纹釉理"、"范金琢玉"和"纹彩相彰"，参见拙文《中国陶瓷装饰模式刍议》，载于《艺术》2005年11期。

365 关于唐宋起居和家具方面的变化，以及这种变化对陶瓷器物（包括梅瓶）的影响，宿白先生和秦大树先生都分别做过一定的研究，可参见宿白《白沙宋墓》，北京：文物出版社，1957年，91页；秦大树《宋元时期磁州窑瓶类器物的发展及其使用功能探讨》，《南方文物》2000年4期。

辽代的第一类样式群见于辽代末期的赤峰缸瓦窑器，但是从其口形来看，多受到其他样式群的口形影响，瓶体形态亦然，某些样式与北宋的第二、第五类样式群比较近似。与中原梅瓶相比，最具有辽境特点的辽代梅瓶样式群应该是第四类以及只见于辽境的第九类，这两类梅瓶即今人所谓"鸡腿瓶"的典型，都以瘦高体为主。相应地，辽代的第二类、第七类样式群中各样式在整体上都与第四、第九这两类样式群的同期器物近似，主要差异只是口形有别而已。第三、第五和第一〇类辽代梅瓶主要是丰体器，还有少量矮体样式，更多地表现出与五代、北宋的中原梅瓶样式更为接近的特点。

在第四和第九这两类梅瓶样式群中，辽早期和中期的器物主要见于第四类，辽晚期器物则分别见于这两类样式群里。从瓶身的形体特征来看，辽代早期瘦高体梅瓶的体态主要有两种：一种是瘦长的直筒形（柱状），一种是肩部稍宽而腹部向内斜直下收。前一种体态也见于第二类样式群中。到了辽代晚期，以第九类样式群为代表，包括第七类样式群，都出现了瓶身上部圆鼓、下腹斜收并略有内曲、整体细长高挑而重心极不稳定的形态，这种体形在北宋晚期的梅瓶上并没有出现。

在装饰方面，辽代梅瓶的特点是集中突出腹部主题饰纹的表现效果和视觉上的中心地位。在饰纹布局格式上，只见"分层"和"单体／折枝"两种格式，没有出现"分块"结构（在北宋只见于南方景德镇窑青白瓷梅瓶），更多地表现出与磁州窑的亲近关系。

三、小结

综上所述，五代、北宋和辽代的梅瓶考古材料，在总体数量和器形样式上都比滥觞期的隋唐梅瓶要丰富得多；因地域关系和传统因素的作用，五代和北宋的梅瓶具有明显的连续性，辽代梅瓶则自具相对独立的演变脉络，直到辽晚期才比较明显地表现出北方与中原的交互影响；如果把五代到北宋早中期，与同时的辽代早中期合起来加以比较，就不难看出中原地区和北方地区各自流行的梅瓶器形样式是分别发展的，而且很快形成了各自的特点。这一点，和五代、北宋与辽代的政治分裂造成一定的隔阂以及不同的文化传统和社会风俗等因素都有关系，在每一个政治性的区域里，自然的、社会的、历史的条件不同，形成有所不同的文化环境，包括民族、风俗、经济、技术和制度等各方面因素的制约、促进或程度不同的交流，都会导致各地区制作和流行的梅瓶具有不同特征的器形样式和风貌。在北宋晚期和辽代晚期，大中原地区（关中、中原、华北）是此时梅瓶器形样式演变最活跃的中心区域，北方则是与中原有相互影响的特色区域，南方在主要接受中原影响的基础上初步显示出一些特点，至此，中原、南方、北方三大区域的梅瓶以各具典型特征的样式群共同构筑了宋辽时期梅瓶器形的三极格局。

中国梅瓶研究

下卷

Chinese
Meiping Vase
Research

第七章

中国梅瓶研究

下卷

Chinese
Meiping Vase
Research

下 器形篇

第七章

繁荣与分野

——金代、西夏和南宋梅瓶的极致追求

　　女真人入主中原造成了中国社会的剧烈变动以及自然的和文化的资源重新分配，也影响了梅瓶已有的进程，使得这种器物在原有的发展轨迹上按着新的社会需要和条件重新分布，最终朝着极致的繁荣方向形成了新的格局。

金代、西夏、南宋梅瓶考古发现概述

　　从12世纪中期到13世纪前期，在金代、南宋以及西夏所在的三个区域内，梅瓶的使用规模极大，已经超过了此前的北宋和辽代。今天所见这一个时期的梅瓶遗存也极多，除了大量传世品，考古材料也极其丰富。

一、考古发现的金代梅瓶

　　自金太祖于金收国元年（辽天庆五年，1115年）在宁江州（今吉林松原宁江区）登皇帝位，建国号金，至金天兴三年（1234年）大蒙古国的铁蹄攻陷蔡州（今河南汝南）而金灭为止，金代历9世共120年（1115～1234年）。在此期间，金朝的疆域逐渐领有包括整个东北地区和远东部分地区，也包括今内蒙古北部、中东部，以及华北、中原、关中和最南部的徐淮地区，既包括了女真人的"金源内地"，也囊括了原辽国五京核心地区，还占据了北宋原有的北方地区。在这个逐渐展开和形成的历史时空当中先后出现的梅瓶，都可以纳入金代梅瓶研究的范围，但本文着重于研究的是在这一时空内制造的器物。

（一）金代梅瓶考古资料

　　从考古成果来看，金代的梅瓶分别来自墓葬、窑址及其他类型的遗址，而且各类遗址都比较多。以下沿用上一章的体例，按照纪年墓、非纪年墓、窑址和其他遗址四个部分将其列表于下（表7-1-1～4）。

表7-1-1　金代纪年墓出土梅瓶

纪年	墓葬	梅瓶		资料源	本书样式分类及图号
		数量	基本特征		
金皇统三年（1143年）	河南林县文明街金代壁画墓LM2	1	高37厘米。褐釉，腹部有瓦棱纹	张增午《河南林县金墓清理简报》图四：8，《华夏考古》1998年2期	样式二17，图7-2-3⑥
金皇统三年（1143年）	河北新城县北场村金代时立爱夫妇合葬墓	不详	"长瓶"，残碎	《河北新城县北场村金时立爱和时丰墓发掘记》，《考古》1962年12期	—
金皇统九年（1149年）	辽宁朝阳市金代翟氏墓CYMHJMI	2	其一高48.4厘米，其二高42.6厘米。胎质较硬，施釉茶绿色釉和浅绿色釉，胫足部露胎，腹部有瓦棱纹	《辽宁朝阳市金代纪年墓葬的发掘》图四：17，18，《考古》2012年3期	样式九2d，附录一总表九：2d，图7-2-30②
金天德二年（1150年）	河南洛阳孟津县麻屯镇邙岭金墓C8M1159	3	其一高28.6厘米，其二高23.4厘米。白瓷	《洛阳孟津县麻屯金墓发掘简报》图三：1，2，《华夏考古》1996年1期	样式四10（b、c），图7-2-11③④
金正隆四年（1159年）前后	山西大同金代陈庆妻李氏墓（云大M1）	3	两件分别高37厘米、35厘米。缸胎，黑釉。两瓶肩部全露胎，腹部有瓦棱纹。一件高40厘米，酱黄色釉	《大同市南郊金代壁画墓》图版拾肆：5、6，图二：11、10、9，《考古学报》1992年4期	样式四4c，图7-2-10①②；样式九2e，图4-3-5③
金大定十七年（1177年）	北京通县金代石宗璧墓M1	1	高38厘米。缸胎，棕色釉	《北京市通县金代墓葬发掘简报》图一五，《文物》1977年11期	样式九2i，图7-2-30⑧
金大定十七年（1177年）前后	北京通县金代石宗璧家属克石烈氏墓M2	2	高20.8厘米。黑釉，无饰纹。胫足部露胎	《北京市通县金代墓葬发掘简报》封三：4，图一八：7，《文物》1977年11期	样式二21a，图7-2-4②，附录一总表二：21a
金大定二十四年（1184年）	辽宁朝阳旧城南金代马令墓	1	高53厘米。缸胎，灰绿釉，腹部瓦棱纹	《辽宁朝阳金代壁画墓》图八：5，《考古》1962年4期	样式九2h，图7-2-30⑦
金大定三十年（正月，1190年）	山西大同金代道士阎德源墓	2	酱釉。其一高35厘米，其二高35厘米	《大同金代阎德源墓发掘简报》图三四，《文物》1978年4期	样式七2c，图7-2-28①，附录一总表七：2c

1　本书参照前人对金史和金代工艺史特别是陶瓷史的研究成果，以金海陵王于贞元元年（1153年）将统治中心从金上京（今黑龙江省哈尔滨市阿城区南白城）迁至中都（今北京城西南隅）这一历史节点，作为金代前期和中晚期分界的标志。

从上表来看，出土梅瓶的金代纪年墓在金代前期和中晚期的时间分布大致平衡，[1]地区分布则见于今河南、河北、辽宁西部、山西北部、北京，这些是原有的北宋和辽代使用梅瓶最为普遍的地区，可见原有的一些与梅瓶随葬有关的文化传统在金代延续不绝。再看非纪年墓的金代梅瓶材料（表7-1-2）。

表7-1-2　金代非纪年墓出土梅瓶

年代	墓葬	梅瓶		资料源	本书样式分类及图号
		数量	基本特征		
金初期	河北邯郸市第一医院墓（北M10）	1	高38.6厘米。青褐釉，布满瓦棱纹	《邯郸市区发现宋代墓葬》图九：1、图七，《文物春秋》1994年3期	样式四25b，图7-2-13②，附录一总表四：25b
金早期	内蒙古林西县大营子乡土庙子村金墓91LTM1	1	高31.8厘米，缸胎，黑釉，肩部、底部露胎，腹部有瓦棱纹。赤峰缸瓦窑	李少兵、索秀芬《林西县土庙子村金代墓葬》图三：4，《内蒙古文物考古》1996年增刊	样式四4d，图7-2-10③
金早期	河北迁安市小王庄金墓98QXM1	1	高43厘米。缸胎，黑褐色釉，无饰纹	《迁安小王庄金代墓葬清理简报》图三：5，《文物春秋》2006年3期	样式二19，图7-2-6①
金早期	山西汾阳金墓M5	1	高36.2厘米。陶质，肩部似刷漆	《山西汾阳金墓发掘简报》图二八：7，《文物》1991年12期	样式四14d，图4-3-1②
金中期	河南许昌市文峰路金墓M3	1	高20.8厘米。青釉，无饰纹。南宋龙泉窑。另有同窑、同质器座1件	《许昌文峰路金墓发掘简报》彩版三：5、图四：7，《中原文物》2010年1期	样式六3k，图7-4-13⑨，附录一总表六：3k
金中期	河南鹤壁市郊东头村金墓95HHM3	2	高35.6厘米。黑釉。鹤壁集窑	《鹤壁市东头村金墓发掘简报》图八，《中原文物》1996年3期	样式四14c，图7-2-10⑤
金中晚期	河北曲阳涧磁村金墓M9	1	高29.5厘米。黑褐釉	《河北曲阳涧磁村发掘的唐宋墓葬》图版陆：9，《考古》1965年10期	样式四30，图7-2-15⑥
金中晚期	辽宁朝阳市西北朝阳重型机器厂金墓99M2	1	高44厘米。缸胎，酱绿色釉，腹部有瓦棱纹	《辽宁朝阳重型机器厂辽金墓》图版一：3、图三：9，《北方文物》2003年4期	样式九2e，图7-2-30④，附录一总表九：2e②
金晚期大定十八年（1178年）之后	北京先农坛育才学校金代火葬墓	2	其一高50厘米，其二高36厘米。粗缸胎，灰绿釉，通体布满瓦棱纹	马希桂《北京先农坛金墓》图七，图一二，《文物》1977年11期	样式九2f，图7-2-30⑤，附录一总表九：2f图7-2-30⑥
金晚期	河北唐山迁安市开发区金代家庭合葬墓M3	2	其一高42.2厘米，其二高43厘米。酱色釉，腹部有瓦棱纹，刻划"千酒"铭	《河北省迁安市开发区金代墓葬发掘清理报告》图四：11、13，《北方文物》2002年4期	样式九2i，图4-2-6⑤⑥
金晚期	河北唐山市陡河水库金墓M85	1	黑绿色釉，瓶身布满瓦棱纹，肩部有"官"字铭	《唐山市陡河水库汉、唐、金、元、明墓发掘简报》图版三：6（右），《考古通讯》1958年3期	样式九2i，图7-2-30⑨
金	北京大兴区西红门镇兴涛社区金墓M1	1	高39.4厘米，缸胎，黄绿色釉	《大兴区小营出土金代墓葬》图四：1，《北京文物与考古第6辑》2004年	样式九2c，图7-2-30①
金	山西襄汾县永固公社南董大队金墓	1	高26厘米。缸胎，黄绿色釉，肩有刮釉露胎一周	《山西襄汾县南董金墓清理简报》图一三，《文物》1979年8期	样式二18，图7-2-5②
金	山西省岚县北村金墓	1	黑釉，划花	《岚县北村金墓发掘简报》图六，《文物世界》2010年5期	样式四26，图7-2-21②

续表

年代	墓葬	梅瓶		资料源	本书样式分类及图号
		数量	基本特征		
金	黑龙江省齐齐哈尔市富拉尔基区M1	1	高28厘米。白釉黑花，折枝牡丹蝴蝶纹	许继生《黑龙江省齐齐哈尔富拉尔基辽墓清理简报》图版二：1，《北方文物》1999年3期	样式二20，图7-2-4①
金	吉林省永吉县乌拉街满族镇旧站村金墓YWJ：1	1	高24.5厘米。缸胎，赭色釉，上腹有瓦棱纹	《吉林永吉旧站金代墓调查简报》图二：10，《北方文物》1989年1期	样式二21b，图7-2-4③

在分布范围上，出土梅瓶的金代非纪年墓也主要出现在纪年墓分布范围内，但是我们也看到了来自辽上京（今内蒙古巴林左旗林东镇）一带的金代墓葬，更重要的是还看到了来自女真人故地的东北地区的金代墓葬，而且使用的梅瓶具有中原特征，而不是辽代传统的"鸡腿瓶"样式，这说明，梅瓶在金代东北地区的传播也是比较明显的。

金代窑址考古出土的梅瓶材料为我们勾画了当时陶瓷梅瓶烧造状态的一个大致轮廓（表7-1-3）。

表7-1-3　金代窑址出土梅瓶

年代	窑址	梅瓶		资料源	本书样式分类及图号
		数量	基本特征		
北宋末至金代初期（1101~1148年）	河北磁县观台磁州窑址二期后段地层	多件	其一（Y6②：47）高36.8厘米。光润的棕色酱釉，黄色胎较细腻，腹壁布满瓦棱纹	《观台磁州窑址》彩版二三：4，图九二：4，212、214页	样式二18，图7-2-5①，附录一总表二：18①
同上	同上	多件	其一（T5⑥：23）高34.3厘米。白釉剔花。据发掘报告介绍，同一型式的梅瓶还有黑剔花、白釉绘划花等品种，但未刊布有关资料	同上，图版二四：3，图五五：6，126页	样式三13a，图7-2-7①，附录一总表三：13a
金代中后期（1149~1219年）	河北磁县观台磁州窑址三期地层	多件	其一（Y3①：126），高38.5厘米。褐绿色釉，施釉近底。棕灰胎，坚致。腹部布满瓦棱	同上，图版四九：3，图九二：2	样式四25a，图7-2-13①，附录一总表四：25a
同上	同上	多件	其一（T5⑤：309），高36.2厘米。棕褐色釉，肩一圈无釉，腹部布满瓦棱，棕褐胎粗硬	同上，图版四九：2，图九二：7	样式四24，图7-2-12①，附录一总表四：24①
同上	同上	多件	其一（采：2），高36.5厘米。芝麻酱色釉，棕褐胎	同上，图版四九：4，图九二：8	样式四14c，图7-2-10⑨，附录一总表四：14c

续表

年代	窑址	梅瓶		资料源	本书样式分类及图号
		数量	基本特征		
同上	同上	多件	其一（Y3①：121），高31.8厘米。白地黑花，肩部和胫部饰花瓣形边饰，中部为小碎叶缠枝牡丹	同上，彩版一二，图五七	样式四24，图7-2-12②，附录一总表四：24②
同上	同上	多件	其一（Y3①：120），高38厘米。白地黑花，纹饰四层，上、下为菊瓣形边饰，中层为缠枝芍药，中下层为"富贵不到头"边饰	同上，彩版一三、图五六：1	样式四25c，图7-2-13⑤，附录一总表四：25c
同上	同上	多件	其一，残高23.2厘米。黑釉，上腹部有垂直凸线纹四组（每组2道）。残，小口，宽肩，鼓腹，束胫	同上，图版五〇：1、图九一：14	—
同上	同上	多件	绿釉，黑剔花，或无饰纹。平折沿方唇口，束颈，宽肩鼓腹，隐圈足	同上，图版七〇：2、图一一九：8、9	—
金	河南鹤壁市鹤壁瓷集窑址	1	高23厘米。白釉黑彩画花	《河南省鹤壁集瓷窑遗址发掘简报》图版贰：9，图一C：1，《文物》1964年8期	样式二16a，图7-2-3③，附录一总表二：16a②
金	河南修武当阳峪窑址	1	高32.4厘米。酱釉，剥落严重	《中国古瓷窑大系·中国当阳峪窑》图版52，北京：中国华侨出版社，2011年	样式四14c，图7-2-10⑥
金	山西长治县八义村窑址	1	"Ⅲ型黑釉瓶"标本1件（G1③：6），高28厘米。黑釉，颈肩部不施釉。土黄色缸胎	《山西长治八义窑试掘报告》图一六：13，《文物季刊》1998年3期	样式四22，图7-2-21①
同上	同上	1	"Ⅱ型黑釉瓶"（G2②：9），残，黑釉	同上，图一六：7	—
金	山西浑源窑址	2	其一高32厘米，黄白色胎质坚硬，肩一周刮釉，腹部有瓦棱纹。其二高28厘米，黑釉粗胎	任志录、孟耀虎《山西近年出土的梅瓶》图一：2、⑤，载于《中国古陶瓷研究·第六辑》，北京：紫禁城出版社，2000年	样式四4d，图7-2-10④，图7-2-28②；样式七2d
金	山西怀仁窑址	1	粗胎，黑釉，肩一周刮釉露胎，并刻划"酒都司使"四字	王轶鸿《山西黑釉瓷概述》图四，《文物世界》2010年6期	样式九1e，附录一总表九：1e，图7-2-29②
金	山东淄博博山城内大街窑址金代地层	1	残高26厘米。青瓷，无饰纹。口残。小颈，瓶身卵状，饼形圈足	《淄博市博山大街窑址》图六：6，《文物》1987年9期	—

　　与金代窑业分布的总体状况相一致，烧造梅瓶的窑场主要集中在中原地区和华北地区，体现了北宋的北方窑业和辽代的南京、西京两道窑业的传统，另外在山东地区也发现了烧造梅瓶的金代窑场，可见金代陶瓷梅瓶的烧造规模还有所扩大。

　　除了以上三部分材料，其他各种出土了梅瓶的金代遗址材料显示（表7-1-4），在上面已经提到的重点地区之外，陕西地区也是一个出土金代梅瓶的重点地区，尽管材料有欠周详，但是也反映了以关中地区为中心的金代西北地区流行梅瓶的基本状况，而这也含有北宋的传统因素，从中又能看到金代西北地区与同期的西夏梅瓶之间的关系。

表7-1-4　金代其他遗址出土的梅瓶

年代	遗址	梅瓶		资料源	本书样式分类及图号
		数量	基本特征		
金	河南鹤壁市中新煤矿井下宋元古煤矿遗址	1	深色釉，腹部有瓦棱纹	《河南鹤壁市古煤矿遗址调查简报》图一：2，《考古》1960年3期	样式四25c，图7-2-13④
金	河北隆化县城北端隆化镇下洼子村土城子遗址T2第④层	1	残高28.4厘米。酱釉	《河北省隆化县土城子城址2005年试掘简报》图四：9，《北方文物》2008年1期	—
金	北京丰台郭公庄大葆台金代遗址	1	高36厘米。酱釉，无饰纹，肩部刮釉露胎一周	《北京大葆台金代遗址发掘简报》图版拾贰：3，《考古》1980年5期	样式三15，图7-2-8②
金	山西天镇县夏家沟金代居住遗址	1	高29厘米。黑釉剔花，肩部刮釉露胎一周	《山西天镇县夏家沟发现辽金时代居住遗址一处》，《文物》1955年9期148页附图	样式三14，图7-2-8①a、b
金	山东广城	1	高20.8厘米。白釉	荣子录《山东省广饶县博物馆馆藏瓷器选介》图六：1，《考古与文物》2001年2期	样式四21，图7-2-22④
金	内蒙古赤峰市城子乡辽金松山州城址	1	口径4.7厘米、底径10厘米。白釉黑花，褐彩草叶纹	张松柏、任学军《辽金松山州遗址调查》图六：7，《内蒙古文物考古》1986年，4期	样式一8a，图7-2-1③
金	辽宁新民县前当铺金元时期遗址	1	赭色釉，无饰纹	王增新《辽宁新民县前当铺金元遗址》图四：5，《考古》1960年2期	样式九1d，图7-2-29①
金	吉林省前郭尔罗斯蒙古族自治县塔虎城（他虎城）遗址	1	高30厘米。白釉，无饰纹	何明《记塔虎城出土的辽金文物》图九，图一：4，《文物》1982年7期	样式四23c，图7-2-22③，附录一总表四：23c
金	吉林省前郭尔罗斯蒙古族自治县他虎城遗址	1	高37厘米。缸胎，赭色釉，瓶身布满瓦棱纹	《吉林他虎城调查简记》图版捌：11，《考古》1964年1期	样式九2e，图7-2-30③
金	黑龙江省肇东县四站乡八里城遗址	1	灰陶，无釉，无饰纹	《黑龙江肇东县八里城清理简报》图二：10（右），《考古》1960年2期	样式二16c，图7-2-3④
金	河南新野县奕集公社于湾村	1	高48.5厘米。白釉黑花	魏忠策《新野县出土宋代瓷瓶》附图（左），《中原文物》1982年1期41页	样式四8c，图7-2-14⑤

续表

年代	遗址	梅瓶		资料源	本书样式分类及图号
		数量	基本特征		
金	河南新野县五星公社汪庄村	1	高41厘米。白地黑花	魏忠策《新野县出土宋代瓷瓶》，《中原文物》1982年1期41页	样式四27a，图7-2-15①
金末	河南镇平县	2	高49厘米。白釉黑花	苏芳林《河南镇平出土北宋梅瓶》图一、二，《江汉考古》1984年2期	样式四8b，图7-2-14⑨
金	河南洛阳宜阳县董王庄乡洞子沟村	1	高44厘米。白釉黑彩画花，腹部饰开光鸳鸯戏莲纹	罗国英《河南宜阳出土金代梅瓶》，《文物》1987年9期26页右图	样式四27b，图7-2-15②
金	河北献县	1	高54厘米。白釉黑彩画花，腹部饰缠枝牡丹纹	《河北省博物馆文物精品集》图版66，北京：文物出版社，1999年	样式四8a，图7-2-14①
金	辽宁省建平县三家子乡	1	高39.7厘米。天青釉，无饰纹。钧窑	《中国陶瓷全集·7·宋（上）》图版一八三，上海：上海人民美术出版社，2000年	样式一7，图7-2-1⑤
金	山西汾阳杏花村汾酒厂	1	高33.4厘米。茶叶末釉剔划花	任志录、孟耀虎《山西近年出土的梅瓶》图一：4，载于《中国古陶瓷研究·第六辑》，《中国出土瓷器全集·5·山西》图版150，北京：科学出版社，2008年	样式四31a，附录一总表四：31a，图7-2-18①a、b
金	陕西凤翔五曲湾公社杏树沟大队桑园村窖藏	3	其一高35.5厘米，其二高39厘米，其三高38.5厘米。耀州窑	沐子《陕西凤翔出土的唐、宋、金、元瓷器》图版贰：4，图六：4、2、3，《文博》1986年2期	样式四32a，图7-2-20①，图7-2-20②，图7-2-20③，附录一总表四：32a①
金	陕西耀县（今铜川市耀州区）	1	高30.5厘米。青瓷，刻花。耀州窑	《中国出土瓷器全集·15·陕西》图版167，北京：科学出版社，2008年	样式四32c，图7-2-20⑦a、b
金	陕西富平县龙桥沟	1	高34厘米。青釉刻花牡丹纹。耀州窑	杨培钧主编《陕西历史博物馆珍藏·陶瓷器》图版92，西安：陕西人民美术出版社，2003年	样式四28a，图7-2-15④
金	陕西榆林子洲县槐树岔乡西沟村	1	高33.5厘米。青瓷，刻划花。耀州窑	陈孟东《榆林地区一批馆藏宋、金、元瓷器》图版壹：2，《文博》1986年1期；《中国出土瓷器全集·15·陕西》图版195，北京：科学出版社，2008年	样式四29，图7-2-15⑤
金	陕西榆林佳县朱家坬乡郑家坬村	1	高38.5厘米。白釉，腹部题黑彩书词一首	陈孟东《榆林地区一批馆藏宋、金、元瓷器》图版贰：1，《文博》1986年1期	样式四23b，图7-2-22②
金	陕西绥德县薛家城子	1	高42厘米。白釉黑彩画花，折枝牡丹纹	陈孟东《榆林地区一批馆藏宋、金、元瓷器》图版壹：12，《文博》1986年1期	样式四19c，附录一总表四：19c①
金	陕西子洲县淮宁湾乡薛家城子	1	高38.4厘米。黑釉瓷	陈孟东《榆林地区一批馆藏宋、金、元瓷器》图版壹：10，《文博》1986年1期	样式四19c，附录一总表四：19c②
金	陕西子洲县驼儿巷乡李渠村	1	高42.5厘米。黄釉，刻花	陈孟东《榆林地区一批馆藏宋、金、元瓷器》图版壹：11，《文博》1986年1期	样式四8e，图7-2-14⑧
金	陕西绥德县薛家乡周家桥	1	高30厘米。黑釉，刻花	陈孟东《榆林地区一批馆藏宋、金、元瓷器》图版叁：7，《文博》1986年1期	样式四31d，图7-2-18⑤

2　湖北枝江县云盘湖乡观音桥四组的一处南宋遗址中出土了金代磁州窑烧造白釉黑剔花梅瓶（样式五3c例②，图7-2-25②），见刘信珍《湖北枝江县博物馆征集的白地黑花瓷瓶》插图，《江汉考古》1993年1期92页。又如，浙江宁波市天封塔地宫遗址（南宋绍兴十四年，1144年）出土了一对白釉釉下褐彩小梅瓶（样式四20a例①，附录一总表四：20a，图7-2-11①②），应该是当阳峪窑的制品，很可能也属于金代梅瓶。见林士民《浙江宁波天封塔地宫发掘报告》图六七、图六一：7，《文物》1991年6期22页。

3　本书第四章第三节对梅瓶礼仪性功用的研究曾引用的文献表明，金代在国家级礼仪活动中使用了盛酒的银质梅瓶作为礼仪性的供器，说明金代仍然有陶瓷之外的梅瓶在使用，但是它属于比较珍贵的器物。见〔金〕《大金集礼》卷三，《四库全书》史部十三·政书类二·仪制之属，文渊阁本。

（二）从考古资料初步归纳金代梅瓶总体特征

综合以上四份表格的内容，对于金代梅瓶的历史状况，可以归纳如下几点认识：

在时间分布上，金代梅瓶在早期和中晚期流行的普遍性似乎并无太大区别，但是金中晚期的梅瓶在数量和样式上仍然占多数，而且也更为丰富。

在空间分布方面，中原、华北、关中以及长城以北的原辽国核心地区是金代梅瓶最为流行的区域。此外，向东北地区的传播在金代梅瓶的分布区里有明显的表现。可以说，梅瓶在金代已经普及其全境，在辽代和北宋北方地区原有分布的基础上继续有所扩大。实际上，金代梅瓶的传播还到达了南宋辖境之内。[2]

比较集中地发现梅瓶的金代窑址主要有：河北的磁州窑，河南的鹤壁集窑、当阳峪窑，山西的长治八义窑、大同浑源窑、怀仁窑，以及山东的淄博博山窑。

仅从考古资料来看，金代的梅瓶使用的材质只有陶瓷这一种，目前尚未见到其他材质制造的金代梅瓶。[3]在金代梅瓶中，无饰纹深色釉粗器仍然属其中的大宗，在金代全境内几乎都能发现。此外，最引人注目的金代梅瓶陶瓷品种是白釉黑彩画花，这也是当时北方民间窑场最流行的陶瓷品种。在这方面，金代磁州窑梅瓶最具代表性，但是在河南、山西地区金代窑场烧造的白釉黑彩画花梅瓶也具有非常突出的时代特征和地区特征，而且同样代表了当时同类工艺的最高水平。此外，关中的耀州窑青瓷刻花梅瓶和山西窑场的黑釉系列的剔花梅瓶也都非常重要。

结合后文对金代梅瓶器形样式的分类研究结果来看，金代最流行的梅瓶样式主要是第四和第九类样式群，前者主要流行于中原、华北和关中地区，后者主要流行于原辽境核心地区；第二、第三和第一类梅瓶样式群在金代的流行规模相对较低。从器形特征来看，金代这些样式群的梅瓶各样式与北宋和辽代有密切的渊源关系。

二、考古发现的西夏梅瓶

与金代同期并存的西夏（1038～1227年），在两宋时期占据中国西北部的黄河河套地区及其周围大片区域，长达190年，其范围包括今宁夏全境以及陕西、甘肃、内蒙古、青海的一部分，在这段时间的这一区域内制造的梅瓶都属于西夏梅瓶的范围。目前所见西夏梅瓶资料显示，其流行年代主要集中在西夏中后期，与金代基本同时，故在此一并梳理和研究。

（一）西夏梅瓶考古资料

西夏梅瓶的考古材料相对较少，遗址类型主要是窑址和窖藏，相关墓葬极少。现择要分两部分列表梳理于下（表7-1-5、6）。

表7-1-5　西夏窑址出土的梅瓶

年代	窑址	梅瓶		资料源	本书样式分类及图号
		数量	基本特征		
西夏中晚期	宁夏灵武县磁窑堡窑址西夏地层	1	高49.8厘米。褐釉，肩部挂釉露胎一周。腹部有稚拙的釉上划花动物纹	《宁夏灵武窑》图版12，北京：紫禁城出版社，1988年	样式一13，图7-3-1
同上	同上	多件	酱黑釉，均残	《宁夏灵武窑》图版80、100、25。《宁夏灵武县磁窑堡瓷窑址发掘简报》图版肆：2，《考古》1987年10期	—
同上	同上	多件	残高32.4厘米。黑釉，剔刻花，多饰开光牡丹纹	同上，图版102	样式五7a，图7-3-4①
同上	同上	多件	残高25.5厘米。白釉，剔刻花，多饰开光牡丹纹	同上，图版4	样式五7a，图7-3-4②
同上	同上	多件	高31厘米。白釉，无饰纹	同上，图版44	样式五7a，图7-3-4③

表7-1-6　西夏窖藏、墓葬等遗址出土的梅瓶

年代	遗址	梅瓶		资料源	本书样式分类及图号
		数量	基本特征		
西夏	内蒙古伊金霍洛旗敏盖乡	2	其一高37.3厘米，其二高37厘米。黑釉，剔刻花，开光牡丹纹	王宇平《（内蒙古）伊盟郡王旗发现黑釉刻划瓶》，《文物参考资料》1958年5期72页	样式四37a，图7-3-3①；样式四37b，图7-3-3④
西夏	内蒙古伊金霍洛旗红庆河乡白圪针村东沙梁内窖藏	2	其一高39.5厘米，酱黑釉，剔划花。其二高19厘米，酱釉，无饰纹	高毅、王志平《内蒙古伊金霍洛旗发现西夏窖藏文物》图一：1，2，《考古》1987年12期	样式四37b，图7-3-3⑤；样式四37e，图7-3-3⑧
西夏	内蒙古准格尔旗准格尔召乡西夏窖藏	1	高23.4厘米。白釉	《准格尔旗发现西夏窖藏》图八，图二：6，《文物》1987年8期	样式五7b，图7-3-4④
西夏	甘肃武威西郊林场西夏一号墓	2	高13.5厘米。木质，无饰纹。带有塞盖	史金波、白滨、吴峰云编《西夏文物》图版259，北京：文物出版社，1988年	样式五7c，图7-3-4⑤

（二）从考古资料初步归纳西夏梅瓶总体特征

　　考古发现的西夏梅瓶虽然数量不太多，但是西夏特色鲜明而突出。

　　在西夏陶瓷遗址经由考古发掘以前，"西夏瓷"和西夏的梅瓶多不为人所重视。1984年至1986年间对宁夏灵武磁窑堡窑址的考古发掘，[4]使人们对西夏陶瓷开始有了一个比较全面深刻的认识，同时也发现大量具有西夏独特性的梅瓶标本。以后又陆续调查和发掘了灵武回民巷窑址。[5]近年来，有关研究机构还派

4　中国社会科学院考古研究所内蒙古工作队《宁夏灵武县磁窑堡瓷窑址发掘简报》，《考古》1987年10期。

5　杨焕新、马文宽《宁夏灵武县回民巷瓷窑址调查》，《考古》1991年3期；宁夏回族自治区文物考古研究所、灵武市文物管理所《宁夏灵武市回民巷西夏窑址的发掘》，《考古》2002年8期。

6　吕成龙《宁夏灵武市磁窑堡、回民巷古瓷窑遗址考察纪要》，《故宫博物院院刊》2006年4期。

7　中国社会科学院考古研究所内蒙古队《宁夏灵武县回民巷瓷窑窑址调查》，《考古》1991年3期226页；杭天《西夏瓷器》，北京：文物出版社，2010年，70～71。按：杭天先生还提出了一个推测，即内蒙古自治区伊克昭盟境内有可能存在属于西夏的所谓"伊克昭盟窑"，但这一推测目前并无实质性的考古证明。

8　中国社会科学院考古研究所《宁夏灵武窑发掘报告》，北京：中国大百科全书出版社，1995年，169页。

9　参见高毅、王志平《内蒙古伊金霍洛旗发现西夏窖藏文物》注2，《考古》1987年12期1095、1096页。

10　史金波、白滨、吴峰云编《西夏文物》图版259，北京：文物出版社，1988年，314页。

11　由于灵武磁窑堡窑址经过比较系统的考古发掘并出版过详细的考古发掘报告单行本，所以现在人们习惯于将磁窑堡窑址直接称之为"灵武窑"。但是，经过考古发掘发现，灵武地区的回民巷窑址和磁窑堡窑址不但相距很近（南北相距4公里），而且更重要的是，两个窑址的文化面貌非常统一，都具有明确的西夏特征，同时在时间上还有明显的重叠和连贯性，因此笔者认为，如果使用"灵武窑"这个概念的话，它的历史内涵中应该至少包括回民巷窑和磁窑堡窑这两个窑址，如需具体讨论，则应分别使用"回民巷窑（址）"和"磁窑堡窑（址）"。

员对这两处窑址做了考古调查。[6] 已知的西夏窑址还有宁夏贺兰山插旗沟窑址、甘肃武威塔尔湾窑址等。[7] 通过一系列考古学研究证明，西夏窑业在其建国前期（11世纪中叶，相当于北宋中期）便已兴起，西夏中晚期（相当于中原的北宋晚期和整个金代）为繁荣期，这个时期是西夏崇宗乾顺（1085~1139年）、仁宗仁孝（1140~1193年）统治时期，特别是与金朝保持80年友好关系期间，西夏陶瓷业获得了繁荣发展的良好的外部条件。[8] 在与宋辽金持续不断的接触中，西夏中晚期的窑火烧制出大量的样式独特的梅瓶。

数十年来，西夏的梅瓶在各类考古学遗址中陆续出土，逐渐纠正了过去人们把许多西夏陶瓷梅瓶归入宋代的错误。从材质来看，西夏梅瓶主要以陶瓷为质地，偶见极少量以其他材质制作的梅瓶，也表现出陶瓷梅瓶的绝对影响。

比较早发现的西夏梅瓶多出自西夏窖藏，除了上述表格发现的西夏窖藏陶瓷梅瓶，据称内蒙古鄂尔多斯博物馆还收藏有不少伊金霍洛旗境内发现的西夏陶瓷梅瓶。[9] 与辽、宋、金各代墓葬中多有梅瓶发现的现象不同，出自西夏墓葬的梅瓶很少见，目前仅见甘肃武威西郊林场西夏一号墓这一例，而且出土的两件成对的梅瓶是木制品。[10]

毫无疑问，最重要的西夏梅瓶资料来自西夏窑址的考古材料，包括窑址的发掘和调查所获，其中尤以宁夏"灵武窑"的回民巷窑址和磁窑堡窑址的考古发现尤为重要，[11] 特别是后者，出土数量之多、工艺质量之高、艺术风格之美是极为突出的，可以代表西夏梅瓶的最高水平，也最为集中地体现了西夏梅瓶独特的器形样式和装饰技艺的风貌。以此为线索，我们可以对证出海内外收藏的相关传世器物的出处和年代，进而确立西夏梅瓶在中国梅瓶历史上的地位。此外还有一些线索表明，地处西北的西夏仍有其他的一些窑址也很可能烧造了梅瓶，为我们研究西夏梅瓶诸问题提供了重要的依据。

三、考古发现的南宋梅瓶

如果说北宋时期南方梅瓶的普及程度不及北方的话，到了南宋（1127～1279年），考古材料证明，中国的整个南方地区已经非常普遍地流行梅瓶这种器物，其流行规模与同期的北方地区（即金代）已不相上下，而梅瓶的品质则各有胜场，南宋梅瓶的材质甚至更为丰富。

（一）南宋梅瓶考古资料

根据遗址性质和形态，南宋梅瓶的出土材料同样按墓葬、窑址及其他各类遗址来列表分别梳理（表7-1-7～10）。

表7-1-7　南宋纪年墓出土梅瓶

纪年	墓葬	梅瓶		资料源	本书样式分类及图号
		数量	基本特征		
南宋建炎二年（1128年）	甘肃陇西县仁寿山南宋李泽夫妇合葬墓	1	灰陶	陈贤儒《甘肃陇西县的宋墓》图版十五（右），《文物》1955年9期	样式七3，图7-4-14①
南宋绍兴二十一年（1151年）	四川成都龙潭乡保平村砖厂南宋宋京妻蒲氏墓（M1）	1	高36厘米。釉陶，无饰纹	《四川成都北宋宋京夫妇墓》图八：4，《文物》2006年12期	样式三7c，图7-4-5①
南宋绍兴三十年（1160年）	陕西安康市建民镇佘家窑村上许家台南宋王诚夫妇合葬墓	2	残剩上部，腹径20.9厘米。黑棕釉	《安康市上许家台南宋墓发掘简报》图一五：1，图一二：5，《考古与文物》2002年2期	—
南宋淳熙五年（1178年）	浙江丽水市保定凤凰山南宋何偶墓	2	均通高23厘米。青釉，肩部划弦纹。龙泉窑	朱伯谦主编《龙泉窑青瓷》图87-1、87-2，台北：艺术家出版社，1998年，122页	样式一〇14，图7-4-17②，图7-4-17③
南宋庆元元年（1195年）	浙江松阳县横山南宋程大雅墓	6	通高28厘米。青釉，瓶身布满瓦棱纹。四件带覆杯式盖。龙泉窑	朱伯谦主编《龙泉窑青瓷》图88-1、88-2，台北：艺术家出版社，1998年，123页	样式六1e，图7-4-10④a、b
南宋庆元五年（1199年）	江苏江浦县黄悦岭南宋张同之夫妇合葬墓章氏墓室（女室）	1	通高21.5，瓶高20.2厘米。银质。瓶身满饰卷草纹（或曰香草纹）。带覆杯式盖	《江浦黄悦岭南宋张同之夫妇墓》图一七、一八，《文物》1973年4期	样式三13h，图7-4-4⑥a、b
南宋嘉定二年（1209年）	江西省南昌县南宋墓	1	高21.2厘米。黑釉，剪纸贴花、划花，瓶身饰折枝梅纹。吉州窑	《江西考古三十年》，图版贰拾壹：3，《文物考古工作三十年1949-1979》，北京：文物出版社，1979年	样式六4a，图7-4-11①a、b
南宋淳祐九年（1249年）	江西安义县南宋李氏墓	1	通高23.4厘米。青白瓷，瓶身满饰涡纹。景德镇窑	刘品三《安义县发现一座宋墓》，《文物工作资料》1977年6期4页；唐昌朴《近年江西出土古瓷精品介绍》图版捌：2，《文物》1980年2期	样式八3b，图7-4-16⑫
南宋宝祐五年（1257年）	江西瑞昌县码头村南宋冯士履墓	2	白釉黑彩，腹部画缠枝水草莲花纹。磁州窑类型（扒村窑）	刘礼纯《江西瑞昌宋墓出土磁州窑系瓷瓶》图一，《文物》1987年8期	样式四8a，图4-3-11①②，附录一总表四：8a⑥⑦
南宋度宗咸淳十年（1274年）	湖北鄂州市汀祖镇丁家坳村马家塆南宋吕文显墓EDLM	1	高25.5厘米。白釉黑褐彩，腹部画梅花，胫部画回纹。吉州窑	《湖北鄂州汀祖南宋吕文显墓发掘简报》图三：1，《江汉考古》2008年1期	样式四17e，附录一总表四：17e，图7-4-7⑥
南宋恭帝德祐二年（1276年）	浙江衢州市郊瓜园村南宋史绳祖夫妇墓	1	通高22厘米。银质。无饰纹。带覆杯式盖	《浙江衢州市南宋墓出土器物》图版柒：1，《考古》1983年11期	样式三13i，图7-4-4⑦a、b

12 根据第四章第三节关于广东佛山地区在北宋晚期墓葬中流行用梅瓶作为骨灰坛和谷仓罐的研究，说明梅瓶早已传播至此，在南宋只是延续此前的地方性风俗。

纪年墓显示，南宋梅瓶的流行时间是从南宋初至南宋末，但是地区关系不平衡，南宋初的纪年墓集中在甘肃、四川、陕西，属于南宋西北部地区，而南宋中晚期的纪年墓则集中见于长江中下游和东南部地区。这种分布仍然继承了北宋的分布特点，但东南部地区普遍流行梅瓶随葬，可能与偏安朝廷带来的中原影响有关。关于这一点，可以继续考察出土梅瓶的南宋非纪年墓材料（表7-1-8）。

表7-1-8　南宋非纪年墓出土梅瓶

年代	墓葬	梅瓶		资料源	本书样式分类及图号
		数量	基本特征		
南宋前期	浙江龙泉南宋墓	1	青釉，无饰纹。带筒式盖。龙泉窑	《龙泉青瓷研究》图版肆：2，北京：文物出版社，1989年	样式六1b，图7-4-10①
南宋中晚期（梅瓶残片应属北宋）	湖北麻城市木子店镇上马石村宋墓2000MS·M1	1	SM1：7。残片。白釉褐彩珍珠地划花，缠枝纹。登封窑	《麻城上马石村宋墓清理简报》，封二：6，《江汉考古》2007年2期	—
13世纪（南宋晚期）	江西景德镇近郊宋墓	1	高26.7厘米。青白瓷。景德镇窑	《景德镇出土陶瓷》图26，香港大学冯平山博物馆，1992年	样式六6a，图7-4-12④
南宋	安徽宿松县宋墓	2	通高32厘米。青白瓷，无饰纹。带筒式盖。景德镇窑	《安徽省博物馆藏瓷》图版61，北京：文物出版社，2002年	样式八3a，图7-4-16⑥
南宋	安徽宿松县宋墓	2	高18厘米。青白瓷，印花，适形折枝花。景德镇窑	《安徽省博物馆藏瓷》图版62，北京：文物出版社，2002年	样式六5a，图7-4-12①
南宋	江苏南京幕府山宋墓	1	高35.1厘米。米黄釉褐彩，缠枝卷草纹。吉州窑	《南京幕府山宋墓清理简报》图版叁：4，《文物》1982年3期	样式四17d，图7-4-7④
南宋	江苏武进村前南宋墓	1	通高11.2厘米。锡质，明器。带覆杯式盖	陈晶、陈丽华《江苏武进村前南宋墓清理纪要》图八：8、图九：19，《考古》1986年3期	样式六3i，图7-4-13⑦，附录一总表六：3i
南宋	广东佛山市澜石鼓颡岗小型土坑墓	1	高31厘米。灰白色胎，无釉，酱彩，腹部画开光高士饮酒图	《广东出土的古代陶坛续介》图版捌：9，《考古》1965年6期	样式七6，图7-4-14⑥

从非纪年墓的分布来看，整个长江中下游地区在南宋时期都很盛行以梅瓶随葬，是南宋时期梅瓶最流行的区域，向南分布最远的到达了广东佛山地区。[12]

表7-1-9　南宋窑址出土的梅瓶

年代	窑址	梅瓶		资料源	本书样式分类及图号
		数量	基本特征		
南宋	江西景德镇湖田窑址	多件	均为青白瓷残器，且仅存下腹和足底部，圈足。其一（96B·采：96），足径10厘米。其二（93Ⅰ：11），足径11厘米	《景德镇湖田窑址——1988—1999年考古发掘报告》，图一四五：6，图一四五：4，彩版六三：3，北京：文物出版社，2007年	—

续表

年代	窑址	梅瓶		资料源	本书样式分类及图号
		数量	基本特征		
南宋	江西吉安市永和镇吉州窑址	1	高19.2厘米。黑釉剔划花	陈柏泉《江西出土的几件宋代吉州窑瓷器》图版肆：4，《文物》1975年3期49页	样式六4a，图7-4-11④
南宋	浙江杭州老虎洞南宋官窑遗址	多件	高23.5～33.5厘米。青釉。带覆杯式盖。南宋官窑（修内司窑）	杜正贤主编《杭州老虎洞窑址瓷器精选》图版16（附该瓶俯视图），北京：文物出版社，2002年	样式三6，图7-4-2
南宋	浙江慈溪寺龙口越窑遗址	1	高20.2厘米。青瓷，划花，牡丹纹。配覆杯式盖。越窑	《寺龙口越窑址》彩图247，图一〇九：4，北京：文物出版社，2002年	样式三13，图7-4-4①a、b
南宋（北宋晚期至南宋前期）	浙江泰顺玉塔宋代窑址	1	Y1：72，足底部残缺。残高14.5厘米、口径4.5厘米。青白瓷	《浙江泰顺玉塔古窑址的调查和发掘》图七：6，图六：23，载《考古学集刊1》，北京：中国社会科学出版社，1981年，222页	—
南宋	福建省德化县盖德碗坪仑瓷窑址	1	高约26厘米。褐黄色酱釉，无饰纹	《德化窑》图五五：8，北京：文物出版社，1990年	样式二23，附录一总表二：23
南宋前期	福建泉州晋江磁灶窑金交椅山窑址Y2	1	Y2：22，高20.3厘米。Y2：21，高19.6厘米。酱釉，半釉	《磁灶窑址——福建晋江磁灶窑址考古调查发掘报告》图版七九：1，图版七九：2，北京：科学出版社，2011年	样式四38，图7-4-8①；样式一〇13，图7-4-17①
南宋中晚期	福建晋江磁灶窑金交椅山窑址Y1、Y4	2	Y1：23，高32.4厘米。Y4：51，高30厘米。Y1：24，高22厘米	同上，图版七〇：7，图版一〇五：4，图版七〇：6	样式四41，图7-4-8②a、b，③；样式七7b，图7-4-15③
南宋	福建泉州晋江磁灶窑曾竹山窑址	多件	高16.4~20.5厘米	陈鹏、黄天柱、黄宝玲《福建晋江磁灶古窑址》图七：2，《考古》1982年5期	样式四41，图7-4-8④；样式七7a，附录一总表七：7a
南宋	四川乐山西坝窑遗址	1	白釉黑彩画花	董小陈、陈丽琼《简谈重庆、四川仿磁州窑系绘花艺术》图六，载于《中国古陶瓷研究·第十六辑》彩图一八，北京：紫禁城出版社，2010年	样式三13g，图7-4-4③

　　在考古材料中，出土梅瓶的南宋窑址集中见于浙江、江西、福建，浙江窑址的性质还包括了官窑和民窑，而福建窑址则包括了专门烧造外销瓷的窑场。至于南宋其他各类遗址也反映大体一致的状态（表7-1-10）。

表7-1-10　南宋其他遗址出土的梅瓶

年代	遗址	梅瓶		资料源	本书样式分类及图号
		数量	基本特征		
南宋绍兴十四年（1144年）	浙江宁波市天封塔地宫遗址	2	其一高9.8厘米，其二高10厘米。白釉褐彩，瓶身分别画蝌蚪形单元组成的朵花和朵云状纹数组	林士民《浙江宁波天封塔地宫发掘报告》图六八、图六七、图六一：6、7，《文物》1991年6期	样式四20a，附录一总表四：20a，图7-2-11①②a、b
南宋（标本年代：北宋晚期）	浙江杭州南宋恭圣仁烈杨皇后宅遗址水池底层	1	SC：77。仅存口、颈、肩局部，残高5.8厘米。青瓷。汝窑	《南宋恭圣仁烈皇后宅遗址》彩版四三，北京：文物出版社，2008年，34页	图4-4-5
南宋	江西九江市省财经会计学校基建工地	1	高32.7厘米。白釉褐彩花，瓶身画缠枝卷草纹（香草纹）	户亭风《九江市郊出土的两件吉州窑瓷器》，《江西文物》1981年1期，封三：上	样式三7d，图7-4-5②a、b
南宋	四川安县永兴乡	1	高22.8厘米。青白瓷，瓶身划涡纹	刘佑新、谢明刚《安县馆藏文物精萃》图三，《四川文物》2000年6期	样式三21，附录一总表三：21①
南宋	安徽巢湖周郦村	1	高29厘米。白釉，黑彩，瓶身画黑地莲花纹。吉州窑	《中国美术全集·工艺美术编·2·陶瓷（中）》图版185，上海：人民美术出版社，1988年	样式四17d，图7-4-7⑤
南宋	四川彭州西大街南宋金银器窖藏	10	高18.7～21.7厘米。银质。素面或錾花	《四川彭州宋代金银器窖藏》，北京：科学出版社，2003年	样式六3b，图7-4-13①～⑥，附录一总表六：3b~3g
南宋晚期	四川省德阳县孝泉镇清真寺宋代窖藏	2	银质。带盖者通高21厘米，錾刻云头纹；无盖者，高19.7厘米，无饰纹	沈仲常《四川德阳出土的宋代银器简介》图版五：6，图1，《文物》1961年11期	无盖者属样式六3h，附录一总表六：3h
南宋晚期	四川遂宁金鱼村南宋窖藏	8	通高20.1～41厘米。青白瓷，带覆杯式盖或筒式盖	成都文物考古研究所、遂宁市博物馆编著《遂宁金鱼村南宋窖藏》（上、下册），北京：文物出版社，2012年	样式八3，图7-4-16①～⑤
南宋（梅瓶属金代）	湖北枝江县云盘湖乡观音桥四组	1	高31.4厘米。白釉黑剔花，缠枝牡丹纹，仰、覆菊瓣纹	刘信珍《湖北枝江县博物馆征集的白地黑花瓷瓶》插图，《江汉考古》1993年1期92页	样式五3c，图7-2-25②

（二）从考古资料初步归纳南宋梅瓶总体特征

根据以上四份表格的内容，可以对南宋梅瓶形成以下几点认识：

南宋梅瓶的时间分布从早期到晚期都存在，空间分布呈西北向东南延伸的趋势。南宋早期的梅瓶曾见于甘肃和陕西关中地区的墓葬中，但随后这一地区分别被金或西夏所占领。因此从地区性的角度来说，这一地区的南宋早期墓出土的梅瓶可以和金代西部及西夏的梅瓶一同考虑其时代特征问题。至于从长江上游的四川地区到中下游的湖北、江西、安徽、江苏以及转向东南方的浙江、福建并折向岭南的广东地区，在这片广阔的区域内，南宋时期流行的梅瓶最能体现当时南方梅瓶的特点。

在北宋和辽代，中原和南方的梅瓶就曾经远播辽境，宋境之内也存在多种方式的南北交流，这种交流在南宋和金代之间也仍然存在着，并表现在梅瓶之上。上文通过材料的梳理已经指出，金代梅瓶的传播到达了南宋辖境，而实际上，南宋的梅瓶也传播到金代地区。[13]而且有证据表明，在金代灭亡之后的南宋末期，河南窑场盛烧的白釉黑彩画花梅瓶仍然出现在南宋墓葬当中。[14]

出土梅瓶的南宋窑址有：浙江杭州老虎洞南宋官窑遗址、慈溪寺龙口越窑遗址、江西景德镇湖田窑遗址、吉安永和镇吉州窑、福建德化窑盖德碗坪仑、晋江磁灶窑遗址、四川乐山西坝窑遗址等，此外还有一些地方性小窑。另外，结合墓葬和其他遗址的出土物来看，南宋时期的龙泉窑以及广东佛山一带、陕西关中一带也都在以各地的工艺传统来烧造梅瓶。

与北宋时期相比，南宋陶瓷梅瓶的工艺品种已非常丰富。如上述窑场中，南宋官窑的青瓷器、越窑和龙泉窑的青瓷刻花器、景德镇湖田窑为代表的青白瓷器、吉州窑的黑釉剔刻花器等都是当时的名品，而各地方性窑场内也都有一些颇具特色的品种。

除陶瓷梅瓶之外，整个长江流域在南宋时期还流行其他材质的梅瓶，主要包括银、锡等材质。这两种材质的梅瓶在北宋晚期已经分别出现在河南和苏南地区的墓葬中，到了南宋则变得更为普遍。考古材料显示，这两种材质的梅瓶在南宋集中出现于某些地区，如银质梅瓶主要见于苏南、浙江和四川地区，而锡质梅瓶一如北宋，仍然只见于苏南地区。

上述每一份表格中都记录了考古发现的梅瓶尺寸，综合来看，南宋梅瓶的尺寸与北方的金代、西夏梅瓶相比，普遍偏于短矮，这一点与北宋时期南方梅瓶的基本特征是一脉相传的。从下文详细研究的内容当中将可以看到，南宋梅瓶的器形样式出现了新的变化趋势。

以上，通过对金代、西夏、南宋这一时期梅瓶考古材料的梳理，从总体上勾勒了梅瓶在不同区域的分布、流传及彼此关系的一个粗略轮廓。

13　河南许昌市文峰路金中晚期墓M3出土了一件龙泉窑的青瓷梅瓶和瓶座，应该是南宋时期烧造的，见《许昌文峰路金墓发掘简报》彩版三：5、图四：7，《中原文物》2010年1期。

14　如江西瑞昌南宋宝祐五年（1257年）冯士履墓，时值金灭以后的蒙古时期，而墓中就出土了一对很可能是扒村窑或其他河南窑场烧造的白釉黑彩画花梅瓶，从其画花的题材、造型、布局以及工艺特点等方面来看，都表明了两瓶具有金末到蒙古时期流行的特点，可参见第八章第二节的有关内容。见刘礼纯《江西瑞昌宋墓出土磁州窑系瓷瓶》图一，《文物》1987年8期。

15　采自：台北"故宫博物院"编纂《宋瓷名品
　　图录·定窑、定窑型》图版12，附图12，东
　　京：学习研究社，1973年，41页。

第二节

金代梅瓶器形样式分类研究

　　金代梅瓶的器形是在延续北宋和辽代有关样式的基础上不断衍化的结果，从大趋势来看，金代梅瓶的体态仍然是矮体、丰体、高体并存，共包含九类样式群，即第一至第七、第九、第一〇类样式群，没有第八类样式群，样式数量极多。表明金代是中国梅瓶繁荣期最重要的一部分。

一、第一类样式群

　　与北宋和辽代相比，金代第一类样式群的梅瓶材料较多，因此样式也较多，可以分为7种样式，既包括延续前朝的样式，也出现了新样式，时代特征鲜明。

（一）样式一5

　　本样式在金代仍然只在定窑白瓷梅瓶上延续，形成金代特征的亚型。

　　样式一5b：口颈部与北宋样式一5a相同，瓶身拉长成高体，肩部显平耸，下腹斜收延长，使瓶身近似楔形。胫部内曲后转成微微外撇的足壁，这是金代的明显特征。见于定窑白瓷刻划花梅瓶。例如：

　　①台北"故宫博物院"藏定窑白釉划花萱草转枝莲花纹"梅瓶"1件（图7-2-1①a、b）[15]，高35.4厘米、深33.5厘米、口径4.7厘米、足径9.4厘米、腹围58.7厘米。

（二）样式一7

　　高体。折沿圆唇小环口，向上略收束的柱状短颈，口颈肩转折较明确，瓶体修长呈倒滴水状，圆肩趋于平耸，上腹鼓，下腹向内斜收，至胫足部直立，隐圈足，平底，修底整齐。只见一例钧窑器，例如：

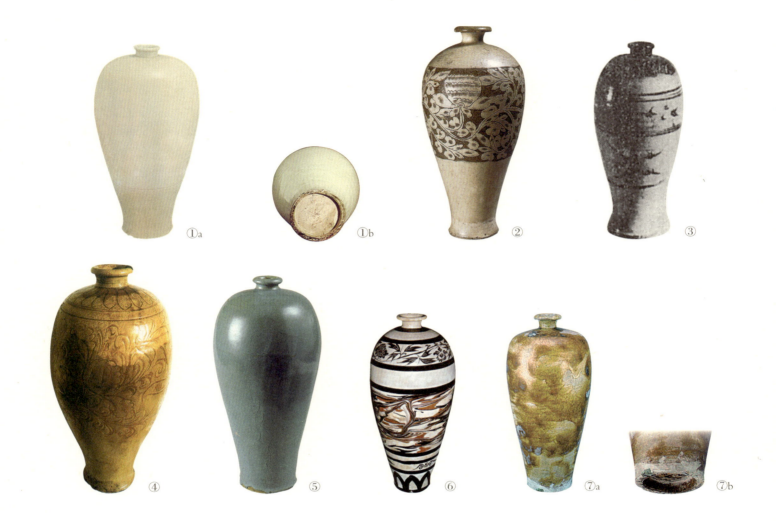

图7-2-1　金代梅瓶样式一5、12、8、7、9、11　（0 _____ 10 cm）

①辽宁省建平县三家子乡出土钧窑天青釉"梅瓶"1件（图7-2-1⑤）[16]，高39.7厘米、口径5.7厘米、腹径18.9厘米、底径10.6厘米。

（三）样式一8

高体。外折圆唇小口，柱颈，修长的瓶身均有明显的S形轮廓，圆肩微耸，上腹较鼓，下腹弧状长势斜收，胫部内曲成束腰状，足壁外撇，隐圈足。本样式是从金代延续至元代，根据各部差异统一分为a～d共4个亚型，金代器属a、b两个亚型。

1. 样式一8a：瓶体修长，上腹弧度较缓和。见于北方的白釉黑彩画花器。例如：

①内蒙古赤峰市城子乡辽金松山州遗址出土白釉黑褐彩画花"长瓶"1件（图7-2-1③）[17]，口径4.7厘米、腹径16.5厘米、底径10厘米。

16　采自：《中国陶瓷全集·7·宋（上）》图版一八三，上海：上海人民美术出版社，2000年。此瓶现藏于辽宁省博物馆。

17　采自：张松柏、任学军《辽金松山州遗址调查》图六：7，《内蒙古文物考古》第4期72页，1986年。

18　采自：《中国出土瓷器全集·4·内蒙古》图版128，北京：科学出版社，2008年。此瓶现藏于敖汉旗博物馆。

19　采自：秦大树、李鑫《卡尔贝克的"焦作窑"——当阳峪窑研究史与窑业特征驳议》图5，《中国古瓷窑大系·中国当阳峪窑》222页，北京：中国华侨出版社，2011年。

20　采自：《中国陶瓷全集·9·辽西夏金》图版一〇，上海：上海人民美术出版社，2000年。参见辽宁省博物馆编《辽瓷选集》图版57，北京：文物出版社，1961年，6页。后者提供的尺寸与前者小异，足径9.5厘米。

21　采自：《中国出土瓷器全集·5·山西》图版66，北京：科学出版社，2008年。此瓶现藏于大同市博物馆。

22　采自：《中国陶瓷全集·7·宋（上）》图版一四三，上海：上海人民美术出版社，2000年。

图7-2-2　金代梅瓶样式一10　（0 _____ 10 cm）

2. 样式一8b：上腹鼓胀，撇足幅度不大，加上足径很小，显得重心不稳。见于黄釉刻划花器。例如：

②内蒙古敖汉旗下洼镇牛家窝铺出土金代黄釉刻花牡丹纹"梅瓶"1件（图7-2-1④）[18]，高42.3厘米、口径6.3厘米、底径11厘米。

（四）样式一9

高体。微侈的圆卷唇小口，柱颈微束，瓶身高挑呈萝卜状，圆肩，上腹鼓，下腹长势斜直下收至底。见于当阳峪窑的绞釉画花器。例如：

①英国的不列颠博物馆藏金代当阳峪窑绞釉白地黑彩画花牡丹纹"梅瓶"1件（图7-2-1⑥）[19]，尺寸不详。

（五）样式一12

高体。折沿卷唇小口，柱颈微侈，瓶身近似倒滴水状，肩部和上腹呈球状，下腹斜收，胫部下端收束，外撇隐圈足。见于赤峰缸瓦窑白釉剔刻花器。例如：

①辽宁省博物馆藏赤峰缸瓦窑白釉剔刻花缠枝牡丹纹"瓶"1件（图7-2-1②）[20]，高39.3厘米、口径6.9厘米。

（六）样式一11

外折圆唇较厚，柱颈微侈，颈肩方折，瓶身呈修长的楔形，宽平肩微斜，肩腹圆转，上腹鼓，下腹斜直内收，足壁直立，平底隐圈足，挖足较深。见于山西的黄釉器。例如：

①山西太原南郊寨沟M31出土黄釉"梅瓶"1件（图7-2-1⑦a、b）[21]，高32.8厘米、口径4.9厘米、底径8.6厘米。

（七）样式一10

折沿圆唇口，束颈极短，瓶身呈墩式筒状，斜平肩，肩腹圆折，中腹微鼓，下腹斜收直底，浅隐圈足。见于磁州窑白釉划花器。例如：

①北京故宫博物院藏磁州窑白釉划花缠枝牡丹纹"瓶"1件（图7-2-2）[22]，高33厘米、口径5.7厘米、底径10厘米。

（八）金代梅瓶第一类样式群部分器物产地和年代判断

表7-2-1　金代梅瓶第一类样式群部分器物产地和年代分析表

梅瓶	以往的判断	笔者的判断	主要理由
样式一5b例①	宋[23]	金	从两宋时期的考古材料来看，梅瓶的平耸肩和撇足从金代开始才比较普遍地流行，而萱草衬托转枝莲花纹是金代定窑、南宋景德镇窑和吉州窑基本上同时流行开来的。器形和饰纹这两方面的特点，在这件定窑白瓷梅瓶上同时出现，因此笔者认为其属于金代
样式一7例①	宋，钧窑[24]	金	器形和胎釉特征
样式一8例①	辽[25]	金、元之间，赤峰缸瓦窑	金赤峰缸瓦窑施釉方法与中原窑场决然不同，其口颈肩部施酱釉、腹胫部施白釉，应是赤峰缸瓦窑较特殊的做法。瓶身简略、粗率的褐彩画花具有金代特点，器形则兼具元代特征，故此瓶年代很可能在金晚期到元初期之间

二、第二类样式群

　　金代第二类样式群的梅瓶见有8种样式，以高体、丰体和瘦高体为主，其中多数的高体和丰体样式是从北宋样式继承或演变而来的，另有少数瘦高体"鸡腿瓶"样式表现出梅瓶的器形影响。

（一）样式二10

　　高体。金代的样式二10只见一个亚型，与北宋和辽代同一样式的亚型区别较大。

　　样式二10f：圆唇小侈口，短束颈，修长挺拔的瓶身呈倒滴水状，肩腹圆鼓呈球状，下腹长斜收至足，足部直立，平底隐圈足。金代此样式只见于钧窑器。例如：

　　①上海博物馆藏金代钧窑天蓝釉"梅瓶"1件（图7-2-3⑤）[26]，高37.9厘米、足径8.5厘米。

（二）样式二16

　　高体。这是在北宋样式二10的基础上，通过突出胫部的内曲和足部的外撇而形成的金代样式，可分为a、b、c共3个亚型。

　　1.样式二16a：北宋定窑梅瓶样式二10a加小撇足，隐圈足，高体。见于定窑与鹤壁集窑。例如：

　　①北京故宫博物院藏定窑白瓷划花缠枝牡丹纹"瓶"1件（图7-2-3①）[27]，高45.4厘米、口径5.1厘米、足径10.8厘米。

　　②河南鹤壁集瓷窑址出土白釉黑彩画花撇点纹"Ⅰ式瓶"1件（图7-2-

23　前揭《宋瓷名品图录·定窑、定窑型》图版12说明。

24　前揭《中国陶瓷全集·7·宋（上）》图版183说明（刘莉撰），273页。

25　前揭张松柏、任学军《辽金松山州遗址调查》，《内蒙古文物考古》第4期72页。

26　采自：张东《从上海博物馆藏梅瓶浅谈中国梅瓶的发展》图三，《中国古陶瓷研究·第六辑》，北京：紫禁城出版社，2000年，150页。按：上海博物馆有一件金代钧窑梅瓶与此瓶几乎完全相同，但釉色灰淡，展标描述为"月白釉"，不知是否即此瓶。

27　采自：《中国陶瓷·定窑》图版82，上海：上海人民美术出版社，1983年。

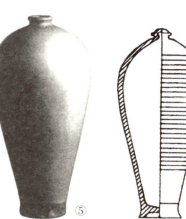

图7-2-3　金代梅瓶样式二16、10、17　（0 ⊢⊢⊢⊢⊢⊢ 10 cm）

28　采自：河南省文化局文物工作队《河南省鹤壁集瓷窑遗址发掘简报》图版贰：9，图一〇：1，《文物》1964年8期8页。发掘简报在讨论窑址地层时称此瓶为"小口短颈白釉瓶"。

29　采自：北京艺术博物馆编《中国古瓷窑大系·中国定窑》图版168，北京：中国华侨出版社，2012年。

30　采自：肇东县博物馆《黑龙江肇东县八里城清理简报》图二：10右，《考古》1960年2期37页。

31　采自：张增午《河南林县金墓清理简报》图四：8，《华夏考古》1998年2期38页。

32　采自：许继生《黑龙江省齐齐哈尔富拉尔基辽墓清理简报》图版二：1，《北方文物》1999年3期41页。

3③，附录一总表二：16a②）[28]，高23厘米、口径4厘米。

2. 样式二16b：将亚型a的定窑器压缩成丰体而成。例如：

③河北省曲阳县文物保管所藏金代定窑白瓷"梅瓶"1件（图7-2-3②）[29]，高33厘米、口径6.4厘米、底径11.2厘米。

3. 样式二16c：将亚型b的胫部拉长成细腰状，使肩部和上腹呈球状，小撇口，隐圈足。见于东北地区的陶器。例如：

④黑龙江省肇东县四站乡八里城遗址出土灰陶素面"陶瓶"1件（图7-2-3④）[30]，尺寸不明。

（三）样式二17

高体。尖唇小撇口，束颈极短，瓶身修长如鸡腿状，溜肩，上腹外鼓，下腹长斜收，胫部下端内曲，外撇平底隐圈足。配圆形塞式小盖，盖径小于瓶口径。例如：

①河南林县文明街金皇统三年（1143年）墓LM2出土褐釉瓦棱纹"鸡腿瓶"1件（M2：3，图7-2-3⑥）[31]，高37厘米、口径3厘米、底径10厘米、腹径18厘米。

（四）样式二20

丰体。外撇小口，方唇平沿，短束颈，瓶身呈粗卵状，丰肩、鼓腹，下腹弧收至底，隐圈足，底心略凸。例如：

①黑龙江省齐齐哈尔市富拉尔基区M1出土白釉黑彩划花折枝牡丹蝴蝶纹"梅瓶"1件（图7-2-4①）[32]，高28厘米、口径5厘米、腹径20厘米、底径6.9厘米。

图7-2-4　金代梅瓶样式二20、21　（0 ⊢⊢⊢⊢⊢⊣ 10 cm）

33　采自：北京市文物管理处《北京市通县金代墓葬发掘简报》封三：4，图一八：7，《文物》1977年11期13页。

34　采自：永吉县文管所《吉林永吉旧站金代墓调查简报》图二：10，《北方文物》1989年1期48页。

35　采自：《观台磁州窑址》彩版二三：4，图九二：4，212、214页。在报告中属"黑釉瓶Ⅳ型2式"。

36　采自：陶富海《山西襄汾县南董金墓清理简报》图一三，《文物》1979年8期。

（五）样式二21

丰体。圆唇小撇口，束颈，倒滴水形瓶身，宽圆肩，上腹外鼓，下腹斜收，胫部略内曲，足壁直或微撇，平底浅隐圈足，或平底足。根据各部差异可分为a、b两个亚型：

1. 样式二21a：肩较宽平，下腹和胫部内曲不太明显，足壁直，极浅的隐圈足。例如：

①北京通县城关公社砖厂金中期石宗璧女性家属女真贵族克石烈氏墓M2出土黑釉"瓷瓶"2件（成对，图7-2-4②，附录一总表二：21a）[33]，高20.8厘米、口径4厘米、腹径12厘米、底径7.5厘米。

2. 样式二21b：圆肩呈半球状，下腹和胫部内曲较明显，足壁微撇，平底足。例如：

②吉林省永吉县乌拉街满族镇旧站村金墓（YWJ：1）出土缸胎赭釉瓦棱纹"缸坛"1件（图7-2-4③）[34]，高24.5厘米、口径5.5厘米、腹径17厘米、底径10.5厘米、厚0.8厘米。

（六）样式二18

丰体。口颈部与北宋样式二7相近：平折沿式小撇口，束颈极短。差异在于：瓶身较瘦，肩腹圆折明显，腹壁上下较直，仅中部微鼓，平底隐圈足的足径与肩径几乎相等，整体器形近似筒状。见于观台窑址及北方窑口同类粗器。例如：

①河北磁县观台镇磁州窑址二期后段（1101~1148年）地层出土黄色细胎棕色酱釉"变形梅瓶"标本之一（Y6②：47，图7-2-5①，附录一总表二：18①）[35]，高36.8厘米、口径5.2厘米、底径14.7厘米。

②山西襄汾县永固公社南董大队金墓出土黄绿色釉"鸡腿坛"1件（图7-2-5②）[36]，高26厘米、口径4.8厘米、底径9.2厘米。

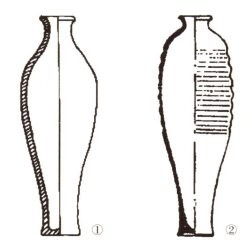

图7-2-5　金代梅瓶样式二18　（0 ⊢⊢⊢⊢⊢⊣ 10 cm）

图7-2-6　金代梅瓶样式二19、22

（0 ⊢⊢⊢⊢⊢⊣ 10 cm）

37 采自：迁安市博物馆《迁安小王庄金代墓葬清理简报》图三：5，《文物春秋》2006年3期40页。

38 采自：毕南海《邢定二窑的关系及制品考》图五，《文物春秋》1997年增刊53页。作者在文中简要叙述了金元时期北方战乱破坏了当地如定窑、磁州窑等著名窑场，因此在"邢窑原址附近又恢复了少量生产"，并插入该瓶剖视图示意，意谓此瓶是金元时期这一带产品，但未注明其出处，也无具体描述。关于邢窑原址（以及定窑范围内）在金代烧造"鸡腿瓶"的情况，叶喆民先生在调查的基础上撰写的论文中曾做过明确论述，如1980年他与傅振伦、王舒冰、杨文山等先生在临城泜河北岸附近的岗头、澄底一带古窑址上，找到"具有金代'鸡腿瓶'特点的黑釉残器"，"在岗头与南程（按，即临城南程村）两地调查中都发现有金代常见的'鸡腿瓶'残片。这类黑釉器物在以前两度去定窑调查时也发现不少"，他还引述《金史》记载的"真定府土产有瓷器"作为说明，见叶喆民《邢窑刍议》，《陶瓷研究与职业教育》1982年1期，1、3页。

39 前揭《河南省鹤壁集瓷窑遗址发掘简报》，《文物》1964年8期2、11页。此次发掘分东西二区，地层共8层，当时的发掘者在断代问题上将这两区8层合为6段，以东区第八层为最早，属唐代末期，以西区第一层为最晚，属元代初期，其中东区第一、二层和西区第二层合为第五段，年代属北宋晚期，从北宋晚期到元代初期之间，没有金代层。

40 王文强《金代鹤壁窑和观台窑的比较研究》注释［1］，《中国古陶瓷研究·第十六辑》472页，北京：紫禁城出版社，2010年。

41 鹤壁市博物馆（执笔：王治平）《河南省鹤壁集瓷窑遗址1978年发掘简报》，文物编辑委员会编《中国古代窑址调查报告集》336页，北京：文物出版社，1984年。此次发掘确定了四层文化层，分为三期，第四层为第一期，属北宋中晚期，第三、二层为第二期，属于金代，两层分别属金代前、后两期，第一层为第三期，属于元代。

42 南阳地区文物队等《河南方城金汤寨北宋范致祥墓》，《文物》1988年11期。

（七）样式二19

瘦高体。方唇小撇口，束颈较长，窄陡肩，上腹略鼓，下腹斜收，胫部瘦长内曲，平底足微撇。例如：

①河北迁安市小王庄金早期墓98QXM1出土缸胎黑釉"鸡腿瓶"1件（98QXM1：1，图7-2-6①）[37]，高43厘米、口径6.3厘米、底径8.6厘米。

（八）样式二22

瘦高体。方唇小撇口，束颈，瘦长的瓶身呈棒槌状，窄溜肩，上腹较直，下腹斜收，胫部细长内曲，足壁微外撇，平底隐圈足，挖足极浅。例如：

①河北内丘县城关及临城县陈刘庄、祁村一带的邢窑原址附近出土粗胎瓦棱纹"鸡腿瓶"1件（图7-2-6②）[38]，尺寸不明。

（九）金代梅瓶第二类样式群部分器物产地和年代判断

表7-2-2 金代梅瓶第二类样式群部分器物产地和年代分析表

梅瓶	以往的判断	笔者的判断	主要理由
样式二16例①	北宋，定窑	金代	平耸肩、内曲胫、撇足等表现出金代特征
样式二16例②	北宋晚期[39]	金代早期	王文强先生经研究认为：1963年的《鹤壁集瓷窑遗址发掘简报》原定为北宋晚期的第五段应为金代而非北宋。[40]参照鹤壁集窑址1978年的考古发掘报告，鹤壁集窑金代器物的釉色和纹饰多与磁州窑金代器物相似，在金代达到了"烧造工艺的高峰"。[41]此瓶用黑彩画简略撇点纹的做法表现出较早的特点，如与其基本一致的纪年实例见于河南方城金汤寨北宋崇宁元年（1102年）范致祥墓出土的一件白釉黑彩画花碗，[42]说明类似的装饰从北宋晚期已出现，因此该瓶年代范围应介于范致祥墓纪年与金代大定年间，结合地层判断，应以金代早期为较妥

续表

梅瓶	以往的判断	笔者的判断	主要理由
样式二 20例①	墓葬年代先后见三说：一、辽代，此瓶被认为是输入辽地的北宋磁州窑器；[43]二、辽代晚期；[44]三、金代，此瓶被认为是金代观台磁州窑制品[45]	金代前期	结合观台磁州窑址北宋和金代地层出土标本来做比较，应以金代说为是。此瓶器形和装饰具有观台磁州窑金代前期的特点
样式二16例④	—	金	圆鼓的肩部和上腹、束腰状的胫部、撇足，是金代梅瓶的典型特征
样式二19例①	—	河北北部地方性窑场	釉色呈泛绿的黑褐色，施釉不到底，很可能是河北北部地方窑场烧造
样式二22例①	—	原邢窑所在地金代窑场	在相邻的临城山下金代瓷窑遗址中也出土了与之形式相同的"鸡腿瓶"残器（T2Y2火膛：6）[46]，可见这是金代河北南部临城一带流行的"鸡腿瓶"式梅瓶样式之一

三、第三类样式群

金代的第三类样式群梅瓶现有6种样式，主要流行于磁州窑以及河南、山西等地磁州窑类型的器物上。需要说明的是，在金代这部分材料中所包含的观台磁州窑梅瓶里，有一些实例是出土于该窑址二期后段地层的标本，有一些实例则是与这类标本同时代的器物，观台二期后段地层的年代跨越了北宋末期到金代初期，因目前还难以具体区别其中的北宋器和金代器，故本书权且将这两种材料都置于金代部分来加以梳理和讨论。

（一）样式三13

丰体。折沿式小浅盘口，盘口深度不一，口壁或直或圆，柱颈，口颈圆折或方折，颈肩方折，瓶身分别呈卵状、倒滴水形、楔形，隐圈足，多为平底，也有圆凸底，挖足都不太深。

本样式在金代、南宋、西夏和元代均有不同形态的亚型在流行，现将材料分为a～j共10个亚型，金代器属其中最丰满的a～e亚型。

1. 样式三13a：盘口极浅，有时呈内外双唇（即口内径和外径处都有翘立的唇沿），内外唇之间呈弧面凹槽——这种口形与第五类样式群的"横展平沿小环口"相似，但仍属浅盘口形态，[47]柱形上敛略束，肩或斜或平，底微圆凸的隐圈足。例如：

①河北磁县观台磁州窑址二期后段地层出土白釉剔划花缠枝牡丹纹小盘口式"梅瓶"多件，其一（T5⑥：23，图7-2-7①，附录一总表三：13a）[48]，高

43 许继生《黑龙江省齐齐哈尔富拉尔基辽墓清理简报》，《北方文物》1999年3期41页。

44 乔梁、杨晶《黑龙江省西部的辽代墓葬》，《北方文物》2001年4期45页。按：乔、杨二氏的讨论还涉及该墓族属问题，他们认为该墓的墓主可能属于室韦部。

45 彭善国《所谓辽代釉下黑花器的年代问题》，《文物春秋》2003年5期27页。

46 河北省文物研究所、临城县文物保管所《临城山下金代瓷窑遗址试掘简报》图八：4，《文物春秋》1999年6期。此标本在发掘报告中属"B型瓶"。

47 这种口形在福建的南宋磁灶窑梅瓶（属第一〇类样式群）上也存在，见本章第四节。

48 采自：前揭，《观台磁州窑址》图版二四：3、图五五：6。这种器形的梅瓶在窑址发掘报告中分属"白釉瓶XII型2式"，发掘者描述为"有小盘口的梅瓶"。见《观台磁州窑址》125页。

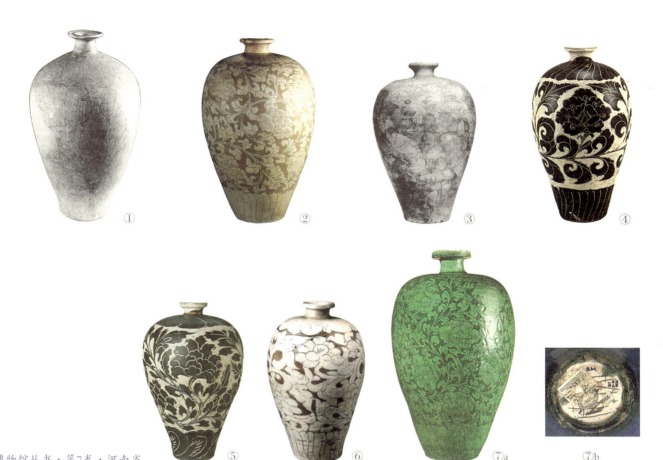

图7-2-7　金代梅瓶样式13　（0 ——————— 10 cm）

49　采自：《中国博物馆丛书·第7卷·河南省
　　博物院》图版135，北京：文物出版社，东
　　京：株式会社讲谈社，1985年。不同的资料
　　源对此瓶的出土时间和入藏时间有所出入，
　　如该图录标注其入藏时间为1959年，另有
　　一说称其出土时间为1963年，后者见北京
　　艺术博物馆编《中国古瓷窑大系·中国当
　　阳峪窑》"海内外当阳峪窑瓷器收藏情况
　　表"69号，北京：中国华侨出版社，2011
　　年，385页。

50　采自：Suzanne G. Valenstein, A Handbook
　　of Chinese Ceramics, New York, 1975, The
　　Metropolitan Museum of Art, pl.44。按：此瓶
　　资料还可以参见同书1989年版的pl.87。这件
　　梅瓶是由罗格斯基金会（Rogers Fund）1923
　　年收购，馆藏编号23.54.2。

51　采自：《世界陶磁全集·12·宋》图版
　　288，东京：小学馆，1977年。此瓶早年出
　　土于韩国高丽时期的遗址。

52　采自：Wu Tung, Earth Transformed, Chinese
　　Ceramics in the Museum of Fine Arts, Boston,
　　Boston, MFA Publications, 2001, p.63。

34.3厘米、口径5.5厘米、底径9.3厘米、腹径19.2厘米。属北宋末期到金代初期。

②河南汤阴县出土白釉剔划花缠枝牡丹纹"瓶"1件（图7-2-7②）[49]，高34.5厘米、口径6厘米。

2. 样式三13b：口颈部与上同，肩极宽平，上腹外鼓夸张，下腹斜收剧烈，使瓶身近似宽楔形。例如：

③美国大都会艺术博物馆藏白釉篦地划花缠枝牡丹纹"花瓶"1件（Vase，图7-2-7③）[50]，高12英寸（合30.48厘米）。

3. 样式三13c：浅盘口形较明显，柱颈上侈，倒滴水形瓶身。例如：

④韩国国立中央博物馆藏白釉黑剔花缠枝大花牡丹纹"瓶"1件（图7-2-7④）[51]，高32.5厘米。

4. 样式三13d：小盘口较深，直壁，短柱颈上侈，口颈肩转折明确，瓶身较粗短，肩部和上腹极宽博丰满，下腹斜收剧烈。例如：

⑤美国波士顿美术馆（The Museum of Fine Arts, Boston）藏白釉黑剔花缠枝大花牡丹纹"花瓶"1件（Vase，图7-2-7⑤）[52]，高30.8厘米、口径5厘米、足径8.6厘米。

5. 样式三13e：直壁小盘口，尖唇方沿，口颈肩方折，柱颈微束，平肩，肩

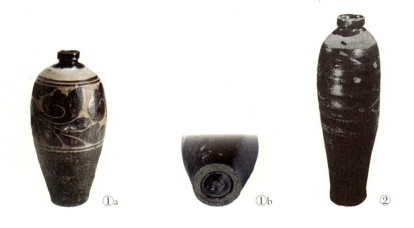

图7-2-8 金代梅瓶样式14、15 （0 ⊢⊢⊢⊢⊢⊢⊢⊢⊢⊢ 10 cm）

53 采自：北京艺术博物馆编《中国古瓷窑大系·中国当阳峪窑》"海内外当阳峪窑瓷器收藏情况表"100号，北京：中国华侨出版社，2011年，391页。

54 采自：S.J.Vainker, *Chinese Pottery and Porcelain, From Prehistory to the Present*, London, British Museum Press, 1991. Pl.88；《宋磁》图版101附图，东京：朝日新闻社，1999年。还可以参见Yutaka Mino, *Freedom of Clay and Brush though Seven Centuries in Northern China: Tz'u-chou Type Wares, 960~1600A.D.*,（磁州窑特展图录）Indiana University Press, Bloomington, 1981. pl.96。

55 《山西天镇县夏家沟发现辽金时代居住遗址一处》附图，《文物》1955年9期148页。采自：《中国陶瓷全集·9·辽西夏金》图版二〇九，上海：上海人民美术出版社，2000年；《中国出土瓷器全集·5·山西》图版161附图，北京：科学出版社，2008年。此瓶现藏于山西省博物馆。

56 采自：北京市文物工作队《北京大葆台金代遗址发掘简报》图版拾贰：3，《考古》1980年5期428页。

腹圆转明显，上腹鼓，下腹斜收。例如：

⑥日本东京博物馆藏白釉剔花缠枝大花牡丹纹梅瓶1件（图7-2-7⑥）[53]。

⑦英国伦敦的不列颠博物馆（The British Museum, London）藏磁州窑绿釉剔划花缠枝牡丹纹"梅瓶"1件（图7-2-7⑦a、b）[54]，高39.5厘米、腹径21.4厘米、口径7.2厘米。

（二）样式三14

高体。直壁小盘口，短柱颈，口颈肩方折明确，瓶身呈修长的卵状，斜溜肩，上腹微鼓，下腹斜收至底，平底浅隐圈足。例如：

①山西天镇县夏家沟金代居住遗址出土黑釉剔花卷枝大叶纹"梅瓶"1件（图7-2-8①a、b）[55]，高29厘米、口径3.8厘米、底径7.3厘米。

（三）样式三15

瘦高体。直壁小盘口，束颈极短，瓶身细长，窄溜肩，细胫微收，直壁隐圈足，挖足很深。例如：

①北京丰台郭公庄大葆台金代遗址出土粗缸胎酱釉瓦棱纹"鸡腿瓶"1件（图7-2-8②）[56]，高36厘米、口径4.6厘米、底径6厘米。

（四）样式三16

丰体。浅盘式小口，短束颈，圆肩鼓腹，下腹斜收，胫足间微内曲，足壁微撇，隐圈足。例如：

图7-2-9 金代梅瓶样式16、17、18

（0 ⊢⊢⊢⊢⊢⊢⊢⊢⊢⊢ 10 cm）

57　采自：王长启《西安发现的磁州窑系瓷器》图10，《收藏界》2004年8期31页。

58　采自：〔韩〕金英美《韩国国立中央博物馆藏高丽遗址出土中国瓷器》图三九，《文物》2010年4期80页。

59　采自：北京辽金城垣博物馆编《碧彩云天——辽代陶瓷》105页图，北京：北京燕山出版社，2013年。

60　孙传贤1985年首先提出这个观点，见《中国博物馆丛书·第7卷·河南省博物院》208页图版135说明。持此观点的还有：《中国美术全集·工艺美术编2·陶瓷（中）》（1988年）图版197；杨爱玲《白瓷的起源与发展——从河南博物院藏白瓷谈起》，《中原文物》2002年4期75页；《中国古瓷窑大系·中国当阳峪窑》（北京：中国华侨出版社，2011年）附录"海内外当阳峪窑瓷器收藏情况表"69号也收录了这件梅瓶。

61　《中国文物精华大辞典·陶瓷卷》图版471说明，上海：上海辞书出版社，香港：商务印书馆（香港）有限公司，1995年，309页。

62　秦大树最初也认为该瓶属鹤壁集窑，指其属该窑第四段，相当于观台窑二期后段，即北宋末期到金代初期，见秦大树博士论文《磁州窑研究》（1997年）"白釉剔花装饰的传播和影响"一节，106页。随着观台窑址的发掘和研究进展，秦大树对其原有观点做了修正，提出该瓶应该是观台二期后段（北宋末至金初）制品，见秦大树《白釉剔花装饰的产生及相关问题》，《文物》2001年11期67页；又见《观台磁州窑址》125页下注2。

63　如观台二期后段标本T5⑥：46，底径10.8厘米，见前揭《观台磁州窑址》彩版一一：2、图五五：1。此标本在发掘报告中属"白釉瓶XII型1式"。

64　见Suzanne G. Valenstein, *A Handbook of Chinese Ceramics*, The Metropolitan Museum of Art, 1975, New York, pl.44之说明。参见此书1989年版pl.87。

65　北京艺术博物馆编《中国古瓷窑大系·中国当阳峪窑》"海内外当阳峪窑瓷器收藏情况表"84号，北京：中国华侨出版社，2011年，388页。

①陕西西安市征集白釉褐彩画花波状缠枝纹"梅瓶"1件（图7-2-9①）[57]，高30.8厘米、口径5.8厘米、最大腹径18厘米、足径11.3厘米。

（五）样式三17

高体。圆唇弧壁小盘口，柱颈略束，瓶身修长而瘦削，宽平肩，肩下斜直缓收，胫部下端略内曲，足壁外撇，隐圈足。例如：

①韩国国立中央博物馆藏白地黑彩画花折枝树叶纹"梅瓶"1件（图7-2-9②）[58]，尺寸不详。

（六）样式三18

瘦高体。斜壁小盘口，口径相对较大，无颈（或束颈极短），宽斜肩，肩下斜收成瘦长的下腹和胫部，胫部略呈束腰状，足外撇，平底足。例如：

①辽宁凌源市三十家子四道沟出土黄釉刻弦纹"梅瓶"1件（图7-2-9③）[59]，高25.8厘米、口径6厘米、足径8.6厘米。灰白胎，肩至上腹部刻划13道弦纹。

（七）金代梅瓶第三类样式群部分器物产地和年代判断

表7-2-3　金代梅瓶第三类样式群部分器物产地和年代分析表

梅瓶	以往的判断	笔者的判断	主要理由
样式三13例②	先后有三说：一、北宋后期熙宁至宣和间，当阳峪窑；[60]二，宋代，鹤壁集窑；[61]三、北宋末至金初，观台磁州窑[62]	北宋末期至金代初期	赞同第三种观点。根据《观台磁州窑址》（1997年），河北磁县观台窑址二期后段（1101~1148年）发现这类白釉剔划花梅瓶标本多件[63]，棕灰色胎，釉质、装饰和器形都与本例汤阴出土物完全一致
样式三13例③	北宋（11世纪至12世纪早期），窑址有两说：观台磁州窑；[64]当阳峪窑[65]	北宋晚期到金代，河南某窑场	此瓶肩部的圆肥莲瓣纹中有一道竖线，是北宋晚期到金代的磁州窑、当阳峪窑以及其他一些河南窑场常见的饰纹，胫部的拱门形莲瓣纹与北宋中晚期登封窑、鲁山窑等河南中西部窑场的白釉珍珠地划花梅瓶（如北宋样式三5，四8a，16）上所使用的莲瓣纹则完全相同，所以笔者认为，样式三13例③应该是河南某窑场烧造的，但时间可能介于北宋晚期到金代

续表

梅瓶	以往的判断	笔者的判断	主要理由
样式三13例④、例⑤	早期日本出版的图录断代例④为"宋（11~12世纪）"，指为磁州窑；[66]不少学者一般也都认为它是北宋制品。[67]Wu Tung断代例⑤为"北宋，11世纪"，指为磁州窑[68]	北宋末期到金代	根据河北磁县观台窑址的考古发掘，这类白釉黑剔花工艺最早始见于北宋末期，但主要的流行时间集中在金代，因此这两件梅瓶应放在北宋末期到金代这个时段内加以考察
样式三13例⑦	Vainker断代为"11世纪晚期~12世纪"，[69]意指北宋晚期。还有："北宋，磁州窑"、[70]"北宋（12世纪），磁州窑（观台）"，[71]收藏此瓶的不列颠博物馆断代为"11世纪晚期至12世纪早期"，指为"磁州窑类型（Cizhou-type）"。[72]最近的一种观点是国内学者提出的"12世纪初"，属"当阳峪窑"。[73]综上，断代集中在北宋晚期，产地有磁州窑（观台）和当阳峪窑两说	金代中后期，河北观台磁州窑	当阳峪窑的绿釉剔划花器有一个显著特点是，剔地部分颜色深黑，似加入黑彩，或加其他彩色成为三彩器，[74]但是不列颠博物馆收藏的这件绿釉剔划花梅瓶的剔地部分，在绿釉笼罩下，其颜色仅比花纹部分略显深灰而已。这种特点的绿釉剔划花标本已在河北观台磁州窑址中发现，器类正是"梅瓶"，[75]器形大体与该瓶相同，观台同期地层还出土了绿釉剔花"矮梅瓶"残件，[76]采用的装饰技法、饰纹风格和胎质釉色等方面的特征也都与样式三13例⑦完全一致。观台第三期是磁州窑的繁荣期，年代属金代中后期（1149~1219年）[77]
样式三15例①	出土于北京的金代遗址	金代中晚期，山西北部窑场	它与样式三14例①存在很多相同之处，包括器形、肩部刮釉露胎一圈的工艺，是金代中晚期山西北部窑场的特点

66 前揭《世界陶磁全集·12·宋》图版288说明。

67 〔韩〕金英美《韩国国立中央博物馆藏高丽遗址出土中国瓷器》图三六，《文物》2010年4期79~80页。

68 Wu Tung, *Earth Transformed, Chinese Ceramics in the Museum of Fine Arts, Boston*, p.63说明。

69 S.J.Vainker, *Chinese Pottery and Porcelain, From Prehistory to the Present(1991)*, Pl.88说明。

70 顾俊编著《中华艺术大观·3·陶瓷》图版88说明，台北：新夏出版社，1981年。

71 《宋磁》图版101说明，东京：朝日新闻社，1999年。

72 不列颠博物馆的观点如下："Cizhou-type Meiping (prunus-blossom bottle) with sgraffiato peony design under a green glaze; Late 11th or early 12th century AD"。由齐琨女士提供不列颠博物馆为此瓶专门制作的展标照片得知，特此致谢。

73 阎焰《当阳峪窑研究综述》，《中国古瓷窑大系·中国当阳峪窑》261页，北京艺术博物馆编，北京：中国华侨出版社，2011年。

74 参见北京艺术博物馆编《中国古瓷窑大系·中国当阳峪窑》图版81~96，北京：中国华侨出版社，2011年，91~107页。

75 如观台窑址三期地层出土的绿釉剔花缠枝纹梅瓶残件，见《观台磁州窑址》图版七○：2（右、左），北京：文物出版社，1997年，285页。

76 上揭《观台磁州窑址》彩版三○：2（右），285页。

77 《观台磁州窑址》477、478页。

续表

梅瓶	以往的判断	笔者的判断	主要理由
样式三16例①	金元时期[78]	金，山西窑场	肩腹部波曲形卷枝叶纹未见于河北、河南同期窑场，与山西汾阳杏花村汾酒厂出土的金代样式四31a例①相同，瓶身形式也比较相似
样式三17例①	金代以后[79]	金末到元代	器形特别，与样式三16例①大体近似，但瓶体拉长、偏瘦呈长楔形，喇叭形撇足较明显；饰纹类似于样式四19高梯形小口梅瓶常见的黑彩画花折枝牡丹纹，但是其显得很刻板。综合这些因素推测，其可能是金末到元代某个阶段的山西制品
样式三18例①	辽[80]	金晚期	此瓶釉色有辽代黄釉器特点，但宽肩鼓腹和斜直长收的瓶身呈楔形，以及束腰状胫部和明显外撇的足部等器形特征均与辽代梅瓶器形不类，具有金代特征。特别是其无颈的斜壁盘口，近似北宋晚期汝窑和景德镇湖田窑梅瓶样式三7的口形，之后在南宋吉州窑样式三7上仍在沿用，同时还见于高丽王朝（918~1392年）与金代基本同期的阶段内流行的梅瓶上，而且此瓶整体器形与某些高丽镶嵌青瓷梅瓶的整体器形相近似。[81]综合来看，此瓶很可能属金代晚期

78　王长启《西安发现的磁州窑系瓷器》，《收藏界》2004年8期31页。

79　〔韩〕金英美《韩国国立中央博物馆藏高丽遗址出土中国瓷器》图三九，《文物》2010年4期80页。

80　前揭《碧彩云天——辽代陶瓷》105页图说明。

81　如英国的芭罗女士（Lady Barlow）藏高丽（Koryo Dynasty）镶嵌青瓷云鹤纹梅瓶1件，高12.5英寸（合31.8厘米），海外资料源断代为"12世纪晚期或13世纪"（late XII or XIII century），见Michael Sullivan, *Chinese Ceramics, Bronzes and Jades in the Collection of Sir Alan and Lady Barlow*, Faber and Faber Limited, 1963, Pl.140b。又如1994年河北石家庄后太保村元至元十二年（1275年）史天泽墓（M1）出土一件高丽镶嵌青瓷梅瓶（M1：3，高46厘米），器形也相似，时间更晚。见河北省文物研究所《石家庄市后太保元代史氏墓群发掘简报》彩色插页拾：1，《文物》1996年9期51、52页。

四、第四类样式群

在以北宋为主、兼及辽代的基础上，"梯形小环口"的第四类梅瓶样式群在金代延续并衍化出极其多样的器形——就已知材料所做的归纳结果，共包含了23种样式，其中有不少是延续前代的样式，更多的是在前代基础上形成新特点的金代样式，大部分样式都可以划分出数量不等的亚型，可见其中有丰富细微的变化。

（一）样式四4

这是辽代晚期在今山西北部等地流行的缸胎无饰纹深色釉高体中型梅瓶的样式之一，到了金代早中期在山西、内蒙古部分地区继续流行，形式略有变化，尺寸趋于瘦小，包含c、d两个亚型。

1. 样式四4c：斜沿陡峭且较方正的梯形小口，口内壁直立或微侈，束颈极短，口颈肩转折明确，瓶身呈鸡腿状，窄斜肩，圆折至上腹，中上腹微鼓，下腹斜收至底，浅隐圈足，底面微圆凸。流行于金代早中期山西北部地区。例如：

①山西大同城南云中大学金正隆四年（1159年）前后陈庆妻李氏墓（云大

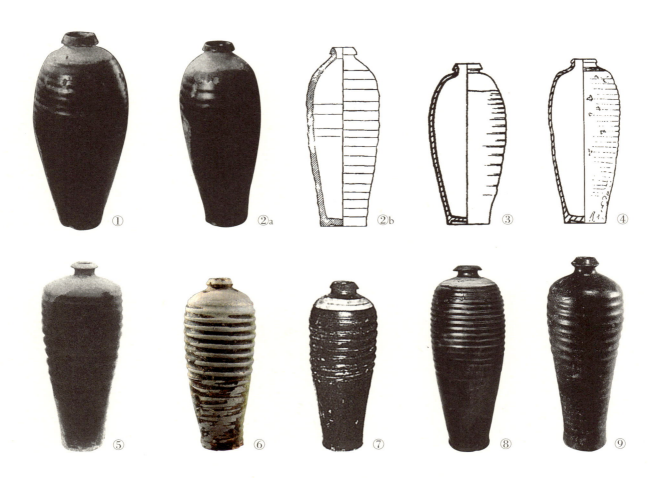

图7-2-10　金代梅瓶样式四4、14　（0 ⌐⌐⌐⌐⌐ 10 cm）

M1）出土缸胎黑釉"瓷鸡腿坛"3件，有两件属于本样式，[82]其一（M1：5，图7-2-10①[83]，附录一总表四：4c），高37厘米、口径5厘米、底径7.6厘米；其二（M1：3，图7-2-10②a、b）[84]，高35厘米、口径4.5厘米、最大腹径13.5厘米、圈足直径8.8厘米。

2. 样式四4d：梯形小口较矮，薄沿窄壁，窄耸肩，瓶身较瘦，余同上，但尺度更小。见于内蒙古东南部金墓和山西浑源窑址。例如：

②内蒙古林西县大营子乡土庙子村金代偏早期墓91LTM1出土缸胎黑釉"鸡腿瓶"1件（91LTM1：3，图7-2-10③）[85]，高31.8厘米、口径4.8厘米、底径9.8厘米。

③山西浑源窑址出土缸胎黑釉"梅瓶"1件（图7-2-10④）[86]，高32厘米。

（二）样式四14

这是北宋晚期开始在中原地区无饰纹深色釉粗器上开始出现的一种瘦高体梅瓶样式，延续至金代中晚期，演变成c、d两个亚型，显著的器形变化是瘦长的鸡腿状瓶身变成楔形，尺寸也趋于矮小，但分布区域有所扩大。

82　同墓另一件"鸡腿坛"（M1：4）属样式九2e，见《大同市南郊金代壁画墓》图版拾肆：6，图二：9，《考古学报》1992年4期514页。

83　采自：大同市博物馆《大同市南郊金代壁画墓》图版拾肆：5（右），图二：11，《考古学报》1992年4期514页。

84　采自：同上，图版拾肆：5（左），图二：10，512页。

85　采自：李少兵、索秀芬《林西县土庙子村金代墓葬》图三：4，《内蒙古文物考古》1996年z1期89页。

86　采自：任志录、孟耀虎《山西近年出土的梅瓶》图一：2，《中国古陶瓷研究·第六辑》，北京：紫禁城出版社，2000年，170页。此瓶现藏于山西省考古研究所。

87　采自：鹤壁市文物工作队《鹤壁市东头村金墓发掘简报》图八，《中原文物》1996年3期36页。

88　采自：北京艺术博物馆编著《中国古瓷窑大系·中国当阳峪窑》图版52，北京：中国华侨出版社，2011年，58页。此瓶现藏于河南省文物考古研究所。

89　采自：《观台磁州窑址》图版四九：4，图九二：8，北京：文物出版社，1997年，216页。

90　采自：叶喆民主编《汝窑聚珍》29页插图19，北京：北京出版社，2002年。

91　采自：〔日〕小山富士夫监修、黑田原次、杉村勇造编《陶器全集·14卷·辽の陶磁》图版56，东京：平凡社，1966年。

92　采自：山西省考古研究所、汾阳县博物馆《山西汾阳金墓发掘简报》图二八：7，《文物》1991年12期30页。

93　采自：林士民《浙江宁波天封塔地宫发掘报告》图六七、图六一：7，《文物》1991年6期22页。

94　采自：同上，图六八、图六一：6。

1. 样式四14c：梯形小口的厚薄和沿面斜度并非一律，短柱颈或束颈，楔形，斜肩稍宽，肩腹近于方折，成最大腹径处，下腹长势斜收，胫部细瘦，足壁直立，平底隐圈足，挖足稍深。普遍流行于河南窑场与河北磁州窑的无饰纹深色釉粗器。例如：

①河南鹤壁市郊区鹤壁乡东头村金中期墓95HHM3出土黑釉"鸡腿瓶"2件，形制相同，大小略异，其一（M3：12，图7-2-10⑤）[87]，高35.6厘米、内口径2.7厘米、底径8.3厘米。

②河南修武当阳峪窑址出土酱釉"梅瓶"1件（图7-2-10⑥）[88]，高32.4厘米、口径3.5厘米、底径7.8厘米。

③河北磁县观台磁州窑址三期地层（金代中晚期）出土"Ⅶ型3式黑釉瓶"标本多件，其一（采：2，图7-2-10⑨，附录一总表四：14c）[89]，高36.5厘米、口径3厘米、腹径13.6厘米、底径8厘米。足沿斜削，底心凸起。

④河南宝丰县文化馆藏黑釉"鸡腿瓶"1件（图7-2-10⑦）[90]。

⑤海外藏茶叶末釉"长壶"1件（图7-2-10⑧）[91]，高34.4厘米、口径5.1厘米、腹径13.2厘米、底径8.0厘米。

2. 样式四14d：极窄而薄的梯形小口，束颈极短，窄耸肩，肩腹圆折明显，腹壁较直，下腹微斜收，挖足较深的平底隐圈足，足壁薄。见于山西南部地区。例如：

⑥山西汾阳金墓M5出土陶质"梅瓶"1件（M5：11，图4-3-1②）[92]，高36.2厘米、口径4.5厘米。

（三）样式四20

丰体，小型器。较扁的梯形小环口，唇沿或方或圆，短束颈，瓶身较长，上腹呈倒滴水状，肩腹圆鼓，下腹斜收，胫部内曲，足壁外撇，隐圈足或平底足。作为小型梅瓶的一种样式，所见遗物不多，最早见于金代，元代仍有遗存，根据各部差异，分为a、b两种亚型，金代器属亚型a。

样式四20a：梯形口唇较圆，足壁不很高，外撇明显而有节制，平底隐圈足的挖足较深。例如：

①浙江宁波市南宋绍兴十四年（1144年）天封塔地宫遗址出土白釉褐彩画花朵云朵花纹"梅瓶"2件（成对），其一（附录一总表四：20a，图7-2-11①）[93]，高9.8厘米、口径1.9厘米、底径3.3厘米；其二（图7-2-11②a、b）[94]，高10厘米、口径2厘米、底径3.4厘米。

（四）样式四10

本样式始见于北宋晚期中原地区，至金代早期仍有延续，演变成b、c两个亚型：均为矮口，内口径稍宽，口唇斜沿较窄，束颈极短，斜肩较长，上腹明显外

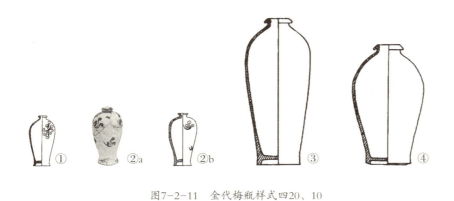

图7-2-11　金代梅瓶样式四20、10

95　采自：洛阳市文物工作队《洛阳孟津县麻屯金墓发掘简报》图三：1，《华夏考古》1996年1期13页。

96　采自：同上，图三：2，14页。

97　采自：《观台磁州窑址》图版四九：2，图九二：7，北京：文物出版社，1997年，214页。

98　采自：《观台磁州窑址》彩版一二，图五七，129页。

鼓，平底隐圈足的足壁直立或微撇。其中，样式四10b属丰体，样式四10c属矮体，前者腹部较直而斜收，后者上腹外凸明显，斜肩更长，足沿斜削。两亚型实物同时见于河南洛阳同一座金代墓葬：

①河南洛阳孟津县麻屯镇邙岭金天德二年（1150年）墓C8M1159出土"白瓷瓶"3件，发掘报告将其分为二式，Ⅰ式2件，Ⅱ式1件。Ⅰ式标本之一（M1159：3，图7-2-11③）[95]，高28.6厘米、口径3.8厘米、底径8.2厘米，在本书内属样式四10b；Ⅱ式标本（M1159：1，图7-2-11④）[96]，高23.4厘米、口径4.2厘米、底径8.6厘米，在本书内属样式四10c。

（五）样式四24

丰体。扁梯形小环口，唇较圆，口内壁微侈，短束颈，瓶身呈卵形，圆溜肩，中上腹圆鼓，下腹斜弧收到底，斜壁平底隐圈足。见于磁州窑。例如：

①河北磁县观台磁州窑址三期地层（金代中后期）出土无饰纹的"Ⅶ型1式黑釉瓶"多件，其一（T5⑤：309，图7-2-12①，附录一总表四：24①）[97]，高36.2厘米、口径6厘米、腹径20.4厘米、底径8.9厘米。足内壁与瓶底呈钝角。

②河北磁县观台磁州窑址三期地层出土白釉黑彩画花的"ⅩⅢ型2式白釉瓶"之一（Y3①：121，图7-2-12②，附录一总表四：24②）[98]，高31.8厘米、口径3.8厘米、腹径18.4厘米、底径7.6厘米。足内壁与瓶底呈锐角。

（六）样式四25

高体。梯形小环口斜沿呈45°或较矮，柱颈，瓶身修长呈倒滴水形或楔形，平底隐圈足。实为样式四24的拉长样式，主要流行于磁州窑或受其影响的窑场烧造的无饰纹深色釉粗器或白釉黑彩画花器。根据各部差异，分为a～d共4个亚型。例如：

1. 样式四25a：45°角梯形小口，尖唇，口内直壁微侈，柱颈，倒滴水形瓶身呈斜溜肩、上腹鼓、下腹长斜收至底，较深的平底隐圈足，足内壁外

①

②

图7-2-12　金代梅瓶样式四24

（0　　　　　10 cm）

①　　　　②　　　　③　　　　④　　　　⑤　　　　⑥

图7-2-13　金代梅瓶样式四25　（0 ———— 10 cm）

99　采自：《观台磁州窑址》图版四九：3，图九二：2，214页。

100　采自：李忠义《邯郸市区发现宋代墓葬》图九：1，图七，《文物春秋》1994年3期22页。按：原文图七误标编号为"北M10：30"。

101　采自：Michael Sullivan, *Chinese Ceramics, Bronzes and Jades in the Collection of Sir Alan and Lady Barlow*, Faber and Faber Limited, London, 1963. Pl.56b.

102　采自：河南省文化局文物工作队《河南鹤壁市古煤矿遗址调查简报》图一：2，《考古》1960年3期41页。

103　采自：《观台磁州窑址》彩版一三、图五六：1，北京：文物出版社，1997年，130页。

104　采自：《中国出土瓷器全集·16·甘肃、青海、宁夏、新疆、云南、贵州、西藏》图版70，北京：科学出版社，2008年。此瓶现藏于天水市麦积区博物馆。

斜。例如：

①河北磁县观台磁州窑址三期地层出土"Ⅶ型2式黑釉瓶"标本多件，其一（Y3①：126，图7-2-13①，附录一总表四：25a）[99]，高38.5厘米、口径3.3厘米、腹径18厘米、足径9.2厘米。

2. 样式四25b：与亚型a近似，区别在于宽斜肩，肩腹圆折明显并成为最大腹径处，腹部长斜收至足，直壁平底隐圈足分深浅，整体尺寸分大小。例如：

②河北邯郸市第一医院工地"宋墓"（北M10）出土磁州窑酱釉"小口瓶"1件（北M10：1，图7-2-13②，附录一总表四：25b）[100]，高38.6厘米、口径4.8厘米、最大腹径18厘米、底径10厘米。挖足极浅。

③英国的Sir Alan and Lady Barlow藏磁州窑白釉黑彩画花折枝纹"梅瓶"1件（图7-2-13③）[101]，高9.75英寸（合24.8厘米）、直径4.5英寸（合11.4厘米）。挖足较深，且足壁微撇。

3. 样式四25c：与亚型b不同处在于口、颈均矮、短，瓶身修长呈楔形，宽平肩、腹长斜收、直壁平底隐圈足，挖足极浅。例如：

④河南鹤壁市中新煤矿井下宋元古煤矿遗址出土深色釉瓦棱纹"瓷瓶"1件（图7-2-13④）[102]，尺寸不明。

⑤河北观台磁州窑址三期地层出土白地黑彩画花的"ⅩⅢ型4式白釉瓶"多件，其一（Y3①：120，图7-2-13⑤，附录一总表四：25c）[103]，高38厘米、口径3.6厘米、腹径18.1厘米、底径9.2厘米。

4. 样式四25d：与亚型c大体相同，不同处是梯形口沿稍圆，柱颈稍粗，肩腹较圆。例如：

⑥甘肃天水麦积区天家庄出土金代白釉黑彩画花缠枝碎叶牡丹纹"梅瓶"1件（图7-2-13⑥）[104]，高38.5厘米、口径6厘米、足径9.4厘米。

（七）样式四8

本样式在北宋晚期中原地区窑场开始出现以后，在金代延续并衍化成a～e共5个亚型，主要见于白釉黑彩画花大型梅瓶，也有延续性很强的无饰纹深色釉粗器，但尺寸很小。

1. **样式四8a**：基本延续北宋同一亚型的特征，矮梯形小环口，出沿斜面略外弧，柱颈极短，瓶身极长，窄溜肩，上腹微鼓，隐圈足的足沿较宽。有些器物重心略微上移。配弧顶斜壁覆杯式盖。遗物均属中原地区的磁州窑或磁州窑类型器。例如：

①河北献县出土磁州窑白釉黑彩画花牡丹荷塘芦鸭纹"梅瓶"1件（图7-2-14①）[105]，高54厘米、口径4.5厘米、腹径22厘米、底径11.7厘米。

②河南新密窑沟窑址出土白釉黑彩画花醉酒图人物纹"梅瓶"1件（图7-2-14②）[106]，高48.7厘米、口径4.9厘米、底径13.2厘米。

③河南新密窑沟窑址出土带盖白釉黑彩画花缠枝牡丹纹"梅瓶"1件（图7-2-14③）[107]，高42.1厘米、口径4.5厘米、底径11.1厘米。盖面中部书一"酒"字，上方书极小的"寿"字，合读"寿酒"。

④河南洛阳博物馆藏褐釉瓦棱纹"梅瓶"1件（图7-2-14④）[108]，高16.5厘米、口径2.7厘米、底径5.4厘米。

2. **样式四8c**：典型的梯形小环口，短柱颈较上式稍长，瓶身呈较长的倒滴水形，下腹到胫部略微内曲，足壁斜收或直立，平底隐圈足。例如：

⑤河南新野县于湾村出土白地黑彩画花横枝牡丹纹"梅瓶"1件（图7-2-14⑤）[109]，高48.5厘米、口径5厘米、腹径20.5厘米。

⑥上海博物馆藏扒村窑黑地白龙纹"正八"款"梅瓶"1件（图4-3-22）[110]，高41.3厘米、口径4.1厘米、足径11.1厘米。

⑦北京故宫博物院藏白地黑彩画花折枝纹"梅瓶"1件（图7-2-14⑥）[111]，高25.2厘米、口径4.5厘米。

3. **样式四8d**：短柱颈或短束颈，重心比上式略低，胫部稍短。见于白釉黑彩画花大中型器。例如：

⑧北京故宫博物院藏白釉黑彩画花缠枝菊花纹"梅瓶"1件（图7-2-14⑦）[112]，高50厘米、口径5.5厘米、底径12厘米。有残补。

⑨上海博物馆藏白釉黑彩画花圆形开光书四大字"梅瓶"2件，其一腹部书"醉乡酒海"四字（图4-2-6③）[113]，高45.9厘米、口径4.3厘米、足径9.8厘米；其二书"清沽美酒"四字（图4-2-6④，附录一总表四：8d②）[114]，高43.8厘米、口径3.8厘米、底径9.3厘米。两瓶不但器形相同，而且胎釉、装饰也都相同。前者比后者略显瘦长。

4. **样式四8e**：梯形小口较高，口沿斜面较陡，短颈，修长的瓶身呈倒滴水状，圆肩、上腹鼓、下腹斜收、胫部微内曲。例如：

105　采自：《河北省博物馆文物精品集》图版66，北京：文物出版社，1999年。此瓶现藏于河北省博物馆。

106　采自：李慧明、郭木森、赵宏《河南新密窑沟窑白地黑花瓷初探》图一，《中国古陶瓷研究·第十六辑》，北京：紫禁城出版社，2010年，377页。

107　采自：李慧明、郭木森、赵宏《河南新密窑沟窑白地黑花瓷初探》图二，同上。

108　采自：张玉芳、孙海岩《洛阳博物馆新藏一批古代文物》图十七，《中原文物》2007年3期88页。按：图片显示该瓶的比例与资料源提供的尺寸比例不符，信息可能有误。

109　采自：魏忠策《新野县出土宋代瓷瓶》附图（左），《中原文物》1982年1期41页。参见魏忠策《新野出土宋代梅瓶》，《文物》1982年10期。

110　采自：《上海博物馆藏瓷选集》图版55，北京：文物出版社，1979年。

111　采自：《中国陶瓷全集·7·宋（上）》图版一八二，上海：上海人民美术出版社，2000年。

112　采自：《中国陶瓷全集·7·宋（上）》图版二〇一，上海：上海人民美术出版社，2000年。

113　采自：张东《从上海博物馆藏梅瓶浅谈中国梅瓶的发展》，《中国古陶瓷研究·第六辑》150页插图，北京：紫禁城出版社，2000年。

114　采自：《中国博物馆丛书·第8卷·上海博物馆》图版124，北京：文物出版社，东京：讲谈社，1985年。

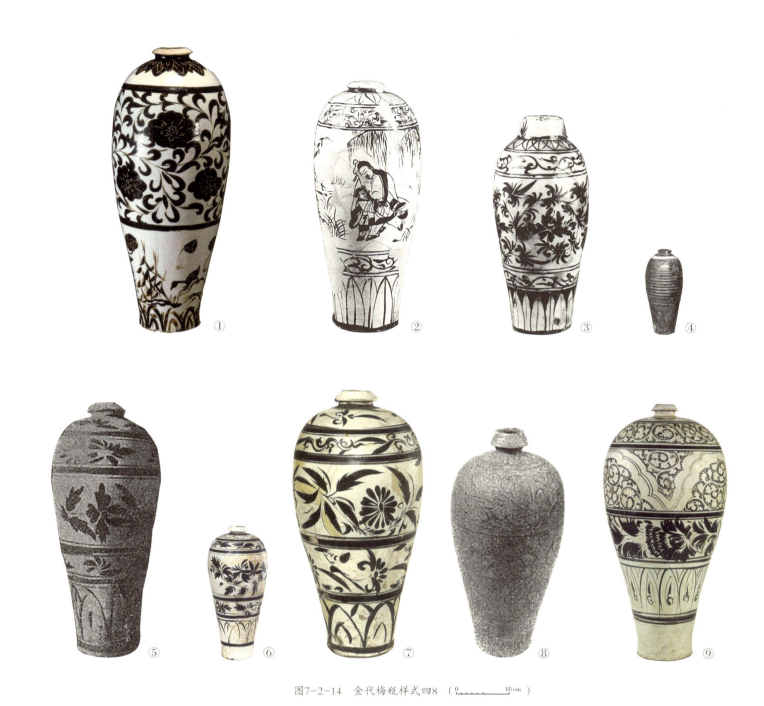

图7-2-14　金代梅瓶样式四8　(0 ⊢⊢⊢⊢⊢⊢⊢ 10 cm)

115　采自：陈孟东《榆林地区一批馆藏宋、
　　　金、元瓷器》图版壹：11，《文博》1986
　　　年1期15页。此瓶现藏于陕西榆林博物馆。

116　采自：河南省博物馆编《中国博物馆丛
　　　书·第七卷·河南省博物馆》图版136，
　　　北京：文物出版社，东京：讲谈社，1985
　　　年。参见苏芳林《河南镇平出土北宋梅
　　　瓶》，《江汉考古》1984年2期97页。

⑩陕西子洲县驼儿巷乡李渠村出土山西窑场黄釉珍珠地刻划花蔓草环纹"梅
瓶"1件（图7-2-14⑧）[115]，高42.5厘米、口径4.5厘米、腹围60.5厘米、底径11
厘米、圈足深1.2厘米。

5. 样式四8b：与北宋同一样式几乎完全相同，柱颈更明显，倒滴水形瓶身的
轮廓也更为优美，平底隐圈足。见于河南白釉黑彩画花大型器。例如：

⑪河南镇平县出土白釉黑彩画花云肩卷草纹"梅瓶"2件（成对，图7-2-
14⑨）[116]，尺寸、器形、纹饰相同，高49厘米、口径3.2厘米。

图7-2-15　金代梅瓶样式四27、28、29、30 （ 0 ⊢⊢⊢⊢⊢ 10 cm ）

（八）样式四27

瘦高体。细小的矮梯形口，极短的束颈，近似于卵状的上腹，瘦长的束腰状胫部，外撇的足部，平底隐圈足。本样式见于金代和元代的白釉黑彩画花器，根据各部差异，分为a～f共6个亚型，金代器含前3个亚型。

1. 样式四27a：口极小，上腹较丰满，胫部的收束、足壁的外撇都有限。例如：

①河南新野县五星公社汪庄村出土白釉黑彩画花横折枝牡丹兰草纹"梅瓶"1件（图7-2-15①）[117]，高41厘米、口径3.5厘米、腹径18厘米。

2. 样式四27b：斜折肩，肩腹圆折，腹壁较直微呈弧面，胫部细长，下端微内曲，足端外撇。例如：

②河南洛阳宜阳县董王庄乡洞子沟村出土金代白地黑彩画花菱花形开光鸳鸯戏水图"梅瓶"1件（图7-2-15②）[118]，高44厘米、口径3.2厘米、腹径17厘米、底径10.5厘米。

3. 样式四27c：上身与亚型b相同，下腹弧状内收明显，束腰状胫部极长，撇足较明显。例如：

③天津市艺术博物馆藏白釉黑彩画花团云形开光荷花图"梅瓶"1件（图7-2-15③）[119]，高42.1厘米、口径4.2厘米、底径11.3厘米。

（九）样式四28

丰体。矮梯形小口，束颈，肩、腹圆鼓，下腹弧收，胫部呈束腰状，撇足。见于金元时期的耀州窑青瓷、钧窑器和磁州窑白釉黑彩画花器。根据各部差异，统一分为a～c共3个亚型，金代器属亚型a。

117　采自：魏忠策《新野县出土宋代瓷瓶》附图左，《中原文物》1982年1期41页。又见魏忠策《新野出土宋代梅瓶》，《文物》1982年10期15页，附图右。

118　采自：《中国出土瓷器全集·12·河南》图版191，北京：科学出版社，2008年。参见罗国英《河南宜阳出土金代梅瓶》，《文物》1987年9期26页图。此瓶现藏于洛阳博物馆。

119　采自：天津市艺术博物馆编《天津市艺术博物馆藏瓷》图版39，北京：文物出版社，香港：两木出版社，1993年。

120　采自：杨培钧主编《陕西历史博物馆珍藏·陶瓷器》图
　　　版92，西安：陕西人民美术出版社，2003年，173页。

121　陈孟东《榆林地区一批馆藏宋、金、元瓷器》图版壹：
　　　2，《文博》1986年1期14页。采自：《中国出土瓷器全
　　　集·15·陕西》图版195，北京：科学出版社，2008年。
　　　此瓶原藏于榆林博物馆，现藏于陕西历史博物馆。

122　采自：河北省文化局文物工作队《河北曲阳涧磁村发掘
　　　的唐宋墓葬》图版陆：9，《考古》1965年10期524页。

123　采自：王轶鸿《山西黑釉瓷概述》图六，《文物世界》
　　　2010年6期59、60页。

124　采自：〔日〕三上次男主编《世界陶磁藝術——第13
　　　卷·遼、金、元》（英、日文版）图版261，东京：小学
　　　馆，1981年。

125　采自：《中国美术全集·工艺美术编·2·陶瓷（中）》
　　　图版228，上海：上海人民美术出版社，1988年。

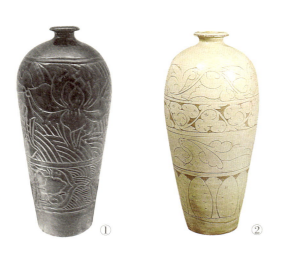

图7-2-16　金代梅瓶样式四18（0　　　　　10 cm）

样式四28a：方正的矮梯形小口，斜沿陡直。例如：

①陕西富平县龙桥沟出土耀州窑青釉刻花牡丹纹"梅瓶"1件（图7-2-15④）[120]，高34厘米、口径3.7厘米、底径10厘米。

（十）样式四29

高体。方正的矮梯形小口，口沿壁略内曲，出沿尖薄，短束颈，瓶身修长，斜肩，肩下长斜收，胫部大弧度内曲呈束腰状，足极度外撇呈喇叭形，足端修成略内收的斜壁，平底隐圈足。例如：

①陕西榆林子洲县槐树岔乡西沟村出土耀州窑青瓷刻花纵向卷草纹"梅瓶"1件（图7-2-15⑤）[121]，高33.5厘米、口径3.6厘米、腹围45厘米、足径13.5厘米。

（十一）样式四30

丰体。扁梯形小环口，口沿圆卷，短柱颈，上身呈丰肥的椭圆形，胫部内曲呈束腰状，撇足。例如：

①河北曲阳涧磁村金墓M9出土粗砂胎黑褐釉"梅瓶"1件（M9：1，图7-2-15⑥）[122]，高29.5厘米、口径5.5厘米、腹径18厘米、底径10厘米。

（十二）样式四18

高体。沿着北宋同一样式继续流行于金代，包括a、b两个亚型。所见分别为山西和甘肃的制品。

1. 样式四18a：延续北宋耀州窑青瓷刻花梅瓶的同一样式，口沿较窄、较薄，沿面变圆。例如：

①山西博物馆藏金代黑釉划花"梅瓶"1件（图7-2-16①）[123]，尺寸不详。

②日本东京国立博物馆藏白釉剔划花缠枝花草纹"瓶"1件（图7-2-16②）[124]，高38厘米。

2. 样式四18b：扁口较宽，梯形削弱呈卷唇，束状短柱颈和修长的瓶身都较粗，圆肩，腹壁较直，略近筒状，隐圈足。例如：

③北京故宫博物院藏白釉赭彩画花猴鹿纹"瓶"1件（图7-2-16③）[125]，高42.7厘米、口径8.3厘米。

（十三）样式四19

本样式兼有高体和丰体，以高梯形小口、上下较直的瓶身为样式标志。从北宋晚期延续至金代，以金代器遗存最多、最为兴盛，器形共性特征强烈，主要仍是高梯形小环口、短束颈或柱颈、矮隐圈足，但金代器的肩部日益变宽、变平甚至有宽耸肩的，使瓶身呈楔形。根据各部差异，金代器分为a～l共12个亚型。

1. 样式四19a：高梯形口相对较宽矮，瓶身较长近似墩状，上下腹内收，中腹微宽，窄圆溜肩。见于白釉剔划花器。例如：

①日本东京国立博物馆藏白釉剔划花卷枝纹"瓶"1件（图7-2-17①）[126]，高38.3厘米、口径3.5厘米、底径10.5厘米。

2. 样式四19b：重心比a亚型高，肩稍宽，肩腹圆转更明显。见于白釉划大字兼黑彩画花器。例如：

②海外藏白釉划文四大字兼黑彩画花牡丹纹"梅瓶"多件，如其一高37.9厘米，腹部划"风花雪月"四字（图7-2-17②）[127]；其二高38厘米，腹部也划"风花雪月"四字；[128]其三高37厘米、口径3.3厘米、底径9.4厘米，腹部划"春夏秋冬"四字（附录一总表四：19b）[129]。

3. 式四19c：与亚型b相比，高梯形小口细小，短束颈转折极明确，斜沿陡峻，瓶体更修长，重心显得更高，下腹略带弧形长斜收至底。见于白釉黑彩画花器和黑釉器。例如：

③陕西绥德县薛家城子出土白釉黑彩画花折枝牡丹纹"梅瓶"1件（附录一总表四：19c①）[130]，高42厘米、口径3厘米、腹围51.5厘米、底径6厘米、圈足深1.1厘米。

④陕西子洲县淮宁湾乡薛家城子出土黑釉瓷"梅瓶"1件（附录一总表四：19c②）[131]，高38.4厘米、口径3厘米、最大腹围50厘米、底径8.5厘米、圈足深1厘米。

⑤上海博物馆藏白釉黑彩画花折枝牡丹纹"瓶"1件（图7-2-17③）[132]，高38.3厘米、口径3.4厘米、腹径15.2厘米、足径10厘米。

这类高梯形小口的白釉黑彩画花折枝牡丹纹梅瓶的传世品较多，属于本亚型的实例还有：日本东京国立博物馆收藏一件（高39.1厘米），[133]东京横光利一收藏一件（高1尺2寸8分，合42.7厘米）[134]。

4. 样式四19d：与c亚型相比，高梯形小口较宽肥，瓶体也更为高大宽博。见于白釉黑彩画花器。例如：

⑥日本东京国立博物馆藏白釉黑彩画花折枝牡丹纹"瓶"1件（图7-2-17④）[135]，高44.6厘米、口径3.5厘米、底径11.8厘米。

⑦杨铨先生旧藏白釉黑彩画花折枝牡丹纹"小口瓶"1件（附录一总表四：19d）[136]，高41.3厘米、口径3.4厘米、腹径34厘米。

5. 样式四19e：与c、d两亚型相比，出现了平肩，肩腹圆折较明显，瓶身较瘦长而斜收。见于白釉剔划花器、棕黄釉划花器。例如：

126　采自：《東洋古陶磁》图版138，东京：东京国立博物馆，1953年。也收录于《東京国立博物館圖版目録·中国陶磁篇Ⅰ》图版557，东京国立博物馆，1988年。

127　采自：《中国陶磁名品展》，东京：日本经济新闻社，1975年，彩版33。

128　Doreen Stoneham, *Thermoluminescence Testing of Ceramic Works of Art*, fig.5, in Chinese Ceramics, Selected Articles from Orientations 1982-1998, Hong Kong, Orientations Magazine Ltd, 1999, p240.

129　采自：〔日〕三上次男主编《世界陶磁藝術——第13卷·遼、金、元》（英、日文版）图版18，东京：小学馆，1981年。

130　采自：陈孟东《榆林地区一批馆藏宋、金、元瓷器》图版壹：12，《文博》1986年1期15、13页。此瓶现藏于陕西榆林博物馆。

131　采自：陈孟东《榆林地区一批馆藏宋、金、元瓷器》图版壹：10，《文博》1986年1期15页。此瓶现藏于陕西榆林博物馆。

132　采自：《上海博物馆藏瓷选集》图版56，北京：文物出版社，1979年。

133　〔日〕三上次男主编《世界陶磁藝術——第13卷·遼、金、元》（英、日文版）图版258，东京：小学馆，1981年。按：在较早出版的陶瓷图录中，还介绍过一件由东京反町茂作氏收藏的高梯形小口白釉黑彩画花折枝牡丹纹梅瓶，高38.5厘米，器形和画花与本例几乎完全相同，见〔日〕小山富士夫监修、长谷部乐尔编《陶器全集·13卷·宋の磁州窑》图版32，东京：平凡社，1966年。

134　〔日〕小山富士夫编著《宋磁》图版33，东京：聚乐社，1943年。

135　采自：《東洋古陶磁》图版148，东京：东京国立博物馆，1953年。

136　采自：广州市文物管理委员会编《杨铨先生捐献文物图录》图版27，北京：文物出版社，1965年。

图7-2-17　金代梅瓶样式四19　（0⊾⊾⊾⊾⊾⊾10cm）

137　采自：Suzanne G. Valenstein: *A Handbook of Chinese Ceramics*, The Metropolitan Museum of Art, 1975, Pl.45。此瓶编号为26.292.56，由 Mrs. Samuel T. Peters于1926年捐赠。

138　采自：《中国陶瓷全集·7·宋（上）》图版一四五，上海：上海人民美术出版社，2000年。

139　采自：〔日〕三上次男主编《世界陶磁藝術——第13卷·遼、金、元》（英、日文版）图版267，东京：小学馆，1981年。

140　采自：〔日〕小山富士夫编《中国名陶百選》图版59，东京：日本经济新闻社，1960年。参见〔日〕小山富士夫监修、长谷部乐尔编《陶器全集·13卷·宋の磁州窑》图版53，东京：平凡社，1966年。

⑧美国纽约大都会艺术博物馆（The Metropolitan Museum of Art）藏白釉珍珠地剔刻花横向波状草叶纹"花瓶"（Vase）1件（图7-2-17⑤）[137]，高18.5英寸（合46.99厘米）。

⑨北京故宫博物院藏棕黄釉划花缠枝牡丹纹"梅瓶"1件（图7-2-17⑥）[138]，高31厘米、口径3.5厘米、底径10厘米。

此外，日本救世热海美术馆藏褐釉划花横向莲花纹"梅瓶"（高42.7厘米，附录一总表四：19e①）[139]，东京井上恒一藏棕黄釉划花七宝纹"梅瓶"（高43厘米，附录一总表四：19e②）[140]，浙江杭州历史博物馆藏白釉划花钱纹加褐彩画花缠枝牡丹纹"梅瓶"，[141]以及广西壮族自治区博物馆藏白釉划文"风花雪月"加黑彩画牡丹纹"梅瓶"（高38.2厘米、口径3.2厘米、足径9.2厘米），[142]也都是属于本亚型的实例。

6. 样式四19f：与e亚型相比，高梯形小口更宽大，下沿较尖，肩部也更宽平，上腹较鼓。见于白釉系的黑彩画花器、珍珠地划花兼黑彩画花器、白釉珍珠地划花器、划花兼黑彩画花器等。例如：

⑩河北张家口市博物馆藏白釉黑彩画花折枝牡丹纹"梅瓶"1件（附录一总表四：19f）[143]，高39.4厘米、口径3.85厘米、底径9厘米。

⑪海外藏白釉黑彩画花折枝牡丹纹"瓶"1件（图7-2-17⑦）[144]，高39.2厘米、口径3.9厘米、底径10.6厘米。

本亚型也有白釉珍珠地划花器和白釉珍珠地划花加黑彩画花器，分别为日本私人收藏，[145]及海外私人收藏。[146]

7. 样式四19g：与f亚型相比，肩部更宽更平，上腹也更宽鼓，至下腹呈弧形斜收，瓶身更似楔形。见于棕黄釉划花器。例如：

⑫日本东京山村耕花藏棕黄釉珍珠地划花钱纹"瓶"1件（图7-2-17⑧）[147]，高1尺2寸6分（合42厘米）。

8. 样式四19h：与g亚型相比，高梯形小口较宽矮，完全呈宽平肩，肩腹圆折处直径最大，腹壁略带弧度斜直下收至底，形成明显的楔形。见于白釉黑彩画花器。例如：

⑬北京故宫博物院藏白釉黑彩画花折枝牡丹纹"梅瓶"1件（图7-2-17⑨）[148]，高39厘米、口径4厘米、底径10厘米。

9. 样式四19i：与c亚型相比，短束颈向上锐收，重心偏于中部，修长的瓶身更接近墩形。见于黑釉剔刻花器。例如：

⑭日本东京国立博物馆藏黑釉剔划花卷枝纹"瓶"1件（图7-2-17⑩）[149]，高38.2厘米、口径2.6厘米、底径9.4厘米。

10. 样式四19j：与i亚型相比，高梯形小口增高，胫部下端微内曲，足壁直立。见于黑釉剔刻花器。例如：

⑮北京故宫博物院藏黑釉剔划花卷枝纹"瓶"1件（图7-2-17⑪）[150]，高37厘米、口径3厘米、足径10厘米。

11. 样式四19k：与j亚型相比，高梯形小口几成直壁，平肩，肩腹圆折，瓶身较宽矮，呈明显的墩形，胫部下端也内曲，足壁直立。见于黑釉剔刻花器。例如：

⑯广东省博物馆藏黑釉剔划花卷枝纹"小口瓶"1件（图7-2-17⑫）[151]，尺寸不明。

（十四）样式四31

本样式也具有高梯形小环口、极短的束颈，但瓶身呈倒滴水形，轮廓初现

141 笔者于2010年12月30日曾在南宋官窑博物馆某瓷展上见过此瓶。

142 广西壮族自治区博物馆编《瓷美如花——馆藏瓷器精品图集》94页图，南宁：广西教育出版社，2011年。

143 采自：贾芸、曹江《两件馆藏磁州窑系瓷瓶》图一，《文物春秋》2004年4期77页。

144 采自：〔日〕三上次男主编《世界陶磁藝術——第13卷·遼、金、元》（英、日文版）图版19，东京：小学馆，1981年。

145 Yutaka Mino, *Tz'u-chou-Type Ware Decorated with Incised Patterns on a Stamped "Fish-roe" Ground*, in Archieves of Asian Art, XXXⅡ, 1979. 见秦大树《磁州窑研究》图三十七：10，并96页，注释183。

146 Yutaka Mino, *Tz'u-chou-Type Ware Decorated with Incised Patterns on a Stamped "Fish-roe" Ground*, in Archieves of Asian Art, XXXⅡ, 1979. 见秦大树《磁州窑研究》图三十七：11，并96页，注释184。

147 采自：〔日〕大河内正敏、横河民辅、奥田诚一合编《陶器圖録·第七卷·中国篇（上）》图版108，东京：雄山阁株式会社，1938年。

148 采自：《中国陶瓷全集·7·宋（上）》图版一三六，上海：上海人民美术出版社，2000年。

149 采自：《東洋古陶磁》图版68，东京：东京国立博物馆，1953年。

150 采自：《中国陶瓷全集·9·辽 西夏 金》图版二〇三，上海：上海人民美术出版社，2000年。

151 图片由笔者在2011年8月拍摄于广东省博物馆陶瓷馆。

①a　①b　②

③　④　⑤　⑥

图7-2-18　金代梅瓶样式四31 （0 ⎯⎯⎯ 10 cm）

152　分别采自：《中国出土瓷器全集·5·山西》图版150，北京：科学出版社，2008年，150页；任志录、孟耀虎《山西近年出土的梅瓶》图一：4，《中国古陶瓷研究·第六辑》，北京：紫禁城出版社，2000年，170页。此瓶现藏于汾阳市博物馆。

153　采自：William Bowyer Honey, *The Ceramic Art of China and Other Countries of the Far East*, Faber and Faber Limited, London, Pl.65。

了S形曲线，圆肩，上腹鼓，下腹内收，胫部修长而略微内曲，足壁或直立或微撇，挖足较深的隐圈足。结合装饰特征来看，此样式与样式四19存在明显的内在联系，主要见于山西地区窑场烧造的黑釉剔划花器。根据各部差异，分为a～d共4个亚型。

1. 样式四31a：高梯形口沿内曲，腹壁斜直内收，胫部下端内曲，足壁微撇，深挖足。例如：

①山西汾阳市杏花村汾酒厂出土茶叶末釉剔划花缠枝大叶纹"梅瓶"1件（图7-2-18①a、b，附录一总表四：31a）[152]，高33.4厘米、口径3.5厘米、底径8.5厘米。

2. 样式四31b：口不甚高，方直，足壁直立。例如：

②英国伦敦维多利亚和阿尔伯特博物馆（Victoria and Albert Museum, London）藏剔花大牡丹纹"梅瓶"1件（图7-2-18②）[153]，高11.5英寸（合29.2厘米）。

3. 样式四31c：梯形口瘦高，斜沿直，斜平肩，胫部有较大幅度的曲线，足壁直立。例如：

③陕西省文物商店征集黑釉划花团云形开光把莲纹"梅瓶"1件（图7-2-18③）[154]，高46.5厘米、口径4厘米、底径12厘米。

4.样式四31d：与c亚型近似，但瓶身较短，肩部较圆，胫部斜直或微内曲。例如：

④陕西西安市西师家营南金墓出土黑釉划刻诗文"梅瓶"1件（图7-2-18④）[155]，高33.5厘米、口径3厘米、足径10.4厘米。

⑤陕西绥德县薛家乡周家桥出土黑釉刻划花莲纹"梅瓶"1件（图7-2-18⑤）[156]，高30厘米、口径2.9厘米、腹围45厘米、底径8厘米、圈足深0.9厘米。

⑥河南博物院藏黑釉划荷花纹"梅瓶"1件（图7-2-18⑥）[157]，高27厘米、口径2.8厘米、足径9.5厘米。

⑦河北省博物馆藏黑釉刻划莲花纹"梅瓶"1件[158]，高34厘米、口径3厘米、最大腹径22.5厘米、足径9厘米。

（十五）样式四36

高梯形小口相对较矮，口沿方正尖锐，斜面约呈45°，短柱颈，口颈肩方折，斜宽肩，上腹鼓凸，下腹斜收，胫部略内曲，足壁直立，隐圈足。例如：

①山西太原晋祠博物馆藏绞胎"梅瓶"1件（图7-2-19①）[159]。

（十六）样式四35

宽扁梯形小口，口沿斜壁较方直，细束颈，瓶身长直，圆溜肩，胫部微内曲，直足。例如：

①日本大和文华馆藏白釉剔刻花缠枝牡丹纹"瓶"1件（图7-2-19②）[160]，高39厘米。

（十七）样式四32

含丰体和高体。梯形小环口、短束颈、长筒状墩形瓶身，或斜或平的窄折肩，折角或圆或方，腹壁上下收、中间微鼓，平底或平底隐圈足。根据各部差异，此样式分为a～d共4个亚型。

1.样式四32a：丰体，矮梯形口，口沿斜面内曲，唇尖薄，变体过度者使整个瓶口看似竹节式凸棱小口，瓶身墩形明显，分粗细，足分平底足和隐圈足。例如：

①陕西凤翔五曲湾公社杏树沟大队桑园村窖藏出土金代耀州窑青瓷刻划花"梅瓶"3件，均为平底，其一（图7-2-20①）[161]，高35.5厘米、口径4厘米、腹径17厘米、底径11.2厘米，上腹划"风花雪月"四字；其二（图7-2-20②）[162]，高39厘米、口径4.5厘米、腹径22.5厘米、底径13.5厘米，腹部划缠枝牡丹纹；其三（图7-2-20③，附录一总表四：32a①）[163]，高38.5厘米、口径5

154 采自：杨培钧主编《陕西历史博物馆珍藏·陶瓷器》图版97，西安：陕西人民美术出版社，2003年，174页。此瓶现藏于陕西历史博物馆。

155 采自：《中国出土瓷器全集·15·陕西》图版193，北京：科学出版社，2008年。此瓶现藏于西安市文物保护考古所。

156 采自：陈孟东《榆林地区一批馆藏宋、金、元瓷器》图版叁：7，《文博》1986年1期17页。此瓶现藏于陕西榆林博物馆。

157 采自：杨爱玲《河南收藏历代梅瓶之所见》图四，《中国古陶瓷研究·第六辑》146页，北京：紫禁城出版社，2000年。

158 陈联众《磁州窑黑釉刻花梅瓶》插图，《文物春秋》1992年3期90页。此瓶是1984年查获的走私物品。

159 采自：刘涛《宋辽金纪年瓷器》图3-30，北京：文物出版社，2004年，42页。

160 采自：〔日〕三上次男主编《世界陶磁艺术——第13卷·辽、金、元》（英、日文版）图版262，东京：小学馆，1981年。

161 采自：沐子《陕西凤翔出土的唐、宋、金、元瓷器》图六：4，《文博》1986年2期6页。此瓶在原报告中编为1号。

162 采自：图六：2。

163 采自：图版贰：4，图六：3。

图7-2-19　金代梅瓶样式四36、35

（0 ———— 10cm）

图7-2-20　金代梅瓶样式四32　（ 0 ⌊⌊⌊⌊⌊⌊⌊⌊⌊ 10 cm ）

164　采自：《中国出土瓷器全集·16·甘肃、
青海、宁夏、新疆、云南、贵州、西藏》
图版98，北京：科学出版社，2008年。此
瓶现藏于庄浪县博物馆。

165　采自：《中国出土瓷器全集·16》图版
99，同上。此瓶亦藏于庄浪县博物馆。

166　采自：Catalogue of an Exhibition of the
Ceramic Art of China, The Victoria and Albert
Museum, 1971, Pl.89。

167　采自：刘得祯《甘肃灵台百里镇出土一批
宋代文物》图三：1，《考古》1987年4期
339页。

168　采自：《中国出土瓷器全集·15·陕西》
图版167，及附图，北京：科学出版社，
2008年。此瓶现藏于耀州窑博物馆。

厘米、腹径22厘米、底径13厘米，仅在肩腹和腹胫之间划两组双弦纹带。

②甘肃庄浪县出土黑釉"梅瓶"2件，其一（附录一总表四：32a②）[164]，高38厘米、口径4厘米、足径11.2厘米，无饰纹；其二（图7-2-20④）[165]，高41厘米、口径4.5厘米、足径11.5厘米，釉上以酱褐色彩画（铁锈花）折枝牡丹纹。

③英国不列颠博物馆（British Museum）藏褐釉画花折枝牡丹纹"花瓶（梅瓶）"1件（图7-2-20⑤）[166]，高13.6英寸（合34.5厘米）。

2. 样式四32b：口部退化成平沿小口，墩式瓶身较瘦，隐圈足。例如：

④甘肃灵台县百里镇野狐弯村窖藏出土酱釉"Ⅱ式壶"1件（图7-2-20⑥）[167]，高31.7厘米、口径5.8厘米、足径7厘米。

3. 样式四32c：口部呈扁梯形小环口，唇沿较圆厚，其余部分与上例相同。例如：

⑤陕西耀县（今铜川市耀州区）出土耀州窑青瓷刻花牡丹纹"瓶"1件（图7-2-20⑦a、b）[168]，高30.5厘米、口径5.5厘米、腹径13厘米、底径8.8厘米。

4. 样式四32d：平折沿式的卷唇小口，沿面呈斜圆状，其余部分与上两例同。例如：

⑥日本的大和文华馆藏耀州窑青瓷刻花"瓶"1件（图7-2-20⑧）[169]，高31.1厘米、口径7.3厘米、底径9.5厘米。

样式四32b～d三个亚型各例都带有从矮梯形小环口退化的迹象，加之瓶身与亚型a同属器形特殊的墩式，故归为同一种样式。

从形式因素来看，此样式与北宋汝窑梅瓶样式四12近似，墩形瓶身在同一时期的样式一10例①（图7-2-2），样式二18例①（图7-2-5①）、例②（图7-2-5②）上都有相同或相似的表现，但是各局部的具体特征及其搭配关系却很不一样，在这方面，本样式与北宋关中地区流行的梅瓶样式一〇4、一〇5相一致。从考古材料来看，本样式的出土物也正是来自陕西、甘肃一带，主要见于耀州窑青瓷器以及窑口需具体研究的黑釉器。

（十八）样式四22

丰体。薄而窄的梯形小环口，短束颈，瓶身丰硕，圆溜肩，上腹鼓，下腹斜收，矮足壁直立，平底。考古材料见于山西东南部地区如长治窑。例如：

①山西长治县八义村东南八义窑址金代地层出土"Ⅲ型黑釉瓶"标本1件（G1③：6，图7-2-21①）[170]，高28厘米。

（十九）样式四26

丰体。基本上可以视为在样式四24的基础上加宽中腹使之变得肥硕，但口沿较钝。这种样式的高宽比大于1.0，考古材料见于山西地区。例如：

①山西省岚县北村金墓出土黑釉划花"梅瓶"1件（图7-2-21②）[171]，尺寸不详。

（二十）样式四23

较矮的梯形口，配细柱颈，成为突出的特点，倒滴水形瓶身，肩部不宽，或圆或平斜，向上腹含蓄圆转，中上腹外鼓，下腹长斜收，或胫部微内曲，平底隐圈足。本样式从北宋末金代初开始出现，流行于金代和西夏，统一分为a～d共4个亚型，前三个亚型均见于金代。

1.样式四23a：丰体。扁梯形口，斜沿呈圆弧面，下腹斜收至底。例如：

①日本东京西村总左卫门氏藏白釉剔划花牡丹纹"瓶"1件（图7-2-22①）[172]，高1尺1寸4分（合约38厘米）。

2.样式四23b：高体。典型的梯形口，柱颈略束，胫部微内曲，足壁直立。例如：

169 采自：《世界陶磁全集·12·宋》图版50，东京：小学馆，1977年。

170 采自：山西省考古研究所《山西长治八义窑试掘报告》图一六：13，《文物季刊》1998年3期20页。

171 采自：山西省吕梁市文物技术开发中心《岚县北村金墓发掘简报》图六，《文物世界》2010年5期5页。

172 采自：〔日〕小山富士夫编著《宋磁》图版34，东京：聚乐社，1943年。

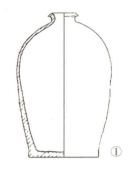

①

②

图7-2-21　金代梅瓶样式四22、26

（0 ————————— 10 cm）

图7-2-22　金代梅瓶样式四23、21　（0 ⊢⊢⊢⊢⊢⊢⊢ 10cm）

173　采自：陈孟东《榆林地区一批馆藏宋、
　　　金、元瓷器》图版贰：1，《文博》1986年
　　　1期15页。此瓶现藏于榆林博物馆。

174　采自：何明《记塔虎城出土的辽金文物》图
　　　九，图一：4，《文物》1982年7期45页。

175　采自：荣子录《山东省广饶县博物馆馆藏
　　　瓷器选介》图六：1，《考古与文物》2001
　　　年2期91页。

176　采自：前揭《观台磁州窑址》图版
　　　一二五：6。

②陕西佳县朱家㘾乡郑家㘾村出土白釉黑彩题词"梅瓶"1件（图7-2-22②）[173]，高38.5厘米、口径3.6厘米、腹围56厘米、底径6.1厘米、假圈足深0.9厘米。

3. 样式四23c：丰体。与样式四23b相近，但瓶体较短，足径较宽，挖足很浅。例如：

③吉林省前郭尔罗斯蒙古族自治县八郎公社北上台村塔虎城（他虎城）遗址出土白釉"小口瓶"1件（图7-2-22③，附录一总表四：23c）[174]，高30厘米、口径6.2厘米、腹径16.5厘米、底径9.6厘米。

（二十一）样式四21

矮体。梯形口较厚，短束颈向上收束，瓶身短矮，宽肩，鼓腹，短胫部内曲，足壁微外撇，极浅的平底隐圈足。例如：

①山东广城出土白釉"梅瓶"1件（图7-2-22④）[175]，高20.8厘米、口径5.6厘米、足径8.4厘米。

（二十二）样式四34

图7-2-23　金代梅瓶样式四34

梯形小环口较高，但无论形式还是比例都与样式四19的高梯形口不同，偏于宽矮，颈、肩、腹的形式与样式四33完全相同，仅高度偏短，近足处微弧收。见于中原地区磁州窑类型的白釉黑彩画花器。例如：

①美国纽约大都会博物馆藏金代磁州窑类型白地黑彩画花植物纹并带南宋年款"梅瓶"1件（图7-2-23）[176]。肩部以黑彩书"大宋嘉泰三年"（1203年）款一周。

（二十三）样式四33

高体。梯形口宽扁，斜沿呈圆弧面，上锐下丰的束颈较长，呈圆弧状过渡成斜溜肩，肩腹圆转处是最大腹径处，腹部长势斜收至底，隐圈足。见于河南窑场的白釉黑彩画花器。例如：

①河南汝州市汝瓷博物馆藏白釉黑彩画花缠枝牡丹纹"梅瓶"1件（图4-4-9）[177]，高31.2厘米、口径3.4厘米、足径7.9厘米。

（二十四）金代梅瓶第四类样式群部分器物产地和年代判断

177 采自：河南省文物研究所、汝州市汝瓷博物馆、宝丰县文化局编《汝窑的新发现》图149，北京：紫禁城出版社，1991年，24页。参见赵青云、张久益撰《河南汝瓷博物馆藏品选介》图二〇，《文物》1989年11期。

178 《邯郸市区发现宋代墓葬》，《文物春秋》1994年3期23页。

179 《邯郸市区发现宋代墓葬》图八：1，《文物春秋》1994年3期22页。

180 〔日〕小山富士夫编著《宋磁》图版34说明，东京：聚乐社，1943年。

181 陈孟东《榆林地区一批馆藏宋、金、元瓷器》，《文博》1986年1期15页。

182 荣子录《山东省广饶县博物馆馆藏瓷器选介》，《考古与文物》2001年2期91页。

183 当阳峪窑遗址出土的如执壶（高6.9厘米）、小口罐（高3.5厘米）、玉壶春瓶（高6.3厘米）等，见北京艺术博物馆编著《中国古瓷窑大系·中国当阳峪窑》图版165、167、168，北京：中国华侨出版社，2011年。

184 同上，图版164，173页。该瓶高5.5厘米、口径1.5厘米、底径1.9厘米，2004年当阳峪窑址出土，现藏于河南省文物考古研究所。

表7-2-4 金代梅瓶第四类样式群部分器物产地和年代分析表

梅瓶	以往的判断	笔者的判断	主要理由
样式四25例②	北宋政和（1111～1118年）以后[178]	金	同墓出土的两件豆绿釉Ⅱ式碗的底心饰"一花一叶"折枝纹，[179]是金代定窑白瓷碗最流行的饰纹格式和造型，因此这座"宋墓"应属"金墓"
样式四25例④	—	金，鹤壁集窑	鹤壁集窑与磁州窑毗邻，两窑烧造的梅瓶多有相似之处，与河南中西部窑场的制品则有较明显的差异
样式四23例①	宋[180]	金代初期	其饰纹造型和剔花手法与当阳峪窑器近似，但是剔地呈灰色，柔和的灰白对比又接近磁州窑，较小的剔花面积体现了较早的工艺特点，上甚宽、下甚窄的瓶身则是金代特点
样式四23例②	宋，磁州窑[181]	金，磁州窑	此瓶与本样式例①的器形区别主要在于瓶身略拉长，另一个特点是在通体施白釉的器表上，仅在腹部黑彩书词，这种做法以金代磁州窑最为常见，特别是在磁州窑白釉黑彩画花瓷枕上，书写长篇诗词文字成为独特的装饰题材和样式。反之，该瓶的器形和装饰在山西窑场中并不是常见样式，因此这件梅瓶应该定为金代磁州窑器
样式四21例①	宋[182]	金	器形属金代风格
样式四20例①	中原窑口	北宋末至金初，当阳峪窑	近年在河南修武当阳峪窑遗址的发掘材料中，有多种小型器物的胎釉、饰纹与此两瓶基本相同，[183]另有一件器形与两瓶近似的"白地褐花小瓶"。[184]故可确定本例属当阳峪窑，公元1144年是两瓶烧造的时间下限，具体时间应该划在北宋末到金代初期

续表

梅瓶	以往的判断	笔者的判断	主要理由
样式四33例①	北宋中晚期，磁州窑系[185]	金代中晚期，河南窑场	此瓶口颈部分别出现一粗一细带状纹和丛草纹，虽然简单，却是梅瓶装饰部位的重要突破。腹胫间分隔带被画成一正一反的草丛纹也突破了北宋以来瓶身分肩腹胫三层布局的经典格式，这种新格式在元代南方梅瓶上成为常格。仅就这一点来看，此瓶的年代应属金代偏晚的时期。其腹部花草纹具有金代扒村窑特点
样式四8例⑤⑦⑧⑨，样式四27例①②③	关于这类梅瓶的产地和年代，以往多有不同看法，但断代常为北宋或笼统的宋代，大部分器物标为磁州窑，也有河南窑场的说法	金，河南窑场	赞同目前学术界对这一问题的反思和研究成果[186]
样式四35例①	元（13~14世纪），磁州窑[187]	金晚期到元早期，山西窑场	此瓶腹部缠枝牡丹纹叶片形状与元代景德镇窑青花瓷上常见的同类饰纹造型相似，缠枝结构也偏于秀丽，但是其胫部的曲折结构叶形纹和大小相间的仰莲瓣纹，无论是造型、结构还是剔划方法，都具有山西窑场辽金时期白釉剔刻划器的特点。推测此瓶年代可能是金代晚期到元代早期
样式四19所有高梯形小口梅瓶	以往多种海内外图录多笼统断代为宋，磁州窑	金，山西窑场	关于这类高梯形小口梅瓶的产地，早在20世纪50年代陈万里就指出是在山西，并初步地将其器形和划花的风格做过区分和概要的描述，[188]后来像叶喆民、秦大树等先生均持相同看法
样式四31例③	西夏，灵武窑[189]	金，山西窑场	从器形及饰纹整体风格来判断，该瓶与已经发掘的西夏灵武窑出土的梅瓶均不同，具有金代山西窑场的特点
样式四31例⑦	北宋晚期，磁州窑[190]	金，山西雁北地区窑场	该瓶装饰手法不似磁州窑，类似于山西雁北地区窑场的黑釉剔花
样式四32例④	南宋初期[191]	金代晚期	该瓶胎釉符合金代耀州窑或临近窑场的特征。该窑藏出土的多件器物也都具有金代或西夏中晚期特征，故此窑藏年代应属金代，而且可能是金代晚期

185　前揭《汝窑的新发现》24页。

186　参见刘涛《宋辽金纪年瓷器》，北京：文物出版社，2004年，45~47页。

187　前揭〔日〕三上次男主编《世界陶磁藝術——第13卷·遼、金、元》（英、日文版）图版262说明。

188　这是陈万里先生在其编辑的《宋代北方民间瓷器》中对收录本样式的两件"白釉黑花瓶"所做的概述。见陈万里编《宋代北方民间瓷器》24、25页图，北京：朝花美术出版社，1955年，4页。

189　《陕西历史博物馆珍藏·陶瓷器》图版97说明，174页。

190　陈联众《磁州窑黑釉刻花梅瓶》，《文物春秋》1992年3期90页。

191　刘得祯《甘肃灵台百里镇出土一批宋代文物》，《考古》1987年4期342页。

续表

梅瓶	以往的判断	笔者的判断	主要理由
样式四32例②③	例②：元[192] 例③：宋，磁州窑器[193]	金， 山西窑场	两例中的铁锈花饰纹造型与山西地区流行的样式四19多例高梯形小口白釉黑彩画花牡丹纹梅瓶的饰纹相同
样式四28例①	断代有四：一、宋（960～1279年）；[194]二、北宋；[195]三、金代；四、金到元。耀州窑[196]	金晚期	从器形和饰纹特征来看，该瓶与金元时期中原地区的磁州窑类型器相似，因此很可能属金代晚期
样式四29例①	断代有三说：一、宋；[197]二、金；三、金到元。[198]耀州窑	金	陕西铜川黄堡镇宋代耀州窑址出土一件残存肩部和上腹部的青瓷瓶标本，[199]特征与本例相同，年代介于北宋晚期到南宋初年之间，[200]借此推测，与其具有高度相似性的本例，大致是耀州窑在北宋晚期到南宋初期前后烧造，其姜黄釉具有金代特征，故应属金代制品
样式四18例③	断代有两说：西夏，[201]金代[202]	—	—

192　前揭马广浩、王辉撰《中国出土瓷器全集·16·甘肃、青海、宁夏、新疆、云南、贵州、西藏》图版98、99说明。

193　*Catalogue of an Exhibition of the Ceramic Art of China*, Pl.89说明。

194　前揭《陕西历史博物馆珍藏·陶瓷器》图版92说明。

195　这是陕西历史博物馆陶瓷馆的断代。

196　金代和金代到元代两说，见《中国出土瓷器全集·15·陕西》图版194说明（闫存良撰），北京：科学出版社，2008年。

197　分别见陈孟东《榆林地区一批馆藏宋、金、元瓷器》，《文博》1986年1期14页；杨培钧主编《陕西历史博物馆珍藏·陶瓷器》图版90说明，西安：陕西人民美术出版社，2003年，172页。

198　金代和金元两说，见《中国出土瓷器全集·15·陕西》图版195说明，闫存良撰。

199　《宋代耀州窑址》图一四六：4，图版七六：4，北京：文物出版社，1998年，285页。此标本86ⅠT14③Z11：11，在报告中属"青瓷B型Ⅱ式瓶"。

200　据《宋代耀州窑址》图二九二"宋代耀州窑址典型器物（瓶）型式演变图"。

201　中国国家文物局主编《中国文物精华大辞典·陶瓷卷》"瓷器篇"图527，上海：上海辞书出版社，香港：商务印书馆（香港）有限公司，1995年，325页。所录即北京故宫博物院的藏品，称此瓶属西夏，而"产地至今未明"，同时指出"甘肃境内曾出土过类似器物"。

202　前揭《中国美术全集·工艺美术编·2·陶瓷（中）》图版228说明。关于这类梅瓶属于金代的观点，杭天先生做过有力的研究，见杭天《西夏瓷器》插图T6019，T6021，北京：文物出版社，2010年，128、129页。

203　采自：天津市艺术博物馆编《天津市艺术博物馆藏瓷》图版43，北京：文物出版社，香港：两木出版社，1993年。

204　采自：《世界陶磁全集·12·宋》图版234，东京：小学馆，1977年。

205　采自：刘信珍《湖北枝江县博物馆征集的白地黑花瓷瓶》插图，《江汉考古》1993年1期92页。此瓶现藏于湖北枝江县博物馆。

206　采自：《世界陶磁全集·12·宋》图版119，东京：小学馆，1977年。此瓶原属（东京）西村总右卫门氏旧藏，现藏五岛美术馆，多次收录于各种图录，参见〔日〕小山富士夫编著《宋磁》图版三一，东京：聚乐社，1943年；〔日〕大河内正敏、横河民辅、奥田诚一（合编）《陶器图录·第七卷·中国篇（上）》图版八九，东京：雄山阁株式会社，1938年；〔日〕小山富士夫监修、长谷部乐尔编《陶器全集·13卷·宋の磁州窑》图版14，东京：平凡社，1966年。

207　采自：〔日〕小山富士夫监修、长谷部乐尔编《陶器全集·13卷·宋の磁州窑》图版13，东京：平凡社，1966年。

208　采自：〔日〕小山富士夫监修、长谷部乐尔编《陶器全集·13卷·宋の磁州窑》图版15，东京：平凡社，1966年。

209　采自：〔日〕小山富士夫主编《陶器全集·26卷·天目》图版12，东京：平凡社，1965年。

图7-2-24　金代梅瓶样式五2

（0　　　　　10 cm）

五、第五类样式群

第五类样式群梅瓶的标志"横展平沿环口"在金代已经完全成熟，以丰体为主，也有高体和矮体，这类样式在定窑已不再流行，主要见于磁州窑，始于北宋末期，盛行于金，所见材料至少有3种样式。

（一）样式五2

延续北宋同一矮体样式，但盘口的痕迹全部消失，是为样式五2d。例如：

①天津市艺术博物馆藏黑釉酱彩铁锈花"小口瓶"1件（图7-2-24）[203]，高17.2厘米、口径4.7厘米、足径5.5厘米。

（二）样式五3

金代本样式的丰体梅瓶，均属磁州窑或磁州窑类型器，以白釉剔花器为主，尤以白釉黑剔花梅瓶最为突出。在器形上，既有延续北宋特征的器形样式，也有更能体现金代特征的样式，整体上与样式三13一道都是金代磁州窑梅瓶典型形态和风格的体现。

1.样式五3a：延续北宋特征，口沿平展，圆唇，颈部上侈，下部收束，瓶身不长，宽斜肩，上腹圆鼓，下腹斜收，胫部短而略内曲，足壁直立，矮隐圈足。例如：

①海外私人藏白地褐彩剔划花云菊纹"梅瓶"1件（图7-2-25①）[204]，高27.2厘米。

2.样式五3c：与样式五3a相比，口径较小、直柱颈较短、瓶身较长，斜溜肩，上腹圆鼓，下腹斜收至底，足径相对也较小，矮隐圈足。高都在30～33厘米之间。例如：

②湖北枝江县云盘湖乡观音桥四组出土白釉黑剔花缠枝牡丹纹"瓷瓶"1件（图7-2-25②）[205]，高31.4厘米、口径6厘米、底径9.2厘米。

③日本五岛美术馆（Goto Art Museum）藏白釉黑剔花缠枝牡丹纹"瓶"1件（图7-2-25③）[206]，高33厘米、口径7.2厘米。

④日本京都国立博物馆藏白釉黑剔花缠枝牡丹纹"梅瓶"1件（图7-2-25④）[207]，高30.9厘米。

⑤美国圣路易斯市立博物馆藏白釉黑剔花莲花纹"梅瓶"1件（图7-2-25⑤）[208]，高31.3厘米。

⑥海外藏黑釉铁锈斑"梅瓶"1件（图7-2-25⑥）[209]，高30厘米、腹径17厘米。

3.样式五3d：与上两个亚型相比，口径较小、口唇较薄，颈部也较细

图7-2-25　金代梅瓶样式五3　（0 ⌐⌐⌐⌐⌐⌐ 10 cm）

短，重心上移，宽平肩，上腹凸鼓，下腹斜收至底，使瓶身呈楔形，矮隐圈足。例如：

⑦海外藏白釉剔划花牡丹纹"梅瓶"1件（图7-2-25⑦）[210]，高32厘米、腹径18.7厘米、底径8.3厘米。

⑧海外藏白釉黑剔花缠枝牡丹纹"梅瓶"1件（附录一总表五：3d）[211]，高31.6厘米。

4. 样式五3e：口颈部与样式五3c相同，但瓶身较高大、丰满，宽平肩与样式五3d相同，但整体器形饱满，尺度稍大，显得较厚重。例如：

⑨日本伊势文化基金（东京）藏白釉黑剔花缠枝牡丹纹"梅瓶"1件（图7-2-25⑧a、b）[212]，高30.5厘米、腹径18.8厘米。

⑩日本东京井上恒一氏藏白釉黑剔花缠枝牡丹纹"瓶"1件（附录一总表五：3e）[213]，高1尺1寸（合约36.7厘米）。

（三）样式五6

高体。将样式五3c的瓶身拉长而成。例如：

①日本白鹤美术馆（Hakutsuru Art Museum, Kobe）藏白釉黑剔花龙纹

210　采自：《世界陶磁全集·12·宋》图版118，东京：小学馆，1977年。

211　采自：《中国陶磁名品展》彩版39，东京：日本经济新闻社，1975年。

212　采自：《宋磁》图版91，东京：朝日新闻社，1999年。

213　采自：〔日〕小山富士夫编著《宋磁》图版30，东京：聚乐社，1943年。

214 采自:《宋磁》图版90,东京:朝日新闻社,1999年。

215 采自:〔日〕小山富士夫编《中国名陶百選》图版12,日本:经济新闻社,1960年。参见《宋磁》图版89,东京:朝日新闻社,1999年。此瓶是日本东京细川护立氏旧藏,见〔日〕小山富士夫编著《宋磁》第二八图,东京:聚乐社,1943年版。

216 前揭《天津市艺术博物馆藏瓷》图版43说明。

217 刘涛《宋辽金纪年瓷器》,北京:文物出版社,2004年,43页。

218 近来,韩国金英美女士注意到这类装饰流行时间偏晚,她认为是在北宋末期到金代,而金代是最为流行的时期。见〔韩〕金英美《韩国国立中央博物馆藏高丽遗址出土中国瓷器》图四六,《文物》2010年4期80页。

219 前揭《世界陶磁全集·12·宋》图版234说明。

220 北京艺术博物馆编《中国古瓷窑大系·中国当阳峪窑》图版120,北京:中国华侨出版社,2011年,133页。

221 刘信珍《湖北枝江县博物馆征集的白地黑花瓷瓶》,《江汉考古》1993年1期92页。

222 《观台磁州窑址》彩版二一:2(右上)。

图7-2-26 　金代梅瓶样式五6 （ 0　　　　　　10 cm ）

梅瓶1件（图7-2-26①a、b）[214],高40.8厘米、腹径21.5厘米、底径10.9厘米。

②日本永青文库（Eisei Bunko）藏白釉黑剔花菱形折枝牡丹纹梅瓶1件（图7-2-26②）[215],高40.2厘米、腹径19.8厘米、底径9.4厘米。

（四）金代梅瓶第五类样式群部分器物产地和年代判断

表7-2-5 　金代梅瓶第五类样式群部分器物产地和年代分析表

梅瓶	以往的判断	笔者的判断	主要理由
样式五2例① 样式五3例⑥	宋[216]; 北宋中晚期;[217] 北宋末至金代[218]	金	—
样式五3例①	北宋（12世纪）,磁州窑[219]	金 北方窑口	该瓶肩部的朵云纹,在北宋时期分别见于登峰窑梅瓶样式三5例②,以及当阳峪窑址出土的白釉划花残器标本上,[220]相比之下,本例云纹与后者更相似。但是,此瓶未剔除的饰纹部分呈现为褐色,釉层显得较稀薄,有较多气泡,这些都不是磁州窑和当阳峪窑的特征。从剔花工艺来看,也绝不似磁州窑的奔放和当阳峪窑的精致,显得工整有余,生气不足,加之留白较多,体现了宋金时期剔花工艺较晚的特点。综合来判断,这件梅瓶可能是金代前中期磁州窑或当阳峪窑附近某个地方窑口模仿二者的作品
样式五3例②	南宋,磁州窑[221]	北宋末至金代,磁州窑	观台磁州窑址二期后段到三期地层发现了相同的梅瓶下腹部残器标本,[222]而且金代是主要流行期

续表

梅瓶	以往的判断	笔者的判断	主要理由
样式五3例③~⑨	以往多断代为笼统的宋或北宋，或介于11~12世纪之间的北宋晚期，产地定于磁州窑，或当阳峪窑	北宋末至金代	判断理由同上。另外，根据秦大树先生的研究，这类器物的黑剔花面积留得越大、白地越小，年代相对较早，反之白地越大、黑剔花面积越小，年代相对较晚。[223]磁州窑和当阳峪窑的差异则在于，前者更为粗放，后者较为精细
样式五6例	北宋（12世纪）[224]	金	同上[225]
样式五6例②	一般断代为北宋，指为磁州窑。[226]也有一说是"北宋（12世纪），磁州窑"[227]	金	同上

六、第六类样式群

仅就下面这一件可能的实例来看，第六类样式群在金代极不发达，而且与整个样式群的发展主流也不一致。

（一）样式六7

高体。折沿圆唇小口，微侈的柱颈，颈肩转折较明确，瓶身修长，斜宽肩，肩腹圆折，上腹微鼓，下腹斜直长收，足壁渐直。例如：

①日本堂本印象藏棕黄釉划花折枝萱草纹"瓶"1件（图7-2-27）[228]，高1尺1寸5分（合约38.3厘米），口径1寸6分（合约5.3厘米）。

（二）金代梅瓶第六类样式群器物产地和年代判断

223　秦大树博士论文《磁州窑研究》（1997年）109页。

224　《宋磁》图版90说明，东京：朝日新闻社，1999年。

225　参见：刘涛《宋辽金纪年瓷器》，北京：文物出版社，2004年，33页。

226　〔日〕小山富士夫编《中国名陶百選》图版12说明，东京：日本经济新闻社，1960年。

227　《宋磁》图版89说明，东京：朝日新闻社，1999年。

228　采自：〔日〕小林太市郎撰《中国陶瓷圖説》图版二六，山本湖舟写真工艺部刊。按：日本学者称其釉色为"黄饴釉"。

229　前揭〔日〕小林太市郎撰《中国陶瓷圖説》图版二六说明。

图7-2-27

金代梅瓶样式六7

（0 _____ 10 cm）

表7-2-6　金代梅瓶第六类样式群器物产地和年代分析表

梅瓶	以往的判断	笔者的判断	主要理由
样式六7例①	宋[229]	金华北地区窑场	此瓶由口部至胫部挂釉、足外壁和足底露胎施釉的方式还保留较早期的特点，在北宋和辽代均有所见；其釉层较薄而釉面清亮滑润，口、颈、肩和胫部无饰纹，腹部上下划双弦纹为界，中划折枝萱草纹，具有金代华北窑场偏于简洁的特点；其腹部重心高居上腹，下腹和胫部斜直下收，也体现了金代北方高体梅瓶的普遍特征

230　采自：大同市博物馆《大同金代阎德源墓
　　　发掘简报》图三四（左），《文物》1978
　　　年4期5页。

231　采自：《大同金代阎德源墓发掘简报》图
　　　三四（右），同上。

232　采自：任志录、孟耀虎《山西近年出土的
　　　梅瓶》图一：5，《中国古陶瓷研究·第
　　　六辑》170页，北京：紫禁城出版社，2000
　　　年。此瓶现藏于山西省考古研究所。

233　采自：王增新《辽宁新民县前当铺金元遗
　　　址》图四：5，《考古》1960年2期。

七、第七类样式群

金代第七类样式群的梅瓶延续了辽代的同一样式，也都属于无饰纹深色釉粗器，其间存在明显的连贯脉络，似乎也未见发达。只见一种样式。

样式七2

短直口，瓶身修长如蛹形，陡斜肩，中上腹微鼓，平底或凹底。很显然，这种样式直接继承了辽代同一样式，相比之下，体量变小、瓶身变瘦，发生的细微变化形成c、d两个亚型。

1. 样式七2c：平底。例如：

①山西大同城西金大定三十年（即明昌元年，1190年）正月道士阎德源墓出土酱釉"鸡腿坛"2件，其一（图7-2-28①）[230]，高35厘米、口径5厘米、底径9厘米；其二（附录一总表七：2c）[231]，高35厘米、口径5厘米、底径9厘米。

2. 样式七2d：与亚型c相比，瓶体更为瘦小，凹底足。例如：

②山西浑源窑址出土金代黑釉"梅瓶"1件（图7-2-28②）[232]，高28厘米。

图7-2-28　金代梅瓶样式七2（0 —— 10cm）

八、第九类样式群

作为辽境独有的一类样式群，出现于辽代晚期的第九类"鸡腿瓶"式梅瓶样式群，在金代仍然只流行于原辽国辖境之内，可见这是一类地域色彩浓重、具有顽强传统的梅瓶样式群。虽然这类样式在金代得以延续——均属样式九1、2，但是器形也发生了很大变化，衍化出许多亚型，而且逐渐远离中国梅瓶器形发展的主流。

（一）样式九1

各部器形基本上与辽代同一样式相同，但是瓶体轮廓出现了较为明显的S形曲线，体量缩小，出现隐圈足。根据各部差异，分d、e两个亚型。

1. 样式九1d：与辽代器最明显的不同是胫部内曲、细长呈高腰状，足外撇，整体变瘦。例如：

①辽宁新民县前当铺金元时期遗址出土赭釉"鸡腿坛"1件（图7-2-29①）[233]，尺寸不明，无饰纹。

2. 样式九1e：有小而窄的圆唇或折唇，无颈，肩和上腹较圆鼓，瓶体轮廓也具有明显的S形流线形，细长的胫部收束处居于下部。例如：

图7-2-29　金代梅瓶样式九1（0 —— 10cm）

②山西怀仁鹅毛口窑址出土金代黑釉瓦棱纹"梅瓶"1件（图7-2-29②，附录一总表九：1e）[234]，高约31厘米。肩部一周刻划"酒都司使"四字。

（二）样式九2

金代该样式的演变趋势是瓶体越来越瘦，从早期保留较多辽代特征，到中期已出现明显变化，瓶体呈梭状，晚期除了梭状，还有棒状。可以分为c～j共8个亚型。

1. 样式九2c：基本保持辽代同一样式亚型的特点，口内壁向口径处收拢。例如：

①北京大兴区西红门镇兴涛社区金墓M1出土缸胎黄绿色釉"鸡腿瓶"1件（M1：5，图7-2-30①）[235]，高39.4厘米、口径4.4厘米、底径6厘米。

2. 样式九2d：延续辽代样式九2a、2b，仅体态更瘦。例如：

②辽宁朝阳市区南部金皇统九年（1149年）翟氏墓（CYMHJM1）出土缸胎茶叶末釉瓦棱纹"瓷坛"2件，其一（M1：1，附录一总表九：2d）[236]，高48.4厘米、口径7厘米、底径7.2厘米，釉色茶绿，平底不平；其二（M1：2，图7-2-30②）[237]，高42.6厘米、口径6.6厘米、底径7.8厘米，釉色浅绿。

3. 样式九2e：在上述亚型的基础上继续变瘦，呈梭状，方唇，束颈，小平底。例如：

③山西大同城南云中大学金正隆四年（1159年）前后陈庆妻李氏墓（云大M1）出土"瓷鸡腿坛"3件，其一内外施酱黄色釉（M1：4，图4-3-5③，附录一总表九：2e①）[238]，高40厘米、口径6.7厘米、底径6厘米。

④吉林省前郭尔罗斯蒙古族自治县他虎城遗址出土金代粗缸胎赭色釉"鸡腿坛"1件（图7-2-30③）[239]，高37厘米、口径7厘米、腹径12厘米、底径7厘米。

⑤辽宁朝阳市西北朝阳重型机器厂金中晚期墓99M2出土缸胎酱绿色釉瓦棱纹"鸡腿坛"1件（99M2：2，图7-2-30④，附录一总表九：2e②）[240]，高44厘米、口径6.4厘米、底径7.2厘米。

4. 样式九2f：与上述3个亚型相比，在瓶体变瘦的基础上，颈部拉长，或颈部略内曲并拉长，方唇薄环口，口内直壁，束颈呈圆柱状，瓶体均细瘦，上腹椭圆，胫部收窄，平底。例如：

⑥北京先农坛育才学校金晚期墓出土粗缸胎灰绿釉瓦棱纹"鸡腿瓶"2件之一（图7-2-30⑤，附录一总表九：2f）[241]，高50厘米、口径6.5厘米、腹径14.5厘米、底径7厘米。

5. 样式九2g：与样式九2f基本相同，但腹部重心上移，短颈收束，尺寸瘦小。例如：

⑦北京先农坛育才学校金晚期墓出土粗缸胎灰绿釉瓦棱纹"鸡腿瓶"2件之

234 分别采自：王轶鸿《山西黑釉瓷概述》图四，《文物世界》2010年6期58页；任志录、孟耀虎《山西近年出土的梅瓶》图一：1，《中国古陶瓷研究·第六辑》170页，北京：紫禁城出版社，2000年。此瓶为采集品，现藏于山西省博物馆。

235 采自：北京市文物研究所《大兴区小营出土金代墓葬》图四：1，《北京文物与考古第6辑》，2004年，77页。

236 采自：朝阳博物馆《辽宁朝阳市金代纪年墓葬的发掘》图四：18，《考古》2012年3期54页。

237 采自：朝阳博物馆《辽宁朝阳市金代纪年墓葬的发掘》图四：17，《考古》2012年3期54页。

238 采自：大同市博物馆《大同市南郊金代壁画墓》图版拾肆：6，图二：9，《考古学报》1992年4期514页。该墓另外两瓶属样式四4c。

239 采自：吉林省博物馆《吉林他虎城调查简记》图版捌：11，《考古》1964年1期48页。

240 采自：朝阳市博物馆《辽宁朝阳重型机器厂辽金墓》图版一：3、图三：9，《北方文物》2003年4期46页。

241 采自：马希桂《北京先农坛金墓》图七：左，图一二：2，《文物》1977年11期92页。

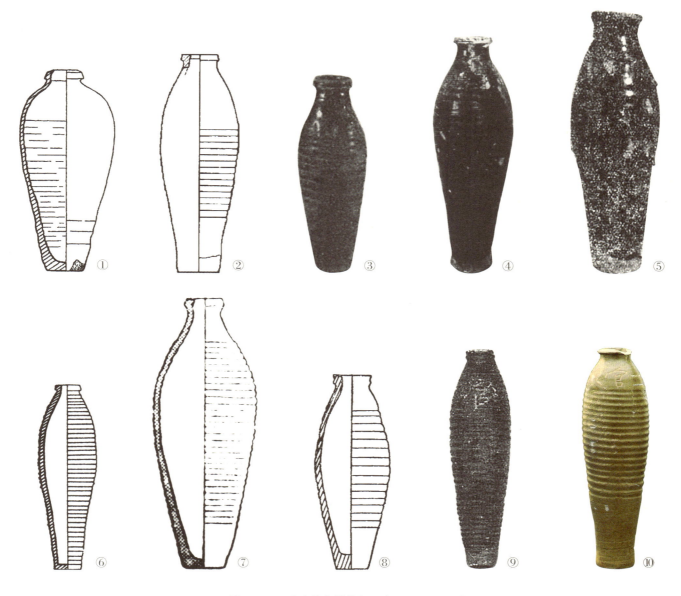

图7-2-30　金代梅瓶样式九2　（0 　　　　　10cm ）

242　采自：马希桂《北京先农坛金墓》图
　　一二：1，《文物》1977年11期92页。

243　采自：辽宁省博物馆《辽宁朝阳金代壁画
　　墓》图八：5，《考古》1962年4期185页。

244　采自：北京市文物管理处《北京市通县金
　　代墓葬发掘简报》图一五，《文物》1977
　　年11期10页。

二（图7-2-30⑥）[242]，高36厘米、口径6厘米、腹径11厘米、底径6.5厘米。

6.样式九2h：口部重新变成了梯形口，但口内壁随形曲折，束颈，瓶身呈纺锤状。例如：

⑧辽宁朝阳旧城南金大定二十四年（1184年）马令墓出土缸胎灰绿釉瓦棱纹"鸡腿坛"1件（图7-2-30⑦）[243]，高53厘米、口径7.5厘米、腹径17厘米、底径8.5厘米、胎厚0.9厘米。

7.样式九2i：口部弱化几近直口，或微有折棱，瓶身呈极瘦的榄核状或几近棒状。例如：

⑨北京市通县城关公社砖厂（三间房村）金大定十七年（1177年）石宗璧墓M1出土缸胎棕色釉瓦棱纹"鸡腿瓶"1件（图7-2-30⑧）[244]，通高38厘米、

口径7厘米、腹径12厘米、底径6厘米。

⑩河北唐山迁安市开发区金晚期家庭合葬墓M3出土划字"千酒"款酱釉瓦棱纹"鸡腿瓶"2件，其一（M3：47，图4-2-6⑤）[245]，高42.2厘米、口径7.2厘米、腹径13.3厘米、底径6.8厘米；其二（M3：48，图4-2-6⑥）[246]，高43厘米、口径6厘米、腹径12厘米、底径6.4厘米。

⑪河北唐山市陡河水库金墓M85出土"官"字款粗胎墨绿色釉瓦棱纹"鸡腿瓶"1件（图7-2-30⑨）[247]，尺寸不明。

8. 样式九2j：与i亚型例⑪基本相同，足壁微外撇。例如：

⑫河北定州市博物馆藏金代定窑"官"字款灰胎酱褐釉瓦棱纹"鸡腿瓶"1件（图7-2-30⑩）[248]，高42.2厘米、口径6.5厘米、底径7厘米。

（三）金代梅瓶第九类样式群部分器物产地和年代判断

245 唐山市文物管理处、迁安市文物管理所《河北省迁安市开发区金代墓葬发掘清理报告》图四：11，《北方文物》2002年4期23页。

246 同上，图四：13。

247 采自：河北省文物管理委员会《唐山市陡河水库汉、唐、金、元、明墓发掘简报》图版三：6右，《考古通讯》1958年3期13页。

248 采自：北京艺术博物馆编《中国古瓷窑大系·中国定窑》图版186，北京：中国华侨出版社，2012年。

249 武怀一先生提供图片及有关信息，特此致谢。

250 吉林省博物馆《吉林他虎城调查简记》图版捌：11，《考古》1964年1期48页。

251 长谷川道隆将该瓶断为金，见〔日〕长谷川道隆著、杨晶译《辽、金、元代的长壶》，《北方文物》1997年2期105页。

表7-2-7　金代梅瓶第九类样式群部分器物产地和年代分析表

梅瓶	以往的判断	笔者的判断	主要理由
样式九1d例①	—	金早期 赤峰缸瓦窑	承续辽代同一样式的器形特点。釉面光泽也与赤峰缸瓦窑很接近
样式九2例①	—	金初期 河北北部某窑场	从该墓形制、火葬方式以及随葬的陶质明器来看，该墓与北京周边、河北北部的辽代晚期墓相近似，故该墓年代应属金代初期，此瓶与河北宣化辽末张氏家族墓出土的梅瓶样式九2多有相似，应该是河北北部某窑场烧制
样式九2e例③	—	山西大同青瓷窑址	据友人武怀一先生提供的藏品图片和有关信息，山西大同青瓷窑址出土过样式九2e的黑釉"鸡腿瓶"，尺寸略高，[249]可以作为确定本例窑址的线索
样式九2例④	辽、金[250]	金中期	这种器形肯定不属于辽代，从金代第九类样式群梅瓶的多例纪年墓来看，应该流行于12世纪后期，即金代中期[251]
样式九2例⑥和例⑦	金	金中期	从同墓定窑器时代特征来看，具有金中期特征，出土钱币又以"大定通宝"最多，推断该墓年代在金大定年间（1161～1189年）或稍后不久，仍应属金代中期
样式九2例⑫	—	定窑	无论是器形还是胎釉或肩部，划釉"官"字款本例与同式例都极为相似，因此本例很可能也是金代晚期定窑制品。此时定窑开始走向下坡

252　采自：《中国出土瓷器全集·16·甘肃、
　　　青海、宁夏、新疆、云南、贵州、西藏》
　　　图版64，北京：科学出版社，2008年。此
　　　瓶现藏于平凉市博物馆。

图7-2-31　金代梅瓶样式一〇5c

（0　　　　　10 cm）

九、第一〇类样式群

　　第一〇类样式群的金代梅瓶资料不太多，有许多都不是完整器，所见确切的完整器仅如下一例。

样式一〇5

　　本样式始见于北宋关中地区，到金代仍见于西北地区，呈拉长的瘦高体，圆折肩变成方折肩，单列为亚型c。

　　样式一〇5c：厚圆唇小口，无颈，瓶身呈长筒状，方折肩，上腹微鼓，下腹斜直缓收，与足有明显转折，矮圈足，足沿斜削。例如：

　　①甘肃灵台县出土金代酱釉瓦棱纹"经瓶"1件（图7-2-31）[252]，高32.8厘米、口径4.4厘米、足径8.5厘米。

西夏梅瓶器形样式分类研究

西夏梅瓶主要是陶瓷器，以黑釉和白釉两大品种为主，既有无饰纹粗器，也有风格粗犷的剔花、划花器，还能见到少量的画花器。在器形上，西夏梅瓶分属于四类样式群（即第一、第三、第四、第五类），尤以第三和第四类样式群的器物极具特点。

一、第一类样式群

西夏也出现了具备第一类样式群标志性口部特征的梅瓶，目前只见一种样式。

样式一13

丰体。圆唇折沿小环口，但折沿不甚明显，近似圆唇侈口，短柱颈略束，瓶身呈卵状，圆肩巨腹，下腹圆弧状斜收至底，斜壁窄径隐圈足。遗存不多，例如：

①宁夏灵武磁窑堡窑址西夏地层出土褐釉刻花"大瓶"残器1件（图7-3-1）[253]，高49.8厘米。

二、第三类样式群

盘口样式的梅瓶在西夏也存在，但遗存数量和样式都不多，目前仅见1种样式。其形式来源与北宋和金代可能都有关系，但地方性特色也比较明显。

253 采自：中国社会科学院考古研究所内蒙古工作队编《宁夏灵武窑》彩版12，北京：紫禁城出版社，1988年。

图7-3-1　西夏梅瓶样式一13　（0 ⌐——⌐ 10 cm）

254　采自：杭天《西夏瓷器》TB1081，北京：文物出版社，2010年，231页。此瓶现藏于大通县文管所。

255　采自：杭天《西夏瓷器》TB1082，北京：文物出版社，2010年，232页。此瓶现藏于湟中县博物馆。

256　采自：《中国出土瓷器全集·16·甘肃、青海、宁夏、新疆、云南、贵州、西藏》图版164，北京：科学出版社，2008年。此瓶现藏于大通县博物馆。

257　王宇平《（内蒙古）伊盟郡王旗发现黑釉刻划瓶》，《文物参考资料》1958年5期72页。参见史金波、白滨、吴峰云编《西夏文物》图273，北京：文物出版社，1988年。采自：《中国出土瓷器全集·4·内蒙古》图版114，北京：科学出版社，2008年。此瓶现藏于内蒙古自治区博物馆。

图7-3-2　西夏样式三19　（0 —— 10 cm）

样式三19

高体。较大的厚唇盘口，束颈，斜肩，肩腹圆折，上腹略鼓，腹壁较直，下腹略斜收至底。根据口部差异分为a、b、c共3个亚型。

1. 样式三19a：口壁上侈，盘口特征明显。例如：

①青海大通县出土西夏褐釉"小口瓶"1件（图7-3-2①）[254]，高31.5厘米。

2. 样式三19b：盘口弱化，口壁内收似梯形口。例如：

②青海湟中拦隆口乡上营村出土西夏黑褐釉划游鱼纹"梅瓶"1件（图7-3-2②）[255]，尺寸不详。

3. 样式三19c：盘口消失而变成小撇口，口沿呈斜面，束颈，瓶身与上两个亚型相同，但足径较大而近似筒状，平底足。例如：

③青海大通县拉浪台出土黑釉"瓶"1件（图7-3-2③）[256]，高22厘米、口径7厘米。

三、第四类样式群

无论是在窑址还是窖藏遗址，西夏的第四类梅瓶遗存有较多发现，表明当时西北地区也非常流行"梯形小环口"式的梅瓶。就所见材料来看，西夏第四类样式群的梅瓶除能见到与金代相同的器物之外，最流行的样式仍然体现出西夏梅瓶特有的风格。所见包含两种样式。

（一）样式四37

这是最常见也最典型的一种西夏梅瓶样式，以高体和丰体为主，高度以30～40厘米最为常见，20～30厘米的较少，也有小型的矮体，高度在20厘米以下。梯形小环口也很有特色，一般较矮，口径偏宽，形式大致分三种，颈部分束颈或柱颈，一般都有一定高度，又有高低之别，瓶身多修长，方折肩是其突出特点，上中腹外鼓的幅度不一，下腹斜收至底，足底形式一律是斜壁平底隐圈足，大型器一般挖足较浅，足壁较厚，足内壁外斜，小型器则挖足较深，足壁较薄而内壁直立。根据各部差异，这种西夏梅瓶可以分为a～e共5个亚型。元代孑遗矮化。

1. 样式四37a：梯形口沿呈斜面或圆弧面，束颈或短柱颈，稍显弧面的斜折肩，中上腹外鼓不明显，呈较直的弧面，因此瓶身呈长墩式或近似柱形。例如：

①内蒙古伊盟郡王旗（今伊金霍洛旗）敏盖乡西夏窖藏出土黑釉剔划花开光折枝牡丹纹"瓶"2件之一（图7-3-3①）[257]，高37.3厘米、口径6厘米、底径9.7厘米。

　　与这种器形样式以及尺寸和装饰工艺都相同或类似的西夏梅瓶遗存很多，在海内外公私收藏中都能见到，如：宁夏银川市西夏博物馆藏西夏灵武窑褐釉弦纹"梅瓶"1件（图7-3-3②）[258]，北京首都师范大学历史博物馆藏西夏褐釉划花牡丹纹"梅瓶"1件（图7-3-3③）[259]，日本长谷部锐吉氏藏西夏黑釉剔划花水波游鱼菱形开光折枝牡丹纹"瓶"1件，[260]美国波士顿艺术博物馆藏西夏黑釉剔划花开光菊花纹"梅瓶"1件等。[261]

　　2. 样式四37b：梯形口沿呈内曲面（故口下沿均尖薄），束颈，斜折肩，瓶身较瘦长，腹部外鼓不明显的类似上粗下细的柱形，以中上腹明显隆鼓的最有特点。例如：

　　②内蒙古伊盟郡王旗（今伊金霍洛旗）敏盖乡西夏窖藏出土黑釉剔划花开光折枝牡丹纹"瓶"2件之二（图7-3-3④）[262]，高37厘米、口径5.5厘米、腹径17.3厘米、底径10厘米。

　　③内蒙古伊金霍洛旗红庆河乡白圪针村东沙梁内西夏窖藏出土酱黑釉剔划花开光折枝牡丹纹"瓶"1件（附录一总表四：37b②，图7-3-3⑤）[263]，高39.5厘米、内口径5.5厘米、最大腹径16厘米、底径9厘米。

　　本样式相同工艺的梅瓶在海内外同样有不少遗存，如：宁夏盐池县博物馆藏西夏灵武窑酱褐釉剔划开光牡丹纹"经瓶"1件，[264]美国印第安纳波利斯艺术博物馆—珍·王尔登·迈耶斯艺术基金会藏黑釉剔划开光折枝牡丹纹"梅瓶"1件等。[265]

　　3. 样式四37c：梯形口沿呈内曲面或斜面，束颈，以较宽的平折肩最具特点，因此无论腹部隆鼓还是呈较直的弧面或长势斜收至底，整体上都近似楔形。例如：

　　④北京故宫博物院藏西夏黑釉剔划开光折枝石榴纹"瓶"1件（图7-3-3⑥）[266]，高38厘米、口径5厘米、底径10厘米。

　　海外也收藏有不少本样式同类装饰的梅瓶，如哈佛大学艺术博物馆—赛克勒博物馆藏黑釉剔划缠枝牡丹纹和海棠花纹的"梅瓶"共两件。[267]

　　4. 样式四37d：梯形口沿呈斜面，柱颈，斜折的宽肩，上腹微鼓、下腹急剧斜收至底，瓶身呈楔形。只见一例大型丰体的实例：

　　⑤上海博物馆藏西夏灵武窑黑釉剔划开光牡丹纹"梅瓶"1件（图7-3-3⑦）[268]，高39厘米、口径5.5厘米、足径10.6厘米。

　　5. 样式四37e：梯形口沿呈斜面，短束颈，斜折宽肩，瓶身不长，从上至下微呈弧面斜收至底。只见一例矮体小型器：

　　⑥内蒙古伊金霍洛旗红庆河乡白圪针村东沙梁内西夏窖藏出土酱釉无饰纹"瓶"1件（图7-3-3⑧）[269]，高19厘米、口径3.5厘米、腹

258　采自：杭天《西夏瓷器》TB1036，北京：文物出版社，2010年，207页。此瓶高34.5厘米。

259　采自：杭天《西夏瓷器》TB1004，北京：文物出版社，2010年，195页。此瓶高30.8厘米。

260　〔日〕小林太市郎撰《中国陶瓷图说》图版二八，山本湖舟写真工艺部刊。此瓶高1尺1寸3分（合约37.7厘米）、口径2寸4分（合约8厘米）。

261　杭天《西夏瓷器》TB3004，北京：文物出版社，2010年，316页。此瓶高33.4厘米。按：杭天先生还介绍了一件由美国的弗兰克林·M. 普瑞瑟先生收藏的西夏黑釉剔划开光折枝牡丹纹梅瓶，高34.9厘米，与此瓶的器形和装饰很接近，见杭天《西夏瓷器》TB3007，319页。杭先生推测前者属于其所谓的"伊克昭盟窑"。

262　王宇平《（内蒙古）伊盟郡王旗发现黑釉刻划瓶》，《文物参考资料》1958年5期72页。采自：前揭《宁夏灵武窑》图版157。此瓶现藏于内蒙古自治区博物馆。

263　分别采自：高毅、王志平《内蒙古伊金霍洛旗发现西夏窖藏文物》图一：1，《考古》1987年12期1091页；《中国陶瓷全集·9·辽 西夏 金》图版一二六，上海人民美术出版社，2000年。此瓶现藏于内蒙古鄂尔多斯博物馆。

264　《中国陶瓷全集·9·辽 西夏 金》图版一三二，上海：上海人民美术出版社，2000年。此瓶高30厘米。按：该图录将此瓶称为"颈瓶"，应属"经瓶"之误。杭天先生在其著作中收录此瓶时标高度为33.1厘米，见杭天《西夏瓷器》TB1016说明，北京：文物出版社，2010年，202页。

265　杭天《西夏瓷器》TB3005，北京：文物出版社，2010年，317页。此瓶高38厘米。

266　采自：《中国陶瓷全集·9·辽 西夏 金》图版一二七，上海：上海人民美术出版社，2000年。

267　见杭天《西夏瓷器》TB3001，TB3002，北京：文物出版社，2010年，313、315页。两瓶分别高31厘米、25.8厘米。

268　图片由笔者摄于上海博物馆陶瓷馆。参见何继英《上海博物馆珍藏的两件西夏瓷瓶兼论西夏瓷器研究概况》图一，《上海博物馆集刊》第八期，2000年，381页。

269　采自：高毅、王志平《内蒙古伊金霍洛旗发现西夏窖藏文物》图一：2，《考古》1987年12期1091页。

图7-3-3　西夏梅瓶样式四37、23　（0 ⌞⌞⌞⌞⌞⌞⌞⌞⌞⌞ 10 cm）

270　采自：杭天《西夏瓷器》TB2010，北京：
文物出版社，2010年，249页。按：此瓶装
饰是在化妆土上画花再罩透明釉，釉色虽
然偏浅青色，但是与化妆土相配合的总体
色调主要还是呈现为淡淡的牙黄色，从工
艺特征来看它仍然属于两宋时期北方地区
流行的化妆土白釉器，因此杭先生将其釉
色描述为"浅青釉"有欠妥当。

径11厘米、底径7.5厘米。

（二）样式四23

　　本样式见于金代和西夏，西夏器很少见，与金代器略有区别，属样式四
23d，呈高体，梯形口较矮，折边尖薄凌厉，也具有极富特色的细柱颈，瓶身接
近楔形，宽平肩稍斜，肩腹圆折明显，上腹径最大，下腹弧状斜收，胫部微显内
曲，斜壁隐圈足。例如：

　　①国内民间藏西夏白釉梅花点纹"梅瓶"1件（图7-3-3⑨）[270]，尺寸不详。

四、第五类样式群

　　本样式群在西夏只见一种大口、方折肩、筒状瓶身的变体样式，即样式五
7，在西夏也比较流行。

图7-3-4　西夏梅瓶样式五7　（ 0 ．．．．．．10 cm ）

样式五7

横展平折沿大环口，多为短粗的柱颈，也有粗束颈，肩部以斜折肩为主，最大腹径在上腹，下腹或斜直或略带弧状斜收至底，斜壁平底隐圈足，浅挖足，足壁较厚。从所见考古材料来看，这是西夏独有的一种梅瓶样式，以陶瓷器为主，偶见木器。根据各部差异，分为a～c共3个亚型。

1. 样式五7a：方唇平折沿大环口，短粗柱颈，斜折肩，腹壁斜直，瓶身呈上粗下细的柱状。例如：

①宁夏灵武磁窑堡窑址西夏地层出土白釉剔刻花和黑釉剔刻花以及无饰纹白釉之"经瓶"多件，均残，如其一（图7-3-4①）[271]，残高32.4厘米，黑釉，饰弧边团云状开光折枝牡丹纹；其二（图7-3-4②）[272]，残高25.5厘米，白釉，饰菱花形开光折枝牡丹纹；其三（T11③：100，附录一总表五：7a③，图7-3-4③）[273]，高31厘米、口内径6.2厘米、足径9.5厘米，白釉，无饰纹。

本样式的器物在灵武窑遗址中有大量发现，带饰纹的包括白釉剔花、黑釉剔花等品种。在海外藏品中，黑剔花器还见于意大利帕尔玛中国艺术博物馆（Museo D'Arte Chinese, Parma），[274]在日本的私人藏品中也能见到。[275]

2. 样式五7b：平沿广口，圆唇，口径稍小，粗束颈，斜折肩，腹壁略呈弧面。例如：

②内蒙古准格尔旗准格尔召乡西夏窖藏出土无饰纹粗白瓷"瓶"1件（附录一总表五：7b，图7-3-4④）[276]，高23.4厘米、口径6.2厘米、底径7.9厘米。

3. 样式五7c：与样式五7a基本相同，差别是肩腹转折成圆角，平底。只见于一例木器：

③甘肃武威西郊林场西夏一号墓出土"木瓶"2件（成对，图7-3-4⑤）[277]，尺寸、器形相同，高13.5厘米、口径2厘米、底径3.7厘米。

271　采自：中国社会科学院考古研究所内蒙古工作队编《宁夏灵武窑》图版102，北京：紫禁城出版社，1988年。

272　采自：同上，图版4。

273　分别采自：中国社会科学院考古研究所内蒙古工作队《宁夏灵武县磁窑堡瓷窑址发掘简报》图六：11，《考古》1987年10期907、909页；上揭《宁夏灵武窑》图版44。

274　叶喆民《意大利所藏中国古陶瓷考察记略》图版七：右下，《故宫博物院院刊》2000年3期8页。

275　杭天《西夏瓷器》TB3009，北京：文物出版社，2010年，320页。此瓶高30.5厘米。

276　采自：伊克昭盟文物工作站《准格尔旗发现西夏窖藏》图二：6，图八，《文物》1987年8期92页。

277　采自：史金波、白滨、吴峰云编《西夏文物》图版259，北京：文物出版社，1988年，314页。两瓶现藏于武威地区博物馆。

南宋梅瓶器形样式分类研究

278　采自：《中国陶瓷全集·8·宋（下）》图版一一七，上海：上海人民美术出版社，1999年。按：据介绍此瓶为该馆的征集品，其下腹部有严重土浸，看似一件出土物。

图7-4-1　南宋梅瓶样式二1、23
（0 ┈┈┈┈ 10 cm）

与金代相对应，南宋梅瓶也继承了北宋南方地区流行的样式，同时还在特定机制的作用下，以特定的方式和途径部分地继承了北宋北方梅瓶的某些样式并继续衍化。经分析和归类，南宋梅瓶分属于七类样式群，即第二至第四、第六至第八和第一〇类样式群。现将有关材料梳理如下。

一、第二类样式群

南宋第二类样式群的"小撇口"梅瓶极为少见，目前只见2种样式，均属矮体，与北宋尚能见到南方的高体或丰体梅瓶样式不一致，这可能是材料受限所致。

（一）样式二1

矮体。从五代到北宋，这是第二类样式群当中最连贯也颇具特点的一种样式，到了南宋出现了最后一个亚型：

样式二1f：喇叭状小撇口，口沿很薄，短颈，颈肩转折明确，平出的圆宽耸肩，上腹圆鼓，下腹弧面斜收至底，斜壁平底隐圈足。目前只见于龙泉窑青瓷器。例如：

①浙江龙泉市博物馆藏龙泉窑青釉刻划缠枝牡丹莲瓣纹"小口瓶"1件（图7-4-1）[278]，高20.8厘米、口径5.6厘米、腹径14.2厘米、底径6.8厘米。

（二）样式二23

体量不大而瘦。薄唇小撇口，上细下粗的长束颈，颈肩弧状相连，平折肩，肩腹转折处成一道折棱，上腹隆鼓后迅速内曲斜收，形成较长的直立胫足部，平底，底心圆凹。这种特殊的器形样式很少见，只见于福建德化窑址，例如：

①福建德化盖德碗坪仑瓷窑址"上层文化层"出土褐黄色釉"瓷瓶"1件（标本424号，附录一总表二：23）[279]，高约26厘米、口径5.7厘米、肩宽17厘米、底径8厘米、壁厚0.4厘米。

279 采自：福建省博物馆编《德化窑》图五五：8，北京：文物出版社，1990年。此瓶在报告中被归入"第五类瓶"。

280 采自：杭州市文物考古所、杜正贤主编《杭州老虎洞窑址瓷器精选》图版16，及附图，北京：文物出版社，2002年，41页。

281 采自：《杭州老虎洞窑址瓷器精选》图版17，及附图，42页。

282 《杭州老虎洞窑址瓷器精选》图版18，及附图，43页。

（三）南宋梅瓶第二类样式群部分器物产地和年代判断

表7-4-1　南宋梅瓶第二类样式群部分器物产地和年代分析

梅瓶	产地、年代原判断	产地、年代现判断	主要理由
样式二1f例①	北宋	北宋晚期到南宋初期	该瓶饰纹和装饰布局的基本格式，常见于北宋晚期到金代的北方器物，结合墓葬出土的龙泉窑青瓷刻花器来看也有类似的分期特征，因此该瓶年代应介于北宋晚期到南宋初期，又以南宋初期为宜

二、第三类样式群

南宋第三类梅瓶样式群见有5种样式，包含多个亚型，分别见于南宋官窑青瓷、越窑刻花青瓷、吉州窑白釉黑彩画花器、景德镇青白瓷器，以及其他一些地方性窑场的制品，在银质梅瓶上也有所表现。南宋最著名的几个窑场——从官窑到民窑所烧造的梅瓶以及在银质梅瓶上如此流行"盘口"样式，不但显示了北宋同类样式的直接影响，也与同时期的金代盘口式梅瓶构成了多方面的变化对比。

（一）样式三6

基本延续北宋样式特征，局部细节有所变化：小盘口变小、变浅，盘底外沿呈圆弧形，宽肩、收腹的瓶身缩小、变瘦，重心提高，瓶身呈倒滴水形或略似楔形，圆肩、鼓腹，下腹弧状斜收，足壁直立，平底隐圈足的挖足形式与北宋汝窑类同。例如：

①浙江杭州市老虎洞南宋官窑遗址出土青瓷"梅瓶"标本多件，根据各部差异，分为b、c两个亚型。

1.样式三6b：肩部斜圆，倒滴水形瓶身较明显。例如：

其一（H3：47，图3-3-5，图7-4-2①）[280]，高33.5厘米、口径6.2厘米、上腹径19.8厘米、底径9.5厘米。

其二（H2：4，图7-4-2②a、b）[281]，高33.3厘米、口径6.2厘米、上腹径19.5厘米、底径9.8厘米。

其三（H2：9），高33厘米、口径5.3厘米、底径9.4厘米。[282]

图7-4-2　南宋梅瓶样式三6及瓶盖　（0 ┈┈┈┈┈┈ 10 cm ）

283　《杭州老虎洞窑址瓷器精选》图版20，及
　　　附图，45页。

284　分别采自：《杭州老虎洞窑址瓷器精选》
　　　图版19，及附图，44页；杭州市文物考古
　　　所《杭州老虎洞南宋官窑窑址》图一一：5，
　　　《文物》2002年10期13页。两处资料提供
　　　的尺寸不一致，后者尺寸是口径6厘米、底
　　　径9.6厘米、腹径18.8厘米、高30.2厘米，特
　　　征描述也有较大差异。

285　采自：《杭州老虎洞窑址瓷器精选》图版
　　　21，及附图，46页。

286　采自：《杭州老虎洞窑址瓷器精选》图版
　　　23，及附图，48页。

287　采自：《杭州老虎洞窑址瓷器精选》图版
　　　91，及附图，127页。

288　如标本H3：423，见《杭州老虎洞窑址瓷器
　　　精选》图版92，127页。

289　采自：《杭州老虎洞窑址瓷器精选》图版
　　　95，及附图，129页。

其四（H2：31），高32厘米、口径6.5厘米、底径9厘米。[283]

其五（H3：14，图7-4-2③a、b，附录一总表三：6b①）[284]，高30.8厘米、口径6.1厘米、底径8.5厘米。

2.样式三6c：肩部平耸，楔形瓶身明显。遗存较少，例如：

其六（H2：33，图7-4-2⑤a、b）[285]，高28.3厘米、口径6.3厘米、上腹径18厘米、底径8.5厘米。

其七（H3：88，附录一总表三：6c）[286]，高23.5厘米、口径5.5厘米、上腹径16.5厘米、底径7.5厘米。

除了瓶体，杭州老虎洞南宋官窑遗址还出土了不少胎釉与上述瓶相同的青瓷"梅瓶盖"，均为覆杯式，顶窄口宽，平顶，壁内曲，盖内无舌，但尺寸有别、高低有差，主要区别在于壁面形式，可分为A、B两型。A型盖壁上部直立，至口沿处外撇呈喇叭状，内曲度较大，尺寸也较大，偏高，如标本H3：63，高5.2厘米、面径8.7厘米、沿径10.9厘米（图7-4-2⑥a、b）[287]，这类瓶盖标本出土较多，盖面内常见4或5个支钉痕，最多达10个。[288]B型盖壁较斜，壁面内曲度较小，弧度均匀，与北宋汝窑梅瓶盖相同，尺寸也较小，偏矮，遗存似较少，如标本H4：84，高3.5厘米、面径6厘米、沿径8.4厘米，口沿内侧刮釉露胎，无支钉痕（图7-4-2⑦a、b）[289]。从已刊布的资料来看，A型瓶盖实例较多，似为老虎洞南宋官窑址青瓷梅瓶盖的主要形态。杭州南宋官窑博物馆陈列的一件老虎洞窑址出土的青瓷梅瓶，器形属样式三6b，所配覆杯式盖属A型（图7-4-2④）[290]。尺寸较小的B型盖是否与尺寸较小的样式三6c瓶身相配则尚待研究。

（二）样式三20

丰体。与样式三6c相似，差异在于：小盘口较矮，外折不明显，肩腹转折形成明确的圆方角，腹壁呈缓和的弧面斜收至底，足径比例较大，使瓶身形状介于楔形和墩形之间。例如：

①英国的不列颠博物馆（The British Museum, London）藏淡天青色青釉开片纹"梅瓶"1件（图7-4-3a、b）[291]，高27.5厘米、腹径16.9厘米、口径6.8厘米。

（三）样式三13

本样式始见于北宋晚期，金代和南宋都很流行。根据各部差异，南宋器按顺序分为f～i共4个亚型，分别流行于瓷质和银质梅瓶。

1. 样式三13f：体量小而偏瘦，瓶身呈楔形，极浅的小盘口，圆唇弧壁外侈，上细下粗的短柱颈，口颈肩转折明确，斜宽肩，肩腹圆折，上腹外鼓，下腹略作弧状斜收至底，有如锥体，平底隐圈足，足径小，足内壁与平底呈圆弧转折。只见于越窑青瓷器，器形兼具南北方特征。例如：

①浙江慈溪匡堰镇寺龙口越窑遗址第六期地层（南宋初期）出土青瓷刻划花牡丹纹"梅瓶"标本之一（T4①b：36，图7-4-4①a、b）[292]，残，可复原，高20.2厘米、口径4厘米、最大径10.8厘米、足径4.9厘米。另外，该窑址还出土了同期覆杯式青瓷梅瓶盖（T3b：8），口径10厘米、盖面直径6.2厘米、高4.8厘米（图7-4-4②a、b）。

2. 样式三13g：极浅的圆唇小盘口（接近侈口），柱颈，瓶身呈楔形，但体量较大，斜直壁平底隐圈足。例如：

②四川乐山南宋西坝窑遗址出土白釉黑彩画花"梅瓶"残器多件，其一（图7-4-4③）[293]，虽残而大体可以复原，尺寸不详，还出土了同式的口颈部标本（图7-4-4④）以及胫足部标本（图7-4-4⑤）。[294]

3. 样式三13h：见于银质梅瓶，器形近似南宋官窑梅瓶样式三6，但瓶颈略高，各处转角显方硬，配斜曲壁覆杯式盖，盖壁内曲弧度较大。例如：

③江苏江浦县黄悦岭南宋庆元五年（1199年）张同之夫妇墓章氏墓室（女室）出土带盖香草纹"银瓶"1件（图7-4-4⑥a、b）[295]，通高21.5厘米、瓶高20.2厘米、口径2.4厘米、底径5.5厘米。

4. 样式三13i：见于银质梅瓶，器形近似南宋越窑梅瓶样式三13f，但整体偏

290 笔者摄于（杭州）南宋官窑博物馆。

291 采自：《宋磁》（展览图录）图版60，东京：朝日新闻社，1999年。

292 采自：浙江省文物考古研究所、北京大学考古文博学院、慈溪市文物管理委员会编著《寺龙口越窑址》彩图247，图一○九：4，文物出版社，2002年，192页。按：此瓶在发掘报告中归属"青瓷Ⅱ式梅瓶"。

293 中国古陶瓷学会编《中国古陶瓷研究·第十六辑》彩图一八，北京：紫禁城出版社，2010年。并见所载董小陈、陈丽琼《简谈重庆、四川仿磁州窑系绘花艺术》图六，455页。

294 两图均采自董小陈、陈丽琼《简谈重庆、四川仿磁州窑系绘花艺术》图七，《中国古陶瓷研究·第十六辑》456页，紫禁城出版社，2010年。图片经处理。

295 采自：南京市博物馆《江浦黄悦岭南宋张同之夫妇墓》图一七、一八，《文物》1973年4期。

图7-4-3 南宋梅瓶样式三20 （0 ⊢⊢⊢⊢⊢⊢ 10 cm）

296　分别采自：衢州市文管会《浙江衢州市
　　　南宋墓出土器物》图版柒：1，《考古》
　　　1983年11期1007页；《中国美术全集·工
　　　艺美术编·10·金银玻璃珐琅器》图版
　　　一一五，北京：文物出版社，1987年。

297　采自：成都市文物考古研究所《四川成都
　　　北宋宋京夫妇墓》图八：4，《文物》2006
　　　年12期61页。

图7-4-4　南宋梅瓶样式三13　（0⊢⊢⊢⊢⊢⊢⊢⊣10 cm）

图7-4-5　南宋梅瓶样式三7　（0⊢⊢⊢⊢⊢⊢⊢⊣10 cm）

瘦，银皮外卷成圆唇，盘口下沿圆弧，柱颈瘦长上敛，瓶身呈倒滴水状，圆溜肩，上腹鼓，下腹斜直下收至底，平底矮隐圈足，配斜曲壁覆杯式盖。例如：

④浙江衢州市郊瓜园村南宋德祐二年（1276年）史绳祖夫妇合葬墓出土素面"银盖瓶"1件（图7-4-4⑦a、b）[296]，通高22厘米、腹径10厘米、足径4.5厘米。

（四）样式三7

始见于北宋晚期景德镇青白瓷和汝窑青瓷梅瓶的样式三7，以大盘口为标志，至南宋仍然流行，以后消失。南宋器分为c、d两个亚型。

1. 样式三7c：上敛曲壁大盘口，方唇，盘口下沿呈突棱转折，短束颈，瓶身呈长卵形，斜溜肩，中上腹较鼓，下腹弧收，胫部近足处微曲，平底略凹。例如：

①四川成都龙潭乡南宋绍兴二十一年（1151年）宋京妻蒲氏墓（M1）出土无饰纹黄褐色釉"陶罐"1件（M1：23，图7-4-5①）[297]，高36厘米、口径8.9厘米、底径8.6厘米。

图7-4-6　南宋梅瓶样式三21　（0 ⌴⌴⌴⌴⌴ 10 cm）

2.样式三7d：与北宋青白瓷梅瓶样式三7a几乎完全相同，重心上移，瓶身变短，圆肩和外鼓宽肥的上腹略显高耸，下腹弧收，胫足部微内曲，平底隐圈足。见于南宋吉州窑器。例如：

②江西九江市省财经会计学校基建工地出土南宋吉州窑釉下褐彩画花缠枝纹"瓶"1件（图7-4-5②a、b）[298]，高32.7厘米、口径8.8厘米、底径10.7厘米。

（五）样式三21

丰体。方唇直壁小盘口，盘口下沿方折或圆弧，口颈肩转折明确，上敛短柱状，瓶身呈倒水滴状，圆肩，上腹圆鼓，下腹或斜收至底，或至胫部略内曲直下到底，斜壁平底浅隐圈足。见于南宋景德镇窑青白瓷器。例如：

①四川安县永兴乡出土青白瓷划花涡纹"梅瓶"1件（附录一总表三：21①）[299]，高22.8厘米、口径3.3厘米、腹径13.4厘米、底径7.2厘米。

②四川省博物馆藏宋代青白瓷刻划花缠枝百花纹"梅瓶"1件（图7-4-6①）[300]，高26厘米、口径3厘米。

③美国圣路易斯艺术博物馆（St. Louis Museum of Art）藏青白瓷划花涡纹"梅瓶"1件（图7-4-6②）[301]，高33.4厘米。

④美国大都会博物馆（The Metropolitan Museum of Art）藏青白瓷划花涡纹"花瓶"1件（图7-4-6③）[302]。高12.4英寸（合31.5厘米）。

298　分别采自：户亭风《九江市郊出土的两件吉州窑瓷器》，《江西文物》1981年1期，封三：上，56页；北京艺术博物馆编《中国古瓷窑大系·中国吉州窑》图版155及附图，北京：中国华侨出版社，2013年，168页。此瓶现藏于九江市博物馆。

299　采自：刘佑新、谢明刚《安县馆藏文物精萃》图三，《四川文物》2000年6期。此瓶现藏于四川安县博物馆。

300　采自：《中国陶瓷全集·8·宋（下）》图版一七九，上海：上海人民美术出版社，1999年。

301　采自：Margaret Medley: *Yuan Porcelain and Stoneware*, London, Faber and Faber Limited, 1974, Pl.4。原著标名为Mei-ping with carved design。

302　采自：Suzanne G. Valenstein: *A Handbook of Chinese Ceramics*, The Metropolitan Museum of Art, 1975, Pl.68（编号：23.182.1）。

（六）南宋梅瓶第三类样式群部分器物产地和年代判断

表7-4-2　南宋梅瓶第三类样式群部分器物产地和年代分析

梅瓶	以往的判断	笔者的判断	主要理由
样式三20例①	"南宋官窑"，或"12~13世纪"，或"12世纪"[303]	是否官窑尚需研究	经对比，该瓶年代为南宋无疑，但器形与杭州已发现的两处南宋官窑梅瓶的器物都不同，因此目前还不宜遽尔确定此瓶就是南宋官窑的制品。具体窑口还可以深入研究
样式三21例①~④	有南宋、元代两说[304]	南宋	考古材料显示，类同的青白瓷刻划花梅瓶（如样式八3a、3b的出土物）均来自南宋遗址，并有南宋晚期纪年材料（样式八3b例⑧）为证，在可以确定为元代的青白瓷梅瓶中，却不见有这类器形和装饰工艺的器物。因此这类高度成熟的景德镇青白瓷梅瓶应属于南宋中晚期
样式三7c例①	南宋绍兴二十一年（1151年）	四川成都琉璃厂窑	胎釉。与样式八1例①的情况相同，见第六章第二节的有关内容

303　如台湾学者在20世纪80年代初即认为此瓶属"南宋官窑"，见顾俊编著《中华艺术大观·3·陶瓷》95页图及说明，台北：新夏出版社，1981年。20世纪90年代末，日本出版的展览图录《宋磁》将其标注为"南宋（12—13世纪），官窑"，见前揭《宋磁》（1999）图版60说明。不列颠博物馆在展示此瓶时有专门说明："Guan (official) ware was made in Hangzhou Zhejiang province, the new Song capital after the court fled south in 1127."（意为"公元1127年朝廷南迁到浙江杭州的宋朝新都所设立的官窑"）并将其名称标注为"Hangzhou guan ware meiping"（即"杭州官窑梅瓶"），断代为"Southern Song dynasty, 12th century A.D."（南宋，12世纪），意指南宋前期，而且认为已得到"杭州官窑遗址"出土的极为稀少的标本所确证。在杭州老虎洞窑址考古发现专家论证会上，"张浦生认为，窑址出土的梅瓶和梅瓶盖的残片很有特点，与不列颠博物馆所藏南宋官窑梅瓶相同"，所指即此瓶。见秦大树《杭州老虎洞窑址考古发现专家论证会纪要》第二部分"老虎洞窑是南宋修内司官窑"，《文物》2001年8期93页。关于不列颠博物馆的展示说明，承蒙齐琨女士提供其2003年在该馆拍摄的照片图像得知，特此致谢。

304　南宋说：参见〔日〕小山富士夫监修、小林太市郎编《陶器全集·12卷·唐宋の白磁》图版62说明，东京：平凡社，1966年。该图版收录就是大都会博物馆的藏品（即例④）。元代说：参见上揭Margaret Medley: *Yuan Porcelain and Stoneware*, London, Faber and Faber Limited, 1974, Pl.4说明；Suzanne G. Valenstein: *A Handbook of Chinese Ceramics*, The Metropolitan Museum of Art, 1975, Pl.68说明（即例③④）。

305　采自：故宫博物院编《故宫博物院藏瓷选集》图版34，北京：文物出版社，1962年。

三、第四类样式群

第四类梅瓶样式群在南宋的流行情况，与其在金代达于极盛有所不同，所见遗物和样式的数量都比金代的北方要少，仅归纳出5种样式。在器形特征上，南宋的传统瓷区如景德镇窑、吉州窑、龙泉窑等烧造的第四类梅瓶的样式特征，主要继承北宋晚期南方梅瓶的器形传统，以丰体和矮体为主，"梯形小环口"也不如北方典型，而福建地区的外销瓷窑区如磁灶窑则烧造了与众不同的样式，某些样式具有北方特征，又不尽相同。

（一）样式四17

本样式首见于北宋晚期景德镇湖田窑青白瓷梅瓶，至南宋而普遍流行，是只流行于南方的一种样式。与北宋器相比，南宋器除关于仍具备扁梯形小环口、柱颈、平底隐圈足等共同特征之外，还有更多的细节变化，在不同的窑口了形成不同的亚型，共有b~e共4个亚型。

1. 样式四17b：只见于景德镇青白瓷器，与北宋器相比，扁梯形口稍厚，但出沿更宽，上细下粗的柱颈较长较粗，瓶身呈倒滴水形，胫部微内曲，整体轮廓挺拔。例如：

①北京故宫博物院藏南宋景德镇青白瓷刻花"瓶"，（图7-4-7①）[305]，高26.8厘米、口径5厘米、足径8.6厘米。

图7-4-7　南宋梅瓶样式四17、40　（0 ⊢⊥⊥⊥⊥⊥⊥⊥⊥⊢ 10 cm）

②日本东京国立博物馆藏南宋青白瓷缠枝纹"瓶"1件（图7-4-7②）[306]，高26.5厘米。

2. 样式四17c：与上一亚型几乎完全相同，但口部更扁，口沿几乎成为平折的三角形，柱颈较细而直。见于龙泉窑青瓷，例如：

③英国牛津大学阿什莫林博物馆（The Ashmolean Museum, Oxford）藏龙泉窑青瓷刻划花缠枝牡丹纹"梅瓶"1件（图7-4-7③）[307]，高26.5厘米。

3. 样式四17d：扁梯形口的唇沿圆卷——变成折沿圆唇口（近似样式六5），上细下粗的短粗柱颈，口颈肩方折，瓶身呈卵状，最宽的上腹腹壁较直，故肩部较窄而圆溜，下腹弧状斜收至底，平底隐圈足。见于吉州窑。例如：

④江苏南京幕府山宋墓出土米黄釉褐彩卷草纹"瓷瓶"1件（图7-4-7④）[308]，高35.1厘米、口径8.3厘米、腹径21.1厘米、底径12.8厘米。

⑤安徽省巢湖市周郦村出土南宋吉州窑白釉黑彩画花莲纹"梅瓶"1件（图7-4-7⑤）[309]，高29厘米、口径6.3厘米、腹径17.6厘米、底径9.6厘米。

4. 样式四17e：也见于吉州窑。扁梯形口沿薄而窄，且斜坡明显，束颈，口颈肩呈圆弧过渡，瓶身呈较矮的卵状，中上腹宽鼓，平底隐圈足。例如：

⑥湖北鄂州市汀祖镇丁家坳村马家塆南宋咸淳十年（1274年）吕文显墓

306　采自：《世界陶磁全集・12・宋》图版165，东京：小学馆，1977年。

307　采自：《世界陶磁全集・12・宋》图版179，东京：小学馆，1977年。

308　南京市博物馆《南京幕府山宋墓清理简报》图版叁：4，《文物》1982年3期29页。采自：《中国出土瓷器全集・7・江苏、上海》图版134，北京：科学出版社，2008年。此瓶现藏于南京市博物馆。

309　采自：《中国美术全集・工艺美术编・2・陶瓷（中）》图版185，上海：上海人民美术出版社，1988年。尺寸综采《中国博物馆丛书・13卷・安徽省博物馆》图版66说明，北京：文物出版社，东京：株式会社讲谈社，1994年；《中国出土瓷器全集・8・安徽》图版123说明，北京：科学出版社，2008年。此瓶现藏于安徽省博物馆。

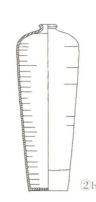

图7-4-8　南宋梅瓶样式四38、41　（0　　10cm）

310　分别采自：鄂州市博物馆《湖北鄂州汀祖南宋吕文显墓发掘简报》图三：1，《江汉考古》2008年1期61页；《中国出土瓷器全集·13·湖北、湖南》图版83，北京：科学出版社，2008年，83页。此瓶现藏于鄂州市博物馆。

311　采自：《宋磁》图版50，东京：朝日新闻社，1999年。

312　采自：福建博物院、晋江博物馆编著《磁灶窑址——福建晋江磁灶窑址考古调查发掘报告》图版七九：1，图一五二：5，北京：科学出版社，2011年，230页。这种样式的梅瓶在原报告中属A型I式梅瓶。

（EDLM）出土吉州窑白釉黑褐彩画花梅竹蝴蝶纹"梅瓶"1件（EDLM：1，附录一总表四：17e，图7-4-7⑥）[310]，高25.5厘米、口径6.4厘米、腹径17厘米、底径9.3厘米。吉州窑器。

（二）样式四40

丰体。窄而扁的三角尖唇小环口，显然变自梯形口，上细下粗的短柱颈，瓶身呈丰满的倒滴水性，圆肩和外鼓的上腹近似半球形，下腹略呈弧面急剧地斜直内收，至胫部稍变直，平底浅隐圈足，足内壁斜挖。只见于景德镇青白瓷梅瓶，例如：

①日本滨松市美术馆藏青白瓷刻划花婴戏缠枝花纹"梅瓶"1件（图7-4-7⑦）[311]，高31.5厘米、腹径21.5厘米、底径10.3厘米。

（三）样式四38

矮体。折唇小口，不太规整的唇沿微斜而略呈弧面，还遗留梯形口的微弱特点，上细下粗的短束颈，瓶身呈短矮的卵状，圆肩鼓腹，下腹弧状斜收，平底。这种瓶式的口形介于"梯形小环口"（第四类）和"折沿窄唇口"（第六类）之间，较为特殊，见于福建磁灶窑址，例如：

①福建泉州晋江磁灶窑金交椅山窑址Y2出土南宋前期酱釉"梅瓶"标本1件（Y2：22，图7-4-8①，附录一总表四：38）[312]，高20.3厘米、口径3.4厘米、底径8厘米。

（四）样式四41

瘦高体。圆唇小口，多呈矮梯形，束颈极短，或无颈，瓶身呈瘦长的楔形或筒形，平底。本样式只见于福建磁灶窑，器形较独特，根据各部差异，分为a、b

两个亚型。

1. 样式四41a：矮梯形的圆唇小口，极短的束颈（无颈），高耸的斜平肩，肩腹圆折明显，细瘦的瓶身呈长楔形，斜收至底，平底或平底微凹。例如：

①福建晋江磁灶窑金交椅山窑址Y1出土南宋后期酱釉“梅瓶”标本1件（Y1：23，图7-4-8②a、b）[313]，高32.4厘米、口径2.4厘米、底径7.4厘米。

②福建晋江磁灶窑金交椅山窑址Y4出土南宋后期酱釉“梅瓶”标本1件（Y4：51，图7-4-8③，附录一总表四：41a）[314]，高30厘米、口径2.8厘米、底径8.4厘米。

2. 样式四41b：口、颈部更短小（无颈），圆肩，瓶身呈筒状，上下腹壁较直。例如：

③福建泉州晋江磁灶窑曾竹山窑址出土陶“小口瓶”8件，口径1.6厘米、高16.4～20.5厘米。根据口部形态，可分别归入第四（图7-4-8④）[315]和第七两类样式群（附录一总表七：7a）。根据上述两例的发掘者判断，应该也属于南宋后期。

（五）样式四8

有线索表明，主要流行于中原地区的梅瓶样式四8，在南宋时期的南方窑场中也存在过，具有与北方不完全相同的器形特点。目前只见一个亚型。

样式四8f：较扁的梯形小环口，口沿斜面内曲，配以极短的束颈，使口部看似竹节式凸棱小口，宽肩较平，上腹圆鼓，下腹斜收至底，形成锥形胫部。例如：

①日本福冈市博多区博多遗迹出土绿釉黑花卷草纹“梅瓶”1件（图7-4-9）[316]，高48.4厘米。

（六）南宋梅瓶第四类样式群部分器物产地和年代判断

313 采自：上揭《磁灶窑址——福建晋江磁灶窑址考古调查发掘报告》图版七〇：7，图一一八：8，186页。这种样式的梅瓶在原报告中属B型I式梅瓶。

314 采自：上揭《磁灶窑址——福建晋江磁灶窑址考古调查发掘报告》图版一〇五：4，图二二五：5，321页。

315 采自：陈鹏、黄天柱、黄宝玲《福建晋江磁灶古窑址》图七：2，《考古》1982年5期492页。

316 采自：〔日〕长谷部乐尔监修，长谷部乐尔、今井敦编著《中国の陶磁·第12卷·日本出土の中国陶磁》图版34，东京：平凡社，1995年。此瓶现藏于日本福冈市埋藏文化财中心。

317 前揭《故宫博物院藏瓷选集》图版34说明。

318 前揭《世界陶磁全集·12·宋》图版165说明。

319 见江西省文物考古研究所、景德镇民窑博物馆编著《景德镇湖田窑址——1988—1999年考古发掘报告》彩版六三：3，北京：文物出版社，2007年，127页。标本93Ⅰ：11，原报告命名为青白釉“梅瓶”。

图7-4-9 南宋梅瓶样式四8（0——10cm）

表7-4-3 南宋梅瓶第四类样式群部分器物产地和年代分析

梅瓶	以往的判断	笔者的判断	主要理由
样式四17b 例①②	宋[317] 北宋[318] 景德镇窑	南宋前期（12世纪）景德镇湖田窑	从两例的划花工艺和饰纹造型来看，其年代具有两宋之间湖田窑青白瓷的特点，南宋湖田窑某些撇圈足梅瓶标本的饰纹与这两例饰纹非常近似[319]

续表

梅瓶	以往的判断	笔者的判断	主要理由
样式四17c例③	宋（12世纪），龙泉窑[320]	南宋龙泉窑	饰纹具有北宋晚期到南宋早期之间的特点，但器形与上两例几乎完全相同；再与南宋早期的样式六1c例②、六1d例③做对比，也具有相同特点
样式四17d例④	北宋中期，观台窑[321]	南宋吉州窑	该瓶瓶身满饰"卷草"纹，是南宋吉州窑的常见饰纹，相同的结构也常见于南宋的景德镇青白瓷梅瓶上[322]
样式四17d例⑤	宋[323]、南宋[324]	南宋后期（13世纪初期）	具有同类工艺和饰纹的吉州窑器物已出土于南宋嘉定二年（1209年）的纪年墓[325]
样式四40例①	北宋（12世纪），景德镇窑[326]	南宋景德镇湖田窑	在梅瓶上装饰繁满的纹样是北宋后期到南宋景德镇湖田窑的常见做法，而与此瓶饰纹相同的纹样在湖田窑遗址出土的大量南宋青白瓷上更为普遍；[327]在器形上，瓷瓶与吉州窑的样式四17d例④、例⑤大体近似，又在整体气象和局部如口形特征，与元代景德镇窑青花梅瓶最常见的样式六10比较接近，因此推断此瓶可能是南宋中晚期的器物
样式四8f例①	宋，中国南方窑口[328]	南宋	在器形上，本例与金代的中原地区同一样式的梅瓶几乎完全相同，如果不是中原制品，至少与中原地区有关。不知日本学者所谓"中国南方窑口"所指何处。此瓶出土于日本福冈市博多遗址，该遗址出土的"中国南方窑口"的梅瓶以福建磁灶窑高体梅瓶（属样式四41）数量最多，[329]但是与本例并不相同；福建晋江明初墓葬和菲律宾出土的一些器物也被断定为福建磁灶窑遗物，在胎质和饰纹上与本例近似，也是并不完全相同[330]；另外，刻意制作的密棱纹见于金代陇东地区出土的黑釉梅瓶（样式一○5c例①）、浙江松阳县南宋庆元元年（1195年）程大雅墓出土的龙泉窑青瓷带盖梅瓶（样式六1e例④）、南宋景德镇湖田窑青白瓷梅瓶样式八3a例⑤，后者与本例施加于胫部的密棱纹最为相似。这些线索尚不足以证明本例的具体产地

320　前揭《世界陶磁全集·12·宋》图版179说明。

321　《南京幕府山宋墓清理简报》，《文物》1982年3期30页。

322　参见《中国文物精华大辞典·陶瓷卷》瓷器篇，图407，上海：上海辞书出版社，香港：商务印书馆（香港）有限公司，1995年，291页；《中国出土瓷器全集·7·江苏、上海》图版134说明（霍华撰），北京：科学出版社，2008年。

323　前揭《中国美术全集·工艺美术编·2·陶瓷（中）》图版185说明；《中国博物馆丛书·13卷·安徽省博物馆》图版66说明。

324　前揭《中国出土瓷器全集·8·安徽》图版123说明。

325　如1971年江西南昌县罗家集南宋嘉定二年（1209年）墓出土的一件黑地白花三足炉，腹部的莲花纹与本例饰纹完全相同，见《中国出土瓷器全集·14·江西》图版56，北京：科学出版社，2008年。

326　前揭《宋磁》图版50说明。又见《世界陶磁全集·12·宋》图版30说明，东京：小学馆，1977年。

327　见上揭《景德镇湖田窑址——1988—1999年考古发掘报告》。

328　前揭《中国の陶磁·第12卷·日本出土の中国陶磁》图版34说明。

329　见〔日〕森本朝子《博多出土的以磁灶窑产品为中心的中国陶器》，〔日〕田中克子《日本博多遗址及周围地区出土的磁灶窑系陶瓷器》，载于《磁灶窑址——福建晋江磁灶窑址考古调查发掘报告》，附录二、附录三，北京：科学出版社，2011年，406~424页，以及图版一二〇：1等。

330　陈鹏、黄天柱、黄宝玲《福建晋江磁灶古窑址》图一五：上、下左、下右，《考古》1982年5期498页。按：三件器物分别是福建晋江明初墓出土的"黑釉刻花瓷炉"、菲律宾出土的磁灶窑刻花瓷炉和瓷瓶。

图7-4-10 南宋梅瓶样式六1 （ 0 10 cm ）

四、第六类样式群

北宋以后，"折沿窄唇口"的第六类样式群梅瓶主要流行于南方，南宋样式非常多，成为南宋乃至元明清各朝最为常见的样式群之一。所见南宋第六类样式群的梅瓶可归纳为5种样式，含多个亚型，不但见于陶瓷质、银质梅瓶，还流行于锡质和极为少见的青铜质梅瓶上。

（一）样式六1

高体。延续北宋同一样式而有所变化，折沿窄唇口含圆唇和尖圆唇，直柱颈较长，肩部逐渐趋平，腹壁较直，平底隐圈足，配覆杯式或筒式盖。本样式在北宋以后不再流行于中原地区，在南方也只见于南宋的龙泉窑青瓷梅瓶，有b～e共4个亚型。

1. 样式六1b：本样式此亚型曾见于北宋晚期河南地区的绿釉梅瓶（图6-2-20②），至南宋而出现在龙泉窑青瓷梅瓶，平肩尚不十分明显，上腹微鼓，下腹

331　采自：浙江省轻工业厅编《龙泉青瓷研究》图版肆：2，北京：文物出版社，1989年。

332　采自：朱伯谦主编《龙泉窑青瓷》图版69-1、2，台北：艺术家出版社，1998年，108页。此瓶现藏于松阳县博物馆。

333　原载Exhibition Highlight "Iron in the fire"，The Ashmolean Museum, Oxford 10 May - 20 June 1988, fig.4；采自：Chinese Ceramics, Selected Articles from Orientations(1982-1998)，Hong Kong, Orientations Magazine Ltd, 1999, p.404，上图。

334　浙江省博物馆编《浙江纪年瓷》图版210，北京：文物出版社，2000年。这六件梅瓶现藏于松阳县博物馆。

335　采自：朱伯谦主编《龙泉窑青瓷》图版88-1、2，台北：艺术家出版社，1998年，123页。

336　采自：《中国陶瓷全集·8·宋（下）》图版九〇，上海：上海人民美术出版社，1999年。

337　采自：《中国文物精华1990》图版148，北京：文物出版社，1990年。按：该图录命名此瓶为"青瓷太白坛"，承蒙李纪贤先生垂告得知，"太白坛"是浙江民间对梅瓶的一种俗称，特此致谢。

338　江西省历史博物馆《江西考古三十年》图版贰拾壹：3，《文物考古工作三十年1949—1979》，北京：文物出版社，1979年。采自：北京艺术博物馆编《中国古瓷窑大系·中国吉州窑》图版60：左、右、附图，北京：中国华侨出版社，2013年，69页。

339　采自：《中国美术全集·工艺美术编·2·陶瓷（中）》图版187，上海：上海人民美术出版社，1988年。参见陈柏泉《江西出土的几件宋代吉州窑瓷器》图版肆：4，《文物》1975年3期49页。此瓶藏于江西宜春市文物管理委员会。

缓收，至足壁以弦纹分界，突出了足部的形象；配筒式盖，直壁、平顶微凸、方折角。例如：

①浙江龙泉县南宋墓出土龙泉窑青瓷无饰纹"带盖瓶"1件（图7-4-10①）[331]，尺寸不明。

2. 样式六1c：在b亚型的基础上演变而成，折沿窄唇呈尖圆形，直柱颈较高，口颈肩方折，平肩微斜，肩腹间圆转丰满，上腹直壁，下腹弧状内收至底，足壁也以弦纹分界，矮隐圈足，平底。例如：

②浙江松阳县古市镇出土龙泉窑青瓷刻划花缠枝牡丹莲瓣纹"梅瓶"1件（图7-4-10②a、b）[332]，高35厘米、口径5.5厘米、足径9.4厘米。

3. 样式六1d：于c亚型相比，本亚型的不同之处在于，直柱颈更瘦，肩部既平且宽，肩腹圆折明显，上腹直壁微丰，弧状斜收至足，作为分界的足壁弦纹稍显收束，使直壁的隐圈足外部看似饼形足，平底。例如：

③英国牛津大学阿什莫林博物馆（The Ashmolean Museum, Oxford）藏龙泉窑青瓷刻划花缠枝牡丹忍冬纹"梅瓶"1件（图7-4-10③）[333]，高34厘米。

4. 样式六1e：平折沿尖唇小口，直柱颈，瓶身呈楔形，平肩，上腹外鼓，下腹斜收至底，斜壁平底隐圈足；配覆杯式盖，平顶、斜壁、敞口。盖壁和瓶身胎壁均饰瓦棱纹，表现出强烈的装饰意味，足壁则没有出现作为分界的弦纹。例如：

④浙江松阳县水南乡横山村南宋庆元元年（1195年）程大雅墓出土龙泉窑青瓷瓦棱纹"梅瓶"6件，[334]件带盖，2件无盖，其一（图7-4-10④a、b）[335]，通高28厘米、口径6.5厘米、足径7.1厘米；其二（图7-4-10⑤）[336]，通高27厘米、口径5.5厘米、底径7厘米；其三（附录一总表六：1e）[337]，通高27厘米、口径5.5厘米。

（二）样式六4

矮体，尺度也矮小。窄折沿细圆唇小口，较长的柱颈，上细下粗，颈肩方折，瓶身短矮，呈楔形，斜宽肩，上腹夸张外鼓，下腹内曲斜收，胫足部短而直立，平底隐圈足。这是南宋到元代吉州窑梅瓶流行的样式，根据各部差异统一分为a～e共5个亚型，南宋器分属a、b两个亚型，均为吉州窑器。

1. 样式六4a：斜宽肩和凸鼓腹较夸张，下腹内收较剧烈。只见于南宋吉州窑黑釉剔划花折枝梅花纹梅瓶，遗存较多。例如：

①江西省南昌县南宋嘉定二年（1209年）墓出土吉州窑黑釉剔划花折枝梅花纹"梅瓶"1件（附录一总表六：4a，图7-4-11①a、b）[338]，高21.2厘米、口径4.8厘米、足径6.6厘米。

②江西吉安市永和镇吉州窑址出土黑釉剔划花折枝梅花纹"梅瓶"1件（图7-4-11④）[339]，高19.2厘米、口径4.5厘米、底径6.8厘米。

图7-4-11　南宋梅瓶样式六4　（0⌞⌟⌞⌟⌞⌟⌞⌟⌞⌟10 cm）

③江西省博物馆藏吉州窑黑釉剔划花折枝梅花纹"梅瓶"1件
（图7-4-11②③a、b）[340]，高21.7厘米、口径4厘米、底径7厘米。

④北京故宫博物院藏吉州窑黑釉剔划花折枝梅花纹"梅瓶"1
件。[341]

本样式此类装饰和工艺的南宋吉州窑梅瓶传世品较多，在海外
公私收藏中均能见到，如英国的芭罗女士（Lady Barlow）藏有一
对据说出土于墓葬的同类梅瓶（Ovoid Vases，China ware，分别
高7.8英寸、7.2英寸（合19.8厘米、18.3厘米，图7-4-11⑤）[342]，美
国纽约大都会艺术博物馆收藏1件（高8英寸合20.3厘米，图7-4-
11⑥）[343]。

2. 样式六4b：宽肩鼓腹不甚夸张，尺度更小。只见于吉州窑白
釉黑彩画花器、黑釉彩斑器等。例如：

⑤安徽潜山县彰法山出土吉州窑白釉黑彩画花团云状开光兰草
纹"瓶"1件（图7-4-11⑦）[344]，高16.5厘米、足径5.8厘米。

⑥江苏南京雨花台区石子岗宋墓出土吉州窑黑釉满天星纹"梅
瓶"1件。[345]吉州窑梅瓶上使用这种装饰比较少见。

⑦江西省博物馆藏吉州窑白釉黑彩画花兰草纹"瓶"1件（图
7-4-11⑧a、b）[346]，高15厘米、口径3厘米、底径5厘米。

（三）样式六5

矮体。折沿窄唇小口的唇部分高矮、方圆，柱颈，颈肩方折，

340　采自：北京艺术博物馆编《中国古瓷窑大系·中国吉州
窑》图版61：左、右、附图，北京：中国华侨出版社，
2013年，70页。

341　冯先铭《江西省伍瑞毓将宋永和窑黑瓷瓶捐献给故宫博物
院》，《文物参考资料》1955年8期151页插图。

342　采自：Michael Sullivan，*Chinese Ceramics, Bronzes and Jades
in the Collection of Sir Alan and Lady Barlow*，Faber and Faber
Limited，1963，Pl.123b。按：作者倾向于断代为13世纪。
另据有关资料介绍，英国苏塞克斯大学（University of
Sussex）收藏的1件同类梅瓶（高7.5英寸，合19厘米）是芭
罗的信托藏品（Trustees of the Barlow Collection），可能即
本例两瓶之一，见*The Ceramic Art of China, Catalogue of an
Exhibition*，1971，The Victoria and Albert Museum，Pl.100。

343　采自：Suzanne G. Valenstein，*A Handbook of Chinese
Ceramics*，1989，The Metropolitan Museum of Art, New York，
Pl.115。

344　采自：《中国出土瓷器全集·8·安徽》图版118，北京：
科学出版社，2008年。此瓶现藏于潜山县博物馆。

345　原载《禅风与儒韵——宋元时代的吉州窑瓷器》，北京：
文物出版社，2012年。参见喻珊《试论宋元时代吉州窑瓷
器的流布》图二：29，《中国古瓷窑大系·中国吉州窑》
263页，北京：中国华侨出版社，2013年。

346　采自：上揭《中国古瓷窑大系·中国吉州窑》图版154：
左、右，167页。

 ①  ②  ③  ④

图7-4-12　南宋梅瓶样式六5、6　（0 ⌐‧‧‧‧‧‧‧⌐ 10cm）

347　采自：安徽省博物馆编《安徽省博物馆藏
　　　瓷》图版62，北京：文物出版社，2002年。

348　赖金明《江西省博物馆藏梅瓶欣赏（上）》
　　　图8，《收藏家》2007年12期16页。

349　采自：《世界陶磁全集・12・宋》，东
　　　京：小学馆，1977年，271页Fig.157。

350　采自：〔日〕大河内正敏、横河民辅、奥
　　　田诚一合编《陶器图录・第七卷・中国篇
　　　（上）》图版116，东京：雄山阁，1938年。

瓶身较短，圆丰肩，上腹圆鼓，下腹斜收至底，平底，或平底浅隐圈足。本样式从南宋至元代流行于景德镇窑为代表的南方青白瓷梅瓶上，根据各部差异统一分为ja～d共4个亚型，南宋器分属前三个亚型。

1.样式六5a：扁折唇外壁似小盘口，短直柱颈，瓶身呈倒滴水形，圆肩，上腹外鼓，下腹斜收，近足部微内曲而形成短胫部，平底。从口形来看，这是第三类样式群的变体样式。例如：

①安徽宿松县南宋墓出土景德镇窑青白瓷印花折枝百花纹"八棱瓶"2件（图7-4-12①）[347]，高18厘米、口径3.5厘米、底径5.3厘米。

②江西省博物馆藏景德镇窑青白瓷八棱印花折枝百花纹"梅瓶"1件[348]，高16.4厘米、口径3.5厘米、足径5厘米。

2.样式六5b：细圆唇，短柱颈稍上敛，瓶身近似楔形，肩宽圆，肩腹圆折处外鼓，下腹斜收至底，足壁稍直，平底隐圈足，挖足浅。与样式六4a的吉州窑器有些相似。例如：

③日本京都市右京区太秦井户寺遗址出土景德镇窑青白瓷刻花缠枝莲花纹"梅瓶"1件（图7-4-12②）[349]，高26.9厘米。

3.样式六5c：直柱颈较短，肩极宽而平，略显耸肩，瓶身更短矮呈楔形，腹壁轮廓斜直，略显僵硬，足径较大。例如：

④日方奈良谈山神社藏景德镇窑青白瓷刻花婴戏缠枝莲花纹"瓶"1件（图7-4-12③）[350]，尺寸不详。

（四）样式六6

高体。口、颈、肩和上腹部与样式六5类同，但折沿窄唇的口形有同有异，特别是瓶身日趋变高、胫下部内曲、足壁外撇等，是本样式最明显的变化，平底隐圈足。本样式从南宋、元代乃至明代前期流行于景德镇窑，主要见于南宋和元代的青白瓷梅瓶。根据各部差异统一分为ja～f共6个亚型，南宋器只见一个亚型。

样式六6a：口颈肩和上腹与样式六5c相同，但下腹斜收、内曲，形成细长的胫部，足壁外撇，隐圈足。例如：

①江西景德镇近郊宋墓出土景德镇窑青白瓷刻划花花卉纹"瓶"1件（图7-4-12④）[351]，高26.7厘米。

（五）样式六3

本样式以细而窄的圆卷唇小口为特征，整体器形具有较一致的特点。始见于北宋晚期墓中出土的银质梅瓶（图6-2-20③a），至南宋而在银质梅瓶上延续不绝并有所变化，也见于龙泉窑青瓷器，以及江南地区流行的锡质和青铜质的梅瓶之上——这种南宋样式在明代成为仿古对象之一。

根据各部差异，南宋器分为b～k共10个亚型。其中，b～g共6个亚型同时见于1993年四川彭州西大街南宋金银器窖藏出土的10件银质"梅瓶"中，瓶口均为翻卷银皮而成的圆唇小口，以直柱颈为主，颈肩方折，肩部和上腹部圆鼓，下腹斜收，斜壁隐圈足，其中一些配覆杯式盖。[352]分别如下：

1. 样式六3b：直颈，溜肩，最大腹径位于腹中部略靠上，下腹略带弧面斜收，斜度也不甚大，凹底。例如：

①素面银梅瓶之一（CPJ：31，附录一总表六：3b，图7-4-13①）[353]，通高20.2厘米、口径3.8厘米、最大腹径11.3厘米、底径5.7厘米。底錾铭"袁家十分"四字。

②素面银梅瓶之二（CPJ：33）[354]，通高21厘米、口径3.8厘米、底径4.4厘米。

2. 样式六3c：与例①的区别在于肩部较圆，下腹斜直。例如：

③素面银梅瓶之三（CPJ：28，附录一总表六：3c）[355]，通高18.7厘米、口径3.3厘米、最大腹径10.5厘米、底径4.7厘米。底錾铭文"公家十分"四字。

④素面银梅瓶之四（CPJ：32，图7-4-13②）[356]，通高19.3厘米、口径3.8厘米、最大腹径11厘米、底径5.2厘米。外底压铭"宋家十分记"五字，口部錾铭"董"字。

3. 样式六3d：与样式六3c例③、④的不同之处在于，颈部略收束。例如：

⑤素面银梅瓶之五（CPJ：30，附录一总表六：3d）[357]，通高21.7厘米、口径3.7厘米、最大腹径11.3厘米、底径6.2厘米。底部有铭文，锈蚀不可辨。

⑥素面银梅瓶之六（CPJ：29，图7-4-13③a、b）[358]，通高19.5厘米、口径3.5厘米、最大腹径11.3厘米、底径5.5厘米。底部铭文因锈蚀不可辨。

4. 样式六3e：直颈，宽耸肩，上腹鼓，下腹斜直内收，并微内曲成胫部，凹底。例如：

⑦如意云头纹梅瓶之一（CPJ：34，附录一总表六：3e，图7-4-13④）[359]，通高19.9厘米、口径3.8厘米、最大腹径11厘米、底径5.2厘米。口颈部及肩部

351　采自：《景德镇出土陶瓷》图版26，香港大学冯平山博物馆，1992年。

352　四川彭州西大街南宋银器窖藏的考古发掘材料，分别发表过简报（彭州市博物馆、成都市文物考古研究所《成都市彭州宋代金银器窖藏》，《文物》2000年8月）和详细报告（成都市文物考古研究所、彭州市博物馆编著《四川彭州宋代金银器窖藏》，北京：科学出版社，2003年）。本文所用资料均采自后者。在报告中，发掘者首先根据饰纹将10件银梅瓶分为三类，即"素面银梅瓶"（6件）、"如意云头纹银梅瓶"（2件）、"鸟纹银梅瓶"（2件），对这三类梅瓶虽然都做了器形特征描述，但并未统一划分型式，只是将素面银梅瓶单独分成3型。见《四川彭州宋代金银器窖藏》13～17页。本文则根据器形特征将10件银梅瓶统一归入样式六3，在此基础上经详细比较再分为6个亚型，其中有些器物的划分与原报告不同，特此说明。

353　采自：《四川彭州宋代金银器窖藏》图一三，彩版八：1，北京：科学出版社，2003年，13页。

354　上揭《四川彭州宋代金银器窖藏》14页。

355　采自：《四川彭州宋代金银器窖藏》图一四，14页。

356　采自：《四川彭州宋代金银器窖藏》图一六，15页。

357　采自：《四川彭州宋代金银器窖藏》图一五，15页。

358　采自：《四川彭州宋代金银器窖藏》图一七，彩版八：2，16页。

359　采自：《四川彭州宋代金银器窖藏》图一八，彩版九：1，16页。

图7-4-13　南宋梅瓶样式六3　（0 ⊢⊢⊢⊢⊢⊢ 10 cm）

360　采自：《四川彭州宋代金银器窖藏》图
　　　一九，16页。

361　采自：上揭《四川彭州宋代金银器窖藏》
　　　彩版九：2，16页。

362　采自：《四川彭州宋代金银器窖藏》图
　　　二〇，17页。

363　采自：沈仲常《四川德阳出土的宋代银器
　　　简介》图1，《文物》1961年11期48页。此
　　　瓶现藏于四川省博物馆。

内层一圈无饰纹，瓶身布满锤鍱而成的三圆弧形如意云头纹，共九层。颈部錾铭"董"字及压印铭文"□回官□"四字并后有一押记，底部压铭已不辨。原有盖。

5. 样式六3f：器形与例⑦的差异是颈部微束，下腹斜直无内曲，平底。例如：

⑧如意云头纹梅瓶之二（CPJ：35，图7-4-13⑤）[360]，通高20.9厘米、口径3.7厘米、最大腹径11.4厘米、底径4.9厘米。颈部錾铭"董"字并压铭"□回官□"、"□陈六郎"等字，底部浅刻划"董宅"二字。

6. 样式六3g：瓶直颈，丰肩，下腹斜收，近足处微内曲；配覆杯式盖，平顶微呈弧面，斜曲壁呈喇叭状。例如：

⑨鸟纹梅瓶之一（CPJ：36，图7-4-13⑥）[361]，通高21.3厘米、口径3.8厘米、最大腹径11厘米、底径5.5厘米。瓶凹底。盖及瓶口颈部素面，瓶身饰錾刻散点结构相错展翅长尾鸟纹、云气纹，共四层，每层三鸟间朵云，鸟头相对或相背。底錾铭文"周家十分"、"君谟置"等字。

⑩鸟纹梅瓶之二（CPJ：37，附录一总表六：3g）[362]，通高20.5厘米、口径3.8厘米、底径5.4厘米、最大腹径10.9厘米，瓶平底，其余均与例⑨同。底錾铭文"周家十分"、"庚午君谟置"等字。

以下数例属于样式六3的其他4个亚型：

7. 样式六3h：圆唇小口，细长的直柱颈，颈肩呈圆弧转折，瓶身与彭州南宋银器窖藏梅瓶例⑥～⑩相同，斜壁平底隐圈足，但足壁很深。例如：

⑪四川省德阳县孝泉镇清真寺宋代银器窖藏出土银"瓶"2件之一（附录一总表六：3h）[363]，高19.7厘米、口径3.1厘米、底径4厘米。底向内凹进约3厘米，属高圈足。瓶底纵刻三行文字，左中右分别是"南阳"，"周家十分煎

银"，"勤号"。按：这一窖藏出土的另外一件配覆杯式盖云头纹银梅瓶（通高21厘米、瓶高19厘米、盖高5厘米、瓶口径3厘米、底径5.5厘米），[364] 从盖顶、壁到瓶身满饰錾刻鸡心形交错云头纹，盖壁两排、瓶身五排，瓶底刻"东阳可久"四字。因对其口颈部没有准确的了解，故暂列于此，以备后考。

8. 样式六3i：只见一例锡质明器，器形与样式六3h近似，口部无卷唇，细长颈部上细下粗，胫部细瘦，隐圈足极浅，配覆杯式盖，弧顶，壁内曲，喇叭形敞口。例如：

⑫江苏武进村前南宋墓出土锡质带盖"高瓶"1件（采：9，图7-4-13⑦，附录一总表六：3i）[365]，通高11.2厘米。

9. 样式六3j：断面呈矩形的唇口，直柱颈上部稍细，颈肩转折明确，圆溜肩，上腹圆鼓，下腹微内曲，直壁平底隐圈足，瓶身较短，足径较大。例如：

⑬四川遂宁金鱼村一号南宋窖藏出土青铜"梅瓶"1件（91SJJ：985，图7-4-13⑧）[366]，残破，可复原，高20.7厘米、口径4.6厘米、最大腹径12.2厘米、足径7.2厘米、器壁厚0.1厘米。

10. 样式六3k：口颈部与上述银质和青铜质梅瓶相同，颈部和瓶身与样式六3g相同，肩部较宽，浅隐圈足的足径更小。见于龙泉窑青瓷器。例如：

⑭河南许昌市文峰路金中期女性女真贵族墓（M3）出土龙泉窑青釉"梅瓶"1件（M3：19，图7-4-13⑨，附录一总表六：3k）[367]，高20.8厘米、口径3.8厘米、最大腹径12.2厘米、底径5.3厘米。该墓甬道还出土"龙泉窑青釉器座"1件（M3：18，图7-4-13⑩）[368]，残高11.7厘米，胎釉与梅瓶相同，发掘者确认其为梅瓶的配套瓶座。

（六）南宋梅瓶第六类样式群部分器物产地和年代判断

表7-4-4　南宋梅瓶第六类样式群部分器物产地和年代分析

梅瓶	以往的判断	笔者的判断	主要理由
样式六1例②	北宋，龙泉窑[369]	南宋早期	浙江北宋中后期纪年墓出土龙泉窑瓶类器有与本例胫部篦划莲瓣纹相同的饰纹，[370]但是包括胎釉、刻划花工艺都不如本例梅瓶精致；南宋官窑博物馆（杭州）曾展出过一件国内私人收藏的龙泉窑青瓷刻花盒盖，带铭文"不忍自生祸岁登无由自诊万事大吉利也乾道七年正月上自记耳□子"，[371]乾道七年（1171年）表明其为南宋早期器物，其胎釉、开片和刻划花工艺都与本例梅瓶相同，说明本例年代应属南宋早期[372]

364　沈仲常《四川德阳出土的宋代银器简介》图版五：6，同上，48页。参见《中国美术全集·工艺美术·10·金银玻璃珐琅器》图版99，北京：文物出版社，1987年。此瓶现藏于四川省博物馆。

365　采自：陈晶、陈丽华《江苏武进村前南宋墓清理纪要》图九：19，图八：8，《考古》1986年3期253页。

366　采自：成都文物考古研究所、遂宁市博物馆编著《遂宁金鱼村南宋窖藏》图二二〇：4，北京：文物出版社，2012年，274页。

367　采自：许昌市文物工作队《许昌文峰路金墓发掘简报》彩版三：5、图四：7，《中原文物》2010年1期13页。

368　采自：同上，彩版四：1，图四：8。

369　前揭，朱伯谦主编《龙泉窑青瓷》图版69说明，108页。

370　浙江省博物馆编《浙江纪年瓷》图版200、201，北京：文物出版社，2000年。

371　2010年12月30日笔者在杭州的南宋官窑博物馆某瓷展上所见。

372　南宋官窑博物馆在展出乾道七年龙泉窑青瓷刻花盒盖时，同时还展出了一件也是国内私人收藏的龙泉窑青瓷刻划花缠枝牡丹莲花花纹"梅瓶"，器形、装饰、胎釉和尺寸都与样式六1例②基本相同。馆方的展示说明如下："盒盖上的铭文证实了该类型刻划花器的生产年代。它与身边的那只青瓷梅瓶（按，即同时展陈的上述梅瓶）在刻划技法的处理上，在釉色开片的效果上都有着异曲同工之妙。"意在说明这类龙泉窑青瓷梅瓶的烧造时间也在南宋早期。

续表

梅瓶	以往的判断	笔者的判断	主要理由
样式六1d例③	约11世纪（意指北宋中期）[373]	南宋早期	同上。窑址考古发掘成果显示，北宋中晚期龙泉窑尚无这等水平
样式六4b例⑤	南宋，或南宋至元代[374]	—	—
样式六4b例⑦	南宋[375] 元代[376]	—	—
样式六5a例②	元代[377]	南宋	此瓶与同一样式例①两瓶的胎釉、装饰完全相同，除口形和足壁轮廓与后者略有区别外，器形也大体相同，应属南宋景德镇窑制品，但是显示较晚特征，可能是南宋晚期制品
样式六6a例①	13世纪[378]	—	—

373　见*Chinese Ceramics, Selected Articles from Orientations(1982–1998)*, Hong Kong, Orientations Magazine Ltd, 1999, p.404上图的说明。

374　前揭，李丁生撰《中国出土瓷器全集·8·安徽》图版118说明。

375　前揭，《中国古瓷窑大系·中国吉州窑》图版154说明。

376　这是叶佩兰女士的观点，见叶佩兰《元代瓷器》图530，北京：九州图书出版社，1998年，288页。

377　赖金明《江西省博物馆藏梅瓶欣赏（上）》图8说明，《收藏家》2007年12期16页。

378　据介绍，此瓶"出土于景德镇宋墓，湖田、南市街窑址中有相同遗物出土。该器装饰手法当受宋代建筑雕刻中的所谓'剔地起凸法'的影响（详宋李诫《营造法式》）。该器肩部丰满，腹下收束，造型挺拔雄健，对后来同类器皿影响较大。"见《景德镇出土陶瓷》图版26说明，香港大学冯平山博物馆，1992年。

379　采自：陈贤儒《甘肃陇西县的宋墓》图版十五（右），《文物》1955年9期92页。此瓶藏于陇西县文化馆。

380　采自：《世界陶磁全集·12·宋》，东京：小学馆，1977年，295页Fig.178。

五、第七类样式群

较晚出现的"直口"式梅瓶，到了南宋也兴盛起来，显示出这类梅瓶主要流行于南方的趋势，其口颈部仍以短颈直口为主，但颈部比北宋器高。见5种样式。

（一）样式七3

高体。直口极短，颈肩方折，瓶身修长如柱，斜平肩，肩腹圆折，上腹壁较直呈筒状，下腹略带弧状斜收至底，隐圈足。例如：

①甘肃陇西县仁寿山南宋建炎二年（1128年）李泽夫妇合葬墓出土素面灰陶"酒瓶"1件（图7-4-14①）[379]，尺寸不明。

（二）样式七4

方唇小直口，柱状直颈，颈肩方折明确，圆宽肩，上腹外鼓，下腹斜收至底，矮隐圈足，平底。分为a、b两个亚型。

1. 样式七4a：颈较高，肩较宽，近于楔形。见于南方青瓷器和银质梅瓶。例如：

①海外藏青瓷刻划缠枝牡丹纹"瓶"1件（图7-4-14③）[380]，高26.5厘米。

②内蒙古锡林郭勒盟苏尼特左旗恩格尔河管区金末元初蒙古女贵族墓

图7-4-14 南宋梅瓶样式七3、4、5、6 (0 ___ 10 cm)

出土鎏金高浮雕动物纹"银瓶"1件（图7-4-14⑤）[381]，残缺并压扁变形，高21厘米、肩长13.5厘米、宽7.7厘米、口径2.5厘米、足径5.2厘米。

2. 样式七4b：颈较短，瓶身呈倒滴水形。见于吉州窑器。例如：

③北京故宫博物院藏南宋吉州窑黄褐釉斑纹"梅瓶"1件（图7-4-14②）[382]，高36厘米、口径6厘米、足径12厘米。

（三）样式七5

圆唇小直口，短直柱颈，颈肩圆转，瓶身呈楔形，耸肩宽平，肩腹圆折饱满，上腹最宽，弧状斜收至底，平底隐圈足，挖足浅，足内局部深凹，足径较样式七4稍大。见于南宋后期龙泉窑青瓷器，至清代才有石湾窑的仿造器形，二者间仅有细微的差异，在此不做细分。南宋器如：

①海外私人藏南宋后期龙泉窑青瓷细棱纹"罐（梅瓶）"1件（图7-4-14④）[383]，高7.75英寸（合19.7厘米）、直径4.75英寸（合12厘米）。

（四）样式七6

丰体。圆唇直口，短直颈略束，颈肩转折明确，圆肩宽博，肩腹圆转，上腹外鼓成最大腹径，下腹弧状斜收至底，平底微凹。见于广东南海奇石窑的画花梅瓶。例如：

①广东佛山市澜石鼓额岗小型土坑宋墓出土南海奇石窑无釉彩绘海浪菱花形开光醉酒高士图"陶坛"1件（图7-4-14⑥）[384]，口残脱，但整体完整，高31厘米、口径6.8厘米、底径8.5厘米。

381 采自：内蒙古自治区博物馆、锡林郭勒盟文物工作站《苏尼特左旗恩格尔河的元代墓葬》图四，《内蒙古文物考古》2005年2期30页。

382 此瓶为清宫旧藏。图片是笔者于2010年12月30日摄于南宋官窑博物馆（杭州）某瓷展。参见北京艺术博物馆编《中国古瓷窑大系·中国吉州窑》"吉州窑陶瓷收藏情况表"55号，北京：中国华侨出版社，2013年，353页。

383 采自：Michael Sullivan, *Chinese Ceramics, Bronzes and Jades in the Collection of Sir Alan and Lady Barlow*, Faber and Faber Limited, 1963. Pl.89b.

384 广东省文物管理委员会（曾广亿执笔）《广东出土的古代陶坛续介》图版捌：9，《考古》1965年6期288页。图片采自：《中国陶瓷全集·8·宋（下）》图版220，上海：上海人民美术出版社，1999年。

图7-4-15　南宋梅瓶样式七7　（0 ┈┈┈┈ 10 cm）

（五）样式七7

瘦高体。最突出的特点就是瘦长的瓶体配了一个极小的口和极短的颈部（或称无颈、缩颈），仔细观察其口部仍然具有极矮的尖唇立领小口，宛如凸起的圆苞，修长的瓶身上粗下细呈楔形，斜宽肩，肩腹圆折明显，腹壁斜直下收至底，平底。这种形式独特的样式仅见于福建磁灶窑，延烧时间从南宋晚期到元代，根据各部差异，统一分为a、b两个亚型，其中亚型b持续至元代。

1. 样式七7a：瓶身很细、较矮，肩宽度较小。例如：

①福建泉州晋江磁灶窑曾竹山窑址出土陶"小口瓶"8件，口径1.6厘米、高16.4~20.5厘米，根据口部形态，其中除了样式四41b的器物（例③，图7-4-8④），还有一部分属于本样式（附录一总表七：7a）[385]。

②福建泉州湾宋代沉船出水"小口陶瓶"4件（图7-4-15①）[386]，一般高25.5厘米、口径2.6厘米、底径5.7厘米。

③海外藏褐釉陶"瓶"1件（图7-4-15②）[387]，高10.4英寸（合26.3厘米）。

2. 样式七7b：斜肩较宽，上腹较鼓，底部中心内凹。例如：

④福建晋江磁灶窑金交椅山窑址Y1出土B型II式素胎"梅瓶"标本1件（Y1：24，图7-4-15③，附录一总表七：7b）[388]，高22厘米、口径2厘米、底径5.2厘米。

⑤金交椅山窑址的采集品中还有一件与上瓶完全一致的素胎"梅瓶"（金采：14，图7-4-15④）[389]。

（六）南宋梅瓶第七类样式群部分器物产地和年代判断

表7-4-5　南宋梅瓶第七类样式群部分器物产地和年代分析

梅瓶	以往的判断	笔者的判断	主要理由
样式七4a例①	宋，龙泉窑[390]	南宋早期	本例与样式六1c例②的龙泉窑青瓷刻花梅瓶的器形接近，饰纹和刻划花工艺尤其相似，应同属南宋早期制品

385　采自：陈鹏、黄天柱、黄宝玲《福建晋江磁灶古窑址》图六：1，《考古》1982年5期492页。

386　采自：泉州湾宋代海船发掘报告编写组《泉州湾宋代海船发掘简报》图一六，《文物》1975年10期。

387　采自：South-East Asian and Early Chinese Export Ceramics, London & Surrey, William Sorsby Ltd., 1974, Fig.73. 参考Grau-Abaya, Brown Wares, form ix, type C.

388　采自：上揭《磁灶窑址——福建晋江磁灶窑址考古调查发掘报告》图版七〇：6，图一二〇：1，188页。

389　采自：上揭《磁灶窑址——福建晋江磁灶窑址考古调查发掘报告》图版一一三：3。

390　前揭，《世界陶磁全集·12·宋》Fig.178说明，295页。

续表

梅瓶	以往的判断	笔者的判断	主要理由
样式七4a例②	南宋[391]	南宋末期	此瓶有三点与两宋银质梅瓶的普遍性特征不同：一、表面整体鎏金，说明其非同一般，与墓主的民族好尚和贵族身份相符；二、饰纹锤鍱很深，高浮雕效果藻饰张扬，与汉地所见银器多为浅浮雕的格调明显不同；三、饰纹题材常见于辽金元时期北方草原地区，而胫部带棱角的山石纹与元青花太湖石形象相似。可见本例是北方蒙古贵族按自身审美和文化要求到南宋首都定制的专用品，时间在南宋末期[392]
样式七5例①	12世纪晚期至13世纪[393]	南宋中晚期	与样式六1e例④的6件青瓷梅瓶〔南宋庆元元年（1195年）程大雅墓出土〕相比，本例虽然器形有别，但瓶身刻意制作的密棱纹却完全相同，修胎精细，胎釉特征介于粉青釉和梅子青釉之间，应属南宋中晚期的龙泉窑
样式七6例①	宋，广东南海县伙山奇石窑高岗山窑址[394]	南宋后期	本例的装饰特点：饰纹采取多层布局格式，盛行于金代；整体画工细密，与南宋晚期到元代南方各名窑存在的同类现象一致；主题饰纹的四幅高士醉酒图，与北宋中期登封窑同一饰纹题材有关（见样式三5例②），但本例的高士造型、画法均为较成熟和较晚的风格特点；辅助性带状纹中的四叶纹源自钱纹，钱纹最早见于北宋和辽代的河南和山西北部的窑场，本例四叶纹已大不相同，可见其年代较晚；开光外黑彩画水纹与南宋马远《水图》相同；胫部缠枝花朵纹，与北宋甚至南宋的常见样式均不相同，有浓重的异域色彩，应与南宋时期早已连接东西方的海上"陶瓷之路"舶来的异域文化有关。[395]综上，本例年代属于南宋后期，甚至介于宋元之间

六、第八类样式群

与北宋晚期在偏西部地区零星出现不同，南宋的"出节小口"梅瓶集中出现在同一个产区——景德镇窑的青白瓷器上，成为南宋梅瓶主流样式中的一类，而且都可以归属于1种样式。但是，其口形特征与北宋器有明显差异，表明南宋梅瓶的"出节小口"有不同的器形来源。经比较，它与小盘口青白瓷梅瓶比较接近（如样式三21）。

（一）样式八3

具备高体、丰体和矮体等多种体态。口内直壁，多为较圆的平唇，唇下有折痕，再接以竹节状的三角形凸棱，上细下粗的斜壁短颈，口颈肩方折，瓶身形状的长短、宽窄有别，如长卵形、楔形等，平底隐圈足，挖足不深，隐圈足内壁外斜。配覆杯式和直筒式瓶盖。

本样式只见于南宋景德镇青白瓷梅瓶，但口颈部和瓶身各部都有较明显的差异，可以分别为a～d共4个亚型。

391 前揭，《苏尼特左旗恩格尔河的元代墓葬》，《内蒙古文物考古》2005年2期31页。

392 参见丁勇《苏尼特左旗恩格尔河元代墓葬的再认识》，《草原文物》2011年2期。

393 Michael Sullivan, *Chinese Ceramics, Bronzes and Jades in the Collection of Sir Alan and Lady Barlow*, Faber and Faber Limited, 1963. Pl.89b之说明。

394 宋良璧《广东的宋元彩绘瓷器》，《江西文物》1991年3期53页。按：宋先生介绍，在伙山奇石窑遗址发现了与此瓶相同的标本。

395 关于广东地区宋元时期彩绘陶瓷与北方、中原、江南等地区的关系，以及广州作为两宋时期海外贸易的三个主要港口（另有明州和泉州）之一当地窑场带来的域外文化影响，同时又能保持本地特征等内容，宋良璧先生有概括简要的分析论述，见宋良璧《广东的宋元彩绘瓷器》，《江西文物》1991年3期54～55页。

396　1991年、2003年在四川遂宁金鱼村先后发现两处
　　南宋窖藏，后分别命名为一号和二号，二号被发
　　现后基本被毁，只有一号窖藏出土了景德镇窑青
　　白瓷刻划花梅瓶共8件。较早的考古简报见遂宁市
　　博物馆、遂宁市文物管理所《四川遂宁金鱼村南
　　宋窖藏》，《文物》1994年4期。在完整报告发表
　　时，对简报原考古编号做了重新调整，见成都文
　　物考古研究所、遂宁市博物馆编著《遂宁金鱼村
　　南宋窖藏》（上、下册），北京：文物出版社，
　　2012年。本书资料均采自后者。

397　遂宁金鱼村一号南宋窖藏的发掘者对型式划分较
　　细，首先依据梅瓶的肩部差异（溜肩、丰肩）分
　　为A、B两型（其A型即本书样式八3a，B型即本书
　　样式八3b），再依据A型器物的尺寸大小分为I、
　　II两式，将第II式又依据饰纹不同分为二组。见
　　《遂宁金鱼村南宋窖藏》（上、下册），北京：
　　文物出版社，2012年，113、115页。

398　采自：上揭《遂宁金鱼村南宋窖藏》图八七，
　　115页。

399　采自：上揭《遂宁金鱼村南宋窖藏》图版
　　一〇三：左、右，115页。

400　采自：上揭《遂宁金鱼村南宋窖藏》图版一〇四
　　（附足底），图八八，115页。

401　采自：上揭《遂宁金鱼村南宋窖藏》图版
　　一〇五，115、116页。发掘者将这类饰纹称为
　　"篦划卷草花纹"，下同。

402　采自：上揭《遂宁金鱼村南宋窖藏》图八九，
　　116页。

403　采自：安徽省博物馆编《安徽省博物馆藏瓷》图版
　　61，北京：文物出版社，2002年。

404　采自：《中国陶瓷全集·8·宋（下）》图版
　　182，上海：上海人民美术出版社，1999年。参见
　　杨培钧主编《陕西历史博物馆珍藏·陶瓷器》图
　　版93，西安：陕西人民美术出版社，2003年。后
　　者所标尺寸有差异。此瓶现藏于陕西省博物馆。

405　采自：《中国陶瓷全集·8·宋（下）》图版178，
　　上海：上海人民美术出版社，1999年。

406　采自：广东省博物馆编《广东省博物馆藏品选》
　　图版39，北京：文物出版社，1999年。

1. 样式八3a：口部制作较精致，转折分明，体量有大小，瓶身高矮、丰瘦之别，但轮廓都呈较丰满的卵状或较修长的倒滴水状，圆溜肩与上腹呈球状，下腹或直或略带弧度地斜收至底。所配瓶盖分别为略带弧面的平顶、曲壁、微撇口覆杯式，以及直壁直口的筒式，盖内顶面分平面和中心锥状凸起两种。例如：

① 四川遂宁金鱼村一号南宋窖藏出土景德镇窑青白瓷"梅瓶"8件，基本上都很完整，其中6件配瓶盖，[396]从瓶身器形来看，均可归入样式八3，虽然各局部形式都有或多或少的区别，主要差异在于尺度以及肩部形式和瓶身轮廓的变化，可以分为两个亚型，其中5件可归入样式八3a[397]：

其一，青白瓷刻划花缠枝牡丹莲花纹梅瓶（91SJJ：2，图7-4-16①）[398]，带盖，通高41厘米，瓶高39.3厘米、厚0.4~0.6厘米、口径4.7厘米、最大腹径22厘米、足径11.5厘米、圈足高0.8厘米、盖口径7.8厘米、顶径6.5厘米、高4.4厘米、厚0.3~0.4厘米。

其二，青白瓷刻划花缠枝牡丹莲花纹梅瓶（91SJJ：3，图7-4-16②，附录一总表八：3a①）[399]，带盖，通高40.9厘米，瓶高39.1厘米、厚0.4~0.7厘米、口径5.3厘米、最大腹径22.1厘米、足径12厘米、圈足高0.7厘米、盖口径7.9厘米、顶径6.6厘米、高4.4厘米。

其三，青白瓷刻划花缠枝牡丹莲花纹梅瓶（91SJJ：5，图7-4-16③a、b，附录一总表八：3a②）[400]，带盖，通高32.8厘米，瓶高31.8厘米、厚0.4~0.7厘米、口径3.9厘米、最大腹径16.6厘米、足径9厘米、圈足高0.7厘米、盖口径6.2厘米、顶径5.5厘米、高3厘米、厚0.3~0.4厘米。

其四，青白瓷划花涡纹梅瓶（91SJJ：8，图7-4-16④）[401]，带盖，瓶高29.6厘米、厚0.5~0.9厘米、口径3.8厘米、最大腹径15.7厘米、足径8厘米、足高0.4厘米。

其五，青白瓷划花涡纹梅瓶（91SJJ：7，图7-4-16⑤）[402]，带盖，整器通高30.3厘米，瓶高29.5厘米、厚0.6~1.1厘米、口径3.6厘米、最大腹径16.6厘米、足径8.7厘米、圈足高0.3厘米、盖口径6.1厘米、顶径5.5厘米、高2.9厘米、厚0.25~0.3厘米。

器形同属样式八3a的梅瓶还有不少，如：

② 安徽宿松县南宋墓出土带盖青白瓷无饰纹"梅瓶"2件（成对，图7-4-16⑥）[403]，通高32厘米、口径3.5厘米、底径8.5厘米。

③ 陕西略阳出土青白瓷划花涡纹"梅瓶"1件（图7-4-16⑦）[404]，高35.1厘米、口径3.7厘米。

④ 北京故宫博物院藏青白瓷划花涡纹"梅瓶"1件（图7-4-16⑧）[405]，高32.5厘米、口径4.5厘米。

⑤ 广东省博物馆藏青白瓷刻划花缠枝莲花密棱纹"梅瓶"1件（图7-4-16⑨）[406]，高32.5厘米、口径4.2厘米、底径9.5厘米。

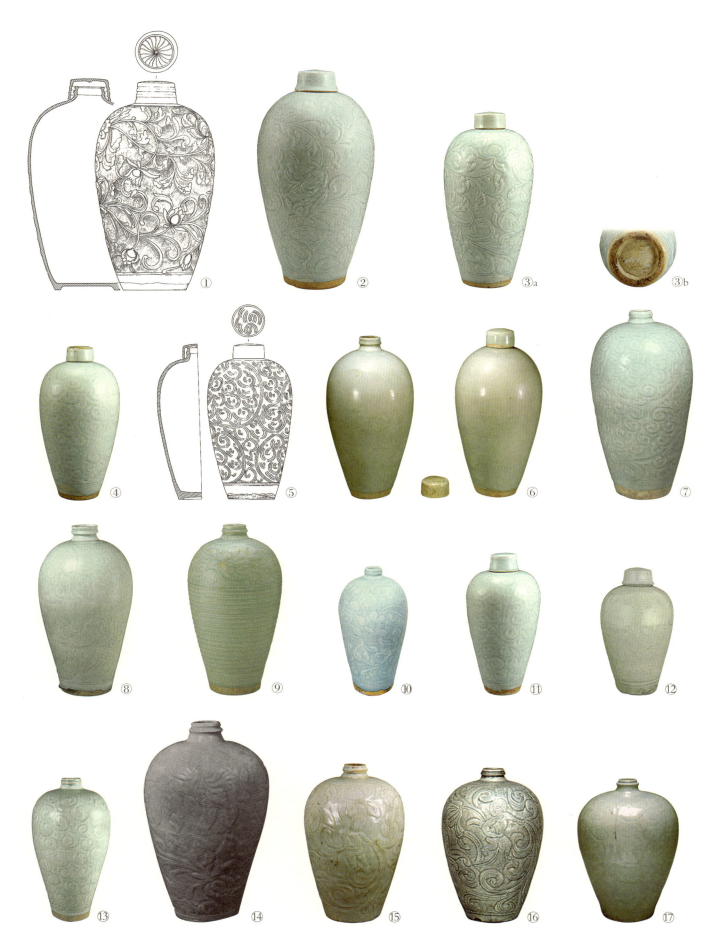

图7-4-16　南宋梅瓶样式八3　（0⌐ᵢᵢᵢᵢ‿‿‿‿‿10 cm）

407　采自：Margaret Medley: *Yuan Porcelain and Stoneware*, London, Faber and Faber Limited, 1974. Pl.A。

408　发掘者将这3件梅瓶划归为B型，见上揭《遂宁金鱼村南宋窖藏》116页。

409　上揭《遂宁金鱼村南宋窖藏》，116页。

410　上揭《遂宁金鱼村南宋窖藏》，116页。

411　采自：上揭《遂宁金鱼村南宋窖藏》图版一〇六，图九〇，116页。

412　采自：彭适凡主编，杨后礼、范凤妹编撰《宋元纪年青白瓷》图86，庄万里文化基金会（Ching Leng Foundation），1998年，78页。此瓶现藏于江西省博物馆。早期资料见刘品三《安义县发现一座宋墓》，《文物工作资料》1977年6期；唐昌朴《近年江西出土古瓷精品介绍》图版捌：2，《文物》1980年2期。刘品三先生的简报将其命名为"缠枝卷草纹影青梅瓶"，未提供图片和特征描述，却提到了该墓已被砸碎的"宋硕人李氏圹志"，记载墓主是"太中大夫华文阁待制提举隆兴府玉隆万寿宫渠江县开国伯食邑七百户扬恢"之妻，残缺的圹志文有"得病后……于……己酉年六月卒"，由此推断此墓的年代。（见《文物工作资料》1977年6期4页）唐文称之为"影青带盖罐"，尺寸标为通高15.5厘米、口径3.3厘米、底径5.3厘米，与多处资料提供的数据均有明显差别。

413　采自：《中国陶瓷全集·8·宋（下）》图版181，上海：上海人民美术出版社，1999年。此瓶于1951年由唐氏捐献。

414　采自：《世界陶磁全集·12·宋》图版314，东京：小学馆，1977年。此瓶现藏于东京国立博物馆。

415　采自：〔日〕长谷部乐尔监修，长谷部乐尔、今井敦编著《中国の陶磁·第12卷·日本出土の中国陶磁》图版57，东京：平凡社，1995年。参见《世界陶磁全集·12·宋》图版270，东京：小学馆，1977年。此瓶现藏于京都国立博物馆。

416　采自：《世界陶磁全集·12·宋》图版166，东京：小学馆，1977年。参见〔日〕小山富士夫编《中国名陶百选》图版63，日本经济新闻社，1960年。

417　采自：〔日〕三上次男著，李锡经、高喜美译，蔡伯英校《陶瓷之路》图版二：2，北京：文物出版社，1984年。此瓶现藏于日本出光美术馆。

⑥英国维多利亚和阿尔伯特博物馆（Victoria and Albert Museum, London）藏青白瓷刻划花缠枝百花纹"梅瓶"1件（图7-4-16⑩）[407]，高23.9厘米。

2. 样式八3b：口部制作也很精致，转折分明，瓶身仍属修长，但轮廓近似楔形，宽肩较平，上腹外鼓，下腹斜收至底。所配瓶盖为弧面平顶、曲壁、微撇口覆杯式，盖内顶面中心有锥状凸起。例如：

⑦四川遂宁金鱼村一号南宋窖藏出土的8件景德镇窑青白瓷"梅瓶"中另有3件可以归入本亚型[408]：

其六，青白瓷划花涡纹梅瓶（91SJJ：33），不带盖，高26.3厘米、厚0.4~0.9厘米、口径3.4厘米、最大腹径13.9厘米、足径7厘米。[409]

其七，青白瓷划花涡纹梅瓶（91SJJ：9），不带盖，高20.1厘米、厚0.4~1.0厘米、口径3.6厘米、最大腹径13.6厘米、足径4.7厘米。[410]

其八，青白瓷划花涡纹梅瓶（91SJJ：6，图7-4-16⑪，附录一总表八：3b）[411]，带盖，通高27.1厘米、瓶高25.5厘米、厚0.4~1.0厘米、口径3.3厘米、最大腹径14厘米、足径6.5厘米、圈足高0.5厘米、盖口径5.4厘米、顶径4.5厘米、高3.5厘米、厚0.35~0.5厘米。

此外还有以下两例纪年墓的资料非常重要：

⑧江西安义县石鼻公社南宋淳祐九年（1249年）李氏墓出土带盖青白瓷划花涡纹"梅瓶"1件（图7-4-16⑫）[412]，通高23.4厘米、口径3.3厘米、底径7.5厘米。

⑨重庆市博物馆藏青白瓷划花涡纹"梅瓶"1件（图7-4-16⑬）[413]，高26厘米、口径3厘米。

3. 样式八3c：口部制作趋于草率，竹节状凸棱较明显。瓶身变成宽肥而短的楔形，属丰体，宽肩、鼓腹，斜收的下腹也较粗，整体敦实。实例均见于海外，在日本出土尤多，表明其很可能是外销器的一种样式。例如：

⑩日本茨城县长冈前田完东山出土青白瓷印花刻划缠枝牡丹莲纹"瓶"1件（图7-4-16⑭）[414]，高38.7厘米。

⑪（传）日本京都市东山区冈崎动物园法胜寺遗址出土青白瓷刻划花婴戏缠枝纹"梅瓶"1件（图7-4-16⑮）[415]，高29.5厘米。

⑫海外藏青白瓷刻划花婴戏缠枝莲纹"梅瓶"1件（图7-4-16⑯）[416]，高28.5厘米、口径4厘米、腹径19.3厘米、底径9.7厘米。

⑬日本松山古城出土青白瓷划花涡纹"梅瓶"1件（附录一总表八：3c②）[417]。

4. 样式八3d：口部制作更趋草率，竹节状凸棱明显大于上口唇，呈双层台状，颈根部呈弧面向肩部圆转，柱颈形式削弱，瓶身也更趋短矮，变成矮体，丰肩极宽，上腹夸张地外鼓，下腹急剧斜收。所见实例均属日本出土物，可能也是外销器的一种样式。例如：

⑭（传）日本爱媛县松山市松山城出土青白瓷划花涡纹"瓶"1件（附录一总表八：3d）[418]，高25.3厘米。

⑮日本广岛县福山市草户千轩町遗迹出土青白瓷划花涡纹"瓶"1件（图7-4-16⑰）[419]，高26厘米。

（二）南宋梅瓶第八类样式群部分器物产地和年代判断

表7-4-6　南宋梅瓶第八类样式群部分器物产地和年代分析

梅瓶	以往的判断	笔者的判断	主要理由
样式八3a例① 样式八3b例①	12世纪末至13世纪初，景德镇窑[420]	湖田窑	参见湖田窑发掘报告[421]
样式八3a例⑥	元代[422]	南宋 景德镇湖田窑	饰纹、器形均属南宋景德镇湖田窑佳品特征
样式八3c例⑩	南宋（13世纪）[423]	—	—
样式八3c例	南宋至元（12~13世纪）[424] 南宋（12~13世纪）[425]	—	—
样式八3c例	南宋[426]	—	—
样式八3d例	宋（13世纪）[427]	—	—
样式八3d例	南宋至元[428]	—	—

七、第一〇类样式群

饼形足或圈足梅瓶在南宋的发展，既有接续北宋南方同类梅瓶的脉络，也可能有接受北方影响而出现新器形的痕迹，不过数量都不多，目前只见2种样式。

（一）样式一〇13

矮体。折沿式极浅的双唇小盘口，上细下粗微束的短柱颈，瓶身粗短，圆宽肩，上腹圆鼓，下腹略呈弧面斜收，平底略凹的饼形足。见于福建磁灶窑粗器。例如：

418 采自：《世界陶磁全集·12·宋》图版315，东京：小学馆，1977年。此瓶现藏于出光美术馆。

419 采自：〔日〕长谷部乐尔监修，长谷部乐尔、今井敦编著《中国の陶磁·第12卷·日本出土の中国陶磁》图版58，东京：平凡社，1995年。此瓶现藏于广岛县立历史博物馆。

420 发掘者推断遂宁金鱼村窖藏的年代为南宋端平三年（1236年）至淳祐元年（1241年）的宋蒙战争之间，意指该窖藏的8件青白瓷刻划花梅瓶烧造年代在12世纪末到13世纪初，见前揭《遂宁金鱼村南宋窖藏》321、319页。

421 《景德镇湖田窑址——1988—1999年考古发掘报告》彩版六三：3，北京：文物出版社，2007年。

422 见Margaret Medley: *Yuan Porcelain and Stoneware*, London, Faber and Faber Limited, 1974. Pl.A的说明。

423 前揭《世界陶磁全集·12·宋》图版314解说。

424 前揭〔日〕长谷部乐尔监修，长谷部乐尔、今井敦编著《中国の陶磁·第12卷·日本出土の中国陶磁》图版57说明。

425 《世界陶磁全集·12·宋》图版270说明，东京：株式会社小学馆，1977年。

426 前揭《世界陶磁全集·12·宋》图版166说明。

427 前揭《世界陶磁全集·12·宋》图版315解说。

428 前揭〔日〕长谷部乐尔监修，长谷部乐尔、今井敦编著《中国の陶磁·第12卷·日本出土の中国陶磁》图版58说明。

①　　　　　②　　　　　③a　　　　③b

图7-4-17　南宋梅瓶样式一〇13、14　（0⌇⌇⌇⌇⌇⌇10cm）

429　采自：福建博物院、晋江博物馆编著《磁灶窑址——福建晋江磁灶窑址考古调查发掘报告》图版七九：2，图一五二：4，北京：科学出版社，2011年，230页。这类"梅瓶"在报告中属A型II式梅瓶。

430　采自：浙江省博物馆编《浙江纪年瓷》图版208，北京：文物出版社，2000年。现藏于温州市博物馆。

431　分别采自：朱伯谦主编《龙泉窑青瓷》图版87-1、2，台北：艺术家出版社，1998年；上揭《中国出土瓷器全集·9·浙江》图版182附图，北京：科学出版社，2008年。现藏于温州市博物馆。

①福建晋江磁灶窑金交椅山窑址Y2出土南宋早期酱釉"梅瓶"2件之一（Y2：21，图7-4-17①，附录一总表十：13）[429]，高19.6厘米、口径4.4厘米、底径8.2厘米。

（二）样式一〇14

矮体。折沿卷唇小口，直柱颈，口、颈径较大，颈肩方折，瓶身短矮，圆肩，上腹圆鼓，下腹弧收至足，圈足，直壁平底。配筒式盖，平顶、直壁，杯口修出薄折边。见于龙泉窑青瓷器。例如：

①浙江丽水市保定凤凰山南宋淳熙五年（1178年）何偁墓出土龙泉窑青瓷带盖"梅瓶"2件，均通高23厘米、瓶高19.8厘米、口径6.5厘米、足径7厘米，其一瓶身稍显瘦长，肩腹转折较明显（图7-4-17②）[430]，其二瓶身偏圆（图7-4-17③a、b，附录一总表十：14）[431]。

432 参见佟柱臣《中国辽瓷研究》"序"，北京：社会科学文献出版社，2010年，6页。

433 关于金人灭辽侵宋的变局对辽、宋窑业的破坏以及后续的影响，日本学者曾有较好的研究，参见〔日〕长谷川道隆著、杨晶译《辽、金、元代的长壶》，《北方文物》1997年2期108页。

434 在这方面，"重宋轻金"是中国的古代陶瓷研究领域中由来已久的一种倾向和态度，其形成与明清以来古董界所代表的文化偏见有关。不受这种偏见影响的学术研究行为，最早发端于海外；近年来，中国国内有越来越多的学者注意并重视揭开这一偏见下掩盖的历史真相。这方面可以举对定窑的宋、金制品做重新断代的思考和努力为例。见李仲谋《上海博物馆藏宋金定窑白瓷及相关问题》，上海博物馆编《中国古代白瓷国际学术研讨会论文集》387～398页，上海：上海书画出版社，2005年。

第五节

中、西、南：多元化的新三极格局

在以上四节的材料梳理和样式分类研究的基础上，结合对比上一章的内容，本节对金代、西夏、南宋的梅瓶做一番总体特征的讨论和归纳，便不难看出这个时期的梅瓶在保持样式多元化的繁盛态势中又各求一极，从而形成了与此前有所不同的新的三极格局。

一、中原样式发挥至极的金代梅瓶

（一）金代的窑业与梅瓶

由于创建金朝的女真人业陶较晚，[432]加之其原本文化境界有限，建国前后女真人在其故地的器物造作尚显粗朴，薄弱的文化基础不足以使之在开疆拓土和霸业初成之时，对辽宋故地形成整体性的文化影响。辽保大元年（1121年）以后辽国速亡，原有的辽代窑场曾遭到程度不同的破坏；随之女真人侵宋，也对华北和中原地区的窑场产生直接的负面影响。[433]以金海陵王在贞元元年（1153年）将统治中心从金上京（今黑龙江省哈尔滨市阿城区南白城）迁至中都（今北京）的历史节点作为起始标志，金代中晚期的各地窑业陆续恢复，很快迎来了具有历史高度的极盛期，也形成了与辽、宋开创的文化局面有所不同的发展方向，"彩瓷"的全面繁荣成为金代陶瓷成就的重要标志之一。这个过程是辽、宋传统在其继承者那里经过文化选择而不断发挥作用的过程，也是其逐渐消化而缓慢转向的文化过程。

由于金代窑业和金代陶瓷的时代水平所达到的历史高度在以往很长一段时间内曾被严重忽视和低估，因此有许多精美的传世品，包括本章第二节收录的许多精美的梅瓶在内，过去常常被认为是北宋器物，即使有质疑，也只是笼统地以"宋（960～1279年）"的方式概括了之。[434]这种局面和风气在最近二十年以来陆续有所改变，对此最有力的推动主要还是来自强调实证的考古学领域。这方

435　例如，通过对河北磁县观台窑址的大规模发掘，使人们认识到磁州窑在北宋后期和金代中后期都属于盛烧期，若从陶瓷水平的高度来看，北宋后期到金代初期（观台二期后段）是磁州窑的一个高峰，若从瓷业规模来看，则金代中后期（观台三期）为磁州窑的全盛期。参见《观台磁州窑址》，北京：文物出版社，1997年，476～477、502、508页。还可以参见秦大树《简论观台窑的兴衰史》，《文物春秋》1997年增刊；秦大树《观台磁州窑遗址繁荣阶段述论》，《中原文物》1997年1期；刘涛《宋辽金纪年瓷器》，北京：文物出版社，2004年。

436　参见彭善国、郭治中《赤峰缸瓦窑的制瓷工具、窑具及相关问题》，《北方文物》2000年4期41页。但是从有关研究来看，由金代继承的辽五京附近的陶瓷窑场，特别是原辽上京、中京、东京一带的窑场在金代所烧造的陶瓷器都有些什么内容，具有什么特征，还不十分清楚。

面，中国古代陶瓷窑址的考古成果作为一个基本的和主要的途径，日益凸显出金代——特别是金代中后期陶瓷业的成就和魅力。[435]

根据现在掌握的考古材料，在百余年国史中，金代陶瓷主要继承了辽代和北宋北方的窑业传统，以此为基础并有所创变。如原属辽代的辽阳江官屯窑、赤峰缸瓦窑以及雁北地区的大同、浑源、怀仁等地区的窑业，在金代多进入兴盛阶段，[436]而中原和华北地区原北宋的著名窑场，如定窑、磁州窑、钧窑、耀州窑等，也都能承续、创变，其中的河南、河北等窑业重心地区，在金代早期虽然受到较大破坏，至金代中晚期也已全面复兴，山西地区的窑业也有长足发展。这个历史状况同样反映在金代梅瓶上，既有宋辽余脉，又能登峰造极，转向也随之发生。

（二）以中原样式为主体的群类特征

本节梳理的金代梅瓶共有九类样式群，包含52种样式，作为继承辽代和北宋北方地区原有格局的金代，这个规模相当可观（参见附录一总表一至七、九、十）。

然而就金代的每一类梅瓶样式群所含器物和样式种类来看，上述九类样式群的内容显示出极不平衡的状态。如在金代也能见到第六、第七和第一〇类样式群的梅瓶，但是这三类金代器物的数量很少，缺乏后续影响，因此三者在金代各类梅瓶中既不典型也无代表性。金代的第一、第二、第三、第四、第五、第九共六类样式群的梅瓶就不同，有丰富的遗存，来龙去脉也非常清晰，各类样式群都包含了较多或者极多的样式或样式亚型，是最能代表金代梅瓶器形特点的六大类。

当然，这最主要的六类样式群中，每一类所含内容也很不相同。第一类样式群的金代折沿凸环小口梅瓶虽然遗存数量不算太多，但是有两个特点非常突出：1. 几乎每一件实例都能代表一种样式，说明这类梅瓶样式群在金代有丰富的变化；2. 包含了丰富的陶瓷品种和面貌，金代流行的几种主要的有代表性的陶瓷品种几乎都包括在内，而且大多具有很高的品质，如定窑白瓷刻划花器（样式一5b例①）、钧窑天青釉器（样式一7例①）、当阳峪窑绞釉白釉黑彩画花器（样式一9例①）、赤峰缸瓦窑白釉剔刻花器（样式一12例①）、磁州窑白釉划花器（样式一10例①），以及具有辽代传统的黄釉刻花器（样式一8b例②）等。与北宋和辽代同类器物相比，金代第一类样式群的梅瓶不但有更多的遗存，样式也更多，而且形成了不同于此前的金代器形特点，均为偏于丰满的高体，轮廓饱满圆曲。其下腹形式可分两种，一种是下腹斜直下收（样式一7，9，11），一种是胫部呈束腰状，接外撇的喇叭形隐圈足（样式一5b，8a、b，12）。前者挺拔沉静，后者丰腴妩媚。这是金代高体和丰体梅瓶陆续出现的两种主要体态。经比较，这两种主要体态类型在中原、华北、长城以北等地区都流行，这里也曾是北

宋和辽代梅瓶的主要流行区域。至于样式一10，除了见于磁州窑白釉划花器，
相同体态的梅瓶还见于磁州窑酱釉瓦棱纹器（样式二18例①）、关中和陇东地区
的青瓷刻花器（样式四32a例①）和黑釉铁锈花器（样式四32a例②），在山西
南部也能见到（样式二18例②），对于这种体态的样式，在讨论西夏梅瓶的下文
中还将再次谈到。至于第一类样式群的梅瓶实例在陶瓷品种上表现出丰富的面貌
和高端的品质，很可能表明了，当时北方民间窑场在高档梅瓶器形样式的选择方
面，具有比较固定的倾向。这一点值得重视。

　　第二类样式群的小撇口梅瓶曾经是北宋极为盛行的一类。到了金代，这类样
式群仍然包含较多的无饰纹深色釉粗器，主要见于以磁州窑（样式二18例①）为
中心的今河北、河南、山西南部、北京等地区。此外，本类样式群的金代梅瓶还
见于定窑白瓷刻划花器（样式二16a例①）及白瓷器（样式二16b例③）、钧窑
天蓝釉器（样式二10f例①）以及磁州窑白釉黑彩划花器（样式二20例①）、鹤
壁集窑白釉黑彩画花器（样式二16a例②），也具有比较高的品质，但品种显然
不如上述第一类丰富，顺带也可以看出其分布地域没有第一类样式群的分布广。
在体态上，第一类样式群的两种主要体态在第二类样式群中也存在，但后者所含
体态要更为多样，除了丰满的高体，还有丰体和瘦高体。

　　第三类样式群的盘口梅瓶在北宋和辽代曾经有过精彩的表现。同样，如果将
金代和南宋的第三类样式群合起来看，就非常壮观。本类样式群的金代梅瓶主要
见于磁州窑（以及一部分当阳峪窑，时间从北宋末期到金代），特别突出的是样
式三13，工艺品种包括白釉剔划花、白釉篦地划花、白釉黑剔花、白釉剔花、绿
釉剔划花。金代第三类样式群的白釉褐彩画花器（样式三16例①、样式三17例
①）、黑釉剔花器（样式三14例①），并不见于磁州窑，而是来自山西窑场，
黄釉器（样式三18例①）则明显具有辽代传统。很明显，作为第三类样式群标
志的小盘口在金代已经不再见于河南地区的窑场。如果将金代和南宋的第三类
样式群的梅瓶相比较，磁州窑等北方窑场采用的样式三13在南宋的越窑、四川
乐山西坝窑以及南宋银质梅瓶上也都在流行和采用，笔者推测其间必有某种有
趣的关联。

　　金代梅瓶的极盛离不开以上三类样式群的表现，但是最能体现这种极盛状
态的是第四类样式群的梯形小环口梅瓶。[437]类比研究的结论显示，金代第四样
式群的梅瓶主要是由今河南、河北、山西、陕西四省的金代窑场烧造，考古出
土物也主要见于这四个省区。[438]在其中，可以从陶瓷品种与烧造区域对应的角度
大体分为四组：第一组是无饰纹深色釉粗器，主要见于磁州窑、河南窑场和山
西窑场，三个地区流行的样式各有渊源、各不相同，如磁州窑流行样式四14、
24、25、30，河南窑场有样式四8、14，山西北部流行样式四4，山西中南部则
流行样式四22等；第二组是白釉黑彩画花器，也主要见于河南窑场、山西窑场
和磁州窑，这是遗存最多、样式最丰富的一个品种，但三个地区的流行样式也
很不一样，如河南窑场流行样式四8、27，山西窑场流行样式四19，而磁州窑则

437　现在有不少人认定第四类样式群的器物就
　　是宋人所谓的"经瓶"，而且常常将金代
　　器物，特别是其中矮梯形小环口的白釉黑
　　彩画花梅瓶认作是北宋器。这两种观点或
　　未加深究、不够全面，或囿于耳食、未能
　　明辨。关于前者见第三章第四节，关于后
　　者已梳理于上文。

438　当然，无论是该样式群的烧造区还是传播
　　区都会比这四省区域窑更大，所见材料表
　　明其主要向西（如样式四18b）和向东北
　　（样式四23c）两个方向扩散，选择的样式
　　则以"相邻近取"为原则。

流行样式四24、25等；第三组则是剔花器，釉色则包括白釉、黑釉、茶叶末釉和棕黄釉，主要见于山西窑场，流行样式有样式四19、31；第四组是关中地区及其周围流行的青瓷、黑釉器，耀州窑是其代表，流行样式既有与中原、华北样式相近似的样式四28等，也有极富西北地区特点的样式四32等。本样式群梅瓶的另外一个重要特点是，尺寸差异极大，从高度在50厘米以上的大型器（如样式四8a例①）到高度仅10厘米的小型器（如样式四20a例①）。差异如此之大的尺寸，显然与不同的功用是直接相关的（参见第四章）。从体态特征来看，金代第四类样式群的梅瓶包含了矮体、丰体、高体、瘦高体，以较为丰满的高体最具代表性，其瓶身轮廓也与第一类样式群的两种体态基本对应：下腹或斜收至底，或束腰撇足。前者主要是从北宋同类样式群的高体梅瓶延续而来（如样式四8a、b，样式四19a、b），或带上了金代重心上升的特征（如样式四8c、d、e，四19c~h），后者则具备了金元时期强烈的时代特征（如样式四27，31等）。可见，金代中原、华北地区流行的第四类样式群的梅瓶，既有高度稳定性的样式，也有极其活跃的样式。此外，本样式群内瘦高体的鸡腿瓶样式明显趋于小型化。

金代第五类样式群的横展平沿环口梅瓶主要来自磁州窑，白釉黑剔花器最为突出——这种工艺始于北宋末期，金代达到顶峰。另外还有白釉剔花、黑釉彩斑等工艺品种，都是磁州窑或磁州窑类型器物中最为典型的一些品种。金代这类样式群的梅瓶从矮体、丰体到高体都有流行，保持了北宋以来一脉相连的器形稳定性。值得注意的是，目前还没有见到金代以后的第五类样式群的梅瓶。因此，第五类样式群在中国梅瓶历史上至少拥有两个"最"：器形最稳定，消亡得最早。

上一章已经指出，"鸡腿瓶"式的第九类样式群是辽代晚期特有的一类粗器梅瓶样式群，尺寸极高大，器形与鸡腿最为形似。到了金代，这类样式群仍然主要流行于原辽境区域之内，这是这类器物与特定葬俗相关联的证据之一。金代第九类样式群沿袭了辽代晚期的两种样式，从考古材料来看，样式九2在金代繁衍最盛，从金早期到金晚期都很常见，并在元代成为第九类样式群唯一延续的样式。到了金代中晚期，第九类样式群的器物普遍出现了瘦、小两个方面的器形变化，使其自身进一步远离了中国梅瓶器形演变的时代潮流。

第一〇类样式群的金代器物虽然只见一例，但它作为一件西北地区的器物仍然值得重视。样式一〇5c例①这件黑釉梅瓶的器形，与北宋时期关中地区同一样式的梅瓶既有明显的延续性，也表现出金代的特点。延续性是圈足、折肩、筒状瓶身，新特点包括：折肩从圆折被强调成了方折，筒状瓶身做了拉长、变瘦处理，重心上升，而且上腹部还加上了清晰、均匀的瓦棱纹，显然是有意制作的。这些新特点与河南窑场和磁州窑流行的细瘦高体样式四14c（图7-2-10⑤~⑨）有明显的趋同性，从前后脉络来看，应该是西北地区的样式一〇5c接受了中原地区的样式四14c的影响。不过，前者仍然保留着西北地区的传统特点。这方面可以将其与金代的样式四32（图7-2-20）联系起来。对比观察磁州窑的样式一10、四18，后者虽然也有近似的瓶身，但是圆弧较大的圆折肩或曰圆溜肩以及比较丰满外鼓的中腹，都使之表现出与西北特征不同的中原特点。

（三）金代梅瓶的装饰特征和新方向

与金代陶瓷的标志性特征之一即"彩瓷"的全面繁荣有关，金代梅瓶的装饰也需要特别重视。

梅瓶装饰的全面探索在北宋时期已经展开，包括三种装饰模式、三种饰纹布局格式，形成了两个基本特点，对此前文曾做过基本阐述，还粗略讨论了其与当时梅瓶的本体性功用和宋人的起居方式和室内环境的关系（见第六章第四节）。到了金代，诸方面的特点进一步得到强化，特别是在饰纹布局方面尤为显著，即北方流行的"分层"和"单体／折枝"这两种基本格式获得更为自由的运用。分层格式的变化在于，北宋晚期形成的"三层式"到了金代被打破，多层格式开始流行，而且不同地区有不同的选择。如金代河南窑场盛行的白釉黑彩画花梅瓶流行"五层式"，即肩部和下腹部各两层，腹部主题饰纹一层；山西窑场的高梯形小口梅瓶在采用划花、珍珠地画花、剔花罩各种釉色的装饰时，多采用"四层式"，即腹部主题饰纹一层，肩部和腹部分别为一层或两层。不仅如此，北宋时期作为分层界线的弦纹到了金代也演变成带状纹，被作为一种更积极的装饰元素来强调和运用，最常见的组合是黑彩画花的一粗二细带状纹，以及划花的两细弦纹合一的带状纹。即使是"三层式"，在金代梅瓶上也不如北宋时期那样稳定，或出现减省，或反之繁化。

就饰纹来看，金代梅瓶装饰的分层格式里最流行的植物纹除了仍然流行"缠枝"结构，还较多地出现了"横枝"结构的例子（如金代样式四8例⑤ ⑧ ⑪，样式四27例①等），尤其是在腹部主题饰纹及其上下两层饰纹中最为明显。横枝纹的出现和流行，应该与多层格式导致每一层装饰带的高度被压缩有关。至于"单体／折枝"格式，在北宋所见还缺乏规矩（如北宋汝窑的样式三7b例①），在辽代所见还较为原始（如辽赤峰缸瓦窑的样式三11a例①），到了金代已完全成熟，或倾向于装饰性（如磁州窑的样式二20例①白釉黑彩篦划花器），或倾向于绘画性（如山西窑场的样式四19白釉黑彩画花器），都是最为典型的样式。"单体／折枝"格式的盛行也影响到"分层"格式中的饰纹运用，如腹部主题饰纹区普遍出现了"单体"式的装饰性饰纹（如样式五3例⑤、样式五6例①）和绘画性饰纹（如样式四18例③、样式四27例② ③）。至于"分块"格式，两宋时期主要见于南方梅瓶，金代梅瓶仅偶有所见（如样式四29例①），虽然很特别，但似乎不具有普遍性。

金代梅瓶装饰最值得注意的现象是，北宋时期饰纹布局格式的两个基本特点至此也被初步打破了。这方面最值得一提的例子是样式四33例①（图4-4-9），这件白釉黑彩画花器的腹部主题饰纹具有金代河南窑场的特征，其口部和颈部下

439　参见李蔚《简明西夏史》，北京：人民出版社，1997年，15～18页。

440　同上，234～241页，305～365页。

端，破天荒地出现了装饰纹样——口部沿着唇边画一粗一细带状纹，颈部下端的带状纹之上画数组丛草纹——在口颈部进行纹样装饰的做法，在此前的梅瓶上是没有出现过的。联系到此瓶宽展的扁梯形环口有较大的外口径，唇面呈少见的圆曲弧度，较长的颈部轮廓与肩部形成了优美的曲线等。可以设想，此瓶配上金代流行的覆杯式盖或稍作变化的筒式盖都会遮挡口颈部的饰纹，如配上少见的塞式盖（如样式二17例①）则显得不协调，而且其宽扁的唇沿无论如何在实际使用中存在易碎之虞。因此笔者认为，这件梅瓶很可能是金代已经出现但仍然不太常见的陈设器，至于其有何特殊用途，则不得而知了（参见第四章第四节）。这个例子表明，随着梅瓶出现日益纯粹的陈设性功用，必然在装饰上出现特别的反映，尤其是口颈部将因此而获得"解放"，成为展示装饰意匠的新领域。这种质的变化在元代南方梅瓶上将普遍出现（如景德镇青白瓷器、吉州窑画花器和彩斑器、龙泉窑青瓷器），其源头却可以追溯至金代中原地区的白釉黑彩画花器。

综上所述，金代梅瓶在样式的繁盛、技术的成熟、工艺之多样、面貌之丰富和水平之高超等各方面，都是在金代窑业和金代陶瓷取得显著成就的背景下取得的，无论与此前还是与此后相比，金代梅瓶在北方梅瓶的发展史上都以极度繁盛作为其达到时代高度的一个重要表现，形成了具有典范意义的器形样式和装饰风格。应该看到，这种高度代表性的获得，是从北宋晚期开始的，到了金代则形成大成局面。其中，中原和华北地区的梅瓶最为突出，成为金代梅瓶的代表以及当时梅瓶新格局中的一极，其中最为盛行的第四类样式群，以及第一、第二、第三、第五类样式群，是金代梅瓶样式的主流；原辽境地区的梅瓶虽然仍很流行，特别表现在第九类样式群上，但普遍质量不高，显现出逐渐衰落的趋势，已难以作为新格局中的一极；而西北的关中、陇东地区流行颇具区域性特点的一些样式，将与西夏梅瓶一道，共同构成梅瓶新格局的另一极。

二、西北样式发挥至极的西夏梅瓶

（一）西夏的窑业与梅瓶

由党项族建立的西夏王国，在其历史上先后与宋、辽、金、蒙古以及西辽等并存而且接壤，境内民族除了居统治地位的党项族，主要还有汉、吐蕃（今藏族）、回鹘（今维吾尔族），以及少量的鞑靼、吐谷浑、契丹等民族。[439]西夏的文化既有各民族的传统，又主要继承了汉末以来的河陇文化，同时还受到唐宋中原汉族文化的深刻影响。[440]

历史、地域、民族和文化诸因素，均在西夏窑业和西夏陶瓷中留下了深刻印迹，其中对其发生直接和具体影响的因素主要来自其境内以南、以东和东北方向

的宋、辽、金相接地区，包括今甘肃东南部、陕西南部、山西北部和内蒙古中部
等地，甚至远到河南、河北的窑场都会对其产生一定作用，从而形成了以无饰
纹深色釉和刻划花、剔刻花装饰的白釉、黑釉、酱釉等品种为主要代表的西夏
瓷。[441]在学习周边先进窑场的技艺和经验的同时，西夏陶瓷也保持并形成了不容
忽视的民族性和地域性特征。[442]

　　从上文对西夏梅瓶的材料梳理来看，尽管其实物遗存与宋、辽、金等历史时
期的梅瓶遗物数量相比差距较大，但是目前所知的西夏梅瓶考古材料和传世资料
也基本上可以反映出西夏梅瓶的整体状况。特别是经过对其器形样式的梳理和讨
论，可以看到其在西夏窑业的基础上形成了富有特色的面貌，既表现出与周边地
区的相互关系，也形成了自身样式的独特风格。

（二）西北样式的典型化特征

　　在第一类样式群的折沿凸环小口梅瓶里，虽然目前仅见一例来自宁夏灵武磁
窑堡窑址的西夏标本（样式一13例①），但重要的是，通过与同类样式群的隋
唐、北宋和辽、金等时代的遗物相比（见附录一总表一），显示出这件器物的器
形和尺度两方面都与盛唐时期的白瓷梅瓶样式一3最为接近[443]，也与北宋样式一4
的器形较接近，它与辽、金遗物相比则差异较大，而上述隋唐和北宋的遗物都来
自中原地区，这说明西夏灵武窑的梅瓶存在与中原地区的亲缘关系。另外，这件
标本还显示了其富有民族特色的饰纹，表现出比较稚拙而淳朴的早期风貌，[444]与
遗存最多而在器形和装饰上都形成稳定样式和格式的第四、第五类样式群的梅瓶
饰纹很不相同，后者充分体现了经过汉化影响的具有西夏特殊性的特点。借此
可以推断，灵武磁窑堡窑址这件梅瓶的烧造年代，很可能属于西夏早期（相当
于北宋中晚期）。也可以说，早期以第一类样式群为代表的西夏梅瓶还保留着
浓重的中原影响，其器形与具有民族特色的饰纹之间，二者的相互配合还较为
简单和生硬。

　　就目前所见材料来看，西夏梅瓶的实物资料以梯形小环口的第四类、横展平
沿环口的第五类两个样式群的器物最多，又以样式四37和样式五7为最，这一点
从灵武磁窑堡窑址的考古发掘来看是如此，从海内外公私收藏的传世品来看也是
如此。不仅如此，两种样式的梅瓶在器形和装饰上也体现了西夏梅瓶典型的文化
特色，集中体现了西夏陶瓷艺术的水平。

　　在器形上，样式四37和样式五7都具备特征相同的方折肩，瓶身虽然可以根
据不同特点分为墩形、柱形或楔形，但是都表现出上鼓凸、下斜直的共同特点。
与这种器形共性特征最为相近的金代器物，是样式四32和样式一〇5c的实例，尤
其是金代的样式四32a与西夏的样式四37a基本相同。前文一再提到了梅瓶的方
折肩和上下接近筒状的瓶身特征，如筒状瓶身最早见于北宋中期关中地区的样式
一〇4、5、8，到了北宋晚期除了见于关中地区的样式一〇11，还见于中原地区

441　参见中国社会科学院考古研究所《宁夏灵
　　　武窑发掘报告》，北京：中国大百科全书
　　　出版社，1995年；宁夏回族自治区文物考
　　　古研究所、灵武市文物管理所《宁夏灵武
　　　市回民巷西夏窑址的发掘》，《考古》
　　　2002年8期。

442　对于西夏陶瓷与北宋的中原和辽代的北方
　　　之关系，以及西夏陶瓷的民族性、地域性
　　　特征等问题，有关学者已加以注意并着重
　　　做了论述，参见杭天《西夏瓷器》，北
　　　京：文物出版社，2010年。

443　样式一3的两件唐代白瓷梅瓶分别为北京故
　　　宫博物院、上海博物馆收藏，见第五章第
　　　四节，图5-4-2②③。

444　马文宽先生曾对该瓶的饰纹做过描述，并
　　　指出："此图刻划技巧虽欠熟练，但在瓷
　　　器上用刻釉技法表现出行猎的场景，尚属
　　　罕见。"见马文宽《宁夏灵武窑》，载于
　　　中国社会科学院考古研究所内蒙古工作队
　　　编《宁夏灵武窑》，北京：紫禁城出版
　　　社，1988年，3页。参见马文宽、曹国鉴
　　　《灵武窑西夏瓷的装饰艺术》，《中国考
　　　古学论丛》483～485页，1995年。杭天先
　　　生也肯定了这件器物的饰纹为"送葬狩猎
　　　纹"，是西夏"游牧传统的体现"，见杭
　　　天《西夏瓷器》，北京：文物出版社，
　　　2010年，55页。

445　如果不考虑口径大小问题的话，西夏样式
　　　五7的口形与北宋到金代磁州窑的样式五
　　　3、6等口形最为接近，但是目前还难以判
　　　断二者之间具有什么样的关系。

446　与西夏同期存在的南宋四川乐山西坝窑，
　　　其烧造的白釉黑彩画花梅瓶（样式三13g例
　　　②，见本章第四节），在腹部也采用了三
　　　折朵云形开光形式的主题饰纹，并且与西
　　　夏的三折朵云形开光很相似，笔者推测，
　　　西夏的因素可能是其接受的影响之一。

447　参见水既生《山西古代窑具及装烧方
　　　法》，《陶瓷研究与职业教育》1984年4期
　　　52页。

的样式四12、13和样式一10、样式二18等，在中原的样式四12、13上还出现了
方折肩，以后在中原地区便几乎不见。与西夏样式四37的方折肩和上腹鼓凸、下
腹斜直下收至底的瓶身几乎完全相同的北宋样式，见于北宋晚期耀州窑青瓷刻花
器的样式六2b，后者还同时出现了大口，与西夏的样式五7形成了不可忽视的关
联。[445] 稍加梳理不难发现，方折肩和上鼓凸下斜直的瓶身，加上梯形小环口或大
口等因素，在包括关中、陇东和今宁夏（西夏核心区域）在内的西北地区，从北
宋晚期到金代和西夏有着完整的和富于区域性特点的起始、演变、形成的连贯脉
络。可以肯定，从北宋中期以来到金代和西夏，西北地区的梅瓶逐渐形成了具有
不同于中原、华北、长城以北以及南方等地区的区域性特点。同期并存于西北地
区的西夏样式四37、五7以及金代样式四32，样式一○5c等，成为12世纪中晚期
到13世纪前期最具西北地区特征的几种梅瓶样式。

（三）西夏梅瓶的装饰特征

　　在装饰上，西夏梅瓶样式四37和样式五7的共性特征更强，也集中地表现出
西北地区的特征。

　　这两种样式的梅瓶使用的釉色以黑釉和白釉（衬化妆土）为主（样式四37
没有见过白釉实例）；除了无饰纹的器物，其纹样装饰都采用了针对釉面施行的
剔划花工艺，用刀不求精细，但也并不粗率，显示出爽快凌厉的工艺风格；与器
形结合紧密，是其饰纹布局的最大特点，因此也表现出独特的布局格式。即口颈
肩部一律不加饰纹，腹部大片面积常常作为一个单层装饰区来施加主题饰纹，胫
部在采用较草率的罩釉工艺形成"半釉"现象的情况下，往往划以双弦纹作为胫
部与腹部的分界，因此口颈肩部、腹部、胫部被分成了最主要的三层。其中，腹
部成为当然的主题饰纹区。经归纳，腹部的饰纹布局有三种主要形式：1. 开光
形式，多以弧边三角形的涟漪纹为地，开光的形状有菱花形、三折朵云形、四弧
边形等，开光内均饰折枝花；[446] 2. 缠枝形式，只有单层的划花或剔划花的缠枝
花；3. 分层形式，以两道或三道划弦纹将腹部分为二或三层，最为复杂的是三
层中的上下两层或两层中的上层或下层划出方形、三角形、波形或桃形等单位连
续的装饰带，腹部的主要部分或做开光或做缠枝等形式的装饰。主题饰纹均为植
物纹题材，以牡丹、芍药最常见，还有形状类似石榴、芙蓉等其他花卉的纹样。
作为辅助地位的装饰带，常见的饰纹有从较简单的波纹、卷草纹到相对复杂的
"×"结构方形纹（与钱纹相关）、三角结构的叶状纹以及桃形纹等。一般而
言，胫部与肩部一样，都不做饰纹处理，这一点可以根据如下差异性现象得出结
论，即宋金时期北方梅瓶普遍以仰莲瓣纹或经过变化的类似结构作为胫部装饰，
而西夏梅瓶的胫部却完全没有出现这类饰纹。胫部偶尔能看到比较特殊的划花如
鹿纹等，类似于上述狩猎纹的情况。另外值得特别指出的是，样式四37、样式五
7的西夏梅瓶，常常会借用"扣口垛烧"工艺在肩部留下的一圈刮釉露胎痕，[447]

与腹部的双弦纹或带状饰纹构成形状上和质感上成对比的因素，从而在肩部起到
了带状装饰的醒目作用。也许正因为如此，肩部的这一圈痕迹往往都被处理得比
较规整、仔细（可以和样式一13较草率的肩部刮釉痕做对比）。

　　西夏的梅瓶还有样式四23，形式优美，但所存实例极少，[448]器形与金代同一
种样式接近，应该是受中原梅瓶影响的表现，其画花的散点梅花纹装饰很有趣，
也存在受到磁州窑等华北地区窑场影响的可能性。至于西夏的第三类样式群，目
前只见一种样式三19，其产地还不太清楚，其腹部单线划出的大尾鱼纹是西夏陶
瓷饰纹较为典型的重要题材，而它的器形应该是受到宋金同类梅瓶的影响，西夏
特色不是特别明显。

　　综上所述，作为12世纪前后烧造于中国西北地区的器物群，西夏梅瓶经过
早期比较简单地借用中原梅瓶样式的阶段（样式一13），到西夏中晚期形成了既
不乏与中原有内在联系，也体现出强烈民族性和区域性特点的器形样式和装饰风
格（样式四37、五7）。在此基础上，可以大致将西夏梅瓶的发展过程划分为前
后两段，前段即西夏前期，以第一类样式群为代表，后段即西夏中晚期，以第四
和第五类样式群为代表。西夏中晚期的梅瓶与金代关中、陇东地区流行的各式梅
瓶，特别是其中具有西北地区特色的各样式，共同作为一个整体而成为当时梅瓶
发展的重要组成部分，以成熟而凸显的区域性特点，构成了12到13世纪前期中
国梅瓶新格局中的一极。

三、南方样式发挥至极的南宋梅瓶

　　本章第四节梳理了七类南宋梅瓶的样式群，共包含25种样式（参见附录一总
表二至四、六至八、一○）。

（一）南宋与北宋、金代的梅瓶的统计比较

　　对南宋梅瓶做专门总结之前，有必要先就本章和上一章关于北宋、辽、金、
西夏和南宋梅瓶的样式数量，做一番简要的统计（见表7-5-1），以此为基础对
10至12世纪初期与12世纪前期至13世纪前中期这两个时代做总体对比，将有助
于认识南方梅瓶的纵向同比及其与北方梅瓶的横向环比问题。

448　杭天先生还介绍过一件内蒙古民间收藏的
　　其推测为所谓"伊克昭盟窑"的西夏黑釉
　　粉点梅花纹梅瓶，器形与样式四23例①和
　　样式四37d例⑤都有些相似。见前揭杭天
　　《西夏瓷器》TB2011，250页。

表7-5-1　北宋、辽、金、西夏、南宋梅瓶南北方样式数量统计*

时代	朝代	一		二		三		四		五		六		七		八		九	一〇		总 58	
		北	南	北	南	北	南	北	南	北	南	北	南	北	南	北	南	北	北	南	北	南
10～12世纪初期	北宋	2	—	11	5	7	5	12	2	4	—	3	—	—	1	1	1	—	8	2	48	16
	辽	1	—	3	—	4	—	6	—	1	—	—	—	1	—	—	—	—	3	2	21	
12世纪前期～13世纪前中期	金	7	—	8	—	6	—	23	—	3	—	1	—	1	—	—	—	—	2	1	52	
	西夏	1	—	—	—	1	—	2	—	—	—	1	—	—	—	—	—	—	—	—	5	
	南宋	—	—	—	2	—	5	—	5	—	—	—	5	—	5	—	1	—	—	2	25	

*注：由于南北方存在某些共享样式，表内北宋梅瓶样式总量与其各类样式群所含样式数量总和不一致。

449　在表7-5-1当中，北宋和辽代的梅瓶样式数量合为79，但是其中的样式二10、三1、一〇2为宋辽共有，因此北宋和辽代梅瓶样式的数量总和是76种。南宋与金代、西夏的梅瓶样式数量合为82，其中的样式三13、四8是南宋和金代共有，样式四23是西夏与金代共有，故这个时期梅瓶样式数量的实际总和是79种，南宋与金代共有75种。

450　这一点在上文关于金代梅瓶的讨论中已经指明。

从上表可以看出，10至12世纪初期（北宋和辽代）梅瓶样式数量的总和，与12世纪前期至13世纪前中期（南宋和金代、西夏）梅瓶样式数量的总和，基本持平（76：79），[449] 后者仅略有增加，两个时代之间似乎没有发生太大变化。但是，如果对比观照两个时代梅瓶器形样式的具体情况，不难发现后一个时代无论是在实物遗存数量还是样式亚型的数量上，都远远大于前一个时代。[450] 此其一。尽管金代包含了从辽代继承的样式，但后者在金代样式总量中所占比例并不很大。以金代和南宋梅瓶的样式数量之和与北宋相比为75：58（不包括西夏），说明在12世纪前期到13世纪前中期，南北方梅瓶的繁衍规模明显超过了北宋梅瓶样式的数量。此其二。就南宋梅瓶样式的数量总和来看，与同期的金代梅瓶相比仍明显偏少（25：52），说明在12世纪前期到13世纪前中期，南方梅瓶的样式繁衍与北方相比仍有较大差距。此其三。若以南宋梅瓶与北宋的南方梅瓶相比，样式数量有较大幅度的增长（25：16），说明在南方地区从北宋到南宋呈日益繁盛的趋势，这一点与北方从北宋到金代的衍化趋势基本同步。此其四。

以上四点，是关于南方梅瓶在从北宋到南宋两个时代中流行的样式数量表现出来的整体特征及其背景。在这一认识的基础上，比较各类样式群所含样式数量的时代变化，可以看出从北宋到南宋，南北方梅瓶样式的数量比例出现了侧重不同的变化：

北宋和辽代最流行的梅瓶样式群是第二、第三、第四、第一〇类，各类所含样式数量都超过10种，前三者超过了15种，其次流行的样式群是第五、第六类，包含样式分别为5种和3种，第一、第七、第八类的样式数量均很少。其中，北宋南方流行的主要样式群是第二、第三类，均含5种样式，第四、第七、第八、第一〇类只含样式1至2种。南方的样式数量显然较少。当时南北方共有的样式群是第二、第三、第四、第七、第八、第一〇类，北方独有的样式群是第一、第五、第六、第九类，而南方基本上没有独有的样式群。结合第六章的具体分

析，北宋南方梅瓶样式均或多或少受到北方梅瓶的影响，大部分样式都是模仿北
方的结果。

到了12至13世纪前中期（南宋和金代、西夏），以总数达到10种样式来衡
量，最流行的样式群只有第二、第三、第四这三类，以第四类最突出，包含样式
达到30种，呈极盛状态。但是这三类样式群都主要流行于北方的金代和西夏，
就南方的南宋而言，最流行的梅瓶样式群是第三、第四、第六、第七类，所含样
式均为5种，第二、第八、第一〇类其次，只有2或1种样式。此时，南北方共有
样式群为第二、第三、第四、第六、第七、第一〇类，表面上看仅仅是微妙的
变化。从样式数量的比例来看，南宋梅瓶与北宋南方梅瓶相比则发生了明显变
化：在最流行的样式群当中，第三类持平（5：5），第四类增加（5：2），第
六、第七类大幅度增加（5：0和5：1）；在其次流行的三类当中，第二类减少
（2：5），第八和第一〇类持平（1：1和2：2）。

从以上分析可见，南宋梅瓶的样式数量以第三、第四、第六、第七类样式
群为最多，增长幅度最引人注意的是第六、第七类。虽然南宋梅瓶各类样式群的
来源在北宋时期都已出现，表明其总体上继承了北宋南方梅瓶的脉络，但以上分
析结果表明，与同期的北方梅瓶着重于繁衍第四类以及第一、第二、第三和第五
类样式群有所不同，南方梅瓶朝着第三、第四、第六、第七类样式群的方向发
展——虽然北宋时期南方梅瓶已初步表现出不同于中原和北方的发展方向，但是
这种区域性特点的明确和凸显，应该说是从南宋才真正开始的。

（二）南传的和南方的样式经典化特征

具体来看，南宋各类样式群所含样式内容又各自不同，包括不同的渊源关
系、器形特征和形成机制等。

从地区分布和窑场等方面的情况来看，南宋第三类样式群的盘口梅瓶集中
分布于两个地区，一个是长江下游的江南地区，一个是长江上游的四川地区。在
前一个地区内烧造盘口梅瓶的窑场有四个，即南宋官窑、越窑、吉州窑、景德镇
窑，都是南宋时期最著名的南方窑场。值得注意的是，盘口的银质梅瓶也流行于
这一地区的今江苏、浙江两地。在长江上游的四川地区，烧造盘口梅瓶的窑场有
乐山西坝窑和成都琉璃厂窑，两窑在南宋时期没有什么影响，属于地方性窑场。
杭州老虎洞南宋官窑遗址的考古发掘显示，南宋官窑青瓷盘口式梅瓶样式三6与
北宋汝窑同式梅瓶有直接关系，其渊源可以沿着北宋上溯至五代，是中原传统的
直接表现，这当然是偏安江南的宋朝廷带来了中原的传统，并且是以官窑的特殊
机制和方式加以肯定的结果。根据学术界的有关研究，南宋官窑的烧造期从南宋
初期开始，但延续至何时，仍然不甚清楚，其烧造的梅瓶也应大致同时。从器形
样式和装饰模式的比较研究来看，与宋室南迁及其带来的影响有直接关系的梅瓶
样式，还有越窑的样式三13f。该样式例①的越窑青瓷刻花牡丹纹梅瓶标本出土

451　有趣的是，西坝窑梅瓶的口形与明代中晚
　　　期景德镇窑最流行的盘口梅瓶样式三24、
　　　25、26等很相似，见第九章第二节的有关
　　　内容。

于浙江慈溪寺龙口越窑遗址的南宋早期地层，其采取的器形样式在北宋晚期到整个金代特别盛行于北方的磁州窑，其刻花牡丹纹的造型、刻工及其与仰莲瓣纹共同组成的饰纹布局格式，与北宋末期到金代的定窑梅瓶样式二10a例① ②和样式二16a例①的装饰特别相似。因此，南宋早期越窑梅瓶样式三13f，在器形和饰纹上分别受到磁州窑和定窑的影响，这是可以肯定的。另外，从长江下游到长江上游，样式三13也是四川乐山西坝窑采用的梅瓶样式。西坝窑梅瓶样式三13g例②的器形，与北宋末至金代的磁州窑样式三13a～e存在很高的相似性，其饰纹布局格式则与同期的西夏梅瓶样式四37、五7高度相似，连弧状开光内的折枝牡丹纹又显示出与金代西北地区的样式四32a例②的饰纹，以及与山西地区样式四19多例白釉黑彩画花折枝牡丹纹也非常相似。由此可以推断，西坝窑样式三13g例②在器形和装饰上分别受到金代磁州窑以及西夏灵武窑、金代西北地区和山西地区有关窑场等的强烈影响。[451]至于大盘口的吉州窑样式三7d，和成都琉璃厂窑样式三7c〔南宋绍兴二十一年（1151年）〕，与北宋晚期景德镇湖田窑流行的青白瓷梅瓶样式三7a基本相同，不同处在于前者重心上升，表现出更晚的特点，后者口部内撇，整体还保留着南宋初期与北宋晚期极为近似的特点。在景德镇窑青白瓷梅瓶样式三21的小盘口上，出现的方唇转折和下沿方折或圆转的特点，在南宋第三类样式群中很独特，也不同于北方的盘口样式，而是与同期的青白瓷梅瓶样式八3有紧密的关系，有时某些实例之间的区别是很模糊的，可见样式三21是南宋景德镇窑梅瓶新摸索的样式，具有一定的创新性。银质盘口梅瓶在南宋以前没有见过，在南宋时期也不见于江浙两地之外，因此这一地区流行的样式三13银质梅瓶，无疑是对官窑、越窑等陶瓷盘口梅瓶的模仿，其流行时间应该也大体相当。

　　与第三类样式群的产地分布有所不同，第四类样式群的南宋梯形小环口梅瓶除见于江西的景德镇窑、吉州窑之外，还见于浙江的龙泉窑，以及福建泉州的晋江磁灶窑。样式四17见于景德镇窑、吉州窑、龙泉窑，可见这是南宋江南地区流行较广和比较稳定的一种梅瓶样式，其源头可以追溯到北宋晚期的景德镇湖田窑（即北宋样式四17a例①），说明这种样式最早发轫于景德镇，而后在南宋普及于吉州窑和龙泉窑。相比之下，南宋的龙泉窑与景德镇窑共有的样式四17更为近似，口唇部较薄、颈部较高、体态适中，而且与北宋景德镇窑同一样式的梅瓶还比较近似；而吉州窑同一样式的口形较圆厚，体形也较丰满，其中的样式四17e例⑥出土于湖北鄂州南宋咸淳十年（1274年）吕文显墓，表明吉州窑的梅瓶样式四17（d、e）流行于南宋末期。这样，我们可以在南宋第四类样式群的有关样式之间，初步划分出前、后两个发展阶段。第四类中较丰满的样式还见于景德镇窑的样式四40，甚至出现了与元代近似的特点，应该也是南宋后期制品。福建晋江磁州窑的样式四38同样属于丰体，但器形特征与上述不同。同一产地还有高体样式四41，这是南方梅瓶中极为少见的高体样式，体现出北宋晚期到金代中原和北方的梅瓶器形特征。磁灶窑发掘报告已判明，

磁灶窑梅瓶样式四38（以及样式一○13）和样式四41（以及样式七7），分别流行于南宋前期和后期。类似的高体特点还见于"中国南方窑口"的样式四8f——与之完全相同的样式主要见于金代中晚期河南窑场非常流行的白釉黑彩画花器，虽然现在还不能肯定样式四8f实例的具体窑口，但是它与磁灶窑样式四41在南方的存在，说明当时存在某种机制和渠道，使得中原和北方的梅瓶样式可以直接到达南方的窑场。考虑到磁灶窑属于专门的外销瓷窑口，外销的需要可能是创造这种机制和渠道的重要因素。

第六类样式群的南宋折沿窄唇口梅瓶除了瓷质的实例，还包含了大量的银质梅瓶实例，也能见到锡质和少见的青铜质梅瓶。如此多种的非陶瓷材质的梅瓶在这类样式群中出现，应与折沿窄唇口适于金属工艺的卷曲造型有直接关系，也与器物造作活动内含的社会性审美要求有必然联系。如南宋第六类样式群的陶瓷梅瓶只见于龙泉窑、吉州窑、景德镇窑这三个著名窑场，而且至今能看到较多的遗存，无不说明这一样式群在南宋的普及程度之高。龙泉窑的样式六1多属于高体，与北宋晚期中原地区同一样式比较相似（都出现过样式六1b），因此龙泉窑的样式六1b可能是南宋早期的制品，以后开始出现重心上移的时代性现象（如样式六1c～e）。南宋庆元元年（1195年）的松阳程大雅墓出土6件样式六1e龙泉窑青瓷梅瓶，表明这种时代性的器形特征流行于南宋中期，此时的北方也正值金代窑业的极盛期。以江西南昌县南宋嘉定二年（1209年）墓的出土物（样式六4a例①）作为断代标尺可知，吉州窑和景德镇窑烧造的矮体梅瓶样式六4、5，应该都流行于南宋晚期，而青白瓷梅瓶样式六6a例①还出现了胫部细瘦、足部外撇的特点，应该是更晚的例子，或介于南宋晚期到元代初期。

虽然在北宋和辽代陆续出现的各类样式群都有北方梅瓶的身影，南方梅瓶缺乏完全独有的样式群，但是从北宋内部来看，第七类样式群的直口梅瓶便是南方独有的，因为它在北宋唯一的样式七1就来自景德镇湖田窑。第七类样式群在辽代和金代有所表现（样式七2），不过在北方的脉络较微弱，金以后消亡，而它在南宋却开始普遍兴起。目前所见第七类样式群的南宋梅瓶里，只有样式七3的实例可以算作北方器物，样式七4、5、6、7均出自南方窑场，有吉州窑、龙泉窑以及广东南海奇石窑、福建晋江磁灶窑。根据前文的年代分析，龙泉窑的样式七4a例①属南宋早期，龙泉窑样式七5例①属南宋中晚期，南海奇石窑的样式七6例①属南宋后期，样式七4a例②的镏金银质梅瓶则属于南宋末期，大致规划了南宋第七类样式群各式梅瓶的年代分期，可见其在南宋具有较丰富的面貌。与北宋样式七1相比，南宋各样式的颈部出现增高趋势，瓶身重心上升，肩部宽阔。在南宋晚期到元代的晋江磁灶窑样式七7，也表现出同样特征。

除了以上四类，只见1种样式的第八类样式群出节小口的南宋梅瓶也很重要。其样式八3有三个特点：1. 这是景德镇窑青白瓷梅瓶的特有样式；2. 遗存数量较多；3. 器形、装饰、胎釉和做工都存在明显的变化过程。该样式的4个亚型大致经历三个阶段：a、b两个亚型流行于12世纪末至13世纪初的南宋中期，c亚型流行于南宋晚期，d亚型流行于南宋末期（或延续至元代前期）。样式八3经历的三个阶段包括了高体、丰体、矮体三种体态，尺度依次降低，瓶身依次变得宽阔，竹节形口也依次发生了变化，装饰和做工也从极其精致繁密逐渐变得简略粗糙。这个过程是否也存在于南宋其他类型的青白瓷梅瓶上，要视具体情况而定，不可一概而论。

包含两种南宋样式的第一〇类样式群局限于晋江磁灶窑和龙泉窑，很少的实例在年代上分别属于南宋早期（样式一〇13）和淳熙五年（1178年）的南宋中期（样式一〇14），矮体器形与同期金代同类样式群的器物差距甚大。

同样形成鲜明对比的还有南宋的第二类样式群的小撇口梅瓶，这个在北宋和金代都很兴盛的样式群在南宋却显得很零落，所见遗存只有两件矮体器物，分别属于龙泉窑（样式二1f）和福建德化窑（样式二23），前者与五代到北宋晚期的同一中原样式一脉相连，后者却罕见地出现方折的翘肩。二者在各自的产地都不具有典型性，令人感到比较意外。

如果说南宋梅瓶在器形上有什么特点最能体现南方梅瓶与北方梅瓶之间的距离的话，那就是体态——无论哪一类样式群，南宋梅瓶的体态绝大部分属于丰体。尽管这不绝对，但是丰体在南宋梅瓶中极其普遍，以至于影响了南宋大多数高体梅瓶和矮体梅瓶也都多少表现出近似丰体的特点。这说明，南宋梅瓶在总体上呈现出追求"端庄丰满"的风格倾向，与北方梅瓶丰瘦高矮差异极大的状态构成鲜明对照。另外，南宋梅瓶的尺寸也相应地比较齐整，一般而言瓶高在15～40厘米之间，又以20～35厘米之间的瓶高最为常见，很少有过于高大或过于矮小的实例，因此也更加加强了南方梅瓶"端庄适中"的特点，而整体尺度与北方相比略偏于矮小。其中的小型梅瓶，应该是南宋赵彦卫所谓的"劝酒瓶"（见第三章第二节）。

尺度适中的丰体梅瓶可能正在摆脱中通圆孔瓶座的必要性，但是在金代中期河南的一座墓葬中仍然发现了原配瓶座的龙泉窑青瓷梅瓶（样式六3k例⑭）。原配的瓶座直到元代仍然在景德镇窑中烧造（见第八章第二节）。

（三）南宋梅瓶的装饰特征

在装饰上，南宋梅瓶沿着"胎纹釉理"式发展出高端的胎釉品质，最能代表时代水平的有南宋官窑的青瓷梅瓶、景德镇窑的青白瓷梅瓶、龙泉窑的青瓷梅瓶、吉州窑玳瑁斑釉梅瓶等。最重要的还是通过"范金琢玉"和"纹彩相彰"两种模式，以刻划花和黑彩画花为主要手段进行的纹样装饰，这方面在越窑、龙泉窑、景德镇窑、吉州窑等著名窑场中出现了上乘的表现。

在饰纹布局上，也存在北宋晚期奠定的"分层"、"分块"、"单体／折枝"等传统格式。分层格式中出现了三层式，主要表现在南宋早期的越窑青瓷刻花器（样式三13f）、早期到中期的龙泉窑青瓷刻花器（样式二1f，四17b、c，

六1c、d，七4）、晚期的吉州窑黑彩画花器（样式四17）等。此外还有分层加
开光格式，见于南宋晚期的吉州窑黑彩画花器（样式六4b）和广东南海奇石窑
褐彩画花器（样式七6）。分块格式所见不多，如南宋晚期景德镇青白瓷印花器
（样式六5a）。单体／折枝格式最典型地表现在南宋晚期吉州窑黑釉剪纸划花器
上（如样式六4a）。

另外，从北宋继承而来的还有"满饰"格式，又分为三种：1. 缠枝结构，如
景德镇窑青白瓷刻划花器（样式三21，四40，六5b、c，六6a、八3）、吉州窑
黑彩画花器（样式三7d）、银器梅瓶（样式三13h）；2. 单元四方连续结构，见
于银器梅瓶（如样式六3f、g、h）；3. 密棱纹结构，如南宋中期的龙泉窑（样式
六1e和七5）、景德镇窑（样式八3a例⑤）等是突出的例子。

值得注意的是，在南宋的景德镇青白瓷梅瓶和吉州窑黑彩画花梅瓶上，都
能看到对口颈部采取刻划或涂彩的专门处理，如样式四40、样式八3和样式四
17d、e。但是，这种处理与金代样式四33上出现的口颈部做纹样装饰不同，很
难说是纯粹陈设器的表现——目前还没有明确的例子能说明南宋梅瓶出现了纯粹
的陈设器。实用性的本体功能决定了南宋梅瓶配盖仍然普遍，在南宋官窑（样式
三6）、越窑（样式三13f）、龙泉窑（样式六1b、e，一〇14）、景德镇湖田窑
（样式八3a、b）以及银质（样式三13h、i，六3g）、锡质（样式六3i）梅瓶上
都有很好的实例。

（四）小结

1. 南宋梅瓶的样式选择与金代梅瓶不同，金代梅瓶着重于第一至五和第九
类样式群，南宋梅瓶着重于第三、四、六、七、八类，二者重叠的是第三、第四
类。也就是说，南宋梅瓶着重选择了盘口、矮梯形口、折沿窄唇口、直口为标志
的样式群。两种不同的选择，鲜明地体现了南方与北方梅瓶的区域性特色，同时
也确立了各自的发展方向。

2. 南宋梅瓶的体态多倾向于选择丰体，尺度略偏矮小，瓶高以20～30厘米
为常，基本不会超过15～40厘米之外。

3. 南宋梅瓶的样式选择主要是继承北宋南方地区流行的样式，同时还在官
窑、外销、北人南迁等特定机制和时代背景下，以特定的方式和途径部分地继承
了北宋北方梅瓶的某些器形样式和装饰因素，经继续衍化而表现出与北方的金代
所不同的特征和风格。

4. 宋室偏安江南造成了文化重心的南移，政治、经济、制度、技术、风俗、
好尚等因素，都会对南方手工业各领域造成深刻影响，在梅瓶这种器类上也同样
表现出时代的变化。其中一个重要问题是，南宋官窑的建立及其烧造的高质量青
瓷梅瓶，不但继承了中原汝窑的传统，还将这种传统直接植入以江南为重心的南
方窑业中，并以政治权力和制度规范等力量将其加以贯彻，从而成为一种自上而

下的风尚，带动了从陶瓷业到金工业对这一风尚的追逐。由此在梅瓶上也体现出两种分野现象：官民分野和雅俗分野。这两种分野在中国已经形成的文官体制作用下，往往又是合二为一的，并在未来促使民与俗向官和雅靠拢、跟随、模仿，直到某些因素被打破方才可能出现松动。

　　5. 还应该看到，南宋墓葬随葬梅瓶的现象比北宋时期南方的同类现象要兴盛得多，其重要原因与偏安朝廷带来的中原影响有必然关系，这是研究梅瓶随葬所具有的功用问题应该注意的。

　　从12世纪前期到13世纪前中期，在蒙古人继踵女真人而来之前，在占据中原的金朝、倔立西北的西夏、偏安南方的南宋这三个相对独立又连为一体的历史时空里，各区域烧造、制作的梅瓶都达到了比此前繁盛的高度，表现在器形样式和品种上也都比前一个时期更为多样，在艺术水准和工艺水平上更为纯熟，时代造就的文化风格也更为典型、更为突出，最终在整体上形成了不同以往的梅瓶器形演变的新格局，即南宋的南方、金代的中原和华北、西夏代表的西北地区，各成一极。这三个区域各自流行着器形样式和风格特征不同的梅瓶，既是当时南北方、东西部的窑业共同趋于繁荣的表现，也是各区域内各种社会性、文化性因素共同促成其极致追求的表现。繁荣与分野鲜明地并存，是这个同样多元化的新三极格局的基调。

中国梅瓶研究

下卷

第八章

第八章

混一与重组

——向南方倾斜的元代梅瓶南北二元格局

蒙古人入主中原的过程，是中国社会经历三百多年政治分裂之后重新进入统一的过程。虽然蒙古人建立的元朝（1271～1368年）历史短暂，但是在一个多民族、多文化迅速交融的大一统时代里，统一的政治背景和各种中外文化因素无障碍的相互作用，都使得元代发达的造物技艺出现了不同于此前的新变化，混一与重组成为元代文化的基本特征，也是元代梅瓶发展的大趋势。

第一节

从大蒙古国时期到元代梅瓶考古发现概述

元世祖忽必烈于至元八年（1271年）将国号"大蒙古国"（1206～1271年）改为"大元"，直到至正二十八年（1368年）元朝灭亡，中国历史上的"元代"历时97年。由于蒙古人入主中原有一个较长的渐进过程，因此造成当时的中国政治地理存在两大阶段的变化。第一个阶段以三个重大历史事件作为分段标志：一、元太祖二十二年（1227年，西夏宝义元年），大蒙古国灭西夏，这是分裂长达320年的中国政治地理在13世纪前期开始转向统一的第一个重要界标，对中国西北地区相关窑场（如灵武窑）在蒙元时期的烧造活动及其梅瓶进行考察，应该始于这一年；二、7年之后，元太宗六年（1234年，金天兴三年），在蒙、宋军合攻之下，大蒙古国灭金，这是13世纪前期第二个重要的历史界标，标志着中国北方广大地区处于蒙古人的统治之下，考察蒙元时期中国北方的窑业特别是中原地区的梅瓶，应以这一年作为时间起点；三、45年之后，至元十六年（1279年，南宋祥兴二年），元朝灭南宋，这一年作为第三个历史界标而成为蒙古人统一中国的标志，此后直至元朝灭亡，中国南方的梅瓶始能包含于"元代"这一历史概念之内。[1]

这样，从北方地区开始进入大蒙古国时期，直到元朝灭亡，梅瓶的历史可以划分为如下两大阶段，并形成相应的地理分布。

第一个阶段：1227/1234～1279年——蒙元时期北方地区的梅瓶。

第二个阶段：1279～1368年——南北方梅瓶都属于元代。

前后两段分别历时52/45年和89年。明确这一时空变化，再来考察蒙古时期到元代梅瓶的历史，其背景框架才是比较清楚的。特别是第一阶段的蒙元时期北

1 关于大蒙古国时期和元代早期的基本情况，参见〔德〕傅海波、〔英〕崔瑞德编《剑桥中国辽西夏金元史·907—1368年》第四、第五章，北京：中国社会科学出版社，1998年，373～562页。

方地区的梅瓶，与大体同期的南宋晚期梅瓶，可以做对应性的比较研究，由此可以了解13世纪前中期中国南北方梅瓶的情况。需要说明的是，上一章第二节当中，有一部分疑似金代晚期到元代的梅瓶，在必要的情况下可以作为蒙元时期的器物来处理，或者至少为我们认识蒙元时期北方梅瓶的前奏提供了借鉴。

一、元代梅瓶考古资料

然而，在以往已发表的考古材料中，并不是总能在明确梳理这段历史的前提下，将蒙元时期到元代梅瓶置于特定时空内加以确认，有许多材料往往显得混沌不清，不少材料则被误读或遮蔽，未能显示其对于这个时代有关研究所具有的充分意义。关于这类问题，在后文中会陆续有所触及。

现将以往考古发现的元代梅瓶，仍按纪年墓、非纪年墓、窑址、其他遗址的划分模式进行表格梳理（见表8-1-1~4），以此为基础，结合南宋后期某些确切的考古材料，对蒙元时期到元代的梅瓶考古发现略作概述于后。

表8-1-1　元代纪年墓出土梅瓶（及纪年器）

纪年	墓葬 （或收藏地）	梅瓶		资料源	本书样式分类及图号
		数量	基本特征		
元至元十二年 （1275年）	河北石家庄后太保村元史天泽墓 （M1）	1	高46厘米。口残。镶嵌青瓷，釉下镶嵌黑白花纹。高丽烧造	《石家庄市后太保元代史氏墓群发掘简报》彩插拾：1，《文物》1996年9期	图8-1-1
元至元十四年 （1277年）	河北张家口市宣化城东元葛法成墓	2	成对。其一（M1：1）高42.6厘米。绿釉	《河北宣化元代葛法成墓发掘简报》图三：10，图一一，《文物》2008年7期	样式九2k，图8-2-26①，图4-3-5④
元至元十九年 （1282年）	上海博物馆藏	1	高18.6厘米。白釉。腹部两侧釉下黑彩书"大元国至元十九年"和"九月十四日记耳"	《中国陶瓷全集·10·元（上）》图版一三三，上海：上海人民美术出版社，2000年	样式二24a，图8-2-2①
元大德二年 （1298年）	山西大同齿轮厂元代壁画墓	2	高33厘米。黑釉，粗瓷。资料源称之为"鸡腿瓶"	《大同元代壁画墓》，《文物季刊》1993年2期19页	—
元泰定元年 （1324年）	江西万年县石镇公社元汤顺甫墓	2	成对。通高33厘米。狮钮盖。青白瓷	唐昌朴《万年县出土元代瓷器》附图，《文物工作资料》1973年6期8页	样式二28a，图8-2-5①
元至正五年 （1345年）	北京元铁可夫妇墓 （M1）东室（铁可夫人墓室）	2	成对。其一（M1东：1）高39.5厘米。褐瓷	《元铁可父子墓和张弘纲墓》图版拾玖：2；图六：8，《考古学报》1986年1期	样式九2k，图8-2-26②，附录一总表九：2k②
元至正二十五年（1365年）	河南洛阳元赛因赤答忽墓（M198）	1	M198：12，高29厘米。白胎，黑釉，肩、圈底露胎	《元赛因赤答忽墓的发掘》图二四：4，《文物》1996年2期	样式二33a，图8-2-8⑤

　　出土梅瓶的元代纪年墓在时间上比较平均，从元初到元末各阶段都有发现，地点从华北、中原到江南地区，所见资料仍以北方为主，品质和形态差异很大。这是一个重要特征，却不能反映整体状况。

表8-1-2　元代非纪年墓出土梅瓶

年代	墓葬	梅瓶		资料源	本书样式分类及图号
		数量	基本特征		
金末元初	内蒙古锡林郭勒盟苏尼特左旗恩格尔河蒙古女贵族墓	1	高21厘米。银质，高浮雕动物纹，鎏金。南宋造	《苏尼特左旗恩格尔河的元代墓葬》图四，《内蒙古文物考古》2005年2期	样式七4a，图7-4-14⑤
金末元初	内蒙古乌兰察布盟察右前旗元集宁路古城西壕沟KM13号墓	2	成对。其二较高，尺寸不明。其一高43.5厘米。黑釉。肩部刻"葡萄酒瓶"四字	《乌兰察布盟察右前旗古墓清理记》图7，《文物》1961年9期；《中国陶瓷全集·10·元（上）》图版一九一，上海：上海人民美术出版社，2000年	样式九2l，图4-2-6⑦，图8-2-26⑥
大蒙古国蒙哥汗六年至元至正二十三年（1256~1363年）	内蒙古多伦县元上都城南砧子山元代墓葬区南区墓茔M1	1	M1：1，高36.5厘米。粗胎，茶绿色釉，火候高。深凹底	《元上都城南砧子山南区墓葬发掘报告》图八：9，《内蒙古文物考古》1999年2期	样式九2l，图8-2-26⑦
同上	内蒙古多伦县元上都城南砧子山元代墓葬区南区墓茔M1	1	M1：8，高26厘米。黑釉厚而无光泽，有长期使用摩擦的痕迹，腹部微裂	《元上都城南砧子山南区墓葬发掘报告》图九：2，《内蒙古文物考古》1999年2期	样式一8d，附录一总表一：8d
同上	内蒙古多伦县元上都城南砧子山元代墓葬区南区墓茔M12	1	M12：2，高26.9厘米。酱黑釉，釉薄光亮，流釉，粗砂胎。腹部有一条纵向裂缝	《元上都城南砧子山南区墓葬发掘报告》图九：9，《内蒙古文物考古》1999年2期	样式一8d，图8-2-1③
同上	内蒙古多伦县元上都城南砧子山元代墓葬区南区墓茔M47之B穴	2	其一失载。其二（M47：3）高41厘米。黑釉陶，肩下一圈无釉露胎。圈足。腹部有一条纵向裂缝。资料源称之为"大梅瓶"	《元上都城南砧子山南区墓葬发掘报告》图九：13，《内蒙古文物考古》1999年2期	样式一〇17，附录一总表十：17
同上	内蒙古多伦县元上都城南砧子山元代墓葬区南区墓茔M47之A穴	2	成对（M47：1、2），高20.6厘米。黑釉，粗胎。高圈足	《元上都城南砧子山南区墓葬发掘报告》图九：15，《内蒙古文物考古》1999年2期	样式二24d，附录一总表二：24d②
同上	内蒙古多伦县元上都城南砧子山元代墓葬区南区墓茔M18	1	M18：13，高25厘米。茶釉陶。口部微裂	《元上都城南砧子山南区墓葬发掘报告》图八：3，《内蒙古文物考古》1999年2期	样式六8，附录一总表六：8
同上	内蒙古多伦县元上都城南砧子山元代墓葬区南区墓茔M14之A或B穴	2	成对。其一（M14：1）高18.7厘米，其二（M14：2）高18.3厘米。黑釉有光泽	《元上都城南砧子山南区墓葬发掘报告》图九：14、16，《内蒙古文物考古》1999年2期	样式二24a，附录一总表二：24a，图8-2-2②

续表

年代	墓葬	梅瓶		资料源	本书样式分类及图号
		数量	基本特征		
大蒙古国蒙哥汗六年至元至正二十三年（1256～1363年）	内蒙古多伦县元上都城南砧子山元代墓葬区南区墓茔M11	2	成对。其一（M11∶5）高20.6厘米。茶釉陶	《元上都城南砧子山南区墓葬发掘报告》图八∶4，《内蒙古文物考古》1999年2期	样式二24d，图8-2-2⑥
元	内蒙古多伦县元上都城东南砧子山元代墓葬区西区M29	2	其一（M29∶2）高27.6厘米，黑釉。（原报告：A型"梅瓶"）	《元上都城址东南砧子山西区墓葬发掘简报》图二二，图一〇∶1，《文物》2001年9期	样式一8c，图8-2-1②，附录一总表一：8c
元	内蒙古多伦县元上都城东南砧子山元代墓葬区西区M13	不明	其一（M13∶1）高23.6厘米。黑釉。（原报告：B型"梅瓶"）	《元上都城址东南砧子山西区墓葬发掘简报》图二三，图一〇∶3，《文物》2001年9期	样式二24b，图8-2-2⑤，附录一总表二：24b①
元	内蒙古多伦县元上都城东南砧子山元代墓葬区西区M70（夫妇合葬墓西侧男性木棺内）	1	（原报告："梅瓶"。按：与瓷罐成对。东侧女性木棺内墓主头部两侧安置瓷罐。）	《元上都城址东南砧子山西区墓葬发掘简报》，《文物》2001年9期（图七，41页墓平面图）	—
元	内蒙古多伦县元上都城东南砧子山元代墓葬区西区M16	不明	其一（M16∶3）高24.8厘米。黑釉。（原报告：A型"鸡腿瓶"）	《元上都城址东南砧子山西区墓葬发掘简报》图二四，图一〇∶2，《文物》2001年9期	样式二24d，图8-2-2⑦，附录一总表二：24d①
元	内蒙古多伦县元上都城东南砧子山元代墓葬区西区M51	不明	M51∶1，高17厘米。黑釉。（原报告：B型"鸡腿瓶"）	《元上都城址东南砧子山西区墓葬发掘简报》图一〇∶6，《文物》2001年9期	样式二24b，附录一总表二：24b②
元	内蒙古多伦县元上都城东南砧子山元代墓葬区西区M65	2	成对。其一（M65∶2）高20.8厘米，茶绿色釉。（原报告：C型"鸡腿瓶"）	《元上都城址东南砧子山西区墓葬发掘简报》图一〇∶7，《文物》2001年9期	样式九4，附录一总表九：4
元	内蒙古赤峰三眼井公社元墓M2	1	高24厘米。黑釉	项春松、王建国，《内蒙（古）昭盟赤峰三眼井元代壁画墓》图三，《文物》1982年1期	样式二24b，图8-2-2④
元	河北廊坊市中心公园元墓	2	成对。其一，高47厘米，黑釉。其二，高40厘米，褐釉	张兆祥《廊坊市发现元代砖室墓》图2、3，《文物春秋》1991年4期	样式九2k，图8-2-26③④
元	山西文水县北峪口元代画像石墓	2	成对。其一，高17厘米，黑釉。其二，残高17.5厘米，豆绿色釉	《山西文水北峪口的一座古墓》图二∶2（右），《考古》1961年3期	样式二33b，图8-2-8⑥
元	山西大同西郊齿轮厂元代壁画墓CM2	1	CM2∶1，高23.4厘米。绿釉	王银田、李树云《大同市西郊元墓发掘简报》图六∶1，《文物季刊》1995年2期	样式四47，图8-2-14④

续表

年代	墓葬	梅瓶		资料源	本书样式分类及图号
		数量	基本特征		
元	陕西西安市北郊谭家村北元墓	1	高35厘米。白釉黑彩画花，下腹横书"风吹十里透香瓶"七字	王长启《西安发现的磁州窑系瓷器》图2，《收藏界》2004年8期	样式四27e，图8-2-12②
元	陕西西安市北绛村元墓	1	高29.4厘米。白釉黑彩画花	王长启《西安发现的磁州窑系瓷器》图8，《收藏界》2004年8期	样式四8h，图8-2-10⑧
元泰定二年至至正二十八年（1325～1368年）	陕西西安北郊红庙坡元代蒙古贵族夫妇合葬墓	1	口颈残，残高28厘米。白釉，肩部釉下黑彩书"细酒"款	卢桂兰、师晓群《西安北郊红庙坡元墓出土一批文物》，《文博》1986年3期，封三：6	样式六13a，图4-2-5④
元	甘肃漳县元代汪世显家族墓M21	1	高31厘米。白釉，肩部釉下黑彩书"细酒"款，底部墨书"翟燕"款（原报告："1式瓶"）	《甘肃漳县元代汪世显家族墓葬·简报之二》图四：1，《文物》1982年2期	样式六13a，图8-2-15
元	江西波阳县磨刀石公社毛屋下生产队元墓	2	成对。带座，瓶高16.8厘米，座高8.7厘米。青花	唐山《波阳元墓出土的元瓷》插图，《文物工作资料》1974年2期	样式七8b，图8-2-22④⑤
元	四川简阳东溪园艺场元墓	1	高12厘米。青铜。（原报告："Ⅳ式铜瓶"）	《四川简阳东溪园艺场元墓》图四二，《文物》1987年2期	样式四42，图4-4-7
元	广东雷州市白沙乡东茂坡元墓	2	成对。带盖。其一（左）高27厘米；其二（右）高26厘米。褐彩人物纹。雷州窑	黄静《雷州窑彩绘瓷器研究》图一七，载于《中国古陶瓷研究·第十六辑》，北京：紫禁城出版社，2010年版，第445页	图4-3-3⑤⑥

在非纪年墓的资料中，内蒙古地区作为元代考古的一个重点，发现了大量器形特别的梅瓶，但是样式梳理研究显示，这种特别之处并不孤立。另外，非纪年墓葬的普遍性，显示了元代梅瓶的分布与前朝已经到达的广度基本相同，所见梅瓶的品质和形态同样很丰富。

表8-1-3 元代窑址出土梅瓶

年代	窑址	梅瓶		资料源	本书样式分类及图号
		数量	基本特征		
元	北京房山磁家务窑址	1	足径7.5厘米。"鸡腿瓶"，残存胫足部。粗砂胎，呈灰白色，无釉	赵光林《近几年北京发现的几处古代瓷窑址》图六：10，《中国古代窑址调查发掘报告集》，北京：文物出版社，1984年版，第411页	—
元	河北观台磁州窑址	1	尺寸不明。口颈残失。黑釉。肩部剔釉"内府"二字	《观台窑址发掘报告》图11，《文物》1959年6期	

续表

年代	窑址	梅瓶		资料源	本书样式分类及图号
		数量	基本特征		
元后期[2]	河北观台磁州窑址	多例	Y8火②：316，仅存肩腹部，残高27.6厘米。（原报告：Ⅷ型2式"黑釉瓶"）	《观台磁州窑址》图版五〇：3，图九二：5，北京：文物出版社，1997年版，第214页	—
元	河北隆化县鲍家营村古窑址	1	H1：62，高35厘米。酱釉	《隆化鲍家营古窑址发掘》图五：6，《河北省考古文集》，东方出版社，1998年版，第334、336页	样式二29c，图8-2-6⑪
元	山西长治县八义村东山村八义窑址	2	残器。其一（G2①：59）残存肩部；其二（G2①：50）残存足底。白釉黑彩画花	《山西长治八义窑试掘报告》图一四：11、13，《文物季刊》1998年3期	—
元	宁夏灵武县磁窑堡瓷窑址元代地层	多例	高25～30厘米。其一（T9②：114），高28.6厘米。黑褐釉剔刻花	《宁夏灵武县磁窑堡瓷窑址发掘简报》图一二，《考古》1987年10期	样式八4，附录一总表八：4①②
南宋至元	湖北武汉江夏区新窑村窑址群陈家窑墩	1	T2②a：12，高29.6厘米。粗瓷，青绿色釉。（原报告：A型瓶）	《武汉市江夏区新窑村窑址群的调查与发掘》图三三：6，《江汉考古》2000年4期	样式四43，图8-2-14⑨

2 秦大树《宋元时期磁州窑瓶类器物的发展及其使用功能探讨》图一：56，《南方文物》2000年4期29页。

发现梅瓶的元代窑址不是很多，主要见于华北地区，也有西北和长江中游的一些元代窑址。很显然，元代烧造梅瓶的窑场远不止这些。

表8-1-4 元代其他遗址出土梅瓶

年代	遗址	梅瓶		资料源	本书样式分类及图号
		数量	基本特征		
元末（器物：元中晚期）	浙江杭州市元代瓷器窖藏	2	成对，带盖，通高35厘米，翠蓝釉。其一肩部釉下书"内府"。其二底端刻一"井"字	桑坚信《杭州市发现的元代瓷器窖藏》图一六，《文物》1989年11期。《中国陶瓷全集·10·元（上）》图版一五七，上海：上海人民美术出版社，2000年	样式二29b，图8-2-6⑦⑧
元后期	北京后英房元代居住遗址	2	其一，高31厘米。黑釉，肩部釉下横划楷体"内府"款。其二，高38厘米。白釉，肩部釉下黑彩竖书"内府"款。磁州窑	《北京后英房元代居住遗址》图八，图七（左），《考古》1972年6期	样式二31a，图8-2-8①；样式四25，图8-2-11
元	北京房山大峪沟村元代窖藏	2	其一，高35厘米。白釉，肩部釉下黑彩竖书楷体"内府"款。其二，高35厘米，孔雀绿釉黑彩画花。磁州窑	赵光林《北京市发现一批古遗址和窖藏文物》图四：5、4，《考古》1989年2期	样式二28b，图8-2-5③；样式二30a，图8-2-7①

续表

年代	遗址	梅瓶		资料源	本书样式分类及图号
		数量	基本特征		
元末期	北京良乡元代窖藏	5	白釉3件，分别高33.5厘米、28.8厘米、35厘米。其一肩部釉下黑彩竖书"内府"款。其二口沿酱釉，上腹后刻"刘"字。其三无款字（无图）。青釉1件，高29.2厘米（无图）。黑釉1件，高19.2厘米，下部有一层较薄的酱釉（无图）	田敬东《北京良乡发现的一处元代窖藏》图四：左、右，《考古》1972年6期	样式二29a，图8-2-6①；样式二30a，图8-2-7②
元末	河北磁县南开河村元代沉船	2	其一（2：54），高20.7厘米。黑釉。其二（1：363），高18.8厘米。白釉。均属磁州窑	《河北磁县南开河村元代木船发掘简报》图版伍：3，图五：12，图五：9，《考古》1978年6期	样式二30a，图8-2-7⑤，附录一总表二：30a②；样式二32，图8-2-8④
元末	河北霸州市城南元代霸州码头遗址	1	84BC：179，高13.2厘米。白釉，施半釉，黑彩，腹部草书"大吉利"三字。磁州窑	苑晓光、陈卓然《霸州元代码头遗址》图九：10，《文物春秋》2003年3期	样式二31c，图8-2-8③
元	河北赤城县云州村	1	高35厘米。白釉，肩部釉下黑彩斜书"内府"。磁州窑	王国荣《河北赤城县出土元代"内府"白釉梅瓶》图一，《文物》1994年8期	样式二29a，图8-2-6③
元晚期	辽宁绥中三道岗元代沉船	多件	高22.9厘米。白釉，口沿施褐釉。观台磁州窑	张威主编《绥中三道岗元代沉船调查述要》，北京：科学出版社，2001年版	样式二30a，图8-2-7④
元	内蒙古敖汉旗宝国吐乡	1	高34厘米。白釉，肩部釉下黑彩书"内府"。赤峰市松山区缸瓦窑	《中国陶瓷全集·10·元（上）》图版一三四，上海：上海人民美术出版社，2000年版	样式二29a，图4-2-5⑥
元	内蒙古托克托古城"大皇城"遗址	2	其一，高28厘米，白釉。其二，高24.5厘米，白釉黑彩画花	李逸友《内蒙古托克托城的考古发现》图版贰拾：3、4，《文物资料丛刊4》，北京：文物出版社，1981年版	样式二30b，图8-2-7⑧；样式二30c，图8-2-7⑩
元	内蒙古巴林右旗巴彦琥绍元代居住遗址	2	其一（E8003：1）高22.6厘米。缸胎酱釉。其二（E8003：2）高22.4厘米。缸胎，泛茶绿色酱釉。地方窑	苗润华《巴林右旗巴彦琥绍辽墓和元代遗址》图四：1、2，《内蒙古文物考古》1994年1期	样式二30e，图8-2-7⑪，附录一总表二：30e
元	内蒙古林西哈什吐井子村元代窖藏	10	其一，高33.8厘米。浅酱釉。其二，高22.6厘米。浅酱釉。其三，高28.8厘米，褐釉。其四，高29.2厘米，白釉，口沿施褐釉。其五，高24.8厘米，黑釉。其六，高19厘米，黄釉	王刚《内蒙古林西县元代陶瓷器窖藏》图二：7，图三：1、3、5，图版八：3、4，《内蒙古文物考古》2005年2期	样式二30b，图8-2-7⑦，图8-2-7⑨；样式二30d，附录一总表二：30d；样式二30a，图8-2-7③；样式二24c，图8-2-2③，附录一总表二：24c

续表

年代	遗址	梅瓶		资料源	本书样式分类及图号
		数量	基本特征		
元	宁夏固原开城元代安西王府遗址三号遗址区	1	高28厘米。泥质红陶，通体挂绿釉。有磁州窑特征	《宁夏固原开城元代安西王府建筑遗址调查简报》图十二，图十：5，《中国历史博物馆馆刊》2000年1期	样式四20，图8-2-14⑤，附录一总表四：20b
元	陕西西安市东郊谢王村	1	高30厘米。白釉黑彩画花	王长启《西安发现的磁州窑系瓷器》图9，《收藏界》2004年8期	样式四27e，图8-2-12⑤
元	陕西绥德县薛家峁乡杨家沟	1	高33厘米。黑釉剔花。山西窑场	陈孟东《榆林地区一批馆藏宋、金、元瓷器》图版叁：5，《文博》1986年1期	样式四46，图8-2-14③
元	宁夏固原开城元代安西王府遗址六号遗址区	1	高20厘米。黄褐釉，挂半釉。西北窑场	《宁夏固原开城元代安西王府建筑遗址调查简报》图十七：8，《中国历史博物馆馆刊》2000年1期	样式四37f，图8-2-14⑥
元	内蒙古阿拉善盟额济纳旗达赉湖波镇黑城遗址	2	其一（T3①：1），残高14.6厘米。豆青釉，腹部有细线划花。其二（F47：7），高29厘米。黑釉	《内蒙古黑城考古发掘纪要》图二一：4，《文物》1987年7期	黑釉者（F47：7）属样式八5，图8-2-25⑤
元	内蒙古元代集宁路遗址西城中部第一区窖藏	1	高约20厘米。黑釉，胫、足、底露胎	《元代集宁路遗址清理记》图5，《文物》1961年9期54页	样式一○16，图8-2-27②
元	江西永新县禾川镇旧城东门元代窖藏	2	其一高20.1厘米。褐釉，饰窑变釉圈点纹。吉州窑。其二高18.7厘米。米黄釉，满布碎纹	杨后礼《永新县发现元代瓷器》图四、五，《江西历史文物》1981年2期	样式七8a、b，图8-2-22①②
元	江西南昌	1	高20.6厘米。黑釉剔花桃花纹。吉州窑	陈柏泉《江西出土的几件宋代吉州窑瓷器》图版肆：2，《文物》1975年3期	样式六4c，图8-2-17①
元后期	西沙群岛石屿二号沉船遗址（2010XSSW2）	14	分为两种：青花梅瓶、酱釉梅瓶。景德镇窑青花梅瓶残器2件。其一（SW2：222），底部残片，足径13.4厘米。福建晋江磁灶窑酱釉梅瓶残器12件。其一（SW2：109），口肩部残片，口径1.8厘米。其二（SW2：110），底腹残片，底径5.2厘米。其三（SW2：111），底径5.6厘米	《西沙群岛石屿二号沉船遗址调查简报》图一九、六三、五五：4、六四、五五：5、六五，《中国国家博物馆馆刊》2011年11期	磁灶窑酱釉梅瓶属样式七7，图8-2-24①～④
元	河北保定市永华南路元代窖藏	2	成对。其一带盖，通高51.5厘米。其二，高46厘米。横截面呈八棱形。青花，海水龙纹	《保定市发现一批元代瓷器》图版贰：1、2，《文物》1965年2期	样式六11，图8-2-21①，图8-2-21②
元晚期（器物：元中后期）	江西高安县元代窖藏	7	青花6件，带盖，高48～48.7厘米，盖内和瓶底各对应墨书六艺名目。景德镇窑。翠蓝釉梅瓶1件，高35.8厘米。磁州窑	刘裕黑、熊琳《江西高安县发现元青花、釉里红等瓷器窖藏》图版陆：4、5，图版柒：1，图二，《文物》1982年4期。肖锦秀《元代孔雀蓝铅釉梅瓶》插图，《南方文物》2001年3期127页	样式六10a，图8-2-19①～⑨；样式二29b，图8-2-6⑥

续表

年代	遗址	梅瓶		资料源	本书样式分类及图号
		数量	基本特征		
元	江苏句容县城东房家坝元代窖藏	2	青花，云龙纹。 其一高40.8厘米， 其二高39.8厘米	陈世华《句容出土元代青花瓷器》照片二，《东南文化》1991年增刊 《中国陶瓷全集·11·元（下）》图版一四〇	样式六10c， 图8-2-20③
元	山东菏泽元代沉船	1	高42.5厘米， 青花，三爪云龙纹	孙明、张启龙《元代沉船遗物现菏泽》附图（之一），《收藏家》2011年6期	样式六10b， 图8-2-20①

　　元代各类窖藏、沉船、故城、居址等遗址发现了更为丰富和多样化的元代梅瓶实例，与上述材料一道基本上呈现了元代梅瓶应有的大体状貌。

二、从考古资料初步归纳元代梅瓶总体特征

　　从以上四份表格的出土材料来看，元代梅瓶的分布范围极其广阔，遍布元帝国各主要区域，北起今内蒙古草原和东北地区，南达岭南乃至西沙群岛，东至于海，西及甘宁——当然，有关地区在宋辽金时期基本上都有制作或使用梅瓶的传统。如果结合世界范围内的考古发现以及流传有序的传世品来看，元代梅瓶在当时还随着海陆两线，向东传播到朝鲜半岛和日本，向南流入东南亚，向西播迁于印度和西亚地区，这样的分布状况与元帝国的强盛相一致。

　　在国内，出土元代梅瓶最集中的地区是今内蒙古、北京、河北、河南，其次是江西、陕西、山西，还有甘肃、宁夏、吉林、辽宁、山东、江苏、浙江、四川、湖北、广东等省区也都有出土。梅瓶出土地区分布显示了北方稍密集、南方尚偏少的现象，但是南北方已日益均衡。元代梅瓶的这种分布特征，与金代、西夏和南宋作为同一个时代相比，基本相同但不完全一样，南方的普及程度有了明显增加。

　　在时间上，内蒙古地区的金末元初墓葬已发现大量带有元代特征的梅瓶（以元上都城址以南砧子山元代墓葬区的南区、西区最为集中）。纪年墓的最早墓例是河北石家庄后太保村元至元十二年（1275年）史天泽墓，出土了1件非常精美的高丽镶嵌青瓷黑白彩圆圈折枝花云鹤纹梅瓶（M1：3，图8-1-1）[3]，最晚的纪年墓例是河南洛阳元至正二十五年（1365年）赛因赤答忽墓（M198），出土了1件稍显简朴的无饰纹黑釉梅瓶（M198：12，图8-2-8⑤）[4]。这些实例反映了元代多元文化并存和相互影响的状态。

　　从遗址形态和性质来看，出土梅瓶的元代遗址有居址、城址、窖藏、沉船、

3　河北省文物研究所《石家庄市后太保元代史氏墓群发掘简报》彩插拾：1，《文物》1996年9期51、52页。采自：《中国出土瓷器全集·3·河北》图版202，北京：科学出版社，2008年。此瓶现藏于河北省文物研究所。

4　采自：洛阳市铁路北站编组站联合考古发掘队《元赛因赤答忽墓的发掘》图二四：4，《文物》1996年2期31页。

图8-1-1　河北石家庄元至元十二年（1275年）史天泽墓出土的高丽镶嵌青瓷梅瓶

（0 ————— 10 cm）

5 采自：黄静《雷州窑彩绘瓷器研究》图一七，载于《中国古陶瓷研究·第十六辑》，北京：紫禁城出版社，2010年，445页。

6 采自：《苏尼特左旗恩格尔河的元代墓葬》图四，《内蒙古文物考古》2005年2期。

7 采自：《四川简阳东溪园艺场元墓》图四二，《文物》1987年2期。

墓葬、窑址等，表明梅瓶在元代仍主要作为生活实用器而存在，随葬品也极为常见，延续了两宋时期梅瓶在阴阳两界的主要功能。考古发现的元代沉船遗址明显增多，船载梅瓶已有大量出水，反映了元代南北方窑场都在普遍烧造这类器物并远销各地，包括南北方之间的相互销售以及行销海外的历史状况。

陶瓷一直是梅瓶所用材质的大宗，元代仍是如此。从窑址考古材料来看，已经发现烧造梅瓶的元代窑址有：河北磁县观台磁州窑遗址、河北隆化鲍家营窑址、北京房山磁家务窑址、山西长治八义窑址、宁夏灵武磁窑堡窑址、湖北武汉江夏区陈家窑墩窑址等。资料显示，元代磁州窑在北方逐渐朝着一窑独盛的地位靠近。而实际上，综合各类考古材料来看，元代烧造梅瓶的窑场远远不止上述这些，而是南北遍布。从窑址之外的其他各类元代遗址的考古成果来看，如内蒙古各地的元代城址、窖藏和墓葬出土的大量白釉、白釉黑花、黑釉、酱釉等品种的梅瓶，除不少可以确定为磁州窑的产品之外，更多的器物是各当地窑场仿造磁州窑的技术或风格烧造的。如有线索表明，辽金时期的著名窑场赤峰缸瓦窑在元代仍然烧造梅瓶，但是其个性慢慢丧失。此外，河南、山西、陕西等省区多处元代窑场也都存在烧造梅瓶的迹象。其中特别突出的是著名的钧窑，在目前所见材料中，元代钧窑有比较确切的梅瓶传世品，可惜考古材料阙如。不过，上述地区在元代的窑业规模已经赶不上宋金时期。除了北方的磁州窑持续兴盛，烧造梅瓶的元代南方窑场在南宋开始凸显个性的基础上，从烧造规模到工艺品质以及陶瓷品种、花色等方面都有了明显提高，最著名的当然要数景德镇窑，以及龙泉窑和吉州窑，三处在元代烧造的梅瓶不但技艺上体现了极高的时代水准，还以出众的新格调代表了元代的新风貌。其他南方窑场还有福建晋江磁灶窑、广东雷州窑等，其所烧造的梅瓶具有浓郁的地方特点，渊源均可追溯至两宋。雷州窑是目前所知元代最南端的烧造梅瓶的窑场（见图4-3-3⑤ ⑥）[5]。

除了陶瓷这种材质，元墓曾发现两例非陶瓷材质的梅瓶。一例是内蒙古锡林郭勒盟苏尼特左旗恩格尔河蒙古女贵族墓出土的1件高浮雕动物纹鎏金银质梅瓶（图7-4-14⑤）[6]，但该瓶并非元代制品，而是南宋器物（见第七章第四节）；另一例是四川简阳东溪园艺场元代墓出土的1件青铜素面梅瓶（图4-4-7）[7]，同时伴出的大量优质青铜器和瓷器表明，该瓶很可能不属于实用性器物，也绝非随葬明器，而是喜爱古董的墓主生前珍爱之物，很可能是一件专做插花以为陈设的文房器物（见第四章第四节），其器形具有金代和南宋特征，因目前还没有更充分的材料做进一步的讨论和说明，故将其暂列于元代范畴。

综上，从13世纪前期到14世纪中期，梅瓶的使用贯穿了北方所经历的大蒙古国时期和整个元代，其向海外传播之广更是前所未有。在这一过程中，各种新的成造技艺在陆续成熟和完善，元代梅瓶的器形和装饰逐渐显现出不同以往的格调，最终形成了这个时代特有的风貌。

8　采自：Mary Ann Rogers, *Chinese Ceramics in the Matsuoka Museum of Art (Part I)*, pl.10, *Chinese Ceramics, Selected Articles from Orientations 1982-1998*, Hong Kong, Orientations Magazine Ltd, 1999. p.71。

第二节

元代梅瓶器形样式分类研究

元代梅瓶的器形开始出现一些根本性的新变化，如第五类样式群在元代彻底消失，这是中国梅瓶十类样式群中首先消失的一类，同时第七类从北方消失，第八类从南方消失，等等。另外，各样式群所含样式的数量比例变化，反映了元代梅瓶样式选择的侧重点主要是沿着南宋的轨迹来转移的，表明了南方样式的日益兴盛。通过梳理，元代梅瓶的器形样式可以划归九类样式群。

一、第一类样式群

元代的第一类样式群仍然只见于北方窑口，但遗物和样式的数量均不甚多见，与金代相比大为减少，目前只知2种样式。

（一）样式一14

高体。折沿窄厚唇小环口，唇部寓方于圆，束颈极短，瓶身呈修长的倒滴水状，溜肩，上腹圆鼓，下腹斜收，胫部下端细瘦微内曲，足壁直立，平底隐圈足。仅见元代钧窑一例，与金代钧窑梅瓶样式一7大体相似，差异之处在于口唇部和肩腹转折部。例如：

①日本松岗美术馆藏元钧窑天蓝釉红斑"梅瓶"1件（图8-2-1①）[8]，高37.4厘米。

（二）样式一8

丰体。延续了金代同一样式的圆唇折沿小口、柱颈、上部肩腹圆鼓以及胫部收束、撇足的特点，但瓶体和尺寸变矮，肩部溜圆，足底分为平底足和很浅的平底隐圈足。

所见遗物均为内蒙古地区元墓的考古材料，根据足底形式的差异可以分为

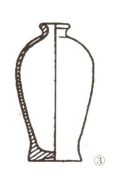

图8-2-1　元代梅瓶样式一8、14

（0　　　　　10 cm）

9　采自：内蒙古文物考古研究所、吉林大学考古学系《元上都城址东南砧子山西区墓葬发掘简报》图二二，图一〇：1，《文物》2001年9期42页。

10　采自：内蒙古文物考古研究所、锡林郭勒盟文物管理站、多伦县文物管理所《元上都城南砧子山南区墓葬发掘报告》图九：9，《内蒙古文物考古》1999年2期103页。

11　采自：同上，图九：2。

12　采自：《中国陶瓷全集·10·元（上）》图版一三三（右），上海：上海人民美术出版社，2000年。

c、d两个亚型：

1.样式一8c：平底微凹。例如：

①内蒙古锡林郭勒盟正蓝旗元上都砧子山元代墓葬区西区汉族墓群出土A型黑釉"梅瓶"5件，其一（M29：2，图8-2-1②，附录一总表一：8c）[9]，高27.6厘米、口径3.6厘米、底径9.6厘米。

2.样式一8d：均为很浅的平底浅隐圈足。例如：

②内蒙古多伦县正蓝旗元上都砧子山元代墓葬区南区汉族墓群出土酱黑釉陶"梅瓶"多件，其一（M12：2，图8-2-1③）[10]，高26.9厘米；其二（M1：8，附录一总表一：8d）[11]，高26厘米。

二、第二类样式群

元代"小撇口"或"小侈口"的第二类样式群梅瓶所含样式比较多，目前所知至少有10种，丰体、高体、矮体、瘦高体俱全，其中以丰体的样式和实物遗存最多。考古材料显示，本样式群的梅瓶在元代是最常见的一大类，其在海内的分布地域和传播范围也最广。另外，考古发现实物最多的样式二28、29、30这三种样式之间，具有比较统一的共性特征，都主要流行于北方的磁州窑和南方的景德镇窑这两个元代最重要的窑场当中，是元代梅瓶器形样式中最值得注意的主流现象之一。

（一）样式二24

高体或瘦高体，均为小型器。圆唇喇叭状小撇口，颈部分束颈和柱颈，瓶身形状从卵形到柱形，胫部内曲、收束，喇叭状外撇隐圈足，深挖足，底或凸或凹或平。

这种梅瓶样式比较特别，只见于北方，很可能都是元上都（内蒙古锡林郭勒盟正蓝旗东北方）周围一带的地方性窑场所流行的。根据具体的器形差异，本样式可以大致分为a～d共4个亚型。例如：

1.样式二24a：口颈部和足部均呈喇叭形，卵状瓶身，形体较短，颈、肩和胫、足之间转折明确。例如：

①上海博物馆藏白釉黑彩书元至元十九年铭文"瓶"1件（图8-2-2①）[12]，高18.6厘米、口径5厘米、足径7.5厘米。足底心微凸。腹部两侧釉下黑彩对称竖写两列题记："大元国至元十九年"（1282年）和"九月十四日记耳"，是制器准确时间，属元代早期。

②内蒙古多伦县元上都城址以南砧子山元代墓葬区南区汉人墓群出土A式黑

图8-2-2　元代梅瓶样式二24　（0 ⌊⌊⌊⌊⌊⌊⌊ 10 cm）

釉"陶瓶"2件，分别高18.7厘米（M14：1，附录一总表二：24a）[13]和18.3厘米（M14：2，图8-2-2②）[14]。

2. 样式二24b：柱颈微侈，卵状瓶身较细长，喇叭形撇足。例如：

③元上都砧子山元代墓葬区西区汉人墓群出土的B型黑釉"梅瓶"9件，其一（M13：1，图8-2-2⑤，附录一总表二：24b①）[15]，高23.6厘米、口径4.4厘米、底径6.4厘米。足内平底。

④内蒙古昭乌达盟赤峰县三眼井元代夫妇合葬墓M2出土黑釉"瓷坛"1件（图8-2-2④）[16]，高24厘米。

⑤元上都砧子山元代墓葬区西区汉人墓群出土的B型黑釉"鸡腿瓶"15件，其一（M51：1，附录一总表二：24b②）[17]，高17厘米、口径3.6厘米、底径5.3厘米。平底高隐圈足。

3. 样式二24c：撇口较小、较短，瓶身呈梭状且更为细长，撇足较大。例如：

⑥内蒙古林西县哈什吐井子村元代陶瓷器窖藏出土的A型黑釉"瓷瓶"3件、B型黄釉"瓷瓶"2件，实则器形相同，黑釉器之一（图8-2-2③）[18]，高24.8厘米、口径4.6厘米、底径6.2厘米；黄釉器之一（附录一总表二：24c）[19]，高19厘米、口径4厘米、底径5.4厘米。

4. 样式二24d：细瘦的喇叭形撇口和撇足，瓶身细长几乎成柱状。例如：

⑦元上都砧子山元代墓葬区南区汉人墓群出土茶釉"陶瓶"14件，瓶体最高30.5厘米，最低18.4厘米，分A、B两式，A式之一（M11：5，图8-2-2⑥）[20]，高20.6厘米。B式更为细瘦。

⑧元上都砧子山元代墓葬区南区汉人墓群出土的黑釉"陶瓶"10件，瓶体最高21.7厘米，最低16.7厘米，也分A、B两式，B式较为细瘦，如B式2件（M47：1、2，附录一总表二：24d②）[21]，均高20.6厘米。

⑨元上都砧子山元代墓葬区西区汉人墓群出土A型黑釉"鸡腿瓶"10件，其一（M16：3，图8-2-2⑦，附录一总表二：24d①）[22]，高24.8厘米、底径6厘米。平底高隐圈足。

13　采自：前揭，《元上都城南砧子山南区墓葬发掘报告》图九：14，《内蒙古文物考古》1999年2期104页。按：元上都砧子山南区的发掘时间是1990年，有关器物当时被视为陶器。

14　采自：前揭，《元上都城南砧子山南区墓葬发掘报告》图九：16。

15　采自：前揭，《元上都城址东南砧子山西区墓葬发掘简报》图二三，图一〇：3，《文物》2001年9期42～43页。按：元上都砧子山西区的发掘时间是1999年，有关器物则被视为瓷器。

16　采自：项春松、王建国，《内蒙（古）昭盟赤峰三眼井元代壁画墓》图三，《文物》1982年1期54页。

17　采自：前揭，《元上都城址东南砧子山西区墓葬发掘简报》图一〇：6，43页。

18　采自：王刚《内蒙古林西县元代陶瓷器窖藏》图三：5，《内蒙古文物考古》2005年2期35页。

19　采自：同上，图三：3。

20　采自：前揭，《元上都城南砧子山南区墓葬发掘报告》图八：4，101页。

21　采自：前揭，《元上都城南砧子山南区墓葬发掘报告》图九：15，104页。

22　采自：前揭，《元上都城址东南砧子山西区墓葬发掘简报》图二四，图一〇：2，43页。

图8-2-3　元代梅瓶样式二25、26　（0 ⊢——————⊣ 10cm）

23　采自：《中国陶瓷全集·9·辽西夏金》图版
　　四九，上海：上海人民美术出版社，2000年。

24　采自：叶佩兰《元代瓷器》图331，北京：
　　九州图书出版社，1998年。

25　采自：孙瀛洲，《元明清瓷器的鉴定
　　（续）》图一五，《文物》1966年3期。

26　采自：河北省博物馆编《河北省博物馆文物
　　精品集》图版68，北京：文物出版社，1999
　　年。该瓶于1972年由保定市信托公司收集。

（二）样式二25

瘦高体。本样式可以视为金代样式二22和元代样式二24b相综合的变体：束胫、撇足、挖足加深，也可以视为经放大、拉长以后的变体：喇叭形小撇口，柱颈，颈肩方折，瓶身细长，窄平肩，肩腹圆折，腹部呈修长的椭圆形，修长的胫部也内曲收束，喇叭形外撇隐圈足，挖足很深。遗存很少，只见北方磁州窑类型器一例。例如：

①北京故宫博物院藏元代磁州窑类型白釉黑彩画花"梅瓶"1件（图8-2-3①）[23]，高37厘米、口径5厘米、足径9厘米。

（三）样式二26

小撇口，短束颈，瓶体瘦长如鸡腿状，窄溜肩、上腹微鼓，长势斜收，胫部微内曲而后直立，足沿微撇，平底隐圈足，挖足浅。带平顶、斜壁覆杯式盖。所见两例都是钧窑器。例如：

①北京故宫博物院藏元钧窑红斑天蓝釉红斑带盖"梅瓶"1件（图8-2-3②a）[24]，高39.3厘米，配覆杯式盖，盖内有用于固定的管状舌（图8-2-3②b）[25]。

②河北省博物馆藏元钧窑红斑天蓝釉"梅瓶"1件，高37.2厘米、口径4.2厘米、底径7厘米（图8-2-3③）[26]。

（四）样式二27

丰体。小侈口或小撇口，束颈或微束的柱颈，瓶身呈倒滴水形或楔形，平底隐圈足。

本样式始见于元代龙泉窑青瓷器，但数量不多，明、清两代景德镇"御窑"

梅瓶则持续不衰地沿用，衍化出众多亚型。目前所见本样式的元代梅瓶
只有龙泉窑一例，与后代同一样式的梅瓶有微妙的差异，因此将其视为
一个独立的亚型a。

样式二27a：口微侈，颈部收束的幅度极小，颈肩转折柔和但明确，
瓶身呈完美的倒滴水形，圆肩鼓腹近似球状，下腹斜收后胫部微曲，足
部直立。例如：

①韩国全罗南道新安郡海底元代沉船出水龙泉窑青瓷密棱纹"梅
瓶"1件（图8-2-4）[27]，高20.2厘米。

（五）样式二28

丰体。本样式主要是在金代定窑的样式二16b、磁州窑的样式二21a
等基础上进一步演变、改造而成：撇口、束颈，瓶身近似楔形，最大腹
径在肩腹圆折处，下腹长势斜收后内曲，平底隐圈足的足壁微撇或直
立，但足径增大，增强了稳定感。

本样式始见于元代，在景德镇窑（青白瓷、青花、釉里红）和磁州
窑（白瓷、翠蓝釉黑彩画花）均有采用，并延续至明清两代景德镇"御
窑"。根据各部差异，元代本样式梅瓶分为a、b、c共3个亚型。

1. 样式二28a：尖唇小撇口，束颈上撇，斜圆状宽肩，胫部最下端有
很短的内曲，隐圈足微撇，挖足很浅。见于景德镇青白瓷梅瓶，例如：

①江西万年县石镇公社元泰定元年（1324年）汤顺甫墓出土景德
镇窑青白瓷刻划花水龙纹"狮钮盖瓷瓶"2件（成对）[28]，器形、饰纹、
尺寸均相同，通高33厘米、口颈7.6厘米、底径11厘米、腹深27厘米
（图8-2-5①，附录一总表二：28a）[29]。配蹲狮钮圆帽式方折沿带管
舌瓶盖。

②江西乐平涌山公社出土青白瓷划花龙纹"梅瓶"1件（图8-2-
5②）[30]，高27.5厘米、口径5.6厘米、底径11.5厘米。

2. 样式二28b：卷唇小撇口，束颈上撇，颈肩转折明确，瓶身轮廓与
上一亚型相同，足壁或微撇或直立，但挖足稍深。见于磁州窑白瓷和翠
蓝釉画花器，例如：

③北京房山大峪沟村元代窖藏出土磁州窑孔雀绿釉（即翠蓝釉）
"梅瓶"1件（图8-2-5③）[31]，高35厘米、口径7厘米、底径12厘米。

④北京故宫博物院藏元磁州窑"内府"款白釉"梅瓶"1件（附录一
总表二：28b）[32]，高34厘米。

3. 样式二28c：尖唇小撇口，束颈，宽肩和上腹较圆鼓，下腹和胫部
的内曲轮廓较长，平底隐圈足挖足较浅。见于景德镇青花和釉里红器，
例如：

27 采自：*Relics Salvaged from the Seabed off Sinan*（*Materials 1*），*Compiled by the Bureau of Cultural Properties, Ministry of Culture and Information of Republic of Korea, Dong Hwa Publishing Co.*, 1985, Pl.17. 参见：〔韩〕国立中央博物馆编《新安海底文物——新安海底文化财特别展图录》图版41，汉城：三和出版社，1977年。此瓶现藏于韩国国立中央博物馆。

28 唐昌朴《万年县出土元代瓷器》，《文物工作资料》1973年6期8页；唐昌朴《介绍江西出土的几件瓷器》图版玖：5，《文物》1977年4期72页；吴志红、范凤妹《介绍一批江西元代青白瓷器》封二：图五，《江西文物》1983年2期66页。本文关于这对梅瓶的特征描述主要来自此三文。两瓶现藏于江西省博物馆。

29 带盖者采自：《中国陶瓷全集·11·元（下）》图版四七，上海：上海人民美术出版社，2000年；免盖者采自：J. M. Addis, *Chinese ceramics from datable tombs—and some other dated material, Sotheby Parke Bernet, London and New York*, 1978, Pl.26。还可参见：〔日〕三上次男主编《世界陶磁艺术——第13卷·辽、金、元》（英·日文版）图版186，东京：小学馆，1981年；《中国美术全集·工艺美术编·3·陶瓷（下）》图版1，上海：上海人民美术出版社，1988年；彭适凡主编，杨后礼、范凤妹编撰《宋元纪年青白瓷》图97，庄万里文化基金会（Ching Leng Foundation），1998年。

30 采自：罗瑞祥《介绍三件元代瓷瓶》图三，《江西历史文物》1983年4期。此瓶由乐平县历史文物陈列室在乐平涌山公社征集。

31 采自：赵光林《北京市发现一批古遗址和窖藏文物》图四：5，《考古》1989年2期。

32 图片由笔者摄自北京故宫博物院陶瓷馆，器名亦见该馆展标。尺寸参见：叶佩兰《元代瓷器》图270所标，北京：九州图书出版社，1998年。

图8-2-4　元代梅瓶样式二27　（0 ⌞⌞⌞⌞⌞⌞ 10 cm）

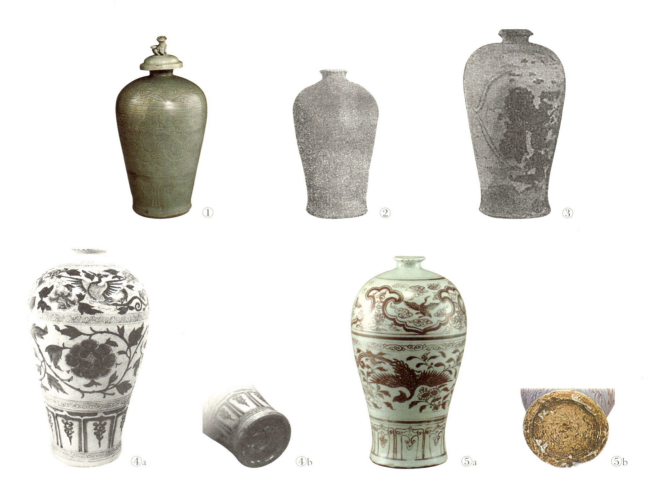

图8-2-5　元代梅瓶样式二28　（0 ⊢———⊣ 10 cm）

33　采自：〔日〕三杉隆敏《世界の染付・1・元》图版
　　3c、b，京都：同朋舍，1981年。此瓶现藏于伊朗国
　　家博物馆。该图录把这件梅瓶与韩国新安沉船出水的
　　景德镇窑青白瓷梅瓶做比较，新安沉船年代被判断为
　　14世纪前半期，因此图录将此瓶年代标注为"13世纪
　　中期"很可能属于误印，应为"14世纪中期"。

34　瓶体图片采自：〔日〕长谷部乐尔监修，〔日〕
　　中沢富士雄、长谷川祥子编著《中国の陶磁・第八
　　卷・元明の青花》图版3，东京：平凡社，1995年。
　　瓶足底图片采自：叶佩兰《元代瓷器》图172，北
　　京：九州图书出版社，1998年。

⑤伊朗阿尔黛比勒清真寺旧藏元景德镇窑青花凤凰缠枝牡丹纹"梅瓶"1件（图8-2-5④a、b）[33]，高39.5厘米、最大腹径22.5厘米。在胫部一片莲瓣内釉上刻有表示旧藏的矩形徽章。

⑥日本大和文华馆藏元景德镇窑釉里红凤凰纹"瓶"1件（图8-2-5⑤a、b）[34]，高39.5厘米。

（六）样式二29

丰体为主，尺寸规格比较统一，高度多在35厘米上下。器形特征与样式二28近似，圆唇小撇口、平底隐圈足，主要差别在于瓶身形态，呈丰实的倒滴水状体态，较窄的肩部和上腹部有一个含蓄的圆转，最大腹径略下移，下腹弧状下收，胫部则形成明显内曲，短足直立或微撇。

本样式主要流行于以元代磁州窑为代表的北方窑口，根据各部差异可以分为a～d共4个亚型。

1. 样式二29a：丰体。圆唇小撇口，束颈。遗物属磁州窑或磁州窑类

型器的白釉器，多在肩部黑彩书"内府"款。例如：

①北京良乡元代末期窖藏出土磁州窑白釉"梅瓶"2件（成对），高33.5~35厘米、口径5.5~6.6厘米、底径9.5~11厘米，一件是白釉黑彩竖书"内府"款（图8-2-6①）[35]，一件无款。

②河北赤城县云州村出土元代磁州窑白釉黑彩"内府"款"梅瓶"1件（图8-2-6③）[36]，高35厘米、口径6厘米、底径15厘米。

③河南鹤壁市大宽河出土元代白釉黑彩书"黄鹤"款"瓶"1件（图8-2-6④）[37]，高30厘米、口径3.9厘米、底径13.2厘米。

④内蒙古敖汉旗宝国吐乡出土元代白釉黑彩"内府"款"瓶"1件（图4-2-5⑥）[38]，高34厘米、口径5.3厘米、底径12.4厘米。

⑤内蒙古哲盟开鲁县文物管理所藏元代白釉"内府"款"瓶"1件（图8-2-6②）[39]，高35.4厘米、口径5.6厘米、底径13.8厘米。

⑥日本东京国立博物馆藏元代磁州窑类型白釉"内府"款"瓶"1件（图8-2-6⑤）[40]，高37厘米、口径5.3厘米、底径11.6厘米。

2. 样式二29b：丰体，圆唇或尖唇，束颈极短，遗物均属翠兰釉器。例如：

⑦江西高安元代窖藏出土元磁州窑翠蓝釉无饰纹"梅瓶"1件（图8-2-6⑥）[41]，高35.8厘米、口径4.5厘米、颈高1.7厘米、最大腹径21.5厘米、底径13.4厘米。剥釉严重。

⑧浙江杭州市元代瓷器窖藏出土翠蓝釉带盖"梅瓶"2件，通高35厘米、口径6厘米、腹径20.5厘米、底径12.5厘米，其一肩部釉下书"内府"款（图8-2-6⑦）[42]，其二底端刻一"井"字（图8-2-6⑧）[43]。两瓶的肩部有所差别，前者斜宽，后者窄圆，前者腹径较大，后者较小。覆杯式盖呈圆顶、斜壁、撇口。剥釉严重。

⑨河南汲县出土元代孔雀绿釉黑花"梅瓶"1件（图8-2-6⑨）[44]，高38厘米、口径5.5厘米、足径12.5厘米。剥釉严重。

⑩上海秦廷棫先生旧藏翠蓝釉铁绣花凤纹"梅瓶"1件（图8-2-6⑩）[45]，高33.8厘米。剥釉严重。

3. 样式二29c：丰体，外撇幅度相对较小的圆唇小侈口，束颈，瓶身相对瘦长，腹足间内曲转折较明显，足壁外撇，足内壁外斜，平底隐圈足挖足较深。例如：

⑪河北隆化鲍家营村古窑址出土元代酱釉瓷"瓶"1件（H1：62，图8-2-6⑪）[46]，高35厘米、口径4.2厘米、足径9.6厘米。

4. 样式二29d：矮体，其余特征与样式二29a相同。例如：

⑫河南省博物馆藏元代钧窑月白釉"梅瓶"1件（图8-2-6⑫）[47]，高25厘米、口径4.8厘米、底径9.2厘米。

35 采自：田敬东《北京良乡发现的一处元代窖藏》图四（左），《考古》1972年6期33页。按：该窖藏出土梅瓶共5件，窖藏年代是发掘者的判断。

36 采自：王国荣《河北赤城县出土元代"内府"白釉梅瓶》图一，《文物》1994年8期80页。此瓶现藏于赤城县博物馆。

37 采自：《中国出土瓷器全集·12·河南》图版225，北京：科学出版社，2008年。此瓶现藏于鹤壁市博物馆。

38 采自：《中国陶瓷全集·10·元（上）》图版一三四，上海：上海人民美术出版社，2000年。此瓶现藏内蒙古自治区敖汉旗博物馆。

39 采自：上揭，《中国陶瓷全集·10·元（上）》图版一三五。

40 采自：《東洋古陶磁》图版149，东京：东京国立博物馆，1953年。

41 刘裕黑、熊琳《江西高安县发现元青花、釉里红等瓷器窖藏》，《文物》1982年4期58页。参见：肖锦秀《元代孔雀蓝铅釉梅瓶》插图，《南方文物》2001年3期127页。图片采自：《中国陶瓷全集·10·元（上）》图版一五八，上海：上海人民美术出版社，2000年。按：此图录所标尺寸与原始资料提供的尺寸出入较大，本书采用原始资料的信息。此瓶现藏于高安市博物馆。

42 采自：桑坚信《杭州市发现的元代瓷器窖藏》图一六，《文物》1989年11期。

43 采自：前揭，《中国陶瓷全集·10·元（上）》图版一五七。两瓶现藏于杭州市文物考古所。

44 采自：杨爱玲《河南收藏历代梅瓶之所见》图七，载于《中国古陶瓷研究·第六辑》，北京：紫禁城出版社，2000年版，第147页。

45 采自：邯郸陶瓷公司《磁州窑陶瓷》图版1，石家庄：河北人民出版社，1980年。

46 采自：河北省文物研究所《隆化鲍家营古窑址发掘》图五：6，载于河北省文物研究所编《河北省考古文集》，北京：东方出版社，1998年版，第334、336页。

47 采自：杨爱玲《河南收藏历代梅瓶之所见》图五，载于《中国古陶瓷研究·第六辑》，北京：紫禁城出版社，2000年版。

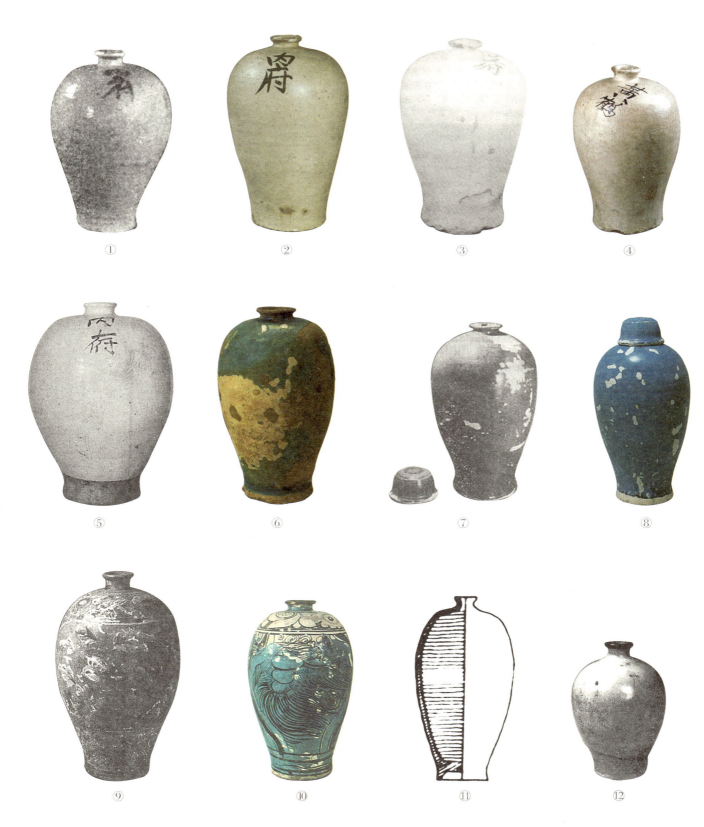

①　　②　　③　　④

⑤　　⑥　　⑦　　⑧

⑨　　⑩　　⑪　　⑫

图8-2-6　元代梅瓶样式二29　（0　　　10 cm）

（七）样式二30

包括丰体、高体、矮体，尺寸差异较大，高度范围在16～35厘米之间，是在样式二29的基础上变成的一种样式，以圆卷唇小撇口最常见，还有扁唇小撇口、圆唇小侈口，束颈，肩部以平耸肩最常见，还有斜溜肩，最显著的特征是在不同程度拉长瓶身的基础上，加大足壁外撇幅度呈喇叭形，内曲的胫部明显呈束腰状，平底隐圈足的挖足很深，足平沿。

本样式主要流行于以元代磁州窑为代表的北方窑口，明初南方窑口偶见子遗。根据各部差异，统一分为a～e共5个亚型。

1. 样式二30a：圆卷唇小撇口，体态适中，但尺度大小有别，肩宽平略斜，肩腹转折处最宽，以下斜收，尺度越小而束腰状胫部和喇叭形足壁外撇幅度越明显。例如：

①北京房山区大峪沟村元代窖藏出土磁州窑白釉黑彩"内府"款"梅瓶"1件（图8-2-7①）[48]，高35厘米、口径7厘米、底径12厘米。

②北京良乡元代窖藏出土磁州窑白釉凿"刘"字铭"梅瓶"1件（图8-2-7②）[49]，高28.8厘米、口径5厘米、底径11.2厘米。

③内蒙古林西县哈什吐井子村元代陶瓷器窖藏出土C型白釉"梅瓶"1件（图8-2-7③）[50]，高29.2厘米、口径6厘米、底径11.5厘米。

④辽宁绥中县三道岗元代沉船出水磁州窑白釉酱彩"梅瓶"多件，器形、尺寸、胎釉等均相同，其一（图8-2-7④）[51]，高22.9厘米、口径4.8厘米、底径9厘米。

⑤河北磁县南开河元末沉船出土磁州窑黑釉"瓶"1件（2：54，图8-2-7⑤，附录一总表二：30a②）[52]，高20.7厘米。

⑥吉林省洮南市二龙乡兴义村石猴地出土黑釉"梅瓶"1件（图8-2-7⑥）[53]，高16.5厘米、内口径3厘米、外口径4.5厘米、底径7.5厘米。

2. 样式二30b：小撇口、束颈，瓶身体态继续拉长变瘦，平耸肩，上腹较夸张地外鼓，束胫细长，喇叭状足的外撇更夸张，平底高隐圈足。例如：

⑦内蒙古林西县哈什吐井子村元代陶瓷器窖藏出土A型浅酱釉"梅瓶"2件，其一（图8-2-7⑦）[54]，高33.8厘米、口径4.4厘米、底径10.5厘米；其二（图8-2-7⑨）[55]，高22.6厘米、口径4厘米、底径8.4厘米。

⑧内蒙古呼和浩特托克托古城"大皇城"遗址出土白釉无饰纹"梅瓶"1件（图8-2-7⑧）[56]，高28厘米。

3. 样式二30c：圆唇小侈口、微束颈，体态较丰肥，比较接近样式二29a，但束腰状胫部和喇叭形外撇高隐圈足也比较明显。例如：

⑨内蒙古呼和浩特托克托古城"大皇城"遗址出土白釉黑彩画花植物纹"梅瓶"1件（图8-2-7⑩）[57]，高24.5厘米。

4. 样式二30d：小侈口、微束颈，斜肩略折，中上腹凸鼓，束胫、撇足、深

48　采自：赵光林《北京市发现一批古遗址和窖藏文物》图四：4，《考古》1989年2期。

49　采自：田敬东《北京良乡发现的一处元代窖藏》图四（右），《考古》1972年6期33页。

50　采自：王刚《内蒙古林西县元代陶瓷器窖藏》图版八：4，《内蒙古文物考古》2005年2期35页。

51　采自：《中国出土瓷器全集·2·天津、辽宁、吉林、黑龙江》图版151，北京：科学出版社，2008年。参见：张威《辽宁绥中元代沉船调查述要》，《中国历史博物馆馆刊》1995年1期。此瓶现藏于中国国家博物馆。

52　采自：磁县文化馆《河北磁县南开河村元代木船发掘简报》图版伍：3，图五：12，《考古》1978年6期。

53　采自：上揭，《中国出土瓷器全集·2·天津、辽宁、吉林、黑龙江》图版174。此瓶现藏于白城市博物馆。

54　采自：王刚《内蒙古林西县元代陶瓷器窖藏》图二：7，《内蒙古文物考古》2005年2期34页。

55　采自：同上，图版八：3。

56　采自：李逸友《内蒙古托克托城的考古发现》图版贰拾：3，载于《文物资料丛刊4》，北京：文物出版社，1981年。

57　采自：李逸友《内蒙古托克托城的考古发现》图版贰拾：4，同上。

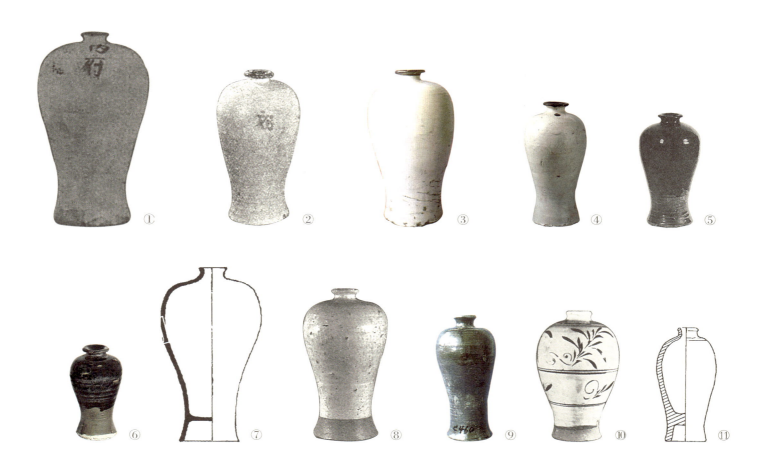

图8-2-7　元代梅瓶样式二30　（0⊢⊢⊢⊢⊢⊢10cm）

58　采自：王刚《内蒙古林西县元代陶瓷器窖藏》图三：1，《内蒙古文物考古》2005年2期35页。

59　采自：苗润华《巴林右旗巴彦琥绍辽墓和元代遗址》图四：1，《内蒙古文物考古》1994年1期。

60　采自：同上，图四：2。

挖足。例如：

⑩内蒙古林西县哈什吐井子村元代陶瓷器窖藏出土B型褐釉"梅瓶"2件，其一（附录一总表二：30d）[58]，高28.8厘米、口径4.4厘米、底径8.8厘米；其二高24厘米、口径4厘米、底径8.2厘米。

5. 样式二30e：小侈口、束颈，瓶身较瘦，窄溜肩，上腹略鼓，下腹微斜收，胫部略收束，足壁微撇，平底高隐圈足。例如：

⑪内蒙古巴林右旗巴彦琥绍元代居住遗址出土"缸瓷瓶"2件，其一（E8003：1，图8-2-7⑪）[59]，高22.6厘米、口径3.8厘米、底径7.8厘米；其二（E8003：2，附录一总表二：30e）[60]，高22.4厘米、口径4.2厘米、底径7.8厘米。

（八）样式二31

瘦高体。在样式二30的基础上继续拉长瓶身，形成大跨度内曲的修长束胫，挖足很深的隐圈足，呈更为明显的外撇喇叭形，由于瓶体较瘦长，肩部均为斜折肩。瓶高介于13～39厘米，差异较大。

本样式主要流行于以元代磁州窑为代表的北方窑口，明代中期偶尔一见。根

①　②　③　④　⑤　⑥

图8-2-8　元代梅瓶样式二31、32、33　（0 ⊢⊢⊢⊢⊢ 10 cm）

据各部差异统一分为a、b、c共3个亚型。

1. 样式二31a：卷唇小撇口，柱颈略束。例如：

①北京后英房元代居住遗址出土磁州窑白釉黑彩"内府"款"经瓶"1件（图8-2-8①）[61]，高38厘米、口径5.4厘米、腹径16.3厘米、足径13厘米。

2. 样式二31b：薄唇小撇口，束颈，瓶体比亚型a更瘦长。例如：

②甘肃武威永昌镇张英六组村出土元代黑釉划字"梅瓶"1件（图8-2-8②）[62]，高39厘米、口径6厘米、足径12厘米。隐圈足。

3. 样式二31c：薄唇撇口短束颈，陡斜肩，撇足幅度适中，凸底隐圈足，尺度很小，显得瓶体细小。例如：

③河北霸县元代霸州码头遗址出土元磁州窑白釉黑彩画花"瓶"1件（84BC：179，图8-2-8③）[63]，高13.2厘米、口径3.3厘米、底径4.2厘米。腹部草书"大吉利"三个大字。

（九）样式二32

丰体。大口，其他特征与样式二30相同。见于元代磁州窑，样式六8与之相似。例如：

①河北磁县南开河元末沉船出土磁州窑白釉"瓶"1件（1：363，图8-2-8④）[64]，高18.8厘米。

（十）样式二33

丰体。宽斜肩，较明确的肩腹圆折处最宽，下腹斜收，束胫内曲圆折，矮足壁外撇幅度不大，平底隐圈足。根据各部差异分为a、b两个亚型。

61　采自：中国科学院考古研究所北京市文物管理处元大都考古队《北京后英房元代居住遗址》图八，《考古》1972年6期9页。

62　采自：《中国出土瓷器全集·16·甘肃、青海、宁夏、新疆、云南、贵州、西藏》图版102，北京：科学出版社，2008年。此瓶现藏于武威市博物馆。

63　采自：苑晓光、陈卓然《霸州元代码头遗址》图九：10，《文物春秋》2003年3期48页。

64　采自：《河北磁县南开河村元代木船发掘简报》图五：9，《考古》1978年6期。

65　采自：洛阳市铁路北站编组站联合考古发掘队《元赛因赤答忽墓的发掘》图二四：4，《文物》1996年2期。

66　采自：山西省文物管理委员会、山西省考古研究所《山西文水北峪口的一座古墓》图二：2（右），《考古》1961年3期138页。

67　项春松、王建国《内蒙（古）昭盟赤峰三眼井元代壁画墓》，《文物》1982年1期56页。按：此墓出土梅瓶属样式二24例④。

68　王刚《内蒙古林西县元代陶瓷器窖藏》，《内蒙古文物考古》2005年2期36页。按：此墓出土梅瓶属样式二24例⑥。

69　陈万里撰《故宫博物院藏瓷选集解说》图四三"元影青刻云龙纹瓶"条，载于《故宫博物院藏瓷选集》，北京：文物出版社，1962年，11页。

70　冯先铭先生将乐平涌山出土的梅瓶断为"元代中期"，定窑口为景德镇窑。见：罗瑞祥《介绍三件元代瓷瓶》，《江西历史文物》1983年4期115～116页。

71　西方学者早已注意到江西万年元泰定元年（1324年）汤顺甫墓出土的两件梅瓶（样式二28a例①），对于分藏世界各地的一批胎釉、装饰、器形相同或相近的青白瓷梅瓶在断代和确定窑口上的重要意义，见：〔英〕J. M. Addis（艾迪斯）：*Chinese ceramics from datable tombs—and some other dated material*, Sotheby Parke Bernet, London and New York, 1978, Pl.26之说明。

1. 样式二33a：小撇口，束颈，瓶年身较丰满。例如：

①河南洛阳元至正二十五年（1365年）赛因赤答忽墓M198出土黑釉"梅瓶"1件（M198：12，图8-2-8⑤）[65]，高29厘米、口径5.5厘米、肩径16厘米。

2. 样式二33b：厚圆唇小侈口，束颈极短（无颈），瓶身较瘦。例如：

②山西文水县北峪口元代画像石墓出土"瓷瓶"2件（成对），器形相同，其一（图8-2-8⑥）[66]，高17厘米，黑釉；其二，残高17.5厘米，缺口颈部，豆绿色釉。

（十一）元代梅瓶第二类样式群部分器物产地和年代判断

表8-2-1　元代梅瓶第二类样式群部分器物产地和年代分析

梅瓶	以往的判断	笔者的判断	主要理由
样式二24多例	元	元前期	本样式例①瓶身黑彩书"至元十九年"（1282年），可以判断本样式流行于元代前期。有学者指出，本样式梅瓶在内蒙古赤峰一带金元遗址中多有出土[67]，因此也有人认为本样式中的某些黑釉和黄釉的梅瓶为赤峰缸瓦窑制品[68]
样式二28a例①	元泰定元年（1324年）	元中期，可能是景德镇南山窑	陈万里先生早年曾调查并确认了元代景德镇南山窑一带烧造青白瓷，质量逊于宋代湖田窑[69]。本例有属于南山窑的可能。以本例墓葬纪年和墓中出土的这两件梅瓶为标准，可以推测在器形、胎釉、装饰与之相同的乐平涌山出土的青白瓷划龙纹梅瓶（本样式例②），应该是同期同窑制品[70]。同理，也可以如此看待器形类同的元代青白瓷特别是龙纹梅瓶各例的年代和产地[71]

续表

梅瓶	以往的判断	笔者的判断	主要理由
样式二27a例①	龙泉窑。 沉船时间：元中期（14世纪初期）[72]，或元末至正二十七年（1367年）以前[73]。瓷器烧造时间：元大德（14世纪初）以后的元代中晚期[74]	—	元代龙泉窑的窑场从龙泉西南部的西区扩大到龙泉以东的东区。有学者认为，新安沉船的龙泉窑青瓷器多符合龙泉窑西区大窑、溪口等窑址出土青瓷器的特征，认为其"大部分应是龙泉县大窑的产品……另有一部分青瓷器是溪口窑的产品"[75]，而属于龙泉窑东区的上严儿村窑址的考古发掘表明，沉船中有一部分龙泉窑青瓷器是来自龙泉窑东区[76]。无论是西区还是东区，元代龙泉窑烧造的青瓷器具有比较统一的特征
样式二29a例① 样式二30a例②	窖藏年代：元[77]	元末 磁州窑	经学术界较深入的研究，样式二29的几处元代窖藏或沉船的时间大多被视为元代中晚期，由此可以判断这种样式的流行及有关器物的烧造时间也在元中晚期
样式二30a例④	沉船时间：元晚期。瓷器产地：观台磁州窑[78]	—	同上
样式二30a例⑤ 样式二32例①	沉船时间：元至正十二年（1352年）以后；瓷器产地：磁州窑[79]	—	同上
样式二31a例①	—	元后期	北京后英房元代居住遗址的年代是"元代中期以后"[80]，本例器形、胎釉与磁县南开河沉船、良乡元代窖藏等出土的梅瓶类同，烧造年代应该也是元后期。（后英房出土的黑釉"内府"款梅瓶见样式四25例①）
样式二31c例③	元末，磁州窑[81]	—	—
样式二30b例⑦ 两瓶	元，缸瓦窑[82]	—	—

72 这是各国学者的共识性观点，见：〔韩〕郑良谟《新安海底中国瓷器编年考察》，国际讨论讲演稿；〔日〕三上次男主编《世界陶磁艺术——第13卷·辽、金、元》（英、日文版）图版187（左）说明（佐藤雅彦撰），东京：小学馆，1981年；〔美〕朱莉叶·艾莫森、陈洁、倪密合著，秦大树译《瓷器贸易的曙光——白瓷与青白瓷》，《南方文物》2000年4期113页。

73 李德金、蒋忠义、关甲堃《朝鲜新安海底沉船中的中国瓷器》，《考古学报》1979年2期251页。

74 同上。

75 同上，248页。

76 中国历史博物馆考古部《浙江龙泉青瓷上严儿村窑址发掘报告》"结论"，《中国历史博物馆馆刊》8期71页，1986年。

77 田敬东《北京良乡发现的一处元代窖藏》，《考古》1972年6期34页。

78 张威《辽宁绥中元代沉船调查述要》，《中国历史博物馆馆刊》1995年1期115页。

79 《河北磁县南开河村元代木船发掘简报》，《考古》1978年6期398页。报告作者还指出，南开河元代沉船上的瓷器与观台、冶子、艾口覆窑址的瓷片相似，都属于磁州窑制品。

80 《北京后英房元代居住遗址》，《考古》1972年6期11页。

81 范晓光、陈卓然《霸州元代码头遗址》，《文物春秋》2003年3期49页。按：发掘者认为此瓶年代与磁县南开河村元代沉船同类瓶时间相当，属磁州窑。

82 王刚《内蒙古林西县元代陶瓷器窖藏》，《内蒙古文物考古》2005年2期39页。

83　采自：*Relics Salvaged from the Seabed off Sinan*（*Materials 1*），*Compiled by the Bureau of Cultural Properties*, Ministry of Culture and Information of Republic of Korea，Dong Hwa Publishing Co., 1985, Pl.16。参见：韩国国立中央博物馆编《新安海底文物——新安海底文化财特别展图录》图版40，汉城：三和出版社，1977年。

84　采自：Margaret Medley, *Yuan Porcelain and Stoneware*, London, Faber and Faber Limited, 1974, Pl.62A。

三、第三类样式群

元代盘口式梅瓶样式目前只见1种，其数量之少与此前之兴盛形成了让人印象深刻的强烈对比。

（一）样式三13

主要沿袭南宋同一样式的形式因素，同时综合了其他形式因素，独立成为一个j亚型。

样式三13j：具有小盘口遗意的扁突唇小口，稍长的柱颈，瓶身的倒滴水形很明显，圆溜肩，上腹外鼓，下腹迅速内收，胫部内曲后趋于直立，直壁平底隐圈足。流行于元代龙泉窑：

①韩国全罗道新安郡海底元代沉船出水龙泉窑青瓷小盘口"梅瓶"1件（图8-2-9①）[83]，高18.5厘米。

②海外私人藏（Seligman Collection）龙泉窑青瓷"贴花梅瓶"（Meiping with reliefs）1件（图8-2-9②）[84]，高22.3厘米。

图8-2-9　元代梅瓶样式三13① ②

（0　　　　　10 cm）

（二）元代梅瓶第三类样式群部分器物产地和年代判断

表8-2-2　元代梅瓶第三类样式群部分器物产地和年代分析

梅瓶	以往的判断	笔者的判断	主要理由
样式三13j例①	元代中晚期，龙泉窑	—	同样式二27a例①

四、第四类样式群

"梯形小环口"样式的梅瓶是辽、宋、金和西夏最为流行的一大类，所含各种样式曾经遍布长城内外、大江南北，到了元代，本样式群梅瓶的流行范围基本局限在北方地区。就所见材料来看，元代本样式的遗物数量和样式数量都呈下降趋势，所含样式见有14种，其中相当一部分延续了金代和南宋的器形特征或有所变化，如样式四8、17、25、27、28、20，还有经过矮化的西夏梅瓶样式四37，此前未见过的器形有样式四39、42～47。大部分样式都出现了比较明显的时代性和地域性的器形变化，如金代出现的撇足，到了元代其外撇幅度越来越大（在其他样式群中也存在相同现象），相应地出现了胫部极端收束的形态，还出现了更夸张的宽肩。至于此前未见过的一些样式，很少的一部分仍然体现中矩适度的样式特征，另有一些样式则失去了原本比较统一和协调的样式法度，既不同于宋金时期，也不同于元代梅瓶的器形主流，凸显了地域性差异，差异之大让人有"稀奇古怪"之感，尽管这部分样式并不非常流行。以上现象说明，元代第四类样式群的梅瓶进入了失度与衰落的时期。

（一）样式四8

经北宋晚期和金代，梅瓶高体样式四8到了元代仍主要在中原地区流行，既有完全保留传统特征的亚型，也有发生了时代性变化的亚型，整体尺寸成比例缩小。所见材料可以分为a、c、g～j共6个亚型。

1. 样式四8a：特征一如北宋和金代，但溜肩陡斜[85]。例如：

①江西瑞昌县码头镇长咀村南宋宝祐五年（1257年）冯士履墓出土白釉黑彩画花缠枝水草莲花纹"梅瓶"2件[86]，其一（图4-3-11①）[87]，高52.5厘米、口径4.2厘米、最大腹径21.1厘米、底径11.7厘米、圈足边宽1.3厘米；其二（图4-3-11②）[88]，高52.3厘米、口径4.8厘米、最大腹径22.3厘米、底径12厘米、圈足边宽2厘米。（参见附录一总表四：8a⑥⑦）

②北京故宫博物院藏白釉黑彩画花缠枝水草莲花纹"梅瓶"1件（图8-2-10①）[89]，高38厘米、口径5厘米、底径9厘米。

③海外藏白釉黑彩画花草叶纹"梅瓶"1件（图8-2-10②）[90]，高41.9厘米。

2. 样式四8c：特征一如金代[91]，但胫部显得更为细长。例如：

④日本富冈美术馆藏白釉黑彩画花草叶纹"梅瓶"1件（图8-2-10③）[92]，高49.2厘米。

⑤日本静嘉堂藏"白地铁绘草叶文瓶"1件（图8-2-10④）[93]，高35.2厘米。

⑥海外藏白地黑花鱼莲纹酒瓶（Wine jar with painted design of fish and lotus）1件（图8-2-10⑤）[94]，高36.5厘米。

⑦海外藏白釉黑彩画花缠枝花草纹带盖"瓶"1件（图8-2-10⑥）[95]，高44.5厘米、腹径20.5厘米、底径9.5厘米。盖作平顶斜曲壁覆杯式。

3. 样式四8g：颈肩部呈弧面过渡，柱颈成为上收的束颈，宽而圆的斜肩、鼓腹，长而渐细的下腹和胫部斜收，胫部略内曲，足径较小，整体似楔形。例如：

⑧河南汝州市汝瓷博物馆藏白釉黑彩画花卷枝牡丹纹"梅瓶"1件（图8-2-10⑦）[96]，高32厘米、口内径2厘米、足径6厘米。

4. 样式四8h：梯形口斜面较陡，口形转折方硬，仍是短柱颈，但瓶身变瘦，肩部变窄，肩腹间有较明显的圆折，上腹微鼓，与弧线内曲的颈部和直立微撇的隐圈足构成优美的曲线。例如：

⑨陕西西安市北绛村元墓出土白釉黑彩画花"梅瓶"1件（图8-2-

85　见第六章第二节和第七章第二节。

86　该墓简报先后刊发两次：刘礼纯《瑞昌县出土磁州窑系瓷器》，《江西文物》1987年1期；刘礼纯《江西瑞昌宋墓出土磁州窑系瓷瓶》，《文物》1987年8期。本文采录信息以后文为主，兼采前文。

87　采自：《中国出土瓷器全集·14·江西》图版64：右，北京：科学出版社，2008年。

88　采自：《中国出土瓷器全集·14·江西》图版64：左，同上。

89　采自：《中国陶瓷全集·7·宋（上）》图版181，上海：上海人民美术出版社，2000年。

90　采自：〔日〕小山富士夫监修、长谷部乐尔编《陶器全集·13卷·宋の磁州窑》图版33，东京：平凡社，1966年。

91　见第七章第二节。

92　采自：〔日〕三上次男主编《世界陶磁藝術——第13卷·遼、金、元》（英、日文版）图版256，东京：小学馆，1981年。

93　采自：〔日〕三上次男主编《世界陶磁藝術——第13卷·遼、金、元》（英、日文版）图版257，同上。

94　采自：Mary Ann Rogers, Chinese Ceramics in the Matsuoka Museum of Art (Part I), fig.13, from: Chinese Ceramics, Selected Articles from Orientations 1982–1998, Hong Kong, Orientations Magazine Ltd, 1999.p.73.

95　采自：上揭，〔日〕三上次男主编《世界陶磁藝術——第13卷·遼、金、元》（英、日文版）图版97。

96　采自：河南省文物研究所、汝州市汝瓷博物馆、宝丰县文化局编《汝窑的新发现》图版148，北京：紫禁城出版社，1991年，24页。

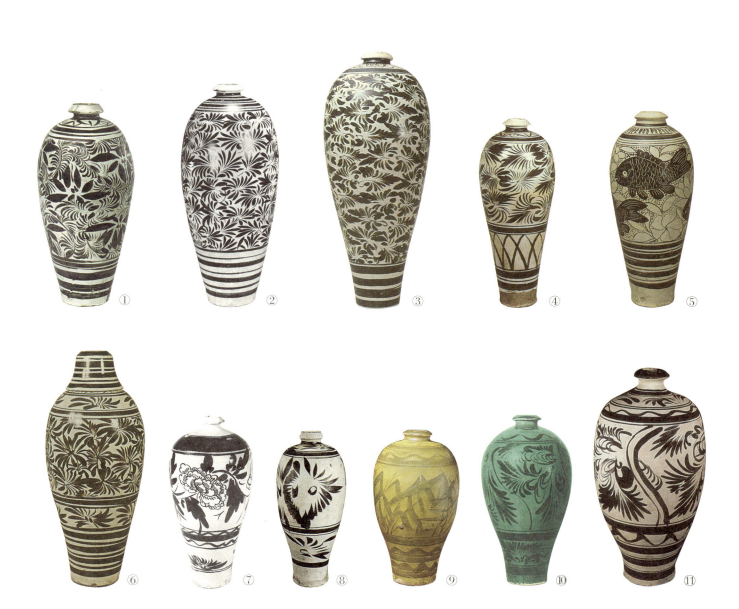

图8-2-10　元代梅瓶样式四8　（⊢⊣⊢⊣⊢⊣ 0　　　　 10 cm ）

97　采自：王长启《西安发现的磁州窑系瓷器》
　　图8，《收藏界》2004年8期。

98　采自：《中国美术全集·工艺美术编·2·
　　陶瓷（中）》图版227，上海：上海人民美
　　术出版社，1988年。

99　采自：故宫博物院编《故宫博物院藏瓷选
　　集》图版37，北京：文物出版社，1962年。

10⑧）⁹⁷，高29.4厘米、口径3.8厘米、足径6.6厘米。

5. 样式四8i：较扁的梯形口，短柱颈略束，瓶身呈倒滴水状，圆溜肩，上腹圆鼓，下腹弧收，胫部内曲，直壁隐圈足。例如：

⑩北京故宫博物院藏棕黄釉黑彩画花竹纹"瓶"1件（图8-2-10⑨）⁹⁸，高29.6厘米、口径5.3厘米。

⑪北京故宫博物院藏绿釉黑彩画花草叶纹"瓶"1件（图8-2-10⑩）⁹⁹，高32.2厘米、口径2.8厘米、足径7.7厘米。

6. 样式四8j：与样式四8i近似，但内口径较小，梯形口斜面稍宽，上腹部较长而直，胫部内曲更明显，显得腹部长大、胫足短小。例如：

⑫广东民间工艺馆藏白釉褐彩画花草叶纹"瓶"1件（图8-2-10⑪）[100]，高41厘米。

（二）样式四25

高体，始见于金代磁州窑，元代磁州窑仍在沿用但肩部变宽、瓶体趋矮，成e亚型（样式四25e）：矮梯形小环口、柱颈，圆丰肩，下腹微弧斜收，胫足部直立，隐圈足。例如：

①北京后英房元代居住遗址出土元后期磁州窑白口黑釉划"内府"款"经瓶"1件（图8-2-11）[101]，高31厘米、口径5.8厘米、足径11厘米。

（三）样式四27

始见于金代的瘦高体样式，至元代略矮而成高体，主要表现在卵状上腹拉长，束腰状胫部缩短，较浅的平底隐圈足足径也较小，因此喇叭形撇足相应短小；此外，元代器的梯形小环口较小，束颈分长、短，仍然只见于北方的磁州窑和磁州窑类型的白釉黑彩画花和绿釉黑彩画花器。根据各部差异，元代器分为d、e、f共3个亚型。

1. 样式四27d：仍保留金代样式的修长体态，尤其近似样式四27c，但肩部斜溜。例如：

①北京故宫博物院藏白釉黑彩画花牡丹纹"瓶"1件（图8-2-12①）[102]，高40厘米、口径3.5厘米、足径10.5厘米。

2. 样式四27e：典型的元代样式四27，特征一如上述，但上腹略拉长，梯形口壁分斜直和内曲。例如：

②陕西西安市北郊谭家村元墓出土白釉黑彩画花牡丹纹并横书诗句"梅瓶"1件（图8-2-12②）[103]，高35厘米、最大腹径15.5厘米。下腹自右向左楷书"风吹十里透香瓶"七字，字侧倒。

③辽宁旅顺博物馆藏白釉黑彩画花牡丹纹并书"平沙落雁"四大字"梅瓶"1件（图8-2-12③）[104]，高37.1厘米、口径3.1厘米、腹径15.8厘米。

④山东临清市博物馆藏白釉黑彩画花动物纹"梅瓶"1件（图8-2-12④）[105]，高34厘米、腹径15厘米。

⑤陕西西安市东郊谢王村出土白釉黑彩画花菱花形开光折枝牡丹纹"梅瓶"1件（图8-2-12⑤）[106]，高30厘米、最大腹径13厘米。

3. 样式四27f：在样式四27e基础上进一步拉长腹部，腹壁长直，束腰状胫部和小撇足短小，梯形口较扁，口沿内曲，尖唇。例如：

⑥北京故宫博物院藏绿釉黑彩画花鱼形纹"梅瓶"1件（图8-2-12⑥）[107]，高38.5厘米、口径3厘米、足径9厘米。

100 采自：广东民间工艺馆、广州市文物管理委员会、香港中文大学文物馆编《宋代陶瓷艺术》图版55，1987年。

101 采自：中国科学院考古研究所北京市文物管理处元大都考古队《北京后英房元代居住遗址》图七（左），《考古》1972年6期9页。

102 采自：《中国陶瓷全集·9·辽 西夏 金》图版一八九，上海：上海人民美术出版社，2000年。

103 王长启《西安发现的磁州窑系瓷器》图2，《收藏界》2004年8期30页。采自：《中国出土瓷器全集·15·陕西》图版197，北京：科学出版社，2008年。

104 采自：王珍仁、孙慧珍《磁州窑"平沙落雁"梅瓶》图一，《辽海文物学刊》1995年2期87页。

105 采自：殷黎明《临清市征集瓷器选介》图三，《文物》1992年11期96页。

106 采自：王长启《西安发现的磁州窑系瓷器》图9，《收藏界》2004年8期。

107 采自：《中国陶瓷全集·7·宋（上）》图版153，上海：上海人民美术出版社，2000年。

图8-2-11 元代梅瓶样式四25

（0⸺10cm）

图8-2-12　元代梅瓶样式四27　（0━━━━━10 cm）

108　采自：《中国出土瓷器全集·3·河北》图
　　　版207，北京：科学出版社，2008年。此瓶
　　　现藏于河北省文物研究所。

109　采自：陈文平编著《流失海外的国宝·
　　　四·陶瓷》，上海：上海文化出版社，
　　　2001年，156页图2。

110　采自：秦大树《宋元时期磁州窑瓶类器物的
　　　发展及其使用功能探讨》图一：26，《南方
　　　文物》2000年4期28页。按：原见Sotheby's,
　　　*Fine Chinese Ceramics, Furniture and Works of
　　　Art,* New York, September, 1996。

111　采自：杨爱玲《河南收藏历代梅瓶之所见》
　　　图六，载于《中国古陶瓷研究·第六辑》
　　　143页，北京：紫禁城出版社，2000年。

（四）样式四28

始见于金代耀州窑，元代见于钧窑和磁州窑器，肩部变宽、斜溜、肩腹圆转较明显，分b、c两亚型。

1. 样式四28b：矮梯形小口细小，短束颈，基本保持倒滴水形瓶身，丰肩、鼓腹，胫部较长而内曲，足部直立，足端微撇，平底隐圈足。例如：

①河北乐亭县蔡各庄出土元钧窑天青釉"梅瓶"1件（图8-2-13①）[108]，高33.7厘米、口径3.1厘米、底径9.5厘米。

②美国旧金山亚洲艺术博物馆藏元钧窑月白釉红斑"梅瓶"1件（图8-2-13②）[109]。

2. 样式四28c：与亚型b相比，矮梯形小口稍宽，肩腹圆折较凸，下腹斜直，胫部内曲和足壁外撇明显。例如：

③海外藏元代磁州窑白釉黑彩画花龙凤纹"梅瓶"1件（附录一总表四：28c）[110]。

（五）样式四44

丰体。梯形小口内壁与外壁随形呈钵盂状，短束颈。由于束腰状胫部的收束极度夸张，使瓶身分为桃形上腹和喇叭形撇足两部分，圆丰肩、鼓腹，弧状斜收，极度束腰状细胫，喇叭形隐圈足细短。

这是与高体或瘦高体的元代样式四27具有同类时代特征而又经过更夸张变化之后的一种梅瓶样式，见于中原青釉器。例如：

①河南省博物院藏元代青釉无饰纹"梅瓶"1件（图8-2-14①）[111]，高30.5厘米、口径3.8厘米、足径12.5厘米。

图8-2-13　元代梅瓶样式四28

（0━━━━━16 cm）

（六）样式四45

高体。高梯形小口，斜沿微收束，短束颈，圆溜肩，上腹鼓，下腹弧状斜收，胫部细长而内曲，足壁外撇呈喇叭形，平底隐圈足。本样式只见山西墓葬出土的一例，从金代山西窑场极为流行的样式四19、31经过足部外撇而成。例如：

①山西朔州市城区西影寺村M3出土白釉弦纹"梅瓶"1件（图8-2-14②a、b）[112]，高35.5厘米、口径3.2厘米、底径11.2厘米。

（七）样式四46

矮体。高梯形小口，束颈，宽斜肩，肩腹圆折凸鼓，腹壁斜直下收至底，隐圈足。本样式也只见一例，出土于陕北地区，也与金代山西窑场流行的高梯形小口梅瓶样式有关，但瓶身不类，融合了其他因素，体现了元代山西、陕西一带的特点。例如：

①陕西绥德县薛家峁乡杨家沟出土元代山西窑场黑釉剔花花叶钱纹"瓷瓶"1件（图8-2-14③）[113]，高33厘米、口径4厘米、腹围71厘米、底径11厘米。

（八）样式四47

矮体。梯形口退化成卷沿圆唇小口，束颈极短，窄耸肩，肩腹间有明显圆折，中腹鼓，下腹斜收，隐圈足，底微凸，挖足极浅。例如：

①山西大同西郊齿轮厂元代壁画墓CM2出土绿釉"瓷瓶"1件（CM2：1，图8-2-14④）[114]，高23.4厘米、口径5厘米、底径8.2厘米。

（九）样式四20

高体，小型器，始见于金代初期（图7-2-11① ②，附录一总表四：20a），至元代出现b亚型，即样式四20b：规矩的梯形小口，束颈，瓶身修长，圆溜肩，上腹鼓，下腹斜收，胫部明显内曲，足壁大幅度外撇呈喇叭形，平底微凹。例如：

①宁夏固原开城元代安西王府三号遗址区出土绿釉"陶瓶"1件（图8-2-14⑤，附录一总表四：20b）[115]，高28厘米、口径5.6厘米、腹径13厘米、底径11.6厘米。肩部釉下刻一个"吴"字。

（十）样式四37

本样式的高体器始见于西夏，至元代仅见1个矮体亚型，即样式四37f：是西夏样式四37e的变体，梯形小口变薄、唇沿变尖、束颈稍变粗、方折肩变平、腹

112 采自：《中国出土瓷器全集·5·山西》图版169，附足底图，北京：科学出版社，2008年。此瓶现藏于平朔考古队。

113 陈孟东《榆林地区一批馆藏宋、金、元瓷器》图版叁：5，《文博》1986年1期17页。此瓶现藏于陕西榆林博物馆。

114 王银田、李树云《大同市西郊元墓发掘简报》图六：1，《文物季刊》1995年2期32页。

115 采自：宁夏固原县文物管理所《宁夏固原开城元代安西王府建筑遗址调查简报》图十二，图十：5，《中国历史博物馆馆刊》2000年1期117页。

图8-2-14　元代梅瓶样式四44、45、46、47、20、37、17、39、43　（0 —————— 10 cm）

116　采自：宁夏固原县文物管理所《宁夏固原
　　　开城元代安西王府建筑遗址调查简报》图
　　　十七：8，《中国历史博物馆馆刊》2000年
　　　1期121页。

117　图片由笔者2010年12月拍摄于杭州的南宋
　　　官窑博物馆。品名、铭文、年代及窑口等
　　　信息均来自于馆方提供的信息。

部微变尖鼓、隐圈足内壁变斜而成凹底。例如：

①宁夏固原开城元代安西王府遗址六号遗址区出土黄褐釉小口"瓷瓶"1件（图8-2-14⑥）[116]，高20厘米、口径8厘米、底径8厘米。

（十一）样式四17

丰体，始见于北宋晚期，南宋非常流行，元代器目前仅见一例1个亚型，即样式四17f：扁平的梯形小口更显圆卷，柱颈较粗，瓶体丰满，圆溜肩，上腹圆鼓，下腹弧面斜收至底。下例与南宋吉州窑黑彩画花器相似，但白釉黑彩画花的装饰风格介于南北方之间。例如：

①杭州南宋官窑博物馆藏白釉黑彩画花书"醉乡酒海"四大字"梅瓶"1件（图8-2-14⑦）[117]，尺寸不明。

（十二）样式四39

矮体。梯形小环口较窄而宽，口沿斜面较陡，上敛的粗柱颈，斜肩，肩腹圆折，瓶身短，腹壁较直，下腹斜收至底，隐圈足。与同期西北特征鲜明的样式四37f颇为相似，见于吉州窑白釉黑彩画花器。例如：

①广东民间工艺馆藏元代吉州窑白釉褐彩画剔花鸟纹"瓶"1件（图8-2-14⑧）[118]，高18厘米。

（十三）样式四43

很规矩的梯形口，薄唇，短束颈，斜广肩，腹壁较直而高，下腹呈弧面剧收，至足内曲而直立，足径很小，平底足。这种形式特殊的样式只见于湖北武汉江夏窑。例如：

①湖北武汉江夏区新窑村窑址群陈家窑墩出土南宋至元代的褐红色胎青绿色釉A型"瓶"1件（T2②a：12，图8-2-14⑨）[119]，高29.6厘米、口径5厘米、腹径16厘米、底径6厘米。

（十四）样式四42

扁梯形小环口，口沿斜面圆卷，柱颈，口颈肩转折明确，瓶身修长呈倒滴水形，圆溜肩，上腹鼓，下腹斜直下收至底，平底。保留了很明显的宋金器形特征，只见一例来自四川元墓出土的小型铜器。例如：

①四川简阳东溪园艺场元墓出土Ⅳ式瓶"铜瓶"1件（图4-4-7）[120]，高12厘米、口径2.3厘米、底径2.5厘米。无饰纹。

（十五）元代梅瓶第四类样式群部分器物产地和年代判断

表8-2-3 元代梅瓶第四类样式群部分器物产地和年代分析

梅瓶	以往的判断	笔者的判断	主要理由
样式四8a例①	南宋宝祐五年（1257年），可能是河南禹县扒村窑[121]	蒙古时期（1234~1271年），河南窑场	本例两瓶的烧造时间，应该在墓葬纪年之前。两瓶的器形还保留着同一样式金代梅瓶的相同特征，但是白釉黑彩画花出现了与金代器不太一样的特点，如肩部短小的莲瓣或菊瓣纹、胫部的多层宽带纹以及腹部类似水草和莲花的纹样，在金代晚期某些器物上略有所见，但不普遍，金代前期则没有出现。可知这种画花特征是金代晚期才出现的。参照本例墓葬纪年，时距金亡（1234年）有23年，两瓶应该是金末到蒙古占领中原的前期，由河南窑场烧造
样式四8例②~⑦	断代曾有多种说法：宋[122]、金（13世纪）[123]、金~元（13~14世纪）[124]、元（14世纪）[125]	蒙古时期，河南窑场	参照上例的墓葬纪年，金末元初的观点较准确，具体时间应该在蒙古时期

118 采自：广东民间工艺馆、广州市文物管理委员会、香港中文大学文物馆编《宋代陶瓷艺术》图版96，1987年。

119 采自：湖北省文物考古研究所《武汉市江夏区新窑村窑址群的调查与发掘》图三三：6，《江汉考古》2000年4期34页。

120 采自：四川省文物管理委员会《四川简阳东溪园艺场元墓》图四二，《文物》1987年2期82页。

121 刘礼纯《江西瑞昌宋墓出土磁州窑系瓷瓶》，《文物》1987年8期90页。

122 如例②、例③的断代，见：前揭，《中国陶瓷全集·7·宋（上）》图版181说明；《陶器全集·13卷·宋の磁州窑》图版33说明。

123 如例⑥的断代，见：前揭，Mary Ann Rogers, *Chinese Ceramics in the Matsuoka Museum of Art (Part I)*, fig.13之说明。

124 如例④ ⑤的断代，见：前揭，〔日〕三上次男主编《世界陶磁艺术——第13卷·辽、金、元》（英、日文版）图版256、257说明。

125 如例⑦的断代，见：前揭，〔日〕三上次男主编《世界陶磁艺术——第13卷·辽、金、元》（英、日文版）图版97说明。

续表

梅瓶	以往的判断	笔者的判断	主要理由
样式四8例⑧~⑫	有关资料源的断代观点包括了宋、金、元[126]，产地观点有磁州窑或磁州窑系等	蒙元时期	例⑧的宽带纹、水波纹都具有元代特征，腹部的牡丹纹和胫部的丛状草叶纹则保持金代特点，体现出从金代到元代的过渡特点，应该是金末或蒙古时期河南地区窑场的制品。例⑨的口唇壁较直、肩腹略显圆折、瓶身较瘦，具有金代和西夏西北地区梅瓶的特点，肩胫部的散草纹与河南窑场的白釉黑彩画花相似，腹部饰纹又有河北磁州窑元代白釉黑彩画花的特点。例⑩的资料源断代为金，但肩、胫部的波纹是明显的元代特征。例⑪的资料源断代为宋，显然过早，观台窑址的考古发掘证明其为金末到蒙古时期观台窑制品，秦大树即持这一观点[127]。例⑫资料源断代为金至元，但器形和饰纹都是磁州窑或磁州窑类型的典型元代风格
样式四25例①	元	元后期	与观台窑址四期地层（元后期）出土黑釉"内府"款梅瓶标本（观台Y8火②：316）一致。（后英房出土的白釉"内府"款梅瓶见样式二31a例①）
样式四27d例①	金，磁州窑	元	肩部的菊花纹、腹部的开光横折枝牡丹纹，都具有元代磁州窑的典型特征
样式四27f例⑥	宋，磁州窑	元	波纹、开光和鱼状散草纹等以及绿釉，都是元代磁州窑的典型特征
样式四27e例③	南宋，磁州窑	金至元	资料源所谓"南宋"可能是指金代，但本例的饰纹和"平沙落雁"四大字的特点可能会后延至元代
样式四44例①	宋，临汝窑[128]	元	宋代无此等奇险失度的梅瓶器形。梅瓶的束腰特征始见于金代（如样式四30），极度的束腰是元代延续金代而来的结果，另外此瓶口部内壁已变成钵盂状，并在明代陕西铜川陈炉窑矮体梅瓶（样式四48例①）上延续，可辅证本例年代不早，应属元代
样式四28c例③	元前期，磁州窑[129]	—	—
样式四28b例②	南宋晚期至元[130]	元	从釉色到器形都更符合元代钧窑特点
样式四28b例①	元，钧窑[131]	—	—
样式四20例①	元	西北地区窑场仿磁州窑器	除了口形，此瓶与元代磁州窑的小型梅瓶很相像，但是在后者的小型梅瓶中已不见如此规矩的梯形小口了
样式四37f例①	元	西北窑场	从器形和施釉特征来看，是元代西北地区沿袭西夏传统的梅瓶样式之一

126　如例⑧资料源断代为"北宋中晚期"，见：前揭，《汝窑的新发现》图版148说明。

127　《观台磁州窑址》，北京：文物出版社，1997年，313页，及同页注2。又，秦大树《试论翠蓝釉瓷器的产生、发展与传播》，《文物季刊》1999年3期61页。

128　杨爱玲《河南收藏历代梅瓶之所见》，载于《中国古陶瓷研究·第六辑》，北京：紫禁城出版社，2000年，143页。

129　参见：秦大树《宋元时期磁州窑瓶类器物的发展及其使用功能探讨》图一"观台窑瓶类器物分期表"，《南方文物》2000年4期23页。

130　前揭，陈文平编著《流失海外的国宝·四·陶瓷》156页图2标注。

131　前揭，《中国出土瓷器全集·3·河北》图版207说明，孔玉倩撰。

续表

梅瓶	以往的判断	笔者的判断	主要理由
样式四45例①	金、元[132]	元，山西窑场	器形在金代样式四19、31等基础上演变而成
样式四17f例①	宋，磁州窑[133]	元	本例器形与南宋吉州窑同一样式非常近似；腹部接胎在元代景德镇窑中常见；以竖道组成的Y形纹和胫部带纹里面的波状纹常见于元代磁州窑梅瓶，但画花工整，呆板有余奔放不足；口部涂黑彩的做法在金末至元代较流行，腹部书"醉乡酒海"四字是磁州窑（类型）器物的流行做法，行草体多见于元代磁州窑四系瓶，但"酒"字与明代中期龙泉窑刻花"清香美酒"铭青瓷执壶的"酒"字写法相同[134]；作为白釉黑彩画花器，可以与之比较的器物是1963年内蒙古鄂尔多斯准格尔旗十二连城出土的一件元代白釉黑花"小口罐"（高31厘米）[135]，二者的胎釉、饰纹比较相似，弦纹分层、带纹中的三角形撇状点纹、波纹等都具有结构性的一致。综上可知此瓶年代应属元代，是北方窑口当中少有的一件融合了南北方因素的丰体梅瓶
样式四39例①	南宋至元	元，吉州窑	瓶肩部莲瓣纹与观台窑址元代器的同类饰纹以及元代景德镇青花瓷的某些莲瓣纹相似，胎釉、饰纹以及画花辅以划线的装饰工艺却具有吉州窑的典型特征，又比吉州窑南宋器更为简略，应该是吉州窑的元代制品
样式四43例①	南宋至元	元	从下腹过度收小的器形来看，绝不似南宋器
样式四42例①		金至元	器形具有金元时期瓷质梅瓶的基本特征，口颈部类似景德镇青白瓷梅瓶样式四17b，修长的倒滴水形瓶身具有北方梅瓶的特点，但目前尚不便判断其产地，年代最早是金代，晚至元代也有可能。这类小型的铜质梅瓶是中国梅瓶从实用器转向陈设器的过程中关键的器物（见第四章第四节）

五、第六类样式群

随着南宋趋于兴盛的趋势，元代第六类"折沿窄唇口"梅瓶在样式上更趋多样化，既有延续，也有新变，目前所见共有9种样式，有些样式包含了较多的亚型。其中，绝大部分样式都流行于南方，北方样式少而不连贯，有些样式只是其他类型样式的变体。

（一）样式六8

圆折唇大口，粗短的柱颈，圆溜肩，上腹鼓，下腹内曲，收成直立的胫足部，平底浅隐圈足。本样式与元代磁州窑样式二32相似，是内蒙古正蓝旗元上都遗址一带的元代地方小窑采用的样式之一，但遗存较少，仅见一例：

①内蒙古多伦县元上都城南砧子山元代墓葬区南区汉族墓群M18出土茶釉陶"梅瓶"1件（M18：13，附录一总表六：8）[136]，高25厘米。

132 前揭，《中国出土瓷器全集·5·山西》图版169说明，刘岩等撰。

133 这是南宋官窑博物馆（杭州）的观点。

134 见：浙江省文物考古研究所、北京大学考古文博学院、龙泉青瓷博物馆合编《龙泉大窑枫洞岩窑址出土瓷器》图版193，北京：文物出版社，2009年。

135 见：《中国出土瓷器全集·4·内蒙古》图版218，北京：科学出版社，2008年。

136 采自：《元上都城南砧子山南区墓葬发掘报告》图八：3，《内蒙古文物考古》1999年2期101页。

137 采自：漳县文化馆《甘肃漳县元代汪世显家族墓葬·简报之二》图四：1，《文物》1982年2期。

138 卢桂兰、师晓群《西安北郊红庙坡元墓出土一批文物》，《文博》1986年3期，封三：6，93页。

139 采自：叶佩兰《元代瓷器》图368，北京：九州图书出版社，1998年。

140 采自：《中国陶瓷全集·10·元（上）》图版二五，上海：上海人民美术出版社，2000年。

141 采自：陈柏泉《江西出土的几件宋代吉州窑瓷器》图版肆：2，《文物》1975年3期49页。参见：杨后礼《元代吉州窑瓷器介绍》图二，《江西文物》1982年3期59页。此瓶由南昌市文物商店收集。

（二）样式六13

高体。折唇小口，柱颈，颈肩方折，圆肩鼓腹呈球状，下腹以内曲弧线斜收，瘦而长的束腰状胫部，足壁夸张外撇。

就所见材料来看，本样式在元代出现于北方，到明初见于景德镇青花器，可统一分为a、b两个亚型，元代器属亚型a。

样式六13a：圆唇，直柱颈，球状肩腹部略呈纵向的椭圆形，还保留早期窄肩的痕迹，束腰式胫部轮廓流畅，撇足尖沿。例如：

①甘肃漳县元代汪世显家族墓M21出土白釉黑彩书"细酒"款1式"瓶"1件（图8-2-15）[137]，高31厘米、口径5厘米、腹径15厘米、底径12厘米。肩部釉下墨书"细酒"二字，底部墨书"翟燕"二字。

②陕西西安北郊红庙坡元后期蒙古贵族夫妇合葬墓出土白釉黑彩书"细酒"款"白瓷坛"1件（图4-2-5④）[138]，残高28厘米、最大腹围45.5厘米、圈足径11.5厘米。肩部釉下墨书"细酒"二字。此瓶虽然口颈部残缺，但从胎釉、书款以及余部器形、尺寸来判断，与上例应属同期、同窑的同形制品。

（三）样式六12

高体。折唇小口，直柱颈，颈肩方折，倒滴水形的瓶身，丰肩，上腹夸张圆鼓，下腹以内曲弧线斜收，形成较瘦的束腰状胫部，外撇的隐圈足足沿修成台状，挖足浅。见于元代景德镇窑和龙泉窑，彼此有差异，分为a、b两个亚型。

1. 样式六12a：斜折沿尖唇，微束的直柱颈，平宽肩，足壁外撇幅度不大，且修成二层台状。见于景德镇窑青白瓷器。例如：

①藏处不明的景德镇青白瓷刻花缠枝牡丹纹"梅瓶"1件（图8-2-16①）[139]，高31厘米。

2. 样式六12b：方唇，圆宽肩，台状足修成直壁。见于龙泉窑青瓷刻划花梅瓶的大型器。例如：

②英国国立维多利亚工艺博物院藏龙泉窑青釉刻"清香美酒"缠枝纹"瓶"1件（图8-2-16②）[140]，高47厘米。以顺时针方向在上腹部开光内分别刻划"清、香、美、酒"四字。

（四）样式六4

作为南宋出现的吉州窑梅瓶样式，本样式在元代继续流行，整体上并无大的变化，但尺度稍增大，瓶身略微拉长，腹部内收幅度较小，可以细分为c、d、e三个亚型。

1. 样式六4c：倒滴水形瓶身，较瘦，胫部微有内曲，尺寸较小。例如：

①江西南昌市出土元代吉州窑黑釉剔桃花纹"瓶"1件（图8-2-17①）[141]，

图8-2-15　元代梅瓶样式六13（0　　10 cm）

图8-2-16　元代梅瓶样式六12（0　　10 cm）

图8-2-17　元代梅瓶样式六4、9　（0   10 cm）

高20.6厘米、口径4.2厘米、底径5.5厘米。

2. 样式六4d：瓶身细瘦，腹壁斜直，尺寸也较小。例如：

②安徽铜陵县红旗轮窑厂古墓出土吉州窑酱釉窑变圈点纹"梅瓶"1件（图8-2-17②）[142]，高21.5厘米、口径5厘米、底径6厘米。

③江西吉安县博物馆藏元代吉州窑釉下褐彩画花锦地开光梅竹图"瓶"1件（图8-2-17③，附录一总表六：4d）[143]，高17厘米、口径4.7厘米、底径5.7厘米。

3. 样式六4e：颈部显得较长，瓶身也比较粗长而显得丰满，斜直的下腹无内曲，尺寸较大。例如：

④韩国新安海底沉船出水元代吉州窑玳瑁斑釉"梅瓶"1件（图8-2-17④）[144]，高30.2厘米、口径5.5厘米、底径9.9厘米。

⑤浙江嘉善县博物馆藏吉州窑黑釉剔花花卉纹"瓶"1件（图8-2-17⑤）[145]，高28.5厘米。

⑥美国圣路易斯艺术博物馆（St. Louis Museum of Art）藏元代吉州窑黑釉剪纸贴花朵花纹"花瓶"1件（图8-2-17⑥）[146]，高26.2厘米。

（五）样式六9

见于元代吉州窑，综合了南宋样式四17d、17e和元代样式六4而形成的器形样式，即窄折沿细圆唇小口，上细下粗的短粗柱颈，瓶身较粗，宽肩鼓腹，下收

142　采自：《中国出土瓷器全集·8·安徽》图版172，北京：科学出版社，2008年。此瓶现藏于铜陵市文物管理所。

143　采自：北京艺术博物馆编《中国古瓷窑大系·中国吉州窑》图版158：左、右，北京：中国华侨出版社，2013年，171页。

144　采自：《中国古瓷窑大系·中国吉州窑》"吉州窑陶瓷收藏情况表"33号，同上，350页。此瓶现藏于韩国国立光州博物馆。

145　采自：同上，93号，358页。

146　采自：Margaret Medley, *Yuan Porcelain and Stoneware*, London, Faber and Faber Limited, 1974, Pl.112B。

147 采自：〔日〕三上次男主编《世界陶磁藝術——第13卷·遼、金、元》（英、日文版）图版288，东京：小学馆，1981年。

148 采自：Margaret Medley, *Yuan Porcelain and Stoneware*, London, Faber and Faber Limited, 1974, Pl.117B。

149 采自：Erik Engel, Leif Petzöll, *The Tectus Collection—Tectussämlingen（Chinese Ceramics）*, Centrältrycheriet AB, Borås. 1991, Pl.57。

150 采自：《中国出土瓷器全集·1·北京》图版88，北京：科学出版社，2008年。这对梅瓶现藏于海淀博物馆。

151 采自：韩国国立中央博物馆编《新安海底文物——新安海底文化财特别展图录》图版151，汉城：三和出版社，1977年。

152 采自：〔日〕三上次男主编《世界陶磁藝術——第13卷·遼、金、元》（英、日文版）图版187：左，东京：小学馆，1981年。此瓶现藏于韩国国立中央博物馆。

153 韩国新安沉船出水的青白瓷划花龙纹梅瓶还有成对的，见：上揭《新安海底文物——新安海底文化财特别展图录》图327，该图录图版150显示另一件青白瓷龙纹梅瓶高26.8厘米，尺寸几乎完全相同。

154 采自：《中国陶瓷全集·11·元（下）》图版三九，上海：上海人民美术出版社，2000年。

至底，平底浅隐圈足。根据各部差异，可分为a、b两个亚型。

1. 样式六9a：圆折唇，粗短颈，耸肩，瓶身斜直。例如：

①美国布法罗自然科学博物馆（Buffalo Museum of National Science）藏元代吉州窑白釉褐彩画花波涛纹"梅瓶"1件（图8-2-17⑦）[147]，高25厘米。

2. 样式六9b：窄圆唇，粗颈稍长，圆宽肩，瓶身较短而斜收。例如：

②日本东京国立博物馆（Tokyo National Museum）藏元代吉州窑黑釉画彩釉鸡心形菩提叶纹"罐"〔Slip-painted jar）1件（图8-2-17⑧）[148]，高23.1厘米。

（六）样式六5

本样式始见于南宋青白瓷梅瓶，元代仍见于青白瓷器，有细微的变化，属亚型d，即样式六5d：窄折沿方唇小口，柱颈，瓶身介于倒滴水形和楔形之间，饱满的宽肩、鼓腹，斜收的下腹微内曲形成胫部，足壁趋直。例如：

①瑞典藏元代青白瓷无饰纹"梅瓶"2件（成对，图8-2-18①）[149]，分别高28.2厘米、27.2厘米。

（七）样式六6

始见于南宋晚期，元代在景德镇窑青白瓷梅瓶上很流行，体态从丰体到高体，较斜的圆宽肩，肩腹圆折外鼓，瓶身渐长，腹壁斜收，下端或内曲，撇足，平底或平底浅隐圈足。元代器分b、c、d共3个亚型。

1. 样式六6b：与南宋样式六5c很相似，但口部有较厚的圆唇、矮足壁外撇、平底。例如：

①北京海淀区航天部二院工地元墓出土青白釉"梅瓶"2件（成对，图8-2-18②）[150]，高28.4厘米、口径6.3厘米、底径10.3厘米。

2. 样式六6c：具有小盘口特征的扁突唇小口，上粗下细的柱颈，颈肩方折较含蓄，弧面斜宽肩，肩腹圆折外鼓，腹壁长势斜收至足而内曲，短足壁外撇，很浅的平底隐圈足。此样式与样式二28a大体相同，仅口形小异，在足部都以划弦纹来加强足部上端的内曲与外撇短足的转折关系。例如：

②韩国全罗道新安郡海底元代沉船出水景德镇窑青白瓷刻划花"梅瓶"多件，属于此亚型的有：其一，青白瓷刻划花朵云纹"梅瓶"1件（图8-2-18⑤）[151]，高27.4厘米；其二，青白瓷刻划花水龙纹"梅瓶"1件（图8-2-18④）[152]，高26.4厘米、口径5.1厘米、底径10.3厘米[153]。

③北京故宫博物院藏景德镇窑青白瓷刻划花朵云纹"梅瓶"1件（图8-2-18⑥）[154]，高27厘米、口径4.8厘米。

④日本出光美术馆藏景德镇窑青白瓷刻划花水龙纹"梅瓶"1件（图8-2-

图8-2-18　元代梅瓶样式六5、6　（⊢⊣⊣⊣⊣⊣⊣⊣⊣⊣ 10 cm）

18⑦）[155]，高27.1厘米。

　　⑤英国不列颠博物馆（The British Museum，London）藏景德镇窑青白瓷刻划花水龙纹"梅瓶"1件（图8-2-18⑧）[156]，高26.8厘米。

　　⑥美国波士顿博物馆（Museum of Fine Arts，Boston）藏元景德镇窑青白瓷刻划花龙纹"梅瓶"1件（图8-2-18③）[157]，高32厘米、口径5.4厘米、足径12.1厘米。

　　3. 样式六6d：斜收的下腹逐渐内曲，形成稍长的束胫，足壁流畅地微撇，余同亚型c。例如：

　　⑦韩国全罗道新安郡海底元代沉船出水景德镇窑青白瓷"梅瓶"之三（图8-2-18⑨）[158]，高43.2厘米，无饰纹。

（八）样式六10

　　高体宽大，小口平折，唇部分有尖、圆、卷等形式，口颈肩转折一般都很明确，颈分锥状和柱状两种，前者常见，宽肩多呈斜弧面，上腹饱满凸鼓，腹壁向

155　采自：〔日〕三上次男主编《世界陶磁藝術——第13卷·遼、金、元》（英、日文版）插图102，东京：小学馆，1981年。

156　采自：S.J.Veinker, *Chinese Pottery and Porcelain—From Prehistory to the Present*, London, British Museum Press, 1991, Pl.133。此瓶是Sir John Addis的赠品，编号：OA 1975.10–28.1。

157　采自：Wu Tung, *Earth Transformed, Chinese Ceramics in the Museum of Fine Arts*, Boston, MFA Publications, 2001, p.109。此瓶属Clara B. Kimball Collection 37.296。

158　采自：前揭，韩国国立中央博物馆编《新安海底文物——新安海底文化财特别展图录》图版152。

159 采自：刘裕黑、熊琳《江西高安县发现元青花、釉里红等瓷器窖藏》图二，《文物》1982年4期。按：这是江西高安元代窖藏出土的6件青花梅瓶之一（主题饰纹为四爪龙纹）的立面剖视图，可见瓶身有两道接缝，大致等分三段，口颈部和足底另外接成，平底。此瓶可以作为了解本样式器形、结构和工艺的"标准图"。

160 刘裕黑、熊琳《江西高安县发现元青花、釉里红等瓷器窖藏》，《文物》1982年4期。这六件梅瓶现藏于高安博物馆。

161 带盖者采自：前揭，《中国陶瓷全集·11·元（下）》图版一四三；免盖者采自：刘裕黑、熊琳《江西高安县发现元青花、釉里红等瓷器窖藏》图版陆：5，《文物》1982年4期。

162 采自：前揭，《中国陶瓷全集·11·元（下）》图版一四五。

163 采自：《中国出土瓷器全集·14·江西》图版102，北京：科学出版社，2008年。

164 刘裕黑、熊琳《江西高安县发现元青花、釉里红等瓷器窖藏》图版陆：4，《文物》1982年4期。采自：前揭，《中国陶瓷全集·11·元（下）》图版一四二。

165 采自：前揭，《中国陶瓷全集·11·元（下）》图版一四四。

166 采自：《中国美术全集·工艺美术编·3·陶瓷（下）》图版26，上海：上海人民美术出版社，1988年。

167 分别采自：刘裕黑、熊琳《江西高安县发现元青花、釉里红等瓷器窖藏》图版柒：1，《文物》1982年4期；前揭，《中国陶瓷全集·11·元（下）》图版一四二附图。按：前者瓶盖和瓶足底分别墨书"书"字，后者盖内和瓶足底分别墨书"御"字。

168 采自：S.G.Valenstein, *A Handbook of Chinese Ceramics*, The Metropolitan Museum of Art, 1975, Pl.73. 此瓶编号：26.271.1，是Rogers Fund于1927年收购。又见：〔日〕小山富士夫监修、藤冈了一编《陶器全集·11卷·元明初の染付》图版18，东京：平凡社，1965年版。

169 采自：S.J.Vainker, *Chinese Pottery and Porcelain−From Prehistory to the Present*, London, British Museum Press, 1991, Pl.132. 此瓶编号：OA 1972.6−20.1，是Brooke Sewell的遗赠。

170 采自：Wu Tung, *Earth Transformed, Chinese Ceramics in the Museum of Fine Arts, Boston*, MFA Publications, 2001, p.97. Clara B. Kimball Collection 37.292a−b.

171 采自：前揭，《中国陶瓷全集·11·元（下）》图版一四八。

下斜直内收，胫部下端略内曲，足直立，足端多微撇，平底，或平底隐圈足，但隐圈足挖足极浅，足壁较宽，足沿常斜削或修圆；配宝珠钮钟式盖，盖顶微圆或平，壁斜曲，撇口，盖内或无舌，或带管状舌。

这是元代景德镇窑青花梅瓶最常见的一种样式，主要流行于元代后期和明代初期。根据各部细微差异，元代器可以分为a～g共7个亚型。

1. 样式六10a：折沿平口，上平下斜，薄唇较尖，上细下粗的锥状短颈，口颈肩方折，宽斜肩，肩腹圆转、鼓凸，瓶身腹壁斜直下收，胫部微束，足端微撇，平底或极浅的隐圈足（图8-2-19①）[159]。这是本样式最常见的一个亚型。例如：

①江西高安元代窖藏出土元景德镇窑青花带盖"梅瓶"6件[160]，按饰纹题材和装饰结构分别为两种，一是云肩缠枝牡丹纹，二是凤穿花云龙纹，瓶底和盖内各对应墨书"六艺"名，瓶体简况如下：其一，云肩缠枝牡丹纹墨书"礼"字梅瓶（图8-2-19②，附录一总表六：10a）[161]，通高48.7厘米、口内径3.5厘米、口外径6.4厘米；其二，云肩缠枝牡丹纹梅瓶（图8-2-19③）[162]，高48.7厘米、口内径2.9厘米、足径13.8厘米；其三，凤穿花三爪龙纹墨书"射"字梅瓶（图8-2-19④）[163]，通高47.5厘米、口径5.5厘米、足径14.2厘米；其四，凤穿花四爪龙纹墨书"御"字梅瓶（图8-2-19⑤）[164]，高48厘米、口外径5.5厘米、足径13.4厘米；其五，凤穿花三爪龙纹墨书"书"字梅瓶（图8-2-19⑥）[165]，通高48厘米、口内径3.2厘米；其六，凤穿花四爪龙纹梅瓶（图8-2-19⑦）[166]，通高48.5厘米、口外径5.8厘米。6件梅瓶均配宝珠钮钟式盖，分为无舌和有管状舌两种（图8-2-19⑧ ⑨）[167]。

配宝珠钮钟式盖的元代青花梅瓶传世品有：

②美国纽约大都会艺术博物馆藏元景德镇窑青花缠枝牡丹纹带盖"花瓶"1件（图8-2-19⑩）[168]，通高17.5英寸（合约44.5厘米）。

③英国不列颠博物馆藏元景德镇窑青花龙纹带盖"梅瓶"1件（图8-2-19⑪）[169]，通高44.5厘米。

④美国波士顿博物馆藏元景德镇窑青花戏曲人物带盖"梅瓶"1件（图8-2-19⑫）[170]，高38.6厘米、足径9厘米。

⑤香港葛氏天民楼基金会藏元景德镇窑青花缠枝牡丹纹带盖"梅瓶"1件（图8-2-19⑬）[171]，通高44.7厘米、口径6.1厘米、足径13.2厘米。

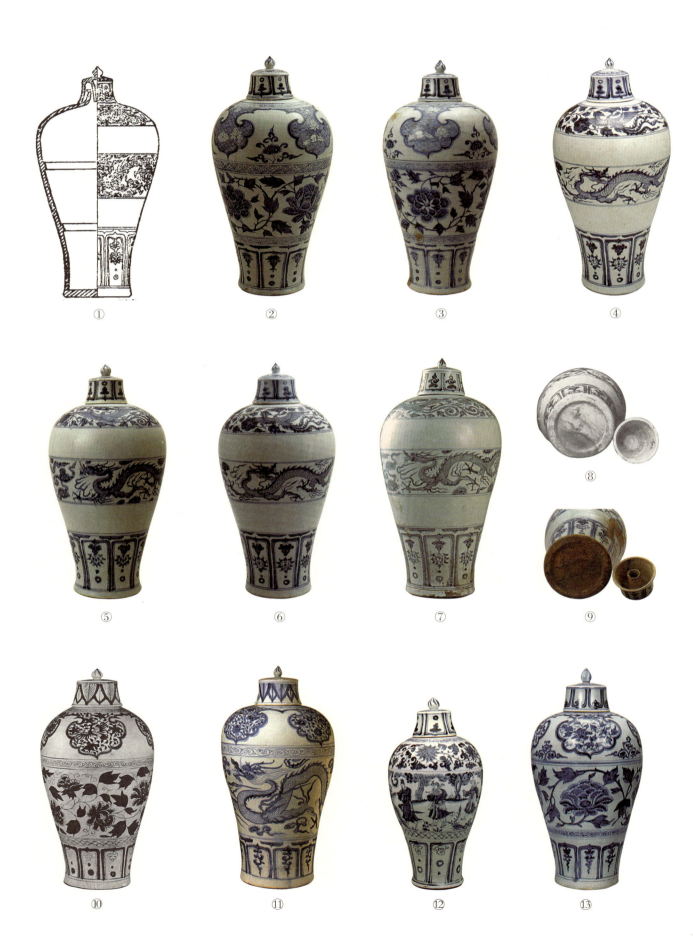

①　　　　　②　　　　　③　　　　　④

⑤　　　　　⑥　　　　　⑦　　　　　⑧

　　　　　　　　　　　　　　　　　　　　　　⑨

⑩　　　　　⑪　　　　　⑫　　　　　⑬

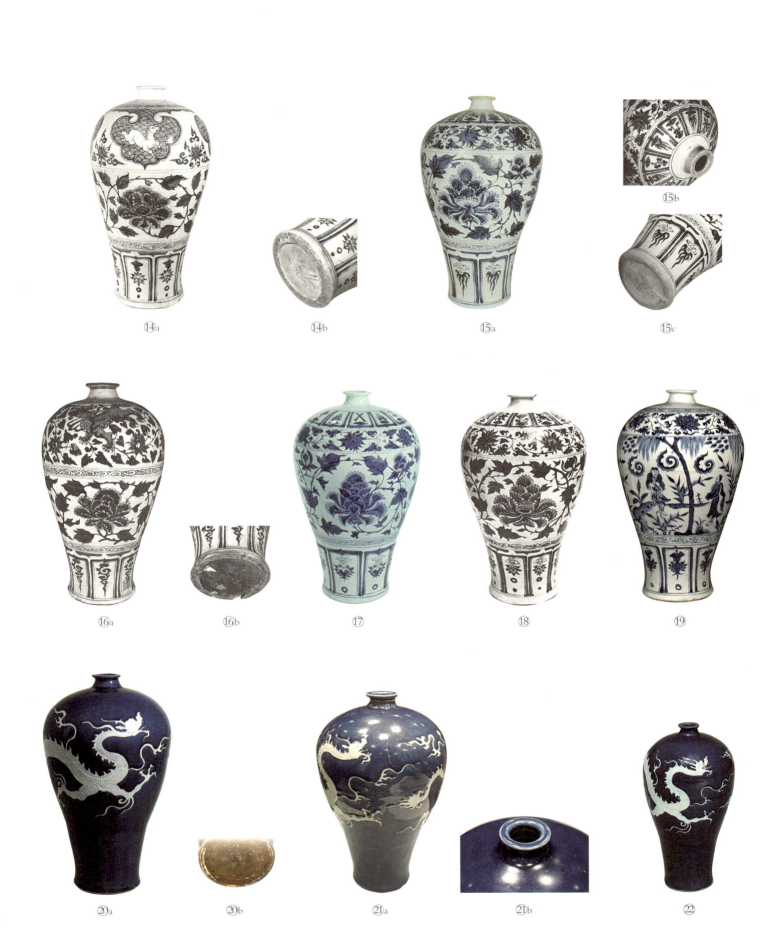

⑭a ⑭b ⑮a ⑮b ⑮c

⑯a ⑯b ⑰ ⑱ ⑲

⑳a ⑳b ㉑a ㉑b ㉒

图8-2-19 元代梅瓶样式六10a （0 10 cm ）

本样式的其他重要传世品还有：

⑥土耳其托普卡比宫旧藏元景德镇窑青花海马缠枝牡丹纹"梅瓶"1件（图8-2-19⑭a、b）[172]，高44.3厘米。

⑦土耳其托普卡比宫旧藏元景德镇窑青花缠枝牡丹纹"梅瓶"1件（图8-2-19⑮a、b、c）[173]，高42.5厘米。

⑧伊朗阿尔黛比清真寺旧藏元景德镇窑青花狮子缠枝牡丹纹"梅瓶"1件（图8-2-19⑯a、b）[174]，高43.7厘米、腹径33.5厘米。

⑨上海博物馆藏景德镇窑青花缠枝牡丹纹"瓶"1件（图8-2-19⑰）[175]，高42.1厘米、口径5.5厘米、腹径24.2厘米、底径14厘米。

⑩哈利和嘉娜（Sir Harry and Lady Garner）藏元景德镇窑青花缠枝牡丹纹"花瓶"（Vase painted in blue）1件（图8-2-19⑱）[176]，高16.5英寸（合42厘米）。

⑪美国波士顿博物馆藏景德镇窑青花道教神仙人物纹"梅瓶"〔Vase (meiping) with figures of Daoist immortals〕1件（图8-2-19⑲）[177]，高42.4厘米、足径13厘米。

⑫扬州博物馆藏景德镇窑霁蓝釉浅刻白龙纹"梅瓶"1件（图8-2-19⑳a、b）[178]，高43.5厘米、口径5.4厘米、最大腹径25.3厘米、底径14厘米。

⑬北京颐和园文管处藏景德镇窑霁蓝釉白龙纹"梅瓶"1件（图8-2-19㉑a、b）[179]。

⑭巴黎吉美博物馆（Musée Guimet, Paris）藏景德镇窑霁蓝釉白龙纹"梅瓶"1件（图8-2-19㉒）[180]，高34.3厘米、口径4.6厘米、腹径19.5厘米、底径10.5厘米。

从口形来看，元代晚期景德镇窑青花梅瓶最流行的样式六10a的口部（图8-2-19⑮b、㉑b），与样式九2l的口形（图8-2-26⑤）非常相似，几乎如出一辙。据研究，样式九2l例①的元代集宁路故城墓葬KM13的年代介于金末至元代早中期[181]，要早于普遍被视为元代晚期流行的样式六10，因此有理由可以推测，元代景德镇窑青花梅瓶样式六10的折沿小平口，很可能与元代早中期的元上都、集宁路等一带流行的棒状梅瓶样式九2l有某种联系。考虑到以蒙古人为统治者的元代特殊背景，从北方带来的影响在元朝设立"浮梁瓷局"的景德镇窑内出现，是完全有可能的。这一点，为我们寻找元代后期景德镇窑流行的青花梅瓶样式六10a的口形来源提供了一个有益的参照，后者并不是一般性地沿用第六类样式群的口形。

2. 样式六10b：与a亚型的差异在于，口部为圆唇窄折沿小口。例如：

⑮山东菏泽元代沉船出土元景德镇窑青花云龙纹"梅瓶"1件（图8-2-20①）[182]，高42.5厘米、口径6.3厘米、底径14.6厘米。

⑯景德镇陶瓷馆藏元景德镇窑青花缠枝牡丹纹"梅瓶"1件[183]，高42厘米、口径5.4厘米、腹径24.3厘米、底径14.5厘米。

172 采自：〔日〕三杉隆敏《世界の染付·1·元》图版6a、b，京都：同朋舍，1981年。

173 采自：〔日〕三杉隆敏《世界の染付·1·元》图版5a、b、c，同上。

174 采自：〔日〕三杉隆敏《世界の染付·1·元》图版4b、c，同上。

175 采自：《上海博物馆藏瓷选集》图版67，北京：文物出版社，1979年。

176 采自：Catalogue of an Exhibition of the Ceramic Art of China, 1971, The Victoria and Albert Museum, 1971, Pl.139。

177 采自：Wu Tung, Earth Transformed, Chinese Ceramics in the Museum of Fine Arts, Boston, MFA Publications, 2001, p.92。

178 分别采自：前揭，《中国陶瓷全集·11·元（下）》图版二四一；周长源《稀世珍宝元代蓝釉白龙纹梅瓶》插图（足底），《收藏家》2001年3期21页。按：该瓶尺寸采用扬州博物馆编《扬州古陶瓷》图版99说明，北京：文物出版社，1996年。

179 图片由笔者2010年拍摄于北京首都博物馆的元青花瓷器展。

180 采自：〔日〕三上次男主编《世界陶磁藝術——第13卷·遼、金、元》（英、日文版）图版239，东京：小学馆，1981年。按：该图录标此瓶高35厘米。本书所标详细尺寸采用：〔日〕小山富士夫编《中国名陶百选》图版81说明，东京：日本经济新闻社，1960年。还可以参见：〔日〕长谷部乐尔监修，中沢富士雄、长谷川祥子编著《中国の陶磁·第八卷·元明の青花》图33，东京：平凡社，1995年，标此瓶高33.6厘米；台北"故宫博物院"编辑委员会编《海外遗珍（陶瓷）》图117，1986年，标此瓶高34.2厘米。

181 内蒙古自治区文物工作队《乌兰察布盟察右前旗古墓清理记》，《文物》1961年9期61页。

182 采自：孙明、张启龙《元代沉船遗物现菏泽》附图（之一），《收藏家》2011年6期3页。

183 黄云鹏《馆藏和窑址出土的元青花、釉里红瓷》图四，《江西文物》1983年4期，110~111页。

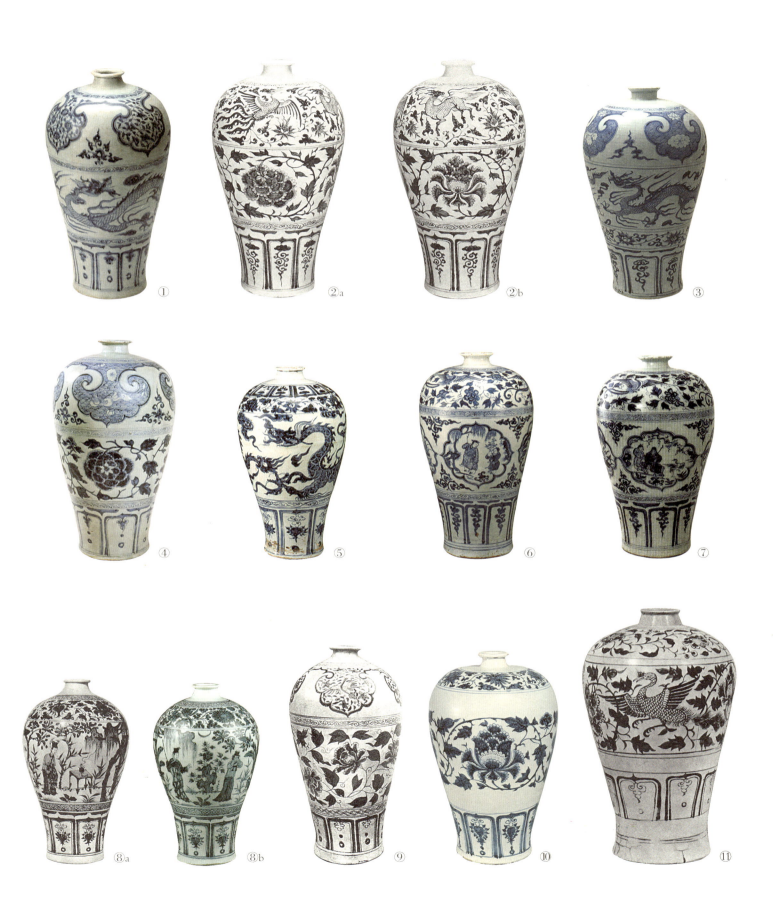

①　②a　②b　③

④　⑤　⑥　⑦

⑧a　⑧b　⑨　⑩　⑪

图8-2-20　元代梅瓶样式六10b～g　（⟘⟘⟘⟘⟘⟘⟘ 10 cm）

⑰海外藏元景德镇窑青花麒麟凤凰缠枝牡丹纹"梅瓶"1件（图8-2-20②a、b）[184]，高43.5厘米、口径6.4厘米、腹径24.1厘米、底径14厘米。

3. 样式六10c：与a、b两亚型的差异在于，薄唇折沿撇口，配柱状短颈。例如：

⑱江苏句容县城东房家坝元代窖藏出土元景德镇窑青花云龙纹"梅瓶"2件（成对），其一，高40.8厘米、口外径6.1厘米、口内径4厘米、最大腹径22.8厘米、足径14厘米[185]；其二，高39.8厘米、口径6.1厘米、底径13.8厘米（图8-2-20③）[186]。

⑲上海博物馆藏元景德镇窑青花缠枝牡丹纹"梅瓶"1件（图8-2-20④）[187]，高40.1厘米、口径6.1厘米、腹径21.8厘米、底径13.4厘米。

4. 样式六10d：与c亚型的差异在于，薄唇折沿撇口，配锥状短颈。例如：

⑳湖北钟祥市九里回族乡三叉河村四组皇城湾明永乐十二年（1414年）郢靖王朱栋夫妇合葬墓出土元景德镇窑青花"梅瓶"2件[188]，其一（图8-2-20⑤）[189]，高35.4厘米、口径5.6厘米、底径11.2厘米，主题饰纹为四爪龙纹；其二（图8-2-20⑥）[190]，高38.7厘米、口径6.4厘米、底径13厘米，主题饰纹为"四爱"图。

㉑湖北武汉市文物商店藏元景德镇窑青花"四爱"图"梅瓶"1件（图8-2-20⑦）[191]，高37.6厘米。

5. 样式六10e：唇圆卷，颈部锥状上束，颈肩弧面过渡，斜溜肩，上腹鼓凸，腹壁和胫足部轮廓一如a亚型。例如：

㉒英国伦敦维多利亚和阿尔伯特博物馆藏元景德镇窑青花"西厢记"图"梅瓶"1件（图8-2-20⑧a、b）[192]，高34.6厘米。

㉓英国艾尔弗雷德·克拉克太太藏元景德镇窑青花缠枝牡丹纹"梅瓶"1件（图8-2-20⑨）[193]，高39.4厘米。

6. 样式六10f：与上述亚型的差异在于，较宽的圆唇平折小口，平耸肩，肩部和上腹部丰实圆满。例如：

㉔日本大阪安宅收藏元景德镇窑青花缠枝牡丹纹"瓶"1件（图8-2-20⑩）[194]，高38厘米、口径5.8厘米、腹径23.5厘米、底径14.0厘米。

7. 样式六10g：体态高大宽阔，出现较明显的束腰状胫部和撇足。例如：

㉕海外藏元景德镇窑青花牡丹孔雀纹梅瓶1件（图8-2-20⑪）[195]，高47厘米。

184　采自：〔日〕佐藤雅彦、中野彻著《陶器讲座·7·中国Ⅲ·元、明》图版14、15，东京：雄山阁，1973年。尺寸采自：小山富士夫编《中国名陶百选》图版83，东京：日本经济新闻社，1960年。

185　陈世华《句容出土元代青花瓷器》照片二，《东南文化》1991年增刊224页。又见：《中国陶瓷全集·11·元（下）》图版一三九，上海：上海人民美术出版社，2000年。

186　采自：《中国陶瓷全集·11·元（下）》图版一四〇。

187　采自：上海博物馆编《中国博物馆丛书·第8卷·上海博物馆》图版100，北京：文物出版社，东京：株式会社讲谈社，1985年。

188　参见：院文清、龙永芳、周代玮《湖北钟祥明代郢靖王墓发掘收获重大》，《中国文物报》2007年8月8日2版。两瓶现藏于湖北省博物馆。

189　采自：《中国出土瓷器全集·13·湖北、湖南》108页图，北京：科学出版社，2008年。

190　采自：上揭，《中国出土瓷器全集·13·湖北、湖南》107页图。

191　采自：前揭，《中国陶瓷全集·11·元（下）》图版一四一（之一）。

192　分别采自：〔日〕小山富士夫监修、藤冈了一编《陶器全集·11卷·元明初の染付》图版11，东京：平凡社，1965年；〔日〕长谷部乐尔监修，中沢富士雄、长谷川祥子编著《中国の陶磁·第八卷·元明の青花》图版11，东京：平凡社，1995年。

193　采自：叶佩兰《元代瓷器》插图18G，北京：九州图书出版社，1998年，16页。

194　采自：〔日〕三上次男主编《世界陶磁艺术——第13卷·辽、金、元》（英、日文版）图版58，东京：小学馆，1981年。尺寸采自：〔日〕小山富士夫监修、藤冈了一编《陶器全集·11卷·元明初の染付》彩版2，东京：平凡社，1965年。据叶佩兰女士介绍，该瓶现藏于日本大阪市立东洋陶瓷美术馆。见：叶佩兰《元代瓷器》图88说明，北京：九州图书出版社，1998年。

195　采自：〔日〕小山富士夫监修、藤冈了一编《陶器全集·11卷·元明初の染付》图版16，东京：平凡社，1965年。

图8-2-21　元代梅瓶样式六11　(0 ⊢⊢⊢⊢⊢⊢⊢⊢ 10 cm)

196　河北省博物馆《保定市发现一批元代瓷器》图版
　　　 贰：1、2，《文物》1965年2期17页。按：本书所标
　　　 两瓶尺寸等信息摘自该报告。发掘者判断两瓶窑口
　　　 属景德镇窑，烧造时间为元中期。

197　采自：河北省博物馆编《河北省博物馆文物精品
　　　 集》图版73，北京：文物出版社，1999年。

198　采自：〔日〕长谷部乐尔监修，中沢富士雄、长谷
　　　 川祥子编著《中国の陶磁·第八卷·元明の青花》
　　　 图版10，东京：平凡社，1995年。按：该图录提供
　　　 的尺寸是高46.2厘米。此瓶现藏于北京故宫博物院。

（九）样式六11

　　体态特征和瓶体轮廓与样式六10a相同，差别在于这种样式从口部到
足部的横截面都呈正八角形，即外观呈八面、八棱形，器形虽然也有细
微差异，但总体较稳定。也是元代景德镇窑青花梅瓶的流行样式之一，
元以后不见。例如：

　　①河北保定市永华南路元代窖藏出土元景德镇窑青花海水龙纹带盖
"八棱瓶"2件（成对）[196]，器形相同，一件带盖（图8-2-21①）[197]，通
高51.5厘米、口径6.6厘米、底径14.5厘米；一件缺盖（图8-2-21②）[198]，
高46厘米、口径7厘米、底径14.5厘米。

　　②土耳其托普卡比宫旧藏元景德镇窑青花云肩菱形开光莲池水禽卷

草纹"梅瓶"1件（图8-2-21③a、b）[199]，高42厘米。从其脱底处可了解此类梅瓶的制作工艺。

③日本松冈美术馆（Matsuoka Museum of Art）藏元景德镇窑青花云肩菱形开光凤凰纹"八角形梅瓶"（Octagonal Meiping）1件（图8-2-21④）[200]，高45厘米。

④日本出光美术馆藏元景德镇窑青花折枝百花纹"八棱梅瓶"1件（图8-2-21⑤）[201]，高46.5厘米。

（十）元代梅瓶第六类样式群部分器物产地和年代判断

199　采自：〔日〕三杉隆敏《世界の染付・1・元》图版7c、b，京都：同朋舍，1981年。

200　采自：Mary Ann Rogers: *Chinese Ceramics in the Matsuoka Museum of Art (Part Ⅱ)*, fig.1, form *Chinese Ceramics, Selected Articles from Orientations 1982–1998*, Hong Kong, Orientations Magazine Ltd, 1999. pl.83。参见：叶佩兰《元代瓷器》图42，北京：九州图书出版社，1998年。

201　采自：叶佩兰《元代瓷器》图41，北京：九州图书出版社，1998年。

202　陈柏泉《江西出土的几件宋代吉州窑瓷器》，《文物》1975年3期49页。但陈说并未提出相应的依据。

203　杨后礼：该瓶"底足中心留有鸡心形旋削痕迹，乃元代典型风格，因属元代之器。"见：杨后礼《元代吉州窑瓷器介绍》，《江西文物》1982年3期59页。

204　前揭，《中国出土瓷器全集・8・安徽》图版172说明，刘宝林撰。按：此图录认为出土此瓶墓葬为"宋墓"。

205　北京艺术博物馆编《中国古瓷窑大系・中国吉州窑》"吉州窑陶瓷收藏情况表"57号注，北京：中国华侨出版社，2013年，第353页。

206　前揭，《中国古瓷窑大系・中国吉州窑》"吉州窑陶瓷收藏情况表"93号标注，358页。

207　Erik Engel, Leif Petzäll, *The Tectus Collection—Tectussämlingen（Chinese Ceramics）*, Centrāltrycheriet AB, Borås. 1991, Pl.57之说明。

208　前揭，《中国出土瓷器全集・1・北京》图版88说明。

209　各国学者的观点比较一致，见：〔韩〕郑良谟《新安海底中国瓷器编年考察》，国际讨论讲演稿；〔日〕三上次男主编《世界陶磁藝術——第13卷・遼、金、元》（英、日文版）图版187（左）说明，东京：小学馆，1981年，佐藤雅彦撰；〔美〕朱莉叶・艾莫森、陈洁、倪密合著，秦大树译《瓷器贸易的曙光——白瓷与青白瓷》，《南方文物》2000年4期113页。

表8-2-4　元代梅瓶第六类样式群部分器物产地和年代分析

梅瓶	以往的判断	笔者的判断	主要理由
样式六4c例①	吉州窑，断代有两说：宋[202]、元[203]	—	—
样式六4d例②	吉州窑，年代有两说：南宋[204]、元[205]	元	经器形比较，赞同元代说
样式六4e例⑤	南宋[206]	元	颈、肩、胫部黑釉剔白桃花及花心点蕊，是元代做法，器形也不似南宋，应该是元代制品
样式六4e例④	—	元早中期	作为"新安沉船"出水瓷器，其烧造时间与沉船时间大体同时
样式六5例①	宋至元（13～14世纪），福建或广东[207]	元	胎粗糙，含较多杂质，胎体表面布满不规则的轮旋痕迹，通体罩透明光亮的青白釉，釉色偏发灰的青绿色，但挂釉不匀，胫部有斑驳露胎，足沿釉边不齐，釉面有细孔和裂纹
样式六6b例①	元，景德镇窑[208]	—	—
样式六6c例② 样式六6d例⑦	元中期[209]	—	作为韩国新安元代沉船出水瓷器，与江西万年元泰定元年（1324年）汤顺甫墓出土的成对景德镇窑青白瓷带狮钮盖龙纹梅瓶（样式二28a例①）大体同时

续表

梅瓶	以往的判断	笔者的判断	主要理由
样式六10a例①（6件）	景德镇窑，元延祐六年至至正十一年间（1319～1351年）[210]	—	按：对于元代景德镇窑烧造青花瓷器的窑址，多年来一直是学术界探讨的问题。现在可以肯定，景德镇湖田窑是其中一处窑址[211]，近年在景德镇市戴家弄、落马桥一带也发现了元青花窑址，而且还被认为是元青花瓷器烧造的中心窑场[212]
样式六10c例	窖藏年代：元末[213]	—	—
样式六10例②⑩⑪⑭⑰	以往海内外学者对元代景德镇窑青花梅瓶的烧造年代有各种推测，但都集中14世纪的元代，如"14世纪"[214]、"14世纪前半期"[215]、"14世纪中期"[216]、"14世纪第3个25年"[217]	—	—
样式六11例①③	景德镇窑，元中期[218]，或"元（14世纪）"[219]，或"元（约14世纪中期）"[220]	—	—

210　刘裕黑、熊琳《江西高安县发现元青花、釉里红等瓷器窖藏》，《文物》1982年4期65页。

211　见：刘新园、白焜《景德镇湖田窑考察纪要》，《文物》1989年11期；江西省文物考古研究所、景德镇民窑博物馆编著《景德镇湖田窑址——1988—1999年考古发掘报告》，北京：文物出版社，2007年，337页。

212　参见：黄清华、黄薇《至正十一年铭青花云龙瓶考》注释32，《文物》2010年4期76页。

213　据陈世华判断，本例两件梅瓶比同时出土的青花龙纹盖罐的年代"可能早些"，并推测该窖藏的年代为元末，则两件梅瓶年代可归纳为元代后期。见：陈世华《句容出土元代青花瓷器》，《东南文化》1991年增刊224页。

214　如：样式六10b例②，见：S.G.Valenstein, *A Handbook of Chinese Ceramics*, The Metropolitan Museum of Art, 1975, Pl.73之说明。样式六10b例⑭，见：〔日〕三上次男主编《世界陶磁藝術——第13卷·遼、金、元》（英、日文版）图版239说明（佐藤雅彦撰），东京：小学馆，1981年。

215　样式六10b例⑰，见：佐藤雅彦、中野彻《陶器講座·7·中国Ⅲ·元、明》，东京：雄山阁，1973年，图版14说明。

216　样式六10b例⑪，见：Wu Tung, *Earth Transformed, Chinese Ceramics in the Museum of Fine Arts, Boston*, MFA Publications, 2001, p.92之说明。

217　样式六10b例⑩，见：*Catalogue of an Exhibition of the Ceramic Art of China, 1971*, The Victoria and Albert Museum, 1971, Pl.139之说明。

218　前揭，《保定市发现一批元代瓷器》，《文物》1965年2期22页。冯先铭先生也持这一观点，见：冯先铭《我国陶瓷发展中的几个问题——从中国出土文物展览陶瓷展品谈起》"三、元代青花器的讨论"，《文物》1973年7期。

219　海外学者多持此类观点，见：〔日〕三上次男主编《世界陶磁藝術——第13卷·遼、金、元》（英、日文版）图版57解说（佐藤雅彦撰），东京：小学馆，1981年，72页。

220　如样式六11例③，见：Mary Ann Rogers: *Chinese Ceramics in the Matsuoka Museum of Art (Part Ⅱ)*, fig.1, form *Chinese Ceramics, Selected Articles from Orientations 1982–1998*, Hong Kong, Orientations Magazine Ltd, 1999. pl.83之说明。

续表

梅瓶	以往的判断	笔者的判断	主要理由
样式六12b例②	元	元至明前期	器形、刻花饰纹的造型及做工，都更接近明代龙泉窑特征[221]
样式六13例①	元	元后期	与同式例②同形、同质，款字格式、用笔、结体也相同，后者出土于西安红庙坡元墓，墓葬年代属元后期[222]，则这类瓶的烧造年代大致也应在元后期

六、第七类样式群

从所见材料来看，元代第七类样式群的梅瓶完全延续了南宋格局，所有样式都在南方窑场中流行，而且目前也没有见到元明清时期北方窑场烧造的"直口"式梅瓶。在南方，特别是景德镇窑、龙泉窑、吉州窑等是元代流行直口梅瓶的主要窑场。这些梅瓶经归纳共有8种样式，比南宋又有所增加。突出的变化是颈部进一步拉长，尺寸扩大，还出现了多棱形的变体。这些都是在南宋已有样式的基础上进一步变化的结果。

（一）样式七8

高体，尺寸不大。上细下粗的细直口，普遍显得细长，颈肩转折明确，瓶身呈倒滴水形，肩部和上腹圆鼓，下腹或斜收，平底或矮隐圈足。本样式是在南宋样式七4的基础上直接变成的，将从元代延续至明代中期。根据各部差异，统一分为a～d共4个亚型，元代器已占前3个。

1. 样式七8a：圆溜肩，下腹斜直。见于吉州窑器。例如：

①江西永新县禾川镇旧城东门元代窖藏出土2件"梅瓶"之一，吉州窑窑变釉圈点纹梅瓶（图8-2-22①）[223]，高20.1厘米、口径2.8厘米、腹径11厘米、底径6厘米。

2. 样式七8b：丰肩较平，上腹鼓凸，下腹斜曲收，因此整体显得很瘦。配中空花架式瓶座。例如：

②江西永新县禾川镇旧城东门元代窖藏出土2件"梅瓶"之二，米黄色釉碎开片纹梅瓶（图8-2-22②）[224]，高18.7厘米、口径3.1厘米、腹径10.3厘米、底径5.4厘米。

③韩国新安海底沉船出水元代米黄色釉碎开片纹"梅瓶"1件（图8-2-22③）[225]，高18.5厘米、口径2.5厘米、底径5.5厘米。

④江西波阳县磨刀石公社毛屋下生产队元墓出土景德镇窑带座青花"梅瓶"2件（成对，图8-2-22④⑤）[226]，器形、尺寸基本相同，

221　参见：浙江省文物考古研究所、北京大学考古文博学院、龙泉青瓷博物馆合编《龙泉大窑枫洞岩窑址出土瓷器》，北京：文物出版社，2009年。

222　关于西安红庙坡元墓的年代，卢桂兰、师晓群认为，此墓"出土的青白瓷盘盘底墨书的八思巴文字，其字意及读音均为汉文的'王'字，该字当为器主人的姓氏。蒙古人于至元六年（1269年）初行八思巴文字，泰定二年（1325年）以此文刻成蒙古字《百家姓》，盘底墨书的八思巴字，可能是在泰定二年《百家姓》刻印推广后书写上去的，那么该墓埋葬的时间当在1325年—1368年这四十三年之间。"见卢桂兰、师晓群《西安北郊红庙坡元墓出土一批文物》，《文博》1986年3期94页。

223　采自：《中国陶瓷全集·10·元（上）》图版一六二，上海：上海人民美术出版社，2000年。两瓶现藏于江西省博物馆。最早介绍这两件梅瓶的是杨后礼先生，特别是这件吉州窑的窑变釉圈点纹梅瓶，其文凡三见：杨后礼《永新县发现元代瓷器》图四，《江西历史文物》1981年2期46页；杨后礼《元代吉州窑瓷器介绍》图一，《江西文物》1982年3期；杨后礼《江西永新发现元代窖藏瓷器》图版陆：5，《文物》1983年4期。

224　杨后礼《永新县发现元代瓷器》图五，《江西历史文物》1981年2期46页。采自：《中国陶瓷全集·10·元（上）》图版一七八，上海：上海人民美术出版社，2000年。

225　采自：Relics Salvaged from the Seabed off Sinan（Materials 1），Compiled by the Bureau of Cultural Properties, Ministry of Culture and Information of Republic of Korea, Hwa Publishing Co., 1985, Pl.82。参见：韩国国立中央博物馆编《新安海底文物——新安海底文化财特别展图录》图203，汉城：三和出版社，1977年。

226　唐山《波阳元墓出土的元瓷》插图，《文物工作资料》1974年2期3页。采自：江西省博物馆、香港中文大学《江西元明青花瓷》图版10a、b，香港：香港中文大学，2002年。

图8-2-22　元代梅瓶样式七8、9　（0　　　　　10cm）

227　采自：叶佩兰《元代瓷器》图89，北京：九州图书出版社，1998年。

228　吴志红、范凤妹《介绍一批江西元代青白瓷器》图九，《江西文物》1983年2期67页。采自：《中国美术全集·工艺美术编·3·陶瓷（下）》图版12，上海：上海人民美术出版社，1988年。此瓶由江西省文物商店在万年县石镇街收集。

229　采自：Margaret Medley, *Yuan Porcelain and Stoneware*, London, Faber and Faber Limited, 1974, Pl.9。参见：〔日〕三上次男主编《世界陶磁藝術——第13卷·遼、金、元》（英、日文版）图版180解说，东京：小学馆，1981年。

一画龙纹，一画鸳鸯戏水图，通高21.9厘米、瓶高16.8厘米、口径2厘米、足径4厘米、座高8.7厘米、口内径5.4厘米、圈足径7.2厘米。

3.样式七8c：颈较短，上部内收较大，宽肩，上腹圆鼓，下腹急剧斜收，胫部微内曲。例如：

⑤日本出光美术馆藏景德镇窑青花三友图"梅瓶"1件（图8-2-22⑥）[227]，高16.3厘米。

（二）样式七9

高体，尺寸较大，丰肩鼓腹、下腹斜直内收的特点与样式七8相同，差异在于足部出现了幅度不同的外撇，胫部略收束，近足处内曲，矮隐圈足。根据各部差异又可分为a、b两个亚型，分别见于景德镇窑的青白瓷和青花梅瓶。

1.样式七9a：口颈部特细长，胫部内曲细瘦，足壁外撇较明显。配中空花架式瓶座。例如：

①江西省博物馆藏青白瓷贴花月梅图带座"瓶"1件（图8-2-22⑦）[228]，通高24.9厘米、口径2.6厘米、底径6.5厘米，座高9.5厘米、底径11.7厘米。

②Avery Brundage寄藏于美国旧金山亚洲艺术博物馆（Asian Art Museum of San Francisco）的青白瓷贴花连珠云头雁衔芦花纹带座"花瓶"（Vase and stand with reliefs）1件（图8-2-22⑧）[229]，高23.9厘米。

2.样式七9b：在样式七8c的基础上，增大尺度，拉长胫部并加粗胫足部，足直立后再微撇，平底隐圈足，挖足极浅。这种样式实为样式七8c的上部与样式六10的中下部结合而成。见于元景德镇窑青花梅瓶。例如：

③香港私人藏青花凤凰牡丹纹"梅瓶"1件（图8-2-22⑨）[230]，高28.9厘米。

（三）样式七10

从丰体、高体到矮体，形体壮实。直口的唇部分方圆，柱颈稍粗，分直斜、分高矮，颈肩方折，肩部和上腹部圆鼓丰满，下腹呈弧状迅速内收，胫部收束，足端呈不同幅度的外撇，隐圈足，足径都不大。见于元明两代龙泉窑青瓷梅瓶，根据各部差异，统一分为a～d共4个亚型，元代器属亚型a。

样式七10a：方唇，直柱颈，瓶身上部丰实饱满，瓶体轮廓的S形曲线极富力度，小幅撇足，足沿修成直壁且较厚。例如：

①英国C. E. Russell旧藏龙泉窑青瓷印花方形开光花鸟图"梅瓶"1件（图8-2-23①）[231]，高13.9英寸（约合35厘米）。

（四）样式七11

瓶体轮廓与样式七10相同或近似，器表从口到足制成纵向的六面体，足沿修成斜壁，浅挖足。见于元代龙泉窑青瓷印花梅瓶，根据各部差异，分为a、b两个亚型。

1. 样式七11a：平唇，短颈向上微收，胫部斜收无束腰状，足端直立，略显微撇。例如：

①日本神奈川县立博物馆藏龙泉窑青瓷印花矩形开光花鸟图"六角瓶"1件（图8-2-23②）[232]，高36厘米。

2. 样式七11b：方唇下有折痕，直颈，胫部略具束腰状，足短微撇。例如：

②日本松冈美术馆（Matsuoka Museum of Art）藏龙泉窑青瓷高浮雕印花矩形开光花鸟图"六角形梅瓶"1件（Hexagonal meiping with design in high relief，图8-2-23③）[233]，高34.5厘米。

（五）样式七12

与上同理，器表从口到足制成纵向的八面体，但下腹弧形斜收至足向内曲折，使瓶身呈瓜状，矮足外撇明显，足沿也修成斜壁，浅挖足。见于元代龙泉窑青瓷印花器，根据各部差异分为a、b两个亚型。

1. 样式七12a：方唇，短颈上收，溜肩。例如：

①日本藏龙泉窑青瓷印花点褐彩开光露胎八仙图"八角瓶"1件（图8-2-23④）[234]，高23.6厘米、口径4.3厘米、腹径14.2厘米。

2. 样式七12b：平唇，颈较直，窄平耸肩，上腹特鼓。例如：

②英国大维德基金会藏龙泉窑青瓷印花开光露胎八仙图"花瓶"1件（Vase with reserved panels，图8-2-23⑤）[235]，高24.8厘米。

230 采自：〔日〕佐藤雅彦、中野彻《陶器讲座·7·中国Ⅲ·元、明》单色图版18，东京：雄山阁，1973年。据龟井明德介绍，此瓶为香港私人收藏，参见：〔日〕龟井明德《元青花牡丹纹凤凰形梅瓶介绍》，载《中国古陶瓷研究·第六辑》118页，北京：紫禁城出版社，2000年。

231 采自：William Bowyer Honey, *The Ceramic Art of China and Other Countries of the Far East*, London, Faber and Faber Limited, Pl.39.

232 采自：〔日〕三上次男主编《世界陶磁艺术——第13卷·辽、金、元》（英、日文版）插图89，东京：小学馆，1981年。

233 采自：Mary Ann Rogers: *Chinese Ceramics in the Matsuoka Museum of Art (Part Ⅰ)*, fig.22, from *Chinese Ceramics, Selected Articles from Orientations 1982–1998*, Hong Kong, Orientations Magazine Ltd., 1999. p.80。

234 采自：〔日〕三上次男主编《世界陶磁艺术——第13卷·辽、金、元》（英、日文版）图版32，东京：小学馆，1981年。

235 采自：Margaret Medley, *Yuan Porcelain and Stoneware*, London, Faber and Faber Limited, 1974, Pl.66。

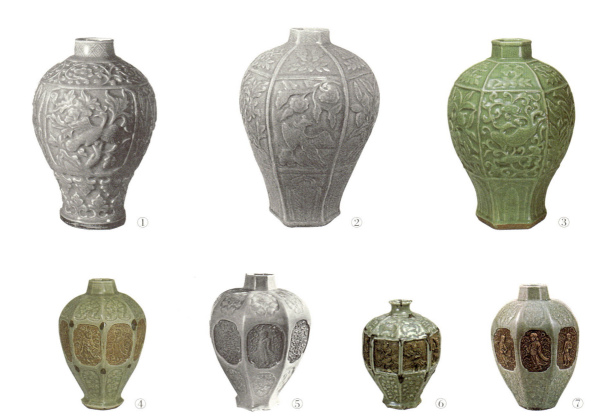

图8-2-23　元代梅瓶样式七10～14　（0 ⊢⊢⊢⊢⊢⊢⊢⊢⊢⊢⊢ 10 cm）

236　采自：《中国文物精华大辞典·陶瓷卷》
　　　"瓷器篇" 图626，上海：上海辞书出版
　　　社、香港：商务印书馆（香港）有限公
　　　司，1995年，356页。

237　采自：顾俊编著《中华艺术大观·3·陶
　　　瓷》111页右下图，台北：新夏出版社，
　　　1981年。

（六）样式七13

与上同理，器表从肩到足制成纵向八面体，瓶身器形与样式七12a相同，但颈部为圆束颈，口部做成花口。见于龙泉窑青瓷印花器。例如：

①北京故宫博物院藏龙泉窑青釉印花点褐彩开光露胎八仙图 "瓶" 1件（图8-2-23⑥）[236]，高19.9厘米、口径4.1厘米、足径6.8厘米。

（七）样式七14

与上同理，其表从口到足制成纵向八面体，形同样式七12a，无撇足。见于龙泉窑青瓷印花器。例如：

①英国的不列颠博物馆藏龙泉窑青瓷印花开光露胎八仙图 "八角瓶" 1件（图8-2-23⑦）[237]，高23.4厘米、腹径16.8厘米、口径5.6厘米。

（八）样式七7

这是福建磁灶窑特有的一种梅瓶样式，始见于南宋，至元代只见亚型b，器形基本保持南宋同一样式亚型的特征：小口，直颈极短（或曰无颈），宽斜肩，

肩腹圆折明显，瘦长腹斜直下收至底，平底。从考古材料来看，元
代器的体量似乎略显增大。例如：

①西沙群岛石屿二号沉船遗址（2010XSSW2）出水元代福建
晋江磁灶窑酱釉"小口瓶"残器12件，残存口、肩和腹底部，如：
其一（SW2：109，图8-2-24①），口肩部残片，残高6.8厘米、
口径1.8厘米；其二（SW2：110，图8-2-24②），底腹残片，残
高11.7厘米、底径5.2厘米；其三（SW2：111，图8-2-24③），
残高12.7厘米、底径5.6厘米[238]。将本例之一与之二相合，可见其整
体器形与南宋器形一致（图8-2-24④）[239]。

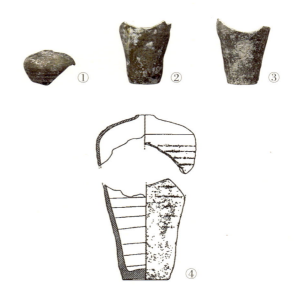

（九）元代梅瓶第七类样式群部分器物产地和年代判断

图8-2-24　元代梅瓶样式七7b　（0　10 cm）

表8-2-5　元代梅瓶第七类样式群部分器物产地和年代分析

梅瓶	以往的判断	笔者的判断	主要理由
样式七8a例①	窖藏年代：元至大三年到至正十二年间（1310～1352年），吉州窑[240]	—	—
样式七8例②	窖藏年代：同上。产地有两说：吉州窑[241]、景德镇窑[242]	—	—
样式七8例③	元，临川窑[243]	产地待考	经过考古调查和发掘的江西"临川窑"窑址有临川白浒窑址、下磨盘山窑址两处[244]，但是二者的烧造年代都在晚唐、五代或更早，能确定为宋代遗物的并不多，出土标本中也没有发现梅瓶或相似遗物，所见标本的胎釉均较粗，以青色釉为主，青釉发黄、偏绿或倾向于酱褐色，也有酱釉、黑釉，没有发现白釉或发米黄色的白釉

238　三例图片均采自：中国国家博物馆水下考古研究中心、海南省文物局《西沙群岛石屿二号沉船遗址调
　　　查简报》图六三、图六四、图六五，《中国国家博物馆馆刊》2011年11期44页。

239　采自：上揭，《西沙群岛石屿二号沉船遗址调查简报》图五五：4、图五五：5。经处理。

240　杨后礼《永新县发现元代瓷器》，《江西历史文物》1981年2期47页。

241　前揭，《中国陶瓷全集·10·元（上）》图版一七八说明。

242　前揭，《中国出土瓷器全集·14·江西》图版120说明，北京：科学出版社，2008年，赖金明撰。

243　前揭，《新安海底文物——新安海底文化财特别展图录》图203解说，汉城：三和出版社，1977年。

244　参见：陈柏泉《江西临川南丰窑址调查》，《考古》1963年12期；江西省文物考古研究所、抚州市文
　　　物博物管理所、抚州市博物馆《江西临川下磨盘山窑址发掘简报》，《南方文物》2006年4期。

续表

梅瓶	以往的判断	笔者的判断	主要理由
样式七9b例①②	景德镇窑，元，或元后期[245]	—	—
样式七9b例③	元（14世纪前半）[246]	—	孙瀛洲先生曾介绍过一件器形样式相同的元代青花云龙纹梅瓶[247]。需要注意的是，现存此类元青花梅瓶的口部，不排除传承过程中破损后经修复而成的形态
样式七10例①	龙泉窑，元或"14或15世纪"[248]	元	该瓶器形，在元代龙泉窑和明初龙泉"官窑"中均有所见，但明初器形更为秀气，瓶身装饰无如此繁密深刻的印花做法，故此瓶作为龙泉窑青瓷印花器，具有更为明显的元代特征
样式七11例①②	龙泉窑，元或"元（14世纪）"[249]	—	—
样式七12例①	龙泉窑，年代介于元代到明代前期之间[250]	—	—

245 国内学者一般只断代为元，如例①，见：吴志红、范凤妹《介绍一批江西元代青白瓷器》，《江西文物》1983年2期67页。海外学者还进一步断代为"元（14世纪）"，意指元代后期，如例②，见：前揭，〔日〕三上次男主编《世界陶磁藝術——第13卷·遼、金、元》（英、日文版）图版180说明。

246 见：前揭，〔日〕佐藤雅彦、中野彻《陶器講座·7·中国Ⅲ·元、明》单色图版18说明，311页。按：此类观点多引见龟井明德的介绍和研究。

247 孙瀛洲《元明清瓷器的鉴定（续）》图二五，《文物》1966年3期。

248 元代说见：Margaret Medley, *Yuan Porcelain and Stoneware*, London, Faber and Faber Limited, 1974, Pl.69之说明。断代为"14或15世纪"的观点，显然主要是指明代前期，见：William Bowyer Honey, *The Ceramic Art of China and Other Countries of the Far East*, London Faber and Faber Limited, p.74之说明。

249 所谓"元（14世纪）"是指元代后期，见：Mary Ann Rogers: *Chinese Ceramics in the Matsuoka Museum of Art (Part Ⅰ)*, fig.22, from Chinese Ceramics, *Selected Articles from Orientations 1982–1998*, Hong Kong, Orientations Magazine Ltd., 1999. p.80之说明。

250 上揭，〔日〕三上次男主编《世界陶磁藝術——第13卷·遼、金、元》（英、日文版）图版32说明，44页，矢部良明撰。按：矢部良明介绍，本例是早期流往日本的传世品。

七、第八类样式群

在南宋景德镇窑青白瓷梅瓶上曾经密集出现的"出节小口"，到了元代可能仍有一些遗留（如南宋样式八3c、3d的部分梅瓶），但已绝非主流。相反，可以确定的元代第八类样式群的梅瓶遗物重新出现在北方，主要见于今宁夏、山西、内蒙古额济纳旗等偏西北地区。就所见材料来看，元代第八类样式群的梅瓶可以归纳出3种样式。

（一）样式八4

丰体。口内壁微侈，平唇，唇下曲壁出棱，接以较直的束颈，形成竹节状口形，颈肩圆折，长身较丰满，圆肩或溜或宽，上腹圆鼓，弧状下收，胫部内曲呈较肥的束腰状，外撇隐圈足，挖足较深，内壁也外撇，平底微圆凸。

这是元代灵武窑（窑址在宁夏灵武磁窑堡）黑釉剔画花梅瓶流行的样式，似乎也是当时最主要的一种样式，实物高度都在25～30厘米之间。例如：

①宁夏灵武县磁窑堡瓷窑址元代地层出土黑褐釉剔刻花"经瓶"多件，如：其一（T9②：114，附录一总表八：

图8-2-25　元代梅瓶样式八4、5、6 （0 ————— 10 cm）

4①　②）[251]，高28.6厘米、口径4.2厘米、足径11.7厘米；其二（图8-2-25①）[252]，高28.6厘米；其三（图8-2-25②）[253]，残高28厘米；其四（图8-2-25③）[254]，高29.4厘米；其五（图8-2-25④）[255]，残高24.2厘米。

（二）样式八5

丰体。口内直壁，方平唇，口外壁有一道凹槽，使上下沿呈双凸棱（类似南宋青白瓷梅瓶样式八3a例④），较直的束颈，颈肩圆折，瓶身丰满呈卵状，圆肩鼓腹，下腹弧收至底，足微直，矮隐圈足，足内壁直立，平底。见于西北地区的黑釉粗器。例如：

①内蒙古阿拉善盟额济纳旗达赉湖波镇黑城遗址出土元代黑釉"小口坛"1件（F47：7，图8-2-25⑤）[256]，高29厘米、口颈6厘米。

（三）样式八6

丰体。圆唇微侈，唇下圆曲壁较长，下有三角形凸棱，接短束颈，成为较长的出节小口，瓶身呈倒滴水状，斜溜肩，中上腹较鼓，下腹弧形渐收，微曲的胫部不甚长，足壁直立，隐圈足较深。见于山西地区的白釉黑彩画花器。例如：

251 分别采自：中国社会科学院考古研究所内蒙古工作队编《宁夏灵武窑》图版130，北京：紫禁城出版社，1988年；《宁夏灵武县磁窑堡瓷窑址发掘简报》图一二，《考古》1987年10期912页。

252 采自：上揭，《宁夏灵武窑》图版129。

253 采自：上揭，《宁夏灵武窑》彩版35。

254 采自：上揭，《宁夏灵武窑》图版127。

255 采自：上揭，《宁夏灵武窑》图版128。

256 采自：内蒙古考古文物研究所、阿拉善盟文物工作站《内蒙古黑城考古发掘纪要》图二一：4，《文物》1987年7期14页。

257 采自：《中国出土瓷器全集·5·山西》图版179，北京：科学出版社，2008年。此瓶现藏于山西博物院。

258 采自：同上，图版179附足底，刘岩等撰图版说明。

259 采自：张家口市宣化区文物保管所《河北宣化元代葛法成墓发掘简报》图三：10，《文物》2008年7期49页。

260 同上，图一一。

261 采自：北京市文物研究所《元铁可父子墓和张弘纲墓》图版拾玖：2；图六：8，《考古学报》1986年1期101页。

①山西汾阳市杏花村酒厂出土白釉褐彩弦纹折枝花"梅瓶"1件（图8-2-25⑥a）[257]，高31.4厘米、口径4.3厘米、底径10.6厘米。底部有"延祐元年"（1314年）墨书纪年文字（图8-2-25⑥b）[258]。

（四）元代梅瓶第八类样式群部分器物产地和年代判断

表8-2-6　元代梅瓶第八类样式群部分器物产地和年代分析

梅瓶	以往的判断	笔者的判断	主要理由
样式八6例①	元	山西窑场，元前期	本例足底部无釉露胎，有"延祐元年"（1314年）墨书题记，表明这是元代中期以前的器物。从其器形来看，是从金代样式四19、31略作变化而成，单体折枝纹做横向排布，在金代山西窑场的制品也能见到。综合判断，本例是元代前期山西窑场的制品

八、第九类样式群

本样式群的元代器物均继承了金代样式九2，只有2种样式，整体特征是体态细瘦，一致趋于棒状，不复辽金时期同类瓶体轮廓所保留的类似梅瓶曲线的鸡腿状，完全远离梅瓶的器形发展主流，这也标志着这类器物走向衰落，元代以后绝迹。

（一）样式九2

辽、金一脉相传的样式九2在元代大体不变，仅在细节上分化出k、l共2个亚型，流行区域有所不同。

1.样式九2k：延续金代样式九2i，平沿方唇出现了勒口，呈双唇形，瓶身棒状特点明显，仅中腹稍粗而已，仍然保持着原始的平底。见于北京与河北北部地区元墓。例如：

①河北张家口市宣化城东元代（前）至元十四年（1277年）葛法成墓出土瓦棱纹粗胎淡绿釉"鸡腿瓶"2件（成对），形制、尺寸基本相同，其一（M1：1，图8-2-26①）[259]，高42.6厘米、口径6厘米、底径6厘米；其二（M1：2，图4-3-5④）[260]，尺寸不明。

②北京市崇文区龙潭湖北吕家窑村元至正五年（1345年）铁可夫妇合葬墓（M1）东室（其某位夫人墓室）出土瓦棱纹褐色粗胎青黄色釉"鸡腿瓶"2件，其一（M1东：1，图8-2-26②，附录一总表九：2k②）[261]，高39.5厘米。

图8-2-26　元代梅瓶样式九2、4　（0 ⸺⸺⸺ 10 cm）

③河北廊坊市中心公园元墓出土瓦棱纹粗胎黑褐色釉"鸡腿瓶"2件（成对），其一（图8-2-26③）[262]，高47厘米、口径7厘米、腹径12.5厘米、底径6.5厘米；其二（图8-2-26④）[263]，高40厘米、口径6.5厘米、腹径11厘米、底径6厘米。

2. 样式九2l：近似扁梯形环口的折沿平口，束颈极短（无颈），瓶身细长如棒，与样式九2k大体相同，但重心在肩部和上腹部，因此表现出较圆的陡斜肩，胫足部直立，圆凸底隐圈足，深挖足。见于内蒙古中部地区元墓。例如：

④内蒙古察哈尔右翼前旗元代集宁路故城遗址KM13号墓出土瓦棱纹粗胎黑釉"小口长瓶"2件（成对）[264]，其一（图4-2-6⑦，图8-2-26⑤）[265]，高43.5厘米、口径4.4厘米、底径9.3厘米，肩部一周刻楷书"葡萄酒瓶"四字；其二（图8-2-26⑥）[266]，尺寸不明。

⑤内蒙古多伦县正蓝旗元上都遗址城南砧子山元代墓葬区南区汉族墓群M1出土瓦棱纹粗胎茶绿色釉"长瓶"1件（M1：1，图8-2-26⑦）[267]，高36.5厘米。

（二）样式九4

瘦高体。折沿圆卷唇口，短颈上侈，长身，窄溜肩，腹斜直，平底。本样式与金代样式九2e有些许相似，实物见一例小型器，来自内蒙古中部元上都城南元墓。例如：

⑥内蒙古元上都城址砧子山元代墓葬区西区汉族墓群M65出土瓦棱纹粗胎茶绿色釉"鸡腿瓶"2件之一（M65：2，附录一总表九：4）[268]，高20.8厘米、口径5.2厘米、底径4.4厘米。

262　采自：张兆祥《廊坊市发现元代砖室墓》图2，《文物春秋》1991年4期93页。

263　采自：同上，图3。

264　内蒙古自治区文物工作队《乌兰察布盟察右前旗古墓清理记》，《文物》1961年9期。发掘者将两瓶分为Ⅰ、Ⅱ两式，实则可同作一式。两瓶现藏于内蒙古自治区博物馆。

265　采自：《中国陶瓷全集·10·元（上）》图版一九一，附口肩部图，上海：上海人民美术出版社，2000年版。

266　采自：《乌兰察布盟察右前旗古墓清理记》图7，《文物》1961年9期。

267　采自：内蒙古文物考古研究所、锡林郭勒盟文物管理站、多伦县文物管理所《元上都城南砧子山南区墓葬发掘报告》图八：9，《内蒙古文物考古》1999年2期100页。

268　采自：内蒙古文物考古研究所、吉林大学考古学系《元上都城址东南砧子山西区墓葬发掘简报》图一○：7，《文物》2001年9期43页。此瓶在原报告中属C型"鸡腿瓶"。

269　发掘者结论是金元之交，最晚到元代早中
期，见：前揭，《乌兰察布盟察右前旗古墓
清理记》图7，《文物》1961年9期61页。

270　类似的足部处理最早见于辽代白瓷梅瓶样
式四6b，元代青白瓷梅瓶足部的类同处理
还有样式六12a，辽、元这两种样式的足
部与腹部的衔接关系与元代样式一〇15不
同，后者有明确的曲折。

271　采自：叶佩兰《元代瓷器》图366B，北
京：九州图书出版社，1998年，228页。
按：叶佩兰女士将此瓶收录于元代青白瓷
部分。

272　采自：内蒙古自治区文物工作队《元代集
宁路遗址清理记》图5，《文物》1961年9
期。也见：内蒙古文物工作队编《内蒙古
文物资料选辑》图版二二一，内蒙古：内
蒙古人民出版社，1964年，195页。按：在
Michael Sullivan介绍Sir Alan and Lady Barlow
的藏品中，有一件褐绿色釉的小撇口、方
折肩、饼形圈足梅瓶，器形特征与此瓶比
较相似，高8.875英寸（约合22.5厘米），
作者断代为"10到11世纪"，可作参考，
见：Michael Sullivan, *Chinese Ceramics,
Bronzes and Jades in the Collection of Sir Alan
and Lady Barlow*, Faber and Faber Limited,
1963. pl.21a。

273　采自：《元上都城南砧子山南区墓葬发
掘报告》图九：13，《内蒙古文物考古》
1999年2期101页。

（三）元代梅瓶第九类样式群部分器物产地和年代判断

表8-2-7　元代梅瓶第九类样式群部分器物产地和年代分析

梅瓶	以往的判断	笔者的判断	主要理由
样式九21例④	墓葬年代：金末至元早中期[269]	—	墓葬年代的研究也有助于确定本例两瓶的制作年代
样式九21例⑤	元	—	本例器形与例④非常相似，烧造年代应相当

九、第一〇类样式群

元代的第一〇类样式群梅瓶的特征不是很突出，所见有3种样式。

（一）样式一〇15

此样式目前仅见一例是来自元代青白瓷器，但所见资料对其口部介绍不详，瓶身丰满，丰肩鼓腹，下腹弧面斜收至足，足部为装饰性很强的二层台阶状足[270]，与腹部形成明显的曲折，成为饼形足式样。配弧面顶、斜直壁、敞口覆杯式盖。例如：

①藏处不明的元青白瓷刻划花缠枝纹带盖"梅瓶"1件（图8-2-27①）[271]，高27厘米。

（二）样式一〇16

小侈口，柱颈上侈，宽斜方折肩，上腹外鼓，壁稍直，下腹斜收，胫部收束，方折后转成外撇圈足。考古材料来自内蒙古地区。例如：

①内蒙古乌兰察布盟察哈尔右翼前旗巴音塔拉乡土城子村元代集宁路故城遗址西城中部第一区窖藏出土黑釉"宽肩小口瓶"1件（图8-2-27②）[272]，高约20厘米。

（三）样式一〇17

圆唇矮口，口径较大，短束颈，瓶身呈长卵状，溜肩，肩下逐渐内敛，腹足间束折，撇足，平底隐圈足，挖足深。见于内蒙古地区元墓。例如：

①内蒙古多伦县正蓝旗元上都遗址城南砧子山元代墓葬区南区汉族墓群M47出土黑釉陶"大梅瓶"1件（M47：3，附录一总表十：17）[273]，高41厘米。

图8-2-27　元代梅瓶样式一〇15、16

第三节

南北二元格局和南方样式的兴盛

一、南北方梅瓶样式群消长之势的统计与分析

以上对从蒙古时期到元代的梅瓶资料按九类样式群进行细致的器形样式研究之后，可以再次看到有很多传世品蕴含的历史信息是考古资料所难以反映的。经统计，这些元代梅瓶的实例共包含了52种器形样式，通过表格的形式分别对其做进一步统计和对比分析（见表8-3-1），可知元代的北方和南方流行的梅瓶样式各为31种和22种，北方还是比南方多，但总量比例已不足3∶2，具体到各类样式群在北方和南方流行的样式数量，也有明显区别，并从数量上体现了主流和非主流的差异。

结合第七章第四节最后一幅表格（表7-4-7）来比较，可以从一个侧面看到梅瓶整体状况的变化：在元代以前，北方的金代和西夏梅瓶样式共有57种，南方的南宋梅瓶样式共有25种，比值大于2∶1；在更早的辽和北宋时期，北方和南方的梅瓶样式数量各为69种和16种，比值更是达到4∶1强。可见，梅瓶样式总量之和以及南北方数量之比，分三个阶段在逐渐减少和降低。

这一概略的统计结果说明：1. 各时期梅瓶的样式总量从宋辽以来持续减少，到了元代，减少幅度很明显，主要体现在北方梅瓶样式数量的萎缩。2. 与此相关，南北方梅瓶样式数量的比重在渐渐发生变化，对此在第七章第四节的小结中曾就五代宋辽金时期的这一现象做过比较详细的讨论，主要结论是南方样式的数量在逐渐增加，北方则逐渐减少，这种比例变化到了元代变得更为明显了。

这两个方面的深层含义在于：1. 样式总量的整体减少，意味着梅瓶样式衍化

表8-3-1　蒙古时期到元代南北方梅瓶样式群所含样式数量对比*

地域	一	二	三	四	六	七	八	九	一〇	总	
北方	2	9		11	2		3	2	2	31	52
南方		2	1	3	7	8			1	22	

　　*注：由于南北方存在某些共享样式，同一样式群所含样式总量以及各方总数之和并非简单相加。

的进程在放缓。但是通过前两章的研究表明，这种放缓并不出现在两宋时期，当时的样式衍化是逐渐趋于鼎盛，只有在元代，梅瓶的样式总量有了比较明显的减少之后，才表现出样式衍化放缓的迹象，也才体现出样式趋于集中的发展方向，因此在元代可以约略谈得上梅瓶具有越来越强的"器形共性特征"。2. 南北方梅瓶样式数量比值的变化，意味着南方梅瓶样式日益繁衍，而北方梅瓶样式在数量上相对萎缩。这种状态在南宋已现端倪，到了元代，北方梅瓶样式数量的萎缩趋势导致南北方接近平均化，由此凸显了南方梅瓶样式日益繁多的趋势和更加重要的地位。

前一方面的含义，显示出元代梅瓶器形在整体上"日益趋同"，有趣的是，这个趋势同步伴随着梅瓶器形样式的"日益分化"，这就是后一个方面的要点。两个趋势的同步并存，使南北方梅瓶样式的数量在元代逐渐接近平均状态之时，便不可避免地促进一种新局面的加速出现：决定梅瓶时代风貌形成的重心，从以北方样式为主向以南方样式为主的转变。这个转变，涉及元代南北方梅瓶样式群的侧重与消长，概为以下三点：

第一，元代南北方梅瓶也如以往一样，流行的样式群有所不同。北方共出现七类样式群，有第一、二、四、六、八、九、一〇类；南方共出现了六类样式群，即第二、三、四、六、七、一〇类。

第二，元代梅瓶样式群的"取舍"在南北方有不同表现。与此前的金代和西夏相比，元代北方梅瓶少了第三、第五、第七类，多了第八类；南方梅瓶与南宋相比，少了第八类。

第三，元代南北方各样式群的样式数量不同，与前代相比也发生了明显变化。北方仅以第二、第四类最盛，分别有9种和11种样式，第一、六、八、九、一〇类所含样式较少而平均，分别只见2种或3种；南方梅瓶以第六、第七类最盛，分别有7种和8种样式，较少的是第二、三、四、一〇类，从1种到3种不等，却并非平均化的表现。

二、南北二元格局下样式群的主次关系、器形新特征及有关问题

依据上述三点，并在前面所有的详细研究的基础上，可以对每一类样式群在元代的状况略作评述如下，以说明元代南北方梅瓶的各自侧重和彼此消长的特点。

在中国梅瓶总共十类样式群中，首先彻底消失的是第五类。前两章的研究表明，口形如璧的第五类只见于北宋到金代的北方，主要流行于定窑、磁州窑、当阳峪窑等最重要的北方民间窑场，极少的辽代样式是对北宋样式的模仿，西夏样式带上了西北地区的特征。在宋金时期的定窑和磁州窑等窑口内，以"横展平沿环口"为标志的第五类样式群，是诸窑烧造的高档梅瓶所采用的形式，时间越

晚，器形共性越明显。它在元代的彻底消失，意味着元代梅瓶失去了最具北方特
色的一类样式群，换言之，北方梅瓶高档器样式选择的范围变小了（参见附录一
总表五）。

在元代的北方与第五类一起消失的梅瓶样式群还有第三和第七类，二者在元
代的南方却有着完全不同的轨迹。我们已经知道，以"盘口"为标志的第三类样
式群起源于中原，而且一直以来主要流行于北方，从北宋到南宋在南方也比较流
行，可以说它是五代两宋时期非常重要的主流性样式群。不可思议的是，第三类
样式群到了元代仅在南方延续着南宋已有的一种样式（样式三13j），直到明代
才再次繁盛，但也仅见于南方。这种"沙漏状态"衬托出元代第三类样式群正处
于束腰部位（参见附录一总表三）。

作为最早在中原地区出现的梅瓶样式群，第一类一直流行于北方，而且是
高品质梅瓶采用的样式类型。到了元代，在今内蒙古地区的地方性窑场中也出现
了延续金代有关样式的遗存（样式一8c、d），但是在样式总量和品种面貌上远
不如金代丰富。值得注意的是，器形对比显示元代钧窑样式一14的"折沿凸环
小口"（图8-2-1①）与明代景德镇永乐"御窑"梅瓶的口形很相似（见样式一
15、16），这一点对某些元代钧窑梅瓶烧造时间的推断也许有帮助，同时说明
了在第一类样式群内部开始出现南北方相关的因素。

以"出节小口"为标志的第八类样式群，其极盛期是在南宋，集中体现在景
德镇窑青白瓷梅瓶样式八3，到了元代却突然消失，又以完全不同的来源和器形
再次出现在北方，而且见于西北地区和山西一带，遗存不多。所见三种元代样式
（样式八4、5、6）或融合了新因素，或在原有传统上变化，都具有很明显的地
区性特点，在当时不是主流，也没有延续。"出节小口"从一开始就不是一种稳
定的形式因素（参见附录一总表八）。

元代第九类样式群的来源很清楚，但是也走到了它的尽头，在器形上早已远
离中国梅瓶演变脉络的主流。从地区分布来看，它在元代局限于今北京、河北北
部、内蒙古中部等相连地带，这里是元代的大都和上都相连的政治核心区域，第
九类样式群的器物在此集中出现于墓葬，是当地特殊葬俗的体现，它在这方面的
研究价值更为重要（参见附录一总表九）。

在器形上没有形成统一特征的元代第一○类样式群，由于材料极为有限，目
前很难对之做更多评述。从其与此前和此后的纵向对比来看，此样式群南北方样
式的远离和共性特征的减弱，在金代和南宋时期加剧之后，一直持续到元代，迟
至明代才在以磁州窑为代表的北方窑场内逐渐弥合（参见附录一总表十）。

作为中国梅瓶最重要的两大类，分别以"小撇口"（或"小侈口"）为标志
的第二类样式群，和以"梯形小环口"为标志的第四类样式群，都有强大的传统
基础。如第二类样式群从晚唐五代开始直到元代，在北方持续不衰，而第四类样
式群从辽代早中期和北宋中期开始陆续在长城南北和中原地区出现之后，也一直
是中原和整个北方地区最为常见的梅瓶样式群之一。然而，元代成为这两类样式

群在北方地区最后的兴盛阶段（对比参见附录一总表二、四）。

在南方，这两类样式群从北宋开始都有流行，相比之下，南方的第四类在元代以前比第二类更为发达，其在南宋的著名窑场中都在流行，普及程度和样式繁衍的规模远在第二类之上，说明南方曾以第四类作为其着重选择的对象。经过从北宋晚期、南宋到元代，梯形小环口的第四类梅瓶完成了它在南方的全部演变过程，到了明代则趋于凋零：从南方完全消失，在北方也很少见（参见附录一总表四）。小撇口的第二类梅瓶与其有大相径庭的表现，它从北宋时期已出现在南方地区，直到南宋也没有形成特别连贯的样式演变脉络；到了元代，南方的小撇口梅瓶却出现了两种非常重要的样式，一种是龙泉窑青瓷梅瓶样式二27a（图8-2-4），另一种是景德镇窑的青白瓷刻划花、青花、釉里红都在采用的样式二28（图8-2-5① ② ④ ⑤），后面这种样式也是元代磁州窑梅瓶特别流行的。这两种样式在龙泉窑和景德镇窑分别使用了各自最具代表性的装饰。龙泉窑青瓷梅瓶使用了具有"出筋"效果的"密棱纹"，密棱纹在龙泉窑始见于南宋（如样式六1e、七5），而出筋是南宋到元代龙泉窑梅子青釉和粉青釉瓷器中最典型的一种装饰工艺，厚釉透着筋状白胎的含蓄美感独具魅力。上述景德镇窑的青白瓷刻划花梅瓶采用了元代明令专用的"三爪龙纹"，青花和釉里红梅瓶则装饰了原本见于定窑的"凤穿花"，还出现了元代晚期景德镇窑极富特色的云肩纹和变形莲瓣纹。正是南北名窑都流行的这两种样式，以其器形、装饰、胎釉等因素的全方位完美配合，成为元代梅瓶器形的一代典范，因此二者也在明清两代作为第二类样式群最为恒定、最为优美的样式而不断流传、不断繁衍——它们是第二类样式群在南方极度兴盛的先声（参见附录一总表二）。

分别以"折沿窄唇口"和"直口"为标志的第六类和第七类样式群，都曾经于北宋和辽金时期在北方地区有所表现，但不甚发达。上已提到，在元代北方地区，第七类彻底消失，第六类也非常少见，而在南方，这两类样式群从南宋开始普及之后，至元代趋于繁盛，所含样式也更多，无论是继承样式还是新出样式，都具有比较一致而稳定的基本特点，南方特色极为突出，并且成为元代南方最重要和最著名的三大窑口——景德镇窑、吉州窑、龙泉窑中最为流行的两类样式群。就二者形成南方式的风貌和格调而言，第六类和第七类样式群从南宋到元代已基本上成为南方梅瓶独享的两类器形样式群（参见附录一总表六、七）。

以上讨论表明，元代南北方梅瓶分别以第二、第四类和第六、第七类作为各自的主流样式群，其间既有明确的差异，又有重要的重叠。

在北方的第二和第四类样式群里，包括高体、瘦高体、丰体、矮体，尺寸差异较大，瓶高介于13～52.5厘米之间，基本上延续了金代梅瓶的状态，但是总体看来，北方梅瓶的丰体器物和中小型尺寸的器物都增多了，这是与金代的不同之处。在这两类样式群中，磁州窑和磁州窑类型的梅瓶样式占据了主导性地位，如样式二28、29、30、31和样式四8、25、27、28等，都很突出。第二类样式群特多丰体样式，第四类样式群则以高体为主。无论丰体还是高体，这两类北方梅瓶的下腹形体从斜收至底到束胫、撇足的变化都是存在的（对比参见附录一总表二、四）。与金代相比，束胫、撇足在元代梅瓶上更为明显和夸张。从现有资料来看，下腹斜收至底和束胫、撇足的两种形态，在蒙古时期到元代很可能都是同时并存的，还没有证据能表明这种差异具有分期性质。综合地看，元代北方梅瓶在保持尺寸差异较大的情况下，趋于中等尺寸的趋势已很明显。在形式上，蒙古时期可能延续了一些金代样式，但尚未形成元代特点，发展到元代中晚期，两类主流样式群在体态上都表现出丰满敦实和细瘦婉转这两种并存的形式风格，同时还出现了不少夸张失度的样式。

在南方，下腹斜直下收至底，以及束胫、撇足的形式也都存在于第六、第七这两类主流样式群中，但是彼此间的形式差异没有元代北方梅瓶那样明显。如吉州窑样式六4、9和样式七8的瓶身从外鼓的上腹开始一般都斜直下收至底，景德镇窑的青白瓷梅瓶（样式六6、12a）和青花梅瓶（样式六10、11，七8、9）也基本如此，不过景德镇窑的器物在胫部多出现轻微的内曲，足壁多直立或轻微外撇。倒是龙泉窑青瓷梅瓶的束胫、撇足表现得比较显眼（样式六12b，样式七11、12、13）。在体态上，元代南方梅瓶仍以丰体为主，流行中型的和偏于小型的尺寸，可见南宋时期确立的丰体为主、尺度适中略偏小的特征在元代南方梅瓶上仍然延续着。这方面最突出的是吉州窑器，景德镇窑和龙泉窑的中小型器物也占较大比例。不同的是，景德镇窑最精美的青白瓷和青花梅瓶（如样式六6、10、11），都出现了代表时代风格的新特征：多倾向于中等偏高大的尺寸，宽博的肩部、斜收的下腹、微曲后直立或微撇的胫足部，表现得相当稳定，给人的视觉感受是整体介于丰体和高体之间，既显得沉着稳重，又显得气势磅礴。与宋金样式格调迥异，也与元代北方梅瓶拉开了明显距离——南方的景德镇窑第一次成为中国梅瓶时代风格的引领者。

元代南北方梅瓶的重叠部分值得特别关注。这部分包括共有的样式群，如第二、四、六、一〇类，有趣的是，南北方完全共享的样式只有一个，即样式二28。上文已提到，这个样式很重要，它在元代既普遍流行于北方最具代表性的磁州窑，又为南方的景德镇窑烧造的青白瓷、青花、釉里红等代表性品种的梅瓶所采用。在景德镇窑中，这一样式的梅瓶遗物虽然不太多，但所见器物的整体器形与样式六6、10、11都非常相似，也是元代景德镇窑中具有代表性的梅瓶样式。重要的是，这个样式在元代南北方两个最重要的窑场中都被采用，由此说明南北两个名窑存在某种关系，也说明元代南北方梅瓶在某个连接点上存在趋同现象。这与上文的有关分析相合。

三、元代梅瓶的装饰意匠和新表现

　　元代梅瓶的装饰有不少新表现，值得专门讨论。所谓胎纹釉理、范金琢玉、纹彩相彰这三种装饰模式，在元代梅瓶上都有出色运用。北方的钧窑和南方的龙泉窑、吉州窑，在胎纹釉理式的运用上有成功而富于特色的案例。钧窑梅瓶的天蓝釉红斑装饰，是北方窑场高温彩釉瓷的典型表现，以此种方式在宽阔的梅瓶表面上尝试彩斑挥洒的效果，缺一不可，多则不足。利用基本相同的原理，吉州窑另辟蹊径，以深色釉画花经窑变出现的饰纹（如酱釉窑变圈点纹等），是一种更主动的探索，对彩釉装饰的运用显得更为自觉和规范。龙泉窑利用厚釉透影的出筋效果又别具一格，充分展现了南宋以来该窑追求沉静文雅的一贯作风。范金琢玉式的典型主要表现在景德镇窑和龙泉窑，前者以青白瓷刻划花、贴花器为代表，后者以青釉印花、刻花、贴花器为代表。景德镇窑青白瓷刻划花不追求刻划痕迹的物理厚度，保持流畅的用刀，贴近绘画效果，其贴花工艺从饰纹题材到布局上也体现了绘画的影响。龙泉窑则不同，无论是印花、刻花还是贴花，都极力造成深厚的物理厚度，高浮雕的效果在梅瓶青翠的釉面上自然形成斑驳的光影，进一步增强了版、刻、结的装饰特征，特别是在深浓的青釉表面以含铁量很高的棕褐色胎土贴花，在色彩和质感上都造成强烈的反差，成为运用开光手法的巧妙变体，凸显了龙泉窑有针对性的设计意匠。纹彩相彰式在北方以磁州窑画花器为代表，在南方以景德镇窑的青花和釉里红为代表。元代磁州窑画花梅瓶不但大量采用传统的白釉黑彩画花装饰，还普遍出现了彩釉画花器，如绿釉画花、翠蓝釉画花、棕黄釉画花等新品种。景德镇的青花和釉里红梅瓶，在画风上表现得很成熟、细腻，与同期北方的磁州窑日趋粗放形成了鲜明对照。

　　在饰纹布局上，分层、分块、单体／折枝这三种基本格式在元代梅瓶上都存在，以分层格式最为常见。北方的磁州窑和磁州窑类型画花梅瓶，一直都以分层格式作为饰纹组织的主要结构。其通常的做法是，口颈部留白或涂黑，肩部、腹部、胫部分别作为三层专门处理。关于腹部的划分，在足壁斜收或直立的样式（如样式四8）与足壁外撇的样式（如样式四27）上，往往是不同的。前者画出的腹部一般都以最大腹径处的上下两端为界，腹部高度多为瓶高的1/2或大于这一数值，显得腹部凸出、完整，面积宽阔，也使得肩、腹、胫的三层式特征很鲜明（即使肩、胫部有时也被分为二层或更多层），在这种情况下，胫部都没有仰莲瓣纹，而是带状纹或波纹。后者，最大腹径处常常被作为一条分界线所在的位置，主题饰纹区往往在瓶体腹部的下半部分，无形中突出了肩部在整个饰纹布局中的地位，肩部也常常分为宽窄不一的两层甚至三层，在这种情况下胫部常常沿用仰莲瓣纹，但画工草率，有些器物还出现了抽象化的倾向（如样式二25例①）。至于在北方的其他窑场，分层结构也是最为流行的，但饰纹多趋于简略（如样式二30c，样式四17f，样式八4、6）。

　　在磁州窑（类型）的分层格式里，至少以两种手法糅入了分块格式，一般都表现在腹部主题饰纹的组织上。一种是开光，常见曲边菱形（样式二28b例③，样式二29b例⑨ ⑩，样式四27例① ⑤），另一种是以S形线条做四等分的分块（样式四8例⑪ ⑫，样式四27例⑥）。开光形式有宋金以来的传统，S形线条的分块则是元代磁州窑采用的新形式，它与S形瓶体轮廓相配合，强化了屈曲婉转的韵律。

　　在南方，最能体现元代梅瓶饰纹布局特色的是景德镇窑。从大体结构来看，该窑梅瓶通常也都采用分层格式，而且三层式同样是最基本的结构。正如上言，这种格式首先涉及如何划分肩、腹、胫三个部分。元代景德镇窑梅瓶的大多数，都以肩腹转折处以下的最大腹径处为上线，以下腹约一半或稍下的位置为下线，这种处理与上述磁州窑的第二种划分近似，但是结合瓶体器形这一基础因素来看，有着根本的不同，而且景德镇窑对梅瓶瓶身各层和各层之间的间隔方式，以及饰纹元素的处理，等等，都更为程式化，显示出一种成熟、稳定的状态。而景德镇窑的青白瓷梅瓶和青花梅瓶的饰纹组织，又各自不同。

　　景德镇青白瓷梅瓶的刻划花布局（如样式二28a和六6c），明确采用了三层式，腹部主题饰纹常见海水龙纹和朵云纹，前者较精致，后者较草率。相应地，肩部和胫部采用不同的饰纹，龙纹梅瓶的肩部均为波折结构的卷草式折枝花，胫部均为近似矩形的壶门状变形仰莲瓣纹，朵云纹梅瓶的肩部均无饰纹，胫部均为三角形变形覆莲瓣纹。这种面貌是非常稳定的，与南宋的纵向比较已有很大变化。

　　三层式布局格式也是青花梅瓶（以及釉里红梅瓶）采用的基本格式，或是作为潜在的结构而存在。与青白瓷梅瓶相比，青花梅瓶的饰纹布局常常将分层、分块、单体／折枝这三种基本格式做了更灵活的重组，融入了更多的形式结构元素，有些元素则是全新的，因此也形成了具有时代特征的更为丰富的变体格式。如第一种，在肩部加入借自织造的"云肩纹"，体现出浓郁的民族风格，丰富了分层格式的面貌，还将肩部巧妙地分隔成相对独立的单元，拓展了使用绘画性单体格式的可能性（见样式二28c例⑤ ⑥，样式六10a例①之一、二和例⑥以及样式六10b例⑮ ⑱等）。第二种，把肩部和腹部之间、腹部与胫部之间的分层带加以拓宽、留白，压缩腹部主题饰纹区的高度，腹部由此分为三层，上下两层空白带显得洁净、简约，既是肩、腹、胫三层饰纹的分隔，又是绝妙的衬托，青白对比更为醒目，各层饰纹犹如逐渐展开的手卷画。这种格式发挥了以无胜有、有无相生的观念和形式规律（见样式六10a例①之三至六，及样式六10f例㉔）。第三种，引入情节性绘画的形式，强化了分层格式及其他结构对新样式的组织适应性。在陶瓷器皿上作画是一种很古老的传统，将绘画性因素引入梅瓶装饰最早见于北宋（如样式三5例②），在金元时期北方窑场普遍流行的白釉黑彩画花梅瓶上更是常见（如金代样式四19例③ ⑤ ⑥ ⑦等和元代样式四8例⑧ ⑩），将具有一定故事情节的"绘画性纹样"作为陶瓷装饰，也已经在金代磁州窑器物（如

274 北京大学考古学系、河北省文物研究所、
邯郸地区文物保管所合著《观台磁州窑
址》图版一七：7，图版一八：2（右），
北京：文物出版社，1997年。按：两例瓶
盖标本的饰纹包括方格纹（壁）＋兰草纹
（顶），折带纹和卷草纹（壁）。

瓷枕）上出现，凡此，都可以视为某种意义上的"单体"格式。然而，将情节性绘画作为梅瓶腹部的装饰主体并形成一种可靠的形式，应该说是在元代景德镇窑青花梅瓶上才得以初步完善。其中的关键是，利用梅瓶的类圆柱体瓶身及其相对宽平的表面，经横向布局展开画面，使得有关的人物、动植物和其他环境形象不能同时展现于一个视点所见的画面之内，再借助类似手卷的展现和观赏原理，让"绘画性纹样"各有关元素按情节逻辑逐渐呈现其全貌。梅瓶的器形特征在此得到了充分考虑，也充分调动了青花（包括釉里红等）彩料更适于绘画表现的特性。除主要在分层格式的腹部融入情节性绘画之外，元代景德镇青花梅瓶采用"绘画性纹样"作为装饰的形态还很多，在云肩纹中常常采用小品式的画面属于其中有特色者。另外在一些装饰性特征较强的饰纹中，如云龙、凤穿花，甚至缠枝牡丹纹，也都出现了更倾向于绘画性表现的特点，这种特点的出现当与梅瓶装饰引入"绘画性纹样"的风气有必然关系。

在分层格式中，元代景德镇窑青花梅瓶特别着重于对分层间隔的带状纹本身进行深加工。带状纹在梅瓶上普遍出现于金代，以中原和北方的白釉黑彩画花器为代表，到了元代这种饰纹在北方画花器中成为重要的装饰元素之一，但是带状纹本身除"二细一粗"为主的形式之外，并没有太多的变化。元代景德镇窑青花梅瓶的带状纹则不同，除了采用与北方相同的带状纹，还运用诸如忍冬纹、卷草纹、卷云纹、三角对折结构的谷状纹、菱形纹、钱纹、回纹等单元的连续性来改造原有的带状纹，构成形式多样、面貌丰富的"锦带纹"，既避免了单调重复，也与上下各大层一道成为在形状和色调上都呈对比的"小层"，也促成了元青花梅瓶的装饰似锦繁花的面貌。

此外，元代景德镇窑梅瓶的重要表现还在于，把瓶体与瓶盖做了更为紧密的统一和连贯设计。就目前所知，在梅瓶盖上明确出现饰纹的例子，以河北磁县观台磁州窑址二期后段地层出土的北宋末到金代初白釉剔花覆杯式盖为最早[274]，宋、金、元以来，在北方的白釉黑彩画花梅瓶（如金代样式四8a例③）、南方的越窑青瓷梅瓶（南宋样式三13f例①）、龙泉窑青瓷梅瓶（南宋样式一○14例①）、景德镇窑青白瓷梅瓶（元代样式二28a例①），以及银质梅瓶上，都从瓶盖与瓶身的装饰统一性方面做了长期的摸索，其中南宋银质梅瓶的满饰做法（如样式三13h例③）和蒙元时期河南窑场的白釉黑彩画花梅瓶的分层做法（如样式四8c例⑦），都是比较成功的例子。与此不同，元代晚期景德镇窑青花梅瓶形成了新格式，成为元代瓷器装饰典型风格的代表。首先，元代景德镇窑青花梅瓶盖是在以往的覆杯式盖顶上加宝珠钮，成为新型的宝珠钮钟式盖，这是器形方面的新样式，为装饰上的新格式奠定了基础。其次，在钟式盖与瓶身装饰的统一性设计中，不再像上述例子那样一味用"同"，即采用同类型形式因素的重复造成"单性协调"，而是辩证用"和"，即以不同类型或不同形态的形式因素通过大小、正反、疏密、黑白、尖圆等对比关系构成"多性协调"，突出了中国文化"和而不同"的正统观念和相应的形式规律（样式六10例①～⑤）。如宝珠钮

饰以火焰纹，盖顶外周饰一圈卷云纹，盖壁饰内嵌宝珠祥云的变形莲瓣纹，都能与瓶身的肩、腹、胫各层饰纹以及各种带状纹和锦带纹，取得对比、呼应的协调效果。

通过以上多种多样的既有传统基础又有创新形态的饰纹布局格式，加上共识性饰纹的日益程式化，和细致、清晰、明确的饰纹形象及其逻辑关系，元代晚期景德镇窑青花梅瓶在吉祥寓意的观念表达方面获得了多样而通畅的形式渠道，并达到了成熟阶段。毫无疑问，这是梅瓶装饰进入新境界的标志，并对明代产生深远影响。

必须看到，元代龙泉窑和吉州窑在同一方面与景德镇窑做了各具特色的探索，取得了各自的成果。除三者具有共性的探索之外，元代龙泉窑和吉州窑梅瓶的装饰还有一个共同现象值得一提，即龙泉窑和吉州窑某些样式的梅瓶上，在口颈部都出现了装饰纹样。例如，样式六12b例②的龙泉窑青瓷梅瓶（图8-2-16②），颈部刻划出和钱纹相关的谷形十字结饰纹，而吉州窑更有多个实例以其特有的彩釉画花窑变工艺、黑釉剪纸贴花工艺等，在梅瓶的口、颈部描绘或制作出圆圈点纹（样式六4例②）、回纹（样式六9例②）、桃花纹（样式六4例⑤）等饰纹。在上一章曾经讨论过，在梅瓶的口颈部出现饰纹与梅瓶开始承担审美性功用有关，这种现象始见于金代河南窑场的白釉黑彩画花器上（见第七章第二节小结部分），到了元代在龙泉窑和吉州窑梅瓶上则比较普遍地出现了这种现象——这个现象直到元代晚期在景德镇窑青花梅瓶上却仍未出现。当然，也不排除上述龙泉窑和吉州窑梅瓶由于使用了其他形式的瓶盖而裸露颈部，使得颈部成为装饰区域。但不管怎么说，这两种可能性都从装饰上进一步促进了梅瓶这种器类的审美因素获得解放。

四、结论

综上所述，关于元代梅瓶的器形和装饰等内容，可以归纳出以下几点认识。

1. 12世纪初期到13世纪前中期，梅瓶所形成的金代代表的北方、西夏代表的西北、南宋代表的南方这一时空分布格局（相对于五代、北宋和辽代而言有所不同的"新格局"），到了元代已发生变化，其迹象首先表现为西北地区特征的梅瓶样式数量在减少，其次是南北方流行的梅瓶在样式数量上平均化，后者是以北方样式衍化数量的减少和南方样式衍化数量的基本持平而形成的。

2. 元代北方梅瓶以第二、第四类样式群作为主流（与金和西夏相比呈缩减趋势），南方梅瓶以第六、第七类样式群作为主流（与南宋相比也略呈缩减趋势），双方已经形成有基本差异的器形特征，加之样式数量趋于平均，而北方仍在数量上略占优势，故可以将元代梅瓶视为南北方各有优长的二元格局，与此前的先后两种三元格局有了本质差异。

3. 北方梅瓶在北方各大名窑陆续衰落的背景下，其器形样式着重于对金代样式的继承，创新因素较少，最突出的形式变化又都给人一种"奇怪"和"不适"的感受，意味着北方梅瓶在元代走到了下坡路的起点。相反，南方梅瓶在南方三大名窑持续兴盛的基础上，沿着南宋时期确立的基本方向，灵活融入元代特有的文化性、社会性和制度性的新内涵，器形样式能不断调整、创新而又不失矩度，在适中、沉着、文雅等传统格调上，兼容气势磅礴、气度雄伟的新风尚，基本上没有出现像北方某些样式那样的病态，以无限生机迈上了又一个新台阶。

4. 在上述三点的基础上，若论及梅瓶时代风格的标志，元代的北方梅瓶已不像以往那样占据绝对优势，甚至开始处于劣势，而南方梅瓶因其具备更高的技艺、更典型的面貌、更出众的传播，更有资格作为元代风格的代表。

5. 结合装饰方面的南北差异及其风格特征来看，同样表现出类同的性质：北方梅瓶渐趋颓势，南方梅瓶则以景德镇窑、龙泉窑等有关工艺品种为典型代表而占据上风。在针对梅瓶的装饰与器形的适应性上，在调动各种技艺因素来运用基本格式和创造新格式上，以至于在一些非常具体的细节上，元代晚期景德镇窑青花梅瓶都体现了时代的高度，其绚丽多姿的装饰风格可为一时翘楚。

总之，元代梅瓶形成了不同以往的二元格局，奠定了未来时代的基础。这个局面的形成，既有社会学方面的原因，也有工艺技术方面的原因，还有梅瓶自身规律性的原因。而这一切，都是中国社会从政治分裂走向政治统一的时代背景下，元朝国祚又相对短暂所必然出现的结果。南北方梅瓶时空格局的全面逆转，将在明代得以完成。

中国梅瓶研究

Chinese
Meiping Vase
Research

第九章

中国梅瓶研究

下卷

Chinese
Meiping Vase
Research

下 器形篇

第九章

主导与互动
——明代梅瓶的格局质变

与宋元时期相比，明代梅瓶的时空分布格局发生了根本性变化：在元代南北二元格局的基础上，朝着以南方为重心——其中又以景德镇为中心的方向发生转移，南北方梅瓶所处的地位发生了逆转。这种根本性变化显然是在明代窑业格局下发生的。与此同时，在取向一致而表现有别的官民风尚相互作用、相互影响之下，明代的梅瓶从功用到形式也都在发生根本性变化：其功用更多也更明显地转向了礼仪性和审美性方面[1]，其形式（包括器形、装饰和材质等）则有条不紊地发生着阶段性的变化。尽管这种性质的改变不是突发性的，却是全面和深刻的。

第一节

明代梅瓶考古发现概述

一、明代墓葬出土梅瓶资料

从遗址形态来看，出土梅瓶的明代考古遗迹以墓葬和窑址为主，后者包括景德镇明代"御窑"遗址（景德镇珠山）[2]，以及明代前期专门烧造青瓷"官器"的龙泉窑遗址（龙泉大窑）[3]等，二者都是明代最重要的窑场。由于这部分窑址材料和出土的梅瓶标本比较集中，后文将统一概述，详细资料见下一节，本节不再一一列出。出土梅瓶的明代墓葬，时间上很连贯，分布较广，墓葬的性质特点又很突出，有必要集中梳理和对比。以下根据已掌握的纪年墓和非纪年墓资料，将明墓出土的梅瓶，择其主要者以表格的形式逐一梳理和简要描述（见表9-1-1~2）。

1 参见：第二章第三节和第四章第四节。

2 明朝在江西景德镇设"御器厂"（窑址在景德镇珠山），专为皇家烧造宫廷御用器皿，此制度在清代沿袭，更名"御窑厂"。无论是明代的"御器厂"还是清代的"御窑厂"，都属于官窑范畴，但品级最高，现在也常常省称为"御窑"。1982～1994年间，明代景德镇珠山"御窑"遗址进行了长期的考古发掘，对明代"御窑"研究产生了重大的推动作用。见：北京大学考古文博学院、江西省文物考古研究所、景德镇市陶瓷考古研究所合著《江西景德镇明清御窑遗址发掘简报》，《文物》2007年5期。参见：北京大学考古文博学院、江西省文物考古研究所、景德镇市陶瓷考古研究所编著《景德镇出土明代御窑瓷器》，北京：文物出版社，2009年；刘新园、权奎山、樊昌生《江西省景德镇市珠山明、清御窑遗址考古发掘获重大成果》彩图一九，载《中国古陶瓷研究·第十辑》，北京：紫禁城出版社，2004年，245页；马文宽《中国古瓷考古与研究五十年》，《考古》1999年9期87页。

3 所谓"官器"，是指按"官样"成造的器物，烧造官器的窑场并不一定属于"官窑"。关于明代前期龙泉窑青瓷"官器"的概念，有关学者做过一些讨论，参见：浙江省文物考古研究所、北京大学考古文博学院、龙泉青瓷博物馆合编《龙泉大窑枫洞岩窑址出土瓷器》，北京：文物出版社，2009年。

表9-1-1　明代纪年墓出土梅瓶

纪年	墓葬	梅瓶		资料源	本书样式分类及图号
		数量	基本特征		
明洪武十二年（1379年）	江苏南京紫金山岗子村明海国公吴祯墓	1	高42.6厘米。素面灰白釉	《南京明代吴祯墓发掘简报》，《文物》1986年9期	样式六10a，图9-2-16①
明洪武二十一年（1388年）	江苏南京戚家山明虢国公俞通海夫人于氏墓（M2）	4	其一高38.5厘米，白釉黑彩画花。其二残，青花。其三、四成对，高30.7厘米、31.5厘米，青瓷。分别出土于不同的墓室和同一墓室不同部位	《江苏南京市戚家山明墓发掘简报》，《考古》1999年10期	样式二34a，图9-2-8②；样式二29，图9-2-8①
明洪武二十二年（1389年）	江苏南京戚家山明南安侯俞通源墓（M1）	2	成对，高36.5厘米。白釉黑彩画花。出土于后室前部	《江苏南京市戚家山明墓发掘简报》，《考古》1999年10期	样式二34b，图9-2-8③
明洪武二十二年（1389年）	山东邹县九龙山明鲁荒王朱檀墓	1	高34厘米。青白釉浅划花海涛五爪龙纹	《发掘明朱檀墓纪实》，《文物》1972年5期	样式二27b，图9-2-5①
明洪武二十五年（1392年）	江苏南京江宁县明黔宁昭靖王沐英夫妇合葬墓	1	高44.1厘米。青花萧何月下追韩信故事图	《江苏省出土文物选集》，文物出版社，1963年版，图版211。参见：南京市文物保管委员会《南京江宁县明沐晟墓清理简报》"附：沐英墓"，《考古》1960年9期	样式六10a，图9-2-16②
明永乐八年（1410年）	江苏南京明孝陵卫指挥使萧氏夫妇合葬墓（王氏东室）	1	高40厘米。青花缠枝牡丹纹	《南京南郊明墓清理简报》，《南方文物》1997年1期	样式六10a，图9-2-16③
明永乐十二年（1414年）	湖北钟祥皇城湾明郢靖王朱栋夫妇合葬墓	2	其一高35.4厘米，青花龙纹。其二高38.7厘米，青花"四爱"图（见元代部分）	院文清、龙永芳、周代玮《湖北钟祥明代郢靖王墓发掘收获重大》，《中国文物报》2007年8月8日2版	样式六10d，图8-2-20⑤⑥
明正统四年（1439年）	江苏南京江宁县明定远忠敬王沐晟夫妇合葬墓（中室）	1	高41厘米。青花缠枝牡丹纹	《南京江宁县明沐晟墓清理简报》，《考古》1960年9期	样式六10a，图9-2-16④
明正统六年（1441年）	湖北钟祥市长滩镇明梁庄王朱瞻垍夫妇合葬墓（王室）	4	带盖。通高38厘米、36.8厘米。青花，缠枝纹	《湖北钟祥明代梁庄王墓发掘简报》，《文物》2003年5期	样式六15a，图9-2-19①②
明正统八年（1443年）	江苏南京江宁县明驸马都尉宋琥夫妇合葬墓（安成公主墓室）	1	带宝珠钮钟式盖，通高44.1厘米。釉里红"三友图"	《江苏省出土文物选集》，北京：文物出版社，1963年版	样式六6e，图9-2-17①
明正统十三年（1448年）	江苏南京江宁县明宋铉夫妇合葬墓（东侧唐氏墓室）	1	无盖，高37厘米。釉里红岁寒"三友图"	《南京南郊明墓清理简报》，《南方文物》1997年1期封底	样式六6e，图9-2-17②

续表

纪年	墓葬	梅瓶		资料源	本书样式分类及图号
		数量	基本特征		
明景泰七年（1456年）	江苏南京明司礼太监金英墓	1	带盖。通高36.5厘米。白釉	《中国出土瓷器全集·7·江苏、上海》图版198，北京：科学出版社，2008年版。张浦生、施加农《南京地区出土明初梅瓶浅说》，载于《中国古陶瓷研究·第六辑》，北京：紫禁城出版社，2000年版	—
明天顺七年（1463年）	江苏南京明南京守备司礼监太监怀忠墓	1	高33厘米。白釉黑褐彩书"内府"款	《江苏南京发现明代太监怀忠墓》，《考古》1993年7期	样式六10h，图9-2-16⑤
明宣德六年至天顺八年之间（1431~1464年）	四川平武县古城乡小坪山明代王玺家族墓M13（墓主女性）	2	成对，高25厘米。深蓝色釉	《四川平武明王玺家族墓》，《文物》1989年7期	样式三22，图9-2-11①
明天顺八年（1464年）	四川平武县明代王玺夫妇合葬墓M5（安人蔡氏墓室）	2	成对，带盖。通高31厘米、30.5厘米。红绿彩Ⅳ式"瓷盖罐"，缠枝纹	《四川平武明王玺家族墓》，《文物》1989年7期	样式一18，图9-2-4①②
明天顺八年（1464年）	四川平武县明代王玺夫妇合葬墓M4（安人曹氏墓室）	1	高25厘米。陶	《四川平武明王玺家族墓》，《文物》1989年7期	样式六1f，图9-2-20①
明成化二年（1466年）	北京海淀区军科院工地明宪宗长子墓	1	高26厘米。青花，缠枝卷草纹	王艳玲《海淀香山军科院明太子墓发掘简报》，载于《北京文物与考古·第5辑》68~70页，2002年	样式八7，图9-2-26
明弘治八年（1495年）十二月廿五日	江苏南京市西善桥梅山化工厂明代丁固宗墓	1	高28.8厘米。龙泉窑，青釉，刻花	《南京郊区出土明青瓷花瓶》，《文物资料丛刊·第10辑》201页	样式七10d，图9-2-21⑧
明弘治十五年（1502年）	江西乐安县明代武扬绩夫妇合葬墓	4	成对。高约10~11厘米。景德镇窑，青花，花鸟纹	梁惠民《江西乐安明弘治纪年墓》，《南方文物》2003年1期	样式七16a，图9-2-25①~④
明弘治十七年（1504年）	江西南昌市永和门外明戴贤夫妇合葬墓	6	通高21~23厘米。陶胎，刷金	李科友、彭适凡《明昭勇将军戴贤夫妇合葬墓》，《江西历史文物》1982年1期	样式七16b，图4-3-1⑦
明弘治三年（1490年）	广西桂林尧山明靖江昭和王朱规裕墓	2	成对。分别高29厘米、29.5厘米。景德镇窑，青花，鱼藻纹	《靖江藩王遗粹——桂林博物馆珍藏明代梅瓶》，上海：上海人民美术出版社，2000年	样式六14f，图9-2-18⑪⑫
明正德五年（1510年）	四川成都白马寺明蜀王府太监魏本墓	2	成对，带盖、座。通高37厘米。陶瓷	《成都白马寺第六号明墓清理简报》，《文物参考资料》1956年10期	—
明正德十二年（1517年）	四川成都市苏坡乡明蜀王府织造官滕英墓	2	成对，高16厘米。青花	翁善良、朱代英《成都市博物馆藏明代青花瓷器研究》，《四川文物》1998年5期	样式七15a，图9-2-23①
明嘉靖四年（1525年）	广西桂林尧山明靖江安肃王朱经扶夫妇合葬墓	4	青花2件，高38.2厘米，人物纹。陶质2件	《靖江藩王遗粹——桂林博物馆珍藏明代梅瓶》，上海：上海人民美术出版社，2000年	样式六14g，图3-3-4，图9-2-18⑬⑭

续表

纪年	墓葬	梅瓶		资料源	本书样式分类及图号
		数量	基本特征		
明嘉靖六年（1527年）	江西大余县明彭廷钦墓	2	成对，高26.3厘米。青花，人物纹	李海根、夏金瑞《大余县出土明代青花瓷瓶》，《江西历史文物》1981年1期	样式三24c，图9-2-12④
明嘉靖三十四年（1555年）	湖北武汉市洪山区洪山乡黄家湾明代朱英㸌墓	2	成对，高23.2厘米。翠蓝釉黑彩画花，仙人鹤兔图	《黄家湾明代楚王朱氏墓》，《江汉考古》1998年4期	样式二37b，图9-2-9③
明嘉靖三十五年（1556年）	江西省南昌县明墓	1	高19.5厘米。景德镇窑，黄釉，绛红彩划花云凤纹	《中国美术全集·工艺美术编3陶瓷（下）》，上海：上海人民美术出版社，1988年	样式七8b，图9-2-22③
明万历五年（1577年）	广西桂林尧山明靖江恭惠王朱邦宁次妃（康僖/熹王朱任昌之母）刘氏墓	2	成对，带盖，通高36厘米。青花，凤纹	李鸿庆《桂林出土明代青花瓷器》，《文物》1962年11期	样式七15c，图9-2-23③
明万历九年（1581年）	广西桂林北郊明文渊阁大学士吕调阳夫妇合葬墓（南室左右侧壁龛）	2	成对。高27厘米。青花，双龙戏珠纹	《靖江藩王遗粹——桂林博物馆珍藏明代梅瓶》，上海：上海人民美术出版社，2000年	样式三24f，图9-2-12⑪
明万历十八年（1590年）	广西桂林尧山明靖江温裕王朱履焘夫妇合葬墓（朱履焘墓室）	1	带盖，通高约37.5厘米。青花，双龙戏珠纹	《靖江藩王遗粹——桂林博物馆珍藏明代梅瓶》，上海：上海人民美术出版社，2000年	样式七15c，图9-2-23④
明万历二十七年（1599年）	广西桂林尧山明朱履祥夫妇合葬墓	1	高32厘米。哥釉，冰裂纹	《靖江藩王遗粹——桂林博物馆珍藏明代梅瓶》，上海：上海人民美术出版社，2000年	样式二27c，图9-2-5⑬
明万历四十年（1612年）	广西桂林市北站明文林郎刘元石夫妇合葬墓	2	成对，高40.5厘米。青花，"山水高士图"	《靖江藩王遗粹——桂林博物馆珍藏明代梅瓶》，上海：上海人民美术出版社，2000年	样式三25b，图9-2-13④
明万历四十八年（1620年）	北京昌平天寿山明神宗定陵玄宫后殿	8	均带盖，青花。其中6件通高71~75厘米，环肩书"大明万历年制"款，云龙纹。其中2件，通高45.7厘米、46厘米，环肩书"大明嘉靖年制"款，缠枝纹	《定陵》（上、下），北京：文物出版社，1990年	样式二39，图9-2-7、图4-3-8②；样式三25a，图4-3-8③，图9-2-13①
天启三年（1623年）	陕西西安雁塔区明代朱敬鉥夫妇合葬墓	1	高22.6厘米。黑釉瓷，肩部行书"老宫"铭	《西安明代秦藩辅国将军朱秉橘家族墓》，《文物》2007年2期	样式一〇19图9-2-28①
明天启四年（1624年）	江西南昌市南城县明墓	2	成对，高27.5厘米、27.8厘米。青花，松鹤鹿纹	杨后礼《江西明代纪年墓出土的青花瓷器》，《江西历史文物》1983年3期	样式三25h，图9-2-13⑱
明天启七年（1627年）	山东济南姚家庄明赵铉墓	1	高27厘米。青花，花蝶纹	《中国出土瓷器全集·6·山东》图版220，北京：科学出版社，2008年	样式三25h，图9-2-13⑲

续表

纪年	墓葬	梅瓶		资料源	本书样式分类及图号
		数量	基本特征		
明崇祯四年（1631年）和十一年（1638年）	北京西郊董四墓村一号明墓（明熹宗3位妃子墓葬）	3	带盖。青花器通高44.2厘米。含白釉、青花各一件。肩部都有"大明万历年制"款	《北京西郊董四墓村明墓发掘记——第一号墓》，《文物参考资料》1952年2期	样式三25b，附录一总表三：25b②

表9-1-2　明代非纪年墓出土梅瓶

年代	墓葬	梅瓶		资料源	本书样式分类及图号
		数量	基本特征		
明永乐	北京石景山区明雍王墓	2	成对，带盖，通高45厘米。青花，桃竹纹	光林《北京出土的几件明代青花瓷器》图版陆：1，《文物》1972年6期	样式二27c，图9-2-5②
明宣德	北京海淀区香山大队	2	带盖，青花折枝花果纹，2件，通高32厘米	光林《北京出土的几件明代青花瓷器》图版陆：2，《文物》1972年6期	样式二27c，图9-2-5③
明（瓶：宣德以后）	江西新干县荷浦公社长安山明墓	2	成对，带盖，通高35厘米、34.5厘米。青花，缠枝牡丹纹	唐昌朴《介绍江西出土的几件瓷器》，《文物》1977年4期	样式二27c，图9-2-5⑫
明正统	江苏南京太平门外锁金村林学院实习林场明早期砖室墓	1	带盖，通高40厘米。青花，牡丹孔雀图	王志敏《介绍南京博物院举办新收文物展览会中几件珍贵古瓷》附图，《文物参考资料》1957年11期；张浦生、施加农《南京地区出土明初梅瓶浅说》图三，载于《中国古陶瓷研究·第六辑》，北京：紫禁城出版社，2000年	样式六14b，图9-2-18②
明（中叶以前）	江苏南京市中山门外明陵西村一号明墓	1	高37.5厘米。白瓷，刻划花，菊瓣、牡丹、蕉叶纹	张寄庵《南京市附近发现明墓》图三，《考古通讯》1956年3期	样式二10a，图2-3-2，图6-2-7①
明正德二年（1507年）以后	广东东莞市寮步镇上屯村响堂岭明代钟氏家族墓	2	成对，带盖。白釉，有"大明年造"四字青花款	张光华《明钟雪松家族墓发掘实录》，《南方文物》2003年1期	—
明（瓶：嘉靖）	江西大余县明刘节墓	1	高28厘米。蓝釉杂彩，人物纹	薛翘《明蓝釉剔花人物纹梅瓶》，《江西文物》1984年2期，封底	样式三24c，图9-2-12⑤
明嘉靖	广西桂林尧山明朱规琅夫妇合葬墓	1	高23.5厘米。翠蓝釉，黑彩画花，缠枝牡丹纹	《靖江藩王遗粹——桂林博物馆珍藏明代梅瓶》，上海：上海人民美术出版社，2000年	样式一〇18c，图9-2-27⑤
明（瓶：万历）	（传）四川成都市琉璃厂乡明墓	1	高59.2厘米。青花，龙纹，肩部一侧变形莲瓣纹下有"大明万历年制"青花楷书款	翁善良、朱代英《成都市博物馆藏明代青花瓷器研究》，《四川文物》1998年5期	样式三26b，图9-2-14④
明万历	广西桂林尧山明代靖江王陵区赵氏（第九代靖江王朱任昌次妃）墓	1	带宝珠钮帽式盖，高37厘米。青花，双凤穿莲纹	《靖江藩王遗粹——桂林博物馆珍藏明代梅瓶》，上海：上海人民美术出版社，2000年	样式七15c，图9-2-23⑤

续表

年代	墓葬	梅瓶		资料源	本书样式分类及图号
		数量	基本特征		
明万历十八年（1590年，朱履焘卒年）前后	广西桂林市尧山明靖江温裕王朱履焘夫妇合葬墓（王妃墓室）	2	成对，高32厘米。青花，双龙赶珠纹	《靖江藩王遗粹——桂林博物馆珍藏明代梅瓶》，上海：上海人民美术出版社，2000年	样式三25e，图9-2-13⑩
明（瓶：万历）	广西桂林近郊明墓	2	成对。其一，高27.8厘米。青花，八仙过海图	李鸿庆《桂林出土明代青花瓷器》，《文物》1962年11期	样式七18，图9-2-24⑦
明（瓶：万历）	广西桂林永福县百寿公社明墓	2	成对。高24厘米。青花，花鸟图	李鸿庆《广西出土的陶瓷器》，《中国历史博物馆馆刊》第三期，1981年	样式七17b，图9-2-24①
明万历	四川成都琉璃厂乡赵家山明墓	2	成对，带宝珠钮直壁钟式盖，通高27.6~29.8厘米。青花，云鹤纹	翁善良、朱代英《成都市博物馆藏明代青花瓷器研究》，《四川文物》1998年5期	样式二40，附录一总表二：40
明（瓶：万历）	广西柳州明墓	2	成对，带宝珠钮帽式盖，通高28.7厘米、27.7厘米。青花，双龙纹	李鸿庆《广西出土的陶瓷器》，《中国历史博物馆馆刊》第3期，1981年	样式二37a，图9-2-9① ②
明天启	江苏南京江宁县明黔国公沐睿墓	1	高19厘米。米黄釉，暗花	《江苏南京市明黔国公沐昌祚、沐睿墓》，《考古》1999年10期	样式三25g，图9-2-13⑰
明晚期	北京西郊董四墓村二号明墓（明神宗7位内嫔墓葬）	12	白釉，刻划花，缠枝纹。肩部款文分"大明嘉靖年制"和"大明万历年制"两种。嘉靖款之一高47厘米	《北京董四墓村明墓发掘续记——第二号墓》，《文物参考资料》1952年2期	样式三25b，图9-2-13③
明	山西柳林县杨家坪明墓	1	高19.5厘米。茶叶末釉	任志录、孟耀虎《山西近年出土的梅瓶》，中国古陶瓷学会编《中国古陶瓷研究·第六辑》，北京：紫禁城出版社，2000年	样式一〇20，图9-2-28②

二、从考古资料初步归纳明代梅瓶总体特征

以上考古材料显示，出土梅瓶的明代墓葬从明初到明末，在明朝疆域内分别见于今以下各省，又以某些地点较集中。

南方有：

江苏（南京）；

湖北（钟祥、武汉）；

四川（平武、成都）；

江西（乐安、南昌、大余）；

广西（桂林、柳州）；

广东（东莞）。

北方有：

山东（邹县、济南）；

北京（海淀区、昌平区、石景山区等）；

陕西（西安）；

山西（柳林）。

明代以梅瓶随葬的现象在南方的分布已经明显大于北方，这是与明代以前各个时期所不同的。另一个总体上的突出差异是，梅瓶随葬集中见于明代高层墓葬，其中又特别集中流行于南、北两京的皇陵区以及明代各朝分封就藩的亲王、郡王在各地的墓区及社会上层墓。

这种集中现象还伴随着分阶段转移、传播的过程。明初的洪武时期，出土梅瓶的明墓绝大部分都在江苏南京，还见于山东邹县，都属于高级墓葬；到了永乐、宣德时期，南京仍然是这类墓葬最集中的地区，还见于湖北钟祥、北京，绝大部分也都属于高级墓葬；明前期后段（正统、景泰、天顺），南京继续作为集中出现梅瓶随葬墓的地区，也见于湖北钟祥、四川平武、江西新干，墓主身份稍显分散，但社会上层墓仍占多数；至明代中期（成化、弘治、正德、嘉靖），分别见于北京，江苏南京，江西乐安、南昌、大余，广西桂林，四川成都，湖北武汉，广东东莞等地区，扩散极快，南京地区随葬梅瓶的明墓却迅速减少，社会上层墓葬仍然居多，但墓主身份的距离继续拉大；明代晚期的隆庆、万历年间，见于北京，广西桂林、柳州，四川成都；明末（天启、崇祯）见于北京、江苏南京、陕西西安、江西南昌、山东济南等，除大部分墓主仍属社会上层之外，偶尔还能见到一些普通平民墓，但是数量很少。

如此集中和突出的现象曾引起人们的普遍注意和极大兴趣，有不少作者对有关问题做了比较广泛的讨论，除了梅瓶本体和工艺方面的问题，功用一直是其中引人注目的话题之一（见第一章第二节）。与前代相比，明代随葬梅瓶的普遍性、集中性和阶段性，既是前代有关葬俗的延续，也在新的历史条件下融入了新的因素，而它作为葬俗的一种形式最终走向了固化，并随着明王朝的终结而退出葬俗环境。随葬梅瓶的明代墓葬常常是夫妇合葬墓，梅瓶在墓中既有明确属于男性墓主的，也有明确属于女性墓主的（有不少材料因后天因素扰乱则无法判明）。这种现象除与具体用途有关之外，还涉及随葬梅瓶的年代下限问题，因此对于其中难以直接判明烧造年代的器物，往往需要针对具体情况做具体分析之后来推定其年代。

明代墓葬出土梅瓶的产地和断代，以往有不少研究成果，包括从传统的经验式鉴定角度和立足于考古学方法的不同研究。根据已有成果来判断，明墓随葬的梅瓶以景德镇及其周边的制品数量最多、持续最久，具有完整的演变谱系，对于明代景德镇梅瓶的研究意义重大。根据窑场性质，属于景德镇烧造的出土物可以概略地分为官窑（御窑）器和民窑器。此外，还可以确定一些器物出自明代的龙泉窑和磁州窑等重要的窑口。在一些远离著名窑口的地区，也能见到墓葬出土的梅瓶属于当地的地方性小窑烧造的器物。

4 分别见本书第二章第三节，以及第六章第二
   节的有关内容。

5 张寄庵《南京市附近发现明墓》图三，《考
   古通讯》1956年3期65页。按：该简报未做文
   图指明，以后也未见进一步的相关介绍，不
   知该墓同时出土的两瓶是否同形、同质。

在现有的研究进展当中，这些地方性窑场或知名，或不知名。从下文将能看到，在可靠的明代梅瓶传世品中，同样存在类似的情况。

结合前人成果和对比研究发现，明代各期墓葬出土的梅瓶不同程度地表现出"时间延迟"现象，即随葬梅瓶的制作时间比墓葬年代要早得多，如明后期使用明前期的器物，甚至使用前朝或数百年以前的器物，后者已明显地属于以"古董随葬"的性质。以较早器物随葬的情况在辽代已经出现，而且一直以来都是存在的，但这种情况并不特别突出。到了明代，这种现象从南京明初墓便已出现，以后在各阶段和各地明墓中多少都存在着。著名的例子如明洪武二十五年（1392年）江苏南京江宁县明黔宁昭靖王沐英夫妇合葬墓出土的一件萧何月下追韩信故事图"元青花"梅瓶（图9-2-16②），现在关于这件梅瓶的年代有元末、明初等不同说法，都比墓葬年代要早。以古董性质的梅瓶随葬的例子，当数1955年江苏南京市中山门外明陵西村一号明墓出土的一件北宋定窑梅瓶最为著名（图2-3-2、图6-2-7①）[4]。根据清理者的介绍，此墓年代被定为"明中叶以前"，随葬品只有"小口瓷瓶"2件，其中这一件梅瓶当时被认为"制作与宋影青相似"，在"器身压印牡丹暗花"[5]，而现在它被公认为北宋后期定窑白瓷器，已入藏北京故宫博物院。在其他地区的明墓中，较典型的"时间延迟"随葬的梅瓶实例还有湖北钟祥皇城湾明永乐十二年（1414年）郢靖王朱栋夫妇合葬墓出土的两件青花梅瓶（图8-2-20⑤⑥），两瓶的腹部主题饰纹分别是龙纹和"四爱"图，具有元代晚期景德镇窑青花器的标准特征，可以肯定是元代制品。明代前期墓中以元代或元代风格特点的梅瓶随葬，与"明初元式梅瓶"的问题有关，这类梅瓶大多属于景德镇窑的制品。

除了以上出自墓葬的材料，已经考古发掘的明代窑址有不少梅瓶标本是必须高度重视的，以景德镇市珠山"御器厂"遗址（所谓"御窑"遗址），以及明前期曾专烧"官器"的浙江龙泉县大窑遗址等考古发掘最为引人注目，出土的明代"官窑"梅瓶都有极高的品质，体现了当时最高的制度级别和技术水平。这部分材料在下一节将陆续做详细的分类介绍和讨论。与前代相比，以磁州窑为代表的明代中原和北方窑场烧造的梅瓶也表现出很大的变化，出现了不同以往的技术特征和艺术风貌，但是至今在窑址考古发掘和研究方面尚显薄弱，资料少而不系统。

相对于明代梅瓶的丰富性而言，目前已知的考古材料并不能全面反映它的历史面貌。比如在材质上，明代梅瓶虽然仍以瓷质为主，但是其他材质和相关工艺的梅瓶与前代相比已发生了极大变化，以往较常见的实用性银质梅瓶和明器性质的锡质梅瓶都不再流行，引人注目的是新材质铜胎珐琅——"景泰蓝"以及漆质梅瓶的出现，现在我们仍然能看到这类高品质的明代遗物（图2-3-1①②，图4-4-8②）。重要的是，诸多迹象表明，使用这些材质制作的梅瓶已不再是出于满足梅瓶本体功用的实用性目的，这类器物已经被作为纯粹的欣赏对象，作为陈设器来设计、制作和面世（见第四章第四节），因此它们也在器形以及装饰和工艺上都表现出更为贴近使用者好尚的特点。

第
二
节

明代梅瓶器形样式分类研究

与元代梅瓶相比，明代梅瓶的器形样式在总体上继续收缩，第九类样式群最终退出了历史，仍在流行的是第一至第四、第六至第八和第一○类样式群。在尚存的样式群里，其内含的南北方样式也发生了巨大变化。现将明代总共八类样式群的梅瓶样式，详细梳理如次。

一、第一类样式群

第一类样式群的梅瓶在明代首次出现在南方，集中流行于明代早期的永乐、宣德时期，最晚在明代中期墓葬里还能见到，共有4种样式，以大中型尺寸为主。其中，至少有3种样式的梅瓶是永乐、宣德时期景德镇"御窑"器，某些样式出现了与唐代第一类样式群的白瓷梅瓶（样式一2、3）非常近似的器形特征，另一些样式则沿用了金元时期北方流行的夸张的束腰和喇叭形撇足，彼此差异明显。与明代其他样式群相比，第一类样式群显得最为雄浑沉着，体态、轮廓饱满有力（参见附录一总表一）。

（一）样式一15

折沿凸环圆唇小口，短束颈，肩宽博，上鼓腹，下腹缓收，胫部略内曲，足部直立，平底隐圈足，挖足极浅。明代的这种梅瓶样式与唐代的样式一3非常相似，尺度也很稳定，高约在32～34厘米之间，在景德镇明"御窑"遗址的永乐和宣德地层中均有所见，是当时御用性梅瓶的专有样式。相比之下，较晚的宣德器高宽比例偏肥矮，圆肩较宽阔，颈部也略长，因此永乐和宣德器可分为a、b两个亚型。

1. 样式一15a：宽肩较平，重心特高，上腹略显尖鼓，瓶体粗壮有力，瓶高在32.8～34.1厘米之间。均属永乐"御窑"器。例如：

①江西景德镇珠山明代"御器厂"遗址永乐地层出土青花釉里红海龙戏珠纹

图9-2-1　明代梅瓶样式一15　(0 ⊢⊢⊢⊢⊢⊢ 10 cm)

6　采自：北京大学考古文博学院、江西省文物考古研究所、景德镇市陶瓷考古研究所编著《景德镇出土明代御窑瓷器》图例007，北京：文物出版社，2009年，47页。见于同署名的发掘报告：《江西景德镇明清御窑遗址发掘简报》，《文物》2007年5期14页，封二：1。参见：刘新园、权奎山、樊昌生《江西省景德镇市珠山明、清御窑遗址考古发掘获重大成果》彩图一九，载于《中国古陶瓷研究·第十辑》，北京：紫禁城出版社，2004年，245页。

7　《江西景德镇明清御窑遗址发掘简报》，《文物》2007年5期14页。封二：2。参见：刘新园、权奎山、樊昌生《江西省景德镇市珠山明、清御窑遗址考古发掘获重大成果》彩图二十，载于《中国古陶瓷研究·第十辑》，北京：紫禁城出版社，2004年，245页。

8　《江西景德镇明清御窑遗址发掘简报》图三八，《文物》2007年5期15页。参见：刘新园、权奎山、樊昌生《江西省景德镇市珠山明、清御窑遗址考古发掘获重大成果》彩图二一，载于《中国古陶瓷研究·第十辑》245页，北京：紫禁城出版社，2004年版。

9　采自：前揭，《景德镇出土明代御窑瓷器》图例018，69页。按：原图录误将例18和例19的图片与文字颠倒。参见：《江西景德镇明清御窑遗址发掘简报》图三七，《文物》2007年5期15页。

"梅瓶"1件（02JYIK8:1，图9-2-1①a、b，附录一总表一：15a①）[6]，高34.1厘米、口径6.7厘米、足径15.9厘米。

②景德镇珠山明"御器厂"遗址永乐地层出土釉里红海龙戏珠纹"梅瓶"4件，样式、尺寸基本相同，其一（03JYIK12:1）[7]，高33.6厘米、口径6.6厘米、足径15.7厘米。

③景德镇珠山明"御器厂"遗址永乐地层出土红釉"梅瓶"3件，样式、尺寸大体一致，其一（02JYIK8:3）[8]，高33.7厘米、口径6.8厘米、足径15.8厘米，釉下暗刻花海龙戏珠纹。其二（02JYIK8:4，图9-2-1②a、b）[9]高33.9厘米、口径6.8厘米、足径16厘米，无饰纹。

④日本大阪市立东洋陶瓷美术馆藏明永乐"御窑"白釉青花"内府"款带盖"瓶"2件（成对），

瓶高32.8厘米、最大腹径21.4厘米、盖高8.8厘米，瓶白釉，肩一侧竖书青花"内府"二字楷书款，字体工整，带宝珠钮弧面曲壁钟式盖，饰青花莲瓣纹和缠枝纹，盖内有管状舌（图9-2-1③）[10]。

2. 样式一15b：宽肩较圆，上腹圆鼓，瓶体略短而足径稍粗，与样式一15a相比略显肥短，瓶高在32.4～32.7厘米之间。所配瓶盖为宝珠钮钟式盖。均属宣德"御窑"器。例如：

⑤景德镇珠山明"御器厂"遗址宣德地层出土红釉暗花海龙戏珠纹带盖"梅瓶"1件（图9-2-1④）[11]，通高38.8厘米、口径6.4厘米、腹径23.2厘米、底径15.8厘米。足底有青花双圈纵排两列六字楷书"大明宣德年制"款。

⑥景德镇珠山明"御器厂"遗址宣德地层出土翠蓝釉鱼藻纹"梅瓶"1件（04JYIID1：1，图9-2-1⑤）[12]，通高39厘米、瓶高32.4厘米、口径6.5厘米、足径15.3厘米。

⑦景德镇珠山明"御器厂"遗址宣德地层出土瓜皮绿釉刻龙纹"梅瓶"1件（图9-2-1⑥）[13]，高32.7厘米、口径6.2厘米、腹径23.2厘米、底径15.5厘米。过去认为瓜皮绿釉出现于明晚期，此器证实早在宣德便已出现。

（二）样式一16

折沿凸厚唇小口，唇上沿较圆下沿较方，短柱颈微束，圆丰肩，上腹凸鼓，下腹急剧内收，胫部大幅度内曲呈束腰状，足部外撇成夸张的喇叭形，平底足，或极浅的平底隐圈足。

明代本样式的束腰形胫部和夸张的撇足显然延续了金元时期的有关特征。根据各部差异分为a、b两个亚型，各亚型尺度稳定。

1. 样式一16a：瓶体较矮，瓶高在40～41.7厘米之间，胫部较短而足壁极度外撇，平底足。所配瓶盖为宝珠钮钟式盖。均属永乐"御窑"器，见青花和白釉两个品种。例如：

①江西景德镇珠山明"御器厂"遗址永乐地层出土青花海水白龙纹"梅瓶"1件（图9-2-2①）[14]，高40厘米、口径9厘米、腹径26.5厘米、底径18.6厘米。

②伊朗阿尔黛比勒清真寺旧藏明永乐"御窑"青花海水白龙纹"梅瓶"1件，高41.7厘米、腹径23.6厘米，平底，修坯圆润，砂底（图9-2-2②a、b）[15]。

③北京海淀区香山路出土白釉青花"内府"款带盖"梅瓶"1件（图9-2-2③）[16]，通高47.5厘米、口径9厘米、底径18厘米。

2. 样式一16b：瓶体较高，瓶高在55厘米上下，胫部较长而足壁外撇适度，轮廓曲线显得较流畅，比例较协调，体态高挑雄伟，极浅的平底隐圈足。仅见遗物2件，均为大尺度的宣德"御窑"青花器：

④美国堪萨斯市纳尔逊·雅坚斯博物馆（Nelson-Atkins Museum of Art,

10 采自：〔日〕小山富士夫监修、藤冈了一编《陶器全集·11卷·元明初の染付》彩版7，东京：平凡社，1965年。

11 采自：炎黄艺术馆编《景德镇出土元明官窑瓷器》图版213，北京：文物出版社，1999年。此瓶于1983年出土。

12 采自：《江西景德镇明清御窑遗址发掘简报》图六三，《文物》2007年5期37页；参见：《江西景德镇市明清御窑遗址2004年的发掘》图版拾贰：6，《考古》2005年7期39～40页。两处尺寸有所不同。此瓶于2004年出土。

13 采自：前揭，《景德镇出土元明官窑瓷器》图版266。此瓶于1984年出土。

14 采自：前揭，《景德镇出土元明官窑瓷器》图版40。此瓶于1994年出土。

15 《世界の染付·2·明初期》图版31，及足底附图，京都：同朋舍，1982年。更早的著录见：〔日〕小山富士夫监修、藤冈了一编《陶器全集·11卷·元明初の染付》插图19，东京：平凡社，1965年。按：后者提供的尺寸有所不同，为高41.5厘米、腹径25.0厘米。

16 采自：《中国出土瓷器全集·1·北京》图版195，北京：科学出版社，2008年。此瓶现藏于北京市文物研究所。

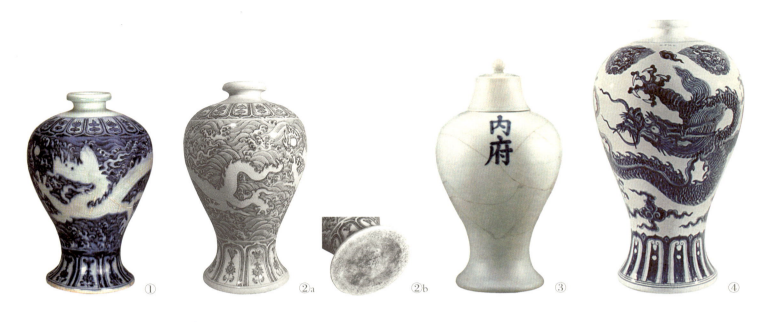

图9-2-2　明代梅瓶样式一16　(0 ⊢⊢⊢⊢⊢⊢⊣ 10 cm)

17　传说这对青花龙纹梅瓶是1938年明宪宗〔卒
于成化二十三年（1487年）〕茂陵被盗时出
土，后流落海外，1940年由纳尔逊·雅坚斯
博物馆购藏。见：《中国文物世界》69期69
页，台北郭良蕙新事业有限公司，1991年5
月号。

18　采自：陈文平编著《流失海外的国宝·四·
陶瓷》195页图1，上海：上海文化出版社，
2001年。

19　采自：前揭，〔日〕小山富士夫监修、藤冈
了一编《陶器全集·11卷·元明初の染付》
图51。

20　采自：前揭，《景德镇出土元明官窑瓷器》
图版111。

21　采自：前揭，《景德镇出土元明官窑瓷器》图
版112。按：北京故宫博物院藏明宣德款青花
转枝杂花"大梅瓶"，高53.1厘米，与此标本
完全相同，见：中国·国家文物局主编《中
国文物精华大辞典·陶瓷卷》"瓷器篇"图版
697，上海：上海辞书出版社、香港：商务印
书馆（香港）有限公司，1995年。

22　采自：刘新园编著《景德镇出土陶瓷》图
版224，香港：香港大学冯平山博物馆，
1992年。

Kansas City, U.S.A）藏明宣德款青花龙纹"梅瓶"2件（成对）[17]，其一（图
9-2-2④）[18]，高55.3厘米、腹径29.2厘米；其二（附录一总表一：16b）[19]，高
54.3厘米。两瓶肩部一侧楷书"宣德年制"四字横款，应属宣德"御窑"器。

（三）样式一17

口形与永乐样式一16a相同，但束颈增长，圆丰肩，上腹外鼓，下腹较长，
胫部直立，宽边隐圈足，挖足很浅。整体器形与元代钧窑的样式一14较为相似。
所见遗物均为宣德"御窑"青花器。例如：

①景德镇明"御器厂"遗址宣德地层出土青花"梅瓶"3件：其一（图9-2-
3①）[20]，高54.4厘米、口径8.4厘米、腹径30.6厘米、底径16厘米。腹部主题饰
纹是衔芝螭龙纹，两膊有飘带状火焰，肩、胫部饰卷边变形莲瓣纹；其二（图
9-2-3②）[21]，高55.3厘米、口径8.6厘米、腹径30.8厘米、底径16.2厘米。腹部
满画转枝茶、菊、牡丹纹，肩、胫部饰覆、仰宝珠变形莲瓣纹；其三（图9-2-
3③）[22]，高45.3厘米、口径8.3厘米、底径14.6厘米。腹部主题饰纹也是衔芝螭龙
纹，无火焰，肩、腹部饰内填缀珠的云肩纹。

（四）样式一18

丰体。粗圆唇折沿小口，柱颈略束，瓶身粗壮，丰肩，上腹圆鼓，下腹斜收，
胫部略内曲，足壁斜直，平底略内凹。配宝珠钮钟式盖，斜壁内曲。这是明代永
乐、宣德两朝以后景德镇烧造的梅瓶中流行起来的一种样式。例如：

图9-2-3 明代梅瓶样式一17 （0 ⊦⊦⊦⊦⊦⊦⊦⊦⊦⊦ 10 cm）

①四川平武县古城乡小坪山明天顺八年（1464年）王玺夫妇合葬墓M5（安人蔡氏墓室）出土红绿彩Ⅳ式"瓷盖罐"2件（成对）[23]，器形、胎釉、饰纹均相同，其一（M5：1，附录一总表一：18①，图9-2-4①）[24]，通高31厘米、口径6厘米、底径10厘米；其二（M5：2，图9-2-4②，附录一总表一：18②）[25]，尺寸稍小，通高30.5厘米。

（五）明代梅瓶第一类样式群部分器物产地和年代判断（表9-2-1）

二、第二类样式群

接续元代的兴盛局面，明代第二类梅瓶样式群也有极多的实例存世，包含样式多达12种，从明初到明末延续不绝，是明代极为繁盛多样的一类样式群。其中绝大部分样式都流行于南方窑场，以景德镇"御窑"和民窑梅瓶的样式为主，演变脉络连贯、清晰。相比之下，北方的样式数量很少，可资排比或对比的材料也极为有限。明代景德镇流行的第二类样式群，早中期官窑器样式以中型尺寸为主，晚期（万历）有尺寸极大的器物，民窑器则以中小型样式为主。景德镇的这类样式群各样式胫、足部很少有夸张的束腰和喇叭形撇足的形态，大多数样式的轮廓曲线都显得很有节制，形态优美（参见附录一总表二）。

23 四川省文管会、绵阳市文化局、平武县文保所《四川平武明王玺家族墓》图版叁：4，《文物》1989年7期36页。两瓶现藏平武报恩寺博物馆。按：此墓实为王玺夫妇合葬墓（M1～5）中的一个墓室，王玺与其四位夫人各占一个墓室，东西排列。

24 采自：《中国出土瓷器全集·10·广东、广西、海南、四川、重庆、香港、澳门、台湾》图版157，北京：科学出版社，2008年。

25 采自：《中国出土瓷器全集·10·广东、广西、海南、四川、重庆、香港、澳门、台湾》图版156，同上。

图9-2-4 明代梅瓶样式一18 （0 ⊦⊦⊦⊦⊦⊦⊦⊦⊦⊦ 10 cm）

表9-2-1　明代梅瓶第一类样式群部分器物产地和年代分析

梅瓶	以往的判断	笔者的判断	主要理由
样式一15a例④	以往海内外对此瓶断代观点不同，如明初[26]、永乐[27]、宣德[28]，中国学者多赞同永乐[29]	永乐"御窑"器	此瓶器形与景德镇永乐"御窑"遗址出土的同式梅瓶相同，瓶底无釉呈涩胎，旋削成矮而较宽的隐圈足，打磨光滑，胎质洁白细腻，瓶盖青花和饰纹等，都符合永乐"御窑"特点。据耿宝昌先生介绍，这对梅瓶是北京地区的出土物，于1930年前后外流[30]，日本学者具体地指出其为"宣德皇帝陵出土"[31]
样式一16a例③	景德镇"御窑"，断代有两说：永乐、明初[32]	永乐	器形见于景德镇明"御窑"遗址永乐地层
样式一18例①	景泰[33]	景德镇民窑，所谓"空白期"后段（也即明前期后段）	两瓶画花饰纹的造型不似永宣特征，结合墓葬年代〔明天顺八年（1464年）〕，应该就是明代所谓"空白期"（1436～1464年）后段景德镇民窑器

26　见：〔日〕小山富士夫编《中国名陶百选》图版88说明（藤冈了一撰），东京：日本经济新闻社，1960年。

27　见：〔日〕佐藤雅彦、中野彻合著《陶器讲座·7·中国Ⅲ·元、明》单色图版54说明，东京：雄山阁出版株式会社，1973年。

28　见：前揭，《陶器全集·11卷·元明初の染付》彩版7说明。

29　这方面以耿宝昌先生的观点为代表，见：耿宝昌《明清瓷器鉴定》第三章第一节，图13下，香港：中华书局香港分局，1984年版，第18页。

30　耿宝昌《明清瓷器鉴定》第三章第一节，香港：中华书局香港分局，1984年，18页。

31　上揭《中国名陶百选》图版88说明，藤冈了一撰。

32　永乐说见：付幸、叶芷《文物鉴赏》图一，载于《北京文物与考古》322页，2002年。明初说见：陆明华《磁州窑瓷器烧造相关问题的认识》图八，载于《中国古陶瓷研究·第十六辑》84页，北京：紫禁城出版社，2010年。

33　前揭，《中国出土瓷器全集·10·广东、广西、海南、四川、重庆、香港、澳门、台湾》图版156、157说明，黄晓枫撰。

34　山东省博物馆《发掘明朱檀墓纪实》，《文物》1972年5期31页。采自：《中国出土瓷器全集·6·山东》图版208，北京：科学出版社，2008年。尺寸兼采这两种资料。此瓶现藏于山东省博物馆。海外学者常把此瓶归入白瓷，见：*Ceramic Art of the World*-*Volume13·Liao, Chin and Yuan Dynasties*, by Tsugio Mikami and the Zauho Press, Published in 1981 by Shogakukan, Tokyo. Fig.141.

（一）样式二27

流行于明代景德镇窑，包括官窑器和民窑。沿着元代龙泉窑样式二27a继续衍化，或与之近似，或变得宽博，尺度以大中型器为主，如洪武朝器尺寸偏大，永乐、宣德两朝器则分大小而且成系列，体态较敦实，明中期多为中型器，体态稍长。与样式二27a相比，明代本样式各亚型的撇口和束颈稍明显（不绝对），瓶身形状分为不同的倒滴水形和近似楔形，胫部略内曲，足壁直立或微撇，平底隐圈足，挖足都极浅。这是明代最优美的样式之一。根据各部差异，明代本样式大致分为b～f共5个亚型。

1. 样式二27b：口微侈、颈微束、颈肩转折柔和而明确、肩腹呈圆球形等特征与元代龙泉窑样式二27a相同，但下腹斜直、近足处内曲成短胫部、足壁外撇等则不同。见于洪武器。例如：

①山东邹县九龙山明洪武二十二年（1389年）鲁荒王朱檀墓出土景德镇窑青白釉浅划花海涛五爪龙纹带盖"瓷瓶"1件（图9-2-5①）[34]，高34厘米、口径4厘米、底径9.9厘米。

2. 样式二27c：规范化的小撇口、束颈，颈肩过渡柔和，圆宽肩，上腹鼓，下腹斜收，胫部内曲，足部直立或微撇，极浅的平底隐圈足。配宝珠钮、管状舌的钟式盖。

此亚型是永乐、宣德时期"御窑"梅瓶中最流行的样式，有青花和白釉器，从器形到装饰都极为相似，难分彼此，宣德时期或稍晚也有景德镇民窑仿此样式的青花器和哥釉器。不过，在景德镇"御窑"遗址中未见与本样式亚型相同的标本，只有先后4例明墓出土了共7件本亚型的梅瓶。例如：

②北京石景山区明雍王墓出土明永乐带盖青花桃竹图"梅瓶"2件（成对），其一（图9-2-5②）[35]，通高45厘米、口径5.5厘米；其二[36]，通高42.2厘米、口径6.8厘米、腹径23厘米、底径14厘米、足宽1.3厘米。

③北京海淀区香山大队出土明宣德带盖青花折枝花果纹"梅瓶"2件（成对，图9-2-5③）[37]，通高32厘米、腹径22厘米。

④江西新干县荷浦公社长安山明墓出土带盖青花缠枝牡丹纹"瓶"2件（成对，附录一总表二：27c⑧，图9-2-5⑫）[38]，器形、饰纹以及胎、釉、彩均相同，尺寸分别为通高35厘米和34.5厘米、口径4厘米和5.5厘米、底径10厘米和10.6厘米。宝珠钮钟式盖内有管状舌。可能是宣德或稍晚的景德镇民窑仿官器。

⑤广西桂林市尧山明靖江王陵区明万历二十七年（1599年）朱履祥夫妇合葬墓出土哥釉冰裂纹"梅瓶"1件（图9-2-5⑬）[39]，高32厘米、口径5厘米、腹围58.5厘米、底径10.8厘米。细胎砂底，灰色釉布满细碎冰裂纹，腹中部有一道接胎痕。此瓶器形具有明代前期特点[40]，可能是宣德时期的制品。

本样式亚型的传世品极多，例如：

⑥土耳其托普卡比宫传世的明永乐青花折枝果实纹"梅瓶"1件，高29.3厘米，砂底，足沿圆润（图9-2-5④a、b）[41]。

⑦伊朗阿尔黛比勒清真寺旧藏明永乐青花转枝莲花水草纹"梅瓶"1件[42]，高25.5厘米、底径14.3厘米，该瓶胫部一侧有后刻的阿拉伯文收藏图章。

⑧台北"故宫博物院"藏明永乐带盖青花缠枝牡丹纹"梅瓶"1件，通高35.6厘米、深30.7厘米、口径5.2厘米、足径12.1厘米，砂底（图9-2-5⑤a、b）[43]。

⑨台北"故宫博物院"藏明永乐青花折枝花果纹"梅瓶"1件，高29.1厘米、深28厘米、口径5.2厘米、足径11.5厘米，砂底（图9-2-5⑥a、b）[44]。

⑩台北"故宫博物院"藏明永乐青花转枝莲花水草纹"梅瓶"1件，高25厘米、深24厘米、口径4.4厘米、足径10.2厘米，砂底（图9-2-5⑦a、b）[45]。

⑪天津市艺术博物馆藏明永乐白釉"梅瓶"1件（图9-2-5⑧）[46]，高34.5厘米、口径5.5厘米、底径12厘米。

⑫台北"故宫博物院"藏明永乐白釉暗花缠枝莲花纹"梅瓶"1件，高25厘米、深24.6厘米、口径4.5厘米、足径10.2厘米，砂底（图9-2-5⑨a、b）[47]。

⑬北京故宫博物院藏明永乐白釉暗花缠枝纹"梅瓶"1件（附录一总表二：27c⑤）[48]，高24.8厘米、口径4.5厘米、底径10厘米。

⑭中国国家博物馆（原中国历史博物馆）藏明宣德带盖青花竹石芭蕉庭院

35 采自：首都博物馆编《首都博物馆藏瓷选》图版92，北京：文物出版社，1991年。参见：光林《北京出土的几件明代青花瓷器》图版陆：1，《文物》1972年6期64页。两瓶现藏于首都博物馆。

36 刘秀中《记首都博物馆藏的几件明清青花瓷器》图版捌：1，《文物》1985年8期87页。

37 采自：光林《北京出土的几件明代青花瓷器》图版陆：2，《文物》1972年6期64页。

38 分别采自：唐昌朴《介绍江西出土的几件瓷器》图版玖：2，《文物》1977年4期22页；江西省博物馆、香港中文大学文物馆合编《江西元明青花瓷》图版25，2002年。两瓶现藏于江西省博物馆。

39 采自：桂林博物馆编《靖江藩王遗粹——桂林博物馆珍藏明代梅瓶》图版91，上海：上海人民美术出版社，2000年。

40 桂林博物馆断代为"明初"，见：同上，图版91说明。

41 采自：《世界の染付・2・明初期》图版33，及足底附图，京都：同朋舍，1982年。

42 《世界の染付・2・明初期》图版32，同上。

43 采自：台北"故宫博物院"编《故宫明瓷图录・洪武窑、永乐窑、宣德窑》图版10，及足底附图，东京：学习研究社，1977年。

44 采自：《故宫明瓷图录・洪武窑、永乐窑、宣德窑》图版12，及足底附图，同上。

45 采自：《故宫明瓷图录・洪武窑、永乐窑、宣德窑》图版11，及足底附图，同上。

46 采自：天津市艺术博物馆编《天津市艺术博物馆藏瓷》图版74，北京：文物出版社、香港：两木出版社，1993年。

47 采自：上揭，《故宫明瓷图录・洪武窑、永乐窑、宣德窑》图版25，及足底附图。

48 采自：中国国家文物局主编《中国文物精华大辞典・陶瓷卷》"瓷器篇"图版692，上海：上海辞书出版社、香港：商务印书馆（香港）有限公司，1995年，373页。参见：吕成龙《明永乐甜白釉划花梅瓶》，《紫禁城》1992年5期35页。

①　　　　　②　　　　　③　　　　④a　　　④b

⑤a　　⑤b　　　⑥a　　⑥b　　　⑦a　　⑦b　　　⑧

⑨a　　⑨b　　　⑩　　　　⑪a　　⑪b　　　⑫

⑬　　　　　⑭a　　　　　⑭b　　　　　⑮　　　　　⑯　　　　　⑰

图9-2-5　明代梅瓶样式二27　（0⊢⊢⊢⊢⊢⊢⊢⊢⊢⊢⊣10 cm）

图"瓷瓶"1件（图9-2-5⑩）[49]，通高41厘米、底径12.3
厘米。

　　⑮台北"故宫博物院"藏明宣德带盖青花折枝花果纹"梅
瓶"1件，通高33.6厘米、瓶深27.4厘米、口径5.2厘米、足径
11.3厘米，砂底（图9-2-5⑪a、b）[50]。

　　除了以上实例，海内外公私收藏的明代样式二27c的永
乐、宣德两朝梅瓶还有：⑯英国伦敦不列颠博物馆藏明永乐
青花花鸟图"梅瓶"1件[51]；⑰北京故宫博物院藏带盖青花竹
石芭蕉庭院图"梅瓶"1件，通高41厘米、足径12.2厘米[52]；
⑱英国维多利亚和阿尔伯特博物馆藏明青花转枝莲花水草纹
梅瓶1件，高9.75英寸（合约24.8厘米）[53]；⑲广东省博物馆
藏明永乐带盖青花折枝花果纹"梅瓶"1件[54]；⑳山东烟台市
博物馆藏明永乐青花转枝莲花水草纹"梅瓶"1件，高25.1厘
米、口径4.6厘米、底径10厘米[55]。㉑江苏扬州文物商店藏明
永乐青花折枝花果纹"梅瓶"1件，高29.7厘米、口颈5.5厘
米、底径12厘米[56]；㉒香港徐氏艺术馆藏明永乐青花折枝花果
纹"梅瓶"1件，高34.8厘米[57]；㉓江西省博物馆藏明宣德青花
转枝宝相花"梅瓶"1件，高31.7厘米、口径5.5厘米、底径12.2
厘米[58]；㉔河北省博物馆藏明宣德青花折枝花果纹"梅瓶"1
件，高28.8厘米、口径5厘米、底径11.8厘米[59]。

　　3. 样式二27d：小撇口的唇沿偏方，束颈较直，似柱颈，
倒滴水形瓶身和内曲的胫部稍拉长，胫足部直立。见于明中
期珐华器，例如：

　　㉕英国不列颠博物馆藏明珐华釉青地白花莲池跃鲤纹"梅

49　采自：中国历史博物馆编《中国博物馆丛书·第5卷·中国历史
　　博物馆》图版179，北京：文物出版社、东京：株式会社讲谈社，
　　1984年。

50　采自：前揭，《故宫明瓷图录·洪武窑、永乐窑、宣德窑》图版
　　39，及足底附图。

51　此资料线索承齐琨女士惠告，特此致谢。

52　冯小琦、陈润民编著《明清青花瓷器——故宫博物院藏瓷赏析》图
　　12，北京：文物出版社，2000年。按：冯小琦、陈润民二人断代为
　　明永乐，故宫博物院陶瓷馆的展示说明则断代为宣德。

53　William Bowyer Honey, *The Ceramic Art of China and Other Countries
　　of the Far East*, London, Faber and Faber Limited, Pl.95a, p.117. William
　　Bowyer Honey将此瓶断代为明正德，但无论是从器形、装饰还是从
　　青花发色特点来看，此瓶都完全符合明代永乐、宣德时期梅瓶样式
　　二27c的典型特征，与正德青花器并不相符，因此该瓶的烧造年代应
　　属永宣时期。

54　笔者于广东省博物馆亲见此瓶。

55　前揭，《中国文物精华大辞典·陶瓷卷》"瓷器篇"图671。

56　扬州博物馆、扬州文物商店编《扬州古陶瓷》图版115，北京：文物
　　出版社，1996年，167页。

57　《徐氏艺术馆揭幕展览志庆图录》图版61，香港：徐氏艺术馆，
　　1991年。

58　《江西元明青花瓷》图版24，香港：香港中文大学出版社，2002年。

59　河北省博物馆编《河北省博物馆文物精品集》图版79，北京：文物
　　出版社，1999年。资料源称该瓶原为故宫旧藏。

60　采自：〔日〕三杉隆敏著《世界の染付・3・明後
　　期、清》图版12，及足底附图；京都：同朋舍，1982
　　年。此瓶藏号为1930 7－19。

61　采自：Suzanne. G. Valenstein, *A Handbook of
　　Chinese Ceramics*, The Metropolitan Museum of
　　Art, New York, 1989, Pl.26。此瓶收藏编号：
　　61.200.52。于1960年由John D. Rockefeller, Jr.遗
　　赠。还可以参见较早的版本：Suzanne G. Valenstein,
　　A Handbook of Chinese Ceramics, The Metropolitan
　　Museum of Art, 1975, Pl.87。

62　采自：S.J.Vainker, *Chinese Pottery and Porcelain-
　　From Prehistory to the Present*, London, British
　　Museum Press, 1991, Pl.123。此瓶收藏编号：OA
　　F67。

63　图片由笔者摄于北京故宫博物院陶瓷馆。

64　采自：前揭，《景德镇出土元明官窑瓷器》图版
　　260。

65　采自：前揭，《景德镇出土元明官窑瓷器》图版
　　247。

66　两瓶的情况还可以参见：江建新《谈景德镇明御厂
　　故址出土的宣德瓷器》图二一，彩版壹：3，《文
　　物》1995年12期。青釉瓶在江文中标高39.5厘米。

67　采自：S.J. Vainker, *Chinese Pottery and Porcelain—
　　From Prehistory to the Present*, London, British
　　Museum Press,1991, Pl.147。此瓶的藏品编号：OA
　　1924.12-16.1，是H. Sinclair赠品。

瓶"1件，高39.9厘米，砂底（图9-2-5⑭a、b）[60]。应属于景德镇窑器。

4. 样式二27e：稍拉长的瓶身以及颈、肩和上腹的形态与d亚型相同，不同之处在于方唇小撇口、撇足、修长的束腰状胫部。也见于明中期珐华器，例如：

㉖美国纽约大都会艺术博物馆藏明珐华釉青地浅彩莲塘纹"花瓶"（Vase）1件（图9-2-5⑮）[61]，高14.5英寸（合36.8厘米）。应属于景德镇窑器。

㉗英国伦敦不列颠博物馆藏明中期珐华釉荷塘纹"梅瓶"1件（图9-2-5⑯）[62]，高41.5厘米。应属于景德镇窑器。

5. 样式二27f：与e亚型大体相同，不同处是侈口圆唇。见于嘉靖器，例如：

㉘北京故宫博物院藏景德镇窑明嘉靖蓝釉"梅瓶"1件（图9-2-5⑰）[63]，尺寸不详。

（二）样式二28

本样式始见于元中期景德镇青白瓷器、元晚期的青花和釉里红器以及磁州窑器，到了明代早期和中期只在景德镇以不同的亚型继续流行。

1. 样式二28d：小撇口，束颈，宽圆肩，上腹圆鼓，下腹斜收，胫部内曲收束，足部微撇，浅隐圈足。配宝珠钮帽式盖，内有短管状舌；配中通圆墩式瓶架，架壁做Y形镂空，衬出云肩四块。例如：

①江西景德镇明"御窑"遗址宣德地层出土带盖连座无饰纹"梅瓶"标本2件：其一施白釉（图9-2-6①）[64]，通高45.5厘米、口径6.5厘米、腹径21.1厘米、底径12.2厘米；其二施青釉（图4-4-6③）[65]，通高43.1厘米、口径5.8厘米、腹径20.7厘米、底径11.3厘米[66]。

2. 样式二28e：小撇口，短束颈，宽斜肩，上腹丰满外鼓，下腹斜收微内曲，胫足部直立，足端微撇，平底浅隐圈足。这是比较近似元景德镇青白瓷梅瓶样式二28a的明代样式，但胫足部连贯。例如：

②美国纽约大都会艺术博物馆藏明白釉绿彩云龙纹"梅瓶"1件（图9-2-6②）[67]，高36厘米，有弘治款。

（三）样式二39

大高体。圆唇小撇口，束颈，瓶身高大，宽肩长身，肩腹圆转饱满，底心微凹的平底，足沿修圆。配宝珠钮、管状舌的钟式盖，内顶钮下有一圆孔相通。

这是万历官窑大型青花梅瓶的样式，根据瓶身和盖壁的轮廓变化，分为a、b两个亚型。例如：

①　　　　　　　②

图9-2-6　明代梅瓶样式二28　（0 　　　　10 cm）

①北京昌平天寿山明定陵玄宫后殿出土"万历"款带盖青花缠枝番莲龙纹"梅瓶"6件，通高都在71~75厘米之间[68]，分别是：

其一（WW2，图9-2-7b，附录一总表二：39a）[69]，通高74.9厘米、瓶高64.8厘米、口径10.7厘米、肩径32.3厘米、底径20.3厘米、盖高16.8厘米、盖口径16.6厘米；

其二（JW19，图4-3-8②）[70]，通高73厘米、瓶高65.5厘米、口径10厘米、肩径32厘米、底径21厘米、盖高15厘米、盖口径15.7厘米；

其三（JW5，附录一总表二：39b）[71]，通高71.5厘米、瓶高64.3厘米、口径9.4厘米、肩径31厘米、底径20厘米、盖高15厘米、盖口径14.4厘米。

定陵的另外三件大型梅瓶通高分别为72.5厘米（WW1）、73厘米（WW10、WW11），器形与上同。上述其一、其二的上腹圆鼓，中腹有明显的弧状内收，下腹内曲后趋直，成斜收的柱状胫部，足壁直立，属样式二39a；其三的肩腹转折关系同上，但下腹长势斜收，瓶身下端微内曲，足壁直，属样式二39b。这6件梅瓶"纹样相同，都是白地青花，器身上部和下部饰变形莲瓣纹，中部绘二升龙及缠枝番莲纹。肩部有'大明万历年制'款"（图9-2-7a）[72]，均为景德镇万历"御窑"烧造[73]。

（四）样式二29

本样式在元代曾盛行于以磁州窑为中心的北方窑场，至明代只见1例2瓶，属明初南方青瓷器，器形特征与元代晚期磁州窑"内府"款梅瓶样式二29a相同，但耸肩和矮足壁外撇都很明显。如：

①江苏南京市戚家山明洪武二十一年（1388年）虢国公俞通海夫人于氏墓（79NJXM2）出土梅瓶4件，其中有青瓷无饰纹"梅瓶"2件（成对），形制相同，其一（M2：1，图9-2-8①）[74]，高30.7厘米、口径5.3厘米、底径11.1厘米；其二（M2：2，附录一总表二：29a③）[75]，高31.5厘米、口径5.7厘米、底径11.7厘米。这两件梅瓶应属龙泉窑民窑。

（五）样式二34

喇叭形小撇口，颈肩方折，瓶身大体呈楔形，胫足部直立，平底，或平底隐圈足。本样式梅瓶分别见于明代早期和晚期，窑口和器形特征均不同，分为a~e共5个亚型。

1. 样式二34a：翻唇，短柱颈，圆丰肩，上腹圆鼓，下腹斜收，胫部内曲，足壁直立，足沿略外撇，平底。例如：

①江苏南京市戚家山明洪武二十一年（1388年）虢国公俞通海夫人于氏墓（79NJXM2）出土4件梅瓶之一的白釉黑彩画花缠枝花"瓷瓶"（M2：3，图9-2-8②）[76]，高38.5厘米、口径10.4厘米、腹径29.6厘米、底径16厘米。

68 中国社会科学院考古研究所、定陵博物馆、北京市文物工作队《定陵》（上、下），北京：文物出版社，1990年。六件梅瓶的尺寸均采自此报告295页"附表二一：青花梅瓶登记表"。此六瓶现藏于北京市定陵博物馆。

69 采自：上揭《定陵》彩版八七，图二八九：A。

70 采自：《中国出土瓷器全集·1·北京》图版165：右，北京：科学出版社，2008年。

71 同上，图版165：左。

72 上揭，《定陵·上》图二八九：B（WW2肩部款文拓片），183页。

73 参见：王秀玲《明定陵出土的官窑瓷器》，《收藏家》2005年2期。

74 采自：南京市博物馆、雨花台区文化局《江苏南京市戚家山明墓发掘简报》图版叁：2，《考古》1999年10期23~24页。

75 采自：同上，图一〇。

76 采自：同上，图版叁：4，23页。

图9-2-7　明代梅瓶样式二39 （0 ———— 10 cm）

图9-2-8　明代梅瓶样式二29、34　(0 ┊┊┊┊┊ 10 cm)

77 采自：南京市博物馆、雨花台区文化局《江苏南京市戚家山明墓发掘简报》图版叁：1，《考古》1999年10期19页。图片采自：《中国出土瓷器全集·7·江苏、上海》图版194，北京：科学出版社，2008年。此瓶现藏于南京市博物馆。

78 采自：《中国陶瓷（丛书）·广西陶瓷》图版76，上海：上海人民美术出版社，1985年。

79 采自：前揭，《靖江藩王遗粹——桂林博物馆珍藏明代梅瓶》图版98。

80 采自：前揭，《靖江藩王遗粹——桂林博物馆珍藏明代梅瓶》图版99。

2. 样式二34b：与上例不同处在于圆肩极宽，上腹凸鼓夸张，也是平底。例如：

②江苏南京市戚家山明洪武二十二年（1389年）南安侯俞通源墓（78NJXM1）出土白釉黑彩画花缠枝菊纹"瓷瓶"2件（成对），大小、形制完全相同，其一（M1：1，图9-2-8③）[77]，高36.5厘米、口径8厘米、腹径32厘米、底径15厘米。

3. 样式二34c：与上两例相比，体量小，楔形瓶身比例较长，颈部和胫部都拉长，平宽肩，上腹圆凸，下腹内曲明显，胫部长细，平底隐圈足。例如：

③广西壮族自治区博物馆藏明万历仿哥窑斗彩雪松寒梅图"梅瓶"1件（图9-2-8④）[78]，高30厘米、口径5厘米。

4. 样式二34d：与亚型c基本相同，但上腹壁较直，隐圈足。例如：

④广西桂林博物馆藏明万历蓝釉堆粉鹭鸶青莲图"梅瓶"1件（图9-2-8⑤）[79]，高26厘米、口径5.4厘米、底径8.5厘米、腹围44厘米。

⑤广西桂林博物馆藏明万历酱釉堆粉灵芝牡丹图"梅瓶"1件（图9-2-8⑥）[80]，高28厘米、口径4.5厘米、底径8.5厘米、腹围46厘米。

5. 样式二34e：与上述两亚型较接近，不同处在于下腹斜直收至底，无内

①　　　　　②　　　　　③a　　　　　③b　　　　　③c

图9-2-9　明代梅瓶样式二37　（0 ⸺ 10 cm）

曲。例如：

⑥陕西西安市建工局院内明代窖藏出土明嘉万时期粗胎黑釉"瓷瓶"4件（附录一总表二：34e）[81]，大小不等，造型相近，高度最小的是15厘米，最大的23.5厘米。

（六）样式二40

小口微撇，柱颈，圆宽肩，上腹宽鼓，下腹斜收至底，斜壁隐圈足。配宝珠钮钟式盖，平顶，直壁微敞。例如：

①四川成都琉璃厂乡赵家山明万历墓出土带盖青花云鹤纹"梅瓶"2件（成对，附录一总表二：40）[82]，通高27.6~29.8厘米、口径4.8厘米、底径8.6~9.7厘米。

（七）样式二37

侈口，近似柱颈的束颈，颈肩转折明确，圆丰肩，较宽的圆斜肩，下腹斜直收至底，平底隐圈足。见于明中期景德镇民窑青花器和磁州窑类型翠蓝釉黑彩画花器，根据各部差异，分别为a、b两个亚型。

1. 样式二37a：薄唇侈口，长颈，颈肩圆折，斜肩，肩腹圆折，较瘦，足径较大。配宝珠钮帽式盖。此亚型整体器形与样式三25h更为相似，仅口部从小盘口变成小侈口。例如：

①广西柳州明墓出土青花双龙纹"盖尊"2件（成对）[83]，其一（图9-2-9①）[84]，通高28.7厘米、口径5.2厘米；其二（图9-2-9②）[85]，通高27.7厘米、口径5.2厘米、底径10.6厘米。广西博物馆还藏有一件也是出土于柳州的青花龙纹梅瓶，尺寸、器形、装饰、胎釉等特征与上述2件相同[86]。

2. 样式二37b：圆唇小侈口，短颈，颈肩方折，圆肩向腹部圆转，丰满外鼓，足径较小，隐圈足极浅。例如：

81　采自：王长启、陈安利、李军辉《西安城内出土一批明代窖藏文物》图三，《文博》1992年1期，73~74页。

82　采自：翁善良、朱代英《成都市博物馆藏明代青花瓷器研究》图四，《四川文物》1998年5期31页。按：原文标插图号误为图二。

83　李鸿庆《广西出土的陶瓷器》图一，载于《中国历史博物馆馆刊》第3期，100页，1981年；于凤芝《广西博物馆馆藏出土的明代青花瓷器初探》图11，《景德镇陶瓷》1994年1期38页。两瓶现藏广西壮族自治区博物馆。

84　采自：广西壮族自治区博物馆编《瓷美如花——馆藏瓷器精品图集》123页图：右，南宁：广西教育出版社，2011年。

85　采自：同上，123页图：左。

86　见：同上，122页图。

图9-2-10　明代梅瓶样式二27　（0————10 cm）

87　采自：武汉市博物馆《黄家湾明代楚王朱氏墓》图五：2，《江汉考古》1998年4期34页。按：据墓志可知，朱英㷒是明楚昭王朱桢六世孙，生前封辅国中尉，死于嘉靖二十七年（1548年），嘉靖三十四年（1555年）下葬。

88　图片由笔者摄于广东省博物馆。

89　这是广东省博物馆的观点。

90　采自：冯小琦、陈润民编著《明清青花瓷器——故宫博物院藏瓷赏析》图76，北京：文物出版社，2000年。

②湖北武汉市洪山区洪山乡黄家湾明嘉靖三十四年（1555年）朱英㷒墓（M3）出土磁州窑类型翠蓝釉黑彩画花仙人鹤兔图"梅瓶"2件（成对），一件残损，一件完整（M3：1），高23.2厘米、口径4厘米、腹径13厘米、底径7.8厘米、肩部四朵花纹，腹部三个菱花形开光（图9-2-9③a、b、c）[87]。属于中原窑场制品。

（八）样式二31

本样式在元代晚期流行之后，到明代尚不多见，今只见1例小型器，沿袭了样式二31c，小撇口（与瓶身宽比算大撇口），束颈，瓶身瘦长，斜肩，上腹呈卵状，细胫呈束腰状，撇足。如：

①广东省博物馆藏明代珐华三彩"瓶"1件（图9-2-10①）[88]，尺寸不明，属于高度不足20厘米的小型器。属明代"山西窑口"[89]。

（九）样式二38

侈口较大，束颈较粗长，溜肩鼓腹，下腹到胫部内曲瘦长，撇足。这种样式可能与样式二31有关，也可以追溯到金元时期第二类样式群中瘦高体、大撇足的梅瓶样式，似乎也受到了"瓠"的形制影响。见于明清两代，根据各部区别分为a、b两个亚型，明代器属于样式二38a。例如：

①北京故宫博物院藏明嘉靖青花五彩璎珞纹"梅瓶"1件（图9-2-10②）[90]，高25.4厘米、口径5.7厘米、足径8.3厘米。

（十）样式二41

丰体。圆唇小撇口，束颈上粗下细，极宽的圆肩，上腹夸张凸鼓，下腹向内弧收，胫部下端呈束腰状，足部呈扁平的外撇喇叭状。例如：

①北京故宫博物院藏明代石湾窑月白釉凸纹缠枝花"梅瓶"1件（图9-2-10③）[91]，高30.3厘米、口径7.2厘米、底径14.5厘米。

故宫旧藏的石湾窑同类梅瓶不止这一件，如民国时期出版的《参加伦敦中国艺术国际展览会出品图说·第二册·瓷器》就曾经收录过故宫旧藏的另一件"明广窑月白雕镶缠枝牡丹梅瓶"，在清宫档案中原名"白开片暗花瓶"（图2-4-1①），后者装饰与此瓶完全相同，器形也极为相似，但尺寸略高，足部未做如此夸张的外撇。现在一般都把石湾窑的这类梅瓶断代为明代中后期。

（十一）样式二35

矮体。喇叭形小撇口，细长颈略束，宽肩，上腹外鼓夸张，下腹斜收剧烈，胫部下端呈束腰状，外撇隐圈足，足沿竖削成斜直壁。例如：

①甘肃华亭县出土明代龙泉窑青瓷镂空缠枝花卉纹"梅瓶"1件（图4-4-8①）[92]，高19厘米、口径3.8厘米、足径6厘米。应属明早期。

（十二）样式二36

丰体。大口略外撇，粗颈略束，瓶身粗壮，上丰下收，胫部略内曲，足壁外撇，挖足较矮的隐圈足。在明清两代均见此类大口梅瓶，根据各部差异统一分为a、b两个亚型。明代器属样式二36a：瓶体较敦实，肩部和上腹较圆厚，足壁外撇较明显。例如：

①湖北蕲春县达城三角山王妃墓出土青花云凤纹"梅瓶"1件（附录一总表二：36a）[93]，高33.5厘米、口径10.5厘米、底径16厘米。

（十三）明代梅瓶第二类样式群部分器物产地和年代判断

表9-2-2　明代梅瓶第二类样式群部分器物产地和年代分析

梅瓶	以往的判断	笔者的判断	主要理由
样式二27b例①		景德镇窑	瓶身的接胎痕是典型的元明时期景德镇梅瓶的特点
样式二27c多例（如例②）	景德镇明永乐"御窑"[94]	—	永乐、宣德时期很流行样式二27c的高品质梅瓶（只有青花和白釉器），从器形到饰纹都具有文雅的风格，水平也很高，以往人们多把这种样式的梅瓶视为当时的御窑器。可惜，在已经发掘的景德镇明"御窑"遗址永乐和宣德地层中并未发现完全相同的标本。经与御窑遗址出土的样式二28d对比，瓶体很相似。当时"御窑"梅瓶的不同样式有没有可能在不同地点烧造？不同样式是否有不同的具体用途？值得研究

91　采自：中国国家文物局主编《中国文物精华大辞典·陶瓷卷》"陶器篇"图606，上海：上海辞书出版社、香港：商务印书馆（香港）有限公司，1995年，178页。

92　采自：《中国出土瓷器全集·16·甘肃、青海、宁夏、新疆、云南、贵州、西藏》图版109，北京：科学出版社，2008年。

93　采自：《中国出土瓷器全集·13·湖北、湖南》图版121，北京：科学出版社，2008年。此瓶现藏于蕲春县博物馆。

94　《中国出土瓷器全集·1·北京》图版135说明，北京：科学出版社，2008年。

续表

梅瓶	以往的判断	笔者的判断	主要理由
样式二27c例④	景德镇窑，宣德[95]，或宣德以后[96]	推测为景德镇民窑，宣德或稍晚	此瓶胎体厚重，釉色微带灰青，青花料浓处有黑色斑点，这些特点及其器形和饰纹造型，仍然保留宣德主要特征；但胫部变形莲瓣纹以单线勾勒轮廓的做法，与宣德器相比显得较简单；整体品质不如宣德官窑精美，胎釉彩和饰纹风格与江西新建明正统二年（1437年）墓出土的五件青花缠枝莲盖罐也极为相近，后者被认为是景德镇宣德晚期民窑器[97]，因此本例两件青花梅瓶也可能是宣德时期景德镇民窑的仿官器，或可能稍晚
样式二27c例⑤	明初[98]	约宣德时期	与样式二27明代前期的丰富实例相比，此瓶器形特征显得偏晚，与明中期实例相比又显得较早，推测不会早过宣德
样式二29a例①	明初，龙泉窑[99]	龙泉窑民窑	有关学者指出其"质量较好，但似乎还是比不上官器制作得精致"[100]。此瓶器形显示，元代南北方共享某些梅瓶样式（样式二28）的影响在明初仍然存在
样式二34例①②	南方窑口[101]	北方窑口（可能是磁州窑）	尽管该瓶饰纹有南方青花画法的特点，但总体特征与北方的磁州窑类型更为相近，这三件梅瓶应属于明初北方窑场的制品
样式二34例④⑤	福建漳州窑[102]	—	早在20世纪50年代，湖南省文物管理委员会的有关人员对湖南湘阴乌龙嘴明代窑址的考古调查中，发现该窑址出土的一件黄釉堆花陶瓶标本，与本样式两例梅瓶工艺相同[103]，因此这两瓶的窑址还需要深入对比研究

95　前揭，《江西元明青花瓷》图版25说明。

96　唐昌朴《介绍江西出土的几件瓷器》，《文物》1977年4期22页。

97　见：前揭，《江西元明青花瓷》图版26说明。关于这五件青花盖罐的年代和窑场性质，见该图录所载彭明瀚、尹青兰《中国景德镇元明民窑青花瓷概述》，21页。

98　前揭，《靖江藩王遗粹——桂林博物馆珍藏明代梅瓶》图版91说明。

99　前揭，《江苏南京市戚家山明墓发掘简报》，《考古》1999年10期26页。

100　秦大树、施文博《龙泉窑记载与明初生产状况的若干问题》，载于浙江省文物考古研究所、北京大学考古文博学院、龙泉青瓷博物馆合编《龙泉大窑枫洞岩窑址出土瓷器》33页，北京：文物出版社，2009年。

101　这是郭学雷先生的推论，见：郭学雷《明代磁州窑瓷器》，北京：文物出版社，2005年，37~38页。

102　马文宽先生在福建漳州窑考古发掘的基础上认为：桂林博物馆收藏的这两件梅瓶"可能是漳州窑所产外销瓷存留国内者，而不是景德镇窑产品。"见：马文宽《桂林博物馆藏色釉泥浆彩瓷瓶初探》，《文物春秋》2001年6期10页。

103　见：湖南省文物管理委员会《湖南湘阴县乌龙嘴明代窑址调查记》图版拾柒3、4，《考古通讯》1957年3期40页。按：据调查者介绍，两图是同一件"堆花陶瓶"的两面，是由窑址当地办公室人员在窑址明代堆积层中采集，"先在胎上画上对称式的堆花，然后施以黄釉"。

续表

梅瓶	以往的判断	笔者的判断	主要理由
样式二36例①	景德镇窑，断代有二：明宣德器[104]、正德	正德	以往学术界多断代为正德，此瓶胎釉、饰纹的特点不具有宣德特征
样式二35例①	—	明早期	肩部和上腹镂空做缠枝花朵纹，胫部刻细长的菊瓣纹。菊瓣纹保留元代龙泉窑青瓷器同类饰纹特征，故此瓶年代可能属明早期
样式二37a例①	景德镇民窑，明嘉靖[105]	—	—

三、第三类样式群

在元代进入"瓶颈"状态的盘口式梅瓶，到了明代早期仍不多见，在明代中、晚期的景德镇窑才重新流行，遗存实例甚多，可以归纳出6种样式，不少样式包含了较多的亚型。明早期后段到中期，主要流行中小型样式，从嘉靖到万历时期流行大中型样式，以官窑为主，民窑器仍以中小型样式为主，明末只见中小型的民窑器。经过对各种形式因素的融合，形成了明代小盘口梅瓶的特征，与第一、第二类样式群相比，本样式群整体偏于瘦长（参见附录一总表三）。

（一）样式三22

外侈斜壁浅盘口，稍显粗长的束颈，颈肩过渡缓和，斜溜肩，肩腹圆折是最大腹径处，下腹斜收，近足部微内曲，足壁微撇，平底。器物体量不大，见于明早期后段景德镇窑。例如：

①四川平武县古城乡小坪山明代王玺家族墓M13出土景德镇窑深蓝色釉"瓷瓶"2件（成对），器形、大小相同，其一（M13：2，图9-2-11①）[106]，高25厘米、口径5厘米、底径8厘米。墓葬年代属明代前期后段[107]。

（二）样式三23

直壁小盘口，盘下沿呈斜面，略束的柱颈或直柱颈较粗，瓶身呈倒滴水状，圆溜肩，上腹鼓，下腹弧收，下腹到胫部间内曲，胫足部斜直，平底。见于明中期景德镇窑青花器。例如：

①江西省博物馆藏明景德镇窑青花携琴访友图"梅瓶"1件（图9-2-11②）[108]，高25.6厘米、口径5.6厘米。资料源断代为明天顺或成化。

104 见：《中国出土瓷器全集·13·湖北、湖南》图版121说明，张雪冰撰。

105 广西博物馆和于凤芝的断代都是嘉靖，李鸿庆认为是嘉靖至万历。分别见：前揭，《瓷美如花——馆藏瓷器精品图集》123页图说明；于凤芝《广西博物馆馆藏出土的明代青花瓷器初探》，《景德镇陶瓷》1994年1期38页；李鸿庆《广西出土的陶瓷器》，《中国历史博物馆馆刊》第三期101页，1981年。

106 采自：《四川平武明王玺家族墓》图版贰：7，《文物》1989年7期37页。按：两瓶在原报告中属Ⅰ式，另一件梅瓶编号M13：6。

107 据发掘者研究，四川平武明王氏家族墓M13墓主女性，是同地M14墓主的一位夫人，后者是元明时期平武世袭土官王氏家族的王思民，其墓葬年代在明宣德六年至天顺八年间（1431～1464年），据此可推论M13的年代也大致在这一时期，属明代前期后段。见：《四川平武明王玺家族墓》，《文物》1989年7期40页。

108 采自：《江西元明青花瓷》图版45，香港：香港中文大学出版社，2002年。

109 采自:《江西元明青花瓷》图版52,同上。

110 采自:广东省博物馆编《广东省博物馆藏品选》图版55,北京:文物出版社,1999年。

111 采自:前揭,《江西元明青花瓷》图版46。

112 采自:李海根、夏金瑞《大余县出土明代青花瓷瓶》,《江西历史文物》1981年1期57页,封底图。参见:杨后礼《江西明代纪年墓出土的青花瓷器》,《江西历史文物》1983年3期90页。

113 采自:《中国美术全集·工艺美术编·3·陶瓷(下)》图版150,上海:上海人民美术出版社,1988年。本书采用的尺寸来自:薛翘《明蓝釉剔花人物纹梅瓶》,《江西历史文物》1984年2期85页,封底。此瓶当时藏于赣州博物馆,现藏于江西省博物馆。

114 采自:前揭《江西元明青花瓷》图版44。

115 采自:〔日〕久志卓真《中国明初陶瓷图鉴》五六页左下图,东京:宝云舍,1943年。

图9-2-11 明代梅瓶样式三22、23
(0————10 cm)

②江西省博物馆藏明景德镇窑青花莲荷纹"梅瓶"1件(图9-2-11③)[109],高25.7厘米、口径4.7厘米、底径7.9厘米。资料源断代为明成化。

(三)样式三24

从口部到下腹与样式三23形式相同,但小盘口比例分大小,有深浅,颈部分束颈和柱颈,有日趋加长的趋势,下腹到胫部间内曲,由于胫足部外撇而形成束腰状,足沿斜尖,或削成直壁,平底矮隐圈足,挖足很浅。

本样式从明代宣德以后开始出现,一直流行到明晚期,一般性的变化规律是,时间越晚,束腰、撇足的幅度越大,尺寸高度从小到大再到小。根据各期器形差异,分为a~f共6个亚型。

1. 样式三24a:直壁小盘口较宽、较深,较粗的柱颈上侈,圆溜肩,胫部束腰不明显,足壁微撇。例如:

①广东省博物馆藏明景德镇窑五彩人物纹"瓶"1件(图9-2-12①)[110],高24.4厘米、口径6厘米、底径7.7厘米。资料源断代为明成化。

2. 样式三24b:盘口同上,直柱颈,平出圆肩,肩腹圆鼓,胫部收束和足壁外撇幅度稍明显。例如:

②江西省博物馆藏明景德镇窑青花松竹梅人物图"瓶"1件(图9-2-12②)[111],高23.3厘米、口径5.2厘米、底径8厘米。资料源断代为明天顺或成化。

3. 样式三24c:盘口较矮,直壁不明显,配以束颈看似撇口,束颈较粗长,圆肩鼓腹,胫部呈明显的束腰状,外撇足壁呈喇叭形。明代中期流行,体量均小,较早的高度不足20厘米,较瘦,嘉靖器较大,高度在26~28厘米间,肩腹部丰满。例如:

③江西大余县南安镇六安亭明嘉靖六年(1527年)彭廷钦墓出土景德镇窑青花人物三友图"梅瓶"2件(成对),通高26.3厘米、口径5.8厘米、腹径15.2厘米、底径10厘米(图9-2-12④,附录一总表3:24c②)[112]。

④(传)江西大余县吉村公社游仙大队明刘节墓出土景德镇窑蓝釉杂彩人物纹"梅瓶"1件(图9-2-12⑤)[113],高28厘米、口径5厘米、底径10厘米。

⑤江西省博物馆藏明景德镇窑青花松竹梅纹"瓶"1件(图9-2-12③)[114],高16.6厘米、口径3.9厘米、底径6.1厘米。资料源断代为明天顺或成化。

⑥日本冈野繁藏氏藏明青花"云堂手"人物图"梅瓶"1件(图9-2-12⑥)[115],高8寸4分(合28厘米)、腹径4寸4分(合14.7厘米)。

4. 样式三24d:矮小的直壁小盘口,柱颈上侈呈外撇状,颈肩方折,瓶身修长,轮廓呈优美的S形,圆丰肩,上腹圆鼓,下腹椭圆形弧收,胫部修长呈束腰状,隐圈足。见于嘉靖朝,尺寸高度分高、矮两种,高者在44厘米左右,矮者在24.5厘米左右。这种亚型的瓶身与宣德时期的青花龙纹大梅瓶(样式一16b)颇

图9-2-12 明代梅瓶样式三24 （0 ⌐ 10 cm）

116　采自：前揭，冯小琦、陈润民编著《明清青花瓷器——故宫博物院藏瓷赏析》图75，118页。

117　采自：〔日〕佐藤雅彦、中野彻合著《陶器讲座·7·中国Ⅲ·元、明》黑白图版115，东京：雄山阁，1973年。

118　采自：前揭，《江西元明青花瓷》图版78。

119　采自：Michael Sullivan, *Chinese Ceramics, Bronzes and Jades in the Collection of Sir Alan and Lady Barlow*, Faber and Faber Limited, 1963, Pl.132a。

120　采自：《中国出土瓷器全集·2·天津、辽宁、吉林、黑龙江》图版218，北京：科学出版社，2008年，柳岚、高秀华撰图版说明。此瓶现藏于扶余县博物馆。

121　采自：前揭，《靖江藩王遗粹——桂林博物馆珍藏明代梅瓶》图版25-2。两瓶现藏于桂林市博物馆。

122　采自：广西壮族自治区博物馆编《瓷美如花——馆藏瓷器精品图集》127页图，南宁：广西教育出版社，2011年。参见：于凤芝《广西博物馆馆藏出土的明代青花瓷器初探》图6，《景德镇陶瓷》1994年1期38页。两瓶现藏于广西壮族自治区博物馆。

123　采自：于凤芝《广西博物馆馆藏出土的明代青花瓷器初探》图2，《景德镇陶瓷》1994年1期37页。此瓶现藏于广西壮族自治区博物馆。

124　于凤芝《广西博物馆馆藏出土的明代青花瓷器初探》图8，《景德镇陶瓷》1994年1期38页。此瓶现藏于广西壮族自治区博物馆。

125　采自：前揭，《江西元明青花瓷》图版97。此瓶属北山堂旧藏。

为相似，但足沿做成了直壁，整体格调也不如前朝器雄伟。例如：

⑦北京故宫博物院藏明嘉靖官窑青花花鸟纹"梅瓶"1件（附录一总表三：24d①）[116]，高44厘米、口径6.5厘米、足径13.8厘米。底部青花方栏内有"富贵长春"四字吉祥语款，为明嘉靖官窑制品。

⑧海外藏明嘉靖官窑青花云鹤纹梅瓶1件（图9-2-12⑦）[117]，高44.7厘米。底部青花方栏内也有"富贵长春"四字吉祥语款。

⑨江西省博物馆藏明景德镇窑青花缠枝莲纹"梅瓶"1件（图9-2-12⑧）[118]，高24.5厘米、口径3.5厘米、底径9.1厘米。资料源断代为明正德或嘉靖。

⑩英国芭罗女士（Lady Barlow）藏明青花无主题饰纹"梅瓶"1件（图9-2-12⑨）[119]，高9.5/9.8英寸（合24.1/24.9厘米）、直径5.1/5.4英寸（合13.0/13.7厘米）。应属明嘉靖景德镇民窑。

5. 样式三24e：直壁小盘口，短颈微束，瓶身轮廓介于同一样式的b和c亚型之间。见于嘉靖朝。例如：

⑪吉林扶余县风华公社班德古城出土明嘉靖景德镇窑蓝釉人物纹"梅瓶"1件（图9-2-12⑩）[120]，高33.2厘米、口径6.5厘米、底径11.1厘米。

6. 样式三24f：小盘口很浅，口壁形态不明显，下沿呈斜面，有些瓶口已近似撇口，较长的束颈或柱颈，宽肩分平、斜，上腹圆凸弧收，腹胫间内曲成明显的束腰状，外撇足的足端修成较高的斜面。配宝珠钮钟式盖，盖壁斜曲，盘形口。此亚型是同一样式d亚型尺度矮小化并夸张宽肩、鼓腹、束胫、削足的结果，流行于万历朝景德镇民窑青花器。例如：

⑫广西桂林市北郊狮子岭大米厂基建工地明万历九年（1581年）文渊阁大学士吕调阳夫妇合葬墓南室左右侧壁龛出土明万历景德镇民窑青花双龙戏珠纹"梅瓶"2件（成对，图9-2-12⑪）[121]，高27厘米、口径5厘米、腹径14.5厘米、腹围45.5厘米、底径9.5厘米。

⑬广西桂林灵川县社山出土明万历景德镇民窑青花骑马人物图"梅瓶"2件（成对，图9-2-12⑫）[122]，高26.2厘米、口径4.8厘米、底径10.4厘米。配宝珠钮盘口钟式盖。

⑭广西桂林朝阳公社湖塘大队马鞍村出土明万历景德镇民窑青花云龙纹"梅瓶"1件（图9-2-12⑬）[123]，高32厘米、口径4.7厘米、底径10厘米。

⑮广西桂林出土明万历景德镇民窑青花飞龙纹"梅瓶"1件[124]，高25.5厘米、口径5厘米、底径10.3厘米。

⑯香港中文大学文物馆藏明万历景德镇民窑青花蕉石花鸟图"小梅瓶"2件（成对，图9-2-12⑭）[125]，高16.3厘米、口径3.6厘米、足径5.5厘米。

（四）样式三25

口颈部多与样式三24d类同：浅而小的盘口（或从浅盘口退化成撇口），柱颈上侈呈喇叭状，颈肩方折，颈部比例也有日趋加长的趋势；瓶身则不同，总体特征是宽肩、鼓腹、斜收至底，斜收的腹壁或直，或微内曲，但幅度很小；平底隐圈足，较早的挖足很浅（少数为平底足），较晚的挖足相对较深，足壁则较薄。所见嘉靖、万历官窑器多配宝珠钮钟式盖，盖壁或斜曲，或直壁，盖口也多呈盘口或退化的撇口。

本样式流行于嘉靖、万历到明末，嘉靖朝只见于官窑器，万历朝见于官窑器、民窑器，明末只见于民窑器。大中型器常有环肩一周"大明嘉靖年制"或"大明万历年制"楷书款，中小型器则常常无款。这类梅瓶也是所谓"嘉万不分"的典型。根据各期差异，分为a～h共8个亚型，各亚型常有类同的饰纹布局格式。

1. 样式三25a：口颈部较小，盘口壁较直，瓶身高大修长，圆肩、鼓腹，胫部微内曲，轮廓优美含蓄，很浅的平底隐圈足，或平底足。带宝珠钮、盘形口、斜曲壁的钟式盖。属嘉靖官窑青花梅瓶样式。例如：

①北京昌平天寿山明神宗定陵玄宫后殿出土"嘉靖"款带盖青花云肩璎珞缠枝五角形花纹"梅瓶"2件（成对），其一（DW3，图4-3-8③，附录一总表三：25a①）[126]，通高46厘米、瓶高42.2厘米、口径6.3厘米、肩径20.7厘米、底径12.2厘米、盖高8.1厘米、盖口径9.7厘米；其二（DW4，图9-2-13①a）[127]，通高45.7厘米、瓶高42.3厘米、口径6.4厘米、肩径21厘米、底径12厘米、盖高8.3厘米、盖口径9.7厘米[128]。两瓶环肩双弦纹内侧书一周"大明嘉靖年制"青花楷书款（图9-2-13①b）[129]。明嘉靖官窑制品。

②台北"故宫博物院"藏明带盖青花山水高士图"梅瓶"1件，高40.3厘米、口径5.8厘米、底径13.3厘米，平底足，环肩一周楷书"大明嘉靖年制"青花款（图9-2-13②a、b）[130]。

2. 样式三25b：与a亚型不同处是下腹壁斜直，宝珠钮钟式盖的盖壁较直，盖壁与盘形盖口之间有圆弧转折。见于嘉靖、万历两朝官窑白瓷和青花梅瓶。例如：

③北京西郊董四墓村明晚期二号墓出土白釉暗划花云肩璎珞缠枝花纹"梅瓶"12件[131]，胎釉、装饰、年款均相同，环肩双弦纹内侧刻花一周楷体暗文年款，分为"大明嘉靖年制"和"大明万历年制"两种，其中嘉靖款梅瓶之一（图9-2-13③a、b、c）[132]，通高47厘米、口径5.5厘米、底径12.8厘米，属景德镇嘉靖官窑制品。

④北京西郊董四墓村明末期一号墓出土3件带盖"梅瓶"之一的白釉器（附录一总表三：25b②）[133]，环肩一周刻划楷体"大明万历年制"暗文款，属景德镇万历官窑制品。

⑤广西桂林市北站明万历壬子年（1612年）文林郎刘元石夫妇合葬墓出土青花山水高士图"梅瓶"2件（成对），高40.5厘米、口径6厘米、腹径21.8厘米、腹围68.5厘米、底径12.8厘米，环肩一周楷书"大明万历年制"青花款（图

126　采自：前揭《定陵》彩版八八，图二九〇，184页。按：发掘报告称定陵出土的6大2小共8件青花梅瓶仅有大小之别，"形制相同"（《定陵·上》183页），这个说法有失严谨，6件大尺寸万历款梅瓶属样式二39，与这两件嘉靖款中高尺寸梅瓶的器形样式并不相同。

127　采自：《中国出土瓷器全集·1·北京》图版150，北京：科学出版社，2008年。

128　两瓶现藏于北京市定陵博物馆。尺寸均采自：上揭《定陵·上》295页附表二一"青花梅瓶登记表"。

129　前揭《定陵·上》图二九〇：2、3（DW3肩部铭文及纹样），184页。按：两瓶器形完全相同，参见长陵发掘委员会定陵工作队《定陵发掘展览》附图，《文物参考资料》1958年10期23页。

130　采自：台北"故宫博物院"编辑委员会编、余佩瑾著《福寿康宁吉祥图案瓷器特展图录》图版53及肩部附图，台北"故宫博物院"，1995年。该瓶藏号为"巨六四/院1710/4105"。

131　中国科学院考古研究所京郊发掘团通讯组《北京董四墓村明墓发掘续记——第二号墓》，《文物参考资料》1952年2期96页。

132　采自：《中国出土瓷器全集·1·北京》图版191，北京：科学出版社，2008年。饰纹线图采自：《北京董四墓村明墓发掘续记——第二号墓》图15（上、下），《文物参考资料》1952年2期。此瓶现藏于首都博物馆。

133　采自：中国科学院考古研究所京郊发掘团通讯组《北京西郊董四墓村明墓发掘记——第一号墓》图6：右，《文物参考资料》1952年2期。尺寸比同墓出土的样式三25d例④之二（图9-2-13⑨）稍小。

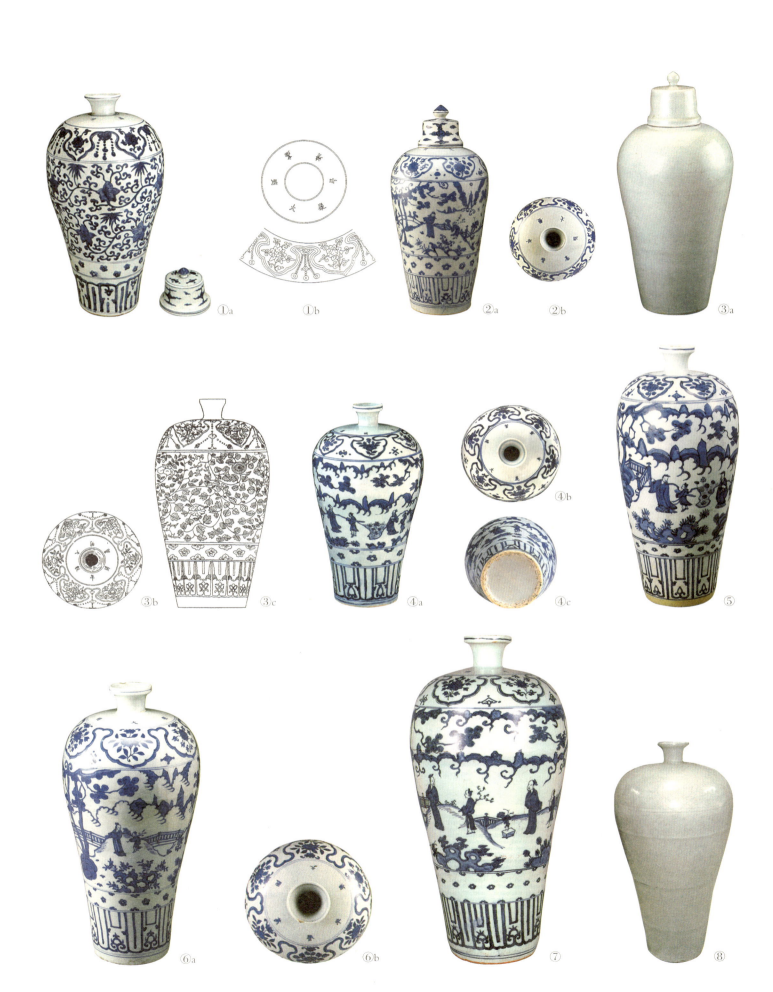

①a　①b　②a　②b　③a

③b　③c　④a　④b　④c　⑤

⑥a　⑥b　⑦　⑧

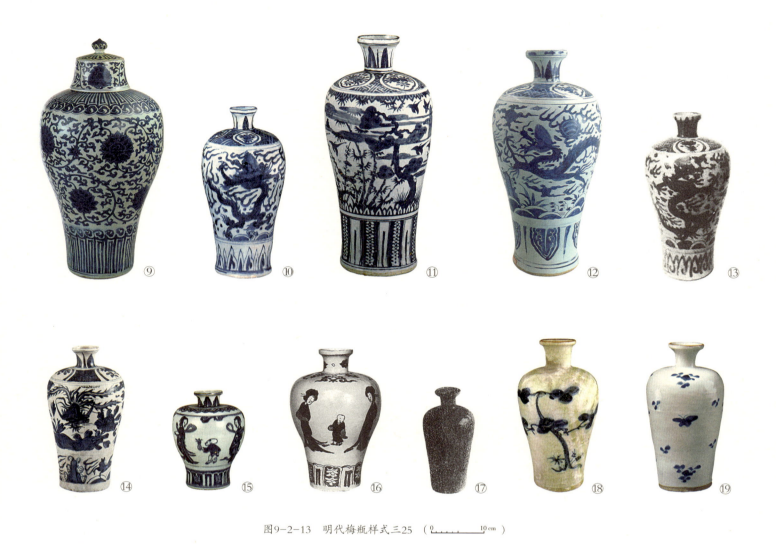

图9-2-13　明代梅瓶样式三25　（0⌇⌇⌇⌇⌇⌇10 cm）

9-2-13④a、b、c，附录一总表3：25b③）[134]。

　　⑥香港徐氏艺术馆藏明青花庭园人物图"梅瓶"1件，高51.6厘米，环肩一周楷书"大明万历年制"青花款（图9-2-13⑤）[135]。

　　⑦台北"故宫博物院"藏明青花图"大梅瓶"1件，高54厘米、口径8厘米、底径14.3厘米，平底足，环肩一周楷书"大明万历年制"青花款（图9-2-13⑥a、b）[136]。

　　⑧北京故宫博物院藏明青花人物纹"梅瓶"1件，高63.7厘米、口径8.3厘米、足径18厘米，环肩一周楷书"大明万历年制"青花款（附录一总表三：25b④）[137]。

　　⑨日本的松冈美术馆（Matsuoka Museum of Art）藏明青花"四爱"图（"The Four Loves" motif）"梅瓶"1件，高64.5厘米，环肩一周楷书"大明万历年制"青花款（图9-2-13⑦）[138]。

　　3. 样式三25c：口颈部形态和颈肩方折关系与a、b两亚型相同，但口沿很

134　采自：前揭，《靖江藩王遗粹——桂林博物馆珍藏明代梅瓶》图版68及肩、底附图，图版68-2。

135　采自：《徐氏艺术馆揭幕展览志庆图录》图版84，香港：徐氏艺术馆，1991年。

136　采自：上揭，余佩瑾著《福寿康宁吉祥图案瓷器特展图录》图版54及肩部附图。该瓶藏号为"丽一〇九五/院2065/40"。

137　采自：前揭，冯小琦、陈润民编著《明清青花瓷器——故宫博物院藏瓷赏析》图92。

138　采自：Mary Ann Rogers, Chinese Ceramics in the Matsuoka Museum of Art (Part II), fig.16, from Chinese Ceramics, Selected Articles from Orientations 1982–1998, Hong Kong, Orientations Magazine Ltd, 1999, p.96。

139　采自：《中国出土瓷器全集·1·北京》图版192，北京：科学出版社，2008年。此瓶现藏于首都博物馆。

140　分别采自：《北京西郊董四墓村明墓发掘记——第一号墓》图6：左，《文物参考资料》1952年2期；《首都博物馆藏瓷选》图版129，北京：文物出版社，1991年，37页。尺寸采自：《全国基本建设工程中出土文物展览图录》（二册一函）图版一一说明，北京：中国古典艺术出版社，1955年。此瓶现藏于首都博物馆。

141　采自：前揭，《靖江藩王遗粹——桂林博物馆珍藏明代梅瓶》图版2。

142　同墓朱履焘墓室出土1件同属万历景德镇民窑带盖直口高腰式青花双龙戏珠纹梅瓶，属样式七15c，见图9-2-23④。

143　采自：《中国出土瓷器全集·10·广东、广西、海南、四川、重庆、香港、澳门、台湾》图版105，北京：科学出版社，2008年。参见：于凤芝《广西博物馆馆藏出土的明代青花瓷器初探》图5，《景德镇陶瓷》1994年1期37～38页。此瓶现藏于广西壮族自治区博物馆。

144　采自：《中国陶瓷（丛书）·广西陶瓷》图版79，上海：上海人民美术出版社，1985年。参见：于凤芝《广西博物馆馆藏出土的明代青花瓷器初探》图1，《景德镇陶瓷》1994年1期37页。两瓶现藏于广西壮族自治区博物馆。

145　采自：于凤芝《广西博物馆馆藏出土的明代青花瓷器初探》图3，《景德镇陶瓷》1994年1期37页。此瓶现藏于广西壮族自治区博物馆。

146　采自：前揭，《瓷美如花——馆藏瓷器精品图集》126页图。参见：于凤芝《广西博物馆馆藏出土的明代青花瓷器初探》图4，《景德镇陶瓷》1994年1期37页。于凤芝称此瓶出土于桂林，但广西博物馆的图录指明其为1963年该馆购于广州。

147　采自：前揭，《中国出土瓷器全集·10·广东、广西、海南、四川、重庆、香港、澳门、台湾》图版106。参见：前揭，《瓷美如花——馆藏瓷器精品图集》125页图；于凤芝《广西博物馆馆藏出土的明代青花瓷器初探》图7，《景德镇陶瓷》1994年1期38页。此瓶现藏于广西壮族自治区博物馆。

薄，盘口呈斜壁，肩部宽平，肩腹圆转处凸鼓，下腹细长，斜直下收至底，内收幅度很大，使修长的瓶身呈楔形。例如：

同上例③北京西郊董四墓村明晚期二号墓出土白釉刻划花云肩璎珞缠枝花纹"梅瓶"12件中嘉靖款器之二（图9-2-13⑧）[139]，高42厘米、口径5厘米、底径12厘米，环肩一周刻划楷体"大明嘉靖年制"暗文款，属景德镇嘉靖官窑制品。

4. 样式三25d：与上述3个亚型不同处在于，呈圆弧面的宽平肩，上腹最鼓但腹壁较直，中腹弧收，内曲后斜直而下成胫足部，配宝珠钮钟式盖，撇口、斜曲壁。例如：

同上例④北京西郊董四墓村明末期一号墓出土3件带盖"梅瓶"之二的青花缠枝蕃莲纹器（附录一总表三：25d，图9-2-13⑨）[140]，通高44.2厘米、瓶高41.2厘米、口径7.1厘米、底径12.1厘米。肩部一周"大明万历年制"青花楷书款。

5.样式三25e：口颈部和颈肩方折的关系与上述亚型同，但上侈的柱颈比例略显粗长，宽斜肩和上腹与d亚型相类，但下腹到胫部的内曲度较小，轮廓缓和，足径比例较宽，加之器体趋小，因此在整体上不似上述嘉靖、万历时期官窑器那样高挑，显得较稳重，但轮廓也不够优美，平底隐圈足开始增高（足高1厘米左右）。这是万历时期景德镇民窑青花梅瓶流行的样式之一。例如：

⑩广西桂林市尧山明万历十八年（1590年）靖江温裕王朱履焘夫妇合葬墓王妃墓室出土明万历景德镇民窑青花双龙赶珠纹"梅瓶"2件（成对），其一（图9-2-13⑩）[141]，高32厘米、口径5.2厘米、腹围50厘米、底径11厘米[142]。

⑪广西桂林出土明万历景德镇民窑青花三友图"梅瓶"1件（图9-2-13⑪）[143]，高44.5厘米、口径7.4厘米、底径14.7厘米。

⑫广西桂林朝阳公社湖塘大队马安村出土明万历景德镇民窑青花双龙赶珠"梅瓶"2件（成对，图9-2-13⑫）[144]，高41.1厘米、口径7.3厘米、底径12.7厘米。

⑬广西桂林出土明万历景德镇民窑青花双龙抢珠"梅瓶"1件（图9-2-13⑬）[145]，高30.5厘米、口径5厘米、底径10厘米。

⑭广西壮族自治区博物馆藏万历民窑青花丹凤纹"梅瓶"1件（图9-2-13⑭）[146]，高26.8厘米、口径5.1厘米、底径9.3厘米。

6. 样式三25f：各部器形因素与e亚型类同，但整体高度缩短，体量矮小，直柱颈比例较粗或较长。见于万历时期景德镇民窑青花梅瓶。例如：

⑮广西桂林出土明万历民窑青花妇童图"梅瓶"1件（图9-2-13⑮）[147]，高18.5厘米、口径5.6厘米、底径8.4厘米。

⑯日本东京国立博物馆藏明万历民窑青花妇童图"瓶"1件（图9-2-

13⑯）[148]，高25.3厘米、口径6.2厘米、底径9.4厘米。

7. 样式三25g：小盘口较深，下沿呈斜面，柱颈上侈略束，瓶身偏瘦，窄肩较平，腹壁斜直收至底，薄壁平底隐圈足。例如：

⑰江苏南京江宁县将军山明晚期黔国公沐睿墓（74JJSM3）出土米黄釉暗花"瓷瓶"1件（M3：51，图9-2-13⑰，附录一总表三：25g）[149]，高19厘米、口径4厘米、底径6厘米。

8. 样式三25h：浅盘式口，柱颈上侈呈喇叭形，比例较粗长，颈肩转折明显，瓶身不甚长，平丰肩，腹壁斜直，足径比例较大，薄壁平底隐圈足。见于明末景德镇民窑青花梅瓶。例如：

⑱江西南昌南城县明天启四年（1624年）墓出土青花松鹤鹿图"梅瓶"2件（成对），高27.8／27.5厘米、口径6.1／6.2厘米、足径9／9.3厘米，青花底款"玉堂佳器"（附录一总表3：25h①，图9-2-13⑱）[150]。

⑲山东济南姚家庄明天启七年（1627年）赵铉墓出土青花花蝶纹"梅瓶"1件，高27厘米、口径6厘米、足径9.2厘米（图9-2-13⑲）[151]。

（五）样式三26

直壁小盘口，束颈，瓶身修长高大，上腹鼓，下腹斜收，胫足部直立。见于景德镇万历官窑青花器。根据各部差异分为a、b两个亚型。

1. 样式三26a：宽平肩，肩腹圆转外鼓，下腹斜收时渐内曲，胫足部直立，足沿修圆，平底隐圈足。见于万历官窑器。例如：

①美国纽约大都会艺术博物馆（The Metropolitan Museum of Art）藏明万历官窑青花凤凰纹"花瓶"1件（图9-2-14①）[152]，高25.125英寸（合63.8厘米），有万历款。

②日本出光美术馆藏明万历官窑青花凤凰纹"瓶"1件（图9-2-14②）[153]，高57厘米，有万历款。

③英国伦敦不列颠博物馆藏明万历官窑青花龙纹"梅瓶"1件（图9-2-14③）[154]，高51.5厘米。

2. 样式三26b：口颈部同亚型a，斜肩不甚宽，中上腹略鼓，向下斜收至底，平底。见于万历青花器。例如：

④四川成都市琉璃厂乡明墓出土明万历青花龙纹"梅瓶"1件（图9-2-14④）[155]，通高59.2厘米、口径8.2厘米、底径16厘米，肩部变形莲瓣纹下一侧龙头上横书"大明万历年制"青花楷书款。

（六）样式三27

小盘口很窄，向颈部略折，几成直口，柱颈上侈，与瓶身比例显得较粗长，圆溜肩，上腹略鼓，下腹斜收至底，足壁薄削一层，具有装饰感，

148　采自：《東洋古陶磁》图版164，东京：东京国立博物馆，1953年。

149　采自：南京市博物馆《江苏南京市明黔国公沐昌祚、沐睿墓》图二一：2，图一〇：2，《考古》1999年10期54页。按：发掘者介绍，墓主沐睿因罪下狱废爵，万历三十七年（1609年）死于狱中，其墓出土"天启通宝"压胜钱，故发掘报告推测沐睿"可能并未马上归葬祖茔，其下葬年代晚至12年后的天启年间。"（原65页）即1621~1627年间。这个时间也是该瓶的年代下限，此瓶应属明晚期民窑。

150　分别采自：杨后礼《江西明代纪年墓出土的青花瓷器》图十四：左，《江西历史文物》1983年3期93页；《江西元明青花瓷》图版114，香港：香港中文大学出版社，2002年。参见：古湘、陈柏泉《介绍几件元、明青花瓷器》，《文物》1973年12期。两瓶现藏于江西省博物馆。按：广东省博物馆收藏有一件器形、装饰与此相同的梅瓶，高26.1厘米、口6.4厘米、底9.5厘米，底款为方印式"玉堂器"，见：刘强《谈广东省博物馆所藏明代青花瓷器》图版叁：2，《南方文物》1992年2期103页。

151　采自：《中国出土瓷器全集·6·山东》图版220，北京：科学出版社，2008年。此瓶现藏于济南市博物馆。按：广东省博物馆收藏有一件器形、装饰与此相同的梅瓶，高28.6厘米、口6.2厘米、底9.7厘米。见：刘强《谈广东省博物馆所藏明代青花瓷器》图版叁：4，《南方文物》1992年2期104页。

152　采自：S. G. Valenstein, *A Handbook Of Chinese Ceramics*, The Metropolitan Museum of Art, New York, 1989, Pl.176. 此瓶藏号为"1979.109"，由Mrs. Eugene L. Garbaty捐赠。

153　采自：〔日〕长谷部乐尔监修，中沢富士雄、长谷川祥子编著《中国的陶磁·第八卷·元明的青花》图版76，东京：平凡社，1995年。

154　采自：〔日〕三杉隆敏著《世界の染付·3·明后期、清》图版44，京都：同朋舍，1982年。该瓶藏号为"1973,7－26,372"。

155　采自：翁善良、朱代英《成都市博物馆藏明代青花瓷器研究》图一，《四川文物》1998年5期30页。

图9-2-14　明代梅瓶样式三26、27　（0⌴⌴⌴⌴⌴10 cm）

156　采自：Michael Sullivan, *Chinese Ceramics, Bronzes and Jades in the Collection of Sir Alan and Lady Barlow*, Faber and Faber Limited, London, 1963, Pl.142a。

157　杨后礼《江西明代纪年墓出土的青花瓷器》，《江西历史文物》1983年3期90页。

平底隐圈足。例如：

①英国的阿兰先生和芭罗女士（Sir Alan and Lady Barlow）藏仿哥釉冰裂纹"梅瓶"1件（图9-2-14⑤）[156]，高6.75英寸（合17.1厘米）、腹径3.25英寸（合8.3厘米）。

样式三27例①是明代梅瓶第三类样式群中最瘦小的一种样式，其足壁薄削一层的特点可以追溯至南宋龙泉窑（样式六1）和元代景德镇青白瓷梅瓶足壁加旋一道弦纹的做法，明代以后演变成梅瓶的"台足"式样。

（七）明代梅瓶第三类样式群部分器物产地和年代判断

表9-2-3　明代梅瓶第三类样式群部分器物产地和年代分析

梅瓶	以往的判断	笔者的判断	主要理由
样式三22例①	—	景德镇民窑，约以明天顺年间（1457～1464年）为下限	其所出土的四川平武王氏家族墓M13年代在明宣德六年至天顺八年间（1431～1464年）或稍有前后，墓中两件蓝釉梅瓶大体可以天顺年间为下限，应属所谓明代"空白期"的器物
样式三24c例③	景德镇窑，带正德遗风的嘉靖初年器，或即正德器[157]	—	—

续表

梅瓶	以往的判断	笔者的判断	主要理由
样式三24c例④	景德镇窑，明代中期[158]	—	—
样式三24c例⑥	宣德	景德镇民窑，正德至嘉靖早期	宣德的断代是早期日本出土的资料源的断代，显然有误，这与当时的认识水平相关，不足为怪。此瓶带特殊卷云形象的饰纹在日本也被称为"云堂手"，坊间多认为所谓"云堂手"的青花器属明代"空白期"，但是从上述例④、例⑤来看，并不绝对，而是稍晚，加之此瓶器形与上两例完全属于同一样式，饰纹画风又极为接近，故它有可能是正德到嘉靖早期景德镇的民窑制品
样式三24d例⑨	正德或嘉靖[159]	景德镇民窑，正德至嘉靖早期	器形、饰纹、胎釉彩特征同上
样式三24d例⑩	景德镇窑，14世纪晚期[160]	景德镇民窑，嘉靖	资料源断代明显太早，意指本例属明初洪武至建文时期，但是综合其器形、饰纹和胎釉来看，明初并无此类梅瓶。该瓶器形和饰纹与明代中期景德镇民窑青花梅瓶的常规特征完全相同，若以具备准确、可靠年代的出土物为参照，此瓶很可能是嘉靖时期的制品。此瓶腹部无饰纹，应与嘉靖时期比较发达的釉上五彩有关，原本可能是五彩制品的半成品，因故未能继续完成而流传于世
样式三25e例⑬	景德镇民窑，嘉靖[161]	万历	此瓶器形、饰纹、釉彩均属万历特征
样式三25e例⑭	景德镇民窑，以往断代有两说：嘉靖[162]、万历[163]	万历	同上
样式三24f例⑫	景德镇民窑，断代有两说：万历[164]、嘉靖后期或隆庆[165]	万历	两瓶饰纹具有万历景德镇民窑的典型画风
样式三24f例⑭	景德镇民窑，正德[166]	万历	资料源断代为正德，但是其器形和饰纹都具有万历时期景德镇民窑的典型特征，应属万历

158 前揭，《中国美术全集·工艺美术编·3·陶瓷（下）》图版150说明，余家栋撰。另，薛翘认为与嘉靖六年彭廷钦墓的一对
     青花梅瓶（本式例③）同时，见：薛翘《明蓝釉剔花人物纹梅瓶》，《江西文物》1984年2期85页。

159 前揭，《江西元明青花瓷》图版78说明。

160 见：Michael Sullivan, *Chinese Ceramics, Bronzes and Jades in the Collection of Sir Alan and Lady Barlow*, Faber and Faber Limited,
     1963, Pl.132a之解说。

161 于凤芝《广西博物馆馆藏出土的明代青花瓷器初探》，《景德镇陶瓷》1994年1期37页。

162 于凤芝《广西博物馆馆藏出土的明代青花瓷器初探》，《景德镇陶瓷》1994年1期37页。

163 前揭，《瓷美如花——馆藏瓷器精品图集》126页图说明。

164 前揭，《靖江藩王遗粹——桂林博物馆珍藏明代梅瓶》图版25说明。

165 陶红《桂林两座纪年墓出土的梅瓶探析》，载于《中国古陶瓷研究·第六辑》，北京：紫禁城出版社，2000年，38~39页。

166 于凤芝《广西博物馆馆藏出土的明代青花瓷器初探》，《景德镇陶瓷》1994年1期38页。

续表

梅瓶	以往的判断	笔者的判断	主要理由
样式三25b例⑤	景德镇，万历中期以前御器厂盛行的"官搭民烧"器[167]	—	—
样式三25d例④之二	景德镇，万历"御窑"[168]	—	这类在北京明代晚期皇陵或皇族墓出土的万历梅瓶，制作工艺都较为精美，器形也比较端庄，因此一般都被视为万历"御窑"制品。但是根据史料记载，不能完全排除其中有万历"官搭民烧"器的可能
样式三25g例⑰	—	景德镇民窑，明晚期	—
样式三26b例④	万历官窑[169]	可能是万历时期"官搭民烧"器	此瓶龙纹身无鳞片，以深浅不同的青花顺龙身画成，龙尾呈卷草状，云纹亦如法，类似的龙纹曾见于宣德器上，样式三26a例③（不列颠博物馆藏）与之同，但二者器形略有差异。据介绍，本例是从成都琉璃厂乡农民手中征集而来，传"土改"时期（20世纪50年代）出土于当地一座明墓中[170]。与明万历帝定陵青花龙纹梅瓶相比，该瓶肩、胫部饰纹有相似之处，龙纹明显不同。推测是万历时期的"官搭民烧"器
样式三27例①	江西，明[171]	景德镇民窑，万历	器形属嘉靖、万历景德镇民窑梅瓶的特征，更接近万历特点，是景德镇民窑的仿哥釉器

167　陶红《桂林两座纪年墓出土的梅瓶探析》，载于《中国古陶瓷研究·第六辑》，北京：紫禁城出版社，2000年，39页。

168　参见：《中国出土瓷器全集·1·北京》图版166，北京：科学出版社，2008年。

169　翁善良、朱代英《成都市博物馆藏明代青花瓷器研究》，《四川文物》1998年5期30页。

170　同上，31页。

171　见：Michael Sullivan, *Chinese Ceramics, Bronzes and Jades in the Collection of Sir Alan and Lady Barlow*, Faber and Faber Limited, London, 1963, Pl.142a之说明。

172　采自：薛东星、祺振西主编《陈炉耀州瓷精粹》图版99，北京：文物出版社，2007年，118页。

四、第四类样式群

以"梯形小环口"为标志的第四类样式群的梅瓶，至明代而凋零至极，在中原地区基本上未见遗存，所见材料来自于关中和西北部分地区，可归纳为2种样式，几无出新可言（参见附录一总表四）。

（一）样式四48

矮体。内壁做成钵盂状的梯形小口，上细下粗的短柱颈，圆溜肩，上腹凸鼓，下腹斜直内收至足，平底矮隐圈足，足壁直而微撇。例如：

①陕西铜川陈炉水泉头出土明代陈炉窑黑釉"梅瓶"1件（图9-2-15①a）[172]，高22.6厘米、口径3.5厘米、底径8.2厘米。

（二）样式四49

高体。折沿扁唇口，柱状直颈，口颈肩转折明确，瓶身呈瘦长的柱状，斜方折肩，腹中部微粗，胫部稍收，足稍壮，浅隐圈足。例如：

①宁夏下河沿窑址出土"桶式瓶"多件，高度在17~20厘米之间（图9-2-15②）[173]。

（三）明代第四类样式群梅瓶的产地和年代等问题

明代第四类样式群的两个实例的器形之间有巨大差异。

样式四48例①内外施黑釉，内釉面较薄，底足露胎，胎呈浅灰白色（图9-2-15①b）[174]，被确定为明代陕西陈炉窑制品。陈炉窑位于陕西铜川东南约15公里，规模宏大，历史悠久，窑火延续至今，其传统上接著名的耀州窑[175]，但此瓶器形已不再具有宋金时期耀州窑梅瓶的基本特征，短矮的瓶身反倒体现了北宋中原地区矮体梅瓶的普遍特点，其口形在元代临汝窑青瓷梅瓶上出现过（见样式四44例①）。这是关中地区的梅瓶器形一直保持与中原地区有关的证据。

而宁夏下河沿窑址的样式四49例①这类方折肩桶式梅瓶，是明代才出现的样式，其渊源可以直接追溯至西夏以方折肩为特色的筒状梅瓶（如样式五7），具有西北地区的传统特征。这类器物均为粗胎，杂质较多，器内无釉，外壁施釉至胫下部，足外壁和足底露胎，釉较薄，含白釉、褐釉、白釉褐彩三个品种，彩绘者大多绘弦纹、草叶纹或文字，弦纹一般施于方折肩的上面，以及腹部中段，足部上方也偶有运用。宁夏下河沿窑址的年代"大约创烧于元代晚期，兴盛于明代"[176]。

以上两个例子在器形上或保持"原始"特点，或保持地区性的传统特点，都是其保持实用性能不变的标志。这种固守姿态已不能挽回第四类样式群梅瓶的衰落。

五、第六类样式群

明代第六类样式群主要见于景德镇，明显地继承了元代同类样式，如明早期主要继承了元代样式六10，从宣德开始到整个明代中期特别流行的样式六14，可以从南宋到元代的吉州窑样式六4中找到渊源。在此基础上，明代器物在不同阶段和品类上又有新的变化。根据现有材料，可以梳理出共8种样式，实物遗存较多的样式拥有更多的亚型。与明代其他样式群相比，第六类样式群的梅瓶器形整体上偏于敦实，兼具秀气（参见附录一总表六）。

（一）样式六10

这是元代景德镇窑最典型的青花梅瓶样式，到明初仍在景德镇窑沿用烧造，

173　采自：张燕《宁夏下河沿窑考察》，《文物春秋》2007年1期59页，封二：1。按：该文图三还列举了下河沿窑址出土的各色品种"桶式瓶"残器标本，可见此类折肩瓶在当地甚多。

174　采自：上揭，薛东星、禚振西主编《陈炉耀州瓷精粹》图版99附图。

175　薛东星、禚振西主编《陈炉耀州瓷精粹》，北京：文物出版社，2007年，11页。

176　张燕《宁夏下河沿窑考察》，《文物春秋》2007年1期60页。

①a

①b

②

图9-2-15　明代梅瓶样式四48、49

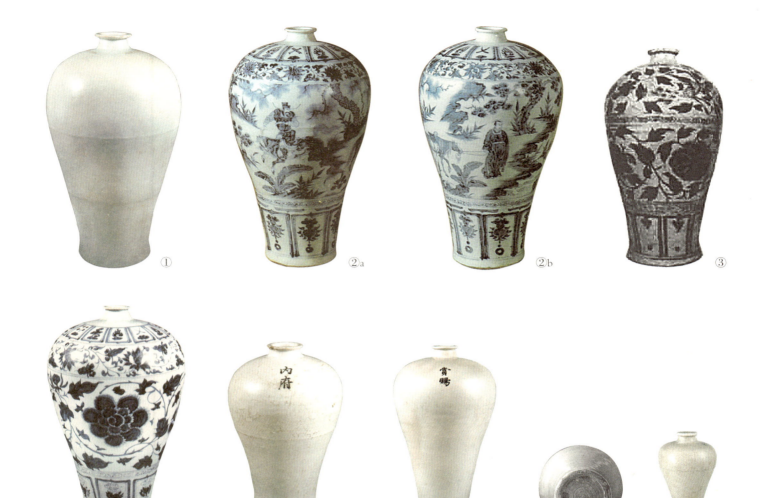

图9-2-16　明代梅瓶样式六10 （0 ⊢⊢⊢⊢⊢⊢⊢⊢⊢⊢⊣ 10 cm）

177　湖北钟祥明永乐十二年（1414年）郢靖王
　　　朱栋夫妇合葬墓出土的一对景德镇窑青花
　　　"梅瓶"，器形属样式六10d，主题饰纹分
　　　别为大片鳞甲的四爪龙纹和表现隐逸高士
　　　的所谓"四爱图"，属元代晚期器物，见
　　　第八章第二节元代样式六10d例⑳。

178　南京市博物馆《南京明代吴祯墓发掘简
　　　报》图五，《文物》1986年9期37页。采
　　　自：《中国出土瓷器全集·7·江苏、上
　　　海》图版172，北京：科学出版社，2008
　　　年。此瓶现藏于南京市博物馆。

所见遗物不少，属于"明初元式梅瓶"样式之一。明中期不再流行，到了明代晚期（甚至清乾隆年间）又出现这种样式的梅瓶，具有模仿前朝的性质。根据统一的样式分型，本样式的明代梅瓶有a、h、i、j共4个亚型[177]。

1. 样式六10a：倒滴水形的瓶体与元代同一样式基本相同，但器形制度更加规整，如口唇均为方圆状，颈部均为向上收的柱颈，口颈肩均为方折，足底均为挖足极浅的平底隐圈足。这是"明初元式梅瓶"最有代表性的一种样式，见于青花瓷和白瓷，后者未见于元代。例如：

①江苏南京紫金山明洪武十二年（1379年）海国公吴祯墓出土素面灰白釉瓷"梅瓶"1件（图9-2-16①）[178]，高42.6厘米、口径6.5厘米、腹径24.2厘米、底径14厘米。腹部两道明显的接胎痕将瓶身大致划分为三等份。

②江苏南京江宁县观音山明洪武二十五年（1392年）黔宁昭靖王沐英夫妇合葬墓出土青花萧何月下追韩信故事图"梅瓶"1件，高44.1厘米、口径5.5厘米、足

径13厘米（图9-2-16②a、b）[179]。此瓶也有可能是明初沿用的元代器物。

③1990年江苏南京南郊尹西村明永乐八年（1410年）孝陵卫指挥使萧氏夫妇合葬墓之王氏墓室（东女室）出土青花缠枝牡丹纹"梅瓶"1件（图9-2-16③）[180]，高40厘米、口径6.2厘米、最大腹径22.2厘米、底径14厘米。此瓶也有可能是明初沿用的元代器物。

④江苏南京江宁县观音山明正统四年（1439年）定远忠敬王沐晟夫妇合葬墓之中室出土青花缠枝牡丹纹"梅瓶"1件（图9-2-16④）[181]，高41厘米、口径5厘米、底径14厘米。此瓶也有可能是明初沿用的元代器物。

从目前学术界的研究进展来看，上述明初墓葬出土的青花梅瓶可能有一部分是元末景德镇窑烧造的。但即使是这部分梅瓶中，也有一些器物出现了某些与典型元代器物有所不同的特点，加之考虑到出土时间以及背景叙述的需要，故将其置于明代部分来梳理和讨论。

2. 样式六10h：口颈肩和足底一如上述样式六10a，但下腹明显内收变瘦，形成了明显的宽肩，肩腹圆转处凸鼓，瘦长、内曲的胫部呈细腰状，足壁也明显外撇，足径偏小，整体呈不稳定的楔形。只见于明初白瓷器。例如：

⑤江苏南京市雨花台区天堡桥明天顺七年（1463年）南京守备司礼监太监怀忠墓出土白釉黑褐彩书"内府"款"梅瓶"1件（图9-2-16⑤）[182]，高33厘米、口径6厘米、腹径21.2厘米、足径11.6厘米。肩部一侧黑彩楷书"内府"竖款。

⑥江苏南京市黄埔广场明初故宫社稷坛遗址废井出土白釉铁红彩"赏赐"款"梅瓶"1件（图9-2-16⑥a、b）[183]，高34厘米、口径5厘米、足径10厘米。肩部一侧铁红彩楷书"赏赐"竖款。

3. 样式六10i：折沿薄尖唇，圆柱状直颈，口颈肩方折，宽肩圆溜，肩腹圆转凸鼓，中腹迅速内收，呈内弧线斜收至底，胫部瘦长直立，平底隐圈足。这是明代晚期仿造样式六10h的一种梅瓶样式，只见于当时的掐丝珐琅梅瓶上。例如：

⑦中国国家博物馆藏明晚期掐丝珐琅缠枝番莲纹"梅瓶"1件，高31厘米、口径5.7厘米、足径11.5厘米、重2.1公斤（图2-3-1②，附录一总表六：10i）[184]。

4. 样式六10j：也仿自样式六10h，不同之处在于：整体尺度极小，折沿小口呈厚圆唇，上细下粗的短柱颈略束，余部相同。见于明晚期景德镇窑白瓷梅瓶。例如：

⑧江西南昌市司马庙明墓出土明晚期白釉"梅瓶"1件（图9-2-16⑦）[185]，高17厘米、口径3.5厘米、足径6.7厘米。

179　采自：《中国美术全集·工艺美术编·3·陶瓷（下）》图版27，上海：上海人民美术出版社，1988年。此瓶现藏于南京市博物馆。沐英墓的清理情况见：南京市文物保管委员会《南京江宁县明沐晟墓清理简报》"附：沐英墓"部分，《考古》1960年9期34～35页。按：该墓是沐英及其两位夫人冯、耿二氏的合葬墓，沐英在《明史》有传，其卒年和下葬时间都是明洪武二十五年（1392年，见《明史》卷一二六"沐英传"，并参见《明史·太祖本纪》），冯氏卒年不详，耿氏卒于明宣德六年（1431年），次年合葬（见"耿氏墓志"，载于《南京江宁县明沐晟墓清理简报》"附：沐英墓"，《考古》1960年9期34页）。由于该墓于1950年被盗，墓中随葬器物原位不明，故难以确定梅瓶原主及其入藏的具体时间。参见：张浦生、霍华《梅瓶三绝》，《东南文化》2000年4期78页。

180　采自：南京市博物馆《南京南郊明墓清理简报》图二，《南方文物》1997年1期30页。此瓶现藏于南京市博物馆。

181　南京市文物保管委员会《南京江宁县明沐晟墓清理简报》图版捌：4，《考古》1960年9期32页。采自：《中国出土瓷器全集·7·江苏、上海》图版160，北京：科学出版社，2008年。参见：南京博物院等编《江苏省出土文物选集》图版210，北京：文物出版社，1963年。此瓶现藏于南京市博物馆。

182　南京市博物馆《江苏南京发现明代太监怀忠墓》图三，《考古》1993年7期669页；采自：《中国出土瓷器全集·7·江苏、上海》图版192，北京：科学出版社，2008年。此瓶现藏于南京市博物馆。

183　分别采自：《中国出土瓷器全集·7·江苏、上海》图版176，北京：科学出版社，2008年；张浦生、霍华《一片彩云西边来——从铁红"赏赐"铭梅瓶谈起》图二，《东南文化》2000年2期99页。此瓶现藏于南京博物院。

184　苏强《国博收藏的明代掐丝珐琅器》图九，《文物天地》2006年8期74页。

185　采自：《中国出土瓷器全集·14·江西》图版229，北京：科学出版社，2008年。

186 分别采自：南京博物院等合编《江苏省
　　出土文物选集》图版209，北京：文物出
　　版社，1963年；南京博物院编《中国博物
　　馆丛书·第4卷·南京博物院》图版118，
　　北京：文物出版社、东京：讲谈社，1984
　　年。此瓶现藏于南京博物院。早期资料
　　见：沈彭年《东善桥娘娘坟发现宣德瓷
　　瓶》，《文物参考资料》1957年10期81
　　页；王志敏《介绍南京博物院举办新收文
　　物展览会中几件珍贵古瓷》，《文物参考
　　资料》1957年11期。《江苏省出土文物选
　　集》图版209明确说明此瓶出自安成公主墓
　　室。因该墓由农民挖出，此瓶原位置已不
　　详，见：宋伯胤《"笑题松竹梅花"——
　　对一件景德镇窑"釉里红瓷瓶"的正名和
　　鉴赏》，《景德镇陶瓷》第一卷第一期。
　　宋琥卒于明宣德五年（1430年），安成公
　　主卒于正统八年（1443年），此瓶属于安
　　成公主的随葬品，入葬时间以后者为准。

187 南京市博物馆《南京南郊明墓清理简报》，
　　《南方文物》1997年1期31页，封底。采
　　自：《中国出土瓷器全集·7·江苏、上
　　海》图版174，北京：科学出版社，2008年
　　版。此瓶现藏于南京市博物馆。据发掘报
　　告，宋铉官授"南京锦衣卫指挥佥事"，生
　　卒年不详，"推测后唐氏而亡"，唐氏墓室
　　出土的"恭人唐氏圹志"表明，唐氏卒、葬
　　于明正统十三年（1448年）。

188 采自：上海博物馆编《中国博物馆丛
　　书·第8卷·上海博物馆》图版99，北京：
　　文物出版社、东京：讲谈社，1985年。

189 采自：〔日〕小山富士夫监修、藤冈了一
　　编《陶器全集·11卷·元明初の染付》彩
　　版4，东京：平凡社，1965年。

图9-2-17　明代梅瓶样式六6、13　（ 0 ⎯⎯ 10 cm ）

（二）样式六6

从南宋到元代延续下来的样式六6，在明代只见一个亚型，即样式六6e：与元代样式六6c、d和样式二27相似，窄圆唇，柱颈上侈，颈肩方折，宽肩圆溜，肩腹圆转凸鼓，下腹弧面斜收，胫部略内曲，胫足部由斜收变直立，挖足极浅的平底隐圈足，足径较宽，整体稳定，配宝珠钮斜壁敞口钟式盖。见于明初洪武朝景德镇的釉里红梅瓶。例如：

①江苏南京江宁县东善桥明驸马都尉宋琥夫妇合葬墓之安成公主墓室（明正统八年，1443年）出土带盖釉里红三友图"梅瓶"1件（附录一总表六：6e，图9-2-17①）[186]，通高44.1厘米、口径6.4厘米、底径13厘米。

②江苏南京江宁县东善桥明宋铉夫妇合葬墓之唐氏墓室（东室，明正统十三年，1448年）出土釉里红岁寒三友图"梅瓶"1件（图9-2-17②）[187]，高37厘米、口径6.5厘米、底径13.5厘米。失盖。

（三）样式六13

本样式始见于元代北方白瓷器，至明初而见于景德镇窑青花器，略有小异，编为样式六13b：与元代样式六13a不同的是，口部为平沿圆唇，柱颈上侈，近似球状的肩部和上腹向两侧略鼓，束腰状胫部的上下转折较明显，流线形轮廓略近曲尺形，喇叭形撇足的足沿削成极矮的直壁。配宝珠钮斜曲壁敞口钟式盖。例如：

①上海博物馆藏青花"春寿"款云龙纹"梅瓶"1件（图9-2-17③）[188]，高37厘米、口径6.2厘米、足径16.1厘米。瓶肩龙背之上竖书"春寿"篆书款。

②日本静嘉堂藏青花"春寿"款云龙纹带盖"梅瓶"1件（附录一总表六：13b）[189]，高36.6厘米、口径6.0厘米、最大腹径20.3厘米、底径15.0厘米、盖高

8.2厘米、盖径9.3厘米。器形、龙纹和款字与上同，配宝珠钮撇口曲壁钟式盖。

（四）样式六14

这是从明代宣德年间开始直到嘉靖年间，主要在景德镇民窑青花梅瓶上流行的一种样式，清代雍正年间偶有仿造。体态以高体为主，也有丰体和矮体，但器物尺寸都不大，统一的样式特征为：圆折唇小口，颈部以向上斜收的直柱颈为主（侧视呈梯形），颈肩方折，圆肩、鼓腹，下腹斜收至底，胫部或直或略内曲，足部从直立到微撇，平底浅隐圈足，足沿略修圆。根据各部差异，明清器统一分为a~i共9个亚型。

1. 样式六14a：圆唇外折、侧视如梯形的直柱颈以及颈肩方折等特征都很明显，瓶身呈优美的倒滴水形，圆肩、鼓腹呈球状，下腹弧收、内曲、直立形成胫部的内弧线，平底浅隐圈足。是宣德朝景德镇"御器厂"采用的梅瓶样式之一。例如：

①江西景德镇珠山明代御器厂遗址宣德地层出土青釉"梅瓶"1件（图9-2-18①）[190]，高34.6厘米、口径5.7厘米、腹径21厘米、底径11.7厘米。足底露胎呈涩底，腹部中段有一周很明显的接胎痕，足沿上有一圈划弦纹——这一圈划弦纹在南宋到元代的龙泉窑、景德镇窑都是一种传统做法，适成胫足间接胎痕的掩盖。

在发掘简报等各种资料中，一般都把样式六14a例①这类青瓷梅瓶视为景德镇官窑仿龙泉的制品，但是都没有深究过所仿对象为哪个时期、哪种样式的龙泉窑梅瓶这一问题。从材质来看，其白胎青釉与龙泉窑青瓷之间只能说具有品种相同性，实际上它与所见任何一个时期的任何一种龙泉窑梅瓶样式都不十分相似，器形上与之最接近的是北宋末银质梅瓶的样式六3a和南宋晚期到元代的吉州窑黑釉白花梅瓶的样式六4，并增高扩大了瓶体尺寸，吸收了元青花梅瓶样式六10的瓶身轮廓在下腹微微内曲的特点，即省方正而用圆柔，斜直的口颈部配以圆转流畅的瓶身轮廓。可见，样式六14a是宣德"御窑"对宋元时期民间流行的银器（样式六3a）和窑器（样式六4、10）梅瓶样式加以模仿和改造的结果。

2. 样式六14b：方圆唇，颈部较短，颈壁斜直或略束，肩较窄，略显耸肩，肩腹圆折，腹部较瘦长，上腹壁稍直，胫部略内曲，足壁微撇，极浅的隐圈足。配宝珠钮斜曲壁钟式盖，盖口分撇口和直盘口两种。以往的研究成果表明，本样式亚型多见于宣德以后、明中期以前的正统、景泰、天顺年间景德镇青花梅瓶。例如：

②江苏南京太平门外锁金村林学院实习林场明早期砖室墓出土带盖青花牡丹孔雀图"梅瓶"1件（附录一总表六：14b①，图9-2-18②）[191]，通高40厘米、口径5.5厘米、足径11.3厘米。

③土耳其托普卡比宫旧藏明（15世纪中期）青花山水人物图"梅瓶"1件（图

190 采自：前揭，《景德镇出土元明官窑瓷器》图版246。

191 王志敏《介绍南京博物院举办新收文物展览会中几件珍贵古瓷》附图，《文物参考资料》1957年11期78页。分别采自：《中国美术全集·工艺美术编·3·陶瓷（下）》图版145，上海：上海人民美术出版社，1988年；《中国出土瓷器全集·7·江苏、上海》图版189，科学出版社，2008年。此瓶现藏于南京博物院。

192 采自：〔日〕三杉隆敏著《世界の染付・3・明後
期、清》图版2，京都：同朋舍，1982年。此瓶藏号为
T.K.S. 15／1400。

193 采自：广东省博物馆编《广东省博物馆藏品选》图版
53，北京：文物出版社，1999年。表现带盖的图片由
笔者摄于广东省博物馆。尺寸采自：宋良璧《对几件
正统、景泰、天顺青花瓷器的探讨》图一，《江西文
物》1990年2期80页。此瓶藏号：A7922。

194 采自：扬州博物馆、扬州文物商店编《扬州古陶瓷》
图版125，北京：文物出版社，1996年，168页。

195 天津市艺术博物馆编《天津市艺术博物馆藏瓷》图
版92，北京：文物出版社，香港：两木出版社，
1993年版。

196 前揭，《江西元明青花瓷》图版42。

197 王绍鹏、谈泽周《明代正德青花山水人物梅瓶》图版
捌：1，《文物》1982年9期93页。

198 采自：冯小琦、陈润民编著《明清青花瓷器——故
宫博物院藏瓷赏析》图36，北京：文物出版社，2000
年，89页。

199 采自：《中国出土瓷器全集・6・山东》图版219，北
京：科学出版社，2008年。此瓶现藏于邹城市博物馆。

200 采自：《徐氏艺术馆揭幕展览志庆图录》图版71，香
港：徐氏艺术馆，1991年。

201 采自：《中国陶瓷・景德镇彩绘瓷器》图版25，上
海：上海人民美术出版社，1983年。参见：《中国美
术全集・工艺美术编・3・陶瓷（下）》图版115说
明，上海：上海人民美术出版社，1988年。

202 采自：Michael Sullivan, *Chinese Ceramics, Bronzes and
Jades in the Collection of Sir Alan and Lady Barlow*, Faber
and Faber Limited, 1963, C.123, Pl.130b.

203 墓主朱规裕于明成化七年（1471年）袭封，成为第五
代靖江王，死后谥号昭和，其嫡长子朱约麒于弘治三
年（1490年）袭封靖江王（谥端懿），则朱规裕墓葬
时间应在1490年前后不久，参见：葛华、唐奇岭、唐
春松《桂林博物馆藏梅瓶综述》"靖江王世系表"
朱规裕、朱约麒条，载于《中国古陶瓷研究・第六
辑》，北京：紫禁城出版社，2000年，2~3页。按：原
文表中恐有误印，将弘治三年标为公元1509年。

204 采自：前揭，《靖江藩王遗粹——桂林博物馆珍藏明
代梅瓶》图版51（及足底附图），51~52。

9-2-18③）[192]，高32.5厘米。

④广东省博物馆藏明天顺青花山水人物图带盖"梅瓶"1件（图
9-2-18④，附录一总表六：14b③）[193]，高33厘米、口径5.5厘米、底
径10.9厘米，带宝珠钮盘口曲壁钟式盖。

⑤江苏扬州文物商店藏明正统青花莲花纹"梅瓶"1件（图9-2-
18⑤）[194]，高27.4厘米、口径4.2厘米、底径8.8厘米。

本样式亚型梅瓶的青花装饰以山水人物图最常见，大多被视为明
代所谓"空白期"的景德镇窑制品，或稍有延后者。其他实例还有：
⑥天津市艺术博物馆藏明正统至天顺青花山水人物图"梅瓶"1件，高
33厘米、口径6.5厘米、足径10.5厘米[195]；⑦香港艺术馆藏明景泰至天
顺青花山水人物图"梅瓶"1件，高37厘米、口径5.9厘米、足径11.3
厘米[196]；⑧广西南宁市文物商店购藏明中期青花山水人物图"梅瓶"1
件，通高32厘米、口径5厘米、颈高2厘米、最大腹径18厘米、底径11
厘米。[197]

3. 样式六14c：窄圆唇微折，瓶身较宽肥，下腹斜直收至底，余同
上。见于明代早期后段至中期的景德镇民窑青花梅瓶。例如：

⑨北京故宫博物院藏明正统青花孔雀牡丹纹"梅瓶"1件（图
9-2-18⑥）[198]，高32.5厘米、口径5.4厘米、足径10.5厘米。

⑩山东邹城市平阳寺镇横河村明嘉靖二十九年（1550年）高密昭
和王朱观㷆墓出土青花折枝花及缠枝宝相花纹"梅瓶"1件（图9-2-
18⑦）[199]，高33厘米、口径6.5厘米。

⑪香港徐氏艺术馆藏明青花仕女拜月图"梅瓶"1件（图9-2-
18⑧）[200]，高37厘米。

4. 样式六14d：肩部和上腹较宽鼓，下腹内曲较明显，胫足部直立。见
于明中期较早阶段景德镇红绿彩梅瓶。例如：

⑫上海博物馆藏明代红绿彩缠枝莲纹"瓶"1件（图9-2-
18⑨）[201]，高28.3厘米、口径4.9厘米。

5. 样式六14e：矮体，颈部略束，宽肩，束胫，撇足。见于明中期
景德镇窑小型青花梅瓶。例如：

⑬Sir Alan and Lady Barlow藏明中期青花"梅瓶"2件（成对，
图9-2-18⑩）[202]，高5.875英寸（合14.9厘米）、腹径3.875英寸（合
9.8厘米）。

6. 样式六14f：矮体，肩宽平，上腹圆鼓，胫部略内曲，平底浅凹。
见于明中期景德镇民窑青花梅瓶。例如：

⑭广西桂林市尧山明靖江昭和王朱规裕墓出土青花鱼藻纹"梅
瓶"2件（成对）[203]，其一（图9-2-18⑪a、b，附录一总表六：
14f①）[204]，高29厘米、口径5.3厘米、腹围57.5厘米、底径10.5厘米；

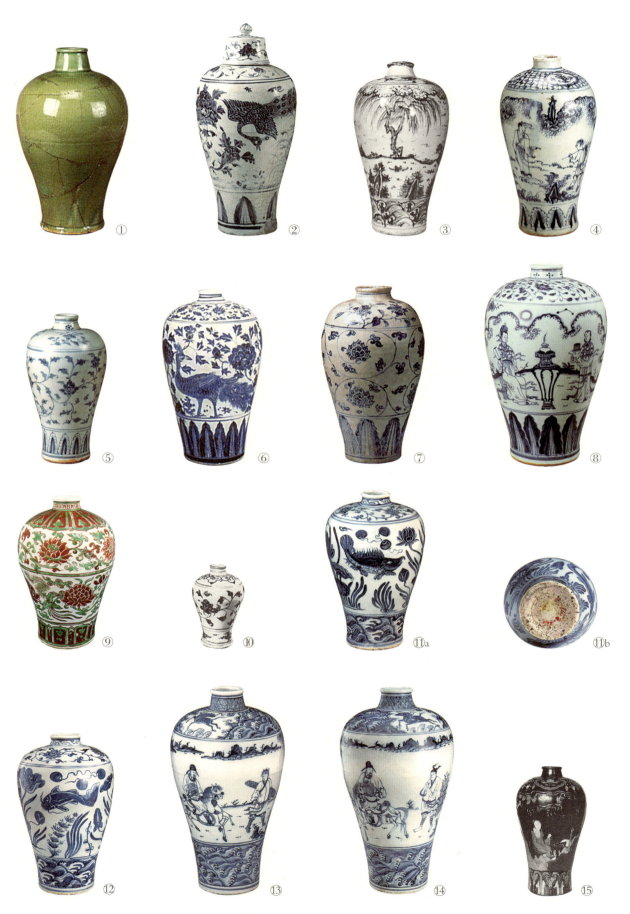

图9-2-18 明代梅瓶样式六14 （0 10 cm）

①　　　　　　　　　②　　　　　　　　③a　　　　　③b

图9-2-19　明代梅瓶样式六15　（0 ‥‥‥ 10 cm）

205　采自：前揭，《靖江藩王遗粹——桂林博
　　　物馆珍藏明代梅瓶》图版52、52-2。

206　采自：前揭，《靖江藩王遗粹——桂林博
　　　物馆珍藏明代梅瓶》图版69、69-2。

207　采自：前揭，《靖江藩王遗粹——桂林博
　　　物馆珍藏明代梅瓶》图版70、70-2。

208　采自：《東洋古陶磁》图版211，东京：东
　　　京国立博物馆，1953年。

209　湖北省文物考古研究所、荆门市博物馆、
　　　钟祥市博物馆《湖北钟祥明代梁庄王墓
　　　发掘简报》封面，《文物》2003年5期12
　　　页。此瓶在简报属II式，同式的另一件
　　　见：湖北省博物馆编《梁庄王墓·郑和时
　　　代的瑰宝》81页图，北京：文物出版社，
　　　2007年。本图采自《中国出土瓷器全
　　　集·13·湖北、湖南》图版119，北京：科
　　　学出版社，2008年版。

210　上揭《湖北钟祥明代梁庄王墓发掘简报》
　　　图二三。此瓶在简报中属I式，同式的另
　　　一件见：上揭《梁庄王墓·郑和时代的瑰
　　　宝》82页图。本图采自《中国出土瓷器
　　　全集·13·湖北、湖南》图版120，北京：
　　　科学出版社，2008年。

其二（图9-2-18⑫，附录一总表六：14f②）[205]，高29.5厘米、口径5.5厘米、腹围56.3厘米、底径10.5厘米。

7. 样式六14g：高体，圆折唇，柱颈斜直，圆丰肩，瓶身修长，胫部略内曲，足直立，整体偏于俊秀。见于明嘉靖朝及以前的青花和珐华器。例如：

⑮广西桂林市尧山明嘉靖四年（1525年）靖江安肃王朱经扶夫妇合葬墓出土陶、瓷"梅瓶"4件，其中景德镇窑青花梅瓶2件（成对）属此样式，其一（图3-3-4、图9-2-18⑬）[206]，高38.2厘米、口径6厘米、腹围65.3厘米、底径11厘米；其二（附录一总表六：14g①，图9-2-18⑭）[207]，尺寸与前同。

⑯日本东京国立博物馆藏明嘉靖珐华蓝釉山水仙人图"瓶"1件（图9-2-18⑮）[208]，高23.2厘米、口径5厘米、底径11.6厘米。

（五）样式六15

丰体。圆唇小口，短直柱颈，颈肩方折，倒滴水形瓶身，圆宽肩，上腹鼓，胫部略内曲，足壁直，平底。与样式六14相比，其不同之处在于直柱颈、肩部和上腹部较宽肥、胫部内曲也较明显。这是明代中期较早阶段流行的一种梅瓶样式，见于景德镇民窑青花器和掐丝珐琅器，但遗存不多。根据各部差异分为a、b两个样式。

1. 样式六15a：方唇、敞口、平顶、斜曲壁，带宝珠钮管状舌的钟式盖。例如：

①湖北钟祥市长滩镇大洪村二组明正统六年（1441年）梁庄王朱瞻垍夫妇合葬墓王室出土带盖青花"瓶"4件，花色分别成两对，每一对器形样式相同而小异。其一（前：9）通高36.8厘米、口径5厘米、肩径20.1厘米、底径11.6厘米、盖口径9厘米，肩部和上腹部较宽鼓（图9-2-19①）[209]；其二（后龛：3）通高38厘米、口径4.8厘米、肩径19.3厘米、底径11.8厘米、盖口径9.4厘米，肩部和上腹部较圆厚（图9-2-19②）[210]。盖均为宝珠钮撇口钟式盖。

②英国的不列颠博物馆（The British Museum, London）藏明中期青花莲池鸳鸯纹"梅瓶"1件，高37.7厘米。腹中部有一道接胎痕，砂底露胎（图9-2-19③a、b）[211]。

2. 样式六15b：折沿卷唇小口，直柱颈较长，弧面宽肩，肩腹圆折凸鼓，中腹剧烈斜收，内曲形成胫部，胫足部瘦长、直立，二层台圈足。这是明代早期掐丝珐琅梅瓶的样式之一。例如：

③北京故宫博物院藏明早期掐丝珐琅"梅瓶"1件，高21厘米、口径4厘米、足径5.5厘米（图2-3-1①，附录一总表六：15b）[212]。

（六）样式六16

丰体。方唇折沿大口，粗短直柱颈，丰肩，上腹圆鼓，下腹弧收，束腰状胫部与口径基本等粗，撇足，足沿修直。见于明中期剔漆梅瓶。例如：

①北京故宫博物院藏明中期口足包金剔黑红漆海棠形开光花鸟纹"梅瓶"1件（图4-4-8②，附录一总表六：16）[213]，高28.7厘米、腹径18.9厘米。这种口足包金剔漆器当是专为宫廷制作的陈设器。

（七）样式六1

本样式始见于北宋中原地区，南宋见于龙泉窑，元代到明代不属于梅瓶的主流样式。明代中期四川地区墓葬的出土物表明，这种样式的梅瓶在民间可能一直存在，器形古朴，单列为1个亚型，即样式六1f：似折似侈的圆唇小口，直柱颈，瓶身近似卵状，斜溜肩，上腹鼓，下腹弧状缓收至底，平底。见于明中期四川地区陶器。例如：

①四川平武县古城乡小坪山明代王玺夫妇合葬墓M4（安人曹氏墓室，明天顺八年，1464年）出土绿釉Ⅲ式"陶罐"1件（M4：2，图9-2-20①）[214]，高25厘米、口径4.5厘米、底径9厘米。

（八）样式六17

矮体。粗圆唇口，直柱颈较粗，颈肩方折，瓶身短矮，斜宽肩，肩腹圆折，腹壁弧收，胫部短而内曲，撇足。见于明晚期的青瓷器。例如：

①Sir Alan and Lady Barlow藏明晚期青瓷刻印花"罐"1件（图9-2-20②）[215]，高8英寸（合20.3厘米）、腹径5.75英寸（合14.6厘米）。

211 采自：S.J. Vainker, *Chinese Pottery and Porcelain–From Prehistory to the Present*, London, British Museum Press,1991,Pl.143。此瓶收藏编号：OA 1973.7–26.359。足底图采自：〔日〕三杉隆敏著《世界の染付·3·明後期、清》图版11c，京都：同朋舍，1982年。

212 采自：《中国美术全集·工艺美术编·10·金银、玻璃、珐琅器》图版二九七，北京：文物出版社，1987年。

213 采自：故宫博物院编《故宫博物院藏雕漆》图版103，北京：文物出版社，1985年，王世襄断代并撰图版说明。

214 采自：四川省文管会、绵阳市文化局、平武县文保所《四川平武明王玺家族墓》图一三〇，《文物》1989年7期38页。

215 采自：Michael Sullivan, *Chinese Ceramics, Bronzes and Jades in the Collection of Sir Alan and Lady Barlow*, Faber and Faber Limited, 1963, C.33, Pl.103b。

①

②

图9-2-20　明代梅瓶样式六1、17

（0 _____ 10 cm）

（九）明代梅瓶第六类样式群部分器物产地和年代判断

表9-2-4　明代梅瓶第六类样式群部分器物产地和年代分析

梅瓶	以往的判断	笔者的判断	主要理由
样式六 10a例①	景德镇；断代有两说：明洪武（景德镇"御窑"制品）、元末明初[216]	洪武	这类白瓷应属于明初景德镇为朝廷专门烧造的素白祭器，但是在器形上沿用了元代后期青花梅瓶的样式，属于"明初元式梅瓶"
样式六 10a例②	景德镇；断代前后见两说：元[217]、明初[218]	介于元末明初	按：此瓶在20世纪70年代以后较长时期内曾被学术界断定为元代。随着20世纪80年代以后景德镇古陶瓷窑址的考古发掘以及对元青花瓷器的研究逐渐深入，有一定依据的不同看法在逐渐形成，"明初"说逐渐流行
样式六 10h例⑤	景德镇宣德"御窑"[219]；断代有三说：明代前期[220]、永乐[221]、宣德[222]	洪武	此瓶款字的字体、用笔与样式一15a例④（日本大阪市立东洋陶瓷美术馆藏）款字相近而略瘦，但器形不同，与景德镇"御窑"址永乐、宣德地层出土的各式梅瓶标本也都不同，却与元代样式六10a相似又有所区别，与南京故宫社稷坛遗址出土的"赏赐"款梅瓶（同式例⑥）基本相同，仅稍矮，二者应属同一时期烧造，可能是洪武朝前期
样式六 10h例⑥	景德镇；断代有两说：明洪武（景德镇"御窑"制品）、元末明初[223]	洪武	仍属"明初元式梅瓶"，但已逐渐脱离元代器形特征

216　参见：《中国出土瓷器全集·7·江苏、上海》图版172说明，霍华撰。

217　这方面以冯先铭先生的观点最有代表性，见：冯先铭《我国陶瓷发展中的几个问题——从中国出土文物展览陶瓷展品谈起》，《文物》1973年7期。但是，冯先生的观点除了以元代相关遗址出土的器物作为比对基础，很可能还与其把沐英墓年代误定为明洪武二年（1369年）有关，而后者的出现恐与其参照《南京江宁县明沐晟墓清理简报》"附：沐英墓"所摘录的〔明〕王景谟《黔国昭静王沐英神道碑》（《考古》1960年9期35页）的内容有关。若从报告所摘录的碑文内容来看，沐英生卒年确与《明史》所载有明显出入，但报告在摘录碑文时很可能做了节选处理，其中便有可能出现失误。

218　王志军和王宁两位先生曾经专门围绕此瓶有过一番讨论，二人对该瓶的烧造年代都持"明初"说，基本分歧主要表现在研究观念上。见：王志军《青花"萧何月下追韩信"人物故事梅瓶的烧制年代》，《中国文物报》2002年10月第四版；王宁《对"青花萧何追韩信图梅瓶"烧制年代的商榷》，《中国文物报》2003年5月第七版。

219　见：《中国出土瓷器全集·7·江苏、上海》图版192说明，霍华撰。

220　南京市博物馆（执笔：周裕兴）《江苏南京发现明代太监怀忠墓》图三，《考古》1993年7期669页。

221　分别见：朱兰霞《南京地区出土宋、明梅瓶之研究》，《南方文物》2000年4期88页；程晓中《南京明代贵族墓葬出土梅瓶研究》，《收藏家》2000年9期34页。

222　见：张浦生、施加农《南京地区出土明初梅瓶浅说》图五，载于《中国古陶瓷研究·第六辑》，北京：紫禁城出版社，2000年，128页。

223　见：《中国出土瓷器全集·7·江苏、上海》图版176说明，霍华撰。

续表

梅瓶	以往的判断	笔者的判断	主要理由
样式六6①②	断代有三说：元[224]、明宣德[225]、明洪武（景德镇"御窑"）[226]	洪武	从器形和饰纹来看，都已基本脱离元式梅瓶的痕迹
样式六13例①②	景德镇；断代有四说：元[227]、元末[228]、明洪武[229]、明永乐[230]	洪武	龙纹的造型和云朵飘逸的气势已经和元代有明显差异，开始出现明代前中期的特点：龙须和云纹没有元代同类饰纹显得飘逸，有点吃重
样式六14b例②	景德镇民窑；断代有两说：宣德[231]、正统[232]	"空白期"	此瓶青料和饰纹与所见可以确定为宣德的青花器都不同
样式六14c例⑩	—	"空白期"	此瓶虽然出土于明嘉靖二十九年（1550年）高密昭和王朱观熰墓，其器形和装饰都具有明代所谓"空白期"的特点[233]
样式六14d例⑫	景德镇；断代有三说：嘉靖[234]、明中期[235]、宣德[236]	景德镇民窑，明前期后段到中期前段	此瓶瓶身与四川平武明天顺八年（1464年）王玺安人蔡氏墓（M5）出土的那对红绿彩花卉图带盖梅瓶（样式一18例①）非常相似；在装饰上，都从颈部到足部满装饰，口唇留白，分层布局和腹部主题饰纹虽然有所不同，但颈、肩、腹、胫的分层仍有高度的一致性，特别是肩部的变形莲瓣纹，从造型到施彩则完全相同，都以红彩涂底、以绿彩填莲瓣轮廓。因此这两例三件梅瓶应该是景德镇民窑同一时代烧造的，在明代前期后段到中期较早阶段，但不会早到宣德

224 参见：《江苏省出土文物选集》图版209说明，北京：文物出版社，1963年。宋伯胤先生对宋琥墓釉里红梅瓶所做的专门研究中，认为该瓶烧造于元代，属于所谓"至正型"，见：宋伯胤《"笑题松竹梅花"——对一件景德镇窑"釉里红瓷瓶"的正名和鉴赏》，《景德镇陶瓷》第一卷第一期40页，1991年。

225 分别见：沈彭年《东善桥娘娘坟发现宣德瓷瓶》，《文物参考资料》1957年10期81页；王志敏《介绍南京博物院举办新收文物展览会中几件珍贵古瓷》，《文物参考资料》1957年11期。

226 参见：《中国出土瓷器全集·7·江苏、上海》图版173、174说明，霍华撰。

227 这是针对上海博物馆藏品的断代意见之一。见：《中国博物馆丛书·第8卷·上海博物馆》图版99说明（汪庆正撰），北京：文物出版社，东京：讲谈社，1985年。

228 这是针对日本静嘉堂藏品的断代意见之一。见：〔日〕小山富士夫监修、藤冈了一编《陶器全集·11卷·元明初の染付》彩版4说明，东京：平凡社，1965年。

229 这是针对上海博物馆藏品的另一种断代意见。见：中国国家文物局主编《中国文物精华大辞典·陶瓷卷》"瓷器篇"图660说明，上海：上海辞书出版社，香港：商务印书馆（香港）有限公司，1995年，365页。另见：张东《从上海博物馆藏梅瓶浅谈中国梅瓶的发展》，载于《中国古陶瓷研究·第六辑》，北京：紫禁城出版社，2000年，151页。目前，上海博物馆在展示中也改为明洪武。

230 这是针对日本静嘉堂藏品的另一种断代意见。见：〔日〕佐藤雅彦、中野彻合著《陶器讲座·7·中国Ⅲ·元、明》，雄山阁，1973年。

231 分别见：王志敏《介绍南京博物院举办新收文物展览会中几件珍贵古瓷》，《文物参考资料》1957年11期78页；《中国出土瓷器全集·7·江苏、上海》图版189说明，霍华撰。

232 分别见：宋良璧《对几件正统、景泰、天顺青花瓷器的探讨》，《江西文物》1990年2期79页，及注9；张浦生、施加农《南京地区出土明初梅瓶浅说》图三，载于《中国古陶瓷研究·第六辑》，北京：紫禁城出版社，2000年，127页。

233 参见：前揭，《中国出土瓷器全集·6·山东》图版219说明，郑建芳撰。

234 见：前揭，《中国陶瓷·景德镇彩绘瓷器》图版25说明。

235 见：《中国美术全集·工艺美术编·3·陶瓷（下）》图版115说明（陆明华撰），上海：上海人民美术出版社，1988年。

236 郭学雷《上海博物馆所藏红绿彩梅瓶探讨》，《南方文物》1992年3期95页。

续表

梅瓶	以往的判断	笔者的判断	主要理由
样式六 14e例⑬	中国南方窑场；15世纪早期[237]	景德镇民窑；15世纪中后期	此瓶腹部缠枝牡丹纹细枝细叶衬小花，比较符合宣德到正统、景泰、天顺时期景德镇民窑青花梅瓶的某些特点，但肩部所饰一周由云肩纹衍变而来的如意云头纹，以及胫部所饰"壬"字形朵云纹，都具有较晚的如正德、嘉靖时期的特点，因此本例这两件青花小梅瓶的年代不太可能早到"15世纪早期"（时值明永乐、宣德时期），而要晚到天顺甚至更晚，把它定为15世纪中后期的景德镇民窑制品更为合适
样式六 14f例⑭	景德镇窑；断代有两说：宣德[238]、宣德至天顺（1426～1464年）[239]	明中期	整体器形显得较敦实，有"空白期"特点，颈部折带纹、肩部缠枝宝相花纹尚保留明前期特征，但腹部的鱼藻纹是明中期流行风格
样式六 14g例⑮	景德镇窑；断代和属性有不同看法：宣德官窑[240]、天顺民窑[241]、正德[242]、明代早中期民窑（倾向于明中期）[243]、万历[244]	景德镇民窑；明中期〔嘉靖四年（1525年）以前〕	这对梅瓶的器形与景德镇宣德"御窑"遗址宣德地层出土的青釉梅瓶样式六14a相似，但颈部略内曲，肩腹圆鼓幅度稍小，整体显得更为轻盈，是较晚的特点；其肩部的海马纹在嘉靖、万历时期常见，但青花呈色沉着，画工精致，表现出较早的特点，和此两点，结合墓葬年代，这对梅瓶应属明中期，但离嘉靖四年不会太远
样式六 15a例②	景德镇；断代有两说：15世纪中期（景泰前后）[245]、15世纪后半期（成化、弘治）[246]	—	—
样式六 17例①	"中国南部窑场烧造的外销瓷"，断代为"明代晚期"[247]	龙泉窑	胎釉和装饰风格具有明代龙泉窑特征

237　Michael Sullivan, *Chinese Ceramics, Bronzes and Jades in the Collection of Sir Alan and Lady Barlow*, Faber and Faber Limited, 1963, C.123, Pl.130b.

238　前揭，《靖江藩王遗粹——桂林博物馆珍藏明代梅瓶》，130页。

239　陆明华先生认为，朱规裕墓这对青花"鳜鱼纹梅瓶的烧造时代倒是不晚，从画风和青花呈色看，定为宣德至三朝时期或许是恰当的"，其所谓"三朝"是指明宣德以后的正统、景泰、天顺三朝，即"空白期"。见：陆明华《明代藩王及其家族所用瓷器研究——桂林出土青花梅瓶的启示》，载于《中国古陶瓷研究·第六辑》，北京：紫禁城出版社，2000年，79页。

240　前揭，《靖江藩王遗粹——桂林博物馆珍藏明代梅瓶》图版69、70说明，135页。按：桂林博物馆称这是国家文物局专家鉴定组的鉴定结论。

241　见：中国国家文物局编《中国文物精华大辞典·陶瓷卷》"瓷器篇"图729说明，上海：上海辞书出版社、香港：商务印书馆（香港）有限公司，1995年，383页。

242　曾少立《桂林出土的几件青花瓷瓶》，《江西文物》1990年2期119～120页，封三：1。

243　陆明华《明代藩王及其家族所用瓷器研究——桂林出土青花梅瓶的启示》，载于《中国古陶瓷研究·第六辑》，北京：紫禁城出版社，2000年，78~79页。

244　陆明华《中国陶瓷名品珍赏丛书·明青花（下）》图26标题，上海：上海人民美术出版社，1998年。按：万历说将这对梅瓶的年代远置于墓葬年代之后，纯属无稽之谈。

245　S.J. Vainker, *Chinese Pottery and Porcelain—From Prehistory to the Present*, London, British Museum Press,1991,Pl.143. 此瓶收藏编号：OA 1973.7-26.359。

246　见：〔日〕三杉隆敏著《世界の染付·3·明後期、清》图版11说明，京都：同朋舍，1982年。

247　见：Michael Sullivan, *Chinese Ceramics, Bronzes and Jades in the Collection of Sir Alan and Lady Barlow*, Faber and Faber Limited, 1963, C.33, Pl.103b之说明。

六、第七类样式群

第七类样式群的"直口"梅瓶在明代是最后的辉煌时期了，先有明前期龙泉窑在元代基础上精致化的青瓷"官器"[248]，再有明中晚期景德镇民窑在元代青白瓷器和吉州窑器相关样式的基础上继承和变化而成的青花器和彩瓷器，最后在后起之秀广东的石湾窑中有所延续。归纳现有材料，明代的直口梅瓶共有8种样式，以尺寸属中型的样式为主，还有一些小型样式。与其他样式群相比，本类样式群在明前期后段到中期的景德镇流行的一些样式，与第六类样式群的某些样式非常相近，而中晚期的某些样式出现细长的束腰和撇足，与明早期龙泉窑"官器"青瓷梅瓶似有关联（参见附录一总表七）。

（一）样式七10

本样式在元代出现后，在龙泉窑流行于明代早、中期。先见于龙泉官窑，器形修长，做工精致，再见于民窑器，器形变短，做工稍逊。根据各部差异，分别为b、c、d共3个亚型。

1. 样式七10b：圆唇小直口，较长的直柱颈，或向上微收，颈肩方折，圆肩、鼓腹近似球状，下腹作弧形迅速斜收，较长的胫部呈束腰状，小撇足，足沿修成直壁，浅隐圈足，足壁较宽。配宝珠形钮钟式盖，盖壁斜直，口微敞，顶面做成三层台阶形。这是明代早期龙泉官窑青瓷梅瓶采用的样式。例如：

①浙江龙泉大窑枫洞岩窑址明早期地层出土青瓷带盖"梅瓶"标本多件（图9-2-21②③），其一（图9-2-21①）[249]，残，可修复，盖残高7.3厘米、口径8厘米，瓶修复后高39厘米、口径5.8厘米、足径12厘米。这些标本被确认为"永乐官器"，分为无饰纹和刻花两种。在传世品中都有对应的器物，而且所见遗存不少。

②北京故宫博物院藏明早期龙泉窑青瓷刻划花桃竹图"盖瓶"1件（图9-2-21④）[250]，通高44.9厘米、口径6厘米、足径11.8厘米。

③上海博物馆藏龙泉窑青釉"梅瓶"1件（附录一总表七：10b②）[251]，高39.2厘米、口径6.1厘米、足径12.6厘米。

④香港的徐氏艺术馆藏龙泉窑青釉带盖"梅瓶"1件（图9-2-21⑤）[252]，高45.5厘米。

⑤美国波士顿美术博物馆藏龙泉窑青瓷"酒罐"1件（Wine jar, Longquan-ware porcelain with celadon glaze，图9-2-21⑥）[253]，高39厘米、口径7厘米、足径11厘米。

完全相同的传世品还有：⑥日本的东京国立博物馆藏龙泉窑青瓷"瓶"1件，高38.9厘米、口径6.8厘米、底径10.4厘米[254]；⑦T.T.Tsui藏龙泉窑青瓷带盖"花瓶"（vase）1件，高46厘米[255]。

248　参见：浙江省文物考古研究所、北京大学考古文博学院、龙泉青瓷博物馆合编《龙泉大窑枫洞岩窑址出土瓷器》，北京：文物出版社，2009年。

249　采自：浙江省文物考古研究所、北京大学考古文博学院、龙泉青瓷博物馆编《龙泉大窑枫洞岩窑址出土瓷器》图版82，北京：文物出版社，2009年。此盖与瓶的考古编号分别是TN12W3⑥S：29和TN14W3④S：8。其他标本见该图录图版83、84、85、113。

250　采自：故宫博物院编《故宫博物院藏瓷选集》图版44，北京：文物出版社，1962年。参见：朱伯谦主编《龙泉窑青瓷》图245，台北：艺术家出版社，1998年，260页。后者提供的尺寸有所不同。

251　采自：陆明华《明代龙泉官用青瓷问题探索——上海博物馆相关藏品的辨识与研究》图七，《文物》2007年5期70页。

252　采自：《徐氏艺术馆揭幕展览志庆图录》图版47，香港：徐氏艺术馆，1991年。

253　采自：Wu Tung, Earth Transformed, Chinese Ceramics in the Museum of Fine Arts, Boston, Boston, MFA Publications, 2001, p.106。此瓶属约翰·加德纳·库利奇（John Gardner Coolidge）的收藏，编号：46.517。

254　《東洋古陶磁》图版126，东京：东京国立博物馆，1953年。

255　Regina Krahl, The T.T.Tsui Collection of Chinese Ceramics, fig.12, from: Chinese Ceramics, Selected Articles from Orientations 1982–1998, Hong Kong, Orientations Magazine Ltd., 1999, p.217.

图9-2-21　明代梅瓶样式七10　（0⌷⌷⌷⌷⌷10cm）

256　采自：《中国出土瓷器全集·8·安徽》图
　　　版194，北京：科学出版社，2008年。此瓶
　　　现藏于凤阳县文物管理所。

257　南京市文物管理委员会《南京郊区出土明
　　　青瓷花瓶》，载于《文物资料丛刊·第10
　　　辑》，201页。采自：《中国出土瓷器全
　　　集·7·江苏、上海》图版193，北京：科
　　　学出版社，2008年。此瓶现藏于南京市博
　　　物馆。

2. 样式七10c：圆唇直口，柱颈短而宽，颈肩方折，宽肩稍斜，上腹圆鼓外凸，下腹弧形斜收，胫部下端内曲呈束腰状，小撇足，足沿修成较高的斜壁，形成一圈出棱，隐圈足。例如：

⑧安徽凤阳县刘府乡耿冲村明初墓出土龙泉窑青釉刻花缠枝宝相花纹"瓶"1件（图9-2-21⑦）[256]，高20.5厘米、口径5厘米、底径4厘米。

3. 样式七10d：平唇或圆唇直口，短直柱颈，颈肩方折，瓶身丰肥，肩和上腹圆鼓呈球状，下腹弧形斜收，胫微内曲，矮足微撇，足壁斜削，形成一圈出棱，隐圈足。例如：

⑨江苏南京市西善桥梅山化工厂明弘治八年（1495年）末丁固宗墓出土龙泉窑青釉刻花四开光折枝纹"梅瓶"1件（图9-2-21⑧）[257]，高28.8厘米、口径5.2厘米、底径9.2厘米。

⑩浙江宁波市博物馆藏明代龙泉窑青瓷刻花缠枝纹"梅瓶"1件，高29.8厘

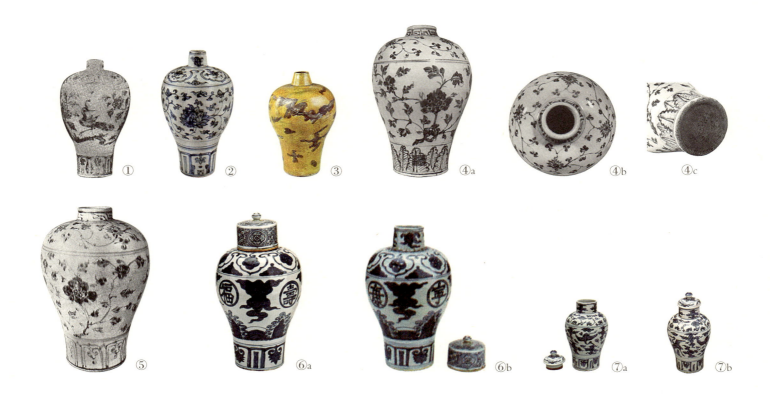

图9-2-22　明代梅瓶样式七8　（0▁▁▁▁▁10 cm）

米、口径6.2厘米、足径11.2厘米，瓶身满饰刻划纹，颈部刻山形纹，肩部缠枝花四等分（图9-2-21⑨）[258]。

（二）样式七8

薄圆唇，直颈分长短、粗细，颈肩方折，瓶身大体近似倒滴水形，圆宽肩，上腹圆鼓，中腹弧状内收，至胫部内曲、细瘦，足壁直立，矮隐圈足，平底。见于明早期后段到明后期的景德镇。根据各部差异，分为b、d～f共4个亚型。

1. 样式七8b：瓶体较瘦小，尤以口颈部小而细长，且上细下粗，整体显得清秀。例如：

①广东省博物馆藏明正统青花花鸟图"梅瓶"1件（图9-2-22①）[259]，高22.3厘米、口径2.7厘米、底径6.5厘米。

②广东省博物馆藏明成化青花高士图"梅瓶"1件（附录一总表七：8c②）[260]，高22.7厘米、口径3厘米、底径8.7厘米。

③江西省博物馆藏明正德青花缠枝牡丹纹"梅瓶"1件（图9-2-22②）[261]，高23.5厘米、口径2.7厘米、底径6.5厘米。

④江西省南昌县明嘉靖三十五年（1556年）墓出土黄釉绛红彩划花云凤纹"梅瓶"1件（图9-2-22③）[262]，高19.5厘米、口径9.6厘米。

2. 样式七8d：瓶体较肥，高度和口径较大，颈部粗短，颈直壁或略束，极浅

258　采自：朱伯谦主编《龙泉窑青瓷》图版158，
　　　台北：艺术家出版社，1998年，185页。

259　采自：宋良璧《对几件正统、景泰、天
　　　顺青花瓷器的探讨》图版伍：3，《江西
　　　文物》1990年2期79页。此瓶收藏编号：
　　　A7845。

260　采自：中国国家文物局主编《中国文物精
　　　华大辞典·陶瓷卷》"瓷器篇"图730，上
　　　海：上海辞书出版社，香港：商务印书馆
　　　（香港）有限公司，1995年。

261　采自：《江西元明青花瓷》图版77，香
　　　港：香港中文大学出版社，2002年。

262　采自：《中国美术全集·工艺美术编·3·
　　　陶瓷（下）》图版110，上海：上海人民美
　　　术出版社，1988年。

263　采自：〔日〕三杉隆敏主编《世界の染付・3・明後期、清》图版1：a、b、c，京都：同朋舍，1982年。此瓶收藏编号：29.496 9293／3293。

264　采自：〔日〕久志卓真《中国明初陶瓷图鉴》七一页左下图，东京：宝云舍，1943年。

265　采自：《中国出土瓷器全集・10・广东、广西、海南、四川、重庆、香港、澳门、台湾》图版176，及附图，北京：科学出版社，2008年。此瓶现藏于成都文物考古研究所。

266　采自：《中国出土瓷器全集・10・广东、广西、海南、四川、重庆、香港、澳门、台湾》图版188，及附图，同上。此瓶现藏于成都文物考古研究所。

267　翁善良、朱代英《成都市博物馆藏明代青花瓷器研究》图十，《四川文物》1998年5期34页。采自：前揭，《中国出土瓷器全集・10・广东、广西、海南、四川、重庆、香港、澳门、台湾》图版180（黄晓枫撰说明）。按：后者图录所标出土地点与前者有差异，经比对应是同指；据介绍，对滕英墓这两件梅瓶的年代还有一种观点认为属嘉靖，明显有误。两瓶现藏于成都市博物馆。

268　采自：前揭，《江西元明青花瓷》图版53：左、右。

的平底隐圈足，足沿修圆。本亚型与样式六14c基本相同，仅有口唇之别，所见遗存也是同期器物。例如：

⑤伊朗阿尔黛比勒清真寺旧藏15世纪中期（明早期后段）青花牡丹图"梅瓶"1件，高27.9厘米、腹径15.1厘米（图9-2-22④a、b、c）[263]。此瓶砂底，修足浅而圆润，与永乐、宣德"御窑"遗址出土的第一类样式群梅瓶标本的足底相同，还保留着明早期的工艺和做法。

⑥日本幸尾隆太郎氏藏明青花牡丹图"瓶"1件（图9-2-22⑤）[264]，高9寸（合30厘米）、腹径6寸（合20厘米）。与上例同一时代。

3. 样式七8e：尺寸、体态介于上述两亚型之间，直颈较粗长，配宝珠钮直壁钟式盖，凹底。例如：

⑦四川成都高新区新北小区明太监墓出土嘉靖青花"福寿康宁"字带盖"梅瓶"1件（图9-2-22⑥a、b）[265]，通高29.6厘米、口径5.4厘米、底径9.5厘米。

4. 样式七8f：瓶身轮廓与样式七8e相同，但口颈径更大，平底，配宝珠钮帽式盖，子口直壁。例如：

⑧四川成都红牌楼明墓M8出土万历青花云鹤纹带盖"瓶"1件（图9-2-22⑦a、b）[266]，通高14.5厘米、口径6.6厘米、底径9.8厘米。

（三）样式七15

薄圆唇直口，口径较大，直柱颈粗短，肩部和上腹部圆鼓呈蒜头状，胫部呈细长的束腰形，足外撇，平底隐圈足。见于明代中晚期景德镇窑的青花器，尺寸分两种，根据各部差异分为a、b、c三个亚型。

1. 样式七15a：瓶体细瘦的小型器，颈壁微束，颈肩圆折，圆肩圆腹，胫部从束腰处向足端外撇，足沿修成直壁，隐圈足较矮。例如：

①四川成都市苏坡乡明正德十二年（1517年）蜀王府织造官滕英墓出土景德镇窑青花海水仙山缠枝莲花纹"小口瓶"2件（成对，图9-2-23①）[267]，高16厘米、口径3厘米、底径5.8厘米。

2. 样式七15b：除了足沿未修成直壁，余同上。例如：

②江西省博物馆藏明青花松竹人物图"瓶"2件（成对），高17厘米、口径4.2厘米、底径6.5厘米（附录一总表七：15b，图9-2-23②）[268]。

根据饰纹特征分析，样式七15a、b两亚型应是明中期后段（正德至嘉靖，见后文）景德镇民窑流行的梅瓶样式之一。

3. 样式七15c：瓶体细瘦而尺寸较大，颈直壁，颈肩方折，斜宽肩，腹部凸鼓明显，从束腰处直下形成直胫，呈高腰状，胫部下端圆折外撇成撇足，足沿略圆，隐圈足高约1厘米。配宝珠钮帽式盖，带子口。是万历时期景德镇民窑流行的一种样式。例如：

① ② ③ ④ ⑤

图9-2-23　明代梅瓶样式七15　（0 ⌐————⌐ 10 cm）

③广西桂林市尧山明万历五年（1577年）靖江恭惠王朱邦宁次妃（康僖/熹王朱任昌之母）刘氏墓出土青花凤凰穿花纹"盖尊"2件（成对，其一盖损，图9-2-23③）[269]，完整者通高36厘米、口径7厘米、腹径19厘米。

④广西桂林市尧山明万历十八年（1590年）靖江温裕王朱履焘夫妇合葬墓（朱履焘墓室）出土青花双龙戏珠纹带盖"梅瓶"1件（图9-2-23④）[270]，通高约37.5厘米、口径7厘米、腹围57.5厘米、底径12.3厘米。

⑤广西桂林市尧山明靖江康僖（熹）王朱任昌次妃赵氏墓出土万历青花双凤穿莲纹高腰带盖"梅瓶"1件（图9-2-23⑤）[271]，高37厘米、口径7厘米、腹围57.5厘米、底径12.2厘米。此瓶与上述例③完全相同，应是同期烧造。

（四）样式七17

细长的直口，颈肩转折分方圆，宽肩鼓腹呈蒜头状，较长的束腰状胫部，喇叭形撇足，足沿有不同处理，平底隐圈足。这种样式犹如样式七8的细长小直口与样式七15的蒜头状肩腹、长束腰状胫部、大幅度撇足等特征拼合而成，主要见于明代晚期景德镇窑器，根据各部差异分为a、b两个亚型。

1. 样式七17a：口径较粗，颈肩圆折，斜肩，足沿尖圆。例如：

①Lindley Scott藏明素三彩瓷画花荷塘翠鸟图"花瓶"1件（图9-2-24③）[272]，高13.88英寸（合35.3厘米）。

2. 样式七17b：细直柱颈，颈肩方折，弧面宽肩，或平或略斜，隐圈足足沿修成直壁。例如：

②广西桂林永福县百寿公社明墓出土青花"梅瓶"2件（成对），其一腹部画人物，形象简略；其二（附录一总表七：17b①，图9-2-24①a、b）[273]高24厘米、口径3厘米，腹部画两幅花鸟图，足端露胎，底施釉，有青花双圈"宣德年制"四字款，属万历民窑器。

269　采自：李鸿庆《桂林出土明代青花瓷器》附图：中，《文物》1962年11期67页。尺寸摘自并参见：曾少立《桂林出土的几件青花瓷瓶》，《江西文物》1990年2期119页。按：曾少立正文介绍的是明第九代靖江王朱任昌之母刘氏墓出土的梅瓶，但其附图（同期封三：2）却误换为朱任昌次妃赵氏墓出土的梅瓶。

270　采自：前揭，《靖江藩王遗粹——桂林博物馆珍藏明代梅瓶》图版27，124页。按：同墓王妃墓室还出土了2件青花梅瓶，属样式三25e，见图9-2-13⑩。

271　采自：前揭，《靖江藩王遗粹——桂林博物馆珍藏明代梅瓶》图版29。按：墓主赵氏为明第九代靖江王朱任昌次妃，据有关学者研究推断，其墓年代可能在明万历时期，见：蔄华、唐奇岭、唐春松《桂林博物馆藏梅瓶综述》"靖江王世系表"，载于《中国古陶瓷研究·第六辑》，北京：紫禁城出版社，2000年，2~3页。

272　采自：William Bowyer Honey, *The Ceramic Art of China and Other Countries of the Far East*, London, Faber and Faber Limited, Pl.108。

273　分别采自：李鸿庆《广西出土的陶瓷器》图三，载于《中国历史博物馆馆刊》第3期102页，1981年；《中国陶瓷（丛书）·广西陶瓷》图版78及足底附图，上海：上海人民美术出版社，1985年。此瓶现藏于广西壮族自治区博物馆。

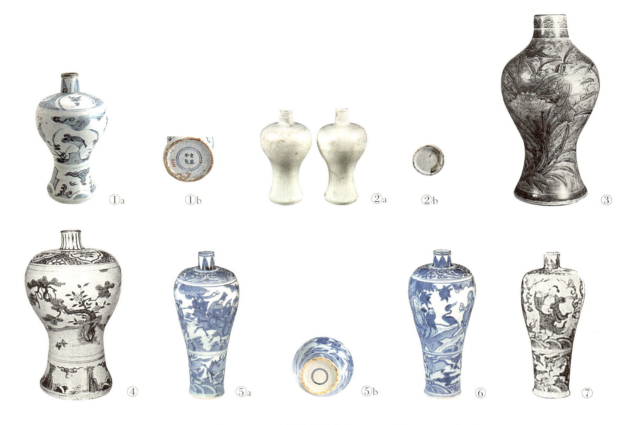

图9-2-24　明代梅瓶样式七17、18　（0 ⌷⌷⌷⌷⌷⌷ 10 cm）

274 采自：《中国出土瓷器全集·7·江苏、上海》图版180及足底附图，北京：科学出版社，2008年。此瓶现藏于南通市博物院。

275 采自：《東洋古陶磁》图版182，东京：东京国立博物馆，1953年。

276 采自：前揭，《靖江藩王遗粹——桂林博物馆珍藏明代梅瓶》图版82-2。此瓶现藏于桂林博物馆。

277 采自：同上，图版83、83-2。此瓶现藏于桂林博物馆。

278 采自：同上，图版82附图。

279 采自：李鸿庆《桂林出土明代青花瓷器》附图：右，《文物》1962年11期67页。

③江苏如皋县丁埝公社十四大队明墓出土卵白釉"梅瓶"2件（成对，图9-2-24②a、b）[274]，高17.8厘米、口径2.4厘米、底径6.2厘米，胎坚致洁白，白釉乳浊厚润，足端露胎，底施白釉，属明晚期。

④日本东京国立博物馆藏明青花松石图"瓶"1件（图9-2-24④）[275]，高31厘米、口径3.9厘米、底径13.5厘米。

（五）样式七18

细长的直口，颈肩方折，瓶身瘦长，窄平肩，肩腹圆折，上腹微鼓，下腹至胫部长势斜收并略微内曲，足微撇，平底隐圈足。这种样式犹如样式七8b拉长、变瘦加撇足而成，见于明晚期景德镇青花器。例如：

①广西桂林尧山明靖江王陵区出土明万历景德镇民窑青花人物图"梅瓶"2件，尺寸均为高27.5厘米、口径3厘米、底径6.7厘米、腹围37.5厘米，其一主题饰纹为状元过街图（图9-2-24⑤a）[276]，其二主题饰纹为仙人祝寿图（图9-2-24⑥，附录一总表七：18）[277]，足沿露胎呈淡黄色，粘沙粒，底施釉、画双圈（图9-2-24⑤b）[278]。

②广西桂林近郊明墓出土青花八仙过海图"梅瓶"2件（成对），其一（图9-2-24⑦）[279]，高27.8厘米。

（六）样式七16

粗直口、直颈，颈肩方折，瓶身较长而直，斜溜肩，肩腹圆折，向内斜收至底。见于明中期景德镇青花器和江西土窑陶器。根据各部差异，分为a、b两个亚型。

1. 样式七16a：圆唇短颈，腹壁较直而胫部微收。例如：

①江西乐安县公溪镇马迹湾村明弘治十五年（1502年）武扬绩夫妇合葬墓出土青花花鸟纹"梅瓶"4件，器型、装饰、胎釉彩均相同，分别高10.6厘米、10.5厘米、10.8厘米，口径均为2.3厘米，足径分别为3.8厘米、3.9厘米、3.7厘米（图9-2-25①~④）[280]。

2. 样式七16b：薄唇，颈稍长，腹壁向内些收明显，衬肩腹圆转处凸鼓，胫部内曲，足直立，平底。配斗笠形盖，顶宝珠钮、带子母口。见于明中期江西地区的陶质明器。例如：

②江西南昌市永和门外明弘治十七年（1504年）戴贤夫妇合葬墓出土素面"刷金陶罐"6件，通高21~23厘米、口径5.5厘米、腹径10厘米、底径6.5~7厘米，"胎外刷金"（图4-3-1⑦）[281]，是江西当地土窑仿造同一样式烧造的明器梅瓶。

（七）样式七20

圆唇大直口，短粗直颈，颈肩方折，瓶身修长，形似宋辽时期的"鸡腿瓶"，弧面窄溜肩，上腹壁直微鼓，下腹缓缓斜收，胫足部直立，隐圈足，足沿略斜削。见于明晚期石湾窑彩釉器。例如：

①杨铨先生旧藏石湾窑瓜皮青釉"大口梅瓶"1件（图9-2-25⑤）[282]，高38.2厘米、口径8厘米、腹径17.2厘米。瓶身以工整的楷书刻字题款，肩部下横题"大明"二字，两字中间以下竖刻"万历己未"（万历四十七年，1619年）款及作者名。

（八）样式七19

圆唇柱颈，颈肩方折，瓶身较粗短，丰肩鼓腹，下腹斜收，微内曲，斜壁浅圈足。配宝珠钮帽式盖。本样式大体与样式二40极为相似，流行时代相同，但口颈部和所配瓶盖器形不同。见于明晚期景德镇民窑青花器。例如：

①四川成都青苏乡仁和村出土明晚期景德镇民窑青花缠枝纹"盖罐"1件（图9-2-25⑥）[283]，通高30.8厘米、口径5.8厘米、底径9.2厘米。

280 采自：梁惠民《江西乐安明弘治纪年墓》图四：3（左、右）、4（左、右），《南方文物》2003年1期14页。按：这4件小型梅瓶是武扬绩夫妇墓被盗时出土的，其中一件已被盗卖。梁惠民先生提供的口径为12.3厘米，大于瓶高，应是笔误，根据整体比例关系判断，口径应为2.3厘米。

281 采自：李科友、彭适凡《明昭勇将军戴贤夫妇合葬墓》图六，《江西历史文物》1982年2期32页。

282 采自：广州市文物管理委员会编《杨铨先生捐献文物图录》图版41，北京：文物出版社，1965年。

283 翁善良、朱代英《成都市博物馆藏明代青花瓷器研究》图二，《四川文物》1998年5期32页（原文误标插图号为图四）。采自：前揭，《中国出土瓷器全集·10·广东、广西、海南、四川、重庆、香港、澳门、台湾》图版179。此瓶现藏于成都市博物馆。

① ② ③ ④

⑤ ⑥

图9-2-25　明代梅瓶样式七17、18

（0　　　　　10 cm）

（九）明代梅瓶第七类样式群部分器物产地和年代判断

表9-2-5　明代梅瓶第七类样式群部分器物产地和年代分析

梅瓶	以往的判断	笔者的判断	主要理由
样式七10c例⑧	断代有两说：元、明初（明初龙泉窑官用器）[284]	龙泉窑民窑；明前期	在同类样式群中，此瓶器形介于元代和明中期〔如弘治八年（1495年）末丁固宗墓出土的龙泉窑青瓷梅瓶，样式七10d例⑨〕之间；肩部云头纹具有明代特点，胫部细长的尖头莲瓣纹是元代莲瓣纹的简化形式。由此判断此瓶属明代前期。与龙泉窑大窑遗址出土的典型明早期龙泉官窑青瓷梅瓶（样式七10b例①）相比，有明显不同，恐非官窑器
样式七10d例⑩	曾被断代为：元[285]	明中期	该瓶与弘治八年（1495年）末丁固宗墓龙泉窑青瓷刻花梅瓶（样式七10d例⑨）的器形、胎釉特征相同，除了腹部，饰纹布局和各局部饰纹也基本相同，唯刻工稍粗简，应属于明代中期龙泉窑制品
样式七8d例⑥	景德镇窑；宣德[286]	明前期后段	断代为宣德是较早以前的观点，现在看来有误。从器形到饰纹、胎釉等方面，大体与同一样式的例⑤相同，应属15世纪中期（明前期后段）制品
样式七18例①②	景德镇；断代有两说：正德[287]、万历[288]	万历	青花呈色和画风都是比较典型的万历风格
样式七15b例②	景德镇；成化[289]	景德镇民窑；明中期后段（正德至嘉靖）	参照同一样式的例①两瓶〔正德十二年（1517年）蜀王府织造官滕英墓出土〕，可做年代矫正。类似的人物、树、云的画法，是明代前期后段到中期都比较流行的，但疏朗的布局、大片的留白，只见于明中期后段，以嘉靖时期常见，故可以推断此类青花梅瓶为正德至嘉靖年间，应属景德镇民窑器
样式七15c例⑤	嘉靖[290]	景德镇民窑；万历	本样式例③～⑤均来自桂林靖江王陵墓区，器形、饰纹完全相同，主题饰纹分龙、凤（似与墓主性别对应），前两例分别出自万历五年（1577年）、十八年（1590年）墓，说明这是万历前期靖江王府专门定烧的梅瓶样式，饰纹画风也具有万历时期景德镇民窑青花器的特点
样式七17b例②	景德镇民窑；断代有两说：正德[291]、万历[292]	万历	器形，以及颈部蕉叶纹、肩部锦地圆形开光、胫部海水江牙等饰纹都是万历特点

284　见：前揭，《中国出土瓷器全集·8·安徽》图版194说明（徐罗全撰），194页。

285　见：前揭，朱伯谦主编《龙泉窑青瓷》图版158说明，185页。

286　前揭，〔日〕久志卓真《中国明初陶瓷图鉴》七一页左下图说明。

287　李鸿庆《桂林出土明代青花瓷器》附图：右，《文物》1962年11期67页。

288　前揭，《靖江藩王遗粹——桂林博物馆珍藏明代梅瓶》图版82、83说明。

289　前揭，《江西元明青花瓷》图版53说明。

290　前揭，《靖江藩王遗粹——桂林博物馆珍藏明代梅瓶》图版29说明。

291　李鸿庆《广西出土的陶瓷器》，载于《中国历史博物馆馆刊》第三期102页，1981年。

292　于凤芝《广西博物馆馆藏出土的明代青花瓷器初探》图九说明，《景德镇陶瓷》1994年1期38页。

续表

梅瓶	以往的判断	笔者的判断	主要理由
样式七17a例①	嘉靖[293]	—	—
样式七19例①	景德镇民窑；断代有两说：嘉靖[294]、万历[295]	—	—

七、第八类样式群

明代"出节小口"梅瓶又朝着与前代都不相同的方向演变，但势头大减，所见材料只有一例，也只能归纳出1种样式。

（一）样式八7

丰体。厚圆唇外折，唇壁直，形如样式一16a（明永乐），颈部较长，中段凸棱，上下呈双束颈，竹节状特征明显，颈肩圆折明确，圆宽肩，上腹较鼓，下腹斜直内收至底，平底，底径不小。见于明早、中期之间景德镇"御窑"青花器。例如：

①北京海淀区香山路军事科学院工地明成化二年（1466年）宪宗长子墓出土青花缠枝卷草纹"梅瓶"1件（图9-2-26）[296]，高26厘米、口径5厘米、腹径14.5厘米、底径9.5厘米。

（二）明代第八类样式群梅瓶的有关问题

样式八7例①的腹部中段有较含蓄的接胎痕，圈足沿露胎切削，打磨细致，平砂底，胎白质密，圈足内墙沿略显火石红色，釉层厚，有玉质感，聚釉处略显水绿色，釉面微显橘皮纹，青花有晕散现象，浓处呈凹陷深色斑，是进口的苏麻离青[297]，画花用笔细腻，饰纹分五层，口唇部无饰纹，颈部中段凸棱上下各为一层卷草纹，肩部和胫部各为覆、仰双重蕉叶纹，腹部是缠枝卷草纹，口颈部和胫足部均以一至三道弦纹为界。

据同墓出土"圹志"可知，墓主人是明宪宗长子，于"成化二年正月十九日生，本年十一月二十日以疾薨逝"[298]，可见墓主人身份、地位之高与年龄之幼（不足一岁），墓葬年代在明成化二年（1466年）稍后。有人倾向于墓中出土的这件梅瓶是宣德晚期景德镇"御器厂"制品[299]。

从此瓶器形之讲究、装饰之严整、做工之精美等方面不难看出其"御窑"特征，"御窑"器的性质与墓主身份也相符。该瓶口形略具永乐青花梅瓶样式一16a（图9-2-2①）、宣德梅瓶样式一15b（图9-2-

293　见：*William Bowyer Honey, The Ceramic Art of China and Other Countries of the Far East*, London, Faber and Faber Limited, p.130之说明。

294　前揭，《中国出土瓷器全集·10·广东、广西、海南、四川、重庆、香港、澳门、台湾》图版179说明，黄晓枫撰。

295　翁善良、朱代英《成都市博物馆藏明代青花瓷器研究》图二，《四川文物》1998年5期31页。

296　王艳玲《海淀香山军科院明太子墓发掘简报》图三，《北京文物与考古·第5辑》68～70页，2002年。参见：王燕玲《明宪宗长子墓的发掘及相关情况》，载《北京文物与考古·第5辑》，2002年。图片采自：《中国出土瓷器全集·1·北京》图版141，北京：科学出版社，2008年。此瓶现藏于北京市文物研究所。

297　王艳玲《海淀香山军科院明太子墓发掘简报》，《北京文物与考古·第5辑》69页，2002年。

298　韩鸿业、王燕玲在《北京军科院宿舍楼出土青花梅瓶的年代初探》，《北京文物与考古·第6辑》272页，2004年。

299　韩鸿业、王燕玲在《北京军科院宿舍楼出土青花梅瓶的年代初探》一文中先后提出三个推测，始称"从其器型看，军科院梅瓶更似宣德晚期至正统年间的梅瓶"，又称"此件梅瓶从其器型、胎质、胎色、釉色、纹饰、底足、有无款识等总体特征亦与景泰时期的特征较相符"，最后提出"据此这件器物本身所独具的过渡时期特有的承上启下的特征，断其制作年代应于明宣德晚期至成化早期，但我认为与宣德青花瓷更接近，更相仿"。"成化年制可能性较小，与前朝更符"。均见：《北京文物与考古·第6辑》271、272页。参见：前揭，《中国出土瓷器全集·1·北京》图版141说明，王燕玲撰，再次提出此瓶是景德镇宣德"御窑"烧造。

300　如韩、王二人在文中引用莫千里《元明青花瓷器
　　　鉴定》所附成化款青花梅瓶，与该瓶可谓如出一
　　　辙，而宣德年间不可能署后来的成化款。见：韩
　　　鸿业、王燕玲《北京军科院宿舍楼出土青花梅瓶
　　　的年代初探》图二：5，《北京文物与考古·第6
　　　辑》272页。

301　吉林省文物管理委员会《辉发城调查简报》图
　　　一七，《文物》1965年7期37页。采自：《中国出
　　　土瓷器全集·2·天津、辽宁、吉林、黑龙江》图
　　　版214（柳岚、高秀华撰说明），北京：科学出版
　　　社，2008年。尺寸采自发掘简报，此瓶现藏于吉
　　　林省博物馆。

302　采自：《東洋古陶磁》图版140，东京：东京国立
　　　博物馆，1953年。

303　采自：〔日〕佐藤雅彦、中野彻合著《陶器講
　　　座·7·中国Ⅲ·元、明》图版144，东京：雄山
　　　阁，1973年。参见：郭学雷《明代磁州窑瓷器》
　　　图3-139，北京：文物出版社，2005年，149页。

图9-2-26　明代梅瓶样式八7　（0————10cm）

1⑥）的特征，不过在已经刊布的景德镇明代"御器厂"遗址的考古材料中，明代早期到宣德年间的地层中还没有看到与此瓶器形相同的标本。与所见明前期梅瓶相比，此瓶的瓶身带有更晚的器形特点（近似明代晚期的样式三25），而它的青花发色、饰纹造型和结构也都与宣德及其以前的青花器不同，其肩、胫部所画细长、密集的蕉叶纹是正统到成化时期（1436～1487年）景德镇青花梅瓶常用的饰纹，在明代中期前段的第六类、第七类青花梅瓶上特别常见。此外，带成化款的同式梅瓶传世品，作为一条线索提示了此瓶的烧造年代[300]。综合以上因素来看，样式八7例①应该是成化早期制品，这种样式可以确定为成化"御窑"梅瓶的样式之一。

八、第一〇类样式群

　　明代的饼形圈足梅瓶在北方和南方都存在，以北方器物为主，包括北方的磁州窑、河南窑场和其他地方小窑的制品，南方的器物见于景德镇窑。经梳理归纳，明代第一〇类梅瓶样式群共有3种样式。其中的样式一〇18是南北方共享样式，趋同特点很强，与元代迥异其趣（参见附录一总表十）。

（一）样式一〇18

　　小口，较长的直柱颈，颈肩方折，瓶身较长，宽肩、收腹、足径稍小，有不同的轮廓变化，胫部下端曲折，接突出的盘状矮圈足，足壁或方或圆，平底。流行于明代中期到清代，根据各部差异统一分为a～f共6个亚型。

　　1. 样式一〇18a：窄圆折唇，圆溜肩，肩腹圆转，上腹较直，下腹弧状缓收，圆壁盘状足。见于明代中期景德镇窑珐华器。例如：

　　①吉林省辉南县辉发城内出土明中期景德镇窑多彩珐华釉开光海浪人物图"梅瓶"1件，高23厘米、腹径13.5厘米、口径3.2厘米、底径9厘米（图9-2-27①）[301]。

　　2. 样式一〇18b：折唇较厚，柱颈微束，平窄肩圆转，上腹有明显凸鼓，方壁盘状圈足。见于明代磁州窑类型的翠蓝釉等画花器。例如：

　　②日本东京国立博物馆藏翠蓝釉黑彩画花缠枝菊花纹"瓶"1件（图9-2-27②）[302]，高21.5厘米、口径3.7厘米、底径8.0厘米。

　　③海外藏三彩釉画花菱花形开光凤凰纹"梅瓶"1件（图9-2-27③）[303]，高21.8厘米、口径4.6厘米。

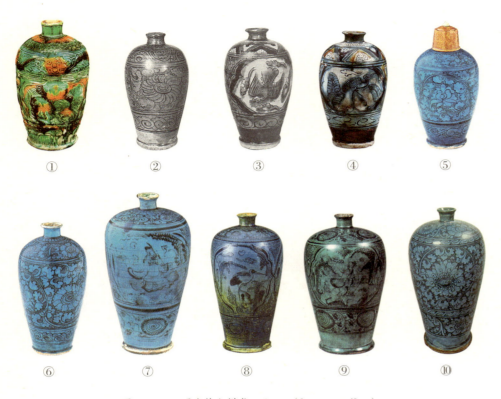

304 《世界陶磁全集·14·明》图版258，东
　　京：小学馆，1976年。转引自：郭学雷《明
　　代磁州窑瓷器》图3-139，北京：文物出版
　　社，2005年，149页。

305 采自：前揭，《靖江藩王遗粹——桂林博
　　物馆珍藏明代梅瓶》图版101。

306 见：同上，图版101说明，143页。

307 采自：《靖江藩王遗粹——桂林博物馆珍
　　藏明代梅瓶》图版102。

308 叶佩兰《元代瓷器》图287，北京：九州图
　　书出版社，1998年。

309 张东《从上海博物馆藏梅瓶浅谈中国梅
　　瓶的发展》图五，载于《中国古陶瓷研
　　究·第六辑》，北京：紫禁城出版社，
　　2000年，151页。

310 上揭，叶佩兰《元代瓷器》图290。

311 采自：前揭，《靖江藩王遗粹——桂林博
　　物馆珍藏明代梅瓶》图版100。

图9-2-27 明代梅瓶样式一○18 （⊢—————⊣ 10 cm）

④日本私人藏三彩釉画花菱花形开光仙鹤图"梅瓶"1件（图9-2-27④）[304]，高21.8厘米。

3. 样式一○18c：圆唇撇口，圆溜肩较宽，下腹内收较大，胫足间曲折明显，斜圆壁盘状圈足。见于明代磁州窑类型的翠蓝釉黑彩画花器。例如：

⑤广西桂林市尧山明中期朱规琅夫妇合葬墓出土翠蓝釉黑彩画花缠枝牡丹纹带盖"梅瓶"1件（图9-2-27⑤）[305]，高23.5厘米、口径4厘米、腹围43厘米、底径8厘米。宝珠钮钟式盖为黄釉搅胎纹。墓葬年代可能是明嘉靖时期[306]。

⑥广西桂林尧山明靖江王陵区明墓出土翠蓝釉黑彩画花缠枝牡丹花纹"梅瓶"1件（图9-2-27⑥）[307]，高24.5厘米、口径3.8厘米、腹围39.7厘米、底径7.5厘米。

属于本样式亚型的传世品很多，如：⑦北京故宫博物院藏翠蓝釉黑彩画花缠枝牡丹纹"梅瓶"1件，高23厘米[308]；⑧上海博物馆藏翠蓝釉黑彩画花缠枝牡丹纹"梅瓶"1件，高24.1厘米、口径4厘米、底径8.7厘米[309]；⑨法国巴黎吉美博物馆藏翠蓝釉黑彩画花缠枝菊花纹"梅瓶"1件，高22.7厘米[310]。

4. 样式一○18d：宽平肩略斜，肩腹圆折后斜直下收，瓶身呈楔形，余同亚型c。见于明代磁州窑类型的翠蓝釉黑彩画花器。例如：

⑩广西桂林尧山明靖江王陵区明墓出土翠蓝釉黑彩画花人物图"梅瓶"1件（图9-2-27⑦）[311]，高30厘米、口径3.5厘米、腹围46.5厘米、底径9厘米。

图9-2-28 明代梅瓶样式一○19、20

（⊢—————⊣ 10 cm）

312 采自：《陕西历史博物馆珍藏·陶瓷器》图版109，西安：陕西人民美术出版社，2003年。

313 前揭，叶佩兰《元代瓷器》图288。

314 采自：扬州博物馆、扬州文物商店编《扬州古陶瓷》图版105，北京：文物出版社，1996年。

315 前揭，叶佩兰《元代瓷器》图291。

316 采自：Margaret Medley, *Yuan Porcelain and Stoneware*, London, Faber and Faber Limited, 1974, C.P.G. 参见：William Bowyer Honey, *The Ceramic Art of China and Other Countries of the Far East*, London, Faber and Faber Limited, Pl.75a, and p.90. 后者提供的尺寸是高9.63英寸（合24.5厘米），与前者有所出入。

317 采自：陕西省考古研究、西北大学文博学院《西安明代秦藩辅国将军朱秉橘家族墓》图一三：1，《文物》2007年2期30页。按：据该墓出土"明泰藩邻阳王奉祀辅国中尉东渠公配宜人张氏合葬墓志铭"，墓主朱敬鈵卒于天启元年（1621年），其妻张宜人卒于万历四十四年（1616年），天启三年（1623年）合葬（原报告37页），天启三年是此瓶的年代下限。

318 采自：任志录、孟耀虎《山西近年出土的梅瓶》图一：3，载于《中国古陶瓷研究·第六辑》，北京：紫禁城出版社，2000年，172页。

319 《辉发城调查简报》图一七，《文物》1965年7期37页。

320 前揭，《中国出土瓷器全集·2·天津、辽宁、吉林、黑龙江》图版214说明，柳岚、高秀华撰。

321 《東洋古陶磁》图版140说明，东京：东京国立博物馆，1953年。

322 见：前揭，〔日〕佐藤雅彦、中野彻合著《陶器講座·7·中国Ⅲ·元、明》图版144说明。

323 郭学雷《明代磁州窑瓷器》图3-139说明，北京：文物出版社，2005年，149页。

⑪陕西西安市北郊出土翠蓝釉黑彩画花仙鹤图"梅瓶"1件（图9-2-27⑧）[312]，通高26.7厘米、口径3.8厘米、底径9.5厘米。

本样式亚型的传世品也不少，如：⑫广东省博物馆藏翠蓝釉黑彩画花仕女图"梅瓶"1件，通高27.9厘米[313]；⑬扬州文物商店藏深绿色翠蓝釉黑彩画花菱花形开光人物图"梅瓶"1件，高26厘米、口径3.6厘米、底径10.5厘米（图9-2-27⑨）[314]；⑭美国旧金山亚洲博物馆藏翠蓝釉黑彩画花菱花形开光仙鹤图"梅瓶"1件，高26厘米[315]；⑮英国维多利亚和阿尔伯特博物馆（Victoria and Albert Museum）藏翠蓝釉黑彩画花缠枝宝相花纹"梅瓶"1件，高26.7厘米（图9-2-27⑩）[316]。

（二）样式一〇19

尖唇圆卷外撇小口，束颈较长，颈肩圆转，斜宽肩，肩腹圆折明确，是最大腹径处，腹壁斜直下收，至足曲折，矮圈足，足外壁修成上下两个斜折面，内壁内斜，平底。这种圈足外壁与样式一〇18的凸盘状圈足很接近，整体器形与样式一〇18d也有些相似，但高度较矮。见于明末关中地区黑釉器。例如：

①陕西西安雁塔区庙坡头村明天启三年（1623年）朱敬鈵夫妇合葬墓（M25）出土黑釉瓷"罐"1件（M25：2），高22.6厘米、口径4.7厘米、底径7.1厘米，肩、底、足沿露胎，肩部无釉处行书"老宫"二字（图9-2-28①）[317]。

（三）样式一〇20

喇叭形小撇口，束颈，瓶身呈卵状，圈足外撇，圆足壁，底微凸。见于山西茶叶末釉粗器。例如：

①山西柳林县杨家坪明墓出土茶叶末釉"梅瓶"1件（图9-2-28②）[318]，高19.5厘米。

（四）明代梅瓶第一〇类样式群部分器物产地和年代判断

表9-2-6　明代梅瓶第一〇类样式群部分器物的产地和年代有关讨论梳理

梅瓶举例	产地和年代有关讨论
样式一〇18a例①	先后有两说：辽[319]，正德至嘉靖景德镇民窑[320]，后者为妥
样式一〇18b例②	磁州窑系，明[321]
样式一〇18b例③	元（13～14世纪）[322]
样式一〇18b例④	明（16世纪中叶）[323]

续表

梅瓶举例	产地和年代有关讨论
样式一〇18c例⑤	有两说：嘉靖[324]，明（16世纪中叶），河南禹州窑场[325]
样式一〇18d例⑩	有两种近似的说法：明嘉靖磁州窑系，[326] 或明嘉靖（16世纪中叶）河南禹州窑场[327]
样式一〇18例⑪	有两说：元磁州窑[328]，明嘉靖（16世纪中叶）河南禹州窑场[329]
样式一〇18例⑫ ⑭	磁州窑，元[330]
样式一〇18例⑬	磁州窑，元[331]
样式一〇18例⑮	有两说：元[332]，明早期[333]

　　除了样式一〇18，明代其他样式群的梅瓶中也有翠蓝釉黑彩画花器（见上文），这种彩釉在金代磁州窑观台窑场已出现，元代已比较多见（见第八章第二节有关内容）。这种釉色常被称为"孔雀蓝釉""孔雀绿釉"，日本学者称之为"翡翠釉"，欧美学者则称之为"turquoise-blue glaze"（意：绿松石釉），本书采取秦大树先生经考证恢复使用古代更恰当的称谓"翠蓝釉"。[334]

　　通过上表的梳理可知，围绕样式一〇18所含各例梅瓶的年代，前后形成了三类断代观点：辽、元、明。其中以判断为元代磁州窑的观点在过去最常见，持辽代观点的只是个别，持明代观点的也不多（均为海外学者提出）。近年来，在郭学雷先生对明代磁州窑所做的专题研究当中，对以上有关器物，特别是其中的翠蓝釉黑彩画花梅瓶的产地和年代有较深入的分析和讨论，提出了有说服力的看法，他认为这类梅瓶主要是明代中期（大致在16世纪中叶）河南禹州窑场烧造的。[335]与样式一〇18器形基本相同的例子是湖北武汉黄家湾明嘉靖三十四年（1555年）朱英煟墓（M3）出土的2件翠蓝釉黑彩画花仙人鹤兔图梅瓶（样式二37b例②，图9-2-9③），胎釉、饰纹与本样式各例翠蓝釉黑彩画花梅瓶都相同，又有明确的嘉靖晚期纪年，可为一证。

324　前揭，《靖江藩王遗粹——桂林博物馆珍藏明代梅瓶》图版101说明，143页。

325　前揭，郭学雷《明代磁州窑瓷器》图2-163，90页。

326　见：前揭，《靖江藩王遗粹——桂林博物馆珍藏明代梅瓶》图版143。

327　前揭，郭学雷《明代磁州窑瓷器》图2-165，90页。

328　前揭，《陕西历史博物馆珍藏·陶瓷器》图版109说明，177页。

329　前揭，郭学雷《明代磁州窑瓷器》图2-166说明，90页。

330　前揭，叶佩兰《元代瓷器》图288、291说明，115页。

331　前揭，《扬州古陶瓷》图版105说明，166页。

332　见：Margaret Medley, *Yuan Porcelain and Stoneware*, London, Faber and Faber Limited, 1974, CP.G之说明。

333　见：William Bowyer Honey, *The Ceramic Art of China and Other Countries of the Far East*, London, Faber and Faber Limited, Pl.75a, and p.90之说明。

334　秦大树《试论翠蓝釉瓷器的产生、发展与传播》，《文物季刊》1999年3期。

335　郭学雷《明代磁州窑瓷器》，北京：文物出版社，2005年，90页。

第三节

中心化格局的奠定和官民风尚的相互影响

一、从样式群统计与分析看明代梅瓶格局的质变

以上分八类对明代梅瓶的器形样式做了详细的梳理研究，结果表明，明代先后出现和流行的梅瓶样式共有43种，样式总量比元代减少了9种。这是梅瓶样式繁衍进一步放缓的表现，也是梅瓶"器形共性特征"进一步趋于集中的表现之一。对每一类样式群所含南北方样式的数量再做分别统计（见表9-3-1），可知明代南方和北方流行的梅瓶样式各为38种和9种，南北方总量比例为4∶1强——南方流行的样式数量已经远远超出了北方，南北方总量比不但远超元代北方和南方梅瓶样式数量的比值，也超过了北宋和辽代的这一数值。另一方面，明代与元代相比，北方梅瓶的样式数量极度萎缩（从31种减至9种），表明北方梅瓶的繁衍活力大为下降，而南方样式数量则大幅提升（从22种增至38种），表明南方梅瓶的繁衍能力旺盛。无论从哪个角度来看，都表明了明代南北方梅瓶器形样式衍化的比重已经发生彻底逆转，南方样式占据了绝对多数。

在前文已经一再提到过，明代梅瓶与此前各代梅瓶相比存在根本的差异，主要表现为几个方面的整体性变化，包括地域分布的变化、窑场重心的变化、材质品种的变化，等等，从本节以上内容看来，诸方面的变化是具体可感的。同样，明代梅瓶的器形样式也发生了极其明显的整体变化。在这方面，不单是第九类样式群在明代彻底消失，更重要的是，明代仍然沿用的各类样式群的内部所包含的

表9-3-1　明代南北方梅瓶样式群所含样式数量对比*

地域	一	二	三	四	六	七	八	一〇	总	
南方	4	11	6		7	8	1	1	38	
北方		4		2				3	9	43
其他材质					3				3	

　　*注：由于南北方存在某些共享样式，同一样式群所含样式总量以及各方总数之和并非简单相加。

南北方梅瓶样式，从数量比重到样式特征也都发生了根本性变化，体现出明代梅瓶的格局性逆转。

从唐代到元代一直都只在中原和北方流行的第一类样式群，到了明代则全部出自南方窑场，在整个北方地区再也看不到此类样式的器物。不但如此，"折沿凸环小口"样式的明代梅瓶仅见于景德镇，又主要见于明前期的景德镇"御窑"。

在明代，以"小撇口"（或"小侈口"）为标志的第二类样式群，仍然为相对较多的南北方窑场共享——这在明代是绝无仅有的。即便如此，其中的南北方样式数量的比例，与元代相比，已经向彻底相反的方向发生变化，北方窑场只有极少的样式，南方样式占绝对多数，绝大部分样式同样出自景德镇，包括官窑和民窑。明代"御窑"从早期到晚期都在采用小撇口的梅瓶样式。

于元代呈瓶颈状态的第三类样式群，到了明代再度繁荣。从元代开始，北方再也没有出现过"盘口"样式的梅瓶，而明代小盘口样式的梅瓶基本上都可以肯定是来自景德镇，大部分样式可以细分出多个亚型，分别见于官窑器和民窑器。可以明确肯定属于官窑器的盘口梅瓶都是在嘉靖、万历时期烧造的。

同样繁盛于明代的还有第六类和第七类样式群，这也是历史上最具南方特征的两类样式群。在元代，北方梅瓶已经从第七类样式群中彻底消失，明代第六类样式群中也没有北方梅瓶的一席之地了（不包括非陶瓷材质的梅瓶）。在这两类样式群中，绝大部分明代样式也都是来自景德镇，还有一部分来自龙泉窑，明晚期广东石湾窑也出现了具有直口特征的梅瓶样式，其他少数地方性窑场也偶尔一见。第六类样式群还包含一部分景泰蓝器和漆器，后两种材质的梅瓶都与明代中晚期的内府造作有关。在明代前期前段，属于第六类样式群的某些景德镇窑器，以及属于第七类样式群的某些龙泉窑器，可以确信属于官窑或官器的样式；到了明前期后段（即所谓"空白期"），现存两类梅瓶实例中是否存在官窑器，还不太明确（同样的情况也见于第二和第三类样式群）；可以肯定的是，明晚期这两类样式群的梅瓶基本上都属于民窑器。可见，明代盛行的第六、第七这两类样式群所含器物，在材质和样式来源上相对而言比较丰富，至于属官、属民的性质则具体而微，需要做具体研究。

从元代开始走下坡路的第四类样式群至明代已呈凋零状态，只在西北地区孑遗极少量的样式，原本极为流行的中原和华北地区已难觅其踪影，南方窑场也不再选择梯形小环口的样式；与之不同的是，在元代见于西北地区的第八类样式群，至明代又复现于南方，仅有一种来自景德镇的成化官窑样式。

自金代以后一直没有起色的第一〇类样式群，到了明代主要在北方繁衍，弥补了明代北方梅瓶样式的欠缺，而景德镇窑和磁州窑这一南一北两大名窑同享的样式一〇18，具有稳定的尺寸和统一的器形特点，体现了明代梅瓶的规律性特点。

336 据傅振伦先生研究："明朝，在洪武二年
才开始注意到瓷器的制造。三十五年，首
先在江西景德镇珠山设立'御厂'，烧造
瓷器，由段廷珪主持，号称'官窑'，共
设二十座。"见：傅振伦《明清两代的瓷
窑》，《文物参考资料》1953年9期107页。
此后，明"御窑"的始建时间素有争议。
在1982～1994年间，江西景德镇市珠山东门
头明代"御窑遗址"经过陆续的考古发掘，
以考古材料证实了"洪武二年说更符合史
实"，见：马文宽《中国古瓷考古与研究
五十年》，《考古》1999年9期87页。

二、以景德镇为中心及官民风尚的相互影响

上述内容中的关键词是"景德镇"，以及"官窑"和"民窑"，它们伴随
着明代南北方梅瓶样式比例的逆转和地位的变化过程。由此可以确定一点：从
元代到明代，梅瓶的发展逐渐从二元格局进入一个以景德镇为核心产区的中心
化格局。

众所周知，景德镇在明代成为当之无愧的中国瓷业中心。大量的史料记载、
考古发掘和相关研究成果都说明这一点，正所谓"工匠八方来，器成天下走"，
便是这一中心地位的形象写照。本章内容也表明，在中国梅瓶的历史上，明代的
景德镇同样是当时烧造梅瓶的核心产区。在明代出现的八类梅瓶样式群里，只有
第四类没有在南方出现，而出现于南方的绝大部分样式群都以景德镇为重点，即
第一至第三和第六至第八类样式群。最流行的是第二、第三、第六、第七共四类
样式群，成为明代梅瓶的主流。景德镇在明代烧造的梅瓶从早期到晚期有着非常
连贯的样式演变脉络，从中可以看到官窑（御器厂）和民窑对梅瓶样式的不同选
择，也可以看到两种性质的窑场之间相互影响的变化过程。

明代初期（洪武二年，1369年）在景德镇设立"御器厂"（后俗称"御
窑"）[336]，专门烧造宫廷御用瓷器，虽然以后时断时续，但这一制度在整个明代
一直存在。

考古材料显示，明代早期的洪武、永乐、宣德时期的御窑即烧造了高水平的
梅瓶。在"明初元式梅瓶"中白釉器样式六10h（特别是"赏赐"款的例⑥，图
9-2-16⑥），与基本保持元代特征的样式六10a有了比较明显的器形差异，可能
是洪武御窑采用的样式之一。洪武时期的梅瓶样式二27b，样式六6e、13b等会
不会也是洪武御窑梅瓶样式，尚待研究。这些样式遗存的实例，尺寸体量属大中
型，具有从元代到明代过渡的器形特征，明代的样式特征还不太明显。

永乐、宣德时期御窑梅瓶样式极为相似。御窑遗址出土的梅瓶标本有如
下5种样式：样式一15、16、17，样式二28d，样式六14a。这些样式毫无疑
问都是永乐、宣德时期御窑采用的梅瓶样式。此外，永乐、宣德两朝极为流
行的样式二27c，实例均为品质一流的青花和白釉器，很可能也是御窑梅瓶的
样式。与洪武时期相比，永乐、宣德御窑梅瓶样式出现了完全不同的和更为
多样的选择，包括了与唐代白瓷梅瓶极为近似的样式一15，体现金元时期夸
张束腰、撇足特点的样式一16，与元代钧窑（样式一14）近似的样式一17，
以及流行特征很明显的样式二28d和二27c，还有承续宋元南方传统特征的样
式六14a。其中以样式一15、16、17和样式二27c最能体现永乐、宣德朝御
窑梅瓶的典型特征，前三种样式风格具有雄浑、沉着的特点，后一种则体现
了优美、典雅的风格。此时，景德镇民窑梅瓶主要是模仿官窑的样式（如样
式二27c例④，图9-2-5⑫及附录一总表二：27c⑧），民窑风格并不明显。

　　明早期后段（以正统、景泰、天顺等为主的所谓"空白期"），朝廷的严令
使得御窑烧造几乎处于停顿状态，此时的梅瓶样式也发生了重要的变化：流行第
三、第六、第七类样式群，延续永乐、宣德朝的只有样式六14，风格趋于敦实，
样式七8也有类同特征，第三类的样式三22、23、24则表现出继承南宋和金代的
前朝样式特点（如样式三13、16、17等），虽然小有变化，但明代特征还不明
显。空白期遗存的梅瓶实例表现出很明显的民窑色彩，是明代景德镇民窑梅瓶逐
渐显露其样式选择的最初阶段，也是明代民窑影响官窑的肇端。

　　明代中期前段（成化至正德）的梅瓶样式有：样式一18，样式二27、28、
36，样式三23、24，样式六14、15，样式七8、15、16，样式八7，样式一〇
18a，明代所有在景德镇流行的梅瓶样式群同时都出现了。除了上已述及的样式
二27，像样式二28e例②（图9-2-6②），带弘治年款，以龙纹装饰，样式八7
例①（图9-2-26）出自成化帝夭折的长子墓，都可以肯定属于官窑器，这两种
样式也是当时官窑梅瓶的样式，尺寸属中型。其他大部分样式的梅瓶，在胎、
釉、彩和饰纹方面都表现出民窑的显著特点，尺寸分别属中型和小型（形体最小
的是样式七16a）。民窑与官窑在明代中期比较明显地构成了一种互补关系。

　　从明代中期后段的嘉靖开始，到明晚期的万历时期，只流行四类样式群，
即第二、三、六、七类样式群。与"永宣不分"类似，也存在"嘉万不分"的说
法，但实际上所谓嘉万不分的情况在梅瓶当中并不绝对，它主要表现在样式三25
的官窑器（样式三25a、b、c、d多例）和样式七15的民窑器（样式七15c等），
其他嘉万朝各样式之间的差异还是比较明显的。

　　值得注意的是嘉万两朝流行的官窑与民窑梅瓶样式之间的关系。嘉万官窑
梅瓶样式只见于第二和第三类样式群中，即样式二27、38a、39，样式三24d、
24e、25a～25d、26，而民窑器则普遍见于上述四类样式群内，即样式二37、
34、40，样式三24c、24f、25e、25f，样式六14g、10j，样式七8、15c、17、
18、19。可见，上述样式中只有少数在官窑和民窑之间重叠，但具体表现的亚
型并不同。这里面反映出从嘉靖到万历时期官窑与民窑器之间的特殊关系：从
样式类型来看，嘉靖、万历官窑梅瓶采用的小撇口样式（第二类）和小盘口样
式（第三类），既有此前官窑样式的传统渊源，也与同时期的民窑有许多相似之
处，后一种关系比较明显地表现在第三类样式群里嘉万官窑与民窑梅瓶样式之间
的高度相似性。由于第三类样式群在明代早、中期都难以肯定存在官窑传统，这
就说明了嘉万时期的小盘口官窑梅瓶是受到民窑样式影响的结果。这种现象与嘉
靖、万历时期景德镇御窑施行权宜性的所谓"官搭民烧"制度有直接关系。此时
的官窑梅瓶从嘉靖朝的大型器（如样式二27f，三25a、b、c）发展到万历朝的超
大型器（如样式二39，三25b、26）之后，犹如永宣朝的回光返照，明代官窑梅
瓶也走到了它的尽头。

　　在嘉万官窑梅瓶样式的选择逐渐集中于第二、第三类样式群的同时，民窑
梅瓶样式却很活跃，而且到了明代末期，随着景德镇官窑停火，有限的实例表

明，当时在景德镇仍流行的梅瓶就只有第三类样式群的民窑器，即样式三25g、25h、27，全部属于小型器物。

至此，我们可以从器形样式群和样式特征的角度，对明代景德镇烧造梅瓶的历史形成如下分期概念：明初的洪武时期（14世纪下半叶），是从元到明的过渡时期，御窑选择的梅瓶样式还带有元代后期青花梅瓶的样式特点，不妨称之为"明初元式期"；永乐、宣德时期（15世纪前期），御窑改变了洪武期的选择，有意识地从第一、第二、第六类样式群中选择某些现成样式，分别追溯到唐代和宋元，在形式上或加以优化，或加以改造，成为"永宣御窑样式期"；正统、景泰、天顺（15世纪中期）又放弃了永宣御窑样式，具有南方传统和民窑特征的第六和第七类，以及在元代曾变得很微弱的第三类样式群，因而得以重新出现、逐渐成熟，特别是第六、第七类的有关样式作为一种基础而衍化出所谓空白期特有的样式，可以称之为"南方民窑化样式期"；成化、弘治、正德（15世纪后期至16世纪初期）是景德镇梅瓶样式最为丰富多样的一个时期，也是阶段性面貌最不清晰的一个时期，不妨称之为"杂多期"；嘉靖到万历时期（16世纪中晚期到17时期初期），官窑和民窑相互借势、并存兴盛，在第二、第三、第六、第七共四类样式群中都有嘉万两朝样式趋同存异的现象，可以称之为"嘉万官窑民窑并盛期"；天启以后的明末（17世纪前期），景德镇梅瓶样式趋于单一，它必须等待一个新王朝带来的新动力才有复兴的可能，这是一个"单一样式期"。我们不仅可以把明代景德镇窑的梅瓶样式衍化过程分为以上六期，而且还揭示了官窑和民窑在这一过程中有所侧重地相互作用、相互带动、相互影响的机制。

当然，明代烧造梅瓶的窑场不只是景德镇的官窑和民窑，不能忽视的还有浙江龙泉窑。虽然遗存不多，但已足以说明龙泉窑在明代早、中、晚期都没有停止梅瓶的烧造，如早期的样式二29、35，七10b（例①～⑦）、10c（例⑧），中期的七10d（例⑨ ⑩），晚期的样式六17（例①）。现在国内的考古学界把明早期的样式七10b确定为永乐时期龙泉窑烧造的"官器"，它在器形上明显继承了元代龙泉窑的自身传统（元样式七10a），但划暗花的桃竹纹（如样式七10b例②，图9-2-21④）与永乐、宣德时期景德镇窑的样式二27c例②（图9-2-5②）完全一致。这也许：样式七10b的器形可能是龙泉窑当地自定的，而饰纹很可能与景德镇一道都是接受明朝廷颁布的官样依样制作。明早期的样式七10c和中期的样式七10d与永乐官器样式七10b存在某些相似性，但器形、尺度、格调、工艺、饰纹和胎釉质量的差别都很明显，应该都属于民窑性质。作为一件镂空的透雕器，完全可以确定样式二35例①（图4-4-8①）属于纯粹的陈设器。至于样式二29，应该是龙泉窑在明早期受元代北方相同样式影响的产物，以后看不到它继续演变的线索。海外学者确认，明晚期样式六17的遗物属于外销瓷，它与上述各样式和实例相比，的确存在较大的差别。

作为后起之秀，明代广东石湾窑在万历时期烧造的梅瓶很有特色，如样式二41和样式七20，二者所具备的形式因素和样式特点都能在元明时期景德镇和北方窑场的梅瓶样式中找到来源，整体器形却具有很鲜明的岭南特征，而且它们在当时很可能都属于陈设器。

　　在北方地区，梅瓶的普遍衰落不仅仅表现在流行样式数量的锐减，还表现在直到元代都非常流行的无饰纹深色釉粗胎器到了明代也极大萎缩，所见材料只有区区几种样式，如样式二34e，样式四48，样式一〇19、20等，而且已经不再具备影响力，逐渐成为某种意义上的"文化化石"[337]。至于其他北方陶瓷梅瓶，除了明早期还能见到一些白釉黑彩画花器（样式二34a、b，样式四49），最重要的要数明中期后段在磁州窑和中原磁州窑类型的窑场中流行的翠蓝釉黑彩画花梅瓶（样式二37b，一〇18），它以鲜艳、稳定的翠蓝色和翠绿色以及风格独特的釉下黑彩画花而引人注目。此外，传世的明代部分珐华釉梅瓶可能来自山西窑口，也是比较重要的北方品种。

　　正是南北方梅瓶存在诸多有差异的历史时空因素，使得以景德镇为核心产区的明代梅瓶中心化格局蕴含了更为丰富的内容。

三、明代梅瓶装饰的格式固化和求变潜流

　　在装饰方面，景德镇在引领明代梅瓶器形样式发展主流的同时，也以其最能代表时代水平的工艺技术、多样细腻的装饰手段和多姿多彩的饰纹题材、布局格式等，创造了最为丰富和最具时代特色的梅瓶装饰面貌。在釉色上，明代景德镇梅瓶包括了白釉、青釉、红釉、绿釉、蓝釉、黄釉以及有特殊纹理的哥釉或多色的珐华釉、三彩釉等，运用的彩料主要有釉下的青花、釉里红、铁红彩，以及釉上的红绿彩、绿彩、红彩、素三彩，还有多种彩色结合的斗彩等，传统的饰纹装饰工艺如刻划花以及经过细化的暗花也得到很好的运用，而且刻划花、暗花还与不同彩料的画花形成了多种组合，丰富了装饰层次。可以说，明代的景德镇前所未有地调动了当时几乎所有已知和已能掌握的釉、彩、纹，对梅瓶进行多种装饰尝试，其中使用最多的还是青花，青花梅瓶在饰纹布局方面也最能体现一个时代的装饰意匠。

　　在明代景德镇梅瓶的饰纹布局格式中，分层格式成为绝对的主流，分块格式基本不用，单纯的单体／折枝格式也极为少见。与金元时期流行多层格式不同，明代梅瓶的分层格式重新采用北宋晚期摸索成熟的"三层式"，成为明清两代梅瓶最主要的饰纹布局格式。三层格式的肩、腹、胫都有常用的饰纹题材和结构。

　　明早期，梅瓶的肩部常常采用元青花传统的变形莲瓣纹、云肩纹（面积逐渐变小，又被称为如意云头纹），永宣时期的卷草纹颇为文雅而有新意；到了明中期以后，这些饰纹仍然流行，不同的是加上了一些点缀性元素，如云肩纹加上璎

337　样式二34e例⑥（附录一总表二：34e）由肩部向腹部转折的最宽处，有一道很宽、很整齐而几乎直立的刮釉露胎痕，从这一位置和力学角度来考虑，这道露胎痕更像一种装饰，而不太可能像宋元时期那样是由于"垛口叠烧"的装烧工艺留下的痕迹。如果此推测确实，这种装饰化的努力对于北方实用性梅瓶的改观仍然显得无能为力。

珞、杂宝等，变形莲瓣纹加上云头状瓣尖，增强了装饰性；万历以后，除了仍然流行上述题材，还出现了可能是借鉴织造饰纹的锦地开光纹，也可以视为云肩纹的变体，此外还流行海马纹等。

胫部饰纹常常与肩部对应，这已成为梅瓶饰纹布局的惯例。如明代早中期也常常采用元青花传统的变形莲瓣纹，永宣时期常见卷草纹，到了明中期，除沿用上面两种饰纹之外，还常见蕉叶纹，嘉靖到万历时期同样流行"江牙海角"和海马纹等。

腹部作为主题饰纹区也是三层格式的惯例。按大类划分，明代梅瓶的腹部饰纹主要有植物纹、龙凤纹，以及作为结构性的绘画性饰纹所包含的人物、山水、花鸟等题材。传统式缠枝植物纹主要见于明早期，早期后段开始逐渐打散缠枝结构，中后期流行较为随意的图案化的缠枝植物纹；永宣时期特别流行折枝纹，显示出花鸟画的影响，但是经过了如团状、三角折带等结构的组织；明代中晚期，除传统结构和样式的植物纹之外，还流行各种绘画性的花草图。龙凤纹在明代是非常突出的一大类，这与官窑在明代的兴起直接相关，是皇权的体现。明早期的永宣时期多见巨型龙纹，配以大块的"壬"字形或团状朵云，力度饱满；除了见于三层格式之内，当时还将龙纹作为绘画来表现；明中期开始，龙纹有趋于细小化的趋势，嘉万时期常配以卷草，龙纹显得不太突出，万历时期偶尔出现一些巨型龙纹，也已显得孱弱无力；从正德到万历时期的凤纹却很有特点，与明早期继承元代的凤纹有所不同；在明代明令禁止民间使用龙凤纹，到了中晚期在民窑梅瓶上则成为常见的主题饰纹，也是此时"官搭民烧"制度下的产物；除了龙凤纹，其他带有动物形象的饰纹仍不少见，有特点的如明早期后段的孔雀纹、明中期的云鹤纹、明晚期的蝴蝶纹等。从明代早期到明末，绘画性饰纹在梅瓶上也已成为最流行的一种形式。绘画性饰纹与其说是一类饰纹，不如说是一种组织结构。如明早期有花鸟题材的三友图，永宣时期的桃竹图、庭院图都富有意境，明中期的百花孔雀、高士山水、文士游山、仕女、鱼藻、清莲，以及明晚期的四爱、游山、三友、凤朝阳、婴戏、道士炼丹、兰草、状元及第、群仙祝寿等画题，或借鉴了文人画的意境，或运用了吉祥纹样的寓意手法。

可以肯定，明代大部分梅瓶仍然配有瓶盖，盖的形式只有宝珠钮钟式盖和帽式盖两种，宝珠钮钟式盖见于第一、二、三、六、七类样式群，宝珠钮帽式盖见于第二、第七类样式群，元代仍旧流行的覆杯式盖至此已经不见。某些样式的明代梅瓶还配有瓶座。瓶盖对明代梅瓶装饰的影响主要表现在官窑梅瓶中，凡是带瓶盖的官窑梅瓶，口颈部以及被遮挡的肩部内层是不会出现饰纹的。在已知的明代官窑梅瓶样式中，颈部出现饰纹的样式很少，只有成化的样式八7（例①，图9-2-26），嘉靖时期的样式二38a（例①，图9-2-10②）和样式三24d（例⑦⑧，附录一总表三：24d①，图9-2-12⑦）。三者除了口唇部画以弦纹之外，前者颈部还画了两层卷草纹，后两者颈部画蕉叶纹。前者和后者是否配盖尚不便确定，但中者应该是不配瓶盖

图9-3-1　四川成都明正德五年（1510年）蜀王府

太监魏本墓M6出土蓝釉梅瓶　（0 ⌐‥‥‥‥‥ 10 cm）

的陈设器。

　　看来，在明代官窑梅瓶中，口颈部是否布置饰纹有比较严格的要求。在民窑梅瓶上面，就显得无拘无束多了，如样式一18，样式二36a、37a、34c，样式三23、24、25e、25f，样式六14，样式七8、15、17、18、19等，在颈部都有不同形式的饰纹，其中的样式七8f配宝珠钮帽式盖，而样式七8e还配有完全遮挡口颈部的宝珠钮直壁钟式盖。最后这个例子提醒我们，明代梅瓶的口颈部是否装饰纹样，并不意味着是否是陈设器，需要具体问题做具体研究。

　　至于瓶座，它与瓶体的关系除了涉及装饰（这一点在明代并不突出），主要涉及瓶体的器形。对此，冯先铭先生曾以永乐青花折枝纹梅瓶的器形变化为例谈到过一个看法，他认为永乐梅瓶的"造型是圆润的小口，肩部丰满，肩部以下稍收敛，胫部较肥，整个器形与宋元两代有很大不同，倾向于由长瘦秀丽转变到短肥稳重。宋代梅瓶器身高而瘦且胫部细小，有不稳定的缺点，当时是借助于瓶座起稳固作用，这种借助于座子的梅瓶在实用上说是不方便的，因此永乐时期梅瓶转变为短而肥，是从实用角度来改进的，这样改进之后，它可以不再依靠瓶座而独立存在，并且可以稳定不倒。"[338]冯先生引用的例子属于样式二27c，是永宣时期都很流行的一种梅瓶样式（图9-2-5②~⑬）。在本书上卷多处谈到梅瓶配座的情况，这方面的例子在下卷各章节中都存在，明代梅瓶中仍然存在。实际上，在清代作为插花器和陈设器的梅瓶还在使用瓶座[339]。而江西景德镇明"御窑"遗址宣德地层中出土了带盖、连座的青瓷和白瓷梅瓶标本多件（样式二28d，图4-4-6③、图9-2-6①）。还有一例正德时期的配座梅瓶实例：1955年四川成都北门外万佛桥白马寺明正德五年（1510年）蜀王府太监魏本墓M6出土带盖、配座的所谓"陶仓"2件（成对），实为一对品质很高的蓝釉瓷质梅瓶，通高37厘米，瓶体器形敦实，并无倾倒之虞，也配上了精美的瓶座（通高37厘米，图9-3-1）[340]。瓶座这种配件最初无疑是有防止倾倒的实用性考虑，但是并

338　冯先铭《记1964年在故宫博物院举办的"古代艺术展览"中的瓷器》，《文物》1965年2期41页。

339　明代梅瓶作为插花陈设器配座的例子见图4-4-6①，清代梅瓶作为插花器配座的例子见图2-3-5②，作为陈设器配座的例子见图2-3-3②。

340　采自：四川省文物管理委员会《成都白马寺第六号明墓清理简报》图十七：左，《文物参考资料》1956年10期。按：魏本墓出土的这对蓝釉梅瓶，瓶座材质不明。其盖为宝珠钮平顶撇口曲壁钟式盖，瓶体的口颈部不明，肩部浑圆，上腹圆鼓，下腹斜收至底，插入圆形花几式瓶座的圆孔内，座为方唇口，直壁短颈往内收，鼓肩（有凸出的浮雕状莲瓣纹），架腿八只，下接双层圆台座底。关于魏本墓出土的这对蓝釉梅瓶（以及这类明代蓝釉瓷器）的年代，耿宝昌先生推断为明宣德或正统，倾向于认为是宣德器，见：耿宝昌《明清瓷器鉴定（明代部分）》，香港：中华书局香港分局，1984年，61页。但是，耿先生的推论前提是，他明显失误地认为魏本（存敬）墓年代为明正统十年（1445年），这一年实为魏本生年。据该墓出土的"明典服正魏公墓志铭"得知，墓主魏本，字存敬，生于明正统乙丑年（正统十年，1445年），死于正德庚午年（正德五年，1510年），享年66岁，生前任蜀王府典服所典服正一职，是四代蜀王重用和宠信的王府太监，其墓葬纪年应在正德五年（1510年）或稍后，见：《成都白马寺第六号明墓清理简报》，《文物参考资料》1956年10期49页。实际上，魏本墓的这两件梅瓶与明正德十二年（1517年）蜀王府织造官滕英墓（位于明代四川成都苏坡乡）出土的"霁蓝盖罐"胎釉特征相同，二者都应该是正德前期的器物，而有些作者未加细查地转用了耿先生有误的信息，将这类蓝釉器断代为"正统至成化时期的产品"，见：翁善良、朱代英《成都市博物馆藏明代青花瓷器研究》图十一，《四川文物》1998年5期34页。

不等于说瓶体尺度适中和器形趋于敦实就一定会取消瓶座。至于梅瓶座在纯粹陈设性环境中出现，其本身也一样能体现审美意义。

四、结论

综上所述，关于明代梅瓶可以简要地归纳出以下几点认识：

1. 在明代，南方梅瓶在样式数量、工艺水平、风格面貌、品质格调等方面，都以绝对优势占据了梅瓶发展的主导性地位，景德镇作为当时的核心产区，其选择和流行的样式引领着梅瓶发展的主流，其他南北方各窑场先后流行的梅瓶样式都或多或少地受到这一主流趋势的影响，从而形成了明代梅瓶的中心化格局。

2. 在这一格局形成的过程中，景德镇的官窑和民窑一直相互影响，在不同阶段呈现不同的消长之势，体现了取向一致、表现有别的官民风尚，又存在相互利用的倾向，说明了明代梅瓶的中心化格局正是中国社会和文化历史在有明一代达到成熟之后所造就的局面。

3. 明代梅瓶材质品种之多样和工艺水平之高超都是前所未有的，这也成为明代梅瓶的器形共性特征在日趋集中的过程中得以保持面貌丰富的物质条件。与此同时，梅瓶饰纹格式重新回归北宋确立的三层式布局，并使之成为定式。因饰纹在格式上难以出新，故明代梅瓶的装饰便从胎釉质感、彩料特性、题材组织、细节变化等方面求出奇，成为当时梅瓶装饰的自然之选。

中国梅瓶研究 下卷

Chinese
Meiping Vase
Research

第十章

中国梅瓶研究

下卷

第十章

下 器形篇

Chinese

Meiping Vase

Research

精致与一统

——清代梅瓶的官样特征和审美化追求

　　尽管明代梅瓶的审美特征已经非常突出，艺术水平极高，但是没有证据能够说明这类器物在明代已经被称为"梅瓶"，相反，大量实用性梅瓶在明代仍然以"瓶"这样的名称常例流行着（见第三章第一节）。到了清代，至迟在康熙后期，"梅瓶"才作为一个正式的器物名称被记录在皇家档案之内（见第二章第三节）。肯定这一点，不仅仅指向梅瓶名称的演变问题，对于我们了解梅瓶的功用和器形、装饰等各方面所构成的总体状貌在清代所发生的本质性变化，也具有同样重要的意义。当这种实用性酒瓶从本体性功用和礼仪性功用转变成完全意义上的审美性功用之时，当它的名称被彻底更换为具有审美内涵的新名称之后，意味着梅瓶在清代将朝着与此前历代所不同的集中于审美的方向进行衍化、完善和变异。此时，在清代梅瓶形成时代特征的诸多因素当中，审美趣味变得极端重要。

　　这一方向与此前差异如此之大，也必然反映在清人对梅瓶的使用状况之中。一个突出的现象是，梅瓶在清代考古材料中几乎不见踪影。例如在吉林通榆兴隆山的清代公主墓内[1]，随葬有金器、玉器及其他杂件，却没有瓷器，也没有梅瓶；在中原和南方地区，曾有不多的经过考古发掘的清代墓葬见诸报道，但也从未见过其中有梅瓶存在。清代梅瓶从墓葬中消失，可能与清墓考古发掘的缺乏有一定关系，但是现有的考古材料也可以表明，梅瓶在清代已经失去往日它在墓葬礼俗当中原有的地位，这也从一个侧面反映了清代丧葬礼俗与此前的基本差异。另外，在目前同样少见的清代窑址考古材料中，也见不到清代梅瓶的报道和介绍，但是这并不表明清代陶瓷梅瓶烧造规模的萎缩和烧造质量的下降，只是反映了清代窑址考古一直不受重视的现实[2]。与此截然不同的是，清代梅瓶的传世品却很多，绝大部分遗物又是作为高档陈设器保留下来的，以清代皇宫传世的清代梅瓶最为集中，也最有代表性，包括清代"御窑"器和内府制作的器物，这方面有清宫陈设档案流传有序的明确记录为证[3]。很明显，梅瓶在清代与明代的处境很不相同。

　　传世遗物表明，除了瓷器，清人还沿着明人开掘的路径继续采用昂贵的材料和相应的特殊工艺来制作益发精致的梅瓶。如俗称"景泰蓝"的铜胎掐丝珐琅器（图2-3-1③④），以及受瓷器工艺启发的铜胎画珐琅器（图10-1-1①），而瓷胎珐琅彩和其他各种各样的清代最具代表性的瓷工艺，在梅瓶这类器物上几乎都能看到绝顶上乘的表现。除了这些由景德镇"御窑厂"烧造的和内府制作的代表清代最高水平的制品，在南方的民间窑场和其他行当的作坊当中，也同样在制作陈设性的梅瓶，表现出与官方趣味求同存异的时代特点。

　　在此需要强调的是，陈设化的纯审美方向，以及清人在审美方面对梅瓶器形和装饰的要求，决定了清代梅瓶的总体状貌，包括器形、装饰以及相关工艺的发明、运用乃至陈设方式等各个方面，都使得清代梅瓶在整体上进入一个新境界。

1　参见吉林省文物工作队、白城地区文管会、通榆县文化局《吉林通榆兴隆山清代公主墓》，《文物》1984年11期。

2　具有讽刺意味的是，在清代和清代窑址常常不被纳入考古学范畴的今天，全社会却形成了对清代官窑器的疯魔追捧。

3　本书第二章第三节曾经引用过王子林编著的《明清皇宫陈设》收录的两条清代档案记录，即嘉庆七年（1802年）十一月立《养心殿明间及后殿陈设档》和道光十五年（1835年）七月十一日立《坤宁宫东暖阁陈设档案》中都明确提到，在这两处宫殿内的具体位置陈设着五彩瓷的和玉顶填白瓷拱花的"梅瓶"，见王子林《明清皇宫陈设》，北京：故宫出版社，2011年，88、79页。实际上，王先生对明清皇宫陈设档案的全面梳理显示，作为陈设器的梅瓶在清宫之内极为常见，明确的记录远远不止这两处。

第
一
节

清代梅瓶器形样式分类研究

依据梅瓶器形样式群的分类标志与方法（见第五章第五节），清代梅瓶的器形仍然可以归入六类样式群内，分别为第二、第三、第六、第七、第八和第一〇类，明代尚存的第一、第四类样式群在清代消失。样式群数量的减少也就意味着梅瓶器形样式的选择更集中，而实际上，清代梅瓶尽管仍可分为六类，但整个清代陆续出现和流行的梅瓶样式所表现出来的趋同特征却是极其明显的。其中最典型的代表是第二类样式群。

一、第二类样式群

经归纳，清代第二类样式群的梅瓶共有10种样式，几乎每一种样式都有细微、丰富的具体变化，因此有多种样式可以分为多个亚型。绝大部分梅瓶都是景德镇"御窑厂"的制品，集中出现在康熙、雍正、乾隆时期，品质极高，嘉庆朝亦有所见。另有清宫内府专门制作的铜胎珐琅器，包括画珐琅和掐丝嵌珐琅。到了清代晚期，南方的漆作行以及一些新兴窑场也在制作或烧造小撇口梅瓶，出现了不同于此前"御窑"的风格因素（参见附录一总表二）。

（一）样式二27

圆唇小撇口，短束颈，颈肩圆转明确，丰肩、鼓腹，下腹内曲下收，从胫部到足部直立，或足端微撇，平底隐圈足，挖足适中，足壁窄薄。本样式始见于元代龙泉窑之后，在明清两代"御窑"中一直流传不衰，也见于清宫造铜胎画珐琅梅瓶，是明清时期最常见的梅瓶样式之一。根据各部细微的差异，清代器物可以分为c、g～l共7个亚型。

1. 样式二27c：这是明代永乐、宣德时期最流行的一种梅瓶样式，至清代前期重新出现，属于当时的仿古样式之一，分别见于清初期的铜胎画珐琅器和雍乾时期的青花器，但体态有所差异。例如：

①北京故宫博物院藏清初期铜胎画珐琅山水仙人图"梅瓶"1件（图10-1-1①）[4]，高21.8厘米、口径3.5厘米、足径7.9厘米。口、足露胎，铜胎镀金，灰白釉为地，五色彩画，釉层厚重。画山水祥云之间有一人骑狮捧桃，一童子挑幡随行，云端一着黄衣者乘紫色蝙蝠飞临，寓意世外仙人捧寿祝福。此瓶为清宫养心殿造办处珐琅作所造，器形直接仿自明永乐、宣德同式瓷梅瓶。

②美国波士顿美术博物馆藏清代青花白龙纹"梅瓶"1件（图10-1-1②）[5]，高37厘米、口径7.3厘米。以青花钴料涂画蓝底、山石（江牙），点深蓝色斑点仿苏麻离青效果，龙、云、波涛留白，属雍正至乾隆时期仿宣德器[6]，尺寸较大，瓶身粗短，体态偏肥矮，下腹斜收较直，内曲轮廓不明显。

2. 样式二27g：瓶身呈修长的倒滴水形，斜丰肩、上腹鼓、下腹内曲、胫足部修长直立，或足端微撇。这个亚型轮廓线的三段曲线，从口颈部的收束，到肩腹部的外鼓，再到下腹和胫足部的较大弧度的适当内曲，形成了大小、长短、收放的节奏对比，表现出流畅舒展、柔和优美的周正体态。例如：

③北京故宫博物院藏清康熙霁红釉"梅瓶"1件（图10-1-1③）[7]，高24.2厘米、口径3.4厘米、足径7.8厘米。瓶内施白釉。

④江苏扬州文物商店藏清康熙白釉暗花"梅瓶"1件（图10-1-1④）[8]，高19厘米、口径2.9厘米、底径6.9厘米。

⑤北京故宫博物院藏清雍正粉彩人物图"梅瓶"1件（图10-1-1⑤a）[9]，高16.6厘米、口径3.2厘米、足径6.1厘米。足底青花单圈"大清雍正年制"六字楷书款（图10-1-1⑤b）[10]。此瓶尺寸虽小，但从整体比例来看，口颈部和胫足部都比上两例稍大，颈肩部转折更为柔和。

⑥广西壮族自治区博物馆藏清乾隆祭红釉"梅瓶"1件（图10-1-1⑥）[11]，高23厘米、口径4.6厘米、足径7.7厘米。瓶内施发青的白釉，足底青花双圈双竖行"大清乾隆年制"六字楷书款。

⑦广西壮族自治区博物馆藏清乾隆豆青釉青花釉里红蝶纹"梅瓶"1件（图10-1-1⑦）[12]，高35.6厘米、口径8.7厘米、底径15厘米。砂底。蝴蝶纹分上下五组共12只。

⑧上海博物馆藏清乾隆粉彩瓜蝶纹"瓶"1件（图10-1-1⑧，附录一总表二：27g④）[13]，高30厘米。

⑨北京故宫博物院藏清嘉庆粉彩绿地描金福寿纹"梅瓶"1件，高25.5厘米、口径4.7厘米、足径9.5厘米，足底松石绿釉上有红彩"大清嘉庆年制"六字篆书款（图10-1-1⑨a、b）[14]。瓶内施松石绿釉，口描金彩，外壁绿地绘"卍"字及蝙蝠、盘肠纹，并书"福"、"寿"字，寓意"福寿悠长"。此瓶为清宫旧藏的传世品。

4 采自：《中国美术全集·工艺美术编·10·金银、玻璃、珐琅器》图版三一一，北京：文物出版社，1987年。

5 采自：Wu Tung, *Earth Transformed, Chinese Ceramics in the Museum of Fine Arts, Boston*, Boston, MFA Publications, 2001, p.132。此瓶是Denman W. Ross的捐赠。

6 海外学者认为此瓶属明代或稍晚，也可能到雍乾时期，见：Wu Tung, *Earth Transformed, Chinese Ceramics in the Museum of Fine Arts, Boston*, MFA Publications, 2001, p.132。按：同样的传世梅瓶据说共有4件，如Avery Brundage 收藏的一件青花白龙纹梅瓶（旧金山Joe Yuey旧藏），高37厘米，海外学者断代为明弘治（1488~1505年），恐怕还应该是清代前期仿明代的器物，见：Clarence F. Shangraw, *Fifteenth Century Blue-and-White Porcelain, in the Asian Art Museum of San Francisco Chinese Ceramics, from Chinese Ceramics, Selected Articles from Orientations 1982-1998*, Hong Kong, Orientations Magazine Ltd, 1999, p.114.

7 采自：冯先铭等编《故宫博物院藏·清盛世瓷选粹》（康熙）图版85，北京：紫禁城出版社，1994年，122页。

8 采自：扬州博物馆、扬州文物商店《扬州古陶瓷》图版165，北京：文物出版社，1996年。

9 采自：冯先铭等编《故宫博物院藏·清盛世瓷选粹》（雍正）图版26，北京：紫禁城出版社，1994年，182页。

10 采自：叶佩兰《故宫博物院藏文物珍品大系·珐琅彩、粉彩》图版50附图，上海：上海科学技术出版社，香港：商务印书馆（香港）有限公司，1999年版。

11 采自：广西壮族自治区博物馆《瓷美如花——馆藏瓷器精品图集》192页图，南宁：广西教育出版社，2011年。此瓶于1954年在广西全州征集。

12 采自：广西壮族自治区博物馆《广西博物馆古陶瓷精粹》图版152，北京：文物出版社，2002年，144页。

13 采自：《中国陶瓷·景德镇彩绘瓷器》图版125a、b，上海：上海人民美术出版社，1983年。

14 采自：叶佩兰《故宫博物院藏文物珍品大系·珐琅彩、粉彩》图版172，及底款附图，上海：上海科学技术出版社、香港：商务印书馆（香港）有限公司，1999年。

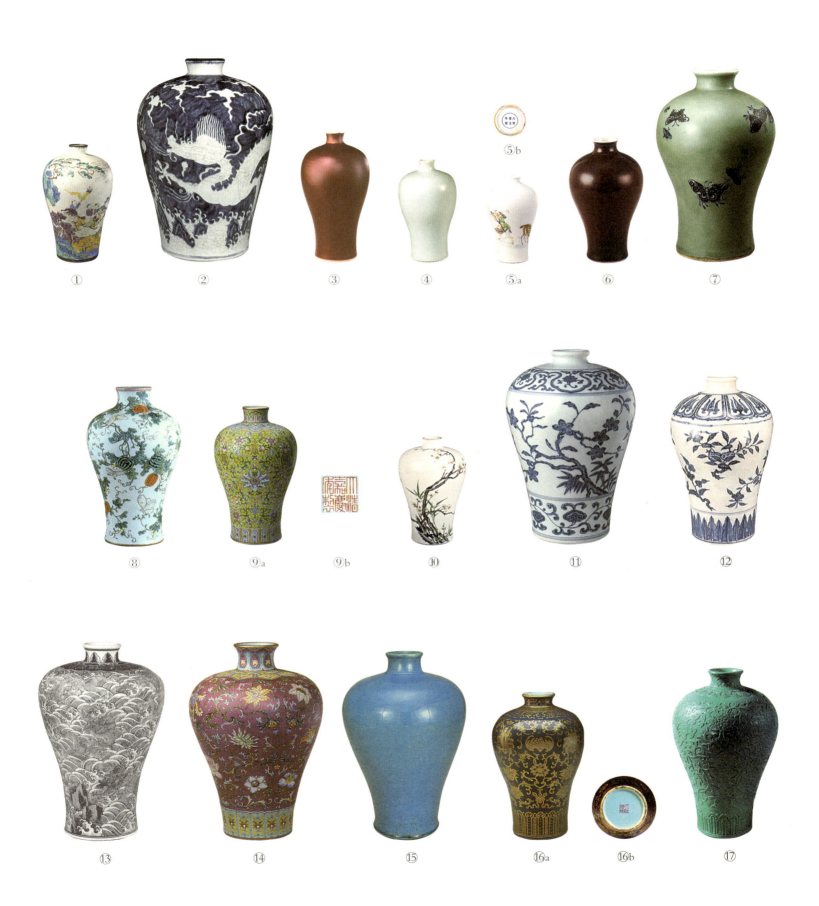

图10-1-1　清代梅瓶样式二27 （0⌊⌊⌊⌊⌊⌊⌊⌊⌊⌊10cm ）

以上述器物与明代器物做仔细对比可见，清代的样式二27g是在明代样式二27的c、f等亚型基础上精致化的结果，成为本样式中最为精致优美的一个亚型。这个亚型在康熙到嘉庆朝流行期间，尺度和韵味特征都有微妙的变化：康熙、雍正和嘉庆时期以高25厘米左右及其以下的小型器居多，乾隆时期出现高30厘米以上的中型器；康熙器与明代同一样式的c、f亚型最接近，几近完美；雍正器偏于文雅、含蓄，逐渐表现出清代样式特征；乾隆器的宽肩、瘦胫特点更为明显，清代样式特征形成；嘉庆器守成，表现出对康雍乾时期已有特点的综合性。

3. 样式二27h：与上述亚型g很相近，不同处在于小撇口、肩较平、足外撇稍大、宽圈足。也只见于清前期。例如：

⑩北京故宫博物院藏清康熙青花缠枝莲纹"梅瓶"1件（附录一总表二：27h）[15]，高22.9厘米、口径4.3厘米、足径8.4厘米。足内白釉无款识。青花色泽艳丽，纹饰华美流畅，颈根下肩部内周一圈很窄的三角形交错连接的海水纹。

4. 样式二27i：小侈口、束颈、内曲的下腹、较直的胫足部与亚型g相同，平肩则与亚型h相同，但肩部和上腹宽度更大。例如：

⑪美国的大都会博物馆藏清雍正粉彩梅竹图"梅瓶"1件（附录一总表二：27i）[16]，口沿和足沿无釉。

⑫广西壮族自治区博物馆藏清乾隆粉彩梅竹图"梅瓶"1件（图10-1-1⑩）[17]，高20厘米、口径3.7厘米、足径7.9厘米。口沿和足沿无釉。

5. 样式二27j：这是清雍正朝直接仿自明代永宣时期样式二27c的一种样式，器形、装饰、胎釉、彩斑无不一一追似。厚圆唇、较短的束颈、圆斜肩以及大致相同的体态等均与模仿对象相同或近似。但仔细对比不难看到，雍正的仿品样式肩部过宽，肩腹圆折处过于鼓凸，下腹向内弧的斜收轮廓幅度过大而显得极为滑顺，足端或斜或直，这些特点都使其瓶身比模仿对象更具楔形体态。例如：

⑬北京故宫博物院藏清雍正仿明永宣朝青花桃竹纹"梅瓶"1件（图10-1-1⑪）[18]，高35.5厘米、口径6.8厘米、足径14.2厘米。

⑭河北承德避暑山庄博物馆藏清雍正仿永乐青花折枝花带盖"梅瓶"1件（附录一总表二：27j①）[19]，通高41.7厘米、口径7.1厘米、最大腹径24厘米、足径14.4厘米。此瓶为热河行宫旧物。

⑮北京故宫博物院藏清雍正仿宣德青花折枝花果纹"梅瓶"（图10-1-1⑫）[20]，高31厘米、口径5.6厘米、足径12.3厘米。

6. 样式二27k：这是在上述j亚型的基础上，加大侈口外撇幅度（呈小撇口），加长颈部高度（呈微束的柱颈），圆斜肩变为夸张的平宽肩，缩小足径比例，足壁或斜或直，整体上凸显了鼓凸的上腹以及向内急剧弧收的下腹等特征。流行于雍正、乾隆两朝。例如：

⑯北京故宫博物院藏清雍正青花海水白龙纹"梅瓶"1件（附录一总表二：27k①）[21]，高34.5厘米、口径7.8厘米、足径13.2厘米。足内白釉，无款。

⑰纽约大都会艺术博物馆藏清乾隆青花釉里红海水九龙图"花瓶"1件（图

15 采自：冯小琦、陈润民《明清青花瓷器——故宫博物院藏瓷赏析》图120，北京：文物出版社，2000年，154页。

16 采自：〔日〕小山富士夫监修、尾崎洵盛编《陶器全集·16卷·清朝の官窑》图28，东京：平凡社，1966年。

17 采自：广西壮族自治区博物馆编《瓷美如花——馆藏瓷器精品图集》183页图版，南宁：广西教育出版社，2011年。此瓶由关瑞吾等于1960年捐赠。

18 采自：冯先铭等编《故宫博物院藏·清盛世瓷选粹》（雍正）图版1，北京：紫禁城出版社，1994年，157页。按：冯小琦、陈润民在其所著《明清青花瓷器——故宫博物院藏瓷赏析》一书中，70页的图11和169页的图143与《故宫博物院藏·清盛世瓷选粹》图版1是完全相同的图片，但冯、陈一书指其图11为永乐，所标尺寸稍大，高36.7厘米，指图143为雍正，恐怕其中有误。见冯小琦、陈润民《明清青花瓷器——故宫博物院藏瓷赏析》图11、图143，北京：文物出版社，2000年，70、169页。

19 采自：中国·国家文物局《中国文物精华大辞典·陶瓷卷》"瓷器篇"图914，上海：上海辞书出版社、香港：商务印书馆（香港）有限公司，1995年，435页。

20 采自：叶佩兰《文物珍赏·5·古瓷辨识》87页图，台北：艺术图书公司，1994年。

21 采自：冯小琦、陈润民《明清青花瓷器——故宫博物院藏瓷赏析》图142，北京：文物出版社，2000年。

22　采自：Suzanne G. Valenstein, *A Handbook of Chinese Ceramics*, The Metropolitan Museum of Art, New York, 1989, Pl.262。

23　采自：《故宫博物院藏·清盛世瓷选粹》（乾隆）图版25，北京：紫禁城出版社，1994年，294页。

24　采自：冯小琦、陈润民《明清青花瓷器——故宫博物院藏瓷赏析》图154，北京：文物出版社，2000年。

25　采自：台北"故宫博物院"编辑委员会《清康、雍、乾名瓷特展》图版25，台北"故宫博物院"，1986年。

26　采自：余佩瑾《福寿康宁吉祥图案瓷器特展图录》图版30，及足底附图，台北"故宫博物院"，1995年。收藏编号：岁七五八之1/院1865/8212。

27　采自：《中国美术全集·工艺美术编·3·陶瓷（下）》图版214，上海：上海人民美术出版社，1988年。

28　采自：冯先铭等编《故宫博物院藏·清盛世瓷选粹》（康熙）图版26，北京：紫禁城出版社，1994年，66页。

29　采自：冯先铭等编《故宫博物院藏·清盛世瓷选粹》（康熙）图版16，北京：紫禁城出版社，1994年，57页。参见中国国家文物局《中国文物精华大辞典·陶瓷卷》"瓷器篇"图855，上海：上海辞书出版社、香港：商务印书馆（香港）有限公司，1995年，419页。

10-1-1⑬）[22]，高14英寸（合35.6厘米）。足底有乾隆年款。

⑱北京故宫博物院藏清乾隆紫地轧道粉彩勾莲纹"梅瓶"1件（图10-1-1⑭）[23]，高36.5厘米、口径8.3厘米、足径13.2厘米。足底有乾隆年款。

⑲北京故宫博物院藏清乾隆仿永宣青花折枝花果纹"梅瓶"1件（附录一总表二：27k④）[24]，高33.2厘米、口径7.2厘米、足径12.8厘米。足底青花"大清乾隆年制"篆书款。

⑳台北"故宫博物院"藏清代孔雀绿釉"梅瓶"1件（图10-1-1⑮）[25]，高34.2厘米、口径6.5厘米、足径12.8厘米。

7. 样式二27l：与g、i、k三个亚型都有些相似，但浑圆的肩部和上腹部近似明代的样式二28d，下腹内曲后胫足部直立。例如：

㉑台北"故宫博物院"藏清乾隆霁青釉描金缠枝花蝙蝠纹"梅瓶"1件，高27.6厘米、口径6.5厘米、底径10.8厘米，足底青花"大清乾隆年制"六字篆书款（图10-1-1⑯a、b）[26]。器内及足底均施湖绿色釉，腹部满画缠枝莲花、蝙蝠、桃实、盘长，喻"福寿绵长"。

㉒中国历史博物馆藏清乾隆松石绿（秋葵绿）釉凸雕缠枝花"梅瓶"1件（图10-1-1⑰）[27]，高30厘米、口径6厘米。饰纹题材与上例类同。足底阴刻"大清乾隆年制"篆书款。

（二）样式二28

本样式曾经是元代景德镇窑青白瓷梅瓶的重要样式之一，在元青花、釉里红等品种的梅瓶中也采用过，明代宣德到明中期成为明代"御窑"梅瓶样式之一，到了清代康熙"御窑"仍然采用，以后便不再见到。康熙样式单属一个亚型，即样式二28f：薄圆唇小撇口，短柱颈微束，颈肩转折较方，瓶身长而壮，斜宽肩，上腹较鼓，中腹开始斜收，胫部微曲，足直立微撇，平底隐圈足，挖足深度和足壁厚度均适中。例如：

①北京故宫博物院藏清康熙五彩描金云肩草龙折枝花果纹"梅瓶"1件（图10-1-2①）[28]，高36.1厘米、口径5.7厘米、足径13.6厘米。此瓶体现了康熙五彩工艺的最高水平。

（三）样式二36

这种样式的大口丰体梅瓶已见于明代中期的样式二36a，清代"御窑"采用的样式轮廓曲线起伏较小，重心上升，整体较清秀、含蓄，属b亚型，即样式二36b：大口微撇，粗颈稍束，瓶身粗长如样式二28f，丰肩上耸，肩下渐敛斜收，至胫微内曲，足壁基本直立，稍显微撇。例如：

①北京故宫博物院藏清康熙釉里红桃竹纹"梅瓶"1件（图10-1-2②）[29]，高45.4厘米、口径12.2厘米、足径15.2厘米。腹部画大桃树和磐石，树结桃实十八

①
②

图10-1-2　清代梅瓶样式二28、36　(0 ⌞⌞⌞⌞⌞ 10 cm)

颗、开花四朵，树石间点缀松、竹、灵芝，空中五蝠，满幅红光，寓意福寿。

　　②英国维多利亚和阿尔伯特博物馆（Victoria and Albert Museum, London）藏清康熙釉里红"梅瓶"1件（附录一总表二：36b）[30]，高18英寸（合45.7厘米）。器形、胎釉和装饰与上例完全相同。

（四）样式二43

　　小撇口或小侈口，束颈，夸张的宽肩，上腹凸鼓，下腹急剧内收，胫部有不同幅度的收束，足壁明显外撇，平底隐圈足。本样式是康雍乾"御窑"非常流行的样式之一，雍正时期的遗物最多。根据各部差异分为a～d共4个亚型。

　　1.样式二43a：圆唇撇口较平，束颈较短，圆丰肩宽博，上腹圆鼓，胫部呈束腰状，足外撇。这个亚型可以视为样式二28f收束胫部的结果，见于康熙朝。例如：

　　①故宫博物院藏清康熙五彩蝴蝶纹"瓶"1件（图10-1-3①）[31]，高36.2厘米、口径7.2厘米、足径13.5厘米。

　　2.样式二43b：这是在样式二27的j、k两亚型基础上将胫部略作束腰处理，将足壁从斜收或直立变成略显外撇的结果。见于雍正、乾隆两朝。例如：

　　②北京故宫博物院藏清雍正款釉里红海水白龙纹"梅瓶"1件（图10-1-3②）[32]，高35.5厘米、口径7.2厘米、足径13.5厘米。

　　③美国纽约的大都会博物馆藏清雍正青花釉里红龙纹"梅瓶"1件（附录一总表二：43b①）[33]。器形、胎釉和装饰与上例基本相同。

　　④威廉·T.沃尔特斯藏清雍正粉彩枇杷石榴图"花瓶"（图10-1-3③）[34]，高34厘米。足底落雍正款。

30　采自：William Bowyer Honey, *The Ceramic Art of China and Other Countries of the Far East*, Faber and Faber Limited, London, Pl.122。

31　采自：故宫博物院《故宫博物院藏瓷选集》图版74，北京：文物出版社，1962年。

32　采自：冯先铭等编《故宫博物院藏·清盛世瓷选粹》（雍正）图版13，北京：紫禁城出版社，1994年，169页。

33　采自：〔日〕小山富士夫监修、尾崎洵盛《陶器全集·16卷·清朝の官窑》图35，东京：平凡社，1966年。

34　采自：Rose Kerr, *The William T. Walters Collection of Qing Dynasty Porcelain*, fig.9, from *Chinese Ceramics, Selected Articles from Orientations 1982-1998*, Hong Kong, Orientations Magazine Ltd, 1999, p.275。

图10-1-3　清代梅瓶样式二43、38　（0 ⸺ 10 cm）

35　采自：冯先铭等编《故宫博物院藏·清盛世
　　瓷选粹》（雍正）图版15，北京：紫禁城出
　　版社，1994年，171页。

36　采自：《中国美术全集·工艺美术编·3·
　　陶瓷（下）》图版194，上海：上海人民美
　　术出版社，1988年。引文见同书该图版说
　　明，刘兰华撰。

37　采自：〔日〕佐藤雅彦《陶器讲座·12·中国
　　IV·清》图版65，东京：雄山阁，1975年。

38　采自：冯小琦、陈润民《明清青花瓷器——
　　故宫博物院藏瓷赏析》图155，北京：文物
　　出版社，2000年。

39　采自：〔日〕小山富士夫监修、尾崎洵盛
　　《陶器全集·16卷·清朝の官窑》彩版4，
　　东京：平凡社，1966年。

40　采自：《東洋古陶磁》图版386，东京：东
　　京国立博物馆，1953年。

⑤北京故宫博物院藏清雍正款斗彩缠枝花纹"梅瓶"1件（图10-1-
3④）[35]，高26.3厘米、口径5.5厘米、足径11.9厘米。

⑥北京故宫博物院藏清雍正祭红"梅瓶"1件，高25.1厘米、口径5.7厘米。
底有青花双圈"大清雍正年制"楷书款（图10-1-3⑤a、b）[36]。

⑦海外藏清乾隆青花釉里红折枝石榴纹"梅瓶"1件（图10-1-3⑥）[37]，高
33.8厘米。

⑧北京故宫博物院藏清乾隆青花龙穿花"梅瓶"1件（附录一总表二：
43b⑤）[38]，高33厘米、口径7.2厘米、足径13.7厘米。

3. 样式二43c：厚圆唇小侈口，束颈，圆溜肩，圆鼓腹，撇足呈喇叭状，足
沿斜削。例如：

⑨海外藏清雍正釉里红海水龙纹"梅瓶"1件（图10-1-3⑦）[39]，高28.6厘
米、口径6.4厘米、腹径18.0厘米、底径11.6厘米。

4. 样式二43d：圆唇小侈口，束颈，宽平肩，上腹凸鼓，束腰状胫部，喇叭
形撇足，足沿无斜削。例如：

⑩日本东京国立博物馆藏清代茄紫釉"瓶"1件（图10-1-3⑧）[40]，高31厘
米、口径3.9厘米、底径13厘米。

（五）样式二38

本样式在明嘉靖时期出现（亚型a，可以追溯至金元时期），至清代受样式二43等以及尊、觚和其他花瓶的器形影响，在康熙年间形成了一种器形介于梅瓶和尊、觚类器物之间的小型化亚型，即样式二38b：口径比例较大的宽平沿喇叭形撇口，较长的束颈，斜肩和圆鼓的上腹高耸，下腹迅速内收，胫部呈细长的束腰形，足壁呈喇叭形，足沿斜削，平底隐圈足。这是清代梅瓶朝其他器类靠近的变体之一，已处于梅瓶形制边缘。例如：

①天津市艺术博物馆藏清康熙霁蓝釉"瓶"1件（图10-1-3⑨）[41]，高12.3厘米、口径3.8厘米、底径4厘米。砂底。

（六）样式二42

丰体。小撇口，束颈，宽肩，肩腹圆折，腹壁以微向外弧或较直的轮廓斜收至底，平底隐圈足。这种在胫部没有内曲特征的样式，在元明时期极为少见，其在清代前期出现于皇家造作器物中，见于瓷质梅瓶和铜胎掐丝珐琅梅瓶应与当时的仿古风尚有关。根据各部差异，所见器物可以分为a、b、c共3个亚型。

1. 样式二42a：口微侈，斜肩。例如：

①英国达维德中国艺术基金会（Percival David Foundation of Chinese Art）藏清康熙乌金釉"花瓶"1件（图10-1-4①）[42]，高24.6厘米。根据资料源的描述，此瓶口内挂白釉，口沿透赭色，器表乌金釉上原有描金莲花纹装饰。

2. 样式二42b：撇口较明显，肩宽平，体量较大。例如：

②江西省博物馆藏清乾隆青花釉里红桃花春燕图"梅瓶"1件（图10-1-4②）[43]，高43.8厘米、口径6.2厘米、底径14.5厘米。

3. 样式二42c：瓶身较粗，圆溜肩，上腹宽阔，下腹斜直内收至底，平底，带宝珠钮斜曲壁钟式盖。见于乾隆"景泰蓝"器。例如：

③北京故宫博物院藏清乾隆铜胎掐丝珐琅凤穿花带盖"梅瓶"1件（图2-3-1③）[44]，通高38厘米、口径5.2厘米、足径12.5厘米。铜胎"镀金"，通身以浅蓝釉做底，腹部饰凤穿牡丹纹，盖壁饰纹与瓶肩呼应协调，盖顶宝珠钮做成莲苞形。据信此瓶为乾隆时期扬州制造。

（七）样式二44

小侈口，短束颈，斜溜肩，上腹鼓，下腹斜直收，至底呈45°向内斜折，再折成直立的矮圈足，平底。这种足底形式未见于此前的梅瓶上，是清代梅瓶成为陈设器之后才出现的诸多变体样式之一，但是并不流行，只见于雍正"御窑"器。例如：

①首都博物馆藏清雍正粉青釉"梅瓶"1件（图10-1-4③）[45]，高不足20厘

41 采自：天津市艺术博物馆编《天津市艺术博物馆藏瓷》图版127，北京：文物出版社、香港：两木出版社，1993年。按：该图录将此瓶口形和釉色分别描写为"盘口"和"孔雀蓝釉"，显然都属误判。

42 采自：*Catalogue of an Exhibition of the Ceramic Art of China*, The Victoria and Albert Museum, 1971, Pl.241。

43 采自：赖金明《江西省博物馆藏瓷梅瓶（下）》图25，《收藏家》2008年1期。

44 采自：《中国美术全集·工艺美术编·10·金银、玻璃、珐琅器》图版三三五，北京：文物出版社，1987年。

45 图片由笔者摄于首都博物馆陶瓷馆，有关信息摘自馆内为该瓶撰写的说明。

图10-1-4 清代梅瓶样式二42、44

（0 10 cm）

图10-1-5　清代梅瓶样式二45　（0⌞⌟⌞⌟⌞⌟⌞⌟⌞⌟10 cm）

46　此图是笔者于2008年9月见于北京首都博物
　　馆。该图左上角有乾隆御笔题跋："学馀游
　　艺亦功夫，写作平／安如意图。恰合岁朝呈
　　吉语，／永绵亿载奉／慈娱。题永所绘岁朝
　　图恭进／圣母以博一笑，戊子新正御笔。"
　　尾押"乾"、"隆"、"万有同春"三颗朱
　　文印；在画的右下角则有作者落款"子臣永
　　瑢恭画"，并以一朱一白两方印押尾。

47　采自：扬州博物馆、扬州文物商店《扬州古陶
　　瓷》图版175，北京：文物出版社，1996年。

米。足底书"大清雍正年制"青花楷书款。

　　北京的首都博物馆藏清代永瑢作《平安如意图轴》（又名《岁朝图》），表现了插有梅、松、山茶花三种花卉的一件梅瓶和一只如意所构成的岁朝清供图，寓意平安如意，图中梅瓶素面，不着色，亦无饰纹，器形与上例完全相同，可作为样式二44之一证。永瑢（1743~1790年），乾隆第六子，封质庄亲王，自号九思主人。永瑢此图再次说明梅瓶在清代所承担的插花、陈设的审美性功用，以及这种功用转变发生在社会上层的历史[46]。

（八）样式二45

　　丰体。小口微侈，柱颈微束，瓶身粗壮，圆丰肩，上腹微鼓，下腹弧状斜收，但内收幅度不大，胫部微有内曲，足壁直立，足径比例较大，平底隐圈足。只见于乾隆"御窑"器。根据各部差异分为a、b两个亚型。

　　1. 样式二45a：颈长直，几乎呈直口，瓶身较长而丰满，见大型和中型两种尺寸，仍然配有宝珠钮斜壁钟式盖。例如：

　　①江苏扬州唐城遗址文物保管所藏清乾隆青花龙凤呈祥纹"梅瓶"1件（图10-1-5①）[47]，高67厘米、口径10.5厘米。此瓶被认为是"仿宣德"，但器形和饰纹都不类宣德风格，如饰纹用笔之细腻有如西洋版画，串枝花草造型如西洋壁

纸图案，是典型的乾隆瓷饰纹风格。

②北京故宫博物院藏清乾隆粉彩折枝花果纹带盖"梅瓶"1件，通高32.5厘米、口径5厘米、足径10.6厘米。足底书青花"大清乾隆年制"篆书款（图10-1-5②a、b）[48]。这是清宫旧藏的传世品之一。

2. 样式二45b：整体与a亚型近似，但口较侈，肩较斜，下腹到胫部内收幅度较大，显得上腹较鼓，只见于小型器。例如：

③海外藏清乾隆青花粉彩喜上眉梢图"梅瓶"1件（图10-1-5③）[49]，高18.6厘米、口径3.3厘米、腹径10.8厘米、底径6.8厘米。

（九）样式二46

瘦高体。细小的喇叭形小撇口，束颈更细，从肩部到下腹呈瘦长的卵形，胫部呈束腰状，喇叭形撇足。见于清末湖南醴陵窑。例如：

①罗磊光先生藏清宣统醴陵窑釉下五彩秋菊草虫图"梅瓶"1件（图10-1-6①，附录一总表二：46）[50]，尺寸不详（高约40厘米），底款为"大清宣统三年湖南瓷业公司"。这是清代末期湖南醴陵按照近代制度建立的民营瓷业所采用的梅瓶样式。这种样式在形式元素上与清"御窑"器基本相同，说明它没有完全脱离清代"御窑"主导的主流，但是整体轮廓凸显的圆滑曲线大起大伏，超出了"御窑"样式最重要的适度原则，上下比例略显失度，因此也显示出和清代梅瓶器形主流不同的趣味，却近似于元代曾经流行过的样式二24、25、31等。

（十）样式二47

瘦高体。口径较大的小撇口，束颈，瓶身呈修长的倒滴水形，溜肩，上腹圆鼓如卵形，下腹内曲，胫部细长直立，平底。这种样式是在清代前期样式二27的基础上，适当扩大口颈部直径、缩小腹径、拉长胫部而成，略具明代样式二31c、38a的特点，是清代晚期南方的漆器行里流行的梅瓶样式之一。例如：

①广东省东莞市博物馆藏清晚期福建脱胎金漆彩绘九儒图"梅瓶"一对（图10-1-6②，附录一总表二：47）[51]，高27.3厘米、口径6.3厘米、底径6.5厘米。配雕花三足木座。瓶体轻盈，设色艳丽，以金漆为地，施黑、银灰、红、淡绿、紫、赭等色漆绘画通景人物山水图，九位老人的造型、笔法具有晚清绘画风格特点，整体上南方特色鲜明。

48　采自：叶佩兰《故宫博物院藏文物珍品大系·珐琅彩、粉彩》图版90，及底款附图，上海：上海科学技术出版社、香港：商务印书馆（香港）有限公司，1999年。

49　采自：〔日〕小山富士夫监修、尾崎洵盛《陶器全集·16卷·清朝の官窑》图版46，东京：平凡社，1966年。

50　两幅图片是同一件器物，由笔者摄于"历史的釉光——湖南醴陵釉下五彩瓷珍品展"，北京：首都博物馆，2009年6月5日。

51　采自：东莞市博物馆《东莞市博物馆藏艺珍》图版23：右、左，北京：文物出版社，2011年，47页。

①

②

图10-1-6　清代梅瓶样式二46、47

（0　　　　　　10 cm）

52 采自：山丹县艾黎捐赠文物陈列馆、甘肃省
   文物考古研究所《艾黎捐赠文物精粹》图版
   19，北京：文物出版社，1997年。

53 采自：《東洋古陶磁》图版402，东京：东
   京国立博物馆，1953年。按：资料源称此瓶
   釉色为"釉里红"，误。

二、第三类样式群

盘口式梅瓶盛行于明代中晚期之后，至清代却极为罕见，目前仅见2种清代样式，且彼此差异明显，分别表现出明显的模仿明代和宋代有关样式的痕迹，又没有进一步的延续线索。凡此都表明，以盘口为标志的第三类梅瓶样式群正在迅速退出历史舞台。

（一）样式三28

弧壁小盘口式的窄立唇口，与颈部有一道转折，口径和颈径都较大，颈肩过渡和缓，斜肩宽圆，上腹外鼓，下腹弧收，胫部微内曲，足稍外撇，足端修成圆直壁，很浅的平底隐圈足。这种样式综合了明代梅瓶样式三24和第六类样式群的某些因素，瓶身轮廓具有清代样式的典型特征。例如：

①甘肃山丹县艾黎捐赠文物陈列馆藏清康熙郎窑红釉"梅瓶"1件（A278，图10-1-7①）[52]，高27厘米、口径6.2厘米、底径10.6厘米。

（二）样式三29

斜壁盘口，束颈，瓶身修长，圆宽肩，上腹鼓，下腹弧状缓收至底。这是清人根据自己的理解仿烧的"宋式"盘口梅瓶，在清代并不常见。例如：

①日本东京国立博物馆藏清代红釉"瓶"1件（图10-1-7②）[53]，高34.4厘米、口径6厘米、底径9.2厘米。

三、第六类样式群

清代第六类样式群的梅瓶可以归纳出6种样式，数量仅次于第二类样式群，但是从遗存实例的数量来看，其总体规模远远比不上第二类样式群，其样式数量也明显不如明代本类样式群兴盛，其中清代各样式之间的连贯性也不如明代的清晰和肯定。所见器物分别来自景德镇"御窑"、广东石湾窑，以及内府造铜胎掐丝珐琅器。

图10-1-7　清代梅瓶样式三28、29
（0 ———— 10 cm）

（一）样式六1

这是始见于北宋中晚期的一种样式，南宋早中期仍流行于龙泉窑，元明时期没有出现，直到清康熙年间才重新出现于景德镇"御窑"，清中期又出现在广东

石湾窑，说明这是清代仿古样式的梅瓶。根据各部差异，分为g、h两个亚型。

1. 样式六1g：这是清代"御窑"模仿南宋龙泉窑青瓷梅瓶样式六1b、六1c最为相似的一种样式亚型，微妙的差异表现在，窄折沿呈圆唇、直柱颈有微小的收束、肩部稍加宽、肩腹圆转饱满而较为含蓄、弧状斜收至底的腹壁轮廓更为丰满沉静、足径略微增大。虽然调整微小，但是整体改观，清代特点鲜明。例如：

①海外藏（The Tectus Collection）清康熙黑釉珐琅彩龙纹"梅瓶"2件（成对），一件画绿龙（附录一总表六：1g）[54]，一件画黄龙（图10-1-8①）[55]，高23厘米、腹径11厘米，瓶底有"大清康熙年制"青花款。

2. 样式六1h：清中期石湾窑泥钧釉梅瓶采用的一种样式亚型，与上述g亚型大同小异，口颈较短小、瓶身较宽大，造型敦实稳重。例如：

②英国格拉斯哥的伯勒尔藏（Burrell Collection, Glasgow）清前中期（18世纪）石湾窑仿钧蓝白色翠毛釉"花瓶"1件（图10-1-8②）[56]，高23.5厘米。足底无釉。

（二）样式六10

本样式流行于元明两代。严格说来，清代的这种样式并非一线单传而成，同样是融合了明代多种样式的结果，单列为1个亚型，即样式六10k：方唇平折沿小口，向上略收的直柱颈，颈部与口、肩部方折处各加一道方折棱，瓶身瘦长呈楔形，平宽肩，肩腹圆折凸鼓，腹壁带弧状斜收，颈部下端内曲，小撇足，足沿直壁，隐圈足。这是乾隆仿明代的掐丝珐琅梅瓶采用的样式。例如：

①北京故宫博物院藏清乾隆仿明掐丝珐琅缠枝莲"梅瓶"1件（图2-3-1④）[57]，高34.8厘米、口径6.2厘米、足径11厘米，瓶底正中剔地阳文"景泰年制"仿款。饰纹施以天蓝、红、黄、白、宝蓝、粉、草绿、豆绿等色釉。此瓶器形融合了多种前代样式的特点，如明早期白釉器样式六10h、明中期青花器样式六14b、雕漆器样式六16、珐华器样式二27e，足沿直壁的做法从南宋龙泉窑开始出现。此瓶的口颈部和足部都强调了转折方硬的特点。

（三）样式六14

这是清代"御窑"对明代早中期相同样式的模仿，有些尽可能逼肖，有些融入微妙的改造，总的看来，瓶体趋于短矮，细节都经过含蓄化、文雅化的处理，尽量使之柔和。分为h、i两个亚型。

1. 样式六14h：见于雍正器和光绪器，雍正器酷肖明代样式六14d，圆唇小口没有明显的外折，短颈直而微束，宽肩、鼓腹最为相似，下腹的内曲斜收则极为流畅，胫足部直立，璧形足是一个特点。光绪器是对康雍乾时期的模仿，大体器形近似雍正器，口更直，下腹内曲更明显，隐圈足。例如：

①河南博物院藏清雍正青花凤穿牡丹纹"梅瓶"1件（附录一总表六：

54　采自：Erik Engel, Leif Petzäll, *The Tectus Collection—Tectussämlingen*（*Chinese Ceramics*）, Centröltrycheriet AB, Borås. 1991, Pl.101（左）。

55　采自：同上，Pl.101（右）。

56　采自：S. J. Vainker, *Chinese Pottery and Porcelain—From Prehistory to the Present*, London, British Museum Press,1991, Pl.129。此瓶收藏编号：38/342。公元18世纪是资料源的断代，跨越了康熙晚期，雍正、乾隆和嘉庆初期。

57　采自：张荣《仿明风格的掐丝珐琅梅瓶》插图，《紫禁城》1994年3期28页。

①

②

图10-1-8　清代梅瓶样式六1

（0 ⊢⊢⊢⊢⊢⊢ 10 cm）

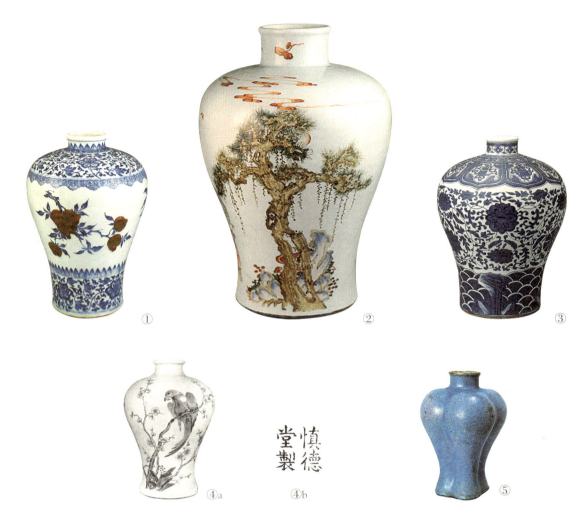

图10-1-9　清代梅瓶样式六14、18、19、20

58　采自：杨爱玲《河南收藏历代梅瓶之所见》图八，《中国古陶瓷研究·第六辑》147页，北京：紫禁城出版社，2000年。

59　采自：广西壮族自治区博物馆《广西博物馆古陶瓷精粹》图版179页，北京：文物出版社，2002年，168页。

60　采自：广东省博物馆《广东省博物馆藏品选》图版76，北京：文物出版社，1999年。

14h①）58，高25.6厘米、口径4.3厘米、足径10.5厘米。足底有青花"成化年制"四字仿款，与其器形模仿明中期样式六14d暗合。

②广西壮族自治区博物馆藏清光绪青花八宝缠枝花"梅瓶"1件（图10-1-9③）59，高32.5厘米、口径6厘米、底径15厘米。足底有青花楷书"大清康熙年制"仿款。足沿无釉露胎。青花装饰仿康雍时期的风格，但画工呆板。

2. 样式六14i：瓶身与雍正、乾隆时期的样式二27的亚型i、j、k等相同，不同的是圆唇微折、短柱颈等特点，在第六类样式群中，类似的瓶身也曾见于元代的样式六5，明代的样式六6、六14，但清代器肩部更宽平、瓶身更短矮。例如：

③广东省博物馆藏清雍正青花釉里红折枝花果纹"梅瓶"1件（图10-1-9①）60，高33厘米、口径7.5厘米、底径13.1厘米。

（四）样式六18

丰体。圆唇口，直柱颈，颈肩方折，瓶身丰满宽阔，宽平肩，上腹鼓，下腹弧状内收，胫部略呈束腰状，足微撇，浅隐圈足。见于雍正朝大型粉彩梅瓶，将样式六14h扩大口径、撇足而成，体量虽大，整体比例却像小型器。例如：

①天津市艺术博物馆藏清雍正粉彩福禄寿三星图"梅瓶"1件（图10-1-9②，附录一总表六：18）[61]，高53.5厘米、口径13厘米、底径23厘米。腹部画通景式福禄寿三星和婴戏图，肩部缭绕祥云、蝙蝠，口部正面（三星一侧）绘博古图，背面（松石一侧）绘灵芝纹。

（五）样式六19

矮体。圆唇平折沿小口，柱颈略束，颈肩圆转，弧面宽溜肩，肩腹圆折凸鼓，下腹急剧内收，胫部呈束腰状，小撇足，足沿修成直壁。大体模仿雍正样式六14h、18和乾隆样式二27g，但肩、腹、胫的曲线略显笨拙，折沿口和撇足直壁表明这是融合多种样式而形成的新样式，见于清中晚期官窑器。例如：

①海外藏清道光粉彩花鸟图"梅瓶"1件，高26.0厘米。足底有"慎德堂制"款（图10-1-9④a、b）[62]。

（六）样式六20

矮体。圆唇口，微折，直柱颈，口颈径较大，颈肩圆折，瓶身由纵向的四等份组成，每个单元都呈简略的兽足形，四个腿部组成平宽肩和圆鼓外凸的上腹，斜收的胫部呈束腰状，四蹄组成撇足。见于清代石湾窑，表现了一种仿古、求奇的趣味。例如：

①广东省博物馆藏清代石湾窑粉蓝釉"梅瓶"1件（图10-1-9⑤）[63]，高23.6厘米、口径5.6厘米。此瓶瓶身的四个兽足形部分与古代青铜器的蹄足很相似，应该是受到青铜器形式因素影响的结果，与明清时期石湾窑热衷于模仿古代青铜器的器形有关。另外，此瓶的瓶体轮廓与道光御窑梅瓶样式六19基本相同，表现出清代中期的特点。

四、第七类样式群

直口样式的梅瓶在清代非常少见，所见实例是来自广东石湾窑的仿钧天蓝色翠毛釉梅瓶，仅见1种仿古样式，说明第七类样式群在清代趋于衰落。

样式七5

本样式始见于南宋晚期龙泉窑（图7-4-14④），清代石湾窑有与之几乎完

61 采自：天津市艺术博物馆《天津市艺术博物馆藏瓷》图版151、152，北京：文物出版社、香港：两木出版社，1993年。

62 采自：〔日〕小山富士夫监修、尾崎洵盛《陶器全集·16卷·清朝の官窑》图版61，及底款附图，东京：平凡社，1966年。

63 采自：《中国陶瓷·石湾窑》图版53，上海：上海人民美术出版社，1983年。

64　采自：《中国陶瓷·石湾窑》图版56，上海：上海人民美术出版社，1983年。

65　采自：冯先铭等编《故宫博物院藏·清盛世瓷选粹》（康熙）图版91，北京：紫禁城出版社，1994年，128页。

66　采自：《中国文物世界》77期73页图一八，1992年1月，郭良蕙新事业有限公司（台湾）出版。

全相同的器物：圆唇小直口微侈，直柱颈，颈肩方折圆转，宽平肩，肩腹圆折丰满，为腹径最宽处，腹壁呈弧状逐渐斜收至底，平底隐圈足。显然也属于仿古样式。例如：

①广东省石湾美术陶瓷厂资料室藏清石湾窑仿钧天蓝色翠毛釉"瓶"1件（图10-1-10）[64]，高23厘米、口径2.5厘米。此瓶胎釉与样式六1h例②极为相似。

五、第八类样式群

清代的"出节小口"梅瓶是高度装饰化的一类样式，所见有2种样式。

（一）样式八8

细圆折唇小侈口，束颈较高，束腰状弧度上下对称，中有一道很薄的圆棱出节，颈肩方折，丰肩平出，肩腹圆转外鼓，腹部修长斜收，胫下部内曲收束，而后外撇，再接以内曲壁立足，使足部呈二层台状，平底隐圈足。见于康熙"御窑"器。例如：

①北京故宫博物院藏清康熙天青釉暗月牙耳"梅瓶"1件（图2-3-4②）[65]，高21厘米、口径3.9厘米、足径5.9厘米。足底青花横书"大清康熙年制"六字双行楷书款。颈部有一圈薄圆棱出节，腹部两侧各有一个极浅而明显的月牙形暗花，俗称"呆耳"。此瓶器形整体修长，轮廓秀美，最有特点的是其口颈部和足部。其颈部的出棱做法与明成化青花梅瓶样式八7例①相同，但出棱浅薄、圆润，与细窄的圆折唇、二层台撇足凸沿以及颈肩方折等形成的同一方向的线条构成呼应对比的关系，每一部分都成为同时具备器形与装饰性质的形式元素，形成了完全不同于前代的装饰特点。这是清代"御窑"制瓷匠心的高明之处。

（二）样式八9

较厚的圆唇，口径较大，唇下复有一圈圆唇状出节圆棱（故也被称为双唇口），直柱颈，颈肩方折，瓶身呈卵状，圆丰肩，上腹圆鼓，下腹弧状斜收至底，平底隐圈足。见于清雍正"御窑"器。例如：
①香港艺术馆藏清雍正釉里红海水云龙戏珠纹"瓶"1件（图10-1-11）[66]。

图10-1-10　清代梅瓶样式七5
（0 —— 10 cm）

图10-1-11　清代梅瓶样式八9

六、第一〇类样式群

与第七类样式群的情况基本相同，第一〇类样式群的圈足梅瓶在清代也非常少见，所见实例和样式也是广东石湾窑的仿钧天蓝色翠毛釉梅瓶，只有1种样式，而且同样属于仿古样式。

样式一〇18

这种样式始见于明代中期景德镇窑的珐华器（图9-2-27①），流行于明代中后期北方的翠蓝釉黑彩画花器，到了清代只见于广东的石湾窑仿钧釉器，器形与明代很相似，但更圆润、丰实、厚重，分为e、f两个亚型。

1. 样式一〇18e：直口以及瓶身的形式都与样式七5（石湾器）相同，接圆壁外撇的圈足，挖足矮，足墙厚，平底。例如：

①香港中文大学艺术馆（The Art Gallery, Chinese University of Hong Kong）藏清石湾窑仿钧天蓝色翠毛釉"梅瓶"1件（图10-1-12①）[67]，高30.5厘米。足底无釉，足沿流釉黏稠。

2. 样式一〇18f：窄折沿圆唇小口、短柱颈以及瓶身的形式都与样式六1h（石湾器）相同，所接圈足的形式同上。例如：

②广东省博物馆藏清石湾窑仿钧浅青色翠毛釉"梅瓶"1件（图10-1-12②）[68]。足沿釉边整齐。

67　采自：Feng xianming（冯先铭），*Chinese Celadons*, fig15, *Chinese Ceramics, Selected Articles from Orientations 1982-1998*, Hong Kong, Orientations Magazine Ltd., 1999, p.171。

68　图片由笔者摄于广东省博物馆，有关信息依据其展标说明，广东省博物馆断代为明代。此瓶早年由商承祚先生捐赠。

①

②

图10-1-12　清代梅瓶样式一〇18

（ 0 —————— 10 cm ）

第二节

官样趣味主导下的仿古和出新

与明代相比，清代梅瓶的根本变化之一在于，所有被视为"梅瓶"的清代瓷器，都来自南方窑口，北方窑口已经完全不在其列，至少在目前所见的各种资料源中都是如此表现的。这是前所未有的现象，也是明代南北方窑口在梅瓶问题上发生地位逆转的最终结果，表明清代梅瓶制作的格局在明代基础上走向了集中和一统的极端。

一、以量占优的主流性

在以上梳理的基础上略作统计可知（表10-2-1），清代先后出现过22种梅瓶样式，约为明代梅瓶样式总量（43种）的一半。样式数量的大量缩减，与清代梅瓶样式群的减少相一致，表明清代梅瓶样式繁衍的速度明显放缓，繁衍规模也大幅度降低，反之也意味着清代梅瓶器形样式的共性特征更为集中。

在总共六类样式群的清代梅瓶中，以第二类样式群的遗存实例最多，包含样式也最多，达到12种，超过了整个清代梅瓶样式总量的一半，成为清代梅瓶最主要的样式群，因此它也代表了清代梅瓶器形的主流。

表10-2-1　清代梅瓶样式数量统计*

窑口或其他材质	二	三	六	七	八	一〇	总	
景德镇"御窑"	8	2	4		2		16	
广东石湾窑			2	1		1	4	
湖南醴陵窑	1						1	22
铜胎珐琅器	2		1				3	
漆器	1						1	

*注：不同窑口、材质的梅瓶存在某些共享样式，故同一样式群所含样式数量及总量之和并非简单相加。

从清代梅瓶遗存实例的数量来看，迄今未见确切的属于清初顺治年间（1644～1661年）的器物。遗存最多的时间段是康熙、雍正、乾隆时期（1662～1795年），与之相比，从嘉庆到宣统时期（1796～1911年）的实例很少见；在样式数量上也有相同特点，康雍乾时期先后出现的梅瓶样式数量至少在17种以上，嘉庆到宣统时期则只有大约6种样式，而且有许多样式是对康雍乾时期的承续，可见其差距悬殊。由此可以将清代梅瓶的衍化过程分为前后两期，前期以康雍乾时期为主，后期从嘉庆到宣统。清代梅瓶器形的主流特征和审美趣味是由官样主导的，因此清代前后期官样范畴的梅瓶并无根本差异，但是清后期的民窑和民间作坊制作的梅瓶则表现出不同的特点，为整个清代后期增加了新的内容。

第九章揭示过，与元代相比，明代梅瓶的器形共性特征已趋于明显，但当时仍处于过程之中，到了清代才真正实现梅瓶器形的趋同和共性特征的集中。对于这一点，除样式群减少、样式总量大幅下降、第二类样式群凸显等现象可以作为粗略说明外，还有更为具体和丰富的内容。

二、官样主导的审美趣味

表10-2-1显示，清代梅瓶按材质可以分为窑器和其他材质两部分，但是在性质上，这两部分器物是交叉的。如窑器涉及的三个窑口中，景德镇清代"御窑厂"（所谓"御窑"）属于官作性质，其烧造的梅瓶与同样属于官作的铜胎珐琅梅瓶可以合为一体做综合考察；而广东石湾窑、湖南醴陵窑以及福建漆器，都是来自南方的民间窑场和作坊的制品，三者的梅瓶也可以合为一体加以考察。

作为最高级别的官窑，清代景德镇"御窑"烧造的梅瓶有四个基本特点是必须明确和肯定的。第一，御窑梅瓶先后出现了16种样式[69]，占整个清代梅瓶样式总量的三分之二强。第二，御窑梅瓶有关样式的延续时间，从康熙年间到光绪年间，基本上贯穿了整个清代。第三，在整个清代，御窑梅瓶的品质之高，既是相关工艺技术的代表，也是时代审美的风向标。第四，在16种清代御窑梅瓶样式中，康雍乾时期出现的梅瓶样式多达15种，并有多种亚型，只有1种样式（样式六19）是乾隆之后才出现的，说明被誉为"盛世"的康雍乾时期也是清代梅瓶的"盛世"。

在第三、第四个特点的意义上，清代的铜胎珐琅梅瓶与之一致，因此这类梅瓶可以作为御窑梅瓶的补充。目前仅见3种样式的清代铜胎珐琅梅瓶，无论其采用的是画珐琅还是掐丝嵌珐琅工艺，在性质上大多属于清宫内府造作，在制度上，其制作规程与景德镇"御窑"器相同，都是按照大清皇帝御旨，依据清宫"御制官样"来确定器形样式并制作完成（见第二章第三节）。正因为如此，清

69　从本节上文梳理的情况来看，在已知的清代景德镇烧造的梅瓶实例当中，可能有一部分器物并非"御窑"所造，但是数量不多，其间还可以做更深入的研究和辨析。但是从器形样式的角度来看，清代景德镇流行的所有梅瓶样式在肯定属于"御窑"器的梅瓶中都可以看到。

代铜胎珐琅梅瓶的3种器形样式中，有两种与御窑梅瓶完全相同（样式二27、二42），另一种样式六10k也大体表现出与御窑梅瓶样式八8基本相同的面貌。

很明显，秉承皇帝御旨并有"官样"可依的景德镇"御窑"器和清宫内府造铜胎珐琅梅瓶，二者采用的样式在制度和来源上都是相同的，它们在器形和装饰的样式选择上共同反映了统一、集中的"官样趣味"。在数量上，御窑梅瓶和铜胎珐琅梅瓶总共包括17种样式，占据了清代梅瓶样式总量的绝大多数，成为清代梅瓶样式衍化方向的主导。

相比之下，作为民间性质的清代石湾窑、醴陵窑的梅瓶，以及福建漆器梅瓶，遗存少，样式不多，面貌也有所差异。如石湾窑梅瓶遗物均挂有最具本窑特色的仿钧天蓝色翠毛釉，面貌特征统一，很可能都出自清代前中期。该窑梅瓶虽然可以归纳为4种样式，但有3种样式（样式六1h、七5、一〇18e、f）的器形特征非常接近，整体上也与清代康熙、乾隆时期的御窑梅瓶样式二42（a、b、c）近似，而另一种样式六20既表现出对青铜器某些形式因素如蹄足的模仿，也显示了其与道光御窑梅瓶样式六19相似的瓶体轮廓。与御窑器的差异处在于，石湾窑器的体量偏于丰满、厚实。凡此表明，清代石湾窑虽然属于民窑，但其梅瓶样式与御窑梅瓶样式的相似程度很高，很可能在某种特定机制下受到了占据主导地位的御窑梅瓶的影响。值得注意的是，以清代前中期器物为代表的石湾窑梅瓶，在样式上比较集中地选择了瓶身大体相同的样式六1、七5、一〇18，后两种是清代御窑梅瓶所没有的。

至于醴陵窑，作为清末南方民族资本探索新型的近代企业制度的产物，它在选择器物造型、装饰工艺并形成整体风格等方面，也表现出一些与清代主流不同之处。就目前仅见的1种样式二46而言，清末（宣统三年，1911年）醴陵窑的梅瓶仍然选择了清代官样味道十足的小撇口、束颈和束胫、撇足的器形样式，但是瘦长的瓶身和起伏较大的顺滑曲线，与清代"御制官样"的皇家趣味有所区别，却近似于元代北方流行的样式二24、25、31等，不追求雍容、中庸的适度性，波状起伏明显的轮廓曲线倾向于婉约、娟秀而略显柔弱的风格特点，加之采用清晚期文人画流行的没骨画法做装饰，文人趣味的导向比较突出。

清晚期的福建漆器梅瓶也只见1种样式二47，较大的口颈部、椭圆瓶身和细长的胫足部，与明代中期的样式二31c比较近似，但足部无外撇，也与清代乾隆时期的御窑梅瓶样式二27g、l等样式亚型相似，不同之处在于体态瘦长，具有鲜明的晚清风格。其通景式人物题材的绘画装饰是清代御窑梅瓶较多采用的格式，但是绘画风格属于晚清南方流行的介于文人和民间的画风，金碧辉煌的金漆设色则体现了典型的南方特色。可见，地域特色、民间趣味、变相的文人和皇家风尚等多方面因素，在清晚期南方民间制作的梅瓶上形成了混合性的影响。

初步的结论是：清代梅瓶样式之集中、趋同及其"器形共性特征"主要表现在景德镇"御窑"器和清宫内府造铜胎珐琅器，虽然造作地点不同，但二者都共同拥有"御制官样"规定的内容，从制度到性质上都是官样主导的宫廷审美趣味的表现。而石湾窑、醴陵窑、福建漆器等南方民间窑场或作坊制作的梅瓶，也都不同程度地受到清代主流的影响，同时在不同阶段或以不同的形态表现出有区别的内容，显示出各自的历史意义。

70 这两组瓶身的特征，与晚清陈浏《匋雅》和民国初年许之衡《饮流斋说瓷》中分别描述的"梅瓶"之间所存在的差异存在某种程度的暗合（见第二章第四节，图2-4-2）。

三、清代"御制官样"梅瓶的器形特征

以清代"御窑"梅瓶为例，通过器形分析和特征归纳，可以进一步了解所谓"御制官样"梅瓶在器形样式上的具体内容，及其器形共性特征趋同之所在。

细加清点可知，清代梅瓶虽然仍可分为六类样式群，但是景德镇的"御窑"梅瓶实际上只分布在四类样式群之内，即第二、第三、第六、第八类。即使如此，这四类样式群的"御窑"梅瓶在整体器形上也存在强烈的趋同特征，最突出的表现是第二类样式群盛行，以及其形式元素对其他样式群的影响。这种趋同性，可以从瓶身和口颈部的形式分别进行观察。

整合清代梅瓶器形样式分析的有关内容，根据基本特征的差异，以第二类样式群为主体的四类样式群中，"御窑"梅瓶的瓶身形式可以首先分为两组[70]：

第一组，瓶身特征为宽肩、鼓腹，下腹呈含蓄的外弧状轮廓斜收至底。这一组涉及样式集中流行于康雍乾三朝，但数量较少，只见4种，即样式二42（a、b、c）、三29、六1g、八9，比较均匀地分布于四类样式群中，只有属于第二类样式群的头一种样式包含了不同的亚型。

第二组，瓶身特征也是宽肩、鼓腹，但下腹不同程度地内曲，形成了形式不同的胫足部。第二组瓶身与第一组的明显区别在于下腹。除第一组的4种样式（亚型）外，其他"御窑"梅瓶的样式（亚型）都属于第二组，共有12种样式，占清代"御窑"梅瓶样式总量的四分之三，说明下腹内曲的瓶身是清代御窑梅瓶主流性的瓶身形式。

对比第二组瓶身的下腹，又可以细分为以下前三类，上述第一组则可以作为其后的第四类。根据四类瓶身涉及样式的流行时间，便可以了解它们分别在清代流行的主要时段。通过与前代和同代有关器形的比较，还可以明了每一类瓶身的形式渊源。略作评述如下：

第一类瓶身，下腹微内曲，但胫足部斜收至底。涉及2种样式，即样式二27（c、j）、44。这类瓶身只流行于雍正时期。其中，样式二27c直接模仿明永宣御窑的同一样式，未脱明代痕迹，而样式二27j和二44的下腹，斜收轮廓长而内曲很浅，整体上已表现出清代的特点。

第二类瓶身，下腹内曲较明显，但还没有形成束腰状胫部，胫足部以直立为主，或足端微侈。涉及7种样式，即样式二27（g、h、i、k、l）、28f、36b、43b、45（a、b）及六14（h、i）、18。这类瓶身从康熙朝流行至光绪朝，几乎

贯穿了整个清代，以康雍乾时期最为普遍，特别常见。这类瓶身涉及的样式二27
（多种亚型）、28f、43b、45以及六14等，都原本于明代永乐、宣德时期直到
嘉靖（即明代样式二27、28和六14等），最早见于元代龙泉窑样式二27a，其雏
形可以追溯至北宋晚期样式二10（分别见于定窑、湖北武汉江夏窑、浙江温州
瓯窑），具有类似特征的瓶身在金代和元代北方梅瓶中也一直是比较流行的。不
过，清代御窑梅瓶的上述样式将这类瓶身的轮廓做了极为细腻、精致的推敲，特
别是康、雍、乾三朝分别出现的样式二27（g、h、i、l），是清代"御制官样"
梅瓶最为优美而稳定的一种样式。同样是康雍乾时期先后出现的样式二27k、
28f、36b、43b、45以及六14（h、i）、18等，对肩部、胫部或体量等因素分别
做了适度夸张的处理，体态特点偏于宽博。

　　第三类瓶身，下腹明确斜收、内曲，形成了束腰状胫部和外撇的足部。涉及
5种样式，即样式二43（a、c）、38b，三28，六19，八8。这类瓶身在康熙时期
特别常见而多样，从雍正朝至清中晚期其形式相对稳定，但遗存较少，有一些
细节差异值得注意。在器形上，只有极少数样式是从明代中晚期沿袭来的（如
样式二38b），其涉及的大部分样式主要是在第二类瓶身的基础上进一步加强
肩、胫、足的起伏对比，形成显著的宽肩、束胫、撇足。波折起伏的梅瓶瓶身
轮廓，并不始于清代，但是清代御窑梅瓶对这类瓶身的起伏程度做了尽可能适
度的控制。

　　第四类瓶身，即上述第一组，涉及4种样式，即样式二42（a、b、c）、三
29、六1g、八9。这类瓶身主要见于康熙到乾隆年间。可以在清代以前的各类梅
瓶样式群中看到这类瓶身的原型，如样式二42与宋金元时期的样式三6、20、13
和样式六4等都非常相似，这几种样式分别属于南宋官窑、金代磁州窑和元代吉
州窑，而清代"御窑"的样式六1则直接模仿了南宋龙泉窑的相同样式。这类瓶
身的仿古痕迹是比较明显的。

　　从流行时间的长度、涉及样式的数量、时代特征的形成等三个主要方面来
判断，上述四类瓶身当中，第二类和第三类瓶身形式的流行时间长（从康熙到清
末）、涉及样式多（11种）、清代特征突出（可以和明代同类样式相比），相对
而言又以第二类瓶身形式更显出众；而第一类和第四类瓶身只集中见于康雍乾时
期，乾隆以后没有出现，涉及样式也不多，仿古痕迹较为明显。这说明，宽肩、
鼓腹、下腹斜收、胫部内曲、胫足部直立或足端微撇，以及束腰状胫部加明显外
撇的足部，成为清代梅瓶中最具时代特征的瓶身形式。

　　除了瓶身，清代御窑梅瓶的口颈部也有器形趋同的明显表现。这一点可以分
三个层次来看：第一，上文提到，以"撇口"、"束颈"为标志的第二类样式群
是清代遗存梅瓶实例最多的一类，所含样式数量也最多（12种），超过了整个清
代梅瓶样式总量的一半。仅此一点即表明，撇口、束颈是清代梅瓶最流行的口颈
部形式。第二，仔细观察不难发现，在清代御窑梅瓶的另外三类样式群（第三、
第六、第八类）中，不但遗存实例少，而且有不少样式的口颈部多多少少表现出

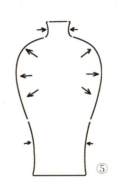

①　　　　　②　　　　　③　　　　　④　　　　　⑤

图10-2-1　清代御窑梅瓶显示"御制官样"示例及形式分析

"束颈"的影响。如样式三28，六1g、14、18、19，八8等，颈部上下两端都有
向外撇的微妙弧度，口部除明显的折沿外，最常见的形式是圆润的唇部以含蓄的
幅度微微外折，而第六类样式群的几种样式会辅以画弦纹（常常是青花弦纹）的
勾勒，既表明口唇部的结束，也适当划清了稍显收束的直颈与口部的转折关系。
第三，小撇口、束颈和体现束颈影响的口形，绝大多数与上述第三类和第四类
瓶身相组合，说明清代"御制官样"梅瓶在重点选择轮廓起伏明显的瓶身（即第
三、第四类瓶身）时，也自觉地选择与瓶身形式能形成大小、长短、收放等对比
呼应关系的口颈部形式，其最佳方案当然是由弧线勾勒出来的"小撇口"、"束
颈"。凡此都说明，"小撇口"和"束颈"以及其他颈部的"束颈化"现象，是
清代梅瓶"御制官样"器形特征的重要表现之一，也是其特征趋同的重要表现
部位。

　　将以上内容稍作整理，可以归纳如下：清代"御制官样"梅瓶的口颈部分
为四种，即束颈小撇口、小盘口、柱颈窄折沿圆唇小口、出节小口，分别归入第
二、第三、第六、第八类样式群；其中，"束颈小撇口"是清代最流行的梅瓶口
形，在其他三类样式群的不少样式上也出现了微妙而不可失察的"束颈化"现
象；清代"御制官样"梅瓶的瓶身也可以分为四类形式，其中，宽肩、鼓腹、下
腹斜收、胫部内曲而胫足部直立或足端微撇（第三类瓶身），或胫部呈束腰状加
明显外撇的足部（第四类瓶身），成为清代特征最突出的瓶身形式；合此二者，
小撇口、短束颈、宽肩、鼓腹、下腹斜收、胫部内曲或呈束腰状、胫足部直立或
足部外撇，成为最典型的清代"御制官样"梅瓶的形象特征——这个形象也正是
清代梅瓶第二类样式群的典型形象（图10-2-1①～③），其整体轮廓主要由左
右两边相反相成的三对弧度有别的曲线连接而成，即口颈部短而小的向内弧线，
横向的肩腹部的向外大弧线，纵向的下腹和胫足部的向内长弧线，构成了大小、
长短、横直、收放等对比呼应的关系（图10-2-1④⑤）。

71 参见王子林《明清皇宫陈设》，北京：故宫
　　出版社，2011年。

四、从器形到装饰：选择性的仿古和出新

第二类样式群作为清代"御制官样"着重选择的样式典型，集中体现了清代主导性的审美趣味。由于已知的清代铜胎珐琅梅瓶也在"御制官样"涵盖范围内，因此类似的器形特点在铜胎珐琅梅瓶上同样鲜明。前文对清代官民两类制品特征的分析，表明了二者在器形样式上的同异关系，民间制作的梅瓶虽然在不同阶段或以不同形态反映出不同于官样主流的内容，但也并未完全脱离这个主流。可以说，在"官样"趣味的主导下，清代梅瓶器形以高度集中的样式表现出特征趋同和样式近乎统一的时代特点。在这方面，康雍乾时期奠定了基调。

这个基调可以概括为"审美化追求"，又可以分为"陈设化"和"唯美化"两个方面。作为陈设器的梅瓶，在器形和装饰的设计上基本可以不再考虑原本作为实用器所必须考虑的诸多问题，如瓶盖、瓶座的使用和制约，以及此前梅瓶在具体的使用环节中存在的风俗习惯问题。摆脱了这些因素的制约，清代梅瓶便可以完全按照当时的审美趣味的要求来考虑纯粹审美意义上的形式问题。即便是配备瓶盖的梅瓶（如样式二42c），也都是立足于某种审美趣味而从纯粹审美的意义上来考虑瓶盖的器形和装饰。如果说这方面的考虑还需要顾及什么外在因素的话，除梅瓶制作本身所必须面对的材质、工艺等条件之外，最主要的因素有两个：与陈设方式所要求的适应性，以及审美趣味贯彻的制度性。二者实际上又是相辅相成的。

就像本书第二章引用清宫档案所做的讨论那样，包括梅瓶在内的"御制器物"的造作活动，清朝的皇帝是会直接过问的——这本身就是有关制度的核心部分，特别是雍正和乾隆两位皇帝，他们关心的问题还非常具体。而紫禁城内各宫殿的陈设，包括器物的选择和安排（当然也包括梅瓶），根据当代学者的研究，在清代都有特定的制度以及专门的部门和人员来实施和管理[71]。在此，皇帝个人的审美趣味毫无疑问是最重要的因素，他们直接决定了梅瓶的器形和装饰将采用什么样式和风格，通过制度以国家之人、财、物力加以保障实施。在这个意义上说，皇帝个人的趣味也就是当时"官样"的最高代表，它最为集中地反映了一个时代的审美水平，它成为一种主导性的审美趣味在当时的中国社会中是"合情合理"的。这就是"御制官样"的本质，也是按照"御制官样"来制作的梅瓶及其对民间制品产生必然影响的本质。这一本质及其造就的局面，对于以往仅仅作为实用器或丧葬用器的历代梅瓶来说，由于各地风俗之不同且不能被单一的制度和以个人为中心的趣味等意识形态因素所约束，因此也是不太可能出现的。

在这个意义上，清代"御制官样"梅瓶所涵盖的各种样式，都反映了清朝皇帝及其所代表的时代主流的自觉选择，有关样式中各亚型的微妙差异则反映了这种主动选择过程中留下的推敲痕迹。通过与前后不同朝代梅瓶样式的对比研究，不难发现清代"御制官样"梅瓶的自觉选择，首先是通过"仿古"的途径和手段

获得其器形样式，然后又在细致推敲的过程中潜移默化地实现了"出新"，也就是清代特征的形成。

在这方面，最具典型意义的清代第二类样式群的梅瓶最能说明问题。例如，康雍乾时期出现的样式二27、28、36、38，都是直接继承明代的原有样式——需要说明的是，继承前代样式在历朝历代都是一个通例，特别是在每个朝代开始之初尤其明显，这也是器物史上的自然现象，这本身并不表明它的"仿古"性质。因此，对于这种现象需要具体辨析。在上述4种样式中，样式二36、38的实例较少，明清两代有关遗物之间的连贯性也不强，可以暂不考虑。样式二28就不太一样，尽管它在清代只见1例1个亚型，但是它在明代曾经出现过多例并有两个亚型（d、e），重要的是它还可以追溯到元代的景德镇窑和磁州窑（即最初的a、b、c三个亚型）。可以追溯到元代的还有样式二27（龙泉窑样式二27a），它在明代从洪武朝流行到嘉靖朝，成为明代"御窑"和景德镇民窑梅瓶中最为常见的一种样式，传世品和随葬品都很多，表现出端庄、典雅、优美、敦实、适度的风格特点，使之成为"明代最优美的样式之一"。到了清代，样式二27作为清代"御窑"重点选择的梅瓶样式，同样也是"清代最优美的样式之一"，它的流行时间从康熙延续至嘉庆，是清代遗存实例最多，亚型分化最多的样式，先后出现过7个亚型（c、g、h、i、j、k、l），连样式二43b、45等也都与样式二27的有关亚型极为近似，第三类和第六类样式群的不少样式也与样式二27趋同。可见，样式二27在清代的盛行不是一个简单延续前代样式的问题，而是经过多种样式的比较并最终选择了明代永乐、宣德时期最典型的同一样式进行仿造，在此过程中不断推敲并逐渐体现出清代特征。实际上，如果到元代以前寻找和比对与清代样式二27相近样式的话，还可以看到最为相似的器形是金代定窑样式二16b，这样就能把清代样式二27与更久远的传统联系起来。在这一系列追根溯源的关系中，清代样式二27的"仿古"性质是明显的，同时它也借助仿古为途径、为手段，逐渐找到最能展现清代审美趣味的微妙的样式变化，并最终将其稳定下来。

前文在关于清代梅瓶器形样式的详细梳理中都陆续指出过，不止样式二27，清代还有很多种梅瓶样式都具有类似特点，即在刻意"仿古"的同时逐渐实现清代特征的"出新"目的。因此，即使是同一种样式，我们也能发现清代康雍乾时期的"御制官样"与明代"御窑"梅瓶的"官样"是有所不同的，它是清代梅瓶奉行"以古为典"并"沿明溯宋"而形成的新官样。到了嘉庆以后，这种潜在的活力似乎被耗尽了，所有清代后期的"御窑"梅瓶样式都表现出停滞的特点，"仿古与出新"转变为"守成与固化"。

既然"御制官样"主导了清代梅瓶的审美趣味，它的特点又是"仿古与出新"，那么在这种大风气影响下的民窑和民间作坊制作的梅瓶也会表现出相同或类似的轨迹。在这方面广东石湾窑烧造于清代前期的几种梅瓶样式有鲜明的表现。如石湾窑样式六1h与康熙御窑和南宋龙泉窑的同一样式相似；样式七5除直接模仿南宋龙泉窑同一样式外，与南宋吉州窑的样式七4也非常相似；而样式一〇18与明代正德景德镇窑和嘉靖磁州窑的同一样式都基本相同。

选择性的"仿古"和"出新"，不仅表现在器形上，也表现在清代梅瓶的装饰上。与明代相比，清代梅瓶装饰表现出来的同异特征都非常鲜明。所谓同，着重表现在饰纹格式上，即清代梅瓶的饰纹格式大体沿袭了明代强调的肩、腹、胫"三层式"布局，这是成熟于北宋晚期的梅瓶布局格式。到了清代，只要是采取分层布局的饰纹格式，全都使用了三层式布局，在每一层当中如若细分层次也不会打破大的结构。另外，清代梅瓶还发扬了在梅瓶口颈部进行装饰的做法，而且达到了炉火纯青的境界：口唇部一律留白，只在颈部布置饰纹，将其分别设计成与肩部，或腹部，或胫部的饰纹相连带、相呼应、相对比的关系，在全局上都能够很巧妙地与肩、腹、胫三层饰纹联系成一个统一的整体，以至于引导观赏者的视线从下往上并最终停留在梅瓶的口部，留白的口唇成为全部装饰结束的象征，因此口唇部以及颈部的留白和留白部分的划分也成为清代梅瓶装饰很用心的部分。在这方面值得做深入的研究。

除此之外，所谓异，也就是清代梅瓶的装饰与明代相比有一个非常显著的区别，在于"通景绘画式纹样"的流行。从饰纹布局格式的角度来看，所谓通景绘画式纹样采取的格式可以权且名之为"通景格式"。严格说来，这种格式并不始于清代，如北宋晚期汝窑青瓷刻划花龙纹梅瓶（样式三7b，图6-2-9⑥，附录一总表三：7b），就是较早出现的具有通景格式基本特点的实例。从饰纹布局格式的类型划分来看，这种具有早期特点的通景格式明显地源于"单体／折枝"格式，后者在金代盛行于山西的梅瓶样式四19上有突出的表现，即白釉黑彩画花折枝牡丹纹（见图7-2-17③④⑦⑨）。随着绘画式纹样的引入（元明两代多作为梅瓶腹部的主题饰纹），最终与"单体／折枝"格式完全融为一体之时，便形成了"通景格式"，并主要盛行于清代。现有的清代实例包括：康熙的样式二27例①（图10-1-1①，铜胎画珐琅山水仙人图）；雍正的样式二27例⑤（图10-1-1⑤a，粉彩人物图）、例⑪（附录一总表二：27i，粉彩梅竹图）、二43例④（图10-1-3③，粉彩枇杷石榴图）、六18例①（图10-1-9②，粉彩福禄寿三星图）、八9例①（图10-1-11，釉里红海水云龙图）；乾隆的样式二27例⑧（图10-1-18，粉彩瓜蝶绵延图）、例⑫（图10-1-1⑩，粉彩梅竹图）、二42例②（图10-1-4②，青花釉里红桃花春燕图）；清后期的样式六19例①（图10-1-9④，道光粉彩花鸟图）、二46例①（图10-1-6①，宣统三年醴陵窑釉下五彩秋菊草虫图）、二47例①（图10-1-6②，清晚期福建脱胎金漆彩绘九儒图），等等。与清代规矩化饰纹多为吉祥纹样相类，通景格式的绘画装饰也大多有吉祥寓意，所谓"图必有意，意必吉祥"已成为清代装饰的通例。

在上述诸例中，雍正时期的样式二27例⑤具有代表性，从构思到表现均属巧妙。其瓶体一侧描绘了一位带蓝巾着绿衣白裤的老者，肩扛小锄，锄挂书卷，右手执拂尘，左手提篮，内盛书卷、灵芝等物，笑容可掬地回首向左侧视一梅花鹿，鹿亦回首凝视老者，瓶体另一侧画红日、山石、花草。若将画面展开（图

10-2-2）[72]，能直观地看到老者迈步上行的姿势，这样的姿势在立体的瓶体上就不会如此直白，通过实物转动的读图过程，逐渐展开耕读传家、步步高升、亦儒亦仙、福禄寿等不同层次的画面寓意。内涵如此丰富、表达如此细腻的装饰，在清代以前的梅瓶上是不曾有过的，体现了雍正粉彩瓷器的高度艺术性和文化特质，此瓶也成为清代的装饰艺术和绘画艺术相融合的典范。含义丰富的主题和表现细腻的画法同时出现在如此精致的小型梅瓶之上，不但说明了它的纯粹审美性，还意味着它在当时很可能有过某种特定的用途。

　　总之，有选择的"仿古"和"出新"既是自觉和主动的，也是适度的和潜移默化的，这是清代梅瓶形成时代特色的基本途径。借此途径，作为陈设器的清代梅瓶在明代梅瓶的基础上进一步精致化，包括纯审美性追求的器形锤炼，各局部器形的仔细推敲和微妙特征的逐渐形成，也包括梅瓶装饰的唯美化和寓意化特点的提炼和升华，还包括材质、工艺等各方面的讲究，是全方位的共同深化。在这一过程中，康熙、雍正、乾隆三朝成为清代梅瓶达到时代最高水平的鼎盛期，完成了加强共性、器形趋同的历史进程，把清代梅瓶的精致与一统紧密地结合为一体。梅瓶在嘉庆以后的清代后期，基本上是康雍乾三代余绪而已。直到清王朝行将结束之前，南方民间制作的梅瓶才出现了些许新特点，但是除形式和趣味与清后期官样梅瓶有所不同外，总的来说还是按照旧有的从陈设瓷角度出发进行的设计和制作，未能完全脱离清代梅瓶的主流脉络。然而，中国梅瓶至此也处在一个历史的节点上。

72　采自：轻工业部陶瓷工业科学研究所编《景德镇明清瓷器纹饰》图80，北京：文物出版社，1987年，李雨苍临绘。

图10-2-2　清雍正粉彩人物图梅瓶
（样式二27例⑤）通景装饰展开图

附录一　中国梅瓶样式群分类与排序总表

说明：

一、本附录分为10个"总表"，按顺序对应正文划分的中国历代梅瓶"十类"样式群，收录从隋代到清代所有中国梅瓶的器形样式。

二、每一个总表对应性地选择收录每一类样式群所有样式的图例，标题以括号标明每一类样式群自始至终流行所有样式的朝代区间，并附统一的比例尺。

三、在每一个总表内，各类样式群先按朝代排列先后顺序，在每一个朝代之内，又根据正文的研究结果进行大体的分期排列。

四、在每一类样式群内，以阿拉伯数字标明每一种样式，以英文小写字母标明每一种样式内的每一个亚型，根据正文研究的结果安排其在表中的大体位置。例如：第一类样式群的第6种样式，分为3个亚型，均属于辽代晚期，在"总表一"辽代部分即分别标为"6a"、"6b"、"6c"。如遇跨阶段的情况也做如此处理。

五、作为样式和亚型编号的阿拉伯数字和英文字母，都置于每一种样式举例图片的左侧，在同一纬度中只出现一次，在下一排或跨阶段中再次出现同一样式或亚型时，也会在有关图例的左侧再次出现相同的数字和字母。

六、某一样式或某一亚型需要选择两幅以上图例（包括同一样式、亚型跨阶段出现）时，都以画圈的阿拉伯数字表示某图例在本表某种样式、亚型内的举例序号，并置于每幅图片的右侧。例如：第一类样式群的第15种样式分为a、b两个亚型，分别属于明永乐和宣德时期，每一亚型都各举两幅图例，因此如永乐两图即以"15a图①图②"的顺序表示，而"15a②"即表示第二幅图例在总表一当中的位置和图号。其在行文中的表述方式可参见本书"凡例"第15条。

七、同一样式群内，如同一样式、同一亚型在不同阶段出现时，尽可能将其安排在相同的经度位置（但不能视为绝对）；在形式特征上存在明显渊源关系的不同样式，则尽可能将其安排在适当的相邻经度位置（这一点亦不能视为绝对）。

总表一：第一类样式群（隋至明）

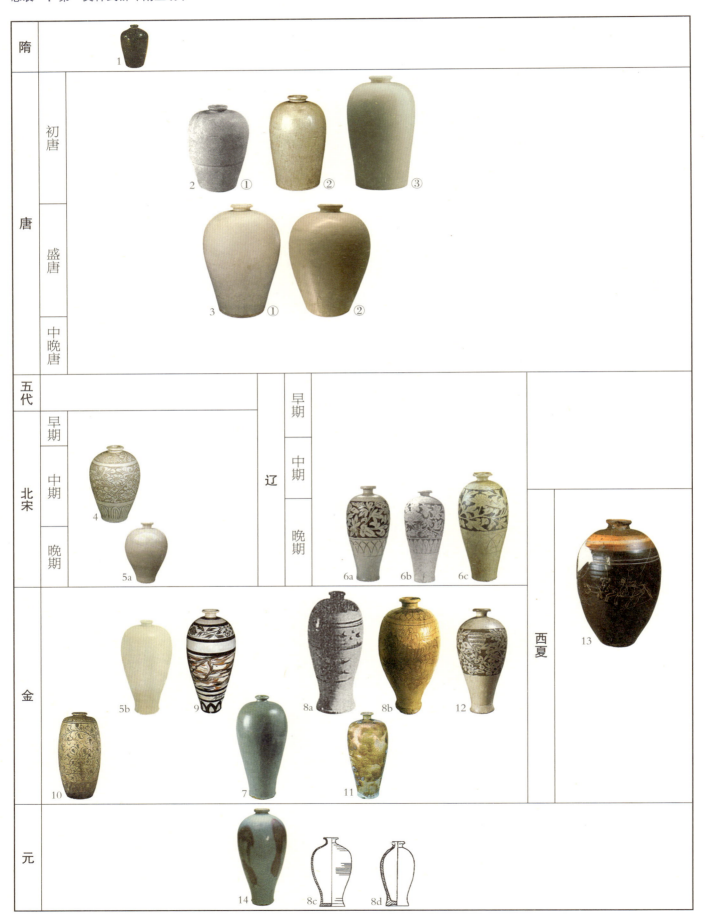

续表

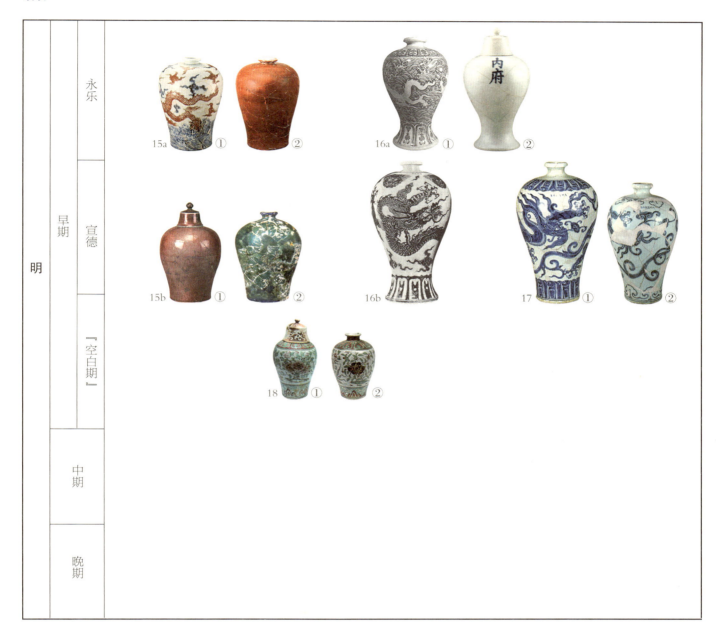

<table>
<tr><td rowspan="5">明</td><td rowspan="3">早期</td><td>永乐</td><td>15a ① ②　16a ① ②</td></tr>
<tr><td>宣德</td><td>15b ① ②　16b　17 ① ②</td></tr>
<tr><td>『空白期』</td><td>18 ① ②</td></tr>
<tr><td>中期</td><td></td></tr>
<tr><td>晚期</td><td></td></tr>
</table>

总表二：第二类样式群（唐至清）   0 ——— 10 cm

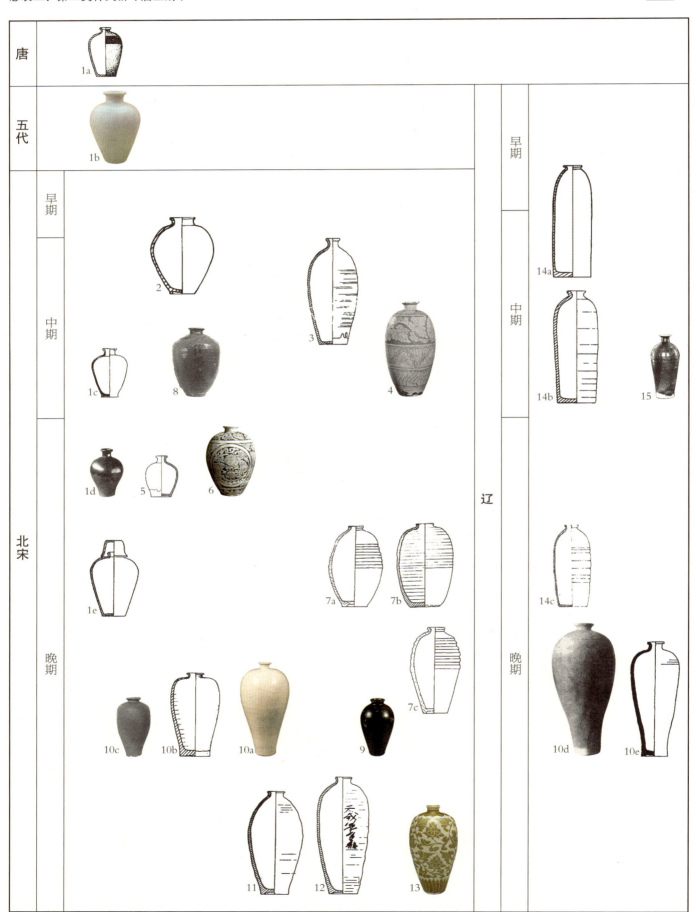

续表

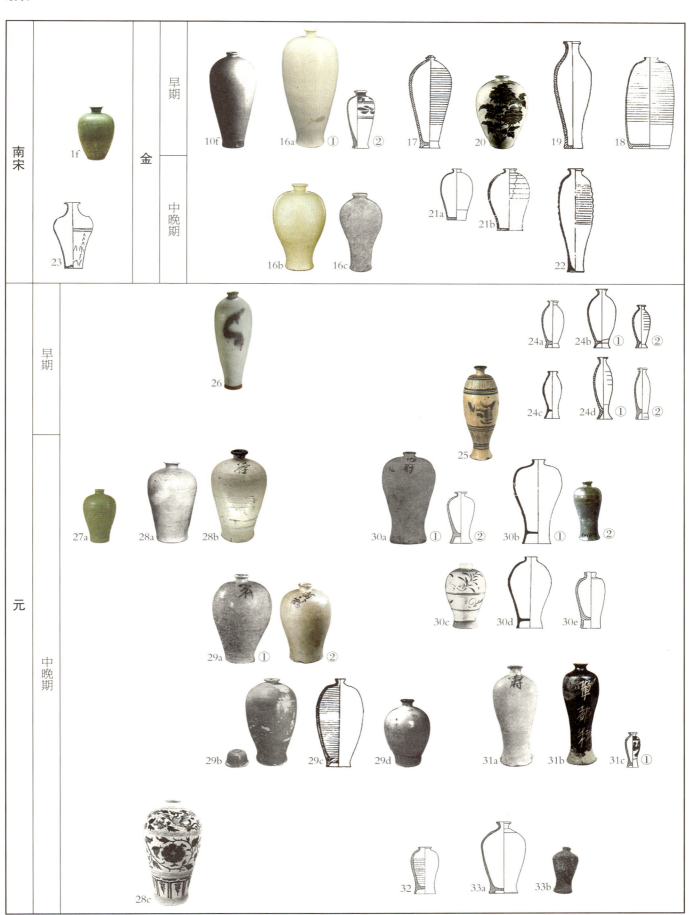

续表

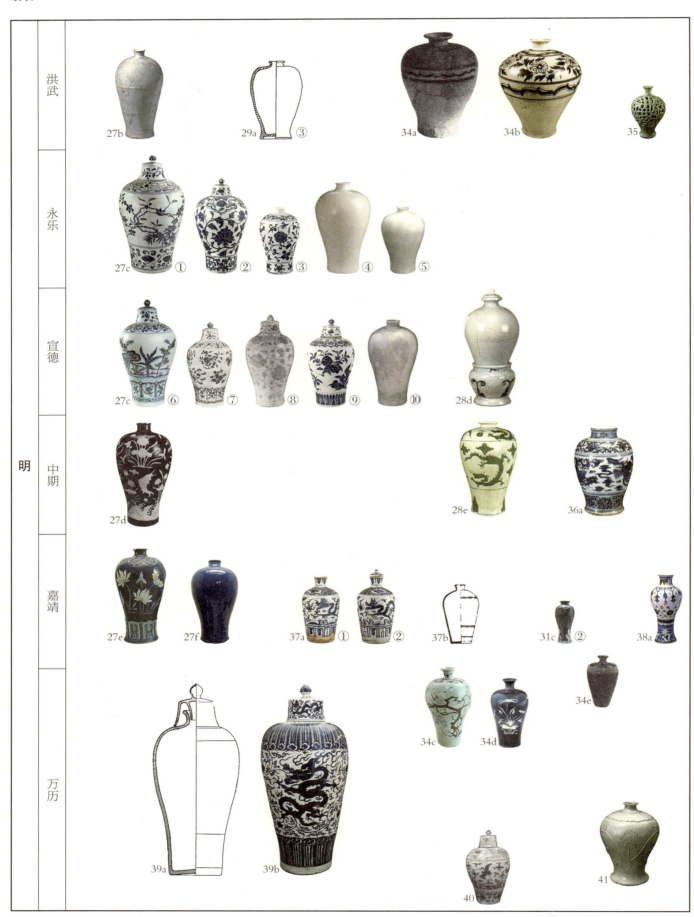

续表

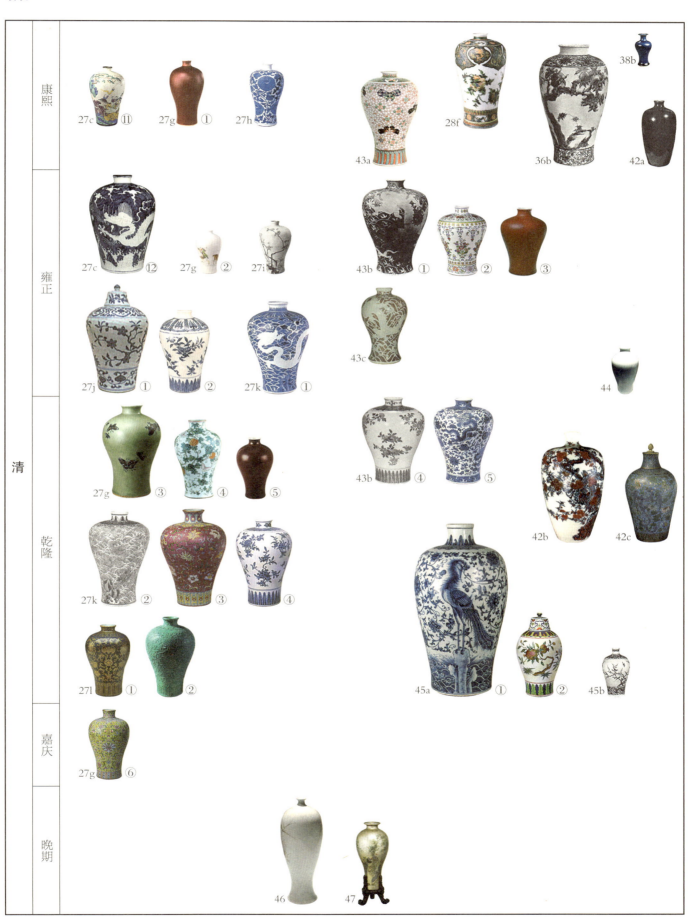

康熙	27c ⑪	27g ①	27h		43a	28f	36b	38b 42a
雍正	27c ⑫	27g ②	27i		43b ①	② ③		
	27j ①	②	27k ①		43c		44	
清 乾隆	27g ③	④	⑤		43b ④	⑤	42b 42c	
	27k ②	③	④		45a ①	② 45b		
	27l ①	②						
嘉庆	27g ⑥							
晚期			46	47				

总表三：第三类样式群（五代至清）

0　　　10 cm

五代	1a ①	早期
北宋 早期	1a ②	辽 早期
北宋 中期	2　1b ①　②　3　5 ①　②　4	辽 中期
北宋 晚期	9　7a ①　6a　7a ②　7b　8	辽 晚期

续表

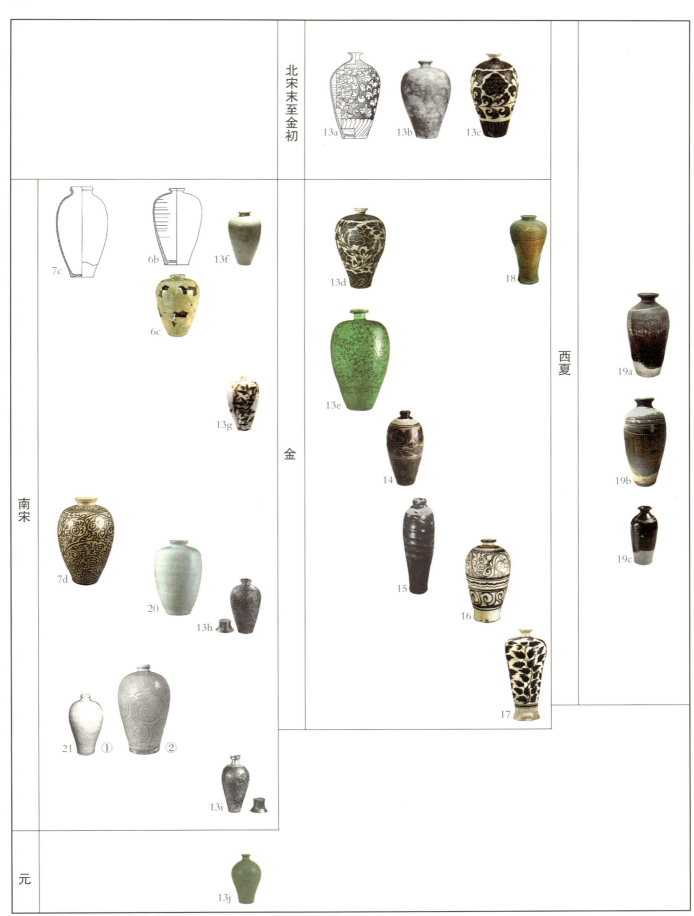

续表

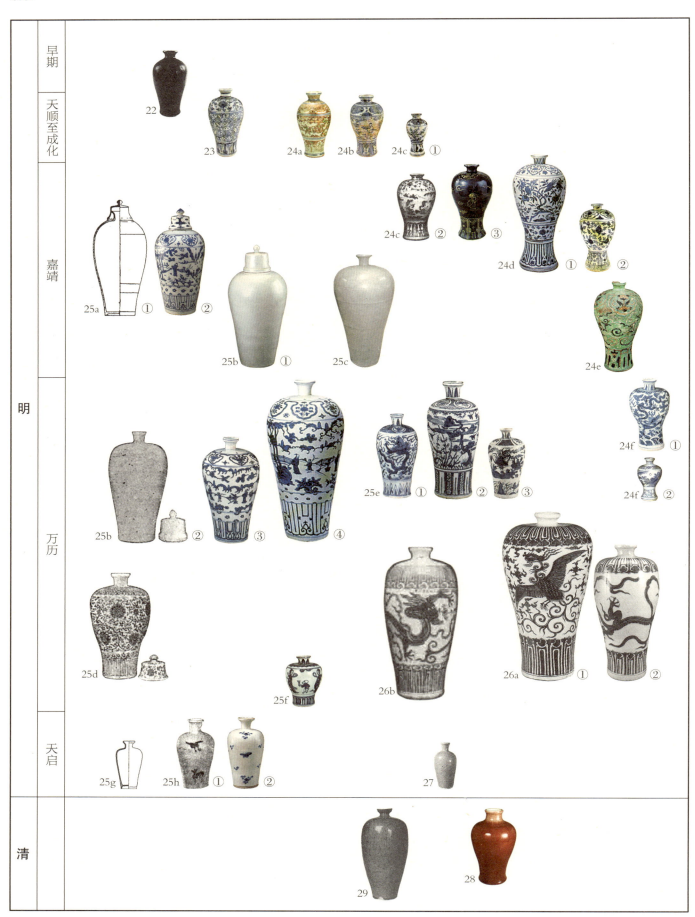

总表四：第四类样式群（北宋至明）

0　　10 cm

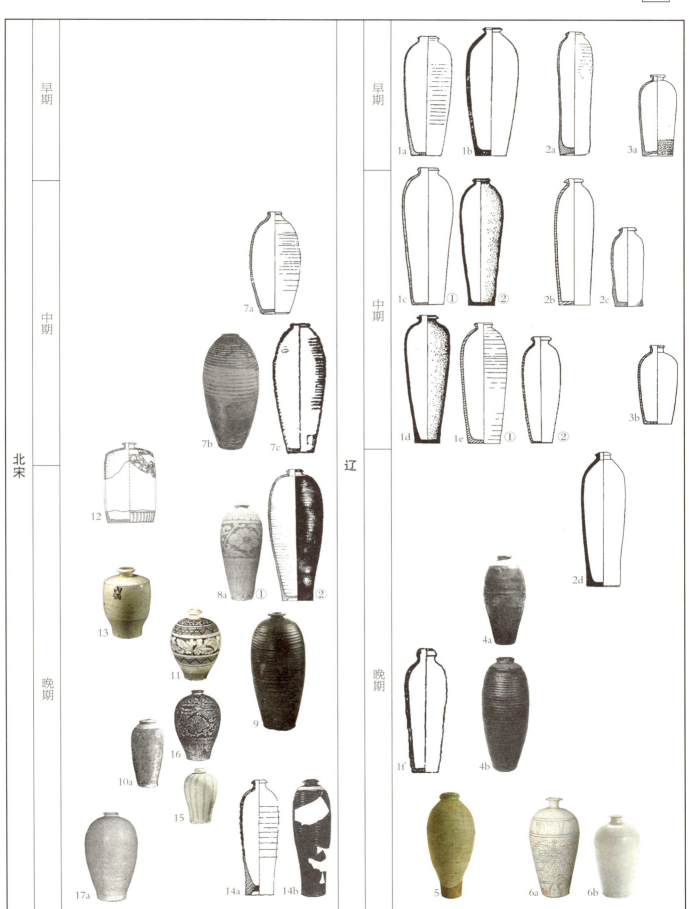

续表

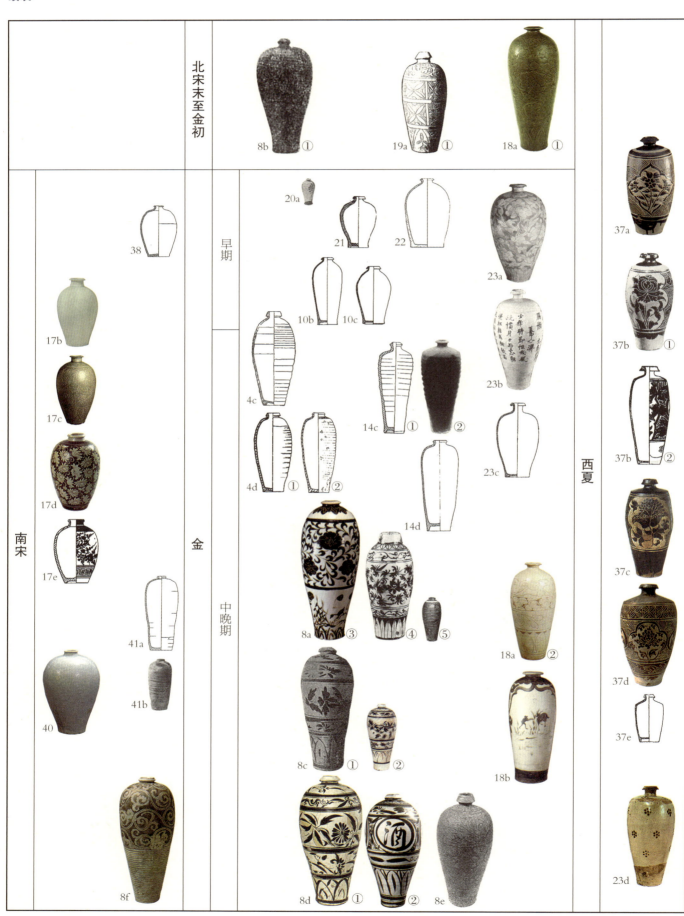

续表

金（中晚期）

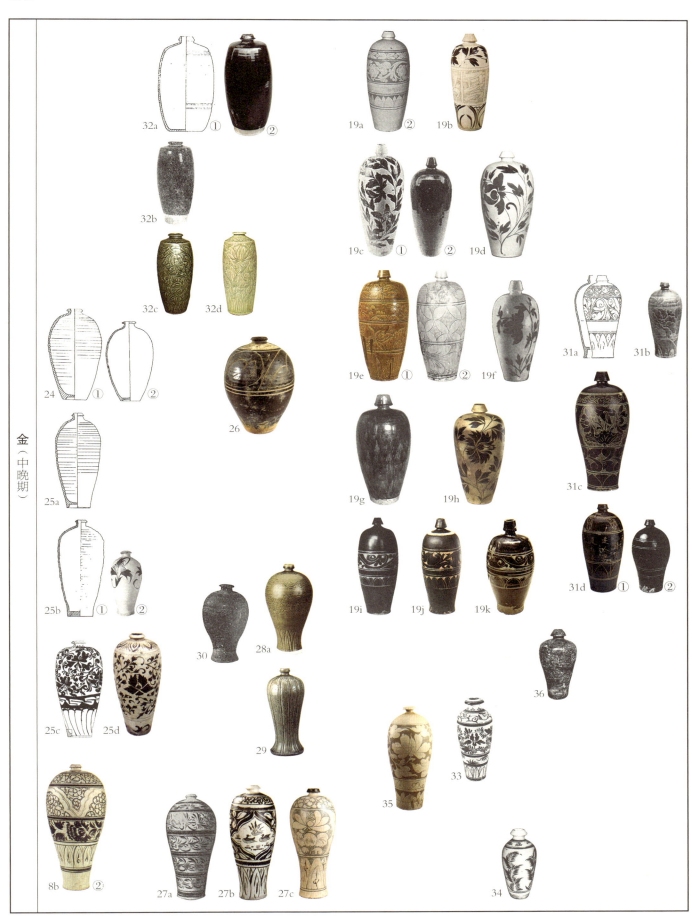

续表

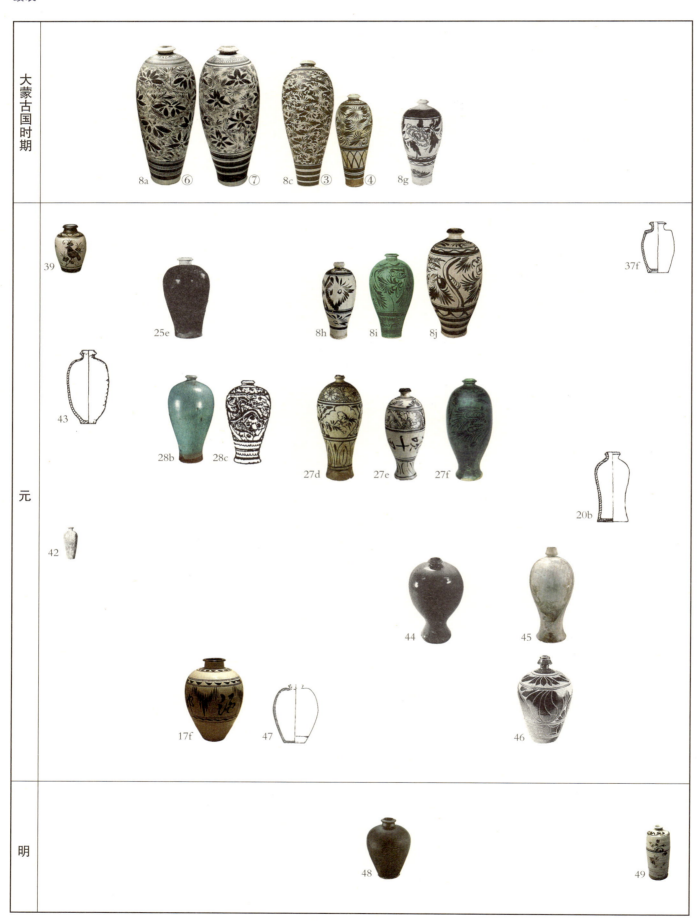

总表五：第五类样式群（北宋至金）

0 ___10 cm

总表六：第六类样式群（北宋至清）

0 —— 10 cm

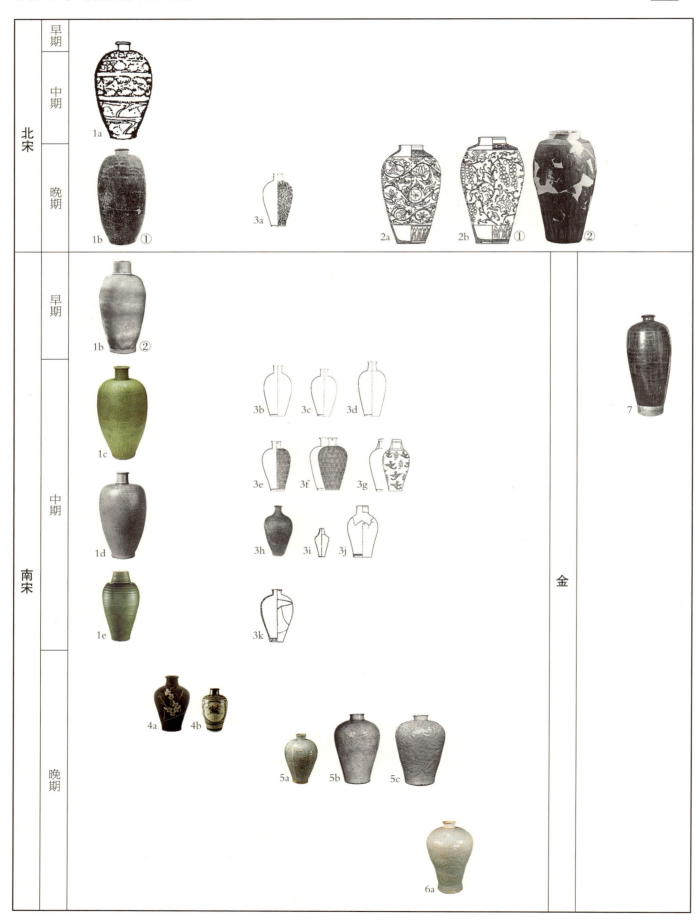

续表

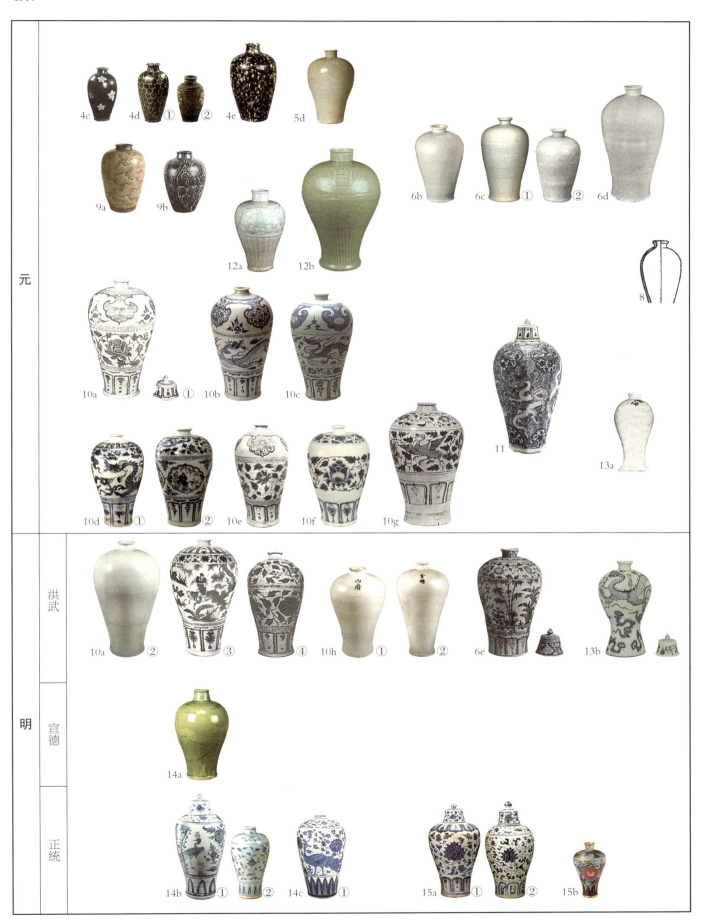

续表

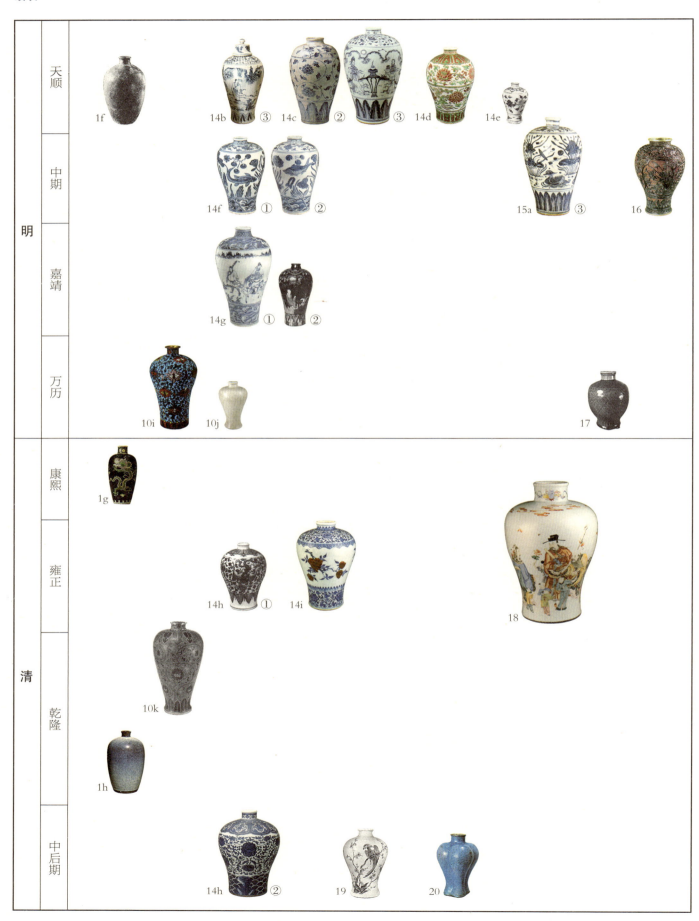

总表七：第七类样式群（北宋至清）

0　　10 cm

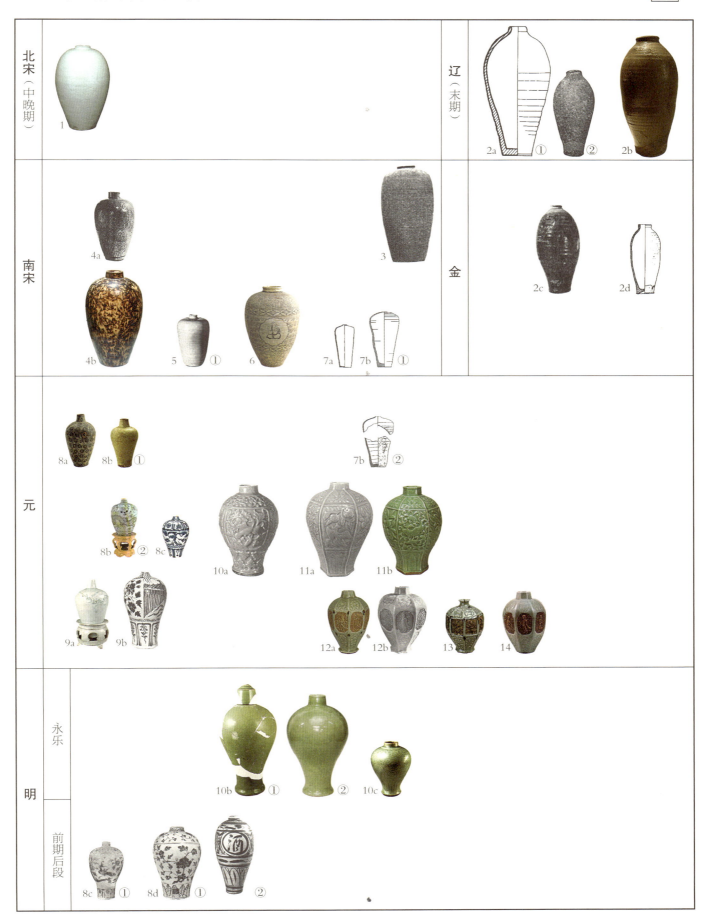

续表

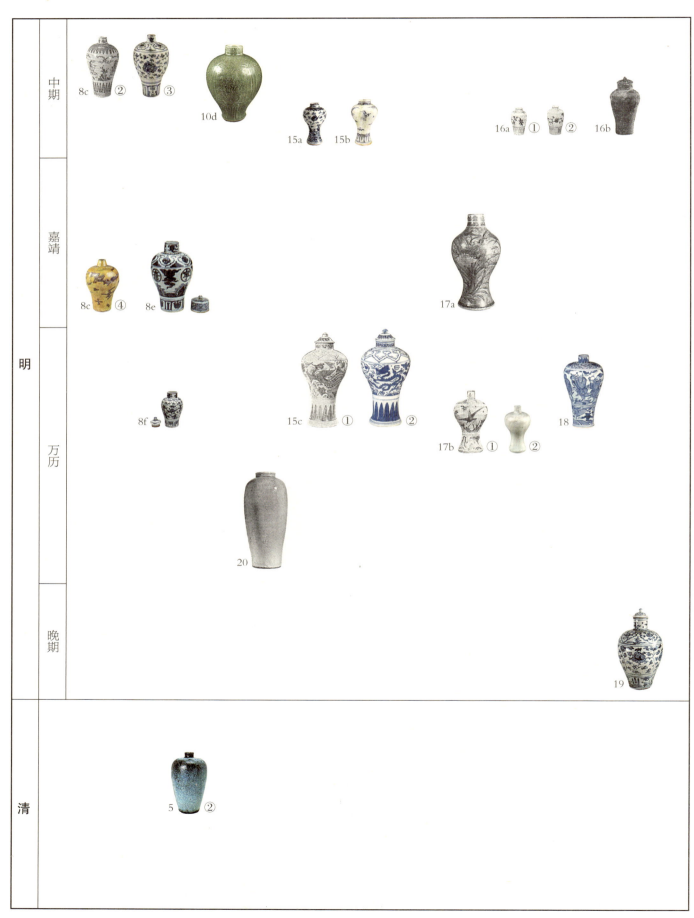

总表八：第八类样式群（北宋至清）

0 ____ 10 cm

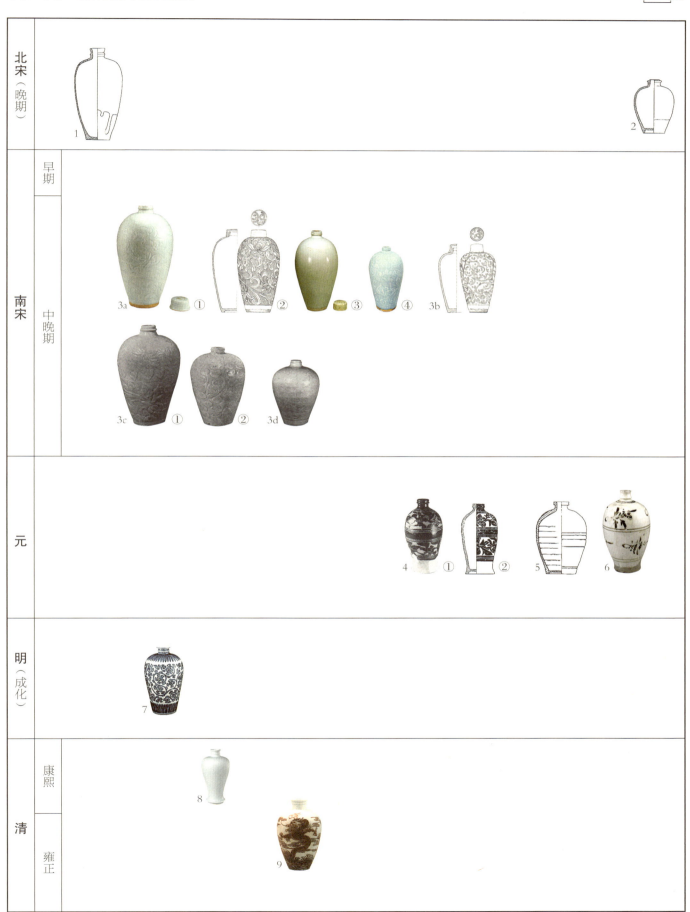

总表九：第九类样式群（辽至元）

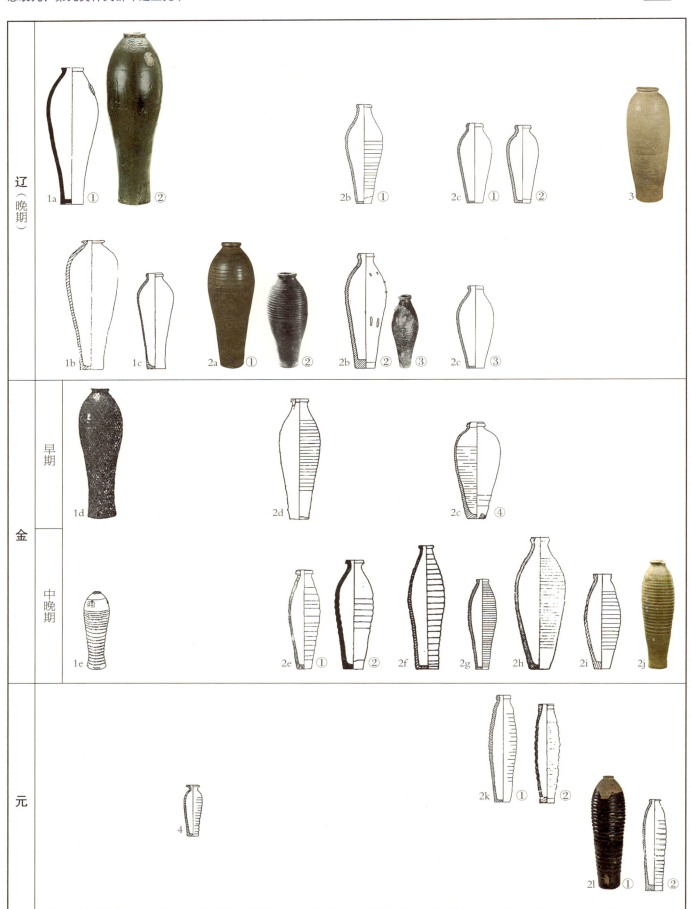

总表十：第一〇类样式群（五代至清）

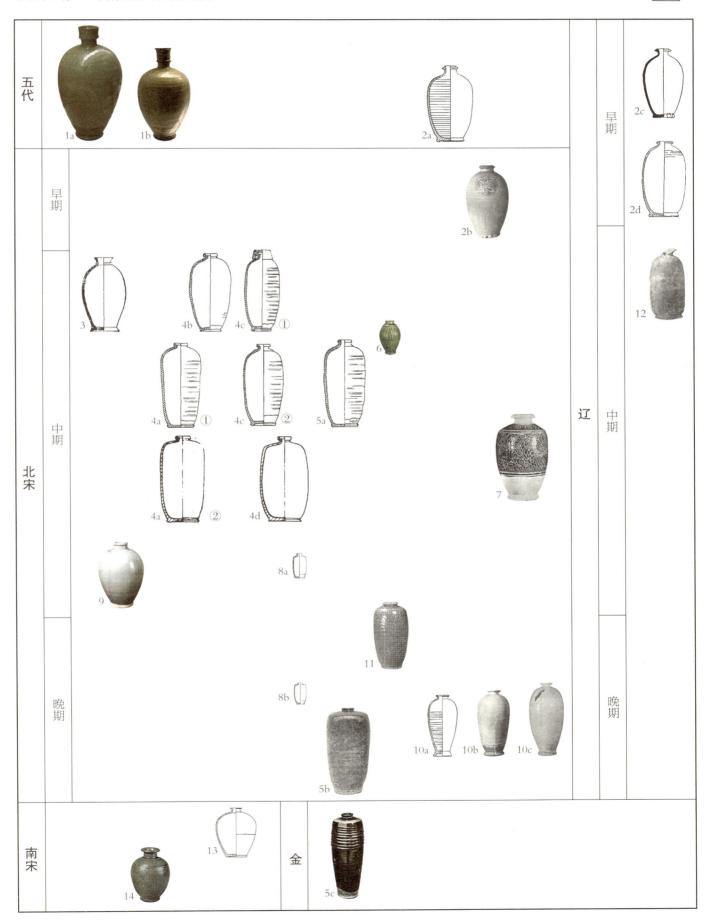

续表

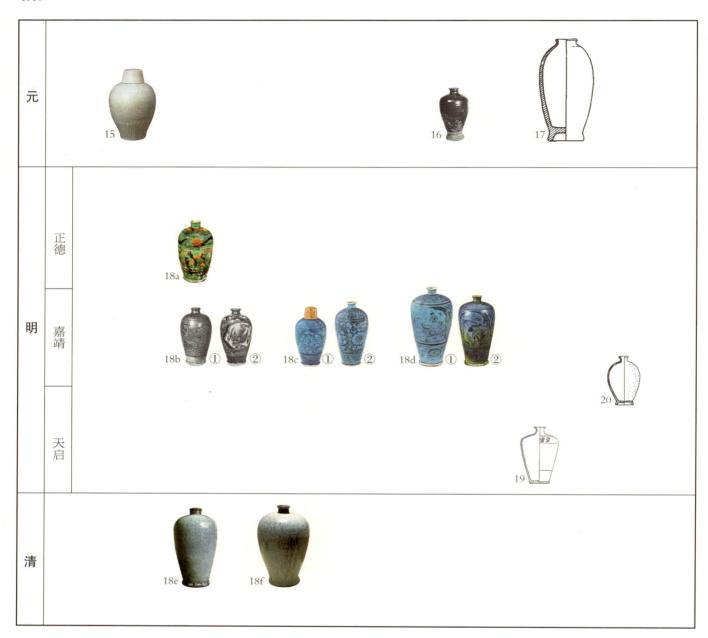

元		15　　　　　　　16　　　17
明	正德	18a
	嘉靖	18b　①　②　　18c　①　②　　18d　①　②　　　20
	天启	19
清		18e　　18f

附录二 宋、辽、金、元墓出土梅瓶图像主要资料梳理*

表一：北宋墓葬出土梅瓶图像资料

图序	年代	遗址	梅瓶与其他器物的组合	出处
图4-2-9③⑨	北宋熙宁十年（1077年）	河南安阳县天僖镇北宋王用昨墓墓室壁画"墓主夫妇对饮图"和"送礼图"	桌上：梅瓶（3件）、台盏、果盘等 地上：无 桌上三件梅瓶一字排列，中立者画花，两边各一为白盖黑瓶	《河南文化局调查安阳天僖镇宋墓》图1，图2，《文物》1954年8期143页
图4-2-9①	北宋元符二年（1099年）	河南禹县白沙一号宋墓（赵大翁墓）前室西壁"墓主夫妇对饮图"	桌上：酒注、台盏 地上：梅瓶（1件，带盖、带方座，白色封口）	宿白《白沙宋墓》图版贰贰，北京：文物出版社，1957年
图3-2-2 图4-2-9⑪	同上	河南禹县白沙一号宋墓壁画甬道西壁"送礼图"、过道西壁下部	男仆捧：梅瓶（1件，身黑盖白） 地上：梅瓶（2件，同插一座）、剪刀等杂物	宿白《白沙宋墓》图版拾捌：Ⅰ，贰肆：Ⅱ，北京：文物出版社，1957年
图4-2-9⑤	北宋政和七年（1117年）	河南洛宁县北宋乐重进夫妇墓石棺前挡右侧线刻"备酒图"	桌上：浅盘、盏台；女仆捧：盏、酒注、大盘 地上：梅瓶（1件，带盖、带方座，弦纹） 在墓主人桌上有台盏和果盘，其右侧仆人手捧酒注	李献奇、王丽玲《河南洛宁北宋乐重进画像石棺》图版肆，《文物》1993年5期
图4-2-9⑥	北宋晚期（不早于1097年）	河南济源市东石露头村北宋壁画墓墓室西壁格子门北侧"侍女备宴图"	侍女捧：梅瓶（1件，黑身白盖）、台盏、酒注	赵宏、高明《济源市东石露头村宋代壁画墓》彩版四：1，《中原文物》2008年2期
图4-2-9⑩	北宋晚期	河北武邑县崔家庄宋墓M1东壁砖雕	地上：矮椅、矮桌（瓶座）、梅瓶（2件，带黑色弦纹，口部朱色）	《河北武邑崔家庄宋墓发掘简报》图四，图三，《文物春秋》2006年3期
图4-2-9⑦	北宋晚期	河南洛阳市洛龙区关林庙宋代砖雕墓：钻M3东北壁左数第3幅砖雕"备酒图"	桌上：台盏、小瓶、小碗、浅碟、过滤器 侍女捧：梅瓶（1件，刻弦纹、莲瓣纹）、唾盂等	《洛阳洛龙区关林庙宋代砖雕墓发掘简报》图二五，《文物》2011年8期
图4-2-9⑧	北宋徽宗时期	河南安阳小南海水库宋墓墓室西壁北侧壁画	桌上：梅瓶（2件，各带三脚圆座）、大盘、果盘 男仆捧：台盏等 地上：火炉	李明得、郭艺田《安阳小南海宋代壁画墓》图二（上，局部），《中原文物》1993年2期
—	北宋徽宗时期	河南洛阳邙山IM235号宋墓西耳室后壁	桌上：果盘、高形三足器（垫圆盘）、高足杯、小口瓶、方盒 地上：矮几式瓶座上插梅瓶2件	《洛阳邙山宋代壁画墓》图一九，《文物》1992年12期

* 本附录没有包括有关发掘报告中未见图像的资料，以及某些所见图像不甚清晰的资料。

续表

图序	年代	遗址	梅瓶与其他器物的组合	出处
图3-1-2①	北宋	宁夏泾源县泾河源公社宋代夫妇合葬墓砖雕男仆担物图	男仆肩挑：梅瓶（2件）	《宁夏泾源宋墓出土一批精美雕砖》图版贰：4，《文物》1981年3期
图4-2-9②	北宋	河南巩县孝义镇稍柴村北宋墓墓室东壁砖砌彩绘"墓主夫妇对饮图"	桌上：酒注1件、台盏2件地上：梅瓶（1件，下腹带瓦棱纹，似无封口）	傅永魁《河南巩县稍柴清理一座宋墓》图一：1（局部），《考古》1965年8期
图4-2-9④	北宋	河南郑州南关外北宋砖室墓西壁砖雕	桌上：酒注、台盏、架状器地上：梅瓶（橄榄形，带盖）	《郑州南关外北宋砖室墓》附图（局部），《文物》1958年5期

表二：辽墓出土梅瓶图像资料

图序	年代	遗址	梅瓶与其他器物的组合	出处
图4-2-10⑬	辽道宗大安九年（1093年）	河北宣化辽张匡正夫妇合葬墓M10前室东壁壁画"茶道图"	桌上："带提梁和藤套的鸡腿瓶"、黄釉执壶、托盏、四足黄色小函盒一（可能为铜制品）、金属匕形器、曲柄锯子、火钳、棕刷地上：茶碾、茶炉、函盒二（可能盛果品）包括桌上"带提梁和藤套的鸡腿瓶"在内，多属茶器，此处的"鸡腿瓶"可能用来盛水	《宣化辽代壁画墓群》图版三：1，《文物春秋》1995年2期封底河北省文物研究所编《河北古代墓葬壁画》图86，北京：文物出版社，2000年版
图4-2-10⑭	辽道宗大安九年（1093年）	河北宣化辽张文藻夫妇合葬墓M7前室东壁壁画"童嬉图"	前桌置：梅瓶（1件，白身红盖）、浅盘、小盏、海棠形套盒、执壶后桌置：笔、砚、书、匣地上：桌下有一张朱色四脚瓶架，上置梅瓶（2件，同上），另有多层大方盒，以及茶碾、朱漆盘（内有锯子、毛刷、茶砖）、茶炉（上坐一执壶）、曲柄团扇此间茶酒具相杂	《河北宣化辽张文藻壁画墓发掘简报》彩插肆，《文物》1996年9期
图4-2-10⑨	辽天庆元年（1111年）	河北宣化下八里村辽代韩师训墓M4后室西南壁"宴乐图"	妇人条桌上置：盘（内盛食物）后桌：壶、盘、碗等地上：前景长条矮桌上置梅瓶3件男仆捧：盘	河北省文物研究所编《河北古代墓葬壁画》图版101，北京：文物出版社，2000年，143页
图4-2-10⑮	辽天庆六年（1116年）	河北宣化辽张世卿墓M1后室南壁西侧壁画	男仆捧：大盘（内置小盏）、酒注桌上：大盘（内置小盏）、圆口和花口小盏、酒注、矮体梅瓶（1件），盘壁黑色，余者均为白色地上：三孔矮桌，上插绿色梅瓶3件（白盖，壁封红色"张记"）。旁立雁足灯	《河北宣化辽壁画墓发掘简报》图二四（局部），《文物》1975年8期《河北古代墓葬壁画》图版90，北京：文物出版社，2000年
图4-2-10①	辽太平六、七年间（1026～1027年）	内蒙古敖汉旗羊山辽刘匡善墓M1墓室东南壁壁画"备饮图"	桌上：曲口长盘2件（内各放瓜棱小罐）、仰莲纹温碗2件（右置一壶）、盏地上：四孔瓶座，各插一梅瓶（带盖，加泥封，泥封下各垂一白色长方形小签），另有大瓮1件，内斜置一杆	《敖汉旗羊山1-3号辽墓清理简报》图一八：4，《内蒙古文物考古》1999年1期

续表

图序	年代	遗址	梅瓶与其他器物的组合	出处
图4-2-10②	辽中期	内蒙古敖汉旗下湾子辽墓M5墓室东南壁壁画"备饮图"	男仆捧：梅瓶1件（带盖、橘红色泥封、瓦棱纹），大盘（内置小杯），大碗 桌上：黄色金属酒注（曲口菊花纹温碗，内盛执壶），盛瓜果圆口大盘，曲口大盘（内放一盏） 桌下：梅瓶1件（同上，半埋地下）	《敖汉旗下湾子辽墓清理简报》图一八：左，《内蒙古文物考古》1999年1期
图4-2-10③	辽兴宗重熙十年（1041年）之前（辽中期偏晚）	内蒙古敖汉旗七家村辽墓M2墓室西南壁壁画"备酒图"	桌上：右置椭圆形曲口海棠盘，内放曲口小盏2个；左置莲花纹曲口温碗1个，内盛仰莲纹执壶1个（盘、碗、壶、盏均为黄色） 地上：梅瓶（两排多个，带盖，瓶身淡绿色，橘红色封泥），半插入黑色瓶座	《敖汉旗七家辽墓》图一九：2（左侧），《内蒙古文物考古》1999年1期
图4-2-10④	辽晚期（兴宗重熙以后）	内蒙古敖汉旗七家村辽墓M5墓室西壁左半部（南侧）壁画"备饮图"	地上：黄色酒架上插两排6个梅瓶（橄榄形，带盖，红色封泥） 仆人捧：高足盘、蓝色倒扣盆状物	《敖汉旗七家辽墓》图九：1，《内蒙古文物考古》1999年1期
图4-2-10⑥	辽中期以后（或晚期）	内蒙古敖汉旗下湾子M1墓室西壁"备饮图"	桌上：一摞倒扣红色碗，红、黑小坛各一，红色食盒一摞 地上：小方桌式瓶座（面有二圆孔，左插蓝色梅瓶，带盖，红色封泥） 仆人捧：梅瓶（同上）、曲口长盘（内置盏）	《敖汉旗下湾子辽墓清理简报》图一三：2，《内蒙古文物考古》1999年1期
图4-2-10⑩	辽晚期	河北涿鹿县辽代墓墓室东壁	桌上：碗、盆、盘、碟多件（盘内盛鱼） 桌下地上：黑褐色梅瓶2件	张家口地区博物馆《河北涿鹿县辽代壁画墓发掘简报》图版捌，3，《考古》1987年3期
图4-2-10⑫	辽晚期	辽宁朝阳市木头城子乡十家村辽代家庭合葬墓圆形墓室左前方壁画"醉饮图"	桌上：盘、盏、杯、执壶等 男仆执：盏、执壶 地上：高体"鸡腿瓶"	《辽宁朝阳木头城子辽代壁画墓》图版二：3，《北方文物》1995年2期
图4-2-10⑤	辽晚期	内蒙古敖汉旗喇嘛沟辽墓墓室西南壁	桌上：圆形二叠食盒（下大上小），圆盘（内盛白碗3个）、蓝色小罐2个（其一肩贴白色标签） 地上：黄色三孔瓶座各插一深蓝色梅瓶（带盖，加封泥），长方形火盆（上放一蓝色大执壶，似在煮茶）	《敖汉旗喇嘛沟辽代壁画墓》图一：2，《内蒙古文物考古》1999年1期
图4-2-10⑪	辽末期	山西朔州辽代砖室壁画墓"市府街M21"墓室北壁"侍奉饮食备宴和散乐图"	桌上：无 地上：梅瓶3件（鸡腿形，瓦棱纹，肩画长方框）、棕色盆座上有黄色花口脸盆1件 仆人捧：红色圆盒、红色团扇、盘（内盛食物或有食物的碗）	《朔州辽代壁画墓发掘简报》图七，《文物季刊》1995年2期

续表

图序	年代	遗址	梅瓶与其他器物的组合	出处
图4-2-10 ⑦⑧	辽	辽宁省博物馆藏辽代彩绘木椁。出土地点不详，1998年征集	桌上：大钵、勺（近似樽杓），酒注、小盏、圆口浅盘（内置小盏）、花口浅盘、大碗 地上：矮桌式三孔瓶座上插梅瓶（3件，带盖） 两仆人手捧、肩扛高体梅瓶（"鸡腿瓶"）各一件	赵晓华《辽宁省博物馆征集入藏一套辽代彩绘木椁》图六，图一〇，《文物》2000年11月

表三：金代和南宋墓葬出土梅瓶图像资料

图序	年代	描述	梅瓶与其他器物的组合	备注
图4-3-17	金正隆二年（1157年）	河北内丘县胡里村金代壁画墓西北面"送酒图"	桌上：梅瓶（1件，画花，除了弦纹，腹部还有类似缠枝纹），执壶，小杯3只 两仆抬：食匣	贾成惠《河北内丘胡里村金代壁画墓》图五，《文物春秋》2002年4期
图4-2-11⑮	金正隆六年（1161年）	山西大同市内站东小桥街金代徐龟墓墓室西壁"散乐侍酒图"	桌上：曲沿盆，绛色的高足小方盘、大方盘（均满盛瓜果）、勺、莲瓣形盏（2件，反扣）、小盏（5件，反扣）、浅蓝色回首鸟形盂、酒注（六角形注子置于荷叶形注碗中）、荷叶形大盏（2件，俯仰放置）、台盏（酒台浅绛色）、碗 桌前地上：长方形矮桌上置带底座、封口的黑色梅瓶（2件，肩贴白色签条，左书"琼□"、右书"金□"） 侍女执：各种乐器团扇等，以及方盘（内置荷叶形盏）、酒注，左一人手捧浅蓝色梅瓶往桌面上的曲沿盆内倒酒	《山西大同市金代徐龟墓》图版壹，《考古》2004年9期
图4-2-11⑧	金大定十三年（1173年）	山西侯马牛村金董万墓64H4M101墓室南壁砖雕	桌上：盖碗2件 地上：黑色梅瓶1件（卵形，带盖，红色）	《侯马101号金墓》图九，《文物季刊》1997年3期
图4-2-11⑭	金大定二十四年（1184年）	辽宁朝阳旧城南金代马令墓西壁壁画"备膳图"	两桌上均为酒食器：酒杯（十余只）、执壶、细长颈瓶、盘（内盛圆形食品）、碗 地上：矮桌式瓶座上并置梅瓶2件 仆人捧：盘、碗等	《辽宁朝阳金代壁画墓》图四，《考古》1962年4期
图4-2-11⑥	金大定二十九年（1189年）	陕西甘泉县袁庄村金代壁画墓M3墓室东壁壁画"备宴图"	桌上：红色织物1张 地上：无 仆人捧：小梅瓶1件（白色，似无盖）、盘（内置大碗）、匣（或书函）、巾	王勇刚《陕西甘泉金代壁画墓》图一六，《文物》2009年7期

续表

图序	年代	描述	梅瓶与其他器物的组合	备注
图4-2-11⑫	金泰和元年（1201年）	山东济南市大官庄金代砖雕壁画墓M1墓室西壁壁画	桌上：执壶1件（带插孔四足座）、台盏1件、小盏1摞（倒置） 仆人捧：梅瓶1件（白色，瓦棱纹，布封口）等	《济南市宋金砖雕壁画墓》图二五，《文物》2008年8期
—	金大安二年（1210年）	山西侯马金代董海墓砖雕夫妇对坐图	桌上：花口大碗1件（内置一勺）、盘 桌下地上：梅瓶2件（无盖，瓦棱纹，一倒置）	望野《酒封小考》图一八，《文物》2008年6期
图4-2-11⑨	金崇庆元年（1212年）	河南辉县百泉村金墓东北壁砖雕	矮桌上置梅瓶1件、执壶1件	《河南辉县百泉金墓发掘简报》图三（局部），《考古》1987年10期
图4-2-11⑬	金初期	河南洛阳道北金代砖雕墓	桌上：圆口大碗1件（内置一勺）、小碗等 地上：梅瓶2件（桌下倒置一件，右侧立置一件，后者刻出弦纹、莲瓣纹、缠枝纹等）	《洛阳道北金代砖雕墓》图七，《文物》2002年9期
图4-2-11⑪	金早期	山西汾阳金墓M6墓室北壁壁画"备酒图"	桌上：酒注、盏等 地上：矮桌式双孔瓶座上插黑色梅瓶2件（带白色盖）、方架火炉1件（上置执壶）	《山西汾阳金墓发掘简报》图二四（局部），《文物》1991年12期
图4-2-11⑦	金	河北井陉县柿庄宋金墓群一号墓墓室东南壁壁画"夫妇对饮图"	桌上：酒注1件、小盏若干等 桌下地上：梅瓶2件（瓶身瘦长）	《河北井陉县柿庄宋墓发掘报告》图一七，《考古学报》1962年2期
图4-2-11⑤	金	山西屯留宋村金代壁画墓墓室北壁右侧"夫妻对坐图"	桌上：台盏、小杯灯 地上：无 仆人捧：梅瓶（黑彩画花）、盘等	《山西屯留宋村金代壁画墓》图八，《文物》2008年8期
图4-2-11⑩	金	山西长治李村沟金代壁画墓南壁壁画	桌上壁画分东、西两侧龛 西侧龛：黄色卷草仰莲纹双耳杯1件、蓝色曲口盘1件（内置仰莲纹黄色碗1件）、复莲卷草纹梅瓶1件、蓝色大碗1件（内置黄色羹匙）、黄色仰莲纹长颈瓶2件、黄色无饰纹梅瓶1件 东侧龛：蓝色罐1件（内斜插麈尾）、黄色台盏1件、卷草纹注子1件、黄色八卦纹炉1件、淡赭色盒1件、蓝色敛口碗2件、书卷1件	王秀生《山西长治李村沟壁画墓清理》图版柒：4、3，《考古》1965年7期
图4-2-11④	金	山西绛县裴家堡金代壁画墓东壁"男仆图"	男仆双手抱梅瓶1件（以布扎口）。此外，还有仆人捧盘盏1件（盏花口）、镜等。在同壁的主桌上画带饰纹酒注1件、台盏、盘（内盛食品）	张德光《山西绛县裴家堡古墓清理简报》图版拾陆：2，《考古通讯》1955年4期

续表

图序	年代	描述	梅瓶与其他器物的组合	备注
图4-2-11①	金	山西稷山县马村金墓M2门楼后壁"墓主夫妇宴饮图"	桌上：酒注1件、台盏、食盘等 桌下地上：梅瓶1件	《山西稷山金墓发掘简报》图五六，《文物》1983年1期
图3-2-3	金	山西平定县城关镇西关村金代壁画墓M1西壁"进奉图"	三位仆人共提一环扣斗形箱，内置5瓶酒和1件什物。瓶为白身红盖	《山西平定宋、金壁画墓简报》，《文物》1996年5期封三：2
图4-2-11②	金	山西平定县城关镇西关村金代壁画墓M2西北壁壁画"宴饮图"	桌上：果盘、小盘盏 地上：方座上置梅瓶2件（带盖） 侍女捧：酒注、曲口大盒等	《山西平定宋、金壁画墓简报》图二〇，《文物》1996年5期
图4-2-11③	南宋光宗绍熙三年（1192年）	陕西洋县南宋彭杲夫妇墓砖雕	分别由侍女手捧镜子、拂尘、卷轴、砚台、执壶、梅瓶、食盒、杯盘、香炉等。梅瓶尺寸很小	李烨、周忠庆《陕西洋县南宋彭杲夫妇墓》图三〇，《文物》2007年8期

表四：元墓出土梅瓶图像资料

图序	年代	描述	梅瓶与其他器物的组合	备注
图4-2-12①	元至元二十五年（1288年）	陕西西安东郊韩森寨元代壁画墓M1墓室西壁北侧"侍宴图"	桌上：方形花瓶（内插鹿茸）1件、荷叶盖莲瓣纹大罐1件、白色梅瓶1件等 侍女捧：黄釉带盖大瓷罐、白瓷罐、红色大果盘、黄色玉壶春瓶、黄色托盘（内置一黄色盏）各1件 地上：无	《西安东郊元代壁画墓》图八，《文物》2004年1期
图2-2-1	元大德二年（1298年）	山西大同齿轮厂元代壁画墓CM2	桌上：盘2件（内盛食物）、匙1件、盘盏1副、玉壶春瓶1件、樽勺1副、饰纹盖罐1件、插花折沿长颈瓶1件 侍女捧：玉壶春瓶1件、梅瓶1件等 地上：鼎状高脚火炉1件（上置敛口多鋬鍑1件）、繁纹三足鼎1件 按：一侍女捧梅瓶向鍑中倾物	《大同元代壁画墓》图版叁：1，《文物季刊》1993年2期
图4-2-12②	元至顺二年至元五年间（1331～1339年）	河北涿州元代李仪夫妇合葬壁画墓M1墓室东壁备食图	桌上：多为大罐，共5件，另有黑色梅瓶1件（无盖）以及玉壶春瓶等 侍女捧：盘、盏等	《河北涿州元代壁画墓》图二〇，《文物》2004年3期

续表

图序	年代	描述	梅瓶与其他器物的组合	备注
图4-3-18	元末期	山西文水县北峪口元墓墓室画像石之西北壁"备茶图"、北壁墓主图、东北壁"备餐图"	西北壁：桌上设高颈执壶1件、台盏1件、长方形奁盒等；侍女捧茶盏、碗等 北壁：正中设灵牌"祖父之位" 东北壁：桌上设梅瓶1件、花口大碗1件（内置勺1件）。男仆捧小杯、玉壶春瓶、盘（内置食物）等	《山西文水北峪口的一座古墓》图三：2，图四，图三：1，《考古》1961年3期
图4-2-12③	元	山西大同齿轮厂元墓CM2墓室西壁	桌上：蕉叶纹敞口大盆1件（内置长勺）、蕉叶纹盖罐1件、托碗1套 地上：（两侍女前正中置）大方盆1件，上置执壶1件、梅瓶2件（带帽式盖，瓶身斜贴标签，左书"莲花香"，右书"玉莲春"） 仆人捧：水果、托碗等	王银田、李树云《大同市西郊元墓发掘简报》图八（下），《文物季刊》1995年2期
一	元	山东济南司里街元代砖雕壁画墓M1墓室第三、四柱间彩绘砖雕"开芳宴图"	一桌上插两件梅瓶	《济南市司里街元代砖雕壁画墓》图九（局部），图三（局部），《文物》2004年3期

附录三　参考文献

一、史籍类

永瑢. 四库全书总目. 北京：中华书局，1965.

史游. 急就篇. 颜师古，注. 文渊阁四库全书本.

魏收. 魏书. 北京：中华书局，1965.

萧子显. 南齐书. 北京：中华书局，1965.

李世民. 晋书. 北京：中华书局，1985.

刘昫. 旧唐书. 北京：中华书局，1985.

欧阳修. 新五代史. 北京：中华书局，1985.

薛居正，等. 旧五代史. 北京：中华书局，1985.

脱脱. 宋史. 北京：中华书局，1985.

脱脱. 辽史. 北京：中华书局，1985.

脱脱. 金史. 北京：中华书局，1985.

宋濂. 元史. 北京：中华书局，1976.

叶隆礼. 契丹国志. 贾敬颜，林荣贵，点校. 上海：上海古籍出版社，1985.

司马光. 资治通鉴. 文渊阁四库全书本.

御批资治通鉴纲目. 文渊阁四库全书本.

杜佑. 通典. 王文锦，王永兴，刘俊文，等，点校. 北京：中华书局，1982.

觉罗石麟，等. 山西通志. 文渊阁四库全书本.

申时行，等. 大明会典. 影印明万历刊本. 扬州：江苏广陵古籍刻印社，1989.

司马光. 书仪. 文渊阁四库全书本.

杨甲. 六经图. 毛邦翰，补正. 文渊阁四库全书本.

徐兢. 宣和奉使高丽图经. 文渊阁四库全书本.

刘义庆. 世说新语校笺. 徐震堮，校笺. 北京：中华书局，1984.

王勃. 王子安集. 文渊阁四库全书本.

范仲淹. 范文正集. 文渊阁四库全书本.

文彦博. 潞公文集. 文渊阁四库全书本.

宋庠. 元宪集. 文渊阁四库全书本.

沈括. 梦溪笔谈. 文渊阁四库全书本.

苏东坡. 东坡全集. 文渊阁四库全书本.

曾慥. 类说. 文渊阁四库全书本.

李纲. 梁溪集. 文渊阁四库全书本.

陆游. 剑南诗稿. 文渊阁四库全书本.

蔡绦. 铁围山丛谈. 北京：中华书局，1983.

周密. 齐东野语. 张茂鹏，点校. 北京：中华书局，1983.

耐得翁. 都城纪胜. 文渊阁四库全书本.

周密. 武林旧事：卷九 // 纪昀，永瑢. 影印文渊阁四库全书. 第590册. 台湾：商务印书馆，1986.

孟元老. 东京梦华录. 邓之诚，注. 北京：中华书局，1982.

周辉. 清波杂志：卷五 // 王云五. 丛书集成初编. 第1774册. 北京：商务印书馆，1936.

张端义. 贵耳集. 文渊阁四库全书本.

许纶. 涉斋集. 文渊阁四库全书本. 集部·别集类三·宋.

韩淲. 涧泉集. 文渊阁四库全书本.

赵蕃. 淳熙稿 // 赵蕃. 乾道稿、淳熙稿、章泉稿. 文渊阁四库全书本.

刘宰. 漫塘集. 文渊阁四库全书本.

晁说之. 景迂生集. 文渊阁四库全书本.

薛季宣. 浪语集. 文渊阁四库全书本.

朱松. 韦斋集. 文渊阁四库全书本.

蒲积中. 岁时杂咏. 文渊阁四库全书本.

曾几. 茶山集. 文渊阁四库全书本.

袁文. 瓮牖闲评. 李伟国，点校. 上海：上海古籍出版社，1985.

赵彦卫. 云麓漫钞. 张国星，点校. 沈阳：辽宁教育出版社，1998.

陈起. 江湖后集. 文渊阁四库全书本.

宋伯仁. 西塍集. 文渊阁四库全书本.

杨万里. 诚斋集. 文渊阁四库全书本.

方逢辰. 蛟峰文集. 文渊阁四库全书本.

佚名. 东南纪闻. 文渊阁四库全书本.

段克己，段成己. 二妙集. 文渊阁四库全书本.

黄溍. 蛟峰先生阡表. 文渊阁四库全书本.

吴澄. 吴文正集. 文渊阁四库全书本.

朱晞颜. 瓢泉吟稿. 文渊阁四库全书本.

方回. 桐江续集. 文渊阁四库全书本.

宋褧. 燕石集. 文渊阁四库全书本.

陆文圭. 墙东类稿. 文渊阁四库全书本.

释善住. 谷响集. 文渊阁四库全书本.

叶颙. 樵云独唱. 文渊阁四库全书本.

胡祗遹. 紫山大全集. 文渊阁四库全书本.

曹学佺. 石仓历代诗选. 文渊阁四库全书本.

高启. 大全集. 文渊阁四库全书本.

沈周. 石田诗选. 文渊阁四库全书本.

郑真. 荥阳外史集. 文渊阁四库全书本.

于谦. 忠肃集. 文渊阁四库全书本.

文徵明. 甫田集. 文渊阁四库全书本.

程敏政. 篁墩文集. 文渊阁四库全书本.

薛蕙. 考功集. 文渊阁四库全书本.

杨慎. 升庵集. 文渊阁四库全书本.

黄淳耀. 陶庵全集. 文渊阁四库全书本.

曹学佺. 石仓历代诗选. 文渊阁四库全书本.

潘希曾. 竹涧集. 文渊阁四库全书本.

长洲文氏四世五人. 文氏五家集. 文渊阁四库全书本.

嘉靖间山东八人. 海岱会集. 文渊阁四库全书本.

方以智. 通雅. 文渊阁四库全书本.

偶桓. 乾坤清气. 文渊阁四库全书本.

周祈. 名义考. 文渊阁四库全书本.

朱谋㙔. 骈雅. 文渊阁四库全书本.

彭大翼. 山堂肆考. 文渊阁四库全书本.

郁逢庆. 书画题跋记. 文渊阁四库全书本.

高濂. 遵生八笺. 文渊阁四库全书本.

陈廷敬. 午亭文编. 文渊阁四库全书本.

宋荦. 西陂类稿. 文渊阁四库全书本.

吴之振. 宋诗钞. 文渊阁四库全书本.

顾嗣立. 元诗选. 文渊阁四库全书本.

史简. 鄱阳五家集. 文渊阁四库全书本.

吴景旭. 历代诗话. 文渊阁四库全书本.

乾隆. 御制诗集. 文渊阁四库全书本.

陈元龙. 格致镜原. 文渊阁四库全书本.

乾隆. 钦定续通志. 文渊阁四库全书本.

吴绮. 林蕙堂全集. 文渊阁四库全书本.

梁章钜. 称谓录. 长沙：岳麓书社，1991.

段玉裁. 说文解字注. 上海：上海古籍出版社，1988.

汪超宏. 传统文化经典文库·六朝诗歌. 北京：文化艺术出版社，1998.

中国国家图书馆. 中国古代陶瓷文献辑录. 全十册. 北京：全国图书馆文献缩微复制中心，2003.

不详. 中国陶瓷名著汇编. 影印版. 北京：中国书店，1991.

桑行之. 说陶. 上海：上海科技教育出版社，1993.

二、考古报告类

中国社会科学院考古研究所. 唐长安城郊隋唐墓. 北京：文物出版社，1980.

慈溪市博物馆. 上林湖越窑. 北京：科学出版社，2002.

浙江省文物考古研究所，北京大学考古文博学院，慈溪市文物管理委员会. 寺龙口越窑址. 北京：文物出版社，2002.

北京大学考古学系，河北省文物研究所，邯郸地区文物保管所. 观台磁州窑址. 北京：文物出版社，1997.

陕西省考古研究所，耀州窑博物馆. 宋代耀州窑址. 北京：文物出版社，1998.

杨玉璋，张居中，李广宁，等. 安徽繁昌窑遗址发掘与研究. 北京：中国社会科学出版社，2010.

江西省文物考古研究所，景德镇民窑博物馆. 景德镇湖田窑址——1988—1999年考古发掘报告：上、下. 北京：文物出版社，2007.

河北省文物考古研究所. 宝丰清凉寺汝窑. 郑州：大象出版社，2008.

河南省文物研究所，汝州市汝瓷博物馆，宝丰县文化局. 汝窑的新发现. 北京：紫禁城出版社，1991.

北京市文物研究所. 北京龙泉务窑发掘报告. 北京：文物出版社，2002.

福建博物院，晋江博物馆. 磁灶窑址——福建晋江磁灶窑址考古调查发掘报告. 北京：科学出版社，2011.

中国社会科学院考古研究所. 宁夏灵武窑发掘报告. 北京：中国大百科全书出版社，1995.

中国社会科学院考古研究所，浙江省文物考古研究所，杭州市园林文物局. 南宋官窑. 北京：中国大百科全书出版社，1996.

江西省文物考古研究所，南丰县博物馆. 江西南丰白舍窑·饶家山窑址. 北京：文物出版社，2008.

浙江省文物考古研究所. 龙泉东区窑址发掘报告. 北京：文物出版社，2005.

福建省博物馆. 德化窑. 北京：文物出版社，1990.

四川省文物考古研究所. 四川考古报告集. 北京：文物出版社，1998.

成都文物考古研究所，遂宁市博物馆. 遂宁金鱼村南宋窖藏：上册、下册. 北京：文物出版社，2012.

成都文物考古研究所，彭州市博物馆. 四川彭州宋代金银器窖藏. 北京：科学出版社，2003.

南京博物院. 南唐二陵. 北京：文物出版社，1957.

河北省文物研究所. 宣化辽墓——1974—1993年考古发掘报告：上、下. 北京：文物出版社，2001.

张家口市宣化区文物保管所，刘海文. 宣化下八里II区辽壁画墓考古发掘报告. 北京：文物出版社，2008.

杭州市文物考古所. 南宋恭圣仁烈皇后宅遗址. 北京：文物出版社，2008.

中国社会科学院考古研究所，定陵博物馆，北京市文物工作队. 定陵：上、下. 北京：文物出版社，1990.

江西省博物馆，南城县博物馆，新建县博物馆，等. 江西

明代藩王墓. 北京：文物出版社，2010.

内蒙古文物工作队. 内蒙古文物资料选辑. 呼和浩特：内蒙古人民出版社，1964.

文物编辑委员会. 文物考古工作三十年1949—1979. 北京：文物出版社，1979.

文物编辑委员会. 中国古代窑址调查发掘报告集. 北京：文物出版社，1984.

三、期刊类

考古（原名：考古通讯）. 北京，1955-2012.

考古学报. 北京，1954-2013.

文物（原名：文物参考资料）. 北京，1950-1966、1972-2013.

考古与文物. 西安，1983-2012.

中原文物（原名：河南文博通讯）. 郑州，1977-2012.

北方文物. 哈尔滨，1981-2012.

草原文物（原名：内蒙古文物考古）. 呼和浩特，1984-2012.

辽海文物学刊. 沈阳，1995-1997.

北京文物与考古. 北京，2002、2004.

文物天地. 北京，2000-2006.

文物春秋. 石家庄，1989-2009.

文物世界（原名：文物季刊）. 太原，1990-2011.

华夏考古. 郑州，1987-2012.

四川文物. 成都，1984-2012.

南方文物（曾用名：文物工作资料、江西历史文物、江西文物）. 南昌，1962-2012.

江汉考古. 武汉，1980-2011.

湖南考古辑刊. 长沙，1999.

文物保护与考古科学. 上海，1990-2008.

故宫博物院院刊. 北京，1958-2013.

中国国家博物馆馆刊（曾用名：中国历史博物馆馆刊、中国历史文物）. 北京，1979-2011.

东南文化. 南京，1988-2008.

文博. 西安，1984-2008.

福建文博. 福州，2000-2010.

紫禁城. 北京，1991-2009.

博物馆研究. 长春，2006-2010.

东方博物. 杭州，2004-2009.

国际博物馆（中文版）. 南京，2008.

中国文化遗产. 北京，2012、2013.

中国文物世界. 台北，1987-1994.

收藏家. 北京，1994-2011.

收藏界. 西安，2003-2009.

收藏. 西安，2011.

东方收藏. 泉州石狮，2010-2012.

艺术市场. 北京，2005.

中国文物报. 北京，2002-2012.

化学通报. 北京，1978、1979.

酿酒科技. 贵阳，2008.

农业考古. 南昌，1999-2007.

陶瓷研究. 景德镇，1986-2004.

中国陶瓷（原名：瓷器）. 景德镇，1978-2008.

景德镇陶瓷. 景德镇，1974-1994.

陶瓷学报（原名：景德镇陶瓷学院学报），景德镇，1981-1984、2009.

中国陶瓷工业. 景德镇，1994-2007.

河北陶瓷（原名：陶瓷研究与职业教育）. 唐山，1984-1992.

建筑材料学报. 上海，2003.

陶瓷科学与艺术（原名：陶瓷工程）. 株洲，2001-2010.

历史研究. 北京，1962.

中国边疆史地研究. 北京，2000.

黑龙江民族丛刊. 哈尔滨，1997.

东北史地. 长春，2008、2010.

史学集刊. 长春，1982.

社会科学战线. 长春，1979.

社会科学辑刊. 沈阳，1979.

内蒙古社会科学（汉文版）. 呼和浩特，2006.

社会科学评论. 西安，2004、2007.

中国历史地理论丛. 西安，1991.

兰州学刊. 兰州，2009.

宁夏社会科学. 银川，1990.

青海社会科学. 西宁，1995.

西北民族研究. 兰州，1993、1994.

武汉文史资料. 武汉，2004.

紫金岁月（后名：南京史志）. 南京，1994-1999.

中国典籍与文化. 北京，2004、2005.

装饰. 北京，1996-2007.

美术学报. 广州，2012.

陕西师范大学学报（哲学社会科学版）. 西安，1984.

新疆师范大学学报（哲学社会科学版）. 乌鲁木齐，2006.

许昌学院学报（原名：许昌师专学报）. 许昌，1999、2009、2012、2013.

郑州大学学报（哲学社会科学版）. 郑州，2012.

四、集刊和文集类

文物编辑委员会. 文物资料丛刊·4. 北京：文物出版社，1981.

考古杂志社. 考古学集刊：1-16. 北京：中国社会科学出版社，1981-2006.

中国考古学会第三次年会论文集·1981. 北京：文物出版社，1984.

辽宁省博物馆. 辽宁省博物馆学术论文集·第一辑·1949-1984. 内部资料. 1985.

辽宁省文物考古研究所. 辽宁考古文集. 沈阳：辽宁民族出版社，2003.

内蒙古文物考古研究所. 内蒙古文物考古文集：第一辑.

北京：中国大百科全书出版社，1994.

河北省文物研究所．河北省考古文集．北京：东方出版社，1998.

河南省文物研究所．河南钧瓷汝瓷与三彩·中国古陶瓷研究会、中国古外销陶瓷研究会1985年郑州年会论文集．北京：紫禁城出版社，1987.

中国古陶瓷研究会．中国古陶瓷研究．北京：紫禁城出版社，1988-2011.

中国古陶瓷研究会．中国古代陶瓷的外销——1987年晋江年会论文集．北京：紫禁城出版社，1988.

耿宝昌．邛窑古陶瓷研究．合肥：中国科技大学出版社，2002.

浙江省轻工业厅．龙泉青瓷研究．北京：文物出版社，1989.

中国古陶瓷学会．龙泉窑研究．北京：故宫出版社，2011.

秦大树，杜正贤．南宋官窑与哥窑——杭州南宋官窑老虎洞窑址国际学术研讨会论文集．杭州：浙江大学出版社，2004.

杭州南宋官窑博物馆．南宋官窑文集．北京：文物出版社，2004.

故宫博物院古陶瓷研究中心．故宫博物院八十五华诞·宋代官窑及官窑制度国际学术研讨会论文集：上、下．北京：故宫出版社，2012.

上海博物馆．中国古代白瓷国际学术研讨会论文集．上海：上海书画出版社，2005.

北京辽金城垣博物馆．北京辽金文物研究．北京：北京燕山出版社，2005.

山西博物馆．山西博物馆学术文集·2011年．太原：山西人民出版社，2011.

吉林大学边疆考古研究中心．边疆考古研究．长春／北京：科学出版社，2002-2011.

中山大学艺术史研究中心．艺术史研究：第4辑．广州：中山大学出版社，2002.

上海博物馆集刊（原名：上海博物馆馆刊），上海博物

馆，2008.

成都文特考古研究所．成都考古发现．北京：科学出版社，2002、2010.

四川大学博物馆成都文物考古研究所．南方民族考古：第7辑．北京：科学出版社，2011.

张中正．第五届中国明史国际学术讨论会暨中国明史学会第三届年会论文集．合肥：黄山书社，1993.

五、工具书类

夏鼐．中国大百科全书·考古学．北京：中国大百科全书出版社，1986.

谭其骧．中国历史地图集．北京：中国地图出版社，1982.

冯先铭．中国古陶瓷图典．北京：文物出版社，1998.

汪庆正．简明陶瓷词典．上海：上海辞书出版社，1997.

臧励龢，等．中国人名大辞典．北京：商务印书馆，民国十年（1921年）.

中国国家文物局．中国文物精华大辞典·陶瓷卷．上海：上海辞书出版社，1995.

重庆大足石刻艺术博物馆，重庆市社会科学院大足石刻艺术研究所．大足石刻铭文录．重庆：重庆出版社，1999.

六、著作类

罗振玉．古明器图录．四卷．"艺术丛编"之一．上海：上海广仓学宭，民国五年（1916年）.

郑德坤，沈维钧．中国明器．北京：哈佛燕京出版社，民国二十二年（1933年）.

李济．殷墟青铜器研究．上海：世纪出版集团，2008.

吴承洛．中国度量衡史．北京：商务印书馆，1937.

苏秉琦．中国文明起源新探．北京：生活·读书·新知三联书店，1996.

宿白．白沙宋墓．北京：文物出版社，1957.

李家治．中国科学技术史·陶瓷卷．北京：科学技术出版社，1998.

中国硅酸盐学会．中国陶瓷史．北京：文物出版社，1982.

关善明. 中国古代玻璃. 香港：香港中文大学文物馆，2001.

张家驹. 两宋经济重心的南移. 武汉：湖北人民出版社，1957.

李华瑞. 宋代酒的生产和征榷. 保定：河北大学出版社，1995.

秦大树. 磁州窑研究. 北京大学考古学专业博士论文. 未刊. 1997.

林士民. 青瓷与越窑. 上海：上海古籍出版社，1999.

陈万里. 宋代北方民间瓷器. 北京：朝花美术出版社，1955.

彭善国. 辽代陶瓷的考古学研究. 长春：吉林大学出版社，2003.

佟柱臣. 中国辽瓷研究. 北京：社会科学文献出版社，2010.

黄义军. 宋代青白瓷的历史地理研究. 北京：文物出版社，2010.

刘涛. 宋辽金纪年瓷器. 北京：文物出版社，2004.

彭适凡. 宋元纪年青白瓷. 杨后礼，范凤妹，编撰. 庄万里文化基金会（Ching Leng Foundation），1998.

朱鸿达. 修内司官窑图解. 杭州：宾鸿堂，民国二十六年（1937年）.

蒋玄佁. 吉州窑. 北京：文物出版社，1958.

李景洲，刘爱叶. 中国登封窑. 北京：文物出版社，2011.

杭天. 西夏瓷器. 北京：文物出版社，2010.

叶佩兰. 元代瓷器. 北京：九州图书出版社，1998.

郭学雷. 明代磁州窑瓷器. 北京：文物出版社，2005.

耿宝昌. 明清瓷器鉴定：明代部分. 香港：中华书局香港分局，1984.

叶佩兰. 文物珍赏·5·古瓷辨识. 台北：艺术图书公司，1994.

顾俊. 中华艺术大观·3·陶瓷. 台北：新夏出版社，1981.

三上次男. 陶瓷之路. 李锡经，高喜美，译. 蔡伯英，校. 北京：文物出版社，1984.

朱培初. 明清陶瓷和世界文化的交流. 北京：轻工业出版社，1984.

冯小琦，陈润民. 明清青花瓷器——故宫博物院藏瓷赏析. 北京：文物出版社，2000.

王朝闻. 中国美术史. 济南：齐鲁书社，2000.

傅海波，崔瑞德. 剑桥中国辽西夏金元史（907-1368）. 北京：中国社会科学出版社，1998.

王子林. 明清皇宫陈设. 北京：故宫出版社，2011.

七、图录类

张柏. 中国出土瓷器全集. 全16卷. 权奎山，秦大树，孙新民，等，执行主编. 北京：科学出版社，2008.

安金槐. 中国陶瓷全集. 全15卷本. 上海：上海人民美术出版社，2000.

不详. 中国美术全集·工艺美术编·1-3·陶瓷：上、中、下. 上海：上海人民美术出版社，1988.

不详. 中国美术全集·工艺美术编·10·金银玻璃珐琅器. 上海：上海人民美术出版社，1988.

冯先铭，李辉柄. 故宫博物院藏·中国古代窑址标本·卷一·河南卷·上. 北京：紫禁城出版社，2005.

全国基本建设工程中出土文物展览会工作委员会. 全国基本建设工程中出土文物展览图录. 北京：中国古典艺术出版社，1955.

中华人民共和国出土文物展览工作委员会. 中华人民共和国出土文物选. 北京：文物出版社，1976.

文化部文物局，故宫博物院. 全国出土文物珍品选，1976-1984. 北京：文物出版社，1987.

曾昭燏. 江苏省出土文物选集. 北京：文物出版社，1963.

辽宁省博物馆. 辽瓷选集. 北京：文物出版社，1961.

北京辽金城垣博物馆. 大辽遗珍——辽代文物展. 北京：学苑出版社，2012.

北京辽金城垣博物馆. 碧彩云天·辽代陶瓷. 北京：北京燕山出版社，2013.

史金波，白滨，吴峰云. 西夏文物. 北京：文物出版社，1988.

马文宽. 宁夏灵武窑. 中国社会科学院考古研究所内蒙古工作队，编. 北京：紫禁城出版社，1988.

香港大学美术博物馆与河南省文物考古研究所. 河南出土陶瓷（展览图录）. 香港：香港大学美术博物馆，1997.

浙江省文物考古研究所. 浙江考古精华. 北京：文物出版社，1999.

浙江省博物馆. 浙江纪年瓷. 北京：文物出版社，2000.

杭州市文物考古所，杜正贤. 杭州老虎洞窑址瓷器精选. 北京：文物出版社，2002.

中国文物交流服务中心，中国文物精华编委会. 中国文物精华1990. 北京：文物出版社，1990.

河南省文物考古研究所. 汝窑与张公巷窑出土瓷器. 北京：科学出版社，2009.

浙江省文物考古研究所，北京大学考古文博学院，龙泉青瓷博物馆. 龙泉大窑枫洞岩窑址出土瓷器. 北京：文物出版社，2009.

薛东星，禚振西. 陈炉耀州瓷精粹. 北京：文物出版社，2007.

江西省博物馆，香港中文大学. 江西元明青花瓷. 香港，2002.

刘新园. 景德镇出土陶瓷. 香港：香港大学冯平山博物馆，1992.

北京大学考古文博学院，江西省文物考古研究所，景德镇市陶瓷考古研究所. 景德镇出土明代御窑瓷器. 北京：文物出版社，2009.

炎黄艺术馆. 景德镇出土元明官窑瓷器. 北京：文物出版社，1999.

首都博物馆. 景德镇珠山出土永乐官窑瓷器. 北京：文物出版社，2007.

桂林博物馆. 靖江藩王遗粹——桂林博物馆珍藏明代梅瓶. 上海：上海人民美术出版社，2000.

湖北省博物馆. 梁庄王墓·郑和时代的瑰宝. 北京：文物出版社，2007.

杨正宏，肖梦龙，刘丽文. 镇江出土陶瓷器. 北京：文物出版社，2010.

河南省文物考古研究所，中国文化遗产研究院，日本奈良文化财研究所. 巩义白河窑考古新发现. 郑州：大象出版社，2009.

上海人民美术出版社. 中国陶瓷·越窑. 上海：上海人民美术出版社，1983.

上海人民美术出版社. 中国陶瓷·定窑. 上海：上海人民美术出版社，1983.

上海人民美术出版社. 中国陶瓷·景德镇彩绘瓷器. 上海：上海人民美术出版社，1983.

上海人民美术出版社. 中国陶瓷·广东陶磁. 上海：上海人民美术出版社，1983.

上海人民美术出版社. 中国陶瓷·广西陶磁. 上海：上海人民美术出版社，1985.

上海人民美术出版社. 中国陶瓷·石湾窑. 上海：上海人民美术出版社，1983.

朱伯谦. 龙泉窑青瓷. 台北：艺术家出版社，1998.

北京艺术博物馆. 中国古瓷窑大系·中国巩义窑. 北京：中国华侨出版社，2011.

北京艺术博物馆. 中国古瓷窑大系·中国当阳峪窑. 北京：中国华侨出版社，2011.

北京艺术博物馆. 中国古瓷窑大系·中国邢窑. 北京：中国华侨出版社，2012.

北京艺术博物馆. 中国古瓷窑大系·中国定窑. 北京：中国华侨出版社，2012.

北京艺术博物馆. 中国古瓷窑大系·中国吉州窑. 北京：中国华侨出版社，2013.

台北"故宫博物院". 故宫宋瓷图录·汝窑、官窑、钧窑. 东京：学习研究社，1973.

台北"故宫博物院". 宋瓷名品图录·定窑、定窑型. 东京：学习研究社，1973.

台北"故宫博物院". 宋瓷名品图录·龙泉窑、哥窑及其他名窑. 东京：学习研究社，1974.

台北"故宫博物院". 宋瓷名品图录·南宋官窑. 东京：学习研究社，1974.

台北"故宫博物院". 故宫明瓷图录·洪武窑、永乐窑、宣德窑. 东京：学习研究社，1977.

台北"故宫博物院". 故宫明瓷图录·成化窑、弘治窑、正德窑. 东京：学习研究社，1977.

台北"故宫博物院". 故宫明瓷图录·嘉靖窑、隆庆窑、万历窑. 东京：学习研究社，1978.

余佩瑾. 福寿康宁吉祥图案瓷器特展图录. 台北"故宫博物院"编辑委员会，编. 台北：台北"故宫博物院"，1995.

台北"故宫博物院". 故宫珐琅器选萃. 台北：台北"故宫博物院"，1973.

台北"故宫博物院". 故宫瓷器选萃：续辑. 台北：台北"故宫博物院"，1978.

台北"故宫博物院"编辑委员会. 清康、雍、乾名瓷特展. 台北：台北"故宫博物院"，1986.

不详. 中国博物馆丛书：1–8、13卷. 北京：文物出版社，1985.（包括故宫博物院，陕西、云南、辽宁、南京、天津、河南、上海、安徽、四川等省市博物馆）

故宫博物院. 故宫博物院藏瓷选集. 北京：文物出版社，1962.

李辉柄. 故宫博物院藏文物珍品全集·31·晋唐瓷器. 香港：商务印书馆（香港）有限公司，1996.

冯先铭，等. 故宫博物院藏·清盛世瓷选粹. 北京：紫禁城出版社，1994.

叶佩兰. 故宫博物院藏文物珍品大系·珐琅彩、粉彩. 上海：上海科学技术出版社，1999.

故宫博物院. 故宫博物院藏雕漆. 北京：文物出版社，1985.

上海博物馆. 上海博物馆藏瓷选集. 北京：文物出版社，1979.

首都博物馆. 首都博物馆藏瓷选. 北京：文物出版社，1991.

天津市艺术博物馆. 天津市艺术博物馆藏瓷. 北京：文物出版社，1993.

杨培钧. 陕西历史博物馆珍藏·陶瓷器. 西安：陕西人民美术出版社，2003.

法门寺博物馆. 法门寺. 西安：陕西旅游出版社，1994.

河北省博物馆. 河北省博物馆文物精品集. 北京：文物出版社，1999.

辽宁省文物总店. 汲古丛珍. 北京：文物出版社，1997.

安徽省博物馆. 安徽省博物馆藏瓷. 北京：文物出版社，2002.

南京博物院院藏珍品·艺术陈列馆·明清瓷器. 内部资料. 1999.

常州市博物馆. 常州文物精华. 北京：文物出版社，1998.

扬州博物馆，扬州文物商店. 扬州古陶瓷. 北京：文物出版社，1996.

广东省博物馆. 广东省博物馆藏品选. 北京：文物出版社，1999.

广东民间工艺馆，广州市文物管理委员会，香港中文大学文物馆. 宋代陶瓷艺术. 香港，1987.

东莞市博物馆. 东莞市博物馆藏艺珍. 北京：文物出版社，2011.

广西壮族自治区博物馆. 瓷美如花——馆藏瓷器精品图集. 南宁：广西教育出版社，2011.

广西壮族自治区博物馆. 广西博物馆古陶瓷精粹. 北京：文物出版社，2002.

李刚. 青瓷风韵. 杭州：浙江人民美术出版社，1999.

徐氏艺术馆揭幕展览志庆图录. 香港：徐氏艺术馆，1991.

广州市文物管理委员会. 杨铨先生捐献文物图录. 北京：文物出版社，1965.

朱家溍. 国宝. 香港：商务印书馆香港分馆，1983.

台北"故宫博物院"编辑委员会. 海外遗珍·陶瓷. 台北：台北"故宫博物院"，1986.

陈文平. 流失海外的国宝·4·陶瓷. 上海：上海文化出版

社，2001.

山丹县艾黎捐赠文物陈列馆，甘肃省文物考古研究所．艾黎捐赠文物精粹．北京：文物出版社，1997.

邯郸陶瓷公司．磁州窑陶瓷．石家庄：河北人民出版社，1980.

叶喆民．汝窑聚珍．北京：北京出版社，2002.

赵青云．宋代汝窑．郑州：河南美术出版社，2003.

李知宴，陈良珠．中国古代瓷器珍品集锦．北京：中国对外文物展览公司，1988.

周天游．唐墓壁画珍品·懿德太子墓壁画．北京：文物出版社，2002.

中国美术全集编辑委员会．中国美术全集·绘画编·12·墓室壁画．上海：上海人民美术出版社，1989.

河北省文物研究所．河北古代墓葬壁画．北京：文物出版社，2000.

台北"故宫博物院"．故宫名画选萃．台北：台北"故宫博物院"，1978.

台北"故宫博物院"．故宫名画选萃：续辑．台北：台北"故宫博物院"，1980.

《中国画经典丛书》编辑组．中国人物画经典·南宋卷·2．北京：文物出版社，2006.

不详．宫藏扇画选珍．北京：中国文学出版社，1995.

周芜．中国版画史图录．上海：上海人民美术出版社，1988.

周心慧，马文大，蔡文平．中国古版画．杭州：浙江文艺出版社，1996.

中国美术全集编辑委员会．中国美术全集·绘画编·6·明代绘画：上．上海：上海人民美术出版社，1988.

品丰，苏庆．历代寺观壁画艺术·新绛稷益庙壁画、繁峙公主寺壁画．重庆：重庆出版社，2001.

品丰，苏庆．历代寺观壁画艺术·应县佛宫寺壁画、朔州崇福寺壁画．重庆：重庆出版社，2001.

聂崇正．故宫博物院藏文物珍品全集·14·清代宫廷绘画．香港：商务印书馆（香港）有限公司，1996.

中国艺术研究院院庆五十周年筹委会．中国艺术研究院藏书画集．北京：文化艺术出版社，2001.

八、外籍类

小山富士夫．宋磁．东京：聚乐社，1943.

小山富士夫．中国名陶百選．东京：日本经济新闻社，1960.

日本经济新闻社．中国陶磁名品展．东京：日本经济新闻社，1975.

朝日新闻社．宋磁．展览圖録．东京：朝日新闻社，1999.

不详．世界陶磁全集·12·宋．东京：小学馆，1977.

小山富士夫，藤冈了一．陶器全集·11卷·元明初の染付．东京：平凡社，1965.

小山富士夫，小林太市郎．陶器全集·12卷·唐宋の白磁．东京：平凡社，1966.

小山富士夫，长谷部乐尔．陶器全集·13卷·宋の磁州窑．东京，平凡社，1966.

小山富士夫，黑田原次，杉村勇造．陶器全集·14卷·遼の陶磁．东京：平凡社，1966.

小山富士夫，尾崎洵盛．陶器全集·16卷·清朝の官窑．东京：平凡社，1966.

小山富士夫．陶器全集·26卷·天目．东京：平凡社，1965.

小山富士夫，藤冈了一．陶器全集·27卷·明の赤繪．东京：平凡社，1966.

小山富士夫．陶器講座·6·中国Ⅱ·宋．东京：雄山阁，1973.

佐藤雅彦，中野彻．陶器講座·7·中国Ⅲ·元、明．东京：雄山阁，1973.

佐藤雅彦．陶器講座·12·中国Ⅳ·清．东京：雄山阁，1975.

久志卓真．中国明初陶瓷图鉴．东京：宝云舍，1943.

小林太市郎．中国陶瓷圖説．山本湖舟写真工艺部刊.

三杉隆敏．世界の染付·1·元．京都：同朋舍，1981.

三杉隆敏. 世界の染付・2・明初期. 京都：同朋舍，1982.

三杉隆敏. 世界の染付・3・明後期、清. 京都：同朋舍，1982.

不详. 東洋古陶磁. 东京：东京国立博物館，1953.

大河内正敏，横河民辅，奥田诚一. 陶器圖録・第七卷・中国篇：上. 东京：雄山阁，1938.

藤本韶三. 别册三彩2・宋磁. 季刊・夏. 东京：三彩社，1959.

长谷部乐尔，中沢富士雄，长谷川祥子. 中国の陶磁・第8卷・元明の青花. 东京：平凡社，1995.

长谷部乐尔，今井敦. 中国の陶磁・第12卷・日本出土の中国陶磁. 东京：平凡社，1995.

名古屋市博物馆. 中華人民共和国南京博物院展. 东京：中日新闻社，1981.

韩国国立中央博物馆. 新安海底文物——新安海底文化财特别展圖録. 汉城：三和出版社，1977.

东京国立博物馆，中日新闻社. 新安海底引揚け文物. 东京：中日新闻社，1983.

Ceramic Art of the World－Volume 13・Liao, Chin and Yuan Dynasties, by Tsugio Mikami and the Zauho Press, Published in 1981 by Shogakukan, Tokyo.

Wu Tung. Earth Transformed, Chinese Ceramics in the Museum of Fine Arts, Boston. Boston, MFA Publications, 2001.

William Bowyer Honey. The Ceramic Art of China and Other Countries of the Far East. Faber and Faber Limited, London.

Michael Sullivan. Chinese Ceramics, Bronzes and Jades in the Collection of Sir Alan and Lady Barlow. Faber and Faber Limited, London, 1963.

Suzanne G. Valenstein. A Handbook of Chinese Ceramics. The Metropolitan Museum of Art, 1975/1989.

S. J. Vainker. Chinese Pottery and Porcelain.From Prehistory to the Present. London, British Museum Press, 1991.

Chinese Ceramics, Selected Articles from Orientations 1982-1998. Hong Kong, Orientations Magazine Ltd, 1999.

Catalogue of an Exhibition of the Ceramic Art of China. The Victoria and Albert Museum, 1971.

Margaret Medley: Yuan Porcelain and Stoneware. London, Faber and Faber Limited, 1974.

South-east Asian and Early Chinese Export Ceramics. London & Surrey, William Sorsby Ltd. 1974.

J. M. Addis. Chinese Ceramics from Datable Tombs-and Some Other Dated Material. Sotheby Parke Bernet, London and New York, 1978.

Relics Salvaged from the Seabed off Sinan（Materials 1）, Compiled by the Bureau of Cultural Properties, Ministry of Culture and Information of Republic of Korea, Dong Hwa Publishing Co., 1985.

Erik Engel, Leif Petzäll. The Tectus Collection-Tectussämlingen（Chinese Ceramics）. Centrä ltrycheriet AB, Borås,1991.

后记

《中国梅瓶研究》脱稿了，百感交集。

2003年，我以"中国梅瓶研究"为题申报国家社会科学基金艺术学"十五"规划的国家青年基金美术类课题，经全国艺术科学规划领导小组办公室审批通过并于同年10月正式立项，立项题目由课题审批组改为"中国梅瓶研究——中国古代陶瓷器形演变"（项目批准号：03CF073）。2013年12月正式申请结项，2014年春完成结项工作。此书便是在这一课题结项稿件的基础上形成的。

不过，此书的缘起却是我攻读硕士研究生的学位论文。1998年我考入中国艺术研究院研究生部，拜入导师李纪贤先生门下，确立了中国陶瓷史的研究方向。在李先生的指导下，1999年我打算以"中国梅瓶研究"为题撰写学位论文，后来自量才有不逮，经与先生商量，改题为"宋代梅瓶研究"，成文后于2001年通过毕业答辩并获硕士学位。在这期间，李先生的悉心指导使我这个学术基础较薄弱的门外徒略窥门径。直到毕业以后的第三个年头，我才尝到了李先生要求我完成作业的甜头，那些作业包括读完《考古》、《考古学报》、《文物》三份刊物从创刊以来所有关于陶瓷的文章。李先生用这种方式让我迅速地熟悉了中国陶瓷史，也为我强行打下了一个考古学的基础。

毕业后我留在了中国艺术研究院美术研究所工作。2003年春，后来成为我攻读博士研究生导师的陈绶祥先生提议我以"中国梅瓶研究"为题申请当时的国家课题，我听取了陈先生的建议，这便有了开头所言的课题一事。以后，在这一课题的研究工作不断深入的过程中，李先生和陈先生都分别对我的工作给予过切实的指导。李先生在陶瓷史料、考古资料和诸多关于陶瓷史的线索方面为我提供了帮助，在许多相对具体的问题上使我茅塞顿开。陈先生善于从大局着眼，其高度的理论眼界与契合妙理的思辨令我受益终生。两位先生的有关教诲成为我的研究和写作之途上的明灯，至今我仍然感到他们的教益并未完全为我所化。

除了李、陈两位先生，林冠夫先生是我踏入国学门庭的导师。近20年来，我跟随林先生学习文献目录学、考据学、诗学、小学等科目，是我在别处无论如何也无法得到的修习，也使本课题的研究和书稿的撰写获得了我原本无法具备的方法。实际上，我从林先生那里学到的东西远远超出了学术的范畴。

诚挚地感谢三位老师，他们塑造了我的学术生命，并为我的知识结构安置了一块巨大的文化基石。这一点，对于此书的意义是不言而喻的。

今天，广西美术出版社把此书变成了可以捧在手上的成品，没有该社从领导到具体编辑人员的重视、支持、理解和所有事无巨细的工作，这部成品是不可能出现的。在此首先要感谢姚震西先生，早在前年经他的推荐，社长蓝小星以及苏旅、黄宗湖等先生们在听取我的介绍之后，向我表示了广西美术出版社希望出版此书的诚意，随后还以此书初稿申请了国家出版基金并获得立项通过。这是一个重要的机会，也是一个很大的鼓励，促进我全力投入最后阶段的撰稿进程中。在此，我要特别感谢两位负责具体编辑和管理工作的朋友，一位是李钟全先生，一位是邓欣女士。钟全是我交往十多年的朋友，他对中国古代文物的鉴赏和相关历史研究成果的熟悉，及其在相关成果出版方面的努力，都是令人钦佩的。早在此书作为国家青年基金课题立项的时候，我就曾经向钟全谈起过有关计划，当时他即表示过一定支持的态度，因此，应该说他是最早介入此书出版的人士。在此书脱稿以前，钟全也以他在古代器物史方面的素养、见识以及在出版方面的丰富经验，坦诚地向我提出了恳切的意见和建议，使我少走了许多弯路。自从此书出版立项以来，邓欣女士一直负责具体的联络工作和相关管理事务。两年来，我的稿件数次拖延，给出版社带来的极大压力最终都会落到邓欣的肩上，但是她在每一次委婉敦促的同时都对我报以最充分的理解、信任和宽容，为我争取了尽可能宽裕的时间，这是我感激不尽的。

　　不仅仅是他们，我知道还有很多幕后的或熟悉或不甚熟悉的朋友，为此书做了大量有益的工作。我真诚地感谢大家。

　　在研究和撰稿的过程中，给予我帮助的师友很多很多，他们都是我心怀感激的对象。特别是杨建国先生。我与杨建国先生的真正交往是从认识他5年之后的一席交谈开始的。那是15年前的一天，他以其对磁州窑诸多遗址的深刻了解和古物鉴定实践上的丰富经验，让我意识到我所面对的是一位可以为师的行家里手。此后，我从杨建国先生那里获得了许多真知灼见，解开了我在研究过程中对于古代磁州窑和北方有关窑场的许多疑问。武怀一先生也一直对我的研究工作给予关注，他在多次和我聊天的过程中以一位艺术家所具有的敏锐性使我获益良多，其间他还提供了辽金时期山西北部诸多窑址的有关信息，以及不少有价值的研究资料。此外，经李纪贤先生介绍，我认识了辽宁省博物馆副馆长戴洪文女士。素未谋面的戴女士不但给我寄来了宝贵的书籍资料，还以其对辽代陶瓷的熟悉给我提供了不少有关辽代窑址的重要信息，也就某些具体案例提出过有针对性的弥足珍贵的意见。我明白，师友们与我分享的不仅仅是和这部书稿有关的学术信息，每一份友谊都使我终生难忘。

　　另外还有许多挚友为我这部书稿得以阶段性成形做出了直接的贡献。徐岚先生作为一位著名的平面设计师，慷慨允诺并切实地为此书设计了封面和版式，而孙江宁先生则不辞辛劳地帮忙做了前期排版工作。可是我的稿件迟迟未能如愿完成，导致该书稿装帧的方案发生了变化。令我感动和惭愧的是，挚友们始终报以理解和大度的原谅。我真不知该如何感谢这份深厚的情谊。

　　最后，我想借此机会向我最为挚爱的亲人表达感恩之心。从我关注梅瓶这一课题直到成书之际，原本只在典籍之内或在别人那里看到的生老病死，在这段长达15年的时间里已然成为我生命中永恒的体验：我有了儿子，却送走了父亲，为我照顾孩子的老母亲和岳父母也都身体不如从前。每每想到这些，常常思绪难平。一直最关心我精神成长的老父亲，直到闭目长逝也未能看到此书的一字一页，这一遗憾已无法弥补。伴随着我为此书长期工作的过程而成长的我儿子都学会了体谅和安慰，可此时的他还是一个小小蒙童。最为熟悉我这种工作状态的人，毫无疑问是我的太太齐琨女士，她也是这部书从缘起到如今唯一的一位自始至终的见证者。她了解我的思路，熟悉书中的细节，也帮助我整理过大量的资料，有些资料甚至是她远在海外游学期间为我采集的。特别是最近一年多以来，她不单为我腾出了大量的时间和精力，还为此书提出过许多实实在在的建议，直接促进了书稿的完成。她为此书奉献了她的智慧和她的爱，她的存在让我感到温暖。对于她，我无以为报。

　　　　　　　　　　　　　　　　　　　　　　　　　　　甲午初夏于京华玄和堂

图书在版编目（CIP）数据

中国梅瓶研究 / 陆军著 . 一南宁：广西美术出版社，
2013.6
ISBN 978-7-5494-0856-6

Ⅰ . ①中… Ⅱ . ①陆… Ⅲ . ①瓷器（考古）一研究一中
国 Ⅳ . ① K876.34

中国版本图书馆 CIP 数据核字（2013）第 148940 号

中国梅瓶研究（全二卷）
ZHONGGUO MEIPING YANJIU QUAN ER JUAN

陆 军 著

出 版 人	蓝小星
终　　审	黄宗湖
策划编辑	梁秋芬
责任编辑	陈宇虹　白　桦
美术编辑	陈　凌
排版制作	李　冰
校　　对	黄春林　王小野
审　　读	肖丽新
出版发行	广西美术出版社
地　　址	广西南宁市望园路 9 号
邮　　编	530022
网　　址	www.gxfinearts.com
制　　版	广西雅昌彩色印刷有限公司
印　　刷	雅昌文化（集团）有限公司
开　　本	635 mm × 965 mm　1/8
印　　张	85.5
字　　数	1170 千字
版　　次	2014 年 8 月第 1 版
印　　次	2014 年 8 月第 1 次印刷
书　　号	ISBN 978-7-5494-0856-6/K・86
定　　价	1580.00 元（全二卷）